BAUMANN · FRICKE · WISSING · MEHR WISSEN ÜBER CHEMIE

MEHR WISSEN ÜBER CHEMIE

Von

Kurt Baumann - Heinz Fricke - Heinz Wissing

A bis H

AULIS VERLAG DEUBNER & CO KG · KÖLN

Best.-Nr. 6016
© AULIS VERLAG DEUBNER & CO KG, KÖLN 1974
Druck und Einband: ČGP DELO, Ljubljana, Jugoslawien
ISBN 3-7614-0230-9

Vorwort

Das vorliegende Buch wendet sich an alle, die ihr Wissen über Chemie erweitern wollen. Allerdings wird vorausgesetzt, daß der Leser bereits mit chemischen Formeln und Reaktionsgleichungen vertraut ist.
Mehr Wissen über Chemie soll das Buch sowohl den Fachleuchten als auch den interessierten Laien vermitteln. Der Fachmann kann sich über spezielle Fragen informieren oder Kenntnisse auffrischen, die in Vergessenheit geraten sind. Der Laie findet Wissenswertes über chemische Stoffe oder Begriffe, denen er in seiner Berufswelt oder im täglichen Leben begegnet.
Um eine rasche Orientierung zu ermöglichen, wurde der Inhalt alphabetisch geordnet. Hierbei nützt man die Vorteile eines Lexikons. Der Schwerpunkt dieses Buches liegt aber auf den zusammenfassenden Artikeln. Auf diese verweisen zahlreiche Stichwörter. In diesen Artikeln findet man nicht nur eine Erklärung des gesuchten Begriffes, sondern auch Erläuterungen über Zusammenhänge mit anderen wichtigen Sachverhalten. Dadurch wird die Information rationell erweitert und abgerundet. Nur in dieser Form lassen sich chemische und physikalische Zusammenhänge verständlich darstellen. Der Charakter des Lexikons wird auf diese Weise durch die Vorzüge eines Lehrbuches ergänzt.
Die Artikel sind so abgefaßt, daß die unterschiedlichen Vorkenntnisse der Leser berücksichtigt werden. So kann man anspruchsvollere Abschnitte überspringen, ohne das Verständnis für das Thema zu verlieren.
Bei dem großen Umfang der modernen Chemie war eine Auswahl erforderlich, die selbstverständlich subjektiv bleiben mußte. Es werden sämtliche chemischen Elemente beschrieben und ihre Zusammenfassung in den Gruppen des periodischen Systems behandelt. Außerdem stehen Themen der theoretischen allgemeinen und organischen Chemie im Vordergrund. Über ausgewählte Produkte, die in Technik und Alltag von Bedeutung sind, findet man auch technologische Angaben. Ein noch tieferes Eindringen in spezielle chemische Fragen wird durch Hinweise auf moderne Literatur ermöglicht, bei der es sich selbstverständlich nur um eine Auswahl handeln kann.
Die Länge vieler komplizierter Formeln war der Grund dafür, daß sie nicht wie die einfacheren Formeln behandelt werden konnten. Es ergab sich daher bei der Gestaltung von Formeln und Abbildungen gelegentlich eine unterschiedliche Größe des Schriftbildes. Für diese technisch bedingte Notwendigkeit bitten wir um Verständnis. Für Beratung und Gestaltung wird Herrn Dipl.-Chem. Dr. Wilfried Kern (Dortmund) der besondere Dank ausgesprochen.

A

Abschwächer s. Fotografie 1.

Acenaphthen s. Benzolkohlenwasserstoffe 2.3.2.

Acene s. Benzolkohlenwasserstoffe 2.3.3.

Acet-: die von der Essigsäure (acidum aceticum) abzuleitende Acetylgruppe enthaltende Verbindungen (CH_3CO-) wie Acetaldehyd (→Oxoverbindungen 1.1.2 und 1.1.4), Aceton (→Oxoverbindungen), Acetanhydrid (→Carbonsäuren 3.1.)

Acetale s. Additionen 4., Äther 1., Hydroxylderivate 1.1.3., Oxoverbindungen 1.1.3.

Acetate s. Carbonsäuren 1.1.4.

Acetatfaser s. Chemiefaserstoffe (Acetatverfahren).

Acetessigestersynthesen s. Carbonsäuren 2.5.

Acetessigsäure s. Carbonsäuren 2.5.

Aceton s. Oxoverbindungen 1.1.2. und 1.1.4.

Acetylcholin s. Hormone, Org. Stickstoffverbindungen 2., Hydroxylderivate 1.1.4.

Acetylen s. Äthin.

Acetylencarbonsäuren s. Carbonsäuren 2.1., Polyine.

Acetylide s. Äthin, Alkine.

Achte (Neben)-Gruppe der chemischen Elemente. Wenn man von den erst später gefundenen Edelgasen absieht, sind in dieser Gruppe einst die Elemente zusammengefaßt worden, die bei dem Versuch, alle Elemente in Haupt- und Nebengruppen einzuordnen, übrig blieben.

Zu den Elementen der Gruppe gehören:

26 Fe Eisen. Es ist bereits prähistorisch bekannt. Der Name leitet sich vom indogermanischen *ajos* ab, aus dem im Sanskrit *ayas*, lat. *aes*, gotisch *eisarn*, althochdeutsch *isarn* wurde. Im Althochdeutschen findet sich auch bereits das Wort *stahal*. Die chemische Abkürzung kommt vom lat. *ferrum*.

27 Co Kobalt. In der Bergmannssprache verstand man unter „Kobolden" Stoffe, die wie Metalle aussehen, sich jedoch nicht zu Metallen verhütten ließen. Später fand es als Bezeichnung für die Mineralien Verwendung, die Glas blau färbten. 1735 erkannte der Schwede BRANDT, daß hier ein neues Element vorliegt.

28 Ni Nickel. Der Schwede CRONSTEDT erkannte 1751 im „Kupfernickel" (NiAs) das neue Metall. Nickel war in der Bergmannssprache ein Schimpfwort im Sinne eines bösen Kobolds, weil sich aus dem Kupfernickel kein Kupfer gewinnen ließ und es somit die Bergleute foppte.

Achte (Neben)-Gruppe

44 Ru Ruthenium. 1845 vom russischen Chemiker K. Klaus entdeckt. „Ruthenien" ist ein alter Name für Rußland, der von den Kleinrussen verwendet wurde.

45 Rh Rhodium wurde zusammen mit dem Palladium 1803 von dem Engländer Wollaston entdeckt. Wegen der rosaroten Farbe vieler seiner Verbindungen wurde es nach dem griech. Wort für rosenrot benannt.

46 Pd Palladium. Wollaston entdeckte es zusammen mit Rhodium. Er benannte es nach dem gerade entdeckten Planeten *Pallas* (Pallas Athene).

76 Os Osmium. Der Engländer Tennant entdeckte es 1803 und gab seine Entdeckung 1804 bekannt. Sein Oxid hat einen ganz charakteristischen Geruch, weshalb er es nach dem griech. *osme* (riechen) benannte.

77 Ir Iridium. Tennant gab seine Entdeckung zusammen mit der des Osmiums bekannt. Er benannte es nach dem griech. Wort *iris*, weil es beim Behandeln mit Salzsäure in allen Farben schillert.

78 Pt Platin. Die ersten Angaben über Platin stammen von J. C. Scaliger (1557) und A. A. Barba (1640). 1735 erhielt das Metall von dem Spanier A. de Ulloa den Namen, der die Diminutivform von Silber bedeutet. Als eigentlicher Entdecker wird häufig der Engländer C. Wood bezeichnet, der 1741 auf Jamaika Platin kennenlernte, das vermutlich aus Neugranada (Kolumbien) stammte.

Bei der Besprechung der Elemente der Gruppe VIII kann man entweder die übereinander stehenden Elemente zu den Untergruppen A, B und C zusammenfassen oder sie in die Eisenmetalle und die Platinmetalle aufteilen, wobei letztere wieder die Untergruppe der „Seltenen Platinmetalle" enthält.

VIII

A	B	C	
Fe	Co	Ni	Eisenmetalle
Ru	Rh	Pd	Platinmetalle
Os	Ir	Pt	
Seltene Platinmetalle			

Vorkommen in der Erdrinde:

Fe 4,7%   Ni $1,8 \cdot 10^{-2}$%   Co $1,8 \cdot 10^{-3}$%   Ru 10^{-7}%   Rh 10^{-7}%   Pd 10^{-6}%
Os 10^{-7}%   Ir 10^{-7}%   Pt 10^{-5}%   (Angaben in der Literatur sehr unterschiedlich).

Jahresproduktion an Platinmetallen (1960) in kg (geschätzt):
Pt 25 000   Pd 13 300   Ru, Rh, Ir, Os insgesamt 1150

Preise für Platinmetalle (Dezember 1968) in DM pro Gramm:
Ru 5,80   Rh 31,51   Pd 5,85   Os 30,86   Ir 23,79   Pt 35,90

Preise für Eisenmetalle in DM pro Kilogramm:
Fe   Ni 8,70 (offiziell)   Co 16,95
             ca. 25,— (Schwarzmarkt)

Vermutlich ist der Gehalt an Platinmetallen unterhalb der Gesteinskruste bei weitem höher. Alle Anreicherungen in der äußeren Gesteinskruste sind erst nachträglich durch Einschübe hineingeraten: Schlote, Schlieren, Lager. Durch Verwitterung und anschließendes Abtragen und Ablagern entstanden die „Seifen". So unterscheidet man bei den Platin-Metallen und -Erzen bergmännische Gewinnung und den Seifenabbau.

Untergruppe A

	Dichte in g/cm³	F in °C	Kp in °C	Atomradius in Å	Ionenradius in Å	
Eisen	7,86	1536	3000	1,26	0,76 (+2)	0,64 (+3)
Ruthenium	12,45	2310	4080	1,34	0,69 (+3)	0,65 (+4)
Osmium	22,61	3050	5020	1,35	0,67 (+4)	

Elektronenkonfiguration (Rumpfform):

Eisen   [Ar] $3d^6\ 4s^2$
Ruthenium   [Kr] $4d^7\ 5s^1$
Osmium   [Xe] $4f^{14}\ 5d^6\ 6s^2$

Die Übersicht zeigt, daß sich um eine abgeschlossene Edelgasschale bzw. f-Schale je eine unvollendete d- und s-Schale befinden. Im festen Zustand tritt eine Fluktuation der Elektronen zwischen den beiden Schalen ein. Auf diese Weise ergibt sich ein Durchschnitt von $d^{7,8}\ s^{0,2}$. Das unterschiedliche chemische und physikalische Verhalten des Eisens zu den beiden anderen Elementen ist daraus zu erklären, daß die mit fünf Elektronen zur Hälfte aufgefüllte d-Schale fester gebunden ist, als es die restlichen drei Elektronen sind. Aus diesem Grunde ist reines Eisen auch verhältnismäßig weich, während die beiden anderen Metalle hart und spröde sind. Die stärkeren Bindungen bedingen auch die höheren Schmelz- und Verdampfungspunkte.

Achte (Neben)-Gruppe

Die folgende Übersicht zeigt die möglichen Oxydationsstufen der drei Elemente:

Eisen	Ruthenium	Osmium
FeO (schwarz)	—	—
Fe_3O_4 (schwarz) [Eisen(II, III)-Oxid]	—	—
Fe_2O_3 (rot)		
—	RuO_2 (blau)	OsO_2 (braun oder schwarz)
—	—	—
$K_2[FeO_4]$ (rot)	$K_2[RuO_4]$ (schwarz)	$K_2[OsO_2(OH)_4]$ (rosa)
—	$K[RuO_4]$ (grün)	$K_3[OsO_5]$ (schwarz)
—	RuO_4 (gelb)	OsO_4 (gelb)

Während beim Eisen nur die Oxydationsstufen II und III beständig sind, zeigt das achtwertige Osmium eine noch größere Beständigkeit als das achtwertige Ruthenium. Die niedrigeren Oxydationsstufen des Osmiums und des Rutheniums treten auf bei Vereinigung mit Elementen niedriger Elektronegativität.

Eisen	Ruthenium	Osmium
wasserfrei		
FeI_2 (schwarzbraun)	RuI_2 (blaue Lösung)	OsI_2 (schwarz)
$FeCl_3$ (grünlich im auffallenden Licht)	$RuCl_3$ (braun)	$OsCl_3$ (grau)

Verbindungen der drei Elemente mit anderen Oxydationszahlen werden in der Literatur erwähnt, doch gelten sie als unbeständig.

Untergruppe B

	Dichte in g/cm^3	F in °C	Kp in °C	Atomradius in Å	Ionenradius in Å	
Kobalt	8,9	1495	2900	1,25	0,78 (+2)	0,63 (+3)
Rhodium	12,41	1960	3700	1,34	0,86 (+2)	
Iridium	22,65	2443	4500	1,36	0,66 (+4)	

Elektronenkonfiguration (Dampfform):

Kobalt	[Ar]	$3d^7\ 4s^2$
Rhodium	[Kr]	$4d^8\ 5s^1$
Iridium	[Xe]	$4f^{14}\ 5d^7\ 6s^2$

Die Übersicht zeigt, daß sich um eine abgeschlossene Edelgasschale bzw. f-Schale eine unvollendete d- und s-Schale befinden. Im festen Zustand tritt eine Fluktuation der Elektronen zwischen den beiden Schalen ein. Auf diese Weise ergibt sich ein Durchschnitt von $d^{8,3}\ s^{0,7}$. Festigkeit und Höhe der Schmelz- und Verdampfungspunkte deuten auf eine starke Beteiligung der d-Elektronen bei der Kristallbildung hin. Ähnlich wie bei der Untergruppe A sind beim Kobalt die äußeren Elektronen schwächer gebunden als bei den beiden anderen Elementen, die anderen dagegen fester. So ergeben sich die Unterschiede der Oxydationszahlen. Die höchsten zeigen sich bei Vereinigung mit dem stark elektronegativen Fluor. Wenn daneben auch die gleich hohen Zahlen bei Vereinigung mit Schwefel, jedoch nicht mit Sauerstoff auftreten, so mag das mit der Fähigkeit des Schwefels, Ketten zu bilden, zusammenhängen, wodurch die höhere Oxydationszahl nur vorgetäuscht wird.

Die folgende Übersicht zeigt die möglichen Oxydationsstufen der drei Elemente.

Kobalt	Rhodium	Iridium
CoF_2 (rötlich)	—	—
CoF_3 (grün)	RhF_3 (rot)	IrF_3
—	RhF_4 (rosa)	$K_2[IrF_6]$ (rot)
—	$[RhF_5]_4$ (dunkelrot)	$[IrF_5]_n$ (gelb)
—	RhF_6 (schwarz)	IrF_6 (gelb)
CoO (grün)	—	—
Co_2O_3 (braun)	Rh_2O_3 (grau)	Ir_2O_3 (schwarz)
Co_3O_4 (schwarz)	—	IrO_2 (schwarz)
[Kobalt(II, IV)-Oxid]		

Bei den Oxiden ist das des zweiwertigen Kobalts das beständige, beim Iridium dagegen das des vierwertigen. Verbindungen der drei Elemente mit anderen Oxydationszahlen werden in der Literatur erwähnt, doch gelten sie als unbeständig oder gar als zweifelhaft.

Untergruppe C

	Dichte in g/cm³	F in °C	Kp in °C	Atomradius in Å	Ionenradius in Å	
Nickel	8,9	1453	2730	1,24	0,78 (+2)	0,62 (+3)
Palladium	12,03	1552	3980	1,37	0,90 (+2)	0,7 (+4)
Platin	21,45	1769	4530	1,38	1,10 (+2)	0,64 (+4)

Elektronenkonfiguration:

Nickel	[Ar]	$3d^8$	$4s^2$
Palladium	[Kr]	$4d^{10}$	$5s^0$
Platin	[Xe]	$4f^{14}$	$5d^9\ 6s^1$

Achte (Neben)-Gruppe

Die um die Edelgasschale bzw. die abgeschlossene 4 f-Schale befindlichen Elektronen reichen an sich aus, die jeweilige d-Schale zu vollenden. Im Dampfzustand ist das beim Palladium und beim Platin auch tatsächlich der Fall. Im kristallisierten Zustand dagegen tragen die d-Elektronen beträchtlich zur Festigkeit bei und bewirken die hohen Schmelz- und Siedepunkte, die allerdings niedriger sind als bei den analogen Vertretern der Untergruppen A und B. Die zwischen der d- und der s-Schale vorhandene Fluktuation ergibt für die drei Elemente einen Durchschnitt von $d^{9,4}\,s^{0,6}$. Die Untergruppe C stellt bereits den Übergang zur Ersten Nebengruppe der Elemente her. Die Unterschiede in den verschiedenen Oxydationszahlen sind geringer geworden. Alle drei Elemente sind chemisch weniger widerstandsfähig als die entsprechenden der Untergruppe B.

Nickel	Palladium	Platin
NiO (grün)	PdO (schwarz)	—
$NiO[OH]$ (grau)	—	—
—	PdO_2 (rot)	PtO_2 (rotbraun)

Bei Nickel und bei Palladium kann nur die Oxydationsstufe II als beständig angesehen werden, beim Platin ist das vierwertige Platinoxid das relativ beständigste. Klarer gehen die Oxydationsstufen aus den möglichen Halogeniden hervor:

Nickel	Palladium	Platin
—	—	$PtCl$ beständig nur zwischen 581 bis 583° C
$NiCl_2$ (goldgelb)	$PdCl_2$ (rotbraun)	$PtCl_2$ beständig bei 435 bis 581° C
—	—	$PtCl_3$ beständig bei 370 bis 435° C
—	$K_2[PdCl_6]$ (zinnober)	$PtCl_4$ beständig unterhalb von 370° C

Das vierwertige Palladium tritt als Ion nur in der angegebenen Komplexform auf. Beim Platin zeigt sich eine von der Temperatur abhängige Dissoziation des Tetrachlorids.

Gewinnung der Elemente der Achten Nebengruppe

Eine Sonderstellung nimmt wegen seines hohen Anteils an der Erdkruste das Eisen ein. Das bedingt, daß genügend umfangreiche Eisenerzlager existieren, die nur unwesentlich durch andere Metalle verunreinigt sind. Sie bilden die Grundlage für die Technologie des Eisens.

Ein Drittel der produzierten Platinmetalle stammt aus den Seifen, in denen sich Nuggets reiner Metalle finden. Zwei Drittel dagegen stammen aus der Nickelproduktion. Erschwert wird die Produktion der Elemente der Achten Nebengruppe, weil sie sich in der Regel noch zusammen mit Erzen der Kupfergruppe finden.

In den kanadischen Erzen sind alle zusammen vorhanden. Nach Zerkleinern erfolgt durch Flotation eine weitgehende Trennung der kupfer-silber-haltigen von den nickel-kobalt-haltigen Erzen. Die Platinmetalle verbleiben beim gesamten Verhüttungsprozeß bei diesen. Nach Reduktion des Nickels (Kobalts) mit Kohle wird das Rohnickel elektrolytisch gereinigt. Dabei fallen die edleren Platinmetalle als Anodenschlamm aus: Platinrohkonzentrat.

Sind die Kupfer-Nickel- bzw. Kupfer-Kobalt-Erze nicht platinmetallhaltig, wird in zunehmendem Maße die unmittelbare elektrolytische Gewinnung angewendet. So haben die Minen in Katanga und in Rhodesien Verfahren im letzten Jahrzehnt entwickelt, bei denen die sulfidischen Erze so geröstet werden, daß die Sulfate entstehen. Bei der anschließenden, wäßrigen Elektrolyse scheidet sich zuerst Kupfer, dann bei pH >7 Kobalt ab. Die Anlagen sind deswegen auch technisch interessant, weil sie vollautomatisch arbeiten.

Literatur
REMY: Lehrbuch der Anorganischen Chemie. — Akademische Verlagsanstalt, Leipzig 1961
TRZEBIATOWSKI: Lehrbuch der Anorganischen Chemie. — VEB Deutscher Verlag der Wissenschaften, Berlin 1965
GRIFFITH: The Chemistry of the Rarer Platinum Metals. — Interscience Publ., New-York, London, Sydney 1967
Battelle Memorial Institute: Cobalt Monographie. — Centre d'Information du Cobalt, Brüssel 1960
QUIRING: Platinmetalle. — Ferdinand Enke Verlag, Stuttgart 1962
Zur Elektronenanordnung:
SULLY: Chromium. — Butterworthes Scientific Publications, London 1954
BECK: Electronicstructure and Alloy Chemistry of the Transition Elements. — Interscience Publ., New-York, London 1963

Achterringe s. Sechste Hauptgruppe.
Acidimetrie s. Maßanalyse (Neutralisationsverfahren).
Acridine s. Farbstoffe 1.4., Heterocyclen 2.2.
Acrolein s. Oxoverbindungen 1.1.2. und 1.2.
Acrylfaser s. Chemiefaserstoffe (Polyacrylnitrilfasern).
Acrylnitril s. Carbonsäuren 2.1., Chemiefaserstoffe, Polymerisation, Kautschuk.
Acrylsäure s. Carbonsäuren 2.1. und 1.1.2.
Actiniden. Im Periodensystem der chemischen Elemente erscheint unter den Lanthaniden die Gruppe der Actiniden. (Dritte Nebengruppe der chemischen Elemente.) Von ihnen existieren keine stabilen Isotope. Jedoch besitzen Uran

Actiniden

der Massen 238 und 235 und das Thorium der Masse 232 eine Halbwertszeit, die vergleichbar ist mit dem Alter der Erde. Sie bilden auf dem Wege eines gleichmäßigen Zerfalls für andere Vertreter der Actinidengruppe die Muttersubstanz. Durch einen natürlichen Einfang von Neutronen werden auch Actiniden mit höherer Atommasse aufgebaut. Die schwereren Actiniden jedoch erhält man künstlich durch Beschuß mit Atomkernen.

Zu den Actiniden gehören:

(natürliches Vorkommen mit Massenzahl und Halbwertszeit; a = Jahre, d = Tage, h = Stunden, m = Minuten, s = Sekunden)

90 Th Thorium   227 18,2 d; 228 1,9 a; 230 $8 \cdot 10^4$ a; 231 25,6 h; $\boxed{232\ 1,3 \cdot 10^{10}\ a}$; 234 24,1 d

91 Pa Protactinium 231 $3,25 \cdot 10^4$ a; 234 1,2 m in bzw. 6,66 h.

92 U   Uran   234 $2,5 \cdot 10^5$ a; $\boxed{235\ 7,1 \cdot 10^8\ a}$; $\boxed{238\ 4,5 \cdot 10^9\ a}$

Die langlebigen Isotope der folgenden Elemente kommen in der Natur vor:

93 Np Neptunium   235 1,1 a; 237 $2,2 \cdot 10^6$ a.

94 Pu Plutonium   236 2,85 a; 238 86,4 a; 239 $2,4 \cdot 10^4$ a; 240 6600 a; 241 13,2 a; 222 $3,8 \cdot 10^5$ a; 244 $7,6 \cdot 10^7$ a.

95 Am Americium   241 458 a; 243 7950 a.

96 Cm Curium   243 35 a; 244 17,6 a; 245 9300 a; 246 5500 a; 247 $4 \cdot 10^7$ a; 248 $4,7 \cdot 10^5$ a; 250 $2 \cdot 10^4$ a.

97 Bk Berkelium   247 10^4 a.

98 Cf Californium 249 360 a; 250 10,9 a; 251 800 a; 252 2,55 a.

Die langlebigsten Isotopen:

 99 Es Einsteinium 252 140 d; 253 20 d; 255 24 d.

100 Fm Fermium   253 5 d.

101 Md Mendelevium 256 1,5 h.

102 No Nobelium   253 10 m

103 Lu Lawrencium   257 8 s

(Unter Halbwertszeit ist die Zeit zu verstehen, innerhalb der die Hälfte der vorhandenen Atome zerfallen ist.)

Preise: ^{237}Np 2000 DM/g (1963); Pu 50 DM/g (1959); ^{241}Am 6300 DM/g (1963).

Elektronenanordnung (vrgl. hierzu die der Lanthaniden mit Erläuterungen)

Actiniden

	5 f	6 d	7 s	auftretende Ionen			
Thorium		↑↓	↑↓	—	+4		
Protactinium	2↑	↑	↑↓	—	+4	+5	
Uran	3↑	↑	↑↓	+3	+4	+5	+6
Neptunium	4↑	↑	↑↓	+3	+4	+5	+6
Plutonium	6↑		↑↓	+3	+4	+5	+6
Americium	7↑		↑↓	+3	+4	+5	+6
Curium	7↑	↑	↑↓	+3	+4		
Berkelium	5↑ 2↑↓		↑↓	+3			
Californium	4↑ 3↑↓		↑↓	+3			
Einsteinium	3↑ 4↑↓		↑↓	+3			
Fermium	2↑ 5↑↓		↑↓	+3			
Mendelevium	↑ 6↑↓		↑↓	+3			
Nobelium	7↑↓		↑↓	+3			
Lawrencium	7↑↓	↑	↑↓	+3			

Beim Vergleich mit den Lanthaniden fällt auf, daß die Actiniden höher wertige Ionen zu bilden geneigt sind. Das zeigt nur, daß die Elektronen auf höheren Schalen lockerer gebunden sind als die auf den tiefer gelegenen.

Zur Entdeckungsgeschichte:

| Thorium | 1828 durch BERZELIUS, benannt nach dem Kriegsgott Thor. |

Protactinium 1918 durch OTTO HAHN und LISE MEITNER; unabhängig von ihnen durch SODDY und CRANSTON; griech. protos = zuerst, dann Zerfall zu Actinium.

Uran   1789 durch KLAPROTH; benannt nach Planet Uranus.

Die übrigen Elemente wurden erstmalig künstlich gefunden:

Neptunium   1940 durch Neutroneneinfang in ^{238}U mit nachfolgendem β-Zerfall: $^{234}_{93}$Np. Entdecker: MCMILLAN und ABELSON; benannt nach Planet Neptun.

Plutonium   1940 durch Beschuß von ^{238}U mit Deuteronen, Abgabe von 2 Neutronen und nachfolgendem β-Zerfall: $^{238}_{94}$Pu. Entdecker: SEABORG u. Mitarb.; benannt nach Planet Pluto.

Americium   1944 durch zweifachen Neutroneneinfang ausgehend von ^{239}Pu und nachfolgendem β-Zerfall: $^{241}_{95}$Am. Entdecker: SEABORG u. Mitarb.; benannt nach Amerika.

Actinium

Curium	Mitte 1944 durch Beschuß von ^{239}Pu mit α-Teilchen: $^{242}_{96}$Cm. Entdecker: SEABORG u. Mitarb.; benannt nach MARIE CURIE.
Berkelium	Ende 1949 durch Beschuß von ^{241}Am mit α-Teilchen: $^{243}_{97}$Bk. Entdecker: SEABORG, GHIORSO u. Mitarb.; benannt nach Berkeley in Kalifornien.
Californium	Anfang 1950 durch Beschuß von ^{242}Cm mit α-Teilchen: $^{244}_{98}$Cf.
Einsteinium	1954 durch Beschuß von ^{238}U mit ^{14}N-Ionen: $^{246}_{99}$Es und $^{247}_{99}$Es. Entdecker: SEABORG, GHIORSO u. Mitarb.; benannt nach ALBERT EINSTEIN.
Fermium	1954 ausgehend von ^{252}Cf über ^{253}Es durch intensiven Beschuß mit Neutronen und β-Zerfall: $^{254}_{100}$Fm. Entdecker: SEABORG, GHIORSO u. Mitarb.; benannt nach ENRICO FERMI.
Mendelevium	1955 durch Beschuß von ^{253}Es mit α-Teilchen: $^{256}_{101}$Md. Entdecker: SEABORG, GHIORSO u. Mitarb.; benannt nach D. MENDELEJEFF.
Nobelium	1958 durch Beschuß von ^{246}Cm mit ^{12}C-Ionen: $^{254}_{102}$No. Entdecker: SEABORG, GHIORSO u. Mitarb.; benannt nach ALFRED NOBEL.
Lawrencium	1961 durch Beschuß von ^{250}Cf mit ^{11}B-Ionen: $^{257}_{103}$Lw. Entdecker: GHIORSO u. Mitarb.; benannt nach E. O. LAWRENCE.

Literatur
HERTZ G.: Lehrbuch der Kernphysik, Bd. II. — B. G. Teubner. Verlagsgesellschaft, Leipzig 1960
MOELLER: The Chemistry of the Lanthanides. — Reinhold Publishing Corporation, New York, 1963
KELLER: The Chemistry of the Transuranium Elements — Verlag Chemie, Weinheim 1971

Actinium gehört zur Dritten Nebengruppe der chemischen Elemente (Seltene Erden). Von ihm existieren keine stabilen Isotope. Das langlebigste Nuklid hat die Massenzahl 227 mit der Halbwertszeit von 22 Jahren. Daneben ist noch für Forschungszwecke von Interesse das Nuklid mit der Massenzahl 228 und der Halbwertszeit 6,13 Stunden. Das Actinium 227 entsteht innerhalb der Uran-Actinium-Zerfallsreihe, das Ac 228 in der Thoriumreihe.
Da Actinium in der Pechblende noch 300mal seltener ist als Radium, machte die Reindarstellung sehr viel Schwierigkeit und ermöglichte kaum die Untersuchung seiner chemischen Verbindungen. Die ersten Milligrammbeträge wurden in den Fünfziger Jahren durch Neutronenbeschuß des Radiums 226 gewonnen, das mit einem Einfangquerschnitt von 23 barn eine mittlere Lage hat. Die Reaktion vollzieht sich nach folgendem Schema:

$$^{226}_{88}\text{Ra (n; γ)} \; ^{227}_{88}\text{Ra} \xrightarrow{β} \; ^{227}_{89}\text{Ac}$$

Das Ac-227 zerfällt zu 1,2% durch Aussenden eines α-Teilchens und zu 98,8% durch β-Emission. Diese ist so schwach, daß sie zum Nachweis meist nicht brauchbar ist und man lange Zeit auf die Ausstrahlung der Folgeprodukte angewiesen war. Ein Zusatz des Isotops 228 mit seiner intensiven β-Strahlung hat sich als zweckmäßig herausgestellt.

Das reine Metall kann auf Milligrammbasis durch Reduktion des AcF_3 mittels Lithium bei 1200°C oder des $AcCl_3$ mittels Kaliumdampf bei 350°C gewonnen werden. Es ist ein silberweißes Metall, das an Lanthan erinnert, und zeigt in der Dunkelheit einen schwach blauen Glanz. In feuchter Luft reagiert es leicht mit Sauerstoff unter Bildung einer Schutzschicht. Selbst bei 1600°C besitzt es nur einen Dampfdruck von 0,007 Torr.

Die chemischen Eigenschaften der Verbindungen wurden meist mit denen anderer Seltenen Erden als Trägermaterial zusammen untersucht. Es bestätigte sich, daß Actinium als das höhere Homolog des Lanthans aufzufassen ist. So ist u. a. das Hydroxid leichter löslich als das des Lanthans. Genauer untersucht wurden die Halogenide des Actiniums. Aus dem Actiniumhydroxid läßt sich durch Behandeln mit Fluorwasserstoff bei 700°C AcF_3 herstellen. Durch Hydrolyse mit Ammoniak und Wasserdampf bei 900°C geht es in AcOF über. In ähnlicher Weise ist die Herstellung der übrigen Halogenide mit ihren Oxyhalogeniden möglich.

Actinomycin s. Antibiotica, Heterocyclen 2.3.

Acyloine sind α-Hydroxyketone. Sie werden gebildet bei der Reduktionskondensation (→Additionen 4.) aliphatischer Carbonsäure→ester mit Natrium in unpolaren Lösungsmitteln bei Abwesenheit von Sauerstoff. Es handelt sich um eine →radikalische Reaktion. Als Zwischenprodukte treten 1,2-Diketone auf.

$$\begin{array}{c} X \\ | \\ R-C=O \\ | \\ R-C=O \\ | \\ X \end{array} \xrightarrow[-2NaX]{+2Na} \begin{array}{c} R-C=O \\ | \\ R-C=O \end{array} \xrightarrow{+2Na} \begin{array}{c} R-C-ONa \\ \| \\ R-C-ONa \end{array} \xrightarrow[-2NaOH]{+2H_2O} \begin{array}{c} R-C=O \\ | \\ R-C-OH \\ | \\ H \end{array}$$

Aromatische Acyloine — das bekannteste ist *Benzoin* $C_6H_5CHOH \cdot COC_6H_5$ — entstehen aus aromatischen Aldehyden bei Einwirkung von Cyaniden (→Blausäure) nach Art einer Aldolkondensation. (→Additionen 4.) Acyloine verhalten sich entsprechend ihrer charakteristischen Gruppen ähnlich wie Ketosen (Zucker mit Ketogruppe — →Kohlenhydrate). Sie reduzieren Fehlingsche Lösung und bilden mit Phenylhydrazin Osazone.

Acylrest

Mit Schwefelsäure ergeben Acyloine eine →Umlagerung (s. d. 1.1.) ähnlich der Pinakolinumlagerung (→Oxoverbindungen 1.1.1.).

$$R-\overset{O}{\underset{}{\overset{\|}{C}}}-\underset{\underset{CH_3}{|}}{\overset{OH}{\overset{|}{C}}}-CH_3 \rightarrow R-\underset{\underset{CH_3}{|}}{\overset{OH}{\overset{|}{C}}}-\overset{O}{\overset{\|}{C}}-CH_3$$

α, ω-Dicarbonsäureester lassen sich nach PRELOG und STOLL in heißem Xylol (Dimethylbenzol) mit flüssigem Natrium in einer N_2-Atmosphäre zu ringförmigen Acyloinen umsetzen. Mit großer Ausbeute sind so mittlere und große →Cycloalkane zugänglich (die Kohlenwasserstoffe nach der Reduktion des Acyloins mit amalgamiertem Zink und Salzsäure o. ä. Verfahren).

$$(CH_2)_n\genfrac{}{}{0pt}{}{\diagup COOX}{\diagdown COOX} \xrightarrow[-2NaOX]{+4Na} (CH_2)_n\genfrac{}{}{0pt}{}{\diagup CONa}{\diagdown CONa} \xrightarrow[-2NaOH]{+2H_2O} (CH_2)_n\genfrac{}{}{0pt}{}{\diagup C-OH}{\diagdown C-OH} \rightleftarrows (CH_2)_n\genfrac{}{}{0pt}{}{\diagup C=O}{\diagdown \underset{H}{\overset{|}{C}}-OH}$$

Acylrest (Radikal einer →Carbonsäure: RCO—). Acylierung bedeutet Einführung dieser Gruppe.

Adamantan s. Cycloalkane 2.4.

Additionen sind charakteristische Reaktionen von Verbindungen, die Doppelbindungen aufweisen. Sie beruhen auf der leichteren Polarisierbarkeit der π-Elektronen, die weniger stark als die σ-Elektronen gebunden sind (→Atombau). Bei Additionen muß jedes der beiden Atome, die an der Doppelbindung beteiligt sind, eine neue Bindung eingehen. In manchen Fällen schließen sich →Eliminationen und →Umlagerungen an. Zur besseren Übersicht werden die Additionen bei den funktionellen Gruppen, an denen sie sich abspielen (Reihenfolge: C=C, C=C−C=C, C≡C, C=O), behandelt.

1. →*Alkene* (C=C-Gruppe)

1.1. Elektrophile Addition

Wegen der Abschirmung durch die negativ geladenen π-Elektronen findet bei Alkenen besonders leicht der erste Schritt der Addition durch ein positiv geladenes Teilchen statt. Deshalb bezeichnet man es als elektrophile Addition (Ad_E).
Bei der säurekatalysierten Addition (Halogenwasserstoff, Wasser, →Carbonsäuren, Alkohole u. a.) wird im ersten Schritt ein Proton angelagert. Es entsteht

Additionen 1.

ein *Carbonium-Ion* als geschwindigkeitsbestimmender Schritt. Der zweite Schritt besteht in der schnellen Anlagerung eines negativ geladenen Teilchens.

$$\diagup\!\!\!\!C=C\!\!\!\!\diagdown \quad \xrightarrow{H^+ \ Br^-} \quad \diagup\!\!\!\!C^+\!-\!\underset{H}{C}\!\!\!\!\diagdown \quad \xrightarrow{Br^-} \quad \diagup\!\!\!\!\overset{Br}{C}\!-\!\underset{H}{C}\!\!\!\!\diagdown$$

Der Angriff des negativ geladenen Teilchens erfolgt von der dem anlagerten Proton entgegengesetzten Seite, da von dieser Seite der Angriff nicht räumlich behindert wird. Es kommt daher zur Bildung von trans-Produkten (→Isomerie 2.). Nach der *Regel von* MARKOWNIKOFF wird bei unsymmetrischen Alkenen das negativ geladene Teilchen an das C-Atom angelagert, das die kleinste Anzahl von H-Atomen besitzt. Das beruht darauf, daß Carbonium-Ionen eine verschiedene Stabilität haben — wegen der →Hyperkonjugation und des positiven induktiven Effekts (s. →Elektronenverschiebung) der Methylgruppen sind primäre Carbonium-Ionen am wenigsten stabil — und das Carbonium-Ion mit der größten Stabilität gebildet wird.

$$H_3C-\underset{H}{\overset{H}{C}}=C\diagdown^{H}_{H} \xrightarrow{H^+ \ Br^-} H_3C-\underset{\underset{Br^-}{\uparrow}}{\overset{H}{C^+}}-\underset{H}{\overset{H}{C}}-H \qquad H_3C-\underset{H}{\overset{H}{C}}-\overset{H}{C^+}\diagdown^{H}_{H}$$

sekundäres   primäres
Carbonium-Ion   Carbonium-Ion

Bei der Addition von HBr gilt die Regel von MARKOWNIKOFF nur bei Ausschluß von Licht, Sauerstoff und Peroxiden. Nur dann wird HBr nach dem ionoiden Mechanismus addiert, andernfalls →radikalisch.

Die Additionsgeschwindigkeit von →Alkenen erhöht sich bei Substitution von elektronenliefernden Gruppen. So wächst die Geschwindigkeit mit steigender Anzahl von Methylgruppen, die einen positiven induktiven Effekt ausüben. Elektronenanziehende Substituenten (—I-Effekt) setzen die Additionsgeschwindigkeit herab, z. B. Halogene, Carboxylgruppen.

Die säurekatalysierte Anlagerung von Wasser an ein Alken ist die Umkehrung der ebenfalls säurekatalysierten Abspaltung von Wasser bei Alkoholen (→Elimination: E1-Mechanismus). Auch im Fall der Addition

$$\diagup\!\!\!\!C=C\!\!\!\!\diagdown \ \underset{-H^+}{\overset{+H^+}{\rightleftarrows}} \ \diagup\!\!\!\!C^+\!-\!\overset{H}{\underset{}{C}}\!\!\!\!\diagdown \ \underset{-H_2O}{\overset{+H_2O}{\rightleftarrows}} \ -\underset{\underset{H}{\overset{+}{OH}}}{\overset{H}{C}}-\underset{H}{\overset{H}{C}}- \ \underset{+H^+}{\overset{-H^+}{\rightleftarrows}} \ -\underset{\underset{H}{O}}{\overset{H}{C}}-\overset{H}{\underset{}{C}}-$$

Additionen 1.

ist Schwefelsäure der geeignete Protonenlieferant, da die konjugierte BRÖNSTED-Base (s. →Säure-Base) (HSO_4^-) nur schwach nucleophil ist, im Gegensatz zu den Halogenwasserstoffen.

Ein Spezialfall der Säurekatalyse bei der elektrophilen Addition ist die →Polymerisation. Dabei entsteht durch Protonenübertragung von einem Katalysator (FRIEDEL-CRAFTS- Katalysator + BRÖNSTED-Säure) auf ein geeignetes Alken (2-Methylpropen-1 = Isobuten) oder Buta→dien, Styrol u. a. ein Carbonium-Ion. Dieses Zwischenprodukt wirkt als elektrophiles Teilchen auf ein anderes Molekül mit einer C=C-Bindung ein. Das setzt sich als *Kettenreaktion* fort. Kettenabbruch kommt durch Addition eines nucleophilen Teilchens oder Abspaltung des Protons aus einer Methylengruppe zustande.

$$H_2C=C(CH_3)(CH_3) \xrightarrow{H^+[BF_3OH]^-} H_3C-C^+(CH_3)(CH_3)$$

Isuten   Katalysator   Carbonium-Ion

Startreaktion

$$H_3-C^+(CH_3)(CH_3) + H_2C=C(CH_3)(CH_3) \rightarrow H_3C-C(CH_3)(CH_3)-CH_2-C^+(CH_3)(CH_3)$$

Kettenwachstum (Propagation)

Auch die Addition der Halogene →Chlor, →Brom und →Jod (→Fluor reagiert so heftig mit Doppelbindungen, daß das C-Gerüst der Verbindung zerstört wird) erfolgt nach dem Schema der elektrophilen Addition, obwohl sie keine BRÖNSTED-→Säuren sind. Im ersten Schritt wird also ein positiv geladenes Teilchen angelagert. Die Polarisierung der Halogenmoleküle erfolgt durch die π-Elektronenwolke des Alkens, durch polare Lösungsmittel oder Katalysatoren wie Metallhalogenide, die wie bei der aromatischen →Substitution wirkungsvolle elektrophile Teilchen bilden:

$$Cl_2 + FeCl_3 \rightleftarrows Cl^+ FeCl_4^-$$

Als Zwischenprodukt tritt wahrscheinlich kein Carbonium-Ion auf, da das angelagerte Halogen mit dem Zentrum des Carbonium-Ions in Wechselwirkung tritt. Es resultiert daraus eine andere Elektronenverteilung, die zu einem Halogenonium-Ion führt. Experimentell spricht für dieses Zwischenprodukt die Anlagerung des negativ geladenen Teilchens im zweiten Schritt von der entgegen-

Additionen 1.

gesetzten Seite, von der das positive Teilchen angelagert wurde. Das Ergebnis ist eine trans-Addition, denn die Wechselwirkung zwischen Halogen und Carbonium-Ion verhindert eine Rotation um die ursprüngliche C=C-Achse. Allerdings würde eine sehr schnelle Anlagerung des zweiten Teilchens das gleiche

| Chloronium-Ion symmetrisch | Chloronium-Ion unsymmetrisch | Dihalogenaddukt |

bewirken. Ob das Zwischenprodukt in symmetrischer Form oder als unsymmetrische Struktur vorliegt, ist bis jetzt nicht zu entscheiden. Ein experimenteller Beweis für die Addition der Halogene in zwei Schritten ist das Auftreten von Endprodukten, die als *nucleophiles* Teilchen ein anderes als das Halogen enthalten, z. B. das Lösungsmittel oder in der Lösung vorhandene Anionen. So bildet sich in wäßrigen Lösungen immer etwas Chlorhydrin, es wurde also als zweiter Schritt ein OH^--Ion addiert. Oder es werden aus Salzlösungen wie NaCl bei der Addition von Brommolekülen anstelle von Bromionen, Chloranionen angelagert.

Während die Chloraddition gemäß dem Reaktionsmechanismus als eine Reaktion zweiter Ordnung dem Ausdruck für die Reaktionsgeschwindigkeit $RG = k[Alken][Cl_2]$ folgt (die Ausdrücke in den Klammern stehen für molare Konzentrationen), trifft bei der Bromaddition diese Formel für die Reaktionsgeschwindigkeit nur in wäßrigen Lösungen zu. In Essigsäure liegt eine Reaktion dritter Ordnung vor: $RG = k[Alken][Br_2]^2$. Über den Reaktionsablauf ist nichts Genaues bekannt. Bei der Addition von Jod liegt eine umkehrbare Reaktion vor, bei der das Gleichgewicht auf der Seite des Alkens liegt (→Kinetik).

Eine elektrophile Addition wird auch beim Angriff oxydierender Substanzen auf die Doppelbindung angenommen. Bei der Oxydation mit Persäuren R—CO—O—OH mit nachfolgender Hydrolyse treten als Produkte trans-Diole (→Hydroxylderivate 1.2.) auf, da der zweite Reaktionsschritt wieder von der dem ersten Schritt entgegengesetzten Seite erfolgen muß. Der Mechanismus ist noch umstritten, vermutlich läuft er über ein Epoxid (→Äther 2.) folgendermaßen ab:

| | Epoxid | | trans-Diol |

Additionen 1.

Eine Oxydation mit Osmiumtetroxyd (OsO$_4$) führt durch nachfolgende Hydrolyse des entstandenen →Esters zu cis-Diolen. Ist Ozon (O$_3$) das Oxydationsmittel, entstehen nach Hydrolyse Carbonylverbindungen (s. →Oxoverbindungen) als Endprodukte, die Kohlenstoffdoppelbindung wird dabei gespalten, es entstehen zwei Moleküle. Die Struktur des kurzlebigen ersten Additionsprodukts ist umstritten, erfaßt werden kann nur das sog. normale oder sekundäre Ozonid:

| mesomere Form des Ozons | primäres Ozonid | | normales oder sekundäres Ozonid | Endprodukt |

1.2. Nucleophile Addition

Ist die C=C-Gruppe mit Substituenten verbunden, die entweder einen negativen induktiven oder negativen mesomeren Effekt ausüben (→Elektronenverschiebung), so wird die Elektronendichte der Doppelbindung verringert und die C-Atome werden in dem Sinn polarisiert, daß das C-Atom, das nicht mit den elektronenanziehenden Gruppen verbunden ist, eine positive Teilladung erhält. Solche Gruppen sind z. B. —F, —CN, ⟩CO, —NO$_2$. Bei diesen Verbindungen tritt der Reaktionsmechanismus der nucleophilen Addition auf (Ad$_N$).

Dabei wird im ersten geschwindigkeitsbestimmenden Schritt ein negativ geladenes Teilchen an das C-Atom mit der positiven Teilladung angelagert. Das auf diese Weise entstandene *Carbanion* addiert schnell ein Proton aus dem Lösungsmittel oder einem anderen Protonenspender. Die Reaktion wird von starken Basen (→Säure) katalysiert, die durch Protonenentzug die Bildung nucleophiler Teilchen begünstigen.

X, Y = elektronenanziehende Gruppen
N = nucleophiles Teilchen

Eine stereochemische Bevorzugung wie bei der elektrophilen Addition ist bei der nucleophilen Anlagerung nicht bekannt.

Additionen 1.

Auch bei der nucleophilen Addition kommt es als Spezialfall zu einer Polymerisation, wenn das gebildete Carbanion sich an ein Molekül mit einer C=C-Doppelbindung anlagert. Als Katalysator wirken Basen wie Natriumamid ($NaNH_2$) oder →metallorganische Verbindungen wie Triäthylaluminium ($Al[C_2H_5]_3$) oder →GRIGNARD-Verbindungen.

$$\underset{\text{Acrylnitril}}{\overset{}{\underset{}{C=C}}\underset{C\equiv N}{}} \xrightarrow{Na^+NH_2^-} \underset{\text{Carbanion}}{H_2N-\underset{}{\overset{}{C}}-\underset{C\equiv N}{\overset{}{C^-}}} \xrightarrow{\overset{C=C}{C\equiv N}} \underset{\underset{N}{\overset{\text{III}}{C}}}{H_2N-\overset{}{\underset{}{C}}-\overset{}{\underset{}{C}}-\overset{}{\underset{\underset{N}{\overset{\text{III}}{C}}}{C}}-C^-} \text{u.s.w.}$$

Startreaktion ———— Kettenwachstum

Eine sehr stark elektronenanziehende Wirkung übt die CO-Gruppe aus. Nucleophile Additionen spielen sich daher sehr leicht an α, β-ungesättigten Carbonylverbindungen ab. Ein Sonderfall ist die MICHAEL-*Reaktion*, bei der ein Carbanion als nucleophiles Teilchen an das β-C-Atom angelagert wird. Die von starken Basen katalysierte Reaktion ist umkehrbar. Für die Bildung der Carbanionen kommen besonders Verbindungen in Frage wie Malonsäureester (→Carbonsäuren 1.2.), Ketone (→Oxoverbindungen), Nitrile (→Carbonsäuren 3.4.).

$$\underset{\text{Zimtsäureäthylester}}{\overset{C_6H_5 \quad COOC_2H_5}{\underset{H \quad H}{C=C}}} + \underset{\underset{\text{Naäthylat als Base}}{\text{Malonsäurediäthylester}}}{\overset{H \quad COOC_2H_5}{\underset{H \quad COOC_2H_5}{C}}} \xrightarrow{Na^+C_2H_5O^-} \underset{\underset{COOC_2H_5}{HC-COOC_2H_5}}{\overset{C_6H_5 \quad COOC_2H_5}{H-C-C-H}}$$

1.3. Radikalische Addition

Unter entsprechenden Bedingungen finden Additionen als →Radikalreaktionen statt. Die Bedingungen lauten: unpolare Lösungsmittel oder Gasphase, Licht, Wärme oder Peroxide als Radikalbildner.
So kommt es u. a. durch Dibenzoylperoxid zur →Polymerisation von →Vinylverbindungen oder zur Kettenreaktion bei der Addition von HBr an Alkene. Im Gegensatz zu HCl und HJ, die beide nicht radikalisch addiert werden, kommt es bei der Anlagerung von HBr zu einem anderen Produkt als bei der elektrophilen Addition, die — wie oben erwähnt — der MARKOWNIKOW-*Regel* folgt. Bei der radikalischen Addition wird das Bromatom zuerst angelagert. Es greift die

Additionen 2.

räumlich günstigste Stelle an, also das C-Atom, das nicht durch Methylgruppen geschützt ist.

$$\begin{array}{c}H_3C\\ \diagdown\\ C=C\\ \diagup\diagdown\\ H_3CH\end{array}\quad\xrightarrow{H^+\ +Br^-}\quad\begin{array}{c}H_3CH\\ \diagdown\diagup\\ H_3C-C-C-H\\ \diagup\diagdown\\ BrH\end{array}$$

elektrophile Addition nach der MARKOWNIKOW-Regel

$$\begin{array}{c}H_3C\\ \diagdown\\ C=C\\ \diagup\diagdown\\ H_3CH\end{array}\quad\xrightarrow{H\cdot\ +Br\cdot}\quad\begin{array}{c}H_3CH\\ \diagdown\diagup\\ H_3C-C-C-H\\ \diagup\diagdown\\ HBr\end{array}$$

radikalische Addition mit dem Anti-MARKOWNIKOW-Effekt

Die Addition von →Carbenen führt zu Cyclopropanderivaten (→Cycloalkane). Auch die *Hydrierung* von Alkenen an der Oberfläche bestimmter Metalle (Pt, Pd, Ni) ist eine →Radikalreaktion. Sie erfolgt stereospezifisch als cis-Addition, da der aktivierte Wasserstoff nur von der Seite des Metall die Doppelbindung angreifen kann.

2. Konjugierte →Diene (C=C—C=C)

2.1. Einfache Addition

Konjugierte Diene sind zwar stabiler als nichtkonjugierte, aber sie addieren leichter. Beim ersten Schritt der Addition, gleichgültig ob elektrophil oder radikalisch, wird das angreifende Teilchen an einem Ende angelagert. So entsteht ein sekundäres Carbonium-Ion, das stabiler ist als das primäre, das bei einer Anlagerung in der Mitte des Moleküls gebildet worden wäre. Es wird das Ende für den Angriff bevorzugt, das nach der Anlagerung eine →Hyperkonjugation oder einen + induktiven Effekt (→Elektronenverschiebung) ermöglicht. Deshalb wird bei 2-Methyl-buta-1,3-dien die 1-Stellung angegriffen, bei 1-Phenyl-buta-1,3-dien die 4-Stellung.

$$\begin{array}{cccc}&CH_3&&\\ \downarrow&|&&\\ H_2C=C-CH&=CH_2\\ 1&2&3&4\end{array}\qquad\qquad\begin{array}{cccc}&&&\downarrow\\ C_6H_5-CH=CH-CH=CH_2\\ 1&2&3&4\end{array}$$

2-Methyl-buta-1,3-dien   1-Phenyl-buta-1,3-dien

THIELE war der Ansicht, daß als Ergebnis dieser Additionen, ob Säuren oder Halogene, die Addition in 1,4-Stellung sei und entwickelte seine Theorie der Partialvalenzen. Inzwischen hat sich aber gezeigt, daß auch die Addition in 1,2-

Stellung sehr häufig auftritt. Bevorzugt erfolgt die 1,2-Addition in unpolaren Lösungsmitteln und bei niedrigen Temperaturen, weil die Aktivierungsenergie für die 1,4-Addition häufig größer ist als für die 1,2-Addition.

INGOLD und BURTON erklärten das Auftreten der verschiedenen Produkte durch den Allylcharakter des Zwischenprodukts, das →Mesomerie aufweist.

$$H_2C=CH-CH-CH_2 \xrightarrow{+X^+}$$
Buta-1,3-dien

$[H_2C=CH-C^+H-CH_2X \leftrightarrow H_2C^+-CH=CH-CH_2X]$
mesomere Formen

$H_2C\!\!=\!\!=\!\!CH\!\!=\!\!=\!\!CH-CH_2X$
$\underbrace{\qquad\qquad\qquad}_{+}$

andere Schreibweise für Mesomerie

Die Reaktion mit dem nucleophilen Teilchen ist dann an zwei Stellen möglich und führt entweder zur 1,2- oder zur 1,4-Addition. Beide Substanzen sind →Isomere. Es bildet sich das stabilere Produkt (thermodynamisch kontrolliert), wenn die beiden möglichen Isomere sich unter den Reaktionsbedingungen ineinander umwandeln können (Anionotropie = Tautomerie, Spezialfall der →Isomerie s. a. →Umlagerungen 2.). Ist die Umwandlung nicht möglich, so wird das Produkt bevorzugt erhalten, das schneller gebildet wird (kinetisch kontrolliert).

$$H_2C=CH-CH=CH_2 \xrightarrow{H^+Br^-} CH_3-CHBr-CH=CH_2 \text{ oder}$$
$\qquad\qquad\qquad\qquad\qquad\qquad\qquad$ 1,2-Addition

$\qquad\qquad\qquad\qquad\qquad\qquad\qquad\quad CH_3-CH=CH-CH_2Br$
$\qquad\qquad\qquad\qquad\qquad\qquad\qquad\qquad$ 1,4-Addition

Bei $-80°C$ liegt im Isomerengemisch 20% des 1-Hydro-4-bromids vor. Bei höheren Temperaturen wandeln sich die Isomere um, und das stabilere Produkt, das 1-Hydro-4-bromid, nimmt 80% der Ausbeute ein.

2.2. Dien-Synthese

Ein sehr wichtiger Sonderfall der 1,4-Addition ist die Dien-Synthese (→DIELS-ALDER-Synthese). Es handelt sich dabei um eine Cycloaddition. Darunter versteht man eine Reaktion, bei der zwei ungesättigte Moleküle sich unter Bildung eines Rings zusammenlagern. So bilden zwei Moleküle Tetrafluoräthen Octafluorcyclobutan (→Cycloalkane). Die Dien-Synthese ist nur ein Spezialfall der Cycloaddition, bei der eine 1,3-Dienkomponente (genannt Dien) mit einer Äthenkomponente (genannt Dienophil) reagiert unter Bildung ienes sechsgliedrigen Rings.

Additionen 3.

$$F_2C=CF_2 + F_2C=CF_2 \longrightarrow \begin{matrix} F_2C-CF_2 \\ | \quad\quad | \\ F_2C-CF_2 \end{matrix}$$

Tetra-   Octafluor-
fluoräthen   c-butan

Dien + Dienophil → Cyclohexen (a,b,c,d,e,f)

Die Dienkomponente wird durch elektronenliefernde Gruppen (+ induktiver Effekt →Elektronenverschiebung) aktiviert, das Dienophil durch elektronenanziehende Substituenten (—COOH, —NO$_2$, —CN, u. a.). Die Diensynthese ist sehr stark spezifisch in Bezug auf die Stereochemie. Die Addition erfolgt notwendigerweise als cis-Addition sowohl für das Dien als auch das Dienophil. Bei der Addition cyclischer Diene an cyclische Dienophile entstehen nur endo-Strukturen (→Isomerie). Der Mechanismus der Reaktion ist noch nicht geklärt.

3. *Alkine* (—C≡C—)

Grundsätzlich reagieren die Alkine entsprechend den Alkenen. Als erstes Reaktionsprodukt bildet sich ein substituiertes Alken, das weiter reagieren kann.

$$R_1-C\equiv C-R_2 \xrightarrow{+XY} \underset{X}{\overset{R_1}{>}}C=C\underset{R_2}{\overset{Y}{<}} \xrightarrow{+XY} X-\underset{X}{\overset{R_1}{C}}-\underset{R_2}{\overset{Y}{C}}-Y$$

Alkin   Alken   Alkan

Der Unterschied zu den Alkenen liegt darin, daß die →Elektronegativität des C-Atoms ansteigt, je ungesättigter es ist. Bei Alkinen ist die Elektronegativität so groß, daß sie als →Säuren wirken können, d. h. ihren Wasserstoff als Proton abgeben können. Deshalb sind auch die π-Elektronen fester gebunden als bei den Alkenen, was sich auch in der größeren Ionisationsenergie der Alkine zeigt. Dementsprechend werden sie von elektrophilen Teilchen weniger leicht angegriffen als die entsprechenden Alkene.

4. *Carbonylgruppe* (>C=O)

Die Carbonylgruppe kommt vor bei Aldehyden, Ketonen (→Oxoverbindungen), →Carbonsäuren und deren Derivate. Die Gruppe liegt in einem →mesomeren Zustand vor, von dem man nur die Grenzformeln angeben kann:

$$>C=\overline{\underline{O}}| \leftrightarrow >C^+-\overline{\underline{O}}|^-.$$

Das Sauerstoffatom besitzt die größere →Elektronegativität und zieht die gemeinsamen Elektronen stärker zu sich heran. Die Carbonylgruppe weist also eine polare Struktur auf. Das positivierte C-Atom kann von *nucleophilen* Teilchen angegriffen werden, das O-Atom von *elektrophilen*. Besonders leicht reagiert das O-Atom mit elektrophilem Wasserstoff. Im Gegensatz zur festen Bindung von Wasserstoff an Kohlenstoff ist diese Anlagerung von Wasserstoff an Sauerstoff ein schneller Gleichgewichtsprozeß. Er findet bevorzugt statt, wenn die nachfolgende nucleophile Addition säurekatalysiert ist. Durch die Anlagerung des Protons ist das C-Atom stärker positiv geworden und damit für einen nucleophilen Angriff noch geeigneter. Der geschwindigkeitsbestimmende Schritt ist jedenfalls der nucleophile Angriff, daher auch als Ad_N klassifiziert.

Die Additionen an die Carbonylgruppe sind meistens umkehrbar. Wegen der Rotation um die C—O-Bindung gibt es keine Stereospezifität, cis- und trans-Additionen treten in gleichem Maße auf.

Substituenten mit einem positiven induktiven Effekt (elektronenliefernd →Elektronenverschiebung) setzen damit die positive Teilladung des C-Atoms herab und mindern so die Möglichkeit eines nucleophilen Angriffs. Der begünstigend wirkende negative induktive Effekt von Sauerstoff und Stickstoff wird durch den Mesomerie-Effekt (→Elektronenverschiebung) der freien Elektronenpaare dieser Atome wieder aufgehoben.

Säurekatalyse erhöht die Angriffsfähigkeit des C-Atoms. Da aber nur Anionen schwacher Säuren nucleophil sind, die bei Säurezusatz wenig dissoziieren, erfolgt die optimale Addition bei pH-Werten zwischen 4 und 5, also in mäßig sauren Lösungen.

Die nucleophile Addition wird aber auch von Basen katalysiert. Ihre Funktion besteht darin, von den schwachen Säuren die Protonen zu binden und so die nucleophilen Anionen zu bilden, die dann den ersten Schritt bei der Addition durchführen.

Ein Beispiel für eine Reaktion, die von Basen und allgemein von Säuren — also nicht nur von H_3O^+ — katalysiert wird, ist die Addition von Wasser an Aldehyde und Ketone. Während Aldehyde im Wasser weitgehend hydratisiert vorliegen, sind Ketone wenig hydratisiert. Obwohl Aldehyde hydratisiert sind (Methanal = Formaldehyd fast 100%), gelingt eine Isolierung der entstandenen geminalen Diole nur, wenn Gruppen mit negativem induktiven Effekt vorhanden sind:

Chloralhydrat
2,2,2-Trichlor-
äthan-1,1-diol

Glyoxal
Äthan-1-al-
2,2-diol

Ninhydrin,
Farbreagenz für Aminosäuren,
von Triketohydrinden abzuleiten
(→Cycloalkane)

Additionen 4.

Den Reaktionsmechanismus für diese Addition hat man sich wie folgt vorgestellt:

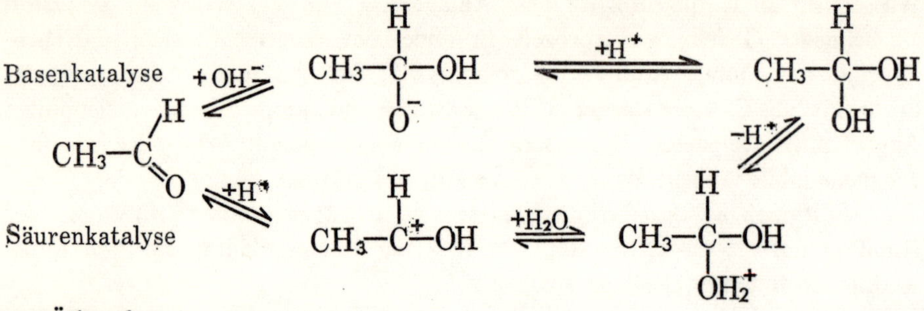

$$\text{Basenkatalyse} \quad +OH^- \rightleftharpoons CH_3-\underset{O^-}{\overset{H}{C}}-OH \xrightleftharpoons{+H^+} CH_3-\underset{OH}{\overset{H}{C}}-OH$$

$$CH_3-C\overset{H}{\underset{O}{\diagdown}} \xrightleftharpoons{+H^+}$$

$$\text{Säurenkatalyse} \qquad CH_3-\overset{H}{\underset{}{C^+}}-OH \xrightleftharpoons{+H_2O} CH_3-\underset{OH_2^+}{\overset{H}{C}}-OH \xrightleftharpoons{-H^+}$$

Äthanal

Entsprechendes gilt für die umkehrbare Addition von Alkoholen an Aldehyde, die zu nicht faßbaren *Halbacetalen* führt. Erst eine Säurekatalyse läßt das *Acetal* entstehen, in dem die Carbonylgruppe durch zwei gegen Alkali widerstandsfähige →Ätherbindungen ersetzt und somit geschützt ist. *Ketale* werden nur mit Orthoameisensäurealkyl→ester gebildet. Verdünnte Säuren spalten die Verbindungen wieder.

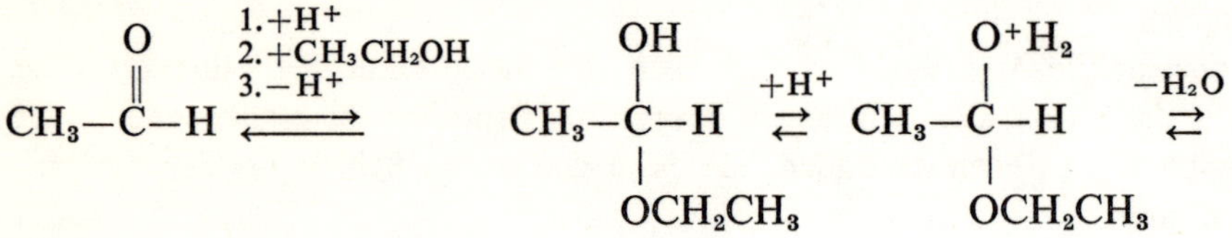

$$CH_3-\overset{O}{\overset{\|}{C}}-H \xrightleftharpoons[]{\substack{1.+H^+ \\ 2.+CH_3CH_2OH \\ 3.-H^+}} CH_3-\underset{OCH_2CH_3}{\overset{OH}{\underset{|}{C}}}-H \xrightleftharpoons{+H^+} CH_3-\underset{OCH_2CH_3}{\overset{O^+H_2}{\underset{|}{C}}}-H \xrightleftharpoons{-H_2O}$$

Äthanal Halbacetal

$$CH_3-\underset{OCH_2CH_3}{\overset{}{\underset{|}{C^+}}}-H \xrightleftharpoons{+CH_3CH_2OH} CH_3-\underset{OCH_2CH_3}{\overset{H^+OCH_3CH_2}{\underset{|}{C}}}-H \xrightleftharpoons{-H^+} CH_3-\underset{OCH_2CH_3}{\overset{OCH_2CH_3}{\underset{|}{C}}}-H$$

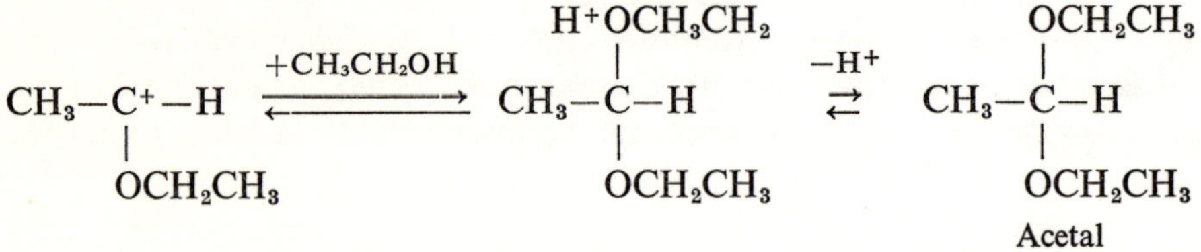

Acetal

Monosaccharide (Einfachzucker) bilden cyclische Halbacetale durch Addition einer Alkoholgruppe an die Aldehydgruppe desselben Moleküls (→Kohlenhydrate).

Auch das Gleichgewicht der Addition von Halogenwasserstoffsäuren liegt in wäßriger Lösung links, so daß eine Isolierung entsprechender Verbindungen nur in nicht wäßrigen Lösungen gelingt. Dagegen werden die Anionen der

Additionen 4.

schwachen Säuren CN^- (→Blausäure) und HSO_3^-, durch Basen katalysiert, leicht addiert. Dabei ist der Angriff des nucleophilen Ions der erste Schritt, die Reaktion wird durch die rasche Aufnahme eines Protons aus dem Lösungsmittel beendet. Ketone addieren weniger leicht als Aldehyde.

$$R_2C=O + CN^- \rightarrow R_2C\genfrac{}{}{0pt}{}{CN}{O^-} \xrightarrow{+H^+} R_2C\genfrac{}{}{0pt}{}{CN}{OH} \qquad R_2C\genfrac{}{}{0pt}{}{SO_2-O^-}{OH} \; Na^+$$

1-Oxy-1-nitril   1-Oxy-1-sulfonat

Die Umsetzung der Carbonylgruppe mit stickstoffhaltigen Reagentien (Amine, Hydroxylamin NH_2OH, Hydrazin $NH_2 \cdot NH_2$, Phenylhydrazin $C_6H_5NH \cdot NH_2$, Semikarbazid $NH_2 \cdot NH \cdot CO \cdot NH_2$), die oft zu schwerlöslichen und damit leicht isolierbaren Produkten führt (wichtig für Identifizierung und Reinigung), zeigt die bereits erwähnte Abhängigkeit vom pH-Wert der Lösung. Zwar bewirkt eine große H_3O^+-Ionenkonzentration eine starke Protonenanlagerung an das O-Atom und damit eine günstige Situation für die Addition der Stickstoffverbindungen (N hat ein freies Elektronenpaar und wirkt somit basisch und nucleophil), aber gleichzeitig erfolgt eine Überführung der Stickstoffbase durch Protonenanlagerung in die konjugierte, nicht mehr nucleophile Säure. Die Additionsprodukte spalten H_2O ab. Der geschwindigkeitsbestimmende Schritt ist abhängig von den gewählten Bedingungen, entweder die Addition der nucleophilen Gruppe oder die →Elimination von Wasser.

$$R_2C\overset{O}{\underset{\|}{}} + NH_2R_x \rightarrow R_2C-\underset{|}{\overset{HO}{|}}N-\overset{H}{\underset{|}{}}R_x \xrightarrow{-H_2O} R_2C=N-R_x$$

$R_x=OH$: *Oxim;* $R_x=NH_2$: *Hydrazin;* $R_x=NH \cdot C_6H_5$: *Phenylhydrazon;* $R_x=NH \cdot CO \cdot NH_2$: *Semicarbazon*

Im Gegensatz zur *Hydrierung* der Alkene ist auch die Reduktion der Carbonylgruppe eine nucleophile Addition, die aber nicht in einem Gleichgewicht endet. Als nucleophiles Teilchen wirkt das Hydrid-Ion H^-, das im ersten Schritt angelagert wird. Die Reaktion wird durch die Addition eines Protons aus verdünnten Säuren beendet. Als Hydridspender dient in nicht hydroxylgruppenhaltigen Lösungsmitteln (Äther, Dioxan, Tetrahydrofuran) $LiAlH_4$, in wäsriger und alkoholischer Lösung auch das schwächere $NaBH_4$. Von diesen Reagentien werden nicht nur Aldehyde und Ketone zu Alkoholen reduziert, sondern auch

Additionen 4.

Carbonsäuren und Ester. Auch Amide, Nitrile und Nitroverbindungen werden angegriffen und zu den entsprechenden wasserstoffreicheren Verbindungen umgeformt.

Eine Reduktion durch Übertragung eines Hydrid-Ions erfolgt auch bei der MEERWEIN-PONNDORF-*Reduktion* und der CANNIZZARO-*Reaktion*. Bei der MEERWEIN-PONNDORF-Reduktion dient Aluminium-Alkoholat (meist Al-isopropylat) als Hydridüberträger und ein Alkohol (häufig Isopropanol) als Protonenspender. Die umkehrbare Reaktion verläuft über einen cyclischen Zwischenzustand. Die Verschiebung des Gleichgewichts nach links zugunsten des Ketons durch einen Überschuß an Aceton wird als OPPENHAUER-*Oxydation* bezeichnet.

Al-isopropylat   Aceton

Die CANNIZZARO-*Reaktion* tritt bei Aldehyden, die kein α-H-Atom haben, in Anwesenheit starker Basen auf. Die Aldehyde werden dabei zu gleichen Teilen in einen primären Alkohol und Säureanion umgewandelt (Disproportionierung). Der erste Schritt besteht in einer schnellen Addition eines OH^--Ions an eine Carbonylgruppe. Diese Verbindung überträgt dann das Hydrid-Ion auf ein zweites Molekül Aldehyd. Das entstandene Alkoholat-Ion nimmt als stärkere Base der Säure ein Proton weg.

1. Aldehyd   2. Aldehyd   Säure   Alkoholat-Ion

Als nucleophiles Reagens kann auch ein Carbanion wirken. So wird bei Aldehyden mit einem α-H-Atom durch Basen die ein Proton entziehen, ein Carbanion gebildet, das sich an das positiv polarisierte C-Atom einer anderen Carbonylgruppe anlagern kann. Es entsteht ein Aldol (Aldehydalkohol). Deshalb nennt man diesen Vorgang *Aldolkondensation*. Die Bezeichnung Kondensation beruht auf Folgereaktionen, bei denen Wasser abgespalten werden kann.

Additionen 4.

$$CH_3-\underset{H}{\underset{|}{C}}=O \underset{-H^+}{\rightleftarrows} \left[\begin{array}{c} C^-H_2-C=O \\ | \\ H \\ \updownarrow \\ CH_2=C-O^- \\ | \\ H \end{array}\right] +CH_3-\underset{H}{\underset{|}{\overset{O}{\overset{\|}{C}}}}\underset{}{\overset{+}{\rightleftarrows}} CH_3-\underset{H}{\underset{|}{C}}-CH_2-\underset{H}{\underset{|}{C}}=O$$

$$+H^+ \updownarrow$$

$$CH_3-\underset{H}{\underset{|}{\overset{OH}{\overset{|}{C}}}}-CH_2-\underset{H}{\underset{|}{C}}=O$$

Aldol

Die Abspaltung von Wasserstoff, der durch benachbarte Carbonylgruppen aktiviert wurde, und damit die Bildung eines Carbanions, das an eine zweite Carbonylgruppe angelagert werden kann, wird auch bei einer Reihe anderer Synthesen ausgenutzt. Sie verlaufen alle ähnlich der Aldolkondensation.

So werden bei der KNOEVENAGEL-*Kondensation* entsprechende Verbindungen in Gegenwart von Ammoniak oder Aminen an Aldehyde addiert.

Bei der CLAISEN-SCHMIDT-*Kondensation* werden Aldehyde, die kein α-H-Atom besitzen (also aromatische), mit →aliphatischen Aldehyden, Ketonen oder Estern kondensiert unter Bildung ungesättigter Verbindungen.

Aromatische Aldehyde sind auch das Ausgangsmaterial für die PERKIN-Synthese, bei der diese Aldehyde mit aliphatischen Säureanhydriden (→Carbonsäuren 3.1.) zu α, β-ungesättigten Säuren umgesetzt werden. Das Kaliumsalz der dem Anhydrid entsprechenden Säure wird als basischer Katalysator benutzt. Da die Base nur schwach ist, werden relativ hohe Temperaturen (140°C) bei diesem Prozeß benötigt. Die klassische PERKIN-*Synthese* ist die Herstellung der Zimtsäure:

$$C_6H_5-\underset{H}{\underset{|}{\overset{\overset{-}{|O|}}{\overset{|}{C}}}}{}^+ + C^-H_2-\underset{CH_3-C\diagdown O}{\overset{O}{\overset{\|}{C}}}\diagup \xrightarrow{+H^+} C_6H_5-\underset{H}{\underset{|}{\overset{OH}{\overset{|}{C}}}}-CH_2-\underset{CH_3-C\diagdown O}{\overset{O}{\overset{\|}{C}}}\diagup \xrightarrow{-H_2O} C_6H_5-\underset{H}{\overset{H}{C}}=\underset{CH_3\diagdown O}{\overset{O}{\overset{\|}{C}}}\diagup \xrightarrow{+H_2O} C_6H_5-\underset{H}{\overset{H}{C}}=\underset{+}{\overset{O}{\overset{\|}{C}}}\diagdown OH \quad CH_3-\underset{O}{\underset{\|}{C}}-OH$$

Benz-   Essigsäure-   Zimtsäure und
aldehyd   anhydrid   Essigsäure

Das Acetat-Ion des Salzes spaltet das Proton vom Anhydrid ab, und das gebildete Carbanion lagert sich an die Carbonylgruppe des Benzaldehyds. Nach Aufnahme eines Protons wird H$_2$O eliminiert. In Wasser spaltet sich das entstandene Produkt in die beiden Säuren auf.

Eine Kondensationsreaktion, bei der nur aromatische Aldehyde beteiligt sind, ist die *Benzoinkondensation* (→Acyloine). Die Reaktion, die sich in alkoholischer Lösung abspielt, wird nur von Cyanid-Ionen katalysiert. Das Cyanid-Ion ist

Additionen 4.

genügend nucleophil, um sich an die Carbonylgruppe anzulagern, aber nicht so stark, daß es nicht wieder eliminiert werden kann. Als Gruppe mit negativ induktivem Effekt bewirkt es im angelagerten Zustand eine leichte Abspaltung von benachbartem Wasserstoff.

$$C_6H_5-\overset{\overset{O}{\|}}{C}-H + {}^-CN \rightleftharpoons C_6H_5-\overset{\overset{|\overline{O}|^-}{|}}{\underset{CN}{C}}-H \rightleftharpoons C_6H_5-\overset{\overset{OH}{|}}{\underset{CN}{C}}{}^- + \overset{\overset{O}{\|}}{\underset{H}{C}}-C_6H_5 \rightleftharpoons C_6H_5-\overset{\overset{OH}{|}}{\underset{CN}{C}}-\overset{\overset{|\overline{O}|}{|}}{\underset{H}{C}}-C_6H_5 \rightleftharpoons C_6H_5-\overset{\overset{|\overline{O}|^-}{|}}{\underset{CN}{C}}-\overset{\overset{OH}{|}}{\underset{H}{C}}-C_6H_5 \rightleftharpoons \underset{\text{Benzoin}}{C_6H_5-\overset{\overset{O}{\|}}{C}-\overset{\overset{OH}{|}}{\underset{H}{C}}-C_6H_5 + {}^-CN}$$

Das vom Benzoin abzuleitende Diketon *Benzil* wandelt sich in einer von Basen katalysierten Reaktion intramolekular in das *Benzilsäureanion* (Benzilsäure→umlagerung) um. Der wesentliche Schritt ist eine Carbanion-Addition

$$\underset{\text{Benzil}}{\overset{C_6H_5}{\underset{C_6H_5}{O=C-C=O}}} \overset{+OH^-}{\rightleftharpoons} {}^-O-\overset{\overset{OH}{|}}{\underset{C_6H_5}{C}}-\overset{\overset{C_6H_5}{|}}{C}=O \rightleftharpoons O=C-\overset{\overset{HO}{|}}{\underset{C_6H_5}{C}}-\overset{\overset{C_6H_5}{|}}{C}-O^- \rightleftharpoons \underset{\text{Benzilsäure}}{O=C-\overset{\overset{O^-}{|}}{\underset{C_6H_5}{C}}-\overset{\overset{C_6H_5}{|}}{C}-OH}$$

Ebenfalls nach dem Schema der Aldolkondensation verläuft die CLAISENsche *Esterkondensation*. In diesem Prozeß addiert die Carbonylgruppe eines Esters das Carbanion, das aus einem zweiten Estermolekül durch eine starke Base wie Äthylat-Ionen entstanden ist. Es kommen auch intramolekulare Additionen vor, wenn die Estergruppen in entsprechender Lage innerhalb eines Moleküls vorliegen. Dieser Spezialfall wird DIECKMANN-*Kondensation* genannt (→Cycloalkane).

$$\underset{\substack{\text{Essigsäureäthylester}\\\text{1. Molekül}}}{C_2H_5O\overset{\overset{O}{\|}}{C}-CH_3} \overset{C_2H_5O^-}{\rightleftharpoons} C_2H_5O\overset{\overset{O}{\|}}{C}-CH_2{}^- + \underset{\substack{\\\text{2. Molekül}}}{\overset{\overset{O}{\|}}{\underset{CH_3}{C}}-OC_2H_5} \rightleftharpoons$$

$$C_2H_5O\overset{\overset{O}{\|}}{C}-CH_2-\overset{\overset{O^-}{|}}{\underset{CH_3}{C}}-OC_2H_5 \overset{-C_2H_5O^-}{\rightleftharpoons} \underset{\beta\text{-Ketoester}}{C_2H_5O\overset{\overset{O}{\|}}{C}-CH_2-\overset{\overset{O}{\|}}{C}-CH_3}$$

Die MANNICH-*Reaktion* ist ein Zweistufenprozeß. Methanal (Formaldehyd) addiert ein Carbanion im ersten Schritt. Nach der Abspaltung von Wasser wird ein weiteres Molekül addiert, meist ein sekundäres Amin. Die Reaktion wird von Säure katalysiert. Eine Vertauschung der beiden Reaktionsschritte ist möglich.

Additionen 4.

$$\underset{\text{Methanal}}{\overset{H}{\underset{H}{|}}C=O} \xrightarrow{+H^+} HO-\overset{H}{\underset{H}{|}}C^+ + {}^-\overset{H}{\underset{H}{|}}C-\overset{OH^+}{\overset{\|}{C}}-R \rightarrow HO-\overset{H}{\underset{H}{|}}C-\overset{H}{\underset{H}{|}}C-\overset{OH^+}{\overset{\|}{C}}-R \xrightarrow[-H_2O]{-H^+}$$
$$\text{Keton}$$

$$H_2C=CH-\overset{O}{\overset{\|}{C}}-R \xrightarrow{+HNR_2} \underset{\text{Mannich-Base}}{R_2NCH_2-CH_2-\overset{O}{\overset{\|}{C}}-R}$$

Außer Ketonen können bei dieser Reaktion auch Aldehyde und →Ester eingesetzt werden, da beide aktiven Wasserstoff besitzen können und damit in der Lage sind, Carbanionen zu bilden. Ketone sind im allgemeinen weniger aktiv bei diesen Additionsreaktionen, u. a. auch deshalb, weil eine räumliche Behinderung bei der Addition vorliegt. Eine Ketonaddition ist die STOBBE-*Kondensation*, bei der das Carbanion des Bernsteinsäurediäthylesters angelagert wird. Dieses Produkt bildet intramolekular einen Ring durch eine zweite nucleophile Addition mit der weiter entfernten Estergruppe.

$$R_2-\overset{O}{\overset{\|}{C}} + \overset{CH_2-\overset{O}{\overset{\|}{C}}-OC_2H_5}{\underset{{}^{\ominus}CH-\overset{\|}{\underset{O}{C}}-OC_2H_5}{|}} \rightleftharpoons R_2\overset{O^-}{\underset{O=\overset{|}{C}-OC_2H_5}{\overset{|}{C}-\overset{H}{\underset{CH_2}{\overset{\delta^+}{\overset{|}{C}}\overset{\delta^-}{\overset{\|}{O}}-OC_2H_5}}}} \xrightarrow{-C_2H_5O^-} R_2\overset{O-C=O}{\underset{O=\overset{|}{C}-OC_2H_5}{\overset{|}{C}\overset{H}{\underset{CH_2}{\overset{|}{C}}}}}$$

Alk-1-ine, wie →Äthin, zeichnen sich durch den Besitz von leicht abspaltbarem Wasserstoff aus. REPPE nutzte das zu dem von ihm entwickelten Verfahren der Äthinylierung aus. Acetylid-Ionen werden dabei an Carbonylgruppen addiert, und es bilden sich Alkinole.
Bei der →GRIGNARD-Reaktion wird das durch die Bindung an Mg negativ polarisierte C-Atom an das positiv polarisierte C-Atom der Carbonylgruppe angelagert, dessen Ladung durch den Angriff eines zweiten Moleküls des GRIGNARD-Reagens auf das Sauerstoffatom verstärkt wurde. Es tritt ein cyclischer Übergangszustand auf.

$$R_2\overset{\delta^+}{\overset{|}{C}}\overset{\delta^-}{=}O + \overset{CR_3}{\underset{\overset{|}{\overset{\delta^+}{Mg}}-Br}{|}} \xrightarrow{(+R_3CMgBr)} \overset{Br}{\underset{R_2C\diagdown_{O\cdots Mg-Br}^{\diagup CR_3}}{\overset{R_3C\overset{|}{\overset{Mg}{\nwarrow}}}{\nearrow}}} \xrightarrow{(-R_3CMgBr)} \overset{Br}{\underset{R_2C\diagdown_{O}^{\diagup CR_3}MgBr}{\overset{R_3C\overset{|}{\overset{Mg}{}}}{}}} \xrightarrow{+H_2O} R_3C+\overset{OH}{\underset{MgBr}{|}}$$
$$ R_2C-OH$$

Adenin

Die Carbonylgruppe kann aber auch direkt mit Metallen reagieren. In diesem Fall handelt es sich dann um →Radikalreaktionen. Natrium gibt z. B. sein freies Elektron an ein Estermolekül ab, das mit einem zweiten Esterradikal reagiert. Nach Elimination der Alkoholationen und nochmaliger Reaktion mit Natrium entsteht ein →Acyloin (α-Hydroxyketon).

$$\begin{array}{c} R_1-\overset{O}{\overset{\|}{C}}-OR_2 \\ R_1-\overset{\|}{\underset{O}{C}}-OR_2 \end{array} \xrightarrow[-2Na^+]{+2Na\cdot} \begin{array}{c} R_1-\overset{O^-}{\overset{|}{C}}-OR_2 \\ \vdots \\ R_1-\overset{|}{\underset{O^-}{C}}-OR_2 \end{array} \rightarrow \begin{array}{c} R_1-\overset{O^-}{\overset{|}{C}}-OR_2 \\ | \\ R_2-\overset{|}{\underset{O^-}{C}}-OR_2 \end{array} \xrightarrow{-2OR_2^-} \begin{array}{c} R_1-\overset{O}{\overset{\|}{C}} \\ | \\ R_1-\overset{\|}{\underset{O}{C}} \end{array}$$

Diketon

$$\xrightarrow[-2Na^+]{+2Na\cdot} \begin{array}{c} R_1-\overset{O^-}{\overset{|}{C}}\cdot \\ | \\ R_1-\overset{|}{\underset{O^-}{C}}\cdot \end{array} \rightarrow \begin{array}{c} R_1-\overset{O^-}{\overset{|}{C}} \\ \| \\ R_1-\overset{|}{\underset{O^-}{C}} \end{array} \xrightarrow{+2H^+} \begin{array}{c} R_1-\overset{OH}{\overset{|}{C}} \\ \| \\ R_1-\overset{|}{\underset{OH}{C}} \end{array} \rightleftarrows \begin{array}{c} R_1-\overset{O}{\overset{\|}{C}} \\ | \\ R_1-CH \\ | \\ OH \end{array}$$

Acyloin

Literatur

INGOLD, C.: Structure and Mechanism in Organic Chemistry. — Cornell University Press, Ithaka 1969
SYKES, P.: Reaktionsmechanismen der organischen Chemie. — Verlag Chemie, Weinheim 1966
MARE, P. DE LA, BOLTON, R.: Electrophilic Additions to Unsaturated Systems. — Elsevier Publ. Com., Amsterdam 1966
PATAI, S.: The Chemistry of Alkenes. — Interscience Publ. London 1964

Adenin s. ATP, Heterocyclen 2.4., Nucleinsäuren.
Adenosintriphosphat s. ATP.
Adipinsäure s. Carbonsäuren 1.1.2. und 1.2., Chemiefasern, Polykondensation.
ADP s. ATP.
Adrenalin s. Hormone, Organische Stickstoffverbindungen 2.
Adumbran s. Rauschgifte.
Äquatorialstellung s. Cycloalkane 1.1.
Äquivalenzpunkt s. Maßanalyse.
Äthan s. Alkane.
Äthanol auch *Äthylalkohol* genannt, ist der bekannteste einwertige Alkohol (→Hydroxylderivate). Im allgemeinen Sprachgebrauch wird die Bezeichnung Alkohol für diese Verbindung verwendet.

Äthanol

Äthanol (F: −114,5°C; Kp: 78,3°C; Dichte: 0,789 g/cm³) ist eine farblose Flüssigkeit, brennt mit nichtleuchtender Flamme in Gemischen mit über 50% Alkoholgehalt und mischt sich vollständig mit Wasser. 50 Volumenteile Äthanol und 50 Volumenteile Wasser ergeben 96,3 Volumenteile. Die Kontraktion beruht auf der Bildung von Wasserstoffbrücken (→Bindungskräfte). Äthanol ist sehr hygroskopisch (wasseranziehend). Durch fraktionierte Destillation läßt sich nur ein azeotropes (konstant siedendes) Gemisch mit 4,7% H_2O gewinnen.
Völlige Entwässerung erreicht man durch azeotrope Destillation mit Benzol (bei 64,9°C ternäres Gemisch Alkohol-Benzol-Wasser, bei 68,2°C binäres Gemisch Benzol-Alkohol, Rückstand absoluter Alkohol) oder Trichloräthylen. In kleineren Mengen wird absoluter Alkohol durch Zugabe von Magnesium, Kupfersulfat (nicht Kupfervitriol $CuSO_4 \cdot 5H_2O$), Bariumoxid u. a. hergestellt. Äthanol ist ein sehr gutes Lösungsmittel, ein Ausgangsstoff für die chemische Industrie (besonders in Ländern ohne Kohle und Erdöl, aber mit viel →Kohlenhydraten). Er dient zur Konservierung anatomischer Präparate und in großem Maße als Genußmittel. Mit Denaturierungsmittel Pyridin (s. →Heterocyclen 2.1.) und Methanol wird Äthanol als *Brennspiritus* gehandelt.
Großtechnisch wird Äthanol durch Wasseranlagerung an →Äthen (aus Crackgasen) oder durch die alkoholische Gärung (Fermentation von Zucker) gewonnen. Die Herstellung aus →Äthin über Äthanal (Acetaldehyd) wird nicht mehr angewandt. Die Wasseranlagerung an Äthen wird entweder über Phosphorsäurekatalysatoren oder mit Hilfe von konz. Schwefelsäure vorgenommen. Beim letztgenannten Verfahren bildet sich Äthylhydrogensulfat, das mit Wasser erhitzt hydrolysiert und Alkohol ergibt.

$$\underset{\text{Äthen}}{\begin{array}{c}H\\ \diagdown\\ \end{array}\!\!C\!=\!C\!\!\begin{array}{c}\\ \diagup\\ H\end{array}\begin{array}{c}H\\ \\ \diagdown\\ H\end{array}} \;+H_2O\; \xrightarrow{\text{Kat.}} \;\underset{\text{Äthanol}}{H\!-\!\underset{\underset{H}{|}}{\overset{\overset{H}{|}}{C}}\!-\!\underset{\underset{H}{|}}{\overset{\overset{H}{|}}{C}}\!-\!OH}$$

$$\underset{\text{Äthen}}{C_2H_4} + H_2SO_4 \rightarrow \underset{\text{Äthylhydrogensulfat}}{C_2H_5OSO_3H} \xrightarrow{+H_2O} \underset{\text{Äthanol}}{C_2H_5OH} + H_2SO_4$$

$$\underset{\text{Äthin}}{C_2H_2} + H_2O \xrightarrow{Hg^{2+}} \underset{\text{Äthanal}}{H\!-\!\overset{\overset{H}{|}}{\underset{\underset{H}{|}}{C}}\!-\!C\!\!\begin{array}{c}\diagup\!\!\!\diagup O\\ \diagdown H\end{array}} \xrightarrow[\text{Kat.}]{+H_2} \underset{\text{Äthanol}}{H\!-\!\overset{\overset{H}{|}}{\underset{\underset{H}{|}}{C}}\!-\!\overset{\overset{H}{|}}{\underset{\underset{H}{|}}{C}}\!-\!OH}$$

Äthanol

Das älteste Verfahren zur Alkoholgewinnung ist die *alkoholische Gärung*, die fermentative Umsetzung von bestimmten Zuckern (Monosaccharide: Glucose, Fructose, Mannose, Galactose; Disaccharid Maltose s. →Kohlenhydrate 1 und 2.) durch Hefepilze. Andere Di- und Polysaccharide (z. B. Stärke) müssen erst fermentativ oder durch Säuren hydrolysiert werden.

Bruttogleichung: $C_6H_{12}O_6 \rightarrow 2\,CO_2 + 2\,C_2H_5OH \quad \triangle H = -25$ kcal.

Die von PASTEUR angenommene für die Gärung notwendige „Lebenskraft" ist endgültig durch den Versuch von BUCHNER widerlegt worden, der zeigte, daß zellfreie Hefepreßsäfte Gärung durchführen. Gärung ist also entsprechend der Auffassung LIEBIGS ein chemischer Prozeß, der von sehr vielen Biokatalysatoren (Fermente = →Enzyme) bewirkt wird. Die Gesamtheit der bei der Gärung beteiligten Enzyme wird auch als *Zymase* bezeichnet.

Die einzelnen Abbaustufen der alkoholischen Gärung, die der des anaeroben Abbaus (Glykolyse) der →Kohlenhydrate auch in anderen Organismen entsprechen, zeigt das folgende Schema (nach RODD und CARLSON). Nach den Entdeckern wird es als das EMBDEN-MEYERHOF-*Schema* bezeichnet.

Ⓟ bedeutet Phosphat.

Reaktionsprodukt, Name	Formel	angreifendes Enzym
D-Glucose (Traubenzucker)	HO—CH₂ / O / OH / HO / OH / OH	Hexokinase →ATP→ADP
Glucose-6-phosphat	Ⓟ—O—CH₂ / O / OH / HO / OH / OH	Phosphoglucoseisomerase
Fructose-6-phosphat	Ⓟ—O—CH₂—O—CH₂OH / HO / OH / OH	Phosphofructokinase →ATP→ADP

Äthanol

Reaktionsprodukt, Name	Formel	angreifendes Enzym
Fructose-1,6-diphosphat	ⓅO—CH₂—O—CH₂—O—Ⓟ, HO, OH, OH	Aldolase

Glycerinaldehyd-3-phosphat + Dihydroxyacetonphosphat
(Gleichgewicht durch Phosphotrioseisomerase)

Glycerinaldehyd-3-phosphat	O=C(H)—C(OH)(H)—CH₂—O—Ⓟ	Phosphotriose-dehydrogenase + Ⓟ $NAD^+ \rightarrow NADH + H^+$
	HOCH₂—C(=O)—CH₂—O—Ⓟ	
Glycerinsäure-1,3-diphosphat	O=C(O—Ⓟ)—C(H)(OH)—CH₂—O—Ⓟ	Phosphoglyceratkinase $ADP \rightarrow ATP$
Glycerinsäure-3-phosphat	HO—C(=O)—C(H)(OH)—CH₂—O—Ⓟ	Phosphoglyceromutase
Glycerinsäure-2-phosphat	HO—C(=O)—C(H)(O—Ⓟ)—CH₂OH	Enolase
Phosphoenolpyruvat	HO—C(=O)—C(O—Ⓟ)=CH₂	Pyruvatphosphokinase $ADP \rightarrow ATP$
Brenztraubensäure (Salze: Pyruvate)	HO—C(=O)—C(=O)—CH₃	Pyruvatdecarboxylase + Thiaminpyrophosphat
Äthanal (Acetaldehyd)	H—C(=O)—CH₃	Alkoholdehydrogenase $NADH + H^+ \rightarrow NAD^+$
Äthanol	HO—C(H)(H)—CH₃	

Äthen

→ATP ist Adenosintriphosphat, ADP Adenosindiphosphat. Der Zerfall von ATP zu ADP liefert 7 kcal/mol und dient zur Energielieferung und zur Übertragung von Phosphorsäure bei endergonischen (energieverbrauchenden) biologischen Reaktionen. NAD^+ ist Nicotinamid-adenin-dinucleotid (früher Diphosphopyridinnucleotid genannt) und dient als Wasserstoffakzeptor bzw. in der reduzierten Form $NADH + H^+$ als Wasserstoffüberträger (Formel →Heterocyclen 2.4., →Vitamine).

Die bei der alkoholischen Gärung anfallenden *Fuselöle* entstehen durch Abbau von Aminosäuren, es sind Propyl-, Butyl- und Amylalkohole (→Alkohole).

Da Hefezellen bereits bei einem Alkoholgehalt von 14% absterben, sind alkoholische Getränke mit höheren Prozentgehalten nur durch Destillation erreichbar (Branntwein).

Der *Alkoholgehalt in Volumenprozenten* beträgt bei Lagerbier 4 bis 5, bei Exportbier über 6, bei Mosel- und Rheinweinen 7 bis 12, bei Südweinen 12 bis 22, bei Sekt 10 bis 14, Branntweine enthalten 30 bis 60 Vol.%.

Literatur
RODD'S Chemistry of Carbon Compounds, Bd. IB. — Elsevier Publ. Com., Amsterdam 1965
KARLSON, P.: Biochemie. — Thieme, Stuttgart 1970

Äthen ist das erste Glied in der →homologen Reihe der →Alkene. Der alte Name für diese Verbindung mit der Formel C_2H_4 ist *Äthylen*, der Trivialname für das Radikal $C_2H_3\cdot$ Vinyl. Äthen ist farb-, geruch-, geschmacklos. Es löst sich kaum in Wasser, aber gut in organischen Lösungsmitteln. F: $-169{,}5°C$; Kp: $-103{,}9°C$; Dichte: $0{,}5699$ g/cm³ am Kp. Mit Luft bildet Äthen explosive Gemische. Äthen beschleunigt das Reifen von Früchten.

Die Atome im Äthenmolekül liegen in einer Ebene, da die C-Atome im sp^2-Hybridisierungszustand (→Atombau) vorliegen. Die freie Drehbarkeit zwischen den C-Atomen ist aufgehoben. Der Abstand der C-Atome ist mit 1,337 Å kleiner als im Äthanmolekül (1,534 Å).

Äthen kommt in geringen Mengen im Erdgas und im →Erdöl vor. Bei der Erdölaufbereitung fällt es in den Crackgasen an, ebenfalls als Nebenprodukt in den Kokereigasen. Der große Bedarf der Kunststoffindustrie zwang aber, weitere Methoden zur Äthenherstellung zu entwickeln. Heute führt man eine thermische Dehydrierung von Äthan (C_2H_6) bei 900°C und eine Gascrackung von →Alkanen (Pyrolyse s. →Petrochemie) bei 1000°C durch. Geringere Bedeutung haben die Dehydratisierung von →Äthanol und die Hydrierung von →Äthin (C_2H_2-Acetylen). Dehydrierung und Crackung (s. →Erdöl) verlaufen als →Radikalreaktion (Kettenmechanismen), wobei z. B. folgende Reaktionen auftreten: Start $C_2H_6 \rightarrow 2\cdot CH_3$; Kettenreaktionen $\cdot CH_3 + C_2H_6 \rightarrow CH_4 + \cdot C_2H_5$, $\cdot C_2H_5 \rightarrow C_2H_4 + \cdot H$,

$H + C_2H_6 \rightarrow H_2 + \cdot C_2H_5$. Abbruchreaktionen zwischen den →Radikalen erfolgen selten, da ein großer Überschuß an Alkanen vorhanden ist. Die Fragmentation (Abspaltung eines H-Atoms als Radikal) ist möglich, da sie exotherm verläuft. Äthen wird industriell vielseitig als Ausgangssubstanz verwendet.

1. Durch katalytische (Ag) Oxydation mit Luft entsteht Äthenoxid, das einfachste *Epoxid* (→Äther 2.), das als Anästhetikum benutzt wird. Äthenoxid ergibt mit HCl β-Chloräthanol (*Chlorhydrin*), ein wichtiges Zwischenprodukt für Kunststoffe, das auch auf anderem Weg (Addition von HOCl) aus Äthen hergestellt wird.

Durch Hydrolyse von Äthenoxid sellt man Äthandiol-1,2 (Äthylenglycol →Hydroxylverbindungen 1.2.) her ($CH_2OH \cdot CH_2OH$). Die Hauptmenge wird als Gefrierschutzmittel eingesetzt. Mit Schwefelsäure gewinnt man daraus *Dioxan* (→Äther, →Heterocyclen), ein ausgezeichnetes Lösungsmittel, das aber giftig ist.

$$\begin{array}{c} CH_2-CH_2 \\ O \quad\quad\quad O \\ CH_2-CH_2 \end{array}$$

Unter Verwendung von $PdCl_2$ als Katalysator gelang es, aus Äthen mit Luftsauerstoff Acetaldehyd (Äthanal →Oxoverb.) direkt herzustellen.

2. Durch Addition von Chlor bildet sich, 1,2-Dichloräthan, das mit Natriumtetrasulfid Thiokol (→Kautschuk) ergibt, eine hochmolekulare, gummiartige Substanz $(C_2H_4S_4)_x$. Bei Pyrolyse von 1,2-Dichloräthan bei 500°C entsteht Vinylchlorid (Monochloräthen) unter Abspaltung von HCl. Vinylchlorid ist die Grundsubstanz für PVC (Polyvinylchlorid) (→Polymerisation, →Halogenderivate).

3. Mit Hilfe von Schwefelsäure wird an Äthen Wasser addiert. Es bildet sich →Äthanol, das zu Essigsäure und anderen Substanzen verarbeitet werden kann. Das als Zwischenprodukt auftretende Diäthylsulfat $(C_2H_5)_2SO_4$ wird u. a. zu →Arzneimitteln weiterverarbeitet (Phenacetin, Diäthylbarbitursäure s. →Heterocyclen 2.3.).

4. $AlCl_3$ dient als Katalysator bei der Alkylierung von Benzol zu Monoäthylbenzol (→Benzolkohlenwasserstoffe), aus dem durch Dehydrierung Vinylbenzol (*Styrol*) entsteht, ein Ausgangsprodukt für Kunststoffe (→Polymerisation).

$$\langle\bigcirc\rangle-CH=CH_2 \quad \text{Styrol}$$

5. Äthen ist das einzige Alken, das unter radikalischen Bedingungen leicht polymerisiert (→Polymerisation). Für das Hochdruckverfahren (2000 at, 250°C)

Äther 1.

werden 600 ppm Sauerstoff als Katalysator benötigt. Es bildet sich ein Produkt, das bei 110°C schmilzt und eine Molmasse bis zu 40 000 hat. Das aus längeren und kürzeren, auch verzweigten Ketten bestehende Material wird zur Herstellung von Folien u. ä. eingesetzt. Das von *Ziegler* entwickelte Niederdruckverfahren arbeitet bei 70°C und Normaldruck. Als Katalysator dient ein Gemisch von $TiCl_4$ und Al-Alkylen (→metallorganische Verbindungen). Der Reaktionsmechanismus entspricht einer nucleophilen →Addition (*Aufbau-Reaktion*). Das Produkt hat eine Molmasse bis zu 1 000 000, damit einen höheren Schmelzpunkt, und ist, da es aus unverzweigten Ketten besteht, zugfester. Gefäße werden aus diesem Material hergestellt.

Literatur
ASINGER, F.: Chemie und Technologie der Monoolefine. — Akademie-Verlag, Berlin 1957
SITTIG, M.: Chemicals from Ethylene. — Noyes Development Cor. Pearl River 1965

Äther sind Verbindungen mit einem Sauerstoffatom zwischen zwei C-Atomen (C—O—C). Sie können als Anhydride von Alkoholen (→Hydroxylderivate) oder als Dialkylderivate des Wassers aufgefaßt werden. Man unterscheidet 1. lineare und 2. cyclische Äther.

1. *Lineare Äther*

Bei diesen Verbindungen ist das Sauerstoffatom nicht in einem Ring eingebaut. Sind die beiden Gruppen, mit denen der Sauerstoff verbunden ist, gleich, spricht man von einfachen, anderenfalls von gemischten Äthern. Die Benennung besteht aus dem Namen der Gruppen in der Reihenfolge der Größe und dem Wort Äther, z.B. Diäthyläther, Methyläthyläther, Methylphenyläther. Die Gruppe —OR heißt *Alkoxylgruppe*.

Diäthyläther   Methylphenyläther

Äther werden im wesentlichen nach drei Methoden hergestellt:
a) Durch intermolekulare Wasserabspaltung aus zwei Alkoholmolekülen, säurekatalysiert (H_2SO_4, H_3PO_4, Al_2O_3). Nach dem Mechanismus ist es eine nucleophile →Substitution des protonierten Alkohols (Oxonium-Ion) d.h. ein Alkohol mit angelagertem Proton H^+. Die intramolekulare Wasserabspaltung (→Elimination) wird durch die gleichen Substanzen katalysiert. Niedrige C-Atomzahl und

Äther 1.

niedrigere Temperatur begünstigen die Ätherbildung. So entsteht vorwiegend Diäthyläther aus →Äthanol bei Temperaturen um 140°C, →Äthen bei 170°C.

$$R-\underset{H}{\overset{H}{C}}-OH \xrightarrow[(H_2SO_4)]{+H^+} \left[R-\underset{H}{\overset{H}{\overset{|}{C}}}{}^{\delta+}-\overset{H}{\underset{}{O}}{}^{\delta-}-H\right]^+ \xrightarrow[-H_2O]{\overset{\delta-}{O}\overset{H}{\underset{R'}{\diagdown}}{}^{\delta+}} R-\underset{H}{\overset{H}{C}}-\overset{+}{O}-R' \xrightarrow{-H^+} R-\underset{H}{\overset{H}{C}}-O-R'$$

Alkohol   Oxonium-Ion   Alkohol   Äther

$$R-CH_2OH \xrightarrow{+Al_2O_3} R-C^+H_2 + Al_2^-O_3(OH) \xrightarrow{+R_1-OH}$$
Alkohol

$$R-\underset{H}{\overset{H}{\underset{|}{\overset{|}{C}}}}-O^+-R_1 + Al_2O_3(OH) \rightarrow R-\underset{H}{\overset{H}{\underset{|}{\overset{|}{C}}}}-O-R_1 + H_2O + Al_2O_3$$
                                                            Äther

b) Durch die WILLIAMSON-*Synthese* aus Alkoholaten (→Hydroxylderivate) und →Halogenderivaten der Kohlenwasserstoffe. Es liegt eine nucleophile →Substitution durch die starke Base RO⁻ vor, die das positivierte C-Atom des Halogenids angreift.

$$R-O^-\;Na^+ + \overset{\delta-}{Cl}-\underset{H}{\overset{H}{\underset{|}{\overset{|}{C}}}}{}^{\delta+}-R_1 \longrightarrow R-O-\underset{H}{\overset{H}{\underset{|}{\overset{|}{C}}}}-R_1 + Na^+\;Cl^-$$

Alkoholat   Äther

C₆H₅-O⁻ K⁺ + J-C₆H₅ → C₆H₅-O-C₆H₅ + K⁺ J⁻

Phenolat   Monojodbenzol   Diphenyläther

c) Durch die Addition von Alkoholen an →Alkene oder Epoxide (s.u.). Beide Reaktionen werden industriell ausgenutzt.

$$CH_3-CH=CH_2 + C_2H_5OH \rightarrow (CH_3)_2CH-O-C_2H_5$$
Propen   Äthanol   Äthylisopropyläther

$$H_2C\underset{\diagdown\;\diagup}{\underset{O}{—}}CH_2 + C_2H_5OH \rightarrow HOCH_2-CH_2-O-C_2H_5$$
Äthenoxid   Äthanol   Glykolmonoäthyläther (Cellosolve)

Äther 1.

Äther sind den Alkoholen isomer (→Isomerie). In den Eigenschaften weichen sie voneinander ab. Äther sind neutrale Flüssigkeiten. Wie der Name angibt (*aither* = griech. flüchtiger Stoff), liegen die Siedepunkte wegen der fehlenden Wasserstoffbrücken (→Bindungskräfte) erheblich niedriger als die der isomeren Alkohole.

		F	Kp		Kp in °C
Dimethyläther	CH_3OCH_3	−141,5	−24,8	Äthanol	78,3
Diäthyläther	$C_2H_5OC_2H_5$	−116,3	34,5	n-Butanol	117,7
Dipropyläther	$C_3H_7OC_3H_7$	−122,0	90,1	n-Hexanol	157,4
Methyläthyläth.	$CH_3OC_2H_5$		7,6	Propanol	97,1

Sie lösen sich dementsprechend auch kaum in Wasser, aber gut in Alkoholen. Fette werden von Äthern leicht gelöst. Äther mit niedriger C-Atomzahl sind leicht entflammbar.

Äther sind Substanzen, die ziemlich beständig sind, sofern die Kohlenwasserstoffgruppen gesättigt sind. Der Luft und dem Licht ausgesetzt bilden sie allerdings schwer flüchtige, polymere Peroxide, die hochexplosiv sind. Die Peroxide werden durch Zugabe von Reduktionsmitteln (Eisen-2-sulfat) zersetzt.

Die Ätherbindung wird durch wasserfreie Säuren gespalten (Acidolyse). Der erste Schritt ist eine elektrophile →Addition unter Bildung eines Oxoniumsalzes, das unter Bildung eines Alkohol- und Halogenidmoleküls zerfällt. Bei Diaryläthern mißlingt dies, da der Sauerstoff wegen der Wechselwirkung mit den beiden aromatischen Systemen kein Proton binden kann, da durch den mesomeren Effekt die Elektronen zu den Benzolringen verschoben sind. Unter Anwendung von HJ hat ZEISEL die Acidolyse zu einer quantitativen Bestimmungsmethode für *Alkoxylgruppen* gemacht.

$$R-O-R_1 + HJ \xrightarrow{\text{exotherm}} [R-O(H)-R_1]^+ J^- \xrightarrow{+\text{Wärme}} R-O-H + R_1-J$$

Äther   Oxonium Salz

Von Alkalien werden Dialkyläther nicht angegriffen, da sie als *Lewis*-Basen (→Säuren) reagieren und keine Hydroxylgruppen addieren können. Dagegen werden Enol- und Phenoläther leicht zersetzt, da der Sauerstoff in diesen Verbindungen den nucleophilen Charakter verloren hat.

$$C_6H_5-O-CH_3 \xrightarrow{+Na^+OH^-} C_6H_5-O^- Na^+ + CH_3OH$$

Methylphenyläther   Phenolat   Methanol

Äther 2.

Die C—O—C-Gruppe ist in der Natur weit verbreitet, z.B. bei den Di- und Polysacchariden (→Kohlenhydrate), als Phenoläther im Lignin. Die Verbindung, die als erster Äther hergestellt wurde (1552) und auch heute am meisten eingesetzt wird, ist der Diäthyl- oder Schwefeläther. Schwefeläther heißt er wegen der Herstellung mit Hilfe der Schwefelsäure. Er wird als Lösungsmittel (Ausäthern) benutzt und als Narkoticum. Verschiedene Glykoläther dienen als Lösungsmittel in der Lack- und Farbstoff-Industrie (Cellosolve).

Die C—O—C-Gruppe kommt auch bei →Estern und *Acetalen* vor. Beide unter. scheiden sich von den Äthern darin, daß sie an einem der C-Atome noch eine Sauerstoffbindung tragen, die Ester eine Doppelbindung, die Acetale eine Einfachbindung. Darauf beruht die Spaltung dieser Verbindungen durch wäßrige Säuren (Ester auch durch Laugen). Ester entstehen durch eine nucleophile →Substitution aus Alkohol und →Carbonsäuren, Acetale durch →Addition und →Substitution an einer →Oxoverbindung.

$$\underset{\text{Carbonsäure}}{R-C\overset{O}{\underset{OH}{\diagdown}}} \xrightarrow{+H^+} R-\overset{O^+H}{\underset{}{C}}-OH \xrightarrow{R_1-O-H} \underset{H-O^+-R_1}{R-\overset{OH}{\underset{|}{C}}-OH} \xrightarrow[-H_2O]{-H^+} \underset{\text{Ester}}{R-C\overset{O}{\diagdown}O-R_1}$$

$$\underset{\text{Oxoverbindung}}{\overset{R_1}{\underset{R_2}{\diagup}}C=O} \xrightarrow[\text{Ad}]{+R_3OH} \underset{\text{Halbacetal}}{\overset{R_1}{\underset{R_2}{\diagup}}C\overset{OH}{\underset{OR_3}{\diagdown}}} \xrightarrow{+H^+} \overset{R_1}{\underset{R_2}{\diagup}}C\overset{O^+H_2}{\underset{O-R_3}{\diagdown}} \xrightarrow[-H_2O]{+R_3OH}$$

$$\overset{R_1}{\underset{R_2}{\diagup}}C\overset{\overset{H}{O^+-R_3}}{\underset{O-R_3}{\diagdown}} \xrightarrow{-H^+} \underset{\text{Acetal}}{\overset{R_1}{\underset{R_2}{\diagup}}C\overset{O-R_3}{\underset{O-R_3}{\diagdown}}}$$

2. Cyclische Äther

Bei den Ringäthern ist das Sauerstoffatom ein Glied des Rings. Sie sind also heterocyclisch, jedoch sind sie von den aromatischen →heterocyclischen Verbindungen verschieden. Die Benennung erfolgt nach der Stellung der C-Atome, die durch die Sauerstoffatombrücke verbunden werden. Werden zwei benachbarte C-Atome verbunden, spricht man von 1,2-cyclischen Äthern usw. Eine allgemeine

Äther 2.

Darstellungsweise cyclischer Äther ist die intramolekulare Wasserabspaltung aus zweiwertigen Alkoholen (Glykole →Hydroxylderivat. 1.2.).

2.1. 1,2-cyclische Äther (Epoxide)

Diese Verbindungen stellen die Äther der vicinalen zweiwertigen Alkohole dar. Sie werden Epoxide, Alkenoxide, *Oxirane* genannt. Sie sind wegen der Spannung des dreigliedrigen Ringsystems von besonderer Reaktionsfähigkeit, die zu Anlagerungsreaktionen und →Polymerisationen ausgenutzt wird.

Zur Herstellung dienen drei Methoden: a) Luftoxydation von →Alkenen (bei →Äthen mit Silber als Katalysator), b) Einwirkung von Basen (Alkalien) auf Halohydrine (Halogenalkohole s. →Hydroxylderivate), c) Alkenoxydation mit organischen Persäuren, d) Sulfonium-→Ylide und →Oxoverbindungen.

a) $H_2C=CH_2 + \frac{1}{2}O_2 \xrightarrow{Ag} H_2C-CH_2$
   Äthen $\underset{O}{\diagdown\diagup}$ 1,2-Epoxyäthan

b) $H_2C-CH_2 + K^+OH^- \rightarrow H_2C-CH_2 + K^+Cl^- + H_2O$
   $\;\;|\;\;\;\;\;|$ $\underset{O}{\diagdown\diagup}$
   $\;\;Cl\;\;O$
   $\;\;\;\;\;\;\;H$ Äthenchlorhydrin

c) $\diagdown C=C \diagup + RC(=O)-O-OH \rightarrow \underset{O}{C-C} + R-C(=O)H$
   $\;\;\;\;\;\;\;\;\;\;\;\;\;\;\;$ Persäure $\;\;\;\;\;\;\;\;\;\;\;\;\;\;\;\;\;$ Carbonsäure

d) $R_2S^+-C^-\diagup^{R_1}_{R}\diagdown^{R_3}_{R_4} + \diagup^{R_1}_{R_2}C=O \rightarrow \underset{O}{C-C}\diagup^{R_1}_{R_2}\diagdown^{R_3}_{R_4} + R_2S$

Der Ring kann durch Reduktion mit Wasserstoff (Pt- oder Ni-Katalysator) gespalten werden, es bildet sich ein einwertiger Alkohol. Leichter erfolgt die Spaltung mit Hilfe nucleophiler Reagenzien nach dem Schema:

$$H_2C-CH_2 + H-X \rightarrow H_2C-CH_2$$
$$\underset{O}{\diagdown\diagup} \; \underset{O\;\;\;X}{|\;\;\;\;\;|}$$
$$\;H$$

Äther 2.

Mit Wasser entstehen Glykole (Diole), mit Alkoholen Hydroxyäther, mit Halogenwasserstoffsäuren Halohydrine, mit Blausäure Hydroxynitrile, mit →Carbonsäuren Glykolester, mit Ammoniak Alkanolamine (desgl. mit Aminen). Bei Säurekatalyse wird zuerst ein Proton angelagert, dann das benachbarte C-Atom vom nucleophilen Anion angegriffen. Die Aufspaltung findet aber auch in neutraler und in alkalischer Lösung statt. Dann greift zuerst das Hydroxyl-Ion ein C-Atom an.

Die →Polymerisation wird kationisch eingeleitet und führt zu linearen Polyäthern, den Polyäthylenglykolen (Polyäthylenoxiden), die als Textilhilfsstoffe eingesetzt werden.

$$H^+ + H_2C\underset{O}{-}CH_2 \rightarrow HO-CH_2-C^+H_2 \xrightarrow[+OH^-]{nH_2C-CH_2 \text{ (O)}}$$

$$HO-CH_2-CH_2-[O-CH_2-CH_2]_{n-1}-O-CH_2-CH_2-OH$$

Als *Epoxidharze* werden Polyäther bezeichnet, die durch →Polyaddition aus Epoxidverbindungen mit mehrwertigen Alkoholen entstehen. Die eingesetzten Epoxidverbindungen müssen zwei Epoxidgruppen enthalten, damit die Reaktion nicht bei einer Addition stehen bleibt. Da aber die zweite Gruppe zu reaktiv ist, nimmt man Epoxidverbindungen mit reaktionsfähigen Substituenten, die durch Laugen zu Epoxidgruppen werden. Als mehrwertiges Phenol wird 2,2-Di(4'-hydroxyphenyl)-propan (Bisphenol A) benutzt. Epoxidharze, die im Vergleich mit anderen Kunstharzen relativ niedrige Molmassen erreichen, werden in der Lackindustrie als Rohstoffe, als Klebemittel, Weichmacher, Gießharze u.a.m. verwendet.

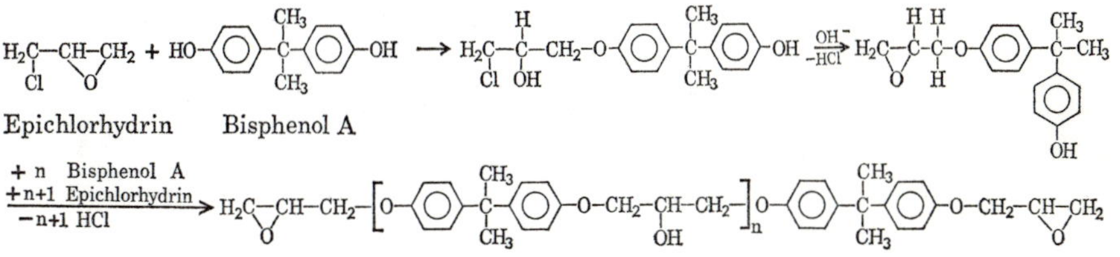

Epichlorhydrin   Bisphenol A

Epoxidharz

1,2-Epoxyäthen ist ein Gas (Kp: 10,7°C), löslich in Wasser, Alkohol und Äther. Es ist giftig.

Ätherische Öle

2.2. Cyclische Äther mit mehr als drei Ringatomen

Im Gegensatz zu den reaktionsfähigen Epoxiden zeichnen sich diese Verbindungen durch chemische Beständigkeit aus, wie sie für Äther charakteristisch ist .
Außer der üblichen Ätherbildung durch Wasserabspaltung können cyclische Äther auch durch radikalische Oxydation von Kohlenwasserstoffen entstehen. Die beiden industriell verwerteten Ringäther, Tetrahydrofuran und Dioxan, werden konventionell hergestellt, *Tetrahydrofuran* (Kp: 65°C) aus Butan-1,4-diol, *Dioxan* (Kp: 101,5°C) aus zwei Molekülen Äthan-1,2-diol. Beide sind wichtige, aber giftige Lösungsmittel. Tetrahydrofuran kann auch durch Hydrierung von Furan (→Heterocyclen) entstehen.

Literatur

PATAI, S.: The Chemistry of the Ether Linkage. — Interscience Publ. London 1967
PAQUIN, A.: Epoxydverbindungen und Epoxydharze. — Springer, Berlin 1958
FODOR, G.: Organische Chemie Bd. 1. — VEB Deutscher Verlag d. Wissenschaften, Berlin 1965
RODD's Chemistry of Carbon Compounds, Bd. IB u. ID. — Elsevier Publ. Com. Amsterdam 1965

Ätherische Öle s. Terpene.

Äthin ist das erste Glied der →homologen Reihe der →Alkine mit der Formel C_2H_2. Sein Trivialname ist *Acetylen*. Es ist ein farbloses Gas mit ätherischem Geruch, das bei $-81,8°C$ sublimiert. Äthin ist etwas löslich in Wasser, leicht löslich in Aceton (Dimethyl→keton). Mit Luft bildet es explosive Gemische be einem Gehalt von 2,5 bis 80% Äthin. Äthin hat eine narkotische Wirkung.
Die C- und H-Atome im Äthinmolekül sind linear angeordnet, da die C-Atome sich im sp-Hybridisierungszustand (→Atombau) befinden. Der Abstand der beiden C-Atome beträgt 1,207 Å, beim →Äthen 1,337 Å, beim Äthan 1,534 Å. Auch der Abstand zwischen C- und H-Atom ist im Äthinmolekül verringert, er beträgt 1,059 Å, beim Äthen 1,086 Å, beim Äthan 1,102 Å.
Bei der Bildung von Äthin aus den Elementen müssen 55,8 kcal/mol aufgewendet werden, Äthin ist also eine Verbindung mit einem sehr großen Energiegehalt und entsprechend unbeständig. Durch Druck und Temperaturerhöhung zerfällt es

explosiv in seine Elemente. Der Zerfall schreitet von selbst fort, wenn er eingeleitet wurde.

Beim Arbeiten mit Äthin müssen deshalb besondere Vorsichtsmaßnahmen getroffen werden. Äthin kommt in den Handel in Druckflaschen (*Dissousgas*), die mit Kieselgur (SiO_2) gefüllt sind und Aceton ($CH_3-CO-CH_3$) enthalten. Bei einem Druck von 12 atü löst Aceton das 300fache seines Volumens an Acetylen. Die Flaschen sind mit gelber Farbe kenntlich gemacht. Großtechnisch werden dem Äthin nur kleine Reaktionsräume zur Verfügung gestellt, Rohrleitungen werden mit Rohrbündeln ausgefüllt, größere Räume mit RASCHIGringen. Kupfer und Kupferlegierungen dürfen beim Bau der Apparaturen nicht verwendet werden. Stickstoff wird zur Verdünnung zugesetzt.

Die industrielle Verwertung des Äthins begann um 1912, als es möglich wurde, Äthanal (Acetaldehyd CH_3CHO) und Vinylchlorid ($CH_2=CHCl$) aus Äthin herzustellen. REPPE gelang die Beherrschung des Acetylenzerfalls, und seine Arbeiten über Acetylen-Druckreaktionen brachten neue Anwendungsbereiche. Da →Äthen heute billiger herzustellen ist, ist die Bedeutung des Äthins als Ausgangsstoff für Kunststoffe in den 60er Jahren gesunken.

Das klassische Verfahren zur Herstellung von Äthin, das aber durch die →Petrochemie an Bedeutung verliert, ist die Herstellung aus *Calciumcarbid* CaC_2. Calciumcarbid wird aus Kalk und Koks bei 2200°C gewonnen und mit Wasser zu Äthin zersetzt:

$$CaO + 3C \rightarrow CaC_2 + CO \quad +112 \text{ kcal}$$
$$CaC_2 + 2H_2O \rightarrow C_2H_2 + Ca(OH)_2 \quad -31 \text{ kcal}$$

Die Bildung von Äthin aus den Elementen im Lichtbogen bringt nur eine geringe Ausbeute, aber die Pyrolyse von →Methan oder anderen Alkanen aus Erd- oder Crackgasen bei Temperaturen über 1400°C im Lichtbogen wird großtechnisch ausgenutzt (WULFF). Beim SACHSSE-*Verfahren* — unvollständige Verbrennung des Methans — wird die Energie für die endotherme Pyrolyse durch die exotherme Verbrennung gedeckt: $4CH_4 + 3O_2 \rightarrow 2C_2H_2 + 6H_2O$.

Der Energiegehalt des Äthins wird besonders beim autogenen Schweißen und Schneiden ausgenutzt. Bei der Verbrennung des Äthins entstehen Temperaturen bis zu 2800°C, die ausreichen, die Metalle zum Schmelzen zu bringen (die Nähte sind also von dem Metall selbst hergestellt, es wird nicht wie beim Löten ein Fremdmetall benutzt).

Einige wichtige Reaktionsweisen des Äthins sind in der folgenden Tabelle (verändert nach FODOR) zusammengefaßt, wobei besonders auf die von REPPE entwickelten Verfahren hingewiesen wird.

Äthin

Reaktionstyp	Reagenz	Produkt	Verwendung
1. →Addition			
1.1. →radikalisch	H_2/Fe, Ni-Katalyse cis-Addition	→Alken, →Alkan	
	Cl_2	$C_2H_2Cl_2$	Lösungsmittel
	→Carbene	c-Propen-derivate	
1.2. elektrophil	H (Zn+HCl) trans-Addition	Alken	
	HCl, CH_3COOH, HCN	Vinylchlorid -acetat, -cyanid	Kunststoffe
	1,3-Dien →Diels-Alder-Synthese	Ringverbindungen	
1.3. nucleophil	H_2O/$HgSO_4$-Katalyse	Äthanal (Acetaldehyd)	Äthansäure (Essigsäure)
	Substanzen, die funktionelle Gruppe mit beweglichem H haben (ROH, RSH, RNH_2, R_2NH)	Vinylierung nach Reppe	Kunststoffe (z.B. Vinyläther)
1.4. Elektronen-paarung	CO+H_2O (auch ROH u.ä.) Co-Carbonyl-Kat.	Carbonylierung nach Reppe Acrylsäurederivate	Kunststoffe
2. Substitution	Metalle	Acetylide = Carbide	
	Oxoverbindungen (Aldehyde, Ketone) Cu-acetylid-Katalyse	Alkinol, Alkindiol Äthinylierung nach Reppe	Butadien
3. Polymerisierung			
3.1. linear	$CuCl_2$-Katalyse	Vinylacetylen $HC{\equiv}C{-}C{=}CH_2$ H	Kunststoffe (z.B. nach Addition von HCl Chloropren)
3.2. cyclisch	NiCN-Katalyse u.a. Ni-Verb.	Benzol, Cyclooctatetraen Cyclisierung nach Reppe	

Einige Reaktionsgleichungen für die Acetylen-Druck-Reaktionen nach REPPE sind hier noch angeführt (Numerierung nach der Tabelle):

1.3. $\mathrm{HC \equiv CH + HOC_2H_5} \xrightarrow[\text{200°C, 25 at}]{\text{KOH}} \mathrm{H_2C=CH\text{-}OC_2H_5}$
Äthin Äthanol Vinyläther
Vinylierung

1.4. $\mathrm{HC \equiv CH + CO + H_2O} \xrightarrow[\text{170°C, 30 at}]{\text{Ni(CO)}_4} \mathrm{H_2C=C\text{-}COOH}$
Äthin Acrylsäure
Carbonylierung

2. $\mathrm{HC \equiv CH + HCHO} \xrightarrow[\text{100°C 20 at}]{\text{CuC}_2} \mathrm{HC \equiv C\text{-}COH\ H}$
Äthin Methanal Propinol
Äthinylierung (bei zweiseitiger Substitution: Butindiol)

3.2. $\mathrm{4\,C_2H_2} \xrightarrow[\text{70°C, 20 at}]{\text{NiCN in Tetrahydrofuran}}$ (→Äther 2.2.) Cyclooctatetraen
Äthin

Die Unwahrscheinlichkeit der Reaktion 3.2. (Zusammenstoß von vier Molekülen gleichzeitig) wird durch die Ni-Katalyse beseitigt. Ni bindet das Äthin räumlich so, daß die Polymerisierung stattfinden kann.

Die Substitution durch Metalle führt zu Salzen *Acetylide, Carbide*. Die Säuerwirkung beruht auf einer Veränderung der →Elektronegativität wegen des sp-Hybridisierungszustandes der C-Atome. Deshalb können die H-Atome im Gegensatz zu Alkenen ersetzt werden. Alkali- und Erdalkalisalze werden bereits durch Wasser zersetzt (Herstellung von Äthin aus CaC_2), Schwermetallacetylide erst mit verdünnter Säure. Ag- und Cu(I)-acetylid explodieren im trockenen Zustand.

Literatur
SITTIG, M.: Acetylene. — Noyes Dev. Corp. Park Ridge, New Jersey, 1965
REPPE, W.: Chemie und Technik der Acetylen-Druck-Recktionen. — Verlag Chemie, Weinheim 1952
FODOR, G.: Organische Chemie, Bd. 1. — VEB Deutscher Verlag der Wissenschaften, Berlin 1965

Äthinylierung

Äthinylierung s. Äthin.
Äthylalkohol s. Äthanol.
Äthylen s. Äthen.
Ätznatron s. Natriumhydroxid.
Affinität s. Kinetik (chemische).
Agar s. Kohlenhydrate 3.
Agfacolor s. Fotografie 2.
Akkumulatoren s. Blei, Magnesium, Galvanische Elemente.
Aktivationsenergie s. Kinetik (chemische).
Aktivanode s. Korrosion (Korrosionsschutz).
Aktivität: In konzentrierten Lösungen machen sich die Anziehungskräfte zwischen Ionen bemerkbar. Sie sind nicht mehr so frei beweglich wie in einer idealen Lösung angenommen wird. Die wirksame Konzentration (Aktivität a) der Lösung ist dann kleiner als die wirkliche Konzentration (c). Mit Hilfe eines Aktivitätskoeffizienten (f), der meist empirisch bestimmt werden muß, läßt sich aus der Konzentration die Aktivität berechnen: $a = f \cdot c$. Bei einer Konzentration von 1 mol/l beträgt die Größenordnung von f 0,6 bis 0,8. In sehr verdünnten Lösungen (weniger als 0,01 mol/l) kann $f = 1$ gesetzt werden, so daß Aktivität und Konzentration gleich groß sind.

Literatur
BRDIČKA, R.: Grundlagen der physikalischen Chemie. — VEB Deutscher Verlag der Wissenschaften, Berlin 1969

-al: Kennzeichnende Endsilbe für Aldehyde s. Oxoverbindungen.
Alanin s. Aminosäuren 1.1.
Albumine s. Aminosäuren 3.
Aldehyde s. Oxoverbindungen.
Aldol-Kondensation s. Additionen 4., Oxoverbindungen 1.1.3.
Aldose s. Kohlenhydrate 1.
Aldosteron s. Hormone, Steroide 3.
Aldrin s. Schädlingsbekämpfungsmittel.
Aleudrin s. Arzneimittel.
Alfin-katalysator s. Polymerisation.
Alicyclisch: Ring nur aus C-Atomen s. Cycloalkane, -alkine, Benzolkohlenwasserstoffe.
Aliphatisch bedeutet kettenförmige Verknüpfung der C-Atome (Gegensatz: cyclisch, aromatisch).
Alizarin s. Benzolkohlenwasserstoffe 2.3.2., Farbstoffe 1.5., Oxoverbindungen 2.4.
Alkali s. Erste Hauptgruppe.

Alkaloide

Alkalicellulose s. Chemiefaserstoffe (Viskoseverfahren).
Alkalimetrie s. Maßanalyse (Neutralisationsverfahren).
Alkaloide sind stickstoffhaltige Basen pflanzlichen Ursprungs (neuerdings werden auch einige tierische Produkte wie die Gifte der Kröte und des Kugelfisches — Tetronotoxin — zu den Alkaloiden gerechnet). Es ist keine chemisch einheitliche Stoffklasse (Piperin — das Pfefferalkaloid ist noch nicht einmal basisch). Der Stickstoff ist meist →heterocyclisch gebunden (Ringe enthalten nicht nur C-Atome), es kommen aber verschiedene Ringsysteme vor. Am wesentlichsten ist die allen Alkaloiden gemeinsame Eigenschaft, in Mensch und Tier starke physiologische Wirkungen auszuüben, z.T. als tödliche Gifte. Nicht alle Gifte sind Alkaloide; Amanitin, das Gift des Knollenblätterpilzes, ist ein Polypeptid (→Aminosäuren 2.), die herzwirksamen Inhaltsstoffe des Fingerhuts (Digitalis) sind →Steroid-Glykoside. Wegen ihrer Wirkung hat man alkaloidhaltige Pflanzen schon früh als Genuß-, →Rausch- und →Arzneimittel benutzt.

Manche Autoren trennen die Stoffe, die N nicht heterocyclisch enthalten, als Protoalkaloide ab. Protoalkaloide, die N als Amin (→org. Stickstoffverbindungen 2) enthalten, sind u. a. Ephedrin, Muscarin, Mescalin, Psilocibin und Colchicin. Viele Alkaloide entstehen aus →Aminosäuren. Man hat deshalb Substanzen, auf die die Alkaloiddefinition zutrifft, die aber aus anderen Ausgangsstoffen in der Pflanze gebildet werden, als Pseudoalkaloide bezeichnet (Purinalkaloide wie Coffein).

Alkaloide sind typische sekundäre Stoffwechselprodukte. Sie haben eine beschränkte taxonomische Verbreitung -bis heute sind ungefähr 2000 bekannt; 15 bis 20% aller Gefäßpflanzen sollen Alkaloide enthalten, in einigen Familien wie Nachtschatten- (Solanaceen) und Mohngewächsen (Papaveraceen) kommen sie besonders häufig vor; in anderen Familien sind sie auf wenige Gattungen beschränkt, bei den Hahnenfußgewächsen auf Eisenhut (Aconitum) und Rittersporn (Delphinium). Sie werden nicht unter allen Bedingungen gebildet — eine bevorzugte Bildungsstätte scheinen Wachstumszonen zu sein. Sie besitzen keine bis jetzt erkennbare Stoffwechselfunktion.

Pflanzen enthalten in der Regel mehrere Alkaloide, wobei die Hauptkomponente von kleineren Mengen sehr ähnlicher Alkaloide begleitet wird. Da Alkaloidbasen in Wasser schlecht löslich sind, kommen sie in den Pflanzen in Salzform an Säuren gebunden vor. Alkaloide sind meist optisch aktiv (→Isomerie 2.), sehr häufig linksdrehend.

Alkaloide werden mit H_2O, Alkohol oder verdünnten Säuren aus Pflanzen extrahiert. Sie können mit einigen (nicht ganz spezifischen) Stoffen ausgefällt werden wie Kaliumquecksilberjodid, Phosphormolybdänsäure, Jodjodkalilösung u.a. Molybdän-, Salpeter- und Vanadiumsäure, mit Schwefelsäure versetzt, ergeben mit Alkaloiden Farbreaktionen.

Alkaloide

Die Struktur vieler Alkaloide ist sehr kompliziert. Das von SERTÜNER 1805 als erstes Alkaloid isolierte Morphin wurde erst 1926 von ROBINSON in seiner Struktur aufgeklärt und 1952 von TSCHUDI und GATES synthetisiert. WOODWARD gelang u.a. die Totalsynthese von Strychnin. Die Aufklärung der Biosynthese ist das Ergebnis der Versuche mit radioaktiv markierten Vorstufen in den letzten 15 Jahren.

Von den Alkaloiden sind nur einige derjenigen, die eine pharmakologische Bedeutung haben, mit ihrer Struktur wiedergegeben. Die Anordnung erfolgt nach dem →heterocyclischen Grundgerüst.

Protoalkaloide sind das dem →Hormon Adrenalin verwandte *Ephedrin* (aus Ephedra, Wirkung entspricht den Symptomen bei Erregung der sympathischen Nerven), *Muscarin* (Hauptwirkstoff des Fliegenpilzes, bewirkt Speichelfluß, Pupillenverengung, Erbrechen), *Mescalin* (Rauschgift des mexikanischen Kaktus Peyotl Lophophora williamsii), *Colchicin* (Alkaloid der Herbstzeitlose, hemmt die Zellteilung in der Metaphase, pharmakologisch ruft es Kollaps und Lähmung des Nervensystems hervor).

Ephedrin   Muscarin   Mescalin   Colchicin

Pyridin-Alkaloide (→Heterocyclen 2.1.) sind *Coniin* (Gift des gefleckten Schierlings, bewirkt aufsteigende Lähmung des Zentralnervensystems — Tod des Sokrates), *Ricinin* (aus dem Ricinussamen), *Nicotin* (Tabakalkaloid, erregt in kleinen und lähmt in großen Mengen die Reizübertragung im vegetativen Nervensystem, Lähmung des Zentralnervensystems, anfangs Herzverlangsamung, Kontraktion der äußeren Blutgefäße, dämpft Hungergefühl und steigert Blutdruck), *Piperin* (Hauptalkaloid des schwarzen Pfeffers, für den scharfen Geschmack verantwortlich).

Coniin   Ricinin   Nicotin   Piperin
(Piperidin-Ringsystem)   (Piperidin-Ringsystem: hydriertes Pyridin)

Alkaloide

Tropan-Alkaloide (Tropan = kondensierter Piperidin- und Pyrrolidinring, 8-Azabicyclo [3,2,1] octan) sind *Atropin* (Alkaloid der Tollkirsche und des Stechapfels, ein Racemat, die natürliche, optisch aktive Verbindung ist *Hyoscamin* aus dem Bilsenkraut; ruft Lähmung der parasympathischen Nerven hervor, wie z.B. Pupillenerweiterung), *Scopolamin* (ebenfalls aus einem Nachtschattengewächs Scopolia, wie Atropin wirkend, aber vorherrschend beruhigend), *Cocain* (von Erythroxylon coca — nicht mit Kakaobaum zu verwechseln —, wirkt lokalanästhetisch, im Zentralnervensystem erst erregend, dann lähmend). Andere Nachtschatten-Alkaloide sind →Steroide 1.6.

Atropin   Scopolamin   Cocain   Raumstruktur des Cocains

Von dem Benzylisochinolingerüst lassen sich Alkaloide ableiten, die in Mohngewächsen vorkommen: *Papaverin* (1% im Opium, wirkt hemmend auf die Muskulatur) und *Narcotin* (ebenfalls aus Opium, hemmt die Peristaltik des Darms, hemmt den Husten, in größeren Dosen atemzentrumslähmend).

Papaverin   Narcotin   Morphin R = H   Raumstruktur des
                                     Codein R = CH_3 Morphins nach BOSE

Eine wesentlich kompilziertere Struktur hat das Hauptalkaloid des Opiums, *Morphin*, und das ihm nahestehende *Codein*. Üblicherweise wird Morphin als Phenanthrenderivat geschrieben, es kann aber auch als Isochinolinabkömmling (s. Heterocyclen 2.2.) geschrieben werden. Pharmakologisch wirkt Morphin schmerzstillend, ohne Schlafbedürfnis, nur in geringer Menge. Nachteilig ist es, daß der Mensch sich daran gewöhnt und süchtig wird. Eine Dosis über 60 mg ist gefährlich und kann zum Tode führen. Codein hat nur schwach narkotische Eigenschaften, blockiert dafür das Hustenzentrum.

Alkaloide

Vom Rubangerüst, das einen Chinolinring enthält, leiten sich die Alkaloide der Chinabaumrinde (Gattung Cinchona, Familie Rubiaceen) ab, darunter das Hauptalkaloid *Chinin*. Es wirkt lokalanästhetisch, fiebersenkend, schmerzlindernd und schädigt (allerdings nur ein Stadium der) Malariaerreger.

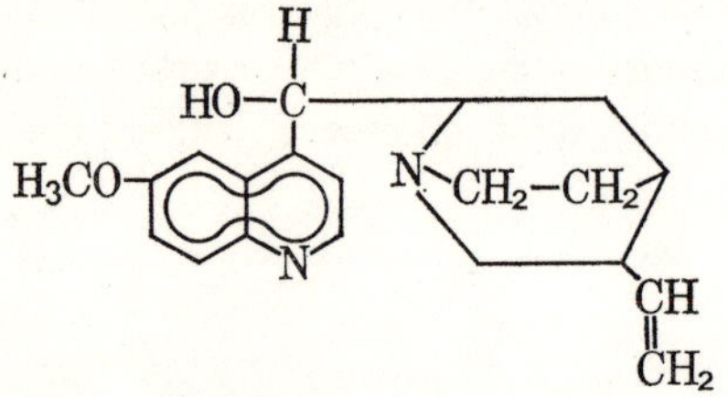

Chinin

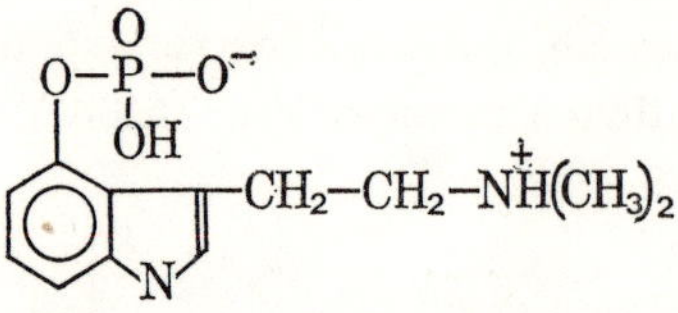

Psilocybin
(Psilocin ohne Phosphorsäure)

Indolalkaloide →Heterocyclen 1.2.) sind die →Rauschgifte mexikanischer Pilze der Gattung Psilocybe: *Psilocybin* und *Psilocin*. Indolderivate mit weiteren kondensierten Ringsystemen, dem β-Carbolin, sind *Yohimbin* (aus dem argentinischen Quebrachoholz und dem westafrikanischen Yohimbe-Baum, wirkt länger lokalanästhetisch als Cocain, hemmt Adrenalinwirkung, in größerer Menge gefäßerweiternd; die entsprechende Auswirkung in den Geschlechtsorganen hat ihm den Ruf als Aphrodisiacum eingetragen, obwohl die Libido nicht gesteigert wird) und *Reserpin* (aus Rauwolfia, ruft Blutdrucksenkung hervor, wirkt beruhigend). *Physostigmin* (*Eserin*) aus der afrikanischen Rebe Physostigma ist ein tödliches Gift, das für „Gottesurteile" und Hexenzauber verwendet wurde. Es enthält ein Indol mit Pyrrolidin kondensiert.

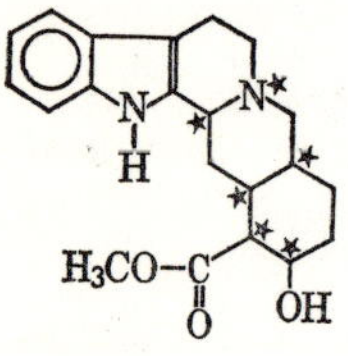

Yohimbin
(6 asymmetrische C-Atome)

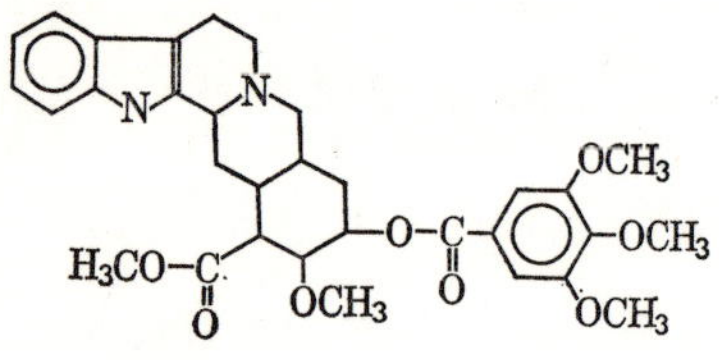

Reserpin

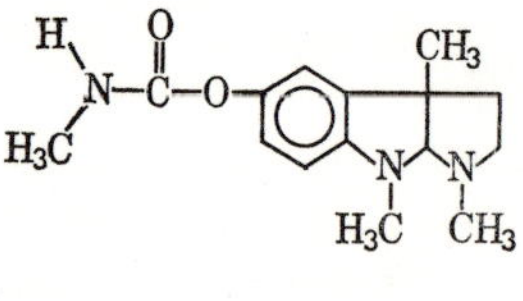

Physostigmin
Eserin

Als Indolderivat kann auch das aus sieben kondensierten Ringen bestehende *Strychnin* angesehen werden. Das zehnmal schwächer als Strychnin wirkende *Brucin* — aber mit vorwiegend lähmendem Effekt — ist das am Benzolring des

Alkaloide

Strychnins zweifach mit der OCH₃-Gruppe substituierte Derivat. Strychnin stammt aus der malaisischen Brechnuß (Strychnos nux vomica). Es greift am Zentralnervensystem an und steigert dessen Erregbarkeit, was zu schmerzhafter krampfartiger Muskelstarre bei geringster Reizung führt. Aus der südamerikanischen Strychnos toxifera wird das Calebassen-*Curare* gewonnen, das giftigste Bogenpfeilgift (das zur Fischjagd benutzte Tubo*curare*, das aus Chondodendron-Arten gewonnen und in Schilfrohren aufbewahrt wird, enthält ein weniger giftiges Isochinolinderivat, Tubocurarin). Aus dem in Kürbissen verwahrten Calebassen-*Curare* isolierte man mehrere dem Strychnin strukturmäßig verwandte Alkaloide — Toxiferin, Caracurin, C-Calebassin. Sie blockieren die Endplatten der motorischen Nerven und lähmen so die Muskelatur, was wegen der Lähmung der Atemmuskeln zum Erstickungstod führt.

Strychnin
mit* OCH₃ = Brucin   C-Calebassin   Tubocurarin

Ein ähnliches Grundgerüst enthalten die Mutterkornalkaloide, auch Ergotalkaloide genannt, wie *Ergotamin*, Ergotoxin u.a. Sie wurden isoliert aus dem Sklerotium des auf Roggen schmarotzenden Pilzes Claviceps purpurea. Mit dem Korn zu Brot verbacken führten die Alkaloide in früheren Zeiten zu Übelkeit, Gliederschmerzen, Lähmungserscheinungen, Durchblutungsstörungen und schließlich zum Absterben der Gliedmaßen. Pharmakologisch werden die Alkaloide bei der Geburtshilfe und bei Migräne eingesetzt, da die Wirkungen auf der Dämpfung der sympathischen Nerven und der Kontraktion der glatten Muskulatur beruhen (Uterusmuskulatur, Blutgefäße). Das Grundgerüst der Mutterkornalkaloide ist *Lysergsäure*, deren synthetisches Derivat *LSD* = Lysergsäurediäthylamid eine sehr starke psychotrope Wirkung ausübt. Überraschenderweise fand man bei mexikanischen Winden (Ololiuqui — Gattung Rivea und Ipomea), deren Samen Rauschgifte enthalten, D-Lysergsäureamid (Ergin) und andere Mutterkornalkaloide.

Alkane

Lysergsäure   Lysergsäureamid (Ergin)   Ergotamin
               (Im LSD sind die H-Atome   Lysergsäure mit cyclischem
               im —NH₂ durch C₂H₅ ersetzt)   Tripeptid (Aminosäuren 2.)

Derivate des Purins (Pyrimidin und Imidazolring kondensiert) sind *Coffein* (Kaffeebohnen bis 1,5%, Tee bis 5%, Cola-Nuß bis 1,5%, Maté-Strauch bis 2%), *Theophyllin* (in geringer Menge im Tee) und *Theobromin* (hauptsächlich in Kakaobohnen, aber auch im Tee und in der Cola-Nuß). Alle drei wirken diuretisch, Coffein am schwächsten. Coffein regt Herz und Kreislauf an, wirkt stimulierend.

Coffein   Theobromin   Theophyllin
(1,3,7-Trimethyl-xanthin) (3,7-Dimethylxanthin) (1,3-Dimethylxanthin)

Literatur
DÖPKE, W.: Einführung in die Chemie der Alkaloide. — Akademie-Verlag, Berlin 1968
SWAN, G. A.: An Introduction to the Alkaloids. — Blackwell Scientific Publ., Oxford 1967
FODOR, G.: Organische Chemie Bd. 2. — VEB Deutscher Verlag der Wissenschaften, Berlin 1965
BU' LOCK, J.: Biosynthese von Naturstoffen. — BLV, München 1970
ROBINSON, T.: The Biochemistry of Alkaloids. — Springer, Berlin 1968

Alkane sind →Kohlenwasserstoffe, bei denen die kettenförmig (aliphatisch) angeordneten C-Atome nur durch Einfachbindungen (σ →Bindungen) miteinander verbunden sind, alle anderen Bindungen aber durch Wasserstoffatome; sie sind bis zur Grenze des Aufnahmevermögens mit Wasserstoff abgesättigt (gesättigte oder Grenzkohlenwasserstoffe). Der Name *Paraffine* leitet sich von der relativen chemischen Trägheit der festen Alkane ab.
Sie bilden eine →homologe Reihe mit der allgemeinen Formel C_nH_{2n+2}. (s. Tab. 2). Das einfachste Alkan ist →Methan CH_4, das längste bisher bekannte Glied Hectan $C_{100}H_{202}$. Durch Verzweigung der C-Kette entstehen Isomere. Die erste Struktur- →isomerie liegt beim Butan C_4H_{10} vor:

Alkane

n-Butan —C—C—C—C—   iso-Butan = 2-Methylpropan   —C—C—C—
                                                          |
                                                         —C—

die erste optische Isomerie beim *Heptan* C_7H_{16}:

3-Methylhexan

$$H-C_1-C_2-C_3^*-C_4-C_5-C_6-H$$

(mit H-Atomen und einer CH_3-Verzweigung am C_3)

*asymmetrisches C-Atom

Die Anzahl der Isomeren wächst mit steigender Anzahl der C-Atome.

Tabelle 1.

Anzahl der C-Atome	Strukturisomere	Isomere insgesamt
4	2	2
5	3	3
6	5	5
7	9	11
8	18	24
9	35	55
19	75	136
14	1858	7242
20	366319	3395964
40	62491178805831	

Bei den Zeichnungen der Strukturformeln ist zu beachten, daß sie in der Regel nach der →Fischer-Projektion erfolgt. Bei Molekülen mit mehr als 2 C-Atomen liegen die C-Atome nicht mehr auf einer Geraden, sondern man muß sich die Kette der C-Atome wegen der nach den Ecken eines Tetraeders gerichteten Bindungen als eine Zickzackkette vorstellen. So liegen sie im festen Zustand vor, in flüssigen und gasförmigen Zustand sind wegen der freien Drehbarkeit um die C—C-Bindung auch andere Konstellationen möglich, wie Annäherung zu einer Ringstruktur u.a.

n-Pentan

C—C—C—C—C ≡ (Zickzack mit 109°-Winkeln) ≡ (gebogen) ≡ (ringartig)

Alkane

Zur eindeutigen Kennzeichnung einer Verbindung ist die →Genfer Nomenklatur eingeführt worden. Danach tragen die ersten vier Glieder der Alkane Trivialnamen: →Methan, Äthan, Propan, Butan. Alle folgenden werden mit griechischen Zahlwörtern mit der Endung -an benannt nach der Anzahl der C-Atome. Durch Entfernung eines H-Atoms entstehen →Radikale. Der Name wird gebildet, indem man die Endung -an durch -yl ersetzt. Bei verzweigten Ketten wird der Grundname nach der längsten vorhandenen Kette gewählt. Die C-Atome der längsten Ketten werden arabisch so numeriert, daß die Ansatzstelle der Verzweigung die niedrigste Nummer erhält. Der Name der Seitenkette wird als Radikal mit der Nummer des Abzweigungsatoms vor den Grundnamen gestellt. Mehrere Seitenketten können entweder alphabetisch oder nach steigender Komplexität angeführt werden. Ist die Seitenkette verzweigt, wird der Name nach den erwähnter Prinzipien gebildet, aber mit dem Namen der ersten Seitenkette in Klammern gesetzt.

$$\begin{array}{c}
\overset{6}{C}-\overset{5}{C}-\overset{4}{C}-\overset{3}{C}-\overset{2}{C}-\overset{1}{C} \\
| \\
H-C-H \\
| \\
H
\end{array}$$

2-Methylhexan

$$\begin{array}{c}
\overset{6}{C} \quad \overset{7}{C}-\overset{8}{C}-\overset{9}{C} \\
| \quad\quad | \\
\overset{1}{C}-\overset{2}{C}-\overset{3}{C}-\overset{4}{C}-\overset{5}{C}-\overset{1'}{C}-\overset{2'}{C} \\
| \quad\quad\quad\quad\quad\quad | \\
C \quad\quad\quad\quad\quad C
\end{array}$$

2,3-Dimethyl-5 (1-methyläthyl)nonan
oder 5 (1-Methyläthyl)-2,3-dimethylnonan

Für kurze Kennzeichnung bei Katalogisierungen wird nur die Anzahl der C-Atome angegeben, bei verzweigten Ketten wird die Position durch die entsprechende Zahl (Nummer des C-Atoms der Verzweigungsstelle) hinter der Angabe der Seitenkette vermerkt, z.B. n-Butan C_4, 3-Methyl-3-äthylpentan C_5C_23C3, 3-Äthyl-6,6-dimethylheptan $C_7C_23C6_2$.

Die physikalischen Eigenschaften der Alkane ändern sich in der →homologen Reihe allmählich (Tab. 2). Die Schmelz- und Siedepunkte der unverzweigten Alkane steigen mit wachsender Molekularmasse wegen der stärker werdenden VAN DER WAALS -Kräfte (s. Bindungskräfte) an. Die Siedepunkte steigen bei den niederigen Gliedern stärker an, weil die Massenzunahme von 14 Einheiten der CH_2-Gruppe sich bei ihnen prozentual stärker auswirkt. Die Schmelzpunkte der Kohlenwasserstoffe mit gerader C-Atomzahl liegen im Verhältnis zu denen mit ungerader Anzahl zu hoch. Die Schmelzpunkte sind eine Funktion der Gitterenergie, und diese hängt von der Kettenform ab. Verbindungen mit verzweigten Molekülen sieden niedriger als die geradekettigen Formen, da die VAN DER WAALS-

Kräfte auch von der Oberfläche abhängen, z. B. bei *Hexanen*: *n-Hexan*: 68,7°C; C_5C2: 60,27°C; C_5C3: 63,28°C; C_4C2C3: 57,99°C; C_4C2_2: 49,74°C.
Alle Alkane sind außerordentlich wenig löslich in Wasser, entsprechend gut mischbar und löslich in unpolaren Lösungsmitteln.

Tabelle 2. Physikalische Eigenschaften der unverzweigten Alkane.

Name	Formel	F in °C	Kp in °C	Dichte der flüssigen Phase g/cm³
Methan	CH_4	−182,6	−161,6	0,4240 bei Kp
Äthan	C_2H_6	−183,3	− 88,5	0,5462
Propan ⎫ Flüssig-	C_3H_8	−187,1	− 42,2	0,5824
n-Butan ⎭ gase	C_4H_{10}	−138,4	− 0,5	0,6011 bei 0°C
n-Pentan	C_5H_{12}	−129,7	36,1	0,6263 bei 20°C
n-Hexan	C_6H_{14}	−94,0	68,7	0,6594
n-Heptan	C_7H_{16}	−90,5	98,4	0,6838
n-Octan	C_8H_{18}	−56,8	125,7	0,7026
n-Nonan	C_9H_{20}	−53,7	150,8	0,7177
n-Decan	$C_{10}H_{22}$	−29,7	174,1	0,7301
...				
n-Pentadecan	$C_{15}H_{32}$	10,0	270,7	0,7684
n-Hexadecan	$C_{16}H_{34}$	18,1	287,1	0,7733
n-Heptadecan	$C_{17}H_{36}$	22,0	302,6	0,7767 bei F
n-Oktadecan	$C_{18}H_{38}$	28,0	317,4	0,7767
...				
n-Eicosan	$C_{20}H_{42}$	36,4	345,1	0,7777
n-Triacontan	$C_{30}H_{62}$	66,0	304	0,7795 bei 70°C
n-Tetracontan	$C_{40}H_{82}$	81,4	bei 15 Torr	
n-Pentacontan	$C_{50}H_{102}$	91,9	420	
n-Hexacontan	$C_{60}H_{122}$	98,5		
n ...				
n-Hectan	$C_{100}H_{202}$	115,1		

(Nach RODD's Chemistry of Carbon Compound)

Alkane kommen in der Natur vor im Erdgas (gasförmige bis C_4), im →Erdöl (besonders in USA bis C_{40}), im *Erdwachs* (= *Ozokerit*, Ceresin in Rumänien, in Utah: Gemisch höherer fester Alkane), in Pflanzen- und Bienenwachs (C_{24}—C_{37}).

Alkane

Die wichtigsten Herstellungsverfahren für Alkane (im kleinen Maßstab im Labor, großtechnisch zur Gewinnung von Treibstoffen s. →Erdöl) sind in Tab. 3 zusammengefaßt (abgeändert nach FODOR).

Tabelle 3.

Ausgangsstoff	Reagens	Vorgang
1. Alkane	1. 500°C, 50 at 2. 500°C, Katalysator 3. 100°C, $AlCl_3$ als Katalysator 4. →Alkene/H_2SO_4 als Kat.	Crack-Prozeß, thermische bzw. katalytische Spaltung *Isomerisierung* (→Erdöl) *Alkylierung*, Herstellung verzweigter Ketten, bes. „Isooktan" →Oktanzahl (→Erdöl)
2. →Alkene	H_2/Pt oder Ni als Kat.	katalytische Hydrierung s. →Addition 1.3.
3. Halogen-verbindung	1. H/Pt als Kat. 2. roter P und HJ 3. Mg in abs. Äther, dann Wasser 4. Na oder Li	Reduktion Reduktion Hydrolyse der →GRIGNARD-Verbindung (Alkyl-Mg-J) →WURTZsche Synthese
4.1. →Carbonsäure	H_2/Pt oder Ni als Kat.	Reduktion
4.2. Na-Salz einer Carbonsäure	Elektrolyse	Decarboxylierung (CO_2-Entfernung) (KOLBE-Synthese)
5.1. Kohlenmonoxid	H_2/Co oder Fe als Kat. 10 at	Totalsynthese nach FISCHER-TROPSCH
5.2. Kohlenstoff	H_2/Katalysator (Sn, Pb)	abbauende Hydrierung nach BERGIUS

Die chemische Reaktionsträgheit (Paraffine von parum affinis, d.h. wenig verwandt) bezieht sich auf die festen Alkane, die man früher nicht angreifen konnte. Tab. 4 gibt einen Aufschluß über die wichtigsten Reaktionsmöglichkeiten (verändert nach FODOR).

Alkane

Tabelle 4.

Reagens	Vorgang	Produkt	Verwendung
1.1. Halogene	photochemisch ausgelöster →Radikalkettenmechanismus	Halogenalkan s. Halogenderivate	Grundstoffe
1.2. Sulfurylchlorid SO_2Cl_2	Benzoylperoxid $(C_6H_5COO)_2$ als Kat. für →Radikalkettenmechanismus	Halogenalkan R—Cl	Grundstoffe
2. SO_2+Cl_2	photochemisch ausgelöster →Radikalkettenmechanismus	Alkansulfonsäurechlorid R—SO_2Cl	Ausgangsstoff für →Waschmittel
3.1. N_2O_4	→Radikalische Substitution	Nitroalkan R—CH_2NO_2	Lösungsmittel, Grundstoff für Amine (→Org. Stickstoffv. 2.)
3.2. HNO_3 in Dampfphase	→Radikalische Substitution		
4.1. Luft	Oxydation	CO_2+H_2O	Treibstoff
4.2. Oxydationsmittel		→Carbonsäuren	Seife (→Waschmittel)
5. Harnstoff	Komplexbildung	Einschlußverbindung mit unverzweigten Alkanen (→Clathrate)	Trennung verzweigter von unverzweigten Alkanen

1.1. R—H+Cl_2→ R—Cl+HCl
1.2. R—H+SO_2Cl_2→ R—Cl+HCl+SO_2
2. R—CH_3+SO_2+Cl_2→ R—CH_2—SO_2Cl+HCl
3.2. R—H+HNO_3→ R—NO_2+H_2Cl

Literatur
Rodd's: Chemistry of Carbon Compounds, Bd. IA. — Elsevier Publ. Com. Amsterdam 1964
Brooks: The Chemistry of Petroleum Hydrocarbons. — Reinhold, New York 1954
Asinger, F.: Chemie und Technologie der Paraffinkohlenwasserstoffe. — Akademie-Verlag, Berlin 1956
Fieser, L., Fieser, M.: Organische Chemie. — Verlag Chemie, Weinheim 1968
Fodor, G.: Organische Chemie Bd. I. — VEB Deutscher Verlag d. Wissenschaften, Berlin 1965

Alkene

Alkene sind →Kohlenwasserstoffe, bei denen zwei der kettenförmig angeordneten C-Atome durch eine Doppelbindung (σ, π-Bindung →Atombau) miteinander verbunden sind, die anderen durch eine Einfachbindung. Da die beiden C-Atome mit der Doppelbindung noch Wasserstoffatome binden können, nennt man die Alkene ungesättigt. Der alte Name *Olefine* (von gas oléfiant = ölbildendes Gas) bezieht sich darauf, daß Äthen mit Chlor eine mit Wasser nicht mischbare Verbindung ergibt.

Alkene bilden eine →homologe Reihe mit der allgemeinen Formel C_nH_{2n}, sie sind also den →Cycloalkanen isomer. Erstes Glied der Reihe ist →Äthen C_2H_4, da das Bi→radikal *Methylen* CH_2 (auch →Carben genannt) nur 10^{-2} sec beständig ist.

Die Anzahl der Isomeren ist bei den Alkenen größer als bei den →Alkanen, da zu der Stellungs→isomerie durch Verzweigung weitere Isomere durch unterschiedliche Stellung der Doppelbindung und zu der optischen die geometrischen (cis-trans) Isomere kommen, da durch die Doppelbindung die freie Drehbarkeit aufgehoben ist. So gibt es 4 *Butene* (2), 6 *Pentene* (3) und 17 *Hexene* (5) — in Klammern die Anzahl der isomeren Alkane.

Buten-Isomere

But-1-en	2-Methylpropen Isobuten	cis-But-2-en	trans-But-2-en
F: −183,5°C	F: −140,4°C	F: −138,9°C	F: −105,5°C
Kp: −6,3°C	Kp: −6,9°C	Kp: 3,7°C	Kp: 0,9°C
			(nach RODD)

Alkene werden nach der Genfer →Nomenklatur nach den gleichen Regeln benannt wie die Alkane, lediglich die Endung *-en* gibt das Vorhandensein einer Doppelbindung an. Zur Kennzeichnung der Lage der Doppelbindung werden die C-Atome arabisch so numeriert, daß das C-Atom — mit der Doppelbindung eine möglichst niedrige Zahl erhält. Sie wird vor das Wort oder die Endung *-en* gesetzt. Radikale erhalten die Endung *-enyl*. Bei Doppelbindungen in Seitenketten werden die Atome der Seitenkette mit Indizes versehen oder in eine Klammer gesetzt, und so die Stellung der Doppelbindung angegeben. Bei der Kurzkennzeichnung wird die Lage der Doppelbindung mit E bezeichnet: C_8E3 = 3-Okten.

Alkene

$$\begin{array}{c}\overset{\displaystyle C}{|}\overset{\displaystyle C}{|}\overset{\displaystyle C}{|}\\ \underset{1}{C}=\underset{2}{C}-\underset{3}{C}-\underset{4}{C}-\underset{5}{C}-\underset{6}{C}-\underset{7}{C}-\underset{8}{C}-\underset{9}{C}-\underset{10}{C}\\ \underset{1}{C}-\underset{2}{C}=\underset{3}{C}-\underset{4}{C}\end{array}$$

5-(2-Butenyl)-3,6,8-trimethyl-dec-1-en

Für 2 häufig auftretende Radikale sind Trivialnamen gebräuchlich:

$H_2C=CH\cdot$	$H_2C=CH-CH_2\cdot$	$H_3C-CH=CH\cdot$
Äthenyl = Vinyl	Prop-2-enyl = *Allyl*	Prop-1-enyl = Propenyl

Die Schmelzpunkte der Alkene liegen vom *But-1-en* ab wesentlich, die Siedepunkte geringfügig niedriger als die der entsprechender →Alkane. Die Dichte ist größer. Schmelz- und Siedepunkte steigen mit zunehmender Masse wegen der anwachsenden VAN DER WAALS-Kräfte (→Bindungskräfte).

Tabelle 1.

Name	Formel	F in °C	Kp in °C	Dichte in g/cm³ bei 20°C
Äthen	C_2H_4	−169,5	−103,9	0,5699 bei Kp
Propen	C_3H_6	−185	− 47,7	0,6104 bei Kp
But-1-en	C_4H_8	−183,5	− 6,2	0,6255 bei Kp
Pent-1-en	C_5H_{10}	−165	30,1	0,6410
Hex-1-en	C_6H_{12}	−140	63,5	0,6731
Hept-1-en	C_7H_{14}	−119,1	93,6	0,697
Oct-1-en	C_8H_{16}	−104	123	0,722 bei 17°C

Die niedrigen Glieder der Alkenreihe kommen in geringer Menge im →Erdöl vor. Sie treten in größerer Menge bei der Erdölaufbereitung als Nebenprodukt bei Crack- und Reforming-Prozessen (s. →Erdöl) auf. Wegen des gestiegenen industriellen Bedarfs wurden Verfahren zur Olefinerzeugung entwickelt: thermische Dehydrierung von Äthan zu →Äthen, katalytische ($Cr_2O_3+Al_2O_3$) Dehydrierung von Propan und Butan (→Flüssiggas), Gascrackung (Pyrolyse, über 700°C) von →Alkanen. Es handelt sich um →radikalische →Eliminationen. Die Alkene werden zur Herstellung von klopffesten Kraftstoffen verwendet, vor allem aber zur Produktion von Kunststoffen (→Polymerisation).
Doppelbindungen können auch noch mit folgenden Methoden erzeugt werden (sie werden meist nur im Labor angewandt):
1. →Radikalische →Elimination: Einwirken von Na oder Zn auf vicinale (benachbarte) Di→halogenverbindungen, Erhitzen von Alkylxanthaten nach TSCHUGAJEW (→Radikalmechanismen).

Alkene

$$\begin{matrix}-\overset{|}{C}-Br\\-\underset{|}{C}-Br\end{matrix} + Zn \longrightarrow \underset{}{\overset{}{>}C=C\overset{}{<}} + ZnBr_2$$

vicinale Dihalogenverbindungen

Xanthat: $\longrightarrow >C=C< + OCS + HSCH_3$

2. Nucleophile →Elimination: Einwirken einer LEWIS-Base auf Mono-→Halogenderivate von Alkanen oder auf quarternäre Ammoniumsalze (sog. erschöpfende Methylierung nach HOFMANN).

$$(CH_3)_2CHBr \xrightarrow[+KOH]{-HBr} CH_3-\underset{H}{\overset{H}{C}}=C\underset{H}{\overset{H}{\diagdown\diagup}}$$

LEWIS-Base

$$[R-CH_2-CH_2N^+(CH_3)_3]OH^- \rightarrow R-CH=CH_2 + H_2O + N(CH_3)_3$$
quarternäres Ammoniumsalz

3. Elektrophile →Elimination: Einwirken einer LEWIS-Säure (Al$_2$O$_3$, H$_2$SO$_4$) auf Alkohol.

4. Radikalische →Addition: Anlagerung von H$_2$ mit Hilfe eines Katalysators an →Alkine.

5. Kondensation: Sie führen in zwei Stufen zur Alkenbindung. Zuerst findet eine →Addition statt, dann eine nucleophile →Elimination. Die Kondensation tritt ein zwischen einer →Oxoverbindung und einer Substanz, die wenigstens eine aktivierte Methylengruppe enthält (Aldolkondensation →Addition 4.). Bei der WITTIG-Synthese wird mit der →Oxoverbindung ein →Ylid (Alkylphosphoran) umgesetzt.

$$\underset{O}{\overset{R_1\ \ R_2}{\underset{\|}{C}}} + \underset{H\ \ H}{\overset{R_3\ \ R_4}{\underset{|}{C}}} \xrightarrow{A} R_1-\underset{\underset{H}{|}}{\overset{R_2}{\underset{|}{C}}}-\underset{H}{\overset{R_3}{\underset{|}{C}}}-R_4 \xrightarrow[E]{-H_2O} \underset{R_1\ \ \ \ \ R_4}{\overset{R_2\ \ \ \ \ R_3}{C=C}}$$

Kondensation

Die Doppelbindung hat einen Energiegehalt von 146 kcal. Sie ist leichter aktivierbar als eine Einfachbindung, da sie nur 65 kcal mehr Energiegehalt hat als eine Einfachbindung mit 81 kcal. Hauptsächlich finden Anlagerungen statt. Da die Doppelbindung einen Überschuß an Elektronen besitzt, wird in der Regel zuerst ein positiv geladenes Teilchen (deshalb elektrophil genannt) addiert, dann das negativ geladene Teilchen in trans-Stellung (Ad$_E$, d.h. elektrophile →Addition). Alkene können aber auch als Bi→radikale reagieren: bei einer →Addition (Ad_R) oder einer Substitution (S_R). In Tabelle 2 sind einige wichtige Reaktionen zusammengefaßt (verändert nach Fodor).

Reagens	Vorgang	Produkt
1. Halogen	A_E	vicinales Di→halogenderivat
2. Säuren		
2.1. Halogenwasserstoff	A_E	Mono→halogenderivat
2.2. Schwefelsäure	A_E	saurer Schwefelsäureester bzw. Alkohol
2.3. B_2H_6	A_E (*Hydroborierung*)	durch H_2O_2 Alkohol (→metallorganische Verb.)
2.4. unterhalogenige Säure (HOX)	A_E	vicinales Halohydrin (→Hydroxylderivate) $\rangle\underset{X\ O}{C-C}\langle$ H
3. Elektrophiles C-Atom		
3.1. Trimethylmethylkation	A_E	verzweigtes →Alkan („Isooktan" →Oktanzahl)
3.2. 1,3-→Dien	A_E	Cyclohexenderivat (→Diels-Alder)
3.3. →Oxoverbindungen	A_E	Alkenol (nach Protonenabspaltung-Prins-*Reaktion*)
4. Oxydationsmittel		
4.1. Ozon	A_E	→Oxoverbindungen
4.2. Persäuren	A_E	Epoxide (→Äther 2.1.)
4.3. $KMnO_4$	A_E	cis-Diol (Baeyer*sche Probe*)
5. CO und H_2/Co katalytisch	A_E	→Oxoverbindung (→Hydroformylierung)
6. →Äthen +Al-Alkyl Propen +Al-Ti-Alkyl	A_N	Polyäthylen nach Ziegler Polypropylen nach Ziegler-Natta (→Polymerisation)
7. N-Brom-succinimid (→Radikalreaktionen)	S_R	R-Allylbromid (→Halogenderivate)
8. H_2/Pd, Pt, Ni als Katalysator	A_R	→Alkan
9. Äthenderivate	A_R	→Polymerisation (thermisch oder katalytisch)

Alkene

1.

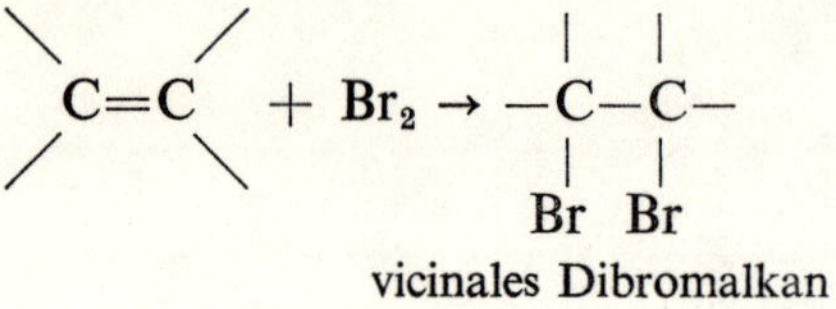

$$\diagup_{\diagdown}C=C\diagup^{\diagdown} + Br_2 \rightarrow -\overset{|}{\underset{Br}{C}}-\overset{|}{\underset{Br}{C}}-$$

vicinales Dibromalkan

2.1.

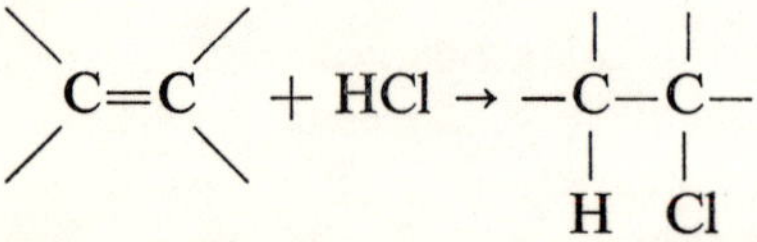

$$\diagup_{\diagdown}C=C\diagup^{\diagdown} + HCl \rightarrow -\overset{|}{\underset{H}{C}}-\overset{|}{\underset{Cl}{C}}-$$

2.2.

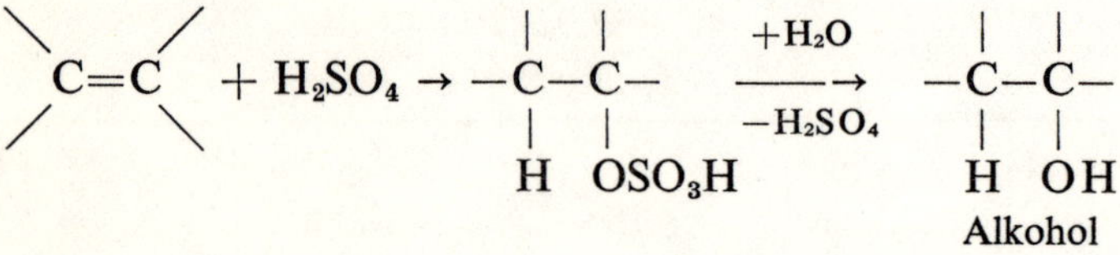

$$\diagup_{\diagdown}C=C\diagup^{\diagdown} + H_2SO_4 \rightarrow -\overset{|}{\underset{H}{C}}-\overset{|}{\underset{OSO_3H}{C}}- \xrightarrow[-H_2SO_4]{+H_2O} -\overset{|}{\underset{H}{C}}-\overset{|}{\underset{OH}{C}}-$$

Alkohol

2.3.

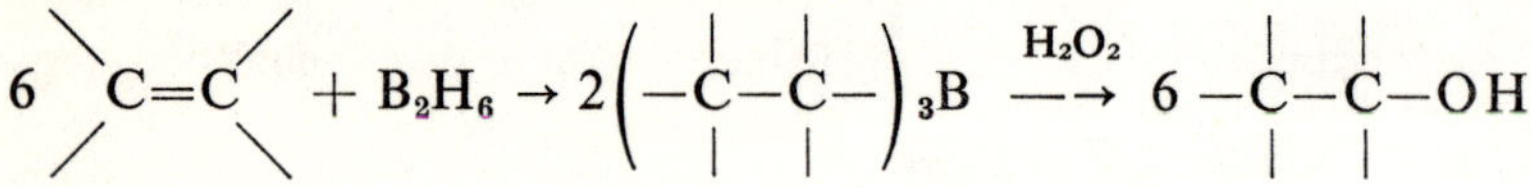

$$6\diagup_{\diagdown}C=C\diagup^{\diagdown} + B_2H_6 \rightarrow 2\left(-\overset{|}{\underset{|}{C}}-\overset{|}{\underset{|}{C}}-\right)_3B \xrightarrow{H_2O_2} 6-\overset{|}{\underset{|}{C}}-\overset{|}{\underset{|}{C}}-OH$$

3.1.

$$\begin{matrix}H_3C\\ \diagdown\\ C=CH_2\\ \diagup\\ H_3C\end{matrix} + \cdot C(CH_3)_3 \rightarrow \begin{matrix}H_3C\\ \diagdown\\ C^+-CH_2-C(CH_3)_3\\ \diagup\\ H_3C\end{matrix} \xrightarrow{+HC(CH_3)_3}$$

$$H_3C-\overset{CH_3}{\underset{H}{\overset{|}{C}}}-CH_2-\overset{CH_3}{\underset{CH_3}{\overset{|}{C}}}-CH_3$$

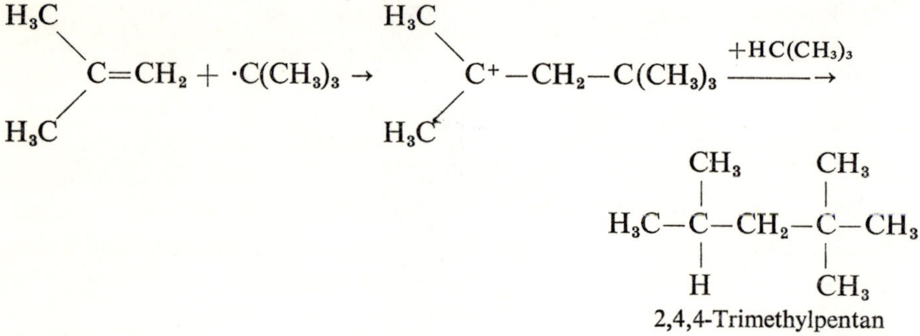

2,4,4-Trimethylpentan

3.3.

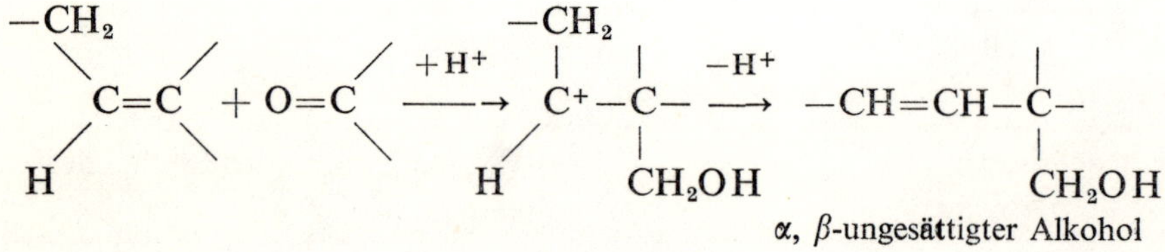

$$\begin{matrix}-CH_2\\ \diagdown\\ C=C\\ \diagup\diagdown\\ H\end{matrix} + O=C\diagup^{\diagdown} \xrightarrow{+H^+} \begin{matrix}-CH_2\\ |\\ C^+-\overset{|}{\underset{CH_2OH}{C}}-\\ |\\ H\end{matrix} \xrightarrow{-H^+} -CH=CH-\overset{|}{\underset{CH_2OH}{C}}-$$

α, β-ungesättigter Alkohol

4.

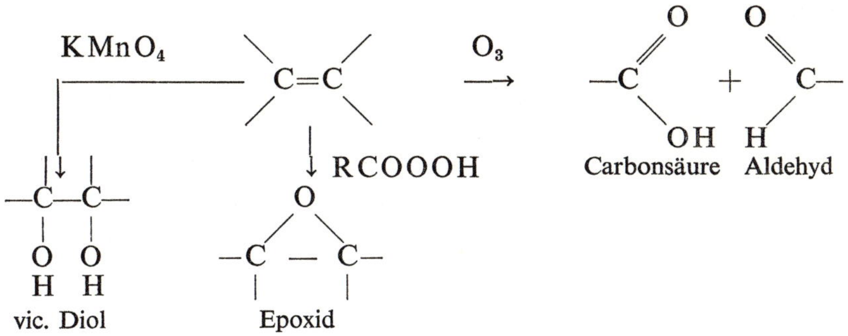

$$\text{KMnO}_4 \quad \diagdown \text{C}=\text{C} \diagup \quad \xrightarrow{O_3} \quad -\overset{\overset{O}{\|}}{C}\diagdown_{OH} + \overset{\overset{O}{\|}}{C}\diagup_{H}$$

Carbonsäure   Aldehyd

↓ RCOOOH

vic. Diol   Epoxid

5.

H₂C—C(=O)—N(Br)—C(=O)—CH₂ + R—CH₂—CH=CH₂ → Br—CHR—CH=CH₂ + H₂C—C(=C)—N—H—C(=O)—CH₂

N-Bromsuccinimid   Allylbromid

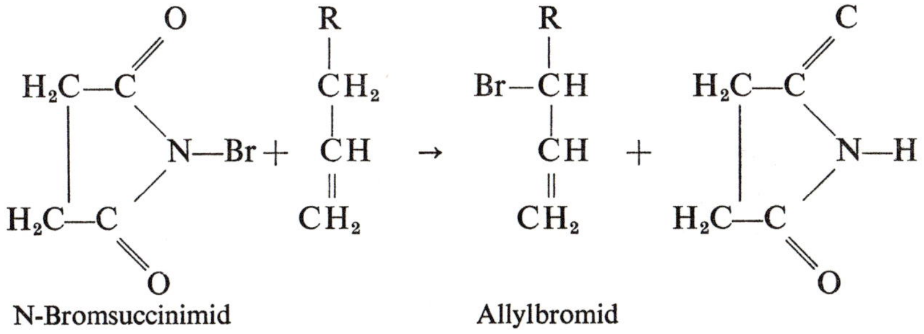

Verbindungen mit 2 Doppelbindungen s. Diene, mit mehreren s. Polyene.

Literatur
PATAI, S.: The Chemistry of Alkenes. — Interscience Publ., London 1964
ASINGER, F.: Chemie und Technologie der Monoolefine. — Akademie-Verlag, Berlin 1957
RODD's Chemistry of Carbon Compounds. — Elsevier Publ. Com., Amsterdam 1964
FODOR, G.: Organische Chemie Bd. 1. — VEB Deutscher Verlag der Wissenschaften, Berlin 1965

Alkine sind →Kohlenwasserstoffe, bei denen zwei der kettenförmig angeordneten C-Atome durch eine Dreifach→bindung (σ, 2π-Bindung →Atombau) miteinander verbunden sind, die anderen durch Einfachbindungen. Da die beiden C-Atome mit der Dreifachbindung noch Wasserstoffatome binden können, zählt man die Alkine zu den ungesättigten Verbindungen. Nach dem Trivialnamen des einfachsten Alkins, dem Acetylen (→Äthin), nennt man diese Substanzen auch Acetylene. Alkine bilden eine →homologe Reihe mit der allgemeinen Formel C_nH_{2n-2}. Sie sind →Dienen isomer, die Allene wandeln sich sogar in die entsprechenden Alkine um (Tautomerie →Isomerie). Erstes Glied der Reihe ist →Äthin C_2H_2, bisher längste Kette ist Octadecin $C_{18}H_{34}$.

Durch die sp-Hybridisierung (→Atombau) der C-Atome, die die Dreifachbindung eingegangen sind, erhält dieser Teil des Moleküls eine lineare Struktur. Es tritt

Alkine

deshalb keine geometrische →Isomerie auf. Stellungsisomerie durch Verzweigung und unterschiedliche Lage der Dreifachbindung kommt wie bei →Alkanen und →Alkenen vor. Optische →Isomerie liegt bereits beim 3-Methyl*Pent*-1-*in* vor.

$$H-\underset{1}{C}\equiv\underset{2}{C}-\underset{3}{\overset{\overset{\displaystyle H}{|}}{\underset{\underset{\displaystyle H}{|}}{\underset{\displaystyle H-C-H}{|}}}}-\underset{4}{\overset{\overset{\displaystyle H}{|}}{\underset{\underset{\displaystyle H}{|}}{C}}}-\underset{5}{\overset{\overset{\displaystyle H}{|}}{\underset{\underset{\displaystyle H}{|}}{C}}}-H$$

Gegenüber den Alkenen ist die Zahl der Isomeren verringert. So gibt es nur 2 *Butine* (4), 3 *Pentine* (6) und 8 *Hexine* (17) — in der Klammer die Anzahl der isomeren Alkene.

Alkine werden nach der →Genfer Nomenklatur in der gleichen Weise benannt wie die →Alkene, lediglich die Endung -in gibt das Vorhandensein einer Dreifachbindung an. In der englischsprachigen Literatur wird die Endung -yne benutzt. Auch die Lage der Dreifachbindung wird durch Numerierung der C-Atome angegeben. →Radikale erhalten die Endung -inyl. Abweichend von dieser Regel wird das Radikal des Propins $HC\equiv C-C\cdot H_2$ *Propargyl* genannt. Der Trivialname für Propin ist *Allylen* und für But-1-in *Crotonylen*. Bei der Kurzkennzeichnung zur Katalogisierung wird die Lage der Dreifachbindung mit Y bezeichnet: $C_5Y_2 =$ Pent-2-in.

Entsprechend dem Verhalten anderer homologer Reihen steigen die Siedepunkte mit zunehmender Masse an, sie liegen höher als die entsprechender →Alkene.

Tabelle 1.

Name	Formel	F in °C	Kp in °C	Dichte in g/cm³
Äthin	C_2H_2	− 81,8	(Sublimation)	0,6719 bei F
Propin	C_3H_4	−101,5	−23,3	0,6911 bei Kp
But-1-in	C_4H_6	−125,7	8,1	0,7119 bei −31°C
Pent-1-in	C_5H_8	−105,7	40,2	0,6901
Hex-1-in	C_6H_{10}	−131,9	71,3	0,7152
Hept-1-in	C_7H_{12}	− 81,0	99,6	0,733
Oct-1-in	C_8H_{14}	+ 26,0	180 bei 15 mm	0,796 bei 30°C

(nach RODD; Werte nicht einheitlich)

Alkine kommen in der Natur nur in Form der Acetylencarbonsäuren (→Polyine) vor. Außer dem →Äthin (Acetylen) haben die Alkine keine technische Bedeutung.

Alkine

Im Labor können höhere Alkine hergestellt werden:
1. Durch Bromierung α, β-ungesättigter →Carbonsäuren, die mit Alkali Alkincarbonsäuren ergeben. Diese Carbonsäuren spalten CO_2 ab:

$$R-CH=CH-COOH \xrightarrow{Br_2} R-\underset{Br}{\overset{H}{C}}-\underset{Br}{\overset{H}{C}}-COOH \xrightarrow{-2HBr}$$

$$R-C\equiv C-COOH \xrightarrow{-CO_2} R-C\equiv C-H$$

2. Auch aus vicinalen Dihalogenalkanen lassen sich mit Natriumamid Halogenwasserstoffe abspalten und Dreifachbindungen herstellen.

$$R_1-\underset{Br}{\overset{H}{C}}-\underset{Br}{\overset{H}{C}}-R_2 \xrightarrow{NaNH_2} R_1-C\equiv C-R_2$$

vicinales
Dihalogenalkan

3. Bei Anwendung von $NaNH_2$ auf Äthin oder Alk-1-ine erhält man das Na-Salz, das mit Halogenverbindungen umgesetzt alkylierte Acetylene ergibt.

$$H-C\equiv C-Na + Br-R \rightarrow H-C\equiv C-R + NaBr$$

Bei der Dreifachbindung haben die beiden C-Atome nur einen Abstand von 1,207 Å, sie sind also näher aneinander als in der Einfachbindung (1,534 Å). Die Bindungsenergie der Dreifachbindung ist größer, die →Elektronegativität verändert. In der Dreifachbindung ist die Richtung des Dipols umgekehrt gegenüber den →Alkanen, in denen der Wasserstoff das elektropositivere Atom ist. Aus diesem Grund ist es leicht möglich, aus Alk-1-inen Protonen abzuspalten, d. h. sie wirken als schwache Säuren und können mit Metallen Salze bilden. Beim Äthin nennt man diese Verbindungen *Carbide* oder *Acetylide*. Wegen der veränderten Elektronegativität addieren Alkine nucleophile Teilchen besser, elektrophile Teilchen schlechter als →Alkene, obwohl die Elektronendichte angestiegen ist.

Die Reaktionsmöglichkeiten der Alkine werden beim →Äthin zusammengefaßt, da sie bei dieser Substanz von großer wirtschaftlicher Bedeutung sind. Alkine zeigen grundsätzlich die gleichen →Additionsreaktionen wie die →Alkene: Anlagerung von Wasserstoff, von Halogenen, von →Carbenen. Von oxidierenden Substanzen wird die Dreifachbindung weniger stark angegriffen als die Doppelbindung. Es bilden sich Diketone oder Carbonsäuren. Die Acetylide reagieren

Alkohole

mit Alkylhalogeniden, Kohlendioxid, Oxoverbindungen (Aldehyde u.ä.) und sind deshalb wichtig für Synthesen. Verbindungen mit mehr als einer Dreifachbindung s. →Polyine, ringförmige: →Cycloalkine.

Literatur
RODD's Chemistry of Carbon Compounds, Bd. IA. — Elsevier, Amsterdam 1964
FODOR, G.: Organische Chemie, Bd. 1. — VEB Deutscher Verlag der Wissenschaften, Berlin 1965

Alkohole s. Hydroxylderivate 1.
Alkoholgehalt von Getränken s. Äthanol.
Alkoholische Gärung s. Äthanol.
Alkoxide = Alkoholate s. Hydroxylverbindungen 1.1.3.
Alkoxylgruppe (—OR) s. Äther.
Alkylierung (Anfügen einer Alkylgruppe) s. Erdöl.
Alkylsulfonate s. Waschmittel.
Allen s. Diene 1.
Allosterische Hemmung s. Enzyme.
Allyl-:Prop-2-enyl-Radikal o. Gruppe: $H_2C = CH-CH_2$·
Allylen = Propin s. Alkine.
Aluminium gehört zu den Elementen der →Dritten Hauptgruppe. Von ihm existiert nur das Isotop der Massenzahl 27.
Seiner Verbreitung nach steht Aluminium unter den Elementen an dritter Stelle, unter den Metallen an erster. Es bildet einen wesentlichen Bestandteil des Feldspats und des Glimmers und deren Verwitterungsprodukte, den Tonen. Das technisch wichtigste Mineral ist der als Gemisch verschiedener Oxyhydrate vorkommende Bauxit. Aus ihm muß durch Aufschluß das Oxid hergestellt werden, das in der Natur nur selten vorkommt. Kristallisiert tritt es als Korund auf. Verunreinigungen von Cr_2O_3 bzw. TiO_2 im Verhältnis 1:5000 verleihen ihm die rote Farbe des Rubin bzw. die blaue des Saphirs. — Bedeutende Bauxit-Lager finden sich in Frankreich, Ungarn, Jugoslawien, UdSSR, Indien und den USA. Der als Lösungsmittel für die Elektrolyse des aufgearbeiteten Al_2O_3 notwendige Kryolith kommt aus Grönland, wird jedoch auch vielfach künstlich hergestellt. Aluminium ist ein silberweißes Metall und im extrem reinen Zustand verhältnismäßig weich. Sein Wärmeleitvermögen ist halb so groß wie das des Kupfers, sein elektrisches Leitvermögen beträgt ca. 60%. Die spez. Wärme liegt mit 0,23 cal/g im Vergleich zu anderen Metallen sehr hoch und beträgt das 2½-fache von der des Kupfers. Wegen seiner hohen Schmelzwärme ist es schwerer als Kupfer zum Schmelzen zu bringen. Seiner Duktilität wegen läßt es sich zu dünnen Folien auswalzen und zu Drähten ziehen. Die Zugfestigkeit beträgt nur 25% von der des Kupfers.

Aminosäuren 1.

Extrem reines Aluminium (ca. 99,995%) widersteht allen üblichen Säuren mit Ausnahme des Königswassers, jedoch wird es schnell und heftig von Lösungen der Alkalihydroxide unter Freiwerden von Wasserstoff und Bildung der Aluminate angegriffen. Heftig reagiert es mit den Halogenen. Aluminiumsalze sind im allgemeinen wasserlöslich. Mit Alkalien bildet es Doppelsalze der Form

$$M_2Al_2(SO_4)_4 \cdot 24 H_2O \text{ (Alaune).}$$

Gegen Witterungseinflüsse ist Aluminium durch hohe Beständigkeit ausgezeichnet. Sie ist hervorgerufen durch die sich an der Luft sofort bildende dünne, dichte und sehr fest haftende Oxidhaut von ca. 1/1000 mm Dicke. Verbessert wird die Schutzschicht, wenn man Aluminium in einem geeigneten Elektrolyten, häufig Oxalsäure, dem Gleichstrom aussetzt. Bei diesem Eloxieren bildet sich eine farblose bis goldgelbe Oxydschicht von ca. 0,02 mm Dicke, die sehr hart und verschleißfest ist. Sie stellt einen guten Isolator dar.

Durch Legieren läßt sich Aluminium härten, z. B. 93 bis 95% Al, 2,5 bis 5,5% Cu, 0,5 bis 2% Mg, 0,5 bis 1,2% Mn und 0,2 bis 1% Si (Duraluminium). Dabei verliert das Material an Korrosionsfestigkeit.

Alvit s. Hafnium.
Amalgam s. Quecksilber.
Amalgamelektrolyse s. Dritte Hauptgruppe.
Amanitin s. Aminosäuren 2.3.
Ameisensäure s. Carbonsäuren 1.1.2. und 1.1.4.
Americium s. Actiniden.
Amide s. Carbonsäuren 3.3.
Amine s. Organische Stickstoffverbindungen 2.
Aminogruppe (NH_2) s. Org. Stickstoffverb. 2., Aminosäuren, Carbonsäuren 3.3.
Aminoplaste s. Polykondensation.
Aminosäuren sind →Carbonsäuren, die im C-Gerüst durch eine Aminogruppe ($-NH_2$) (s. →org. Stickstoffverbindungen 2) substituiert sind (Aminocarbonsäuren). Die chemische Nomenklatur unterscheidet sich nicht von der durch andere Gruppen substituierter →Carbonsäure (s. Abschnitt 2.). Wegen der biologischen Bedeutung einiger Aminosäuren werden aber vorwiegend deren Trivialnamen gebraucht.
Gliederung: 1. α-Aminosäuren, 2. Peptide, 3. Proteine, 4. Aminosäuren außer α-Aminosäuren.

1. α-Aminosäuren

Die Aminogruppe ist in α- oder 2-Stellung im C-Gerüst eingeführt, d.h. sie sitzt an dem der Carboxylgruppe benachbarten C-Atom. Wenn kein zweites H-Atom an

Aminosäuren 1.

dieser Gruppe sitzt, ist das C-Atom asymmetrisch, d.h. alle α-Aminosäuren außer der Aminoessigsäure sind optisch aktiv (→Isomerie).

1.1. Gewinnung

Die Gewinnung dieser Aminosäuren ist heute auch von großtechnischer Bedeutung für Nahrungsmittel- (Geschmacksverbesserung, Nährwerterhöhung), Futtermittel- und Kosmetikindustrie.

Aus Proteinen lassen sich die natürlich vorkommenden Aminosäuren durch *Hydrolyse* gewinnen, am schonendsten durch enzymatische Hydrolyse. Zur Isolierung müssen Elektrophorese, Ionenaustauscher und Chromatographie eingesetzt werden.

Mit Hilfe von Mikroorganismen lassen sich einige Aminosäuren auf biologischem Wege herstellen. Das gilt besonders für *Glutaminsäure*, z. B. aus Harnstoff oder NH_3.

Von den verschiedenen synthetischen Verfahren werden beide optische Antipoden hergestellt, während bei den bereits erwähnten Methoden nur die in der Natur auftretende L-Form gewonnen wird. An die chemischen Verfahren schließt sich eine Racemattrennung an (→Isomerie 2.).

Wie andere substituierte →Carbonsäuren lassen sich Aminosäuren aus Halogencarbonsäuren (→Carbonsäuren 2.2.) darstellen, in diesem Fall durch Einwirken von NH_3. Eine Abwandlung der Cyanhydrinsynthese von Carbonsäuren stellt die Synthese nach STRECKER dar, bei der auf einen Aldehyd HCN und NH_3 einwirken und α-Aminocarbonsäurenitrile entstehen. Sie können ohne Isolierung zu den entsprechenden Säuren hydrolysiert werden.

$$R-\underset{Br}{\overset{H}{C}}-COOH \xrightarrow[-NH_4Br]{+2NH_3} R-\underset{NH_2}{\overset{H}{C}}-COOH$$

α-Bromcarbonsäure   α-Aminosäure

$$R-\overset{O}{\underset{H}{C}} \xrightarrow[-H_2O]{+NH_3+HCN} R-\underset{NH_2}{\overset{H}{C}}-C\equiv N \xrightarrow[-NH_3]{+2H_2O} R-\underset{NH_2}{\overset{H}{C}}-COOH$$

STRECKER-Synthese   α-Aminosäure

Kondensationen von Aldehyden mit Stoffen, die eine reaktive Methylengruppe besitzen, führen zu Aminosäuren, so die *Azlacton-* Kondensation nach ERLENMEYER (entspricht KNOEVENAGEL-Kondensation s. →Oxoverbindungen 1.3.). Aus

Aminosäuren 1.

Hippursäure (Benzolglycin) entsteht das Hippursäureazlacton (mit Essigsäureanhydrid), das nach Kondensation mit einem Aldehyd hydrolysiert und reduziert wird.

$$\underset{\text{Hippursäure}}{\underset{|}{\overset{CH_2-COOH}{\underset{}{}}}{NH-CO-\bigcirc}} \xrightarrow{-H_2O} \underset{\text{Azlacton}}{\overset{CH_2-C=O}{\underset{N\diagdown_C\diagup O}{|}}\!\!\!\bigcirc} \xrightarrow[-H_2O]{+R-C\diagup_H^{\diagdown O}} \underset{}{\overset{R-CH=C\diagdown C=O}{\underset{N\diagdown_C\diagup O}{|}}\!\!\!\bigcirc} \xrightarrow[+2H\cdot]{+2H_2O} \underset{\alpha\text{-Aminosäure}}{\overset{H}{\underset{R\ NH_2}{\overset{|}{H_2C-C-COOH}}}} + \underset{\text{Benzoesäure}}{\bigcirc\!-COOH}\cdot$$

Auch Malonsäureester (→Carbonsäuren 1.2.) lassen sich in verschiedener Form zur Synthese von Aminosäuren heranziehen.

Der biologischen Synthese vergleichbar sind Methoden, mit denen 2-Oxocarbonsäuren (s. 2.5.) durch katalytische Reduktion und Aminieren in Aminosäuren umgewandelt werden.

Ohne praktische Bedeutung, aber von wissenschaftlichem Interesse sind die Versuche, nach denen Aminosäuren durch Einwirken elektrischer Entladungen auf eine „Uratmosphäre" aus CH_4, NH_3, H_2O und H_2 entstehen. Man nimmt an, daß in dieser Art der erste Schritt der Urzeugung verlaufen ist.

Wie erwähnt werden die Aminosäuren in Lebewesen aus Oxosäuren aufgebaut, wobei die NH_2-Gruppe von der *Glutaminsäure* durch Transaminierung übertragen wird. Pflanzen können alle Aminosäuren synthetisieren. Bei Tieren und Menschen müssen einige unbedingt mit der Nahrung aufgenommen werden: essentielle Aminosäuren. Für den Menschen sind es *Valin, Leucin, Isoleucin, Lysin, Methionin, Phenylalanin, Threonin* und *Tryptophan* (*Arginin* und *Histidin* werden nur in der Wachstumsphase gebraucht).

1.2. Eigenschaften

Nach den Eigenschaften des Restes R(R—CHNH$_2$—COOH) kann man die 21 in Proteinen häufig vorkommenden Aminosäuren in neutrale, saure und basische Aminosäuren einteilen. Die nicht neutralen enthalten eine 2. Säure- oder Aminogruppe. Bei den neutralen Aminosäuren sind nochmals unpolare (R = Kohlenwasserstoff) und polare (mit OH- oder SH-Gruppen) zu unterscheiden. Die Namen sind mit einigen Angaben in Tab. 1 zusammengefaßt.

In der Natur hat man bis jetzt 140 Aminosäuren nachgewiesen. Fast alle sind α-Aminosäuren.

Aminosäuren 1.

Tab. 1 (nach Fodor, Aebi, Jakubke und Jeschkeit, Waldschmidt-Leitz und Kirchmeier).

Name / Trivialname / chemischer Name	Abkürzung	Formel des Restes R $R-CHNH_2-COOH$	F in °C (meist Zersetz.)	Löslichkeit (H_2O) g/100 cm³ bei 25 °C	Drehung $[\alpha]_D^{25}$ in H_2O	IEP (p_H-Wert)
1a. Neutrale unpolare Säuren						
Glykokoll, Glycin / Aminoessigsäure	Gly G	H—	233	24,99	—	5,97
Alanin / α-Aminopropionsäure	Ala A	H_3C-	297	16,65	+2,4	6,01
Valin / α-Amino-β-methylbuttersäure	Val V	$H_3C{>}CH-$ H_3C	315	8,85	+6,4	5,96
Leucin / α-Amino-β-methylvaleriansäure	Leu L	$H_3C{>}CH-CH_2-$ H_3C	295	2,43	−10,6	5,98
Isoleucin / α-Amino-β-methylvaleriansäure	Ile I	$H_3C-CH_2{>}CH-$ H_3C	284	4,12	+11,3	6,02
Phenylalanin / α-Amino-β-phenylpropionsäure	Phe F	⌬—CH_2-	284	2,96	−35,1	5,48
Prolin / Pyrrolidin-α-carbonsäure	Pro P	$HN-\overset{H}{C}-COOH$ $\quad H_2C\;CH_2$ $\quad\;\; CH_2$	222	16,2*	−85	6,3
1b. Neutrale polare Säuren						
Tyrosin / α-Amino-β(p-hydroxyphenyl)-propionsäure	Tyr Y	HO—⌬—CH_2-	295	0,04	−8,6 (0,1 nHCl)	5,66
Tryptophan / β-Indolyl-α-aminopropionsäure	Trp W	(indole)-CH_2-	282	1,14	−31,5	5,89
Serin / α-Amino-β-hydroxypropionsäure	Ser S	$HOCH_2-$	228	5,0	−6,8	5,68
Threonin / α-Amino-β-hydroxybuttersäure	Thr T	$H_3C-CHOH-$	253	20,5	−28,3	6,16

Aminosäuren 1.

Name / Trivialname / chemischer Name	Abkürzung	Formel des Restes R $R-CHNH_2-COOH$	F in °C (meist Zersetz.)	Löslichkeit (H_2O) g/100 cm³	Drehung $[\alpha]_D^{25}$ in H_2O	IEP (p_H-Wert)
Cystein / α-Amino-β-thiolpropionsäure	Cys C	$HSCH_2-$	178			5,02
Cystin / 2,2'-Diamino-diäthyl-disulfid-2,2'-dicarbonsäure	Cy-S-S-Cy	$H_2C-S-S-CH_2$ $\quad\mid\qquad\quad\mid$	260	0,01	−206 (HCl)	5,03
Methionin / α-Amino-γ-thiomethylbuttersäure	Met M	$H_3C-S-CH_2-$	283	3,5	− 8,1	5,74
Asparagin / Asparaginsäuremonoamid	Asn N	$\begin{array}{c}O\\H_2N\end{array}\!\!>\!\!C-CH_2-$	236	2,98	− 5,3	5,41
Glutamin / Glutaminsäuremonoamid	Gln Q	$\begin{array}{c}O\\H_2N\end{array}\!\!>\!\!C-CH_2-CH_2-$	185	3,6	+ 5,0	5,65
2. Saure Aminosäuren						
Asparaginsäure / α-Aminobernsteinsäure	Asp D	$\begin{array}{c}O\\HO\end{array}\!\!>\!\!C-CH_2-$	251	0,5	+ 4,7	2,77
Glutaminsäure / α-Aminoglutarsäure	Glu E	$\begin{array}{c}O\\HO\end{array}\!\!>\!\!C-CH_2-CH_2-$	202	0,86	+11,5	3,24
3. Basische Aminosäuren						
Lysin / α,ε-Diaminocapronsäure	Lys K	$H_2N-CH_2-CH_2-CH_2-CH_2-$	224		+14,6	9,82
Arginin / α-Amino-δ-guanidovaleriansäure	Arg R	$HN\!=\!\!\begin{array}{c}NH\\C-NH_2\\\mid\\CH_2-CH_2-CH_2-\end{array}$	238	15	+12,5	10,76
Histidin / β-(4-Imidazolyl)-α-aminopropionsäure	His H	$\begin{array}{c}N\!=\!C-CH_2-\\HC\quad\quad\;CH\\\;\;\backslash N/\\\quad H\end{array}$	277	0,43**	−39,0	7,59

* Nach AEBI 10 mal größer. ** Isoelektrischer Punkt (s.u.).

Aminosäuren 1.

Die Abkürzungen dienen zur Darstellung der Aminosäuren in Polypeptidformeln und Proteinen.

Aminosäuren sind wegen der beiden polaren funktionellen Gruppen in H_2O und anderen polaren Lösungsmitteln gut löslich (Ausnahme: aromatische Aminosäuren, Aminodicarbonsäuren), in organischen Lösungsmitteln dagegen nur wenig.

Da die beiden funktionellen Gruppen entgegengesetzte Eigenschaften haben, sind Aminosäuren amphoter. Aminosäuren liegen auch in neutraler Lösung nicht in der undissozierten Form vor, sondern in der energieärmeren *Zwitterionenstruktur* als innere Salze (nach dem Trimethylglycin auch *Betaine* genannt).

$$\underset{\text{in saurer Lösung}}{R-\underset{{}^+NH_3}{\overset{H}{\underset{|}{\overset{|}{C}}}}-\overset{O}{\underset{OH}{\overset{\|}{C}}}} \xleftarrow{+H^+} \underset{\text{Zwitterion}}{R-\underset{{}^+NH_3}{\overset{H}{\underset{|}{\overset{|}{C}}}}-\overset{O}{\underset{O^-}{\overset{\|}{C}}}} \xrightarrow{+OH^-} \underset{\text{in alkalischer Lösung}}{R-\underset{NH_2}{\overset{H}{\underset{|}{\overset{|}{C}}}}-\overset{O}{\underset{O^-}{\overset{\|}{C}}}} + H_2O$$

Die Zwitterionenform bedingt auch, daß Aminosäuren relativ stabile, salzartige kristalline, unter Zersetzung schmelzende Substanzen sind. Für jede Aminosäure gibt es einen →pH-Wert (Wasserstoffionenkonzentration), bei dem sie fast vollständig als Zwitterion vorliegt und dementsprechend bei einer Elektrolyse nicht wandert. Diesen charakteristischen pH-Wert nennt man *isoelektrischen Punkt* (IEP).

Wegen des amphoteren Charakters der Aminosäuren weichen die Titrationskurven von denen anderer schwacher Säuren ab. Erst nach Blockierung der Aminogruppe (z. B. durch Formal-Methanal- nach SÖRENSEN) sind Aminosäurencarboxylgruppen quantitativ zu bestimmen.

Abgesehen vom *Glycin* ist bei allen Aminosäuren das C-Atom, das die Aminogruppe trägt, asymmetrisch. Aminosäuren sind folglich optisch aktive Substanzen (sie drehen die Ebene des polarisierten Lichts) und treten in zwei stereoisomeren Formen auf (→Isomerie). Die Aminosäuren, die aus Proteinen stammen, gehören ausschließlich der L-Reihe an, d.h. sie besitzen die gleiche Konfiguration wie L-Milchsäure.

$$\underset{L(+)\text{-Alanin}}{\overset{COOH}{\underset{CH_3}{\overset{|}{H_2N-C-H}}}} \qquad \underset{D(-)\text{-Alanin}}{\overset{COOH}{\underset{CH_3}{\overset{|}{H-C-NH_2}}}}$$

Aminosäuren 1.

Die Konfiguration sagt nichts aus über die Richtung der Drehung, L-Alanin dreht die Ebene nach rechts (daher +), L-Leucin nach links (daher —). Aminosäuren der D-Reihe sind bis jetzt fast nur aus Mikroorganismen isoliert worden, so D-Prolin aus Kapselsubstanzen, D-Valin und D-Leucin aus →Antibiotica (Gramicidin).

1.3. Reaktionen

Aminosäuren zeigen die typischen Reaktionen beider funktioneller Gruppen. Metallsalzbildung (mit Schwermetallen Chelate u.a. mit Cu^{1+} blaue kristalline Substanzen →Koordinationschemie), Ver→esterung, Säurehalogenidbildung und Decarboxylierung (CO_2-Abspaltung) u.a.m. finden an der *Carboxylgruppe* statt Durch das Reagens kann zugleich die *Aminogruppe* verändert werden. So entstehen mit Essigsäureanhydrid in der DAKIN-WEST-*Reaktion* Acetaminoketone durch Acylierung der Aminogruppe und Verdrängung der Carboxylgruppe. Auch die Bildung des Säurehalogenids findet als einzige Reaktion nur statt bei Blockierung der Aminogruppe (am einfachsten durch Protonierung).

$$R-\underset{NH_3}{\underset{|}{CH}}-COOH \xrightarrow[-CH_3COOH]{+(CH_3CO)_2O} R-\underset{HN-CO-CH_3}{\underset{|}{C}}-COOH \xrightarrow[-CH_3COOH \atop -CO_2]{+(CH_3CO)_2O}$$

Aminosäure
DAKIN-WEST-Reaktion

$$R-\underset{HN-CO-CH_3}{\underset{|}{CH}}-CO-CH_3$$

α-Acetaminoketon

Reaktionen der Aminogruppe sind Alkylierung, Acylierung, Desaminierung u.a.m. Die Desaminierung wird zur quantitativen Bestimmung des Aminostickstoffs ausgenutzt, indem der mit HNO_2 frei gesetzte Stickstoff gasvolumetrisch nach VAN SLYKE erfaßt wird. Analytisch wird auch die Desaminierung mit Hilfe von Ninhydrin (Triketohydrinden →Cycloalkane) eingesetzt. Ninhydrin wird von der Aminosäure zum Alkohol reduziert, die Aminosäure zerfällt dabei zu NH_3, CO_2 und Aldehyd. Der Alkohol bildet mit NH_3 und einem Molekül Ninhydrin einen blauen Farbstoff Diketohydrindamin.

Aminosäure   Ninhydrin   Hydrindatin

Aminosäuren 1.

$$R-\underset{\underset{NH_2}{|}}{CH}-COOH + HNO_2 \rightarrow H_2O + N_2 + R-\underset{\underset{OH}{|}}{CH}-COOH$$

salpetrige Säure   Hydroxycarbonsäure

Mit →Oxoverbindungen werden durch Kondensation tautomeriefähige (→Isomerie) Schiff*sche Basen* gebildet werden. Diese Substanzen sind die Zwischenstation bei der umkehrbaren Transaminierung. Der entsprechende Vorgang, katalysiert durch Pyridoxalphosphat — →Vitamin B_6, ist ein wichtiger Schritt bei der Biosynthese und beim Abbau der Aminosäuren in Lebewesen.

$$\underset{\text{Aminosäure}}{\underset{\underset{R_1}{|}}{\overset{\overset{COOH}{|}}{HC}}-NH_2} + \underset{\text{Oxoverbindung}}{\underset{\underset{R_3}{|}}{\overset{\overset{R_2}{|}}{O=C}}} \underset{+H_2O}{\overset{-H_2O}{\rightleftarrows}} \underset{\text{Schiffsche Base}}{\underset{\underset{R_1}{|}}{\overset{\overset{COOH}{|}}{HC}}-N=\underset{\underset{R_3}{|}}{\overset{\overset{R_2}{|}}{C}}} \rightleftarrows \underset{\underset{R_1}{|}}{\overset{\overset{COOH}{|}}{C}}=N-\underset{\underset{R_3}{|}}{\overset{\overset{R_2}{|}}{CH}} \underset{-H_2O}{\overset{+2H_2O}{\rightleftarrows}}$$

$$\underset{\text{Oxosäure}}{\underset{\underset{R_2}{|}}{\overset{\overset{COOH}{|}}{C=O}}} + \underset{\text{Aminoverbindung}}{H_2N-\underset{\underset{R_3}{|}}{\overset{\overset{R_2}{|}}{CH}}}$$

N-acylierte Aminosäuren bilden nach Wasserabspaltung cyclische Derivate, genannt *Azlactone* (eigentlich Oxazolon-derivate →Heterocyclen 1.3.). Wie erwähnt werden sie zur Synthese von Aminosäuren eingesetzt. Auch *Hydantoine* können für die Synthese verwandt werden. Es sind cyclische Derivate von Ureidoaminosäuren (aus Isocyansäureestern s. →Kohlensäurederivate und Aminosäuren).

N-Acylaminosäure   Azlacton   Ureidoaminosäure   Hydantoin

Die bedeutendste physiologische Reaktion ist aber die säureamidartige Verknüpfung zweier Aminosäuren durch die sog. Peptidbindung. Das ist die Grundlage für die lineare oder cyclische →Polykondensation zu den biologisch wichtige Oligopeptiden, Polypeptiden und Proteinen. Der C—N—Abstand in der Peptidbindung ist kleiner als bei normalen C—N-Einfachbindungen. Dies beruht auf der →Mesomerie. Die Mesomerie, die einen energieärmeren Zustand darstellt, erfordert die Anordnung der vier an der Peptidbindung beteiligten Atome in einer Ebene.

$$H_2N\text{—}CH\text{—}COOH + H_2N\text{—}CH\text{—}COOH \rightarrow$$
$$\qquad\quad |\qquad\qquad\qquad\quad |$$
$$\qquad\quad R_1\qquad\qquad\qquad\quad R_2$$
$$\text{Aminosäure A}\qquad\text{Aminosäure B}$$

$$H_2O + H_2N\text{—}CH\text{—}\boxed{CONH}\text{—}CH\text{—}COOH$$
$$\qquad\qquad\qquad |\qquad\qquad\qquad |$$
$$\qquad\qquad\qquad R_1\qquad\qquad\qquad R_2$$
$$\qquad\qquad\qquad\qquad\text{Dipeptid}$$

Mesomerie der Peptidbindung   Winkel und Abstände der Peptidbindung

2. Peptide

Peptide sind Verbindungen aus säureamidartig verknüpften Aminosäuren. Bei Verknüpfungen von höchstens 10 Aminosäuren spricht man von Oligopeptiden. Die Unterscheidung zwischen Polypeptiden (bis 100 Aminosäuren) und Makropeptiden oder Proteinen (mehr als 100 Aminosäuren) ist historisch bedingt.

2.1. Sequenzanalyse

Die Aminosäuren sind in den Peptiden nicht periodisch aneinandergereiht. Strukturaufklärung der Peptide bedeutet also Feststellen der Reihenfolge der Aminosäuren (Sequenzanalyse). Die Reihenfolge der Aminosäuren bezeichnet man als *Primärstruktur*. Sie gelang SANGER 1954 am Insulin (51 Aminosäuren) Inzwischen sind die Primärstrukturen von über 200 Peptiden aufgeklärt worden, als längste Kette die aus 333 Aminosäuren bestehende Glycerinaldehyd-3-phosphat-dehydrogenase. Bei den Formeln schreibt man die Aminosäuren mit ihren Abkürzungen, beginnend mit der Aminosäure mit endständiger Aminogruppe. Die Sequenzanalyse beruht auf einer Bestimmung der endständigen Aminosäuren. Die C-terminalen Aminosäuren (mit freier Carboxylgruppe) können durch Exopeptidasen abgespalten und danach identifiziert werden. Für N-terminale Aminosäuren wird u.a. die *Dinitrophenylmethode* von SANGER angewandt. 2,4-Dini-

Aminosäuren 2.

trofluorbenzol reagiert mit der endständigen Aminogruppe zu einer Verbindung, die bei Hydrolyse des Peptids erhalten bleibt und chromatographisch identifiziert werden kann.

Eine Sequenzanalyse durch stufenweisen Abbau ist mit der EDMAN-*Methode* möglich. Das Verfahren ist automatisiert worden und ermöglicht die Sequenzanalyse bis zu 100 Aminosäuren mit einer Geschwindigkeit von 15 Aminosäuren pro Tag. Für eine Aminosäure sind 30 Teiloperationen notwendig. Die Methode beruht auf der Umsetzung der N-terminalen Aminosäure in alkalischer Lösung mit Phenylisothiocyanat (Senföl s. →Kohlensäurederivate). In saurer Lösung wird nur die umgesetzte Aminosäure abgespalten und als Thiohydantoinderivat identifiziert. Die um eine Aminosäre kürzere Peptidkette wird der gleichen Prozedur unterworfen.

Dinitrofluorbenzol Peptid   Aminosäure
SANGER-Methode

Phenylsenföl   Peptid   Phenylthiohydantion
EDMAN-Verfahren

Zur Sequenzanalyse längerer Ketten spaltet man die Ketten durch Hydrolyse in kürzere Bruchstücke, deren Aminosäurenreihenfolge bestimmt wird. Bei Anwendung verschiedener *Hydrolyse*methoden erhält man überlappende Bruchstücke, so daß man die Sequenz der Gesamtkette erschließen kann. Die unterschiedlichen Bruchstücke erhält man durch *Endopeptidasen*. Das sind die Peptidbindung spaltenden Fermente, die mitten in der Kette angreifen, nicht am Ende wie Exopeptidasen. Zu den Endopeptidasen gehören *Trypsin* (hydrolysiert alle Peptidbindungen, an denen die Carboxylgruppe von Lysin oder Arginin beteiligt ist), *Chymotrypsin* (spezifisch für Carboxylgruppen aromatischer Aminosäuren — Phenylalanin, Tyrosin, Tryptophan), *Subtilisin* (spaltet Peptidbindungen von Serin und Glycin), *Papain* (spezifisch für aliphatische neutrale und basische Aminosäuren) u.a.

Die Gemische müssen in die Einzelkomponenten getrennt werden, deren Einheilichkeit in verschiedenen Verfahren (Elektrophorese, Chromatographie) überprüft werden muß, bevor die Sequenzanalyse beginnen kann.

2.2. Peptidsynthese

EMIL FISCHER, dem der Nachweis gelang, daß die Aminosäuren aus Proteinen α-Aminosäuren sind, führte auch die erste Peptidsynthese 1901 durch. DU VIGNEAUD gelang die erste Synthese eines natürlichen Polypeptids, des Hypophysenhormons Ocytocin, aus 9 Aminosäuren bestehend. Inzwischen (1969) ist mit der Totalsynthese der Ribonuclease mit 124 Aminosäuren die Grenze zu den Proteinen überschritten worden. Die Gesamtzahl der synthetisierten natürlichen Polypeptide mit mehr als 20 Aminosäuren beträgt ungefähr ein Dutzend.

Bei der gezielten Synthese eines natürlich vorkommenden Peptids sind drei Punkte zu beachten: 1. Die nicht bei der Reaktion benötigten funktionellen Gruppen müssen durch *Schutzgruppen* blockiert sein. 2. Der Peptidbildungsprozeß verläuft endotherm, daher werden aktivierte Ausgangsprodukte eingesetzt. 3. Chemische Synthesen von Substanzen mit asymmetrischen C-Atomen führen meist zu Racematen. Da dies ein Verlust biologischer Wirksamkeit darstellt, muß es vermieden werden.

Jedes Aminosäuremolekül besitzt mindestens zwei funktionelle Gruppen. Gezielte Verbindung zweier Aminosäuren bedeutet Blockierung der Aminogruppe der Säure A und Blockierung der Carboxylgruppe der Säure B. Außerdem müssen die funktionellen Gruppen der Seitenketten R geschützt sein. Alle Schutzgruppen müssen sich leicht abspalten lassen. Als Aminoschutzgruppen werden eingesetzt die von ZERVAS vorgeschlagene Benzyloxycarbonylgruppe (*Carbobenzoxy-Verfahren*) oder die tertiäre Butyloxycarbonylgruppe. Zum Schutz der Carboxylgruppen nimmt man Benzylester oder tertiäre Butylester.

⌬-CH₂-O-CO-CH-NH₂
                  R
	H₃C-C(CH₃)₂-O-CO-CH-NH₂
	                    R

Benzyloxycarbonyl-aminosäure aus Chlorkohlensäurebenzylester, abspaltbar durch 6 n HBr in Eisessig.	tert. Butyloxycarbonylaminosäure aus tert. Butyloxycarbonylazid, abspaltbar mit CF_3COOH.

⌬-CH₂-O-CO-NH-CH-COOH
                     R
	H₃C-C(CH₃)₂-O-CO-NH-CH-COOH
	                        R

Aminosäurebenzylester aus Benzylalkohole, abspaltbar mit HBr in Eisessig.	Aminosäure-tert. Butylester aus Isobuten +H_2SO_4, abspaltbar durch 6 n HBr in Eisessig.

Die Knüpfung der Petidbindung erfolgt vorzugsweise mit zwei Methoden. Bei der *Carbodiimid-Methode* benutzt man N,N'-Dicyclohexylcarbodiimid, das mit einer freien Carboxylgruppe einen Harnstoffester bildet, der von einer Amino-

Aminosäuren 2.

säure mit freier Aminogruppe zu Dicyclohexylharnstoff und einem Peptid umgewandelt wird. Bei der *Azid-Methode* nach CURTIUS werden Aminosäurehydrazide mit HNO_2 in Azide umgewandelt, die mit der Aminogruppe eines zweiten Säuremoleküls reagieren.

$$\langle H\rangle-N=C=N-\langle H\rangle \quad \langle H\rangle-\underset{H}{N}-C=N-\langle H\rangle \quad \langle H\rangle-\underset{H}{N}-\underset{\underset{O}{\|}}{C}-\underset{H}{N}-\langle H\rangle$$

$$\underset{HNX}{\underset{|}{HC}-COOH} \quad \xrightarrow{\quad} \quad \underset{HNX}{\underset{|}{HC}-C=O} \quad \xrightarrow{+H_2N-CH-R_2}_{COY} \quad \underset{HNX}{\underset{|}{HC}-CO-NH-\underset{|}{CH}} \quad \underset{COY}{}$$

Carbodiimid-Verfahren Aminosäure Dipeptid

$$\begin{array}{c}XNH\\|\\R_1CH\\|\\CO\\|\\NH\\|\\NH_2\end{array} \xrightarrow[-2H_2O]{+HNO_2} \begin{array}{c}XNH\\|\\R_1CH\\|\\CO\\|\\N_3\end{array} \xrightarrow{+NH_2\atop |\atop R_2CH\atop |\atop YCO} \begin{array}{c}XNH\\|\\R_1CH\\|\\CO\\|\\NH\\|\\R_2CH\\|\\YCO\end{array} + N_3H$$

Aminosäure- Stickstoff-
hydrazid wasserstoff-
  säure
Azidmethode Dipeptid

Schutzgruppen und Verknüpfungsverfahren wurden so ausgewählt, daß die Gefahr einer Racemisierung möglichst klein bleibt.

Der Aufbau längerkettiger Peptide erfordert unzählige Reaktionsschritte, an derem Ende Reinigungs- und Isolationsverfahren stehen. Dies wird durch das von MERRIFIELD entwickelte Verfahren vereinfacht. Dabei wird die Ausgangsaminosäuren an einen hochmolekularen festen Träger (Polystyrol s. → Polymerisation) gebunden. Die Aminosäure wird durch die entsprechenden Reaktionen gliedweise zu einem Polypeptid verlängert. Die Reaktionsflüssigkeiten können leicht abfiltriert werden, so daß dieses Verfahren bereits automatisch durchgeführt werden kann. Innerhalb von 24 Stunden sind 6 Aminosäuren in der gewünschten Reihenfolge zu verbinden.

2.3. Natürliche Polypeptide

Das Tripeptid *Glutathion* (γ-H_2N-Glu-Cys-Gly) ist seit 1921 bekannt. Es ist ein Co-→Enzym verschiedener Fermente. Die anderen analysierten und z.T. bereits synthetisierten Polypeptide mit biologischer Wirkung gehören zu den →Hormonen, →Antibiotica, Toxinen und →Alkaloiden.

Das einfachste Eiweißhormon ist das im Zwischenhirn gebildete Thyreotropin-Releasing-Hormon, ein Tripeptid. Von den →Hormonen der Hypophyse sind

Aminosäuren 2.

bekannt ACTH (Adrenocorticotropin — 39 Aminosäuren), Ocytocin und Vasopressin (9), Melanotropin (18). Die Bauchspeicheldrüsenhormone Insulin (51) und Glucagon (29) sind bereits synthetisiert worden. Ebenfalls aufgeklärt ist die Struktur des Hormons der Nebenschilddrüse (32) und der Gewebshormone Sekretin (27), Gastrin (17), Angiotensin (10), Bradykinin (9) und Kallidin (10). →Antibiotica, die aus Aminosäuren aufgebaut sind, enthalten häufig nicht in Proteinen vorkommende Aminosäuren, nicht peptidartige Bindungen und sind cyclisch aufgebaut. Dazu gehören Gramicidine, Bacitracine, Polymyxine, Penicillin und Actinomycine.

Von den Peptidtoxinen sind analysiert die Giftstoffe des Knollenblätterpilzes (verschiedene Phallatoxine und Amatoxine s. *Amanitin*) und der Biene (*Melittine*).

Glutathion (Glutaminsäure mit 2. Carboxylgruppe in der Peptidbindung).

$$H_2N-\underset{\underset{COOH}{|}}{\overset{\overset{H}{|}}{C}}-CH_2-CH_2-CO-NH-\underset{\underset{\underset{SH}{|}}{CH_2}}{\overset{}{CH}}-CO-NH-CH_2-COOH$$

Glu   SH Cys   Gly

Gramicidin S (Orn = Ornithin, D-Phe = D-Phenylalanin).

|—Val—Orn—Leu—D-Phe—Pro—Val—Orn—Leu—D-Phe—Pro—|

α-*Amanitin* (cyclisches Octapeptid) (anstelle des Thioäthers vermutlich Sulfoxygruppe)

γ, δ-Dihydroxyisoleucin (Hydroxytryptophan)
                Hytry   Gly

[Structural formula of α-Amanitin showing Hy-Pro Hydroxyprolin, Asn, Cys, Gly residues with cyclic peptide backbone]

Aminosäuren 3.

Ocytocin (cyclisches Peptid durch Cystin).

Gly–Leu–Pro–Cys–Asn–Gln–Jle–Tyr–Cys
⎸————S—S————⎹

Penicillin

```
       H₃C    S    H  H  H           O
         \   |    |  |  |           ‖
          C       C——C——N——|——C—R
         /   
       H₃C   
         H——C————N——|——C=O
            |
           COOH
           Val              Cys
```

Melittin I (lineares Peptid).

Gln–Gln–Arg–Lys–Arg–Lys–Jle–Try–Ser–Jle–Leu–Ala–Pro–Leu–Gly–Thr–
   Thr–Leu–Val–Lys–Leu–Val–Ala–Gly–Jle–Gly

3. Proteine

Die Einteilung der Eiweiße ist unbefriedigend, sie erfolgt nach Molekülgestalt und Löslichkeit. Sie bezieht sich auf die sog. einfachen Eiweiße, die Proteine, die nur aus Aminosäuren aufgebaut sind. Im Gegensatz dazu stehen die Proteide, die nichtaminosäureartige Komponenten enthalten. Auch diese Unterteilung ist nicht konsequent, da in Proteinen andere Stoffe in geringerer Konzentration vorkommen.

Nach der Gestalt trennt man Proteine in die unlöslichen fibrillären Skleroproteine und die kugelähnlichen Sphäroproteine. Skleroproteine sind tierische Gerüstsubstanzen (Kollagen im Bindegewebe und Muskel, *Keratin* in Haaren und Nägeln, Seidenfibroin in der Seide). Sphäroproteine werden noch nach ihrer Löslichkeit eingeteilt in *Albumine* (in salzfreiem Wasser löslich, ausgesalzen von hoher (70 bis 100%) Ammoniumsulfatkonzentration), *Globuline* (löslich erst in verdünnten Neutralsalzlösungen, ausgesalzen von halbgesättigter $(NH_4)_2SO_4$-Lösung), *Histone* und Protamine (wegen des stark basischen Charakters — viel Arginin — nur in verdünnten Säuren löslich, kommen im Zellkern an →Nucleinsäuren gebunden vor), Prolamine (pflanzliche Proteine aus Getreide, in 80% Alkohol löslich) und Gluteline (ebenfalls aus Getreide, nur in Alkalien löslich). Proteide werden nach den proteinfremdem Bausteinen benannt: Phosphoproteide (Phosphorsäure, Milcheiweiß *Casein*, Vitellin aus Dotter), Glycoproteide (→Kohlenhydrate, *Mucine* — Schleimstoffe), Chromoproteide (Farbstoff, Hämoglobin im Blut s. →Porphinderivate, Myoglobin im Muskel, Rhodopsin — Sehpurpur

s. →Vitamine), Lipoproteide (→Lipoide, Zellmembranen), Nucleoproteide (→Nucleinsäuren, im Zellkern, in Ribosomen), Metallproteide (Ferritin — Eisenspeicherstoff aus Leber, Transferrin — Transporteiweißstoff aus Blut).
Da Proteine definitionsgemäß mindestens 80 bis 100 Aminosäuren enthalten, ist die unterste Grenze für die Molmasse 10000. Man kennt Proteine mit Molmassen von mehreren Millionen. Die Molmassenbestimmung erfolgt mit Hilfe der Ultrazentrifuge (Messung der Sinkgeschwindigkeit in Zentrifugen mit 60000 Umdrehungen/Minute), des osmotischen Drucks, der Lichtstreuung, der Röntgenuntersuchung kristalliner Proteine und der *Gelfiltration*. Bei der letzten Methode benutzt man Gele (vernetzte Makromoleküle mit Hohlräumen, Molekularsiebe →Clathrate), in die die Proteine nach ihrer Teilchengröße unterschiedlich tief eindringen und dementsprechend verschieden schnell herausgelöst werden. Nach Eichung mit bekannten reinen Proteinen lassen sich Molmassen unbekannter Substanzen erschließen.
Wegen ihrer Molmasse und eines Moleküldurchmessers von mindestens 50 Å sind Proteinlösungen monodisperse Lösungen mit Teilchen, die die gleiche Größe haben wie die zusammengesetzten Teilchen kolloidaler Lösungen. Proteine können deshalb wie kolloidale Teilchenaggregate nicht durch Membranen diffundieren, deren Poren kleiner als 10 Å sind. So kann man Salz und Eiweiße trennen (*Dialyse*).
Proteine sind wie ihre Bausteine Ampholyte. Der Ampholytcharakter wird durch die funktionellen Gruppen der Seitenketten bestimmt. Die Löslichkeit hängt vom Ladungszustand des Proteins ab, der seinerseits vom →pH-Wert der Lösung bestimmt wird. Am *isoeletrischen Punkt*, an dem fast gleich viel basische und saure Gruppen vorhanden sind und sich gegenseitig neutralisieren, ist somit die Löslichkeit am geringsten. Je größer die Überschußladung, umso stärker ist die Hydratation (Umhüllung mit Wasserteilchen) und die Löslichkeit.
Löslichkeit hängt aber auch von der Elektrolytkonzentration ab. Bei *Globulinen* (Molekülen mit asymmetrischer Ladungsverteilung) drängen Salzionen die Assoziationen der Proteinmoleküle zu größeren nicht löslichen Komplexen zurück. Bei höheren Salzkonzentrationen kommt es zum Aussalzen, da die Proteinhydration zugunsten der Ionenhydration zurückgedrängt wird. Das Protein wird ausgefällt, seine Struktur bleibt aber erhalten. Es geht deshalb bei entsprechenden Bedingungen wieder in Lösung.
Im Gegensatz dazu steht die Denaturierung durch physikalische (z. B. Hitze) oder chemische (Säuren u.a.) Verfahren, bei der die hochgeordnete Struktur eines Proteins (nicht aber die *Primärstruktur*) irreversibel zerstört wird, die Löslichkeit verringert wird (*Koagulation*) die biologischen Wirkungen verloren gehen. Denaturierung ist ein endothermer Prozeß, bei dem die Entropie zunimmt. Geknäuelte Peptidketten entfalten sich.

Aminosäuren 3.

Nachweisreaktionen für Proteine sind die bei den Aminosäuren beschriebene *Ninhydrin*-Probe, die beim Harnstoff (→Kohlensäurederivate) erwähnte Biuret-Reaktion (Komplexbildung des Cu^{2+}-Ions mit Aminogruppen), die Bildung roter Hg-Komplexe mit MILLONS-*Reagens* ($Hg(NO_3)_2$ in HNO_3 — nur bei Tyrosin), die Xanthoproteinprobe (Gelbfärbung mit konz. HNO_3 bei Tyrosin und Phenylalanin) u.a.

Isolation und Reingewinnung von Proteinen erfolgt durch Fällung und *Dialyse*. *Gelfiltration*, Elektrophorese, fraktionierte Fällungen und Immunelektrophorese dienen der Reindarstellung. Im letzten Fall läßt man spezifische Antikörper entsprechende Proteine ausfällen. In der Medizin wird diese Reaktion zur Diagnose eingesetzt.

Wie bei der Denaturierung erkennbar ist, besitzen Peptide, besonders aber Proteine, außer der Primärstruktur, der Aminosäurensequenz, eine bestimmte räumliche Ordnung. Unter der *Sekundärstruktur* versteht man die Konfiguration des Grundskeletts der Peptidkette auf Grund von Wasserstoffbrückenbindungen (→Bindungskräfte) zwischen CO- und NH-Gruppen verschiedener Peptidbindungen. *Tertiärstruktur* ist die Raumordnung der Kette bedingt durch intramolekulare Seitenkettenwechselwirkungen. Sekundär- und Tertiärstruktur sind nicht scharf voneinander abzugrenzen. Als Quartärstruktur bezeichnet man die Assoziation mehrerer Peptidketten zu einem Komplex. KENDREW und PERUTZ gelang die Aufklärung der Tertiärstruktur des Hämoglobins 1960. Inzwischen sind die Röntgenstrukturanalysen von rund 12 (außer Kollagen) globulären Proteinen beschrieben worden.

Die räumlichen Strukturen sind mit chemischen Mitteln nicht mehr aufzuklären, sondern mit Hilfe von Röntgenstrahlen, deren Beugungsbilder mathematisch analysiert werden müssen. Die Raumstrukturen werden hauptsächlich durch Nebenvalenzbindungen stabilisiert. Die wichtigste ist die Wasserstoffbrückenbindung (→Bindungskräfte), die eintritt, wenn sich ein H-Atom (an N gebunden) einem O-Atom auf 2,8 Å nähert. Außer dieser H-Bindung bei Peptidgruppen findet man H-Bindungen in Proteinen, wenn ein an ein elektronegatives Atom gebundenes H-Atom einem anderen elektronegativen Atom nahe genug kommt. Eine weitere Nebenvalenzbindung ist die *hydrophobe Bindung* zwischen apolaren Seitenketten (Kohlenwasserstoffreste). Sie beruht auf den VAN DER WAALSschen-Kräften (→Bindungskräfte), die in Kristallen unpolare Moleküle zusammenhalten. Sie werden unterstützt durch die Verdrängung der H_2O-Moleküle, die die hydrophoben Gruppen geordnet umschließen.

Außer diesen Nebenvalenzbindungen kommen Ionenbindungen zwischen seitenständigen Carboxyl- und Aminogruppen vor. Die wichtigste Hauptvalenzbindung ist aber die Bildung von Disulfidbrücken zwischen zwei Cystein-Molekülen (s. auch Polypeptide Formel *Ocytocin*).

Aminosäuren 3.

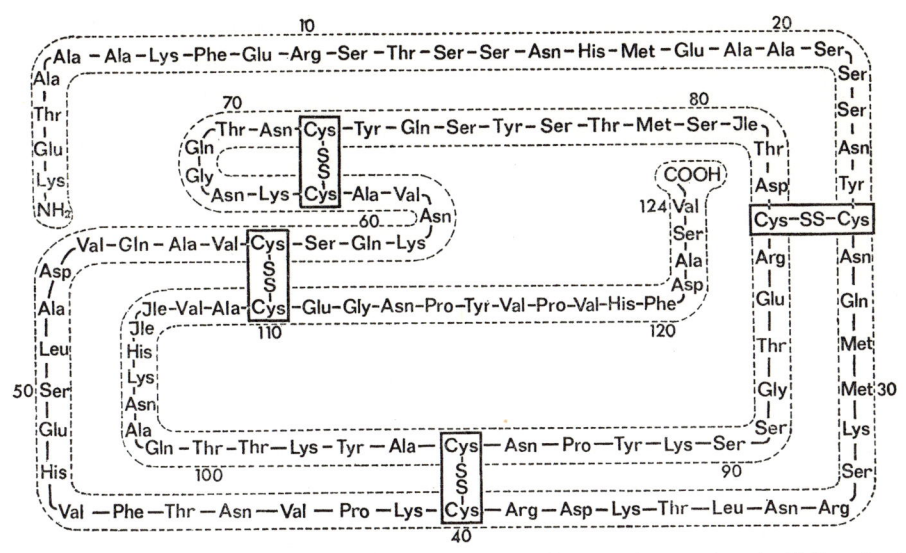

```
      10                                    20
 ┌Ala – Ala–Lys–Phe–Glu–Arg–Ser–Thr–Ser–Ser–Asn–His–Met–Glu–Ala–Ala–Ser┐
 Ala                                                                   Ser
 Thr      70                           80                              Ser
 Glu    ┌Thr–Asn–[Cys]–Tyr–Gln–Ser–Tyr–Ser–Thr–Met–Ser–Jle┐            Asn
 Lys    Gln        S                                      Thr          Tyr
 NH₂    Gly        S              (COOH)                  Asp          
                   S          124 Val                                  [Cys–SS–Cys]
        Asn–Lys–[Cys]–Ala–Val┐    Ser                     Arg          Asn
     ┌Val–Gln–Ala–Val–[Cys]–Ser–Gln–Lys┘  60   Asn        Glu          Gln
 Asp             S                                Ala                  
 Ala             S                                Asp                  Met
        ┌Jle–Val–Ala–[Cys]–Glu–Gly–Asn–Pro–Tyr–Val–Pro–Val–His–Phe┘    
 Leu    Jle          110                      120         Thr          
50 Ser  His                                               Gly         Met 30
 Glu    Lys                                                            Lys
 His    Asn                                               Ser          
        Ala                                                            Ser
        ┌Gln–Thr–Thr–Lys–Tyr–Ala–[Cys]–Asn–Pro–Tyr–Lys–Ser┘            
              100                  S                    90            
 Val–Phe–Thr–Asn–Val–Pro–Lys–[Cys]–Arg–Asp–Lys–Thr–Leu–Asn–Arg┘
                          40
```

Ribonuclease A (Primärstruktur mit Disulfidbrücken)

Auf Grund der Bedingungen, daß alle Atome einer Peptidbindung in einer Ebene liegen und daß die größtmögliche Anzahl von Wasserstoffbrücken gebildet wird, ergeben sich zwei Modelle für die *Sekundärstruktur*. Im ersten Modell werden die Wasserstoffbindungen intramolekular abgesättigt. Dies ist die α-Schraube (α-Helix), bei der die Peptidkette um einen Zylinder gewickelt ist mit 3,7 Aminosäureresten pro Windung und einer Identitätsperiode (Ganghöhe) von 5,44 Å. Beim zweiten Modell, dem *Peptidrost* oder der Faltblattstruktur, laufen zwei Peptidketten parallel und sättigen gegenseitig die H-Brücken ab. Räumliche Behinderung durch die Seitengruppen erfordern eine ziehharmonikaähnliche Faltung. α-Keratin liegt als α-Helix vor, bei Streckung geht α-Keratin in β-Keratin über, das Faltblattstruktur aufweist.

Untersuchungen der Tertiärstruktur ergaben bei fibrillären Proteinen z. T. eine Verdrillung mehrerer *Helix*-Stränge. Bei Sphäroproteinen, bei denen die meisten Untersuchungen vorliegen, zeigte sich, daß nur Teile der Gesamtkette als *Helix* vorliegen (beim Myoglobin 75% bei der Ribonuclease 17%). Die Strukturen enzymatischer Proteine (*Lysozym, Ribonuclease, Trypsin* u.ä.) zeigen übereinstimmend eine tiefe Furche im Molekül, die zur Aufnahme des umzusetzenden Substrats dient. Die durch chemische Methoden ermittelten aktiven Zentren (einige Aminosäureteilsequenzen) liegen an diesen Furchen.

Sekundär- und *Tertiärstruktur* sind durch die *Primärstruktur* bedingt, ihre Ausbildung erfolgt spontan. So bildet sich im Fall der *Ribonuclease* (Formel s.o.) nach Reduktion der vier Cystindisulfidbindungen aus der dann vorliegenden offenen

Aminosäuren 4.

Kette aus 124 Aminosäureresten das biologisch aktive Ferment zurück — also Lage der Disulfidbrücken wie im ursprüngliche Protein —, wenn man die offene Kette oxidiert.

Proteine mit einer Molmasse über 100 000 sind in der Regel aus zwei oder mehreren Peptidketten zusammengesetzt. So besteht Hämoglobin →Porphinderivate (M: 65 000) aus vier Untereinheiten (M: 16 000), von denen jeweils zwei identisch sind. Die Tertiärstruktur der Untereinheiten ist der des Myoglobins sehr ähnlich. Beim Menschen treten im Lauf der Entwicklung verschiedene Hämoglobine auf, die alle die gleiche Quartärstruktur besitzen, ein paar der Untereinheiten weicht in der Aminosäuresequenz von der ab, die im Erwachsenenblut vorkommt. Solche Proteine bezeichnet man als Isoproteine.

Die Biosynthese der Proteine findet an den Ribosomen statt. Die Reihenfolge der Aminosäuren ist erblich festgelegt in der Desoxyribo→nucleinsäure (DNS) in Form von Tripletts für jede Aminosäure d. h. je drei Basen der DNS determinieren eine Aminosäure. Diese Information wird durch m-RNS (Boten-Ribo→nucleinsäure m = messenger) an die Ribosomen geliefert. Die Aminosäuren werden in aktivierter (energiereicher) Form von aminosäurespezifischen t-RNS (Transport-Ribo→nucleinsäuren, t = transfer) zu den Ribosomen gebracht, wo mit Hilfe von Fermenten die Peptidbindung zwischen zwei Aminosäuren geschlossen wird.

4. *Aminosäuren außer α-Aminosäuren*

Von den β-Aminosäuren ist β-Alanin (3-Aminopropansäure) in der Natur weit verbreitet. Im Dipeptid Carnosin (β-Alanyl-histidin) kommt es im Muskel vor. Säureamidartig mit 2,4-Dihydroxy-3,3-dimethylbutansäure verbunden ergibt es *Pantothensäure*, ein →Vitamin der B-Gruppe. Pantothensäure ist ein Baustein des wichtigen *Co-Enzyms A*.

$$H_2N-CH_2-CH_2-CO-NH-CH-CH_2-C=CH \quad\quad \text{(Carnosin)} \quad\quad \text{(Pantothensäure)}$$

β-Alanin   Histidin   β-Alanin
      Carnosin   Pantothensäure

Während α-Aminobuttersäure ein seltener Peptidbaustein z. B. in Antibiotica ist, spielt γ-Aminobuttersäure (*GABA*) als Übertragungshemmsubstanz eine wichtige Rolle. Der Mechanismus der Hemmung der Synapsen (Nervenübergänge) ist noch unbekannt.

Aminosäuren 4.

γ-Aminosäuren können wegen der räumlichen Lage der Carboxyl- und Aminogruppe intramolekulare Säureamide bilden. Diese →heterocyclischen Verbindungen bezeichnet man als *Lactame*. Diese intramolekulare Wasserabspaltung entspricht der Lactonbildung der Hydroxy→carbonsäuren (s. d. 2. 4.). Lactambildung findet auch bei Aminosäuren statt, deren Aminogruppe in δ-, ε- und noch weiter entfernter Position stehen. β-Lactame sind nur durch besondere Reaktionen zu erhalten, so durch eine Addition von Keten (→Oxoverbindungen 1. 2.) und Imin. Im Penicillin (Formel s. Polypetide) kommt ein β-Lactamring vor.

$H_2N-CH_2-CH_2-CH_2-COOH \underset{+H_2O}{\overset{-H_2O}{\rightleftarrows}}$

γ-Amino-Buttersäure   γ-Lactam   Keten   Imin   β-Lactam

$R_2C=C=O + R'CH=NR'' \rightarrow R_2C-C=O$ / $HC-N-R''$ / R'

Von großer technischer Bedeutung ist ε-Aminocapronsäurelactam (*Caprolactam*), das Ausgangsprodukt für das →Polykondensationsprodukt Perlon (Nylon 6) (→Chemiefaserstoffe). Caprolactam erhält man durch BECKMANN→Umlagerung aus Cyclohexanonoxim (→Oxime).

Cyclohexanonoxim   ε-Caprolactam   Perlon

$-[NH-(CH_2)_5-CO-]_n$

Von den aromatischen Aminosäuren sind o-Aminobenzoesäure (*Anthranilsäure* — Farbstoffindustrie) und p-Aminobenzoesäure (→Arzneimittelindustrie) von größerer Bedeutung. Ester der p-Aminobenzoesäure dienen als Anästhetica (→Arzneimittel: *Novocain*, Anästhesin).

o-Aminobenzoe- p-Nitrobenzoe- p-Aminobenzoe- Novocain
säure   säure   säure   p-Aminobenzoesäure-
                          diäthylaminoäthylester

Literatur

FODOR, G.: Organische Chemie Bd. 2. — VEB Deutscher Verlag der Wissenschaften, Berlin 1965
RODD's Chemistry of Carbon Compounds Bd. I D. — Elsevier Publ. Com., Amsterdam 1965
JAKUBKE, H., JESCHKEIT, H.: Aminosäuren-Peptide-Proteine. — Akademie-Verlag, Berlin 1969
WALDSCHMIDT-LEITZ, E., KIRCHMEIER, O.: Chemie der Eiweißkörper. — Enke, Stuttgart 1968
KARLSON, P.: Biochemie. — Thieme, Stuttgart 1970
AEBI, H.: Einführung die praktische Biochemie. — Akademische Verlagsges., Frankfurt 1965
FASOLD, H.: Struktur der Proteine. — Verlag Chemie, Weinheim 1972

Ammoniak

Ammoniak, NH_3. Ammoniak ist bei Zimmertemperatur ein farbloses, zu Tränen reizendes Gas mit unangenehmem, stechendem Geruch. Es besitzt eine kleinere Litermasse (0,771 g/l) als Luft. Wird Ammoniak bei normalem Druck auf $-33{,}4°C$ abgekühlt, so verdichtet es sich zu einer farblosen, leicht beweglichen Flüssigkeit, die bei $-77{,}7°C$ zu weißen Kristallen erstarrt. Viele organische Stoffe und anorganische Salze lösen sich gut in flüssigem Ammoniak, das auch in Kältemaschinen verwendet wird, weil es beim Übergang vom flüssigen in den gasförmigen Zustand der Umgebung eine große Wärmemenge entzieht. Gasförmiges Ammoniak löst sich außerordentlich leicht in Wasser. Bei 20°C und 760 Torr kann 1 l Wasser 702 l Ammoniak aufnehmen. Diese wäßrige Lösung nennt man Ammoniakwasser oder Salmiakgeist. Sie zeigt schwach alkalische Reaktion, weil Ammoniak, als Base, dem Wasser Protonen entzieht. Der Überschuß an Hydroxid-Ionen (OH^-) verursacht die alkalische Reaktion:

$$NH_3 + H_2O \rightleftarrows NH^+_4 + OH^-$$

Dieser Vorgang verläuft allerdings nur in geringem Maße von links nach rechts. Bei einer 0.1 molaren Ammoniaklösung ist etwa 1% des Ammoniaks mit dem Wasser in Reaktion getreten. Erhitzt man Ammoniakwasser in einem offenen Gefäß längere Zeit auf 100°C, entweicht das gesamte Ammoniak gasförmig. An der Luft läßt sich Ammoniak entzünden, es brennt aber ohne Wärmezufuhr nicht weiter. Bei der Verbrennung in reinem Sauerstoff entsteht hauptsächlich Stickstoff und Wasser:

$$4\,NH_3 + 3\,O_2 \rightarrow 2\,N_2 + 6\,H_2O$$

Bei höherem Druck sind Ammoniak-Sauerstoff-Gemische explosibel.

Ammoniak ist eine der wichtigsten großtechnisch hergestellten Verbindungen. Es bildet das Ausgangsmaterial für die meisten Stickstoffverbindungen, die vor allem in den Kunstdüngern eine bedeutende Rolle spielen. Außerdem wird heute →Salpetersäure aus Ammoniak gewonnen, das somit indirekt auch den Rohstoff für alle Nitrate und organischen Nitroverbindungen darstellt. So ist es verständlich, daß man sich nicht auf die Ammoniakmengen beschränken konnte, die als Nebenprodukt in den Kokereien und Gasanstalten bei der Entgasung der Steinkohle anfallen. Im Jahre 1913 wurde das HABER-BOSCH-Verfahren in Betrieb genommen, das Ammoniak aus den Elementen Stickstoff und Wasserstoff erzeugt. HABER untersuchte die Reaktionsbedingungen und stellte eine Laboratoriumsapparatur her. Dem Industriechemiker CARL BOSCH ist eine Übertragung dieses Verfahrens in die Großtechnik gelungen.

Bei der Ammoniaksynthese handelt es sich um eine umkehrbare chemische Reaktion, das heißt, die gebildeten Ammoniak-Moleküle können wieder in ihre Ausgangsprodukte Stickstoff und Wasserstoff zerfallen. Es stellt sich daher nach

Ammoniak

einer gewissen Zeit ein von der Temperatur abhängiges chemisches Gleichgewicht ein:

$$N_2 + 3\,H_2 \rightleftarrows 2\,NH_3 \qquad \Delta H = -\,2 \cdot 10{,}9 \text{ kcal}$$

Bei Zimmertemperatur und einem Druck von 1 at liegt das Gleichgewicht weitgehend auf der Seite des Ammoniak. Allerdings ist die Geschwindigkeit, mit der diese Reaktion abläuft, äußerst klein. Verwendet man Katalysatoren, um die Reaktion zu beschleunigen, zeigt sich eine Wirkung erst ab 400°C. Man ist daher gezwungen, in einem Temperaturbereich von 400 bis 500°C zu arbeiten. Bei 500°C und 1 at befinden sich aber nur noch 0,1 Vol.-% Ammoniak im Gleichgewicht mit Stickstoff und Wasserstoff. Da bei der Bildung des Ammoniak aus den Elementen eine Volumverminderung entsteht, läßt sich die Lage des Gleichgewichtes durch Erhöhen des Druckes zugunsten der Bildung von Ammoniak verschieben. Allerdings ist ein Druck von 200 at notwendig, um eine Ausbeute von 17,6 Vol.-% Ammoniak zu erhalten. Unter diesen Bedingungen genügt eine Berührungszeit von 30 sec zwischen dem Katalysator und dem Stickstoff-Wasserstoff-Gemisch zur Bildung von 11 Vol.-% Ammoniak, die für eine technische Produktion ausreichen.

Schwierigkeiten ergaben sich beim Bau der Kontaktöfen, weil gewöhnlicher Stahl bei hohem Druck und hoher Temperatur dem heißen Wasserstoff nicht standhielt. Er verbindet sich nämlich mit dem Kohlenstoff des Stahls zu gasförmigem Methan. Der Stahl wird dadurch entkohlt und verliert seine Festigkeit. Inzwischen wurden Sonderstähle mit Chrom, Vanadium, Molybdän und Wolfram geschaffen, die nicht mehr angegriffen werden. Ein Kontaktofen besteht aus einem senkrecht stehenden, 12 m langen Rohr mit einem Durchmesser von ca. 120 cm. In seinem Innenraum ist die Kontaktmasse in mehreren Schichten übereinander angeordnet. Als Katalysator verwendet man einen sog. Mehrstoffkatalysator, der aus Eisen besteht, das mit Aluminiumoxid und Kaliumoxid versetzt ist. Das Stickstoff-Wasserstoff-Gemisch tritt von oben in die Kontaktschichten ein. Unter Wärmeentwicklung bildet sich Ammoniak. Die heißen Gase strömen aus dem Kontaktraum durch ein Bündel von Röhren (Wärmeaustauscher) und übertragen auf diese Weise ihre Wärme an das kalte Stickstoff-Wasserstoff-Gemisch, das dem Wärmeaustauscher zugeführt wird (s. Abb.). Durch Einblasen von kaltem Gasgemisch zwischen die einzelnen Katalysatorschichten (A, B, C, D) kann die günstigste Tem-

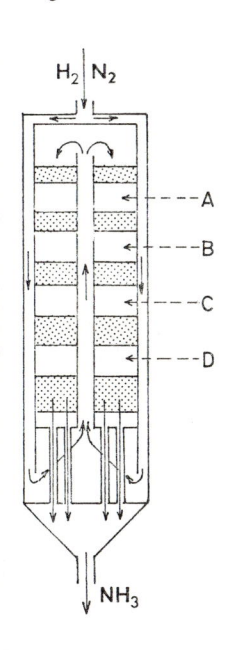

Ammoniak

peratur für die Reaktion eingestellt werden. Am unteren Ende des Kontaktofens entweicht ein Gemisch aus Stickstoff und Wasserstoff, das etwa 11 Vol.-% Ammoniak enthält. Durch Abkühlung verflüssigt man das Ammoniak und entzieht es so dem Gasgemisch. Der Rest an gasförmigem Stickstoff und Wasserstoff wird wieder dem Kontaktofen zugeführt.

Zur technischen Gewinnung der Ausgangsstoffe (Stickstoff und Wasserstoff) bieten sich mehrere Möglichkeiten an. Den Stickstoff gewinnt man aus der Luft, die etwa 78% Stickstoff gemischt mit etwa 21% Sauerstoff enthält. Der Sauerstoff kann auf physikalischem Wege entfernt werden, indem man die Luft durch starke Abkühlung ($-195°C$) verflüssigt. Aufgrund der verschiedenen Siedepunkte der Bestandteile läßt sich dann eine Trennung durchführen (fraktionierte Destillation). Beim chemischen Verfahren leitet man Luft bei etwa $1000°C$ über Koks. Der Kohlenstoff bindet den Sauerstoff, und es entsteht ein Gemisch aus Stickstoff und Kohlenmonoxid (Generatorgas):

$$N_2 + O_2 + 2\,C \rightarrow N_2 + 2\,CO \qquad \Delta H = -52,8 \text{ kcal}$$

Der Wasserstoff läßt sich aus dem Wasser gewinnen. Entweder führt man eine Elektrolyse durch oder man leitet Wasserdampf über glühenden Koks. Im letzteren Falle bilden sich Kohlenmonoxid und Wasserstoff (Wassergas):

$$C + H_2O \rightarrow CO + H_2 \qquad \Delta H = +28,4 \text{ kcal}$$

Schließlich kann der Wasserstoff auch aus wasserstoffhaltigen Gasgemischen (z. B. Kokereigas mit etwa 56% Wasserstoff oder Abgase aus Benzinveredelungsanlagen) durch Verflüssigung der übrigen Bestandteile gewonnen werden. Heute treten immer mehr solche Verfahren in den Vordergrund, in denen Kohlenwasserstoffverbindungen verwendet werden, die bei der Verarbeitung des Erdöls anfallen oder im Erdgas vorliegen. Die Kohlenwasserstoffverbindungen werden mit Wasserdampf in Kohlenmonoxid und Wasserstoff umgesetzt (Reformierung):

$$C_nH_m + n\,H_2O \rightarrow n\,CO + (n + \frac{m}{2})H_2$$

Erwärmt man z.B. ein Gemisch aus Methan und Wasserdampf auf 500 bis $700°C$ und leitet es über Katalysatoren (Nickel), die sich in beheizten Röhren befinden, so verläuft die Reaktion nach folgender Gleichung:

$$CH_4 + H_2O \rightarrow CO + 3\,H_2 \qquad \Delta H = +49,27 \text{ kcal}$$

Außerdem läßt sich Methan auch mit Luft oder Sauerstoff partiell oxydieren. Es entsteht dann ein Gemisch aus Kohlenmonoxid und Wasserstoff:

$$CH_4 + \tfrac{1}{2}O_2 \rightarrow CO + 2\,H_2 \qquad \Delta H = -8,53 \text{ kcal}$$

Bei Verwendung eines Katalysators (Nickel) verläuft diese Reaktion bei 800°C. Sie ist auch ohne Katalysator bei Temperaturen von 1300 bis 1500°C durchführbar. Welche der genannten Verfahren zur Herstellung von Stickstoff und Wasserstoff verwendet werden, hängt von den gegebenen Verhältnissen ab. In der Mehrzahl der Fälle enthält das hergestellte Gasgemisch noch Kohlenmonoxid, das restlos entfernt werden muß, weil es die Wirkung des Katalysators bei der Ammoniaksynthese beeinträchtigt (Kontaktgift). Man oxydiert das Kohlenmonoxid mit Wasserdampf zu Kohlendioxid, wobei gleichzeitig Wasserstoff entsteht:

$$CO + H_2O \rightarrow CO_2 + H_2$$

Diese Reaktion (Konvertierung) erfolgt bei 400°C und Anwesenheit eines Katalysators (Eisenoxid). Das Kohlendioxid, das ebenfalls ein Kontaktgift darstellt, wird anschließend bei einem Druck von etwa 30 at mit Wasser aus dem Gemisch herausgewaschen. Die Reste an Kohlenmonoxid, die bei der Konvertierung nicht umgesetzt werden konnten, bringt man bei hohem Druck mit einer ammoniakalischen Kupferchloridlösung (CuCl) in Berührung, die das Kohlenmonoxid bindet. Das verbleibende Gasgemisch, das Stickstoff und Wasserstoff im Volumverhältnis 1:3 enthalten muß, kann nun dem Kontaktofen zur Synthese des Ammoniak zugeführt werden.

Literatur

MITTASCH, A.: Geschichte der Ammoniaksynthese. — Verlag Chemie 1951
OST-RASSOW: Lehrbuch der chemischen Technologie (1965)
Chemical process monograph 1967, No. 26

Ammonsulfatsalpeter s. Düngemittel.
Amphetamin s. Rauschgifte.
Amygdalin s. Blausäure, Kohlenhydrate 1.2. (Struktur), Oxoverbindungen 1.1.4.
Amyl — ist der alte Name für das →Radikal des →Alkans Pentan: ·C_5H_{11}, es wird noch in Zusammensetzungen verwendet: Amylalkohol = Pentanol-1 (→Hydroxylverbindungen).
-an weist als Endsilbe auf einen gesättigten Kohlenwasserstoff hin, s. Alkane, Cycloalkane.
Anästhesin s. Arzneimittel.
Aneurin s. Vitamin B_1, Heterocyclen 1.3.
Angeli-Rimini-Reaktion s. Oxoverbindungen 1.1.3.
Anhydride s. Carbonsäuren 3.1.
Anilin s. Org. Stickstoffverbindungen 2.
Anionotropie s. Isomerie 3., Umlagerungen 2.2.

Anisol s. Hydroxylderivate 3.1.

Annulene s. nichtbenzoide aromatische Verbindungen 6., Farbstoffe 1.7.

Ansa-Verbindungen sind Ringstrukturen, bei denen ein →Benzolring von einem cyclischen →Äther großer Ringweite henkelförmig (ansa = Henkel) eingefaßt wird. Sie entstehenden nach LÜTTRINGHAUS durch Veräthern zweiwertiger Phenole (→Hydroxylv. 3.) mit α, ω-Dihalogen→alkanen. Sitzen am Benzolring sperrige Substituenten, so ist die freie Drehbarkeit aufgehoben. Es tritt dann Stereo→isomerie (Atropisomerie ohne asymmetrisches C-Atom) auf. Ansa-Verbindungen mit carbocyclischen Ringen (nur C-Atome) werden *Cyclophane* genannt.

Hydrochinon Ansa-Verbindung $n \geq 8$ Cyclophan

Anthocyane s. Farbstoffe 2., Heterocyclen 2.2.

Anthracen $C_{12}H_{10}$ s. Benzolkohlenwasserstoffe 2.3.2.

Anthrachinon s. Oxoverbindungen 2.4.

Anthranilsäure s. Aminosäuren 4.

Antibiotica sind von Pflanzen gebildete Stoffe, die in geringen Konzentrationen andere Pflanzen im Wachstum hemmen oder abtöten. Von medizinischer Bedeutung sind die Substanzen, die Mikroorganismen betreffen, sowohl in der Produktion als auch in der Wirkung.

Es sind bis heute rund 1500 Antibiotica beschrieben, davon werden 60 genutzt. Die meisten Antibiotica stammen von Pilzen — und da nur von den Aspergillales (Schimmelpilzen) — und den Bakterien, von denen die Actinomycetales (Strahlenpilze) die Hauptlieferanten sind.

Beobachtungen über antibakterielle Wirkung anderer Mikroorganismen sind zum ersten Mal 1877 von PASTEUR beschrieben worden. Aber erst die Entdeckung der Hemmwirkung von Pencillium notatum von FLEMING 1929, die von FLOREY und CHAIN zur medizinischen Anwendung gebracht wurde, gab den Anstoß zur Suche nach antibioticabildenden Mikroorganismen.

Antibiotica stellen chemisch keine einheitliche Gruppe dar. Die Bildung eines bestimmten Antibioticums ist — wie bei anderen sekundären Stoffwechselprodukten — auf eine Gruppe nahe verwandter Organismen beschränkt.

Auch die Wirkungsweise der Antibiotica ist unterschiedlich. Der Angriffspunkt von *Penicillin G*, *Bacitracin* u.a. ist die Bakterienzellwand. Diese Antibiotica verhindern den Einbau bestimmter Zwischenprodukte, weshalb die Zellwand bei

Antibiotica

einer Zellteilung sich nicht mehr verfestigen kann. Andere, oberflächenaktive Antibiotica wie *Gramicidin S*, *Polymyxine* setzen sich an die Cytoplasmamembran und zerstören die Permeabilitätsschranke der Zellen, was zum Ausströmen wichtiger Substanzen führt. Diese Antibiotica wirken im Gegensatz zu den vorher erwähnten auch auf sich nicht teilende Zellen ein.

Sehr viele Antibiotica beeinflussen den Stoffwechsel, so die *Gramicidine* die oxydative Phosphorylierung (Herstellung der Energieüberträgersubstanz →ATP = Adenosintriphosphat) oder die Antimycine die Atmung (Elektronentransport in der Atmungskette). *Sideromycine* sind Antimetaboliten, d.h. sie verdrängen auf Grund ihrer sehr ähnlichen Struktur die zum Wachstum einiger Bakterien notwendigen eisenhaltigen Sideramine. Angustomycin wirkt als Antimetabolit bei der Purinbiosynthese.

Die Weitergabe der Erbinformation für neue Zellen oder zur Proteinbiosynthese (s. →Aminosäuren 3.) wird an verschiedenen Stellen durch Antibiotica gehemmt. *Actinomycin* wird in der Doppelspirale der Erbsubstanz (DNS = Desoxyribo- →nucleinsäure) an Guanin mit sieben Wasserstoffbrücken gebunden. Actinomycin blockiert die Replikation der DNS (Verdopplung) und die Transskription. Damit ist erklärt, daß Actinomycin stark auf sich teilende Zellen wirkt und besonders schnellwachsende Zellen in Tumoren hemmt. Auch *Chromomycin* bildet einen Komplex mit Purinbasen der DNS, aber nur beim Einzelstrang. Deshalb blockiert dieses Antibioticum die Transskription von der DNS auf m-RNS (Boten-Ribo→nucleinsäure), mit der die Erbinformation für die Proteinsynthese zu den Ribosomen gelangt. Die gleiche Wirkung zeigen *Rifamycin* und Rifampicin, die aber bereits den Start der m-RNS-Bildung blockieren, weil sie sich mit dem notwendigen Enzym (RNS-Polymerase) verbinden. Sie hemmen im Gegensatz zum Chromomycin die begonnene Bildung von m-RNS nicht. *Streptomycin* verhindert die Anlagerung der m-RNS an die Ribosomen. An den Ribosomen werden mit Hilfe eines Fermentes die von t-RNS (Transfer-RNS) herangebrachten →- Aminosäuren entsprechend der auf der m-RNS festgelegten Information zu Proteinen zusammengebaut (Translation). Chalcomycin hemmt die Ankopplung der Aminosäuren an die t-RNS. *Puromycin* wird als Antimetabolit anstelle einer t-RNS ans Ribosom angelagert und bewirkt den Abbruch der Proteinkette. *Erythromycin*, *Chloramphenciol* und die *Tetracycline* verhindern die Bildung des Komplexes Ribosom-m-RNS-t-RNS und blockieren damit die Proteinsynthese.

Das Wirkungsspektrum der Antibiotica umfaßt hauptsächlich Bakterien. *Tetracycline* und *Chloramphenicol* wirken auch auf Rickettsien (Flecktyphuserreger) ein, Mikroorganismen unbekannter Zugehörigkeit. *Griseofulvin* hat keinen antibakteriellen Effekt, dafür schädigt es die Zellwandbildung bei Pilzen, ähnlich wie Fungicidin. Auch Protozen werden von einigen Antibiotica beeinflußt. Eine

Antibiotica

Einwirkung auf Viren ist bisher u.a. von *Rifamycin* bekannt, allerdings auch nur auf größere Viren, die eine eigene RNS-Polymerase besitzen z. B. das Pockenvirus. Der oben beschriebene Angriffspunkt erklärt diese Wirkungsbreite, ebenso wie die Hemmung von Krebszellen durch *Actinomycin*, Sarkomycin, Azaserin u.a. Diese Antibiotica sind aber gerade wegen ihrer Wirkungsweise so toxisch, daß sie für eine längere therapeutische Behandlung nicht eingesetzt werden können. Die Antibiotica, die bakterienspezifische Bestandteile (z. B. Zellwand) angreifen, sind für Tier und Mensch relativ wenig toxisch.

Wissenschaft und Industrie sind immer noch auf der Suche nach neuen Antibiotica. Ein Grund ist die Hoffnung auf Antibiotica, die die bisher entdeckten in ihrer Wirkungsbreite ergänzen (gegen Virusinfektionen, gegen Tumoren u.a.). Ein anderer Grund ist die Resistenz von Mikroorganismen, die die Auffindung neuer Antibiotica notwendig macht. Unter dem Einfluß von Antibiotica können sich nur die Bakterien vermehren, die gegen das Antibioticum resistent sind. Es findet eine Selektion statt. Die Resistenzfaktoren können durch Erbsubstanzübertragung von Bakterien aufgenommen werden, die mit dem Antibioticum keine Berührung hatten. *Penicillin* wird von resistenten Bakterien durch Fermente gespalten (Penicillinase und Penicillinacylase). In anderen Fällen ist die Cytoplasmamembran verändert (*Polymyxine*) oder die Reaktionskette (Atmungskette bei Antimycin-Resistenz). Bei *Streptomycin*-Resistenz treten sogar Bakterien auf, die Streptomycin zum Wachsen benötigen. Vielleicht beruht das darauf, daß Streptomycin, das auch zu Ablesefehlern bei der Translation der Proteinsynthese führt, durch solche Ablesefehler unlesbare m-RNS auswertbar macht.

Die Resistenz gegen Antibiotica ist auch deshalb ein Problem, weil die Anwendung der Antibiotica außerhalb der Medizin sehr groß ist (Tierernährung, Konservierung usw.). Als Tierfutterzusatz sind deshalb spezielle Antibiotica entwickelt worden (*Flavomycin*), die zu keiner Resistenz gegen therapeutisch genutzte Antibiotica führen.

In der folgenden Tabelle sind einige bekanntere Antibiotica zusammengestellt mit ihren Produzenten und ihrem Wirkungsspektrum. Die Gliederung erfolgte nach den Ausgangsstoffen der Biosynthese. Die Strukturformeln sind nach der Tabelle aufgeführt.

Antibioticum	Produzent	Wirkung auf
1a. Antibiotica aus wenigen →Aminosäuren		
Chloramphenicol	S. venezuelae	Rickettsien, große Viren, Spirochaeten, gramnegative und -positive Bakterien
Penicillin G	P. notatum	Spirochaeten, gram-positive und -negative Bakterien

Antibioticum	Produzent	Wirkung auf
1b. Polypeptid-Antibiotica (s. →Aminosäuren 2.)		
Bacitracin A	B. licheniformis	gram-positive Bakterien
Gramicidin S	B. brevis	gram-positive und -negative Bakt.
Polymyxin A	B. polymyxa	gram-negative Bakterien
Actinomycin	S. antibioticus	gram-positive Bakterien, Tumorzellen
2. Antibiotica aus Zucker		
Streptomycin	S. griseus	gram-negative und -positive Bakterien, Tuberkulose-Erreger
3a. Antibiotica aus niederen →Carbonsäuren 1. (Essigsäure und Propionsäure)		
Griseofulvin	P. griseofulvum	Pilze mit Myzel und Chitin
Tetracyclin	S. viridifaciens	Rickettsien, große Viren, Spirochaeten,
Terramycin	S. aureofaciens	gram-positive und -negative Bakterien,
Aureomycin	S. rimosus	Protozoen
3b. Macrolid-Antibiotica aus niederen →Carbonsäuren 2.4.1.		
Erythromycin	S. erythreus	gram-positive Bakterien
Carbomycin	S. halstedii	gram-positive Bakterien
4. Antibiotica unterschiedlicher Herkunft		
Puromycin	S. albo-niger	gram-positive Bakterien, Protozoen
Rifamycin	S. mediterranei	gram-positive Bakterien, Tuberkulose-Erreger, große Viren

Erläuterungen: Produzenten: S. = Streptomyces, P. = Penicillium, B. = Bacillus, Wirkung: Rickettsien — Flecktyphus; große Viren — Papageienkrankheit; Spirochaeten — Syphilis; gram-positive Bakterien — Diphtherie, Scharlach, Tetanus, Eiter, Lungenentzündung; gram-negative Bakterien — Typhus, Gonorrhoe Meningitis; Protozoen — Amöbenruhr, Trypanosomen (es sind nur Beispiele für die einzelnen Gruppen genannt). Gram-positive Bakterien lassen sich nach Färbung mit Gentianaviolett den Farbstoff durch Alkohol nicht auswaschen, gram-negative werden entfärbt. Die Reihenfolge (negativ vor positiv oder umgekehrt) gibt einen Hinweis auf die bevorzugt geschädigten Bakterien.

D (—)-threo-*chloramphenicol*

Penicillin G
s.→Heterocyclen 1. 3.
oder →Aminosäuren 2. 3.

Gramicidin S
Cyclopeptid Abkürzung
s. →Aminosäuren

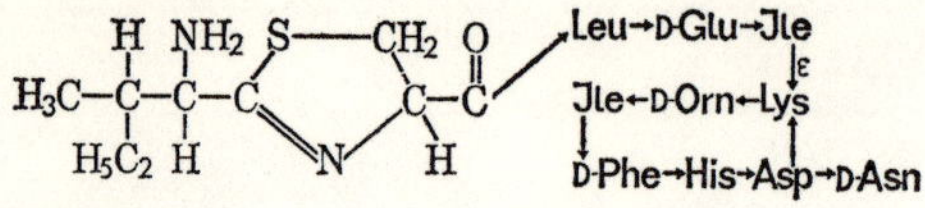

Antibiotica

Bacitracin A

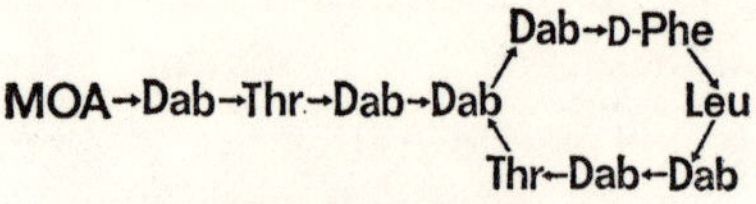

Polymyxin B₁
MOA = 6-Methyloctansäure
Dab = D-α, γ- Diaminobuttersäure

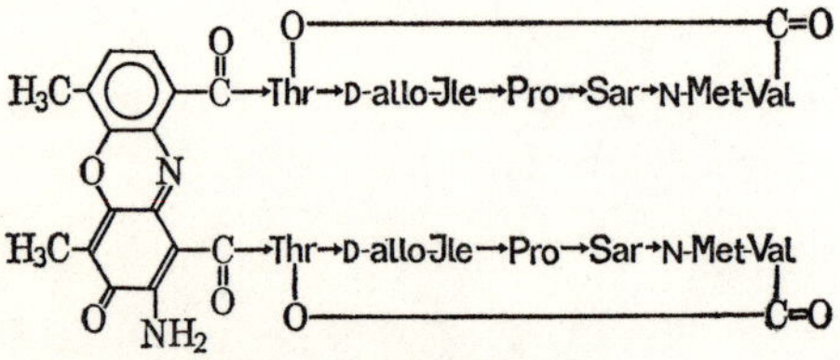

Actinomycin C₃
s. →Heterocyclen 2. 3.

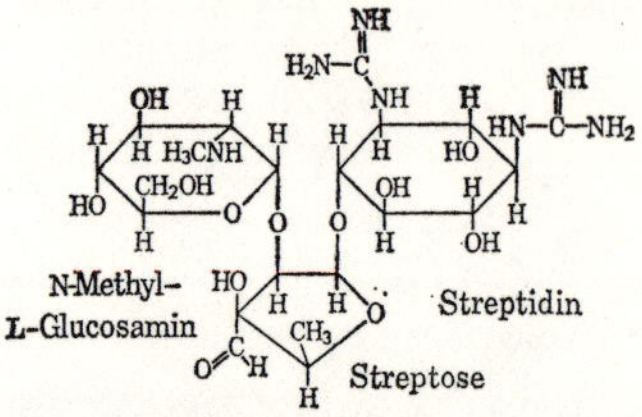

Streptomycin
s. →Kohlenhydrate 1. 3.

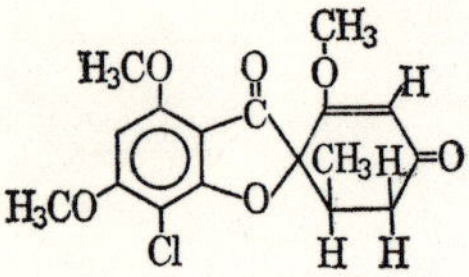

Griseofulvin

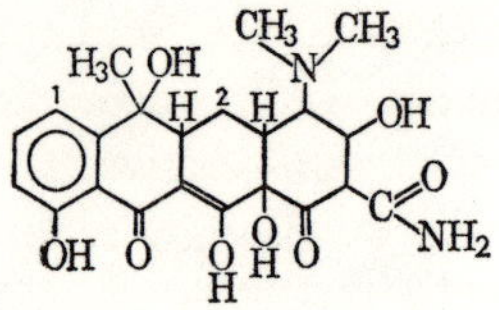

Tetracyclin
1 = Cl: Terramycin
2 = OH: Aureomycin

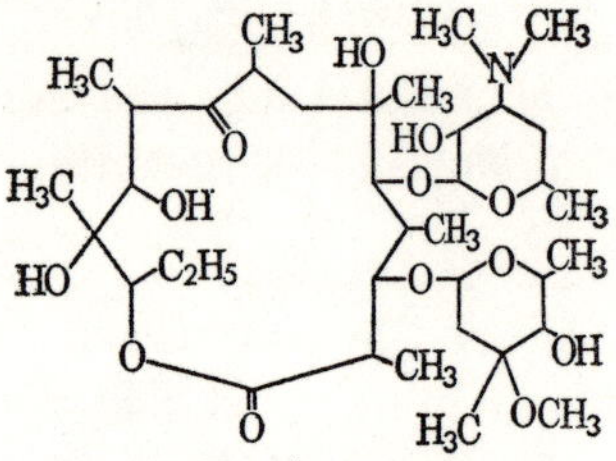

Erythromycin
Macrolid = Lacton einer
ω-Hydroxycarbonsäure
s. →Carbonsäuren 2. 4. 1.

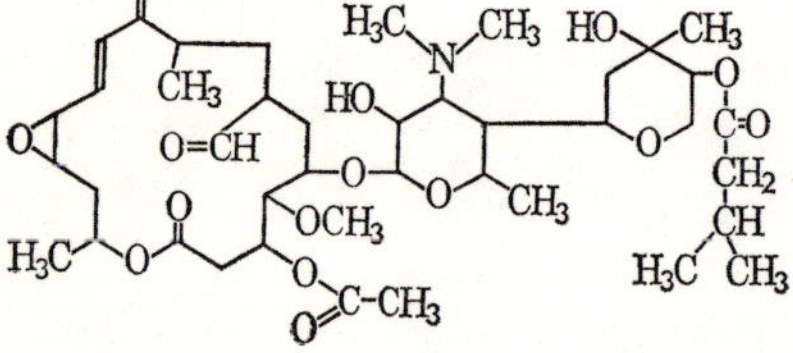

Carbomycin = Magnamycin
Macrolid = Lacton einer
ω-Hydroxycarbonsäure

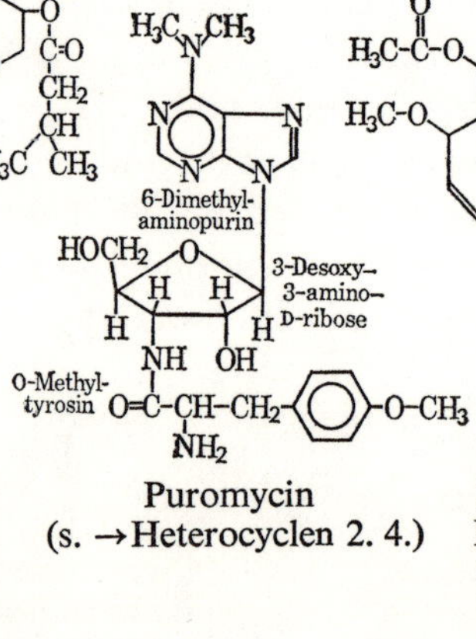

Puromycin
(s. →Heterocyclen 2. 4.)

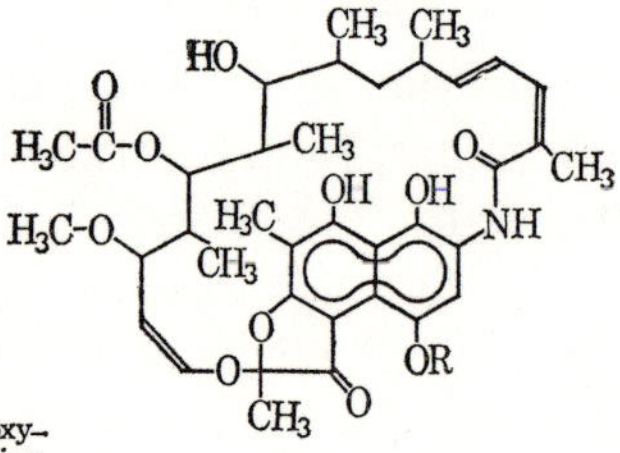

Rifamycin SV R = H
Rifamycin B R =
CH₂COOH
erste natürliche
→Ansa-Verbindun

Literatur
ZÄHNER, H.: Biologie der Antibiotica. — Springer, Berlin 1965
EVANS, R.M.: The Chemistry of the Antibiotics used in Medicine. — Pergamon Press, Oxford 1965
GOTTLIEB. D., SHAW, P.: Antibiotics I. — Springer, Berlin 1967
CUNDLIFFE, E. et al.: The Molecular Basis of Antibiotic Action. — Wiley, Chichester 1972
FRANKLIN, T. u. SNOW, G.: Biochemie antimikrobieller Wirkstoffe. — Springer, Berlin 1973

Antihistaminica s. Heterocyclen 1.3.

Antimon gehört zu den Elementen der →Fünften Hauptgruppe. Von ihm existieren die stabilen Isotope mit den Massenzahlen 121 (57,25%) und 123 (42,75%).
Man kennt 30 verschiedene Komplexe von Antimon enthaltenden Sulfiden. Die wichtigsten sind das Grauspießglanzerz (Sb_2S_3) und sein Verwitterungsprodukt Weißspießglanzerz (Sb_2O_3). Gediegen tritt es nur selten auf. Hauptproduzenten für Antimonerze sind die Volksrepublik China mit einem Vorkommen in der Provinz Yunnan. In Transvaal gewinnt man Antimon in großen Mengen im Zusammenhang mit der Goldgewinnung. Bedeutende Vorkommen sind ferner in Bolivien und Mexiko. Wichtige europäische Produzenten sind Jugoslawien und die CSSR.
Antimon ist ein silberweißes, stark glänzendes Metall, spröde, erwas härter als Zink und leicht zu pulverisieren. An der Luft ist metallisches Antimon bei gewöhnlicher Temperatur beständig. Oberhalb 650°C entzündet es sich an der Luft. Bei der Verbrennung entsteht das flüchtige Sb_2O_3. Auch Wasserdampf oxydiert Antimon bei Rotglut. Mit Chlor vereinigt sich feinpulverisiertes Antimon unter Feuererscheinung zu $SbCl_5$. Ebenfalls energisch reagiert es mit den anderen Halogenen. Ferner verbindet es sich mit Schwefel, Phosphor, Arsen und einer Reihe von Metallen. Mit Alkalinitraten oder -chloraten verpufft Antimonpulver unter Bildung der Alkalisalze der Antimonsäure. Salpetersäure löst je nach der Konzentration Antimon zu Sb_2O_3 oder Sb_2O_5. Ähnlich den halbedlen Metallen reagiert es mit heißer konzentrierter Schwefelsäure unter Entwicklung von SO_2. In verdünnter Schwefelsäure wie in Salzsäure löst es sich nicht. Das Metall dient vorwiegend zur Herstellung von Legierungen. So wird in den USA mehr als die Hälfte des produzierten Antimons zur Herstellung der Bleiplatten von Akkumulatoren verwendet. Antimonblei ist bedeutend härter als reines Blei und bedeutend widerstandsfähiger gegenüber der Akkumulatorsäure. Antimonblei wird ferner für Geschoßkugeln und für Schrot verwendet. Wegen ihres niedrigen Schmelzpunktes und der Tatsache, daß sich die Bleiantimonlegierungen beim Erstarren aus der Schmelze beträchtlich ausdehnen, benutzt man sie für Drucktypen (Letternmetall mit 15 bis 25% Antimon). Die Zündköpfe der Streichhölzer enthalten u.a. Sb_2S_3. Die roten Gummiwaren werden durch Vulkanisieren des

Antioxydantien

Rohgummis mit Sb_2S_5 gewonnen. Unbedeutende Mengen finden in der pharmazeutischen Industrie Anwendung.

Antioxydantien s. Autoxydation.
Antipyrin s. Arzneimittel, Heterocyclen 1.3., Org. Stickstoffverbindungen 2.
Apatit s. Phosphor.
Apophyllit s. Silikate.
Appetitzügler s. Rauschgifte.
Aquamarin s. Zweite Hauptgruppe.
Arabinose s. Kohlenhydrate 1.2.
Aragonit s. Calcium.
Aramit s. Schädlingsbekämpfungsmittel.
Aren = Abkürzung für Aromaten.
Arginin s. Aminosäuren 1.2.
Argon gehört zu den →Edelgasen. Von ihm existieren stabile Isotope mit den Massenzahlen 36 (0,337%), 38 (0,063%) und 40 (99,60%).
Es ist das in Gesteinen am häufigsten zu findende Edelgas. Nach einer Annahme von WEIZACKER (1937) ist der hohe Gehalt an Argon auf der Erde dem Umstand zu verdanken, daß es Zerfallsprodukt des quasistabilen ^{40}K ist. Dieses geht zu 11,2% durch Einfang eines Hüllenelektrons in ^{40}Ar, zu 88,8% durch β-Emission in ^{40}Ca über. Aus dem Verhältnis des in einem Gestein enthaltenen ^{40}K und ^{40}Ar läßt sich das Alter des Gesteins ermitteln.
Flüssige Luft ist in erster Annäherung ein ternäres Gemisch von Stickstoff (Kp: 77 K), Argon (Kp: 87 K) und Sauerstoff (Kp: 90 K). Bei der fraktionierten Destillation (s. Sauerstoff) enthält die Destilliersäule einen Punkt, an dem die mittel-siedende Fraktion eine maximale Konzentration erreicht. Eine seitliche Ableitung ergibt eine Flüssigkeit, die vorwiegend Sauerstoff und Argon enthält. Dieses Gemisch wird in einer Nebensäule fraktioniert getrennt. Das Rohargon enthält noch ca. 20% Sauerstoff. Nach einem bereits 1913 von SIEDLER entwickelten Verfahren kann der Sauerstoff mit Wasserstoff verbrannt werden. Überschüssiger Wasserstoff wird durch CuO oxidiert.
In großen Mengen fällt Argon als Restgas („bleed gas") bei der Ammoniaksynthese an. Es handelt sich hierbei um den Anteil Argon, der bei der fraktionierten Destillation der flüssigen Luft beim Stickstoff verblieben ist. Bei der Reaktion des Stickstoffs mit Wasserstoff zu Ammoniak bleibt Argon zurück.
Die Hauptmenge des Argons dient als Schutzatmosphäre. Solch ein Schutz ist beispielsweise erforderlich beim Verschweißen von Flugzeugteilen. Muffelöfen mit Argonatmosphäre dienen zur laufenden Produktion von Transistoren. Der Gasstrom muß dabei von der heißesten Stelle zu den kälteren Enden strömen in einer Stärke, die die Luftdiffusion ausschließt. Argon dient auch dazu, flüssige Metalle während der Verarbeitung gegen Oxydation oder die Absorption von

Aromatische Systeme

Wasserstoff und Stickstoff zu schützen. Edelgasatmosphäre verhindert das Verdampfen leicht flüchtiger Legierungszusätze wie Mangan. Argonzusätze dienen dazu, Gasreaktionen kontrolliert mäßig ablaufen zu lassen. Zusammenschmelzen pulvriger Metalle mit hohem Schmelzpunkt, wie Titan oder Wolfram, ist nur in einer Schutzgasatmosphäre möglich, weil sonst Oxydation erfolgt. Ebenfalls notwendig ist sie bei der Schmelzflußelektrolyse der Alkalien.

Ein Elektrobogen mit Wolframelektrode in Argonatmosphäre ermöglicht Temperaturen bis zu 25000°C bei Stromstärken bis zu 800 Amp.

Wenn die aufgeführten Anwendungen an sich mit jedem Edelgas ausgeführt werden können, so hat sich jedoch Argon als das zweckmäßigste und das billigste herausgestellt.

In der Lichttechnik hat Argon bei bestimmten Leuchtstofflampen Anwendung gefunden. Quecksilberdampflampen, wie sie beispielsweise zur Straßenbeleuchtung dienen, enthalten Argon, das sofort nach dem Einschalten ionisiert wird und dann allmählich das Quecksilber zum Verdampfen bringt.

Der Argonbedarf ist recht beträchtlich. So betrug er 1960 in den USA ca. 6 Millionen m^3.

Arin-Zustände s. Cycloalkine, Substitution 2.2.

Arndt·-Eistert-Synthese s. Carbonsäuren 1.1.1., Carbene.

Aromatische Systeme sind Ringverbindungen mit konjugierten Doppelbindungen (s. →Diene) und mit einem besonderen Charakter, die man gewöhnlich in Gegensatz stellt zu den kettenförmigen (aliphatischen) Verbindungen und den Ringsystemen, die in ihren Eigenschaften den kettenförmigen Verbindungen entsprechen (z. B. →Cycloalkane).

Die Bezeichnung „aromatisch" diente ursprünglich (Anfang 19. Jahrhundert) zur Kennzeichnung von isolierten Naturstoffen mit aromatischem Geruch. Nach der Erkenntnis, daß diese Verbindungen Benzolabkömmlinge sind, erhielt der Ausdruck die Bedeutung Benzolderivat, zumal sich bei Benzol und seinen Verbindungen Eigenschaften fanden, die von denen der aliphatischen →Methanabkömmlinge abwichen.

Die aromatischen Verbindungen sind kohlenstoffreicher als die aliphatischen. Sie müssen deshalb Doppelbindungen enthalten und müßten die Eigenschaften ungesättigter Verbindungen aufweisen (z. B. →Alkene): elektrophile →Additionen, Oxydierbarkeit. Sie zeigen aber gerade eine besondere Stabilität des Ringsystems bei vielen chemischen Reaktionen, eine Tendenz, den ursprünglichen „aromatischen" Charakter wiederherzustellen, wenn er im Übergangszustand aufgehoben worden ist. Sie haben einen gering ausgeprägten ungesättigten Charakter, was sich in der Bevorzugung elektrophiler →Substitutionen bei benzoiden Systemen zeigt. Additionen sind nur schwer möglich. Verschiedene Substituenten zeigen am Benzolring andere Eigenschaften, so wirkt die Hydroxylgruppe sauer (Phenol

Aromatische Systeme

→Hydroxylderivate 3.), und Halogene sind wenig reaktionsfähig. Dies kommt durch eine Wechselwirkung zustande, die andererseits auch die Reaktivität des Rings beeinflußt.

Zu diesen chemischen Eigenschaften, die die aromatischen Verbindungen von den ungesättigten aliphatischen unterscheiden, kommen noch physikalische Merkmale. Das Ringsystem ist eben. Der Abstand zwischen den C-Atome liegt zwischen dem der Einfachbindung und dem der Doppelbindung. Das aromatische Ringsystem hat eine große Resonanzenergie und absorbiert ziemlich langwelliges Licht.

Es ist allerdings zu betonen, daß die aufgeführten Eigenschaften nicht grundsätzliche Unterschiede sind, sondern nur gradweise.

Da Aromaticität weder ausdrücklich strukturell (Benzolring) noch eigenschaftsmäßig definiert war, wurde nach Entdeckung von Ringsystemen, die eine Ähnlichkeit mit dem Verhalten des Benzols aufwiesen, der Ausdruck „aromatisch" auch auf diese Verbindungen übertragen. Dazu gehören sechsgliedrige Ringe mit Fremdatomen (→Heterocyclen 2.1.) wie Pyridin C_5H_5N, aber auch nicht sechsgliedrige Ringverbindungen mit oder ohne Fremdatome wie Azulen $C_{10}H_{10}$ oder Thiophen C_4H_4S (→Heterocyclen 1.1.).

KEKULÉS Deutung des Benzolrings mit alternierenden Einfach- und Doppelbindungen, die ständig wechseln, bot ein gewisses Verständnis für den aromatischen Charakter, aber eine Übertragung auf andere Systeme scheiterte. *Cyclooctatetraen* (C_8H_8) hätte ein aromatisches System sein müssen, was aber experimentell nicht nachzuweisen ist.

Eine Klärung brachten erst die modernen Vorstellungen der Elektronentheorie. Nach der Valenzbindungsmethode läßt sich ein System wie Benzol nur durch mehrere fiktive Grenzformeln beschreiben. Sie entstehen durch die Überlappung der Orbitale der nicht hybridisierten π-Elektronen (das sind die Elektronen, die nicht an der Einfachbindungen zwischen den Ringatomen beteiligt sind). Die Grenzstrukturen befinden sich im Zustand dauernden Energieaustausches. Durch diese →Mesomerie (Resonanz) wird die Energie des Systems verringert. Beim Benzol beträgt die Mesomerieenergie — das ist die Differenz zwischen der Energie des Grundzustandes und des energieärmsten Grenzzustandes, die man als Unterschied zwischen am Benzol gemessener und aus Alkenen errechneter Verbrennungswärme erhält — 36 kcal/mol. Die π-Elektronen können nicht mehr einem Atom zugeordnet werden, sie sind delokalisiert. Dies ist nur möglich bei ebener Ringstruktur.

Eine zweite Näherungsmethode, das Molekülbahnverfahren (*MO-Verfahren*), ermöglicht eine neue Definition aromatischer Systeme und zugleich eine Voraussage für neue aromatische Verbindungen. Bei der Molekülbahnmethode werden die π-Elektronen als allen Ringatomen gemeinsam betrachtet. In den bindenden gemeinsamen Molekularorbitalen (Elektronenaufenthaltsräume) ist die Elektronenenergie niedriger als in den Atomorbitalen. Die Anzahl der Orbitale hängt von der Anzahl der Atome und der Symmetrie ab. Entsprechend dem PAULI-Prinzip können nicht mehr als zwei Elektronen in einem der Molekularorbitale sein. Nach HÜCKEL tritt aromatische Stabilität in einem ebenen monocyclischen, vollständig konjugierten →Polyen auf, wenn $(4n+2)$ π-Elektronen vorliegen (n = ganze Zahl, HÜCKEL-*Regel*). Es kommt also ähnlich wie beim Atombau zu „Schalen", die mit einer bestimmten Anzahl Elektronen voll besetzt sind, entsprechend der Edelgaskonfiguration

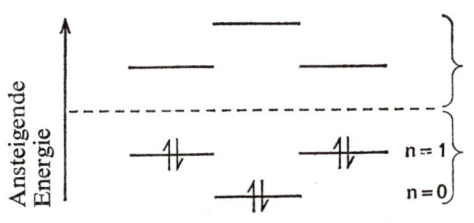

Benzolelektronenverteilung nach LLOYD

Nicht bindende Orbitale
Energie der π-Elektronen in Atomorbitalen
Bindende Molekularorbitale

Die Aussage von HÜCKEL bezieht sich nur auf den Grundzustand des Moleküls, „auf einen besonders wirkungsvollen Beitrag der π-Elektronendelokalisation zur Molekülstabilität" (LLOYD). Die chemische Reaktionsfähigkeit, auf die der aromatische Charakter auch bezogen war, geht nicht vollständig parallel. Größere Moleküle haben zwar größere Resonanzenergien, aber sie addieren viel leichter als aromatische Systeme mit einer kleineren π-Elektronenanzahl. Für die Reaktivität ist nicht die Resonanzenergie bestimmend, sondern die Differenz zwischen der freien Energie im Grundzustand und im Übergangsstadium.

Die HÜCKEL-Regel macht verständlich, warum Benzol und seine Derivate stabil sind: sie besitzen 6 π-Elektronen, die ein geschlossenes System bilden. Solche abgeschlossenen aromatischen Systeme lassen sich am einfachsten mit Hilfe der Kernresonanzspektroskopie (N M R = nuclear magnetic resonance) feststellen. Ein äußeres Magnetfeld induziert bei delokalisierten π-Elektronen einen Ringstrom, der eine Veränderung in der Abschirmung der am System gebundenen Protonen bewirkt. Das äußert sich in der sog. chemischen Verschiebung im Kernresonanzspektrogramm.

Nach der angegebenen Formel müssen aber auch andere Verbindungen als Benzol aromatischen Charakter haben. So erhält *Cyclopentadien* durch Verlust eines Protons ein π-Elektronensextett, *Cycloheptatrien* aber durch Verlust eines Hydridions (negativ geladenes Wasserstoffion) die gleiche geschlossene Struktur (→nicht benzoide aromatische Systeme).

Aromatische Systeme

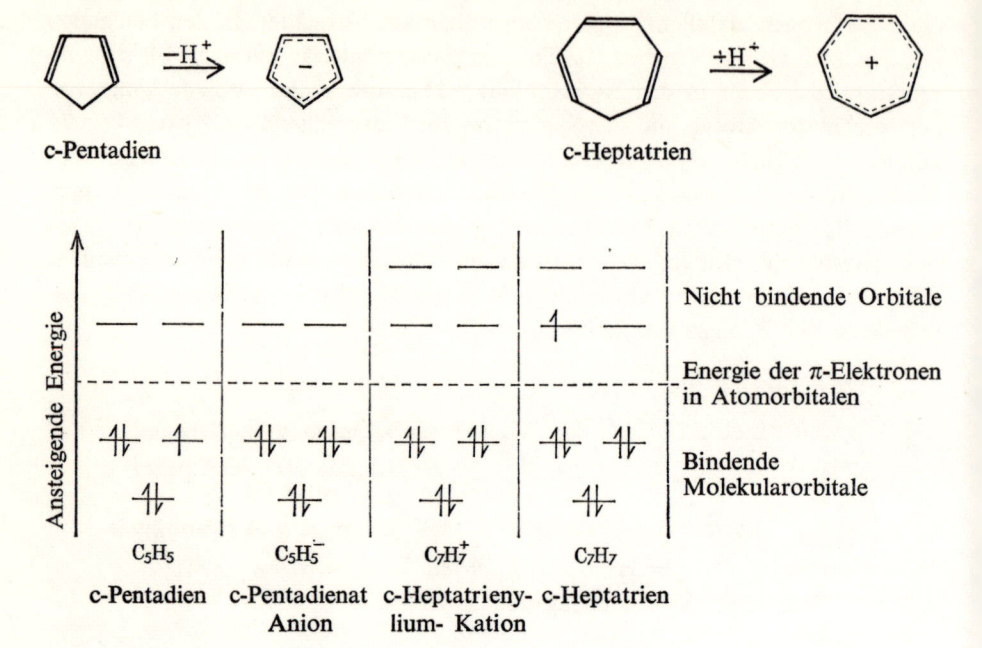

c-Pentadien

c-Heptatrien

C_5H_5	$C_5H_5^-$	$C_7H_7^+$	C_7H_7	
c-Pentadien	c-Pentadienat Anion	c-Heptatrieny-lium- Kation	c-Heptatrien	

Nicht bindende Orbitale

Energie der π-Elektronen in Atomorbitalen

Bindende Molekularorbitale

Ansteigende Energie

Das nicht aromatische *c-Octatetraen* erhält aromatischen Charakter nach Abgabe von zwei Protonen, denn das Anion besitzt 10 π-Elektronen und entspricht damit der HÜCKEL-Regel. Dagegen liegt beim c-Decapentaen $C_{10}H_{10}$ kein aromatisches System vor, weil wegen der räumlichen Behinderung der Wasserstoffatome im Innern des Ringsystems keine ebene Struktur auftreten kann.

c-Decapentaen

Aus entsprechenden Gründen ist von größeren cyclischen konjugierten Polyenen, den sog. Annulenen, bis jetzt nur das [18] -Annulen als aromatisch erkannt worden.

Aromatische Stabilität kommt auch Verbindungen mit nur 2 π-Elektronen zu (n = 0). Solche Systeme liegen vor in Cyclopropenylium-Salzen und Cyclobutenyl-dikation.

Aromatische Systeme

c-Propenylium-Salz   c-Butenyldikation

Die Kennzeichnung eines aromatischen Systems in den Formeln erfolgt durch einen Kreis im Ringsystem. Ladungen werden im Kreis angegeben. Die Kreislinie ist ausgezogen, wenn es sich um das Elektronensextett handelt, unterbrochen bei anderen π-Elektronenzahlen.

Streng genommen gilt die HÜCKEL-*Regel* nur für monocyclische Verbindungen. Es zeigt sich, daß auch bei einigen polycyclischen Polyenen aromatischer Charakter und Erfüllung der HÜCKEL-Regel zusammentreffen, so bei Naphthalin ($C_{10}H_8$), Anthracen ($C_{14}H_{10}$) →Benzolkohlenwasserstoffe 2. 3. u. a. m. Das gilt auch für die →nicht benzoide Verbindung Azulen ($C_{10}H_{10}$).

Außer bei diesen carbocyclischen Substanzen ist schon lange der aromatische Charakter von →Heterocyclen bekannt (Ringe, die nicht nur aus C-Atomen bestehen), so z. B. beim Sechsring Pyridin (s. Abschnitt 2.1.) oder beim Fünfring Furan (s. Abschnitt 1.7.). Beim Furan und ähnlichen Systemen wird das Elektronensextett durch das freie Elektronenpaar das Heteroatoms vervollständigt.

Beim *Borazol* schließlich liegt eine aromatische Substanz vor, die kein C-Atom mehr enthält (B_3N_3H). Bor ist von vornherein sp_2-hybridisiert, Stickstoff nimmt diesen Zustand an. Die 6 π-Elektronen stammen ausschließlich vom Stickstoff. Allerdings sind sie etwas stärker bei den Stickstoffatomen lokalisiert.

Pyridin   Furan   Borazol

Man unterscheidet bei den aromatischen Verbindungen benzoide und →nichtbenzoide Systeme. Die Einteilung ist allerdings nicht einheitlich. Zu den benzoiden Systemen zählt man diejenigen, die keine Ladung tragen und die gleiche Anzahl π-Elektronen wie Ringatome haben, also Benzol, Naphthalin, Pyridin u. a. Bei nicht-benzoiden Verbindungen sind die Ringsysteme geladen: Furan, c-Pentadienatanion u. a. Manchmal werden aber auch alle nicht vom Benzol abzuleitenden Systeme als →nicht-benzoid bezeichnet. Bei →nicht benzoiden Aromaten sind keine →Heterocyclen aufgeführt.

Arsen

Literatur

GINSBURG, D.: Non-Benzenoid Aromatic Compounds. — Interescience Publ., New York 1959
LLOYD, D.: Carbocyclic Non-Benzenoid Aromatic Compounds. — Elsevier Publ. Com., Amsterdam 1966
LLOYD, D.: Alicyclic Compounds. — Arnold, London 1963
FODOR, G.: G.: Organische Chemie Bd. 1. — VEB Deutscher Verlag der Wissenschaften, Berlin 1965
GARRAT, P. u. VOLLHARDT, P.: Aromatizität. — Thieme, Stuttgart 1973

Arsen gehört zu den Elementen der →Fünften Hauptgruppe. Von ihm existiert nur das stabile Isotop mit der Massenzahl 75.
Neben geringen Mengen elementaren Arsens (Scherbenkobalt) tritt es in großen Mengen als Sulfid (Aurigpigment As_2Sn_3 du Realgar As_4S_4), in Verbindungen mit Metallen (z. B. $FeAs_2$, $FeAsS$, $CoAs_2$ usw.) und in komplexen Sulfiden auf. Häufig finden sich als Verwitterungsprodukte Arsenate. Trotz seines giftigen Charakters findet es sich in geringen Beträgen in vielen Tieren und in manchen Pflanzen. Das meiste industriell gewonnene Arsen stammt aus der Produktion von Arsenoxid als Nebenprodukt bei der Aufarbeitung von Kupfer-, Blei-, Zinn- und anderen Erzen. Die auf diese Weise gewonnenen Mengen decken reichlich die normale Nachfrage. Hauptproduzenten von Arsenik sind Schweden, Mexiko, Frankreich und die USA.
Das beständige, metallische Arsen bildet eine stahlgraue, metallisch glänzende, kristalline Masse, spröde und etwas härter als Gold. Beim Erhitzen an der Luft verbrennt Arsen mit bläulicher Flamme unter Bildung eines weißen Rauches von As_2O_3. Dabei tritt ein charakteristischer Geruch nach Knoblauch auf. Konzentrierte Salpetersäure und Königswasser oxydieren Arsen zu Arsensäure, verdünnte Salpetersäure und konzentrierte Schwefelsäure zu arseniger Säure. Mit Chlor vereinigt es sich unter Feuererscheinung. Mit Schwermetallen legiert es leicht, macht sie aber spröde. So genügt ein Arsengehalt von weniger als 1 $^0/_{00}$, um Gold spröde zu machen. Wegen dieser Eigenschaft hat es als Legierungsmetall nur geringe Bedeutung (Flintenschrot). Wichtiger als das Metall sind das Oxid und die Sulfide. Arsenik (As_2O_3) findet ausgedehnt Verwendung zur Schädlingsbekämpfung. Auch verwendet man es zum Konservieren von Vogelbälgen, Tierfellen u. dgl. In der Glasfabrikation dient es als Läuterungsmittel. Angewandt wird es ferner zur Herstellung gewisser Farben und in der Medizin. In Wasser ist As_2O_3 mäßig löslich. Die Lösung schmeckt süßlich mit unangenehm metallischem Beigeschmack. U. U. wirken bereits 0,1 g Arsenik tödlich, wenn es nämlich in den Magen gelangt und nicht bald durch ein Brechmittel wieder entfernt wird. Durch systematisch gesteigerte Gaben kann der Organismus gegen Arsenik unempfindlich werden. Das ungiftige Sulfid — meist künstlich hergestelltes As_4S_4 — ist eine begehrte Malerfarbe und gelangt unter dem Namen Königsgelb oder Operment in den Handel. Der Nachweis von Arsen erfolgt durch die

Arzneimittel

Marshsche Probe: Die arsenhaltige Probe wird mit Zink und Salzsäure versetzt. Dabei bildet sich AsH_3, das in einem auf Rotglut erhitzten Rohr zerfällt und einen Arsenspiegel hinterläßt.
Artemisin s. Terpene 2.
Aryl = Aromatengruppe s. Benzolkohlenwasserstoff 1.1.
Arzneimittel (Pharmaka) sind Substanzen oder Substanzgemenge, die zur Verhütung, Beseitigung oder Linderung krankhafter oder störender Erscheinungen bei Mensch und Tier dienen. Die Heilmittel stammten bis zum Beginn der Neuzeit ausschließlich aus dem Pflanzen, Tier- und Mineralreich. PARACELSUS Lehre von der Quinta essentia, vergleichbar dem heutigen Begriff Wirkstoff, führte zur Suche nach den wirksamen Inhaltsstoffen, die mit den chemischen Hilfsmitteln der damaligen Zeit wenig erfolgreich war. Erst 1805 gelang SERTÜNER die Isolierung des Morphins (→Alkaloide) aus dem Opium. Zu den Naturstoffen traten synthetisch gewonnene Produkte wie Jodoform 1822, Chloralhydrat 1847. Heute setzt sich der Arzneimittelschatz zu 23% aus *Drogen* (pflanzliche oder tierische Produkte), 14% aus Drogenzubereitungen und 63% aus synthetischen Heilmitteln (davon mehr als ¾ organische Verbindungen) zusammen.
Die Zufallsbeobachtung — im Altertum die einzige Quelle zur Entdeckung von Arzneimitteln — führte auch in neuerer Zeit bei richtiger Auswertung zur Entwicklung von Pharmaka. Die Feststellung, daß Arbeiten bei der Herstellung von *Nitroglycerin* (→Ester) Vergiftungserscheinungen mit gefäßerweiternder Wirkung zeigten, fand ihre Auswertung durch die Anwendung von Nitroglycerin gegen Angina pectoris.
Die überwiegende Zahl der Heilmittel wurde durch planmäßige Forschung entwickelt. Ausgangspunkte waren die natürlichen Heilmittel. Ihre Struktur wurde analysiert. Bei dem komplizierten Bau der meisten pflanzlichen und tierischen Stoffe zeigte sich bald, daß eine synthetische Herstellung wie bei Farbstoffen nur in wenigen Fällen sinnvoll war. Es stellte sich aber auch heraus, daß die Natur außer bei den Vitaminen nichts Optimales geliefert hatte.
Deshalb ging man daran, Naturstoffe abzuwandeln. Hydrierung der Vinylgruppe des *Chinins* ergibt ein weniger toxisches, aber gegen bestimmte Entwicklungsstufen besser wirksames Mittel. Veränderung der Amidseitenkette beim natürlichen Benzylpenicillin (*Penicillin G* →Antibiotica) bewirkt u. a. eine Verhinderung des Abbaus im Magen und damit die Möglichkeit einer oralen Aufnahme statt durch Spritzen.

Chinin   Dihydrochinin

Arzneimittel

Penicillin G   *Penicillin* V

Eine zweite Möglichkeit besteht darin, herauszufinden, welche Bruchstücke des Naturstoffes wirksam sind, und die entdeckten Zusammenhänge zur Synthese neuer Produkte auszuwerten. Vom *Cocain* (→Alkaloide) erwies sich als wichtig die Benzoesäureestergruppe. Aus dieser Erkenntnis wurden *Anästhesin, Novocain, Tetracain, Sympocain* u. a. entwickelt.

Cocain   Anästhesin   Procain, Novocain R = H   Tetracain,
                        Sympocain R = OC_4H_9 Pantocain

Am *Morphin* (→Alkaloide →Rauschmittel) zeigten u. a. folgende Veränderungen eine Wirkung: Verätherung der Phenolgruppe (*Codein*, wirkt aufs Hustenzentrum), Veresterung der OH-Gruppen mit Essigsäure (*Heroin*, 1,8mal stärker wirksam als Morphin), Ersatz der Methylgruppe am N durch Allylgruppe (*Nallin*, Antagonist für Morphin am Atemzentrum). Auch nach Abbau des Morphingerüsts blieb die schmerzlindernde Wirkung erhalten, z. B. beim *Metazocin* mit dem Benzohydrochinolinskelet, *Dolantin* mit dem Phenylpiperidinbau und dem quartären C-Atom, sogar nach Aufspaltung des Piperidinrings (→Heteroycylin 2.1.) beim Methadon (*Polamidon*), einem Diphenyldimethylamino-heptanon.

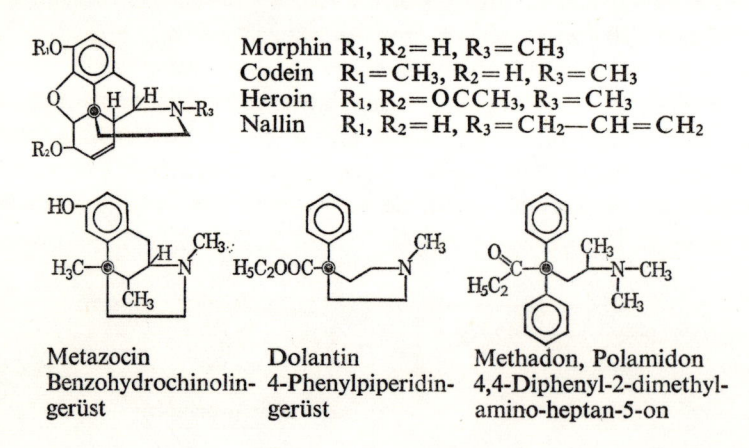

Morphin $R_1, R_2 = H, R_3 = CH_3$
Codein $R_1 = CH_3, R_2 = H, R_3 = CH_3$
Heroin $R_1, R_2 = OCCH_3, R_3 = CH_3$
Nallin $R_1, R_2 = H, R_3 = CH_2—CH = CH_2$

Metazocin   Dolantin   Methadon, Polamidon
Benzohydrochinolin-   4-Phenylpiperidin-   4,4-Diphenyl-2-dimethyl-
gerüst   gerüst   amino-heptan-5-on

Arzneimittel

Neuentwicklungen von Arzneimitteln ergeben sich aus der Beobachtung von Nebenwirkungen. Die spezifische Färbbarkeit von Zellen und Geweben führte zur Ausnutzung von Farbstoffen und abgeleiteten Produkten als Chemotherapeutica gegen Krankheitserreger, so *Germanin* gegen Trypanosomen, *Prontosil* und andere Sulfonamide gegen Bakterien.

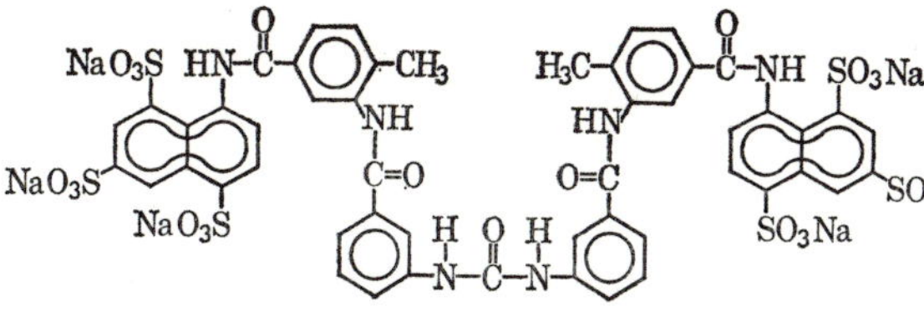

Germanin

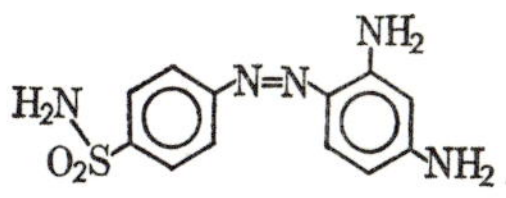

2,4 Diamino-azobenzol-4'-sulfonamid Prontosil

Bei Sulfonamiden wurde als Nebenwirkung Blutzuckersenkung und Diurese beobachtet. Dies führte zur Entwicklung der oralen Antidiabetica aus der Gruppe der Sulfonylharnstoffe (*Rastinon, Euducon*) und zu *Lasix*, einem Salureticum, mit dem Kochsalz aus dem Körper geschwemmt werden kann.

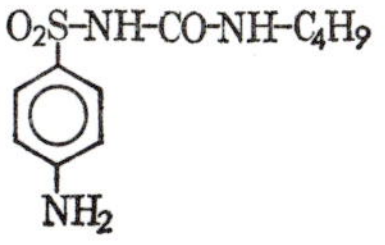

Nadisan, Invenol
Blutzuckersenkend, bakterizid

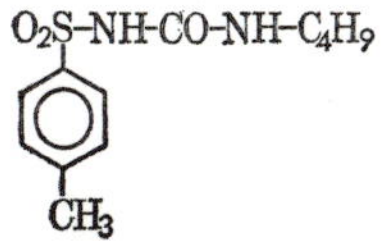

Rastinon, Artosin
Keine bakterizide Wirkung

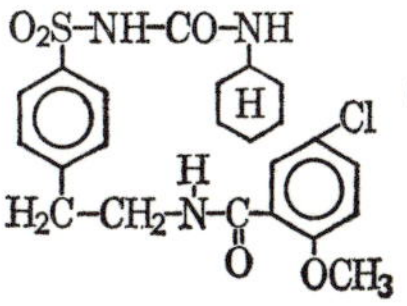

Euducon

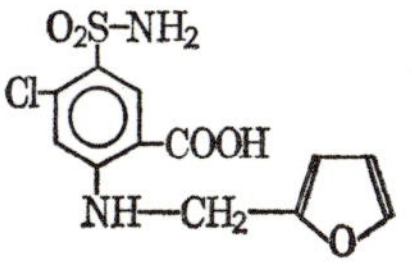

Lasix

Arzneimittel werden entwickelt, wenn sich bei der Überprüfung bisher unbekannter Verbindungen eine Wirkung im Organismus oder an Krankheitserregern zeigt. In der Zukunft wird die Untersuchung über die eigentliche Arzneimittelwirkung, die Angriffspunkte der Pharmaka, eine weitere Möglichkeit bieten, in gezielter Forschung Heilmittel zu gewinnen.

Das Bestreben der Arneimittelforschung ist es, nicht nur Mittel gegen bisher unheilbare Krankheiten zu finden, sondern die Wirkungsstärke der bekannten Arzneien zu verbessern, ihre Wirkungsspezifität herbeizuführen, unerwünschte Nebenwirkungen und Eigenschaften (Geschmack usw.) zu beseitigen, die Toxicität herabzusetzen, die Applikationsform (Verabreichung) möglichst günstig zu gestalten.

Adrenalin (→Hormon des Nebennierenmarks) und Ephedrin (→Alkaloid) zeigen Wirkungen, wie sie nach der Reizung sympathischer Nerven auftreten: Herzfrequenzerhöhung, Blutdrucksteigerung, Blutgefäßverengung, Blutzuckersteigerung, Grundumsatzerhöhung, Stimulierung des Zentralnervensystems. Durch

Arzneimittel

Molekülabwandlung erhielt man Mittel zur Schleimhautabschwellung bei Schnupfen (*Vonedrin* — gefäßverengend), zur beständigen Blutdrucksteigerung (*Sympatol*), zur Bronchienerweiterung (*Aleudrin*), zur Stimulierung (*Pervitin*).

Adrenalin Ephedrin Vonedrin Sympatol Aleudrin Pervitin

Aus *Chinin*, das lokalanästhetisch, antipyretisch (fiebersenkend), analgetisch (schmerzlindernd) und gegen bestimmte Malariaerregerentwicklungsstufen (Schizonten) wirkt, sind lokalanästhetisch wirkende Stoffe (*Eucupin*) und Malariaheilmittel (*Atebrin*, *Resochin*, *Plasmochin*) mit verbesserter Wirkungsspezifität entwickelt worden.

Chinin Eucupin Atebrin gegen Schizonten Resochin gegen Schizonten Plasmochin gegen Gameten

Solche Verbesserungen werden nicht nur an natürlichen Wirkstoffen, sondern auch an synthetisch entwickelten Heilmitteln erreicht. Als Beispiele werden nur erwähnt: *Salvarsan* (von EHRLICH gegen Spirochäten entwickelt auf Grund der Beobachtung, daß anorganische Arsenverbindungen diese Erreger schädigen; Solusalvarsan ist haltbarer, weniger toxisch, besser injizierbar); *Veronal* (von FISCHER als erstes Barbiturat-Schlafmittel s. →Heterocyclen 2. 3. entwickelt; Phanodorm, *Luminal* dienen als Hypnotica, *Evipan* als Narcoticum); Salicylsäure (bereits 1847 von KOLBE synthetisiert und 2 Jahre später als antipyretisch eingeführt; *Aspirin* zeigt verminderte ätzende Wirkung); *Antipyrin* (1884 von KNORR synthetisiert; *Pyramidon* hat verstärkte Wirkung, *Novalgin* ist wasserlöslich, injizierbar, *Butazolidin* hat antiarthritische Wirkung).

Salvarsan Solusalvarsan Veronal 5,5-Diäthyl-barbitursäure Phanodorm, Luminal 5-Cyclohexenyl-5-äthylbarbitursäure Evipan

| Aspirin | Antipyrin | Pyramidon | Novalgin | Butazolidin |

Die angeführten Namen sind eingetragene Warenzeichen. Häufig wird die gleiche Substanz unter anderem Namen von einer anderen Firma hergestellt. Solche Doppelnamen sind in der Regel nicht aufgeführt. Die Auswahl ist zufällig und stellt kein Werturteil dar.

Literatur
BÜCHI, J.: Grundlagen der Arzneimittelforschung und der Synthetischen Arzneimittel. — Birkhäuser, Basel 1963
AUTERHOFF, H.: Lehrbuch der pharmazeutischen Chemie. — Wiss. Verlagsg., Stuttgart 1965

Ascaridol s. Terpene 1.
Ascorbinsäure s. Vitamine (C), Autoxydation, Kohlenhydrate 1.3.
-ase: kennzeichnende Endsilbe für ein →Enzym.
Asparaginsäure s. Aminosäuren 1. 2.
Asphaltbitumen s. Erdöl.
Aspirin s. Arzneimittel.
Astatin gehört zu den Elementen der →Siebenten Hauptgruppe. Vom ihm existieren eine Reihe radioaktiver Isotope, von denen das langlebigste eine Halbwertzeit von 8,3 Stunden hat. Man erhält Astatin durch α-Beschuß von Wismut im Zyklotron. Dabei entstehen die Isotope mit den Massenzahlen 210 und 211 nach den Gleichungen:

$$^{209}Bi\ (\alpha;\ 2\ n)^{211}At \qquad ^{209}Bi(\alpha;\ 3\ n)^{210}At$$

At-210 wandelt sich zu mehr als 99% durch Elektroneneinfang aus der innersten Elektronenschale und nur zu 0,7% durch α-Strahlung um, während Isotop 211 sich zu 60 bzw. 40% umwandelt. Alle Untersuchungen mit Astatin lassen sich nur in Spuren durchführen. Selbst wenn man Milligrammbeträge hätte, wäre ein Arbeiten damit nicht möglich, weil die Strahlungsintensität 2000 c/mg beträgt (1 c = Strahlung von 1 g Radium). Eine Untersuchung chemischer Eigenschaften ist nur im Wege des Zusammenausscheidens mit verwandten Substanzen möglich. Es hat sich gezeigt, daß Astatin etwas weniger flüchtig als Jod ist. Die auf Glas niedergeschlagenen Mengen nehmen stärker durch Verdampfen als durch radioaktiven Zerfall ab. Bedeutend geringer ist die Flüchtigkeit beim Niederschlagen

Astaxanthin

des Elements auf Metall. Es ließ sich nachweisen, daß Silberastatid zusammen mit Silberjodid ausfällt. Obwohl eine Reihe Interhalogenverbindungen mit Astatin bekannt sind, wie AtBr, AtJ, $AtCl_2^-$, $AtBr_2^-$, AtJ_2^-, $AtJCl^-$, $AtJBr^-$, so wurde bisher noch nichts berichtet über ein Fluorid. Doch zweifellos dürften AtF_5 und AtF_7 beständig sein im Gegensatz zu niederen Fluorverbindungen. Astatationen fallen zusammen mit Jodationen aus.

Astaxanthin (Krebsfarbstoff) s. Polyene 2.

Asterane s. Cycloalkane 2. 4.

Asym. = Asymmetrisch s. Benzolkohlenwasserstoffe 1.1.2.

Ataktisch s. Polymerisation

Atebrin s. Arzneimittel, Heterocyclen 2. 2.

Atmung s. Porphinderivate 3., Carbonsäuren 2. 4. 1., Kohlenhydrate 1. 4.

Atmungskette s. Porphinderivate 3.

Atombau. Atome sind die Grundbausteine aller chemischen Verbindungen und zugleich die kleinsten Teilchen der chemischen Elemente. Der Name besagte ursprünglich, sie seien unteilbar. Das stimmt zwar nicht, doch ist bei einer solchen Teilung der chemische Charakter des Elementes nicht mehr vorhanden.

Die Atome bestehen aus dem Atomkern und der Elektronenhülle. Ihre Größenordnungen liegen bei 10^{-15}m bzw. 10^{-10}m für den Durchmesser, häufig auch als 1 Fermi (fm) bzw. 1. Angström(Å) bezeichnet.

Die Masse eines Atoms wird allein durch den Atomkern bestimmt, während die chemischen Eigenschaften auf der Struktur der äußeren Elektronenhülle beruhen. Bei einem neutralen Atom ist die Zahl der Elektronen gleich der Zahl der positiven Ladungen des Atomkerns. Die meisten Elemente besitzen bei gleicher Ladung Atomkerne verschiedener Masse (Isotope). Sie beeinflußt die Elektronenhülle, sodaß sich geringe chemische Unterschiede ergeben. Der Effekt ist besonders groß bei den leichten Elementen. (s. Wasserstoff). Diese Verschiedenartigkeit des chemischen Verhaltens der Isotope wurde erstmals von UREY nachgewiesen. Er konnte zusammen mit Mitarbeitern eine Paläotemperaturskala aufstellen, die darauf beruht, daß bei höheren Temperaturen in geologischen Kalkablagerungen des Isotop ^{18}O angereichert wurde. (1948)

Das Wasserstoffatom

Das Symbol ^1_1H besagt, daß es sich um das leichte Isotop mit der ungefähren Masse 1u handelt (^1H), daß es im Periodensystem an erster Stelle steht, die Kernladung $Z = +1$ besitzt und daß sich um den Kern ein Elektron bewegt ($_1H$). Die Struktur der Hülle ergibt sich dadurch, daß es je nach der Energie des Systems verschiedene Räume (Orbitale) ausfüllen kann. Die Energie wird bestimmt durch die Hauptquantenzahl n. Die zu ihr gehörigen Formen der Orbitale bestimmen die Nebenquantenzahlen l, die Zahl der möglichen Aufspaltungen die Magnetquantenzahl m. Die Beziehungen zueinander ergeben sich aus der Quantenmechanik und der Wellenmechanik. Die Orbitalformen, die durch die Nebenquantenzahlen $l = 0, 1, 2, 3, \ldots$ bestimmt sind, haben die Abkürzungen s, p, d, f erhalten.

Sie sind der klassischen Spektroskopie entlehnt, in der man bestimmte Serien als „sharp", „principal", „diffus" und „fundamental" bezeichnete. Für das Wasserstoffatom ergibt sich demnach das folgende Energieschema (Abb.1).

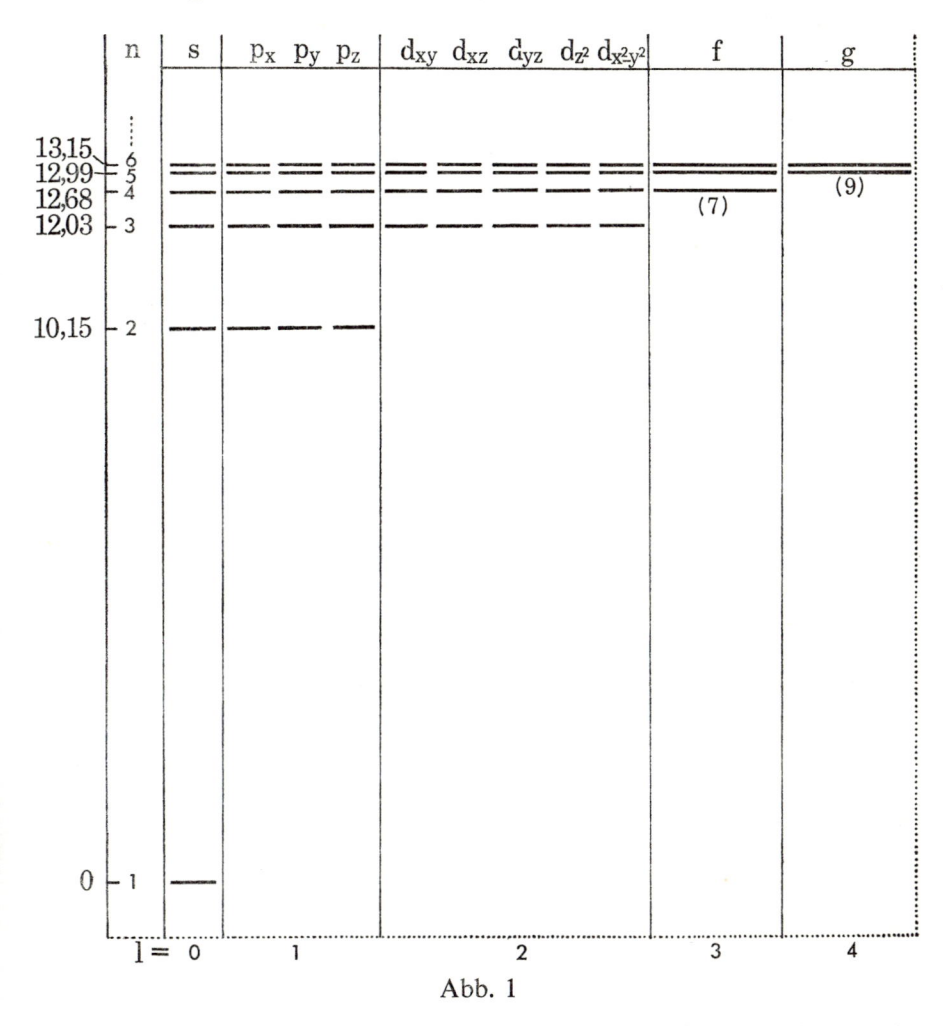

| n | s | p_x p_y p_z | d_{xy} d_{xz} d_{yz} d_{z^2} $d_{x^2-y^2}$ | f | g |

13,15 — 6
12,99 — 5
12,68 — 4
12,03 — 3

10,15 — 2

0 — 1

$l = $ 0, 1, 2, 3, 4

Abb. 1

Am Rande des Schemas ist die Energie angegeben, die erforderlich ist, um das Elektron aus dem 1s-Zustand in einen höheren zu heben. Bei einer Energiezufuhr von 13,58 eV ist das Atom ionisiert.

Atombau

Entgegen der ersten von Bohr entwickelten Theorie beschreibt das Elektron keine bestimmte Bahn. Die sich aus der Wellenmechanik ergebende Ψ-Funktion bedeutet in ihrem Quadrat eine Wahrscheinlichkeitsaussage für das Vorhandensein des Elektrons an einer bestimmten Stelle oder in anderer Interpretation die Elektronendichte.

Der Grundzustand hat kugelsymmetrische Gestalt, wobei die Elektronendichte mit zunehmendem Radius abnimmt. Genau genommen gibt es keine Grenze, doch pflegt man das s-Orbital durch eine Kugel zu kennzeichnen. Das Produkt aus Ψ^2 und der Kugelfläche $4\pi r^2$ läßt erkennen, in welchem Abstand sich das Elektron bevorzugt aufhält. Die folgenden Abbildungen zeigen die Verhältnisse für die Hauptquantenzahlen $n=1$ und $n=2$. Der klassische *Bohrsche Radius* ist angedeutet und zeigt, daß im Falle $n=1$ er beinahe angibt, in welchem Abstand vom Kern sich das Elektron vorwiegend aufhält. Es ist jedoch nicht die Stelle mit der größten Elektronendichte (Abb. 2).

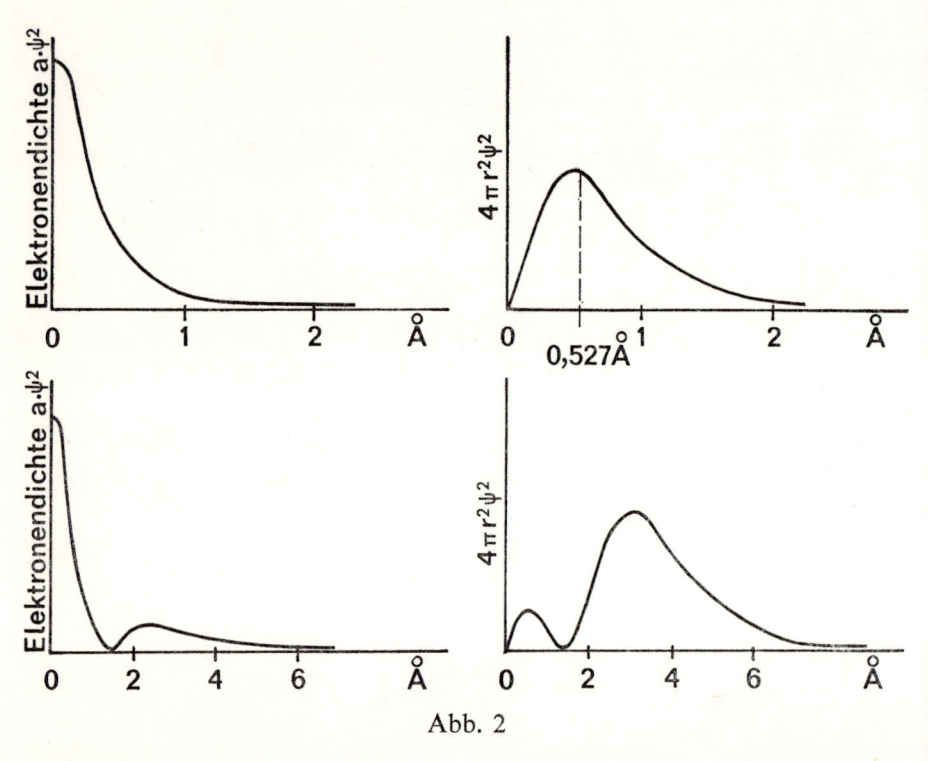

Abb. 2

Während die s-Orbitale stets kugelsymmetrisch sind und somit die in den Figuren angegebenen Werte für alle Richtungen gelten, sind die Orbitale aller anderen Nebenquantenzahlen richtungsabhängig. Um überhaupt die Richtungsquantelung

Atombau

zeichnen zu können, begrenzt man sie willkürlich. Die in die Orbitale eingezeichneten Vorzeichen ergeben sich aus der Wellenmechanik und bedeuten soviel wie „entweder-oder". Die analogen Figuren für f- und g-Orbitale sind viel komplizierter. Auf sie kann jedoch verzichtet werden, weil für chemische Bindungen nur s-, p- und d-Orbitale in Betracht kommen. Letztere sind entscheidend in der →Koordinationschemie. Der Unterschied dieser Orbitale für die verschiedenen Hauptquantenzahlen besteht nur darin, daß sie mit wachsendem n weiter in den Raum reichen. Zu beachten ist, daß in allen Fällen auch eine — wenn auch sehr geringe — Wahrscheinlichkeit für das Auftreten des Elektrons im Kern vorhanden ist. Bei s-Orbitalen ist dort die Dichte am größten (Abb. 3)!

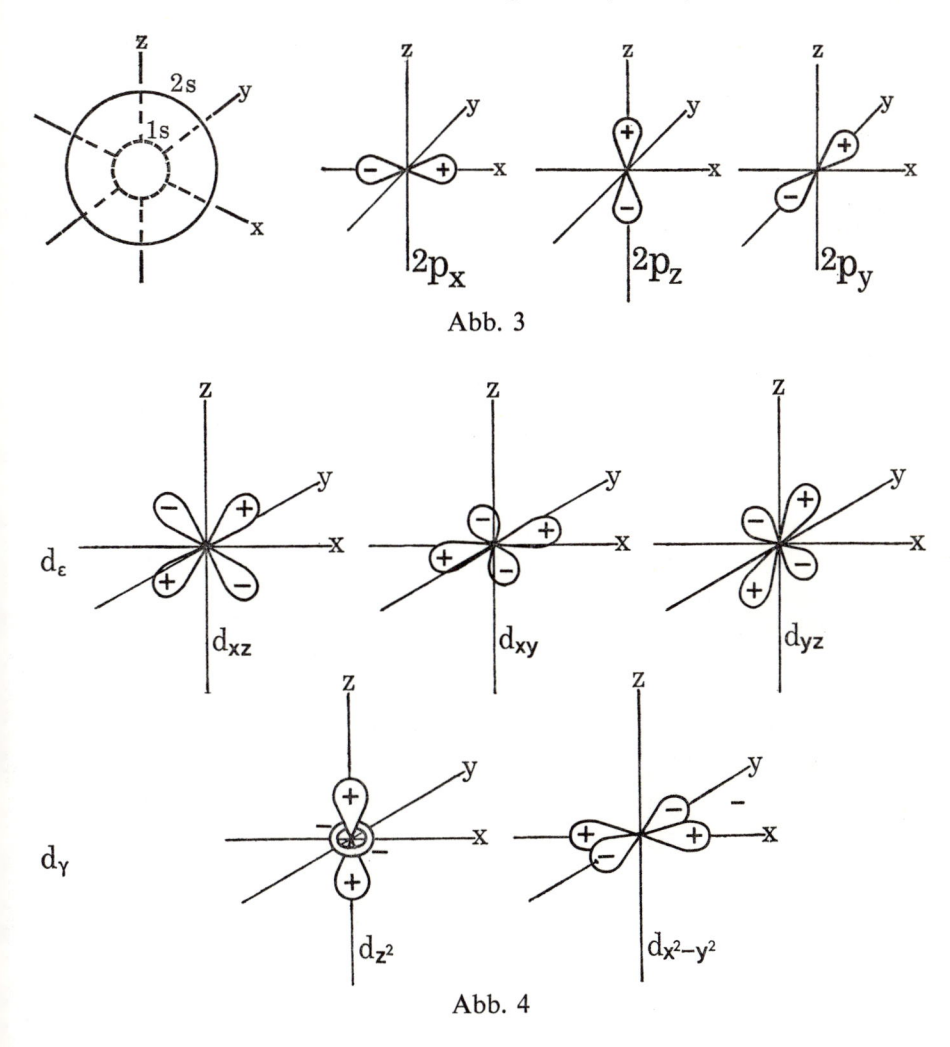

Abb. 3

Abb. 4

Atombau

Das freie Atom ($Z > 1$)

Während beim Wasserstoff die Energie nur von der Hauptquantenzahl abhängt und die s-, p-, d- und f-Orbitale energetisch gleichwertig sind („entartet"), gilt das für Atome der Ordnungszahl $Z > 1$ nicht mehr. Der Grund liegt in der gegenseitigen Beeinflussung der Elektronen. Infolge der höheren Kernladung liegen die verschiedenen s-, p- usw. Zustände energetisch tiefer, je höher Z ist. Auf innere Elektronen wirkt eine effektive Kernladungszahl $*Z < Z$, sie ihrerseits schirmen die Kernladung gegen äußere Elektronen noch weiter ab. Nur für die ersten drei Perioden gilt exakt die Angabe, daß energetisch $1s < 2s < 2p < 3s < 3p$ ist. Unter Berücksichtigung des Pauli-Prinzips ergibt sich somit, daß sich beim Helium beide Elektronen im 1s-Zustand befinden, beim Lithium das dritte hinzutretende Elektron den 2s-Zustand besetzen muß, Beryllium das vierte desgleichen, während die nächsten hinzukommenden Elektronen die drei 2p-Orbitale belegen, bis mit dem Natrium die Besetzung wieder mit dem s-Zustand der nächst höheren Quantenzahl beginnt. In der vierten Periode gilt nur eingeschränkt die Regel, daß die d-Orbitale nach den s-Orbitalen besetzt werden. Die Ausnahmen sind Chrom ($3d^5\ 4s^1$) und Kupfer ($3d^{10}\ 4s^1$). In der sechsten und in der siebenten Periode konkurrieren die entsprechenden s-, d- und f-Zustände in Bezug auf die Besetzung miteinander. Beispiele: Europium ($4f^7\ 5d^0\ 6s^2$), Gadolinium ($4f^7\ 5d^1\ 6s^2$), Terbium ($4f^9\ 5d^0\ 6s^2$) und die Gruppe Iridium ($4f^{14}\ 5d^7\ 6s^2$), Platin ($4f^{14}\ 5d^{10}\ 6s^0$), Gold ($4f^{14}\ 5d^{10}\ 6s^1$).

Das gebundene Atom

Die Elektronenbesetzung der freien, d. h. im Dampfzustand befindlichen Atome läßt sich aus dem Spektrum ermitteln. Nicht beobachtbar (nicht observabel) sind dagegen die Orbitale. Observabel werden sie dagegen in dem Augenblick, in dem die Atome mit anderen Atomen Verbindungen eingehen, was unter Normalbedingungen die Regel ist. Als einfachste Verbindung ist das Wasserstoffmolekül H_2 zu betrachten. Zwei im Grundzustand befindliche Wasserstoffatome können sich mit ihren Elektronenhüllen durchdringen, wenn sie nur nahe genug zueinander kommen. Man kann die σ-Bindung des H_2 in zweierlei Weise darstellen:

Die Pfeile bedeuten den Spin der Elektronen. Da er halbzahlig ist, gibt es keine anschauliche Deutung für ihn. Fälschlicherweise findet man ihn in der Literatur immer noch als Drehimpulsvektor eines rotierenden Elektrons. Vielmehr bedingt der Elektronenspin die Verteilung der Elektronendichte. Nur wenn zwischen beiden Atomkernen die Dichte nicht null ist, kommt es zur Molekülbindung. In der theoretischen Behandlung ergibt sich die Resonanzenergie, die sich folgendermaßen darstellen läßt:

$$H^+ \ H^- \leftrightarrow H-H \leftrightarrow H^- \ H^+$$

Die drei Beschreibungen geben im Grunde genommen nur an, daß es zu gewissen Schwankungen in der Elekronendichteverteilung kommen kann, ohne daß die Extremfälle erreicht werden: *Mesomerie*. Während Helium keine stabilen Verbindungen eingeht, weil das 1s-Orbital bereits mit zwei Elektronen besetzt ist (entsprechend dem H_2-Molekül), das Lithium durch Abgabe des 2s-Elektrons in ein völlig kugelsymmetrisches Ion übergeht, zeigt sich beim Beryllium, daß die beiden äußeren Elektronen, die sich im Dampfzustand beide im 2s-Zustand befinden, eine Umgruppierung über 2s 2p zu $2q_1q_2$ vornehmen. Es bilden sich hybridisierte Orbitale, die zu je 50% aus s- bzw. p-Anteilen zusammengesetzt sind. Der Theorie nach müßte ein dampfförmiges Berylliumatom mit den beiden 2s-Elektronen erst eine Anregungs- oder Promotionsenergie erhalten, um in die beiden gleichwertigen Hybridorbitale (q) mit ungekoppelten Elektronen überführt zu werden. In der chemischen Praxis geht man jedoch stets von Verbindungen einschließlich Berylliumkristallen aus, in denen die Hybridform von vornherein vorliegt. Im Gegensatz zu den Alkalien und Erdalkalien bildet es in wäßriger Lösung keine Berylliumionen, sondern dem Zink entsprechende Komplexverbindungen.

Entsprechend den für Beryllium dargestellten Veränderungen für ein gebundenes Atom ergeben sich folgende Möglichkeiten für die Elemente der zweiten Periode:

$$Be(2s^2) \rightarrow Be(2q_1q_2) \quad B(2s^2p) \rightarrow B(2q_1q_2q_3) \rightarrow B(2q_1q_2q_3[q_4])$$

Die Tetraederform entsteht, wenn der Partner in einer „Ausgleichsbindung" (dativ-bond) ein einsames Elektronenpaar mitbringt, z. B. F_3B-NH_3.

Atombau

$$C(2s^2p^2) \to C(2sp_xp_yp_z) \to C(2q_1q_2p_yp_z) \to C(2q_1q_2q_3p_z) \to C(2q_1q_2q_3q_4)$$

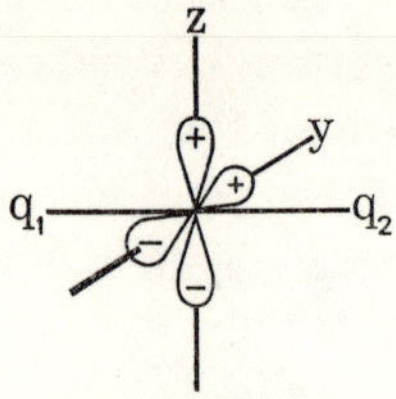

s-p-
Vorgebildet für Äthin

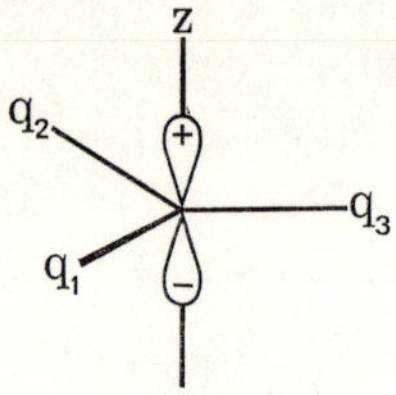

s-p²-
Äthen

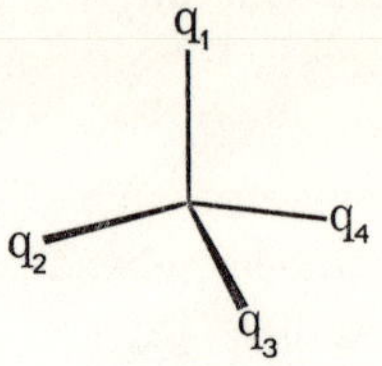

s-p³-Hybrid
Methan

$$N(2s^2p^3) \leftrightarrow N(2s^2p_xp_yp_z) \to N(2q_1{}^2q_2p_yp_z) \to N(2q_1{}^2q_2q_3p_z) \to N(2q_1{}^2q_2q_3q_4)$$

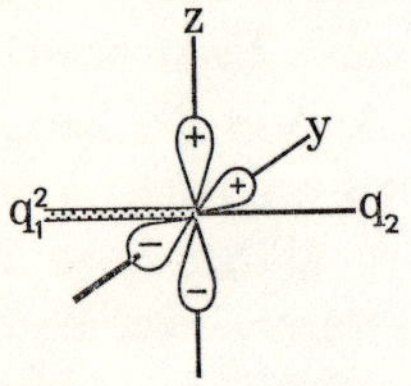

Vorgebildet für Stickstoffmolekül 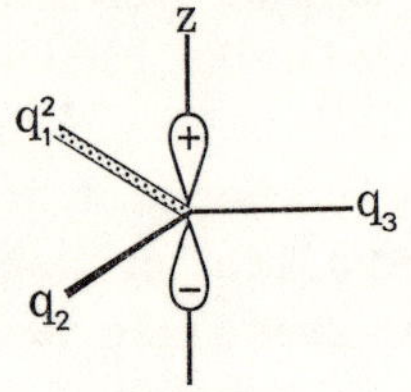   NO$_2$ 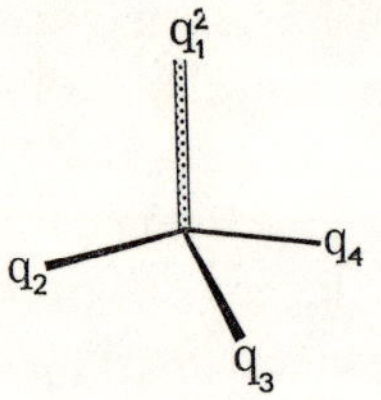   Vorgebildet
für Ammoniak

$$O(2s^2p_x{}^2p_yp_z) \to O(2q_1{}^2q_2{}^2q_3pz) \to O(2q_1{}^2q_2{}^2q_3q_4)$$

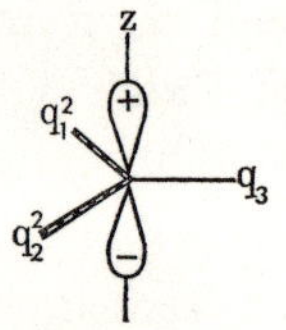

Vorgebildet für Sauerstoffmolekül   Wasser
(p_z nicht bindend) und NO$_2$

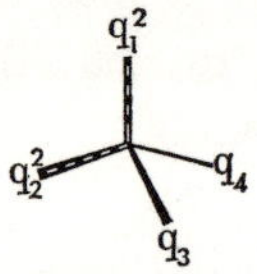

Beim Fluor mit sieben Elektronen in der 2. Schale bleibt — hybridisiert oder nicht hybridisiert — nur ein Bindungselektron übrig. Durch Übergang in den Ionenzustand durch Aufnahme dieses fehlenden Elektrons nimmt es Kugelsymmetrie an.

Das unterschiedliche Verhalten der Elemente der dritten Periode gegenüber dem der zweiten Periode beruht auf der geringeren Elektronegativität und der Möglichkeit, 3d-Orbitale zu besetzen. Jene äußert sich u.a. darin, daß Magnesium im Gegensatz zum Beryllium echte Ionen bildet und die Neigung zum Hybridisieren beim Schwefel wegen der weiter in den Raum reichenden Orbitale und die damit verringerte Beeinflussung der besetzenden Elektronen gering ist. Während der Spreizungswinkel des Wasserdampfes 104° beträgt, ist er beim Schwefelwasserstoff nur 92°, also nur unwesentlich größer als es zwei nicht hybridisierte p-Orbitale mit einem Winkel von 90° erfordern. Die Möglichkeit, auch d-Orbitale besetzen zu können, zeigt sich beim Phosphor, von dem neben dem PCl_3 auch das beständigere PCl_5 bekannt ist. In diesem Falle liegt eine dreiseitige Doppelpyramide vor (sp^3d -Hybrid).

Die vorgebildeten Atome gehen dadurch Verbindungen miteinander ein, daß es beim Annähern aneinander zum gegenseitigen Durchdringen der Elektronenwolken mit bindenden Zuständen kommt. Dabei sind zwei Möglichkeiten zu unterscheiden, wie sie sich für p-Orbitale ergeben:

σ-Bindung

π-Bindung

Die antibindenden Zustände wurden fortgelassen. Bei der Bildung des Wasserstoffmoleküls wurde die σ-Bindung zweier s-Orbitale gezeigt. Bindungen zwischen zwei d-Orbitalen oder einem d- und einem p-Orbital lassen sich entsprechend darstellen. Notwendig für eine Elektronenpaarbindung ist, daß die Orbitale sich weit genug durchdringen können. So kommt es bei Silicium deswegen nicht zu einer Doppelbindung analog dem sp^2-Hybrid des Kohlenstoffs, weil wegen des größeren Umfangs des Siliciums die p-Orbitale sich nicht genügend durchdringen und somit keine π-Bindung eingehen können.

π-Bindungen mehrerer Atome untereinander führen häufig zu einem Molekülorbital mit frei beweglichen Elektronen. Am auffälligsten ist das beim Graphit der Fall: Hier liegen die einzelnen C-Atome im sp^2-Zustand vor. Die drei hybridisierten q-Orbitale gehen σ-Bindungen ein und bilden damit ein wabenförmiges Gitternetz, während die nicht hybridisierten p-Orbitale sich zu einem einzigen Molekülorbital vereinen, in dem Elektronen frei beweglich sind. Darauf beruht die elektrische Leitfähigkeit des Graphits. Die freie Beweglichkeit findet sich auch im Benzolring und in seinen Derivaten. Ein Beispiel für Nichtkohlenstoffverbindungen ist das NO_2:

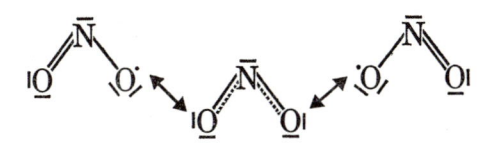

Atommasseneinheit

Der bindende Zustand der drei Atome ist folgendermaßen gekennzeichnet:

q^2 bedeutet jedesmal ein einsames Elektronenpaar. Die σ-Bindungen zwischen den drei Atomen wurden der Übersichtlichkeit wegen nicht eingezeichnet.
Soweit die Elemente höherer Perioden nicht freie Ionen bilden, ist ihr Verhalten unter Koordinations-Chemie nachzulesen.

Literatur
COTTON/WILKINSON: Anorganische Chemie. — Verlag Chemie G. m. b. H., Weinheim/Bergstr. 1968

Atommasseneinheit s. Kohlenstoff.
Atomkerne. Ein Atom besteht aus einem zentralen Kern mit der räumlichen Ausdehnung von ca. 10 fm und aus einer Elektronenwolke mit der Ausdehnung von einigen Å, was einen Größenunterschied von 1:10000 bedeutet. Im Gegensatz zu den Elektronen bilden die den Kern aufbauenden Protonen und Neutronen ohne ein zentrales Partikel ihr eigenes Energiepotential. Während für die Elektronen des Atoms die elektromagnetischen Kräfte bestimmend sind, sind es für die Kernbausteine die Kernkräfte oder „starken" Wechselwirkungskräfte, die ca. 100 mal stärker sind als jene. Die Kernkräfte wirken nur bis zu 4 fm, zwischen 4 und 0,4 fm sind sie stark anziehend, bei noch geringeren Entfernungen jedoch wirken sie abstoßend. Im Kern wirkt jedes Nukleon auf jedes Nukleon ein mit dem Ergebnis, daß der Abstand zwischen je zwei durchschnittlich 2,4 fm beträgt. Die Massendichte liegt bei 10^{14} g/cm³. Die jeweiligen Protonen und Neutronen ergeben nur ein Momentanbild, weil die Ladung austauschbar ist.

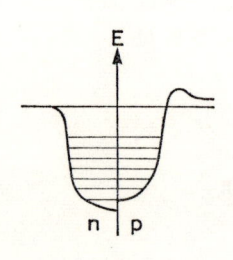

Eine große Anzahl Nukleonen bildet eine Potentialmulde, wie sie in der **nebenstehenden Abbildung** wiedergegeben ist. Dabei liegen die Niveaus der Neutronen tiefer als die der Protonen, die sich ihrer Ladung wegen abstoßen. Es besteht die Neigung, die energetisch günstigste Besetzung von Neutronen und Protonen einzunehmen. Befinden sich in einem Kern zu viele Neutronen, während tiefer liegende Protonenzustände noch frei sind, so emittiert der Kern mit einer gewissen Wahrscheinlichkeit ein Elektron (β^--Teilchen). Im umgekehrten Fall erfolgt die Abstrahlung eines Positrons (β^+-Teilchen). Allgemein lassen sich die beiden Vorgänge durch folgende Gleichungen darstellen:

n → p + e⁻ + $\bar{\nu}$ + Energie   z. B. $^{76}_{33}$As → $^{76}_{34}$Se + e⁻ + $\bar{\nu}$
bzw.
p → n + e⁺ + $\bar{\nu}$ + Energie   z. B. $^{76}_{35}$Br → $^{76}_{34}$Se + e⁺ + $\bar{\nu}$

In den beiden Beispielen bedeuten die Hochzahlen die Anzahl der im Kern enthaltenen Nukleonen, die Tiefzahlen die der Protonen. Eine dem letzten Vorgang ähnliche Verschiebung der Ordnungszahl erfolgt beim Einfang eines Hüllenelektrons (K-Einfang). Beispiel:

$$^{75}_{34}Se \rightarrow {}^{75}_{33}As + \nu.$$

Weiterhin besteht die Möglichkeit, daß ein Partikel ein höheres Niveau besetzt hat, obwohl im eigenen Sprossenschema noch ein Platz frei ist. Dann geht es unter Aussenden von γ-Strahlung in das tiefere über. Falls mehrere Niveaus frei sind, kann es γ-Strahlung verschiedener Energie (γ-Spektrum) aussenden. Energetisch bevorzugt ist das Zusammentreffen von je zwei Neutronen und zwei Protonen. Im Kern ist dann ein ⁴He-Kern vorgebildet, der als α-Strahlung abgegeben werden kann. So gibt es kein stabiles $^8_4$Be. Im Augenblick seiner Entstehung zerfällt es in 2⁴He-Kerne. Das in den obigen Gleichungen angegebene Neutrino ν bzw. Antineutrino $\bar{\nu}$ wurde zuerst als Lückenbüßer eingeführt, um einmal die Erhaltung des Spins und zum anderen die Erhaltung der Teilchenzahl zu gewährleisten. In der Gleichung n → p + e⁻ + $\bar{\nu}$ sind n, p und e⁻ Teilchen mit je dem Spin ½, das Antineutrino dagegen ein Antiteilchen mit ebenfalls dem Spin ½. So ergeben sich auf der rechten Seite der Gleichung insgesamt 1 Teilchen und durch geeignete Spineinstellung der Gesamtspin ½, was mit der linken Seite übereinstimmt.

Nach dem von MARIA MAYER-GÖPPERT und JANSEN entwickelten Schalenmodell sind Kerne dann besonders stabil, wenn sie die „magischen" Neutronen- oder Protonenzahlen enthalten: 2, 8, 20, 28, 50, 82, 126 für Neutronen und 2, 8, 20, 28, 40, 50, 82 für Protonen. Bei Extrapolation der „magischen" Zahlen lassen sich Atome mit der Ordnungszahl um 114 und um 164 als quasistabil voraussagen. Möglich ist, daß derartige superschwere Kerne bei Supernovaexplosionen entstehen oder daß sie möglicherweise mittels Beschleunigern erzeugt werden können. Man denkt hierbei an Beschuß von beispielsweise Curium mit Calciumionen, ein Vorgang, der sich in der Schreibweise der Kernphysiker folgendermaßen darstellen läßt:

$$^{248}_{96}Cm(^{48}_{10}Ca; \alpha)^{292}_{114}114$$
(1α-Teilchen wird abgestrahlt)

Atophan

Hierbei handelt es sich um eine Fortsetzung in der Erzeugung von Transuranen, wie man sie bisher bereits bis zum Element 105 hergestellt hat. Bei diesem ist jedoch noch nicht geklärt, ob es zuerst von russischer oder von amerikanischer Seite erzeugt wurde. Von amerikanischer Seite wird für dieses neue Element der Name „Hahnium" vorgeschlagen. Über das Nachweisverfahren solcher Elemente s. Kurtschatovium.

Die Atomkerne verhalten sich gegenüber dem Einfangen auf sie geschossener Partikel sehr verschieden. Als Maß hierfür dient der Wirkungsquerschnitt in barn (10^{-24} cm^2). Diese Vorstellung erweckt den Eindruck, als ob die Atomkerne stark unterschiedliche räumliche Ausdehnungen besitzen, was jedoch nicht der Fall ist. So beträgt der Wirkungsquerschnitt für den Einfang von Protonen und von Neutronen für $^3_2$He = 5400, wogegen er für $^4_2$He = 0 ist.

Das Schalenmodell der Atomkerne gilt nur angenähert, weil die Theorie Kugelform voraussetzt. Vielfach haben die Kerne jedoch die Gestalt von Ellipsoiden (z. B. Lanthanide).

Literatur

FRICKE, B., GREINER, W.: Superschwere Elemente. — „Physik in unserer Zeit" 1. Jahrgang Heft 1. — Verlag Chemie, Weinheim 1970 (Allgemeinverständlich)

BUTTLAR, VON: Einführung in die Grundlagen der Kernphysik. — Akademische Verlagsgesellschaft, Frankfurt/Main 1964

HERTZ, G.: Lehrbuch der Kernphysik. — B. & G. Teubner Verlagsgesellschaft, Leipzig 1960

Atophan s. Heterocyclen 2.2.

ATP ist die Abkürzung für *Adenosintriphosphat*. Es ist ein *Nucleotid* (→Nucleinsäuren) aus *Adenin* (6-Amino-purin s. →Heterocyclen 2.4.), Ribose (eine Pentose s. →Kohlenhydrate 1.) und drei Molekülen Phosphorsäure.

ATP ist ein *Coenzym*, d.h. ein leicht abdissoziierender Teil eines →Enzyms, der an der Wirkung des Enzyms entscheidend beteiligt ist. In korrektem Sinn sind Coenzyme keine Katalysatoren, da sie stöchiometrisch wirken. Deshalb hat sich auch für sie der Ausdruck Cosubstrat eingebürgert, da sie vom Substrat (umgesetzter Stoff) eine Gruppe übernehmen und sie in einer zweiten Reaktion auf ein anders Substrat übertragen.

ATP kommt in allen Zellen vor. Es enthält zwei sog. *energiereiche Bindungen*. Die Spaltung dieser Bindungen (Phosphorsäure an Phosphorsäure) ist exotherm (exergonisch: freie Energie negativ) und liefert 7 kcal/mol. Wegen dieser Fähigkeit zur Energielieferung (besserer Ausdruck: hohes Gruppenübertragungspotential) wird ATP bei vielen energieverbrauchenden Prozessen eingesetzt z. B. Muskelkontraktion (für Muskel besitzt ATP noch weitere Bedeutungen: ATP- Zerfall löst die Muskelkontraktion aus; ATP hat eine Weichmacherwirkung — Fehlen von ATP bewirkt Starre, „*Leichenstarre*"), Photosynthese (s. →Porphind. 4).

Vom ATP können folgende Gruppen übertragen werden:

1. Übertragung eines Phosphorsäurerestes, Abspaltung von *ADP* (Adenosindiphosphat). Dies ist die häufigste Reaktion. Übertragung auf Wasser entspricht einer Hydrolyse mit Freisetzen von Energie. Sie wird von ATPasen katalysiert. Übertragung auf Alkohole, Säure oder Amide wird von Kinasen durchgeführt.

2. Übertragen zweier Phosphorsäurereste (Pyrophosphatrest), Abspaltung von AMP (Adenosin-monophosphat).

3. Übertragung von AMP-Rest, Abspaltung von Pyrophosphat. Wichtig zur Bildung aktivierter Verbindungen z. B. bei Proteinsynthese s. →Aminosäure 3.

4. Übertragung von Adenosinrest, Abspaltung von Pyrophosphat und Phosphat.

ATP muß immer wieder synthetisiert werden aus *ADP* und Phosphat. Diese Reaktion ist mit energieliefernden Prozessen gekoppelt wie der Atmungskette (Citronensäurecyclus s. →Carbonsäure 2.4., →Porphinderivate 3.), dem anaeroben Kohlenhydratabbau (→Äthanol), der Photophosphorylierung bei der Photosynthese (→Porphinderivate 4.) u.a.m. Für den Menschen hat man eine Bildung von 70 kg ATP pro Tag berechnet unter Annahme von 2500 kcal Energieumsatz und 40% Ausbeute (40% = 1000 kcal:7 (Energie pro mol ATP) = 140 mol ATP. 1 mol ATP = 410 g).

Die Haupt-ATP-Synthese findet bei Mensch und Tier durch die Atmung statt. Es besteht eine enge Kopplung zwischen ATP-Bildung und Sauerstoffverbrauch. Die Atmungskette läuft nur ab, wenn ADP zur Verfügung steht. Die ATP-Menge reguliert die Zellatmung.

Literatur
KARLSON, P.: Biochemie. — Thieme, Stuttgart 1970
BUDDECKE, E.: Grundriß der Biochemie. — Gruyter, Berlin 1970

Atropin s. Alkaloide, Heterocyclen 1. 1., Rauschgifte.
Atropisomerie s. Isomerie 2. 2.

Aufbau-Reaktion s. Äthen, metallorganische Verbindungen (Al).
Aufheller s. Farbstoffe 1. 2.
Aureomycin s. Antibiotica, Benzolkohlenwasserstoffe 2. 3. 3.
Auripigment s. Fünfte Hauptgruppe.
Austenit s. Stahl.
Autoxydation ist die Reaktion organischer Verbindungen mit Luftsauerstoff unter normalen Bedingungen ohne Flammenbildung. Sie ist von großer wirtschaftlicher Bedeutung, wobei der Nutzen (Oxydation von Cumol →Benzolkohlenwasserstoffe) zu Phenol (→Hydroxylderivate 3.) und Aceton, Oxydation von Xylol (→Benzolkohlenwasserstoffe) zu Terephthalsäure, beides ausgenutzt in technischen Prozessen) viel geringer ist als der Schaden. Denn viele organische Verbindungen, besonders solche mit Doppelbindungen, reagieren leicht mit Luftsauerstoff und werden so verändert, daß sie dann für bestimmte Zwecke unbrauchbar werden: Gummi altert, Fette werden ranzig (die *Firnisbildung* von Leinöl ist allerdings sehr nützlich), Schmieröle und Kraftstoffe werden angegriffen, Aldehyde werden zu Carbonsäuren u. a. m. Um diese schädliche Wirkung zu verhindern, werden *Antioxydantien* eingesetzt, in der Welt jährlich 100 000 t.
Die Autoxydation ist ein →Radikalmechanismus, der in *Kettenform* abläuft, wobei Peroxide als Zwischenprodukte auftreten.

$$\text{Start} \quad \text{Initiator} \rightarrow R\cdot$$
$$\text{Kette} \quad \begin{matrix} R\cdot + \cdot O_2\cdot \rightarrow ROO\cdot \\ R\cdot + ROOH \leftarrow RH + ROO\cdot \end{matrix}$$
$$\text{Abbruch} \quad R\cdot + R\cdot \rightarrow R-R$$

Die Addition des Sauerstoffs erfolgt sehr schnell ohne Aktivierungsenergie, so daß die Abbruchreaktionen kaum stattfinden. Bei →Alkenen gibt es eine zweite Reaktionsmöglichkeit, sie können unter Addition weiterer Moleküle lange Ketten bilden (polymerisieren). Dabei dient das Peroxidradikal nur zur Auslösung der →Polymerisation.
Der Anstoß zur Bildung von →Radikalen, mit denen der Sauerstoff reagieren kann, kann von verschiedenen Seiten kommen. In der Technik sind von Bedeutung: Hitze, Licht (insbesondere UV), Ozon (O_3) und Metallionen. Die Metallionen können durch →Redoxprozesse sehr schnell Radikale bereitstellen:

$$Me^{n+} + RH \rightarrow Me^{(n-1)+} + H^+ + R\cdot$$
$$Me^{n+} + ROOH \rightarrow Me^{(n+1)+} + OH^- + RO\cdot$$

Die *Antioxydantien*, die den Angriff von Sauerstoff hemmen oder verhindern sollen, können an zwei Stellen im Reaktionsgeschehen einwirken.
1. Vorbeugend verhindern sie die Bildung der Radikale, die die Reaktionsketten starten können. Bei Metallionen werden Substanzen eingesetzt, die Komplexe

bilden, wie Äthylendiamin u.a. o-Hydroxybenzophenon zeigt eine UV-Absorption wie bestimmte Polymerisationsinitiatoren und wird zur Verhinderung dieses Prozesses benutzt. Als Peroxidzerstörer wirken schwefelhaltige Verbindungen, aber auch substituierte Phenole (→Hydroxylverb. 3.) und Amine (→org. Stickstoffverbindungen 2.).

2. Antioxydantien wirken auch als Radikalkettenabbrecher, indem sie die beiden Produkte des Kettenmechanismuses, das Alkylperoxid- und das Alkylradikal, entfernen. Die Antioxydantien übertragen entweder Wasserstoff oder ein Elektron. Wegen des elektrophilen Charakters des Alkylperoxidradikals ist es das bevorzugte Angriffsobjekt.

$$ROO \cdot + AH \rightarrow ROOH + A \cdot$$
$$R \cdot + AH \rightarrow RH + A \cdot$$
$$A \cdot + A \cdot \rightarrow A_2$$

Substituierte Phenole und Amine haben sich als wirksame Antioxydantien erwiesen. Bei Phenolen erhöhen elektronenabstoßende Gruppen ($-CH_3$, $-OCH_3$) in o- oder p-Stellung die Wirksamkeit, elektronenanziehende Gruppen ($-NO_2$, $-COOH$, $-Cl$) vermindern sie. Die Wirkung wird ebenfalls durch α-verzwegte Alkylgruppen in o-Stellung gesteigert. Bei Aminen haben elektronenabstoßende Gruppen in p-Stellung, besonders Dialkylamino- und Alkoxygruppen, einen Steigerungseffekt.

Manche Antioxydantien zeigen einen Synergismus, d. h. zusammen mit einer anderen Substanz haben sie eine Wirkung, die größer ist als die additive Wirkung der Einzelkomponenten. So zeigt *Ascorbinsäure* (→Vitamin C) kaum eine Wirkung als Antioxydans, steigert aber stark die Wirksamkeit bei Zugabe zu einem Phenol. Vermutlich werden die Verluste des Antioxydans durch Luftsauerstoff herabgesetzt, so daß es seine volle Wirkung entfalten kann. Es spielen aber auch sterische und energetische Faktoren eine Rolle.

Die *Antioxydantien* werden in der Industrie eingesetzt, um die schädlichen Auswirkungen des Luftsauerstoffs zu verringern. Beim Gummi werden durch O_2 die Brückenbindungen gesprengt, die Molmasse wird damit herabgesetzt, die mechanischen Eigenschaften verschwinden, der Gummi ermüdet. Auch die anderen →Polymerisations- oder Kondensationsprodukte wie Polyäthylen, Polyamide usw. werden in ähnlicher Weise in ihrer Qualität verändert. Kraftstoffe verlieren an Heizkraft, Schmieröle werden zu Säuren oxydiert. In diesen Fällen benutzt man substituierte Phenole oder Amine, aber auch Mercaptoketone:

$$R_1-\underset{SR_2}{C}-C-\underset{O}{\overset{\|}{C}}-R_3 \cdot$$

Autoxydation

Der in der Reifenproduktion in großer Menge verwendete Ruß wirkt lichtabsorbierend und bindet Radikale in Form eines π-Komplexes.

Bei Lebensmitteln sind es vor allem die Fette (→Ester 2.), die der Autoxydation unterliegen. Sie verlieren ihren Wohlgeschmack, es tritt ein ranziger Geruch auf, Aldehyde und Säuren entstehen, sie können toxisch wirken. Vor dem Endstadium sind bereits die wertvollen Vitamine und die ungesättigten Fette zerstört. Dieser Vorgang kommt z. T. durch enzymatisches Freisetzen von niederen Fettsäuren (Buttersäure u. ä.), z. T. durch Autoxydation, besonders der ungesättigten Fette, zustande.

Eine Verminderung der Gefahr wird bereits durch vorbeugende Methoden wie Vakuumpackung, Metallausschluß u. a. erreicht. An *Antioxydantien* müssen besondere Bedingungen gestellt werden: sie dürfen nicht toxisch sein, müssen in kleinsten Mengen wirken, dürfen den Geschmack und Geruch nicht verändern, sollen möglichst auch bei der Verarbeitung des Nahrungsmittels noch wirksam sein. Es werden ausschließlich substituierte Phenole verwandt (beim Räuchern werden von den Fleischwaren Phenole aufgenommen!). In der BRD sind zugelassen: →Vitamin E (Tocopherol), →Vitamin C (Ascorbinsäure)- beide Vitamine auch in substituierten Form-, Gallensäureester (Carbonsäuren 2.4.). In anderen Ländern werden noch folgende Substanzen benutzt: Guajakharz, Nordihydroguajaretsäure (*NDGA*), 3-tert. butyl-4-hydroxyanisol (*BHA*). Als Synergisten dienen Citronensäure, Vitamin C und Lecithin (→Lipoide).

Nordihydroguajaretsäure 1,4-Bis (3,4-dihydrophenyl)-2,3-dimethylbutan   BHA   Gallensäureester

Die bei Lebensmitteln unerwünschten Veränderungen der ungesättigten Fettsäuren (trocknende Öle) sind andererseits wichtige Prozesse bei der Herstellung von *Firnis*, Linoleum, Schutzschichten, (Imprägnieren), Ölkleidung. Durch die Einwirkung des Sauerstoffs kommt es zur →Polymerisation.

Literatur
LUNDBERG, W. O.: Autoxidation and Antioxidants. Bd. I u. II. — Interscience Publ., New York 1961
SCOTT, G.: Atmospheric Oxidation and Antioxidants. — Elsevier, Amsterdam 1965
SCHORMÜLLER, J.: Die Erhaltung der Lebensmittel. — Enke, Stuttgart 1966
REICH, L., STIVALA, S.: Autoxydation of Hydrocarbons and Polyolfens. — Dekker, New York 1969

Auxine s. Wuchsstoffe.
Auxochrome s. Farbstoffe.
Avogadro -Zahl s. Molekül.
Axialstellung s. Cycloalkane 1. 1.
Aza-: Hinweis auf H-Atom, meist in →Heterocyclen.
Azeotrop s. Erdöl (Destillation) und Sauerstoff.
Azid-Methode nach Curtius s. Aminosäuren 2. 2.
Aziridin: dreigliedriger Ring mit N-Atom.
Azlactone s. Aminosäuren 1. 1. und 1. 3., Heterocyclen 1. 3.
Azomethin s. Org. Stickstoffverbindungen 2., Oxoverbindungen 1. 1. 3., Umlagerungen 2. 1.
Azokupplung s. Org. Stickstoffverbindungen 3. 2., Farbstoffe 1. 2., Substitution 2. 1.
Azoverbindungen s. Org. Stickstoffverbindungen 3. 2., Farbstoffe 1. 2.
Azulen s. Nichtbenzoide aromatische Verbindungen 7.

B

Bacitracin s. Antibiotica.
Baddeleyit s. Zirconium.
Badger-Goldfarb-Synthese s. Carbonsäuren 1.1.
Baeyersche Probe s. Benzolkohlenwasserstoffe 1.1.1., Alkene.
Baeyer-Villinger-Oxydation s. Umlagerungen 1.1.2.
Bakelit s. Hydroxylderivate 3.2., Polykondensation.
Barbier-Wieland-Abbau s Carbonsäuren 1.1.1.
Barbiturate s. Arzneimittel, Rauschgifte, Heterocyclen 2.3.
Barbitursäure s. Heterocyclen 2.3., Kohlensäurederivate 3.
Barium gehört zu den Elementen der →Zweiten Nebengruppe (Erdalkalien). Von ihm existieren sieben stabile Isotope mit den Massenzahlen 130 (0,101%), 132 (0,097%), 134 (2,42%), 135 (6,59%), 136 (7,81%), 137 (11,32%) und 138 (71,66%). Anscheinend spielen sich bei der Entwicklung der Sterne Neutroneneinfangprozesse ab, die zur Bildung verschiedener Bariumisotope führen.

Da der Ionenradius des Bariums annähernd mit dem des Kaliums und dem des Bleis übereinstimmt, kann es gelegentlich in Mineralien diese beiden Elemente ersetzen, was gegenüber dem Calcium und dem Magnesium nicht der Fall ist. Daneben finden sich ausgedehnte, reine Bariummineralien, von denen die wichtigsten der Witherit ($BaCO_3$) und der Baryt oder Schwerspat ($BaSO_4$) sind. In beiden Fällen handelt es sich um hydrothermale Ablagerungen. Die größten Produzenten für Schwerspat sind Deutschland und die USA.

Barium ist ein silbergraues Metall, das sich sehr schnell mit einer Schicht von Oxid und Nitrid überzieht und deshalb in einer Schutzflüssigkeit aufbewahrt werden muß.

Barium wird ähnlich wie Kalium vom Boden adsorbiert. Für höhere Tiere ist es giftig. Kein Fall ist bekannt, daß es irgend eine nützliche Funktion in einem Organismus ausübt. Meeresorganismen, die eine gewisse Anreicherung von Strontium zeigen, absorbieren nicht wahlweise dafür Barium. Nur einige Pflanzen, die in der Nähe von Bariumlagerstätten wachsen, zeigen eine gewisse Anhäufung, die vermutlich rein zufällig ist. Man hat daran gedacht, das als eine mögliche biogeochemische Schürfmethode zu verwenden.

Die zur Großindustrie angewachsene Fabrikation der Bariumpräparate Bariumchlorid, Bariumperoxid und Lithoponweiß geht in der Regel vom Schwerspat aus. Durch Glühen mit Kohle läßt er sich relativ leicht in das reaktionsfähige Bariumsulfid umwandeln.

Fein gemahlener Schwerspat oder künstlich gefälltes Bariumsulfat (Blanc fixe) wird hauptsächlich in Wasserfarben angewandt, außerdem für Bunt- und Glanz-

papier, sowie für Tapetenfarben. In öligen Bindemitteln hat es nur wenig Deckkraft. Als Zusatzmittel zu anderen Farben verändert es deswegen auch nur wenig den Farbton. Sein Wert besteht in dem völlig indifferenten Verhalten gegenüber den Bindemitteln. Lithopon ist ein Gemisch aus Bariumsulfat und Zinksulfid. Es besitzt gute Deckfähigkeit und ist lichtecht. Häufig findet es Verwendung als Füllmittel für Kautschuckwaren und Linoleum.
Das Peroxid erhält man durch Umwandlung von Bariumchlorid in das Nitrat und anschließendes Glühen unter gleichzeitigem Überleiten von trockner Luft. — Erhebliche Mengen wasserunlöslicher Bariumsalze finden für die Herstellung von Barytgläsern Verwendung.
Bei der Röntgendiagnose dient Bariumsulfat als Kontrastmittel, das der Patient, beispielsweise zur Magenuntersuchung, als Brei einnehmen muß.
Barn s. Atomkerne.
Bathyskaph s. Molybdän.
Basalt s. Silikate.
Bauxit s. Aluminium.
Benitoit s. Silikate.
Benzaldehyd s. Oxoverbindungen 1.1.2. und 1.1.4.
Benzedrin s. Rauschgifte.
Benzidin s. Benzolkohlenwasserstoffe 2.2., Org. Stickstoffverbindungen 2 und 3.2., Umlagerungen 3.1.
Benzil s. Additionen 4., Oxoverbindungen 1.1.2. und 2.1., Umlagerung 1.1.
Benzilsäure s. Additionen 4., Umlagerungen 1.1., Oxoverbindungen 2.1.
Benzin s. Erdöl.
Benz-in s. Cycloalkine, Substitution 2.2.
Benzoesäure s. Carbonsäure 1.1.2., Konservierungsstoffe.
Benzoid = →aromatisches System auf der Grundlage des Benzolrings s. Benzolkohlenwasserstoffe.
Benzoin s. Acyloine, Oxoverbindungen 1.1.2.
Benzoin-Kondensation s. Additionen 4.
Benzolkohlenwasserstoffe (Benzoide Systeme) stellt man als →aromatische Systeme (zuerst aus duftenden Harzen gewonnen) den aliphatischen (fettähnlichen) Verbindungen gegenüber. Der Gegensatz besteht nicht darin, daß die aliphatischen Verbindungen kettenförmigen Aufbau haben (→Alkane u.a.) und die aromatischenringförmige Struktur, denn z.B. →Cycloalkane (mit Ringstruktur) werden zu den aliphatischen Verbindungen gezählt. Der Begriff „aromatische Verbindungen" ist heute nicht mehr auf Benzol und seine Derivate beschränkt, es sind eine Anzahl →nichtbenzoider aromatischer Verbindungen bekannt. In diesem Abschnitt werden die Benzolkohlenwasserstoffe eingeteilt in 1. monocyclische Verbindungen (1. 1. Benzol und Substitution an Derivaten, 1. 2. Alkyl- und Alkenyl-

Benzol 1.1.

benzole) und 2. polycyclische Verbindungen (2.1. Arylalkane und -alkene, 2.2. Phenylhomologe des Benzols, 2. 3. kondensierte Ringsysteme — verbundene Ringe haben zwei Ringatome gemeinsam — Naphthalin u. a.).

1. Monocyclische Verbindungen

1.1. Benzol

1.1.1. Struktur des Benzols

Benzol — 1825 von FARADAY aus Leuchtgas isoliert — hat die Summenformel C_6H_6. Es müßte die Reaktionen einer stark ungesättigten Verbindung zeigen, entsprechend den →Alkenen, →Dienen u. ä. →Addition von Brom, Entfärbung von alkalischem Kaliumpermanganat (BAYER*sche Probe*),→Polymerisationsfähigkeit. Benzol verbindet sich stattdessen mit Brom viel leichter in einer →Substitutionsreaktion. Die Dehydrierung von 1, 2-Dihydrobenzol erfolgt schwach exoterm, während normalerweise für die Ausbildung einer Doppelbindung durch Dehydrierung ~30 kcal/mol aufgewendet werden müssen.

Die Grundstruktur des Benzols erwies sich also stabil, das System zeigte gute Reaktionsfähigkeit bei →Substitutionen, wobei die sechs H-Atome sich als gleichwertig erwiesen (es gibt nur ein monosubstituiertes Benzolderivat). Zur Erklärung dieser Eigenschaften nahm KEKULÉ 1865 eine Ringstruktur mit drei konjugierten Doppelbindungen an (s. →Diene). Er modifizierte diese Formel durch die Annahme oszillierender Doppelbindungen (dauernder Platzwechsel zwischen Doppel- und Einfachbindungen), da bei der ursprünglichen Formel entgegen den experimentellen Fakten vier Disubstitutionsprodukte zu erwarten sind (nachweisbar sind drei).

Oszillierende Bindungen nach KEKULÉ   Nicht nachzuweisende Isomerie

In einem Benzolmolekül mit festgelegten Doppel- und Einfachbindungen hätten die C-Atome verschiedene Abstände voneinander. Die Röntgenstrukturanalyse ergab ein ebenes, regelmäßiges Sechseck. Damit waren auch die Formeln anderer Forscher wie LADENBURG, DEWAR hinfällig. Andere Konzeptionen wie die von CLAUS, ARMSTRONG und VON BAEYER konnten ebenfalls bestimmte Reaktionen des Benzols nicht erklären. Der Benzolring ist mit Hilfe der klassischen Strukturtheorie nicht zu beschreiben. Die von DEWAR aufgestellte Formel ist 1963 als eigene Substanz hergestellt worden. Es handelt sich um *Bicyclo* [2.2.0] hexadien, das sich bei 90°C in Benzol umwandelt. Es liegt hier ein Fall von Valenztautomerie vor (→Isomerie 3. und →Umlagerungen 2.3.).

| LADENBURG Prismenformel | DEWAR Bicyclo-[2. 2. 0]hexadien | CLAUS | ARMSTRONG, v. BAEYER |

Nach der modernen Affassung ist der Benzolring ein mesomeres System. Die KEKULÉ- und DEWAR-Formeln sind nur als fiktive Grenzstrukturen anzusehen, zwischen denen sich das Benzolmolekül im Resonanzzustand befindet. Mesomere Systeme sind besonders stabil und energiearm. Faßt man Benzol als Cyclohexatrien auf, so müssen bei der Hydrierung zu Cyclohexan 85,8 kcal/mol frei werden (pro Doppelbindung 28,6). Experimentell werden aber nur 49,8 kcal/mol gefunden, d. h. Benzol ist um 36 kcal/mol energieärmer als das System mit den konjugierten Doppelbindungen. Das Energiedefizit wird als Mesomerie-, Resonanz- oder Delokalisationsenergie bezeichnet. Der Ausdruck Delokalisationsenergie bezieht sich auf die Betrachtungsweise des Molekülbahnverfahrens (MO-Methode = molekular orbital). Jedes Ring-C-Atom des Benzols — alle sind sp²-hybridisiert- besitzt ein nicht hybridisiertes π-Elektron, dessen Orbital senkrecht zur Ringebene angeordnet ist. Alle sechs Orbitale stehen parallel zueinander, so daß sie sich überlappen können. So bilden sich Molekularorbitale, die sich oberhalb und unterhalb der Ringebene befinden. Die π-Elektronen sind nicht mehr einem C-Atom zugeordnet, sie sind delokalisiert. Sechs Elektronen sind eine besonders günstiges Kombination, sie bilden nach HÜCKELS Vorstellungen ein abgeschlossenes System (→aromatische Systeme).

Die sechsfache Symmetrie des Benzolrings, die Gleichwertigkeit der H-Atome, die Delokalisierung des π-Elektronensextetts zeigt sich auch in den Bindungsabständen der C-Atome. Sie liegen mit 1,397Å zwischen denen mit Einfachbindung (1,54 Å) und mit Doppelbindung (1,34 Å). Formelmäßig stellt man den Benzolring als regelmäßiges Sechseck mit Kreis dar.

1.1.2. Reaktionen des Benzols

In Bezug auf die Reaktivität unterscheidet sich Benzol von →Alkenen durch die elektrophile →Substitution. Der erste Reaktionsschritt entspricht dabei der elektrophilen →Addition bei Alkenen: Anlagerung eines Teilchens mit positiver

Benzol 1.1.

Ladung oder mit Elektronenmangel. Der Unterschied liegt im zweiten Reaktionsschritt. Während Alkene durch Anlagerung eines Anions die Addition vollenden, wird beim aromatischen System des Benzolrings durch Ausstoßen eines positiv geladenen Wasserstoffions das mesomere und damit energetisch günstigere Elektronensextett wiederhergestellt, das im Übergangszustand aufgehoben war.

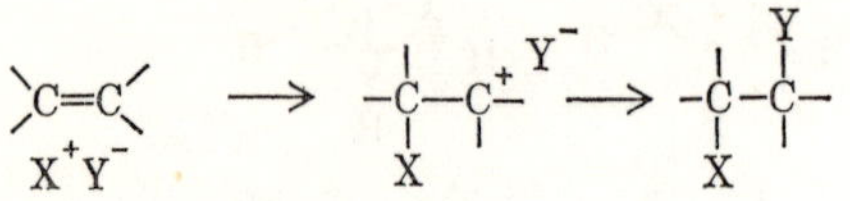

elektrophile Addition bei Alkenen 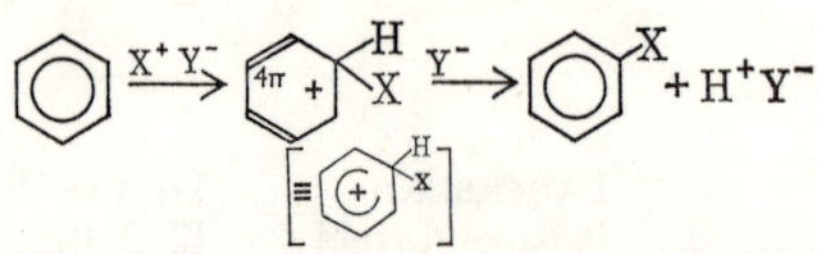   elektrophile Substitution bei Benzol

Nucleophile →Substitution tritt nur bei Derivaten auf, da der Benzolring kein Hydridion (H⁻) zur Stabilisierung abspalten kann. Bei den Derivaten wird eine negativ geladene Gruppe gegen eine andere ausgetauscht z. B. Chloridion gegen Hydroxydion.

Substitution kann auch durch →Radikalreaktionen eintreten. Diese Reaktionen sind nicht häufig und weitgehend auf Derivate beschränkt. Die Tendenz, →Radikale zu addieren, ist beim Benzol stärker ausgebildet, wenn auch schwächer als bei den Alkenen.

R· + ArH → RAr + H·

Radikal / allgemeine Formel für Arylverbindung = Benzolderivat / radikalische Substitution

Bei Monosubstitution gibt es keine →Isomerie. Bei Disubstitution tritt Stellungsisomerie auf. Die drei Möglichkeiten werden entweder mit Zahlen bezeichnet, wobei die Ring-C-Atome von 1 bis 6 numeriert werden, oder durch die Vorsilben ortho (=1,2), meta (=1,3), para (=1,4) — abgekürzt o, m, p. Mit identischen Substituenten erhält man drei Trisubstitutionsprodukte, mit verschiedenen aber zehn. Für die drei Möglichkeiten sind außer der Nummerierung auch noch Vorsilben gebräuchlich: Vicinal (benachbart, vic. = 1, 2, 3), symmetrisch (sym. = 1, 3, 5) und asymmetrisch (asym. = 1, 2, 4).

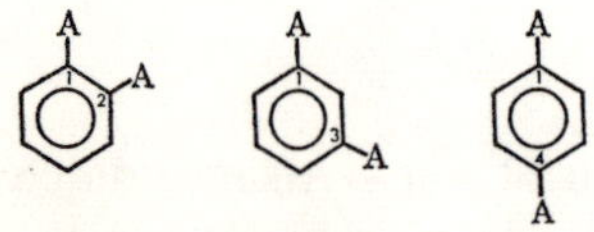

ortho 1,2   meta 1,3   para 1,4 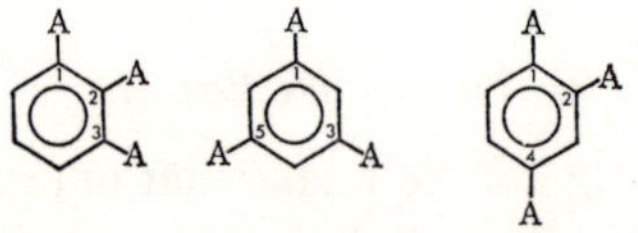   vicinal   symmetrisch   asymmetrisch

Benzol 1.1.

Bereits vorhandene Substituenten beeinflussen sowohl die Reaktivität als auch die Richtung der Zweitsubstitution (s. →Substitution). Die Substituenten können in zweifacher Weise wirken: induktiv und mesomer (→Elektronenverschiebung). Der induktive Effekt bezieht sich auf die Wirkung des Substituenten auf Elektronen: positiven (elektronenabstoßenden) Effekt üben Alkylgruppen und negativ geladenes O aus, negativen Halogene, —OH, —NH₂, —SO₃H, —NO₂ u.a. Der induktive Effekt wird vom mesomeren überlagert. Er beruht auf der Anwesenheit freier Elektronenpaare oder π-Elektronen (Doppelbindungen) am Substituenten. Beim positiven mesomeren Effekt wird ebenso wie beim gleichen induktiven Effekt die Elektronendichte des Rings erhöht. Er tritt bei Gruppen auf, die ein freies Elektronenpaar an dem Atom besitzen, das direkt am Ring gebunden ist: —NH₂, —OH, —Cl, —O⁻, —CH₃ (bei der Methylgruppe liegt →Hyperkonjugation vor). Die entgegengesetzte Wirkung tritt bei Substituenten ein, die eine zum Ring konjugierte Doppelbindung tragen: —NO₂, —COOH, —CN, —CHO, —SO₃H.

+M-Effekt bei Phenol   —M-Effekt bei Nitrobenzol

Positive Effekte bewirken eine Erhöhung der Reaktivität (früher als Substituenten 1. Ordnung bezeichnet), negative vermindern die Substitutionsbereitschaft des Ringsystems (Substituenten 2. Ordnung).

In einigen Fällen wirken induktiver und mesomerer Effekt gleichsinnig: + bei Alkylgruppen und O⁻, — bei Nitro-, Sulfonsäuregruppe. Bei der —OH- und —NH₂-Gruppe überwiegt der positive mesomere Effekt, bei Chlor der negative induktive den jeweils entgegengesetzt wirkenden zweiten Effekt.

Für die Orientierung gilt, daß Substituenten mit positivem Effekt bevorzugt eine elektrophile Substitution in o- bzw. p-Stellung bewirken. Bei negativem Effekt tritt der elektrophile Zweitsubstituent hauptsächlich in m-Stellung ein. Chlor lenkt allerdings wegen der Einwirkung des →aromatischen Systems auf die p-Elektronen des Chlors nach ortho- und para-Stellung. Die Steuerung der Zweitsubstitution beruht darauf, daß für die einzelnen Stellungen verschiedene mesomere Strukturen im Übergangszustand aufzustellen sind, wobei diejenigen begünstigt sind, die stärker stabilisiert sind. d. h. bei denen mehr mesomere Strukturen gebildet werden können (mehr Möglichkeiten für Ladungsdelokalisation). Ein Vergleich zwischen —NR₂ und —[N⁺R₃] zeigt im ersten Fall die Begünstigung der o- und p-Substitution, im zweiten Fall der m-Substitution.

Benzol 1.1.

Aminobenzol (Anilin): mesomere Übergangsstrukturen bei Zweitsubstitution

mesomere Übergangsstrukturen des Anilinium-Kations bei Zweitsubstitution (eingeklammerte Formen sind wegen benachbarter positiver Ladungen nicht stabilisiert).

Bei nucleophiler Zweitsubstitution gelten die Regeln im umgekehrten Sinn.
Die Orientierung erfolgt nicht absolut, d. h. auch bei Substituenten 1. Ordnung findet in einem geringen Prozentsatz meta-Substitution statt und umgekehrt. Auch ist das Verhältnis zwischen ortho- und para-Substitutionsprodukten nicht 2:1, wie nach der Anzahl der möglichen Stellen zu vermuten ist, sondern räumliche Behinderung der benachbarten o-Stellung bewirkt eine Bevorzugung des Angriffs auf die para-Stellung.
Die wichtigsten Reaktionmöglichkeiten von Benzol sind in der folgenden Tabelle 1 (verändert nach FODOR) zusammengefaßt.

Tabelle 1.

Reagens	Reaktionstyp	Produkt
1.1. H mit Pt-Katalyse	→Radikalische Addition A_R	Cyclohexan (→Cycloalkane)
Na in NH_3	A_R	Cyclohexa-1,4-dien
Cl_2 bzw. Br_2/Licht	A_R	Hexachlor-c-hexan Hexabrom-c-hexan
Diazomethan als →Carbenlieferant	A_R	Cycloheptatrien
Maleinsäureanhydrid	→DIELS-ALDER-Synthese 1. Addukt reagiert nochmals	Addukt Benzol:Anhydrid = 1:2

Benzol 1.1.

Reagens	Reaktionstyp	Produkt
1.2. Ozon	Elektrophile →Addition A_E	nach Hydrolyse 3 Mol *Glyoxal*
säure $KMnO_4$-Lösung	Oxydation	Maleinsäureanhydrid
Luft mit V_2O_5-Katalyse		Maleinsäureanhydrid
2. Halogen mit LEWIS-säuren als Katalysator	Elektrophile →Substitution S_E	Monohalogenbenzol
HNO_3 mit H_2SO_4	S_E	Nitrobenzol
HNO_2 mit HCl	S_E	Benzoldiazoniumsalz
konz. H_2SO_4	S_E	Benzolsulfonsäure
Alkylhalogenid, Alken, mit LEWIS-Säuren	S_E (FRIEDEL-CRAFTS-*Reaktion*)	Alkylbenzol Alkenylbenzol
Carbonsäurederivate mit LEWIS-Säuren	S_E (FRIEDEL-CRAFTS-*Reaktion*)	Acylbenzol (Ketonderivat)

Die elektrophilen Substitutionsreaktionen werden zum großen Teil in der Industrie ausgenutzt. Die Produkte sind meist Zwischenstationen bei der Synthese von →Farbstoffen (Azofarbstoffe), Kunststoffen (Polystyrol), →Arzneimitteln (Aspirin). Die Reaktionen sind unter →Substitution 2.1. aufgeführt.

1.1.

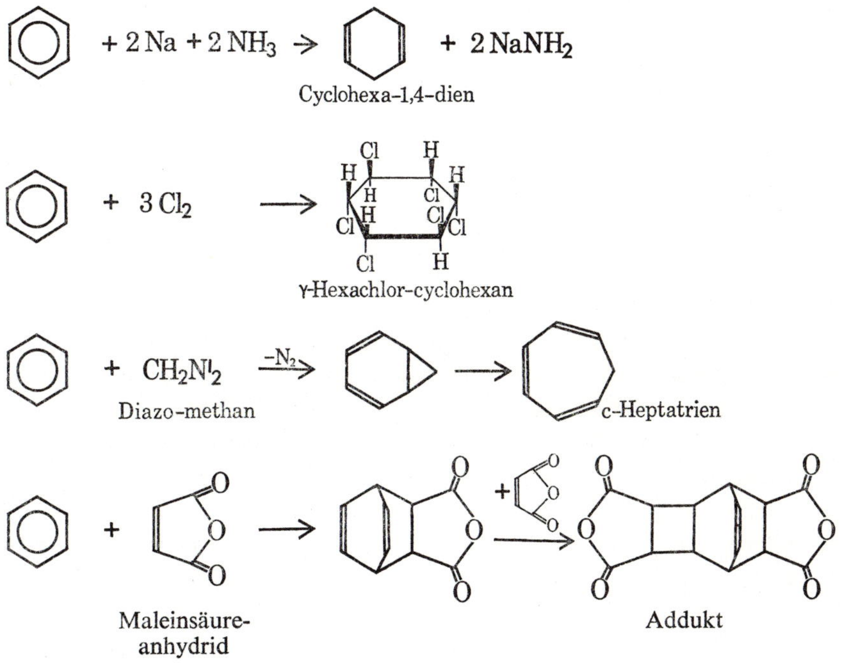

⬡ + 2 Na + 2 NH₃ → ⬡ + 2 NaNH₂

Cyclohexa-1,4-dien

⬡ + 3 Cl₂ → γ-Hexachlor-cyclohexan

⬡ + CH₂N₂ $\xrightarrow{-N_2}$ → c-Heptatrien

Diazo-methan

⬡ + Maleinsäureanhydrid → → Addukt

Benzol 1.1.

1.2.

$$C_6H_6 + 3\,O_3 \longrightarrow \text{Trimolozonid} \xrightarrow[-3H_2O]{+3H_2O} 3 \; \underset{H}{\overset{O}{\|}}C-C\underset{H}{\overset{O}{\|}}$$

Ozon   Trimolozonid   *Glyoxal*
Äthandial

$$C_6H_6 \xrightarrow[-H_2O]{\substack{V_2O_5\text{-Kat.}\\+3\,O}} \text{p-Benzochinon} \xrightarrow{+6\,O} \underset{\text{COOH}}{\overset{\text{COOH}}{\diagup\!\!\diagdown}} + 2\,CO_2$$

p-Benzochinon   Maleinsäure
= cis-But-2-endisäure
(→Carbonsäure 2. 1.)

2. *Alkylierung nach* Friedel-Crafts

$$C_6H_6 + CH_3^+[ClAlCl_3]^- \longrightarrow [C_6H_6\text{-}CH_3]^+ + AlCl_4^- \longrightarrow C_6H_5\text{-}CH_3 + HCl + AlCl_3$$

Komplex aus   Methylbenzol
$CH_3Cl + AlCl_3$ = Toluol
Monochlormethan Lewis-Säure

Acylierung nach Friedel-Crafts

$$C_6H_6 + CH_3CO^+[ClBF_3]^- \longrightarrow [C_6H_6\text{-}COCH_3]^+ + [ClBF_3]^- \longrightarrow C_6H_5\text{-}COCH_3 + HCl + BF_3$$

Komplex aus   Acetophenon
$CH_3COCl + BF_3$ = Methylphenylketon
Acetylchlorid + Lewis-Säure

1.1.3. Eigenschaften und Gewinnung des Benzols

Benzol ist die Grundsubstanz für die große Gruppe der benzoiden aromatischen Verbindungen, sowohl derjenigen, die sich als homologe Reihe durch Alkylsubstitution vom Benzol aufbauen lassen als auch der polycyclischen Verbindungen, die mehr als einen Benzolring (Kern) enthalten. Der allgemeine Name für dieses Aromaten ist *Aren*, für die von ihnen gebildeten einwertigen Radikale *Aryl* (abgekürzt Ar). Für das entsprechende Benzolradikal ist der Name *Phenyl* gebräuchlich (abgeleitet von Phenol (→Alkohol 3. C_6H_5OH). Das zweiwertige Benzolradikal heißt Phenylen. *Benzyl* ist die Gruppe, die entsteht, wenn Toluol (Methylbenzol) ein H-Atom aus der Methylgruppe entfernt wird ($C_6H_5CH_2^-$). Benzol ist eine farblose, stark lichtbrechende Flüssigkeit von charakteristischem Geruch (F:5,5°C; Kp: 80,1°C; 0,879 g/cm³ bei 20°C; Brechungsindex 1,5011 bei

20°C). Benzol mischt sich mit vielen organischen Lösungsmitteln, löst unpolare Substanzen wie Fett. Darauf beruht auch seine Giftwirkung, die bei längerem Einatmen zu Bewußtlosigkeit führt. Technisches Benzol aus Steinkohlenteer enthält Thiophen (C_4H_4S) (→Heterocyclen 1.1.). Reines Benzol wird zur Erhöhung der →Octanzahl dem Benzin zugesetzt und als Lösungsmittel benutzt.

Die älteste Methode zur Gewinnung von Benzol und anderen benzoiden Verbindungen ist die *Destillation des Steinkohlenteers*, der bei der thermischen Zersetzung von Steinkohle — auch trockene Destillation genannt, dient zur Herstellung von Koks und Leuchtgas — entsteht. Bei der Teerdestillation werden meist 40% in folgenden Fraktionen aufgefangen:

1. Leichtöl von 80 bis 170°C, 2 bis 3%, enthält an Aromaten Benzol, Toluol, Xylole, Styrol, Inden, Anilin, Pyridin, Thiophen →Heterocyclen), aber auch →Alkane und →Alkene;

2. Mittelöl von 170 bis 240°C, 8 bis 12%, enthält Naphthalin, Methylnaphthalin, Phenol (→Hydroxyld. 3.), Kresole, Toluidine;

3. Schweröl von 240 bis 270°C, 8 bis 10%, enthält auch Naphthalin und Phenol, dazu Acenaphthen, Fluoren;

4. Anthracenöl von 270 bis 360°C, 15 bis 25%, enthält Anthracen, Phenanthren, Fluoren, Acridin, Carbazol, Indol, hochmolekulare Phenole (Carbolineum);

5. Rückstand: Teerpech, enthält polycyclische Aromaten wie Pyren, Chrysen, wird verwendet für Dachpappe, zum Teeren von Straßen u.a.m.

Zur Gewinnung von Benzol muß die Leichtölfraktion nochmals in geeigneter Weise destilliert werden.

Da die aus Steinkohlenteer gewonnenen Mengen nicht ausreichen, hat man weitere Methoden entwickelt. Von geringerer Bedeutung ist dabei das theoretisch interessante Verfahren, durch cyclische →Polymerisation von drei Molekülen →Äthin (Acetylen) Benzol herzustellen — Benzol läßt sich durch Ultraschall auch zu Äthin abbauen. Das Hauptgewicht liegt auf den Verfahren, die von Erdölbestandteilen ausgehen. Benzolkohlenwasserstoffe sind bei höheren Temperaturen (ab 500 bis 600°C) stabiler als →Alkane und →Alkene. Bei entsprechenden Bedingungen wandeln sich Alkane in Alkene um, und diese polymerisieren und cyclisieren mit Hilfe von Katalysatoren wie Cr_2O_3 zu Benzol und seinen Homologen. Nimmt als Ausgangsstoffe →Cycloalkane (c-Hexan, Methyl-c-Pentan), gewinnt man die gewünschten Produkte durch katalytische Dehydrierung und Isomerisierung (Molybdate oder Platin als Katalysator).

1.2. Alkyl- und Alkenylbenzole

Alkylbenzole werden auch als Homologe des Benzols bezeichnet, da man sie entsprechend den Gliedern einer →homologen Reihe ableiten kann. Die Namen

Benzol 1.2.

der einfacheren Verbindungen, ihre Formeln und ihre physikalischen Daten sind in der Tabelle 2 aufgeführt.

Tabelle 2 (nach FODOR verändert).

Trivialname	chem. Bezeichnung	Formel	F in °C	Kp in °C	Dichte g/cm³ 20°C
Toluol	Methylbenzol	C_7H_8	−95,0	110,6	0,867
	Äthylbenzol	C_8H_{10}	−95,0	136,2	0,867
	n-Propylbenzol	C_9H_{12}	−99,5	159,3	0,862
Cumol	i-Propylbenzol	C_9H_{12}	−96,0	152,4	0,862
o-Xylol	1,2-Dimethylbenzol	C_8H_{10}	−25,2	144,4	0,880
m-Xylol	1,3-Dimethylbenzol	C_8H_{10}	−47,9	139,1	0,864
p-Xylol	1,4-Dimethylbenzol	C_8H_{10}	+13,2	138,3	0,861
Hemellitol	1,2,3-Trimethylbenzol (vic.)	C_9H_{12}	−25,5	176,1	0,894
ψ-Cumol	1,2,4-Trimethylbenzol (asym.)	C_9H_{12}	−43,9	169,2	0,876
Mesitylen	1,3,5-Trimethylbenzol (sym.)	C_9H_{12}	−44,7	164,6	0,865
Prehnitol	1,2,3,4-Tetramethylbenzol	$C_{10}H_{14}$	− 6,2	205,0	0,905
Isodurol	1,2,3,5-Tetramethylbenzol	$C_{10}H_{14}$	−24	197,9	0,890
Durol	1,2,4,5-Tetramethylbenzol	$C_{10}H_{14}$	+79,3	196	0,889
	Pentamethylbenzol	$C_{11}H_{16}$	+54,3	230,0	0,847 (100°C)
	Hexamethylbenzol	$C_{12}H_{18}$	+165,5	264,0	—
	1,2-Diäthylbenzol	$C_{10}H_{14}$	−31,4	183,5	0,880
	1,3-Diäthylbenzol	$C_{10}H_{14}$	−83,9	181,2	0,864
	1,4-Diäthylbenzol	$C_{10}H_{14}$	−43,2	183,6	0,862
p-Cymol	1-Methyl-4-isopropylbenzol	$C_{10}H_{14}$	−68,0	177,2	0,857

Die Alkylbenzole dienen als Lösungsmittel für unpolare Substanzen und als Grund- bzw. Zwischenprodukte für industrielle Synthesen: Toluol (Sprengstoff, Benzoesäure, Saccharin), Äthylbenzol (Styrol, →Polymerisation), Cumol (→Octanzahl in Flugzeugbenzinen, Phenol, Aceton), Xylole (Phthalsäure für Kunstfaser →Polykondensation) u.a.m.

Technisch werden diese Verbindungen aus der Leichtölfraktion des Steinkohlenteers gewonnen (1.1.3.). Außerdem können Toluol und die Xylole entsprechend dem Benzol aus Heptan und Octan durch Dehydrierung und Cyclisierung hergestellt werden.

Aus Benzol lassen sich die Alkylbenzole durch elektrophile →Substitution nach FRIEDEL-CRAFTS (s. Abschnitt 1.1.2.) darstellen. Dieser Weg führt nicht zu einheitlichen Produkten, da bereits gebildete Alkylbenzole wegen das +I-Effekts leichter reagieren als Benzol, so daß es zu mehrfacher Alkylierung kommt. Für eine Monosubstitution wird daher meist eine Acylierung nach FRIEDEL-CRAFTS durchgeführt und das Keton nach CLEMMENSEN (nascierender Wasserstoff aus Zink und konz. Salzsäure) reduziert.

Für die Präparation höherer oder spezieller Alkylbenzole können die von FITTIG abgeänderte →WURTZsche Synthese oder die →GRIGNARD-Reaktion benutzt werden.

FITTIG-Synthese

$$\text{C}_6\text{H}_5\text{-Br} + \text{RBr} + 2\text{Na} \longrightarrow \text{C}_6\text{H}_5\text{-R} + 2\,\text{NaBr}$$

Arylbromid   Alkylbromid   Alkylbenzol

GRIGNARD-Reaktion

$$\text{C}_6\text{H}_5\text{-MgBr} + \text{R}_2\text{SO}_4 \longrightarrow \text{C}_6\text{H}_5\text{-R} + \text{RBr} + \text{MgSO}_4$$

Arylmagnesium   Alkylsulfat   Alkylbenzol   Alkyl   Magnesium
bromid   bromid   sulfat

Vom *Toluol* sind zwei Radikale abzuleiten. Ist ein H-Atom vom Ring entfernt, nennt man die Gruppe Tolyl (je nach Stellung o,m,p). Fehlt das H-Atom in der Methylgruppe, spricht man vom *Benzyl*radikal.

Diese Benennung spiegelt die zwei Reaktionsmöglichkeiten des Toluols und der anderen Alkylbenzole wieder. Sie reagieren entsprechend dem →aromatischen benzoiden System mit elektrophiler →Substitution am Ring (z. B. Halogene mit LEWIS→Säuren). Wegen der positiven I- und M-Effekte findet die Substitution schneller statt als beim unsubstituierten Benzol. Die Substitution der Seitenketten ist entsprechend dem aliphatischen Charakter eine →Radikalreaktion, die mit Halogenen ohne Katalysator, aber unter Lichteinwirkung stattfindet. Eine Nitrierung der Seitenketten findet bereits mit verdünnter Salpetersäure ohne Schwefelsäure statt. Außer den Methylbenzolen werden die anderen in der Seitenkette mit Katalysatoren oberhalb 500°C dehydriert. Mit Oxydationsmitteln wird die Methylgruppe in die Carboxylgruppe (—COOH) der Säuren überführt.

Das wichtigste Alkenylbenzol ist Vinylbenzol = *Styrol* $C_6H_5CH=CH_2$ (F: —33°C; Kp: 146°C; 0,904 g/cm³). Seine technische Bedeutung liegt in der besonderes guten Polymerisierbarkeit: radikalische →Polymerisation zu glasartigem Isoliermaterial (Polystyrol), Copolymerisation mit Buta→dien zu Buna S (→Kautschuk) mit hoher Abriebfestigkeit.

Benzol 2.1.

Industriell wird *Styrol* aus Äthylbenzol durch Dehydrieren bei 600°C mit dem Katalysator Zinkoxid hergestellt. Äthylbenzol gewinnt man mit der FRIEDEL-CRAFTS-Reaktion aus Benzol und →Äthen. Die anderen Alkenylbenzole, die bis jetzt ohne praktische Bedeutung sind, werden nach Verfahren hergestellt, die auch für die Bildung einer Doppelbindung bei aliphatischen →Alkenen üblich sind: Wasserabspaltung aus einem Alkohol, Abspaltung von Halogenwasserstoffen.

In ihren Reaktionen zeigen die Alkenylbenzole das typische Verhalten ungesättigter Verbindungen in der Seitenkette. Die Reaktionsfähigkeit des aromatischen Kerns wird nicht verändert.

Alkinylbenzole (einfachster Vertreter: Phenylacetylen) zeigen in ihren Eigenschaften keine wesentlichen Unterschiede zu den →Alkinen.

2. Verbindungen, die mehr als einen Benzolring enthalten

2.1. Arylalkane und -alkene

Arylalkane können aus entsprechenden Ausgangssubstanzen u. a. nach der FITTIG-→WURTZ-*Synthese* oder nach der FRIEDEL-CRAFTS-*Reaktion* hergestellt werden. Zur Darstellung von *Diphenylmethan* kommt man z. B. nach FRIEDEL-CRAFTS aus Benzylchlorid und Benzol oder Dichlormethan und Benzol.

$$\text{C}_6\text{H}_5\text{-CH}_2\text{Cl} + \text{C}_6\text{H}_6} \xrightarrow{\text{AlCl}_3} \text{C}_6\text{H}_5\text{-CH}_2\text{-C}_6\text{H}_5 \xleftarrow{\text{AlCl}_3} 2\,\text{C}_6\text{H}_6 + \text{CH}_2\text{Cl}_2$$

Benzylchlorid   Dichlormethan

Die Methylengruppe in *Diphenylmethan* ist sehr reaktionsfähig, da sie zwischen den beiden aromatischen Elektronensystemen liegt und →Hyperkonjugation zeigt — ähnlich entsprechend gebauten →Dienen. Aus Diphenylmethan läßt sich leicht durch Oxydationsmittel Diphenylketon = *Benzophenon* herstellen ($C_6H_5COC_6H_5$).

Das farblose Triphenylmethan (*Tritan*) besitzt ein H-Atom an einem tertiären C-Atom, das leicht reagieren kann, so durch Oxydation zu Triphenylcarbinol. Triphenylmethan ist der Grundkörper vieler →Farbstoffe, z. T. Textilfarbstoffe wie *Malachitgrün*, Fuchsin, aber auch Säure-Basen-→Indikatoren wie *Phenolphthalein*. Die Farbigkeit dieser Substanzen beruht auf der Mesomerie, die zusätzlich durch die eingeführten „auxochromen" Substituenten bewirkt wird.

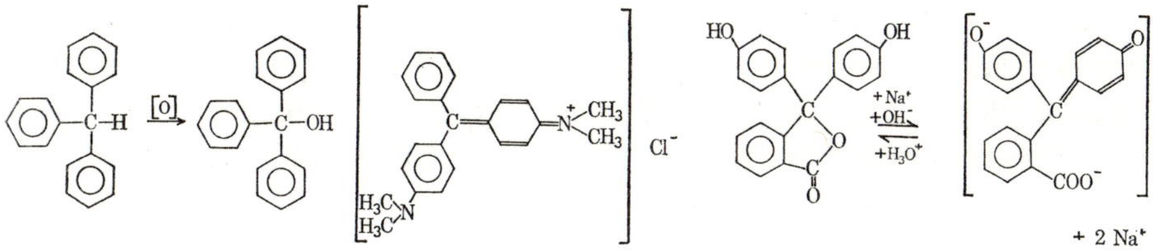

Benzol 2.1.

| Tritan | Triphenyl-carbinol | Malachitgrün | farblos Phenol-phthalein | rot |

DDT ist ein Derivat eines Diphenyläthans. Der Name des Insektizids ist die Abkürzung seiner chemischen Bezeichnung: 1.1-p'-**D**ichlor**d**iphenyl-2.2.2-**t**richloräthan. Es wird heute großtechnisch so hergestellt wie es 1874 entdeckt wurde, aus Chlorbenzol und Chloralhydrat.

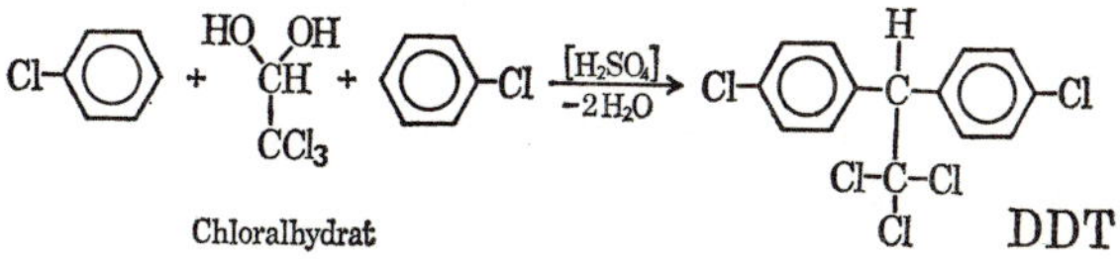

Chloralhydrat → DDT

Bereits beim Triphenylmethan beeinflußten die aromatischen Systeme die Bindung zwischen C und H, so daß das H als Proton abgespalten werden konnte und sich ein Salz bildete $[(C_6H_5)_3C]^-$. Bei Äthanen mit mehreren Phenylgruppen kommt es zu einer Schwächung der C-C-Bindung. Tetraphenyläthan bildet ein Salz mit Diphenylmethylionen. *Hexaphenyläthan* dissoziiert aber unter Luftabschluß zu freien langlebigen →Radikalen, dem gelben *Triphenylmethyl* (Trityl). Das Methylkohlenstoffatom trägt ein freies, ungepaartes Elektron und ist nur dreibindig. Der Radikalnachweis erfolgt durch das Abfangen mit anderen Radikalen wie Sauerstoff und durch das Auftreten von Paramagnetismus (kennzeichnend für einsame Elektronen). Die Dissoziation hängt ab vom Lösungsmittel, der Temperatur und von der Konzentration.

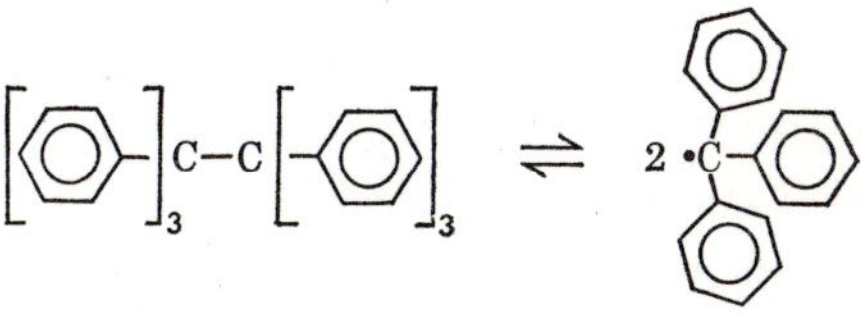

Hexaphenyläthan ⇌ Trityl

Von den Arylalkenen sind die Derivate des 1,2-Diphenyläthens = *Stilben* von einer gewissen Bedeutung (→Farbstoffe, Heilmittel mit Östrogenwirkung). Stilben kann aus *Toluol* durch Erhitzen auf 1000°C hergestellt werden oder durch eine →GRIGNARD-Reaktion aus Benzaldehyd. Entsprechend den aliphatischen →Alken-

Benzol 2.2.

derivaten tritt beim Stilben geometrische →Isomerie auf. Da die cis-Form energiereicher ist, ist die trans-Form stabiler. Stilben polymerisiert nicht. Mit Natrium bildet es das 1,2-Diphenyläthanderivat, die Doppelbindung wird durch die Natriumelektronen aufgehoben. Beide Eigenschaften unterscheiden Stilben von aliphatischen Äthenderivaten.

$$\underset{\text{Benzaldehyd}}{C_6H_5-\overset{H}{\underset{}{C}}=O} + \underset{\text{Benzylmagnesiumchlorid}}{Cl-Mg-CH_2-C_6H_5} \xrightarrow[+H_2O]{-Mg(OH)Cl} C_6H_5-\underset{OH}{\overset{}{C}H}-CH_2-C_6H_5 \xrightarrow{-H_2O} \underset{\text{trans-1,2-Diphenyläthen}}{\overset{H}{\underset{C_6H_5}{C}}=\overset{C_6H_5}{\underset{H}{C}}}$$

Höhere *Cumulene* (Verbindungen mit mehreren Doppelbindungen, die nicht von Einfachbindungen unterbrochen werden — →Polyene) sind bisher nur als Tetraphenylderivate dargestellt worden. Asymmetrisch substituierte Cumulene mit gerader Anzahl von Doppelbindungen sind optisch aktiv ohne ein asymmetrisches C-Atom zu besitzen (Atrop→isomerie), bei ungerader Anzahl tritt geometrische Isomerie auf.

spiegelbildliche Moleküle bei Atropisomerie   cis   trans
                                   Isomerie

2.2. Phenylhomologe des Benzols

Nicht kondensierte Phenylhomologe des Benzols sind Verbindungen, bei denen zwei oder mehrere Benzolringe direkt durch Einfachbindungen verbunden sind. Der einfachste Vertreter ist *Diphenyl* (Biphenyl) C_6H_5-C_6H_5. Der Name des Radikals ist Diphenylyl oder *Xenyl*. Die kristalline, farblose Substanz (F: 70,5°C; Kp: 256,1°C) wird mit Phenyläthern in Wärmeaustauschern eingesetzt und ist als Konservierungsmittel z. B. für Citrusfrüchte gebräuchlich. Diphenyl wird durch Pyrolyse von Benzol bei 700°C gewonnen oder durch die ULLMANN *Reaktion*: Erhitzen von Jodbenzol mit Kupferbronze.

Die Reaktionen des Diphenyls entsprechen denen des Benzols. Substitution erfolgt zuerst in den para-Stellungen (4,4'), dann erst in ortho. Die beiden Benzolringe liegen im kristallinen Zustand in einer Ebene, im Dampfzustand sind sie frei drehbar. Durch Einführung sperriger Substituenten in den ortho-Positionen (2,2' und 6,6') wird die freie Drehbarkeit verhindert, die Benzolringe bilden einen Winkel miteinander. Mit ungleichen Substituenten wird das ganze Molekül asymmetrisch, es liegt Atropisomerie (→Isomerie 2. 2.) vor, ähnlich wie bei

Allenen (→Diene), Cumulenen (→Polyene und Benzolkohlenwasserstoffe 2.1.) und →Ansa-Verbindungen.

Jodbenzol   Diphenyl   Atropisomerie

Derivate des Diphenyls werden als →Farbstoffe benutzt. Sie enthalten meist des Grundskelett des *Benzidins* (4,4'-Diaminodiphenyl s. Org. Stickstoffverb. 2.). Beim *Diphenylen* (→nichtbenzoide aromatische Verbindungen 2.) liegt ein Cyclobutadienderivat vor, das durch die beiden aromatischen Ringe etwas beeinflußt wird. Die Befunde sind noch nicht widerspruchsfrei. Es wird aus 2,2'-Dihalogendiphenylderivaten hergestellt.

Die Verbindungen, die mehr als zwei Benzolringe ähnlich dem Diphenyl enthalten — größte Anzahl bis jetzt sechs —, besitzen kein praktisches Interesse. Sie konnten nicht nur linear, sondern auch ringförmig hergestellt werden.

Diphenylen   o-Terphenyl   Tetraphenylen

Der größte Ring ist bis jetzt Octaphenylen. Trotz des Namens sind die Ringe Diphenylabkömmlinge ohne Wechselwirkungen zwischen den Kernen.

2.3. Kondensierte aromatische Ringsysteme

Bei kondensierten Systemen haben die Ringe immer zwei gemeinsame Ringatome. Unter 1. werden zusammengefaßt bicyclische Systeme (Inden, Naphthalin), unter 2. tricyclische Systeme (Fluoren, Anthracen u. a.) und unter 3. polycylische Ringsysteme.

2.3.1. Bicyclische Systeme

Inden (Benzocyclopentadien -C_9H_8-) ist eine farblose Flüssigkeit (F: —1,76° C; Kp: 182,2° C), die im Steinkohlenteer vorkommt. Es kann als Ausgangsstoff für die Synthese von Azulen (→Nichtbenzoide aromatische Verbindungen 7.) genommen werden. Der →Alkenring läßt sich bereits mit nascierendem Wasserstoff hydrieren zu Indan (Hydrinden) und neigt schon bei Zimmertemperatur zu →Polymerisation. Durch katalytische Hydrierung entsteht Hydrindan -C_9H_{16}-

Benzol 2.3.

(→Cycloalkane 2.). Die Methylengruppe zwischen den konjugierten Doppelbindungen ist aktiviert und reagiert mit Oxoverbindungen zu Benzo→fulvenen (→Nichtbenzoide aromatische Verbindungen 3.).

Ein Derivat des Indans, das *Ninhydrin* (Hydrat der Triketoverbindung), ist ein Nachweismittel für Aminosäuren und Proteine.

Inden   Indan   Hydrindan   Ninhydrin

Naphthalin ($C_{10}H_8$) ist eine weiße, kristalline Substanz (F: 80,2°C; Kp: 218°C) mit einem eigentümlichen Geruch. Es sublimiert bei 45°C, löst sich nicht in Wasser, aber in den meisten organischen Lösungsmitteln.

Naphthalin, früher als Mottenpulver benutzt, ist ein wichtiger Ausgangsstoff für die Farbenproduktion und dient zur Herstellung von Phthalsäure. Naphthalin wird aus dem Steinkohlenteer gewonnen (5 bis 6%). Aus der Schwerölfraktion fallen bei Abkühlung die Kristalle aus, die nach dem Zentrifugieren gereinigt werden. Präparativ kann es aus β-Benzylidenpropionsäure (γ-Phenylvinylessigsäure 4-Benzo-but-3-ensäure) oder 1,2-Di-(1',2'-Tetrabrom)äthylbenzol durch Kochen mit Laugen hergestellt werden. Das aus dem ersten Produkt entstehende Naphthol wird mit Zink in Naphthalin verwandelt.

4-Benzo-but-   α-Naphthol   Naphthalin
-3-ensäure

Für Naphthalin gelten auch die für Benzol entwickelten Mesomerievorstellungen. Die Strukturformeln mit festgelegten Doppelbindungen sind nur als Grenzstrukturen anzusehen. Zum Unterschied von Benzol sind es 10 π-Elektronen, die über zwei ebene Ringe verteilt werden. Aus der röntgenographischen Untersuchung der Bindungsabstände und der Reaktivität des Naphthalins lassen sich trotz der symmetrischen Verteilung der π-Elektronen Abweichungen vom aromatischen Charakter, beruhend auf dem Elektronensextett, feststellen. Nach der FRIESschen

Regel streben polycyclische aromatische Systeme Molekülstrukturen mit Elektronensextett an. Beim Naphthalin ist dies nur für einen Ring möglich.

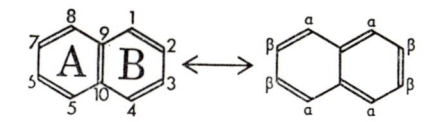

zwei der Grenzstrukturen von
Naphthalin mit neuer Numerierung
und alter Positionsbezeichnung

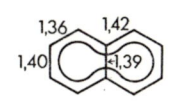

Naphthalin
mit C—C Abständen
in Å

Nach der Struktur sind die Positionen 1, 4, 5, 8 (α) untereinander gleichwertig, ebenso 2, 3, 6, 7 (β), deshalb treten bei Monosubstitution zwei Isomere auf. Bei Disubstitution gibt es bei gleichen Substituenten 10, bei ungleichen 14 Isomeriemöglichkeiten. Eine besondere Nomenklatur gibt es bei 1,8-(peri) und bei 2,6-(amphi) Substitution. Die Ringe werden mit großen Buchstaben gekennzeichnet.

Entsprechend den Bindungsabständen — wobei der Abstand zwischen Position 1 und 2 dem Doppelbindungsabstand von →Alkenen am nächsten kommt — zeigt Naphthalin eine geringere Stabilität als Benzol und einen stärker ausgeprägten ungesättigten Charakter.

So läßt sich Naphthalin bereits mit nascierenden Wasserstoff (aus Natrium und Äthanol) zu 1,4-Dihydronaphthalin und weiter zu *Tetralin* (1,2,3,4-Tetrahydronaphthalin) hydrieren. Die Anlagerung von zwei Wasserstoffatomen ist im Gegensatz zum Benzol exotherm. Tetralin (ein gutes Lösungsmittel und Wasserstoffspender) kann auch durch katalytische Hydrierung erhalten werden. Da im Tetralin ein aromatisches Sextett vorliegt, findet die weitere Hydrierung zu Decalin (→Cycloalkane) nur gemäß den Reaktionsfähigkeiten des Benzolrings statt.

Eine entsprechende Chloraddition findet im Sonnenlicht statt. Auch reagiert Naphthalin mit zwei Molekülen Ozon unter Aufspaltung eines Ringes und mit Luft an V_2O_5-Katalysatoren zu Phthalsäure. Dies zeigt die erhöhte Reaktivität des Naphthalins. Diazoverbindungen (Diazoessigsäureester) werden wie vom Benzol auch addiert, beim Naphthalin in 1,2-Position, für die nur eine Bindungsenergie von 22 kcal/mol berechnet worden ist — dagegen 37 kcal/mol bei der 2,3-Position.

Dem benzoiden aromatischen System gemäße Reaktionen zeigt Naphthalin bei der elektrophilen Substitution durch Brom, Salpetersäure und Schwefelsäure. Auch die FRIEDEL-CRAFTS-*Reaktion* ist mit Naphthalin möglich.

Benzol 2.3.

Hydrierung

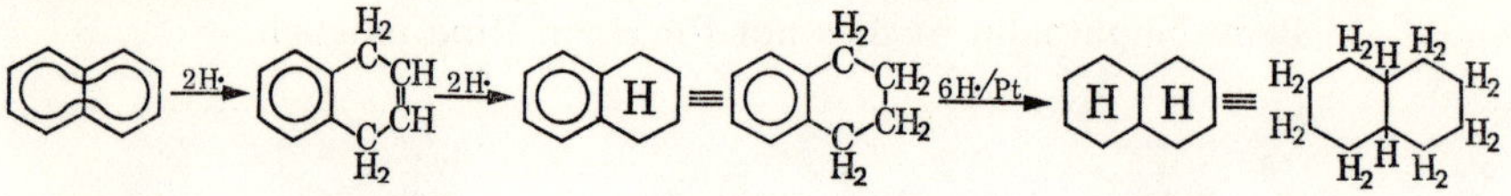

Naphthalin   1,4-Dihydro-   Tetralin   Decalin   mit cis- und
               naphthalin   1,2,3,4-Tetrahydronaphthalin $C_{10}H_{18}$ trans-Isomerie

Ozonierung   Oxydation

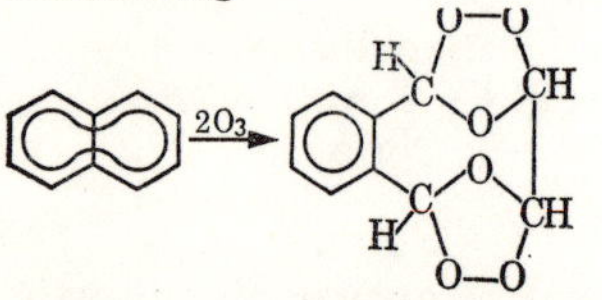

Diisoozonid   Phthalsäureanhydrid

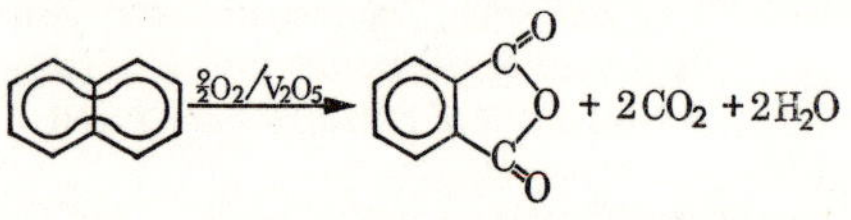

Sulfonierung von Naphthalin

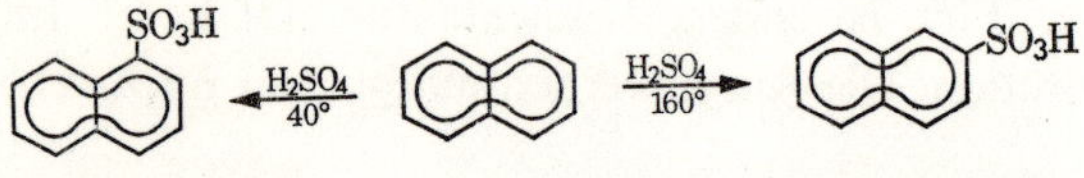

α-Sulfonsäure   β-Sulfonsäure

Die Monosubstitution erfolgt meist in α-Stellung. Höhere Temperatur bei der der Sulfonierung und Acylierung in Nitrobenzol nach FRIEDEL-CRAFTS begünstigen die β-Position. Die Orientierung des Zweitsubstituenten ist komplizierter als beim Benzol. Sie hängt nicht nur vom Substituenten ab, sondern auch von der Position, der Temperatur, dem Reaktionsmedium. Im allgemeinen dirigieren Substituenten 1. Ordnung (+I oder +M Effekt s. →Elektronenverschieb. wie bei -OH und NH_2) nach den Positionen 2 und 4 im gleichen Ring (weniger nach 5 und 7), Substituenten 2. Ordnung (mit negativen Effekten, elektronenanziehend, desaktivierend, wie -NO_2 und -SO_3H) lassen den Zweitsubstituenten im anderen Ring in 5,6 oder 8-Position eintreten und nicht in m-Stellung wie beim Benzol. Natürliche Derivate liegen im →Vitamin K vor (2-Methyl-3-phytyl-1,4-naphthochinon).

2.3.2. Tricyclische Systeme

Auch bei den tricyclischen Verbindungen gibt es Kombinationen zwischen Benzolringen und anderen Ringsystemen. Dem Inden entspricht *Fluoren* ($C_{13}H_{10}$), das Dibenzo-cyclopentadien, eine farblose, feste Substanz (F: 116°C; Kp: 295°C), die ebenfalls im Steinkohlenteer vorkommt und als Natriumderivat abgetrennt werden kann. Präparativ kann Diphenylmethan zu Fluoren dehydriert werden. Im Gegensatz zum Inden polymerisiert Fluoren nicht. Die Methylengruppe ist dagegen ebenso aktiviert wie in den entsprechenden Verbindungen — die Reaktion mit Natrium zeigt es. Auch wird Fluoren leicht zu Fluorenon oxydiert. An der Methylengruppe finden Kondensationsreaktionen mit Halogenderivaten, Aldehyden u. a. statt. Elektrophile Substitution tritt in 2-, dann in 7-Position ein.

| Diphenylmethan | Fluoren | 9-Benzylidenfluoren | Acenaphthen |

Acenaphthen ($C_{12}H_{10}$) enthält auch einen Fünfer-Ring, ist aber vom Naphthalin abzuleiten. Es kommt im Steinkohlenteer vor und kann aus 1-Äthylnaphthalin gewonnen werden. Das Molekül ist eben. Die Entfernung zwischen den beiden Methylengruppen ist mit 1,8 Å größer als der normale Abstand. Das Verhalten ist dem des Naphthalins ähnlich: Hydrierung eines Rings zu 1,2,3,9-Tetrahydroacenaphthen, Substitution in 3- oder 4-Stellung.

Tricyclische Systeme, ausschließlich aus Benzolringen aufgebaut, sind *Anthracen* und *Phenanthren* ($C_{14}H_{10}$). Während Anthracen linear anelliert ist — die Benzolringe sind entlang einer gemeinsamen Achse verbunden —, stellt Phenanthren das angular anelierte Isomer der — die Benzolringe sind auf zwei Achsen aufgereiht, die einen Winkel von 120° bilden —. (Formeln s. S.000).

Beide bilden farblose Blättchen (Anthracen F: 217°C; Kp: 340°C; Phenanthren F: 101°C; Kp: 332°C). Phenanthren löst sich in Kohlenwasserstoffen gut, Anthracen dagegen erst in größeren Mengen beim Erhitzen.

Derivate beider Kohlenwasserstoffe werden als Textil→farbstoffe benutzt (z. B. Indanthrenfarbstoffe). Anthracenabkömmlinge treten als Farbstoffe auch in der Natur auf (*Karmin, Alizarin*). Hydriertes Phenanthren bildet das Grundskelett der in der Natur weit verbreiteten →Steroide und der →Alkaloide der Morphin-Gruppe.

Karminsäure aus Cochenille-Schildlaus

Alizarin aus der Krapppflanze

Die Hauptquelle für die beiden Verbindungen ist die Anthracenölfraktion des Steinkohlenteers. Das nach Abkühlung auskristallisierte Gemisch aus Anthracen (30%), Phenanthren (48%) und Carbazol (22%) wird durch fraktionierte Kristal-

Benzol 2.3.

lisation aus Benzin und aus Pyridin getrennt, wobei die geringe Löslichkeit des Anthracens von Bedeutung ist.

Präparativ können beide Substanzen auf mehreren Wegen hergestellt werden; Anthracen u. a. durch eine Friedel-Crafts-Reaktion aus Benzylchlorid mit Dehydrierung des Zwischenprodukts oder durch Reduktion des Anthrachinons (nach Friedel-Crafts aus Benzol und Phthalsäureanhydrid oder →Diels-Alder-Synthese aus Butadien und p-Benzochinon); Phenanthren durch Erhitzen von cis-Diphenyläthen (Stilben), mit Hilfe der Friedel-Crafts-Reaktion aus 1-(4'-Chlor)butylnaphthalin, durch die Pschorr-*Synthese* (Diazotierung von cis-2-Aminostilbenderivaten und Erhitzen mit Kupfer — das Ausgangsprodukt entsteht durch Kondensation von o-Nitrobenzaldehyd und Phenylessigsäure und Reduktion).

Benzylchlorid   9,10-Dihydro-   Anthracen   Anthrachinon   Benzol   Phthal-
                 anthracen   säure-
                                                                        anhydrid

cis-Diphenyläthen   Phenanthren   Tetrahydro-   1-(4'Chlor)butyl-
                                    phenanthren   naphthalin

o-Nitro-   Phenyl-   cis-2-Amino-   Diazo-   Phenanthren-   Phenanthren
Benzal-   essigsäure   stilbenderivat niumsalz   9-carbonsäure
dehyd

Beim Anthracen und Phenanthren sind 14 π-Elektronen mesomer über die drei Ringe verteilt. Die Doppelbindungen liegen nicht fest. Da Phenanthren zwei Ringe mit einem Elektronensextett ausbilden kann, Anthracen aber nur einen, ist Phenanthren stabiler. Aber auch Phenanthren ist weniger aromatisch als Naphthalin, wie der höhere Energiebetrag zeigt, der bei der Hydrierung frei wird. Zwar ist bei beiden Verbindungen das gesamte Ringsystem eben, aber die Abstände der Ring-C-Atome sind deutlich verschieden. Sie stellen einen Übergangszustand zwischen dem Benzol- und dem ungesättigten Alkensystem dar.

Grenzstrukturen des Anthracens Abstände in Å Grenzstrukturen
mit Numerierung mit Positionsbuchstaben des Phenanthrens
(Mit Kekulé- Schreibweise sind noch (5 Kekulé-Formen)
zwei spiegelbildliche Formelen aufzustellen) Numerierung nicht
nach der Regel

Da sich beim Anthracen die Positionen 1,4,5,8 entsprechen, ebenso 2,3,6,7 und 9,10 gibt es drei Isomere bei der Monosubstitution. Bei Disubstitution mit identischen Gruppen können 15 Isomere vorkommen. Phenanthren hat fünf gleichwertige Stellungen (1,8-2,7-3,6-4,5-9,10) und dementsprechend fünf Möglichkeiten für die Monosubstitution, 25 für Disubstitution mit gleichen Substituenten. Die Ringe werden mit großen Buchstaben gekennzeichnet.

Additionen erfolgen am Anthracen leichter als bei Naphthalin. Obwohl der 1,2-Abstand dem eines →Alkens am nächsten kommt, greifen nur Diazoverbindungen diese Position an. Alle anderen Additionen finden in 9,10-Stellung statt, weil dann sich zwei Elektronensextette in den beiden äußeren Ringen ausbilden können, die stabiler sind als das Naphthalingerüst, das bei einer Addition an anderer Stelle entstände. Bei der 9,10-Additionen entstehen cis- und trans-→Isomere, da das Ringsystem nicht mehr eben ist, sondern um die 9,10-Achse gefaltet mit einem Winkel von 145° C.

Hydrierung erfolgt bereits durch nascierenden Wasserstoff. Es bildet sich 9,10-Dihydroanthracen. Bei weiterer Hydrierung wandern die Wasserstoffatome, so daß 1,2,3,4-Tetrahydroanthracen und 1,2,3,4,5,6,7,8-Octahydroanthracen die nächsten Produkte sind. Ring B bleibt benzoid und ist entsprechend schwerer zu hydrieren.

9,10-Dihydro- 1,2,3,4-Tetrahydro- 1,2,3,4,5,6,7,8-Octahydro-
anthracen

Chlor und Brom werden im Sonnenlicht angelagert. Die Produkte spalten aber schon bei Zimmertemperatur Halogenwasserstoff ab und ergeben Mono- und Disubstitutionsprodukte. Maleinsäureanhydrid wird als Dienophil angelagert und überbrückt die Positionen 9 und 10. Auch Oxydationsmittel greifen diese Stellungen zuerst an, z. B. konz. Salpetersäure unter Bildung von Anthrachinon.

Benzol 2.3.

Unter milderen Bedingungen wird die NO_2-Gruppe addiert. Mit den Alkalimetallen Natrium und Lithium entstehen Additionsverbindungen.
Phenanthren zeigt geringere Neigung zu →Additionen, obwohl es manchmal als 2,2'-Vinylendiphenyl bezeichnet wird. So wird Maleinsäureanhydrid nicht angelagert (keine DIELS-ALDER-Synthese), aber Diazoessigsäureäthylester in 9,10-Stellung. Auch andere Additionen greifen an diesen Stellungen an. Außer den Hydrierungsprodukten sind sie aber unstabil. Die Hydrierung verläuft wie beim Anthracen. Durch Oxydation wird die 9,10-Bindung aufgespalten zum Chinon und dann zur *Diphensäure*.

Phenanthren   9,10-Phenathren-   Diphensäure
                      chinon

Elektrophile →Substitution tritt bei Anthracen in 1-Stellung mit Schwefelsäure ein, Nitrierung dagegen in 9-Stellung mit Acetylsalpetersäure.
Phenanthren zeigt dagegen die übliche aromatischen Substitutionen wie Nitrierung, Sulfonierung, Halogenierung und auch Alkylation mit FRIEDEL-CRAFTS. Die Substitution findet vornehmlich in 9-Position statt. Bei der Halogenierung im Dunkeln mit LEWIS-→Säuren ist die Rückbildung des Systems durch Protonenabspaltung nicht besonders begünstigt, so daß in gleichem Maß eine Anlagerung von Halogenid-Ionen vorkommt.
Beim *Perinaphthen* (Phenalen) —$C_{13}H_{10}$— ist eine Mesomerie nicht möglich. Im dritten Sechserring kommt deshalb eine Methylengrupe vor, deren Stellung aber nicht festliegt (Tautomerie →Isomerie 3.).

2.3.3. Polycyclische Aromaten

Mit steigender Anzahl anellierter Ringe wachsen die →Isomeriemöglichkeiten. Die Vielzahl der Verbindungen versucht man nach folgenden Prinzipien zu klassifizieren. Ringsysteme, in denen C-Atome höchstens zwei Ringen angehören, werden als *kata-kondensierte* Kohlenwaserstoffe bezeichnet. Gehören jedoch einige Atome zu drei Ringen, spricht man von *peri-kondensierten* Systemen.
Bei den kata-kondensierten Verbindungen leitet man die Reihe der *Acene* vom Anthracen ab. Es sind linear anellierte Ringsysteme, deren Namen entsprechend

Benzol 2.3.

den Alkanen mit griechischen Zahlwörtern gebildet werden. Anthracen wäre Triacen (ungebräuchlich), Naphthacen = Tetracen. Der längste bis jetzt bekannte Kohlenwasserstoff ist Hexacen (mit Peri-Kondensation 7.8, 17.18-Dibenzoctacen). Vom Undecacen (11 Ringe linear) sind Derivate hergestellt worden.

Phene werden vom angular kondensierten Phenanthren abgeleitet. Es sind Ringsysteme, die durch Anfügen von Benzolkernen an zwei benachbarten Seiten eines Mittelkerns entstehen. Bei ungleicher Verteilung muß durch römische Ziffern die Anzahl der Benzolringe an den Seiten des Mittelkerns angegeben werden. Die Namen werden ebenfalls mit griechischen Zahlwörten gebildet (Phenanthren = Triphen).

Die Bezifferung der nicht zwei Ringen angehörenden C-Atomen erfolgt nach dem Grundsatz der Kranzbezifferung im Uhrzeigersinn (PATTERSON, BEILSTEIN), ausgehend vom ersten freien Winkel im rechten obersten Ring.

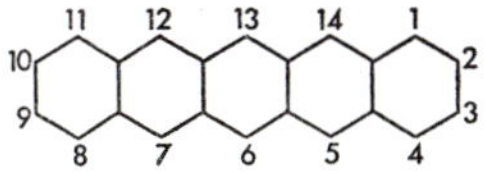

Pentacen
(2.3, 6.7-Dibenz-anthracen)

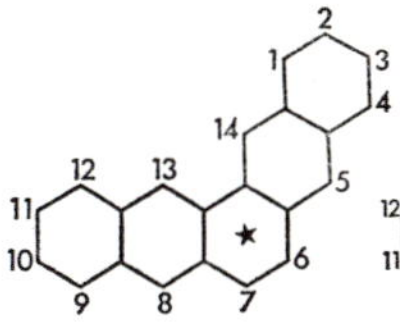

Pentaphen
*Mittelkern
(2.3, 6.7-Dibenz-phenanthren)

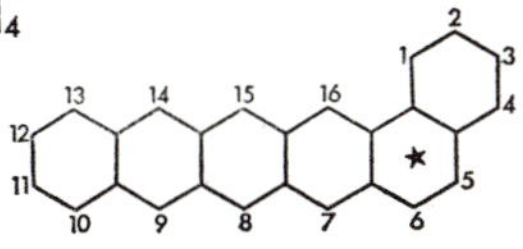

Hexaphen (I, IV)
(1.2-Benzpentacen)
*Mittelkern

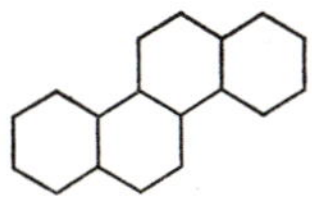

Chrysen
1.2-Benzphenanthren

Außer diesen rationalen Namen sind auch zusammengesetzte gebräuchlich, die durch Ableitung von Grundskeletten gebildet werden. Bei peri-kondensierten Kohlenwasserstoffen bleibt keine andere Wahl, ebenso bei nicht „normal" anangesetzten Ringen. Bei den peri-kondensierten Systemen geht man von Trivialnamen aus, wie *Pyren, Perylen,* Peropyren, Anthanthren, u.a.m.

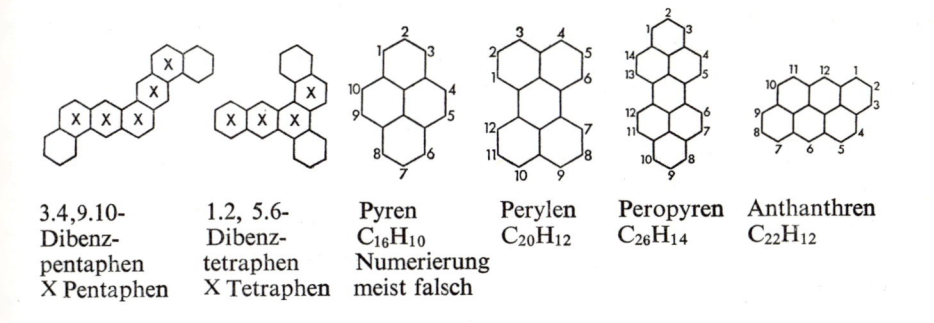

3.4,9.10-
Dibenz-
pentaphen
X Pentaphen

1.2, 5.6-
Dibenz-
tetraphen
X Tetraphen

Pyren
$C_{16}H_{10}$
Numerierung
meist falsch

Perylen
$C_{20}H_{12}$

Peropyren
$C_{26}H_{14}$

Anthanthren
$C_{22}H_{12}$

Benzol 2.3.

Ist ein Grundskelett rings von Benzolringen umgeben, wird die Vorsilbe Circum benutzt. *Coronen* ist danach als Circumbenzol, Ovalen als Circumnaphthalin aufzufassen. Der größte Ringverband ist jetzt Circumanthracen mit 13 Ringsystemen.

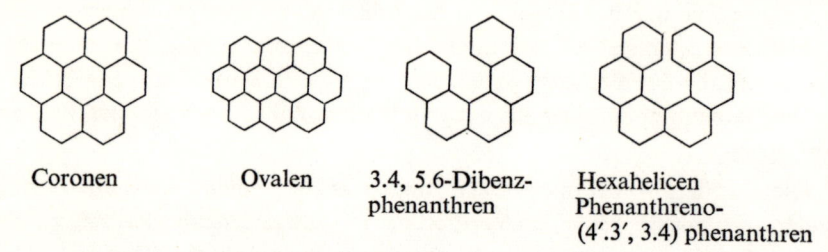

| Coronen | Ovalen | 3.4, 5.6-Dibenz-phenanthren | Hexahelicen Phenanthreno-(4'.3', 3.4) phenanthren |

Eine Besonderheit bei Ringsystemen wie 3.4, 5.6-Dibenzphenanthren und *Hexahelicen* vor. Wegen sterischer Behinderung liegen die Benzolringe nicht wie bei den anderen aromatischen Systemen in einer Ebene. Der Name Hexahelicen weist auf die schneckenhausartig gewundene Struktur hin. Bei solchen asymmetrischen Verbindungen ist eine Isolation zweier optisch aktiver Substanzen möglich (Atropisomerie s. →Isomerie 3.).

Während die niederen Glieder im Steinkohlenteer vorkommen, sind andere Verbindungen nur synthetisch zugänglich, z.B. durch die Pyrolyse o-methylierter Ketone oder durch Synthesen mit Phthalsäureanhydrid u.a.

Mit steigender Anzahl von kondensierten Ringen steigt die Farbigkeit der Verbindungen: *Anthracen* farblos, *Naphthacen* (Tetracen) orange, Pentacen blau, Hexacen grün. Dies ist besonders bei der Reihe der Acene deutlich. Bei den *Phenen* ist die Farbvertiefung erst bei einer größeren Anzahl von Benzolringen festzustellen.

Entsprechend der Farbigkeit steigt auch die Reaktivität besonders stark bei den *Acenen* an. Additionen an meso-Stellungen mit steigender Anellierung treten immer leichter ein; sowohl mit Wasserstoff als auch die →Diels-Adler-Synthese mit Maleinsäureanhydrid (beim Pentacen augenblicklich). Dementsprechend steigt die Stabilität der Dihydroverbindungen; vom Heptacen ab ist die Dehydrierung nicht mehr möglich. Die Bereitschaft zur Addition beruht auf der Bildung zweier kleinerer aromatischer — und damit stabiler — Systeme. Deshalb sind die höheren linear anellierten Systeme auch licht- und luftempfindlich. Sie reagieren mit molekularem Sauerstoff unter Bildung eines Peroxids (*Photooxid*). Derivate der Acene erreichen die Stabilität durch Wasserstoffverschiebung (Tautomerie →Isomerie 3.), so von der Hydroxylgruppe zur Ketogruppe und vom Methylrest zur Methylengruppe.

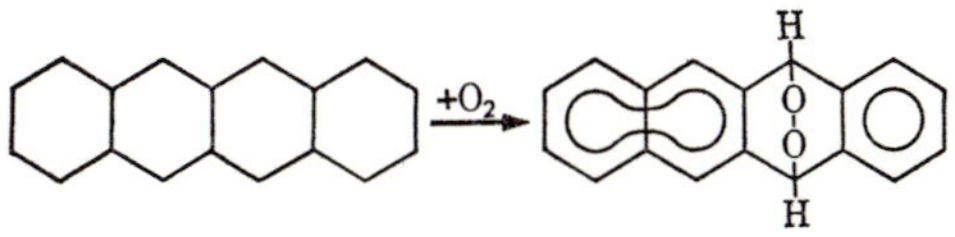

Benzyl

Tetracen; Naphthacen

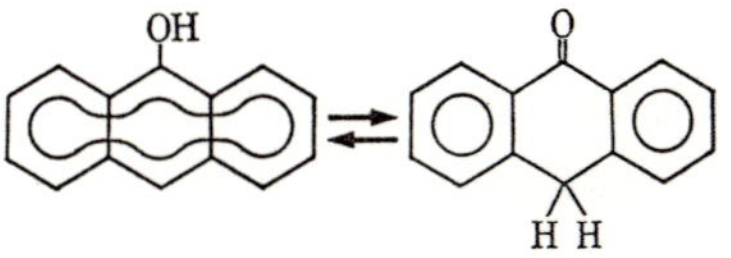

11 %
9-Hydroxy-anthracen

89 %
Keto-dihydro-
anthracen

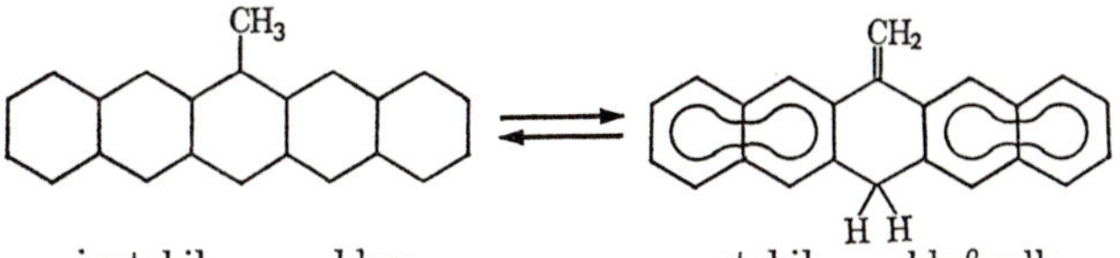

instabil   blau
6-Methylpentacen

stabil   blaßgelb
6-Methylen-13-dihydropentacen

Bei Phenen und peri-kondensierten Systemen steigt die Reaktionsfähigkeit ebenfalls, aber in geringerem Maß. Da die Bindungsabstände nicht gleich sind (beim *Perylen* variieren sie von 1,38 bis 1,5 Å), gibt es bevorzugte Stellen, an denen Additionen stattfinden. Die Substitutionen finden an anderen Zentren statt. *Pyren* wird an der 1,2-Bindung addierend angegriffen, bei der Substitution in Position 3, 5, 8 oder 10.

Einige Derivate werden als Farbstoffe benutzt. Von Streptomyces-Arten werden Tetracenderivate abgeschieden, die als →Antibiotica eingesetzt werden (*Terramycin, Aureomycin, Tetracyclin*). Gewisse reine Kohlenwasserstoffe wie 1.2-5.6-Dibenzanthracen und 3.4-Benzpyren rufen die Bildung von Krebsgeschwüren hervor (Anilinkrebs).

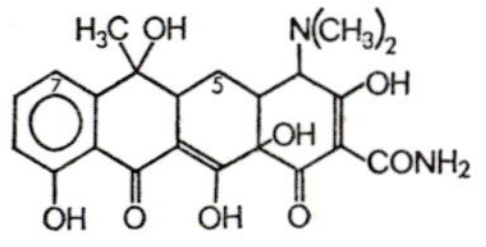

Tetracyclin

7-Chlortetracyclin
= Aureomycin

5-Hydroxytetracyclin
= Terramycin

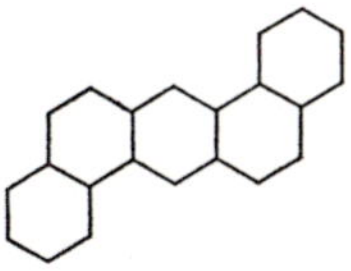

1.2, 5.6-Dibenz-
anthracen

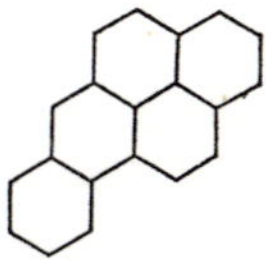

3.4-Benzpyren

Literatur

RODD's Chemistry of Carbon Compounds, Bd. III A und III B. — Elsevier Publ. Company, Amsterdam 1954 und 1956
FODOR, G.: Organische Chemie, Bd. I. — VEB Deutscher Verlag der Wissenschaften, Berlin 1965
CLAR, E.: Aromatische Kohlenwasserstoffe, polycyclische Systeme. — Springer, Berlin 1952
CLAR, E.: Polycyclic Hydrocarbons, Bd. I u. II. — Springer, Berlin und Academic Press, London 1964

Benzophenon s. Benzolkohlenwasserstoffe 2.1., Oxoverbindungen 1.1.2.
Benzvalen s. Umlagerungen 2.3.
Benzyl = Toluolgruppe $C_6H_5CH_2$— s. Benzolkohlenwasserstoffe 1.2.

Berkelium s. Actiniden.

Berliner Blau s. Blausäure.

Bernsteinsäure s. Carbonsäuren 1.2. und 1.1.2.

Bertholide s. Metalle.

Beryll s. Silikate und Beryllium.

Beryllium gehört zu den Elementen der →Zweiten Hauptgruppe. Von ihm existiert nur das beständige Isotop mit der Massenzahl 9.

Es gibt verhältnismäßig große Mengen an armen Erzen, die gewöhnlich weniger als 1% Beryllium enthalten. Ihre wirtschaftliche Aufbereitung lohnt sich nur dann, wenn gleichzeitig noch andere wertvolle Mineralien vorhanden sind, deren Gewinnung die Hauptkosten decken. Das für die Industrie bereitgestellte Erz ist bis auf 10 bis 12% an Berylliumoxid angereichert. Von den bekannten Beryllmineralien ist weitaus das wichtigste der Beryll ($3\,BeO \cdot Al_2O_3 \cdot 6\,SiO_2$). Die anderen sonst noch abbauwürdigen Erze sind ebenfalls Silikate des Berylliums. Die Haupterzeuger sind die UdSSR (Ural, Kasachstan, Transbaikalien), die USA, Indien, Brasilien, der Kongo, Mozambique, Südrhodesien, die Südafrikanische Union mit Südwestafrika.

Das Metall ist von silbrigem Aussehen. Es besitzt ein sehr günstiges Verhältnis von mechanischer Festigkeit zur Dichte und kommt daher als Konstruktionsmaterial für Weltraumschiffe in Frage. Als wärmespeicherndes Material vermag es wie kein anderes die durch die hohen Geschwindigkeiten bedingten Reibungstemperaturen aufzufangen. Die Kapsel für den bemannten amerikanischen Raumflug (Mercury-Programm) mit einem Durchmesser von 1,88 m, einer Wandstärke von 2,54 cm Dicke, Leergewicht von 159 kg wurde aus einer 20 cm dicken Berylliumplatte mit einem Durchmesser von 147,3 cm hergestellt. Die zur Absorption gleicher Wärmemengen erforderlichen Metallmengen von Beryllium, Aluminium, Stahl und Kupfer verhalten sich wie 1 : 2 : 3,8 : 5. Der Ersatz von Aluminium durch Beryllium in Transportflugzeugen ergibt eine Gewichtsminderung von 40 bis 60% und damit die Möglichkeit, die Flugzeuge mit mehr Brennstoff zu versehen.

Wegen seiner Sprödigkeit läßt sich Beryllium schwer verarbeiten. Es ist das leichteste Metall, das unlegiert Verwendung findet. Wegen seiner geringen Kernmasse ist es für Röntgen- und Elektronenstrahlen leicht durchlässig. Deshalb verwendet man Berylliumfolie als Fenster für Röntgenröhren, Cyclotrone usw. In der Metallurgie wird es zur Härtung von Legierungen benutzt. Die elektrische Leitfähigkeit beträgt ca. 40% von der des reinen Kupfers.

Beryllium kann als Moderator schneller Neutronenstrahlung und als Reflektor in Kernreaktoren dienen. Durch Einwirkung von γ-Strahlung erfolgt eine Kernumwandlung: $^9_4Be(\gamma; n)\,^8_4Be \xrightarrow{10^{-15}s} 2\,^4_2He$. Diese Versuche führten zur Entdeckung des Neutrons durch CHADWICK.

Reines Beryllium ist gegen Luft bei niedrigen Temperaturen beständig. Hochreines, poliertes Beryllium behält infolge eines dünnen Oxydhäutchens jahrelang seinen Glanz bei. Erst bei ca. 1000°C bildet sich ein schweres, weißes Oxid. Durch Schmelzen im elektrischen Ofen wird es dichter, kristalliner und härter als Rubin.

Leicht löst sich Beryllium in verdünnter Schwefel- und Salzsäure unter Wasserstoffentwicklung, in verdünnter Salpetersäure nur langsam, in konzentrierter überhaupt nicht.

Beryllium hat eine allgemeine Giftwirkung und führt zu einem schweren Verlust an Körpergewicht. Eingeatmeter Berylliumstaub bedingt Erkrankung der Lunge. Preis ca. 700 DM/kg.

Betaine (innere Salze) s. Aminosäuren 1.2., Ylide.
Betalaine s. Farbstoffe 2.
Beton s. Zement.
Betulin s. Terpene 4.
BHA s. Autoxydation.
Bicyclo [2.2.0.] hexadien (Dewarbenzol) s. Benzolkohlenwasserstoffe 1.1.1.
Bildungsenergie s. Elektronegativität.
Bilirubin s. Porphinderivate 2.
Bindigkeit s. Wertigkeit.
Bindungsenergie s. Bindungskräfte.
Bindungskräfte (s. auch Kristallgitter). Die Zusammenlagerung von Atomen zu Molekülen, zu Kristallen oder zu amorphen, flüssigkeitsähnlichen Gebilden erfolgt nach zwei Mechanismen: durch

1. die van der Waals-Bindung und
2. die chemische Bindung.

Jedes Atom besteht aus einem Kern und einer Anzahl von Elektronen, die durch die Ordnungszahl im Periodensystem festgelegt ist. Sie sind schalenmäßig angeordnet, wobei die inneren Schalen sehr fest an den Kern gebunden sind und deswegen nur bei Hochenergieprozessen eine Rolle spielen. Man unterscheidet somit zweckmäßig zwischen dem Atomrumpf und den äußeren Elektronen. Im zeitlichen Durchschnitt sind sie symmetrisch angeordnet, sodaß der Schwerpunkt des Rumpfes mit seiner positiven Ladung und der der äußeren Elektronen mit ihrer negativen Ladung zusammenfallen, das Atom nach außen hin neutral erscheint. Anders ist das jedoch, wenn man es zu einer bestimmten Zeit t_a betrachtet, dann wiederum zu einer bestimmten Zeit t_b: Es kommt zur Trennung der beiden Schwerpunkte und zur Ausbildung von Dipolen.

Bindungskräfte

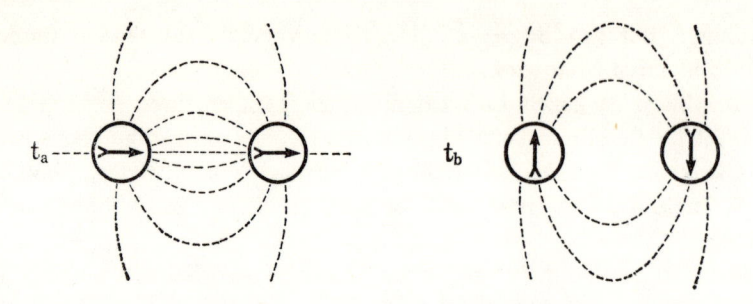

Ein Dipol besitzt ein elektrisches Feld, das in einem benachbarten Atom ebenfalls einen Dipol induzieren kann. Dabei sind sie so gerichtet, daß es zu einer Anziehung kommt. Die Feldstärke ist in einem Punkt mit dem Abstand R $E \sim 1/R^3$. Sie nimmt also schneller ab als die Feldstärke einer punktförmigen elektrischen Ladung. Die Energie für ein durch zwei Dipole erzeugtes System beträgt $U(R) = -C/R^6$ wobei $C \sim 10^{-58}$ erg/cm^6 ist. Derartige van der Waals-Kräfte sind generell immer vorhanden, auch innerhalb von solchen Kristallen, die durch chemische Bindungen zustande kommen. Die Verflüssigung von Gasen, die Kristallbildung von Edelgasen sind ebenfalls eine Auswirkung dieser Kräfte. Ihnen entgegen wirkt die Wärmeenergie, die beim Helium selbst am absoluten Nullpunkt so groß ist, daß keine Kristallbildung unter normalem Druck einsetzt.

Eine völlig andere Situation liegt vor, wenn die Elektronenwolken zweier Atome sich zu durchdringen vermögen. Das ist dann der Fall, wenn mindestens einer der Partner eine nicht aufgefüllte Elektronenschale besitzt. Ein extremes Beispiel hierfür ist die Verbindung von Xenon mit Fluor, das einfachste Beispiel dagegen die Vereinigung von 2H zu H$_2$. Bei der Annäherung der beiden Wasserstoffatome bilden sich zunächst Dipole, die zur elektrischen Anziehung führen. Schließlich durchdringen sich die beiden Elektronenhüllen und bilden ein Wasserstoffmolekül elliptischer Gestalt. Die Form hängt mit der Abstoßung der beiden positiv geladenen Kerne zusammen. Bedingung für das Durchdringen der beiden Wolken ist, daß die beiden Elektronen entgegengesetzten Spin haben. Dabei handelt es sich nicht um zusätzliche magnetische Kräfte der Elektronen, die im einen Fall zur Anziehung, im anderen zur Abstoßung führen. Nach der Wellenmechanik ist im Falle paralleler Spins die Aufenthaltswahrscheinlichkeit eines Elektrons genau zwischen den beiden positiven Rümpfen null, im anderen Falle dagegen nicht. Somit wird einleuchtend, daß der letztere Zustand energetisch tiefer liegt und stabil ist. Im zeitlichen Durchschnitt fallen die Schwerpunkte für die positive und für die negative Wolke zusammen. Das ist jedoch nicht unbedingt der Fall, wenn zwei Atome verschiedener Elemente zusammentreffen. Es kann auch dann zu einer gemeinsamen Wolke kommen, doch brauchen die Schwerpunkte der beiden Ladungen nicht mehr zusammen zu fallen: Sie bilden Dipolmoleküle.

Bindungskräfte

Hierzu gehören u. a. HCl, H₂O, NH₃, SO₂. Im Extremfall können ein oder mehrere Elektronen vom einen Partner ganz zum anderen übergehen. Man spricht dann von einer Ionenbindung, in den vorangehenden Fällen von kovalenten Bindungen. Der Unterschied zwischen ihnen ist nur gradueller Natur und läßt sich mittels der →Elektronegativitäten der beiden Partner bestimmen: je größer die Differenz, desto mehr liegt ionischer Charakter vor. Ausgesprochene Ionenverbindungen sind die Gitter von MgO und NaCl.

Die metallische Bindung läßt sich als kovalente Bindung auffassen, bei der nicht alle zur Verfügung stehenden Valenzelektronen zur Bindung herangezogen werden. Auch variieren die frei bleibenden und der Elektrizitätsleitung dienenden Elektronen ständig.

Häufig, besonders in der Organischen Chemie, tritt die Wasserstoffbindung auf. Wegen der geringen Ausdehnung des Wasserstoffkerns liegt in seiner unmittelbaren Umgebung eine besonders hohe elektrische Feldstärke vor. Er ist „elektrophil", d.h. obwohl mit dem eigentlichen Molekül kovalent gebunden, vermag er einen Dipol festzuhalten. Auf der Wasserstoffbindung beruht der Eiskristall Häufig ist nicht zu unterscheiden, zu welchem Anion oder Molekül ein Wasserstoffkern gehört, z.B. beim Borwasserstoff oder beim HF_2^--Ion.

Größenvergleiche der verschiedenen chemischen Bindungsenergien:

1. Kovalente Bindung

Stoffe	H₂	C—C	Si—Si	Ge—Ge	O—O	Cl—Cl
eV	4,5	3,6	1,8	1,6	1,4	2,5
kcal/mol	104	83	42	38	33	58

2. Ionische Bindung

Stoffe	NaCl	KJ	MgO
eV	7,9	6,5	3,14
kcal/mol	182	150	73

3. Metallische Bindung

Stoffe	Li	Mg	Ca	Zn	Cd
eV	1,65	1,53	1,83	1,35	1,16
kcal/mol	36	35,3	42,1	31,1	26,76

4. Metallische Bindung mit zusätzlicher Dipolbindung

Stoffe	Cu	Ir	Ta	W
eV	3,5	6,93	8,09	8,66
kcal/mol	80,8	160	186,6	200

5. Wasserstoffbindung 0,1 eV ⟨=⟩ 2,31 kcal/mol

Biotin

Literatur
FINKELNBURG: Einführung in die Atomphysik. — Springer-Verlag Berlin, Göttingen, Heidelberg 1964
KITTEL: Einführung in die Festkörperphysik. — R. Oldenburg Verlag München, Wien 1968

Biotin s. Vitamine, Heterocyclen 1.1.
Biosynthese der Proteine s. Aminosäuren 3., Nucleinsäuren; der Zucker s. Porphinderivate 4., Kohlenhydrate 1.4.; der Fette s. Carbonsäuren 1.1.4.; der Terpene, Carotinoide, Steroide s. Steroide und Polyene 2; des Hämoglobins s. Porphinderivate.
Biuretprobe s. Kohlensäurederivate 3.
Bisabolen s. Terpene 2.
Blanc fixe s. Barium.

Blancsche Regel s. Carbonsäuren 1.2.
Blausäure ist das Nitril (→Carbonsäuren 3. 4.) der Ameisensäure (HCOOH). Abweichend von anderen Nitrilen hat sie die Eigenschaften einer schwachen Säure, die Salze (Cyanide) bilden kann.
Blausäure kommt in Pflanzen in freier Form (Wolfsmilchgewächs Manihot utilissima in Wurzelknollen, Pangium edule in Früchten u. a.) vor oder als Glykosid (→Kohlenhydrate 1.) in Früchten (Kerne von Prunus-Arten: Kirsche, Mandel, Aprikose, Pfirsich u. a.). Das bekannteste Glykosid ist *Amygdalin* aus den bitteren Mandeln. Es handelt sich dabei um das Mandelsäurenitrilgentiobiosid, das durch das Enzym Emulsin in Gentiobiose (aus zwei Molekülen Traubenzucker aufgebaut), Benzaldehyd und Blausäure zerlegt wird.

$$\underset{\text{Amygdalin}}{\underset{\text{Gentiobiose}}{\text{C}_6\text{H}_5\text{-CH(O-C}_{12}\text{H}_{21}\text{O}_{10})\text{-C}\equiv\text{N}}} \xrightarrow{+2\text{H}_2\text{O}} \underset{\text{Glucose}}{2\,\text{C}_6\text{H}_{12}\text{O}_6} + \underset{\text{Benzaldehyd}}{\text{C}_6\text{H}_5\text{-CHO}} + \underset{\text{Blausäure}}{\text{HCN}} \qquad \underset{\text{Mandelsäure}}{\text{C}_6\text{H}_5\text{-CH(OH)-COOH}}$$

Blausäure erhielt ihren Namen nach dem ersten Darstellungsverfahren von SCHEELE (1782) aus gelbem *Blutlaugensalz* — der Grundlage für Berliner Blau — und verdünnter Schwefelsäure.

$$K_4[Fe(CN)_6] + 3\,H_2SO_4 \rightarrow 6\,HCN + FeSO_4 + 2\,K_2SO_4$$

Technisch ist Blausäure nach dem ANDRUSSOW-Verfahren durch Oxydation eines Methan-Ammoniak-Gemisches mit Pt/Ru-Katalysatoren oder aus Formamid über Al_2O_3-Kontakt herzustellen.

$$\text{CH}_4 + \text{NH}_3 + {}^3/_2\text{O}_2 \xrightarrow{1000°} \text{HCN} + 3\text{H}_2\text{O} \qquad \Delta H = -115 \text{ kcal}$$

$$\underset{\text{Formamid}}{\text{HCO}-\text{NH}_2} \xrightarrow{300°} \text{HCN} + \text{H}_2\text{O} \qquad \Delta H = +28 \text{ kcal}$$

Blausäure ist eine farblose Flüssigkeit (F: $-13°$ C; Kp: $26°$ C), die im wasserfreien Zustand längere Zeit haltbar ist. Sie riecht nach bitteren Mandeln und ist sehr giftig wegen Blockierung der Atmungsenzyme (60 mg tödliche Dosis für Menschen). Da sie auch in den Gasen bei der trockenen Destillation der Kohle vorkommt (Koks- und Leuchtgasproduktion), muß sie aus dem Gasgemisch durch Gasreinigungsmasse ($\text{Fe}(\text{OH})_3$) entfernt werden.

Blausäure wird als →Schädlingsbekämpfungsmittel eingesetzt zum Begasen von Räumen. In der synthetischen Chemie benutzt man sie bei der Cyanhydrinsynthese von →Carbonsäuren (→Additionen 4. an →Oxoverbindungen zum Nitril) oder bei der Anlagerung an C-C-Mehrfachbindungen. So wird das für →Chemiefasern wichtige Acrylnitril aus →Äthin und HCN gewonnen. Auch zum präparativen Aufbau von →Heterocyclen mit mehreren Stickstoffatomen kann es verwandt werden. Durch Trimerisierung entsteht 1,3,5-Triazin.

Alkali-, Erdalkali- und Quecksilber*cyanide* sind wasserlöslich und ebenfalls sehr giftig, sie reagieren alkalisch (Hydrolyse). Alkalicyanide dienen zur Auslaugung von gold- und silberhaltigem Gestein. Technisch wird NaCN aus Na, NH_3 und C hergestellt. Der Prozeß verläuft über die Zwischenstufen Na-amid, Na-cyanamid bis zum Na-cyanid.

$$2\text{NH}_3 + 2\text{Na} \xrightarrow{-\text{H}_2} 2\text{NaNH}_2 \xrightarrow[-2\text{H}_2]{+\text{C}} \text{Na}_2(\text{CN}_2) \xrightarrow{+\text{C}} 2\text{NaCN}$$

Viele unlösliche Metallcyanide lösen sich bei Überschuß von Alkalicyaniden unter Komplex-Bildung wieder auf (→Koordinationschemie). Bekannte Komplexe dieser Art sind die *Blutlaugensalze*, die früher aus Blut und Pottasche (K_2CO_3) gebildet wurden. Nach der Wertigkeit des Zentral-Ions unterscheidet man das gelbe ($\text{K}_4[\text{Fe}^{2+}(\text{CN})_6]$) und das rote Blutlaugensalz ($\text{K}_3[\text{Fe}^{3+}(\text{CN})_6]$). Mischungen eines Blutlaugensalzes mit Eisensalzlösungen der anderen Oxydationsstufe im Verhältnis 1:1 ergeben lösliches *Berliner Blau* ($\text{KFe}^{3+}[(\text{Fe}^{2+}(\text{CN})_6]$). Unlösliches Berliner Blau ist identisch mit TURNBULLS Blau. Die beiden Verbindungen entstehen ebenfalls durch Mischung eines Blutlaugensalzes mit Fe-Salzlösungen der anderen Oxydationsstufe. Da dieses *Berliner Blau* die Formel $\text{Fe}_4^{3+}[\text{Fe}^{2+}(\text{CN})_6]_3$ besitzt, muß rotes Blutlaugensalz von Fe^{2+}-Ionen erst reduziert werden, bevor Berliner Blau sich bilden kann. Komplexe, bei denen eine CN-Gruppe durch eine andere Gruppe ersetzt ist, bezeichnet man als *Prussiate*, z. B. Nitroprussidnatrium ($\text{Na}_2[\text{Fe}(\text{CN})_5\text{NO}]$).

Blei

Als das Dinitril der Oxalsäure (→Carbonsäuren 1. 2.) läßt sich Dicyan auffassen, ein giftiges Gas (F: $-34{,}4\,°C$; Kp: $-20{,}7\,°C$). Es bildet sich bei der Hitzezersetzung von $Hg(CN)_2$ und bei der Wasserabspaltung aus Ammoniumoxalat mit P_4O_{10}.

$$Hg(CN)_2 \rightarrow Hg + \underset{\text{Dicyan}}{(CN)_2} \qquad \begin{array}{c} O=C-O^-NH_4^+ \\ | \\ O=C-O^-NH_4^+ \end{array} \rightarrow 4H_2O + \underset{\text{Dicyan}}{\begin{array}{c} C\equiv N \\ | \\ C\equiv N \end{array}}$$

Dicyan wird wie Dirhodan $(SCN)_2$ als *Pseudohalogen* bezeichnet, weil es ähnliche Reaktionen zeigt. So bilden beide mit Metallen Salze (*Cyanide* bzw. *Rhodanide* s.→Kohlensäurederivate 5.). In alkalischen Lösungen disproportioniert Dicyan unter Bildung von Cyanid- und Cyanat-Ionen.

$$Me + (CN)_2 \rightarrow Me^{2+}(CN)_2$$

$$(CN)_2 + 2K^+ + 2OH^- \rightarrow K^+ + \underset{\text{Cyanid}}{CN^-} + K^+ + \underset{\text{Cyanat}}{CNO^-} + H_2O$$

Mit Nichtmetallen werden kaum Verbindungen gebildet außer mit Halogenen. Chlorcyan (ClCN) ergibt trimerisiert Cyanurchlorid (→Heterocyclen 2. 3.), das bei Reaktivfarbstoffen (→Färberei) eine reaktionsfähige bindende Komponente darstellt. Stufenweise Anlagerung von H_2S führt zu dem festen gelben Flaveanwasserstoff und dem rotgelben Rubeanwasserstoff.

$$(CN)_2 + H_2S \rightarrow \underset{\substack{\text{Flavean-}\\\text{wasserstoff}}}{\begin{array}{c} C\equiv N \\ | \\ S=C-NH_2 \end{array}} \xrightarrow{+H_2S} \underset{\substack{\text{Rubean-}\\\text{wasserstoff}}}{\begin{array}{c} S=C-NH_2 \\ | \\ S=C-NH_2 \end{array}}$$

Literatur
CHRISTEN, H.R.: Grundlagen der allgemeinen und anorganischen Chemie. — Sauerländer-Diesterweg, Aarau-Frankfurt 1969
KARRER, P.: Lehrbuch der organischen Chemie. — Thieme, Stuttgart 1965

Blei gehört zu den Elementen der →Vierten Hauptgruppe. Von ihm existieren die stabilen Isotope mit den Massenzahlen 206 (23,6%), 207 (22,6%), 208 (52,3%) und die quasistabilen Isotope 204 (1,48%) mit der Halbwertszeit von $1{,}4 \cdot 10^{17}$ Jahren und 202 mit $3 \cdot 10^5$ Jahren.

Das meistverbreitete und wichtigste Bleierz ist der Bleiglanz PbS. Bleierze sind häufig vergesellschaftet mit Zinkerzen. Sie enthalten meist einen gewissen Anteil an Silber und Spuren von Edelmetallen. Die wichtigsten Produzenten sind die UdSSR, die USA, Mexiko, Kanada und Peru. In Europa stehen an der Spitze Jugoslawien und Bulgarien.

Im Flammofen spielen sich bei 500 bis 600°C folgende Prozesse ab:

$PbS + 1\frac{1}{2}O_2 \rightarrow PbO + SO_2$ $\qquad PbS + 2PbO \rightarrow 3Pb + SO_2$

$PbS + 2O_2 \rightarrow PbSO_4$ $\qquad PbS + PbSO_4 \rightarrow 2Pb + 2SO_2$

Das Verfahren führt zu einem Werkblei mit 95 bis 99% Bleigehalt. Durch Einblasen von Luft bei 700 bis 750°C oxidiert man die im flüssigen Blei gelösten Elemente Zinn, Antimon und Arsen. Wismut kann man durch Bleielektrolyse bis auf Spuren beseitigen. Höchster z. Z. erreichter Reinheitsgrad ist Sechsneuner-Blei (99,9999%).

Blei ist ein bläulichweißes, auf frischer Schnittfläche glänzendes, an der Luft jedoch schnell mattblaugrau anlaufendes Metall. Es ist unter den gebräuchlichen Metallen das weichste und läßt sich bereits mit dem Fingernagel ritzen.

Die weitaus größten Mengen Blei dienen zur Herstellung von Akkumulatorenplatten und zu dem auf ihnen zu deponierenden Bleioxid (PbO). Man kann sich vorstellen, daß beim Stromdurchgang an den in Schwefelsäure stehenden Platten anodisch PbO_2, kathodisch Pb entsteht. Beim Entladen läuft dann der Vorgang in umgekehrter Richtung ab.

Blei findet als Korrosionsschutz von Kabeln Anwendung. Versuche über mehrere Jahre zeigten, daß Blei in feuchter, humusreicher Erde stark angegriffen wird, während es in sandigen und trockenen Böden sehr widerstandsfähig ist. Bei Seekabeln honnte eine tägliche Auflösung von 0,4 mg pro m² nachgewiesen werden. Bleiüberzüge als Korrosionsschutz sind weitgehend durch Verwendung von Kunststoffüberzügen überholt. Anwendung findet das Metall noch als Munition (Bleischrot), als Lötmetall mit 8 bis 90% Zinnzusatz, Letternmetall, einer Blei-Antimon-Zinn-Legierung, u. a. m. Von den Bleiverbindungen sind für technische Zwecke von Bedeutung Mennige (Pb_3O_4) und Bleiglätte (PbO), für weißen Außenanstrich Bleiweiß ($Pb[OH]_2 \cdot 2PbCO_3$). Für Innenräume ist es nicht geeignet, weil es in das braunschwarze PbS übergeht.

Bleivergiftungen treten beim Einatmen von Bleidampf und bei der Verwendung von Bleigefäßen als Eß- und Trinkgeschirr auf, jedoch nicht beim Hantieren mit Blei. Die Vergiftungen äußern sich durch Blässe des Gesichts und der Lippen, Stuhlverstopfung, Leibschmerzen und in schweren Fällen in Lähmungen, Krämpfen und Bewußtlosigkeit.

Bleiakkumulator s. Galvanische Elemente.
Bleiazid s. Explosivstoffe (Initialsprengstoffe).
Bleichen s. Fotografie 1.
Bleikristallglas s. Glas (Kali-Blei-Gläser).
Bleitrinitroresorcinat s. Explosivstoffe (Initialsprengstoffe).

Blenden

Blenden s. Schwefel.
Blitzlichtlampen s. Xenon.
Blutgerinnung s. Enzyme.
Blutlaugensalz s. Blausäure.
Bor gehört zu den Elementen der →Dritten Hauptgruppe. Man kennt von ihm die stabilen Isotope mit den Massenzahlen 10 (18,83%) und 11 (81,17%).
1925 wurde das auf mehrere Millionen Tonnen geschätzte Vorkommen des Minerals Kernit ($Na_2B_4O_7 \cdot 4H_2O$) in Kern County in Kalifornien in einer Tiefe von 120 bis 150 m entdeckt. Es stellt die größte z. Z. bekannte Lagerstätte dar. Ebenso wirtschaftlich bedeutend sind die Boraxsolen des Seatles-Sees in Kalifornien. Andere abbauwürdige, boraxhaltige Lagerstätten finden sich in Nevada, Argentinien, Chile, Bolivien, Peru und der Türkei. Natürliche Borsäure (H_3BO_3) tritt hauptsächlich in Lösungen und Dämpfen in der Nähe von Vulkanen auf, z. B. in Toskana. In geringen Mengen findet sich ein Magnesiumborat in den Staßfurter Abraumsalzen.

Bor kommt vor als amorphes, braunes, geruch- und geschmackloses Pulver oder in Form grau-schwarzer Kristalle, die fast die Härte des Diamanten erreichen. Bei gewöhnlicher Temperatur ist es elektrisch ein Nichtleiter, doch nimmt die Leitfähigkeit mit steigender Temperatur schnell zu. Massives Bor ist chemisch sehr beständig. In Luft bleibt es bis 750°C unberührt, wogegen amorphes Bor schon bei Zimmertemperatur langsam oxydiert. Von siedender Salz- oder Flußsäure oder konzentrierter wäßriger Natronlauge wird es nicht angegriffen. Löslich ist es in einer Mischung von Salpeter-, Salz- und Schwefelsäure. Konzentrierte Salpetersäure und Königswasser oxydieren Bor zu Borsäure. Konzentrierte Schwefelsäure wirkt erst bei 250°C, geschmolzenes Natriumhydroxid bei 500°C.

Bor dient in einem Reinheitsgrad von Siebenneuner-Bor (99,99999%) in Form einer Goldborlegierung zur Dotierung von Halbleitern. Das Borazon (BN), das in der Struktur dem Diamanten gleicht, stellt formal einen Verbindungshalbleiter der Form $A^{III}-B^V$ dar, doch liegt bei ihm wie beim Diamanten die Anregungsenergie zu hoch. Auch die dem Graphit entsprechende Form des BN ist bekannt. Der Borazolring entspricht vollkommen dem Benzolring. — Der auf Grund der Dreiwertigkeit abzuleitende Borwasserstoff BH_3 tritt stets als Diboran B_2H_6 auf, wobei zwei Wasserstoffatome als Ionen gebunden sind, das Bor also seine Dreiwertigkeit beibehält.

Spuren von Bor verbessern die Qualität von Edelstählen. Eine Legierung von 65% Al mit 35% B_4C ist wegen der hohen Neutronabsorption des Bor-10 ein wichtiger neutronenabschirmender Werkstoff (Boral). Eine Platte von 6 mm Dicke hat die gleiche Wirkung wie eine Betonschicht von 600 mm. Das gasförmige BF_3 ermöglicht als Füllung von Geigerzählern den Neutronennachweis: Nach der Gleichung $^{10}B(n;\alpha)^7Li$ entstehen beim Neutroneneinfang α-Teilchen, die vom Zählgerät registriert werden.

In Spuren ist Bor für das Pflanzenwachstum notwendig (besonders borbedürftig sind Rüben). In größeren Mengen jedoch sind Borverbindungen für Tiere und für Pflanzen giftig. Borsäuremengen von 1 g innerlich genommen wirken giftig, 8 g für Erwachsene tödlich.

Borazol s. Aromatische Systeme.
Bornan s. Terpene 1.
Borneol s. Terpene 1.
Braunkohle s. Mineralkohlen.
Braunstein s. Mangan.
Brennspiritus s. Äthanol, Hydroxylderivate 1.1.2.
Brennstoffzellen sind Anordnungen, in denen chemische Energie direkt in elektrische Energie umgewandelt wird. Sie beruhen auf der Oxydation eines sog. Brennstoffes. Dabei werden die beiden Reaktionspartner (Brennstoff und Oxydationsmittel) der Zelle kontinuierlich zugeführt.

Wasserstoff-Sauerstoff-Zellen

Der wichtigste Brennstoff ist der Wasserstoff, welcher sich mit Sauerstoff zu Wasser vereinigen kann:

$$H_2 + \tfrac{1}{2}O_2 \rightarrow H_2O$$

Zur Gewinnung von elektrischer Energie läuft dieser Vorgang an Elektroden in zwei getrennten Teilreaktionen ab. Zwischen den Elektroden befindet sich

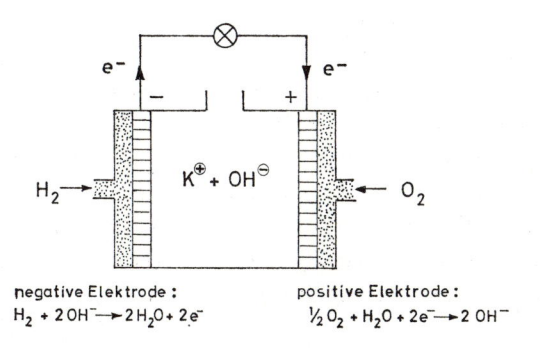

negative Elektrode: $H_2 + 2OH^- \rightarrow 2H_2O + 2e^-$

positive Elektrode: $\tfrac{1}{2}O_2 + H_2O + 2e^- \rightarrow 2OH^-$

Kalilauge (KOH) als Elektrolyt (s. Abb.). Die Elektrodenvorgänge lassen sich vereinfacht folgendermaßen darstellen:

negative Elektrode: $H_2 + 2OH^- \rightarrow 2H_2O + 2e^-$

positive Elektrode: $\tfrac{1}{2}O_2 + H_2O + 2e^- \rightarrow 2OH^-$

Brennstoffzellen

Die Addition der beiden Gleichungen ergibt als Gesamtreaktion: $H_2 + \frac{1}{2} O_2 \rightarrow$ $\rightarrow H_2O$. Verbindet man die beiden Elektroden durch einen Stromverbraucher, fließt ein elektrischer Strom (Elektronenbewegung), welcher durch die ständig nachgelieferten Reaktionspartner aufrecht erhalten wird.

Die Elektroden der Brennstoffzellen müssen mehrere Bedingungen erfüllen. Sie sollen eine gute elektrische Leitfähigkeit aufweisen und müssen porös sein, damit das Gas mit dem Elektrolyten in Berührung kommen kann. Dabei dürfen die Poren nicht zu weit sein, weil das Gas dann hindurchströmt, in den Elektrolyten perlt und sich nicht umsetzt. Sind die Poren zu eng, werden sie infolge der Kapillarität mit Flüssigkeit „verstopft". Man verlangt, daß sich der Elektrolyt und das Gas in den Poren berühren (Dreiphasengrenze). Die Elektroden müssen stabil genug sein, um den Druck der Brennstoffe auszuhalten. Dabei sollen Gewicht und Volumen möglichst klein bleiben. Schließlich ist noch ein Katalysator notwendig, welcher die Vorgänge beschleunigt. Verschiedene Bauarten der Elektroden erfüllen die oben genannten Bedingungen. Die Ausbildung der „Dreiphasengrenze" gelingt z. B. mit Hilfe der *Doppelschichtelektrode*. Sie besitzt eine feinporige Deckschicht, welche dem Elektrolyten zugewandt ist und eine grobporige Arbeitsschicht, die zum Gasraum zeigt. Der Gasdruck läßt sich so einstellen, daß nur die feinporige Schicht mit Flüssigkeit gefüllt bleibt. Die Arbeitsschicht enthält den Katalysator, z. B. fein verteiltes Silber für die Sauerstoffelektrode und Raney-Nickel (Aluminium-Nickel-Legierung, aus welcher das Aluminium herausgelöst wurde) für die Wasserstoffelektrode. Die Elektroden können auch als Pulverelektroden ausgebildet sein. Die Seite zum Elektrolyten besteht dann aus einer feinporigen Schicht Asbestpapier als Deckschicht, welche nur den Elektrolyten hindurchtreten läßt. Die Arbeitsschicht enthält das Katalysatorpulver, welches in einer Trägermasse verteilt ist.

In den Poren der *negativen Elektrode* erfolgt zunächst nach dem TAFEL-VOLMER-Mechanismus eine Adsorption der Wasserstoffmoleküle an der Oberfläche des Katalysators, welcher eine Spaltung der Moleküle in Wasserstoffatome bewirkt. Diese diffundieren dann entlang der Oberfläche zur Dreiphasengrenze. Sie treten in den alkalischen Elektrolyten ein und bilden dort mit den Hydroxidionen Wassermoleküle. Hierbei werden Elektronen abgegeben, welche in der leitenden Elektrode über den Stromverbraucher zur positiven Elektrode abfließen können:

$$H_{2_{ad}} \rightarrow 2\,H_{ad}$$

$$2\,H_{ad} + 2\,OH^- \rightarrow 2\,H_2O + 2\,e^-$$

Das bei dieser Reaktion gebildete Wasser muß durch Diffusion oder Konvektion aus den Poren entfernt werden.

Brennstoffzellen

Der Vorgang an der *positiven Elektrode* verläuft nach BERL und FRUMKIN in folgender Weise:

1. $O_2 + e^- \rightarrow O_2^-$
2. $O_2^- + H_2O \rightarrow HO_2 + OH^-$
3. $HO_2 + e^- \rightarrow HO_2^-$

Das Hydroperoxidion (HO_2^-) wird durch Katalysatoren in Hydroxid-Ionen und Sauerstoff zerlegt:

4. $HO_2^- \rightarrow OH^- + \frac{1}{2} O_2$ bzw.
5. $HO_{2\,ad}^- \rightarrow OH^- + O_{ad}$

Der in Reaktion 4. gebildete molekulare Sauerstoff kann wieder nach Vorgang 1. weiterreagieren. Der adsorbierte Sauerstoff aus Reaktion 5. wird in Hydroxidionen verwandelt:

$$O_{ad} + H_2O + 2e^- \rightarrow 2 OH^-$$

Jede Zelle liefert eine Spannung von 0,7 bis 1,0 V. Um höhere Spannungen zu erreichen, schaltet man mehrere Zellen hintereinander (Zellengruppe). Mehrere Zellengruppen bilden eine Batterie. Zum Dauerbetrieb sind einige Hilfsgeräte erforderlich, welche mit der Batterie zusammen ein Aggregat darstellen. Das bei der Reaktion chemisch gebildete Wasser muß aus der Zelle entfernt werden, weil es den Elektrolyten (Kalilauge) verdünnt. Die Elektroden arbeiten aber nur bei einer ganz bestimmten Elektrolytkonzentration optimal. Man kann z. B. einen Teil des verdünnten Elektrolyten ablassen und ihn durch eine entsprechende Menge hochkonzentrierte Lösung ersetzen. Weil sich die Dichte der Lösung ändert, läßt sich dieser Vorgang mit Hilfe eines Schwimmerschalters regeln. Bewährt hat sich auch ein anderes Verfahren, welches bei Zellen angewendet werden kann, deren Betriebstemperatur 60 oder 70°C beträgt. Das Reaktionswasser entsteht hauptsächlich an der negativen Elektrode, welcher Wasserstoff zugeführt wird. Der bei dieser Temperatur entstehende Wasserdampf gelangt über die poröse Elektrode in den Gasraum. Führt man nun den Wasserstoff in einen Kreislauf, so nimmt er den Wasserdampf mit, der in einem Kühler zu Wasser kondensieren kann. Die während der Reaktion entstandene Wärme wird durch Umpumpen der Lauge in einem Kühler abgeführt. Man verwendet Kreiselpumpen mit magnetischer Kraftübertragung, weil eine ausreichende Abdichtung von rotierenden Wellen nicht möglich ist. Technisch reine Gase enthalten einen gewissen Prozentsatz an Verunreinigungen (Inertgase), die elektrochemisch in der Brennstoffzelle nicht umgesetzt werden. Sie reichern sich daher im Laufe der Betriebszeit an und beeinträchtigen die Arbeitsweise der Elektroden. Die Inertgase werden deshalb in gewissen Zeitabständen abgeblasen.

Brennstoffzellen

Methanol-Zellen

Als Brennstoff ist auch Methanol brauchbar, welches besser als Wasserstoff gespeichert werden kann. Außerdem löst sich Methanol in dem alkalischen Elektrolyten. Es ist deshalb keine mehrschichtig aufgebaute negative Elektrode notwendig. Als Katalysatoren eignen sich bis jetzt nur Platin, Rhodium und Palladium. Die Oxydation des Methanols an der negativen Elektrode verläuft in drei Teilschritten nach folgendem Schema:

$$
\begin{aligned}
&1. \quad CH_3OH + 2\,OH^- \rightarrow HCHO\phantom{^{2-}} + 2\,H_2O + 2\,e^- \\
&2. \quad HCHO + 3\,OH^- \rightarrow HCOO^- + 2\,H_2O + 2\,e^- \\
&3. \quad HCOO^- + 3\,OH^- \rightarrow CO_3^{2-} + 2\,H_2O + 2\,e^- \\
\hline
& CH_3OH + 8\,OH^- \rightarrow CO_3^{2-} + 6\,H_2O + 6\,e^-
\end{aligned}
$$

Bei einer vollständigen Oxydation des Methanols entstehen neben Wasser auch Carbonationen. Ein alkalischer Elektrolyt verbraucht sich daher nach einiger Zeit. Methanolzellen werden im Langzeitbetrieb eingesetzt und mit kleinen Stromdichten betrieben (bis 50 mA/cm²). Die Zellspannung beträgt etwa 0,5 V pro Zelle. Eine Batterie mit zwölf Zellen kann eine Nennleistung von 60 W und eine Maximalleistung von 120 W liefern. Methanolzellen sind nicht so leistungsfähig wie Wasserstoff-Sauerstoff-Zellen, die bis zu 30 kW erreichen.

Brennstoffzellen sind robuste Stromquellen, die ihre Bewährungsprobe in den Gemini-Raumkapseln (Wasserstoff-Sauerstoff-Zellen) bestanden haben. Sie finden außerdem Anwendung bei der Energieversorgung elektronischer Geräte in abgelegenen Gegenden. Beispiele: Navigationshilfen in der Schiffahrt und im Flugwesen, meteorologische Meßstationen, Fernseh-Umsetzer, Notstromversorgung in Krankenhäusern. Ein aussichtsreiches Anwendungsgebiet kann sich für die Brennstoffzellen beim Elektroantrieb von Fahrzeugen und Motorbooten ergeben, weil Lärm und Abgase vermieden werden. Man arbeitet ständig an der Verbesserung der Brennstoffzellen. Dabei strebt man an, den Sauerstoff durch Luftsauerstoff zu ersetzen und den Wasserstoff aus flüssigen Kohlenwasserstoffen in der Brennstoffzelle selbst zu gewinnen. Als Brennstoff hat sich auch Hydrazin (N_2H_4) als sehr geeignet erwiesen. Es wird zu Stickstoff und Wasser oxydiert. Einer technischen Verwendung dieser Zellen steht bis jetzt noch der hohe Preis des Hydrazin entgegen.

Literatur

STURM, F. v.: Elektrochemische Stromerzeugung. — Verlag Chemie, Weinheim 1969
VARTA: Aktuelle Batterieforschung. — Varta Aktiengesellschaft, Frankfurt/Main 1966

Brenzkatechin s. Hydroxylderivate 3.1. und 3.3.
Brenztraubensäure s. Carbonsäuren 2.5.
Brisanzwert s. Explosivstoffe.
Brönsted-Theorie s. Säuren, Basen.
Brom gehört zu den Elementen der →Siebenten Hauptgruppe(Halogene). Von ihm existieren stabile Isotope mit den Massenzahlen 79 (50,537%) und 81 (49,463%). Der Gehalt des Meerwassers an Brom beträgt durchschnittlich 0,1‰ und ist damit 10 000mal größer als der Bromgehalt des Flußwassers. Viel höhere Konzentrationen besitzen der Große Salzsee und das Tote Meer. Dieses erhält ständig durch den Jordan Brom zugeführt, das dieser vermutlich durch Bitterwasserquellen auf dem Weg vom See Genezareth aufnimmt. Zu 90% läßt sich aus diesen Quellen das Brom gewinnen. Daneben haben noch die Abraumsalze von Staßfurt einen wesentlichen Anteil an der Weltproduktion.

Brom ist eine tiefbraune, lebhaft rotbraune Dämpfe entwickelnde schwere Flüssigkeit von beißendem, unangenehmen Geruch. Flüssiges Brom auf die Haut gebracht, gibt recht schmerzhafte Wunden. Der Dampf greift heftig die Schleimhäute an und ist auch in großer Verdünnung noch gefährlich.

In seinem chemischen Verhalten ähnelt Brom dem Chlor, doch steht die Reaktionsfähigkeit stark zurück. Ganz verschieden verhält sich Brom Gold und Platin gegenüber. Während es mit Gold $AuBr_3$ bildet, greift es Platin nicht an. Auffällig ist das ganz unterschiedliche Verhalten gegenüber Natrium und Kalium: Selbst bei 200°C wird Natrium nur schwach korrodiert, während es sich bei Zimmertemperatur mit Kalium explosionsartig verbindet.

Brom findet Verwendung zur Darstellung von anorganischen, vor allem jedoch von organischen Verbindungen. Im Laboratorium benutzt man es wegen seiner relativ bequemen Handhabung häufig bei analytischen und präparativen Arbeiten an Stelle von Chlor. Auch für Desinfektionszwecke ist es verwendbar. Als Bromsilber findet es in der Photographie Verwendung. Licht vermag die Verbindung zu zerlegen, sodaß das schwärzliche, fein verteilte Silber zurückbleibt, während Brom verdampft oder in Lösung geht.

Bromthymolblau s. Indikatoren.
Bronze s. Kupfer.
Brucin s. Alkaloide.
Brückengruppen s. Koordinationschemie.
Brückenringsysteme s. Cycloalkane.
Brüter s. Plutonium.
Bufotenin s. Heterocyclen 1.2., Rauschgifte.
Bullvalen s. Isomerie 3., Umlagerungen 2.3.
Buna s. Kautschuk.

But-

But-: Bezeichnung für ein C-Gerüst aus vier Atomen, s. Alkane, Alkene, Alkine, Cycloalkane.
Butadien s. Diene 2.
Butan s. Alkane, Flüssiggase.
Butazolidin s. Arzneimittel.
Buttersäure s. Carbonsäuren 1.1.2. und 1.1.4.

C

c = Cyclo s. Cycloalkane, Cycloalkine, nicht benzoide aromat. Verbindungen.
Cadaverin s. Org. Stickstoffverbindungen 2.
Cadinen s. Terpene 2.

Cadmium gehört zu den Elementen der →Zweiten Hauptgruppe. Vom Cadmium existieren stabile Isotope mit den Massenzahlen 106 (1,215%), 108 (0,875%), 110 (12,37%), 111 (12,75%), 112 (24,07%), 113 (12,26%), 114 (28,86%) und 116 (7,58%).
Reine Cadmiumverbindungen sind in der Natur sehr selten, Vereinzelt kommt der Greenockit (CdS) und der Otavit (CdCO$_3$) vor. Noch seltener tritt das Oxid auf. Die reinen Lager dieser Mineralien sind meist nicht abbauwürdig. Man findet Cadmium in allen Erzen, die Zink enthalten, d. h. in reinen Zinkerzen als auch in polymetallischen Erzen. Je höher ihr Zinkgehalt, desto höher auch der Cadmiumgehalt. Dabei ist der Gehalt in Zinkoxid höher als der im Zinksulfid. Die polymetallischen Zink-Blei-Kupfer-Erze enthalten neben dem Cadmium noch Arsen, Antimon, Gold, Silber, Indium, Thallium, Germanium und Gallium.
Cadmium ist ein weißes, glänzendes Metall. An der Luft wird der Glanz seiner Oberfläche durch Bildung einer dünnen Oxidhaut nur wenig verändert. Es ist ziemlich weich und dehnbar, sodaß man es zu Blechen auswalzen und zu Drähten ausziehen kann. Die Festigkeit ist gering, doch steigt sie beim Legieren mit Zink an. Die elektrische Leitfähigkeit beträgt ca. 23% von der des Kupfers.
Cadmiumpulver verbrennt in Luft mit roter Flamme. Trockenes Chlorgas greift Cadmium bei gewöhnlicher Temperatur nicht an. Im geschmolzenen Zustand reagiert es jedoch mit Chlor, Brom und Jod. Cadmiumdampf zersetzt Wasser zu Wasserstoff und Cadmiumoxid. Bei 440°C zersetzt das Metall trockenen Chlorwasserstoff. Wegen der Absorption der Anionen an der Oberfläche ist das Angriffsvermögen der Säuren recht verschieden stark.
Die meiste Verwendung findet Cadmium als Überzugsmaterial und zur Herstellung von Legierungen. Man überzieht Stahl mit Cadmium als Korrosionsschutz. In weitem Ausmaße ersetzt es hierbei Nickel und bis zu gewissem Grade auch Zinn und Zink. Mit Cadmium überzogene Geräteteile lassen sich leichter löten als solche mit einem Zinküberzug. Ein Cadmiumüberzug ist weniger empfindlich gegenüber Säuren und Laugen als ein solcher aus Zink, Nickel oder Zinn. Wenn der Cadmiumüberzug verletzt wird, so blättert er nicht ab, wie man es häufig bei Zink und Nickel beobachten kann. Er ist zweckmäßig immer dann, wenn es sich um eine gleichmäßig korrodierende Beanspruchung handelt, doch darf das Gerät nicht irgendwelchen mechanischen Beanspruchungen ausgesetzt sein. Die halbe Weltproduktion wird für solche Überzüge verbraucht.

Cäsium

Cadmium findet im Reaktorbau als Material für Regelstäbe Verwendung. Neben Bor ist es das Element, das den größten Einfangquerschnitt für thermische Neutronen hat, Cadmium-113 hat unter den Isotopen mit 19 400 barn das größte Einfangvermögen. Das natürliche Isotopengemisch besitzt immerhin noch 2400 barn. Cadmiumverbindungen finden als Farben wegen ihrer Leuchtkraft und Beständigkeit Verwendung.

Cadmiumdampf und -verbindungen sind starke Gifte. Sie bewirken Brechreiz, wirken auf das Zentralnervensystem und auf die Herzmuskeln ein.

Cäsium gehört als Alkalimetall zur →Ersten Hauptgruppe der Elemente. Es existiert nur das stabile Isotop mit der Massenzahl 133.

Die Erdkruste enthält mehr Cäsium als Silber. Die Cäsiummineralien enthalten gleichzeitig auch Rubidium und Lithium. Ein ausgesprochenes Cäsiummineral mit einem Gehalt von 30 bis 40% Cäsium ist der Pollucit ($2\,Cs_2O \cdot 2\,Al_2O_3 \cdot 9\,SiO_2 \cdot H_2O$), der in abbauwürdigen Lagern in den USA in den Staaten Maine und Dakota, auf der Insel Elba und in Südwestafrika vorkommt.

Cäsium besitzt eine silberweiße Farbe, ist geschmeidig und wachsweich. Seine Härte beträgt verglichen mit der des Lithiums nur den dritten Teil. Sein Atomvolumen hat den höchsten Wert unter allen Metallen. Mit Quecksilber und Gallium gehört es zu den Metallen, die bei Raumtemperatur flüssig sind. Das Element ist noch reaktionsfähiger als Rubidium. Das Oxid unterscheidet sich von dem der anderen Alkalimetalle durch seine orangerote Farbe. Selbst bei vollständiger Abwesenheit von Feuchtigkeit verbindet sich Cäsium mit Sauerstoff. An der Luft tritt Selbstentzündung ein. Mit Wasser reagiert es selbst in der Eisform bis zu Temperaturen herab bis $-116°C$, wobei es zum Aufglühen und zur Entzündung des entstehenden Wasserstoffs kommt. Mit Graphit reagiert Cäsium unter Bildung der Karbide C_8Cs und $C_{18}Cs$. Dagegen reagiert es nicht mit Eisen. Für geschmolzenes Cäsium kann Yttrium als Behältermaterial dienen. Die meisten Cäsiumsalze sind leicht löslich. Ausnahmen bilden nur das Permanganat, das Perchlorat, die Hexachlorplatinverbindung und ein Silikowolframat. Das Cäsiumhydroxid ist die stärkste aller Basen. Wegen seiner Reaktionsfähigkeit mit Glas und Kohlensäure muß es luftdicht in Silber oder Platin verpackt werden. Cäsium ist das Metall mit der geringsten Elektronenaustrittsarbeit. Deswegen findet es Verwendung zur Herstellung von Fotozellen, die sogar noch auf infrarotes Licht ansprechen. In Vorbereitung ist seine Verwendung für den Ionenstrahlantrieb von Raketen. Die XII. Generalkonferenz für Maße und Gewichte hat am 9. 10. 1964 die rote Cäsiumdampflinie mit der Frequenz 9 192 631 770 Hz als Zeitnormal festgesetzt.

Nicht unbeträchtliche Mengen des radioaktiven Cäsiums mit der Masse 137 und der Halbwertszeit von 33 Jahren werden bei der Aufarbeitung der Uran- bzw. Plutoniumstäbe der Reaktoren gewonnen. So enthielten beispielsweise Uranstäbe des Reaktors in Windscale nach 150 Tagen Bestrahlung und einer anschließenden Lagerung von 60 Tagen 108 g ^{137}Cs pro 1000 kg Uran mit einer Aktivität von 2900 Curie. Cs-137 dient als γ-Strahlenquelle zur Materialdurchleuchtung. Der günstigste Bereich liegt bei 2 bis 10 cm Dicke und einer Halbwertsdicke für Blei von 2 mm. Preis ca. 8 DM/g.

Cahn-Prelog-Ingold-Nomenklatur s. Isomerie 2.2.

Calcium gehört zu den Elementen der →Zweiten Nebengruppe (Erdalkalien). Von ihm existieren die stabilen Isotope mit den Massenzahlen 40 (96,97%), 42 (0,64%), 43 (0,145%), 44 (2,06%), 46 (0,0033%) und 48 (0,185%). Ein Teil des Calcium-40 ist Endprodukt des radioaktiven Kaliums-40, das durch β-Strahlung zu 88,8% zerfällt, während sich die restlichen 11,2% durch Einfang eines Hüllenelektrons in Argon umwandeln. Für Altersbestimmungen ist die Bestimmung des Mengenverhältnisses ^{40}K : ^{40}Ca wenig geeignet, da der Anteil des nichtradiogenen Calciums-40 meist nicht bekannt ist.

Bei dem sehr hohen Anteil des Elements in der Erdkruste ist die Zahl der bekannten Mineralien entsprechend hoch. Begünstigt wird das dadurch, daß das Ca-Ion gleichen Umfang hat wie die Ionen des Natriums, Mangans, der Lanthaniden usw. Von industrieller Bedeutung sind der Apatit ($Ca_3[PO_4]_2 \cdot CaF_2$), der Gips ($CaSO_4 \cdot 2H_2O$), das Anhydrit ($CaSO_4$), das Calciumkarbonat, das kristallisiert als Calcit und als Aragonit auftritt, mikrokristallin als Marmor und amorph als Kalkstein. Hierbei handelt es sich in der Regel um Meeresablagerungen. Durch Metamorphose (Wärme, Druck) kann sich der Kalkstein in die anderen Formen umbilden. Anhydrit entsteht bei niederen, Gips bei weit höheren Temperaturen aus verdunstendem Meerwasser.

Calcium ist ein grau glänzendes Metall, das sich langsam in der Luft mit einer dunklen Schicht überzieht. Im Gegensatz zu den anderen Erdalkalimetallen muß man es nicht unbedingt in einer Schutzflüssigkeit aufbewahren. Die gesamte Weltproduktion an dem Metall beträgt nur 50 t pro Jahr. Hauptproduzent ist Kanada mit seinen billigen Wasserkräften.

Für den Aufbau der Pflanzen ist Calcium aus physiologischen Gründen und in geringerem Maße zur Strukturbildung erforderlich. Ein gutes Beispiel hierfür sind die Kalkalgen. Vielfach findet man in Pflanzen Calciumoxalat in fester Form. Man muß annehmen, daß das Element mit der Oxalsäure in unlöslicher Form reagiert, weil sie im anderen Falle giftig wirken müßte. Etwas Calcium ist nötig für das Protein des Cytoplasmas und als Calciumpektinat, das die Zellen als Zellgewebe zusammen hält. Die Pflanzen, die von den Ökologen als basiphile bzw. acidophile bezeichnet werden, haben ihren Namen wegen ihrer Begünstigung oder ihrer Ablehnung von kalkhaltigen Böden. Der Unterschied ist wohl hauptsächlich auf den unterschiedlichen pH-Bedarf zurückzuführen, der durch das Calciumkarbonat reguliert wird. Calciumionen können von einem sauren

Calcium

Boden bereitwillig absorbiert werden, weswegen die Pflanzen des basiphilen Typs nicht unbedingt an Calcium reich sein müssen.

Calciumionen stellen in Pflanzenzellen den Antagonisten zu den Kaliumionen dar: Diese wirken quellend, jene entquellend. Da durch die Drainage das Abführen des Kalks in Form von löslichem Calciumbikarbonat gefördert wird, und da das Düngen landwirtschaftlich genutzter Flächen mit natürlichem wie künstlichem Dünger ein Versauern des Bodens mit sich bringt, ist ein periodisches „Düngen" mit Kalk erforderlich. Dadurch wird der Boden säureneutral gehalten, was für den Fruchtanbau am günstigsten ist. Kalk ist in der Lage, Bodenkolloide auszuflocken und ihn dadurch porös zu machen.

Als Skelettmaterial tritt Calcium in Tieren in Form des Karbonats, des Phosphats und auch des Fluorids auf. Das meiste Calcium wird unmittelbar aus im Trinkwasser gelösten Salzen aufgenommen und nur zu einem unbedeutenden Teil aus der Pflanzennahrung. Das reichliche Vorhandensein und die höchstens minimale Giftigkeit dieser Calciumsalze hat sie das geeignete Material für Strukturbildung werden lassen. Das Skelettmaterial der Wirbellosen ist meist Calciumkarbonat, das der Wirbeltiere Calciumphosphat.

Calciumsalze haben ein weites Anwendungsgebiet gefunden. Die wichtigsten Anwendungen sind:

Landwirtschaft-Regulierung der Bodenbedingungen

Bauwirtschaft-Zement und Mörtel

Metallurgie-Flußmittel

Allgemeine chemische Industrie

Hauptsächlich ist der Kalkstein das geeignete Rohmaterial. Beim vierten Anwendungsbereich muß er von guter Qualität und frei von Verunreinigungen anderer Metallkarbonate sein, wie beispielsweise Eisen- und Mangankarbonat. So notwendig Calciumsalze im Trinkwasser sind, so unerwünscht sind sie in anderen Fällen. Bei 25°C können im Wasser 14 mg Calciumkarbonat pro Liter gelöst sein. Mit überschüssiger Kohlensäure vereinigt sich nicht gelöster Kalk zu dem löslichen Hydrogenkarbonat, wodurch der Härtegrad beträchtlich ansteigen kann. Beim Kochen entweicht die Kohlensäure wieder unter Abscheiden von Kesselstein. Das Wasser für Dampfkessel muß wegen dieser Kesselsteinbildung und der damit verbundenen Kesselexplosionsgefahr durch Zugabe u. a. von Natriumphosphat enthärtet werden, wobei unlösliches Calciumphosphat entsteht, das sich abfiltrieren läßt. Die Fähigkeit des in Wasser schwer löslichen Karbonats, durch Aufnahme von Kohlensäure in das leicht lösliche Hydrogenkarbonat überzugehen, hat globale Bedeutung: eine ständige Abnahme des Kohlensäuregehaltes in der Luft. Der in der Natur in beträchtlichen Mengen auftretende Apatit ist unmittelbar als Phosphordünger nicht geeignet. Durch Aufschluß mit

Schwefelsäure überführt man ihn in das Gemisch von $Ca(H_2PO_4)_2 + CaSO_4 \cdot 2H_2O$, das unter dem Namen Superphosphat in den Handel gelangt.
Der in Drogerien erhältliche Gips ist ein vorgebrannter natürlicher Gips: $CaSO_4 \cdot \frac{1}{2}H_2O$, Schreibkreide gepreßter Gips.
Beträchtliche Mengen von Kalk finden zur Herstellung von Glas Verwendung.
Calciumcarbid s. Äthin (CaC_2).
Calciumcarbonat, $CaCO_3$. Fester, weißer Stoff, der in kohlensäurefreiem Wasser nur äußerst wenig löslich ist (100 g Wasser lösen bei 25°C nur 1,4 mg). Durch Säuren wird Calciumcarbonat unter Entwicklung von Kohlendioxid in die entsprechenden Calciumsalze umgewandelt, z. B.:

$$CaCO_3 + 2HCl \rightarrow CaCl_2 + CO_2 + H_2O$$

Calciumcarbonat kommt in der Natur in reinster Form als *Kalkspat* (Calcit) in farblosen, durchsichtigen Kristallen verschiedener Größe vor. Aus diesen Kristallen bestehen auch die meisten anderen Erscheinungsformen des Calciumcarbonats, die als Kalkstein, Marmor und Kreide bekannt sind. Bei *Kalkstein* ist das Calciumcarbonat durch Ton, Eisenoxide, Sand und Magnesiumverbindungen verunreinigt. Bei größeren Mengen an Ton unterscheidet man folgende Bezeichnungen: Kalkmergel (75 bis 90% $CaCO_3$), *Mergel* (40 bis 75% $CaCO_3$) und Tonmergel (10 bis 40% $CaCO_3$). *Marmor* ist ziemlich reines, weißes, kristallisiertes Calciumcarbonat. *Kreide* nennt man das $CaCO_3$, das in der Kreidezeit aus den Kalkschalen von Kleinlebewesen entstand. Schließlich ist das Calciumcarbonat in Form des *Dolomit* an der Bildung mächtiger Gebirge (Dolomiten) beteiligt. Reinster Dolomit hat die Formel $CaCO_3 \cdot MgCO_3$, das bedeutet, daß im Kristallgitter des Calciumcarbonat ein Teil der Calcium-Ionen durch Magnesium-Ionen ersetzt ist. Sämtliches in der Natur vorhandenes Calciumcarbonat unterliegt der Verwitterung durch kohlensäurehaltiges Wasser, welches das Calciumcarbonat unter Bildung von Calciumhydrogencarbonat auflöst:

$$CaCO_3 + H_2O + CO_2 \rightarrow Ca(HCO_3)_2$$

Calciumcarbonat wird bei der Herstellung von gebranntem Kalk (→Calciumoxid), →Zement, →Düngemitteln und Tonwaren benötigt.
Calciumoxid, CaO, gebrannter Kalk. In reiner Form weißes Pulver oder Stücke. Schmelzpunkt: 2572°C. Verunreinigtes Calciumoxid wird in der Bauindustrie als „gebrannter Kalk" in großen Mengen zur Herstellung von →Mörtel verwendet. Es entsteht durch Erhitzen (Brennen) von Kalkstein auf 900 bis 1000°C im Ring- oder Schachtofen:

$$CaCO_3 \rightarrow CaO + CO_2$$

Der gebrannte Kalk hat dann meist eine graue, graugrüne oder braune Farbe, die durch Verunreinigungen (Kohlenstoff, Manganverbindungen oder Eisen-

Calciumsulfat

oxide) verursacht wird. Wenn Calciumoxid längere Zeit an der Luft liegt, bindet es das Kohlendioxid und bildet Calciumcarbonat. Versetzt man Calciumoxid mit Wasser, so entsteht unter starker Wärmeentwicklung Calciumhydroxid:

$$CaO + H_2O \rightarrow Ca(OH)_2$$

Dabei binden 100 g Calciumoxid etwa 32 g Wasser und es wird eine Wärmemenge von 27.600 cal frei. Calciumhydroxid ist ein weißes Pulver, das man auch als gelöschten Kalk bezeichnet. Vermischt mit Sand und Wasser wird es als Mörtel in der Bauindustrie verwendet.

Calciumsulfat kommt in der Natur als Gips ($CaSO_4 \cdot 2H_2O$) und Anhydrit ($CaSO_4$) vor. Bei Zimmertemperatur löst sich 1 g Gips in etwa 420 g Wasser. Unterhalb von 66°C kristallisiert aus reinen wäßrigen Lösungen das Dihydrat ($CaSO_4 \cdot 2H_2O$), oberhalb von 66°C das wasserfreie Calciumsulfat als Anhydrit. Erhitzt man Gips auf etwa 100°C, so wird ein Teil des Kristallwassers (75%) abgespalten und es entsteht das „Halbhydrat" $CaSO_4 \cdot \frac{1}{2} H_2O$, auch „gebrannter Gips" genannt. In der Technik erhitzt man auf 130 bis 160°C. Das dabei entstehende Produkt, der Stuckgips, ist noch etwas wasserärmer als das Halbhydrat. Wird er mit Wasser zu einem Brei angerührt, erhärtet dieser nach kurzer Zeit zu einer festen Masse, die aus feinen, dicht miteinander verfilzten Gipskristallen besteht. Erhitzt man Gips auf 200°C, so verliert er das gesamte Kristallwasser und erstarrt nach dem Anrühren mit Wasser nur noch sehr langsam. Bei Temperaturen zwischen 1000 und 1300°C entweicht das Kristallwasser vollständig, daneben zerfällt aber auch ein Teil des $CaSO_4$ in Calciumoxid und Schwefeltrioxid (SO_3):

$$CaSO_4 \rightarrow CaO + SO_3$$

Das in diesem Temperaturbereich entstehende Produkt nennt man Estrichgips, der langsamer als Stuckgips erstarrt, aber größere Festigkeit besitzt und gegen Wasser beständig ist. Ein Gemisch aus Estrichgips, Sand und Wasser wird als Gipsmörtel verwendet. Gips wird in großen Mengen zu Ammoniumsulfat (→Düngemittel) verarbeitet. Gemahlener Stuckgips dient zur Herstellung von Gipsfiguren, Gipsabgüssen und keramischen Produkten. Trinkwasser enthält häufig Calciumsulfat, das die bleibende Härte verursacht, welche durch Kochen nicht beseitigt werden kann.

Caliche s. Jod.
Californium s. Actiniden.
Calotron s. Uran.
c-AMP s. Hormone.
Campher s. Terpene 1.
Camphoren s. Terpene 3.

Cannizzaro-Reaktion s. Additionen 4., Hydroxylderivate 1.1.1., Oxoverbindungen 1.1.3.
Cantharidin s. Heterocyclen 1.1.
Caprolactam s. Aminosäuren 4., Chemiefaserstoffe, Polykondensation.
Captan s. Schädlingsbekämpfungsmittel.
Caran s. Terpene 1.
Carbaminsäure s. Kohlensäurederivate 3.
Carbazol s. Heterocyclen 1.2.
Carbanion bedeutet: C-Atom trägt negative Ladung. Übergangszustände bei Reaktionen s. Additionen 1.2., Ylide, Elimination, Polymerisation, Umlagerungen 1.2.
Carbene im weiteren Sinn sind →Radikale, Kohlenstoffzwischenprodukte, bei denen ein C-Atom zwei nichtbindende Elektronen besitzt. Im engeren Sinn versteht man unter Carben die spinkompensierte Form des *Methylens* :CH_2. Methylen (nach der IUPAC-Nomenklatur — s. →Genfer Nomenklatur — eigentlich Methyliden) ist das einfachste Carben im weiteren Sinne. Wie alle Carbene kann es in zwei Zuständen auftreten, dem Triplett- und dem Singulettzustand. Im Triplettzustand liegen die beiden nicht gebundenen Elektronen mit parallelem Spin in zwei Orbitalen vor (sp-Hybridisierung s. →Atombau), im energiereicheren Singulettzustand mit antiparallelem Spin in einem Orbital, also spinkompensiert (sp^2-Hybridisierung). Im engeren Sinn nennt man das Radikal im Triplettzustand Methylen, im Singulettzustand Carben. Ein Unterschied im Verhalten zeigt sich bei der →Addition. Während Carben stereospezifisch addiert wird, eine cis-Verbindung also eine cis-Verbindung bleibt (→Isomerie), reagiert Methylen als Biradikal — mit 2 einzelnen Elektronen — unspezifisch — es entstehen cis- und trans — Verbindungen aus dem gleichen Stoff. Weitere Unterschiede bei den Reaktionen sind folgende: der Singulettzustand reagiert durch Insertion (Einschieben), der Triplettzustand durch Entreißen von Wasserstoff.
Der zuerst gebildete Singulettzustand wird durch Energieabgabe (Zusammenstöße) in den Triplettzustand umgewandelt. Zur Untersuchung der Reaktionen des Singulettzustandes muß daher der Reaktionspartner in größeren Mengen (hoher Partialdruck) vorhanden sein. So führt jeder Zusammenstoß ohne vorherige Spinumkehr zur Reaktion. Bei kleinen Partialdrucken des Reaktionspartners und hohen von Inertgasen treten fast nur Reaktionen des Triplettzustandes auf.

nicht bindende Elektronenorbitale	↑↓ —	↑ ↑
bindende Elektronenorbitale	↑↓ ↑↓	↑↓ ↑↓
	Methylen (Carben) Singulettzustand	Methylen Triplettzustand

Carbene

Mit Hilfe der Blitzlichtphotolyse lassen sich spektroskopisch die beiden Zustände nachweisen. Triplettzustände können mit Elektronenspinresonanz bei Arylcarbenen bei —190°C nachgewiesen werden. Das Radikal $:CH_2$ hat nach der PANETHschen Methode gemessen (→Radikale) eine längere Halbwertszeit als $\cdot CH_3$, da es spinkompensiert ist. Die Halbwertszeit beträgt 10^{-2} sec.

Methylen i. w. S. wird gebildet 1. bei der thermischen Spaltung von Ketenen (→Oxoverbindungen 1.2.), 2. bei der Photolyse (Zersetzung durch Licht) von Diazomethan, 3. durch Dehalogenierung von Dijodmethan, 4. bei der Reaktion von Lithiumalkylen mit Dibrommethan, u. a. m. 3. und 4. sind 1,1-→Eliminationsreaktionen.

1. $H_2C=C=O \xrightarrow{500°} :CH_2 + CO$
   Keten

2. $H_2C^- - N^+ = N \xrightarrow{h\nu} :CH_2 + N_2$
   Diazomethan (→Org. Stickstoffv. 1.)

3. $H_2CJ_2 + Zn \rightarrow :CH_2 + ZnJ_2$
   Dijodmethan

4. $H_2CBr_2 + LiC_4H_9 \rightarrow C_4H_9Br + H_2CBrLi \rightarrow :CH_2 + LiBr$
   Dibrom-   Li-butyl
   methan

Die Umsetzungen mit $:CH_2$ verlaufen exotherm, die Energie ist in den neu gebildeten Molekülen. Sie bleiben nur erhalten, wenn die Energie schnell abgeleitet wird, z. B. durch Zusammenstöße bei hohen Drücken. c-Propan kann so zu Propen isomerisieren.

Methylen tritt auch als Zwischenprodukt bei der Synthese von →Alkanen und →Alkenen aus →Methan (durch Pyrolyse) auf.

$:CH_2$ nimmt Wasserstoff auf, entweder durch Addition oder durch Entreißen aus einer anderen Verbindung, und ist somit ein Startmittel für ein →Radikalmechanismus in Kettenform. Die Hauptreaktionsformen des Methylens mit anderen organischen Verbindungen sind Insertion (Singulettzustand) und Addition. Bei der Insertion tritt das Radikal zwischen eine Kohlenstoff-Wasserstoff-Bindung. Auch Kohlenstoff-Halogen-Bindungen (außer Fluor) können angegriffen werden. Aus n-Pentan (→Alkane) entstehen n-Hexan, 2-Methylpentan und 3-Methylpentan im Verhältnis 49 : 34 : 17.

$$C_4H_9 - \underset{\underset{H}{|}}{\overset{\overset{H}{|}}{C}} - H + :CH_2 \rightarrow C_4H_9 - \underset{\underset{H}{|}}{\overset{\overset{H}{|}}{C}} - \underset{\underset{H}{|}}{\overset{\overset{H}{|}}{C}} - H$$

n-Pentan   n-Hexan

Carbene

An Kohlenstoffdoppelbindungen — bei →Alkenen, Cycloalkenen und auch Aromaten — wird Methylen addiert. Aus Alkenen bilden sich Cyclopropanderivate (→Cycloalkane), aus Aromaten Cycloheptatrienderivate.

$$\begin{array}{c}\diagup\\C\\\diagup\quad\diagdown\\C\\\diagup\end{array} + :CH_2 \longrightarrow \begin{array}{c}\diagup\\C\diagdown\\|\quad\diagup CH_2\\C\diagup\\\diagup\end{array}\begin{array}{c}H\\H\end{array}$$

c-Propan   Benzol   c-Heptatrien

Überraschenderweise reagiert Methylen nicht mit Sauerstoff und mit Stickstoffoxid, obwohl beide selbst →Radikale sind. Offensichtlich reagiert Methylen im Singulettzustand schneller mit anderen Molekülen, als es sich in den Triplett-Grundzustand umwandelt.

Carbene i. w. S. lassen sich von vielen Verbindungen herstellen, am besten durch Zersetzung von Diazoverbindungen oder Einwirken von Lithiumalkylen auf Dibromverbindungen oder durch die BAMFORD-STEVENS-Reaktion: Spaltung von Sulfonylhydrazonen über Diazoverbindungen. So entstehen Carbene aus den entsprechenden Verbindungen bei Alkanen, Alkenen, Alkinen, Benzolderivaten, Ketonen, Alkoxyverbindungen u. a. Nach der Genfer Nomenklatur müssen sie die Endung -yliden tragen. Häufig werden sie aber als Substitutionsprodukte des Carbens i. e. S. benannt: CH_3CH Äthyliden = Methylcarben, CH_3-C-Cl 1-Chloräthyliden = Methylchlorcarben. Bei Ringverbindungen wird die Vorsilbe Carbena zur Charakterisierung benutzt.

$$R_2C=N-NH-SO_2R' \xrightarrow{-H^+} R_2C=N-N^--SO_2R' \to R_2CN_2 + R'SO_2^-$$
$$R_2CN_2 \to R_2C: + N_2$$

Diese Carbene zeigen die gleichen Reaktionen wie Methylen, Insertion und Addition, aber selektiver. Bei Alkyl-, Keto- und Alkenylcarbenen finden auch intramolekulare Reaktionen statt. Aus Alkylcarbenen entstehen durch die sog. Hydrid-Verschiebung Alkene und c-Propanderivate, aus Alkenylcarbenen c-Propenverbindungen. Diazocyclopropan liefert Allen (→Diene), Cyclopropylcarben c-Butan.

$$2\ \begin{array}{c}R_1\\\diagdown\\CH-CH-C=R_4\\\diagup\quad |\quad |\\R_2\quad R_3\end{array} \to \begin{array}{c}R_1\\\diagdown\\CH-C=CH-R_4\\\diagup\quad |\\R_2\quad R_3\\\text{Alken}\end{array} + \begin{array}{c}R_1\quad\quad R_3\\\diagdown\quad\diagup\\C-\!\!-\!\!-C\\\diagup\quad\diagdown\quad\diagup\quad\diagdown\\R_2\quad\ C\quad\ H\\\diagup\quad\diagdown\\H\quad R_4\\\text{c-Propan}\end{array}$$

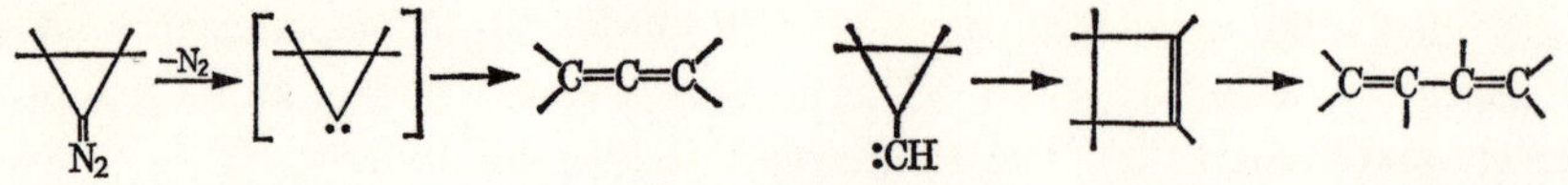

Carbene

Diazocyclopropan → Allen   Cyclopropyl-Carben → Cyclobuten → 1,3-Butadien

Präparativ wichtig ist die WOLFF-→Umlagerung von Diazoketonen zu Ketenen, die u.a. ein Teilschritt der ARNDT-EISTERT-*Synthese* von →Carbonsäuren (s.d.) darstellt.

$$R-COCl + 2CH_2N_2 \rightarrow CH_3Cl + R-\underset{O}{\overset{\|}{C}}-CN_2 \xrightarrow{-N_2} [R-\underset{O}{\overset{\|}{C}}-CH:]$$

Säurechlorid Diazomethan Monochlormethan   Diazoketon

ARNDT-EISTERT-Synthese   WOLFF-Umlagerung

$$\rightarrow O=C=CHR \xrightarrow{+H_2O} HOOC-CH_2R$$

Keten   Carbonsäure

Bei Keto- und Carboalkoxycarbenen ist auch eine 1,3-dipolare Addition an Mehrfachbindungen möglich, da diese Carbene in einer Resonanzstruktur auftreten können.

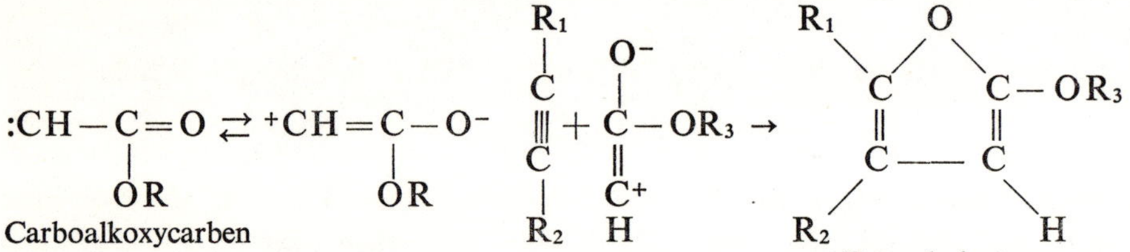

$$:CH-\underset{OR}{C}=O \rightleftarrows {}^+CH=\underset{OR}{C}-O^-$$

Carboalkoxycarben

$$\begin{array}{c} R_1 \\ | \\ C \\ \||| \\ C \\ | \\ R_2 \end{array} + \begin{array}{c} O^- \\ | \\ C-OR_3 \\ \| \\ C^+ \\ | \\ H \end{array} \rightarrow \begin{array}{c} R_1 \quad O \\ \diagdown \diagup \\ C \quad C-OR_3 \\ \| \quad \| \\ C \text{---} C \\ \diagup \quad \diagdown \\ R_2 \quad H \end{array}$$

Furanderivat

Halogencarbene, besonders Dihalogencarbene, werden sehr häufig für chemische Synthesen benutzt. Dihalogencarbene entstehen 1. beim Einwirken einer starken Base auf Haloformverbindungen (Trihalogenverbindungen), 2. durch Decarboxylierung von Trihalogenessigsäure, 3. aus Tetrahalogenmethanverbindungen mit Lithiumalkylen. Es handelt sich bei 1 und 3 um 1,1-→Eliminationen. Die Reaktionen 1 und 2 verlaufen in zwei Schritten über ein Carbanion.

1. $OH^- + HCX_3 \rightarrow H_2O + CX_3^-$, $CX_3^- \rightarrow X^- + :CX_2$

   Haloform   Carbanion
   z. B. Chloroform $CHCl_3$

2. $CX_3COO^- \rightarrow CO_2 + CX_3^-$, $CX_3^- \rightarrow X^- + :CX_2$

3. $CBrX_3 + C_4H_5Li \rightarrow C_4H_9Br + LiX + :CX_2$

Die Reaktionen sind die gleichen wie bei Methylen, nur reagieren Dihalogencarbene wegen der anhängenden Halogene elektrophil.

Eine bekannte Reaktion, bei der Dihalogencarbene als Zwischenprodukte auftreten, ist die REIMER-TIEMANN-*Synthese* von phenolischen Aldehyden aus Chloroform, Natronlauge und Phenol.

$$\underset{}{\text{OH}}\bigcirc + \left[\begin{array}{l}CHCl_3 \\ + NaOH\end{array} \equiv \begin{array}{l}:CCl_2 \\ + NaCl + H_2O\end{array}\right] \xrightarrow{-NaCl\ -H_2O} \underset{CHCl_2}{\bigcirc\text{OH}} \xrightarrow[+H_2O\ -2HCl]{OH^-} \underset{CHO}{\bigcirc\text{OH}}$$

Carbenoide stimmen mit dem Verhalten freier Carbene nicht in allen Punkten überein. Sie reagieren nur durch Addition, nicht mit Insertion. Ihre Selektivität bei den Reaktionspartnern ist aber größer. Carbenoide entstehen durch Abspalten zweier entgegengesetzt polarer Substituenten von einem C-Atom (1,1-→Elimination), z. B. bei 1,1-Halogenmetallalkanen. Solche Verbindungen wandeln →Alkene in Cyclopropane um, der Reaktionsmechanismus muß aber nicht über das Zwischenstadium der Carbene laufen.

Carbenanaloge sind den Carbenen entsprechende Verbindungen anderer Elemente, zweibindige der 4. Gruppe, einbindige der 5. Gruppe, atomare der 6. Gruppe und auch atomarer Kohlenstoff als Dicarben mit vier freien Elektronen. Enge Analogien liegen nur bei Elementen der 2. Periode vor.

So bildet atomarer Kohlenstoff, der im Lichtbogen erzeugt wurde, mit Alkenen Allene (→Diene), mit Benzol Toluol. Silyene (Silicium 4. Gruppe) lassen sich nur durch Pyrolyse oder Elimination von Siliciumhalogeniden bilden. Bei der letzteren Reaktion gebildete Siliciumdihalogenide polymerisieren zu $(SiX_2)_n$. SiF_2 schiebt sich auch zwischen C—F-Bindungen. Ge, Sn und Pb bilden stabile zweiwertige Verbindungen, die nicht als Carbenanaloge brauchbar sind.

Durch Foto- oder Thermolyse von Aziden entstehen *Nitrene*, die mit Insertion bei C—H-Bindungen reagieren. Von entsprechenden Phosphorverbindungen ist noch wenig bekannt.

Atomarer Sauerstoff (durch Photolyse aus N_2O) bildet mit Alkenen Epoxide.

Carbide

$$R-N_3 \xrightarrow{-N_2} R-N: \xrightarrow{+\!\!>\!\!C\!\!=\!\!C\!\!<} \underset{\text{Aziridinderivat}}{\overset{\overset{R}{\underset{|}{N}}}{-\!\!\underset{|}{C}\!\!-\!\!\underset{|}{C}\!\!-}}$$

Azid   Nitren

$$N_2O \xrightarrow{-N_2} O: \xrightarrow{+\!\!>\!\!C\!\!=\!\!C\!\!<} \underset{\text{Epoxid}}{\overset{\overset{O}{\underset{|}{}}}{-\!\!\underset{|}{C}\!\!-\!\!\underset{|}{C}\!\!-}}$$

Literatur
KIRMSE, W.: Carbene Chemistry. — Academic Press, New York 1964
KIRMSE, W.: Carbene, Carbenoide, Carbenanaloge. — Verlag Chemie, Weinheim 1969
GILCHRIST, T. u. REES, C.: Carbene, Nitrene u. Dehydroaromaten. — Hüthig, Heidelberg 1972

Carbide s. Äthin, Alkine.
Carbobenzoxyverfahren s. Aminosäuren 2.2.
Carbocyclisch: Ring nur aus C-Atomen s. Cycloalkane, -alkine, Benzolkohlenw.
Carbodiimid-Methode s. Aminosäuren 2.2.
Carbomycin s. Antibiotica.
Carbonium-Ion bedeutet: C-Atom trägt positive Ladung. Übergangszustände bei Reaktionen s. Additionen 1. 1., Elimination, Polymerisation, Substitution 1.1., Umlagerungen 1.1.1. und 2.2.
Carbonsäuren sind organische Verbindungen, die die *Carboxylgruppe* (—COOH) enthalten. Die Fähigkeit, das Proton abzugeben, beruht auf der negativen induktiven (elektronenanziehenden) Wirkung der benachbarten C—O-Doppelbindung. Es existieren zwei nicht gleichwertige Resonanzstrukturen, eine mit einer positiven Ladung am Hydroxylsauerstoff. Das nach der Dissoziation entstehende Carboxylat-Ion ist ebenfalls durch Mesomerie (→Atombau) stabilisiert.

$$R-C\overset{O}{\underset{O-H}{\diagdown}} \leftrightarrow R-C\overset{O^-}{\underset{O^+\!-H}{\diagdown}} \qquad R-C\overset{O}{\underset{O^-}{\diagdown}} \leftrightarrow R-C\overset{O^-}{\underset{O}{\diagdown}}$$

Mesomerie der Carboxylgruppe   Mesomerie des Carboxylations

Gegenüber stärkeren Säuren funktioniert die Carboxylgruppe als Base (Protonenakzeptor). Carbonsäuren sind aber schwächere Basen als Ketone (→Oxoverbindungen).

$$R-C\begin{smallmatrix}O-H\\\\O^+-H\end{smallmatrix} \leftrightarrow R-{}^+C\begin{smallmatrix}O-H\\\\O-H\end{smallmatrix} \leftrightarrow R-C\begin{smallmatrix}O^+-H\\\\O-H\end{smallmatrix}$$

Carbonsäure als LEWIS-Base (Mesomerie)

Die Carboxylgruppe kennzeichnet eigentlich nur die Metacarbonsäuren, die sich durch Wasserabspaltung von den nur vereinzelt existenzfähigen Orthocarbonsäuren ableiten. Orthocarbonsäuren, die eigentlich Triole (3 OH-Gruppen enthaltend) darstellen, sind nur dann stabil, wenn starke elektronenanziehende Substituenten vorhanden sind, so z. B. bei der Trichloressigsäure. Als Ester oder Amide sind auch normale Orthocarbonsäuren beständig.

$$Cl-\underset{\underset{Cl}{|}}{\overset{\overset{Cl}{|}}{C}}-\underset{\underset{OH}{|}}{\overset{\overset{OH}{|}}{C}}-OH \xrightarrow{-H_2O} Cl-\underset{\underset{Cl}{|}}{\overset{\overset{Cl}{|}}{C}}-C\begin{smallmatrix}O\\\\OH\end{smallmatrix}$$

Trichloressigsäurehydrat Trichloressigsäure

Nach der Anzahl der Carboxylgruppen unterscheidet man 1.1. Mono-, 1.2. Dicarbonsäuren u.ä. Die Carbonsäuren können im Gerüst der C-Kette substituiert sein (2.1. ungesättigte Carbonsäuren 2.2. Halogen-, 2.3. Nitro- u. Sulfo-, 2.4. Hydroxycarbonsäuren, 2.5. Oxocarbonsäuren). Die Substitution kann auch an der Carboxylgruppe eintreten (3.1. Anhydride, 3.2. Säurehalogenide, 3.3. Säureamide, 3.4. Nitrile). Die Verbindungen werden in dieser Reihenfolge besprochen. Aminosäuren sind mit Eiweiß zusammen behandelt unter dem Stichwort →Aminosäuren. Auch →Ester sind in einem eigenen Artikel besprochen.

1. Gesättigte Carbonsäuren (*aliphatisch und aromatisch*)

1.1. Monocarbonsäuren

Für die Nomenklatur gibt es mehrere Möglichkeiten. Nach der →Genfer Nomenklatur werden Carbonsäuren entweder als Oxidationsprodukt einer Methylgruppe oder als durch die Carboxylgruppe substituierte Kohlenwasserstoffe angesehen. Im ersten Fall wird an den Namen des oxidierten Kohlenwasserstoffs die Endung -säure angehängt. Im zweiten Fall fügt man die Endung -carbonsäure dem Namen des substituierten Kohlenwasserstoffs an. Der Name Äthan-

Carbonsäuren 1.1.

säure entspricht nach der zweiten Nomenklatur Methancarbonsäure. Bei Substitution wird das C-Atom der Carboxylgruppe mit 1 nummeriert. Bei vielen Carbonsäuren sind Trivialnamen gebräuchlich (Essigsäure für Äthansäure) und die Kennzeichnung der substituierten C-Atome mit griechischen Buchstaben. In diesem Fall ist das der Carboxylgruppe benachbarte C-Atom das mit α bezeichnete. Als *Acyl* benennt man das Säureradikal, bei dem die OH-Gruppe aus der Carboxylgruppe entfernt wurde (R—CO—).

Die gesättigten aliphatischen Monocarbonsäuren, die eine homologe Reihe darstellen, werden auch *Fettsäuren* genannt, da einige Vertreter als Bestandteile der Fette vorkommen.

1.1.1. Herstellung der Monocarbonsäuren

Einige wichtige Darstellungsarten sind in Tab. 1 zusammengefaßt (nach Fodor):

Ausgangsstoff	Reagens	Vorgang	Produkt
1. Kohlenwasserstoffe			
1.1. →Alkan	Luft/Katalysator	Oxidation	Alkansäure
1.2. Aromaten (Toluol, Dimethylbenzol)	Luft/Kat., CrO_3	Oxidation	Benzoesäure
1.3. →Alken	O_3, $KMnO_4$	Oxidation	Alkansäure
	$CO + H_2O$	Carbonylierung nach Reppe s. →Äthin	Alkansäure
2. Oxidierte Kohlenwasserstoffe			
2.1. Alkohol (primär) (→Hydroxylverbind.)	CrO_3, $KMnO_4$, O_2/Kat.	Oxidation	Alkansäure
2.2. Aldehyd (→Oxoverbindungen)	O_2/Kat., Metalloxide	Oxidation	Alkansäure
	NaOH, $Al(OC_2H_5)_3$	Disproportionierung nach Cannizzaro und Tischtschenko	Alkansäure + Alkohol
2.3. Methylketon	$J_2 + KOH$	Jodoformprobe (→Halogenderivate)	Alkansäure + Jodoform
2.4. Cyclohexan-1,3-dion	1. Alkylhalogenid, 2. Alkalien, 3. Reduktion	Kettenverlängerung nach Stetter	Alkansäure + 6C

Carbonsäuren 1.1.

Ausgangsstoff	Reagens	Vorgang	Produkt
3. Carbonsäuren und Derivate			
3.1. Carbonsäure	ARNDT-EISTERT-Synthese		Alkansäure $+1\,C$
	BADGER-GOLDFARB-Synthese		Alkansäure $+4\,C$
3.2. 1,3-Dicarbonsäuren	Pyrolyse	Elimination	Alkansäure
3.3. Ester	H_2O	Hydrolyse	Carbonsäure $+$ Alkanol
	BARBIER-WIELAND-Abbau		Alkansäure $-1\,C$
3.4. Malonsäureester	Alkylierungsmittel		Alkansäure
3.5. Carbonsäuresalz $+$ Dicarbonsäurehalbester		Elektrolyse	Alkansäure $+n\,C$
3.6. Nitril	H_2O	Hydrolyse	Alkansäure $+NH_3$
3.7. CO_2	R—Mg—Halogen	→GRIGNARD	Carbonsäure
3.8. Phosgen $COCl_2$	$AlCl_3 +$ Aromat	FRIEDEL-CRAFTS	aromatische Carbonsäure

Erläuterungen zur Tabelle 1:

1.1. Die Oxidation langkettiger Alkane spielt technisch eine Rolle bei der Herstellung von Ausgangsprodukten für →Waschmittel. Aus den Fettsäuren gewinnt man durch Reduktion „Fettalkohole".

1.3. Die Umsetzung eines →Alkens mit CO und H_2O entspricht der Oxoreaktion (→Hydroformylierung). Metallcarbonyle dienen als Katalysator bei der Anlagerung des CO zu einem Cyclopropanonderivats, das mit Wasserdampf unter Überdruck gespalten wird.

$$\underset{\text{Alken}}{R-\overset{H}{C}=\overset{H}{CH}} + CO \xrightarrow{300°C} \underset{\text{c-Propanonderivat}}{R-\overset{H}{\underset{\diagdown \diagup}{C}}-\overset{H}{\underset{CO}{CH}}} \xrightarrow{+H_2O} \underset{\text{Alkansäure}}{R-CH_2\,CH_2\,COOH}$$

2.1. Primäre Alkohole werden oxidiert unter Beibehaltung des C-Gerüsts. Bei sekundären Alkoholen entsteht eine Carbonsäure, deren Kette mindestens um

Carbonsäuren 1.1.

1 C-Atom kürzer ist als der Alkohol, bei tertiären Alkoholen eine um 2 C-Atome verkürzte Säure.

2.4. STETTERS Methode ist eine Möglichkeit zur Darstellung langkettiger Monocarbonsäuren. Zuerst wird das Cyclohexa-1,3-dion alkyliert (das Alkylierungsmittel bestimmt die Länge der herzustellenden Säure). Durch Alkalien wird der Cyclohexanring gesprengt, und zum Schluß die entstandene Ketosäure nach der Methode von WOLFF-KISHNER reduziert.

$$CH_3(CH_2)_{15}X + \underset{\text{Cyclo-hexa-1,3-dion}}{\text{[1,3-dion]}} \xrightarrow{-HX} CH_3(CH_2)_{15}\text{[dion]} \xrightarrow{+H_2O} CH_3(CH_2)_{15}-CH_2CO(CH_2)_3COOH \xrightarrow[-H_2O]{+2H_2} CH_3(CH_2)_{20}COOH$$

Hexadecan- Cyclo- Docosansäure
halogenid hexa-1,3-dion

3.1. Mit der *Methode von* ARNDT *und* EISTERT wird eine Carbonsäure in die nächst höhere homologe Verbindung übergeführt. Die Reaktionsschritte sind: Herstellung des Säurechlorids, Umsetzung mit Diazomethan, anionotrope →Umlagerung (→Isomerie 3.) mit Wasser zur Carbonsäure.

$$3\,RCOOH \xrightarrow[-H_3PO_3]{+PCl_3} 3\,R-\underset{Cl}{\overset{O}{\overset{\|}{C}}}- \xrightarrow[+3\,CH_2N_2]{-3\,HCl} \underset{-CH-N^+\equiv N}{3\,R-C=O}$$

Säurechlorid Diazomethan Diazoketon

$$\xrightarrow{-3\,N_2} 3\,R-CH=C=O \xrightarrow{+3\,H_2O} 3\,R-CH_2COOH$$

Alkansäuren

Mit der BADGER-GOLDFARB-Methode gelingt der Aufbau einer um 4 C-Atome verlängerten Carbonsäure. Eine ω-Halogencarbonsäure wird in Gegenwart von $AlCl_3$ mit Thiophen (→Heterocyclen 1.1.) umgesetzt. Das Produkt wird über RANEY-Nickel hydriert und entschwefelt. Geht man von einem Säurechlorid aus, muß eine Reduktion der Ketogruppe erfolgen.

$$\underset{\text{Thiophen}}{\text{[S]}} + Cl(CH_2)_n COOH \xrightarrow[AlCl_3]{-HCl} \text{[S]}-(CH_2)_n COOH \xrightarrow[\text{Raney-Ni}]{-S \atop +6H} CH_3-(CH_2)_3-(CH_2)_n-COOH$$

Alkansäure

3.2. 1,3-Dicarbonsäuren geben beim Erhitzen CO_2 ab und bilden Alkansäuren. 3-Oxocarbonsäuren liefern mit starken Laugen zwei Carbonsäuren.

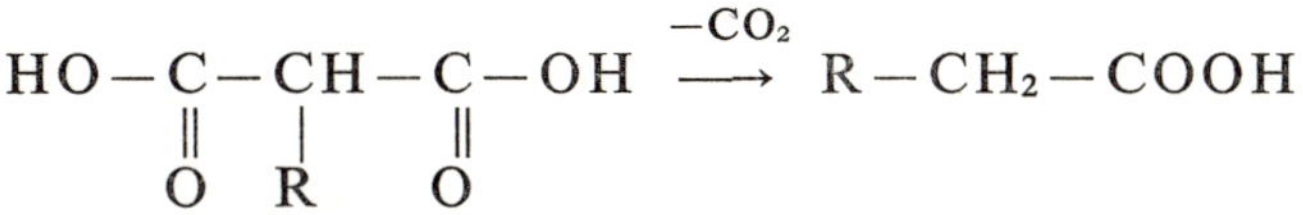

Carbonsäuren 1.1.

$$HO-\underset{\underset{O}{\|}}{C}-\underset{\underset{R}{|}}{CH}-\underset{\underset{O}{\|}}{C}-OH \xrightarrow{-CO_2} R-CH_2-COOH$$

Malonsäurederivat

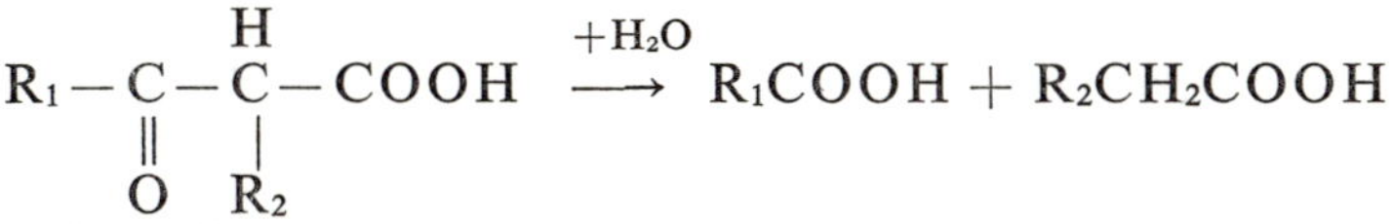

$$R_1-\underset{\underset{O}{\|}}{C}-\underset{\underset{R_2}{|}}{\overset{H}{C}}-COOH \xrightarrow{+H_2O} R_1COOH + R_2CH_2COOH$$

3-Oxocarbonsäure

3.3. Esterhydrolyse s. →Ester

Beim BARBIER-WIELAND-Abbau entsteht eine Carbonsäure, die ein C-Atom weniger hat als die Ausgangssubstanz. Der Ester wird mit Phenylmagnesiumbromid in Diphenylcarbinol umgewandelt, das spontan Wasser abspaltet. Ozonolyse des entstandenen Äthenderivats ergibt die Säure. Beim stufenweisen Abbau einer längeren Kette tritt bei einer Verzweigungsstelle ein Keton bei der Ozonolyse auf.

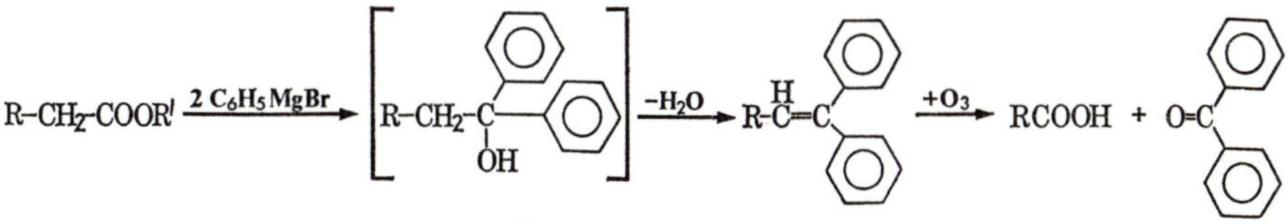

R-CH$_2$-COOR' $\xrightarrow{2\,C_6H_5MgBr}$ [R-CH$_2$-C(C$_6$H$_5$)$_2$OH] $\xrightarrow{-H_2O}$ R-CH=C(C$_6$H$_5$)(H) $\xrightarrow{+O_3}$ RCOOH + O=C(C$_6$H$_5$)$_2$

Ester   Carbinol

3.4. Malonsäureestersynthesen s. Abschnitt 1.2. bei Dicarbonsäurereaktion.

3.5. R—COO⁻   → R—R
    Salz   Kohlenwasserstoff
                Elektrolyse
                               → R'OOC(CH$_2$)$_{2n}$COOR'
    R'OOC—(CH$_2$)$_n$ Diester einer Dicarbonsäure (nC mehr!)
    —COO⁻   → R—(CH$_2$)$_n$COOR'
    Halbester einer   Monocarbonsäureester
    Dicarbonsäure

3.6. Die Hydrolyse eines Nitrils kann von Laugen oder Säuren katalysiert werden. Mit Laugen erhält man Alkalisalze und NH_3, mit Säuren die Carbonsäure und NH_4^+.

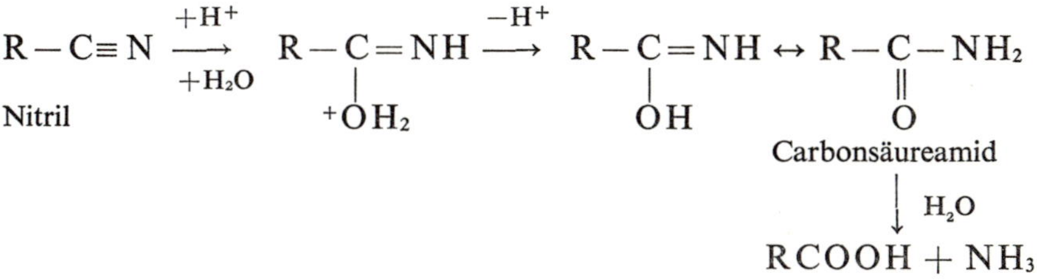

$$R-C\equiv N \xrightarrow[+H_2O]{+H^+} R-\underset{\underset{+OH_2}{|}}{C}=NH \xrightarrow{-H^+} R-\underset{\underset{OH}{|}}{C}=NH \leftrightarrow R-\underset{\underset{O}{\|}}{C}-NH_2$$

Nitril   Carbonsäureamid

$$\downarrow H_2O$$

$$RCOOH + NH_3$$

Carbonsäuren 1.1.

3.7.

$$R-CH_2-Mg-Br + O=C=O \longrightarrow R-CH_2-C\begin{smallmatrix}O\\\\O\end{smallmatrix}Br-Mg \xrightarrow[-MgClBr]{+HCl} R-CH_2-COOH$$

→ GRIGNARD-Reagens Alkansäure

$$COCl_2 + AlCl_3 \rightleftharpoons [Cl-C=O]^+ AlCl_4^- \xrightarrow{+\text{Benzol}} \bigcirc\!\!-C\begin{smallmatrix}O\\\\Cl\end{smallmatrix} + H^+[AlCl_4]^- \xrightarrow{+H_2O} \bigcirc\!\!-COOH + 2HCl + AlCl_3$$

Phosgen Benzoesäure

1.1.2. Eigenschaften der Monocarbonsäuren

Die Fettsäuren mit weniger als 10 C-Atomen sind flüssig und riechen stechend oder ranzig (ab C_4). Von der Decansäure (Caprinsäure) an sind es feste, geruchlose Substanzen. Wie bei anderen homologen Reihen nimmt der Schmelzpunkt nicht gleichmäßig zu, sondern die Carbonsäuren mit gerader C-Atomzahl schmelzen höher als die benachbarten mit ungerader C-Atomzahl. Ob dies mit der Molekülstruktur (trans-Anordnung von Carboxyl- und endständiger Methylgruppe bei gerader C-Atomzahl) oder mit der Gitterstruktur der langgestreckten Zickzackketten zusammenhängt, ist noch nicht geklärt.

Die Siedepunkte liegen gegenüber vergleichbaren Substanzen relativ hoch, weil Molekülassoziationen durch Wasserstoffbrücken gebildet werden. Sogar noch beim Siedepunkt liegen die meisten Carbonsäuren in dimerer Form vor, wie die doppelt so große Molmasse erkennen läßt.

$$R-C\begin{smallmatrix}O....H-O\\\\O-H....O\end{smallmatrix}C-R$$

Dimere Carbonsäure

In den Fettsäuren ist die Carboxylgruppe hydrophil, die Kohlenstoffkette hydrophob. Dementsprechend nimmt die Wasserlöslichkeit mit steigender C-Atomanzahl ab (bis Propansäure vollständig mischbar) und die Fettlöslichkeit zu. In Alkohol und Äther sind alle löslich.

Auch die Säurestärke nimmt mit zunehmender C-Atomzahl ab, da diese Alkylgruppen eine positive induktive Wirkung ausüben, d. h. sie erhöhen die Elektronendichte zwischen O und H.

Die physikalischen Daten einiger wichtiger Säuren sind in Tab. 2 zusammengefaßt (nach FODOR und RODD):

Carbonsäuren 1.1.

Name	Formel	F in °C	Kp in °C	Dichte g/cm³	bei 20°C
Methansäure-Ameisensäure	HCOOH	8,4	100,5	1,220	
Äthansäure-Essigsäure	CH_3COOH	16,6	118,2	1,049	
Propansäure-Propionsäure	C_2H_5COOH	—22,0	141,1	0,992	
Butansäure-Buttersäure	C_3H_7COOH	—7,9	163,5	0,959	
Pentansäure-Valeriansäure	C_4H_9COOH	—34,5	186,3	0,942	
Hexansäure-Capronsäure	$C_5H_{11}COOH$	—3,9	205,8	0,929	
Heptansäure-Önanthsäure	$C_6H_{13}COOH$	—7,5	223,0	0,922	
Octansäure-Caprylsäure	$C_7H_{15}COOH$	16,3	239,7	0,910	
Nonansäure-Pelargonsäure	$C_8H_{17}COOH$	12,3	255,6	0,907	
Decansäure-Caprinsäure	$C_9H_{19}COOH$	31,3	270,0	0,895	bei 30°C
Dodecansäure-Laurinsäure	$C_{11}H_{23}COOH$	44,0	298,9	0,883	
Hexadecansäure-Palmitinsäure	$C_{15}H_{31}COOH$	62,8	339 bis 356	0,853	bei 62°C
Octadecansäure-Stearinsäure	$C_{17}H_{33}COOH$	69,6	383	0,847	bei 69°C
Benzolcarbonsäure-Benzoesäure	C_6H_5COOH	122,0	249,0	1,266	bei 15°C
Phenylessigsäure	C_7H_7COOH	76,7	265,5	1,228	
Dicarbonsäuren					
Äthandisäure-Oxalsäure	$(COOH)_2$	187		1,653	
Propandisäure-Malonsäure	$COOH \cdot CH_2 \cdot COOH$	135,6	181,0	1,631	bei 15°C
Butandisäure-Bernsteinsäure	$COOH \cdot C_2H_4 \cdot COOH$	185,0	235,0	1,564	bei 15°C
Pentandisäure-Glutarsäure	$COOH \cdot C_3H_6 \cdot COOH$	97,5	304,0	1,429	bei 15°C
Hexandisäure-Adipinsäure	$COOH \cdot C_4H_8 \cdot COOH$	153,1	265 (100 Torr)	1,366	
Octandisäure-Korksäure	$COOH \cdot C_6H_{12} \cdot COOH$	140,0	279,0 (100 Torr)		
Benzoldicarbonsäuren					
Phthalsäure (1,2-Disäure)	$C_6H_4(COOH)_2$	206		1,593	
Terephthalsäure (1,4-Disäure)	$C_6H_4(COOH)_2$	sublimiert		1,510	
ungesättigte Säuren					
Prop-2-en-1-säure — Acrylsäure	C_2H_3COOH	12,3	141,9	1,062	bei 16°C
But-2-en-1-säure — Crotonsäure	C_3H_5COOH	72,0	189,0	1,018	
cis-Octadec-9-en-1-säure — Ölsäure	$C_{17}H_{33}COOH$	14,0	286,0 (100 Torr)	0,895	

Carbonsäuren 1.1.

Name	Formel	F in °C	Kp in °C	Dichte g/cm³	bei 20°C
Octadeca-9,12-dien-1-säure — Linolsäure	$C_{17}H_{31}COOH$	−11,0	230,0 (16 Torr)	0,903	
Octadeca-9,12,15-trien-1-säure — Linolensäure	$C_{17}H_{29}COOH$		230 bis 232 (17 Torr)		
3-Phenylprop-2-en-1-säure — Zimtsäure	C_8H_7COOH	133,0	300,0	1,247	bei 4°C
Äthen-cis-1,2-dicarbonsäure — Maleinsäure	$COOH \cdot C_2H_2 \cdot COOH$	130,5	135,0	1,590	
Äthen-trans-1,2-dicarbonsäure — Fumarsäure	$COOH \cdot C_2H_2 \cdot COOH$	287,0	290,0	1,635	
Hydroxycarbonsäuren					
Hydroxyäthansäure-Glykolsäure	$CH_2OH \cdot COOH$	80			
2-Hydroxypropansäure-Milchsäure	$CH_3 \cdot CHOH \cdot COOH$	26		1,248	
2-Hydroxypropansäure-DL-Form	$CH_3 \cdot CHOH \cdot COOH$	18	122,0 (15 Torr)		
2-Hydroxy-butan-1,4-disäure —					
Äpfelsäure DL-Form	$COOH \cdot CHOH \cdot CH_2 \cdot COOH$	128,5		1,601	
L-Form	$COOH \cdot CHOH \cdot CH_2 \cdot COOH$	100,0	140,0	1,595	
2,3-Dihydroxy-butan-1,4-disäure —					
Weinsäure D-Form	$COOH \cdot CHOH \cdot CHOH \cdot COOH$	170,0		1,760	
DL-Form	$COOH \cdot CHOH \cdot CHOH \cdot COOH$	100,0		1,697	
meso-Form	$COOH \cdot CHOH \cdot CHOH \cdot COOH$	140,0		1,666	
2-Phenyl-2-hydroxy-essigsäure Mandelsäure DL-Form	$C_6H_5CHOH \cdot COOH$	118,1		1,300	
2-Hydroxypropan-1,2,3-tricarbonsäure — Citronensäure	$COOH \cdot CH_2 \cdot COHCOOH \cdot CH_2 \cdot COOH$	153,0		1,542	bei 18°C

1.1.3. Chemische Reaktionen der Monocarbonsäuren

Die Carboxylgruppe (COOH) zeigt chemisch nicht das Verhalten von Carbonylgruppe (CO) und Hydroxylgruppe (OH). Die Carbonylgruppe kann weder chemisch noch spektroskopisch nachgewiesen werden. Dies beruht auf der in der Einleitung beschriebenen Mesomerie. Die beiden Carboxylsauerstoffatome weisen kaum einen Unterschied in ihren Abständen zum C-Atom auf.

In Tab. 3 sind einige wichtige Reaktionen der Carboxylgruppe und des durch die Carboxylgruppe beeinflußten Moleküls zusammengestellt (nach Fodor);

Reagens	Vorgang	Endprodukt
1. Wasserstoff der Carboxylgruppe		
1.1. Metalle	Redoxvorgang	Carbonsäuresalz
1.2. Metalloxid, -hydroxid	Protolyse	Carbonsäuresalz
1.3. Diazoalkan		Carbonsäure→ester
2. Hydroxylgruppe der Carboxylgruppe		
2.1. →Hydroxylverbindung	Substitution, nucleophil	Carbonsäure→ester
2.2. PCl_3, PCl_5, $SOCl_2$		Carbonsäurechlorid
2.3. P_2O_5		Carbonsäureanhydrid
3. Oxogruppe des Carboxylgruppe		
3.1. $LiAlH_4$, $NaBH_4 + AlCl_3$	Reduktion	Alkohol (→Hydroxylderivate)
3.2. →Grignard-Reagens		Aldehyd → Alkohol (→Oxoverbindungen)
3.3. $H_2 + CuCr_2O_4$ o. Ru	Katalytische Hydrierung nach Bouveault-Blanc	Alkohol
4. Decarboxylierung		
4.1. Br_2, $J_2 + Ag$-Salz	Hunsdiecker-Reaktion	Halogenkohlenwasserstoff
4.2. Protonenkatalyse		Kohlenwasserstoff
4.3. Carbonsäuresalz	Elektrolyse n. Kolbe	Kohlenwasserstoff
4.4. NH_3, NaN_3	Schmidt-, Curtius-Abbau	primäres Amin

Carbonsäuren 1.1.

Reagens	Vorgang	Endprodukt
5. Alkylgruppe der Carbonsäure		
5.1. SeO_2	Oxydation n. RILEY	2-Oxocarbonsäure
5.2. Halogen	HELL-VOLHARD-ZELINSKY	2-Halogencarbonsäure
6. Arylgruppe der Carbonsäure		
6.1. elektrophiles Reagens		m-Substitution (→Benzolkohlenwasserstoffe)
elektrophiles Reagens + Salz		o,p-Substitution
6.2. nucleophiles Reagens		o,p-Substitution
nucleophiles Reagens + Salz		m-Substitution

Erläuterungen zu Tab. 3:

1. In Wasser dissoziierte Carbonsäuren zeigen die gleichen Reaktionen mit Metallen, Metalloxiden und -hydroxiden wie anorganische Säuren. Da Carbonsäuren schwache Säuren sind, reagieren Carbonsäuresalze in wäßrigen Lösungen alkalisch (sog. Hydrolyse).

$$R-COOH+H_2O \leftrightarrows \underset{\text{Dissoziation}}{RCOO^-+H_3O^+} \xrightarrow{+Me} \underset{\text{Salzbildung}}{RCOO^-+Me^++H_2O+\{H\}}$$

$$RCOO^-+Me^++H_2O \rightleftarrows \underset{\text{„Hydrolyse"}}{RCOOH+Me^++OH^-}$$

$$\underset{\text{Diazomethan}}{RCOOH+N^-=N^+=CH_2} \rightarrow R-COO^-[N\equiv N-CH_3]^+ \rightarrow \underset{\text{Ester}}{RCOOCH_3+N_2}$$

2. Säurehalogenide können nicht mit Halogenwasserstoffsäuren hergestellt werden, da das Hydroxylion ein stärker nucleophiles Reagens ist als Halogenidionen. Deshalb benutzt man anorganische Säurehalogenide wie Phosphor- und Thionylhalogenide. Die Reaktion verläuft wahrscheinlich über ein gemischtes Anhydridsäurechlorid, das von Halogen gespalten wird.

$$3R-COOH + PCl_3 \rightarrow \underset{\text{Säurechlorid}}{3RCOCl} + H_3PO_3$$

$$RCOOH + SOCl_2 \rightarrow R-C\underset{O-S-O}{\overset{O}{\diagup}}Cl + HCl \rightarrow R-C\underset{Cl}{\overset{O}{\diagup}} + SO_2 + HCl$$

Thionylchlorid　　　　　　　　　　Säurechlorid

Auch zur Bildung von Säureanhydriden kann man den Weg über gemischte Anhydride mit Hilfe von anorganischen Anhydriden gehen. Die gelockerte C-O-Bindung wird von einem Carbonsäure-Ion leicht gespalten. Alkali- und Silbersalze der Carbonsäuren werden von Säurehalogeniden zu Anhydriden acyliert.

$$R-COOH + P_2O_5 \rightarrow R-\overset{O}{\underset{\|}{C}}-O-\overset{OH}{\underset{\|}{P}}-O-\overset{}{\underset{\|}{P}}=O \xrightarrow{+R-COOH}$$

$$\begin{array}{c} R-C\overset{O}{\diagup} \\ \diagdown O \\ \diagup \\ R-C\overset{}{\diagdown O} \end{array} + 2HPO_3$$

Anhydrid

3. Die Reduktion der Carboxylgruppe führt zu Alkoholen. Reduktionsmittel sind komplexe Metallhydride. Die katalytische Hydrierung nach BOUVEAULT und BLANC und das Einwirken einer →GRIGNARDVerbindung (R-Mg-Hal) findet leichter bei Carbonsäureestern statt.

4. Die Umwandlung einer Carbonsäure in einen →Halogenkohlenwasserstoff geht nach der *Methode von* HUNDSDIECKER vom Carbonsäuresilbersalz aus, das mit elementarem Brom behandelt wird.

$$R-CH_2-COO^-Ag^+ \xrightarrow[-AgBr]{+Br_2} R-CH_2-\overset{O}{\underset{\|}{C}}-O-Br \rightarrow R-CH_2-Br + CO_2$$

Decarboxylierung zu Kohlenwasserstoffen erfolgt außer durch Protonenkatalyse auch thermisch. Kohlenwasserstoffe bilden sich auch bei der Elektrolyse nach KOLBE vonAl kalicarbonsäuresalzen. Nach der Oxydation des Carboxylat-Ions an der Anode spaltet das entstandene Radikal CO_2 ab. Das daraus gebildete Alkyl-

Carbonsäuren 1.1.

radikal vereinigt sich mit einem zweiten zu einem Alkan. Bei längeren Ketten bildet sich ein Alken.

$$R-CH_2-CH_2-COO^- \xrightarrow{-e^-} [R-CH_2-CH_2-COO\cdot] \xrightarrow{-CO_2}$$
Salz · Radikal

$$[R-CH_2-\dot{C}H_2] \begin{array}{l} \xrightarrow{-H\cdot} R-\overset{H}{C}=CH_2 \quad \text{Alken} \\ \xrightarrow{+R-CH_2-\dot{C}H_2} R-CH_2-CH_2-CH_2-CH_2-R \end{array}$$

Alkyl-Radikal · Alkan

Schmidt *Abbau*

$$R-COOH + HN_3 \xrightarrow[-H_2O]{H_2SO_4 \text{ kat}} R-\overset{O}{\underset{\|}{C}}-N_3 \xrightarrow{-N_2} R-N=C=O \xrightarrow{+H_2O}$$

Stickstoff- · · · · · · · · · · · · · · · · Azid · · · · · · · · · · · Alkylisocyanat
wasserstoffsäure

$$R-\overset{H}{\underset{|}{N}}-C\overset{\diagup O}{\diagdown OH} \rightarrow RNH_2 + CO_2$$

R-Carbaminsäure · · Primäres
· Amin

Der Schmidt-Abbau gehört zu den Reaktionen mit →Umlagerungen. Das Acylstickstoffradikal wird unter Anionverschiebung (s. →Isomerie 4. Tautomerie) zum Isocyanat stabilisiert. Der Curtius-Abbau unterscheidet sich durch die Herstellung des Azids aus einem Säurechlorid mit Natriumazid. Die Nebenreaktionen der Schwefelsäure werden damit umgangen.
5. Wegen der Mesomerie innerhalb der Carboxylgruppe ist das C-Atom der Carboxylgruppe schwächer elektrophil als das einer Carbonylgruppe (→Oxoverbindungen). Deshalb ist die Einwirkung auf die C-H-Bindungen am α-C-Atom schwächer. Carbonsäuren werden daher nur schwer oxydiert. Lediglich SeO_2 führt zur Bildung einer Carbonylgruppe neben der Carboxylgruppe.
Zur Erhöhung der induktiven Wirkung der Carboxylgruppe wandelt man sie in eine Säurehalogenidgruppe um wie bei der Hell-Volhard-Zelinsky-*Reaktion*. Das Säurehalogenid läßt sich am α-C-Atom durch Brom substituieren. Die Halogencarbonsäure entsteht dann durch Austauschreaktion mit einem Ausgangsmolekül.

Carbonsäuren 1.1.

$$3\,R-CH_2-C\!\!\begin{array}{c}\nearrow O \\ \searrow OH\end{array} + PCl_3 \rightarrow 3\,R-CH_2-C\!\!\begin{array}{c}\nearrow O \\ \searrow Cl\end{array} + P(OH)_3$$

Carbonsäure   Säurehalogenid

$$R-CH_2-C\!\!\begin{array}{c}\nearrow O \\ \searrow Cl\end{array} + Br_2 \xrightarrow{-HBr} R-CH-C\!\!\begin{array}{c}\nearrow O \\ \searrow Cl\end{array} \xrightarrow{+RCOOH} \begin{array}{c}\alpha\text{-Bromcarbon-}\\ \text{säure}\\ RCH-COOH\end{array}$$
$$\qquad\qquad\qquad\qquad\qquad\qquad\qquad\quad |\qquad\qquad\qquad\qquad\qquad\quad |$$
$$\qquad\qquad\qquad\qquad\qquad\qquad\qquad\quad Br\qquad\qquad\qquad\qquad\qquad\quad Br$$

Säurehalogenid ←-- +RCOCl

                                                                                                  Säurehalogenid

6. Die unterschiedliche Substitution des →aromatischen Kerns in Abhängigkeit vom pH-Wert des Mediums beruht auf der mesomeren Wirkung der Gruppen. In saurem Medium liegt die Carboxylgruppe vor (schwache Säuren). Sie wirkt negativ mesomer (→Benzolkohlenwasserstoffe 1. 1. 2. oder →Substitution) und lenkt elektrophile Substituenten in die meta-Stellung, nucleophile in ortho- und para-Stellung. In alkalischem Medium liegt das Carboxylat-Ion vor, das eine positiv mesomere Wirkung (Elektronenzufuhr) ausübt. Dementsprechend lenkt es elektrophile Substituenten in die o- bzw. p-Stellung und die nucleophilen in die m-Position.

1.1.4. Vorkommen und Verwendung

Die in Ameisen und Brennesseln frei vorkommende *Ameisensäure* weicht in ihren Reaktionen von den übrigen Fettsäuren ab. Dies beruht nicht auf der Formylgruppe (-CHO), die in Aldehyden vorkommt und formal in der Ameisensäure vorliegt. Sie läßt sich ebenso wenig wie die Carbonylgruppe in den anderen Fettsäuren nachweisen.

Die stechend riechende, ätzende Flüssigkeit hat eine 10-mal größere Säurestärke als die nächste homologe Fettsäure. Sie gibt Wasserstoff ab, d. h. sie wirkt als einzige Fettsäure reduzierend. Sie reduziert zwar wie ein Aldehyd Silbernitratlösung, $Hg(NO_3)_2$- oder $KMnO_4$-Lösung, aber keine Fehlingsche Lösung.

In Gegenwart von Rhodium, Iridium oder Ruthenium wird Ameisensäure bei Zimmertemperatur zu CO_2 und H_2 zerlegt, von heißer konzentrierter H_2SO_4 in H_2O und CO.

Carbonsäuren 1.1.

Technisch wird Ameisensäure aus CO und NaOH unter Druck gewonnen oder katalytisch aus H_2 und CO. Beim ersten Verfahren entsteht Na-formiat (Formiate sind Salze der Ameisensäure), beim zweiten Ameisensäuremethylester.

$$CO + NaOH \rightarrow HCOO^-Na^+ \qquad 2CO + H_2 \rightarrow HCOOCH_3$$
$$\text{Na-Formiat} \qquad\qquad\qquad\qquad \text{Ameisensäuremethylester}$$

Ameisensäure wird verwendet als Konservierungsmittel in Obstsäften. Derivate wie Formamid oder Dimethylformamid werden als Lösungsmittel für Kunstharze eingesetzt.

Essigsäure (CH_3COOH) ist seit dem Altertum als enzymatisches Oxydationsprodukt von →Äthanol bekannt. Technisch wird er als katalytisches Oxydationsprodukt aus Äthanal (mit Luft über Mangan (II)-acetat) gewonnen oder aus flüssigem Butan (200°C, 60 atm). Die Herstellung aus Holz durch trockene Destillation ist heute nicht mehr gebräuchlich.

Wasserfreie Essigsäure erstarrt bei 16,6°C zu eisähnlichen Kristallen (Eisessig). Sie widersteht Oxydationsmitteln und kann deshalb als Lösungsmittel für solche Operationen eingesetzt werden.

Außer für Speiseessig (bis 8% Lösung) wird Essigsäure zur Synthese eingesetzt. Ihre Salze (*Acetate*) werden zu verschiedenen Zwecken benutzt: Na-acetat als Puffersubstanz (→pH-Wert), Al-acetat (essigsaure Tonerde) bei der Wundbehandlung, der Beizen→färberei und zum Imprägnieren, Pb(II)-acetat (Bleizucker — giftig) in der Medizin, Pb(IV)-acetat als Oxydationsmittel von →Alkenen und 1,2-Diolen.

Buttersäure kommt als Glycerinester in der Butter vor. Die längerkettigen Fettsäuren treten ebenfalls als Säurekomponente in den Glycerin→estern der natürlichen Fette und Öle auf, ferner als →Ester mit niederen Alkoholen in ätherischen Ölen (Fruchtäther) und mit höheren einwertigen Alkoholen in Wachsen. In Fetten sind es besonders die *Palmitin-* und die *Stearinsäure*. Die Alkalisalze dieser Säuren werden als Seifen verwendet (→Waschmittel, →Ester).

In der Natur kommen fast ausschließlich Fettsäuren mit einer geraden Anzahl von C-Atomen vor. Das beruht auf der biologischen Synthese, die von *Essigsäure* (in aktivierter Form an das *Coenzym A* gebunden) ausgeht und in der mehrmaligen Addition von C_2-Einheiten besteht (→Abbaus 2. 5.). Die C_2-Einheiten entstehen aus aktivierter Propandisäure (Malonsäure), die bei der Anlagerung CO_2 abspalten, so daß Essigsäure als angelagerte Substanz übrig bleibt. Das Additionsprodukt, eine Ketocarbonsäure, wird in mehreren Schritten in eine gesättigte Carbonsäure übergeführt, bevor eine weitere C_2-Komponente addiert wird. Die Fettsäuresynthese wird von einem Multi-Enzymkomplex durchgeführt, der nach Art eines Fließbandes arbeitet (SR ist die bindende Gruppe des Enzyms).

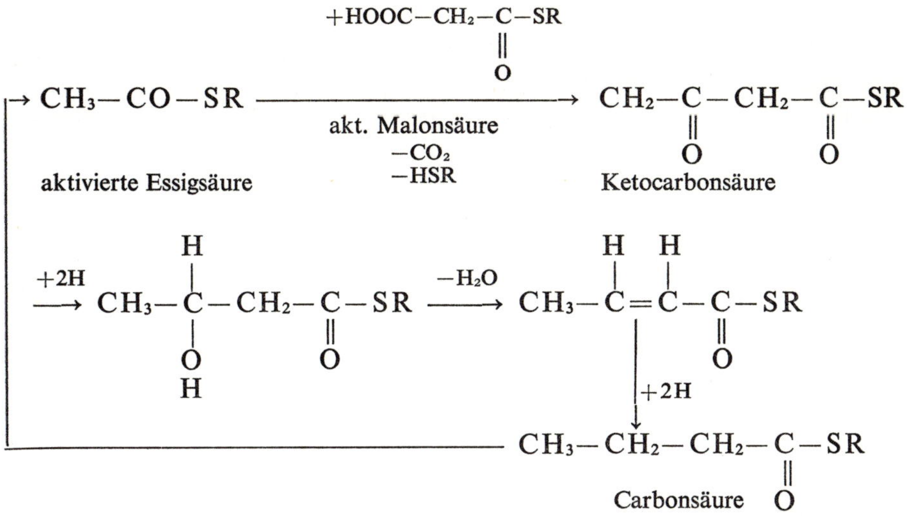

Carbonsäuren 1.2.

$$+HOOC-CH_2-C(=O)-SR$$

$$CH_3-CO-SR \xrightarrow[\substack{-CO_2\\-HSR}]{\text{akt. Malonsäure}} CH_2-C(=O)-CH_2-C(=O)-SR$$

aktivierte Essigsäure → Ketocarbonsäure

$$\xrightarrow{+2H} CH_3-\underset{\underset{H}{O-H}}{\overset{H}{C}}-CH_2-C(=O)-SR \xrightarrow{-H_2O} CH_3-\overset{H}{C}=\overset{H}{C}-C(=O)-SR$$

$$\xrightarrow{+2H} CH_3-CH_2-CH_2-C(=O)-SR$$

Carbonsäure

Die bekannteste aromatische Monocarbonsäure ist die *Benzoesäure*, genannt nach dem Benzoeharz, aus dem sie zuerst isoliert wurde. Technisch wird sie hergestellt durch alkalische Hydrolyse von Benzotrichlorid oder durch katalytische Oxidation von Toluol (Methylbenzol).

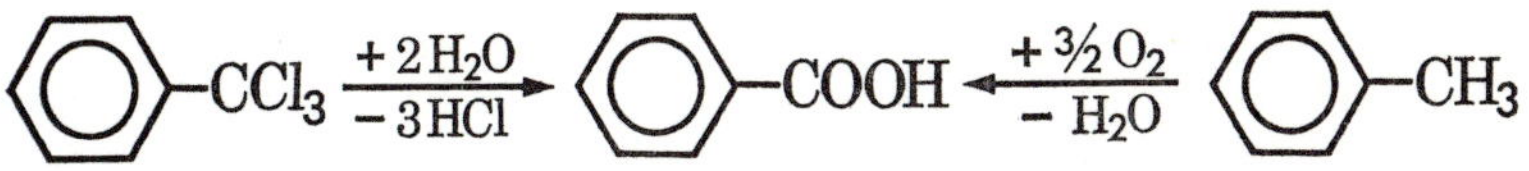

$$\text{Ph}-CCl_3 \xrightarrow[-3HCl]{+2H_2O} \text{Ph}-COOH \xleftarrow[-H_2O]{+\frac{3}{2}O_2} \text{Ph}-CH_3$$

Benzotrichlorid   Benzoesäure   Toluol

Benzoesäure ist Ausgangsstoff für Derivate (wie Benzoylchlorid) und Substitutionsprodukte (wie 4-Aminobenzoesäure — wichtig zur Herstellung von →Arzneimitteln: Anästhesin, Novocain, Pantocain).

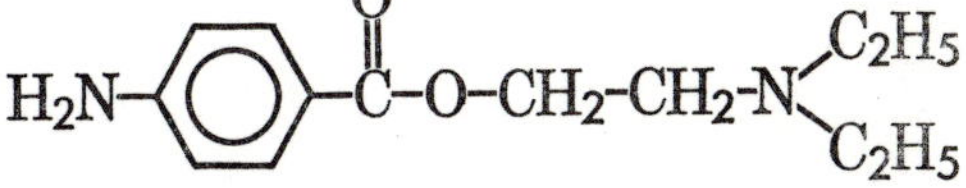

$$H_2N-\text{Ph}-C(=O)-O-CH_2-CH_2-N(C_2H_5)_2$$

Novocain
(4-Aminobenzoesäurediäthylaminoäthylester)

1.2. Dicarbonsäuren

Dicarbonsäuren enthalten zwei Carboxylgruppen. Die Nomenklatur entspricht der der Monocarbonsäuren. Auch für Dicarbonsäuren sind häufig Trivialnamen

Carbonsäuren 1.2.

üblich. Die Einteilung erfolgt nach der Lage der Carboxylgruppen zueinander (1,2-, 1,3-, α, ω-Dicarbonsäuren), weil die Carboxylgruppen eine Wechselwirkung aufeinander ausüben, die von der relativen Lage der Gruppen abhängig ist.

Die Darstellung von Dicarbonsäuren erfolgt nach den Methoden, die auch bei der Herstellung von Monocarbonsäuren (1. 1. 1.) angewandt werden. Es müssen nur bifunktionelle Moleküle als Ausgangssubstanzen benutzt werden: Oxydation von α, ω-Diolen (→Hydroxylderivate), α, ω-Dienen oder Dialkylbenzolen; Hydrolyse von Dinitrilen oder Diestern; Malonester-Synthese mit Halogencarbonsäureester (s. u.); →Wurtzsche Synthese mit Halogencarbonsäureester und Ag oder Zn.

$$2\,Br-CH_2-(CH_2)_n-COOR + 2\,Ag \rightarrow \begin{array}{c} CH_2-(CH_2)_n-COOR \\ | \\ CH_2-(CH_2)_n-COOR \end{array} + 2\,AgBr$$

Wurtzsche Synthese　　　　　　　　　　Dicarbonsäurediester

Dicarbonsäuren sind kristallin. Die bei den Monocarbonsäuren auftretenden Wasserstoffbrücken (Bildung von Dimeren) führen in den Dicarbonsäurekristallen zu ausgedehnten polymeren Strukturen. Bei den Schmelzpunkten (Tab. 2 in 1. 1. 2.) haben auch bei den Dicarbonsäuren die geradzahligen höhere Werte als die ungeradzahligen. Letztere lösen sich auch leichter in Wasser. Die Wasserlöslichkeit der Dicarbonsäuren ist größer als die der Monocarbonsäuren, nimmt aber ebenfalls mit zunehmender C-Atomzahl ab.

Durch die Wechselwirkung der Carboxylgruppen ist die Säurestärke der Dicarbonsäuren mit benachbarten Gruppen größer als die der Monocarbonsäuren. *Oxalsäure* (Diäthansäure) dissoziiert in der ersten Stufe 100-mal stärker als Ameisensäure (Methansäure). Mit steigender Entfernung der Carboxylgruppen verschwindet dieser Effekt (1,4-Dicarbonsäuren = Monocarbonsäuren).

Die Dissoziation erfolgt in zwei Stufen. Dicarbonsäuren bilden dementsprechend zwei Reihen von Salzen (saure und neutrale) und Estern.

$$\begin{array}{l} COOH \\ | \\ COO^-K^+ \end{array} \qquad \begin{array}{l} COO^-K^+ \\ | \\ COO^-K^+ \end{array}$$

Saures Kaliumoxalat　　　　neutrales
(Kleesalz)　　　　　　　　Kaliumoxalat
Kaliumhydrogenoxalat

Beim Erhitzen zeigen Dicarbonsäuren unterschiedliches Verhalten, das bei Analysen Aussagen über die Entfernung der beiden Carboxylgruppen ermöglicht (BLANCsche *Regel*). 1,2- und 1,3-Dicarbonsäuren spalten CO_2 ab. 1,4- und 1,5-Dicarbonsäuren bilden unter Wasserabspaltung cyclische Anhydride. Von 1,6-

Carbonsäuren 1.2.

Dicarbonsäuren an werden cyclische Ketone oder lineare polymere Anhydride gebildet. Essigsäureanhydrid dient als Katalysator.

$$\begin{array}{c} COOH \\ | \\ CH_2 \\ | \\ COOH \end{array} \rightarrow CO_2 + CH_3COOH \qquad \begin{array}{c} COOH \\ | \\ CH_2 \\ | \\ CH_2 \\ | \\ COOH \end{array} \longrightarrow H_2O + \begin{array}{c} H_2C-C\overset{O}{\diagup} \\ \diagdown O \\ H_2C-C\overset{\diagup}{\diagdown}O \end{array}$$

Malonsäure   Essigsäure   Bernsteinsäure   Bernsteinsäureanhydrid
1,3-Disäure   1,4-Disäure

$$\left[-\underset{\parallel}{C}-(CH_2)_4-\underset{\parallel}{C}-O- \right]_n \leftarrow n \quad \begin{array}{c} H_2C \diagup \overset{H_2}{C} \diagdown COOH \\ | \\ H_2C \diagdown \underset{C}{} \diagup COOH \\ \overset{}{H_2} \end{array} \rightarrow n \quad \begin{array}{c} H_2C \diagup \overset{H_2}{C} \diagdown \\ | C=O \\ H_2C \diagdown \underset{C}{} \diagup \\ \overset{}{H_2} \end{array}$$

polymeres lineares   Adipinsäure   Cyclopentanon
Anhydrid   1,6-Disäure $+n\,CO_2 + n\,H_2O$

Oxalsäure (Äthandisäure) ist die bekannteste 1,2-Dicarbonsäure. Ihr Name ist vom Vorkommen im Sauerklee (Oxalis) abgeleitet, in dem sie als saures Kaliumsalz (Kleesalz) auftritt. Dieses Kaliumsalz und auch Calciumoxalat sind in Pflanzen weit verbreitet (Sauerampfer).

Technisch gewinnt man Oxalsäure durch Dehydrierung von Na-formiat bei 380°C. Das gebildete Na-oxalat wird mit Kalkwasser in Ca-oxalat übergeführt und daraus mit Schwefelsäure die Oxalsäure freigesetzt.

$$2\,H-COO^-Na^+ \rightarrow \begin{array}{c} COO^- \\ | \\ COO^- \end{array} 2\,Na^+ + H_2$$

Na-formiat   Na-oxalat

Die Umkehrung dieses Prozesses entspricht der BLANCschen *Regel*: Beim Erhitzen spaltet sich Oxalsäure in CO_2 und Ameisensäure, die bei stärkerem Erhitzen in CO und H_2O zerfällt.

Oxalsäure kristallisiert aus wäßrigen Lösungen mit 2 Mol Kristallwasser (F: 100,5°C) und aus Schwefelsäure in wasserfreier Form (F: 187°C).

Oxalsäure wird in der Textilindustrie (mildes Bleichmittel) eingesetzt. Außer den sauren und neutralen Alkalioxalaten gibt es noch Tetraoxalate $(COOK)_2 \cdot$

Carbonsäuren 1.2.

·(COOH)$_2$ · 2H$_2$O. Wegen der Bildung löslicher Eisenkomplexsalze können Alkalioxalate zur Entfernung von Rostflecken benutzt werden.

Malonsäure (Propandisäure) ist die wichtigste 1,3-Dicarbonsäure. Ihren Namen verdankt sie ihrer Entdeckung bei der Oxidation der Äpfelsäure (acidum malicum). Heute wird sie aus Essigsäure über die Zwischenprodukte Monochloressigsäure, Cyanessigsäure (Malonsäuremononitril) hergestellt.

Wasserabspaltung mit P$_2$O$_5$ ergibt geringe Mengen von unbeständigem (bereits bei Zimmertemperatur polymerisierend) Kohlensuboxid (Diketen s. →Oxoverbindungen 1.2.). C$_3$O$_2$ enthält vier kumulierte Doppelbindungen.

$$\text{HOOC—CH}_2\text{—COOH} \xrightarrow{-2\text{H}_2\text{O}} \text{O=C=C=C=O}$$
Malonsäure   Kohlensuboxid

Die Bedeutung der Malonsäure liegt in der Ausnutzung ihrer Ester für Synthesen, besonders des Malonsäurediäthylesters (*Malonester*). Man erhält ihn durch die Alkoholyse des Cyanessigsäure. Die Methylengruppe ist besonders reaktionsfähig, da sie dem Einfluß zweier Gruppen mit elektronenanziehendem Effekt (—I-Effekt) ausgesetzt sind.

Nach KNOEVENAGEL kann der Malonester (auch die freie Säure) mit →Oxoverbindungen (s. Abschnitt 1.1.3.) nach Art der Aldolkondensation (→Additionen 4.) reagieren unter Bildung von α,β-ungesättigten Carbonsäurederivaten. Als

Aldehyd   Malonestercarbanion   →   α,β-ungesättigter Dicarbonsäurediester

→ α,β-ungesättigter Carbonsäureester

Basen für die Bildung des Anions werden Amine, auch Pyridin und Piperidin eingesetzt. Dialdehyde können mit zwei Molekülen Malonester reagieren.

Die Ausgangssubstanz für die meisten Synthesen ist der Natriummalonester, der durch Einwirken von Na oder Na-alkoholat entsteht. Er liegt in zwei mesomeren Formen vor, der Carbanion- und der Enolatform. Der Malonester ist nur sehr gering enolisiert (Enol s. →Hydroxylderivate 2.).

Carbonsäuren 1.2.

Natriummalonester reagiert mit Alkylierungsmitteln (Alkylhalogenid, Dimethylsulfat) zu C-Alkylmalonester. Bei Anwesenheit von Na-äthylat und genügend Alkylierungsmittel entstehen Dialkylmalonester, die ebenso wie die Monoalkylmalonester nach Hydrolyse und Decarboxylierung gesättigte Monocarbonsäuren ergeben. Aus α, ω-Dihalogenverbindungen entstehen je nach den Reaktionsbedingungen Cycloalkancarbonsäuren oder α, ω-Dicarbonsäuren.

$$\begin{bmatrix} COOR \\ | \\ CH \\ | \\ COOR \end{bmatrix}^- Na^+ + R_1-J \rightarrow R_1-\underset{COOR}{\overset{COOR}{\underset{|}{C}}}-H + NaJ \xrightarrow[-C_2H_5OH]{+Na^+OC_2H_5^-} R_1-\underset{COOR}{\overset{COOR}{\underset{|}{C}}}-R_1$$

Natriummalonester   C-Alkylmalonester   Dialkylmalonester

$$\xrightarrow[-2ROH \\ -CO_2]{+2H_2O} \underset{R_1}{\overset{R_1\ H}{\underset{}{\diagdown\ |}}}C-COOH$$

Monocarbonsäure

$$Na^+\begin{bmatrix} COOR \\ | \\ HC \\ | \\ COOR \end{bmatrix}^- + \begin{matrix} Br \\ | \\ CH_2 \\ | \\ CH_2 \\ | \\ Br \end{matrix} \xrightarrow{-NaBr} HC\begin{matrix} COOR \\ \diagup \\ CH_2 \\ | \\ CH_2 \\ \diagdown \\ Br \\ COOR \\ +NaBr \end{matrix} \xrightarrow[-C_2H_5OH]{+Na^+OC_2H_5^-} \underset{COOR}{\overset{COOR}{C}}\diagup\underset{}{\overset{CH_2}{\underset{CH_2}{|}}}$$

Na-Malon-   1,2-Dibrom-   Cyclopropan-
ester   äthan   1,2-dicarbon-
                      säureester

$$\begin{matrix} Br \\ | \\ CH_2 \\ | \\ CH_2 \\ | \\ Br \end{matrix} + 2\begin{bmatrix} COOR \\ | \\ CH \\ | \\ COOR \end{bmatrix}^- Na^+ \xrightarrow{-2NaBr} \begin{matrix} H \\ | \\ ROOC-C-COOR \\ | \\ CH_2 \\ | \\ CH_2 \\ | \\ ROOC-C-COOR \\ | \\ H \end{matrix} \xrightarrow[-4ROH \\ -2CO_2]{+4H_2O} \begin{matrix} COOH \\ | \\ CH_2 \\ | \\ CH_2 \\ | \\ CH_2 \\ | \\ CH_2 \\ | \\ COOH \end{matrix}$$

1,2-Dibrom- Na-Malon-
äthan   ester   α-ω- Dicarbonsäure
                         (Adipinsäure)

Carbonsäuren 1.2.

Aktivierte C—C-Doppelbindungen (→Ester, →Oxoverbindungen, Nitrile s. Abschnitt 3.4.) addieren Na-Malonester mit Hilfe von Basen (MICHAEL-*Reaktion*.) Hydrolyse und Decarboxylierung ergeben Carbonsäurederivate.

$$\underset{\substack{\alpha,\ \beta\text{-ungesättigtes}\\ \text{carbonylderivat}}}{\overset{\text{H}}{\underset{\text{R}_2-\overset{\|}{\underset{\text{O}}{\text{C}}}}{\text{C}}}=\overset{\text{H}}{\underset{\text{R}_1}{\text{C}}}} + \underset{\text{Na-Malon-ester}}{\left[\overset{\text{COOR}}{\underset{\text{COOR}}{|\text{CH}}}\right]^-\text{Na}^+} \rightarrow \left[\text{R}_2-\overset{\text{O}^-}{\underset{}{\text{C}}}=\overset{\text{H}}{\underset{}{\text{C}}}-\overset{\text{H}}{\underset{\text{R}_1}{\text{C}}}-\overset{\text{COOR}}{\underset{\text{COOR}}{\text{C}}}-\text{H}\right] \text{Na}^+$$

$$\xrightarrow[-\text{NaOH}]{+\text{H}_2\text{O}} \text{R}_2-\overset{\text{O}}{\underset{\|}{\text{C}}}-\overset{\text{H}}{\underset{\text{H}}{\text{C}}}-\overset{\text{H}}{\underset{\text{R}_1}{\text{C}}}-\overset{\text{COOR}}{\underset{\text{COOR}}{\text{C}}}-\text{H} \xrightarrow[\substack{-\text{CO}_2\\ -2\text{ROH}}]{-2\text{H}_2\text{O}} \underset{\substack{\text{Keto-}\\ \text{carbonsäure}}}{\overset{\text{R}_2}{\underset{\text{COOH}}{\overset{|}{\underset{|}{\overset{\text{C}=\text{O}}{\underset{\text{CH}_2}{\underset{|}{\overset{\text{CHR}_1}{\underset{|}{\text{CH}_2}}}}}}}}}}$$

Bernsteinsäure (Butandisäure) ist eine 1,4-Dicarbonsäure. Sie ist nach ihrer Darstellung aus Bernstein benannt und kommt in allen Lebewesen als wichtiges Zwischenprodukt bei der Zellatmung vor (Citronensäurecyclus s. Abschnitt 2.4.). Technisch wird sie durch katalytische Hydrierung der Maleinsäure s. Abschnitt 2.1. gewonnen. Auch Bernsteinsäureester können zur Synthese von Carbonsäuren eingesetzt werden: STOBBE-*Kondensation* mit →Oxoverbindungen (s. Abschnitt 1.1.3.) nach Art der Aldol-Kondensation (K-tertiäres Butylat als Katalysator).

$$\underset{\substack{\text{Bernsteinsäurediester}\\ \text{Aldehyd}}}{\overset{\text{COOR}}{\underset{\text{COOR}}{\overset{|}{\underset{|}{\overset{\text{H}_2\text{C}}{\underset{\text{H}_2\text{C}}{|}}}}}} + \overset{\text{O}}{\underset{\text{O}}{\overset{\|}{\underset{\|}{\overset{\text{CHR}_1}{\underset{\text{CHR}_1}{}}}}}}} \xrightarrow{2\text{H}_2\text{O}} \overset{\text{COOR}}{\underset{\text{COOR}}{\overset{|}{\underset{|}{\overset{\text{C}=\overset{\text{H}}{\text{C}}-\text{R}_1}{\text{C}=\text{C}-\text{R}_1}}}}} \xrightarrow[+2\text{H}_2\text{O}]{\substack{-2\text{ROH}\\ -\text{CO}_2}} \underset{\text{Dien-monocarbonsäure}}{\overset{\text{COOH}}{\underset{\text{R}_1\ \ \ \ \text{H}\ \ \ \text{R}_1}{\overset{\text{H}\ \ |\ \ \ \text{H}}{\text{C}=\text{C}-\text{C}=\text{C}}}}}$$

$$\xrightarrow{-\text{CO}_2} \underset{\text{R}_1\ \ \ \ \ \ \text{Dien}\ \ \ \ \ \text{R}_1}{\overset{\text{H}\ \text{H}}{\text{C}=\text{C}-\text{C}=\text{C}}}$$

Carbonsäuren 1.2.

Ein wichtiges Derivat der Bernsteinsäure (Salze: Succinate) ist *N-Bromsuccinimid*, das als Bromierungsmittel für →Alkene dient, weil die Doppelbindung dabei nicht angegriffen wird, sondern das α-C-Atom.

$$\text{N-Bromsuccinimid} + R_1-CH_2-CH=CH-R_2 \longrightarrow \text{Succinimid} + R_1-CH(Br)-CH=CH-R_2$$

Eine aromatische 1,4-Dicarbonsäure ist die *Phthalsäure* (o-Benzoldicarbonsäure). Sie wird durch katalytische Oxydation von Napthalin hergestellt. Phthalsäureanhydrid ist ein Ausgangsprodukt für zahlreiche Synthesen (Anthrachinon, Phenolphthalein, Fluorescein u.a.).

Naphthalin → Naphthochinon → Phthalsäure → Phthalsäurealhydrid

Phthalimidkalium wird bei der GABRIEL-*Synthese* für primäre Amine verwendet.

Phthalimidkalium + Br–R $\xrightarrow{-KBr}$ Phthalimid-N–R $\xrightarrow{+2H_2O}$ Phthalsäure + H_2N-R (primäres Amin)

Während die einfachste 1,5-Dicarbonsäure, die Glutarsäure, ohne Bedeutung ist, sind die aliphatische und die aromatische 1,6-Dicarbonsäuren großtechnisch sehr wichtig für die →Chemiefaserproduktion. Hexandisäure = *Adipinsäure* ergibt mit Hexamethylendiamin nach →Polykondensation Nylon 66. p-Benzoldisäure =

Carbonsäuren 1.2.

Terephthalsäure ergibt nach Polykondensation mit Glykolen (→Hydroxylv. 1.2.) Terylen.

Eine technische Darstellung der *Adipinsäure* (benannt nach der ersten Darstellung aus Fett lat. adeps) beruht auf der oxidativen Spaltung von Cyclohexanol, das aus Phenol zugänglich ist. Aus Tetrahydrofuran (→Heterocyclen 1.1., →Äther 2.2) kann Adipinsäure durch Carbonylierung (→Äthin) oder über 1,4-Dichlorbutan und 1,4-Dicyan-butan hergestellt werden. Letztere Verbindung ist durch Hydrierung in Hexamethylendiamin überzuführen.

Terephthalsäure (benannt nach Terpentinöl s. →Terpene, aus dem sie zum ersten Mal gewonnen wurde) wird durch Oxydation von p-Xylol (1,4-Dimethylbenzol) synthetisiert oder nach der KOLBE-SCHMITT-Reaktion aus Benzoesäure und CO_2.

$$\underset{\text{p-Xylol}}{\text{CH}_3\text{-C}_6\text{H}_4\text{-CH}_3} \xrightarrow{\text{Oxidation}} \underset{\text{Terephthal-säure}}{\text{HOOC-C}_6\text{H}_4\text{-COOH}} \xleftarrow{+ CO_2} \underset{\text{Benzoesäure}}{\text{C}_6\text{H}_5\text{-COOH}}$$

Auch die höheren Dicarbonsäuren sind Oxydationsprodukte von Naturstoffen, so die 1,7-Dicarbonsäure (Pimelinsäure nach griech. pimelos = Fett) und die 1,8-Dicarbonsäure (*Kork- oder Suberinsäure*). Sie sind ebenso wie die noch höheren Polymethylendicarbonsäuren, die Tricarbonsäuren und die Polycarbonsäuren bis jetzt ohne größere praktische Bedeutung.

2. *Carbonsäuren mit Substitution im C-Gerüst*

2.1. Ungesättigte Carbonsäuren

Die exakte Nomenklatur der →Alkensäuren erfordert die Angabe der Konfiguration (→Isomerie 2.) an der C—C-Doppelbindung. *Ölsäure* (auch hier sind Trivialnamen weit verbreitet) ist nach der →Genfer Nomenklatur: cis-Octa-dec-9-en-1-säure und unterscheidet sich damit von der entsprechenden trans-Verbindung, der Elaidinsäure, in die sie sich durch Erhitzen oder durch Stickstoffoxide überführen läßt (stabiler Zustand).

$$\underset{\text{Ölsäure (cis-Form)}}{\underset{H_3C-(CH_2)_7}{\overset{H}{\diagdown}} C=C \underset{(CH_2)_7-COOH}{\overset{H}{\diagup}}} \underset{\rightleftarrows}{\overset{N_2O_3}{}} \underset{\text{Elaidinsäure (trans-Form)}}{\underset{H_3C-(CH_2)_7}{\overset{}{\diagdown}} C=C \underset{H}{\overset{}{\diagup}} \underset{(CH_2)_7-COOH}{}}$$

Alkencarbonsäuren werden meist aus Derivaten gesättigter Carbonsäuren hergestellt. Geeignet sind Abspaltung von Halogenwasserstoff aus β-Halogensäuren mit Alkalien oder von Wasser aus β-Hydroxycarbonsäuren mit Säuren. Die KNOEVENAGEL-Kondensation mit Malonsäureester (s. Abschnitt 1.2.) führt zu α, β-ungesättigten Säuren (—C=C—COOH), während die STOBBE-Kondensation mit Bernsteinsäure (s. Abschnitt 1.2.) β, γ-ungesättigten Säuren (—C=C—C—COOH) ergibt. Alkensäuren werden auch mit der PERKIN-Synthese aus Säureanhydriden hergestellt s. Abschnitt 3.1. Oxydation entsprechender ungesättigter Alkohole oder Aldehyde dient nur dann zur Herstellung von Alkensäuren, wenn sie unter Bedingungen erfolgt, die die C—C-Doppelbindung schützt (Crotonaldehyd mit Ag_2O in NH_3).

Carbonsäuren 2.1.

$$\underset{\text{OH-Katal.}}{\xrightarrow{-HX}} \quad R-\underset{H}{\overset{H}{C}}=\underset{H}{\overset{H}{C}}-COOH \quad \underset{H^+\text{Katal.}}{\xleftarrow{-H_2O}}$$

Alkensäure

$$R-\underset{H}{\overset{X}{\underset{|}{C}}}-\underset{H}{\overset{H}{\underset{|}{C}}}-COOH \qquad\qquad R-\underset{H}{\overset{OH}{\underset{|}{C}}}-\underset{H}{\overset{H}{\underset{|}{C}}}-COOH$$

β-Halogencarbonsäure β-Hydroxycarbonsäure

Alkencarbonsäuren zeigen Eigenschaften der →Alkene und der Carbonsäuren. Außerdem treten Reaktionen auf, die auf der gegenseitigen Beeinflussung der beiden funktionellen Gruppen beruhen. So sind ungesättigte Säuren stärker als entsprechende gesättigte Carbonsäuren. Die Größe des Effekts nimmt mit steigendem Abstand zwischen den funktionellen Gruppen ab.

Durch die Carboxylgruppe wird die Doppelbindung in konjugierter Stellung polarisiert. Am β-C-Atom finden deshalb besonders nucleophile →Additionen statt (Addition von Halogenwasserstoffen zu β-Halogencarbonsäuren). Übereinstimmend mit dem Verhalten α, β-ungesättigter Carbonylverbindungen werden die Säuren leicht hydriert (Na und Alkohol). Mit Malonestern bildet sich Additionsprodukte (MICHAEL-Reaktion). Bei der →DIELS-ALDER-Synthese können sie als Dienophil eingesetzt werden.

β, γ-ungesättigte Carbonsäuren zeigen infolge der räumlichen Lage eine intramolekulare nucleophile Addition am γ-C-Atom zum γ-Lacton der entsprechenden Hydroxycarbonsäure.

β, γ-ungesättigte   γ-Lacton
Carbonsäure   (intramolekularer Ester)

Wegen der Stabilität konjugierter Doppelbindungen neigen Carbonsäuren mit isolierten C—C-Doppelbindungen in alkalischen Medien zur Umlagerung zu α, β-ungesättigten Verbindungen. Bei der *Ölsäure* tritt eine Verschiebung der Doppelbindung über 6 C-Atome ein.

$$H_3C-(CH_2)_7-\underset{}{C}=\underset{}{C}-(CH_2)_7-COOH \xrightarrow{KOH}$$
Octadec-9-en-1-säure (Ölsäure)

$$H_3C-(CH_2)_{14}-\underset{}{C}=\underset{}{C}-\underset{}{C}=O$$
Octadec-2-en-1-säure

Industriell wichtig ist die *Acrylsäure* (Propensäure) und ihre Derivate. Acrylsäure entsteht bei der Carbonylierung von →Äthin (Acetylen). Der Name ist abgeleitet vom Aldehyd Acrolein (→Oxoverbindungen 1.2.).

Für die →Chemiefaser- und Kunst→kautschukindustrie ist *Acrylnitril* von großer Bedeutung. Es ist zugänglich durch Anlagerung von Blausäure an Äthin oder durch Wasserabspaltung aus Äthylencyanhydrin (3-Hydroxypropansäurenitril.) Acrylnitril →polymerisiert zu Fasern (PAN, Orlon) bzw. wird zur Copolymerisation mit Buta→dien benutzt (Buna N).

α-Methylacrylsäure liefert mit dem Methylester, dem Methylmethacrylat, den Ausgangsstoff für die Herstellung organischer Gläser (*Plexiglas*). Der Ester entsteht durch Hydrolyse und gleichzeitiger Veresterung von Acetoncyanhydrin mit nachfolgender Wasserabspaltung.

Carbonsäuren 2.1.

$$H_3C-\underset{\|}{\overset{O}{C}}-CH_3 \xrightarrow{+HCN} H_3C-\underset{\underset{H}{O}}{\overset{CH}{\underset{|}{C}}}-CN \xrightarrow[+H_2SO_4]{+CH_3OH}$$

Aceton   Acetoncyanhydrin

$$\left[H_3C-\underset{\underset{H}{O}}{\overset{CH_3}{\underset{|}{C}}}-\overset{NH_2}{\underset{OCH_3}{C}} \right]^+ HSO_4^- \xrightarrow{-NH_4HSO_4} H_2C=\overset{CH_3}{\underset{}{C}}-C=O \searrow OCH_3$$

α-Methylacrylsäuremethylester

Höhere Alkenmonocarbonsäuren kommen als Ester in Fetten und Ölen vor, besonders in Pflanzen. Mehrfach ungesättigte Säuren sind für die Ernährung einiger Säuger und des Menschen unentbehrlich (essentielle Fettsäuren, sog. Vitamin F), da sie nicht von diesen Lebewesen aufgebaut werden können. Die am weitesten verbreitete ungesättigte Säure ist die *Ölsäure* (Lage der C—C-Doppelbindung: cis-9). Sie besteht aus 18 C-Atomen wie die essentiellen Säuren *Linolsäure* (cis-9, cis-12) und *Linolensäure* (cis-9, cis-12, cis-15). Beide Säuren sind Bestandteile der Ester in trocknenden Ölen (Leinöl). Sie neigen auf Grund ihrer Doppelbindungen zur →Autoxydation und →Polymerisation. Eine weitere essentielle Fettsäure ist die Arachidonsäure: Eicosa-cis-5, cis-8, cis-11, cis-14-tetraen-1-säure: $CH_3 \cdot (CH_2)_4 \cdot (CH:CH \cdot CH_2)_4 \cdot (CH_2)_2 \cdot COOH$. *Sorbinsäure* (Hex-2,4-dien-1-säure) ist eines der wenigen zugelassenen Lebensmittelkonservierungsmittel. Äthincarbonsäuren (*Acetylencarbonsäuren*) spielen in der Technik keine Rolle. In der Natur kommen mehrfach ungesättigte Alkinmonocarbonsäuren (→Polyine) (auch als Ester, Amid, Nitril) in Pilzen (→Antibioticum Mycomycin), in Korb- und Doldenblütlern vor. Die in reinem Zustand sehr unstabilen Verbindungen sind durch starke Verdünnungen in den Ölgängen der Pflanzen stabilisiert.

$$HC\equiv C-C\equiv C-\overset{H}{\underset{|}{C}}=\overset{H}{\underset{|}{C}}=\overset{H}{\underset{|}{C}}-\overset{H}{\underset{|}{C}}=\overset{H}{\underset{|}{C}}-\overset{H}{\underset{|}{C}}=\overset{H}{\underset{|}{C}}-\overset{H}{\underset{H}{C}}-COOH$$

Mycomycin Tridec-trans-3, cis-5,7,8-tetraen-10,12-diin-1-säure

$$H_3C-\overset{H}{\underset{|}{C}}=\overset{H}{\underset{|}{C}}-C\equiv C-C\equiv C-\overset{H}{\underset{|}{C}}=\overset{H}{\underset{|}{C}}-COOCH_3$$

Matricariaester (aus Kamille) Dec-cis-2,cis-8-dien-4,6-diin-1-säuremethylester

Carbonsäuren 2.2.

Die einfachste ungesättigte Säure mit aromatischem Rest ist die *Zimtsäure* (β-Phenylacrylsäure). Sie kommt frei, als Salz oder Ester in Harzen und Balsamen vor. Sie kann nach Art der Aldolkondensation (→Oxoverbindungen 1.1.3.) aus Benzaldehyd und Essigsäureanhydrid hergestellt werden (PERKIN-Synthese).

Benzal-   Acetanhydrid
dehyd   Zimtsäure
                                                            (trans-Form)
                                                            $+CH_3COOH$

Von den Alkendicarbonsäuren sind die Äthendicarbonsäuren (But-2-en-1,4-disäuren) *Fumarsäure* und *Maleinsäure* von technischer Bedeutung. Fumarsäure (trans-Form) kommt in der Natur in Fumaria (Erdrauch), in Pilzen und Flechten vor und tritt im Citronensäurecyclus als Zwischenprodukt auf, Maleinsäure (cis-Form) ist ein synthetischer Stoff. Beide Säuren, besonders aber Maleinsäureanhydrid, werden zur Herstellung von Polyesterharzen (→Polykondensation) eingesetzt. Maleinsäureanhydrid dient als Dienophil bei der →DIELS-ALDER-Synthese.

Die Konfiguration der beiden isomeren Säuren ergibt sich durch die Fähigkeit der Maleinsäure, ein Anhydrid zu bilden, d.h. die Carboxylgruppen sind benachbart. Maleinsäure geht bei Erhitzen in die stabilere Fumarsäure über. Wegen der stärkeren Beeinflussung ist die Maleinsäure eine stärkere Säure als die Fumarsäure, beide sind stärker als Bernsteinsäure. Im Gegensatz zu den α, β-ungesättigten Alkenmonocarbonsäuren wird die C—C-Doppelbindung nicht polarisiert und ist für Polymerisation ungeeignet.

Die technische Gewinnung erfolgt durch katalytische (V_2O_5) Luftoxydation von Benzol oder Crotonaldehyd. Als Nebenprodukt fällt Maleinsäureanhydrid bei der Oxydation von Naphthalin zu Phthalsäureanhydrid an.

Maleinsäure   Maleinsäure-   Crotonaldehyd   Fumarsäure
(cis-Form)   anhydrid   (trans-Form)

2.2. Halogencarbonsäuren

Bei der Benennung mit Trivialnamen wird die Stellung des Halogens mit griechischen Buchstaben angegeben, wobei im Gegensatz zur Genfer Nomenklatur das Carboxyl-C-Atom nicht mitgezählt wird. β-Chlorpropionsäure entspricht 3-Brom-

Carbonsäuren 2.2.

propan-1-säure. 2-Halogencarbonsäuren sind die wichtigsten Vertreter dieser Verbindungen.

Hergestellt werden Halogencarbonsäuren am günstigsten durch Einführen des Halogens in das C-Gerüst einer Carbonsäure. Die direkte Halogenierung ist nicht zu steuern. 2-Halogencarbonsäuren erhält man nach der HELL-VOLHARD-ZELINSKY-Methode (s. Abschnitt 1.1.3.) mit Phosphortribromid, durch Umsetzung von 2-Hydroxycarbonsäuren mit Thionylchlorid oder 2-Aminocarbonsäuren mit Nitrosylhalogeniden. 3-Halogencarbonsäuren werden synthetisiert durch Anlagerung von Halogenwasserstoff an α, β-ungesättigte Carbonsäuren. 4- bzw. 5-Halogencarbonsäuren ergeben sich nach Addition von HX an entsprechende ungesättigte Carbonsäuren.

$$R-\underset{OH}{\overset{H}{C}}-COOH \xrightarrow[-SO_2, -HX]{+SOH_2} R-\underset{X}{\overset{H}{C}}-COOH \xleftarrow[-N_2, -H_2O]{+NOX} R-\underset{NH_2}{\overset{H}{C}}-COOH$$

2-Hydroxycarbonsäure   2-Halogencarbonsäure   2-Aminocarbonsäure
                               α-Halogencarbonsäure

Halogencarbonsäuren entstehen auch durch Oxydation halogenierter Alkohole oder Aldehyde und durch Hydrolyse bestimmter Polyhalogenkohlenwasserstoffe (1,1,2-Trichloräthen liefert Monochloressigsäure).

$$\underset{Cl}{\overset{H}{\diagdown}}C=C\underset{Cl}{\overset{Cl}{\diagup}} \xrightarrow[H_2SO_4 \text{ Katal.}]{2H_2O} Cl-\underset{H}{\overset{H}{C}}-\underset{OH}{\overset{O}{C}} + 2HCl$$

1,1,2-Trichloräthen   Monochloressigsäure

Das Halogenatom wirkt elektronenanziehend, es übt also einen —I-Effekt aus. Das bewirkt eine verringerte Elektronendichte zwischen O- und H-Atom der Carboxylgruppe und damit eine leichtere Dissoziation des Protons. Die induktive Wirkung steigt an mit der Anzahl der Halogenatome, nimmt ab mit zunehmender Entfernung zwischen Halogen und Carboxylgruppe und hängt ab von der Elektronegativität des Halogenatoms (Reihenfolge: F, Cl, Br, J). Dies zeigt die Tabelle 4, die die Dissoziationskonstanten einiger Säuren aufführt. Die Angaben differieren.

Carbonsäuren 2.2.

Tab. 4. Dissoziationskonstante bei 25°C nach FODOR ($\times 10^{-3}$):

Ameisensäure	0,176	Monochloressigsäure	1,55	Trifluoressigsäure	588
Essigsäure	0,017	Dichloressigsäure	51,4	2-Chlorpropansäure	1,46
Oxalsäure	65	Trichloressigsäure	232	3-Chlorpropansäure	0,86
Acrylsäure	0,056	Monobromessigsäure	1,38	2-Chlorbutansäure	1,39
Maleinsäure	11,7	Monojodessigsäure	0,75		
Fumarsäure	0,93	Monofluoressigsäure	2,6		

2-Halogencarbonsäuren reagieren durch nucleophile →Substitution zu Amino-, Hydroxy- oder Mercaptocarbonsäuren, da auch die Carboxylgruppe auf die Halogenbindung einwirkt. Jod wird am leichten ersetzt, Fluor am schwersten. Während bei Estern von Halogencarbonsäuren der Reaktionsmechanismus als eine einfache S_N2-Reaktion mit Konfigurationsumkehr (→Substitution) abläuft, tritt bei freien Halogencarbonsäuren durch eine zweimalige S_N2-Reaktion keine Inversion (Konfigurationsumkehr s. →Isomerie 2.) auf. Zuerst erfolgt eine intramolekulare Reaktion durch die benachbarte Carboxylgruppe zu einem Lacton, das von nucleophilen Teilchen gespalten wird.

$$\underset{\text{2-Halogencarbonsäure}}{R-\underset{\underset{X}{|}}{\overset{\overset{H}{|}}{C}}-\overset{\overset{O^-}{|}}{C}=O} \xrightarrow[S_n i]{-X^-} \underset{\text{Lacton}}{R-\underset{\underset{H}{|}}{C}\overset{O}{\overbrace{\qquad}}C=O} \xrightarrow[S_n 2]{+Y^-} R-\underset{\underset{Y}{|}}{\overset{\overset{H}{|}}{C}}-\overset{\overset{O^-}{|}}{C}=O$$

2-Hydroxycarbonsäure $Y=OH^-$
2-Aminocarbonsäure $Y=NH_2^-$
2-Mercaptocarbonsäure $Y=HS^-$

2-Halogencarbonsäureester bilden mit Zink eine organo-metallische Verbindung (ähnlich dem →GRIGNARD-Reagens), die mit Aldehyden (→Oxoverbindungen 1.1.3.) zu 3-Hydroxycarbonsäureester kondensieren (REFORMATSKY-Reaktion). Diese können zu Alkencarbonsäureester oder zu gesättigten Carbonsäuren verarbeitet werden.

Carbonsäuren 2.2.

$$ROOC-\underset{\underset{H}{|}}{\overset{\overset{H}{|}}{C}}-ZnBr + \underset{O}{\overset{H}{\diagdown}}\!\!\diagup C-R_1 \rightarrow ROOC-\underset{\underset{H}{|}}{\overset{\overset{H}{|}}{C}}-\underset{\underset{O}{|}}{\overset{\overset{H}{|}}{C}}-R_1 \xrightarrow[-ZnBrOH]{+H_2O}$$
$$ZnBr$$

REFORMATSKY-Reaktion   Aldehyd

$$ROOC-\underset{\underset{H}{|}}{\overset{\overset{H}{|}}{C}}-\underset{\underset{OH}{|}}{\overset{\overset{H}{|}}{C}}-R_1 \xrightarrow{-H_2O} ROOC-\overset{\overset{H}{|}}{C}=\overset{\overset{H}{|}}{C}-R_1$$

3-Hydroxycarbonsäureester   α, β-ungesättigter Carbonsäureester

Auch bei der DARZENS-Reaktion sind 2-Halogencarbonsäureester und Aldehyde Reaktionspartner in Anwesenheit von Na-Alkoholaten. Die Base spaltet aus dem Halogenester ein Proton ab, das gebildete Carbanion addiert am Carbonyl-C-Atom. Durch intramolekulare Substitution entsteht ein Epoxid (→Ester). Diese α, β-Epoxi-carbonsäureester (Glycidester) werden bei Hydrolyse decarboxyliert, es bildet sich durch Umlagerung ein Aldehyd. Mit Triphenylphosphin entstehen aus Glycidestern Alkencarbonsäureester.

$$Cl-\underset{\underset{H}{|}}{\overset{\overset{H}{|}}{C}}-COOR \xrightarrow[+NaOC_2H_5]{-C_2H_5OH} \left[ROOC-\underset{\underset{Cl}{|}}{\overset{\overset{H}{|}}{C}}|\right]^- Na^+ \xrightarrow{+\overset{H}{\underset{O}{\overset{||}{C}}}-R_1} \left[\begin{array}{c}COOH\\ H-C-Cl\\ |\\ H-C-O^-\\ |\\ R_1\end{array}\right] Na^+$$

2-Halogenester   Na-Alkoholat

$$O=\overset{\overset{H}{|}}{C}-\overset{\overset{H}{|}}{\underset{\underset{H}{|}}{C}}-R_1 \xleftarrow[+HCN]{+H_2O \atop -CO_2} ROOC-\overset{\overset{H}{|}}{C}-\overset{\overset{H}{|}}{C}-R_1 \xleftarrow{-NaCl}$$
$$\diagdown O \diagup$$

Aldehyd   Glycidester

3-Halogencarbonsäuren spalten in Gegenwart von Basen Halogenwasserstoff ab. Es entsteht eine α, β-ungesättigte Carbonsäure.
4- und 5-Halogencarbonsäuren sind wegen der räumlichen Anordnung zu intramolekularen Substitutionen fähig, die zu Lactonen führen.

$$\begin{array}{c}\text{Br} \quad \overset{H_2}{C}-\overset{H_2}{C} \\ \diagdown\!\!\diagup \quad \diagdown \\ C \qquad\qquad C=O \\ \diagup\;| \quad\quad \diagup \\ R\;\;H \quad O^- \\ \qquad\qquad Na^+\end{array} \xrightarrow{-NaBr} \begin{array}{c}\overset{H_2}{C}-\overset{H_2}{C} \\ \diagdown\!\!\diagup \quad \diagdown \\ C \qquad\quad C=O \\ \diagup\;| \quad \diagup \\ R\;\;H \quad O\end{array}$$

4-Halogencarbonsäure $\qquad\qquad$ γ-Lacton

Monochloressigsäure wird eingesetzt zur Herstellung von Malonsäure und Indigo. Trichloressigsäure (gewonnen durch Oxydation von Tetrachloräthen) wirkt ätzend (Zahnfleischbehandlung). Die noch stärkere Trifluoressigsäure dient präparativen Zwecken.

2.3. Nitro- und Sulfocarbonsäuren

Von Bedeutung sind die aromatischen Vertreter dieser Verbindungen. Nitrobenzoesäuren werden durch Oxydation aus Nitrotoluol hergestellt und sind das Ausgangsmaterial zur Gewinnung von Aminobenzoesäuren.

Das bekannteste Produkt der Sulfocarbonsäuren ist *Saccharin*, ein 400 mal stärkerer Süßstoff als Rohrzucker und dabei ohne Nährwert. Chemisch ist Saccharin o-Sulfobenzoesäureimid und wird synthetisiert aus Toluol (→Benzolkohlenwasserstoffe 1.2.). Durch Chlorsulfonierung entsteht o- und p-Toluolsulfonsäurechlorid. Die Isomeren werden durch Filtration (p-Isomer ist kristallin) getrennt, die o-Verbindung mit NH_3 zum Säureamid umgewandelt. Oxydation führt zur entsprechenden Benzoesäure, die durch Wasserabspaltung beim Erhitzen Saccharin liefert.

Toluol $\xrightarrow{+HOSO_3Cl}$ o-Toluolsulfonsäurechlorid $\xrightarrow[-HCl]{+NH_3}$ o-Toluolsulfonsäureamid $\xrightarrow[Na_2Cr_2O_7/H_2SO_4]{KMnO_4/KOH \text{ oder}}$ o-Sulfamidbenzoesäure $\xrightarrow{-H_2O}$ o-Sulfobenzoesäureimid Saccharin

2.4. Hydroxycarbonsäuren

2.4.1. Aliphatische Hydroxycarbonsäuren

Die Nomenklatur entspricht der anderer substituierter Verbindungen. Bei der Herstellung kann man von einer Carbonsäure oder einem Alkohol ausgehen und die zweite funktionelle Gruppe einführen. Von einem Carbonsäuregerüst gehen folgende Verfahren aus: alkalische Hydrolyse einen Halogencarbonsäure (→Abschnitt 2.2.), REFORMATSKY-Reaktion zwischen Aldehyd und Halogencarbonsäure-

Carbonsäuren 2.4.

ester (s. →Abschnitt 2.2.), katalytische Reduktion von Oxocarbonsäuren s. Abschnitt 2.5., Einwirken von salpetriger Säure auf →Aminocarbonsäuren, Reduktion von Halbestern von Dicarbonsäuren mit Metallhydriden. Letzterwähnte Methode dient zur Herstellung von ω-Hydroxycarbonsäuren.

$$ROOC-(CH_2)_n-COOH \xrightarrow{SOCl_2} ROOC-(CH_2)_n-COCl \xrightarrow{NaBH_4}$$
Halbester $\qquad\qquad\qquad\qquad\qquad$ Halbestersäurechlorid

$$ROOC-(CH_2)_n-CH_2OH \xrightarrow{H_2O} HOOC-(CH_2)_n-CH_2OH$$
$\qquad\qquad\qquad\qquad\qquad\qquad\qquad\qquad\qquad$ ω-Hydroxycarbonsäure

Hydroxylaldehyde werden mit HOBr zu Säuren oxydiert. Halohydrine (→Hydroxylderivate 1.1.4.) werden durch Cyanide in ein Nitril (s. Abschnitt 3.4.) übergeführt, das nach Hydrolyse eine Säure ergibt.

$$R_1-\underset{\underset{H}{O}}{\overset{H}{\underset{|}{C}}}-\underset{X}{\overset{H}{\underset{|}{C}}}-R_2 \xrightarrow[-X^-]{+CN^-} R_1-\underset{\underset{H}{O}}{\overset{H}{\underset{|}{C}}}-\underset{C\equiv N}{\overset{H}{\underset{|}{C}}}-R_2 \xrightarrow[-NH_3]{+2H_2O} R_1-\underset{\underset{H}{O}}{\overset{H}{\underset{|}{C}}}-\underset{R_2}{\overset{H}{\underset{|}{C}}}-COOH$$

Halohydrin $\qquad\qquad\qquad\qquad\qquad\qquad\qquad\qquad\qquad$ 2-Hydroxycarbonsäure

Von Aldehyden führt die *Cyanhydrin-Synthese* (→Oxoverbindungen 1.1.3.) zum gleichzeitigen Aufbau einer Alkohol- und einer Säuregruppe. Sie entspricht dem Verfahren, das von Halohydrinen ausgeht.

Entsprechend dem Verhalten von Verbindungen mit zwei verschiedenen funktionellen Gruppen zeigen Hydroxycarbonsäuren Eigenschaften der Alkohole (→Hydroxylderivate) und der Carbonsäuren. Die gegenseitige Beeinflussung hängt von der Entfernung der Gruppen ab. 2-Hydroxycarbonsäuren sind deshalb stärkere Säuren als unsubstituierte Alkansäuren (—I-Effekt wie bei Halogensäuren). 4- und 5-Hydroxycarbonsäuren zeigen intramolekulare Veresterungen.

Die Einführung der Alkoholgruppe bedingt eine bessere Wasserlöslichkeit und eine schlechtere Ätherlöslichkeit. Keine Hydroxysäure ist ohne Zersetzung destillierbar. Tabelle 5 zeigt Unterschiede in den Reaktionen der Hydroxycarbonsäuren.

Carbonsäuren 2.4.

Tab. 5 nach FODOR

Reagens	Reaktionsprodukt bei				
	α-	β-	γ-	δ-	ω-
	Hydroxycarbonsäuren				
HCl, H₂SO₄	HCOOH + Oxo-verbindungen	α, β-unge-sättigte Säure	γ-Lacton	δ-Lacton	Polyester
200°C im Vakuum	Dilacton (Lactid)	α, β-unge-sättigte Säure	γ-Lacton	δ-Lacton	Polyester (Macrolid)
PCl₃ auf Ester	α, β-ungesättigter Ester	Ester	γ-Chlor-ester	δ-Chlor-ester	ω-Chlorester
LiAlH₄	1,2-Diol reagiert mit HSO₄ zu 2 Aldehyden	1,3-Diol	1,4-Diol	1,5-Diol	α, ω-Diol

α-Hydroxycarbonsäuren zerfallen beim Erhitzen mit Säuren zu Ameisensäure und einem Aldehyd mit 1 C-Atom weniger als der Ausgangsstoff. Alle anderen Hydroxysäuren spalten Wasser ab, bei ω-Stellung intermolekular. Das ist eine Möglichkeit für →Polykondensation von Kunststoffen. Intermolekulare Wasserabspaltung tritt auch bei 2-Hydroxycarbonsäuren ohne Säurezusatz ein und führt zu cyclischen Dilactonen. Ringförmige Bildungen bei ω-Hydroxysäuren nennt man *Macrolide*. Der Name ist abgeleitet von der Bezeichnung für innere Ester, die durch Hinzufügen der Endung -olid gebildet wird. Meist wird aber dem Namen der Säure das Wort Lacton angehängt.

$$R-\underset{\underset{H}{O}}{\overset{H}{C}}-COOH \xrightarrow{H_2SO_4} R-C\overset{O}{\underset{H}{\diagdown}} + HCOOH$$

2-Hydroxycarbonsäure Aldehyd Ameisensäure

$$\begin{array}{c}H\\R-C-OH\\C-OH\\O\end{array} + \begin{array}{c}O\\HO-C\\HO-C-R\\H\end{array} \xrightarrow{-2H_2O} \text{cyclisches Dilacton}$$

2-Hydroxycarbonsäure   cyclisches Dilacton Lactid

Carbonsäuren 2.4.

Die *Lacton*bildung findet am leichtesten bei 4- und 5-Hydroxycarbonsäuren statt. γ-Lactone sind stabiler als δ-Lactone. Der Fünferring des γ-Lactons ist fast eben. α-Lactone sind noch nicht isoliert worden, β-Lactone können nur mit besonderen Methoden erhalten werden.

Lactone sind häufig im Gegensatz zu Hydroxysäuren flüssig, sieden auch bei niedrigen Temperaturen. Als innere →Ester lassen sie sich durch Alkalihydroxyde zu den Salzen der entsprechenden Hydroxysäuren aufspalten. Mit NH_3 bilden sie Hydroxysäureamide, die zu Lactamen unter Wasserabspaltung werden. Reduktionen können zu Lactolen (cyclische Hydroxyaldehyde) führen, aber auch zu Diolen oder unsubstituierten Carbonsäuren (mit HJ).

Die einfachste Hydroxycarbonsäure ist Glykolsäure (Hydroxyessigsäure). Bekannter ist der nächste Vertreter: 2-Hydroxypropansäure = α-Hydroxypropionsäure = *Milchsäure*. Sie besitzt ein asymmetrisches C-Atom (→Isomerie 2.) und kommt deshalb in einer rechtsdrehenden (+), in einer linksdrehenden (−) Form vor und in einem äquimolaren Gemisch beider Formen (Racemat). Nach der Konfiguration (→Isomerie 2.) gehört die (−)-Säure zur D-Reihe, die (+)-Milchsäure zur L-Reihe, das Racemat, das die Ebene des polarisierten Lichts nicht dreht, wird folglich mit DL klassifiziert.

Benannt ist die Säure nach der sauren Milch, in der sie SCHEELE 1780 entdeckte. Das Racemat ist das Gärungsprodukt einiger Mikroorganismen wie Bacillus acidi

lacti oder Bacillus delbrücki (aus Milchzucker). (+)-Milchsäure entsteht beim anaeroben Abbau von Glucose im Muskel. Sie wird deshalb auch Fleischmilchsäure genannt. (—)-Milchsäure liefert die Vergärung von Rohrzucker durch Bacillus acidi laevolactii.
DL-Milchsäure hat einen niedrigeren Schmelzpunkt als die beiden optisch aktiven Milchsäuren (18°C gegenüber 26°C). Der Gärungsprozeß dient der technischen Gewinnung. Ein Zusatz von Ca(OH)$_2$ fällt die entstehende Säure, die die Bakterien schädigt, als Ca-Salz (Lactat) aus. Natürliche Gärungsvorgänge werden zur Konservierung ausgenutzt (Gärfutter, Sauerkraut).

$$\begin{array}{cc} \text{COOH} & \text{COOH} \\ | & | \\ \text{HO}-\text{C}-\text{H} & \text{H}-\text{C}-\text{OH} \\ | & | \\ \text{CH}_3 & \text{CH}_3 \\ \text{L (+)-Milchsäure} & \text{D (—)-Milchsäure} \end{array}$$

Auch andere Hydroxycarbonsäuren sind in der Natur weit verbreitet. 4- bzw. 5-Hydroxysäuren kommen als Lactone vor.
Von den Dicarbonsäuren sind die Hydroxylderivate der Bernsteinsäure sehr bekannt. Die Monohydroxybernsteinsäure heißt Äpfelsäure, die Dihydroxybernsteinsäure *Weinsäure*. Die Weinsäure kommt, da sie zwei asymmetrische C-Atome hat, die sich kompensieren können, nur in drei Formen und dem Racemat vor. Außer dem Racemat (Traubensäure) zeigt auch die sog. meso-Form wegen intramolekularer Kompensation keine Drehung des polarisierten Lichts. Beide nichtdrehenden Formen treten in der Natur nicht auf.
Von den Salzen der Weinsäure (*Tartrate*) wird Kalium-Natriumtartrat (Seignette-Salz) als Komplexbildner bei der →Färberei und in der Fehlingschen Lösung (→Kohlenhydrate) eingesetzt. Als Beizmittel dient auch Kaliumantimonyltartrat, das früher als Brechmittel benutzt wurde (Brechweinstein): SbO.OOC.CHOH.CHOH.COOK.

$$\begin{array}{ccc} \text{COOH} & \text{COOH} & \text{COOH} \\ | & | & | \\ \text{HO}-\text{C}-\text{H} & \text{H}-\text{C}-\text{OH} & \text{H}-\text{C}-\text{OH} \\ | & | & | \\ \text{H}-\text{C}-\text{OH} & \text{HO}-\text{C}-\text{H} & \text{H}-\text{C}-\text{OH} \\ | & | & | \\ \text{COOH} & \text{COOH} & \text{COOH} \\ \text{D (—) Weinsäure} & \text{L (+) Weinsäure} & \text{meso-Weinsäure} \end{array}$$

Citronensäure hat ihren Namen ebenso wie viele andere Verbindungen nach ihrem Vorkommen erhalten (5 bis 10% im Citronensaft). Sie ist auch in anderen

Carbonsäuren 2.4.

Früchten vorhanden. Auch hier nutzt man zur technischen Gewinnung Mikroorganismen aus (Citromyces), die sie durch Gärung aus Glucose herstellen.
Citronensäure ist eine Tricarbonsäure: 2-Hydroxypropan-1,2,3-tricarbonsäure = Hydroxy-tricarballylsäure. Verwendet wird sie als Citronenersatz, das Na-Salz (Citrat) als Puffersubstanz.
Citronensäure ist ein wichtiges Zwischenprodukt des Stoffwechsels. Sie ist die Ausgangsstation eines komplizierten Kreisprozesses, in dem Essigsäure (in aktivierter Form) in CO_2 und Wasserstoff zerlegt wird. Der Wasserstoff wird in der Atmungskette (→Porphind. 3.) zu Wasser oxydiert, der Hauptprozeß für die Energieversorgung der Lebewesen. Im Citronensäurecyclus, der von KREBS u. a. entdeckt wurde, münden die Abbauvorgänge für →Kohlenhydrate, Fette und Proteine. Andererseits liefert der Kreisprozeß Bausteine für körpereigene Substanzen. Er stellt ein Sammelbecken für den Zwischenstoffwechsel dar.

Citronensäurecyclus nach FODOR (verändert)

$$CH_3-COOH \text{ (Essigsäure)} + \begin{matrix} O=C-COOH \\ | \\ H_2C-COOH \end{matrix} \text{ (Oxalessigsäure)} \rightarrow \begin{matrix} H_2C-COOH \\ | \\ HO-C-COOH \\ | \\ H_2C-COOH \end{matrix} \text{ (Citronensäure)} \rightarrow \begin{matrix} H_2C-COOH \\ | \\ HC-COOH \\ | \\ HOC-COOH \\ | \\ H \end{matrix} \text{ (Iso-Citronensäure)} \xrightarrow[-CO_2]{-2H}$$

$$\begin{matrix} H_2C-COOH \\ | \\ H_2C \\ | \\ O=C-COOH \end{matrix} \text{ (}\alpha\text{-Ketoglutarsäure)} \xrightarrow[-CO_2]{+H_2O, -2H} \begin{matrix} H_2C-COOH \\ || \\ H_2C-COOH \end{matrix} \text{ (Bernsteinsäure)} \xrightarrow{-2H} \begin{matrix} H \quad COOH \\ \diagdown \diagup \\ C \\ || \\ C \\ \diagup \diagdown \\ HOOC \quad H \end{matrix} \text{ (Fumarsäure)} \xrightarrow{+H_2O}$$

$$\xrightarrow{-2H} \begin{matrix} H \\ | \\ HO-C-COOH \\ | \\ H_2C-COOH \end{matrix} \text{ (Äpfelsäure)}$$

Bilanz: $CH_3COOH + 2H_2O \rightarrow 2CO_2 + 8H$

Ein anderes wichtiges Stoffwechselzwischenprodukt ist *Mevalonsäure* bzw. das δ-Lacton, 3-Methyl-3,5-dihydroxypentan-1-säure, eine Zwischenstufe für den Aufbau von Carotinoiden und anderen Polyisoprenderivaten (→Polyene →Terpene, →Steroide).

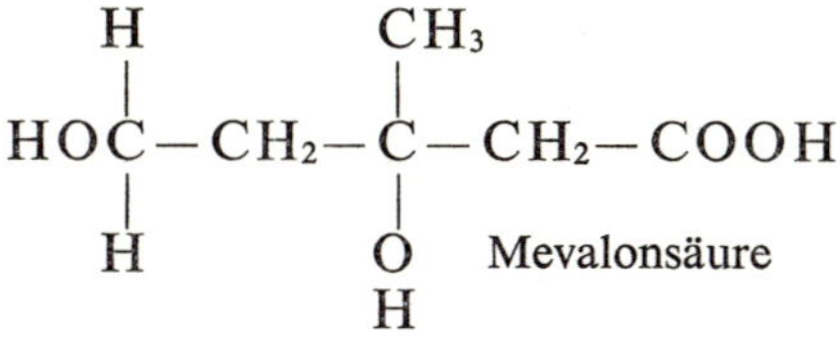

Carbonsäuren 2.4.

$$\underset{H}{\overset{H}{HOC}}-CH_2-\underset{OH}{\overset{CH_3}{C}}-CH_2-COOH \quad \text{Mevalonsäure}$$

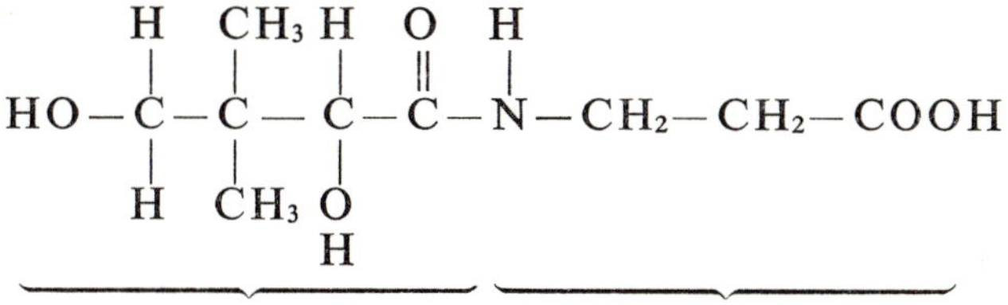

$$HO-\underset{H}{\overset{H}{C}}-\underset{CH_3}{\overset{CH_3}{C}}-\underset{OH}{\overset{H}{C}}-\overset{O}{\overset{\|}{C}}-\overset{H}{\underset{}{N}}-CH_2-CH_2-COOH$$

$\underbrace{\text{2,4-Dihydroxy-3,3-dimethyl-butan-1-säure}}$ $\underbrace{\text{3-Aminopropan-1-säure} = \beta\text{-Alanin}}$

Pantothensäure

2,4-Dihydroxy-3,3-dimethylbutan-1-säure, wie Mevalonsäure eine Carbonsäure mit zwei Alkoholgruppen, ist eine der beiden Komponenten des →Vitamins Pantothensäure (→Vitamin B-Gruppe), die wiederum ein Baustein des Co→-enzyms A ist. Coenzym A ist der Überträger der Carbonsäuren (Acetyl-Coenzym A = aktivierte Essigsäure).

Eine ungesättigte Hydroxycarbonsäure ist *Ricinolsäure*, die als Glycerinester im Ricinusöl vorkommt. Es ist 12-Hydroxy-octadec-9-en-1-säure also eine Monohydroxyölsäure. $H_3C \cdot (CH_2)_5 \cdot CHOH \cdot CH_2 \cdot CH : CH \cdot (CH_2)_7 \cdot COOH$

2.4.2. Aromatische Hydroxycarbonsäuren

Mandelsäure (ein Bestandteil des Bittermandelöls, als Nitril an das →Kohlenhydrat Gentiobiose gebunden) ist α-Hydroxyphenylessigsäure. Sie enthält eine Alkoholgruppe und unterscheidet sich nicht in den Eigenschaften von den aliphatischen Verbindungen. Trägt der Benzolring direkt die OH-Gruppe, liegt ein Phenol vor (→Hydroxylderivate 3.) mit den entsprechenden Reaktionen. Wechselwirkungen mit der Carboxylgruppe treten bei ortho-Stellung der beiden Gruppen auf. Da beide Gruppen H^+ abspalten können, kommt es mit mehrwertigen Metallen zur Chelatbildung. o-Hydroxy-benzoesäuren sind stärkere Säuren. Die intramolekulare Wasserstoffbrücke bedingt auch eine größere Wasserlöslichkeit.

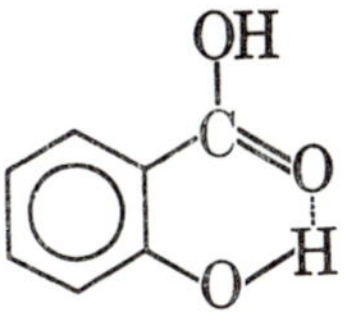

o-Hydroxybenzoesäure
Salicylsäure

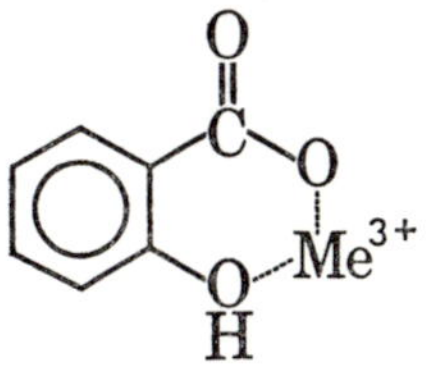

Chelatbildung

Carbonsäuren 2.4.

Zur Herstellung dient die KOLBE-SCHMIDT-Synthese, die als Carboxylierung des Phenolat-Ions ein Spezialfall der elektrophilen Substitution darstellt. Unter 140°C und mit Na-phenolat bildet sich o-Hydroxybenzoesäure, über 180°C und mit Kaliumphenolat die stabilere p-Form.

Na-phenolat   Kohlendioxid   Na-salicylat

o-Hydroxybenzoesäure (*Salicylsäure*, da sie aus Weiden -Salix- hergestellt wurde) ist ein Ausgangsprodukt für viele Synthesen der Farbstoff- und Arzneimittelindustrie. Aspirin, das bekannte fiebersenkende Mittel, ist Acetylsalicylsäure, d. h. die Phenolgruppe ist mit Essigsäure verestert worden. Das Tuberkuloseheilmittel *PAS* ist p-Aminosalicylsäure. Die antiseptische und Lebensmittel konservierende Wirkung der Salicylsäure darf in der BRD nicht mehr ausgenutzt werden. Als kennzeichnungspflichtige →Konservierungsmittel sind u. a. Benzoesäure und p-Hydroxybenzoesäureester (PHB-Ester) zugelassen.

Aspirin   PAS   PHB-Ester
Acetylsalicylsäure   p-Aminosalicylsäure   p-Hydroxybenzoesäureester

Ein nicht kennzeichnungspflichtiger zugelassener Zusatz für Fette zum Schutz vor →Autoxydation sind neben Vitamin C und E Gallussäureester. *Gallussäure* ist eine Trihydroxybenzoesäure (3,4,5-Trihydroxybenzoesäure), die in der Natur weit verbreitet ist (Galläpfel, Teeblätter, Eichenrinde, Granatwurzel). Beim Erhitzen spaltet Gallussäure CO_2 ab und wird zu Pyrogallol (Trihydroxybenzol s. →Hydroxylderivate 3.). In alkalischer Lösung nimmt Gallussäure leicht Sauerstoff auf und wird wahrscheinlich zu o-Chinonderivaten (→Oxoverbindung) oxydiert. Oxydative Kondensation der Gallussäure führt zur Ellagsäure, die ebenso wie Gallussäure ein Bestandteil natürlicher Gerbstoffe (*Tannin*) darstellt.

Gallussäure wurde früher zur Tintenfabrikation benutzt, da Fe^{3+} mit Gallussäure einen tiefblauen Niederschlag bildet.

Carbonsäuren 2.4.

Gallussäure   Ellagsäure

In Gerbstoffen und Flechtensäuren treten Hydroxybenzoesäuren als intermolekulare Phenolester auf. Man nennt diese Bindung *Depsid*bindung, die kondensierten Molekülverbindungen Depside. In Flechten entsteht aus Orsellinsäure Lecanorsäure (Orsellinoyl-orsellinsäure). In einigen Gerbstoffen liegt meta-Galloyl-Gallussäure vor.

Orsellinsäure 2,4-Dihydroxy-   Lecanorsäure   meta-Galloyl-
5-methyl-benzoesäure   Gallussäure

In der Natur kommen drei Sorten von *Gerbstoffen* (*Tanninen*) vor. In den Gallotanninen sind die freien Hydroxylgruppen eines Monosaccharids (z. b. Glucose) durch das Depsid m-Galloylgallussäure verestert. In den Ellagotanninen vertritt Ellagsäure die Gallussäure. Die Catechutannine bestehen aus Polymerisationsprodukten von Catechinen, einer →heterocyclischen Ringverbindung (Grundskelett Benzopyran bzw. Flavan Heterocycle. 2. 2.). Alle Tannine haben die Fähigkeit, Proteine auszufällen, was beim Gerben von Tierhäuten zu Leder ausgenutzt wird.

Catechin *asymmetrische C-atome   Gallotannin X = Depsid

2.5. Oxocarbonsäuren

Nach der Stellung der Oxogruppe sind Aldehydo- und Ketocarbonsäuren zu unterscheiden. Bei der Genfer Nomenklatur wird die Oxogruppe als Substituent betrachtet, die Lage zur Carboxylgruppe mit griechischen Buchstaben oder arabischen Ziffern angegeben. Anstelle der Silbe Oxo- ist bei Ketonsäuren auch Keton üblich.

Aldehydocarbonsäuren sind von geringer Bedeutung. Sie werden erhalten durch Oxydation entsprechender Alkoholcarbonsäuren, Hydrolyse von ω, ω-Dihalogencarbonsäuren u. ä. Glyoxylsäure (Oxoessigsäure) ist der einfachste Vertreter. Sie kommt in unreifen Früchten vor.

Glyoxylsäure bildet ähnlich Chloral ein Hydrat, da das Aldehyd-C-Atom sehr elektrophil ist. Typische Aldehydreaktionen sind die Reduktion von ammoniakalischer $AgNO_3$-Lösung, Addition von schwefliger Säure und die CANNIZZARO-Reaktion zu Glykol- und Oxalsäure.

Von den Ketosäuren haben die 3-Ketosäuren präparative, 2- und 4-Ketosäuren biologische Bedeutung.

Allgemeine Synthesemethoden sind die bereits erwähnte Oxydation entsprechender Hydroxycarbonsäuren, Umsetzung von Carbonsäurechloriden mit Cyaniden zu Nitrilen (s. Abschnitt 3.4.) der nächsthomologen Ketocarbonsäure, Bildung von →Oximen mit salpetriger Säure aus Carbonsäureestern oder Alkylmalonsäure.

$$R-CH_2-COOR \xrightarrow[-H_2O]{+HNO_2} R-\underset{\underset{N-OH}{\|}}{C}-COOR \xrightarrow[-H_2NOH]{+H_2O} R-\underset{\underset{O}{\|}}{C}-COOR$$

Ester   Oxim des 2-Oxo-   2-Oxocarbonsäure-
          carbonsäureesters   ester

$$R-\underset{\underset{}{|}}{\overset{Cl}{C}}=O \xrightarrow[-K^+Cl^-]{+K^+CN^-} R-\underset{\underset{O}{\|}}{C}-CN \xrightarrow[-NH_3]{+2H_2O} R-\underset{\underset{O}{\|}}{C}-COOH$$

Säurechlorid   2-Ketosäurenitril   2-Oxocarbonsäureester

2-Ketocarbonsäuren sind stärkere Säuren als die unsubstituierten Säuren. Sie neigen zur Selbstkondensation. Durch konz. H_2SO_4 werden sie zu CO und der nächst niederen Carbonsäure zerlegt. Katalytische Hydrierung in Gegenwart von NH_3 führt zu entsprechenden 2-→Aminocarbonsäuren.

Die einfachste, aber auch bedeutendste 2-Ketocarbonsäure ist 2-Oxopropansäure, bekannter als *Brenztraubensäure* (engl. pyruvic acid — Salze heißen *Pyruvate*). Benannt nach der ersten Darstellung durch Thermolyse aus Traubensäure, die auch heute noch (mit $KHSO_4$) das beste Verfahren ist.

Carbonsäuren 2.5.

Brenztraubensäure (F: 13,6°C; Kp: 165°C mit teilweiser Zersetzung) mischt sich in jedem Verhältnis mit Wasser, Alkohol und Äther. Sie ist ein wichtiges Zwischenprodukt im Stoffwechsel. Beim Kohlenhydratabbau führt eine Hydrierung durch das wasserstoffübertragende Ferment NADH zur Milchsäure, eine Decarboxylierung durch das Ferment Carboxylase zu Äthanal (Acetaldehyd). Aus Äthanal kann entweder →Äthanol oder aktivierte Essigsäure für den Citronensäurecyclus (s. Abschnitt 2.4.1.) entstehen. Auch der Abbau der Aminosäuren führt zur Brenztraubensäure.

$$\begin{array}{c} COOH \\ | \\ C=O \\ | \\ CH_3 \end{array} \xrightarrow{+2H} CH_3 \cdot CHOH \cdot COOH \quad \text{Milchsäure}$$

$$\begin{array}{c} \\ \xrightarrow{-CO_2} CH_3 \cdot CHO \xrightarrow{+2H} CH_3CH_2HO \quad \text{Äthanal} \\ \text{Äthanol} \\ \xrightarrow[-2H]{+H_2O} CH_3 COOH \quad \text{Essigsäure} \end{array}$$

Brenztraubensäure

3-Ketosäuren (β-Ketocarbonsäuren) bilden sich natürlicherweise beim Fettsäurenabbau in Lebewesen, Der Fettsäureabbau führt — entgegengesetzt zum Aufbau (s. →Abschnitt 1.1.4.) — über die Stufen Dehydrierung, Wasseranlagerung, Dehydrierung zu einer β-Ketocarbonsäure (daher wird dieses Verfahren *β-Oxydation* genannt). Diese Ketocarbonsäure wird in aktivierte Essigsäure und eine gegenüber der Ausgangssubstanz um 2 C-Atome kürzere Fettsäure gespalten. Die aktivierte Essigsäure wird normalerweise in den Citronensäurecyclus eingespeist. Bei der Zuckerkrankheit unterbleibt diese Reaktion. Es kommt zu einer verstärkten Bildung von *Acetessigsäure* (β-Ketobuttersäure), der einfachsten 3-Ketosäure, aus der Aceton oder 3-Hydroxybutansäure entstehen. Alle drei Substanzen sind als sog. Ketonkörper kennzeichnend für die Zuckerkrankheit (Diabetes).

$$\underset{\text{aktivierte Fettsäure}}{R-\overset{H}{\underset{H}{\overset{|}{C}}}-\overset{H}{\underset{H}{\overset{|}{C}}}-\overset{O}{\overset{\|}{C}}-X} \xrightarrow{-2H} R-\overset{H}{\overset{|}{C}}=\overset{H}{\overset{|}{C}}-\overset{O}{\overset{\|}{C}}-X \xrightarrow{+H_2O} R-\overset{H}{\underset{O}{\overset{|}{C}}}-\overset{H}{\underset{H}{\overset{|}{C}}}-\overset{O}{\overset{\|}{C}}-X \xrightarrow{-2H}$$

$$R-\underset{\underset{O}{\overset{\|}{C}}}{\overset{H}{\overset{|}{C}}}-\overset{O}{\underset{H}{\overset{|}{C}}}-\overset{O}{\overset{\|}{C}}-X \xrightarrow{+XH} \underset{\underset{O}{\overset{\|}{\text{aktivierte Fettsäure}}}}{R-\overset{}{C}-X} + \underset{\underset{O}{\overset{\|}{\text{aktivierte Essigsäure}}}}{H_3C-\overset{}{C}-X}$$

β-Ketosäure

Carbonsäuren 2.5.

Freie 3-Ketocarbonsäuren und ihre Salze sind im Gegensatz zu ihren Estern sehr unstabil. Beim Erwärmen spalten sie CO_2 ab und bilden Ketone (Acetessigsäure →Aceton). Die unzersetzt destillierbaren Ester sind wichtige Zwischenprodukte bei organischen Synthesen. Das gilt besonders für Acetessigsäureäthylester, *Acetessigester* genannt.

Der klassische Weg, Acetessigester zu gewinnen, ist die CLAISEN-*Kondensation* mit Essigsäureäthylester unter Basenkatalyse (z. B. Na-äthylat). Die CLAISEN-Kondensation ähnelt der Aldol-Kondensation: eine Base spaltet ein Proton ab, das entstandene Carbanion lagert sich an ein zweites Estermolekül, durch Abspaltung von Äthanol bildet sich die Natrium-enolat-Form des Acetessigesters. Mit verdünnter Säure entsteht das freie Enol, das sich z. T. zur Keto-Form umlagert. Technisch wird Acetessigester aus Keten (→Oxoverbindungen 1. 2.) synthetisiert (Alkoholyse von Diketen).

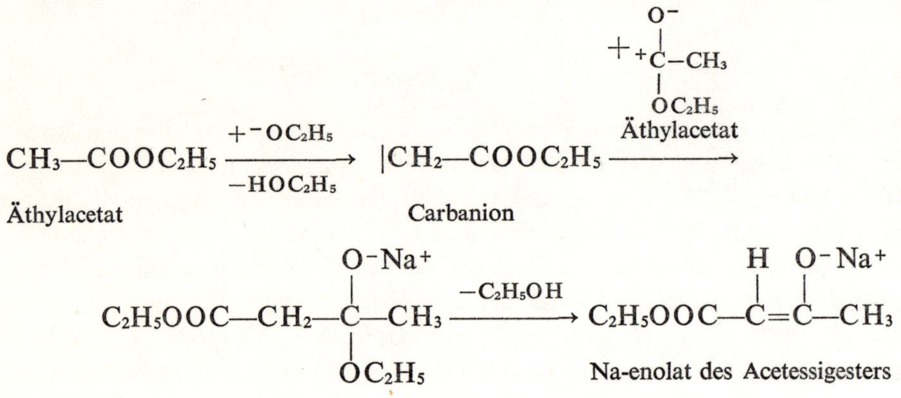

$$CH_3-COOC_2H_5 \xrightarrow[-HOC_2H_5]{+^-OC_2H_5} |CH_2-COOC_2H_5 \xrightarrow{+ \overset{O^-}{\underset{OC_2H_5}{C-CH_3}} \text{Äthylacetat}}$$

Äthylacetat Carbanion

$$C_2H_5OOC-CH_2-\underset{OC_2H_5}{\overset{O^-Na^+}{C}}-CH_3 \xrightarrow{-C_2H_5OH} C_2H_5OOC-\overset{H}{C}=\overset{O^-Na^+}{C}-CH_3$$

Na-enolat des Acetessigesters

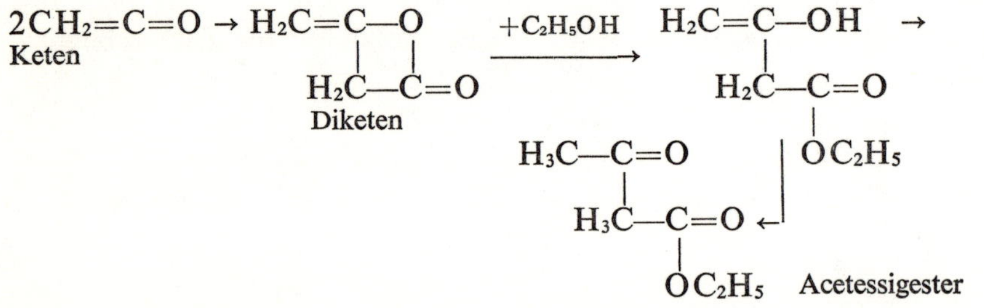

$$2CH_2=C=O \rightarrow H_2C=C-O \xrightarrow{+C_2H_5OH} H_2C=C-OH \rightarrow$$
Keten $H_2C-C=O$ $H_2C-C=O$
 Diketen OC_2H_5

$H_3C-C=O$
$H_3C-C=O \leftharpoondown$
OC_2H_5 Acetessigester

Als Vertreter der 1,3-Dicarbonylverbindungen besitzt Acetessigester ähnlich der Malonsäure (s. Abschnitt 1. 2.) eine sehr reaktionsfähige Methylengruppe, aber auch eine geschwächte Bindung zwischen 2. und 3. C-Atom.
Eine Folge der aufgelockerten C-H-Bindung ist die Ausbildung eines Gleichgewichts zwischen Keto- und Enol-Form: Tautomerie (→Isomerie, →Hydroxyl-

Carbonsäuren 2.5.

derivate 2., →Oxoverbindungen 2. 2.). Acetessigester (Kp: 181°C) liegt zu 8% in der Enol-Form vor, zu 92% als Keton, sie sind isolierbar.

$$CH_3-\underset{\underset{O}{\|}}{C}-\underset{H}{\overset{H}{\underset{|}{C}}}-COOC_2H_5 \rightleftarrows CH_3-\underset{\underset{H}{\underset{|}{O}}}{C}=\underset{H}{\overset{|}{C}}-COOC_2H_5$$

  Keto-Form   Enol-Form

Entsprechend dem Malonsäureester sind die Methylenwasserstoffatome gegen Alkalimetalle austauschbar. Mit Alkylhalogeniden oder Säurechloriden findet dann eine elektrophile →Substitution am Methylen-C-Atom statt. Nach zweimaliger Substitution liegen 2,2-disubstituierte Acetessigester vor. Säurechloride lagern sich in Gegenwart von Pyridin (→Heterocyclen 2.1.) zu O-Acylverbindungen (Esterifizierung) an.

[Reaction scheme showing:
C-Acyl-acetessigester ← Säurechlorid + Natriumacetessigester + Alkylhalogenid → 2,2-disubstituierter Acetessigester
↕
O-Acyl-acetessigester]

Acetessigester und seine 2-Substitutionsprodukte lassen sich auf zwei Arten spalten. Mit verdünnten Laugen oder Säuren kommt es zur Verseifung des Esters und Decarboxylierung der freien Säure, wobei Ketone entstehen (Keton-

217

spaltung). Konzentrierte Laugen bewirken eine Hydrolyse zwischen dem 2. und 3. C-Atom, also eine Umkehrung der Bildung nach der CLAISEN-Methode. Es entstehen Essigsäure- und substituierte Essigsäure-Salze und Äthanol (Säurespaltung).

$$
\begin{array}{ccccc}
H_2CR & & COOC_2H_5 & & COOH \\
| & +H_2O & | & +2H_2O & | \\
C=O & \longleftarrow & H-C-R & \longrightarrow & H_2CR \\
| & -CO_2 & | & -C_2H_5OH & \text{substituierte Essigsäure} \\
CH_3 & -C_2H_5OH & C=O & & COOH \\
& & | & & | \\
& & CH_3 & & CH_3 \\
\text{Keton} & & \text{2-oder } \alpha\text{-substituierter} & & \text{Essigsäure} \\
& & \text{Acetessigester} & &
\end{array}
$$

Bei Monosubstitution des Acetessigesters führt die Ketonspaltung zur Verlängerung der Kette R um die $CH_2 \cdot CO \cdot CH_3$-Gruppe, die Säurespaltung um die $CH_2 \cdot COOH$-Gruppe.

Die reaktive Methylengruppe läßt sich mit salpetriger Säure nitrosieren und zu einem →Oxim einer 2-Ketocarbonsäure umwandeln. Sie kann auch durch Brom oder Chlor sehr leicht substituiert werden.

Die verschiedenen Reaktionsmöglichkeiten des Acetessigesters werden technisch ausgenutzt bei →Arzneimittelsynthesen (Pyramidon, s. d. Chinin-→Alkaloide u. a.).

Oxalessigsäure (2-Oxobutan-1,4-disäure) ist in Esterform den Reaktionen des Acetessigesters zugänglich. Die Oxogruppe steht zur einen Carboxylgruppe in α-Stellung, zur anderen Carboxylgruppe aber in β-Stellung. Kristallisiert kommt die freie Säure nur als Hydroxyfumarsäure vor (also reine Enol-Form), da diese cis-Form durch eine Wasserstoffbrückenbindung stabilisiert ist. In wäßrige Lösung findet man bis 60% Enol-Form, bei den Estern bis 80%.

Die Herstellung des Esters erfolgt wie beim Acetessigester durch die CLAISEN-Kondensation, aber aus Oxaldiäthylester und Essigsäureäthylester. Die Säure ist ein Zwischenprodukt bei der Atmung im Citronensäurecyclus, s. Abschnitt 2.4.1.

$$
\begin{array}{cc}
& \overset{OH}{|} \quad \overset{H}{|} \\
HOOC-CH_2-CO-COOH \rightleftarrows & HOOC-C=C-COOH \\
\text{Oxalessigsäure (Keto)} & \text{Oxalessigsäure (Enol)}
\end{array}
$$

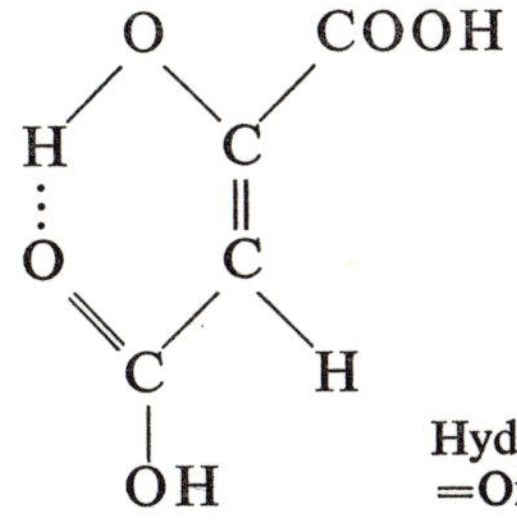

Hydroxyfumarsäure
=Oxalessigsäure kristallisiert

Die einfachste 4-Oxocarbonsäure, *Lävulinsäure*, trägt ihren Namen nach der Herstellung aus Fructose (Lävulose, da links drehend) mit Hilfe starker Säuren. 4-Oxocarbonsäuren sind beständig. Begünstigt durch die räumliche Lage können Carboxyl- und Carbonylgruppe miteinander reagieren. Dies führt zu einem Ringschluß (Lactonol). Durch Wasserabspaltung ergibt sich daraus ein Enollacton (bei der Lävulinsäure Angelicalacton = 4-Methyl-but-3-enolid).

$H_3C-C-CH_2-CH_2-COOH \rightleftarrows$

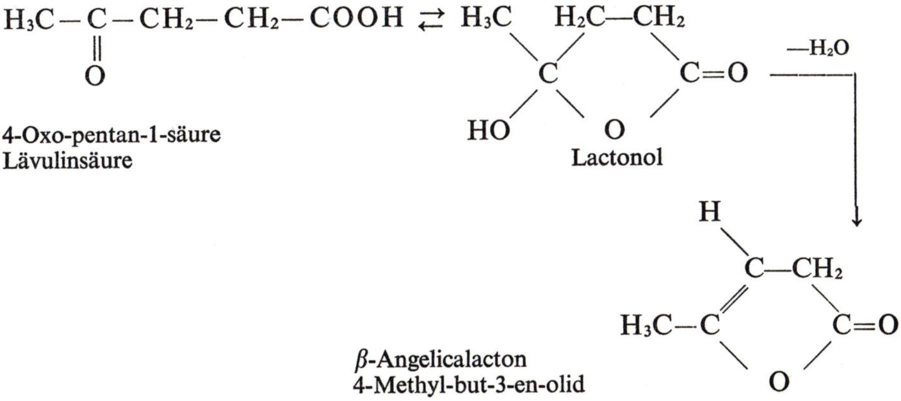

4-Oxo-pentan-1-säure
Lävulinsäure

Lactonol

$-H_2O$

β-Angelicalacton
4-Methyl-but-3-en-olid

3. Carbonsäuresubstitution an der Carboxylgruppe

3.1. Anhydride

In den Anhydriden von Monocarbonsäuren sind zwei Acylradikale durch ein Sauerstoffatom verbunden. Formal entstehen sie durch Abspaltung von Wasser aus zwei Molekülen Säure. Präparativ werden sie durch Einwirken eines Säurechlorids auf Alkali- oder Silbercarbonsäuresalze gewonnen. Bei unterschiedlichen Säureresten bildet sich ein gemischtes Anhydrid. Aus Carbonsäuren lassen sich Anhydride herstellen durch Reaktion mit einem anorganischen Anhydrid, dessen Bindung von Carbonsäureanionen leicht gespalten wird, oder durch Addition an Keten (→Oxoverbindungen). Letzteres Verfahren dient in der Industrie u. a.

Carbonsäuren 3.1.

Gewinnung des viel benötigten Essigsäureanhydrids, das auch durch Oxydation von Äthanal (Acetaldehyd) zugänglich ist.

$$\underset{\text{Säurechlorid}}{R_1-\overset{O}{\overset{\|}{C}}-Cl} \quad \underset{\text{Salz}}{R_2-\underset{\overset{\|}{O}}{C}-O^-Na^-} \xrightarrow{-NaCl} \underset{\text{gemischtes Anhydrid}}{R_1-C\overset{\displaystyle O}{\underset{\displaystyle O}{\diagdown\!\diagup}}C-R_2}$$

$$\underset{\text{Carbonsäure}}{R-\overset{O}{\overset{\|}{C}}-OH} \xrightarrow{+P_2O_5} \underset{\text{Carbonsäurephosphorsäure-anhydrid}}{R-\overset{O}{\overset{\|}{C}}-O-\underset{\underset{O}{|}}{\overset{\overset{OH}{|}}{P}}-O-\underset{\underset{O}{|}}{P}=O} \xrightarrow[-2HPO_3]{+R-\overset{\overset{H}{\overset{O}{|}}}{C}=O} \underset{\substack{\text{einfaches}\\\text{Anhydrid}}}{\begin{array}{c}R-C\diagdown\!\!_O\\ \diagup\\ R-C\diagup\!\!^O\end{array}}$$

$$\underset{\text{Keten}}{H_2C=C=O} + \underset{\text{Essigsäure}}{H_3C-COOH} \longrightarrow \underset{\text{Acetanhydrid}}{\begin{array}{c}H_3C-C\diagdown\!\!_O\\ \diagup\\ H_3C-C\diagup\!\!^O\end{array}}$$

$$\underset{\text{Äthanal}}{CH_3-\overset{\diagup H}{\underset{\diagdown O}{C}}} + O_2 \longrightarrow \underset{\text{Peressigsäure}}{CH_3-\overset{\diagup O-OH}{\underset{\diagdown O}{C}}} \xrightarrow[-H_2O]{+CH_3CHO} \underset{\text{Essigsäureanhydrid}}{\begin{array}{c}CH_3-C\diagdown\!\!_O\\ \diagup\\ CH_3-C\diagup\!\!^O\end{array}}$$

Carbonsäuren 3.2.

Säureanhydride sieden höher als die zugehörigen Carbonsäuren (Essigsäureanhydrid 139,5°C, Propionsäureanhydrid 169,3°C, Benzoesäureanhydrid 360°C). Es sind flüssige oder feste Substanzen mit neutraler Reaktion. Ihre Reaktionsfähigkeit ist nicht so groß wie die der Säurechloride, aber sie werden in der Industrie zur *Acylierung* (Einführung der Gruppe R-CO-) benutzt.

Von Wasser werden sie — besonders bei Schwefelsäurezustatz — zu Carbonsäuren gespalten. Mit Alkoholen ergeben sie →Ester, mit Ammoniak oder Aminen Amide, mit Hydrazin Säurehydrazide, mit PCl_5 Carbonsäurechloride.

$$2R-COOH \xleftarrow{+H_2O} (RCO)_2O \xrightarrow{+2NH_3} R-C(=O)-NH_2 \text{ Säureamid} + RCOO^-NH_4^+ \text{ Ammoniumsalz}$$

$$\xrightarrow{+H_2N-NH_2} RCOOH + R-C(=O)-NHNH_2 \text{ Säurehydrazid}$$

$$\xrightarrow{+R_1OH} RCOOH + RCOOR_1 \text{ Ester}$$

$$\xrightarrow{+PCl_5} 2RC(=O)-Cl + POCl_3 \text{ Säurechlorid}$$

Anhydride können bei der FRIEDEL-CRAFTS-Reaktion zur Acylierung von →Benzolkohlenwasserstoffen (s. Abschnitt →1.1.2.) eingesetzt werden. Sie sind Ausgangssubstanzen bei der PERKIN-Synthese, die mit aromatischen Aldehyden (→Oxoverbindungen) in Gegenwart von Na-acetat oder K-Carbonst zu α, β-ungesättigten Carbonsäuren führt.

Benzal- Acet-
dehyd anhydrid

Zimtsäure
β-Phenylacrylsäure

3.2. Carbonsäurehalogenide

In Carbonsäurehalogeniden ist die OH-Gruppe durch ein Halogen ersetzt. Nach der →Genfer Nomenklatur werden sie nach dem Schema Acylhalogenid benannt. Das Säurechlorid der Essigsäure heißt dementsprechend Acetylchlorid.

Säurechloride entstehen bei Behandlung der freien Säuren oder ihrer Salze mit PCl_3, PCl_5, $SOCl_2$ (Thionylchlorid), SO_2Cl_2 (Sulfurylchlorid). Die anderen Säurehalogenide erhält man aus den Säurechloriden beim Einwirken Bromwasserstoff, Jodwasserstoff oder Kaliumfluorid.

Carbonsäuren 3.3.

$$3\,R-COOH + PCl_3 \rightarrow 3\,R-\overset{\displaystyle O}{\underset{\displaystyle Cl}{C}} + H_3PO_3$$

Säure   Säurechlorid

Säurehalogenide haben einen niedrigeren Siedepunkt als die entsprechenden Säuren (Acetylchlorid F: 52°C, Propionylchlorid 80°C, Benzoylchlorid 197°C). Die niederen Halogenide sind stechend riechende Flüssigkeiten, die an der Luft rauchen.

Das Halogenatom ist wegen des —I-Effekts (Elektronenanziehung, →Elektronenverschiebung) der CO-Gruppe sehr reaktiv. Säurehalogenide werden deshalb noch stärker als die Anhydride zur Einführung der Acylgruppe eingesetzt. Sie reagieren entsprechend den Anhydriden meist durch nucleophile →Substitution (S_N2-Mechanismus). Folgende Produkte entstehen: mit Laugen Carbonsäuren, mit Alkoholen →Ester, mit NH_3 Säureamide, mit NaN_3 Säureazide, mit Salzen Carbonsäureanhydride, mit AgCN Nitrile von 2-Ketosäuren. Sie werden bei der FRIEDEL-CRAFTS-Reaktion (→Benzolkohlenwasserstoffe 1.1.2.) zur Herstellung von Ketonen benutzt. Katalytische Hydrierung liefert Aldehyde (ROSENMUND-Reaktion s. →Oxoverbindungen 1.1.1.). Sie sind Ausgangsprodukte für Carbonabbauprozesse und -aufbaureaktionen (ARNDT-EISTERT-Synthese s. Abschnitt 1.1.1.).

$$R-\overset{\displaystyle Cl}{\underset{\displaystyle O}{C}} \xrightarrow{-NaCl} R-\overset{\displaystyle O}{\underset{\displaystyle N-N\equiv N}{C}}$$

$$\uparrow N^-=N=N\;Na^+$$

Natriumazid   Säureazid

$$R-\overset{\displaystyle Cl}{\underset{\displaystyle O}{C}} \xrightarrow{-AgCl} R-\underset{\displaystyle \|\;O}{C}-C\equiv N \xrightarrow[-NH_3]{+2H_2O} R-\underset{\displaystyle \|\;O}{C}-COOH$$

CN^-Ag^+ Nitril der 2-Keto-   2-Ketocarbonsäure
                carbonsäure

3.3. Carbonsäureamide

In den Säureamiden ist die OH-Gruppe durch die NH_2-Gruppe ersetzt, oder anders formuliert: die Wasserstoffatome des NH_3 sind durch Acylreste ersetzt. Nach der Anzahl der ersetzten H-Atome spricht man von primären, sekundären und tertiären Amiden. In substituierten Amiden ist der Wasserstoff der NH_2-Gruppe durch Alkylradikale ersetzt, anstelle des NH_3 sind primäre oder sekundäre Amine getreten. Die Namen der Amide sind von der Radikalnamen der Säure (Acyl) abgeleitet. Die Endung -yl wird durch -amid ersetzt, z. B. Acetamid ist das primäre Saureamid der Essigsäure.

Primäre Amide können nach folgenden Methoden gewonnen werden: Erhitzen von Carbonsäure-ammoniumsalzen, Erhitzen von Carbonsäuren mit Harnstoff, Wasseranlagerung an Nitrile (in konz. Säuren oder mit H_2O_2 in Laugen), Einwirken von NH_3 auf Ester, Anhydride, Säurechloride. Sekundäre und tertiäre Amide erhält man durch eine Reaktion von primären Amiden mit Anhydriden oder von Nitrilen und Anhydriden.

$$RCOO^-NH_4^+ + \xrightarrow{230°C} RCONH_2 + H_2O$$
Ammoniumsalz — Amid

$$2RCOOH + \underset{H_2N}{\overset{H_2N}{>}}C=O \rightarrow 2RCONH_2 + CO_2 + H_2O$$
Säure — Harnstoff — Amid

$$2R-C\equiv N + 2H_2O_2 \xrightarrow{NaOH} 2R-CONH_2 + O_2$$
Nitril — primäres Amid

$$R-C\equiv N + (RCO)_2O \rightarrow (RCO)_3N$$
Nitril — Anhydrid — tertiäres Amid

Die meisten Amide (Ausnahme Formamid) sind feste Substanzen, die sich in organischen Flüssigkeiten lösen. Die niederen Amide lösen sich auch in Wasser mit neutraler Reaktion. Sie stellen nur schwache Basen dar. Andererseits läßt sich der Wasserstoff der Amidogruppe durch Metall (Na, Hg) ersetzen (Säurecharakter).

Die CO-Gruppe bewirkt eine Lockerung der C-N-Bindung (im Gegensatz zum Verhalten der Amine) und damit die Fähigkeit zur Hydrolyse durch Säuren oder Laugen. Mit HNO_2 ergeben Amide unter N_2-Abspaltung Carbonsäuren. P_2O_5 oder $SOCl_2$ lassen unter Wasserabspaltung Nitrile entstehen. Unterhalogenige Säure (Br_2 o. Cl_2 in NaOH) verwandelt Amide in Amine (→Org. Stickstoffverbindungen 2.) mit einer um ein C-Atom verringerten C-Kette (HOFMANNscher Carbonsäureabbau →Umlagerungen 1.1.2.). Unveränderte Amine erhält man durch Reduktion (katalytisch oder $LiAlH_4$).

Carbonsäuren 3.4.

$$R-CONH_2 + HNO_2 \rightarrow RCOOH + N_2 + H_2O$$
Amid   Salpetrige   Carbonsäure
              Säure

$$R-CONH_2 + 4H \rightarrow RCH_2-NH_2 + H_2O$$
Amid   primäres Amin

HOFMANN-*Abbau*

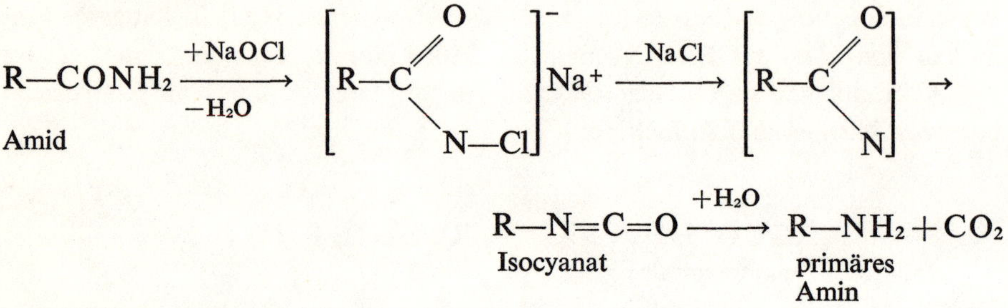

$$R-CONH_2 \xrightarrow[-H_2O]{+NaOCl} \left[R-C\begin{smallmatrix}O\\\\N-Cl\end{smallmatrix}\right]^- Na^+ \xrightarrow{-NaCl} \left[R-C\begin{smallmatrix}O\\\\N\end{smallmatrix}\right] \rightarrow$$
Amid

$$R-N=C=O \xrightarrow{+H_2O} R-NH_2 + CO_2$$
Isocyanat   primäres Amin

3.4. Carbonsäurenitrile

Carbonsäurenitrile können als Ester der Cyanwasserstoffsäure (HCN) aufgefaßt werden. Sie sind wichtige Zwischenprodukte bei Synthesen.
Für ihre Herstellung gibt es u. a. folgende Verfahren: Reaktion zwischen einem Alkalicyanid und Alkylhalogenid (→Halogenderivate) oder Diazoniumsalz (nucleophile Substitution), Wasserabspaltung aus einem Amid s. Abschnitt→ 3.3. oder einem Aldoxim mit P_2O_5, Addition von HCN an ein →Alken, Umsetzung von NH_3 mit Carbonsäuren bei 300°C.

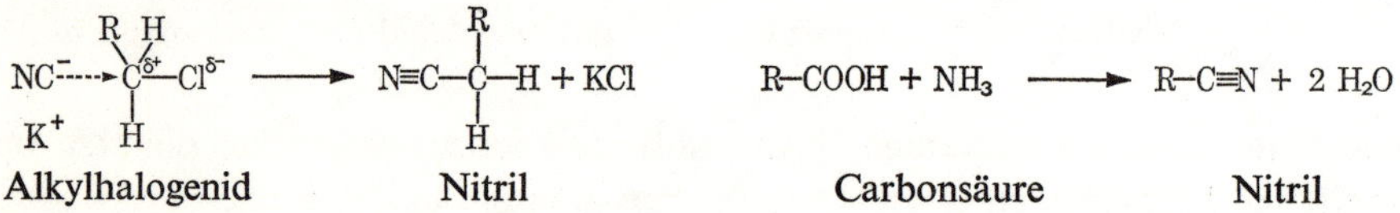

$$NC^- \cdots C^{\delta+}_{RH}-Cl^{\delta-} \longrightarrow N\equiv C-C\begin{smallmatrix}R\\H\end{smallmatrix}-H + KCl \qquad R-COOH + NH_3 \longrightarrow R-C\equiv N + 2H_2O$$
Alkylhalogenid   Nitril   Carbonsäure   Nitril

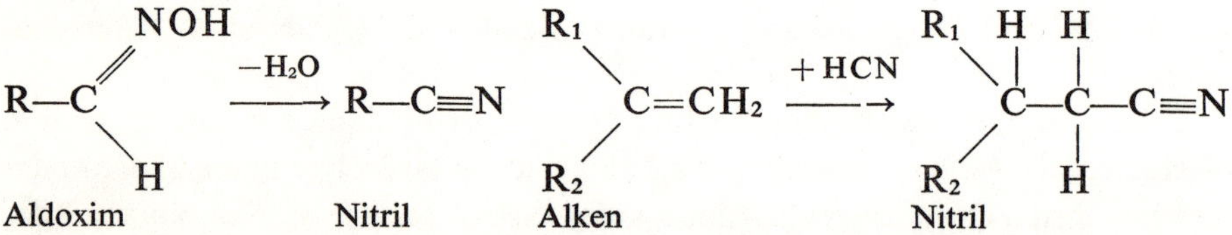

$$R-C\begin{smallmatrix}NOH\\H\end{smallmatrix} \xrightarrow{-H_2O} R-C\equiv N \qquad \begin{smallmatrix}R_1\\R_2\end{smallmatrix}C=CH_2 \xrightarrow{+HCN} \begin{smallmatrix}R_1\\R_2\end{smallmatrix}C\begin{smallmatrix}H\\H\end{smallmatrix}-C\begin{smallmatrix}H\\H\end{smallmatrix}-C\equiv N$$
Aldoxim   Nitril   Alken   Nitril

Die niederen Nitrile sind Flüssigkeiten, die höheren fest. Sie reagieren hauptsächlich durch Addition an der ungesättigten CN-Gruppe, aber auch die α-H-Atome sind aufgelockert. Darauf beruht die ZIEGLER-Methode zur Darstellung cyclischer Ketone (→Cycloalkane).

Carbonsäuren 3.4.

Durch Hydrieren (LiAlH$_4$ oder katalytisch) werden Nitrile in primäre Amine umgewandelt, Hydrolyse durch Säuren oder Laugen führt über Amiden zu den entsprechenden Carbonsäuren. Die Reaktion mit →GRIGNARD-Verbindungen liefert über Ketimine Ketone. Alkohole werden in der PINNER-Reaktion zu Imidoestern addiert in Gegenwart von Säuren.

$$R-COOH \underset{-NH_3}{\overset{+H_2O}{\longleftarrow}} R-\overset{O}{\underset{\|}{C}}-NH_2 \overset{H_2O}{\longleftarrow} R-C\equiv N \overset{+4H}{\longrightarrow} R-CH_2-NH_2$$

Säure   Amid   Nitril   Amin

$$R-C\equiv N + R_1-MgX \rightarrow \underset{R_1}{\overset{R}{\diagdown}}C=N-Mg-X \xrightarrow[-MgXOH]{+H_2O}$$

Nitril

$$\underset{R_1}{\overset{R}{\diagdown}}C=N-H \xrightarrow[-NH_3]{+H_2O} \underset{R_1}{\overset{R}{\diagdown}}C=O$$

             Ketimin

$$R-C\equiv N + HOR_1 \xrightarrow[0°C]{HCl} \begin{bmatrix} R-C=NH \\ | \\ H-O^+-R \end{bmatrix} Cl^- \rightarrow \begin{bmatrix} R-C=N^+H_2 \\ | \\ O-R \end{bmatrix} Cl^-$$

Nitril   Imidoester salz

Den Nitrilen sind die →Isonitrile isomer. Sie entsprechen N-substituierten Derivaten der Cyanwasserstoffsäure, während Nitrile C-substituierte Abkömmlinge sind. Zum Unterschied von den Nitrilen führt die Reduktion (Hydrierung) der Isonitrile zu sekundären Aminen, die Oxidation zu Isocyanaten.

$$R-C\equiv N \qquad R-N^+\equiv C^-$$

      Nitril   Isonitril

Literatur

RODDS' Chemistry of Carbon Compounds, Bd. IC un ID. — Elsevier Publ. Comp., Amsterdam 1965
FODOR, G.: Organische Chemie Bd. 2. — VEB Deutscher Verlag d. Wissenschaften, Berlin 1965
MARKLEY, K. S.: Fatty Acids. — Interescience Publ. New York 1960
BOHLMANN, F.: Natürliche Acetylenverbindungen. — Chemie in unserer Zeit 3, 1969, 107.
KARLSON, P.: Biochemie. — Thieme, Stuttgart 1970
PATAI, S.: The Chemistry of Carboxylic Acids and Esters. — Interscience Publ., London 1969

Carbonylgruppe

Carbonylgruppe ist die C=O-Gruppe s. Oxoverbindungen, Carbonsäuren 2.5. Ester, Additionen 4.
Carbonylierung s. Äthin.
Carboxylgruppe (-COOH): charakteristisch für organische Säuren s. Carbonsäuren, Aminosäuren.
Cardenolide s. Steroide 4.
Carnallit s. Kalium.
Carotinoide s. Polyene 2., Farbstoffe 2.
Carr-Price-Reagens s. Polyene 2.
Carvon s. Terpene 1.
Caryophyllen s. Terpene.
Casein s. Aminosäuren 3.
Catechine s. Heterocyclen 2.2.
Catenane sind mehrgliedrige Ringverbindungen, bei denen die Ringsysteme kettengliederartig (catena = Kette) miteinander verknüpft sind. Obwohl die Ringe ohne chemische Bindung sind, können sie nicht getrennt werden. Die Herstellung kann nach LÜTTRINGHAUS nur gezielt durch Ausübung eines sterischen Zwangs erfolgen, nicht durch Methoden, bei denen ein Ringsystem den Ringschluß durch ein anderes System durchführt. Als Ausgangssubstanz dienen Di→ester, die durch →Acyloin-Kondensation zum Ringschluß kommen.

Catenaprinzip   Ausgangs-   Zwischenprodukt   Catenan
                 substanz

Literatur
SCHILL LÜTTRINGHAUS: Angew. Chemie 76, 1964, 567

Cellulose s. Papier (Holz), Kohlenhydrate 3.
Cer. Von dem den →Lanthaniden zugehörigen Element sind die stabilen Isotope 136 (0,19%), 138 (0,25%), 140 (88,48%) und 142 (11,07%) bekannt. Da es von den Seltenen Erden das am häufigsten vorkommende Element ist, wurde es als erstes rein hergestellt und fand die zahlreichsten Anwendungen. Wie alle Lanthaniden bildet es beständige dreiwertige Ionen. Gegenüber den Elementen Sauerstoff und Fluor mit ihrer hohen Elektronegativität ist das vierwertige Ion das beständigere. Wegen des Verhaltens gegenüber verschiedenen Anionen siehe unter Lanthaniden!

Unter den Anwendungen sind bekannt die des Ceroxids in Glasglühstrümpfen. Der Zusatz von 1% bewirkt das leicht grünliche Gasglühlicht. Die Farbe liegt damit ungefähr in dem Bereich, für den das Auge die größte Empfindlichkeit besitzt, wo also mit einem Minimum an Energieaufwand ein maximaler Effekt erreicht wird. Ein 30%iger Zusatz von Cer-Metall zu Eisen ergibt die als Feuersteine bekannten Legierungen, wie sie bei Feuerzeugen Anwendung finden.

Zusätze zu Eisen führen zu verschiedenen Stahlsorten, die sich durch Hitzebeständigkeit, Rostfreiheit usw. auszeichnen und dadurch für Werkzeuge und Instrumente geeignet sind. Zusätze von weit unter 1% zu Gußeisen beeinflussen bereits seine Eigenschaften und ermöglichen ein leichteres Bearbeiten des Materials. Legierungen mit bis zu 6% Cer (neben anderen Lanthaniden) finden Verwendung für ärztliche Instrumente. Zusammen mit Mangan ergeben sich Legierungen mit einem geringen Ausdehungskoeffizienten.

Wegen seiner Fähigkeit zu reduzieren läßt sich Cer für thermische Reduktionen verwenden. Es übertrifft in dieser Eigenschaft noch das Aluminium.

Die erste Aluminium-Cer-Legierung gelang bereits 1904. Die erste praktische Anwendung war die Herstellung von Kolben in Flugmotoren. Der Zusatz von Cer vermindert die Ermüdungserscheinungen von Materialien und die Gefahr des Materialbruchs. Ein Zusatz von nur ½% Cer zu einer Aluminiumlegierung mit 9% Magnesium erhöht beträchtlich die Korrosionsbeständigkeit. Einer praktischen Verwendung des Magnesiums steht sein geringer Temperaturbereich bis zu 150°C entgegen, bis zu dem es sich verwenden läßt. Zusätze von Cer ergeben Legierungen, die bis zu 250°C brauchbar sind.

Zusätze von Cer aktivieren Katalysatoren. Cersalze und- oxide dienen als Porzellanfarben. CeO_2 dient zur Entfärbung von Glassätzen.

Cerebroside s. Lipoide.

Ceresan s. Schädlingsbekämpfungsmittel.

Cetanzahl dient zur Charakterisierung der Zündwilligkeit von Dieselkraftstoffen. Sie sollen — in Luft von mehreren 100°C eingespritzt — sofort verbrennen. Wegen seiner starken Neigung zur Selbstentzündung wurde Cetan (n-Hexadecan $C_{16}H_{34}$) mit der Cetanzahl 100 festgelegt. Für die Cetanzahl 0 wählte man α-Methylnaphthalin. Dieselöle mit einer Cetanzahl unter 45 sind nicht mehr brauchbar. Zur Erhöhung der Cetanzahl dienen Nitroverbindungen (→Org. Stickstoffverbindungen 2.).

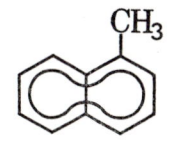

α-Methylnaphthalin

Chalkogene

Chalkogene Name für die Elemente der Sechsten Hauptgruppe.
Chaulmoograöl s. Cycloalkene.
Chelat s. Koordinationschemie.

Chemiefaserstoffe nennt man Textilfäden oder Textilspinnfasern, welche mit chemischen Hilfsmitteln aus natürlichen und synthetischen Ausgangsstoffen hergestellt werden. Eine Produktion von Chemiefasern ist erforderlich, weil die Weltbevölkerung ständig zunimmt und die Erzeugung der Naturfasern (Baumwolle, Wolle und Seide) damit nicht Schritt halten kann. Außerdem sind in den Industriestaaten die Anforderungen der Konsumenten bezüglich neuer Gebrauchseigenschaften, leichter Pflegbarkeit und modischer Variationsmöglichkeit gestiegen. Auch die Unabhängigkeit von den schwankenden Weltmarktpreisen der Naturfasern und die Entwicklung von Faserstoffen mit Eigenschaften, welche die Naturfasern nicht besitzen, haben die Herstellung von Chemiefasern begünstigt.

Die Weltproduktion an Textilfasern im Jahr 1965 verteilt sich folgendermaßen:
     62% Baumwolle
     8% Wolle
     30% Chemiefasern

Die Gesamtproduktion an Chemiefasern in der Welt betrug 1965 ca. 5,3 Millionen Tonnen (100%). Davon waren (in Millionen Tonnen):
Chemiefasern auf Cellulosebasis 3,3 (62%)
synthetische Chemiefasern   2,0 (38%)
davon waren:
     Polyamide 1,0 (19%)
     Polyester   0,45 (8,5%)
     Polyacryle 0,4 (7,5%)
     Sonstige   0,15 (3%)

Chemiefasern auf Cellulosebasis wurden seit etwa 1900 und synthetische Chemiefasern seit 1940 entwickelt und angewendet.

Faserstoffe bestehen aus linearen, kettenförmigen Makromolekülen, die in der Natur oder durch Synthese entstanden sind. Beim Wachstum der Naturfasern wirken sich die zwischenmolekularen Kräfte in der Weise aus, daß sich die Kettenmoleküle in geordnete Bereiche (Kristallite) zusammenlagern, welche die physikalischen und mechanischen Eigenschaften bestimmen. Bei der Herstellung von Chemiefasern erreicht man eine erste Orientierung der Kettenmoleküle durch den Spinnprozeß. Die gelösten oder geschmolzenen Ausgangsstoffe werden durch eine Düse gepreßt, wobei die äußere Form eines endlosen Fadens entsteht. Dieses chemische Spinnen ist von dem mechanischen Spinnvorgang zu unterscheiden, bei welchem kurze Fasern zu einem Webfaden aneinander gelegt und zusammengedreht werden.

Chemiefasern auf Cellulosebasis

Sie werden aus natürlichen Rohstoffen hergestellt. Am besten eignet sich hierzu der Zellstoff, welcher aus Cellulose (s. Kohlenhydrate 3.) besteht und aus Holz (s. Papier) gewonnen wird. Die Cellulose muß zunächst in Lösung gebracht werden, damit sich ein Faden spinnen läßt. Man wendet folgende Verfahren an:
1. Viskoseverfahren
2. Kupferoxidammoniakverfahren
3. Acetatverfahren

1. Viskoseverfahren

Als Rohstoff verwendet man Zellstoff, der meist in Form von Platten geliefert wird. Der Zellstoff ist ein Gemisch aus α-, β- und γ-Cellulose. Diese unterscheiden sich durch ihren durchschnittlichen Polymerisationsgrad. Damit bezeichnet man die Zahl der Wiederholungen des Grundmoleküls (hier: Glucoserest $C_6H_{10}O_5$) in einem Makromolekül. Bei α-Cellulose ist der durchschnittliche Polymerisationsgrad größer als 200, bei β-Cellulose kleiner als 200 und bei γ-Cellulose kleiner als 10. Zellstoff enthält etwa 90 bis 92% α-Cellulose. Nur β- und γ-Cellulose lösen sich in 18%iger kalter Natronlauge.

Die Zellstoffplatten taucht man 20 bis 60 min lang in 18%ige Natronlauge und preßt sie dann ab. Die Natronlauge wird zunächst in den amorphen Faserbereichen von den Dipolen der OH-Gruppen in Form einer Additionsverbindung aufgenommen. Hierbei erfolgt eine starke Quellung der Faser, und das Kristallgitter (geordnete Bereiche) der Cellulose wird so geweitet, daß auch hier die Lauge eindringen kann. Es entsteht sog. Natroncellulose, auch Alkalicellulose genannt:

$$(C_6H_{10}O_5)_n + n\,NaOH \rightarrow (C_6H_{10}O_5 \cdot NaOH)_n$$

Ein Teil der Natronlauge bildet mit der Cellulose ein Cellulosealkoholat. Hierzu ist offenbar die sekundäre Hydroxylgruppe der Glucosereste am Kohlenstoffatom Nr. 2 geeignet, die in α-Stellung zu der glucosidischen Bindung steht und stärker saure Eigenschaften als die Hydroxylgruppen der einfachen Alkohole besitzt.

$$(C_6H_9O_4OH)_n + n\,NaOH \rightarrow (C_6H_9O_4ONa)_n + n\,H_2O$$

Durch das Abpressen entfernt man die alkalilösliche β- und γ-Cellulose, deren Gehalt die Eigenschaften der Viskosefaser ungünstig beeinflußt. Anschließend wird die Alkalicellulose fein zerfasert, damit sie für den folgenden Prozeß eine möglichst große Oberfläche erhält. Die Alkalicellulose durchläuft dann 25 bis 60 m lange, in der Längsachse geneigte Trommeln, die sich langsam drehen. Während dieser „Vorreife" erfolgt durch den Einfluß des Luftsauerstoffs eine Depolymerisation (teilweiser Abbau). Die Ringe der Cellulose-Bausteine können durch die Oxydation der primären und sekundären alkoholischen Gruppen (zu Carboxylgruppen) gespalten werden. Dieser Abbau ist notwendig, damit die Viskosität der Celluloselösung nicht zu groß wird. Eine Spinnlösung mit großer Viskosität würde einen zu hohen Druck an den Düsen erfordern. Andererseits kann man die Konzentration an Cellulose nicht niedriger wählen, weil dann die Cellulosemoleküle zu weit voneinander entfernt sind und das Erspinnen eines Fadens nicht mehr möglich ist. Nach der Vorreife wird die Natroncellulose in rotierenden Trommeln mit Schwefelkohlenstoff (CS_2) vermischt (Sulfidieren oder Xanthogenieren). Während dieses Vorganges, der etwa 2 Stunden dauert, bildet sich das Cellulosexanthogenat (auch Xanthat genannt):

$$(C_6H_{10}O_5 \cdot NaOH)_n + n\, CS_2 \longrightarrow \left(S=C \begin{matrix} S^- Na^+ \\ O-C_6H_9O_4 \end{matrix} \right)_n + n\, H_2O$$

Ausschnitt der Kette:

[Strukturformel eines Cellulose-Xanthogenat-Kettenausschnitts mit $CH_2-O-C(=S)-S^-\ Na^+$]

Xanthogenate können formal als Salze der Xanthogensäure (Halbester der Dithiokohlensäure) aufgefaßt werden.

$$S=C\begin{matrix}SH\\OH\end{matrix} \qquad\qquad S=C\begin{matrix}SH\\O-R\end{matrix}$$

Dithiokohlensäure   Xanthogensäure
                        (R = Alkylrest)

Die Reaktion beginnt in den amorphen Bereichen der Cellulose und greift dann auf die kristallinen über. Das Xanthogenat ist in Wasser oder in verdünnter

Natronlauge löslich und stellt eine sirupartige Flüssigkeit, die Viskose, dar. Die CH_2OH-Gruppen, welche durch Wasserstoffbrückenbindungen einen Zusammenhalt mit den benachbarten Ketten verursachen, werden durch die Reaktion mit Schwefelkohlenstoff beseitigt. Außerdem vergrößert sich durch die Anlagerung der Kohlenstoff- und Schwefelatome der Abstand zwischen den Molekülen. Die Anziehungskräfte der Moleküle wirken sich nicht mehr so stark aus, und es erfolgt eine Auflösung der festen Substanz. Bei der Herstellung eines Fadens müssen sich die Moleküle wieder so weit nähern können, daß die Bindungskräfte stärker in Erscheinung treten. Man preßt zu diesem Zweck die Viskose durch enge Düsen, die in verdünnte Schwefelsäure getaucht sind. Das Cellulosexanthogenat wird durch die Schwefelsäure zunächst in Cellulosexanthogensäure verwandelt, die aber nicht beständig ist und in Cellulose und Schwefelkohlenstoff zerfällt, wobei die Viskose zum Faden erstarrt.

$$\left(C_5H_7O_4CH_2O-C \begin{array}{c} S \\ \diagdown \\ S^-Na^+ \end{array} \right)_n + nH_2SO_4 \rightarrow (C_5H_7O_4CH_2OH)_n + \\ + nCS_2 + nNaHSO_4$$

Voraussetzung für diesen Vorgang ist eine gleichmäßige Viskoselösung, welche man durch die „Nachreife" (zwei- bis dreitägige Lagerung) erzielt. Die Lösung wird anschließend filtriert, um Verunreinigungen abzutrennen, welche die Spinndüsen verstopfen. Außerdem muß die Viskose von Luftblasen befreit werden („Entlüften"), die zu einem Bruch des Fadens beim Spinnen führen könnten. Zum Entlüften leitet man einen Viskosestrahl auf eine Kegelspitze, die sich im Vakuum befindet. Die Lösung fließt in dünner Schicht über diesen Kegel, und sämtliche Luftblasen zerplatzen. Durch Zahnradpumpen wird die Viskose mit etwa 3 atü den Düsen zugeführt, die sich in einer 20 bis 60 cm tiefen Spinnwanne befinden. Die Spinndüse (Spinnbrause) besitzt mehrere Löcher, die einen Durchmesser von 60 bis 90 μm haben. Die Fäden, welche aus einer Spinnbrause entstehen, werden zu einem Gesamtfaden vereinigt. Die Feinheit („Titer") eines Fadens mißt man in *denier* (den) und bezeichnet damit die Masse des Fadens bei einer Länge von 9000 m; ein Faden von 40 den hat also bei einer Länge von 9000 m eine Masse von 40 g. Neuerdings benutzt man für die Angabe des Titers auch das metrische *tex-System*. Ein Faden hat die Feinheit 1 tex, wenn 1000 m des Fadens eine Masse von 1 g haben. Für einen Gesamtfaden von 90 den verwendet man etwa 27 Fäden. Bei der Herstellung von Viskoseseide kann eine Spinnbrause bis zu 300 Löcher besitzen. Das Material der Düsen muß säure- und laugenfest sein. Man verwendet Legierungen aus Platin-Iridium und Gold-Palladium.

Chemiefaserstoffe

Die Düsen müssen sehr genau gearbeitet sein, um die Gleichmäßigkeit der Faser zu gewährleisten. Eine Toleranz von 2 μm ist noch zulässig. Der Kanal verläuft zunächst konisch und erst im letzten Drittel zylindrisch. Die Viskose wird von unten durch die Düse in das sog. Fällbad gedrückt, das sich in der Spinnwanne befindet. Es besteht aus verdünnter Schwefelsäure, die mit Natriumsulfat, Magnesiumsulfat und Zinksulfat versetzt ist. Seine Temperatur beträgt 45 bis 50°C.

Die Viskose quillt beim Spinnen aus den Löchern der Düsen, wird durch den Salzgehalt des Fällbades koaguliert (d.h. erstarrt zu einer gallertartigen Masse), durch die Schwefelsäure zersetzt und zur Cellulose regeneriert. Um dies zu erreichen, muß die Viskose dickflüssig genug sein, damit sie nicht über die Oberfläche der Düse abläuft. Der durchschnittliche Polymerisationsgrad darf 100 nicht unterschreiten, weil die Viskose sonst nicht mehr koaguliert.

Wenn die Viskose die Düsen verläßt, tritt die Lösung des Fällbades an den flüssigen Xanthogenatfaden heran. Bedingt durch den Salzgehalt des Fällbades, bildet sich eine dünne, gelartige Außenhaut, weil das Wasser, welches sich in dem Xanthogenat befindet, durch Osmose aus dem Faden herauswandert und eine Entquellung bewirkt. Die Schwefelsäure kann das Xanthogenat noch nicht zersetzen, weil mit dem Wasser auch die Hydroxidionen (OH^-) der Natronlauge austreten und sich zunächst mit den Wasserstoffionen (H^+) der Säure zu Wasser vereinigen; die Säure wird neutralisiert. Die Entquellung schreitet weiter bis in das Fadeninnere fort wobei die Geschwindigkeit vom Salzgehalt des Fällbades abhängig ist. Durch die Entquellung können sich die Xanthogenatmoleküle einander nähern, so daß die Anziehungskräfte wirksam werden und sich kristalline (geordnete) Bereiche ausbilden, die aber untereinander keine Ordnung aufweisen, weil die Moleküle bei der Entquellung ungeordnet sind. Kurz nach oder gegen Ende des Entquellungsvorganges, sobald die Säure im Überschuß ist, dringt sie in das Innere des Fadens vor, und die Zersetzung des Xanthogenats beginnt (Regeneration). Erfolgt die Entquellung schnell, was durch große Salzkonzentration und Anwesenheit von zweiwertigen Kationen erreicht wird, ist die Dichte des Fadens größer, und die Durchsäuerung verzögert sich. Dies bedeutet, daß zwischen der Koagulation und der Regeneration ein zeitlicher Unterschied besteht. Er ist notwendig, weil die Kristallite, die sich im koagulierten Xanthogenat befinden, durch „*Verstreckung*" in der Längsrichtung der Faserachse geordnet werden sollen, damit die Festigkeit des Fadens ansteigt. Dieser Vorgang muß noch erfolgen, bevor sich durch die Zersetzung eine Außenhaut aus regenerierter Cellulose gebildet hat, weil dann ein Verstrecken nicht mehr möglich ist. Die Verstreckung kann in folgender Weise ausgeführt werden. Der Faden, welcher aus der Spinndüse kommt, wird mehrere Male um eine „Galette" gewickelt, wobei die Ausströmgeschwindigkeit der Viskose größer ist als die Geschwindigkeit der Galette (negativer Verzug oder Stauchung). Der Faden läuft dann über eine zweite Galette, deren Geschwindigkeit größer ist, so daß hier eine Verstreckung erfolgt. (s. Abb.).

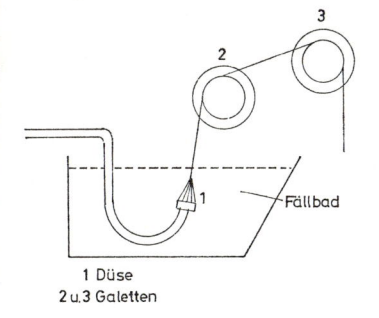

Die Zusammensetzung des Fällbades ändert sich während des Spinnprozesses ständig. Der Gehalt an Schwefelsäure nimmt ab und die Natriumsulfat-Konzentration wird größer. Außerdem enthält es Schwefel, abgerissene Elementarfasern und regenerierte Cellulose. Das Fällbad wird deshalb ständig umgepumpt, gereinigt und auf die Ausgangskonzentration eingestellt, damit der Spinnmaschine stets ein Bad festgelegter Zusammensetzung zugeführt wird.

1 Düse
2 u.3 Galetten

Nach dem Spinnvorgang haften am Faden, neben Schwefelsäure und Schwefelkohlenstoff, noch Schwefelwasserstoff und Schwefel, welche bei der Zersetzung des Xanthogenats entstanden sind. Die Viskose enthält geringe Mengen Natriumsulfid (Na_2S), das sich durch Umsetzung von Natronlauge mit Schwefelkohlenstoff bildet:

$$6\,NaOH + CS_2 \rightarrow 2\,Na_2S + Na_2CO_3 + 3\,H_2O$$

Durch Reaktion des Natriumsulfids mit dem bei der Zersetzung des Xanthogenats frei werdenden Schwefelkohlenstoff entsteht Natriumthiocarbonat:

$$Na_2S + CS_2 \rightarrow Na_2CS_3$$

Das Na_2CS_3 reagiert mit der Schwefelsäure des Fällbades unter Bildung von Schwefelwasserstoff und Schwefelkohlenstoff:

$$Na_2CS_3 + H_2SO_4 \rightarrow Na_2SO_4 + H_2S + CS_2$$

Ein Teil des Schwefelwasserstoffs wird durch Luftsauerstoff zu Schwefel oxydiert, der sich auf der Faser abscheidet. Diese Stoffe werden in einer sog. Nachbehandlung entfernt. Die Fäden durchlaufen zu diesem Zweck verschiedene Waschbäder mit kaltem und heißem Wasser, wobei auch der Schwefelkohlenstoff entweicht. Der Schwefel wird in einem Bad mit Natriumsulfidlösung entfernt, welche den in Wasser nicht löslichen Schwefel in wasserlösliche Polysulfide verwandelt, z.B.

$$Na_2S + S \rightarrow Na_2S_2$$

Schließlich kann noch eine Bleiche des Fadens mit Natriumhypochlorit oder Wasserstoffperoxid erfolgen. Zum Abschluß wird ein Präparationsmittel (Avivage) aufgetragen, um den Faden für die weitere mechanische Verarbeitung glatt und geschmeidig zu machen. Die Fäden werden getrocknet, gezwirnt und auf Spulen gewickelt.

Chemiefaserstoffe

Der Viskoseseidefaden weist einen hohen Glanz auf, weil die Faser glatt und rund ist und das auffallende Licht gleichmäßig und parallel reflektiert. Wird ein mattes Aussehen gewünscht, so fügt man der Faser einen Stoff bei, der eine andere Brechungszahl hat als der Faserstoff selbst. Je größer die Differenz der Brechungszahlen ist, desto matter ist die Faser. Der Mattierungseffekt wird dadurch erreicht, daß das Licht, welches in die Faser eindringt, an den Grenzflächen zwischen der Faser und dem Mattierungsmittel zerstreut wird. Als Mattierungsmittel verwendet man am häufigsten Titandioxid, welches der Lösung vor dem Erspinnen des Fadens zugesetzt wird. Gleichzeitig können auch Farbstoffe beigemischt werden, so daß man „spinngefärbte" Faserstoffe erhält, die sehr gute Eigenschaften besitzen, weil die Pigmente fest in den Faserstoff eingelagert sind. Hochfeste Viskoseseiden besitzen eine große Reißfestigkeit, die z.B. bei Textileinlagen für Autoreifen (*Kordreyon*), Förderbändern, Treibriemen und technischen Textilien notwendig ist. Die Erhöhung der Festigkeit entsteht durch stärkeres Verstrecken des Fadens, wodurch eine bessere Orientierung der Kristallite erfolgt. Man verwendet Spezialstreckspinnverfahren, weil bei normalen Verfahren eine große Verstreckung infolge der frühzeitigen Zersetzung des Xanthogenats nicht möglich ist. Der Faden durchläuft deshalb zwei Bäder. Im ersten soll er nur koagulieren, damit er in diesem Zustand verstreckt werden kann. Im zweiten Bad erfolgt dann die Zersetzung des Xanthogenats. Außerdem verwendet man Zellstoffe mit einem hohen durchschnittlichen Polymerisationsgrad, wobei der Anteil an Molekülen mit kurzen Ketten möglichst klein sein soll.

Chemie-Spinnfasern

Nach dem beschriebenen Verfahren wird die Viskoseseide in sog. Endlosfäden erzeugt, die aus ebensovielen endlosen Elementarfäden bestehen wie der Zahl der Düsenlöcher entspricht. Will man Garne nach den Methoden der Baumwoll- und Wollspinnerei herstellen, die sich in Webereien zu einem lockeren, lufthaltigen Gewebe verarbeiten lassen, erzeugt man sog. Chemie-Spinnfasern. Ihre Herstellung erfolgt nach den gleichen Verfahren wie bei Kunstseide. Man verwendet allerdings größere Spinnbrausen mit 800 bis 12 000 Löchern. Die Fäden, welche aus den Fällbädern entstehen, werden zu Faserbündeln (Kabel) vereinigt und in nassem Zustand auf die Länge von Woll-oder Baumwollhaaren zerschnitten (60 bis 120 mm bzw. 30 bis 60 mm), sog. Stapelfaser. Die schwache Kräuselung der Viskosefaser wirkt sich nachteilig bei der Verarbeitung im Gemisch mit anderen Fasern aus, weil nur ein geringer Zusammenhalt der Fasern besteht. Man erspinnt deshalb die Viskose aus einem Fällbad mit geringerer Säure- und größerer Salzkonzentration. Der Faden enthält dann beim Verlassen des Bades im Inneren noch nicht vollständig zersetztes Xanthogenat.

In diesem Zustand wird er bei 85 bis 95°C um 40 bis 50% verstreckt (Plastifizierungsbad). Infolge der unvollständigen Zersetzung im Inneren der Faser entstehen Spannungsdifferenzen, die nach der Entlastung durch Spannungsausgleich zu einer starken Schrumpfung führen, wobei sich eine stabile Kräuselung ausbildet. Auf diese Weise können Spinnfasern von baumwoll- oder wollähnlichem Charakter hergestellt werden.

Normale Viskosefasern verwendet man als Endlosgarn (Reyon) für Kleider-, Blusen-, Krawatten-, Futter- und Dekorationsstoffe sowie Wirkwaren. Als Spinnfaser (*Zellwolle*) findet die Viskosefaser in reiner Form (Baumwoll-Typ) oder in Mischung mit Baumwolle Verwendung für die Herstellung von Wäschestoffen aller Art, Damenkleider- und Dekorationsstoffen. Als Woll-Typ ist sie in reiner Form oder in Mischung mit Wolle zur Herstellung von Kleider- und Anzugstoffen, Strickwaren, Trikotagen, Decken und Möbelstoffen geeignet.

2. Kupferoxidammoniakverfahren

Dieses Verfahren dient zur Herstellung von Cuprofasern. Ältere Bezeichnungen dafür sind Kupferkunstseide und Kupferspinnfaser. Als Ausgangsstoffe verwendet man vorwiegend Baumwoll-Linters (sehr kurze Fasern der Baumwollkapsel, die sich nicht für die Garnherstellung eignen), die aus Cellulose bestehen. Sie werden zunächst mit 5%iger Natronlauge gekocht („gebeucht"), gewaschen und gebleicht. Verwendet man Holzzellstoff, so entsteht eine Faser, deren Reißfestigkeit um etwa 10% geringer ist. Als Lösungsmittel für die Cellulose dient eine ammoniakalische Kupferhydroxidlösung (auch Kupferoxidammoniaklösung oder *Cuoxam* genannt), welche Tetramminkupfer (II)-hydroxid $[Cu(NH_3)_4](OH)_2$ enthält. Man geht von einem basischen Kupfersalz aus, das durch die Reaktion von Natriumcarbonat (Na_2CO_3) mit Kupfersulfat entsteht:

$$2CuSO_4 + Na_2CO_3 + 2H_2O \rightarrow CuCO_3 \cdot Cu(OH)_2 + 2NaHSO_4$$

Es ist temperaturunempfindlicher als das reine Kupferhydroxid. Dieses Salz mischt man mit Cellulose, Ammoniak und Natronlauge. Letztere bewirkt, daß auch das Kupfercarbonat in Kupferhydroxid umgesetzt wird:

$$CuCO_3 + 2NaOH \rightarrow Cu(OH)_2 + Na_2CO_3$$

Die Reaktion erfolgt in Rührkesseln und dauert bis zu 5 Stunden. Nach TRAUBE und STAUDINGER liegt dann eine Kupfer-Cellulose-Ammoniakverbindung vor, die als eine salzartige Verknüpfung eines Cellulose-Kupfer-Anions mit einem Kupfertetrammin-Kation folgendermaßen zusammengesetzt ist: $[(C_6H_8O_5)_2Cu]^{2-}$ $[Cu(NH_3)_4]^{2+}$. Die kornblumenblaue Lösung wird filtriert, entlüftet und den

Chemiefaserstoffe

Spinndüsen zugeführt, welche aus Nickel- oder V2A-Stahl bestehen. Die Lösung gelangt durch die Düsen in einen Trichter, durch den von oben Wasser strömt (s. Abb.). Die starke Verdünnung im Trichter bewirkt, daß der Cuoxamkomplex zerfällt und die Cellulose fadenförmig als gallertartige Masse abgeschieden wird. Die Strömungsgeschwindigkeit des Wassers, das aus dem Trichter abfließt, nimmt nach unten zu. Auf diese Weise erfolgt eine Verstreckung des Fadens, der dann in eine Säurerinne gelangt, wo er mit 5%iger Schwefelsäure behandelt wird und eine Verfestigung erfährt. Die große Verstreckung ermöglicht die Herstellung sehr feiner Fäden (bis zu 0,8 den). Sie werden anschließend mit Wasser gewaschen, getrocknet und aufgespult. Im Hinblick auf die Wirtschaftlichkeit des Verfahrens muß das Lösungsmittel zurückgewonnen werden. Dies kann durch Elektrolyse oder mit Hilfe von Ionenaustauschern nach folgendem Schema geschehen:

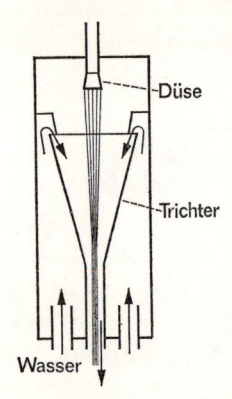

$$2RH + Cu(NH_3)_4(OH)_2 \rightarrow R_2Cu(NH_3)_4 + 2H_2O$$

R soll das Gerüst des Ionenaustauschers darstellen. Ist der Ionenaustauscher gesättigt, wird er mit verdünnter Schwefelsäure behandelt und damit regeneriert:

$$R_2Cu(NH_3)_4 + 3H_2SO_4 \rightarrow 2RH + CuSO_4 + 2(NH_4)_2SO_4$$

Die Kupfersulfatlösung läßt sich zu basischem Salz aufarbeiten. Das Ammoniak kann im Vakuumverdampfer freigemacht werden.

Die Eigenschaften der Cuprofasern sind denjenigen der Viskosefasern ähnlich. Der Polymerisationsgrad ist bei den Cuprofasern größer. Sie lassen sich als Endlosfäden und als Spinnfaser herstellen. Das Endlosgarn wird zu naturseidenähnlichen Damenkleider- und Blusenstoffen sowie zu gewirkter Damenunterwäsche verarbeitet. Die Spinnfaser findet Verwendung bei der Herstellung wollartiger Gewebe für Kleider- und Mantelstoffe sowie in der Teppichherstellung.

3. Acetatverfahren

Als Rohstoffe dienen gebeuchte und gebleichte Baumwoll-Linters, Baumwollabfälle und z.T. auch Zellstoff. Man stellt daraus ein Celluloseacetat her, das, in Aceton gelöst, als Spinnflüssigkeit geeignet ist. Die Rohstoffe werden zunächst mit Essigsäureanhydrid, konz. Schwefelsäure und Eisessig versetzt. Während dieses Vorganges, der mehrere Stunden dauert, erfolgt eine Veresterung der drei alkoholischen Gruppen der Glucosereste in den Cellulosemolekülen:

Chemiefaserstoffe

$$[C_6H_7O_2(OH)_3]_n + 3n(CH_3CO)_2O \rightarrow [C_6H_7O_2(OCOCH_3)_3]_n + 3n\,CH_3COOH$$

Es entsteht das sog. Triacetat (Primäracetat). Hierbei dient der Eisessig als Lösungsmittel. Das Triacetat löst sich nicht in Aceton. Außerdem ist der Polymerisationsgrad noch zu hoch. Das Produkt versetzt man deshalb bei 40 bis 50° C nochmals mit Essigsäure und 10%iger Schwefelsäure. Ein Teil der Estergruppen wird hierdurch verseift, d.h. wieder in Hydroxylgruppen umgewandelt. In der Hauptsache entstehen die primären alkoholischen Gruppen an den Kohlenstoffatomen Nr. 6 der Glucosereste. Diese Rückbildung der Hydroxylgruppen erfolgt nur im Innern der amorphen und an der Oberfläche der kristallinen Bereiche. Um eine geeignete Lösung und günstige Fasereigenschaften zu erhalten, verseift man bis auf einen Gehalt von etwa 54% Essigsäure. Dieses Produkt erhielt den Namen 2,5-Acetat (Sekundäracetat). Der Polymerisationsgrad sinkt auf etwa 350 bis 400. Das Sekundäracetat wird durch Zugabe von Wasser ausgefällt, filtriert, mehrmals gewaschen, getrocknet und in Aceton gelöst (etwa 20 bis 27%ig). Aus dieser Lösung entstehen die Fäden nach dem Trockenspinnverfahren. Die Spinndüsen sind am oberen Ende eines Trockenrohres (Spinnschacht) von etwa 5 m Länge und 25 cm Durchmesser angebracht. Die Spinnlösung wird von oben durch die Düsen gepreßt. Sie gelangt in das Trockenrohr, in welches heiße Luft von 50 bis 60° C einströmt. Dadurch verdampft das Lösungsmittel Aceton, und der Faden erstarrt. Die Einzelfäden werden verstreckt, am Ende des Spinnschachtes zu einem Gesamtfaden vereinigt und auf Spulen gewickelt. Eine chemische Nachbehandlung ist nicht erforderlich.

Seit einigen Jahren werden auch Triacetatfasern hergestellt. Man gewinnt aus der Cellulose das Primäracetat und verwendet dabei Dichlormethan als Lösungsmittel (an Stelle von Eisessig). Das gebildete Triacetat wird ausgefällt, in einem Gemisch von Dichlormethan und Methanol gelöst und nach dem Trockenspinnverfahren zu Fäden verarbeitet.

Die Acetatfasern bestehen chemisch aus Celluloseacetat und nicht aus Cellulose wie die Viskose- und Cuprofasern, die man deshalb auch als regenerierte Cellulose bezeichnet. Die Acetatfaserstoffe aus 2,5-Acetat zeigen deshalb auch andere Eigenschaften. Ihre Dichte entspricht derjenigen der Wolle, und sie lassen sich gut in Mischungen verarbeiten. In ihrer Struktur liegen weniger freie Hydroxylgruppen vor, die Bindungsenergie zwischen den Molekülen ist geringer, und es

Chemiefaserstoffe

entstehen nicht so viele kristalline Bereiche wie bei den Regeneratfaserstoffen. Die Acetatfaser besitzt daher größere Elastizität, und die Fasern schmutzen nicht so leicht an. Das Wärmehaltungsvermögen entspricht dem der Naturseide. Gegen Lösungsmittel (z. B. Aceton, Chloroform) sind die Acetatfasern empfindlich, was bei der Reinigung zu beachten ist. Sie sind verhältnismäßig temperaturempfindlich. Bei den Triacetatfasern liegt der Schmelzpunkt höher, die Fasern lassen sich kochen und besser bügeln. Durch Hitzebehandlung ist eine Fixierung möglich, und fixierte Plisseefalten sind form- und waschbeständig. Die Acetatfasern eignen sich als Endlosgarn zur Herstellung von naturseideähnlichen Damenkleiderstoffen, Krawatten, Steppdecken, Regenmänteln, Schirmstoffen, Damenunterwäsche und Gardinen. Die Acetatspinnfaser wird mit Wolle vermischt zu Kleider-, Anzug- und Mantelstoffen verarbeitet.

Synthetische Chemiefasern

Während in den regenerierten Cellulosefasern die zur Faserbildung notwendigen Makromoleküle bereits in der Natur vorgebildet sind, muß bei den synthetischen Fasern das Makromolekül zunächst aus kleineren Bausteinen (Monomeren) aufgebaut werden. Die Herstellung textiltechnisch verwendbarer Fäden ist nur aus linearen Makromolekülen (Fadenmolekülen) möglich, die wenig Verzweigungen aufweisen. Zur Bildung des Fadens (Spinnvorgang) sind billige, leicht regenerierbare Lösungsmittel für die makromolekularen Verbindungen (Polymere) notwendig, oder man muß sie ohne Zersetzung in einen zähflüssigen Zustand überführen können. Die Fadenbildung ist an einen typischen Polymerisationsgrad gebunden, und es muß eine bestimmte Zahl polarer Gruppen vorhanden sein, welche durch zwischenmolekulare Kräfte (z. B. Wasserstoffbrückenbindung) eine Bildung von Kristalliten (geordnete Bereiche) bewirken. Der Spinnprozeß läßt sich nach dem Naß-, Trocken- oder Schmelzspinnverfahren durchführen. Im allgemeinen erfolgt dabei keine chemische Veränderung der polymeren Verbindungen.

Zur Herstellung einer Synthesefaser werden zunächst aus den Rohstoffen (z. B. Erdöl, Erdgas, Kohle, Teer) die Grundprodukte gewonnen (z. B. Äthylen, Acetylen, Propylen, Benzol, Toluol, Xylol, Cyclohexan), die bereits die monomeren Bausteine darstellen können (z. B Äthylen, Propylen) oder zu solchen Verbindungen weiterverarbeitet werden (Zwischenprodukte), die als Monomere geeignet sind. Die Bildung der linearen Makromoleküle erfolgt dann nach den Methoden der →Polykondensation, →Polymerisation und →Polyaddition, die bei der Herstellung hochmolekularer Verbindungen (Kunststoffe) bekannt sind. Auf diese Weise entsteht ein Endprodukt, das dann nach einem der genannten Spinnverfahren zu einem Faden verarbeitet wird.

Chemiefaserstoffe

Die synthetischen Fasern kann man nach dem Bau ihrer Makromoleküle in zwei Gruppen einteilen. Zur ersten Gruppe gehören solche Verbindungen, deren Hauptketten nur aus Kohlenstoffatomen bestehen. In der zweiten Gruppe enthalten die Hauptketten der Makromoleküle neben den Kohlenstoffatomen auch Atome anderer Elemente (z. B. Sauerstoff- und Stickstoffatome). Die Polymeren der ersten Gruppe werden meist durch Polymerisation erhalten. Das Spinnen des Fadens erfolgt aus Lösungen oder durch Verformung im plastischen Zustand. Die Polymeren der zweiten Gruppe entstehen im allgemeinen durch Polykondensation oder durch Umwandlung von ringförmigen Monomeren in lineare Polymere (Polyamide und Polyester). Sie lassen sich nach dem Schmelzspinnverfahren verarbeiten.

Die Weltproduktion an synthetischen Chemiefasern im Jahre 1965 verteilte sich folgendermaßen:

50% Polyamide   (davon 27,5% Nylon 6.6
22% Polyester   und 22,5% Nylon 6 (Perlon))
20% Polyacryle
8% Sonstige

Polyamidfasern

Sie zählen zu den bedeutendsten synthetischen Faserstoffen und beruhen auf den Arbeiten der Chemiker W. H. CAROTHERS (Erfinder des Nylon, 1935) und P. SCHLACK (Erfinder des Perlon, 1938). Die Makromoleküle dieser Fasern haben folgende Struktur:

$$\cdots -\underset{\underset{H}{|}}{N}-(CH_2)_x-\underset{\underset{H}{|}}{N}-\underset{\underset{}{\overset{O}{\|}}}{C}-(CH_2)_y-\underset{\underset{}{\overset{O}{\|}}}{C}-\underset{\underset{H}{|}}{N}-(CH_2)_x-\underset{\underset{H}{|}}{N}-\underset{\underset{}{\overset{O}{\|}}}{C}-(CH_2)_y-\underset{\underset{}{\overset{O}{\|}}}{C}-\cdots$$

oder:

$$\cdots -\underset{\underset{H}{|}}{N}-(CH_2)_x-\underset{\underset{}{\overset{O}{\|}}}{C}-\underset{\underset{H}{|}}{N}-(CH_2)_x-\underset{\underset{}{\overset{O}{\|}}}{C}-\underset{\underset{H}{|}}{N}-(CH_2)_x-\underset{\underset{}{\overset{O}{\|}}}{C}-\cdots$$

Das Verhältnis der Zahl der Methylengruppen (CH_2) und der Amidgruppen ($-\overset{O}{\overset{\|}{C}}-\overset{H}{\overset{|}{N}}-$) ist unterschiedlich. Für alle Polyamide ist heute die Bezeichnung Nylon üblich. Man kennzeichnet sie nach der Zahl der Kohlenstoffatome in den monomeren Ausgangsstoffen. Entsteht das Kondensationsprodukt aus Diamin und Dicarbonsäure, wird an erster Stelle die Zahl der Kohlenstoffatome für das Amin genannt.

Chemiefaserstoffe

Nylon 6.6

Es wird durch Polykondensation aus Hexamethylendiamin $H_2N-(CH_2)_6-NH_2$ und Adipinsäure $HOOC-(CH_2)_4-COOH$ hergestellt. Dabei bildet sich folgende Struktur der Makromoleküle aus:

$$...-\overset{\overset{H}{|}}{N}-(CH_2)_6-\overset{\overset{H}{|}}{N}-\overset{\overset{O}{\|}}{C}-(CH_2)_4-\overset{\overset{O}{\|}}{C}-\overset{\overset{H}{|}}{N}-(CH_2)_6-\overset{\overset{H}{|}}{N}-\overset{\overset{O}{\|}}{C}-(CH_2)_4-\overset{\overset{O}{\|}}{C}-...$$

Die Zwischenprodukte Adipinsäure und Hexamethylendiamin lassen sich aus Phenol gewinnen.

Herstellung von Adipinsäure: Durch Hydrieren des Phenols entsteht Cyclohexanol, das bei 45 bis 60°C mit 65- bis 68%iger Salpetersäure oxydiert wird.

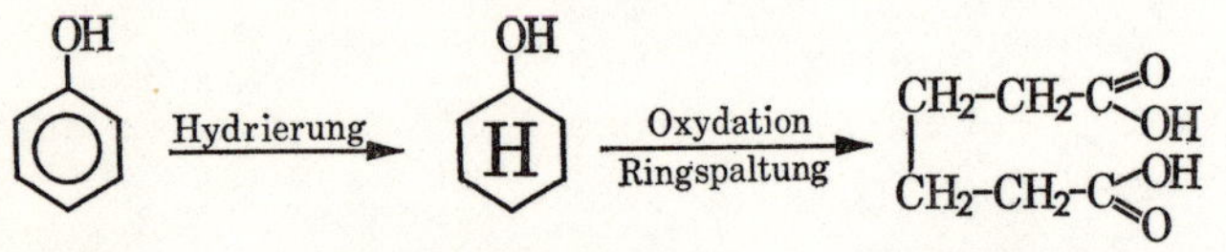

Phenol →(Hydrierung) Cyclohexanol →(Oxydation/Ringspaltung) Adipinsäure

Die Adipinsäure ist nicht nur ein Bestandteil zur Ausführung der Polykondensation, sondern gleichzeitig auch der Ausgangsstoff für die Herstellung von Hexamethylendiamin: Man leitet Adipinsäuredämpfe mit Ammoniak bei 300 bis 375°C über einen Katalysator (Borphosphat). Es bildet sich das Adipinsäurediamid, das unter Wasserabspaltung in das Adipinsäuredinitril übergeht. Durch katalytisches Hydrieren bei erhöhtem Druck entsteht das Hexamethylendiamin:

$HOOC-(CH_2)_4-COOH$ (Adipinsäure) $\xrightarrow{+NH_3}$ $H_2N-\overset{\overset{O}{\|}}{C}-(CH_2)_4-\overset{\overset{O}{\|}}{C}-NH_2$ (Adipinsäurediamid) $\xrightarrow{-H_2O}$

$N\equiv C-(CH_2)_4-C\equiv N$ (Adipinsäuredinitril) $\xrightarrow{+H_2}$ $H_2N-(CH_2)_6-NH_2$ (Hexamethylendiamin)

Geht man von Cyclohexan (Rohstoff: →Erdöl) aus, läßt sich durch Oxydation mit Kobaltsalzen als Katalysator das Cyclohexanol gewinnen, welches dann wie oben weiterverarbeitet wird. Das Cyclohexanol kann auch aus Benzol über Nitrobenzol, Anilin und Cyclohexamin gebildet werden. Weiterhin ist es möglich, Adipinsäure und Hexamethylendiamin nach REPPE aus Acetylen und Formaldehyd (Methanal) zu erhalten. Zunächst wird bei 70 bis 120°C, etwa 200 atü und Kupferacetylid als Katalysator das 1,4-Butindiol gebildet. Durch Hydrieren und an-

Chemiefaserstoffe

schließende Wasserabspaltung entsteht das ringförmige Terahydrofuran, das mit Kohlenmonoxid in Gegenwart von Nickelcarbonyl bei 270°C und 200 atü Adipinsäure bildet:

$$H-C\equiv C-H + 2\,HCHO \rightarrow HO-H_2C-C\equiv C-CH_2OH \xrightarrow{+H_2}$$
Acetylen — Methanal — Butindiol

$$HO-CH_2-CH_2-CH_2-CH_2-OH \xrightarrow{-H_2O} \begin{array}{c} CH_2\!-\!\!-\!\!-CH_2 \\ | \quad\quad\; | \\ CH_2 \quad CH_2 \\ \diagdown \; \diagup \\ O \end{array} \xrightarrow{+CO+H_2O}$$
Butandiol — Tetrahydrofuran

$$HOOC-(CH_2)_4-COOH$$
Adipinsäure

Bei der Durchführung der Polykondensation müssen die Mengenverhältnisse der Monomeren genau beachtet werden. Der Überschuß einer Komponente führt zu einem teilweisen Abbau der Polymeren. Man verwendet deshalb als Ausgangsstoff für die Polykondensation ein Salz, das aus dem Diamin und der Dicarbonsäure gebildet wird (sog. AH-Salz):

$$HOOC-(CH_2)_4-COOH + H_2N-(CH_2)_6-NH_2 \xrightarrow{-H_2O}$$
$$HOOC-(CH_2)_4-\underset{\underset{O}{\|}}{C}-NH-(CH_2)_6-NH_2$$
AH — Salz

Die beiden Komponenten werden in einer Flüssigkeit (z. B. Methanol) gelöst, in welchem das Reaktionsprodukt (das AH-Salz) verhältnismäßig schwer löslich ist und als Niederschlag ausfällt. Nach der Filtration wird das Salz gewaschen und getrocknet. Es stellt ein weißes, wasserlösliches, kristallines Pulver dar.

Zur Durchführung der →Polykondensation löst man das AH-Salz mit einem Stabilisator (Eisessig) in Wasser und erhitzt unter Ausschluß von Luft in einer Stickstoffatmosphäre auf 220°C. Der dabei entstehende Dampfdruck von etwa 23 atü wird durch Ablassen von Wasserdampf konstant gehalten. Wenn der größte Teil des Wassers verdampft ist, heizt man noch 2 Stunden lang auf 275°C, senkt dann den Druck auf 1 atü und gießt die Schmelze (Schmelzpunkt 255°C) in einer Stickstoffatmosphäre zu einem Band, das nach dem Erstarren in Schnitzel zerhackt wird. Der durchschnittliche Polymerisationsgrad beträgt 80 bis 100.

Polyamide verspinnt man nach Schmelzspinnverfahren, von denen das Rostspinnverfahren am gebräuchlichsten ist. Eine Spinnmaschine besteht aus 16 bis 24 Spinnstellen. Über jeder Spinnstelle befindet sich ein Behälter, in den so viel Schnitzel eingefüllt werden, daß der Vorrat für 6 bis 8 Tage ausreicht.

Chemiefaserstoffe

Durch Einblasen von Stickstoff verdrängt man die Luft und drückt die Schnitzel gegen den Schmelzrost, der aus einem Röhrensystem besteht, durch welches ein Heizgemisch zirkuliert oder das elektrisch auf eine Temperatur von 260 bis 270°C beheizt wird. Ein System von Spinnpumpen fördert dann mit einem Druck von 20 bis 60 at die Schmelze durch Filter zu den Spinndüsen, die aus Edelstahlplatten von 50 bis 60 mm Stärke bestehen. Jede Düse hat 6 bis 40 Löcher von 0,2 bis 0,3 mm Durchmesser. Die aus den Düsenlöchern austretende Schmelze gelangt in den Spinnschacht (ein glattes Rohr von 150 bis 260 mm Durchmesser und einer Länge von 3,5 bis 5 m), in welchem sie durch die kältere Raumluft zu Fäden erstarrt, die am unteren Ende auf Spulen gewickelt werden.

Perlon (*Nylon 6*)

Es gehört ebenfalls zu den Polyamiden und hat folgende Struktur:

$$[-HN-(CH_2)_5CO-]_n$$

Als Monomeres verwendet man das ε-Caprolactam, das als amidartiges Anhydrid der ε-Aminocapronsäure aufgefaßt werden kann:

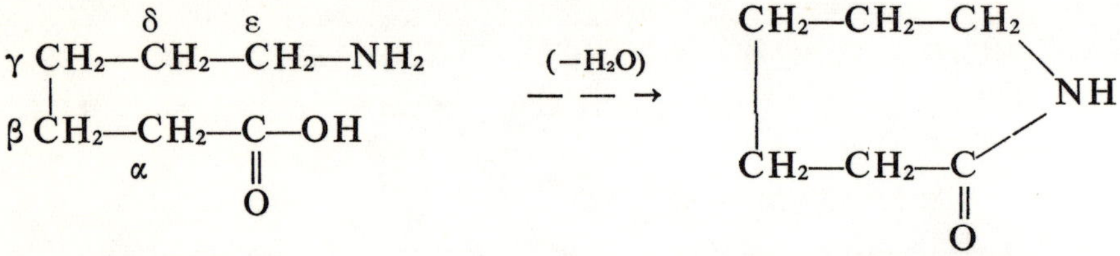

$$\underset{\beta}{\gamma}\overset{\delta}{CH_2}-\overset{\varepsilon}{CH_2}-CH_2-NH_2 \quad \xrightarrow{(-H_2O)} \quad \text{ε-Caprolactam}$$

Das ε-Caprolactam läßt sich aus Phenol gewinnen, das durch Hydrieren mit Hilfe eines Nickelkatalysators bei 135 bis 150°C und 15 bis 20 at zunächst in Cyclohexanol umgewandelt wird. Durch katalytische Dehydrierung bei 400°C entsteht Cyclohexanon, das mit Hydroxylamin (in Form des Sulfats) in das Cyclohexanonoxim umgesetzt wird. Durch Einwirkung von konz. Schwefelsäure erfolgt schließlich eine Umlagerung (Beckmannsche Umlagerung) in das ε-Caprolactam:

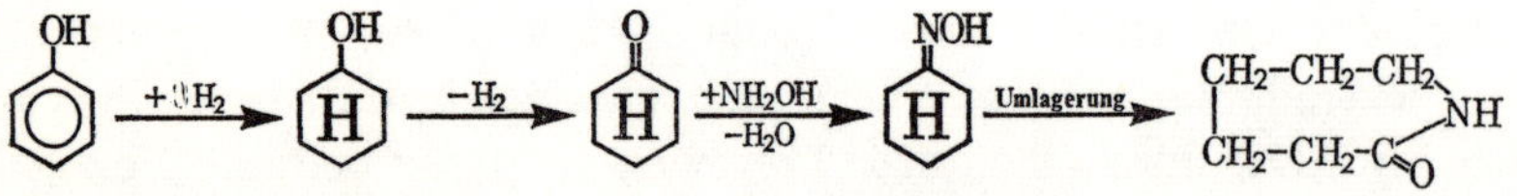

Phenol Cyclohexanol Cyclohexanon Cyclohexanonoxim ε-Caprolactam

Das Lactam wird durch Vakuumdestillation gereinigt und liegt dann in fester Form vor. Es ist auch möglich, das ε-Caprolactam aus Benzol herzustellen.

Chemiefaserstoffe

Durch Hydrieren erhält man Cyclohexan, das durch Einwirkung von Salpetersäure in Nitrocyclohexan übergeht. Die partielle katalytische Reduktion liefert das Cyclohexanonoxim, das, wie beschrieben, weiterverarbeitet wird.

$$\underset{\text{Benzol}}{\bigcirc} \xrightarrow{+3H_2} \underset{\text{Cyclohexan}}{(H)} \xrightarrow{+HNO_3} \underset{\text{Nitrocyclohexan}}{\overset{NO_2}{(H)}} \xrightarrow{+H_2} \underset{\text{Cyclohexanonoxim}}{\overset{N-OH}{(H)}}$$

Als Grundprodukt eignet sich auch Cyclohexan, das bei der Erdölverarbeitung anfällt. Es kann durch Luftsauerstoff bei 20 at und 120 bis 140°C in Gegenwart von Kobaltsalzen zu Cyclohexanol oxidiert werden, das sich, wie beschrieben, in Caprolactam umwandeln läßt.

Bei der Herstellung von Perlon muß das ringförmige Caprolactam-Molekül unter solchen Bedingungen erhitzt werden, daß sich der Ring öffnet und ein linear gebautes Polyamid entsteht. Der Mechanismus dieser Umwandlung ist heute noch umstritten. Der Vorgang kann als Polykondensation aufgefaßt werden, wenn der Caprolactamring zu Anfang unter Anlagerung von Wasser zu ε-Aminocapronsäure aufgespalten wird:

$$(CH_2)_5 \overset{NH}{\underset{CO}{\diagup\hspace{-4pt}\diagdown}} + H_2O \rightarrow HOOC-(CH_2)_5-NH_2$$

ε-Caprolactam

Die Moleküle der Aminocapronsäure vereinigen sich dann durch Kondensation unter Bildung einer dimeren Verbindung:

$$HOOC-(CH_2)_5-NH_2 + HOOC-(CH_2)_5-NH_2 \rightarrow$$
$$HOOC-(CH_2)_5-NH-\underset{\underset{O}{\|}}{C}-(CH_2)_5-NH_2 + H_2O$$

Das frei werdende Wasser reagiert wieder mit Caprolactam zu Aminocapronsäure, die zu weiterer Kondensation fähig ist. Schließlich bildet sich ein Polyamid.

Man kann den Vorgang aber auch als Polymerisation darstellen, wenn der Ring ohne Anlagerung von Wasser zu einem freien Radikal aufgespalten wird, das polymerisationsfähig ist:

Chemiefaserstoffe

$$(CH_2)_5 \begin{matrix} NH \\ | \\ CO \end{matrix} \rightarrow \cdot OC-(CH_2)_5-NH\cdot$$

$$n \cdot OC-(CH_2)_5-NH\cdot \rightarrow [-OC-(CH_2)_5-NH-]_n$$

In beiden Fällen stellt der Vorgang eine Gleichgewichtsreaktion dar; das Polyamid befindet sich im Gleichgewicht mit dem Monomeren.

Die technische Durchführung der Reaktion erfolgt heute meist nach einem verkürzten kontinuierlichen Verfahren (VK-Verfahren). Man führt das Caprolactam in konzentrierter wäßriger Lösung, der noch stabilisierende Stoffe (z. B. Essigsäure) zugesetzt sind, dem oberen Teil des VK-Rohres zu. Dieses besteht aus einem 4 bis 9 m langem Rohr aus Edelstahl (Durchmesser: 20 bis 30 cm) und besitzt mehrere Heizmäntel, mit denen der Inhalt des Rohres bis auf 270°C erwärmt werden kann, wobei die Temperatur langsam von oben nach unten zunimmt. Im Inneren befinden sich in Abständen von 50 cm durchbohrte Zwischenböden. In der oberen Zone des Rohres verdampft das Wasser, und es entsteht eine Schmelze, die langsam in 18 bis 36 Stunden das Rohr durchläuft. Während dieser Zeit bildet sich das Polyamid mit einem durchschnittlichen Polymerisationsgrad von etwa 100, das noch ungefähr 10% Monomere enthält. Es liegt am unteren Ende des Rohres als Schmelze vor und kann sofort nach dem Schmelzspinnverfahren, wie bei Nylon, zu Fäden verformt werden. Im anderen Fall preßt man die Schmelze durch eine Schlitzdüse in Wasser und zerhackt das erstarrte Band in Schnitzel. Die Schnitzel und auch die Fäden müssen anschließend mit Wasser gewaschen werden, um die Monomeren zu entfernen.

Es befinden sich noch andere Polyamide im Handel, z.B. Nylon 11 (als Rilsan in Frankreich hergestellt) und das Nylon 12 (Vestamid, Chemische Werke Hüls): $-[OC-(CH_2)_{11}-NH]_n-$, das aus Butan hergestellt wird.

Die Polyamidfasern lassen sich in kaltem Zustand auf das drei- bis vierfache ihrer ursprünglichen Länge strecken. Dies führt zu einer Verbesserung der mechanischen Eigenschaften, weil sich der Orientierungsgrad der Moleküle in der Faser erhöht. Ohne Verstreckung können die Fäden nicht zu textilen Fertigprodukten verarbeitet werden, weil sie sich bereits durch geringe Zugkräfte irreversibel verlängern. Aufgrund der inneren Spannungen nach dem Streckvorgang neigen die Polyamidfäden bei der Behandlung mit Wasser (Waschen und Färben) zum Schrumpfen. Die Spannungszustände kann man durch eine Dampf- oder Heißluftbehandlung bei Temperaturen von 170° bis 250°C, je nach Fasertyp, beseitigen (Thermofixierung).

Chemiefaserstoffe

Zur Mischung mit Baumwolle oder Wolle eignet sich die Polyamidstapelfaser. Zu ihrer Herstellung erhöht man die Zahl der Düsenöffnungen (120 bis 150) beim Spinnvorgang, vereinigt die Fäden zu einem Kabel, das nach dem Verstrecken in Stapel geschnitten wird. Anschließend erfolgt eine Behandlung mit heißem Wasser, wobei eine Kräuselung entsteht, die auch auf mechanischem Wege erreicht werden kann.

Die Elastizität der Polyamidfasern ist größer als bei natürlichen Textilfasern. Sie weisen die höchste Bruchfestigkeit und Scheuerfestigkeit von allen Textilfasern auf und sind völlig beständig gegen Mikroorganismen (Fäulnis). Nachteilig ist die geringe Wärmefestigkeit und die Glätte der Fasern, welche eine schlechte Haftung an anderen Fasern ergibt. Polyamidfäden werden vor allem zur Herstellung von Strumpfwaren sowie für Wäsche- und Kleiderstoffe verwendet. Sie eignen sich außerdem zur Herstellung von hochfestem Reifencord, Filtergeweben, Seilen und technischen Geweben.

Polyesterfasern

Sie enthalten in ihrem Makromolekül die Estergruppierung: $R-\overset{\overset{O}{\|}}{C}-O-R'$. Die amerikanischen Chemiker CAROTHERS und HILL stellten 1932 aus aliphatischen Dicarbonsäuren und Glykolen lineare Polyester her. Ihre Schmelztemperatur lag unter 100°C, und sie besaßen deshalb keine brauchbaren Eigenschaften für Textilien. 1941 erkannten die Engländer WHINFIELD und DICKSON, daß eine Polyesterverbindung mit höherem Schmelzpunkt und guter Festigkeit entsteht, wenn man eine aromatische Dicarbonsäure, deren Carboxylgruppen in para-Stellung stehen (1,4-Benzoldicarbonsäure, auch Terephthalsäure genannt) mit Äthylenglykol zur Reaktion bringt. Im Gegensatz zu anderen synthetischen Faserstoffen befinden sich Ringglieder in den Molekülketten, die folgende Struktur aufweisen:

$$HO-(CH_2)_2-O-\overset{\overset{O}{\|}}{C}-\langle\bigcirc\rangle-\overset{\overset{O}{\|}}{C}-\left[O-(CH_2)_2-O-\overset{\overset{O}{\|}}{C}-\langle\bigcirc\rangle-\overset{\overset{O}{\|}}{C}-\right]_n O-(CH_2)_2-OH$$

1947 stellte die ICI, Ltd., London, diese Faser unter dem Namen Terylene großtechnisch her. Die gleiche Faser wird heute auch in anderen Ländern erzeugt, z.B.: Dacron (Du Pont, USA), Diolen (Glanzstoff BRD), Trevira (Farbwerke Hoechst, BRD) und Terital (Rhodiaceta, Italien).

Aus Erdöl gewinnt man die Grundprodukte Äthylen (Äthen) $CH_2=CH_2$ und p-Xylol $H_3C-\langle\bigcirc\rangle-CH_3$, welche zu den Zwischenprodukten Äthylenglykol (1,2-Äthandiol) und Terephthalsäure bzw. Terephthalsäuredimethylester umgewandelt werden.

Chemiefaserstoffe

Äthylen oxydiert man katalytisch zu Äthylenoxid $CH_2\!-\!CH_2$, das durch Wasseranlagerung Äthylenglykol $CH_2OH\!-\!CH_2OH$ ergibt.

$$H_2C\!=\!CH_2 \xrightarrow{+O_2} H_2C\underset{O}{\diagdown\diagup}CH_2 \xrightarrow{+H_2O} H_2C\!-\!CH_2 \atop OH\ \ OH$$

Durch mehrstufige Oxydation des p-Xylols erhält man die Terephthalsäure, welche bereits mit dem Äthylenglykol umgesetzt werden könnte. Man verwendet aber in der Praxis den Dimethylester der Terephthalsäure (Dimethylterephthalat), weil er durch Destillation leicht zu reinigen ist. Außerdem löst er sich in Äthylenglykol und die Polykondensation kann deshalb in einem homogenen Medium erfolgen.

p-Xylol　　　Terephthalsäure　　　Dimethylterephthalat

Zur Herstellung des Polyesters wird der Dimethylester der Terephthalsäure in Äthylenglykol gelöst. Unter Zusatz von Katalysatoren erfolgt bei einer Temperatur von 195°C zunächst eine Umesterung (Esteraustausch), die etwa 2 bis 3 Stunden dauert und zur Bildung des Diglykolesters der Terephthalsäure (Diglykolterephthalat) führt.

Das gleichzeitig entstehende Methanol wird abdestilliert. Dann steigert man die Temperatur bis auf 280°C. Bei einem Unterdruck von 0,3 Torr erfolgt die Polykondensation zum Polyester. Es spaltet sich dabei Äthylenglykol ab, das während der Reaktion entfernt wird.

$$n\ HO(CH_2)_2-O-\overset{O}{\underset{\|}{C}}-\underset{}{\bigcirc}-\overset{O}{\underset{\|}{C}}-O-(CH_2)_2OH \longrightarrow \left[O(CH_2)_2-O-\overset{O}{\underset{\|}{C}}-\underset{}{\bigcirc}-\overset{O}{\underset{\|}{C}}\right]_n + n\ HO-(CH_2)_2-OH$$

Polyäthylenglykolterephthalat

Der Polyester ist bei dieser Temperatur bereits geschmolzen und könnte sofort versponnen werden. Meist jedoch wird die Schmelze durch eine Schlitzdüse in Wasser gepreßt, wo sie zu einem Band erstarrt. Dieses wird anschließend zu Schnitzeln zerkleinert und getrocknet, die sich dann später nach dem Schmelzspinnverfahren verarbeiten lassen. Eine Verstreckung bei 70°C auf das vier- bis sechsfache ist notwendig. Die Weiterverarbeitung erfolgt ähnlich wie bei Perlon und Nylon.

Die hohe Knitterfestigkeit und Formbeständigkeit ermöglichen einen vielfältigen Einsatz der Polyesterfaser in reiner Form oder in Mischung mit anderen Fasern bei der Herstellung von Kleider- und Anzugstoffen. Im Vergleich zu den Polyamiden sind die Polyester licht- und sauerstoffbeständig (Gardinenmaterial). Infolge der geringeren Scheuerfestigkeit eignen sie sich nicht zur Herstellung von Strümpfen.

Eine Modifikation der Polyesterfaser ist unter dem Namen Kodal von der Tennessee-Eastman Company gefunden worden. Anstelle des Äthylenglykols verwendet man das Cyclohexan-1,4-dimethanol $HOH_2C-\langle H \rangle-CH_2OH$. Nach der Polykondensation, bei der Methanol abgespalten wird, ergibt sich dann folgende Faserstruktur:

$$\left[O-CH_2-\langle H \rangle-CH_2-O-\overset{O}{\underset{\|}{C}}-\underset{}{\bigcirc}-\overset{O}{\underset{\|}{C}}\right]_n$$

Diese Faser, die auch in der BRD als Vestan (Faserwerke Hüls) im Handel ist, hat den höchsten Schmelzpunkt aller synthetischen Fasern (293°C, Bügeltemperatur bis 210°C). Sie wird vor allem in Mischungen mit Wolle und Baumwolle verarbeitet.

Polyurethanfasern

Die Polyurethanfaser kann als Polyamid und gleichzeitig auch als Polyester angesehen werden. Urethane sind die Ester des Monoamids der Kohlensäure, z.B. $H_2N-\underset{\underset{O}{\|}}{C}-O-C_2H_5$. Sie enthalten die Estergruppe $-\underset{\underset{O}{\|}}{C}-O-R$ und auch die

Chemiefaserstoffe

Amidgruppe—N—C—. Zur Herstellung des linearen, nicht elastischen Poly-
$|\|$
HO
urethans führt man eine →Polyaddition von 1,6-Hexandiisocyanat und 1,4-Butandiol durch:

n O=C=N—(CH$_2$)$_6$—N=C=O + n HO—(CH$_2$)$_4$—OH →
1,6-Hexandiisocyanat $\qquad\qquad$ 1,4-Butandiol

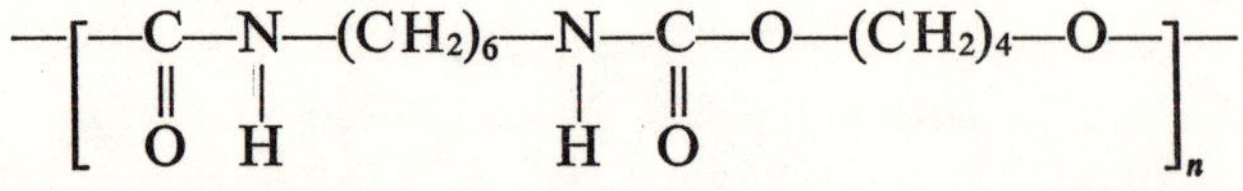

$$-\left[-\underset{\underset{O}{\|}}{C}-\underset{\underset{H}{|}}{N}-(CH_2)_6-\underset{\underset{H}{|}}{N}-\underset{\underset{O}{\|}}{C}-O-(CH_2)_4-O-\right]_n-$$

Das Polyurethan wird nach dem Schmelzspinnverfahren versponnen und verstreckt. Es kam als Perlon U auf den Markt und wird heute als Dorlon in Form von Borsten verwendet.

Seit einigen Jahren stellt man auch hochelastische Polyurethanfäden her, die als Lycra und Dorlastan im Handel sind. Anstelle des niedrig molekularen Diols verwendet man Polyester und läßt sie mit aromatischem Diisocyanat

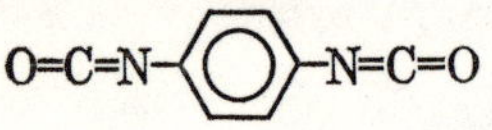

O=C=N—⟨◯⟩—N=C=O $\quad$ reagieren. Es entsteht ein Makrodiisocyanat:

O=C=N—⟨◯⟩—N—C—O—**Polyester**—O—C—N—⟨◯⟩—N=C=O
$HOOH$

das durch Spinndüsen in eine wäßrige Diaminlösung (H$_2$N—R—NH$_2$) als Spinnbad gepreßt wird. Hier reagieren die Endgruppen des Isocyanats mit dem Diamin, wodurch eine Kettenverlängerung und Vernetzung erfolgt. Als Fadenoberfläche bildet sich eine Haut der hochpolymeren Verbindung, während das Innere des Fadens zunächst zähflüssig bleibt. Es wird in warmem Wasser nachgehärtet, wodurch der Faden eine hohe Elastizität erhält. Diese Polyurethan-Elastomere werden zur Herstellung von Miederwaren, Wirkwaren, Badebekleidung und elastischer Sportbekleidung verwendet.

Polyacrylnitrilfasern

Von den synthetischen Fasern, deren Makromoleküle in der Hauptkette nur Kohlenstoffatome enthalten, haben die Polyacrylnitrilfasern (Polyvinylcyanidfasern) die größte Bedeutung erlangt. Man kann sie in die Gruppe der Polyvinylfasern einordnen, deren Monomere die Vinylgruppe CH$_2$=CH— besitzen. Die

Chemiefaserstoffe

Polyacrylnitrilfasern sind z.B. unter dem Namen: Dolan, Dralon, Redon und Orlon im Handel. Das Monomere besteht aus Acrylnitril (Vinylcyanid)

$$CH_2=CH-C\equiv N.$$

Die Herstellung des Acrylnitrils kann durch Anlagerung von Blausäure (HCN) an Acetylen (Äthin) in einer salzsauren, wäßrigen Lösung von Ammoniumchlorid und Kupfer (I)-chlorid bei 80°C erfolgen:

$$HC\equiv CH + H-C\equiv N \rightarrow H_2C=CH \atop \ \ |\ \ \atop C\equiv N$$

Neuerdings verwendet man auch Propen als Grundprodukt. Es wird mit Ammoniak, Luftsauerstoff und einem Wismut-Phosphormolybdat-Katalysator bei 375 bis 460°C und 0,2 bis 2 atü zu Acrylnitril umgesetzt:

$$CH_2=CH-CH_3 + NH_3 + 1\tfrac{1}{2}O_2 \rightarrow CH_2=CH + 3H_2O$$
Propen $\phantom{CH_2=CH-CH_3 + NH_3 + 1\tfrac{1}{2}O_2 \rightarrow CH_2=CH}\ |\$
$\phantom{CH_2=CH-CH_3 + NH_3 + 1\tfrac{1}{2}O_2 \rightarrow CH_2=C}C\equiv N$

Acrylnitril ist eine farblose Flüssigkeit (Kp: 78°C), die in wäßriger Emulsion mit Redoxkatalysatoren (Kaliumpersulfat und Kaliummetasulfit) bei 31°C polymerisiert wird. Das gebildete Polyacrylnitril ist im Gegensatz zum Acrylnitril in Wasser unlöslich und fällt als feines Pulver aus.

$$n\ CH_2=CH \rightarrow -[-CH_2-CH-]-$$
$||$
$C\equiv NC\equiv N\ ]_n$

Der durchschnittliche Polymerisationsgrad beträgt etwa 700 bis 1000. Das Polyacrylnitril zersetzt sich oberhalb 350°C, ohne zu schmelzen. Die Fasern können daher nur aus Lösungen versponnen werden. Als Lösungsmittel eignet sich

Dimethylformamid (Kp: 153°C) $H-\overset{\overset{\displaystyle O}{\|}}{C}-N-CH_3$. Man wendet das Trocken-
$|$
CH_3

spinnverfahren an. Die Fäden werden bei 155 bis 175°C auf das acht bis zwölffache ihrer ursprünglichen Länge verstreckt und zum größten Teil zu Stapelfaser verarbeitet. Schwierigkeit bereitete das Anfärben der Faser, weil die bekannten Farbstoffe nur schlecht aufzogen. Man polymerisiert deshalb in das Polyacrylnitril gleichzeitig Monomere hinein (Copolymerisation), welche mit geeigneten Atomgruppen das Anfärben erleichtern.

Chemilumineszenz

Die Polyacrylnitrilfasern besitzen eine sehr große Licht- und Wetterbeständigkeit. Die Wasseraufnahme ist gering, die Fasern trocknen daher schnell und quellen nicht. Ihre thermoplastischen Eigenschaften ermöglichen das Einplätten von Bügelfalten und Plissees, die auch eine völlige Durchnässung überdauern. Die Fasern laufen nicht ein, filzen nicht und knittern kaum. Sie werden daher in großem Umfange eingesetzt, und man stellt daraus her: Hemden-, Blusen- und Krawattenstoffe, Teppiche, Bettwäsche und Mischgewebe mit Wolle, Baumwolle und anderen synthetischen Fasern.

Die übrigen Polyvinylverbindungen, die als Kunststoffe bekannt sind, haben als Faserstoffe geringere Bedeutung, z.B. die Polyvinylchloridfaser:

$$n\,CH_2{=}CHCl \rightarrow -[-CH_2-CHCl-]_n-$$
Vinylchlorid

oder die Polystyrolfäden:

$$n\,CH_2{=}CH(C_6H_5) \rightarrow [-CH_2-CH(C_6H_5)-]_n$$
Styrol

Von den Polyolefinen werden Fäden aus Polyäthylen und Polypropylen zu Filtergeweben, Bespannungen für Gartenmöbel, Haltegurten und Seilen verarbeitet. Die synthetischen Fasern haben die Eigenschaft, sich elektrostatisch aufzuladen, was für Hersteller und Verbraucher nachteilig ist. Diese Erscheinung bewirkt die starke Neigung zum Verschmutzen der Gewebe und die knisternde Funkenentladung beim Ausziehen eines Kleidungsstückes. Die Auflagung entsteht durch Reibung, Druck und Wärme und führt vorwiegend an der Faseroberfläche durch begrenzte Platzwechselvorgänge der Elektronen zu Stellen mit größerer und geringerer Elektronendichte. Durch die geringe elektrische Leitfähigkeit der Faser können die Ladungen nicht abfließen. Man präpariert deshalb die Fasern mit Verbindungen, welche die Leitfähigkeit der Faser vergrößern (antistatische Präparation).

Literatur
ROGOWIN, S. A.: Chemiefasern. — VEB Fachbuchverlag, Leipzig 1960
FOURNÉ, FRANZ: Synthetische Fasern. — Wissenschaftliche Verlagsgesellschaft, Stuttgart 1964
ZENKER, VERHARD: Chemiefasern. — Aulis Verlag Deubner & Co., Köln 1969
ULLMANN: Encyclopädie der technischen Chemie. — Urban u. Schwarzenberg, München, Berlin 1967

Chemilumineszenz s. Phosphor.
Chinhydron s. Oxoverbindungen 2.4.

Chinhydronelektrode s. pH-Wert.
Chinin s. Alkaloide, Heterocyclen 2.2., Arzneimittel.
Chinit s. Cycloalkene.
Chinolin s. Heterocyclen 2.2.
Chinoide Systeme s. Oxoverbindungen 2.4., Farbstoffe 1.4.
Chinon s. Hydroxylderivate 3.3., Oxoverbindungen 2.4.
Chinonimine s. Farbstoffe 1.4., Fotografie 1.
Chiralität s. Isomerie 2.2.
Chitin s. Kohlenhydrate 1.3.
Chlor gehört zu den Elementen der →Siebenten Hauptgruppe (Halogene). Von ihm existieren die stabilen Isotope mit den Massenzahlen 35 (75,529%) und 37 (24,471%).
Beim Vorkommen unterscheidet man zweckmäßiger Weise:
1. Chlorwasserstoff und freies Chlor;
2. Chloridionen in Lösung oder Verdunstungsrückständen;
3. andere chlorhaltige Mineralien.
Chlorwasserstoff wird sehr häufig von Vulkanen (zusammen mit Fluorwasserstoff) ausgestoßen. Beispielsweise beträgt der jährliche Ausstoß im „Tal der zehntausend Dämpfe" in Alaska annähernd 1¼ Millionen Tonnen. Der Gehalt der vulkanischen Dämpfe an freiem Chlor ist dagegen sehr gering.
Das wichtigste Anion im Meerwasser ist das Chloridionen. Der Gesamtbetrag in allen Ozeanen wird auf 280 Gt geschätzt. Man vermutet, daß dieser hohe Gehalt nur zum Teil auf Auswaschen von chlorhaltigen Mineralien zurückzuführen ist, weil die Kationen vorwiegend an Kohlensäure gebunden sind. Vielmehr ist er eine Folge des ständigen Ausstoßes der Vulkane an Chlorwasserstoff. Hoch ist der Gehalt an Chloridionen in den Salzseen, wo er bis zu 15% erreichen kann. Dabei kann das zugehörige Anion Magnesium oder Natrium sein. Im Toten Meer ist das Verhältnis zueinander 2:1, während es im freien Ozean 1:9 beträgt. Für die technische Gewinnung sind nur die Salzlagerstätten von Bedeutung, die sich in Meeresbuchten erdgeschichtlicher Weltmeere gebildet haben (z. B. Norddeutsche Tiefebene).
Zahlreich, aber technisch uninteressant sind Chlorverbindungen mit Metallen und das Vorkommen in einigen Silikaten.
In Wasser löst sich Chlor nur schwer, weil jedes Dipolmoment fehlt. Dabei setzt es sich langsam mit Wasser um:

$$Cl_2 + H_2O \rightleftarrows HClO + H^+ + Cl^- \qquad 2\,HClO \rightarrow 2\,HCl + O_2$$

Auf der Bildung von Sauerstoff beruht die bleichende Wirkung des Chlors. Der Anwendung als Bleichmittel steht jedoch die Bildung von Salzsäure entgegen.

Chloralhydrat

Chlor und Wasserstoff reagieren explosionsartig miteinander, wenn man ein Gemisch ultraviolettem Licht aussetzt. Hierbei spielt sich eine Kettenreaktion ab:

$$Cl_2 + h \cdot \nu \rightleftarrows 2\,Cl$$
$$Cl + H_2 \rightleftarrows HCl + H$$
$$H + Cl_2 \rightleftarrows HCl + Cl$$

Ebenfalls heftig reagiert Chlor mit den Alkali- und Erdalkalimetallen und fein verteilten Schwermetallen. Mit Phosphor verbrennt Chlor je nach den zugegebenen Mengen zu PCl_3 oder PCl_5. Verbrennt man Chlor mit Sauerstoff, so entstehen Oxide verschiedener Oxydationsstufen, sodaß sich ein direktes Verfahren zur Herstellung bestimmter Oxide nicht hat entwickeln lassen.

Große Mengen Chlor werden industriell benötigt zum Chlorieren von Kohlenwasserstoffen (Chloroform, Tetrachlorkohlenstoff, PVC usw.). Nur 18% der Chlorproduktion erfordern Papierfabriken (zum Bleichen) und sanitäre Verwendungen (z. B. Chlorkalk $CaOCl_2$).

Da sehr hohe Nachfrage nach Natriumhydroxid (kaustische Soda) und nach Wasserstoff besteht, kann die ganze Nachfrage nach Chlor durch das bei der Elektrolyse von Kochsalz anfallende Chlor gedeckt werden. Technisch stellt man heute Chlorwasserstoff durch unmittelbare Vereinigung der beiden Elemente her. Wird Chlor in eine stark basische Lösung geleitet, so entsteht das entsprechende Hypochlorit: $Cl_2 + 2OH^- \rightarrow (OCl)^- + Cl^- + H_2O$, in der Wärme dagegen das Chlorat: $3Cl_2 + 6OH^- \rightarrow (ClO_3)^- + 5Cl^- + 3H_2O$. Kaliumchlorat ist in reiner Form sehr beständig und ungefährlich, mit brennbaren Verunreinigungen vermischt ist es dagegen hoch explosibel. Beim vorsichtigen Erhitzen des reinen Chlorats entsteht vorwiegend das weniger gefährliche Kaliumperchlorat.

Chlor ist ein die Atmungswege stark ätzendes Gas. In Verbindung mit Kohlenoxid bildet sich das stark giftige Phosgen ($COCl_2$).

Chloralhydrat s. Additionen 4. Oxoverbindungen 1.1.3. und 3.

Chloralkali-Elektrolyse. Elektrolyse der wäßrigen Lösungen von Natrium- oder Kaliumchlorid ($NaCl$ oder KCl). Man gewinnt damit Natronlauge bzw. Kalilauge, Wasserstoff und Chlor. Taucht man zwei unangreifbare Elektroden (z. B. Platin) in eine wäßrige $NaCl$-Lösung und legt eine Gleichspannung an, so entweicht an der Anode (+ Pol) Chlorgas, weil die in der Lösung vorhandenen Chlorid-Ionen (Cl^-) entladen werden

$$2Cl^- \rightarrow Cl_2 + 2e^-.$$

An der Kathode entsteht gleichzeitig Wasserstoffgas, und die $NaCl$-Lösung reichert sich mit Natronlauge an. Unter diesen Bedingungen scheidet sich an der Kathode kein Natrium ab. In einer gesättigten $NaCl$-Lösung wäre dazu ein

Chloralkali-Elektrolyse

Entladungspotential von 2,67 V notwendig, während zur Abscheidung des Wasserstoffs bereits 0,41 V ausreichen. So werden die Hydronium-Ionen (H_3O^+) entladen, die sich in der wäßrigen Lösung befinden

$$H_2O + H_2O \rightleftarrows H_3O^+ + OH^- \quad \text{(Hydronium- und Hydroxid-Ionen)}$$
$$2H_3O^+ + 2e^- \rightarrow 2H_2O + H_2$$

Somit tritt ein ständiges Anwachsen der Hydroxidkonzentration ein.

Führt man die Elektrolyse auf die oben genannte Weise durch, ergeben sich bei der Reindarstellung der Produkte einige Schwierigkeiten. In dem Elektrolyten können noch sogenannte Sekundärreaktionen erfolgen. Z. B. löst sich das an der Anode gebildete Chlor in der Salzlösung und reagiert mit dem Wasser zu Salzsäure und unterchloriger Säure

$$Cl_2 + H_2O \rightarrow HCl + HOCl.$$

Auch die Hydroxid-Ionen, die in den Anodenraum einwandern, können direkt mit dem „naszierenden" Chlor reagieren:

$$2OH^- + 2Cl \rightarrow ClO^- + Cl^- + H_2O.$$

Außerdem enthält die Lösung noch beträchtliche Mengen Kochsalz.

Um diese Nebenreaktionen zu verhindern, wurden seit 1890 mehrere Verfahren entwickelt, von denen sich das sog. Quecksilberverfahren durchgesetzt hat. Man verwendet hierbei Quecksilber als Kathodenmaterial und Graphit als Anode. Die Elektrolysezelle wird durch einen ca. 80 cm breiten und etwa 7 m langen, eisernen Doppel-T-Träger gebildet, dessen innere Seitenwände gummiert sind und der ein Gefälle von etwa 20 cm auf 7 m Länge besitzt. Als Anode dienen Graphitplatten, die von einem gummierten eisernen Deckel getragen werden. Über den Zellenboden fließt Quecksilber mit einer Geschwindigkeit von 0,15 bis 0,17 m/sec und bildet so die eigentliche Kathode. Man erreicht durch diese Maßnahme, daß die Natrium-Ionen der Kochsalzlösung an der Kathode zu Natriumatomen entladen werden

$$Na^+ + e^- \rightarrow Na,$$

die sich mit dem Quecksilber zu einer Legierung (Natriumamalgam, $Na \cdot xHg$) vereinigen. An der Kathode entwickelt sich kein Wasserstoff, weil zum Abscheiden des Wasserstoffs an einer Quecksilberkathode 2,03 V gegenüber 1,80 V für Natrium erforderlich sind. Zur Gewinnung von Wasserstoff und Natronlauge zersetzt man anschließend das Natriumamalgam, das aus der Elektrolysezelle

Chloralkali-Elektrolyse

abfließt, in einer zweiten Apparatur (Pile). Durch Zugabe von Wasser bei Anwesenheit von Graphit bilden sich dort Quecksilber, Natronlauge und Wasserstoff

$$Na \cdot xHg + H_2O \rightarrow xHg + NaOH + \tfrac{1}{2}H_2.$$

Das Quecksilber wird in die Elektrolysezelle zurückgepumpt und belädt sich von neuem mit Natrium. Auf diese Weise erhält man Natronlauge von großer Reinheit, mit einem Gehalt bis zu 50% $NaOH$. Festes Natriumhydroxid gewinnt man durch Eindampfen dieser Lauge. Das Chlorgas bildet sich an den Graphitplatten in der Elektrolysezelle. In der Technik elektrolysiert man mit einer Spannung von etwa 4,2 V, bei Stromstärken bis zu 30000 Amp.

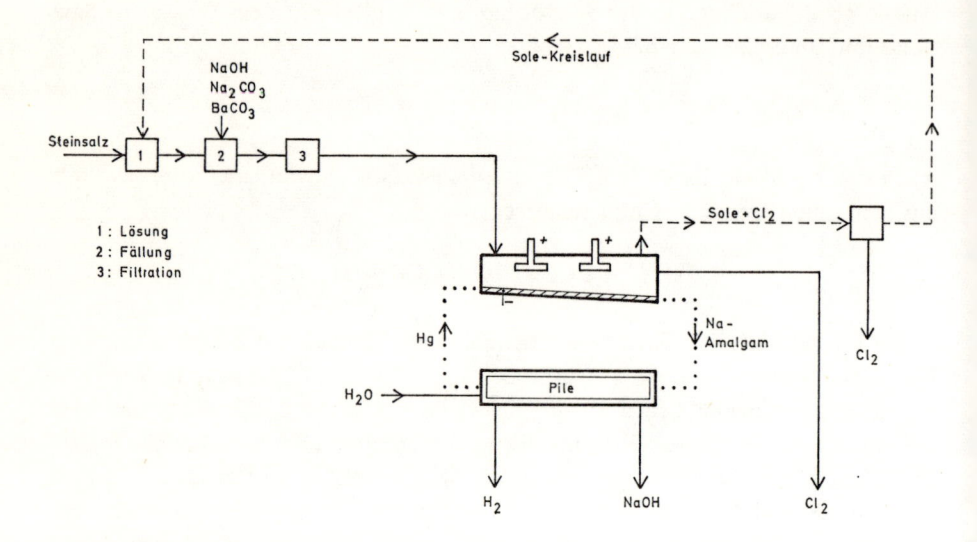

Als Rohstoffe verwendet man Steinsalz oder Kaliumchlorid in fester Form und stellt damit eine nahezu gesättigte Lösung (Sole) her, die im Kreislauf durch die Elektrolysezelle geführt wird. Die Verunreinigungen des Salzes ($CaSO_4$ und Magnesiumsalze) werden durch Zugabe von $BaCO_3$, Na_2CO_3 und $NaOH$ als $BaSO_4$, $CaCO_3$ und $Mg(OH)_2$ ausgefällt. Nach der Filtration fließt die Sole z. B. mit einer Konzentration von etwa 310 g $NaCl$/l der Elektrolysezelle zu und verläßt sie mit etwa 270 g/l. Die abfließende Sole ist mit Chlor gesättigt, das im Vakuum und durch Ausblasen mit Luft entfernt wird. Die vom Chlor befreite Lösung wird dann mit festem Salz aufgesättigt und der Reinigung zugeführt.

Literatur

OST-RASSOW: Lehrbuch der chemischen Technologie. — Johann Ambrosius Barth-Verlag, Leipzig 1965

Chloramphenicol s. Antibiotica.
Chlordan s. Schädlingsbekämpfungsmittel.
Chlorhydrin s. Äthen.
Chlorkalk s. Chlor.
Chloroform s. Halogenderivate 1.2. und 3.
Chlorophyll s. Farbstoffe 2., Porphinderivate 4.
Cholesterin s. Steroide 1.
Cholin s. Hydroxylderivate 1.1.4., org. Stickstoffverbindungen 2., Lipoide.

Chrom gehört zu den Elementen der →Sechsten Nebengruppe. Die natürlich vorkommenden Isotope haben die Massenzahlen 50 (4,31%), 52 (83,76%), 53 (9,55%) und 54 (2,38%).

Das wichtigste Chrommineral ist der Chromeisenstein, $FeO \cdot Cr_2O_3$, mit einem theoretischen Gehalt von 68% Cr_2O_3; praktisch jedoch enthält es wegen der Beimengungen von Aluminium-, Magnesium- und Siliciumoxid nur 50—55%. Umfangreiche Lagerstätten finden sich in Südafrika, in der UdSSR, Türkei, auf den Philippinen, in Jugoslawien und auf Kuba. Schweden hat nur geringe Vorkommen, verarbeitet aber wegen seiner billigen Wasserkräfte große Mengen, die es aus der Türkei bezieht, nach dem elektrolytischen Verfahren. Beachtliche Mengen von Rotbleierz, $PbCrO_4$, finden sich in Brasilien und im Ural.

Chrom ist ein weißes, glänzendes, hartes und sprödes Metall, das jedoch oberhalb 200°C plastisch wird. Der elektrische Widerstand des Chroms ist zehnmal so groß wie der des Silbers, des besten Leiters, und dreimal so groß wie der des Molybdäns. Während bei den Metallen der spezifische Widerstand mit steigender Temperatur regelmäßig zunimmt, verhält sich Chrom ganz anormal: Bei 37°C liegt ein diskontinuierliches Verhalten des Chroms in Bezug auf die elektrische Leitfähigkeit, die Wärmeleitfähigkeit, die Wärmeausdehnung und die thermoelektrische Kraft vor. Auch das antimagnetische Verhalten zeigt an dieser Stelle eine geringe Veränderung. Dagegen ist die Kristallstruktur oberhalb und unterhalb völlig gleich. Man erklärt diese Anomalien damit, daß bei 37°C 0,04% der Chromatome eines ihrer 3 d-Elektronen auf die 4 s-Schale heben. (Vergleiche hierzu die Elektronenanordnung der Elemente der Sechsten Nebengruppe!) Das ist auch eine der möglichen Erklärungen für die Passivierung des Chroms. Man versteht darunter, daß sich Chrom, das unedler ist als Eisen, wie ein Edelmetall verhalten kann. Die Passivierung erreicht man durch Behandeln mit einer oxydierenden Säure. Eine andere Deutung nimmt die Bildung einer festen Oxydhaut an oder die Bildung einer monomolekularen Salzschicht. Wegen dieser Fähigkeit verwendet man Chrom als Korrosionsschutz für Eisen. In der Regel überzieht man das Eisen elektrolytisch zunächt mit einer Kupferschicht, dann mit einer Nickelschicht und schließlich mit einer Chromschicht in der Größenordnung von ca. 1/1000 mm. Der Untergrund von Nickel ist notwendig, weil die Chromschicht porös ist. Macht man die Chromschicht entsprechend dicker, so kann Chrom als Korrosionsschutz unmittelbar auf Eisen aufgetragen werden. Hierbei beschränkt man sich nicht auf elektrolytische Verfahren.

Eine andere Möglichkeit, die Qualität des Eisens zu heben, besteht darin, es mit Chrom und Nickel zu legieren. Bei mehr als 12% Chrom tritt die gewünschte Eigenschaft ein. Bekannt wurden zuerst die von Krupp herausgebrachten Legierungen V2A-Stahl mit 18% Chrom und 8% Nickel und der V4A-Stahl mit 18% Chrom, 10% Nickel und 2,5% Molybdän. Dieser zeichnet sich dadurch aus, daß er nicht magnetisch ist. Man verwendet ihn deswegen als Magnetisierungsschutz für Uhren.

Ausgedehnte Verwendung finden Chrom(III)-Verbindungen und Chromate in der Zeugfärberei als Beiz- und Ätzmittel, Chrom(II)-Salze wegen ihres ausgezeichneten Reduktionsvermögens in der Küpenfärberei. Chromate und Dichromate sind die gebräuchlichsten energischen Oxydationsmittel. Zahlreich sind die Chromverbindungen, die als Mineralfarben verwendet werden, z. B. Chromgelb ($PbCrO_4$), Chromrot ($PbCrO_4 \cdot Pb[OH]_2$) und Chromgrün (Cr_2O_3). Diese Farben zeichnen sich durch Schönheit, Lichtechtheit und Luftbeständigkeit, z. T. auch durch große Deckkraft aus. Zu beachten ist jedoch, daß sie giftig sind.

Chromatlösungen sind die Grundlage für die elektrolytische Verchromung von Metalloberflächen.

Chromatographie. Unter dieser Bezeichnung faßt man einige Arbeitsweisen zusammen, welche die Trennung eines Stoffgemisches oder die Identifizierung einer Substanz ermöglichen. Man unterscheidet Papier-, Dünnschicht- und Gaschromatographie.

Bei der *Papierchromatographie* wird ein Tropfen der zu untersuchenden Substanzlösung am Ende eines Papierstreifens (chromatographisches Papier, es besteht aus reinen Baumwollfasern) aufgetragen. Es genügen 1 bis 2 μg; 1 $\mu g = 10^{-6}$ g. Der kleine Tropfen breitet sich zu einem kreisförmigen Fleck aus (Startpunkt), den man eintrocknen läßt. Dieses Ende des Papierstreifens wird dann so in eine Schale mit einer Flüssigkeit (Laufmittel oder Fließmittel) getaucht, daß sich der aufgetragene Substanzfleck etwa 0,5 cm oberhalb der Flüssigkeitsoberfläche befindet. Durch die Kapillaren des Papiers wird das Laufmittel angesaugt. Es wandert langsam über den Startfleck und nimmt die einzelnen Bestandteile des Gemisches mit. Entsprechend ihrer verschiedenen Löslichkeit wandern sie auf dem Papier mit unterschiedlicher Geschwindigkeit. Wenn die Front des Laufmittels das obere Ende des Papierstreifens nahezu erreicht hat, wird der Vorgang unterbrochen und das „Chromatogramm" getrocknet. Sind die Bestandteile des Gemisches gefärbt, so befinden sich zwischen dem Startpunkt und der Laufmittelfront farbige Flecken. Bei farblosen Stoffen sprüht man ein geeignetes Nachweisreagens auf, welches die Flecken sichtbar werden läßt. Jede Substanz besitzt bei einem bestimmten Laufmittel eine charakteristische Wanderungsgeschwindigkeit, die als R_F-Wert angegeben wird:

$$R_F = \frac{\text{Entfernung vom Startpunkt bis zum Fleckmittelpunkt}}{\text{Entfernung vom Startpunkt bis zur Laufmittelfront}}$$

Die Größe des R_F-Wertes kann durch Temperatur, Konzentration, Fremdionen oder Verunreinigungen verändert werden. Häufig läßt man daher neben der unbekannten Mischung die bekannten Vergleichssubstanzen mitlaufen. Um die Identität einer Substanz festzustellen, chromatographiert man sie mit der vermuteten reinen Substanz.

Bei der *Dünnschichtchromatographie* wird eine dünne Schicht eines festen Stoffes (Sorptionsmittel, z. B. Kieselgel oder Aluminiumoxid bzw. Kieselgur oder Cellulose) auf eine Glasplatte aufgetragen. Man arbeitet mit einer solchen Platte in der gleichen Weise wie bei der Papierchromatographie. Die Dünnschichtchromatographie bietet gegenüber der Papierchromatographie einige Vorteile: große Trennschärfe, kürzere Laufzeiten, größere Beständigkeit gegen aggressive Sprühmittel und höhere Temperatur. Außerdem besteht eine größere Auswahl an Trägermaterialien.

Mit Hilfe der *Gaschromatographie* können Gase und unzersetzt verdampfbare flüssige oder feste Stoffe (bis etwa 500°C) getrennt und analysiert werden. Die zu trennenden Gase oder Dämpfe leitet man zusammen mit einem Trägergas (z. B. Wasserstoff, Stickstoff oder Helium) durch ein 4 bis 6 m langes, gewundenes Rohr, in welchem sich ein fester, poröser Trägerstoff (z. B. Kieselgur) befindet, der auch mit einer hochsiedenden Flüssigkeit (z. B. Dibutylphthalat, Polyäthylenglykol) getränkt werden kann. Das Trägermaterial wirkt in selektiver Weise auf die Substanzen im Gasstrom ein, so daß jeder Bestandteil in einer für ihn charakteristischen Zeit (Verweilzeit oder Retentionszeit) am Ende des Rohres austritt. Mit Hilfe eines geeigneten Apparates (Detektor) kann man z. B. die Wärmeleitfähigkeit oder andere physikalische Eigenschaften des Bestandteiles messen. Diese Werte lassen sich in elektrische Größen umwandeln, die fortlaufend graphisch registriert werden können.

Die Trenneffekte bei den oben genannten chromatographischen Verfahren beruhen im wesentlichen auf zwei Vorgängen: Verteilung und Adsorption.

Das *Verteilungsverfahren* verwendet die unterschiedliche Löslichkeit der zu trennenden Stoffe in zwei miteinander nicht oder beschränkt mischbaren Lösungsmitteln. Der betreffende Stoff wird sich so in den beiden Lösungsmitteln verteilen,

Chromatographie

daß das Verhältnis der Konzentrationen c_1 und c_2 konstant ist $\left(\dfrac{c_1}{c_2} = K\right.$, $K =$ Verteilungskoeffizient; Verteilungssatz von W. NERNST). Ist K größer als 1, so bedeutet dies, daß sich der betreffende Stoff leichter im Lösungsmittel 1 löst; ist K kleiner als 1, so ist die Löslichkeit im Lösungsmittel 2 größer. Bei der Verteilungschromatographie befindet sich das eine Lösungsmittel in den Poren eines festen Trägerstoffes und ist unbeweglich (stationäre Phase). Das andere Lösungsmittel enthält das zu trennende Substanzgemisch und fließt (mobile Phase) über die stationäre Phase. Das Trägermaterial (Silikagel, Stärke oder Cellulosepulver), welches mit der stationären Phase getränkt ist, kann sich in einem vertikalen Glasrohr befinden (Säulenchromatographie) oder es wird durch einen Papierstreifen dargestellt (Papierchromatographie). Die OH-Gruppen der Cellulose des Papiers binden Wassermoleküle über Wasserstoffbrücken relativ fest, so daß „lufttrockenes" Papier bereits 4 bis 5% Wasser enthält. Verwendet man z. B. Wasser als stationäre Phase (1), Butanol als mobile Phase (2) und unterscheiden sich die zu trennenden Stoffe A und B in ihren Verteilungskoeffizienten (K), so wird der Stoff mit dem größeren K (z. B. A) von dem Papier fester gehalten (weil er in Wasser besser löslich ist), er wandert langsamer als der Stoff B, welcher in der mobilen Phase (Butanol) leichter löslich ist.

Dieses Verteilungsverfahren liegt im wesentlichen auch der Dünnschichtchromatographie zugrunde, wenn Kieselgur oder Cellulose als Sorptionsmittel verwendet werden. Ebenso beruht die Gaschromatographie auf diesem Verfahren, vorausgesetzt, daß die stationäre Phase von einer Flüssigkeit gebildet wird.

Bei den *Adsorptionsverfahren* verwendet man die verschieden starke Bindung der zu trennenden Bestandteile an einen festen Stoff (Adsorbens), welcher die stationäre Phase darstellt. Die Bindungskräfte sind dabei im wesentlichen unpolarer Natur (VAN DER WAALSCHE Kräfte). Die mobile Phase kann flüssig sein (Dünnschichtchromatographie, bei der Verwendung von Kieselgel oder Aluminiumoxid als Sorptionsmittel) oder gasförmig (Gaschromatographie, Adsorptionsmittel z. B. Aktivkohle oder Aluminiumoxid). Auch die *Ionenaustausch-Chromatographie* beruht auf Adsorptionsvorgängen. Hierbei sind allerdings elektrochemische, polare Kräfte für die Trennung verantwortlich.

Die Molekularsiebchromatographie (auch Gelchromatographie oder Gelfiltration genannt) dient zur Trennung verschiedenartiger Moleküle aufgrund ihrer Größenunterschiede. Das Molekularsieb (Gel) besteht aus kleinen Kugeln, die in eine senkrecht stehende Röhre (Säule) eingefüllt sind. Die Poren dieses Gels besitzen eine definierte Größe. Das zu trennende Gemisch wird als Lösung oben an der Säule eingefüllt und fließt dann nach unten. Diejenigen Moleküle, welche größer als die Poren des Gels sind, bewegen sich in der Lösungsphase außerhalb der Kugeln durch die Säule. Kleinere Moleküle dringen in die Gelperlen ein und wandern deshalb verzögert. Weil die einzelnen Molekülsorten mit verschiedener Geschwindigkeit die Säule durchlaufen, treten sie getrennt voneinander am unteren Ende heraus.

Literatur
RANDERATH, K.: Dünnschicht-Chromatographie. — Verlag Chemie, Weinheim 1965
CRAMER, F.: Papierchromatographie. — Verlag Chemie, Weinheim 1962
LEIBNITZ, E.-STRUPPE, H. G.: Handbuch der Gas-Chromatographie. — Verlag Chemie, Weinheim 1967

Chromogene Entwicklung s. Fotografie 2.
Chromomycin s. Antibiotica.
Chromophore s. Farbstoffe 1.
Chrysen s. Benzolkohlenwasserstoffe 2.3.3.
Chymotrypsin s. Aminosäuren 2.1., Enzyme.
Cineol s. Terpene 1.
Cis benachbarte Lage an einer Doppelbindung, s. Isomerie 2.1.
Citronellol s. Terpene 1.
Citronensäure s. Carbonsäuren 1.1.2. und 2.4.1.
Citronensäure-Cyclus s. Kohlenhydrate 1.4., Carbonsäuren 2.4.1.
Claisensche Esterkondensation s. Carbonsäuren 2.5., Oxoverbindungen 2.2., Additionen 4.
Claisen-Schmidt-Kondensation s. Additionen 4., Oxoverbindungen 1.1.3.

Clathrate sind *Einschlußverbindungen*, bei denen Moleküle des Stoffes A in den käfig-, tunnel- oder schichtartigen Hohlräumen des Kristalls der Substanz B auftreten. Zwischen beiden Substanzen herrschen keine Anziehungskräfte außer den schwachen VAN DER WAALS-*Kräften* (→ Bindungskräfte). Das Molekülzahlverhältnis der beiden Substanzen wird deshalb meist von geometrischen Faktoren bestimmt. Größe und Gestalt der Hohlräume sind wenig veränderlich. Es passen also nur Moleküle bestimmter Form und Größe in die Hohlräume. Daher können sie technisch zur Trennung von Gemischen genutzt werden (Zeolithe als *Molekularsiebe*: Silikate mit entsprechender Gitterstruktur).

Clathrate des Harnstoffs (→Kohlensäurederivate) waren zwar weder die ersten, die hergestellt (aber nicht erkannt wurden — Chlorhydrat 1810 von DAVY) noch die ersten, die richtig durch Röntgenanalyse gedeutet wurden (Choleinsäuren 1936), aber mit ihrer Entdeckung fand diese Gruppe von Verbindungen größeres Interesse. Der normalerweise tetragonal kristallisierende Harnstoff bildet bei Anwesenheit geeigneter Moleküle hexagonale Kristalle mit tunnelartigen Hohlräumen von 5,5 Å Durchmesser. Geeignete Moleküle sind nicht verzweigte Kohlenwasserstoffe

Claude-Prozeß

(→n-Alkane) mit einer Mindestlänge von 6 C-Atomen. Solche Clathrate dienen zur Trennung von Erdölfraktionen. Harnstoffclathrate können auch zur Trennung von Racematen (→Isomerie) eingesetzt werden, da das hexagonale Harnstoffgitter in zwei spiegelbildlichen Formen kristallisiert, die jeweils bevorzugt eine der beiden Antipoden eines Gemisches optisch aktiver Stoffe aufnehmen. Eingeschlossene Substanzen sind vor chemischen Angriffen geschützt. Deshalb werden →autoxidable Verbindungen wie Linolensäure (→Carbonsäuren 2.1.) oder zersetzliche wie →Polyine als Clathrate stabilisiert. Tunnelartige Clathrate sind auch für selektive und stereospezifische →Polymerisationen brauchbar.

Eine bekannte Einschlußverbindung ist der *Jod-Stärke-Komplex* (→Kohlenhydrate 3.), in dem die Jod-Atome hintereinander in dem Hohlraum liegen, der von den spiralig angeordneten Glucose-Molekülen gebildet wird. Ähnliche Verbindungen liegen in den enzymatischen Abbauprodukten der Stärke vor, in denen Glucosemoleküle zu einem Ring geschlossen sind. Man nennt sie Cyclodextrine oder SCHARDINGER-*Dextrine*. Im Gegensatz zu anderen Clathrate bildenden Substanzen sind sie auch in Lösung fähig, Einschlußverbindungen einzugehen.

Wasser bildet bei tiefen Temperaturen käfigartige Strukturen (manchmal werden nur diese im deutschen Sprachgebrauch als Clathrate bezeichnet), z. B. einen Dodekaeder. In die Hohlräume sind kleinere Gasmoleküle eingelagert (Cl_2, SO_2, CH_4, Edelgase). Als →Methanhydrate liegen in den Dauerfrostböden im hohen Norden der Sowjetunion die Erdgase gefroren vor. Daß Propan bei 8,5°C mit Wasser ein Clathrat bildet ($C_3H_8 \cdot 17 H_2O$), bietet eine Möglichkeit zur Meerwasserentsalzung.

Literatur
BHATNAGAR, V. M.: Clathrate Compounds. — Chand, Delhi 1968
SCHLENK, W.: Einschlußverbindungen. — Chemie in unserer Zeit 3, 1969, 120
CRAMER, F.: Einschlußverbindungen. — Springer, Berlin 1954
HAGAN, S. M.: Clathrate Inclusion Compounds. — Reinhold Publ. Comp., New York 1962
GAWALEK, G.: Einschlußverbindungen — Additionsverbindungen — Clathrate. — VEB Dt. Verlag d. Wissenschaften, Berlin 1969

Claude-Prozeß s. Sauerstoff.

Clemmensen-Reduktion wird durchgeführt mit amalgamiertem Zink und Salzsäure (Cycloalkane u. a. m.).

Cobalamin s. Vitamin B_{12}, Porphinderivate 5.

Cocain s. Alkaloide, Heterocyclen 2.1., Arzneimittel, Rauschgifte.

Codein s. Alkaloide, Arzneimittel.

Cölestin s. Strontium.

Coenzym A s. Carbonsäuren 1.1.4. und 2.4.1., Aminosäuren 4., Vitamine (Formel).
Coenzyme s. Enzyme, ATP, Vitamine.
Coffein s. Alkaloide, Heterocyclen 2.4.
Colamin (Äthanolamin) s. Hydroxylderivate 1.1.4., Org. Stickstoffverbindungen 2. Lipoide.
Colchicin s. Alkaloide, nichtbenzoide aromat. Verbindungen 4.
Colombit s. Niobium.
Colophonium s. Terpene 3.
Columbium ein häufig in den USA gebräuchlicher Name für das Element Niobium.
Coniin s. Alkaloide, Heterocyclen 2.1.
Coronen s. Benzolkohlenwasserstoffe 2.3.3.
Cortisol s. Hormone, Steroide 3.
Corticosteron s. Hormone, Steroide 3.
Crack-Verfahren s. Erdöl (Benzin).
Cristobalit s. Silikate.
Crotonaldehyd s. Oxoverbindungen 1.1.2.
Crotonylen = But-1-in s. Alkine.
Cuban s. Cycloalkane 2.4.
Cumarin s. Heterocyclen 2.2.
Cumaron s. Heterocyclen 1.2.
Cumol = i-Propylbenzol s. Benzolkohlenwasserstoffe 1.2.
Cumulene s. Benzolkohlenwasserstoffe 2.1., Polyene 1.
Cuoxam s. Chemiefaserstoffe (Kupferoxidammoniakverfahren).
Cuprofaser s. Chemiefaserstoffe (Kupferoxidammoniakverfahren).
Curare s. Alkaloide.
Curcumen s. Terpene 2.
Curie-Punkt s. Gadolinium.
Curium s. Actiniden.
Curtius-Abbau s. Carbonsäuren 1.1.3., org. Stickstoffverbindungen, Umlagerungen 1.1.2.
Cyanamid s. Kohlensäurederivate 4.
Cyanhydrinsynthese s. Carbonsäuren 2.4.1., Oxoverbindungen 1.1.3., Blausäure Kohlenhydrate 1.1.
Cyanide s. Blausäure.
Cyanine s. Farbstoffe 1.3., Fotografie 1.
Cyansäure s. Kohlensäurederivate 4.
Cyanurchlorid s. Heterocyclen 2.3., Färberei.
Cycloaddition s. DIELS-ALDER-Synthese, Additionen 2.2.

Cycloalkane 1.

Cycloalkane sind Kohlenwasserstoffe, bei denen die ringförmig angeordneten C-Atome durch Einfachbindungen miteinander verbunden sind. Alle anderen Bindungen sind durch Wasserstoff abgesättigt. Man rechnet sie deshalb zu den gesättigten Kohlenwasserstoffen und bezeichnet sie auch als alicyclische Verbindungen wegen ihrer Ähnlichkeit mit den kettenförmigen Aliphaten.

Nach der Anzahl der Ringe unterscheidet man 1. Monocycloalkane und 2. Polycycloalkane.

1. *Monocycloalkane*

1.1. Bau und Eigenschaften

Monocycloalkane bilden eine →homologe Reihe mit der allgemeinen Formel C_nH_{2n}, sie sind also den →Alkenen isomer. Das erste Glied der Reihe ist Cyclopropan, der größte synthetisch hergestellte Ring $C_{54}H_{108}$. Isomere (→Isomerie) treten bei den reinen Cycloalkanen nicht auf, aber Konformere kommen vor (Cyclohexan). Von jedem Cycloalkan läßt sich eine homologe Reihe mit Seitenketten ableiten. Bei diesen Verbindungen können Struktur- und Stereo→isomerie auftreten: Äthylcyclobutan ist strukturisomer mit 1,2-Dimethylcyclobutan (C_6H_{12}), 1,2-Dimethylcyclobutan kommt in einer cis- und einer trans-Form vor, die trans-Form läßt sich in zwei optische Antipoden zerlegen.

$$
\begin{array}{cccc}
\text{H H} & \text{CH}_3\ \text{CH}_3 & \text{H CH}_3 & \text{CH}_3\ \text{H} \\
\text{H–C–C–C}_2\text{H}_5 & \text{H–C—C–H} & \text{H}_3\text{C–C—C–H} & \text{H–C—C–CH}_3 \\
\text{H–C–C–H} & \text{H–C—C–H} & \text{H–C—C–H} & \text{H–C—C–H} \\
\text{H H} & \text{H H} & \text{H H} & \text{H H} \\
\text{Äthylcyclobutan} & \multicolumn{2}{c}{\text{1,2-Dimethylcyclobutan}} & \\
& \text{cis-Form} & & \text{trans-Form}
\end{array}
$$

Die Nomenklatur entspricht der der →Alkane mit der Vorsilbe Cyclo- bzw. dem Symbol c- als Hinweis auf die Ringstruktur. Bei der Kurzbezeichnung wird die Anzahl der C-Atome des Rings A vorgesetzt: A5 ≡ c-Pentan.

Schmelzpunkte und Siedepunkte liegen höher als die entsprechender →Alkane, auch die Dichte ist größer. Während die Siedepunkte mit zunehmender Masse ansteigen, zeigen die Schmelzpunkte größere Unregelmäßigkeiten (Tab. 1).

Cyclopentan und -hexan und ihre Derivate kommen im rumänischen und kaukasischen Erdöl (*Naphthene*) vor. Dehydriert man Naphthene, so erhält man aromatische Verbindungen, die die Oktanzahl des Benzins erhöhen.

Tab. 1:

Name	Formel	F	°C Kp/Torr	Dichte g/cm³	bei 20°C
Cyclopropan	C_3H_6	—127	—34,5/750	0,72	(—79°C)
Cyclobutan	C_4H_8	— 80	13,1/741	0,703	
Cyclopentan	C_5H_{10}	— 93,3	49,5/760	0,751	(15°C)
Cyclohexan	C_6H_{12}	6,5	80,3/760	0,775	
Cycloheptan	C_7H_{14}	— 7,9	118 /760	0,827	(0°C)
Cyclooctan	C_8H_{16}	14,3	148 /749	0,836	
Cyclononan	C_9H_{18}	9,7	69 / 14	0,853	(15,2°C)
Cyclodecan	$C_{10}H_{20}$	9,5	69 / 12	0,858	
Cycloundecan	$C_{11}H_{22}$	— 7,3	91 / 12	0,859	
Cyclododecan	$C_{12}H_{24}$	61		0,861	
Cyclotridecan	$C_{13}H_{26}$	23,5	128 / 20	0,861	(nach
Cyclotetrapentacontan	$C_{54}H_{108}$	90			RODD)

Wegen ihrer unterschiedlichen Bildungsmöglichkeit und ihren verschiedenen chemischen Reaktionen teilt man die Monocycloalkane ein in kleine (3-4 C-Atome im Ring), normale (5—7), mittlere (8—12) und große (mehr als 12) Ringe. Die unterschiedliche Stabilität beruht auf *Spannungen*, die in den Ringsystemen aufauftreten. BAEYER nahm an, daß sämtliche Ringe eben gebaut sind. Dann ergeben sich mehr oder weniger starke Abweichungen der Bindungswinkel der Ring-C-Atome vom normalen Tetraederwinkel (109°28'). Die Abweichung sollte vom c-Propan zum c-Pentan sinken, dann wieder ansteigen. Energetische Untersuchungen ergaben aber ein Minimum bei c-Hexan und kein wesentliches Ansteigen bei größeren Ringen. Das liegt daran, daß diese Ringe nicht eben gebaut sind. Die BAEYER-Spannung tritt nur bei den eben gebauten 3- und 4-Ringen auf, allerdings nicht in dem berechneten Maß. Beim c-Propan sind die Bindungswinkel nicht zu 60° deformiert, sondern nur zu 104°, d.h. die größte Elektronendichte besteht nicht zwischen zwei C-Atomen, die Überlappung ist unvollständig (gebogene Bindungen). Die Ringstabilität wird auch noch durch eine konformative Spannung, die PITZER-Spannung, verringert. Bei kleinen, normalen und mittleren Ringen können sich die H-Atome benachbarter C-Atome oft nicht in der energetisch günstigsten gestaffelten Form anordnen. Das führt beim c-Pentan dazu, daß ein C-Atom aus der Ringebene ragt. Bei mittleren Ringen ist die PRELOG-Spannung von ausschlaggebender Bedeutung. Diese transannulare Spannung kommt zustande, weil H-Atome im Ring gegenüberliegender C-Atome durch zu starke Annäherung miteinander in Wechselwirkung treten. Die bei diesen Ringen

Cycloalkane 1.

auftretenden transannularen Effekte bei chemischen Reaktionen beruhen ebenfalls darauf. (s. u.)

c-Hexan, das man wegen seiner Darstellung durch katalytisches Hydrieren von Benzol auch als hydroaromatische Verbindung (daher Symbol: Benzolring mit H) bezeichnet, ist im Gegensatz zu dem aromatischen Benzol kein ebenes Ringsystem. Spannungsfrei ohne eine Veränderung des Valenzwinkels sind drei Konstellationen möglich: *1. Sesselform, 2. Wannenform, 3. Twistform.* Die Konformere sind nicht so stabil, daß sie chemisch zu trennen sind. Ungefähr 6 kcal/Mol beträgt der Energieunterschied zwischen der stabileren Sesselform und der Wannenform. Sie können durch Umklappen der einen Ecke ineinander übergehen. Die Stabilität der Sesselform beruht auf der geringeren Wechselwirkung zwischen den H-Atomen, die gestaffelt angeordnet sind, während bei der Wannenform die H-Atome an zwei C-Atomen ekliptisch stehen.

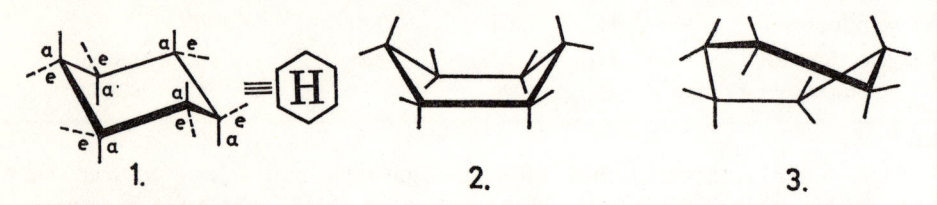

Bei der Sesselform kann man zwei Typen geometrisch verschieden gebundener H-Atome unterscheiden. Sechs H-Atome liegen ober- bzw. unterhalb des Rings parallel zur dreizähligen Symmetrieachse, sie werden als *axial* (a) oder polar bezeichnet. Die anderen sechs H-Atome liegen ungefähr in der „Ringebene" und heißen deshalb *äquatorial* (e). Bei Monosubstitution wird die äquatoriale Lage bevorzugt, da in dieser Stellung die Wechselwirkung mit den benachbarten H-Atomen am geringsten ist. Da sie auch sterisch weniger behindert ist, finden einige Reaktionen bevorzugt an dieser Stelle statt. Auch bei der Disubstitution wird bei der 1,2-trans, 1,3-cis und 1,4-trans die äquatoriale Konstellation eingenommen. Bei den anderen Substitutionen sind beide Konstellationen gleichwertig.

Während bei den mittleren Ringen die energetisch ungünstigeren ekliptischen Stellungen aus räumlichen Gründen dominieren (PITZER-Spannung), finden sich bei den großen Ringen die gestaffelten Anordnungen. Vom c-Octodecan ab ist das Gerüst der Verbindung eine längliche, doppelte Kohlenstoffkette in Zickzackform entsprechend den langkettigen n-Alkanen.

1.2. Herstellung und Reaktionen

Für die Monocycloalkane gibt es wegen der auftretenden Spannungen keine einheitliche Darstellungsmethode. Einige wichtige Methoden zur Cyclisierung

Cycloalkane 1.

sind in der folgenden Tabelle 2 zusammengefaßt; wobei zu beachten ist, daß die meisten angeführten Verfahren zu Derivaten führen (Ketone), aus denen sowohl die Kohlenwasserstoffe als auch andere Derivate herzustellen sind.

Ausgangsstoff	Reagens	Vorgang	Ring-C-Atome
1. 1. Alkene	Methylen→ Carben	→Radikaladdition	3
1. 2. Alkene	Aliph. Diazoverb.	1,3-dipolare Addition	3
2. α, ω-Dihalogenverbind.	Na, Zn, Na-Malonsäureester	Intramolekulare →WURTZ-Synthese	3— 6
3. Fluor- u. Chloräthen	Erhitzen	Dimerisierung	4
4. Dicarbonsäure	Essigsäure-anhydrid	Intramolekulare Abspaltung von H_2O u. CO_2	5— 8
5. Dicarbonsäuresalze (Ba, Th, Ce)	Erhitzen	Decarboxylierung nach RUZICKA	5— 34
6. Dicarbonsäuredi-→ester	Na-Äthylat	DIECKMANN-CLAISEN-Kondensation (→Elimination + →Addition 4. Carbonylgruppe)	5— 7
7. 1. Benzol	H_2/Ni als Kat.	Hydrierung	6
2. Dien	Alken	→DIELS-ALDER-Synthese	6
8. Dicarbonsäuredinitril	N-Äthylanilin-Lithium	Intramolekulare Cyclis. nach ZIEGLER	5— 33
9. Dicarbonsäurediester	Na	→Acyloin-Kondensation nach PRELOG-STOLL	9— 54
10. ω-Halogenacylacetester	K_2CO_3	Intramolekulare Kondensation n. HUNDSDIECKER	14— 17
11. Dicarbonsäuredichlorid	Triäthylamin	Intramolekulare Kondensation des Diketens	14— 20
12. Cycloalkene	Wolframhexachlorid-Kat.	*Metathese-Reaktion*	16—120

Die besten Ausbeuten für mittlere und große Ringe liefert die →Acyloin-Kondensation, während die Methoden von ZIEGLER und RUZICKA für mittlere Ringe sehr schlechte Ausbeuten ergeben.

Cycloalkane 1.

1.1. $R_1-\underset{H}{\overset{H}{C}}=\underset{H}{\overset{H}{C}}-R_2$ + :CH_2 ⟶ $R_1-\underset{\underset{H_2}{C}}{\overset{H}{C}}-\underset{}{\overset{H}{C}}-R_2$
       Alken   Carben   c–Propanderivat

1.2. $R_1-\overset{H}{\underset{}{C}}=\overset{H}{\underset{}{C}}-R_2$ + $H_2\overset{-}{C}-\overset{+}{N}\equiv N$ ⟶ $R_1-\underset{\underset{N}{\overset{\|}{N}}}{\overset{H}{C}}-\underset{CH_2}{\overset{H}{C}}-R_2$ $\xrightarrow{-N_2}$ $R_1-\underset{\underset{H_2}{C}}{\overset{H}{C}}-\overset{H}{C}-R_2$
                                           Pyrazolderivat   c–Propanderivat

2. $Br-(CH_2)_5-Br$ $\xrightarrow{+2\,Na}$ $2\,NaBr$ + c–Pentan (cyclopentane ring)
   1,5-Dibrompentan

3. $2\,F_2C=CF_2$ ⟶ Octafluorcyclobutan
   Tetrafluoräthen

4. $(CH_2)_n\underset{COOH}{\overset{COOH}{{\Big\langle}}}$ $\xrightarrow{-H_2O}$ Anhydrid $\xrightarrow{-CO_2}$ $(CH_2)_n\!=\!C=O$ Cycloketon
   Dicarbonsäure

5. $(CH_2)_n\underset{COO^-}{\overset{COO^-}{{\Big\langle}}}Ba^{2+}$ $\xrightarrow{300°}$ $(CH_2)_n\,C=O$ + BaO + CO_2
   Dicarbonsäuresalz   Cycloketon

6. $(CH_2)_n\underset{CH_2-COOR}{\overset{CH_2-COOR}{{\Big\langle}}}$ $\xrightarrow[-C_2H_5OH]{+C_2H_5ONa}$ $(CH_2)_n\underset{C-COOR}{\overset{CH_2}{{\Big\langle}}}$–$ONa$ $\xrightarrow[-NaOH]{+2H_2O}$ $(CH_2)_n\underset{CH-COOH}{\overset{CH_2}{{\Big\langle}}}C=O$ $\xrightarrow{-CO_2}$ $(CH_2)_n\underset{CH_2}{\overset{CH_2}{{\Big\langle}}}C=O$
   Dicarbonsäureester   Cycloketon

7.2. $R_2-\overset{H}{C}=\overset{H}{C}-\overset{H}{C}=\overset{H}{C}-R_1$ + $R_3-\overset{H}{C}=\overset{H}{C}-R_4$ ⟶ c–Hexenderivat
     Dien   Alken

8. $(CH_2)_n\underset{C\equiv N}{\overset{CH_2-C\equiv N}{{\Big\langle}}}$ $\xrightarrow{[C_6H_5N(C_2H_5)Li]}$ $\Big[(CH_2)_n\underset{C=N^-}{\overset{CH-CN}{{\Big\langle}}}\Big] Li^+$ $\xrightarrow{Hydrolyse}$ $(CH_2)_n\underset{C=O}{\overset{CH-COOH}{{\Big\langle}}}$ $\xrightarrow{-CO_2}$ $(CH_2)_n\underset{}{\overset{CH_2}{{\Big\langle}}}C=O$
   Dicarbonsäuredinitril   Cycloketon

9. $(CH_2)_n\underset{COOR}{\overset{COOR}{{\Big\langle}}}$ $\xrightarrow[-2NaOR]{+4\,Na}$ $(CH_2)_n\underset{C-O^-}{\overset{C-O^-}{{\Big\langle}}}2Na^+$ $\xrightarrow[-2NaOH]{+2H_2O}$ $(CH_2)_n\underset{C-OH}{\overset{C-OH}{{\Big\langle}}}$ ⇌ $(CH_2)_n\underset{\overset{|}{C-OH}}{\overset{C=O}{{\Big\langle}}}\overset{}{H}$
   Dicarbonsäurediester   Acyloïn

10. $(CH_2)_n\underset{CH_2Br}{\overset{CO-CH_2-COOC_2H_5}{{\Big\langle}}}$ $\xrightarrow{-HBr}$ $(CH_2)_n\underset{CH_2}{\overset{CO-CH-COOC_2H_5}{{\Big\langle}}}$ ⟶ $(CH_2)_{n+2}\,C=O$
   ω-Halogenacylacetester   Cycloketon

Cycloalkane 1.

11. Dicarbonsäuredichlorid → ... → Cycloketon

12. 2 Cycloocten →[WCl₆ u.a.] ... → Cyclohexadeca-1,9-dien

Die Reduktion der Cycloketone erfolgt am besten nach CLEMMENSEN (amalgiertes Zink und Salzsäure) oder KISHNER-WOLFF (Erhitzen des Hydrazinderivats mit Na-äthylat).

Eine Reihe von Verfahren ermöglicht die Erweiterung oder Verengung eines vorhandenen Rings. Bei Einwirkung von salpetriger Säure auf cyclische primäre Amine gibt es eine Verengung, wenn die Aminogruppe direkt am Ring sitzt, aber eine Erweiterung, wenn die Aminogruppe sich am ersten C-Atom der Seitenkette befindet. Das wurde von DEMJANOW (→Umlagerungen 1.1.) entdeckt.

Auch FAVORSKI-→Umlagerungen (s. d. 1.2.) führen zu Ringverengungen.

Auch die chemischen Eigenschaften der einzelnen Ringe variieren. c-Propan, das als nachwirkungsfreies Anästheticum verwendet wird, liefert bei Behandlung mit Br_2, HBr, H_2 und H_2SO_4 bereits bei milden Bedingungen n-Propanderivate, c-Butan wird bei 120°C zu n-Butan hydriert, c-Pentan erst ab 300°, ebenso die höheren homologen Glieder. Bereits vom c-Butan ab ergibt eine Behandlung mit Halogenen und Halogenwasserstoffen eine Substitution ähnlich den Alkanen und keine Ringöffnung wie bei c-Propan. In anderen Reaktionen entsprechen die Cycloalkene den Alkanen.

Wegen der PRELOG-Spannung treten bei manchen chemischen Reaktionen mit mittleren Ringen anormale Produkte auf (transannulare Effekte). So entsteht bei der Behandlung von cis-c-Decen mit Perameisensäure c-Decan-1,6-diol, aus cis-c-Octen c-Octan-1,4-diol. In beiden Fällen werden auch die H-Atome des im Ring gegenüberliegenden C-Atoms substituiert. Vorausgegangen ist eine transannulare Wasserstoffverschiebung, wie man sie durch Isotopenmarkierung auch bei der Acetolyse von Cyclodecyltosylat nachgewiesen hat:

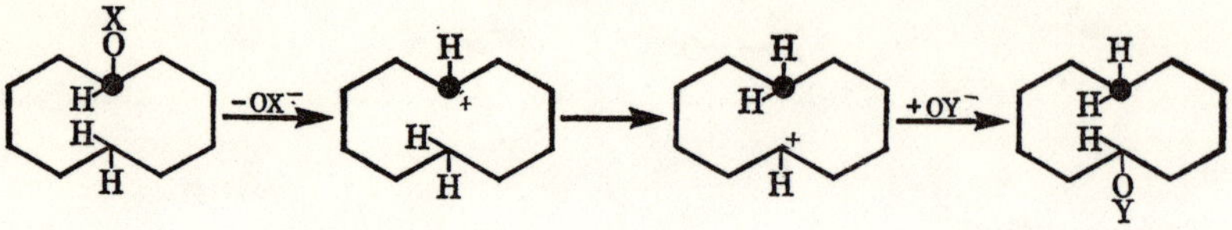

Cycloalkane 2.

$X = -SO_2-C_6H_4-CH_3$ (Tosyl) $Y = COCH_3$

2. Polycycloalkane

Polycycloalkane werden in vier Gruppen eingeteilt: 1. Verbindungen mit getrennten Ringen, die entweder direkt oder durch eine Kette von C-Atomen verbunden sind, 2. *Spirane*, bei denen zwei Ringe ein C-Atom gemeinsam haben, 3. kondensierte Systeme mit zwei den Ringen gemeinsamen C-Atomen, 4. *Brückenringsysteme*, bei denen den Ringen 3 oder mehr C-Atome gemeinsam sind.

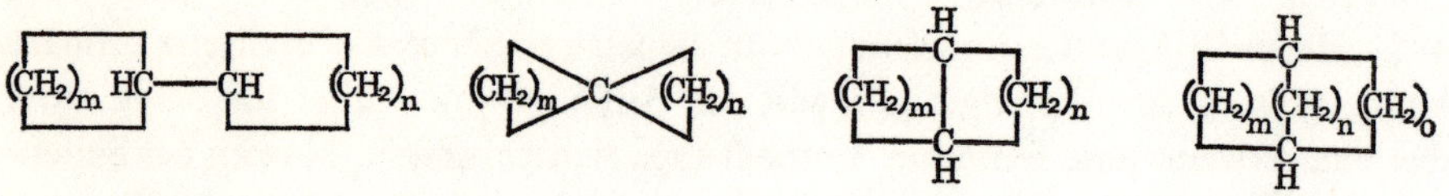

2.1. Verbindungen mit getrennten Ringen können nach der →WURTZ-Synthese aus Halogenderivaten von Cycloalkanen hergestellt werden. Bei direkter Bindung wird der kleinere Ring als Substituent betrachtet und seine C-Atome werden bei der Numerierung mit Strichen gekennzeichnet.

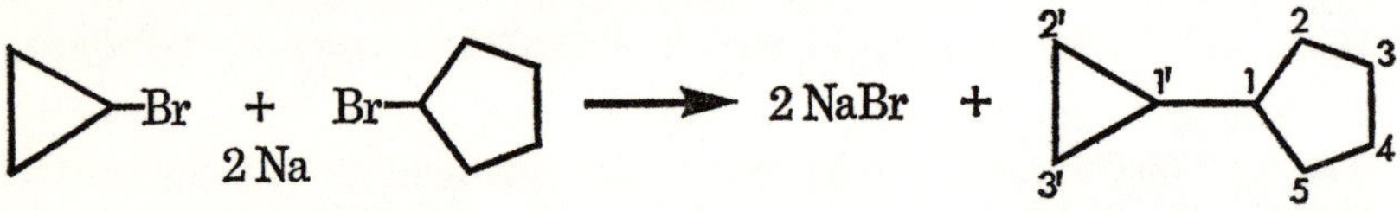

Cyclopropylcyclopentan

2.2. *Spirane* lassen sich nach den bei den Cycloalkanen erwähnten Cyclisierungsmethoden aus 1,1-disubstituierten Monocycloalkanen (1) herstellen. Bei der Nomenklatur werden die Kohlenwasserstoffe nach der Gesamtzahl der Ring-C-Atome benannt und hinter die Vorsilbe „spiro" in eckigen Klammern die Anzahl der C-Atome gesetzt, die außer dem zentralen C-Atom noch in den Ringen vorkommen.

Bei den Spiranen stehen die beiden Ringebenen aufeinander senkrecht. Bei geeigneter Substitution (2) tritt wie bei den Allenen Atrop→isomerie auf, d. h. obwohl sie kein asymmetrisches C-Atom enthalten, lassen sich die Verbindungen in optische Antipoden spalten. Das Molekül als Ganzes ist asymmetrisch gebaut.

Cycloalkane 2.

1,1-Di(brommethyl)-c-propan   Spiro[2.2]pentan   Spiran mit Atropisomerie
                                     1   2

2.3. Bei der Benennung kondensierter Ringsysteme wird ähnlich vorgegangen wie bei den Spiranen. Die Gesamtzahl der C-Atome in den Ringen ergibt den Namen des Kohlenwasserstoffs. Die Anzahl der Ringe wird als Präfix gesetzt, z. B. Bicyclo, Tetracyclo. In eckigen Klammern werden nach dem Präfix die Anzahl der C-Atome in absteigender Reihenfolge angegeben, die sich zwischen den tertiären C-Atomen (an 3 C-Atome gebunden) befinden. Die *Brückenringsysteme* werden in gleicher Weise benannt. Die Numerierung der C-Atome beginnt bei einem tertiären Atom, Brücken-C-Atome werden zuletzt numeriert.

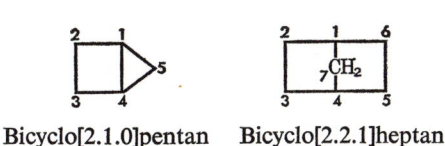

Bicyclo[2.1.0]pentan   Bicyclo[2.2.1]heptan

Die Darstellungsmethoden entsprechen den Monocycloalkanen, als Ausgangssubstanzen müssen Stoffe mit cyclischer Struktur verwendet werden. Einige Ringsysteme sind auch durch Hydrierung aromatischer Verbindungen mit dem gleichen C-Skelett zugänglich. Dazu gehören Decalin ($C_{10}H_{18}$) und Hydrindan (C_9H_{16}) *Decalin* (Bicyclo [4.4.0] decan) wird aus Naphthalin (→Benzolkohlenw. 2.3.) gewonnen, Hydrindan (Bicyclo [4.3.0] nonan) aus Inden. Die Kohlenstoffskelette beider Substanzen kommen häufig in Naturstoffen vor (→Terpene und →Steroide).

Beide Verbindungen haben theoretisches Interesse gefunden wegen der verschiedenen Stereoisomeren und Konstellationen. *Decalin* läßt sich zusammengesetzt denken aus 2 Cyclohexanringen. Sie lassen sich spannungsfrei verknüpfen in cis-und trans-Stellung. Obwohl der Energieunterschied der beiden Formen nur 2,4 kcal/Mol beträgt, gelang HÜCKEL die Trennung der Isomere. Das stabilere trans-Decalin siedet bei 185°C, cis-Decalin bei 194°. Beide Isomere liegen in der Zweisesselkonstellation vor. In einer vereinfachten Schreibweise werden die cis- oder trans-Verknüpfungsstellen durch Punkte oder durch ausgezogene bzw. punktierte (für die Substituenten hinter der Projektionsebene) Linien wiedergegeben.

Cycloalkane 2.

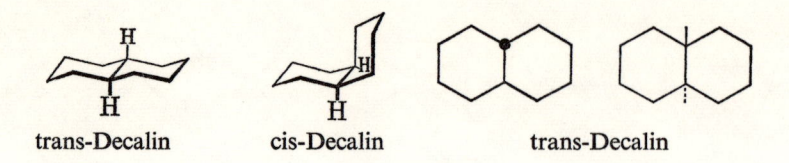

trans-Decalin cis-Decalin trans-Decalin

Für Hydrindan gilt das gleiche, der Energieunterschied ist noch kleiner.

2.4. *Brückenringsysteme* sind in den Naturstoffen weit verbreitet, u. a. bei den →Terpenen *Camphan* und *Pinan*, zwei Isomeren Trimethylderivaten. Wegen der Spannungsverhältnisse ist Camphan der beständigere, da es aus zwei Cyclopentanen verschmolzen ist. Pinanderivate lassen sich deshalb zu Camphanderivaten umlagern (aus α-Pinen entsteht Campher).

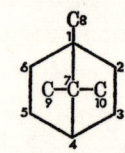

Camphan $C_{10}H_{18}$
1,7,7-Trimethyl-bicyclo-[2.2.1^{1,4}]-heptan

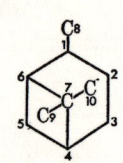

Pinan
1,7,7-Trimethyl-bicyclo-[3.1.1^{4,6}]-heptan

Die Nomenklatur entspricht der der kondensierten Ringsysteme. Wenn nötig, wird die Lage der Brücke durch hochgestellte Indexzahlen, die die Nummern der verbundenen C-Atome angeben, zur Anzahl der Brückenatome gestellt.

Brückenringsysteme sind u. a. zugänglich über die → DIELS-ALDER-Synthese mit cyclischen Dienen oder Kondensation aliphatischer Dihalogenide mit monocyclischen Verbindungen, die zwei aktive Methylen- oder Methin-Gruppen enthalten.

Bei Brückenringsystemen hängt die Stabilität von der Ringspannung ab. Das Bicyclo[2.2.2]octan (2) ist spannungslos, dagegen tritt beim Bicyclo[2.2.1]heptan (1) eine Spannung auf. In beiden Fällen ist die Wannenform des Cyclohexans begünstigt.

1 2

Von den polycyclischen Kohlenwasserstoffen haben einige besonderes Interesse erregt. Dazu gehört das 1933 aus Erdöl isolierte *Adamantan* ($C_{10}H_{16}$), eine Ver-

Cycloalkane 2.

bindung mit relativ hohem Schmelzpunkt (269°C), aber großer Flüchtigkeit. Chemisch reagiert sie kaum. Sie besteht aus 4 Sechsringen, die in Sesselform spannungsfrei verbunden sind. Die 10 C-Atome stellen einen Ausschnitt aus dem Diamantgitter dar, weshalb man solche Verbindungen auch diamantoid nennt (der Name Adamantan leitet sich auch davon ab.) Die Eigenschaften werden durch den außerordentlich symmetrischen Bau und die kleine Oberfläche erklärt. Synthetisch ist Adamantan durch Isomerisation aus endo-Trimethylennorbornan mit 18% Ausbeute zugänglich. Nach der Nomenklatur ist es Tricyclo [3.3.1.1^{3,7}] decan. (Bei polycyclischen Verbindungen werden soviel Ringe angegeben wie Schnitte nötig wären, um eine offene Kette herzustellen. In der Klammer werden nacheinander die zwei Ketten der Hauptringe, die Hauptbrücke und die sekundären Brücken aufgezählt.)

Größere Ausschnitte aus dem Diamantgitter stellen Diamantan (Congressan $C_{14}H_{10}$, eine Pentacycloverbindung, Smp. 236°C) und Triamantan ($C_{18}H_{24}$, Heptacyclo-octadecan, Smp. 221°C) dar.

Dem Adamantan isomer ist *Twistan*, bei dem die Ringe in Twistform vorliegen (F 163°C). Es ist nicht spannungsfrei.

Cuban ist ein Kohlenwasserstoff (C_8H_8), der wie ein regelmäßiger Würfel aufgebaut ist.

Eine andere Gruppe von polycyclischen Verbindungen, die aus theoretischen Gründen untersucht werden, sind die *Asterane*, z. B. Pentasteran (Hexacyclo [9.2.2.0^{2,7}.0^{4,12}.0^{5,10}.0^{8,15}] pentadecan), bei dem die Wasserstoffatome am Bug und Heck der Cyclohexanbootsform einen Abstand von 1,8Å haben.

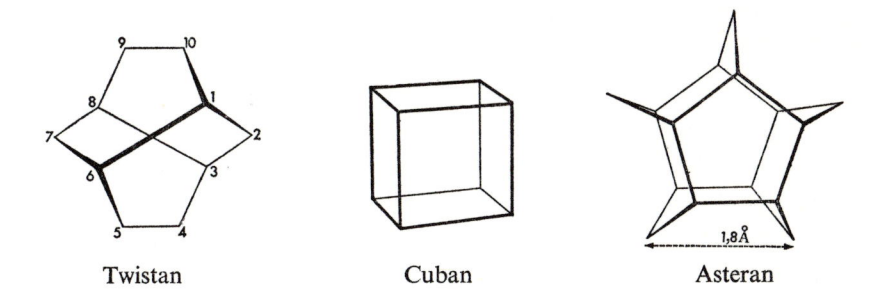

Twistan   Cuban   Asteran

Cycloalkene

Literatur
RODD's chemistry of carbon compounds Bd. II*B* u. II*B*. — Elsevier Publ. Com., Amsterdam 1967 u. 1968
LOYD, D.: Alicyclic compounds. — Arnold, London 1963
FODOR, G.: Organische Chemie Bd. — I. VEB Dt. Verlag der Wissenschaften, Berlin 1965
ELIEL, E.: Stereochemie der Kohlenstoffverbindungen. — Verlag Chemie, Weinheim 1966

Cycloalkene sind alicyclische (nur C-Atome im Ring enthaltende) Verbindungen mit mindestens einer C-C-Doppelbindung. Die Benennung dieser Kohlenwasserstoffe erfolgt nach den für kettenförmige →Alkene aufgestellten Regeln. Es wird nur die Vorsilbe Cyclo- oder einfach c- vorangestellt.
In ihren Eigenschaften entsprechen sie dem Verhalten der Alkene bzw. der konjugierten →Diene oder →Polyene. Durch Elektronenabgabe bzw. -aufnahme nehmen einige Verbindungen →aromatischen Charakter an, da sie dann der HÜCKEL-*Regel* genügen, $(4n+2)\pi$-Elektronen im Ringsystem zu enthalten (→nicht benzoide aromatische Verbindungen).
Ähnlich wie bei den →Cycloalkanen gibt es auch für Cycloalkene keine allgemeinen Herstellungsmethoden. Sehr oft geht man aber von Cycloalkanderivaten aus. Das Ringgerüst besteht in diesen Fällen schon, es müssen nur noch die Doppelbindungen ausgebildet werden. Dazu dienen →Eliminationsreaktionen, die auch bei der Bildung von →Alkenen eine Rolle spielen.
Cyclopropen (Kp: —36°C) zeigt die typischen Alkenreaktionen: →Addition von Brom, →Polymerisation. Es entsteht bei der Erhitzung von Trimethyl-cyclopropylammoniumhydroxid, das durch Methylierung von Cyclopropylamin gebildet wird (erschöpfende Methylierung nach HOFMANN).

c-Propylamin   Trimethyl-c-propyl-   c-Propen   Trimethylamin
                     ammoniumhydroxid

Cyclopropenderivate sind auch durch Addition von →Carben an →Alkinderivate zugänglich. Durch Abspaltung eines Hydrid-Ions (H^-) entsteht ein →aromatisches System, ein Cyclopropenylium-Kation (→nichtbenzoide aromat. Verb. 1.).
Auch *Cyclobuten* (Kp: 2,4°C) läßt sich durch Erhitzen von Trimethylcyclobutylammoniumhydroxid herstellen. Eine andere Methode, Cyclobutenderivate zu ge-

Cycloalkene

winnen, ist die Addition von Alkenhalogeniden an Alkine. Das Dikation des c-Butens stellt ebenfalls ein aromatisches System dar (→nichtbenz. aromat. Verb. 2.).

Cyclobuta-1,3-dien, das einfachste cyclische →Dien, ist bis jetzt noch nicht hergestellt worden. Versuche, durch Abspaltung von HBr aus 1,2-Dibromcyclobutan mit Hilfe von Basen die gewünschte Verbindung zu erhalten, schlugen fehl — es entstanden zwei Moleküle der stark endothermen Substanz →Äthin (Acetylen). Ein aromatisches System liegt im Cyclobutadien nicht vor. Dagegen sind Komplexverbindungen mit Ni gefunden worden.

Cyclopenten (Kp: 44,2°C) ist aus Cyclopentanderivaten mit den Methoden herstellbar, die auch bei kettenförmigen Kohlenwasserstoffen zu Doppelbindungen führen: katalytische Dehydrierung, Wasserabspaltung aus Cyclopentanol, Abspaltung von Halogenwasserstoff aus einem Cyclopentanhalogenid. Cyclopentenderivate kommen in der Natur im *Chaulmoograöl* (Heilmittel gegen Lepra) und in *Pyrethrum*-Arten (→Schädlingsbekämpfungsmittel) vor.

Cyclopentanol	c-Penten	n = 10: Hydrocarpussäure n = 12: *Chaulmoograsäure*	Pyrethrum I

Cyclopentadien (Kp: 41—42°C) tritt in Kokereigasen auf, weil es sich bei der Pyrolyse aus Cyclopentan bildet. Es läßt sich auch aus Dihalogenpentanen gewinnen. In ihrem Verhalten ähnelt diese Verbindung dem Buta→dien, da beide konjugierte Doppelbindungen besitzen. Cyclopentadien polymerisiert sehr leicht und reagiert mit sich selbst in der Art einer →DIELS-ALDER-Synthese. Als endo-cis-Additionsprodukt dieser Dimerisierung entsteht ein tricyclisches Ringsystem.

c-Pentadien   als Dien   als Dienophil   Tricyclo [2.1.1.$1^{'4}$·$O^{5,9}$] deca-2,7-dien

Zum Unterschied von Butadien enthält der Cyclopentadienring noch eine Methylengruppe zwischen zwei konjugierten Doppelbindungen. Die C-H-Bindung in solchen Methylengruppen werden durch die Einwirkungen des konjugierten Systems gelockert. Die H-Atome sind heterolytisch abspaltbar. Man bezeichnet dies als ein hyperkonjugiertes System mit einer reaktiven Methylengruppe. Ähnliches liegt im Malonester (→Carbonsäuren 1.2.) und bei 1,3-Dioxoverbindungen (Acetessigester →Carbonsäuren 2.5) vor. Mit Oxoverbindungen reagiert Cyclo-

Cycloalkene

pentadien unter Wasserabspaltung zu *Fulvenen*. Diesen Substanzen enthalten ein Doppelbindungssystem ähnlich den Chinonen (→Oxoverb. 2.4.) und sind dementsprechend auch intensiv farbig.

→GRIGNARD-Reagentien (→metallorg. Verbindungen) und Alkalimetalle spalten sehr leicht ein Proton ab. Cyclopentadien neigt zur Bildung eines Carbanions. Das Cyclopentadienat-Ion hat aromatischen Charakter. Es bildet mit Fe^{2+}, Ru^{2+} die sehr interessanten Sandwich-Strukturen (→nichtbenzoide aromat. Verb. 3.).

Methanal   Fulven   GRIGNARD-Reagens
(Formaldehyd)

Cyclohexen (F: —103,5°, Kp: 82,9°C) wird aus Cyclohexanol durch Wasserabspaltung hergestellt. Seine Reaktionen entsprechen denen eines Alkens.

Cyclohexa-1,3-dien (F: —95°, Kp: 80,5°C) entsteht mit Hilfe von Eliminationsreaktionen aus 1,2-Cyclohexanderivaten. Es unterscheidet sich vom *Cyclohexa-1,4-dien* (F: —49,2°, Kp: 81—89(?)°C) durch sein Verhalten als Dien. Es polymerisiert und reagiert nach der →DIELS-ALDER-Synthese sowohl mit anderen Dienophilen (Verbindungen mit mindestens einer Doppelbindung) als auch mit sich selbst. Mit →Alkenen entsteht ein Bicyclo[2.2.2.]octenderivat.

Cyclohexa-1,3-dien

1,2-Dibrom Cyclohexa- Alken Bicyclo [2.2.2.] Chinit Cyclohexa
cylclohexan 1,3-dien   octenderivat   -1,4-dien

Cyclohexa-1,4-dien — aus Cyclohexan-1,4-diol = *Chinit* zugänglich — polymerisiert zwar, zeigt aber die Eigenschaften eines hyperkonjugierten Diens, da es wie Cyclopentadien Methylengruppen zwischen konjugierten Doppelbindungen besitzt. Es reagiert nicht bei der DIELS-ALDER-Synthese. Beide Hexadiene sind bei der katalytischen Hydrierung des Benzols nicht zu isolieren, da die Hydrierung der Cyclohexadiene zum Cyclohexan als exotherme Reaktion schneller verläuft als die endotherme Hydrierung des Benzols zu den Cyclohexadienen.

Cyclohexatrien existiert nur in Form des aromatischen Systems →Benzol. Ein natürliches Derivat der sechsgliedrigen Alkene ist *Shikimisäure*, die als Zwischenprodukt bei der Biosynthese der aromatischen →Aminosäuren wie Phenylalanin und des Lignins (→Papier) auftritt.

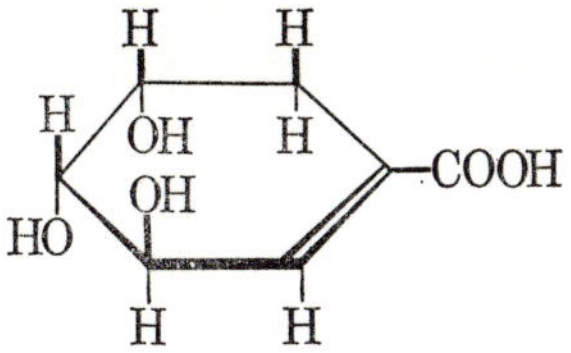

Shikimisäure

Cyclohepten (Kp: 114,4°C) ist ebenso wie die Cycloalkene mit kleineren Ringen cis-Verbindung, da trans-Isomeren wegen zu großer Ringspannung nicht existenzfähig sind. Erst ab acht Ringglieder können trans-Isomere bestehen. Vom *c-Octen* (Kp: 144,5°) sind aber nicht nur die cis- und trans-Form bekannt, sondern wegen Chiralität (Fehlen eines Symmetriezentrums oder einer Symetrieebene) läßt sich die trans-Form in zwei Antipoden zerlegen, die die Ebene des polarisierten Lichts drehen (→Isomerie 2.2. Atropisomerie).

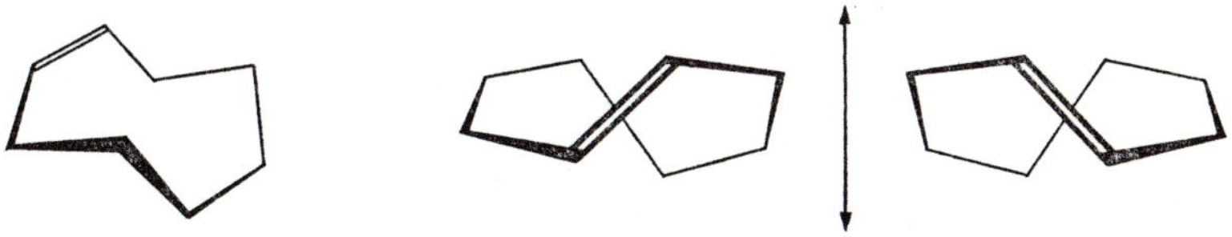

cis-Cycloocten
Sesselform

trans-Cycloocten
Atropisomerie

Cycloheptatrien (Kp: 115°C) entsteht beim Einwirken von Diazomethan auf Benzol. Diazomethan bildet ein Carben bei UV-Bestrahlung, das den Benzolring angreift. Als stark ungesättigte Verbindung wird c-Heptatrien leicht oxydiert und polymerisiert. Es enthält zwar eine Methylengruppe zwischen konjugierten Doppelbindungen, aber sie reagiert nicht mit nucleophilen Reagentien (z. B. GRIGNARD), wie das von anderen aktiven Methylengruppen bekannt ist. Das beruht auf der Tendenz des c-Heptatrien, durch Elektronenabgabe ein aromatisches System, das Tropylium-Ion, auszubilden. (→nichtbenzoide arom. Verb. 4.).

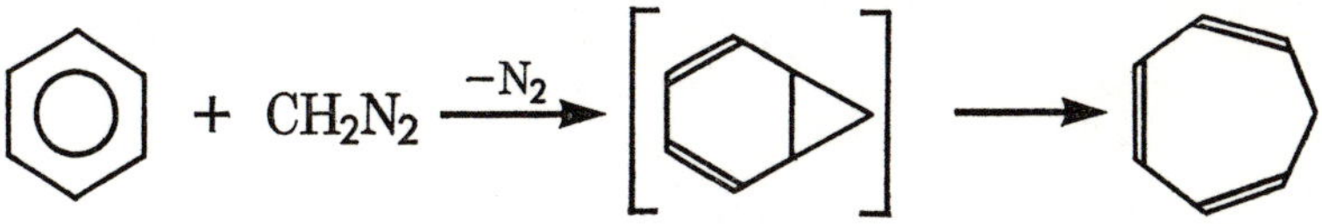

Diazomethan   nor-Caradien   c-Heptatrien

Cyclooctatetraen (F: —4,7°, Kp: 142°C) ist eine goldgelbe Substanz mit den Eigenschaften eines →Polyens: Additionen wie Alkene, leichte Oxydierbarkeit (mit $KMnO_4$ in der Kälte), katalytische Hydrierung bei Zimmertemperatur. Das

Cycloalkene

Zwischenprodukt *c-Octen* ist technisch von Bedeutung, da durch Oxydation *Korksäure* (Octan-disäure →Carbonsäuren 1.2.) entsteht, ein Grundstoff für Polyamidkunstharze (→Polykondensation), und durch Wasseranlagerung Cyclooctanol, aus dem Caprylsäurelactam gewonnen werden kann, das ebenfalls ein Polyamid liefert (→Chemiefasern).

Wird c-Octatetraen mit Chromsäure oxydiert, entsteht durch Ringverengung Terephthalsäure (Benzol-1,4-dicarbonsäure →Carbonsäuren 1.2.), die ebenfalls bei →Polykondensation mit Glykol eine →Chemiefaser ergibt (Terylen, Trevira). Ringverengung zeigt sich auch bei Einwirken von Halogenen, die zu einem 7,8-Dihalogen-bicyclo[4.2.0.]octa-2,4-dien führen. Dieses Ringgerüst bildet auch die Ausgangsform für die →DIELS-ALDER-Synthese mit Maleinsäureanhydrid. Es handelt sich um eine Valenztautomerie (→Isomerie 3., →Umlagerungen 2.3.), bei der allerdings das bicyclische System nur mit 0,01% am Gleichgewicht beteiligt ist.

Cyclooctatetraen ist zum ersten Mal bei der Untersuchung des →Alkaloids des Granatapfelbaums (Pseudopelletierin) gefunden worden. Es liegt in der Wannenform vor (→Cycloalkane). Es handelt sich nicht um ein ebenes aromatisches System, aber beim Dianion (Aufnahme von zwei Elektronen) kommt es zur Ausbildung eines aromatischen Charakters.

Cycloalkine

Eine interessante Herstellungsmethode fand REPPE, als er →Äthin (Acetylen) mit Ni-Katalysatoren tetramerisieren konnte. Diese Reaktion ist ohne Katalysator unmöglich, da sie auf dem Zusammenstoß von vier Äthinmolekülen (gerichtet und gleichzeitig) beruht. Durch die Komplexbildung mit dem Nickel-Ion kommt es zu dieser Vereinigungsmöglichkeit.

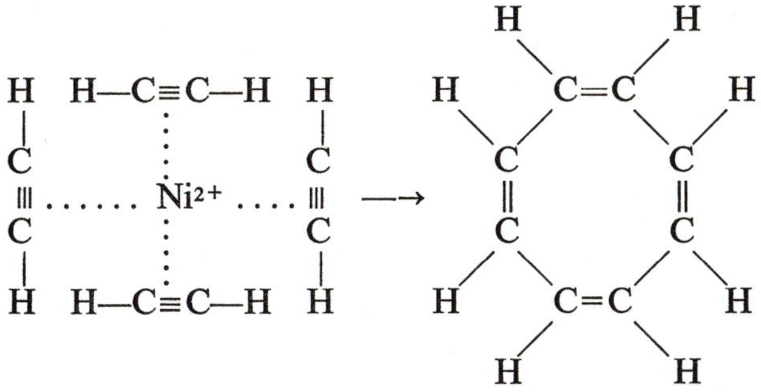

1,3,5,7-Cyclooctatetraen

Eine Valenztautomerie liegt auch beim Cyclooctatrien (Kp: 45° bei 18 Torr) vor. Es steht im Gleichgewicht mit Bicyclo[4.2.0.]octa-2,4-dien, das zu 15% am Gleichgewicht beteiligt ist.

Literatur
FODOR, G.: Organische Chemie, Bd. 1. — VEB Dt. Verlag der Wissenschaften, Berlin 1965
BEYER, H.: Lehrbuch der organischen Chemie. — Hirzel, Leipzig 1967

Cycloalkine sind ringförmige →Kohlenwasserstoffe, die eine oder mehrere Dreifachbindungen (→Alkine) enthalten. Das einfachste stabile Cycloalkin ist c-Octin (Kp 157,5° C bei 740 Torr). Es →polymerisiert leicht und →addiert. Eine Bildungsweise ist die Abspaltung von Halogenen aus 1,2-Dihalogencycloalkenen.

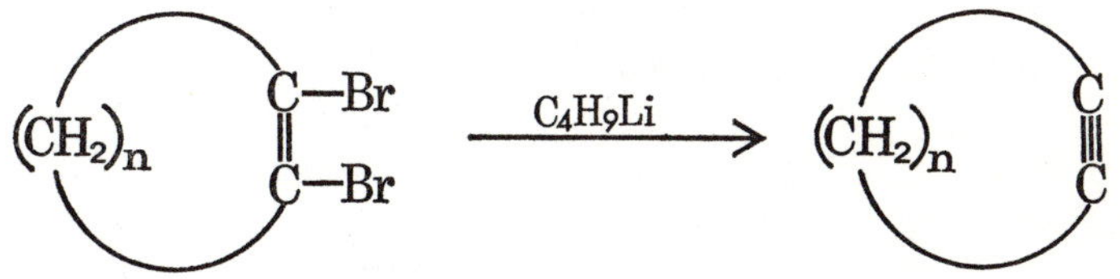

Cycloalkine mit einer niedrigeren Anzahl von C-Atomen als 8 sind nicht stabil, weil sie eine zu große Ringspannung (→Cycloalkane) haben. Wegen der sp-Hybridisierung (→Atombau) der C-Atome mit Dreifachbindung müssen diese und die beiden mit ihnen verbundenen C-Atome auf einer Geraden liegen. Eine Abweichung von dem 180° Winkel bedeutet Instabilität. Deshalb treten diese

Cycloalkine

Cycloalkine nur als sehr reaktionsfähige Zwischenzustände bei Reaktionen auf (→Substitution 2.2.). Am leichtesten ist der Nachweis durch →Addition an →Diene (→DIELS-ALDER-Reaktion).

Ein besonders wichtiges Zwischenprodukt ist das *Dehydrobenzol* (C_6H_4), auch *Benz-in* genannt, bzw. seine Derivate, die *Arine*. Als bifunktionelles (an zwei Stellen reaktionsfähiges) Zwischenprodukt hat es eine gewisse Ähnlichkeit mit →Carbenen. Die Namen, die auf eine Dreifachbindung schließen lassen, sind nicht korrekt. Im Dehydrobenzol liegt ein fast ungestörtes →aromatisches System mit einer schwachen Extrabindung vor, das aber wegen der Ringspannung eine verstärkte Reaktivität zeigt. Es hat eine Tendenz zu polaren Additionen, besonders nucleophilen, und zu Cycloadditionen, wobei die Reaktionsprodukte nach Zusatz eines Diens direkte Nachweismittel darstellen. Ein Hinweis auf das Auftreten von *Arin-Zwischenzuständen* liefern Isomerisierungen. Die Addition bei Mehrfachbindungen ist an zwei Stellen möglich. Die eintretende Gruppe darf nur um eine Stelle entfernt von der austretenden addiert werden.

Schreibweisen von Dehydrobenzol
(1,3 Cyclohexadien-5-in)

• radioaktiv markiertes C-Atom

Ein Beispiel für eine Herstellung von Dehydrobenzol ist die Abspaltung von Halogenidionen mit Hilfe starker Basen, ein zweistufiger Mechanismus:

Diese Reaktion ist auch die Grundlage für eine nucleophile →Addition, an der auch die Base beteiligt sein kann.

Phenyllithium   2-Lithiumbiphenyl

Für die →DIELS-ALDER-Reaktion sind unpolare Reaktionsbedingungen nötig. Das Beispiel, das zuerst aufgedeckt wurde, war eine Cycloaddition mit Furan →Heterocyclen 1.1.

Cyclodecapentaen

Es ist auch gelungen, Dehydrobenzol im Gaszustand zuerhalten (Zersetzung von Phthaloylperoxid bei 600°C). Die Lebensdauer wurde nach einen abgewandelten Verfahren zu 20 msec bestimmt, das sonst für →Radikale benutzt wird.

Verbindungen mit mehreren Dreifachbindungen können durch oxydative cylische Polymerisation don α,ω-Diacetylenen (Diine) hergestellt werden. So wird aus Hepta-1,6-diin c-Octacosa-1,3,8,10,15,17,22,24-octain. Der größte Ring besteht aus 45 C-Atomen mit 10 Dreifachbindungen.

Moleküle mit 4 Dreifachbindungen haben zwei parallele Kohlenstoffketten, die durch die räumliche Nähe zu Wechselwirkungen führen. Diese Moleküle explodieren bei Erhitzen über 100°C. Alle anderen Verbindungen schmelzen unzersetzt.

Literatur
RODD's Chemistry of Carbon Compounds, Bd. 2B. — Elsevier Pub. Com., Amsterdam 1968
HOFFMANN, R. W.: Dehydrobenzene and Cycloalkynes. — Verlag Chemie und Academic Press, Weinheim und New York 1967
Dehydrobenzol oder Benz - in: Chemie in unserer Zeit, 6, 1972, 67

Cyclobutadienderivate s. nichtbenzoide aromat. Verbindungen 2., Cycloalkene.

Cyclobutenderivate s. Cycloalkene, nichtbenzoide aromat. Verbindungen 2., aromat. Systeme.

Cyclodecapentaen s. nichtbenzoide aromat. Verbindungen 6., aromatische Systeme.

Cycloheptatrienderivate s. nichtbenzoide aromat. Verbindungen 4., aromat. Systeme, Carbene.

Cyclohexadien s. Cycloalkene.

Cyclooctatetraen s. Cycloalkene, nichtbenzoide aromat. Verbindungen 5., aromat. Systeme, Äthin.

Cyclopentadienderivate s. Cycloalkene, nichtbenzoide aromat. Verbindungen 3., aromat. Systeme.

Cyclophan s. Ansa-Verbindungen.

Cyclopropenderivate s. Cycloalkene, nichtbenzoide aromat. Verbindungen 1., aromat. Systeme.

Cymarose s. Steroide 4.

Cystein s. Aminosäuren 1.2.

Cytochrome s. Porphinderivate 3.

Cytosin s. Heterocyclen 2.3., Nucleinsäuren.

D

2,4-D = 2,4-Dichlorphenoxyessigsäure s. Schädlingsbekämpfungsmittel.
Dakon-West-Reaktion s. Aminosäuren 1.3.
Daltonide s. Metalle.
Dativ-bond s. Atombau.
DDT = Dichlordiphenyltrichloräthan s. Benzolkohlenwasserstoffe 2.1., Halogenderivate 4., Schädlingsbekämpfungsmittel.
Decalin s. Cycloalkane 2.3.
Decarboxylierung: Abspaltung von CO_2, Entfernen der Säuregruppe.
Defektelektronen s. Kristallgitter.
Dehydrobenzol s. Cycloalkine, Substitution 2.2.
Demjanow-Ringveränderungen s. Cycloalkane 1.2., Umlagerungen 1.1.
Denier Maß für die Feinheit eines Fadens, s. Chemiefaserstoffe (Viskoseverfahren).
Depsid s. Carbonsäuren 2.4.2.
Dermatol s. Wismut.
Desoxyribose s. Kohlenhydrate 1.3., Nucleinsäuren.
Destillation s. Erdöl.
Detergentien s. Waschmittel.
Detonation s. Explosivstoffe.
Deuterium Name für den schweren Wasserstoff.
Dialyse s. Aminosäuren 3.
Diamant s. Kohlenstoff.
Diastereomere s. Isomerie 2.2.
Diazoverbindungen s. org. Stickstoffverbindungen 3.1.
Dichlormethan s. Halogenderivate 1.2. und 2.
Dicumarol s. Vitamine (K).
Dicyan s. Blausäure.
Dieckmann-Kondensation s. Additionen 4., Cycloalkane 1.2., Elimination.
Dieldrin s. Schädlingsbekämpfungsmittel.

Diels-Alder-Synthese auch → Dien-Synthese genannt (entwickelt von OTTO DIELS: 1876 Hamburg-1954 Kiel und KURT ALDER: 1902 Königshütte-1958 Köln) ist eine 1,4-→Addition (*Cycloaddition*) einer Mehrfachbindung, die durch benachbarte polare Gruppen aktiviert ist, an eine konjugierte Doppelbindung (→Dien). Die →Addition erfolgt stereospezifisch in cis-Stellung (→Isomerie 2). Die Dienkomponente kann ein offenkettiges oder cyclisches 1,3-Dien sein, aber auch ein aromatisches System mit aufgelockerten Elektronen (Anthracen: Addition am mittleren Ring), sogar Verbindungen mit $-C\equiv C-$, $>C=O$, $-C\equiv N$ als reagierende Gruppen. Elektronenliefernde Substituenten erhöhen die Reaktions-

Diels-Alder-Synthese

fähigkeit des Diens. Die sog. dienophile Komponente wird in ihrer Reaktionsfähigkeit durch elektronenanziehende Substituenten gefördert. Sie besitzt nur eine Doppelbindung, meist $>C=C<$ aber auch andere wie $-N=O$, sogar $O=O$. Bei der Reaktion entsteht aus drei Doppelbindungen eine, die Reaktion ist also energetisch durch niedere Temperaturen begünstigt, da sie exotherm verläuft. Bei höheren Temperaturen ist die Reaktion rückläufig zu den Ausgangssubstanzen. Bei der Dien-Synthese entstehen Ringverbindungen z. B.:

Butadien   Acrolein   Cylohexenderivat

Butadien   Chinon   Dihydronaphthochinon

Maleinsäure-   Tetrahydrophthal-
anhydrid   säureanhydrid

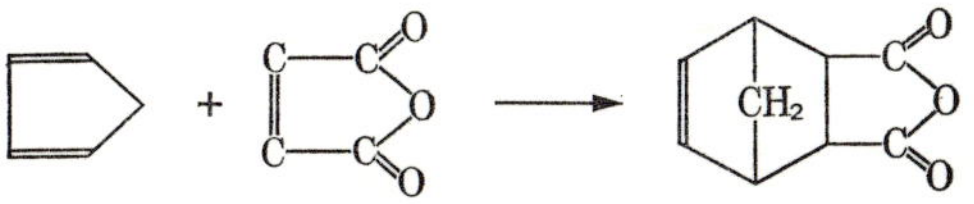

Diene

c-Penta-1,3-dien + Maleinsäureanhydrid → Bicyclo [2.2.1.] hepten-derivat

Bei der Addition von c-Pentadien und Maleinsäureanhydrid zeigt sich eine weitere Stereospezifität der Diensynthese. Sie gilt aber nur streng für die Addition cyclischer Diene an cyclische Dienophile. Von den zwei möglichen Strukturen (exo und endo) bildet sich nur die endo-Form. Man erklärt das damit, daß im Übergangszustand die Struktur entsteht, die eine maximale Wechselwirkung zwischen den π-Elektronen zuläßt, also diejenige, die die größte Anhäufung der Doppelbindungen aufweist.

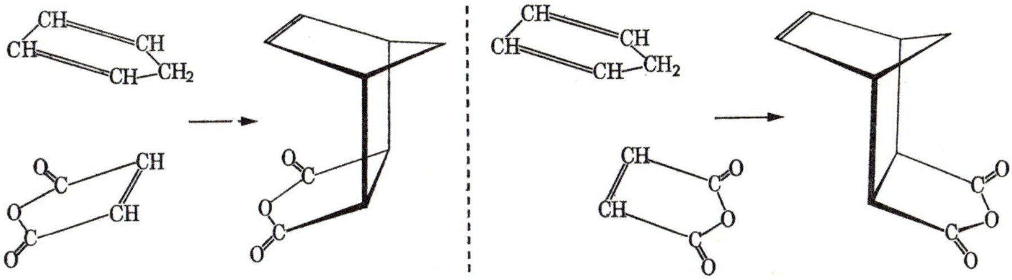

endo-Struktur   exo-Struktur

Literatur

FOERST, W.: Neuere Methoden der präparativen organischen Chemie. Bd. I. — Verlag Chemie, Weinheim 1963
PATAI, S.: The chemistry of alkenes. — Interscience Publ., London 1964
ONISHCHENKA, A. S.: Diene Synthesis. — Israel Program F. Scient. Translation, Jerusalem 1964
WOLLWEBER, H.: Diels-Alder-Reaktion. — Thieme, Stuttgart 1972

Diene sind →Kohlenwasserstoffe, die zwei Doppelbindungen (-en) im Molekül enthalten. Nach der Anordnung der Doppelbindungen unterscheidet man 1. kumulierte Diene, wenn die beiden Doppelbindungen von einem C-Atom ausgehen, 2. konjugierte Diene, bei denen die Doppelbindungen durch eine Einfachbindung getrennt sind, und 3. isolierte Diene, die mindestens ein gesättigtes C-Atom zwischen den Doppelbindungen haben.

1. Kumulierte Diene

Nach dem einfachsten kumulierten Dien, dem Propa-1,2-dien = *Allen*, nennt man sie auch Allene. Sie werden — wie alle Diene — nach den gleichen Verfahren

Diene

hergestellt wie die →Alkene: z. B. →Eliminationen von Tetrahalogenverbindungen oder ungesättigten Dihalogenverbindungen. Entsprechend zeigen Allene auch die Reaktionen der Alkene. Bei der elektrophilen →Addition geht das Kation an das mittlere (quaternäre) C-Atom. Allene →polymerisieren leicht und reagieren mit Dienophilen bei der →DIELS-ALDER- Reaktion.

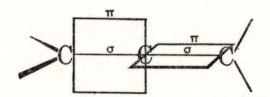

Die Ebenen der beiden Doppelbindungen stehen senkrecht zueinander, das mittlere C-Atom ist sp-hybridisiert. Die Bindung ist sehr energiereich, die Stabilität des Moleküls gering. Bereits die Umwandlung zu einer Dreifachbindung bedeutet eine Stabilisierung. →Alkine und Diene sind →isomere Verbindungen. Allene und Alkine sind außerdem tautomer (s. →Isomerie), sie unterscheiden sich nur in der Lage eines Protons und ihres Elektronensystems.

$$H_2C=C=CH_2 + O\overset{\downarrow}{H}^- + \overset{\downarrow}{B}r^+ \rightarrow H_2C=\overset{\overset{Br}{\downarrow}}{C}-\overset{\overset{OH}{\downarrow}}{C}H_2$$
Propa-1,2-dien   elektrophile Addition

$$H_2C=C=CH_2 \overset{Na}{\rightarrow} H_3C-C\equiv CNa + H$$
Allen   Propin-natrium

Bei unsymmetrischer Substitution von Allen tritt optische →Isomerie auf, obwohl kein asymmetrisches C-Atom vorhanden ist. (Atropisomerie)
Propa-1,2-dien: F -136,6°C, Kp -34,5°C.

2. Konjugierte Diene

Wegen der Bedeutung des einfachsten konjugierten Diens, des *Buta-1,3-diens* (→Kautschuk) sind mehrere Methoden für die großtechnische Synthese entwickelt worden, die im Prinzip der Erzeugung von Doppelbindungen bei →Alkenen entsprechen.
So gewinnt man Butadien durch zweifache Dehydrierung aus Butan (in Crackgasen s. →Erdöl), durch Hydrierung von Vinylacetylen (entstanden durch Dimerisierung von →Äthin) und durch Dehydration von Butandiol (eine elektrophile →Elimination mit einer LEWIS-Säure). Das Butandiol wird meistens aus Äthin hergestellt, entweder durch katalytische Wasseranlagerung mit nachfolgender Aldol-Kondensation (→Additionen 4.) und Hydrierung oder nach der Äthinylierung von REPPE mit Methanal (s. →Äthin). Nach LEBEDEW wird Äthanol direkt bei 400° mit Aluminiumoxid-Zinkoxid-Katalysator in Butadien umgewandelt.

Diene

$2\,HC\equiv CH \rightarrow H_2C=CH-C\equiv CH \xrightarrow{+H_2} H_2C=CH-CH=CH_2$
Äthin Vinylacetylen Buta-1,3-dien

$HC\equiv CH + H_2O \rightarrow CH_3-CHO \xrightarrow{+CH_3CHO}$
Äthin Äthanal

$CH_3-CHOH-CH_2-CHO \xrightarrow{H_2} CH_3-CHOH-CH_2-CH_2OH$
Aldol Butan-1,3-diol

$2\,CH_3CH_2OH \rightarrow CH_2=CH-CH=CH_2 + 2\,H_2O + H_2$
Äthanol Buta-1,3-dien

Bei konjugierten Dienen beeinflussen die Doppelbindungen die zwischen ihnen angeordnete Einfachbindung. Das zeigt sich am Atomabstand. Die Bindungslänge bei der Einfachbindung beträgt 1,54 Å im Normalfall. Im Butadienmolekül ist der Abstand der beiden mittleren C-Atome nur 1,48 Å, dagegen ist die Bindungslänge der Doppelbindung auf 1,37 gestiegen (Äthen 1,34 Å). Auch die Einfachbindung hat einen gewissen Doppelbindungscharakter angenommen (die freie Drehbarkeit ist allerdings nicht aufgehoben). Die π-Elektronenwolken der beiden mittleren C-Atome überlappen sich auch, es gibt keine lokalisierten π-Bindungen mehr. Der Zustand des Moleküls ist nicht mehr mit einer Formel zu beschreiben, sondern nur noch als eine Lage zwischen Grenzzuständen. Man bezeichnet das als →Mesomerie. Diese Situation ist energetisch besonders begünstigt, was sich in der Bildungswärme ausdrückt. Sie ist um 4 kcal/Mol niedriger als die einer Verbindung mit zwei isolierten Doppelbindungen. Da beim Butadien alle C-Atome sp^2-hybridisiert sind, liegen alle C- und H-Atome in einer Ebene. Der Winkel zwischen 3 Atomen beträgt immer 120°. Von den bei Doppelbindungen möglichen 2 geometrischen →Isomeren ist beim Butadien die trans-Form begünstigt.

Diene

Grenzzustände

$$H_2\overset{+}{C}-CH=CH-\overset{-}{C}H_2 \longleftrightarrow H_2C=CH-CH=CH_2 \longleftrightarrow H_2\dot{C}-CH=CH-\dot{C}H_2$$
     polar   klassisch   biradikalisch

Konjugierte Diene sind reaktionsfähiger als →Alkene und isolierte Diene, weil durch die Mesomerie auch die Energie für die Übergangszustände für die Reaktionen herabgesetzt werden. Die meisten Reaktionen sind elektrophile →Additionen (s. d. 2.), wobei es durch den mesomeren Allylzwischenzustand sowohl zu 1,2- als auch zu 1,4-Additionen kommt. Halogene zeigen beide Additionsmöglichkeiten. Bei der präparativ wichtigen →DIELS-ALDER-Reaktion tritt nur die 1,4-Addition auf, die zu einer Doppelbindung in der 2,3-Position führt, während Persäuren nur ungesättigte Epoxide in 1,2-Addition entstehen lassen. →Radikalische Additionen erfolgen mit Wasserstoff und →Carbenen.

$$H_2C=CH-CH=CH_2 \quad \text{elektrophile Addition}$$

$$\overset{+X^+}{\longrightarrow} H_2C=CH-\overset{+}{C}H-CH_2X \overset{+X^-}{\longrightarrow} H_2C=CH-CHX-CH_2X \quad \text{1,2-Addition}$$

$$\overset{+X^+}{\longrightarrow} H_2\overset{+}{C}-CH=CH-CH_2X \overset{+X^-}{\longrightarrow} XH_2C-CH=CH-CH_2X \quad \text{1,4-Addition}$$

Von großer technischer Bedeutung sind die →Polymerisationen des Buta-1,3-diens und des Isoprens, dem 2-Methylbuta-1,3-dien (gebildet durch Dehydrierung von Isopentan oder Dehydration des Additionsproduktes von →Äthin an Aceton). Die Polymerisation kann radikalisch als Copolymerisation mit Styrol durch Peroxide ausgelöst werden oder nucleophil durch Natrium. Das Reaktionsprodukt ist synthetischer →Kautschuk (Buna). Durch stereospezifische isotaktische →Polymerisation von Isopren erhält man synthetischen Naturkautschuk (cis-Form).

$$\begin{array}{c} H_3C \\ \diagdown \\ C=O \\ \diagup \\ H_3C \end{array} + HC\equiv CH \longrightarrow \begin{array}{c} H_3C OH \\ \diagdown \diagup \\ C \\ \diagup \diagdown \\ H_3C C\equiv CH \end{array} \xrightarrow{+2H} \begin{array}{c} H_3C OH \\ \diagdown \diagup \\ C \\ \diagup \diagdown \\ H_3C CH=CH_2 \end{array}$$

Aceton + Äthin

$$\xrightarrow{-H_2O} \begin{array}{c} H_3C \\ \diagdown \\ C-CH=CH_2 \\ \diagup \\ H_2C \end{array} \quad \text{Isopren}$$

Buta-1,3-dien: F —108,9°C, Kp —4,5°C
Isopren   :   —146,8°C,   34,1°C

Cyclische konjugierte Diene zeigen die gleichen Reaktionen. Der einfachste Vertreter ist Cyclopentadien.

$$\begin{array}{c}
H-C\!\!=\!\!=\!\!=\!\!C-H \\
\parallel \quad\quad\parallel \\
C \quad\quad C \\
\diagup \;\; H \diagdown \\
H \quad C \quad H \\
H
\end{array}$$

3. Isolierte Diene

Diene mit isolierten Doppelbindungen unterscheiden sich nicht von Alkenen. Eine Ausnahme machen die Verbindungen, die nur ein gesättigtes C-Atom zwischen den Doppelbindungen enthalten, z. B. Penta-1,4-dien. Solche Verbindungen zeigen →Hyperkonjugation. Die mittlere Methylengruppe reagiert sauer und reagiert mit Na unter Wasserstoffentwicklung.

Literatur
FODOR, G.: Organische Chemie, Bd. I. — VEB Dt. Verlag der Wissenschaften, Berlin 1965
RODD's Chemistry of Carbon Compounds. Bd. I. A. — Elsevier Publ. Com., Amsterdam 1964

Difluorchlormethan s. Halogenderivate 1.2. und 3.
Digitalis-Glykoside s. Steroide 4.
Digitoxose s. Kohlenhydrate 1.3., Steroide 4.
Dimethylglyoxim s. Oxime, Oxoverbindungen 2.1.
Dimethylsulfat s. Ester 1.
Diolen s. Polykondensation, Chemiefaser.
Dioxan s. Äthen, Äther 2.2, Heterocyclen 2.3., Hydroxylderivate 1.2.
Diphensäure s. Benzolkohlenwasserstoffe 2.3.2.
Diphenyl s. Benzolkohlenwasserstoffe 2.2., Konservierungsmittel.
Diphenylamin s. Indikatoren.
Diphenylen s. nichtbenzoide aromatische Verbindungen 2., Benzolkohlenwasserstoffe 2.2.
Diphenylmethan s. Benzolkohlenwasserstoffe 2.1.
Dipol s. Bindungskräfte.
Disaccharide s. Kohlenhydrate.
Dische-Nachweis s. Kohlenhydrate 1.3.
Dissousgas s. Äthin.

DNS s. Nucleinsäuren 1.
Dolantin s. Arzneimittel, Rauschgifte.
Dolomit s. Magnesium und Calciumcarbonat.
Dom s. Rauschgifte.
Dopamin s. Hormone, Org. Stickstoffverbindungen 2.
Dotierungsmaterial s. Dritte Hauptgruppe.

Dritte Hauptgruppe der chemischen Elemente. Zu ihnen gehören:

5 B   Bor. Das Element wurde erstmals von GAY-LUSSAC und THÉNARD im Jahre 1808 hergestellt. Als Borax war es bereits im Mittelalter bekannt. Der Name stammt von dem arabischen Wort für „weiß".

13 Al Aluminium. Der Name leitet sich von dem bereits im Altertum bekannten Alaun (alumen) ab. WÖHLER, der es 1827 nach Vorarbeiten von DAVY und von OERSTED als Element herstellte, gilt als sein Entdecker.

31 Ga Gallium. Nach einer Vorhersage MENDELEJEFFS aus dem von ihm aufgestellten Periodensystem gelang es LECOQ DE BOISBAUDRAN 1875, das fehlende Element in einer Zinkblende der Pyrenäen nachzuweisen und im Jahre darauf das erste Gramm herzustellen. Als Franzose benannte Boisbaudran es als Gallium.

49 In Indium. REICH und RICHTER entdeckten das Element 1863 spektroskopisch. Es gelang ihnen bald, Salze und auch das Metall selbst herzustellen. Wegen der im Spektrum charakteristischen indigoblauen Linien nannten sie es Indium.

81 Tl Thallium. Bei der Suche nach Tellur entdeckte WILLIAM CROOKES 1861 in Rückständen der Selengewinnung das Element. Wegen der im Spektrum auftretenden charakteristischen grünen Linie nannte er es nach dem gr. Wort „thallos", das einen frischen grünen Zweig bedeutet.

Anteil an der Erdrinde:
B $3 \cdot 10^{-4}\%$ Al $7,5\%$ Ga $15 \cdot 10^{-4}\%$ In $10^{-5}\%$ Tl $10^{-4}\%$

Preise pro kg (1968):
B 400 DM   Al 2,25 DM   Ga (99,999%) 13,— DM   In 200,— DM   Tl 65,— DM (kristallin)

Elektronenanordnung:

Bor	[He]	$2s^2$	$2p^1$	
Aluminium	[Ne]	$3s^2$	$3p^1$	
Gallium	[Ar]	$3d^{10}$	$4s^2$	$4p^1$
Indium	[Kr]	$4d^{10}$	$5s^2$	$5p^1$
Thallium	[Xe]	$4f^{14}$	$5d^{10}$	$6s^2$ $6p^1$

Dritte Hauptgruppe

Die Übersicht zeigt, daß bei isolierten Atomen die Anordnung der äußeren drei Elektronen analog ist. Doch macht sich von der Dritten Hauptgruppe an immer mehr die Tendenz bemerkbar, daß die leichteren Elemente durch Aufnahme von weiteren Elektronen die Konfiguration des nächst höheren Edelgases anstreben. So rechnet man formal Bor bereits zu den Nichtmetallen.

	Dichte (g/ccm)	F in °C	Kp in °C	Atomradius in Å	Ionenradius in Å
Bor	2,33	2300	2550	0,98	0,20 (3+)
Aluminium	2,70	660	2450*)	1,26*)	0,50 (3+)
Gallium	5,91 (20°C) / 6,10 (29,8°C)	29,78	2227*)	1,41	0,62 (3+) 0,9 (1+)*)
Indium	7,36	156,2	2000*)	1,66	0,81 (3+) 1,32 (1+)
Thallium	11,85	303,6	1457	1,71	0,95 (3+) 1,40 (1+)

*) Angaben in der Literatur stark schwankend.

Abgesehen vom Bor ist die große Differenz zwischen Schmelz- und Siedepunkten auffällig, die durch die niedrigen Schmelzpunkte bedingt ist. In der Größenordnung fällt dabei der des Galliums nicht heraus, wenn man die absoluten Temperaturen zugrunde legt. Es ist anzunehmen, daß nach dem Schmelzen immer noch große Atomverbände vorhanden sind, die sich erst beim Sieden auflösen. Gallium und Thallium zeigen ein dem Wasser ähnliches Verhalten beim Schmelzen: die Dichte wächst an. Einzigartig ist die Bildung von Atomzwillingen im Galliumkristall. Die seltenen Metalle Gallium, Indium und Thallium können aus wäßriger Sulfatlösung abgeschieden werden. Bei Aluminium und bei Bor erfolgt die Gewinnung durch Schmelzflußelektrolyse. Beim Bor wird KBF_4, beim Aluminium Na_2AlF_6 (Kryolith) eingeschmolzen. In einem kontinuierlichen Betrieb fügt man dann laufend B_2O_3 bzw. Al_2O_3 hinzu, die im Endeffekt elektrolytisch zersetzt werden. Die Doppelfluoride dienen lediglich als Schmelzflüssigkeit. Die Badtemperatur ist bei der Bordarstellung über 650°C, beim Aluminium muß sie bei einem günstigen eutektischen Gemisch der beiden Komponenten 950°C überschreiten.

Die Metalle Bor, Gallium und Indium haben als Dotierungsmaterial für Halbleiter und als Partner von A^{III}-B^V-Verbindungshalbleitern Anwendung gefunden. Für beide Zwecke benötigt man die Elemente in ungewöhnlich großer Reinheit: Fünfneuner- bis Siebenneuner-Metalle, d. h. Reinheitsgrade von 99,999% bis 99,99999%. Für Gallium, Indium und Thallium gibt es keine eigentlichen Mineralien. Sie treten lediglich als Spurenelemente zusammen mit Aluminium (Gallium) und mit Zink (Gallium, Indium und Thallium) auf. Die elektrolytische Gewinnung der Metalle selbst ist erst möglich, wenn die Hauptmetalle abgeschieden

Dritte Hauptgruppe

sind. Der Reinheitsgrad beträgt dann erst ca. 99,9%. Für die anschließende Feinreinigung dient entweder die Zonenschmelze oder die Amalgamelektrolyse. Beim Zonenschmelzen werden durch wiederholtes langsames Durchwandern einer engen Schmelzzone die geringen in einem Metallbarren noch vorhandenen Verunreinigungen nach den Enden zu verlagert. Um Verunreinigungen durch Behältermaterial zu vermeiden, erfolgt die Zonenschmelze häufig mittels einer schmalen Schmelzspule, die von einem Hochfrequenzgenerator betrieben wird. Sie schiebt sich nach und nach über den senkrecht stehenden Barren. Zum Schutz gegen Lufteinwirkungen kann der Vorgang in Schutzgasatmosphäre vorgenommen werden. Den Zusammenhalt an der Schmelzzonenstelle bewirkt allein die Oberflächenspannung. Nach dem Verfahren läßt sich z. B. Gallium von 99,95% Reinheitsgehalt bis auf einen solchen von 99,9999% erhöhen.

Die Amalgamelektrolyse ist für Gallium wenig geeignet, weil sich nur bis zu 1% Gallium im Quecksilber lösen. Dennoch hat das Verfahren als Bayer-Verfahren zur Abtrennung aus den Natriumaluminatlaugen des Bauxitaufschlusses Anwendung gefunden. Im Gegensatz dazu lösen sich Indium und Thallium sehr gut in Quecksilber. Der Reinigungszyklus umfaßt zwei Stufen. Im Falle Indium wird an der Quecksilberkathode aus einer Indiumsalzlösung das Metall abgeschieden, wobei als Anode das zu reinigende Rohindium dient. Bei der Sekundärstufe liegt das primär gebildete Indiumamalgam als Anode vor, das Indiummetall geht in Lösung und wird an der starren Gegenelektrode hochrein niedergeschlagen.

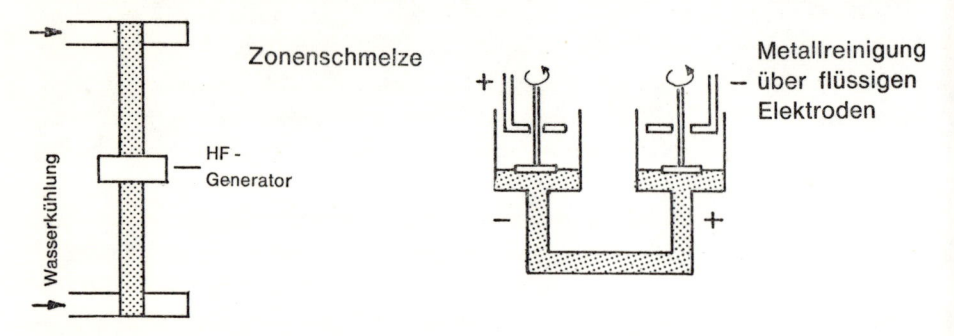

Bei richtig gesteuerter Primär- und Sekundärelektrolyse beträgt der Reinheitsgehalt des Indiums 99,9995%. Die erzielbare Reinheit des Thalliums ist von gleicher Größenordnung.

Die Elemente dieser Gruppe dienen dazu, die Halbleiter der Vierten Hauptgruppe (Silicium und Germanium) zu dotieren. Hierbei werden in das Diamantgitter dieser Halbleiter Atome eingebaut, denen gleichsam ein Elektron fehlt. Bei einer Konzentration von ca. 10^{-6} zugesetzter Atome der Dritten Hauptgruppe zeigt sich, daß diese Löcher (Defektelektronen) als bewegliche Ladungen weitergegeben werden. Die Leitfähigkeit vergrößert sich dabei um das 1000-fache.

Dritte Hauptgruppe

Legiert man ein Element der Dritten Hauptgruppe mit einem solchen der Fünften Hauptgruppe, so entstehen Verbindungshalbleiter, bei denen im Durchschnitt wie bei den Elementhalbleitern der Vierten Hauptgruppe vier Elektronen auf jedes Atom kommen.

Diese Verbindungshalbleiter müssen nun wiederum durch Elemente der Zweiten Hauptgruppe bzw. durch solche der Sechsten Hauptgruppe dotiert werden. Über die Eigenschaften dieser Verbindungshalbleiter gibt die beiliegende Übersicht Auskunft.

	Aktivierungsenergie in eV	Elektronenbeweglichkeit	Löcherbeweglichkeit
InSb	0,16	77 000	1 000
InAs	0,33	30 000	280
InP	1,28	4 600	100
GaAs	1,38	8 500	400
AlSb	1,55	400	400
GaP	2,24	100	20

Die Beweglichkeit wird angegeben in cm/sec pro Volt/cm, d. h. durch die Geschwindigkeit, die beim Durchfallen einer Feldstärke erreicht wird.

Die Wertigkeit der Elemente der Dritten Hauptgruppe geht aus der Übersicht der Chloride hervor:

—	AlCl oberhalb 800°C	—	InCl (rötlich)	ThCl (weiß)
—	—	$GaCl_2$ (farblos)	$InCl_2$ (farblos)	—
BCl_3 (farblos)	$AlCl_3$ (farblos)	$GaCl_3$ (weiß)	$InCl_3$ (weiß)	$ThCl_3$ (farblos)

Während beim Bor und beim Aluminium nur die dreiwertig positiven Verbindungen auftreten, sind instabile Vertreter anderer Wertigkeiten bei Gallium und Indium bekannt. Beim Thallium dagegen ist die einwertige Verbindung die beständige.

Die Hydroxide zeigen mit Ausnahme der des Thalliums amphoteren Charakter, d. h. mit Basen reagieren sie wie Säuren, mit Säuren wie Basen. Beim Bor überwiegt dabei der saure Charakter. Es entsteht beim Auflösen von beispielsweise Borchlorid in Wasser Borsäure. Galliumsalze ergeben bereits mit Ammoniaklösung das Hydroxid, das mit Natronlauge in das Gallat überführt wird. Aluminium und Indium werden als Hydroxide schwerer ausgefällt. Von ihnen leiten sich der gewöhnliche Spinell $MgO \cdot Al_2O_3$ und das spinellartige Indat $CaO \cdot In_2O_3$

ab. Beim Behandeln von Aluminiumsalzen mit Laugen bilden sich in der Regel Hydroxoaluminate mit den Anionen $[Al(OH)_4]^-$, $[Al(OH)_5]^{2-}$ und $[Al(OH)_6]^{3-}$.

Literatur
REMY: Lehrbuch der Anorganischen Chemie. — Akademische Verlagsanstalt, Leipzig 1961
SCHREITER: Seltene Metalle Bd. 1—3. — VEB Deutscher Verlag für Grundstoffindustrie, Leipzig 1961—1963
JUNIÈRE and SIGWALT: Aluminium (übersetzt aus dem Französischen). — Chemical Publishing, New York 1964
VAN HORN: Aluminum. — American Society for Metals, Metals Park, Ohio 1967

Dritte Nebengruppe der chemischen Elemente (Seltene Erden).
Zu den „Seltenen Erden" gehören:

21 Sc Scandium, 1879 von dem Schweden NILSON aus dem Gadolinit abgeschieden und nach „Skandinavien" benannt.
39 Y Yttrium, von MOSANDER 1843 entdeckt und erstmals 1828 durch Wöhler rein hergestellt. Der Name leitet sich von der schwedischen Stadt Ytterby ab.
57 La Lanthan, von MOSANDER 1839 erstmals hergestellt und nach dem gr. Wort für „verborgen sein" benannt.
58—71 →Lanthaniden.
89 Ac Actinium. 1899 fand es DEBIERNE in Rückständen der Pechblende. Benannt nach dem gr. Wort für „Strahl".
90—103 →Actiniden.

Die Bezeichnung „Seltene Erden" hat sich historisch entwickelt. Wie die folgende Übersicht zeigt, treten sie gar nicht so selten auf, sind vielmehr häufiger als Gold und Silber. Nur sind sie zu gleichmäßig in der Erdkruste verteilt, um sich leicht gewinnen zu lassen.

Ihr Vorkommen beträgt:
Sc $6 \cdot 10^{-4}\%$ Y $5 \cdot 10^{-3}\%$ La $5 \cdot 10^{-4}\%$ Ac $3 \cdot 10^{-15}\%$

Elektronenanordnung im Dampfzustand:

Scandium	[Ar]	$3d^1$	$4s^2$
Yttrium	[Kv]	$4d^1$	$5s^2$
Lanthan	[Xe]	$5d^1$	$6s^2$
Actinium	[Rn]	$6d^1$	$7s^2$

Die Anordnung zeigt, daß sich außerhalb einer vollendeten Edelgaskonfiguration drei weitere Elektronen befinden, die sich teils auf die noch unbesetzte d-Unterschale und die nächst folgende s-Schale verteilen. Sie eröffnen sozusagen den

Dritte Nebengruppe

Reigen der Elemente, die sich durch Auffüllen der d-Unterschale — beim Scandium und beim Yttrium — bzw. der f-Unterschale bei den Lanthaniden und den Actiniden bilden. Die vier Grundelemente kristallisieren in der hexagonal dichtesten Kugelpackung. Yttrium, Lanthan und Actinium zeigen bei höherer Temperatur noch die kubische Anordnung.

	Dichte in g/cm³	F in °C	Kp in °C	Atomradius (Å)	Ionenradius (Å)
Scandium	3,0	1539	2730	1,62	0,81
Yttrium	4,47	1509	2927	1,80	0,93
Lanthan	6,17	920	3470	1,87	1,05
Actinium	—	1050	3300	—	1,1

Technisch lassen sich die Elemente der Dritten Nebengruppe durch Schmelzflußelektrolyse gewinnen. Man geht dabei von einer Lösung der Oxide oder Halogenide in Alkali- und Erdalkalihalogeniden aus. Beispielsweise verwendet man eine Lösung von Ceroxid in 12% BaF_2, 73% CeF_3, 15% LiF oder zur Gewinnung von Lanthan 28% $LaCl_3$, 68% KCl, 4% CaF_2. Die Elektrolyse erfolgt in Stahl- oder in Graphittiegeln mit Graphitelektroden. Daneben arbeitet man — besonders beim Scandium — mit flüssigen Zinkkathoden. Das abgeschiedene Metall löst sich im Zink auf. Danach kann Zink verdampft werden, was wegen des relativ niedrigen Siedepunktes des Zinks möglich ist.

Kleine Mengen Metall lassen sich nach dem Wöhler-Verfahren durch Reduktion der Halogenide oder Oxide mit metallischem Natrium gewinnen. Nur bei Samarium, Europium und Ytterbium gelingt das nicht. Hier erfolgt die Reduktion durch metallisches Lanthan.

Bei allen Verfahren hängt der Reinheitsgrad davon ab, wieweit vorher eine Trennung der einzelnen Salze der Seltenen Erden vorgenommen wurde. Die vollkommenste Trennung bekommt man durch Kationenaustauscher. Ihre günstigsten Abmessungen liegen bei 2—3 m Länge und 20 cm Durchmesser. Man schaltet bis zu Hundert solcher Säulen zu Batterien zusammen. Häufig begnügt man sich dagegen mit der Erzeugung eines Mischmetalles statt der reinen Metalle. In der Literatur finden sich auch Angaben, wie man durch fraktionierte Destillation der an sich wenig flüchtigen Metalle der Seltenen Erden zur Reindarstellung gelangen kann.

Für technische Zwecke benötigt man gelegentlich Metalle höchsten Reinheitsgrades, so z. B. Cer für katalytische Zwecke, Yttrium und Zirkon als Behältermaterial von Uranstäben in Reaktoren. Man hat Untersuchungen darüber angestellt, wieweit durch Elektrolyse im festen Zustand sich der Grad der Verunreinigungen verringern läßt. Als erste beschäftigten sich DE BOER und FAST

Dritte Nebengruppe

mit der Beseitigung des Sauerstoffs in Zirkon und veröffentlichten ihre Ergebnisse bereits 1940. Erst 1959 berichteten WILLIAMS und HUFFIN über entsprechende Versuche mit Yttrium. Ein Metallstab mit handelsüblichen Verunreinigungen von 3,3 $^0/_{00}$ wurde 200 Stunden lang durch Gleichstrom auf 1230—1370° C erhitzt. Dabei muß das Ganze sich in einer Schutzatmosphäre von Argon abspielen, weil Yttrium sehr reaktionsfähig ist. Chemische und metallographische Untersuchungen ergaben, daß Sauerstoff und mehrere metallische Verunreinigungen (Fe, Mn, Ni, B, Ti, Co) deutlich zur Anode gewandert waren und daß sich der Sauerstoffgehalt an der Kathode um 80% verringert hatte. Das Metall war in der Nähe der Kathode formbar geworden und ließ sich kalt walzen. Bei entsprechenden Verfahren, die von MARCHANT, SHED und HENRIE mit Cer zur Entfernung des Eisens angestellt wurden, gelang es, das Eisen an der Anode so anzureichern, daß es den hundertfachen Betrag zu dem an der Kathode ausmachte. Wegen des viel niedrigeren Schmelzpunktes des Cers arbeitete man bei 600° C. Magnesium, Mangan und Calcium wurden durch den Stromdurchgang nur gering beeinflußt. Die Vorgänge bei dieser Festkörperelektrolyse sind noch wenig geklärt.

Die Ionen der Hauptelemente der Seltenen Erden sind durchweg dreiwertig und farblos. Über die Verbindungen des Actiniums ist nur wenig bekannt, weil man es nur in der Größenordnung von Milligrammen zur Verfügung hat. Meist untersucht man sie zusammen mit denen des Lanthans als Trägersubstanz.

Die Verbindungen der Elemente Scandium, Yttrium und Lanthan ähneln stark denen der Erdalkalien. So sind ihre Hydroxide in Wasser wenig löslich, zeigen aber ein ausgeprägt basisches Verhalten. Ihre Oxide reagieren mit Wasser zu Hydroxiden. Lanthanoxid tut das so lebhaft, daß es an das Löschen des Kalks mit Wasser erinnert. In der Lösung sind die Karbonate beständig, im festen Zustand zersetzen sie sich bei entsprechend hohen Temperaturen leicht. Auch die Sulfate beginnen, sich beim Glühen zu zersetzen. Der Dissoziationsdruck beträgt bei 900° C:

$Sc_2(SO_4)_3$	$Y_2(SO_4)_3$	$La_2(SO_4)_3$	
11	3	2	Torr

Beim Lanthan ist wegen des geringen Dissoziationsdruckes die restlose Überführung ins Oxid nur noch schwer möglich. Leicht durch Glühen zersetzlich sind die Nitrate.

Die Chloride, Nitrate und Acetate von Scandium, Yttrium und Lanthan sind leicht löslich, schwer dagegen außer den Oxiden und Hydroxiden die Fluoride, Carbonate, Oxalate und Phosphate. Die Löslichkeit der Sulfate zeigt eine gewisse Ähnlichkeit zu denen der Erdalkalisulfate: eine starke Abnahme vom Scandiumsulfat zum Lanthansulfat.

Scandium unterscheidet sich von allen anderen Seltenen Erden dadurch, daß sich seine Ionen durch Thiosulfat fällen lassen.

Die Seltenen Erden mit ihren Verbindungen haben reges Interesse gefunden bei Kernuntersuchungen und solchen der paramagnetischen Resonanz. Sie sind dabei, zur Bestätigung theoretischer Ideen auf dem Gebiet der Festkörperphysik zu dienen, besonders bei Halbleitern und Supraleitern. Einige Legierungen der Seltenen Erden gehören zu denen, die ihre Supraleitung auch bei verhältnismäßig hohen Temperaturen behalten. Einige Vertreter werden für Festkörperlaser verwendet. Sie dienen ferner zur thermischen Emission von Elektronen und zur Herstellung leistungsfähiger Thermoelemente. Auf dem Gebiet der Organischen Chemie haben die Oxide Anwendung als Katalysatoren zum Krakken von Kohlenwasserstoffen gefunden.

Die Tatsache, daß eine Reihe der Elemente magnetisch sind, gibt erneut Anlaß, die Grundlagen der Theorie vom Magnetismus zu überdenken.

Die Seltenen Erden sind für die Kernphysik von großem Interesse, da sie eine große Gruppe geeigneter Nuklide anbieten und zahlreiche Anomalien sich bei ihnen nachweisen ließen.

Auf medizinischem Gebiet wurden radioaktive Vertreter interessant, als man begann, sie zur Krebsbehandlung heranzuziehen. Auf dem Gebiet der Veterinärmedizin wurden Untersuchungen darüber angestellt, wieweit Elemente der Seltenen Erden im Futter wichtig für die Ernährung sind bzw. sie sich negativ auswirken.

Die Oxide, Karbide, Nitride, Sulfide und Boride der Seltenen Erden bieten noch ein weites Feld für Forschungen. Die meisten von ihnen besitzen einen sehr hohen Schmelzpunkt und sind somit für die keramische Industrie interessant. Einige der Nitride und Karbide sind fast metallisch, ferromagnetisch und supraleitend.

Die Metalle der Seltenen Erden sind nicht so leicht wie Aluminium und nicht so fest wie Stahl. Dafür zeigen sie eine Reihe einzigartiger Eigenschaften. Da die Elemente dieser Gruppe immerhin ein Viertel aller leicht erlangbaren Metalle darstellen, steht noch ein weites Feld für metallographische Untersuchungen offen.

Literatur

REMY: Lehrbuch der anorganischen Chemie. — Akademische Verlagsanstalt, Leipzig 1961
SCHREITER: Seltene Metalle Bd. II und Bd. III. — VEB Deutscher Verlag für Grundstoffindustrie, Leipzig 1961 bzw. 1962
BAGNALL: Chemistry of the Rare Radioelements. — Butterworths Scientific Publications, London 1957
NACHMAN and LUNDIN: Rare Earth Research. — Gordon and Breach Science Publishers, New York-London 1961
Nuclear Science and Engineering, Bd. 9, 1961

Drogen s. Arzneimittel.
Dshalindit s. Indium.
Düngemittel sind Stoffe, welche den Nutzpflanzen zugeführt werden, um eine Verkleinerung des Ertrages zu verhindern oder um eine Erhöhung des Ertrages zu erreichen. JUSTUS VON LIEBIG erkannte im Jahre 1840, daß die Pflanzen zum Wachstum folgende Elemente in größeren Mengen benötigen: Kohlenstoff, Wasserstoff, Sauerstoff und Stickstoff. In geringeren Mengen sind erforderlich: Schwefel, Phosphor, Kalium, Calcium, Magnesium und Eisen. Diese Elemente müssen in Form von Verbindungen, den Nährstoffen, der Pflanze zur Verfügung stehen. Außerdem sind noch sogenannte Spurenelemente (z. B. Mangan, Bor, Zink und Kupfer) für ein normales Pflanzenwachstum unbedingt notwendig. Sie werden aber nur in sehr kleinen Mengen (Spuren) aus dem Boden aufgenommen. Über ihre Wirkungsweise ist noch wenig bekannt; sie sind als Biokatalysatoren aufzufassen.

Der *Kohlenstoff* wird bei der Assimilation als Kohlendioxid aus der Luft aufgenommen. Alle übrigen Elemente erhält die Pflanze aus dem Boden in Form von Salzen, die in Wasser gelöst sind, das zugleich auch die Elemente Wasserstoff und Sauerstoff enthält. Der Kohlenstoff ist zur Bildung der organischen Baustoffe (z. B. Stärke und Cellulose) notwendig.

Stickstoff ist als wesentlicher Bestandteil der Eiweißstoffe zum Wachstum unerläßlich.

Schwefel ist ebenfalls am Aufbau des Eiweißes beteiligt.

Phosphor beeinflußt entscheidend sehr viele Lebensvorgänge, z. B. Zellteilung, Atmung, Blühen, Samenreifung und Chlorophyllbildung.

Kalium fördert den Aufbau von Kohlenhydraten und Eiweißstoffen, festigt das Stützgewebe und beeinflußt allgemein den Wasserhaushalt der Zellen.

Calcium reguliert den Stoffwechsel der Pflanze. Außerdem ist es in großen Mengen notwendig, damit ein Bodenzustand erreicht wird, der für höchste Erträge geeignet ist. Ein an Calcium verarmter Boden versauert. Das bedeutet eine Verschlechterung der biologischen, physikalischen und chemischen Bodeneigenschaften.

Magnesium wirkt fördernd auf die Nährstoffaufnahme. Außerdem stellt es einen wichtigen Bestandteil des Chlorophylls dar.

Eisen ist zur Bildung des Blattgrüns erforderlich.

In einer Naturlandschaft, in welcher die Pflanzen am Ort ihres Wachstums vermodern, werden dem Boden die Nährstoffe wieder zugeführt. Dadurch ist ein ständiger Kreislauf gesichert.

In einer Kulturlandschaft gehen dem Boden Nährstoffe durch den Abtransport der Ernteerzeugnisse verloren. Erntet man von 1 ha Ackerfläche 30 dz Korn, so werden dem Boden folgende Stoffmengen entzogen: 80 kg Stickstoff, 40 kg P_2O_5, 80 kg K_2O, 25 kg CaO und 15 kg MgO. Diese Stoffe müssen durch Dün-

Düngemittel

gung ersetzt werden, wenn der Ertrag nicht zurückgehen soll. Seit altersher verwendet man zu diesem Zweck natürlichen Dünger (Stallmist und Jauche, sog. organischer Dünger). Er ist nicht nur Nährstoffträger, sondern bildet auch eine geeignete Grundlage für das Gedeihen der Bodenbakterien. Schließlich trägt er zur Bildung von Humus bei, der den Boden lockert, ihn warm und feucht hält und die Wurzeltätigkeit anregt. Der natürliche Dünger reicht aber nicht aus, um dem Boden die entzogenen Nährstoffe zurückzugeben, da ein großer Teil der Ernteerträgnisse durch Verkauf den Hof verläßt. Deshalb muß Mineraldünger (Handelsdünger, Kunstdünger) zur Ergänzung herangezogen werden. Man unterscheidet: Stickstoff-, Phosphor-, Kali- und Volldünger.

Stickstoffdünger. Der Stickstoff kann dem Boden in verschiedenen Bindungsformen zugeführt werden: als Ammoniumion, Nitration oder in Amidform. Welche Stickstoform im einzelnen vorzuziehen ist, hängt von der Pflanzenart und der Reaktion des Bodens ab. Im allgemeinen werden auf kalkhaltigen Böden Ammoniumsalze, bei sauren Böden Nitrate verwendet. Den Nitratstickstoff kann die Pflanze schnell aufnehmen. Er eignet sich daher zur Kopfdüngung; allerdings wird er vom Regen rasch in die Tiefe gewaschen. Die Ammoniumionen werden vom Boden adsorbiert (Ionenaustausch) und sind damit vor einer Auswaschung geschützt, solange sie nicht in die Nitratform umgewandelt sind. Für eine nachhaltige Belieferung der Pflanze mit Stickstoff während der gesamten Vegetationsperiode ist der Ammoniak-oder Amidstickstoff geeignet. Diese Stickstoformen müssen erst durch die Tätigkeit der Bodenbakterien in die Nitratform umgewandelt werden, welche dann von der Pflanze aufgenommen wird.

Als Ausgangsstoff für die Herstellung der Stickstoffdüngemittel eignet sich das →Ammoniak (NH_3), welches durch Synthese aus Wasserstoff und dem Stickstoff der Luft gewonnen werden kann. Zur Herstellung von Ammoniumsulfat ($[NH_4]_2SO_4$) leitet man Ammoniak und Kohlendioxid in einen Brei aus fein gemahlenem Gips ($CaSO_4$) und Wasser. Es scheidet sich dabei Calciumcarbonat ab ($CaCO_3$), das durch Filtration abgetrennt wird.

$$2NH_3 + CO_2 + H_2O + CaSO_4 \rightarrow (NH_4)_2SO_4 + CaCO_3$$

Die Nitratstickstoffdünger stellt man aus →Salpetersäure (HNO_3) her, die sich durch Oxydation aus Ammoniak gewinnen läßt. Besonders geeignet erscheint das Ammoniumnitrat (NH_4NO_3, „Ammonsalpeter"), das neben Nitratstickstoff auch Ammoniakstickstoff enthält. Es kann durch Neutralisation von Ammoniak mit Salpetersäure gewonnen werden. Allerdings ist es wegen seiner hygroskopischen Eigenschaft und Explosionsgefahr nicht zum Versand und zur Lagerung geeignet. Es wird daher nur zur Herstellung zusammengesetzter Düngemittel (Mischdünger) verwendet. Aus Ammoniumsulfat und Ammonsalpeter entsteht z. B. der *Ammonsulfatsalpeter,* der im wesentlichen aus dem Doppelsalz

Düngemittel

$2NH_4NO_3 \cdot (NH_4)_2SO_4$ besteht und 26% Stickstoff enthält, davon etwa ¾ als Ammoniak-und ¼ als Nitratstickstoff. Zur Herstellung leitet man Ammoniak im entsprechenden Verhältnis in ein Gemisch aus Salpetersäure und Schwefelsäure. *Kalkammonsalpeter* besteht aus einer Mischung von Ammonsalpeter und Calciumcarbonat. Eine Schmelze aus Ammoniumnitrat wird mit Calciumcarbonat versetzt und das Gemisch verspritzt. Dadurch entsteht ein Produkt in Perlform, das gute Streufähigkeit aufweist. Es enthält 20,5% Stickstoff (je zur Hälfte als Ammoniak- und Nitratstickstoff) und etwa 33% Calciumcarbonat. Die Herstellung von *Kalkstickstoff* ist das älteste technische Verfahren, bei welchem der Stickstoff der Luft chemisch zu geeigneten Düngemitteln gebunden wird. Man läßt Calciumcarbid in körniger Form bei 1100°C mit Stickstoff reagieren, der durch Verflüssigung der Luft gewonnen wird:

$$CaC_2 + N_2 \rightarrow CaCN_2 + C \mid -68 \text{ kcal}$$

Das Gemisch aus Calciumcyanamid ($CaCN_2$) und Kohlenstoff, das in glänzenden, schwarzen Körnern aus der Fabrikation hervorgeht, wird als Kalkstickstoff bezeichnet. Im Boden zersetzt er sich unter dem Einfluß von Feuchtigkeit und Kohlendioxid allmählich über verschiedene Zwischenverbindungen zu Calciumcarbonat ($CaCO_3$) und Ammoniumcarbonat:

$$CaCN_2 + 4H_2O + CO_2 \rightarrow CaCO_3 + (NH_4)_2CO_3$$

Kalkstickstoff wird einige Wochen vor der Saat auf den Acker gebracht, wobei man leichte, zur Versäuerung neigende Böden bevorzugt.
Die *Phosphordünger* sind in der Mehrzahl Calciumverbindungen der Phosphorsäure. Sie enthalten das Phosphat entweder in wasserlöslicher (z. B. Superphosphat) oder in zitronensäurelöslicher Form (z. B. Thomasmehl und Rhenaniaphosphat). Die Wirkung der Zitronensäure ähnelt den Säuren, die von den Wurzeln ausgeschieden werden. Dem Boden muß man eine wesentlich größere Menge an Phosphor zuführen als zur eigentlichen Deckung des Phosphorentzuges durch die Pflanzen notwendig wäre. Die Pflanzen nehmen nur etwa 20—25% der zugeführten Phosphate auf, weil ein Teil durch Umsetzungen im Boden eine Löslichkeitsverminderung erfährt und dadurch der Pflanze nicht mehr zur Verfügung steht. Die Phosphate wandeln sich dabei meist in schwerlösliche Calcium-, Eisen- oder Aluminiumphosphate um. Die wasserlöslichen Phosphate können sofort von den Pflanzen aufgenommen werden. Die zitronensäurelöslichen Phosphate wirken langsamer und sind daher als Vorratsdünger geeignet. Sie müssen etwa ein halbes Jahr vor der Feldbestellung gestreut werden. Als Rohstoff für die Herstellung der Phosphordünger verwendet man Apatit ($Ca_{10}(PO_4)_6F_2$). Die Pflanze kann den Phosphor in dieser Form nicht aufnehmen. Er muß in

Düngemittel

lösliche Verbindungen überführt werden, was z. B. durch Reaktion mit Schwefelsäure erfolgen kann. Es bildet sich dabei ein Gemisch, das vorwiegend aus Calciumdihydrogenphosphat ($Ca(H_2PO_4)_2$) und Calciumsulfat ($CaSO_4$) besteht. Es wird als *Superphosphat* bezeichnet. Rohphosphate mit einem hohen Gehalt an Eisen, Aluminium oder Kieselsäure verarbeitet man durch Schmelzen mit Kalk und Soda zu sog. *Rhenaniaphosphat*, in welchem der Phosphor hauptsächlich als Calciumsilicophosphat ($3CaNaPO_4 \cdot Ca_2SiO_4$) vorliegt. Bei der Gewinnung von Stahl aus phosphorhaltigem Roheisen entsteht Thomasschlacke, die in gemahlener Form als *Thomasmehl* zur Düngung verwendet wird. Sie enthält den Phosphor ebenfalls in Form von Calciumsilicophosphaten.

Kali-Dünger enthalten fast alle Kaliumchlorid (KCl) oder Kaliumsulfat (K_2SO_4). Man gewinnt sie aus den Salzmineralien, welche in den Salzlagerstätten gefördert werden. Carnallit ist z. B. ein Mineral, das neben 60% Reincarnallit ($KCl \cdot MgCl_2 \cdot 6H_2O$) noch Steinsalz ($NaCl$), Kieserit ($MgSO_4 \cdot H_2O$) und Anhydrit ($CaSO_4$) enthält. Die Gewinnung von Kaliumchlorid beruht auf der Trennung von den übrigen Bestandteilen aufgrund ihrer unterschiedlichen Löslichkeiten bei verschiedenen Temperaturen. Kaliumchlorid ist in verschiedenen Reinheitsgraden im Handel. Mit einem Gehalt von 65—70% KCl wird es als *40%iges Kalidüngesalz* bezeichnet, weil die Kaliummenge nach einer alten Berechnungsart einem Gehalt von 40% Kaliumoxid (K_2O) entspricht. Außerdem verwendet man Kainit ($KCl \cdot MgSO_4 \cdot 3H_2O$) und das *50%ige Kalidüngesalz*, das 80% Kaliumchlorid enthält. Kaliumsulfat wird aus Kaliumchlorid durch Umsetzen mit Kiserit ($MgSO_4$) in zwei Stufen gewonnen. Zunächst entsteht ein schwerlösliches Doppelsalz („schwefelsaures Kalimagnesia", auch „*Patentkali*" genannt), das ebenfalls als Dünger geeignet ist:

$$2KCl + 2MgSO_4 \rightarrow K_2SO_4 \cdot MgSO_4 + MgCl_2$$

Wird nach Abtrennen des Magnesiumchlorids noch Kaliumchlorid zugesetzt, so entsteht Kaliumsulfat:

$$K_2SO_4 \cdot MgSO_4 + 2KCl \rightarrow 2K_2SO_4 + MgCl_2$$

Volldünger sind fertige Salzgemische, welche alle Hauptnährstoffe in günstigen Mengenverhältnissen enthalten.

Der Ertrag einer Pflanze wird neben den Nähr- und Wirkstoffen auch von den äußeren Lebensbedingungen des Klimas und des Bodens bestimmt. Die Steigerung des Ertrages infolge der Zufuhr von Nährstoffen kann mit dem Ertragsgesetz von E. A. MITSCHERLICH (1909) bestimmt werden. Mitscherlich geht von einem Boden aus, der vollkommen frei von einem Nährstoff ist, die übrigen Nährstoffe aber in einem bestimmten Umfang enthält. Auf diesem Boden ist kein

Dünnschichtchromatographie

Pflanzenertrag möglich, weil sich die Pflanze infolge des fehlenden Nährstoffes überhaupt nicht entwickeln kann. Führt man eine kleine Menge dieses Nährstoffs dem Boden zu, dann wird die Pflanze einen gewissen niedrigen Ertrag liefern. Mit jeder Nährstoffeinheit, die man zuführt, wird der Ertrag bis zu einem Höchstertrag steigen, der unter den gegebenen Umständen möglich ist. Die Ertragssteigerung, die jeweils durch die Zufuhr einer Nährstoffeinheit bewirkt wird, ist dem am Höchstertrag fehlenden Ertrag proportional. Bezeichnet man den Höchstertrag mit A, den Ertrag bei der Düngemenge x mit y, so ergibt sich der Ertragszuwachs dy, der durch eine kleine Düngemittelgabe dx entsteht, aus der Gleichung:

$$\frac{dy}{dx} = k(A - y).$$

Der Faktor k gibt an, ob man von einem Nährstoff viel oder wenig benötigt, um den Höchstertrag zu erreichen. Wenn mit einer Nährstoffeinheit z. B. 50% des Höchstertrages erreicht werden, so steigt der Ertrag mit der nächsten Einheit um 25% auf 75%. Der Ertragszuwachs wird also mit jeder weiteren Einheit kleiner.

Literatur
Ernst Klapp: Lehrbuch des Acker- und Pflanzenbaues. — Verlag Paul Parey, Berlin 1967
Fiedler, H. J. u. Reissig, H.: Lehrbuch der Bodenkunde. — VEB Gustav Fischer Verlag, Jena 1964

Dünnschichtchromatographie s. Chromatographie.
Dulcit s. Hydroxylderivate 1.4.
Duraluminium s. Aluminium.
Durol s. Benzolkohlenwasserstoffe 1.2.
Dynamit s. Explosivstoffe (Zusammengesetzte Sprengstoffe).
Dysprosium gehört zu den →Lanthaniden. Von ihm existieren stabile Isotope mit den Massenzahlen 156 (0,0524%), 158 (0,0902%), 160 (2,294%), 161 (18,88%), 162 (25,53%), 163 (24,97%), 164 (28,18%).

E

E 605 s. Schädlingsbekämpfungsmittel.

Eastmancolor s. Fotografie 2.

Ecdyson s. Steroide 1.

Edelgase sind die chemischen Elemente der O.Gruppe oder auch Achten Hauptgruppe.

CAVENDISH war der erste Forscher, der Edelgase rein gewann, sie jedoch nicht als neue chemische Elemente erkannte. 1781 hatte er entdeckt, daß sich Stickstoff und Sauerstoff beim Durchgang elektrischer Entladungen in geringen Mengen miteinander vereinigen. Über Quecksilber sperrte er mit Sauerstoff angereicherte Luft, die mit Natronlauge in Verbindung stand, in einem Eudiometerrohr ab. Selbst nach drei Wochen dauernden Durchfunkens behielt er immer noch einen Gasrest, der 0,833% des ursprünglichen Volumens ausmachte.

Zu den Edelgasen gehören:

2 He Helium. 1868 fand JANNSEN in der Chromosphäre der Sonne eine gelbe Spektrallinie (5875,930 Å), die dicht bei den beiden Natrium D-Linien (5890 und 5896 Å) liegt, doch sich eindeutig nachweisen ließ. Im Clevein, einem uranhaltigen Mineral, konnten vollkommen unabhängig RAMSEY und LANGLET ein Gas nachweisen, das die gleiche gelbe Linie wie die Chromosphäre zeigte. Ramsey gelang es ferner, aus Rohargon Neon und Helium abzutrennen. Benannt nach dem gr. Wort für Sonne.

10 Ne Neon. RAMSEY konnte aus dem Periodensystem und der nachgewiesenen Existenz von Helium und Argon Neon voraussagen. Identifiziert wurde es als neues Gas durch sein intensiv rotes Leuchten bei der Gasentladung. Benannt nach dem gr. Wort für „neu".

18 Ar Argon. 1893 fand Lord RAYLEIGH, daß aus Luft isolierter Stickstoff eine um 0,5% höhere Dichte besitzt als ein aus Chemikalien hergestellter. RAYLEIGH und RAMSEY ließen daraufhin atmosphärischen Stickstoff durch Magnesiumspäne binden und erhielten Argon. Benannt nach dem gr. Wort für „träge". RAMSEY und TRAVERS gelang es, aus 1500 Liter Luft 15 Liter Rohargon abzutrennen, die das Ausgangsmaterial für die übrigen Edelgase wurden.

36 Kr Krypton. Noch vor dem Neon konnte RAMSEY 1897 spektroskopisch Krypton nachweisen. Benannt nach dem gr. Wort für „verborgen".

54 Xe Xenon. Beim Abpumpen von Krypton aus Rohkrypton bei 80 K blieb als fester Bestandteil Xenon übrig. Benannt nach dem gr. Wort für „fremd".

Edelgase

86 Rn Radon. RAMSEY und SODDY erkannten in der Emanation des Radiums das nach dem Periodensystem noch zu erwartende Edelgas. Benannt nach dem gr. Wort für „strahlen".

Anteil am Aufbau der Erde in Prozenten:
He $4,2\cdot 10^{-7}$ Ne $5\cdot 10^{-7}$ Ar $3,6\cdot 10^{-4}$ Kr $1,9\cdot 10^{-8}$ Xe $2,4\cdot 10^{-9}$ Rn $4\cdot 10^{-17}$ %

Gehalt der Atmosphäre an:

	He	Ne	Ar	Kr	Xe	Rn
Vol. %	$4,6\cdot 10^{-4}$	$1,61\cdot 10^{-3}$	0,9325	$1,08\cdot 10^{-4}$	$8\cdot 10^{-6}$	$6\cdot 10^{-18}$
Gew. %	$6,4\cdot 10^{-5}$	$1,21\cdot 10^{-3}$	1,2866	$3,12\cdot 10^{-4}$	$3,6\cdot 10^{-5}$	$4,5\cdot 10^{-17}$

Elektronenanordnung:

Helium	$1s^2$		
Neon	[He]	$2s^2$	$2p^6$
Argon	[Ne]	$3s^2$	$3p^6$
Krypton	[Ar]	$3d^{10}$ $4s^2$	$4p^6$
Xenon	[Kr]	$4d^{10}$ $5s^2$	$5p^6$
Radon	[Xe]	$4f^{14}$ $5d^{10}$ $6s^2$	$6p^6$

Aus dem chemischen Verhalten ist zu schließen, daß die Elektronenschalen abgeschlossen und die Atome sehr stabil sind. Sie bilden nur einatomige Moleküle. Die Stabilität der Elektronenanordnung geht auch daraus hervor, daß die chemischen Elemente vielfach die Tendenz zeigen, durch Aufnahme bzw. durch Abgabe von Elektronen eine edelgasähnliche Konfiguration anzunehmen. Man war dewegen noch bis 1962 der Auffassung, daß die Edelgase keine chemischen Verbindungen eingehen könnten.

Physikalische Eigenschaften:

Dichte am Siedepunkt	^{3}He	^{4}He	Ne	Ar	Kr	Xe	Rn
in g/cm^3	0,05	0,125	1,205	1,401	2,155	2,987	≈6
F in K	0,3 (29,3 atm)	0,6 (25 atm)	24,57	83,9	116,1	161,4	202
Kp in K	3,19	4,215	27,08	87,26	119,9	165,1	210
Krit. Temp. (K)	3,33	5,2	44,6	150,73	209,4	289,75	377,2
Krit. Druck (at)	1,15	2,26	27,75	49,59	55,9	60,16	64,5
Schmelzwärme cal/mol	—	0,0033	0,08	0,28	0,39	0,55	0,65
Verdampfungswärme cal/mol	6,1	19	440	1558	2158	3020	≈4400
bei K	3,1	4,2	20,0	87,2	119	162	
Wärmeleitf. 10^{-7} cal/cm. Grad	—	3390	1105	389	212	124	—
Ionisierungsspannung (Volt)	—	24,5	21,5	15,7	13,9	12,1	10,7
Atomradius (Å) (273,15 K = 0°C)	—	1,2	1,6	1,9	2,0	2,2	—

Da die Edelgasatome aus einem Kern, mit einer negativen Elektronenwolke umgeben, bestehen, ist zu erwarten, daß sie sich im Dipol Wasser umso leichter lösen, je größer die Atome sind. Die Messungen ergeben in cm³/kg bei 0°C und 760 Torr:

He	Ne	Ar	Kr	Xe	Rn
9,7	12	50	110	240	510

Bereits 1933 sagte L. Pauling die mögliche Existenz von Verbindungen der Art KrF_6, XeF_6 und Ag_4XeO_6 voraus. Für die Möglichkeit sprach allein bereits die Tatsache, daß die Ionisierungsarbeit des H_2 mit 13,9 Volt höher liegt als die des Xenons und die des Radons. Die ersten unbeständigen Verbindungen wurden bereits 1927 in Gasentladungsröhren spektroskopisch nachgewiesen, z. B. $HgHe_{10}$. Bis in jüngste Zeit wurden Arbeiten über den massenspektrometrischen Nachweis von Verbindungen des Typs XY^+ (X und Y können Edelgase sein) veröffentlicht. Beim β-Zerfall des $^{131}ICH_3$ fanden Carlson und White 1963, daß 70% der überlebenden Produkte $^{131}XeCH_3^+$ waren. Beim energiereicheren Zerfall des ^{130}I waren es nur 34%. Dagegen ließen sich beim β-Zerfall des $^{82}BrCH_3$ nur 0,4% $^{82}KrCH)_3^+$ nachweisen.

1962 untersuchte N. Bartlett von der University of British Columbia die Eigenschaften des hoch reaktionsfähigen Gases PtF_6. Zusammen mit Lohmann fand Bartlett, daß das Gas mit molekularem Sauerstoff reagiert unter Bildung von $O_2^+ \cdot PtF_6^-$. Da die Ionisierungsenergie des O_2 zu O_2^+ nahezu die gleiche ist wie die des Xenons, gelang es ihnen bald danach, die erste echte Edelgasverbindung herzustellen: $Xe^+ \cdot PtF_6^-$.

Im Argonne National Laboratory konnten die Bartlettchen Versuche bestätigt werden. Gleichzeitig fand man, daß auch andere Hexafluoride mit Xenon reagieren. Dann ging man dort daran, unmittelbar Xenon mit Fluor zu mischen und unter geeigneten Bedingungen reagieren zu lassen. Die erste Verbindung war XeF_4. Man mischte in einem Nickelbehälter Xe und F_2 im Verhältnis 1 : 5 und erhitzte das Gemisch eine Stunde lang bis auf 400°C. Man fand anschließend in dem Behälter farblose Kristalle von XeF_4. Durch Änderung der Versuchsbedingungen gelangte man dann zu einer ganzen Reihe weiterer Xenonfluoride. Die Reaktion des Xenons mit Fluor ist exotherm. Dagegen müßte eine Vereinigung mit Chlor stark endotherm sein. Weitgehend hängt die Stabilität mit der geringen Dissoziationsenergie des Fluors gegenüber der des Chlors zusammen. Für chemische Verbindungen kommen nur die schweren Edelgase Krypton, Xenon und Radon zusammen mit den Elementen der höchsten Elektronegativität Fluor und Sauerstoff in Betracht. Beim Radon wäre auch eine Verbindung mit Chlor denkbar. Selbst die Verbindungen des Xenons mit Sauerstoff lassen sich

Edelgase

nicht unmittelbar, sondern nur über den Umweg des Fluorids gewinnen. Für Krypton fällt eine Sauerstoffverbindung ganz aus.

Die Fluoride reagieren mit Wasser unter Abscheiden von Fluorwasserstoff:

$$XeF_2 + H_2O \rightarrow Xe + \frac{1}{2}O_2 + 2HF$$
$$XeF_6 + H_2O \rightarrow XeOF_4 + 2HF$$
$$XeF_6 + 3H_2O \rightarrow XeO_3 + 6HF$$
$$3XeF_4 + 6H_2O \rightarrow 2Xe + XeO_3 + \frac{3}{2}O_2 + 12HF$$

Mit Natronlauge reagiert XeF_6 zu einem Perxenat: Na_4XeO_6. Mit CsF und RbF ergeben sich Anlagerungsverbindungen, die beim Erwärmen zerfallen:

$$CsXeF_7 \xrightarrow{50°C} Cs_2XeF_8 \xrightarrow{400°C} CsF$$
$$RbXeF_7 \xrightarrow{20°C} Rb_2XeF_8 \xrightarrow{400°C} RbF$$

Wegen der höheren Ionisierungsenergie ist die Herstellung des Kryptonfluorids nicht mit konventionellen Mitteln möglich. Zu größeren Mengen gelangt man, wenn man ein Gemisch von Krypton und Fluor bei 123 K einer Elektronenbestrahlung aussetzt. Untersuchungen ergaben, daß es sich bei dem erhaltenen Fluorid um KrF_2 handelt. Bei Zimmertemperatur ist es unbeständig. Dagegen läßt es sich beliebig bei der Temperatur des Trockeneises aufbewahren.

Das Arbeiten mit Radon wird erschwert, weil das stabilste Isotop ^{222}Rn nur eine Halbwertszeit von 3,83 Tagen hat. Obwohl es wegen seiner niedrigen Ionisationsenergie besonders für die Herstellung von Verbindungen geeignet wäre, so ließ sich bisher nur ein Fluorid nachweisen.

	Farbe (fest)	Farbe (Dampf)	F in °C	Kp in °C	Dampfdruck (Torr)
XeF_2	weiß	farblos	129	?	14
XeF_4	weiß	farblos	114	?	13
XeF_6	weiß < 42° gelb > 42°	gelb	46	76	13 (0° < t < 20°C) 82 (50° < t < 76°C)
$XeOF_4$	weiß	farblos	−46,2	?	28
XeO_3	weiß	—	expl.	—	nicht flüchtig
Na_4XeO_6	weiß	—	zersetzt sich t > 160°C	—	nicht flüchtig
XeF_8 (Existenz fraglich)	gelb				flüchtig (t > −78°C)
KrF_2	weiß		beginnt bei t > −60°C zu sublimieren		30 (t = 0°C) > 100 (t > 25°C)
RnF_x			beginnt bei t > 250°C zu sublimieren		

Literatur
WINNACKER-KÜCHLER: Chemische Technologie, Bd. 1 S. 335—434. Carl Hansen Verlag, München 1958
DAY: The Chemical Elements in Nature. — George G. Harrap & Co. Ltd. London, Toronto, Wellington, Sydney 1963
GUTTMANN: Halogen Chemistry, Bd. 1. — Academic Press London, New-York 1967
COOK: Argon, Helium and the Rare Gases, Bd. 1 und 2. — Interscience Publishers, New-York, London 1961
HESLOP & ROBINSON: Inorganic Chemistry. — Elsevier Publishing Company Amsterdam, London, New-York 1963
WILKS: The Properties of Liquid and Solid Helium. — Clarendon Press, Oxford 1967

Edelgasverbindungen s. Edelgase.
Edison-Akkumulator s. Galvanische Elemente.
Edman-Methode s. Aminosäuren 2.1.
Einschlußverbindungen s. Clathrate.
Einsteinium s. Actiniden.
Eisen (allgemein; s. auch „Stahl"). Das Element gehört zur →Achten Nebengruppe. Von ihm existieren die stabilen Isotope mit den Massenzahlen 54 (5,82%), 56 (91,66%), 57 (2,19%) und 58 (0,33%).
Seine große wirtschaftliche Bedeutung hat es zwei Umständen zu verdanken: Es gehört zu den wenigen Metallen, die mit mehr als 1% an der Erdkruste beteiligt sind und somit häufig auftreten, und es hat — selbst ein sehr unedles Material — die Fähigkeit, sich durch Legieren veredeln zu lassen.
Eisen kommt vor allem in oxidischen und sulfidischen Mineralien, sowie in Silikaten vor. Das wertvollste Erz mit dem höchsten Eisengehalt ist der Magnetit Fe_3O_4 mit 72% Eisen. An nächster Stelle steht der Hämatit Fe_2O_3 (Roteisenerz) mit 70% und der Limonit, ein teilweise hydratisiertes Eisenoxid der Bruttozusammensetzung $Fe_2O_3 \cdot H_2O$. Spateisenstein ist das in der Natur vorkommende Eisenkarbonat mit 48% Eisen. Häufig treten die Eisenschwefelverbindungen Pyrit FeS_2 (Magnetkies) und magnetischer Pyrit FeS, sowie Arsenkies $FeAsS$ auf.
Riesige Eisenerzlagerstätten besitzen die Sowjetunion (Kriwoi Rog in der Ukraine, im Ural, in Sibirien und im Altai-Gebirge), Schweden und die USA im Gebiet der Großen Seen. Erzlagerstätten mit einem geringeren Eisengehalt finden sich in Lothringen, Luxemburg, Belgien, Großbritannien, Westdeutschland und Polen. Z. Z ist es wirtschaftlicher, Erze mit hohem Eisengehalt aus größerer Entfernung zu beziehen und zu verhütten, als minderwertige aus der Nachbarschaft. So bezieht die ARBED in Esch-sur-Alzette Schwedenerze statt der Minette Luxemburgs. In der Großtechnik wird Eisenerz durch Kohle reduziert. Reines Eisen kann man u. a. durch Elektrolyse einer Eisen(II)-Oxalatlösung gewinnen. Reines Eisen ist ein weißes, glänzendes Metall mäßiger Härte. Im festen Zustand tritt es in

zwei verschiedenen Formen auf: α- und δ-Eisen bilden raumzentrierte Kristallgitter, zwischen 906 und 1401°C dagegen existiert das flächenzentrierte γ-Eisen. Da Eisen beim Curie-Punkt von 768°C seinen Magnetismus verliert, hat man noch für Eisen zwischen dem Curie-Punkt und 968°C die Bezeichnung β-Eisen eingeführt. Reines Eisen verliert seinen Magnetismus im gleichen Augenblick, in dem man es aus dem äußeren Magnetfeld heraus bringt.

Groß ist die Verwandtschaft zum Sauerstoff. An feuchter Luft wird es von der Oberfläche her in Oxyhydrat umgewandelt. Mit trockner Luft reagiert Eisen erst oberhalb 150°C. Beim Glühen läuft es unter Bildung von Fe_3O_4 an. In verdünnten Säuren löst es sich leicht auf unter Bildung von Wasserstoff. Sehr energisch verbindet sich Eisen in der Hitze mit Chlor. Dagegen kann flüssiges Chlor in eisernen Tankwagen verschickt werden. In fein verteiltem Zustand vereinigt es sich leicht mit Schwefel. Eisen hat katalytische Eigenschaften. So verwendet man z. B. für die Ammoniaksynthese Eisen, das durch oxydische Zusätze aktiviert wird. In der Elektrotechnik haben Ferrite Anwendung gefunden. Es handelt sich dabei um keramische Stoffe mit eingebauten Eisen(II)-Ionen mit magnetischen Eigenschaften.

Physiologisch ist Eisen u. a. als aktiver Bestandteil des Hämoglobins und der Atmungsfermente wichtig. Es kann in locker gebundener Form Sauerstoff bis zu den Zellen transportieren und dort abgeben.

In der modernen Meßtechnik wird Eisen-57 zum *„Mößbauern"* benutzt. Durch entsprechende γ-Strahlung geht es in einen angeregten Kernzustand über. Stimmt die Frequenz des anregenden γ-Quants infolge Doppler-Effektes nicht ganz genau überein, so läßt sich das registrieren. Beim Eisen-57 kann bereits bei gewöhnlicher Temperatur der Mössbauer-Effekt beobachtet werden.

Die Veredelung des Eisens durch Zusätze s. unter Stahl.

Eisstruktur s. Sechste Hauptgruppe.
Eiweiß s. Aminosäuren 2. und 3.
Elektroaffinität s. Elektronegativität.
Elektrolyse. Taucht man in die wäßrigen Lösungen von Salzen, Säuren oder Hydroxiden zwei geeignete, elektrisch leitende Gegenstände (Elektroden, z. B. Platinbleche) und legt an diese eine Gleichspannung an, so fließt bei genügend großer Spannung ein elektrischer Strom. Solche Flüssigkeiten werden als Elektrolyte bezeichnet. Die Vorgänge, welche an den Elektroden durch den elektrischen Strom hervorgerufen werden, nennt man Elektrolyse. Das Fließen des Stromes kommt dadurch zustande, daß die in dem Elektrolyten vorhandenen hydratisierten (von einer Wasserhülle umgebenen) Ionen zu den Elektroden wandern und dort entladen werden. Ionen sind elektrisch geladene Atome oder Atomgruppen. Man unterscheidet Kationen (positiv geladen) und Anionen (negativ geladen).

Elektrolyse

Bei der Elektrolyse von Salzsäure mit Platin-Elektroden bildet sich an der Kathode (Elektrode, die mit dem negativen Pol verbunden ist) Wasserstoffgas. An der Anode (positiver Pol) entsteht Chlorgas. Die Gasentwicklung kommt dadurch zustande, daß die Wasserstoffionen an die Kathode wandern und dort je ein Elektron aufnehmen. Es entstehen Wasserstoffatome, die sich zu Wasserstoffmolekülen (H_2) vereinigen: $2H^+ + 2e^- \rightarrow H_2$. Die Chloridionen bewegen sich zur Anode und geben dort je ein Elektron ab. Dadurch bilden sich zunächst Chloratome und dann Chlormoleküle: $2Cl^- \rightarrow Cl_2 + 2e^-$. Die an der Anode abgegebenen Elektronen werden von der Spannungsquelle durch den äußeren Stromkreis zur Kathode transportiert (s. Abb.)

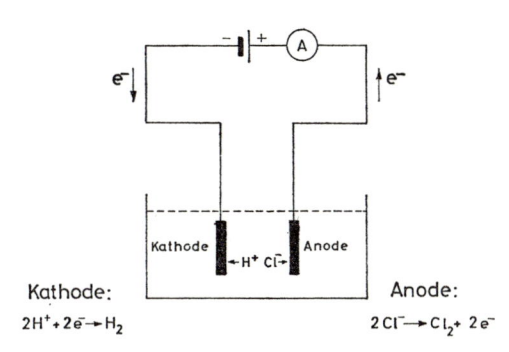

Kathode: $2H^+ + 2e^- \rightarrow H_2$

Anode: $2Cl^- \rightarrow Cl_2 + 2e^-$

Die an einer Elektrode abgeschiedene Stoffmenge ist der durch den Elektrolyten geflossenen Elektrizitätsmenge ($Q = I \cdot t$; Stromstärke I, Zeit t) proportional (1. FARADAYsches Gesetz). Die aus verschiedenen Elektrolyten durch gleiche Elektrizitätsmengen abgeschiedenen Massen verhalten sich wie die Äquivalentmassen dieser Stoffe (2. FARADAYsches Gesetz). Die Äquivalentmasse ist diejenige Masse eines Stoffes (in Gramm), welche ein Gramm Wasserstoff binden oder ersetzen kann. Zur Abscheidung eines Grammäquivalents eines Stoffes wird eine Elektrizitätsmenge von 96.490 C benötigt.

Die Vorgänge an den Elektroden sind als Reduktions-Oxydationsvorgänge (s. Redox-Vorgänge) aufzufassen. An der Anode werden den Reaktionspartnern Elektronen entzogen, was einer Oxydation entspricht. Zum Beispiel werden die Chloridionen zu Chlor oxydiert. An der Kathode verlaufen Reduktionsvorgänge, bei denen die im Elektrolyten vorhandenen Stoffe von der Elektrode Elektronen aufnehmen (z. B. Wasserstoffionen werden zu Wasserstoff reduziert).

Zersetzungsspannung

Bei der Elektrolyse von n-Salzsäure mit Platinelektroden entsteht eine sichtbare Gasentwicklung erst bei Spannungen, die größer als 1,36 Volt sind. Es ist also eine Mindestspannung, die sog. Zersetzungsspannung notwendig. Legt man an

Elektrolyse

die Elektroden eine kleinere Spannung an, so wandern zunächst die Wasserstoffionen zur Kathode und die Chloridionen zur Anode. An den Platinelektroden bilden sich Wasserstoff- und Chlormoleküle, die vom Platin adsorbiert werden. Auf diese Weise ist eine Wasserstoff- und eine Chlorelektrode entstanden. Sie bilden ein →galvanisches Element, weil die Wasserstoff- und die Chlormoleküle das Bestreben haben, wieder in die Ionenform überzugehen ($H_2 \rightarrow 2H^+ + 2e^-$ und $Cl_2 + 2e^- \rightarrow 2Cl^-$). Die Platinelektroden sind durch die Elektrolyse polarisiert worden. Die polarisierten Elektroden liefern eine Spannung (*Polarisationsspannung*), welche der angelegten Spannung entgegengesetzt gerichtet ist. Wird die angelegte Spannung erhöht, vergrößert sich auch die Polarisationsspannung, bis der Druck, welchen die abgeschiedenen Chlor- und Wasserstoffmoleküle erzeugen, gleich dem äußeren Luftdruck ist. Dann können die beiden Gase entweichen und die Polarisationsspannung hat ihren größten Wert erreicht.

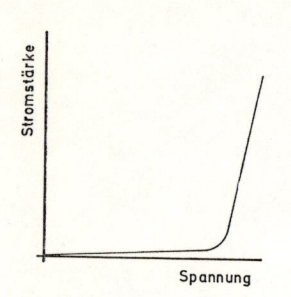

Wird die Stromstärke in Abhängigkeit von der angelegten Spannung in ein Koordinatensystem eingetragen, erhält man eine Stromspannungskurve (s. Abb.). Zu Anfang ist die Stromstärke sehr klein. Dieser sog. *Reststrom* beruht darauf, daß nicht alle entladenen Teilchen vom Platin adsorbiert werden, sondern allmählich durch Diffusion oder Konvektion von der Elektrodenoberfläche in das Innere des Elektrolyten abwandern. Dieser Verlust wird durch den Reststrom ergänzt. Wenn die Zersetzungsspannung erreicht ist, vergrößert sich die Stromstärke beträchtlich (Knickstelle in der Kurve). Die Größe der Zersetzungsspannung wird durch die Differenz des Kathoden- und Anodenpotentials des galvanischen Elementes bestimmt, welches durch die Elektrolyse entstanden ist. Bei n-Salzsäure beträgt die Zersetzungsspannung 1,36 Volt (Potential für die Wasserstoffelektrode 0 Volt, für die Chlorelektrode 1,36 Volt). Ist die angelegte Spannung (U) größer als die Zersetzungsspannung (Uz), so nimmt die Stromstärke (I) zunächst nach dem Ohmschen Gesetz zu. Es gilt dann:

$$I = \frac{U - U_z}{R}$$

R bedeutet den Widerstand des Elektrolyten. Mit steigender Spannung stellt sich schließlich ein konstanter Wert der Stromstärke ein, den man Grenz- oder Sättigungsstrom nennt. Diese Stromstärke ist dann erreicht, wenn die Anzahl der pro Zeiteinheit an den Elektroden entladenen Ionen gleich der Anzahl der Ionen ist, welche durch Diffusion aus dem Inneren des Elektrolyten an die Elektroden gelangen. Ist gleichzeitig noch eine andere Ionenart im Elektrolyten vorhanden, so wird die Stromstärke erst dann wieder größer werden, wenn das

Elektrolyse

Abscheidungspotential dieser Ionenart erreicht ist. Bei mehreren Ionenarten in einer Lösung werden sich zu Anfang diejenigen Ionen an den Elektroden entladen, für welche die geringste Zersetzungsspannung erforderlich ist.

In der *Polarographie* wendet man diesen Sachverhalt an, um die qualitative und quantitative Zusammensetzung einer Lösung zu bestimmen, welche mehrere Kationen enthält. Die zu untersuchende Lösung wird in ein Elektrolysegefäß gefüllt, auf dessen Boden sich Quecksilber als Anode befindet. Die Kathode besteht aus einer sog. Quecksilbertropfelektrode. Das Quecksilber gelangt aus einem Vorratsgefäß in eine Kapillare, aus welcher etwa alle 3 Sekunden ein Tropfen Quecksilber durch die Lösung fällt. An die beiden Elektroden wird eine Spannung angelegt, welche durch Veränderung der Länge eines Widerstandsdrahtes kontinuierlich ansteigt. Gleichzeitig wird die Stromstärke registriert. Als Ergebnis der Analyse erhält man ein Polarogramm, in welchem die Stromstärke in Abhängigkeit von der angelegten Spannung aufgezeichnet ist (s. Abb.). Wenn die Spannung den Wert des Abscheidungspotentials eines Ions (a) erreicht hat, steigt die Stromstärke bei Vergrößerung der Spannung steil bis zu einem konstanten Wert (Grenzstromstärke) an. Erst wenn die Zersetzungsspannung eines anderen Ions (b) erreicht ist, wird die Stromstärke erneut zunehmen. Jede Ionenart ist somit durch ein Ansteigen der Stromstärke zu erkennen. Weil die Grenzstromstärke von der Konzentration der Ionen abhängig ist, kann man aus den Werten d_1 und d_2 auch quantitative Angaben machen. Die Verwendung einer Quecksilbertropfelektrode bietet gegenüber anderen Elektroden den Vorteil, daß sich die Oberfläche der Kathode ständig erneuert und durch die abgeschiedenen Metalle keine Änderung erfährt. Wegen der kleinen Oberfläche des Tropfens ist die Stromdichte sehr hoch und die Grenzstromstärke wird bald erreicht. Außerdem verändern die kleinen Stromstärken die Zusammensetzung der Lösung nicht. Die große Überspannung des Wasserstoffs an Quecksilber erlaubt auch eine Bestimmung von Alkali- und Erdalkaliionen, weil sich kein Wasserstoff abscheidet.

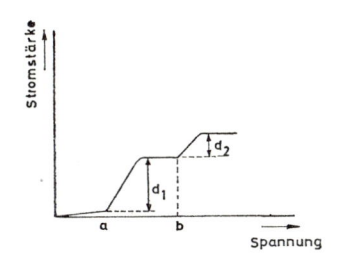

Überspannung

Bei der Elektrolyse von verdünnter Schwefelsäure, Salpetersäure, Natronlauge und Kalilauge scheiden sich bei unangreifbaren Elektroden (Pt) an der Kathode Wasserstoff und an der Anode Sauerstoff ab. Die Zersetzungsspannung beträgt in allen Beispielen etwa 1,7 Volt (bei n-Lösungen). Das bedeutet, daß in diesen Elektrolyten die gleichen Elektrodenprozesse stattfinden. Es entstehen bei der

Elektrolyse

Elektrolyse eine Wasserstoff- und eine Sauerstoffelektrode, die ein →galvanisches Element bilden, das nach der Berechnung mit Hilfe der Normalpotentiale eine Spannung von 1,23 Volt liefern sollte. Man erhält allerdings kaum mehr als 1,08 Volt. Die Zersetzungsspannung von 1,7 Volt macht deutlich, daß eine größere Spannung zur Elektrolyse notwendig ist. Diesen zusätzlichen Spannungsbetrag nennt man Überspannung. Sie hat ihre Ursache in Hemmungserscheinungen, welche bei den Elektrodenvorgängen auftreten.

Die Bildung von Wasserstoff an der Kathode kann in folgende Teilvorgänge zerlegt werden:

1. Transport der Hydroniumionen (H_3O^+) an die Elektrode.

2. Entladung der Hydroniumionen unter Aufnahme eines Elektrons und Bildung von Wasserstoffatomen, welche am Elektrodenmetall adsorbiert werden (VOLMER-Reaktion).

$$H_3O^+ + e^- \rightarrow H_{ad} + H_2O$$

In alkalischen Lösungen, in denen die Konzentration der Hydroniumionen sehr gering ist, wird die Bildung der Wasserstoffatome aus dem Wasser erfolgen:

$$H_2O + e^- \rightarrow H_{ad} + OH^-$$

3. Bildung von molekularem Wasserstoff durch die Vereinigung zweier adsorbierter Wasserstoffatome (TAFEL-Reaktion).

$$H_{ad} + H_{ad} \rightarrow H_{2_{ad}}$$

An solchen Stellen der Elektrodenoberfläche, die mit Wasserstoffatomen belegt sind, können Wasserstoffmoleküle auch nach der HEYROVSKY-Reaktion gebildet werden:

$$H_{ad} + H_3O^+ + e^- \rightarrow H_{2_{ad}} + H_2O$$

bzw.

$$H_{ad} + H_2O + e^- \rightarrow H_{2_{ad}} + OH^-$$

4. Desorption der adsorbierten Wasserstoffmoleküle von der Metalloberfläche.

5. Abtransport der Wasserstoffmoleküle durch Diffusion in der Lösung oder durch Entwicklung von Gasblasen.

Bei sämtlichen Vorgängen können Hemmungserscheinungen auftreten. Der Teilvorgang 2. verläuft an einigen Metallen verhältnismäßig leicht und schnell, bei anderen ist eine Aktivierungsenergie notwendig, welche durch die Überspannung zugeführt werden kann. Die Größe der Überspannung ist von dem Elektrodenmaterial abhängig:

Kathodenmetall	Überspannung in Volt
Pt (Schwamm)	0,0
Pd (Schwamm)	0,0
Ag	0,1—0,2
Fe	0,2—0,3
Cu	0,2—0,4
Ni	0,4—0,5
Pb	0,4—0,7
Hg	0,8—1,0

An der Anode entsteht Sauerstoff nach folgenden Bruttoreaktionen:

in saurer Lösung:
$$6H_2O \rightarrow O_2 + 4H_3O^+ + 4e^-$$

in alkalischer Lösung:
$$4OH^- \rightarrow O_2 + 2H_2O + 4e^-$$

Auch hier bilden sich Teilreaktionen aus, wobei adsorbierte Sauerstoffatome und H_2O_2 entstehen können. Diese Reaktionen sind an allen Elektrodenmaterialien stark gehemmt und erfordern ebenfalls Überspannungen zur Abscheidung von Sauerstoff:

Elektrodenmaterial	Überspannung in Volt
Ni	0,12
Fe	0,24
Cu	0,25
Pb	0,3
Ag	0,4
Pt	0,44

Bei der Elektrolyse von Natron- und Kalilauge werden also die Metalle nicht entladen, weil hierfür eine höhere Zersetzungsspannung notwendig wäre. Bei der Elektrolyse der Salzsäure wird sich kein Sauerstoff an der Anode abscheiden, weil durch die Überspannung des Sauerstoffs an Platin die Zersetzungsspannung 1,7 Volt beträgt, während für das Abscheiden von Wasserstoff und Chlor nur 1,35 Volt erforderlich sind.

Elektrolyse

Elektrolyse von Salzlösungen

Bei der Elektrolyse von wäßrigen Salzlösungen können sich an der Kathode entweder das Metall oder Wasserstoff oder Metall neben Wasserstoff abscheiden. Wenn das Potential des Metalls positiver als das des Wasserstoffs in der betreffenden Lösung ist und die angelegte Spannung und die Stromdichte so niedrig sind, daß die Grenzstromstärke nicht erreicht wird, dann scheidet sich nur das Metall ab. Ist hingegen das Potential des Metalls negativer als das Wasserstoffpotential (z. B. Alkali- und Erdalkalimetalle, Aluminium, Magnesium) so ist zum Abscheiden des Wasserstoffs eine geringere Zersetzungsspannung erforderlich. Liegen die Potentiale für Metall und Wasserstoff sehr nahe beieinander, können beide Elemente abgeschieden werden. Die Bildung von Wasserstoff kann aber auch beim Überschreiten der Grenzstromstärke erfolgen.

Aus wäßrigen Salzlösungen lassen sich die Alkalimetalle an einer Quecksilberkathode abscheiden. Hiervon macht man bei der Elektrolyse einer Natriumchlorid-Lösung Gebrauch (s. Chloralkali-Elektrolyse). Wegen der hohen Konzentration der Natriumchloridlösung und infolge der Bildung von Natriumamalgam ändert sich die Abscheidungsspannung für Natrium von − 2,7 Volt auf − 1,35 Volt. Andererseits verschiebt sich das Abscheidungspotential des Wasserstoffs an Quecksilber infolge der Überspannung auf − 1,43 Volt.

Lösliche Anode

Die Anode kann bei der Elektrolyse oxydiert werden (sie sendet Ionen in Lösung), wenn ihr Potential niedriger ist als das Potential der Anionen, die in der Lösung vorhanden sind (lösliche Anode). Ein Sonderfall liegt vor, wenn Kathode und Anode aus dem gleichen Metall bestehen, dessen Ionen sich im Elektrolyten befinden, z. B. Kupfersulfatlösung zwischen Kupferelektroden. An der Anode gehen Kupferionen in Lösung und an der Kathode werden Kupferionen aus dem Elektrolyten abgeschieden. Die Konzentration des Elektrolyten bleibt konstant. Es ist praktisch keine Zersetzungsspannung vorhanden, weil sich kein galvanisches Element ausbildet. Dabei vernachlässigt man allerdings, daß nach einiger Zeit Konzentrationsunterschiede in der Lösung entstehen, weil an der Kathode Kupferionen entladen werden. Infolgedessen nimmt die Konzentration der Kupferionen an dieser Stelle ab. An der Anode vergrößert sich die Kupferionenkonzentration. Dadurch bildet sich eine sog. Konzentrationspolarisation aus, die eine geringe Gegenspannung erzeugt. Sie kann aber durch Rühren des Elektrolyten verhindert werden. Diese Art der Elektrolyse verwendet man z. B. bei der Raffination von Kupfer. Kupfer läßt sich in großer Reinheit herstellen, wenn das Rohkupfer als Anode in Schwefelsäure taucht und eine Kathode aus reinem Kupfer verwendet wird. Enthält das Rohkupfer unedlere Metalle (z. B. Zink und

Eisen), so gehen diese mit dem Kupfer an der Anode in Lösung, während die edleren Metalle ungelöst zurückbleiben (Anodenschlamm). An der Kathode scheidet sich reines Kupfer ab.

Elektrolyse im Schmelzfluß

Metalle, die sich nicht aus wäßrigen Lösungen abscheiden lassen, kann man durch Elektrolyse ihrer geschmolzenen Salze gewinnen. Für die Herstellung von Natrium und Kalium eignet sich die Elektrolyse einer Schmelze der Chloride oder Hydroxide. Bei der Aluminiumgewinnung elektrolysiert man eine Schmelze aus Aluminiumoxid (Al_2O_3), der man Kryolith (Na_3AlF_6) zusetzt, um einen niedrigeren Schmelzpunkt zu erhalten.

Galvanotechnik

Hierzu gehört die Galvanostegie (Elektroplattierung), bei der man Metallüberzüge zum Zwecke des Korrosionsschutzes und der Verschönerung auf weniger wertvollen Metallen abscheidet. Die Metallniederschläge, welche aus Mikrokristallen aufgebaut sind, bilden sich am schönsten bei kleinen Stromdichten aus (Stromstärke pro cm^2 Elektrodenfläche). Bei großen Stromdichten wird der Zusammenhang der Kristalle schwächer und es können schwammige Überzüge entstehen. Außerdem ist die Konzentration der Metallionen im Elektrolyten wichtig. Der Metallniederschlag wird umso feinkörniger, je geringer die Konzentration der Metallionen ist. Das bedeutet, daß dann auch die Grenzstromdichte sehr niedrige Werte aufweist. Man arbeitet daher mit höherem Salzgehalt aber niedriger Metallionenkonzentration, indem man Lösungen von Komplexsalzen (z. B. Cyanide, Tartrate, Citrate, Pyrophosphate) verwendet. Auch durch Zusätze von Ammonium-, Alkali- oder Magnesiumsalzen mit gleichartigen Anionen kann man die Metallionenkonzentration verringern, z. B. durch Zugabe von Natriumsulfat in eine Nickelsulfatlösung.

Die Ausbildung des Metallniederschlages wird auch durch die Struktur des Grundmetalls beeinflußt. Nur auf vollkommen glatten, hochglänzend polierten Oberflächen lassen sich ebensolche Überzüge gewinnen. In den meisten Fällen versucht das abgeschiedene Metall, die Struktur des Grundmetalls fortzusetzen, das weder durch Oxid- noch durch Fettschichten überdeckt sein darf. Nickel wird neben Chrom in großem Umfang in der Galvanotechnik zum Korrosionsschutz und zu dekorativen Zwecken auf Eisen, Stahl und Kupfer abgeschieden. Man verwendet Nickelanoden und einen Elektrolyten, der z. B. folgende Zusammensetzung haben kann: $NiSO_4 \cdot 6H_2O$ mit Zusätzen von Ammoniumsulfat,

Elektrolyt

Magnesiumsulfat, Borsäure und Natriumsulfat. Nickel kann auch in „Glanznickelbädern" in hochglänzendem Zustand abgeschieden werden. Chrom scheidet man aus Elektrolyten ab, die aus CrO_3 und Schwefelsäure bestehen. Als Anode dienen Nickelelektroden. Bei der Hartverchromung beträgt die Schichtdicke 0,02 bis 0,2 mm.

Literatur
GUSTAV KORTÜM: Lehrbuch der Elektrochemie. — Verlag Chemie, Weinheim, 1966
DETTNER, H., ELZE, J.: Handbuch der Galvanotechnik. — Carl Hanser Verlag, München, 1963

Elektrolyt s. Elektrolyse.

Elektron: Chemie des Elektrons.

Löst man ein Alkalimetall in flüssigem Ammoniak, so färbt sich die Flüssigkeit unabhängig vom benutzten Metall blau. Dabei tritt eine beträchtliche Volumenzunahme auf, die der Konzentration des gelösten Metalles proportional ist. Bei Verwendung von Lithium erhält man eine Flüssigkeit, deren Dichte nur 0,48 g/cm³ bei gesättigter Lösung beträgt gegenüber 0,68 g/cm³ des flüssigen Ammoniaks am normalen Siedepunkt.

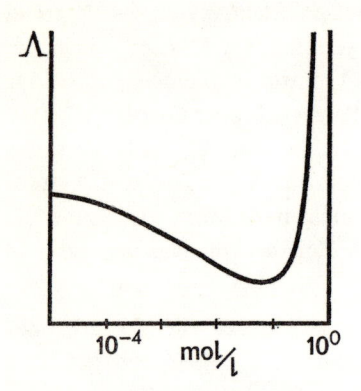

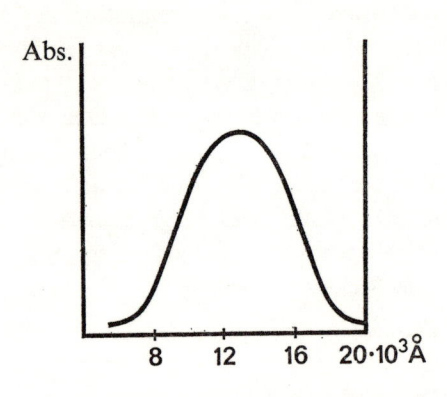

Die äquivalente Leitfähigkeit Λ nimmt mit zunehmender Konzentration wie bei Salzlösungen zunächst ab, dann jedoch steigt sie von einem bestimmten Minimum stark an.

Messungen der Magnetisierbarkeit zeigen, daß sie bei stark konzentrierter Lösung fast völlig verschwindet.

Beim Auflösen des Metalles, z. B. Natrium, tritt zunächst eine Solvatation ein, d. h. die Atome lagern Moleküle des Lösungsmittels an. Dann dissoziiert das Natrium und bildet solvatisierte Natriumionen und solvatisierte Elektronen:

$$Na_{sol} \rightarrow Na^+_{sol} + e^-_{sol}$$

Wenn mit zunehmender Konzentration die Magnetisierbarkeit verschwindet, so heißt das: $e^- + e^- \sim e_2^{2-} (\uparrow\downarrow)$

Die Blaufärbung der Lösung kann nur durch die freien Elektronen hervorgerufen sein. Die Absorptionskurve liegt mit ihrem Maximum im Infrarot, doch reicht ein Zweig bis ins sichtbare Gebiet.

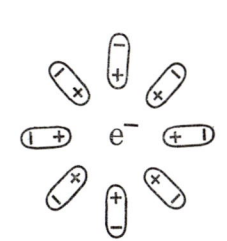

Vom Problem der Magnetisierbarkeit abgesehen lassen sich die Verhältnisse anschaulich durch das Hohlraummodell erklären. Bei der Solvatation richten sich die Ammoniakmoleküle als Dipole so aus, daß ihre positive Seite dem Elektron zugewandt ist. Andererseits stoßen sich die Dipole untereinander ab. So kommt es zu einer Hohlraumbildung, bei dem in der Mitte sich gerade die fiktive Ladung 1+ befindet und somit die Ladung 1— des frei im Hohlraum beweglichen Elektrons kompensiert. Im Hohlraum findet sich eine Anordnung, die der des Wasserstoffatoms ähnlich ist. Da er aber einen Durchmesser von 6—7 Å hat, also Platz für 3 Ammoniakmoleküle bietet, die solvatisierenden Ammoniakmoleküle Molekularbewegung zeigen, handelt es sich um eine sehr verwaschene Anordnung. Bei der Absorption von Licht kommt es so zu der oben angegebenen Kurve, die naturgemäß von der Konzentration abhängig ist.

Faßt man einen Hohlraum als ein Ion auf, so müßte es wegen der Größe eine Wanderungsgeschwindigkeit besitzen, die geringer als die des Jods ist. Nach den Messungen ist das nicht der Fall. Man muß somit annehmen, daß das Elektron wegen seiner geringen Größe jederzeit seinen Hohlraum verlassen und einen neuen aufbauen kann. Bei sehr hoher Konzentration liegen nahezu Hohlraum an Hohlraum und die Elektronen können fast frei wandern.

Auch in wäßriger Lösung bilden sich freie Elektronen. Sie lassen sich wegen ihrer kurzen Lebensdauer ($\sim 10^{-6}$ sec) nicht direkt beobachten. Die gleiche Blaufärbung erhält man jedoch, wenn Elektronen eines Beschleunigers in Wasser geschossen werden. Dabei wird Wasserstoff freigesetzt: $H^+ + e^- \rightarrow H$
Metallisches Natrium hydratisiert in Wasser und dissoziiert dann nach der Gleichung:

$$Na \rightarrow Na^+ + e^- \qquad e^- + H^+ \rightarrow H$$

Elektronegativität

Der Nachweis für das Auftreten freier Elektronen ließ sich mit gelöstem Lachgas erbringen:

$$N_2O + e^- \rightarrow N_2 + O^- \qquad O^- + H \rightarrow OH^-$$

Der entstandene Stickstoff konnte nachgewiesen werden.

Literatur
DYE J. L.: Scientific American, 216 (1967), S. 77
SCHINDEWOLF, D.: Angewandte Chemie, 80 (1968), S. 165

Elektronegativität.

Die Kraft, mit der ein Atom in einem Molekül Elektronen zu sich herüber ziehen kann, bezeichnete Pauling 1932 als Elektronegativität. Liegt eine Verbindung der Form AB vor, so können sich drei mesomere Zustände einstellen:

$$A^+B^- \qquad A^-B^+$$
$$\diagdown \qquad \diagup$$
$$A\text{---}B$$

von denen der mittlere energetisch am tiefsten liegt. Den Partnern lassen sich Zahlen (x) zuordnen, die von der Ionisationsenergie und von der Elektroaffinität abhängen, d. h. von den erforderlichen Energien, Elektronen abspalten oder Elektronen aufnehmen zu können. Bei den Alkalien ist die Ionisationsenergie niedrig und die Elektroaffinität negativ, bei den Halogenen hat dagegen die Elektroaffinität positive Werte und die Ionisationsenergie ist hoch. Ist in einer Verbindung AB $x_A \gg x_B$, so ist der Zustand A^+B^- unwahrscheinlich.

Für Verbindungen mit Partnern annähernd gleicher Elektronegativität ergibt sich die Bildungsenergie E_{A-B} als geometrisches Mittel der beiden Bildungsenergien E_{A-A} und E_{B-B}: $E_{A-B} = \sqrt{E_{A-A} \cdot E_{B-B}}$. Bei Atomen mit hohen Elektronegativitätsdifferenzen weicht der so ermittelte Wert stark von der gemessenen Bildungsenergie ab.

A	B	E_{A-A}	E_{B-B}	$\sqrt{E_{A-A} \cdot E_{B-B}}$	E_{A-B} gemessen	Δ	$\Delta^{\frac{1}{2}}$
			alles in kcal/mol				
F	Br	37	46	41	57	16	4
Si	Br	42	46	44	69	25	5
Si	F	42	37	40	129	89	9,3

Daß es sinnvoll ist, die Elektronegativitäten mit Δ zu identifizieren, ergibt folgende Betrachtung:

$$|x_{Si} - x_F| - |x_F - x_{Br}| = |x_{Si} - x_{Br}|$$
$$9{,}3 \quad - \quad 4 \quad = \quad 5{,}3 \approx 5$$

Gemessen werden stets Differenzen von x. Um möglichst kleine Zahlen zu bekommen, wandelt man die Energiedifferenzen in Elektronenvolt um und setzt nach Pauling willkürlich die Elektronegativitäten von Kohlenstoff und Fluor mit 2,5 bzw. 4 an. Auf diese Weise ergibt sich die Beziehung $x_A - x_B = K \cdot \Delta^{\frac{1}{2}}$ worin K den Wert $23^{-\frac{1}{2}}$ hat.

Δ heißt die Ionen-Kovalenz-Resonanz-Energie oder auch Ionen-Stabilisierungsenergie.

Man darf die Elektronegativitäten lediglich als Richtzahlen betrachten. Zweifellos hängen sie noch von der jeweiligen Wertigkeit des Atoms ab. So hat die Elektronegativität von Schwefel in SCl_2 sicherlich einen anderen Wert als in SF_6. Nach verschiedenen Methoden ermittelte Elektronegativitäten ergeben vielfach recht voneinander abweichende Werte:

	Si	F
Alfred-Rochow (1958)	1,74	4,10
Pauling verbessert (1961)	1,90	3,98
Mulliken (1955)	2,44	3,91

Verbindet man im Periodensystem die Elemente mit den Elektronegativitäten 2,5 (C, S, Se, I), so kann man sagen, daß alle Elemente rechts dieser Linie höhere, alle links liegenden niedrigere Werte besitzen, wobei die Extrema bei Fluor (4) und Cäsium (0,7) liegen. Für Wasserstoff ist der Wert mit 2,2 anzusetzen.

Bei einer asymmetrischen Verteilung der Elektronendichte hat das Bindungspaar A—B Dipolcharakter. Er läßt sich experimentell aus den Dielektrizitätskonstanten des Materials bestimmen, d. h. aus dem Verstärkungsfaktor für die Kapazität eines Kondensators, wenn Luft durch das zu untersuchende Material ersetzt wird. Das gemessene Dipolmoment stimmt qualitativ mit der Differenz der Elektronegativitäten überein.

Literatur

HESLOP-ROBINSON: Inorganic Chemistry. — Elsevier Publishing Company Amsterdam, London, New York 1963

COTTON-WILKINSON: Anorganische Chemie. — Verlag Chemie G. m. b. H., Weinheim/Bergstr. 1968

Elektronenmangelbindung s. metallorganische Verbindungen.
Elektronenpaar-Bindung s. Bindungskräfte.

Elektronenverschiebungen

Elektronenverschiebungen verändern die Elektronendichte in Bindungen und an Atomen. Sie beeinflussen das statische und dynamische Verhalten von Molekülen. Dies gilt besonders für organische Verbindungen, da die C—C-Bindung völlig symmetrisch und die C—H-Bindung ebenfalls eine unpolare Elektronenpaarbindung darstellt. Reaktionen erfolgen leichter an polaren Bindungen. In den organischen Molekülen bilden sich solche polaren Bindungen durch Substituenten, die sog. funktionellen Gruppen (sie bestimmen Art und Ort der Reaktion). Die Polarität wird durch zwei Effekte hervorgerufen: den induktiven und den mesomeren Effekt.

1. *Induktiver Effekt*

Er beruht auf der unterschiedlichen Fähigkeit der Atome, das gemeinsame Elektronenpaar anzuziehen (→Elektronegativität). Bezogen wird die Wirkung auf Wasserstoff als Standard-Substituent. Alle Atome oder Atomgruppen, die Elektronen stärker anziehen, rufen einen negativen induktiven Effekt hervor. Da die Elektronegativität innerhalb einer Periode nach rechts und innerhalb einer Gruppe nach oben zunimmt, bewirken Halogen-, Sauerstoff-, Schwefel-, Stickstoff-Kohlenstoffbindungen eine Positivierung des C-Atoms. Den entgegengesetzten Effekt, Erhöhung der Elektronendichte am C-Atom (positiver induktiver Effekt), haben Alkylgruppen, Metallatome und negativ geladene direkt gebundene Substituenten ($-O^-$, $-S^-$, $-NH^-$). Da die induktiven Effekte eine permanente Polarisation bewirken, lassen sie sich durch Messung des Dipolmoments vergleichen. Man kann auf Grund von diesen und anderen Beobachtungen (Säurestärke von →Carbonsäuren mit Substituenten am α-C-Atom) eine Reihenfolge nach der Stärke des induktiven Effekts aufstellen: (Stärke nimmt nach rechts zu)

$(CH_3)_3C - (CH_3)_2CH - C_2H_5 - CH_3 - H - CH_3O - OH - J - Br - Cl - NO_2 - F$

Die Beeinflussung des C-Atoms wirkt sich auf die anderen Bindungen des C-Atoms aus. Bei Positivierung des C-Atoms werden durch Anziehung der anderen bindenden Elektronenpaare die C—H-Bindungen gelockert. Der Wasserstoff wird reaktionsfähiger. Der Effekt wird aber nur über kurze Strecken weitergeleitet und nimmt in einer gesättigten Kette rasch ab.

2. *Mesomerer Effekt*

Während der induktive Effekt sich nur auf die Elektronen in σ-Bindungen auswirkt, und zwar bei gesättigten und ungesättigten Gruppen und Verbindungen, zeigt sich der mesomere Effekt, auch Resonanz-Effekt genannt, nur bei ungesättigten Verbindungen an den π-Bindungen (→Atombau) oder p-Elektronen. Die Bezeichnungsweise entspricht der des induktiven Effekts: bei negativem mesomerem Effekt liegt eine Elektronenverringerung vor, beim positivem eine Erhöhung der Ladungsdichte.

Ein wichtiger Unterschied zum induktiven Effekt besteht darin, daß der mesomere Effekt über mehrere Bindungen wirkt, vorausgesetzt, es liegen konjugierte Doppelbindungen vor. Die Elektronen verlassen beim mesomeren Effekt „ihr" Atom (das fehlt beim induktiven Effekt), sie sind delokalisiert. Die Elektronenverteilung läßt sich nur noch durch mehrere Grenzstrukturen beschreiben.

Gruppen üben einen negativen mesomeren Effekt aus, wenn sie eine π-Bindung besitzen, die konjugiert zum beeinflußten System angeordnet ist. Nach zunehmender Stärke kann man die Gruppen in folgender Reihenfolge anordnen:

$$CH=CH_2 - C_6H_5 - C\overset{O}{\underset{OR}{\diagdown}} - C\equiv N - C=O - NO_2 - NO.$$

Einen positiven Effekt findet man bei Gruppen an einem ungesättigten oder →aromatischen System, die ein doppelt besetztes, nicht bindendes p-Orbital besitzen. Dieses p-Orbital kann durch Überlappung mit den π-Elektronen negative Ladung auf das System übertragen. Je größer die Elektronegativität des Schlüsselatoms ist, desto geringer ist der positive mesomere Effekt, da es umso schwieriger ist, Elektronen von diesem Atom zu entfernen. Gruppen mit + M-Effekt sind NH_2, OH, O^-, Alkyle, Halogene. Sie wirken als Elektronendonatoren.

I- und M-Effekt können sich verstärken, wenn sie gleichsinnig wirken. Es gibt aber auch Fälle, in denen die beiden Effekte entgegengesetzte Auswirkungen haben, so die OH-Gruppe: — I-Effekt, + M-Effekt. In diesem Fall setzt sich der mesomere Effekt durch, wie an den Reaktionen an →Benzolkohlenwasserstoffen zu beobachten ist. An den →aromatischen Systemen wird durch die Effekte nicht nur die Reaktivität, sondern auch der Ort des Angriffs bestimmt. Andere Beispiele für die Auswirkungen der Elektronenverschiebungen sind die bereits erwähnten unterschiedlichen Säurestärken von →Carbonsäuren, der Basenstärken von Aminen (→organische Stickstoffverb. 2.), die Art des Reaktionsmechanismus bei →Substitution u. a. m.

Literatur
CHRISTEN, H. R.: Grundlagen der organischen Chemie. — Sauerländer-Diesterweg, Aarau 1970
HINE, J.: Reaktivität und Mechanismus in der organischen Chemie. — Thieme, Stuttgart, 1965
INGOLD, C. K.: Structure and Mechanism in Organic Chemistry. — Cornell Uni. Press, Ithaca 1969

Elektron-Metall s. Magnesium.
Elektrophil ist ein Elektronen suchendes Teilchen, es trägt mindestens eine positive Teilladung. S. Additionen 1.1., Substitution, Umlagerungen.

Elementaranalyse

Elementaranalyse ist die Untersuchung organischer Verbindungen zur Aufstellung ihrer Molekularformel. Da organische Verbindungen keine direkten Ionenreaktionen zeigen, muß bei der Analyse das Molekül ganz zerstört werden. Die Analyse gliedert sich in eine qualitative Vorprobe, eine quantitative Untersuchung der Anteile der Elemente und eine Molekularmassenbestimmung. Bei der *qualitativen Vorprobe* wird die Verbindung mit CuO verbrannt, C als CO_2 mit $Ba(OH)_2$ und H als H_2O nachgewiesen. Halogene werden nach BEILSTEIN bei Zersetzung mit einem Cu-Netz an der grünen Flamme erkannt. Zum N-Nachweis wird nach LASSAIGNE die Substanz mit Kalium erhitzt und dann an der Berliner-Blau-Reaktion (→Blausäure) erkannt.

Während LIEBIG bei der *quantitativen Analyse* 500—900 mg Substanz benötigte, kann man heute nach den Arbeiten PREGLS noch 3—5 mg einer Verbindung analysieren dank Mikrowaagen, die bis 0,001 mg Genauigkeit haben. Die mengenmäßigen Anteile der Elemente müssen in getrennten Untersuchungen festgestellt werden. Lediglich Kohlenstoff und Wasserstoff werden in einem Arbeitsgang bestimmt. Dazu muß die eingewogene Substanz vollständig im Sauerstoffstrom verbrannt werden. Das wird durch Zugabe von Oxydationsmitteln wie CuO oder $PbCrO_4$ erreicht. Die Absorption des CO_2 erfolgt in Natronkalk, des H_2O an P_2O_5 oder $MgClO_4$. Damit andere Elemente nicht stören, werden sie gebunden. Der Sauerstoffgehalt einer Verbindung kann heute direkt bestimmt werden durch eine Reaktion bei 1120°C an Aktivkohle, wobei CO entsteht, das sich mit J_2O_5 quantitativ zu CO_2 und J_2 umsetzt. Die gebildete Jodmenge ist durch Titration leicht meßbar. Stickstoff wird nach DUMAS über konzentrierter Kalilauge aufgefangen, nachdem die bei der Verbrennung entstandenen löslichen Stickoxide über glühendem Kupfer wieder zu Stickstoff reduziert worden sind. Halogene sind nach dem Verbrennen in Nickelbomben mit Na_2O_2 und Äthandiol-1,2 durch Titration erfaßbar. Schwefel wird mit Kalium zu K_2S umgesetzt, mit HCl daraus H_2S entwickelt, das in Cadmiumacetat einen Niederschlag von CdS bildet, der mit Jod reagiert. Die umgesetzte Jodmenge ist wieder nachzuweisen. Bei einem anderen Verfahren wird Schwefel im Bombenrohr mit $BaCl_2$ zu $BaSO_4$ umgesetzt.

Die Auswertung der Meßergebnisse führt nur zur Verhältnisformel. Da gerade in der organischen Chemie damit eine Verbindung nicht charakterisiert ist, muß zur Aufstellung der Molekularformel die Molekularmasse bestimmt werden (Beispiel: Verhältnisformel $(CH_2O)x$ für $x=1$: Methanal, $x=3$: Milchsäure, $x=6$: Glucose). Methoden zur Molekularmassenbestimmung sind: Massenspektrographie, Litergewichtsbestimmung, Siedepunktserhöhung und Gefrierpunktserniedrigung, osmotischer Druck.

Nach Ermittlung der Summenformel gilt es, die Struktur der Substanz aufzuklären. Das erfolgt durch Abbau und Umwandlung in Derivate. Charakteristische

Gruppen werden an ihrer Reaktionen erkannt und sind z. T. quantitativ bestimmbar (Alkoxyle = über Sauerstoff gebundene Methylgruppen: Mit HJ in Phenol erhitzt ergeben sie eine Umsetzung zu Jod-Verbindungen, was durch Titration bestimmt werden kann). Die endgültige Bestätigung der aufgestellten Strukturformel bildet die Synthese auf mehreren Wegen von bekannten Verbindungen ausgehend.

Moderne physikalische Meßverfahren haben dieses langwierige Verfahren erheblich verkürzt. So kann man durch automatisches Messen der Wärmeleitfähigkeit von Gasströmen neuerdings in einer Ultramikroschnellmethode bei 0,1 mg Einwaage Kohlenstoff, Wasserstoff und Stickstoff nebeneinander bestimmen. Für die Konstitutionsaufklärung werden bevorzugt Massenspektrometrie, Infrarot- und Kernresonanzspektroskopie eingesetzt. Aus dem Massenspektrum ist die Molekularmasse und die Größe der bevorzugt entstehenden Bruchstücke des Moleküls ersichtlich. Aus dem Infrarotspektrogramm läßt sich auf die Anwesenheit bestimmter funktioneller Gruppen (—CN,=CO, —OH u. a. m.) schließen. Das Kernresonanzspektrum gibt bei Anwendung auf Wasserstoff die Verteilung der Wasserstoffatome im Molekül an.

Literatur
HOUBEN-WEYL: Methoden der organischen Chemie Bd. II. — Thieme, Stuttgart 1953
WILLIAMS-FLEMING: Spektroskopische Methoden in der organischen Chemie. — Thieme, Stuttgart 1968
CLERC, TH. u. PRETSCH, E.: Kernresonanzspektroskopie. — Akad. Verlagsges., Frankfurt 1970
HEDIGER, H.: Infrarotspektroskopie. — Akad. Verlagsges., Frankfurt 1971

Eloxieren s. Aluminium.
Embden-Meyerhof-Schema s. Äthanol.
—en weist als Endsilbe auf mindestens eine Kohlenstoff-Doppelbindung hin, s. Äthen, Alkene, Diene, Polyene.
Enantiomere s. Isomerie 2.2.
Endopeptidasen s. Aminosäuren 2.1.
Endo-Struktur s. DIELS-ALDER-Synthese.
Energiereiche Bindung s. ATP.
Enole s. Hydroxylderivate 2.
Enthalpie s. Kinetik (chemische).
Entropie s. Kinetik (chemische).
Entwickler s. Fotografie 1.
Elimination ist eine chemische Reaktion, bei der von einem Molekül zwei Gruppen abgespalten werden, die nicht durch andere ersetzt werden. Diese Reaktion führt in der Regel zu einer Doppelbindung. Am besten studiert sind die Reaktionen, die zur Bildung von →Alkenen dienen.

Elimination

Am häufigsten finden die Abspaltungen von zwei benachbarten Atomen statt, man nennt das 1,2- oder β-Elimination. Meistens ist die eine abgespaltene Gruppe ein Proton (Wasserstoffion), die andere Gruppe ist immer nucleophil, z. B. ein Halogen, Carboxylgruppe. Das Atom, das die nucleophile Gruppe bindet, wird das α-Atom genannt, das Atom, das das Proton verliert, β-Atom.

$$R_1-\alpha C(R_2)(X)-\beta C(R_3)(H)-R_4 \rightarrow \underset{R_1\;\;R_4}{\overset{R_2\;\;R_3}{C=C}} + H^+ + X^-$$

Bei Oniumsalzen (z. B. Ammoniumsalzen) tritt eine α'—β-Elimination auf (WITTIG). Der Wasserstoff wird von einer Komponente des Onium-Komplexes abgespalten. Es bildet sich ein →Ylid, das durch Entreißen des Protons einer β-Alkylgruppe des gleichen Moleküls eine Doppelbindung ausbildet.

$$-\beta C(H)-\alpha C(CH_3)-N^+(CH_3)-CH_3 \xrightarrow{-H^+} -C(H)-C(CH_3)-N(CH_3)-CH_3 \rightarrow C=C + N(CH_3)(CH_3)-CH_3$$

Der Fall, daß von einem Atom beide Gruppen abgespalten werden, findet sich nur bei der Bildung der →Carbene in unpolaren Lösungsmittel. Carbene treten nur als intermediäre Produkte auf. Diese Elimination nennt man α- oder 1,1-Elimination.

$$HCCl_3 \rightarrow H^+ + C^-Cl_3 \rightarrow H^+ + Cl^- + :CCl_2$$

Werden die beiden Gruppen von nicht benachbarten Atomen abgespalten, so kommt es zu einer Ringbildung, wie z. B. bei der DIECKMANN-*Kondensation* (s. a. →Additionen 4.) von Dicarbonsäurediester mit Na-Äthylat als Base (→Cycloalkane).

$$\begin{array}{c} H_2C-CH_2 \\ H_2C\;\;\;\;CH_2-COOC_2H_5 \\ \diagdown_{C}\diagup^{OC_2H_5} \\ \parallel \\ O \end{array} \xrightarrow{NaOC_2H_5} \begin{array}{c} H_2C-CH_2 \\ H_2C\;\;\;\;HC-COOC_2H_5 \\ \diagdown_{C}\diagup \\ \parallel \\ O \end{array} + C_2H_5OH$$

Elimination

Eine andere Einteilungsmöglichkeit für Eliminationen ist die nach den Reaktionsmechanismen.

Der am häufigsten vorkommende Reaktionsmechanismus ist der E2-Mechanismus (E für Elimination, 2 für bimolekular). Die Bimolekularität drückt sich in der Abhängigkeit der Reaktionsgeschwindigkeit von den molaren Konzentrationen der beiden beteiligten Stoffe aus, dem Substrat, das die Gruppen verliert, und der Base, die die elektrophile Gruppe — das Proton — anzieht.

$$\text{Reaktionsgeschwindigkeit} \sim [\text{Substrat}] \cdot [\text{Base}]$$

(Die eckigen Klammern weisen daraufhin, daß es sich um molare Konzentrationen handelt: Mol/Liter.)

Dieser Mechanismus ist verbreitet bei Alkylhalogeniden und Alkyl-Onium-Salzen (z. B. quarternäre Ammoniumsalze = Tetraalkylammoniumsalze), aber auch bei anderen Verbindungen wie →Carbonsäuren, →Estern u. a. Eine Base (Protonenakzeptor im Sinne BRÖNSTEDS: OH^-, H_2O, NR_3, $O\text{-Alkyl}^-$, u.a.) spaltet vom α-Atom das Proton ab. Gleichzeitig verliert das β-Atom die nucleophile Gruppe.

$$B^- + H{-}CR_2{-}CR_2{-}X \longrightarrow BH^+ + R_2C{=}CR_2 + X^-$$

Der E2-Mechanismus verläuft stereospezifisch. Es finden stark bevorzugt trans-Eliminierungen statt, d.h. die austretenden Gruppen liegen in trans-Stellung (Es bezieht sich nicht auf das gebildete Alken). Im Übergangszustand müssen demnach alle an der Reaktion beteiligten Gruppen in einer Ebene liegen: die Base, das Proton, α- und β-Atom, die nucleophile Gruppe. Die Erklärung von HÜCKEL, daß wegen der negativen Ladung der Base die ebenfalls negativ geladene nucleophile Gruppe in trans-Stellung austritt, ist nicht zutreffend, da positiv geladene Gruppen nicht in cis-Stellung austreten, sondern ebenfalls die trans-Elimination durchführen.

Rein empirisch hatte man bereits im letzten Jahrhundert zwei Regeln gefunden, die eine Voraussage gestatteten, welches von mehreren möglichen →Alkenen durch Elimination gebildet werden. Nach der *Regel von* SAYTZEFF entsteht in größeren Mengen das →Alken, das die größere Anzahl von Alkylgruppen enthält, d.h. das Proton wird vom wasserstoffärmsten β-Atom abgespalten. Diese Regel gilt vor allem für die Abspaltung von Halogenwasserstoff aus Alkylhalogeniden. Sie beruht darauf, daß die Isomere, deren C-Atome mit einer größeren Anzahl von Alkylgruppen verbunden sind, im Übergangszustand wegen der →Hyperkonjugation stabiler sind, wie auch Untersuchungen über die Verbrennungswärmen zeigen.

Elimination

$$\underset{\underset{Br}{|}}{\overset{\overset{CH_3}{|}}{CH_3-CH_2-C-CH_3}} \xrightarrow{-HBr} \underset{70\%}{\overset{\overset{CH_3}{|}}{CH_3-CH=C-CH_3}} + \underset{30\%}{\overset{\overset{CH_3}{|}}{CH_3-CH_2-C=CH_2}}$$

Die *Regel von* HOFMANN besagt das Gegenteil: es entsteht bevorzugt das Alken, das die kleinere Anzahl von Alkylgruppen trägt. Die Regel betrifft vor allem Eliminierungen bei Onium-Salzen. Der Wasserstoff wird also vom wasserstoff-

$$\underset{\underset{S^+(CH_3)_2}{|}}{\overset{\overset{CH_3}{|}}{CH_3-CH_2-C-CH_3}} \rightarrow \underset{14\%}{\overset{\overset{CH_3}{|}}{CH_3-CH=C-CH_3}} + \underset{86\%}{\overset{\overset{CH_3}{|}}{CH_3CH_2-C=CH_2}}$$

$$\underset{\underset{CH_3}{|}}{\overset{\overset{CH_3}{|}}{CH_3-CH_2-N^+-CH_2-CH_2-CH_3}} \rightarrow H_2C=CH_2$$

$$+ \underset{\underset{CH_3}{|}}{\overset{\overset{CH_3}{|}}{N-CH_2-CH_2-CH_3}}$$

reichsten Atom abgespalten. Dies ist bedingt durch den induktiven Effekt (→ Elektronenverschiebung) der Methylgruppen, die die Abspaltbarkeit des Wasserstoffs herabsetzen. Daß in diesen Fällen der induktive Effekt die →Hyperkonjugation übertrifft, beruht auf der erhöhten induktiven Einwirkung der NR_3^+-bzw. SR_2^+-Gruppen, wodurch die Acidität der Wasserstoffatome am β-Atom ansteigt.

Bei Brückenringsystemen (→Cycloalkane) ist eine Elimination, die zu einer Doppelbindung am Brückenkopfatom führt, bei kleineren Ringen als Nonen nicht möglich (Regel von BREDT). So ist das Bicyclo [2.2.1] hept-1-en nicht herstellbar. Der Grund ist vermutlich die durch die Brücke starr gewordene Wannenform des Cyclohexanrings (→Cycloalkane).

Ein anderer Reaktionsmechanismus ist der E1cB-Mechanismus. Auch bei ihm ist die Reaktionsgeschwindigkeit abhängig von der molaren Konzentration des

Elimination

Substrats und der Base. Die Reaktion erfolgt aber in zwei Schritten, nicht in einem Synchronprozeß wie beim E2-Mechanismus. Im ersten Schritt spaltet die Base das Proton ab. Dieser Schritt erfolgt schnell, die Substanzen stehen miteinander im Gleichgewicht. Als zweiter Schritt erfolgt dann langsam die unimolekulare Abspaltung der nucleophilen Gruppe von der konjugierten Base des Substrats (daher die Bezeichnung 1 cB).

$$B + HCR_2\text{—}CR_2X \rightleftarrows BH^- + {}^-CC_2\text{—}CR_2X$$

$$^-CR_2\text{—}CR_2X \rightarrow CR_2 = CR_2 + X^-$$

Der E1cB-Mechanismus kommt normalerweise bei β-Elimination mit Basen kaum vor. Er ist verbreitet bei der α-Elimination, die zu →Carbenen führt. Auch die Bildung von Carbonylgruppen (→Oxoverb.) und ähnlicher Strukturen zwischen C- und Fremdatomen spielt sich nach diesem Mechanismus ab.

$$H\text{—}O\text{—}\overset{|}{\underset{|}{C}}\text{—}X \;\underset{BH^+}{\overset{B}{\rightleftarrows}}\; O^-\text{—}\overset{|}{\underset{|}{C}}\text{—}X \rightarrow O=\overset{|}{\underset{|}{C}} + X^-$$

Die Dehalogenierung von vicinalen Di→halogenalkanen mit Zink läuft ebenfalls über ein *Carbanion*-Zwischenstadium. Dabei wird kein Proton abgespalten.

$$Zn + \underset{X\;\;X}{\overset{|\;\;|}{-C\text{—}C-}} \rightarrow ZnX^+ \underset{X}{\overset{|\;\;|}{-C^-\text{—}C-}} \rightarrow \;\diagdown\!\!C\!=\!C\!\diagup\; + ZnX_2$$

Bei der Dehalogenierung mit Jodid-Ionen spielt sich ein komplizierterer Mechanismus ab, da das Jodid-Ion als nucleophiles Reagenz zuerst substituierend wirkt.

Der E1-Mechanismus findet auch in zwei Schritten statt, aber die Reaktionsgeschwindigkeit ist unabhängig von der Konzentration der Base. Lediglich die molare Konzentration des Substrats geht in die Gleichung ein: Reaktionsgeschwindigkeit~ [Substrat]. Der erste Schritt besteht in der Ionisation des Substrats, wobei ein *Carbonium-Ion* gebildet wird. Dieser Reaktionsschritt ist der geschwindigkeitsbestimmende langsame Schritt, denn es folgt nun schnell eine Abspaltung des Protons vom β-Atom durch Basen.

$$HCR_2\text{—}CR_2X \rightarrow HCR_2\text{—}CR_2^+ + X^-$$

$$B + HCR_2\text{—}CR_2^+ \rightarrow BH^- + R_2C = CR_2$$

Elimination

Der E1-Mechanismus tritt bevorzugt auf bei bestimmten Strukturen (sekundäre, tertiäre Alkylhalogenide, α-Arylhalogenide) und in Lösungsmitteln, die die Ionisation begünstigen — also polare Lösungsmittel. Die Strukturabhängigkeit erklärt sich daraus, daß ein relativ stabiles *Carbonium-Ion* gebildet werden muß, was nur bei einem sekundären bzw. tertiären α-C-Atom eintritt.

Auch die säurekatalysierte Dehydratisierung von Alkoholen verläuft nach dem E1-Mechanismus.

$$HCR_2-CR_2OH \underset{\text{schnell}}{\overset{+H^+}{\rightleftarrows}} HCR_2-CR_2O^+H_2 \underset{\text{langsam}}{\overset{-H_2O}{\longrightarrow}} HCR_2-C^+R_2$$

$$\underset{\text{schnell}}{\overset{-H^+}{\longrightarrow}} R_2C=CR_2$$

Die bei dem E1-Mechanismus gebildeten Alkene gehorchen der Regel von SAYTZEFF.

Sowohl der E2- als auch der E1-Mechanismus werden durch nucleophile →Substitution entweder durch die Base oder das Lösungsmittel gestört. Wegen der höheren Aktivierungsenergie für Eliminationen sind diese Reaktionen gegenüber den Substitutionen bei höheren Temperaturen begünstigt. Die Tendenz zur Elimination steigt mit zunehmender α-Substitution bei dem E2-Mechanismus. Er wird ebenfalls durch weniger polare Lösungsmittel begünstigt. Da Basizität und Nucleophilie nicht identisch sind, wählt man für Eliminationen Basen, die nur schwache nucleophile Reagentien sind, z. B. Triphenylamin, Pyridin. Beim E1-Mechanismus ist die Ausbeute an Alkenen geringer als mit dem E2-Mechanismus. Auch bei dem monomolekularen Mechanismus spielen die sterischen Effekte eine große Rolle. Stärkere α-Substitution führt zu einer Erniedrigung der sterischen Spannung bei der Bildung des *Carbonium-Ions*. Eine nucleophile Substitution würde den alten Zustand wiederherstellen, die Bildung eines Alkens führt dagegen zu weiterer Spannungsernierung. Deshalb neigen sekundäre und tertiäre Verbindungen, besonders Halogenide, eher zur Elimination als zur Substitution.

Außer den bisher erwähnten Eliminationen, die sich alle in Lösungen abspielen, wurde noch ein Mechanismus für Eliminationen in der Gasphase gefunden. Man bezeichnet die Reaktionsart als E_i-Mechanismus, weil die Abspaltung intramolekular über cyclische Zwischenstadien abläuft. Für die cyclischen Zwischenstadien spricht die negative Aktivierungsentropie. Dies gilt für die Pyrolyse von Carbonsäureestern, Xanthaten (auch Xanthogenate genannt: TSCHUGAJEFF-*Reaktion*) (→Radikalreaktionen), Trialkylaminoxide (COPE-*Elimination*), die alle von präparativer Bedeutung sind. Im Gegensatz zu den meisten Eliminationen in Lösungen finden in der Gasphase cis-Eliminationen statt.

Carbonsäureester   Xanthat   Trialkylaminoxid

Auch halogenierte Alkane können in der Gasphase Eliminationsreaktionen durchführen. Während bei Polyhalogeniden →radikalische Kettenreaktionen auftreten, zeigen primäre Alkylhalogenide auch den E_i-Mechanismus, ein synchrones unimolekulares Abspalten von Halogenwasserstoffen. Die *Kettenreaktion* verläuft in folgenden Schritten:

Start $\quad\quad\quad\quad\quad C_nH_{2n-1}X \rightarrow \cdot C_nH_{2n-1} + X\cdot$

Propagation $\quad\quad X\cdot + C_nH_{2n-1}X \rightarrow \cdot C_nH_{2n}X + HX$

(Reaktionskette) $\quad \cdot C_nH_{2n}X \rightarrow C_nH_{2n} + X\cdot$

Termination $\quad\quad \cdot C_nH_{2n-1} + \cdot C_nH_{2n}X \rightarrow C_nH_{2n} + C_nH_{2n-1}X$

(Abbruch)

Ein Abbruch findet auch statt, wenn nicht der Wasserstoff vom β-Atom, sondern von einem anderen Atom abgespalten wird, weil dann keine Alkenbildung möglich ist.

Literatur
BANTHORP, D. V.: Elimination Reactions. — Elsevier Publ. Com., Amsterdam 1963
GOULD, S. G.: Mechanismus und Struktur in der organischen Chemie. — Verlag Chemie, Weinheim 1964
PATAI, S.: The Chemistry of Alkenes. — Interscience Publ., London 1964

Enzyme

(Fermente) sind Biokatalysatoren, d.h. von Lebewesen hergestellte Verbindungen, die den Ablauf chemischer Prozesse beschleunigen, ohne bei den Endprodukten verändert zu erscheinen.

Die Bezeichnungen Ferment (lat. Gärung) und Enzym (gr. im Sauerteig) werden heute gleichbedeutend gebraucht. Im 19. Jahrhundert gab es zwei Auffassungen. PASTEUR nahm an, daß die katalytische Wirkung an unversehrte Lebewesen und ihre Lebenskraft gebunden sei (geformte, strukturgebundene Fermente), da z.B. beim Abtöten der Hefe ihre Fähigkeit, eine Gärung zu erzeugen, erlischt. LIEBIG war der Ansicht, daß auch die Gärung ein rein chemischer Vorgang ist. Da aber Verdauungssäfte außerhalb der Lebewesen katalytisch wirkten, unterschied man sie als ungeformte, lösliche Enzyme von den Fermenten. Durch den Versuch von BUCHNER, der mit Preßsaft zerriebener Hefezellen eine Zuckerlösung vergären konnte, wurde der Unterschied hinfällig. 1926 gelang SUMNER mit der Kristallisation der Urease die erste Reindarstellung eines Enzyms. Inzwischen kennt man rund 1000 Enzyme, 250 davon sind rein dargestellt worden. Da man schätzt, daß in Lebewesen mindestens 10 000 verschiedene chemische Reaktionen vorkommen, die alle ein spezifisches Enzym benötigen, ist erst ein Bruchteil der existierenden Enzyme bekannt.

Die Struktur ist nur von ganz wenigen Biokatalysatoren aufgeklärt worden, da die Enzyme Makromoleküle sind und entweder zu den Proteinen oder den Proteiden (→Aminosäuren 3.) gehören. Wie bei den Proteinen erklärt, kommt es nicht nur auf die Primärstruktur (Aminosäurensequenz), sondern besonders auf die räumliche Anordnung (Tertiärstruktur) an. Das ist bereits daraus ersichtlich, daß Enzyme nach Denaturierung (z. B. durch Erhitzen) ihre katalytische Wirkung verloren haben, obwohl nur die Tertiär-, nicht aber die Primärstruktur sich dabei verändert hat.

Proteine liegen bei den Hydrolasen (s.u.) vor, die anderen Fermente sind meistens Proteide. Sie setzen sich aus einem Proteinteil und einem niedermolekularen Nichteiweißteil zusammen. Nicht durch Dialyse abtrennbare, fest gebundene Nichteiweißteile werden als *prosthetische Gruppen* bezeichnet, während man die abtrennbaren Gruppen *Coenzyme* nennt. Die Grenze ist nicht eindeutig zu ziehen. Eine ganze Anzahl von Coenzymen enthält →Vitamine, so das Coenzym A die Pantothensäure, die Codehydrase Nicotinamid u.a.m (Formel s. →Vitamine, →Heterocyclen 2.4., →ATP). Ist das Enzym aus Coenzym und Protein zusammengesetzt, nennt man den Proteinteil Apoenzym, das ganze funktionsfähige Ferment Holoenzym. Das Coenzym ist nicht der einzig katalytisch wirkende Teil des Enzyms. Die Teile der Proteinkette, die ebenfalls an der Reaktion beteiligt sind, nennt man aktives Zentrum.

Fermente, die aus mehreren Untereinheiten zusammengesetzt sind, können in den einzelnen Ketten Unterschiede aufweisen, die aber die katalytische Spezifität nicht betreffen. Solche Verbindungen aus einem Lebewesen werden als *Isoenzyme* bezeichnet. Am bekanntesten ist der Fall der Lactat-Dehydrogenase. Sie besteht aus vier Untereinheiten. Es gibt zwei verschiedene Untereinheiten H (Herz) und M (Muskel). Daraus resultieren fünf Kombinationen: H_4, H_3M, H_2M_2, HM_3, M_4. Diese fünf Isoenzyme lassen sich elektrophoretisch nachweisen.

Im Gegensatz zu anorganischen Katalysatoren wie z.B. Platin zeigen Biokatalysatoren z.T. extreme Spezifitäten. Enzyme besitzen Substratspezifität (Substrat = umgesetzter Stoff). Nach der Analyse der Raumstruktur beruht dieses Vermögen, das man mit dem Bild Schlüssel-Schloß veranschaulicht, auf bestimmten tiefen Rinnen in dem Makromolekül, in die nur ganz bestimmt geformte Moleküle hineinpassen. Die Spezifität ist unterschiedlich groß. In den meisten Fällen wird von zwei spiegelbildlich verschiedenen Isomeren (→Isomerie 2.) nur eine Substanz umgesetzt. Es gibt aber auch Fermente, die nur gruppenspezifisch wirken. Es ist dann unerheblich, in welcher Verbindung die Gruppen enthalten sind.

Unter Wirkungsspezifität versteht man die Fähigkeit eines Enzyms, von mehreren möglichen Reaktionen an einem Substrat nur eine bestimmte auszuführen. Während man früher annahm, daß dieses Vermögen auf das Coenzym zurückgeht, ist heute bekannt, daß die Wirkungsspezifität ebenso wie die Substratspezifität vom Proteinteil bestimmt wird. Das geht daraus hervor, daß das gleiche Coenzym verschiedene Reaktionen katalysiert, je nachdem mit welchem Apoferment es verbunden ist. Ein Beispiel dafür ist das Coenzym Pyridoxalphosphat (→Vitamin B_6), das die Abspaltung einer Carboxylgruppe oder die Abspaltung einer Aminogruppe und Übertragung auf ein zweites Molekül durchführen kann.

Die Wirkung der Enzyme ist auch von Außenfaktoren abhängig, so daß man von einer Milieuspezifität sprechen kann. Da der Hauptbestandteil der Enzyme Aminosäureketten sind, werden sie vom →p_H-Wert stark beeinflußt. Untersuchungen zeigen, daß fast alle Fermente nur in einen bestimmten p_H-Bereich optimal arbeiten. Pepsin (im Magen) benötigt p_H 1,5 —2,5, Trypsin (im Dünndarm) 7,5—10. Die Temperatur beeinflußt ebenfalls die Wirksamkeit. Wegen der Denaturierung des Proteins werden die Enzyme oberhalb von 40°C geschädigt. Der Optimumsbereich ist vom Lebewesen abhängig. Bei wechselwarmen Tieren arbeitet Pepsin bei 20°C, während Säugerpepsin ein Optimum zwischen 30 und 40°C besitzt.

Für die Tätigkeit vieler Enzyme sind Ionen als Aktivatoren nötig. Bei der Umsetzung von →ATP (Adenosintriphosphat) wird von den Fermenten Mg^{2+} gebraucht. Amylasen arbeiten nur in Anwesenheit von Cl^--Ionen. Die Wirkungsweise dieser Aktivatoren ist nicht aufgeklärt.

Entgegengesetzt wirken Cu^{2+}, Hg^{2+} und andere Ionen bei Enzymen mit SH-Gruppen im aktiven Zentrum. Durch Blockierung dieser Bindung werden diese Fermente vergiftet. Entsprechendes gilt für die eisenhaltigen Atmungsfermente und andere Schwermetallionen enthaltende Fermente, die durch Cyanid-Ionen (CN^- →Blausäure) vollständig blockiert werden.

Eine andere Hemmung, die allerdings reversibel ist, ist die Belegung des aktiven Zentrums mit Verbindungen, die dem Substrat ähneln. Sie werden dann auf Grund der Substratspezifität des Enzyms angelagert, aber nicht umgesetzt. Das Enzym ist blockiert. Man spricht in diesem Fall von *kompetitiver Hemmung*. Die Hemmung ist reversibel, weil die Bildung des Enzym-Substrat-Komplexes und die des Enzym-Hemmstoff-Komplexes dem Massenwirkungsgesetz unterliegen. Die Wirkung ist also konzentrationsabhängig. So wird Bernsteinsäuredehydrogenase

Enzyme

durch Malonsäure blockiert, die eine -CH$_2$-Gruppe weniger als Bernsteinsäure besitzt (→Carbonsäuren 1.2.). Ein anderes Beispiel ist die bei den →Vitaminen beschriebene Wirkung der Sulfonamide als Antimetabolite der p-Aminobenzoesäure.

Eine besondere Art der Aktivierung liegt bei Enzymen vor, die ihre Wirkung außerhalb ihrer Bildungsstätte entfalten (Exoenzyme), wie es bei den proteinspaltenden Verdauungsfermenten und den Blutgerinnungsfaktoren der Fall ist. Hier liegt eine limitierte Proteolyse vor, d.h. durch andere Enzyme (z.T. auch autokatalytisch) werden Teile der Proteinkette der Fermentvorstufe abgespalten. Erst dann sind die Enzyme wirksam. Vom Pepsinogen (362 Aminosäuren) wird nach Konformationsänderung durch das saure Milieu des Magens ein 41 Aminosäuren enthaltendes Bruchstück abgespalten. Da dieses Bruchstück sehr viele basische Aminosäuren enthält, wird der isoelektrische Punkt (s. →Aminosäuren 1) vom p_H 3,7 auf 1 herabgesetzt. Das Schema zeigt die Lage der 4 abgespaltenen Aminosäuren bei dem aus 3 Ketten aufgebauten *Chymotrypsin A*.

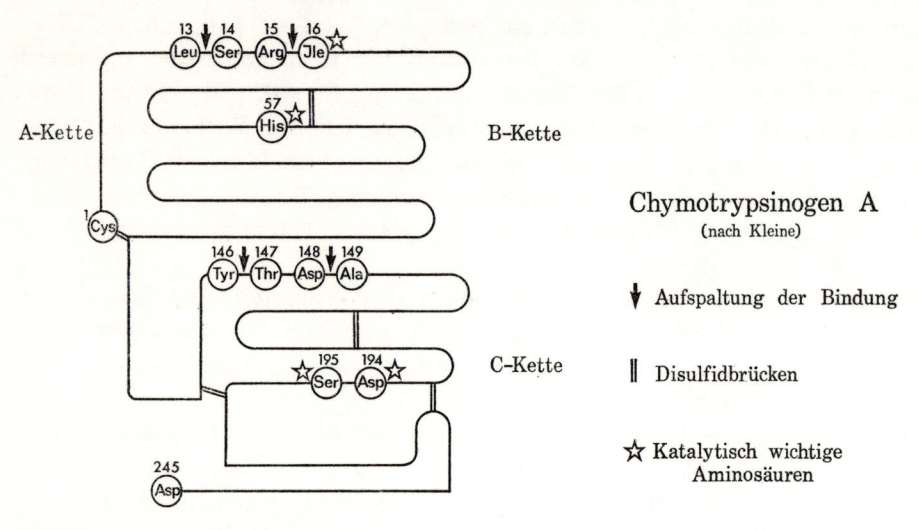

Chymotrypsinogen A
(nach Kleine)

↓ Aufspaltung der Bindung

∥ Disulfidbrücken

☆ Katalytisch wichtige Aminosäuren

Neuerdings: Asp 102 statt 194

Die Benennung der Enzyme erfolgt nach einer 1961 vereinbarten Nomenklatur. Der Name des Enzyms enthält die Bezeichnung des Substrats und als zweites ein auf -ase endigendes Wort, das die ausgeführte Reaktion angibt, z. B. Alanin-Racemase, Succinat-Dehydrogenase.

Mit den Nomenklaturregeln ist ein Schema zur Einteilung und Numerierung entwickelt worden. Jedes Enzym erhält eine Nummer, die aus vier Zahlen besteht. Die erste Zahl gibt die Hauptgruppe an, zu der das Ferment gehört. Man unter-

scheidet 6 Hauptgruppen: 1. Oxydoreductasen, 2. Transferasen (gruppenübertragende Enzyme), 3. Hydrolasen (unter Wasseraufnahme werden Bindungen gespalten — Hydrolyse), 4. Lyasen (nicht durch Hydrolyse gruppenabspaltende Enzyme), 5. Isomerasen (Fermente, die intramolekulare Gruppenverschiebungen bewirken), 6. Ligasen (Verbindungen knüpfende Enzyme).
Die zweite Zahl weist auf die Untergruppe hin, bei Oxydoreduktasen auf die H-abgebende Gruppe, bei den Transferasen die Art der übertragenen Gruppe, bei den Hydrolasen, Lyasen und Ligasen die Art der gespaltenen oder geknüpften Bindung, bei den Isomerasen den Typ der Isomerie. Eine dritte Zahl gibt die Unter-Untergruppe an. Bei den Oxydoreduktasen weist diese Zahl auf den Akzeptor hin, bei den anderen auf spezifizierte Angaben z. B. zur übertragenen Gruppe (Methyl-, Formyl-, Carboxylgruppe). Die vierte Zahl ist die Seriennummer des Enzyms in seiner Unter-Untergruppe.
Die Enzyme binden im ersten Schritt der katalysierten Reaktion ihr Substratmolekül. Eine katalysierte Reaktion kann aber nur dann freiwillig laufen, wenn dabei Energie frei wird (exergonische Reaktion). Endergonische (energieverbrauchende) Reaktionen bedürfen einer Kopplung mit einer stärker exergonischen Reaktion. In Lebewesen wird zu diesem Zweck →ATP (Adenosintriphosphat) eingesetzt. Katalysatoren beschleunigen eine Reaktion, indem sie die Aktivierungsenergie durch die Bildung einer Zwischenverbindung herabsetzen. Katalysatoren verändern nicht die Lage eines Gleichgewichts. Durch die Hintereinanderschaltung mehrerer enzymatischer Prozesse kommt es in Lebewesen nicht zur Erreichung der Gleichgewichtskonzentrationen. Es stellt sich ein *Fließgleichgewicht* (steady state) ein, ein Zustand, dessen stationäre Konzentrationen durch ständigen Zufluß der Ausgangsprodukte und dauernden Abfluß der Reaktionsprodukte bestimmt werden.
Die eigentlich katalytische Umsetzung spielt sich als zweiter Schritt ab. Da er wesentlich langsamer verläuft, ist er geschwindigkeitsbestimmend. Die meßbare Geschwindigkeit der Gesamtreaktion ist damit der Konzentration des Enzym-Substrat-Komplexes proportional. Maximale Reaktionsgeschwindigkeit liegt bei Sättigung des Enzyms vor. Die Sättigungskonzentration ist enzym- und substratspezifisch. Sie läßt sich schwer bestimmen im Gegensatz zur halbmaximalen Sättigung. Dieser Wert wird als MICHAELIS-*Konstante* bezeichnet nach MICHAELIS und MENTEN, die durch Umformung des Massenwirkungsgesetzes zu einer entsprechend auswertbaren Gleichung kamen.

1. $v = \dfrac{V_{max} \cdot [S]}{K_m + [S]}$ 2. $\dfrac{1}{v} = \dfrac{K_m + [S]}{V_{max} \cdot [S]} = \dfrac{K_m}{V_{max}} \cdot \dfrac{1}{[S]} + \dfrac{1}{V_{max}}$

v = Reaktionsgeschwindigkeit, V_{max} = maximale Rg., K_m = Michaelis-Konstante, [S] = Substratkonzentration

Enzyme

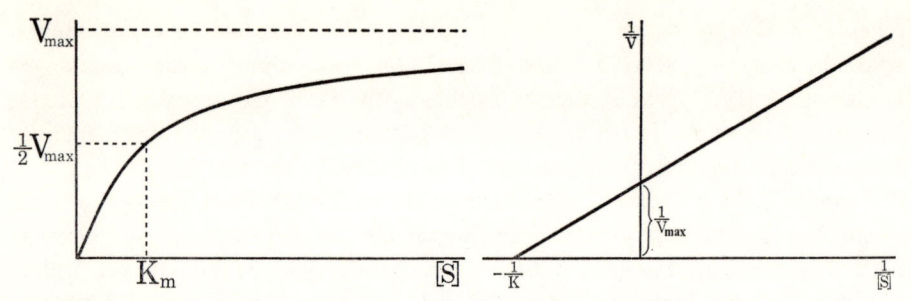

Graphische Darstellung von Gleichung 1.   Graphische Darstellung von Gleichung 2

Über die eigentliche chemische Reaktion ist man bei Fermenten mit Coenzymen z. T. orientiert (→Vitamine). Dagegen liegen nur vereinzelt Kenntnisse über den Mechanismus von Proteinenzymen vor. So weiß man von *Lysozym*, einem Enzym, das Bakterienzellen auflöst (systematischer Name: N-acetylmuramid glycanohydrolase, 3.2.1.17), daß sechs Ringe des hochmolekularen Zellwandpolysaccharids (→Kohlenhydrate 3.) durch Wasserstoffbrücken (→Bindungskräfte) in der Spalte des Enzyms gebunden werden. Dabei wird das Ringsystem 4 (ein Acetyl-Muraminsäuremolekül, das mit N-Acetylglucosamin alternierend das Polysaccharid aufbaut) zu einer ebenen Form verzerrt, und die C-O-C-Bindung zwischen den Ringen liegt zwischen den Seitenketten der Glutaminsäure (Position 35) und Asparaginsäure (Position 52). Die Carboxylgruppe der Glutaminsäure gibt ein Proton an das O-Atom der Glykosidbindung ab. Die Bindung wird dadurch gespalten, das erste Bruchstück verläßt das Enzym. Durch die Spaltung ist am Ringsystem 4 ein Carbonium-Ion entstanden, das solange durch die negative Ladung des Asparaginsäurerestes stabilisiert wird, bis ein Hydroxyl-Ion aus dem umgebenden Wasser angelagert wird, und auch das zweite Spaltstück abdissoziieren kann.

In sehr vielen Fällen übernimmt ein zweites Enzym das Reaktionsprodukt des vorhergehenden Enzyms, da die Synthese- und Abbauvorgänge in den Lebewesen in mehrere kleine Teilschritte zerlegt sind. Solche Enzymketten liegen z. B. beim Kohlenhydratabbau (Glykolyse-→Äthanol, Citronensäurecyclus-→Carbonsäure 2.4.1.-, Atmungskette →Porphinderivate 3.) vor. Bei der Fettsäuresyntnese sind die beteiligten Fermente in der Reihenfolge ihrer Reaktionsschritte zu einem Multi-Enzym-Komplex-→Carbonsäuren 1.1.4. vereinigt.

Eine Enzymkaskade stellt der *Blutgerinnungs*mechanismus dar. Durch limitierte Proteolysen (wie beim Chymotrypsin besprochen) werden Faktoren (Enzyme) aktiviert, die einen weiteren Faktor aktivieren, bis durch katalytische Umwandlung von Prothrombin in Thrombin das Enzym vorliegt, das aus Fibrinogen Fibrin entstehen läßt. Fibrin polymerisiert und bildet das Gerinnsel.

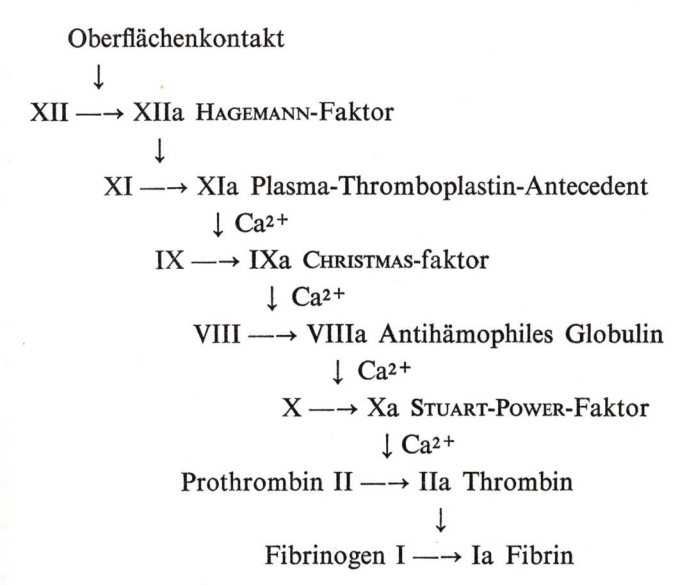

Oberflächenkontakt
↓
XII ——→ XIIa Hagemann-Faktor
  ↓
  XI ——→ XIa Plasma-Thromboplastin-Antecedent
    ↓ Ca^{2+}
    IX ——→ IXa Christmas-faktor
      ↓ Ca^{2+}
      VIII ——→ VIIIa Antihämophiles Globulin
        ↓ Ca^{2+}
        X ——→ Xa Stuart-Power-Faktor
          ↓ Ca^{2+}
          Prothrombin II ——→ IIa Thrombin
            ↓
            Fibrinogen I ——→ Ia Fibrin

Blutgerinnungsschema

Enzyme werden nach der in der Erbsubstanz (Desoxyribo→nukleinsäuren DNS) festgelegten Information an den Ribosomen synthetisiert. In den differenzierten Zellen eines mehrzelligen Organismus, aber auch in der Einzellern sind nicht alle möglichen Enzyme vorhanden. Der Aufbau und die Menge der Enzyme wird (mindestens teilweise) *reguliert*. Nach dem Modell von Jacob und Monod stellt man sich vor, daß die Bildung bestimmter m-RNS (messenger-Ribo→nukleinsäuren) an der DNS wegen Blockierung des Anfangs nicht möglich ist. Die blockierende Substanz (Repressor) wird von einem besonderen Gen (Repressor-

Erdfarben

Gen) produziert. Erst nach Ausschaltung des Repressors wird die m-RNS-Bildung möglich und damit die Enzymproduktion induziert.

*Regulations*vorgänge finden nicht nur an der Erbsubstanz, sondern auch an den bereits vorhandenen Enzymen statt. Ein Beispiel dafür ist Regulation durch negative Rückkopplung bei der *allosterischen Hemmung*. Das Endprodukt einer Enzymkette lagert sich an das Anfangsenzym dieser Kette an eine Stelle, die nicht der Substratbindungsstelle entspricht. Aber durch die Anlagerung kommt es zu einer Konformationsänderung (→Isomerie 4.), die eine Bindung des Substrats unmöglich macht. Die Anlagerung des Endprodukts ist reversibel und unterliegt dem Massenwirkungsgesetz. Eine allosterische Hemmung findet statt bei der Blockierung der Threonindesaminase durch Isoleucin.

Literatur
KARLSON, P.: Biochemie. — Thieme, Stuttgart 1970
BERSIN, Th.: Biokatalysatoren. — Akadem. Verlagsgesell. Frankfurt 1968
DIXON, M. und WEBB, E.: Enzymes. — Longmans, London 1964
BERNHARD, S.: The Structure and Function of Enzymes. — Benjamin, New York 1968
KLEINE, R.: Bildungsmechanismen aktiver Eiweiße. — Natur. Rundschau 23, 1970, 94
DICKERSON, R. u. GEIS, I.: Proteine. — Verlag Chemie, Weinheim 1971

Erdfarben s. Farbstoffe 3.

Erdgas s. Erdöl.

Erbium gehört zu den →Lanthaniden. Von ihm existieren stabile Isotope mit den Massenzahlen 162 (0,136%), 164 (1,56%), 166 (33,41%), 167 (22,94%), 168 (27,07%) und 170 (14,88%).

Epoxidharze s. Äther 2.1., Polyaddition.

Epoxide s. Äther 2.1., Polymerisation, Polyaddition, Ylide.

Epimere s. Isomerie 2.2.

Eosin s. Farbstoffe 1.4., Indikatoren.

Ephedrin s. Alkaloide, org. Stickstoffverbindungen 2., Rauschgifte.

Erdöl ist eine braungrün bis braunschwarz gefärbte Flüssigkeit. Es stellt ein Gemisch von organischen Verbindungen dar, deren Siedepunkte zwischen 50 und 350°C liegen. Die Analyse ergibt 81—87% Kohlenstoff, 10—14% Wasserstoff, 0,01 bis 6% Schwefel, 0,01 bis 0,7% Sauerstoff und 0,01 bis 1,2% Stickstoff. Die Verbindungen bestehen aus geradkettigen und verzweigten →Alkanen (Paraffine, allg. Formel $C_n H_{2n+2}$) oder aus gesättigten cyclischen (ringförmigen) Kohlenwasserstoffen (Naphthene, →Cycloalkane) wie z. B.:

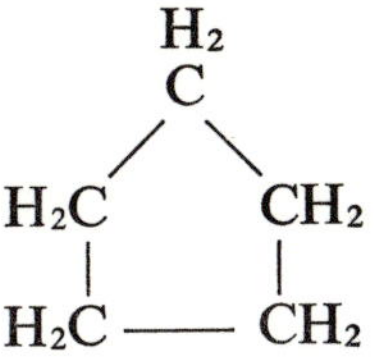

Erdöl

<Cyclopentan> 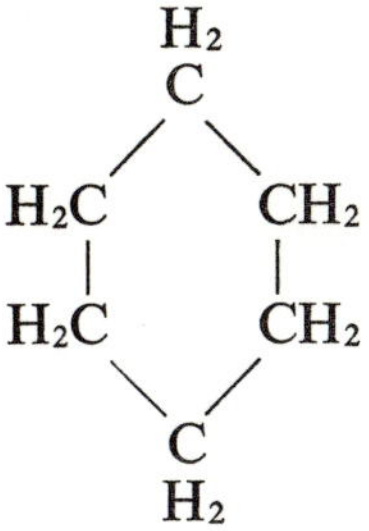   <Cyclohexan> 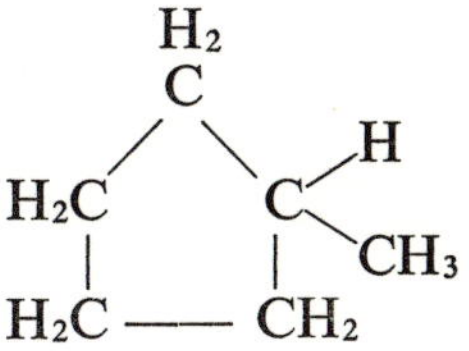   <Methylcyclopentan>

Die Summenformel C_nH_{2n} dieser Verbindungen entspricht derjenigen der →Alkene (Olefine), doch zeigen sie aufgrund ihres gesättigten Charakters unterschiedliches chemisches Verhalten. Im Erdöl findet man auch aromatische Verbindungen (→Benzolderivate) und sog. Komplexkohlenwasserstoffe, die aus paraffinischen, naphthenischen und aromatischen Bestandteilen zusammengesetzt sind, z. B.

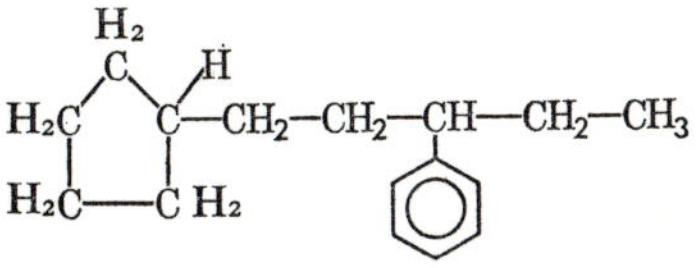

Der Schwefel liegt zum größten Teil in Form von Merkaptanen (R—S—H), Sulfiden (R—S—R'), Disulfiden (R—S—S—R') und Thiophenderivaten vor. (Thiophen:

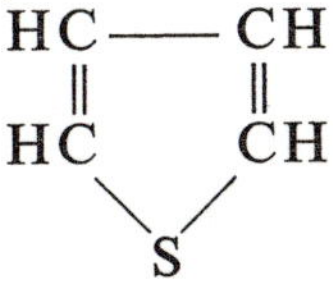

Die Sauerstoffverbindungen bestehen häufig aus Naphthensäuren (Carbonsäuren, die sich von den Naphthenkohlenwasserstoffen ableiten) z. B.

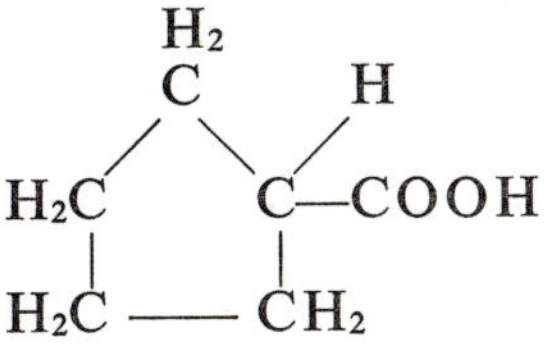

Stickstoff konnte in Form von Pyridin, Chinolin, Pyrrol und deren Derivaten nachgewiesen werden.

Erdöl

Pyridin   Chinolin   Pyrrol

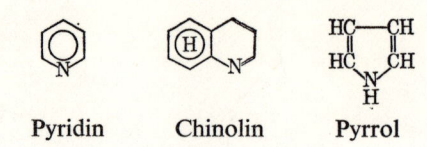

Wegen der großen Zahl der Kombinationsmöglichkeiten dieser Bestandteile weichen die Erdöle verschiedener Herkunft in der Zusammensetzung erheblich voneinander ab. So bestehen die Kuweit-Öle vorwiegend aus Paraffinen, die Baku- und die californischen Öle hauptsächlich aus Naphthenen. Man unterscheidet drei Typen: „paraffinbasische", „naphthenbasische" und „gemischtbasische" Erdöle. Die Kenntnis dieser Zusammensetzung ist wichtig für die Aufarbeitungsverfahren und die Art der zu gewinnenden Produkte. Will man feststellen, zu welcher dieser Gruppen ein bestimmtes Erdöl gehört, läßt sich z. B. die Tatsache verwenden, daß Anilin mit Aromaten auch bei tiefen Temperaturen in jedem Verhältnis mischbar ist, mit Naphthenen ab 35 bis 55°C und mit Paraffinen zum Teil erst ab 70°C.

Entstehung des Erdöls. Das Erdöl hat sich aus organischem Material (Meeresorganismen) gebildet. Die Aufklärung des Entstehungsvorganges ist besonders schwierig, weil das Erdöl keine morphologischen Spuren der Ausgangsstoffe enthält. Außerdem wird es meist nicht mehr an seinem Entstehungsort gefunden, da es in sekundäre Lagerstätten eingewandert (migriert) ist. Das Erdöl hat sich wahrscheinlich vorwiegend aus Plankton gebildet, das sich in Binnenseen in großen Mengen als Faulschlamm (Sapropel) abgesetzt hat. Aus dem kohlehydrathaltigen Material haben sich durch anaerobe Bakterien Fettsäuren gebildet, welche dann durch die Umwelteinflüsse auf bakteriellem oder chemischem Wege unter erhöhter Temperatur und veränderten Druckverhältnissen in die im Erdöl jetzt vorhandenen Stoffe umgewandelt wurden. Durch Druck- und Dichteunterschiede wanderte das Öl in durchlässigen Gesteinsschichten aufwärts, bis sich ihm undurchlässige Schichten entgegenstellten. Eine solche „Ölfalle" kann z. B. durch eine Faltung der Erdkruste in Form einer tektonischen Wölbung (Antiklinale) entstehen. Die poröse ölführende Schicht ist dann oben und unten von einer undurchlässigen Schicht eingeschlossen.

Die Erbohrung des Erdöls erfolgt meist nach dem Drehbohr- oder Rotary-Verfahren. Ein mit scharfen Schneiden versehener Bohrmeißel ist am unteren Ende eines Rohrgestänges befestigt, das durch einen „Drehtisch" am Boden des Bohrturms in rotierende Bewegung versetzt wird. Der Bohrmeißel ist in ein dickwandiges Rohr (Schwerstange) von etwa 10 m Länge eingeschraubt, welches das Gewicht des Bohrgestänges erhöhen soll, um den Druck auf den Meißel zu vergrößern. Das vom Bohrer losgelöste Gesteinsmaterial wird kontinuierlich ausgespült. Man pumpt zu diesem Zweck in das Bohrgestänge eine wäßrige Aufschlämmung von viskositätserhöhenden Tonmineralien, welche durch entsprechende Öffnungen im Bohrmeißel unter hohem Druck am Boden des Bohrloches austritt. Die Aufschlämmung steigt zwischen Gestänge und Wandung des Bohrloches nach oben und nimmt dabei das „Bohrklein" mit, das sich in Klärteichen abscheidet, während die Aufschlämmung wieder in das Bohrloch gelangt. Bei fortschreitender Bohrtiefe wird das Bohrgestänge von oben her durch Anschrauben weiterer Rohre verlängert. Man hat Bohrungen bis zu 8000 m erreicht. Bei großen Tiefen wird das Bohrloch mit Stahlrohren ausgekleidet. Ist ein Bohrer unbrauchbar geworden, muß das gesamte Gestänge herausgezogen werden. Neuartige Bohrverfahren (Turbobohren) stellen eine Variation des Drehbohrens dar. Der Antrieb des Meißels erfolgt im Bohrloch selbst, entweder elektrisch oder durch eine Turbine, welche durch die Bohrlochspülung in Rotation versetzt wird.

Ist die Bohrung in die Nähe einer erdölführenden Schicht gelangt, müssen Vorsorgemaßnahmen getroffen werden. Es könnte vorkommen, daß das unter Druck stehende Erdöl in einem schwierig zu drosselnden Springbrunnen entweicht. Für die Ergiebigkeit einer solchen Bohrung ist es aber von großer Bedeutung, wenn der natürlich vorhandene Druck, der das Öl nach oben treibt, lange erhalten bleibt. Man schraubt deshalb auf das Verschalungsrohr einen sog. Kontrollkopf, der ein Drosselventil besitzt und durch Rohrleitungen mit einem Behälter verbunden ist. Der Kontrollkopf ermöglicht außerdem die Fortführung der Bohrung. Der Tagesertrag einer Bohrung wird von der Größe des Druckes, der Viskosität des Öles und der Durchlässigkeit der ölführenden Schicht bestimmt. Fließt das Öl von Natur aus nicht mehr zu Tage, erfolgt die Förderung durch mechanisch oder elektrisch angetriebene Pumpen, die am Boden des Bohrloches eingebaut sind. Das aus dem Bohrkopf austretende Rohöl enthält wechselnde Mengen Wasser und Gase (z. B. Methan, Äthan, Propan und Butan), die sich in der Lagerstätte unter erhöhtem Druck gelöst hatten. Die Gase werden durch stufenweise Entspannung in „Separatoren" entfernt. Das im Rohöl mechanisch verteilte Wasser enthält anorganische Salze gelöst, die bei der weiteren Verarbeitung stören würden. In großen Lagertanks scheidet sich das Wasser am Boden ab. Eine noch verbleibende Wasser-Öl-Emulsion kann durch Zentrifugieren getrennt werden. In anderen Verfahren verwendet man elektrische Felder (z. B. 15 000 V Wechselspannung), um ein Zusammenfließen der Wasserteilchen zu größeren Tropfen zu erreichen, welche dann zu Boden sinken. Auch haben sich grenzflächenaktive Stoffe (Demulgatoren) bewährt. Der Demulgator bewirkt eine Verkleinerung der Oberflächenspannung des Wassers, wodurch die kolloidalen Wassertröpfchen zu größeren Tropfen zusammenfließen.

Das Rohöl wird meist nicht am Fundort weiterverarbeitet und muß daher über große Strecken transportiert werden. Für den Landtransport verwendet man überwiegend Rohrleitungen (Pipelines). In den USA besteht ein Pipeline-Netz

Erdöl

von fast 400 000 km Länge. Aus Übersee erfolgt der Transport in Tankschiffen, die in Größenordnungen von 100 000 t gebaut werden. Die Empfänger lagern das Erdöl zunächst in großen Metalltanks.

Erdgas

Die bei der Entstehung des Erdöls gebildeten Gase (Erdgas) kommen auch alleine in großen Gasfeldern vor. Erdgas besteht hauptsächlich aus Kohlenwasserstoffverbindungen (Alkane) und geringen Mengen Kohlendioxid, Stickstoff, Schwefelwasserstoff und gelegentlich Helium. Man unterscheidet trockene und nasse Erdgase. Trockene Erdgase enthalten vorwiegend Methan und geringe Mengen Äthan. Definitionsgemäß auch noch maximal 10 g/m³ höhere Kohlenwasserstoffe. Die nassen Erdgase, welche häufig mit Erdöl zusammen vorkommen, enthalten neben den genannten Gasen höhere Kohlenwasserstoffe mit mehr als 30 g/m³, z. B.:

	CH_4	C_2H_6	C_3H_8	C_4H_{10}	C_5H_{12}	usw.
trockenes Erdgas	84,7	9,6	3,0	1,1	—	Vol. %
nasses Erdgas	36,8	32,6	21,1	5,8	3,7	Vol. %

Trockene Erdgase können meist direkt dem Verbraucher zugeführt werden. Das nasse Erdgas muß man von den höheren Kohlenwasserstoffen befreien, da diese beim Transport in den Gasleitungen bei dem notwendigen Druck als Flüssigkeit abgeschieden werden. Außerdem sind diese Kohlenwasserstoffe zur Herstellung von Benzin sehr erwünscht. Man löst sie nach dem Absorptionsverfahren mit Hilfe von sog. Waschöl aus dem Erdgas. Die gelösten Kohlenwasserstoffe lassen sich dann aus dem Waschöl durch Erhitzen austreiben, wobei das Waschöl zurückgewonnen wird. Erdgas findet vorwiegend zu Heizzwecken Verwendung. Es läßt sich auch in ein Gemisch aus Kohlenmonoxid und Wasserstoff umwandeln, das für die Ammoniak- und Methanolsynthese erforderlich ist:

$$CH_4 + H_2O \xrightarrow[800°C]{Ni} CO + 3H_2$$

Destillation des Erdöls

Das rohe Erdöl wird zunächst durch fraktionierte Destillation bei gewöhnlichem Druck (atmosphärische Destillation) in Stoffgemische (Fraktionen) zerlegt, die sich durch ihre Siedebereiche unterscheiden. Man gewinnt vier Hauptfraktionen:

		Siedebereich
Rohbenzin	(straight-run Benzin)	40 bis 175° C
Leuchtöl	(Petroleum)	175 bis 250° C
Gasöl	(Dieselöl, Heizöl)	250 bis 350° C

Erdöl

Die noch höher siedenden Anteile werden im Vakuum destilliert, um eine Zersetzung der Verbindungen zu vermeiden. Man erhält so Schmier- und Heizöle, Paraffinöl, Hartparaffin und Vaseline. Als Rückstand verbleiben pech- und asphaltartige Produkte.

Soll eine Flüssigkeit destilliert werden, erhitzt man sie bis zum Siedepunkt und führt weiterhin soviel Wärme zu, daß sich die Flüssigkeit in Dampf verwandelt, der sich dann durch Abkühlung wieder zur Flüssigkeit verdichtet (kondensiert). Besteht die Flüssigkeit aus einem Gemisch verschiedener Stoffe, die unterschiedliche Siedepunkte besitzen, könnte man sich vorstellen, daß beim Erwärmen des Gemisches die Bestandteile sukzessive gemäß ihrem individuellen Siedepunkt abdestillieren. Dies ist jedoch nicht der Fall, weil der Dampf, der sich über einer Flüssigkeit befindet, von allen Bestandteilen etwas enthält, wobei die niedrig siedenden Stoffe stärker angereichert sind. Eine Trennung ist also auf diese einfache Weise nicht möglich. Es sollen zunächst zwei Flüssigkeiten A und B betrachtet werden, die eine sog. ideale Mischung darstellen. Dabei wird angenommen, daß die Kräfte zwischen den Molekülen der Komponenten A und B gleich sind den Kräften zwischen den Molekülen der gleichen Art. Es handelt sich dann um chemisch ähnliche Stoffe. Wird eine solche Mischung erwärmt, so verdampfen beide Stoffe. Jeder besitzt dabei einen bestimmten Dampfdruck (Partialdruck P_A bzw. P_B). Nach dem Gesetz von Dalton ist der gesamte Dampfdruck (P_M) einer solchen Mischung gleich der Summe der Partialdrücke. Die Temperatur der Mischung wird dabei als konstant angenommen.

1) $\quad P_M = P_A + P_B$

Der Stoff A soll derjenige mit dem höheren Siedepunkt sein.

Nach dem RAOULTschen Gesetz läßt sich der Dampfdruck jeder Komponente aus dem Dampfdruck im reinen Zustand (P_{O_A} bzw. P_{O_B}) und der Konzentration in dem Flüssigkeitsgemisch (A_f bzw. B_f) berechnen. Die Konzentration wird dabei als Molenbruch angegeben,

$$A_f = \frac{n_A}{n_A + n_B} \quad \text{oder} \quad B_f = \frac{n_B}{n_A + n_B},$$

wobei n_A und n_B die Anzahl Mol des Stoffes A bzw. B angeben. Es ist dann

2) $\quad P_A = P_{O_A} \cdot A_f$

und

3) $\quad P_B = P_{O_B} \cdot B_f$

Erdöl

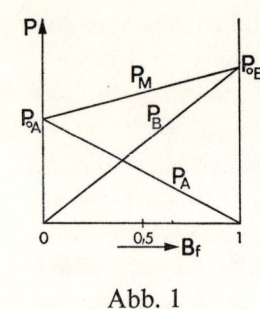

Abb. 1 zeigt die graphische Darstellung der Dampfdrücke P_A, P_B und P_M in Abhängigkeit vom Molenbruch des leichter flüchtigen Stoffes (B_f).

Der Dampf, der sich über einer flüssigen Mischung bildet, hat nicht die gleiche Zusammensetzung wie die Flüssigkeit selbst. Der Partialdruck P_A der Komponente A läßt sich auch aus ihrer Konzentration in der Dampfphase A_g (angegeben als Molenbruch) und dem Gesamtdampfdruck (P_M) berechnen:

Abb. 1

4) $\quad P_A = P_M \cdot A_g$

und

5) $\quad P_B = P_M \cdot B_g$

Aus diesen Gleichungen können die Gleichgewichtskonzentrationen der einzelnen Komponenten in der flüssigen und dampfförmigen Phase ermittelt werden, wenn die Flüssigkeit eine bestimmte Temperatur besitzt. Aus den Gleichungen (2) und (4) ergibt sich durch Gleichsetzen:

6) $\quad P_M \cdot A_g = P_{O_A} \cdot A_f$

Nach den Gleichungen (3) und (5) gilt:

7) $\quad P_M \cdot B_g = P_{O_B} \cdot B_f$

Durch Addition erhält man

8) $\quad P_M(A_g + B_g) = P_{O_A} \cdot A_f + P_{O_B} \cdot B_f$

Da $A_g + B_g = 1$ und $A_f + B_f = 1$, also $B_f = 1 - A_f$ ist, ergibt sich:

9) $\quad P_M = P_{O_A} \cdot A_f + P_{O_B}(1 - A_f)$

Die Gleichungen zur Berechnung der Gleichgewichtskonzentrationen lauten dann

$$A_g = \frac{P_{O_A} \cdot A_f}{P_M} \quad \text{(aus Gl. 6)} \quad \text{und} \quad B_g = \frac{P_{O_B} \cdot B_f}{P_M} \quad \text{(aus Gl. 7)}$$

Aus Gleichung (9) läßt sich A_f bzw. B_f berechnen:

$$A_f = \frac{P_M - P_{O_B}}{P_{O_A} - P_{O_B}} \quad \text{und} \quad B_f = \frac{P_M - P_{O_A}}{P_{O_A} - P_{O_B}}$$

Bei der Kenntnis des Dampfdrucks der reinen Komponenten (den man aus einer Dampfdruckkurve ablesen kann) läßt sich nun bei einem vorgegebenem Gesamtdruck P_M (der Druck, bei dem die Flüssigkeit sieden soll) die Zusammensetzung der miteinander im Gleichgewicht stehenden Flüssigkeits- und Dampfphasen in Abhängigkeit von der Temperatur berechnen. Die Ergebnisse solcher

Rechnungen sind an einem Beispiel in Abb. 2 graphisch dargestellt. An dieser Abbildung läßt sich der Siedevorgang einer idealen Mischung verdeutlichen. Erwärmt man z. B. eine Mischung aus 40 Mol% A und 60 Mol% B, so beginnt sie bei der Temperatur T_1 zu sieden (Siedebeginn, abzulesen am Punkt A der Siedekurve). Der sich bildende Dampf besteht dann aus 78,5% B und 21,5% A (abzulesen an Punkt B der Kondensationskurve). Dadurch verändert sich aber die Zusammensetzung der Flüssigkeit. Es erfolgt eine Anreicherung von Stoff A, da der Dampf wesentlich mehr Stoff B enthält. Mit steigendem Gehalt an A nimmt der Siedepunkt entlang der Siedekurve während des Siedens laufend zu. Würde man die gesamte Flüssigkeit verdampfen, so besäße der Dampf in seiner Gesamtheit natürlich die gleiche Zusammensetzung 40% A und 60% B wie die Flüssigkeit zu Anfang. Der letzte verdampfende Flüssigkeitstropfen hätte dann diese Zusammensetzung. Seine Temperatur würde dann T_2 betragen (Siedeende). Die Mischung besitzt keinen konstanten Siedepunkt, sondern ein Siedeintervall (T_1 bis T_2). Man muß also die Destillation schon vorher unterbrechen (fraktionierte Destillation), um eine Flüssigkeit zu gewinnen, die einen größeren Gehalt von A aufweist. Der Dampf enthält dann einen größeren Anteil von B. Wenn man den Dampf, der zu Beginn der Destillation aus 78,5% B und 21,5% A besteht, abtrennt, ihn zu einer Flüssigkeit kondensiert (welche dann dieselbe Zusammensetzung besitzt) und diese verdampft, so hat der neue Dampf die Zusammensetzung 91,5% B und 8,5% A. Durch wiederholte „fraktionierte" Destillation und Kondensation ist also eine weitgehende Trennung der Lösung in die beiden Komponenten möglich.

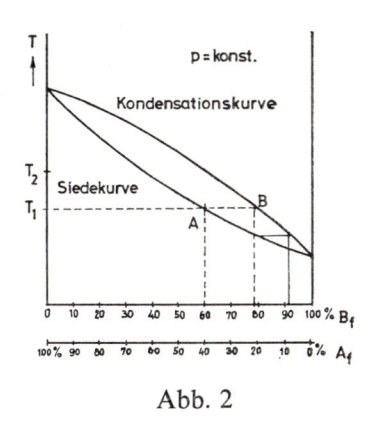

Abb. 2

Die zeitlich nacheinander auszuführenden Destillationen lassen sich vermeiden, wenn man auf das Destillationsgefäß eine Fraktionierkolonne aufsetzt. Damit bezeichnet man Säulen, die Füllkörper enthalten oder mit zahlreichen Böden versehen sind, die mehrere Dampfstutzen tragen, auf denen jeweils eine Glocke sitzt (Glockenböden Abb. 3). Der aufsteigende Dampf kondensiert, das Kondensat läuft zurück, wird von dem ihm entgegenströmenden Dampf aufgeheizt und verdampft. Dadurch reichert sich der aus dem Rücklauf entstehende Dampf an den niedrigsiedenden Bestand-

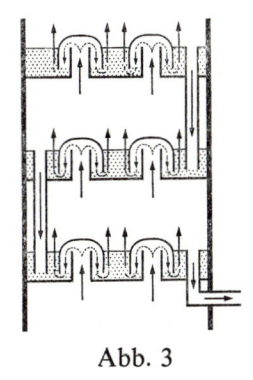

Abb. 3

Erdöl

teilen an, während aus dem von unten aufsteigenden Dampf die höher siedenden Anteile kondensiert werden und wieder nach unten fließen. Auf diese Weise erfolgen die zuvor erwähnten Einzeldestillationen innerhalb der Kolonne gleichzeitig.

Bei nichtidealen Mischungen ergeben sich andere Verhältnisse. Sind die Kräfte zwischen den Molekülen der Komponenten A und B größer als es bei den reinen Stoffen der Fall ist, äußert sich dies in einer stärkeren Herabsetzung des Dampfdruckes als dies nach dem RAOULTschen Gesetz zu erwarten wäre. Die Dampfdrücke der Komponenten sind kleiner als bei idealen Mischungen, weil durch die stärkeren Anziehungskräfte der Übergang in den Dampfzustand erschwert wird. Dies kann dazu führen, daß die Dampfdruckkurve ein Minimum besitzt (Abb. 4).

Das Gegenteil tritt ein, wenn die Kräfte zwischen den Molekülen der Komponenten kleiner sind als zwischen den Molekülen der gleichen Art. Dies hat eine Erhöhung des Dampfdruckes zur Folge. Die Moleküle können den Verband der Flüssigkeit leichter verlassen. Das Dampfdruckdiagramm zeigt ein Maximum (Abb. 5).

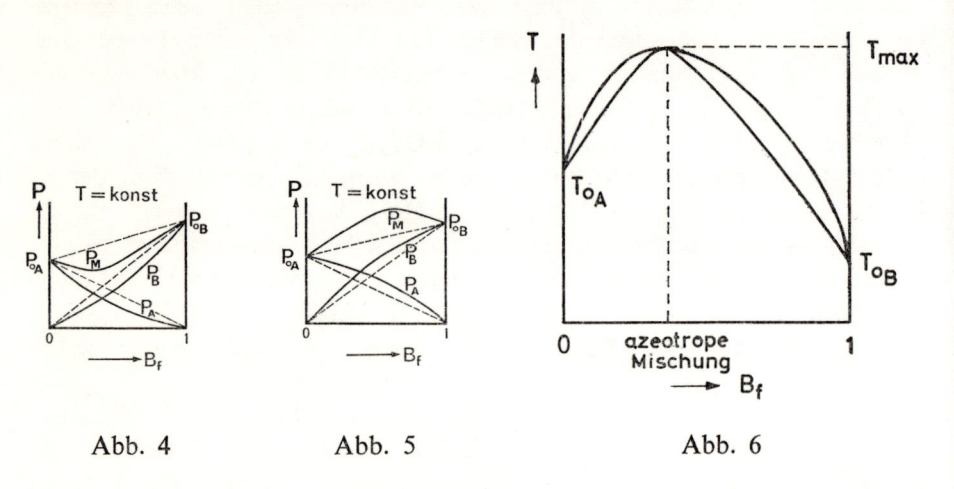

Abb. 4 Abb. 5 Abb. 6

Wenn die Mischung ein Dampfdruckminimum aufweist, bedeutet das für den Siedepunkt ein Maximum. Das Siedediagramm hat z. B. den Verlauf der Abb. 6. Bei der Temperatur T_{max} fallen Siede- und Kondensationskurve zusammen, d. h., daß der Dampf und die Flüssigkeit die gleiche Zusammensetzung haben. Eine solche Mischung nennt man *azeotrop*. Destilliert man ein solches Gemisch, so strebt die Siedetemperatur dem Maximalwert zu. Es entsteht ein konstant siedendes Gemisch. Im Destillat reichert sich dabei einer der Bestandteile an. Durch fraktionierte Destillation kann man den einen Bestandteil rein gewinnen,

der andere ist für sich nicht abtrennbar. Umgekehrt liegen die Verhältnisse, wenn die Mischung ein Dampfdruckmaximum zeigt. Das Siedediagramm weist dann ein Minimum auf und es liegt ebenfalls eine azeotrope Mischung vor.
Zur fraktionierten Destillation des Erdöls pumpt man es durch Röhren, die auf etwa 400°C erhitzt werden (Röhrenofen). Das erhitzte Gemisch von Dämpfen und Flüssigkeit wird dann in den unteren Teil eines Fraktionierturmes (Destillierkolonne) eingespritzt. Die dampfförmigen Anteile steigen nach oben und die flüssig bleibenden sammeln sich am Boden des Turmes (Sumpf) an. Mitgerissene niedrig siedende Bestandteile werden durch Einblasen von überhitztem Wasserdampf abgetrieben. Im Inneren des Fraktionierturmes befinden sich stockwerkartig übereinander angeordnete „Glockenböden", durch welche die gasförmigen Anteile nach oben strömen. Durch die Abkühlung kondensieren die Bestandteile und sammeln sich in den Glockenböden, deren Temperatur dem Siedepunkt der Flüssigkeit entspricht. Durch Überlaufrohre sind mehrere Glockenböden miteinander verbunden und die Flüssigkeit, welche in einem bestimmten Temperaturbereich durch Kondensation entstanden ist, kann an der Seite des Fraktionierturmes abgezapft werden. Aus den obersten Glockenböden verdampft das Benzin, das bis etwa 200°C zusammen mit Wasserdampf („über Topp") abströmt. Es wird in einem Kühler kondensiert und im Wasserabscheider vom Wasser getrennt. Die an den Seiten abgezogenen Fraktionen enthalten noch niedrig siedende Anteile, die entfernt werden. Das Kondensat führt man einer kleinen Hilfskolonne (Stripper) zu, in welche überhitzter Wasserdampf eingeblasen wird. Der leicht siedende Anteil verdampft dabei und gelangt wieder in den Fraktionierturm auf den nächst höheren Boden. Die höher siedenden Anteile fließen am Boden des Strippers zusammen und werden abgezogen.
Am Boden des Fraktionierturmes sammelt sich die nicht verdampfte Flüssigkeit als „Topprückstand". Eine Zerlegung in weitere Fraktionen müßte bei höheren Temperaturen erfolgen, bei denen aber die Spaltung eines Teils der hochmolekularen Verbindungen eintreten würde. Man destilliert deshalb den Topprückstand bei vermindertem Druck (40 bis 20 Torr) in Anlagen, welche denen der atmosphärischen Destillation gleichen. Diese Fraktionen eignen sich als Schmieröle. Sie werden nach Viskositätsgraden unterteilt, z. B. in Spindelöl, Motorenöl, Getriebeöl usw. Der Rückstand der Vakuumdestillation besteht aus einer schwarzen, klebrigen Masse, die bei fortschreitender Destillation immer härter und als Bitumen oder Asphaltbitumen bezeichnet wird.

Benzin

Das Rohbenzin, das aus einem Gemisch isomerer gesättigter Kohlenwasserstoffe (Alkane) mit 5 bis 10 Kohlenstoffatomen besteht, wird nochmals sorgfältig durch Destillation in folgende Teilfraktionen zerlegt:

Erdöl

Petroläther	40 bis 70°C
Leichtbenzin	70 bis 90°C
Ligroin	90 bis 120°C
Schwerbenzin	120 bis 175°C

Neben der Verwendung als Motorentreibstoff eignen sich diese Stoffe auch als Lösungs- und Extraktionsmittel für Öle, Fette und Harze.

Cracken Durch Destillation läßt sich aus dem Rohöl im Durchschnitt nur etwa 20% Benzin (Straight-run Benzin) gewinnen. Dieser Anteil kann durch eine thermische Bahandlung der höher siedenden Fraktionen (z. B. Petroleum) vergrößert werden. Man hat nämlich beobachtet, daß oberhalb 500°C die Alkane unbeständig sind und in kleinere Bruchstücke zerfallen (Crackvorgang). Die Stabilität der verschiedenen Kohlenwasserstoffverbindungen nimmt dabei in folgender Reihenfolge zu: n-Alkane (450°C), Alkene, Cycloalkane, Aromaten, Methan. Weil die Bindungsenergie zwischen Kohlenstoff- und Wasserstoffatomen größer ist als diejenige zwischen Kohlenstoffatomen, erfolgt die Spaltung bevorzugt in der C—C-Kette und zwar umso leichter, je länger die Kette ist. Die C—C-Kette zerbricht bei niederen Temperaturen und hohen Drücken bevorzugt in der Mitte des Moleküls. Bei höheren Temperaturen und niedrigem Druck befindet sich die Spaltstelle mehr an den endständigen C—C-Bindungen. Beim Zerfall entsteht immer ein paraffinisches und ein olefinisches Bruchstück nach der Gleichung:

$$C_n H_{2n+2} \rightarrow C_m H_{2m+2} + C_{n-m} H_{2(n-m)}$$

Das kürzere der beiden Spaltstücke besitzt meist paraffinischen Charakter.

Beim *thermischen Cracken* vergrößert sich die Intensität der Spaltung, wenn die Temperatur und die Verweilzeit zunehmen. Dabei wächst der Anteil an ungesättigten und aromatischen Produkten. Bei höheren Temperaturen kann es auch zum Bruch von Kohlenstoff-Wasserstoff-Bindungen kommen (Dehydrierungsvorgänge unter Abspaltung von Wasserstoff). Außerdem ist die Entstehung von ringförmigen Verbindungen aus Olefinen möglich (Cyclisierung).

Bei genügend langer Reaktionsdauer und hohen Temperaturen streben schließlich alle Vorgänge der Bildung von Methan, Wasserstoff und Kohlenstoff („Koks") zu. Der Mechanismus der Vorgänge beim thermischen Cracken verläuft über Radikale, die beim Zerfall von Kohlenwasserstoffmolekülen entstehen:

$$R-CH_2-CH_2-R' \rightarrow R-CH_2\cdot + \cdot CH_2-R'$$

Ein Radikal kann auf verschiedene Art weiterreagieren. Entweder zerfällt es unter Bruch einer C—C-Bindung in ein kleineres Radikal und ein Alken oder es spaltet sich ein Wasserstoffatom ab, wobei ebenfalls eine ungesättigte Kohlenwasserstoffverbindung entsteht, z. B.:

$$R-CH_2-\overset{\cdot}{C}H-R' \begin{array}{c} \nearrow \rightarrow R\cdot + CH_2=CH-R' \\ \searrow \rightarrow H\cdot + R-CH=CH-R' \end{array}$$

Ein freies Radikal kann sich aber auch an eine ungesättigte Verbindung anlagern. Es bildet sich dann ein neues freies Radikal mit größerer Molmasse:

$$R\cdot + CH_2=CH-R' \rightleftarrows R-CH_2-\overset{\cdot}{C}H-R'$$

Schließlich ist es auch möglich, daß ein freies Radikal mit einem anderen Molekül zusammenstößt und ein Wasserstoffatom aufnimmt. Aus diesem Molekül bildet sich dann ein neues Radikal:

$$R\cdot + R'H \rightarrow RH + R'\cdot$$

Stoßen zwei freie Radikale zusammen, so entsteht eine gesättigte und eine ungesättigte Verbindung:

$$R\cdot + \cdot CH_2-CH_2-R' \rightarrow RH + CH_2=CH-R'$$

Bei der technischen Durchführung (s. Abb.) wird das „Einsatzprodukt" vorgewärmt, in die Verdampferzone eines Fraktionierturmes eingebracht und von leicht siedenden Anteilen befreit. Die schwerer flüchtigen Anteile sammeln sich am Boden des Fraktionierturmes. Sie werden abgezogen, im Spaltofen auf die

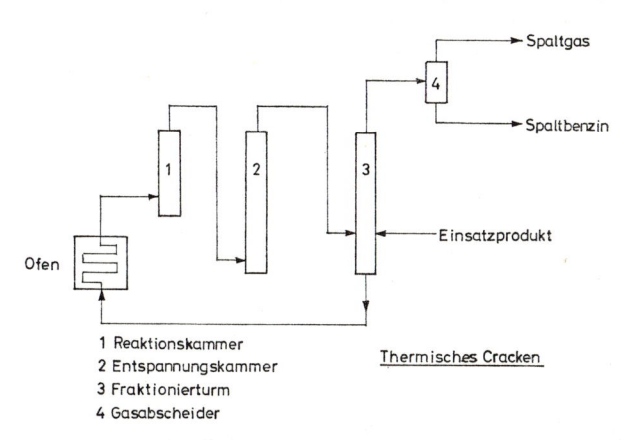

1 Reaktionskammer
2 Entspannungskammer
3 Fraktionierturm
4 Gasabscheider

Thermisches Cracken

gewünschte Spalttemperatur erhitzt und zur Verlängerung der Reaktion in die Reaktionskammer überführt. Von hier aus gelangt das Kohlenwasserstoffgemisch in die Entspannungskammer, in welcher der Druck von 70 atü auf 3 bis 4 atü absinkt. Hierdurch wird die Spaltreaktion unterbrochen (quentsching), weil sich das Reaktionsgemisch abkühlt. Die niedrig siedenden Bestandteile gelangen von hier aus in den Fraktionierturm. Die höher siedenden Gemischbestandteile werden aus der Entspannungskammer abgezogen und als Heizöl verwendet.

Erdöl

Katalytisches Cracken. Der Crackvorgang läßt sich in der Dampfphase auch in Gegenwart von Katalysatoren durchführen. Druck und Temperatur können dann niedriger gewählt werden. Die Ausbeute an Benzin ist höher als beim thermischen Cracken (80% des Einsatzes gegenüber 25 bis 60%), außerdem ist die Qualität des Benzins besser.

Als Katalysatoren verwendet man Stoffe mit saurem Charakter (Aci-Katalysatoren), die Wasserstoffionen (Protonen) liefern können. Geeignet hierfür sind z. B. Alumosilikate vom Typ $H_2O \cdot Al_2O_3 \cdot 2SiO_2$. Zu Beginn des Spaltvorgangs überträgt der Katalysator ein Proton auf das π-Elektronenpaar eines Alkens, wobei ein Carboniumion entsteht:

$$\begin{array}{c} \ H \\ R-\underset{H}{\underset{|}{C}}=\underset{H}{\underset{|}{C}}-R' + H^+ \rightarrow R-\underset{H}{\underset{|}{\overset{|}{C}}}-\underset{H}{\underset{|}{C^+}}-R' \end{array}$$

Dieses Carboniumion kann nun unter Bildung eines ungesättigten Moleküls und eines Carboniumions mit kürzerer Kettenlänge gespalten werden:

$$R-CH_2-C^+H-R' \rightarrow R^+ + CH_2=CH-R'$$

Es ist aber auch möglich, daß innerhalb des Carboniumions die Verschiebung eines Wasserstoffatoms oder eines Alkylrestes entlang der Kette erfolgt (katalytische Isomerisierung):

$$R-CH_2-C^+H-CH_3 \rightleftarrows R-C^+H-CH_2-CH_3$$

oder

$$R-\underset{CH_3}{\underset{|}{\overset{CH_3}{\overset{|}{C}}}}-C^+H-CH_3 \rightleftarrows R-\underset{CH_3}{\underset{|}{\overset{CH_3}{\overset{|}{C^+}}}}-CH-CH_3$$

oder

$$R-\underset{CH_3}{\underset{|}{CH}}-CH_2-C^+H_2 \rightleftarrows R-\underset{CH_3}{\underset{|}{CH}}-C^+H-CH_3 \rightleftarrows R-\underset{CH_3}{\underset{|}{C^+}}-CH_2-CH_3$$

Schließlich kann das Carboniumion auch an das π-Elektronenpaar eines Alkens addiert werden. Es entsteht dann ein Carboniumion größerer Molmasse (katalytische Alkylierung bzw. Polymerisierung):

$$R^+ + CH_2=CH_2 \rightleftarrows R-CH_2-C^+H_2$$

Erdöl

Als endgültiges Reaktionsprodukt bildet sich aus dem Carboniumion durch Abspaltung eines Protons ein Alken:

$$R-C^+H-CH_3 \rightarrow R-CH=CH_2+H^+$$

Das Carboniumion kann aber auch ein Hydridion $(H:)^-$ aus einem anderen Molekül aufnehmen, wobei ein Alkan und ein neues Carboniumion entstehen:

$$R-C^+H-CH_3+H_3C-R' \rightarrow R-CH_2-CH_3+H_2C^+-R'$$

Treffen zwei Carboniumionen zusammen, so entstehen ein Alkan und ein Alken:

$$R-C^+H-CH_3+R'-C^+H-CH_3 \rightarrow R-CH_2-CH_3+R'-CH=CH_2$$

Zum Ablauf dieser Vorgänge nach dem Carboniumionen-Mechanismus müssen Alkene vorliegen. Sind sie von Anfang an nicht in dem Reaktionsgut vorhanden, genügen die geringen Mengen, welche durch die thermische Reaktion beim katalytischen Cracken entstehen.

Die technische Durchführung dieser Reaktion kann z. B. nach dem Wirbelschichtverfahren erfolgen. In das Reaktionsgefäß (Reaktor) wird der Katalysator mit etwa 600°C zusammen mit dem vorgewärmten Einsatzmaterial eingeblasen. Das Einsatzmaterial verdampft, der Katalysator sinkt zu Boden und bildet infolge eingeblasenen Wasserdampfes eine Wirbelschicht, in welcher der Crackvorgang stattfindet. Durch die Höhe der Wirbelschicht läßt sich die Reaktionszeit regulieren. Die gespaltenen Dämpfe entweichen am oberen Teil des Reaktors. Sie werden einem Fraktionierturm zugeleitet und in Gas, Benzin, leichtes und schweres Gasöl getrennt. Am Katalysator scheidet sich Kohlenstoff („Koks") ab, welcher die Reaktionsfähigkeit beeinträchtigt. Der Katalysator wird deshalb kontinuierlich aus dem Reaktor abgezogen und mit Luft vermischt in einen Regenerator gebracht. Man brennt den Koksbelag ab, wobei sich der Katalysator auf etwa 600°C erhitzt. Der regenerierte Katalysator gelangt anschließend in den Reaktor zurück (siehe Abb.).

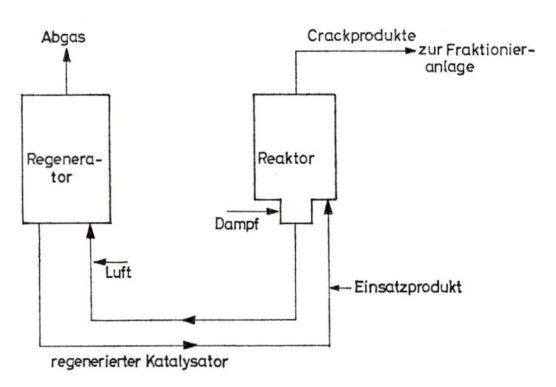

Erdöl

Das Benzin aus den katalytischen Crackanlagen enthält im Vergleich zum straight-run-Benzin einen größeren Anteil von verzweigten Kohlenwasserstoffverbindungen, welche die *Klopffestigkeit* des Kraftstoffes erhöhen. Als „Klopfen" bezeichnet man das klingelnde bis hämmernde Geräusch, das beim Betrieb eines Motors entstehen kann, wenn Unregelmäßigkeiten während des Verbrennungsvorgangs auftreten. Beim Vergaser-Motor soll sich die durch den Zündfunken ausgelöste Flammenfront mit annähernd gleicher Geschwindigkeit und gleichmäßigem Anstieg des Druckes durch das Gemisch ausbreiten. Enthält der Kraftstoff thermisch instabile Verbindungen, so werden diese bei der Verbrennung vorzeitig zur Selbstentzündung gebracht. Hierdurch entstehen Druckverhältnisse im Motor, welche sich schädlich und leistungsmindernd auswirken. Die Klopfneigung der Kohlenwasserstoffverbindungen nimmt in folgender Reihenfolge ab: n-Alkane, Alkene, Naphthene, verzweigte Alkane, Aromate. Als Maß für die Klopffestigkeit eines Kraftstoffs hat man die *Octanzahl* eingeführt. Dem besonders klopffesten 2,2,4-Trimethylpentan (Isooctan) ordnet man die Octanzahl 100 zu. Das wenig klopffeste n-Heptan erhält die Octanzahl 0. Die Octanzahl gibt an, wieviel Prozent Isooctan in einer Mischung mit n-Heptan enthalten ist, die in einem Prüfmotor unter festgelegten Bedingungen die gleiche Klopfneigung zeigt wie der zu untersuchende Kraftstoff. Mehrfach verzweigte Alkane haben eine größere Klopffestigkeit als die unverzweigten Isomeren. Doppelbindungen im Molekül erhöhen die Octanzahl. In gleicher Weise wirkt ein Gehalt an Aromaten.

Reforming. Die Klopffestigkeit der straight-run-Benzine kann man durch Reforming-Verfahren (Umwandlungsverfahren) verbessern. Hierbei sollen Kohlenwasserstoffverbindungen mit ungünstigen Eigenschaften in solche mit möglichst hoher Octanzahl verwandelt werden. Man wählt die Reaktionsbedingungen so, daß folgende Vorgänge begünstigt werden:

1. Dehydrierung von Naphthenen zu Aromaten, z. B.

$$\text{(H)} \longrightarrow \text{(○)} + 3\,H_2$$

Diese Reaktion läuft hinsichtlich ihrer Geschwindigkeit beim katalytischen Arbeiten bevorzugt ab.

2. Dehydrocyclisierung von Alkanen zu Aromaten, z. B.

$$CH_3\text{-}(CH_2)_5\text{-}CH_3 \longrightarrow \text{(○)}\text{-}CH_3 + 4\,H_2$$

Es können dabei nicht nur Alkane mit einer unverzweigten Kette von mindestens sechs Kohlenstoffatomen in Aromate umgewandelt werden, sondern auch ver-

Erdöl

zweigte Alkane mit geringerer Anzahl Kohlenstoffatome in der geraden Kette, z. B. Mono-, Di- oder Trimethylpentane.

3. Cracken von Alkanen größerer Kettenlänge in Gegenwart von Wasserstoff bei Anwesenheit eines Katalysators (*Hydrocracken*). Die durch die Spaltung entstandenen Bruchstücke binden den Wasserstoff und es entstehen Alkane mit kleinerer Anzahl Kohlenstoffatome, z. B.

$$CH_3-(CH_2)_5-CH_3 \xrightarrow{+H_2} CH_3-CH_2-CH_3 + CH_3-(CH_2)_2-CH_3$$

Der Ort der Bruchstelle wird wesentlich durch den Katalysator bestimmt.

Die technische Durchführung des katalytischen Reformierens ist dem Crackverfahren sehr ähnlich. Man verwendet als Katalysatoren: Platin, Molybdänoxid oder Chromoxid. Als Trägermaterial dient meist Aluminiumoxid. Es wurden in den einzelnen Ländern zahlreiche Verfahrensweisen entwickelt, die sich hauptsächlich durch die Wahl des Katalysators, seiner Anordnung und die Art und Weise seiner Regenerierung unterscheiden. Auch beim katalytischen Reformieren entstehen hochmolekulare Polymerisations- und Kondensationsprodukte, die zur Bildung von Koks neigen und den Katalysator blockieren. Man arbeitet deshalb in Gegenwart von Wasserstoff, der diese Erscheinung zurückdrängt.

Das am meisten verbreitete Verfahren ist das *Platforming*. Man verwendet einen stationären Platin-Katalysator (Festbettkatalysator) und zirkulierenden Wasserstoff von etwa 35 bis 55 atü. Bei großer Reinheit der Ausgangsstoffe ist eine Regenerierung des Katalysators nicht notwendig. Das Einsatzprodukt wird mit Kreislauf-Wasserstoff gemischt, auf etwa 500°C erwärmt und durch drei Katalysatorkammern (Reaktoren) geschickt (s. Abb.). Weil die Dehydrierung einen

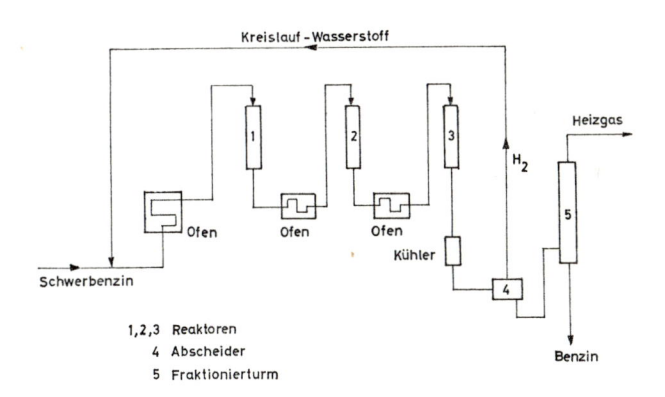

1,2,3 Reaktoren
4 Abscheider
5 Fraktionierturm

endothermen Vorgang darstellt, sinkt die Temperatur nach jedem Reaktor ab. Zwischenerhitzer sorgen deshalb für die erforderliche Reaktionstemperatur. An-

Erdöl

schließend trennt man den Wasserstoff von den Reaktionsprodukten ab, die durch Destillation in einen niedrig und einen höher siedenden, stark aromatischen Anteil zerlegt werden.

Wendet man niedrigeren Wasserstoffdruck (15 bis 30 atü) an, so muß der Katalysator häufig regeneriert werden. Die Anlage enthält dann einen Reserve- oder „swing"-Reaktor, der jeweils für einen zu regenerierenden Reaktor in Betrieb genommen wird. Verwendet man Molybdänkatalysatoren (MoO_3), so bezeichnet man das Verfahren als *Hydroforming*.

Alkylierung. Die gasförmigen Kohlenwasserstoffe, welche bei Crackverfahren anfallen, können durch „Alkylieren" in Benzin umgewandelt werden. So läßt sich z. B. aus i-Buten und i-Butan mit Hilfe von Schwefelsäure oder flüssigem Fluorwasserstoff bei 0° bis 35°C Isooctan herstellen. Die Reaktion verläuft über Carboniumionen, die sich aus dem Buten mit Protonen des Katalysators bilden:

$$CH_2{=}\underset{\underset{CH_3}{|}}{C}{-}CH_3 + H^+ \rightarrow C^+H_2{-}\underset{\underset{CH_3}{|}}{CH}{-}CH_3$$

Das Carboniumion reagiert mit einem i-Butan-Molekül unter Protonenaustausch:

$$C^+H_2{-}\underset{\underset{CH_3}{|}}{CH}{-}CH_3 + CH_3{-}\underset{\underset{CH_3}{|}}{\overset{\overset{CH_3}{|}}{C}}{-}H \rightarrow CH_3{-}\underset{\underset{CH_3}{|}}{CH}{-}CH_3 + CH_3{-}\underset{\underset{CH_3}{|}}{C^+}$$

Das neu gebildete iso-Butylcarboniumion addiert sich an das π-Elektronenpaar des Butens:

$$CH_3{-}\underset{\underset{CH_3}{|}}{\overset{\overset{CH_3}{|}}{C^+}} + CH_2{=}\underset{\underset{CH_3}{|}}{C}{-}CH_3 \rightarrow CH_3{-}\underset{\underset{CH_3}{|}}{\overset{\overset{CH_3}{|}}{C}}{-}CH_2{-}\underset{\underset{CH_3}{|}}{C^+}{-}CH_3$$

Durch Protonenaustausch mit einem zweiten Butan-Molekül entsteht das Isooctan:

$$CH_3{-}\underset{\underset{CH_3}{|}}{\overset{\overset{CH_3}{|}}{C}}{-}CH_2{-}\overset{\overset{CH_3}{|+}}{C}{-}CH_3 + CH_3{-}\underset{\underset{CH_3}{|}}{CH} \rightarrow CH_3{-}\underset{\underset{CH_3}{|}}{\overset{\overset{CH_3}{|}}{C}}{-}CH_2{-}\underset{\underset{CH_3}{|}}{CH}{-}CH_3 + CH_3{-}\underset{\underset{CH_3}{|}}{C^+}$$

2,2,4-Trimethylpentan

Es finden aber gleichzeitig noch verschiedene Nebenreaktionen statt, so daß ein recht komplexes Gemisch verschiedener Isooctane und auch niedriger und höher siedender Kohlenwasserstoffe entsteht, das sich infolge der großen Klopffestigkeit seiner Bestandteile direkt oder im Verschnitt mit anderen Benzinen als Vergaserkraftstoff eignet.

Isomerisierung. Das für die Alkylierung notwendige i-Butan liegt meist nicht in genügender Menge in den Crackgasen vor, um alle darin enthaltenen i-Butene umsetzen zu können. Das n-Butan läßt sich aber durch „Isomerisierung" (Änderung der Struktur des Moleküls bei gleicher Anzahl der Kohlenstoffatome) in i-Butan umwandeln. Als Katalysator verwendet man ein Gemisch aus Aluminiumchlorid und Chlorwasserstoff, das bei etwa 120°C und 9 bis 10 atü die Reaktion ermöglicht:

$$CH_3-CH_2-CH_2-CH_3 \rightleftarrows CH_3-\underset{\underset{CH_3}{|}}{\overset{\overset{CH_3}{|}}{CH}}$$

n-Butan i-Butan

Auch n-Pentan und n-Hexan, die sich aus entsprechenden Benzinfraktionen gewinnen lassen, können mit Hilfe von Pt/Al_2O_3 Katalysatoren bei 350° bis 450°C und 20 bis 50 atü in klopffeste Isomere verwandelt werden.

Polymerisation. Die bei den Crackprozessen entstehenden Abgase enthalten vorwiegend Alkene, z. B. Propen und i-Buten. Sie lassen sich durch Polymerisation in Verbindungen des Benzinsiedebereichs umwandeln. Aus i-Buten können z. B. zwei isomere Isooctene entstehen. Diese werden dann zu Isooctan hydriert, das als Mischkomponente für Flugzeugbenzin geeignet ist (*Polymerbenzin*). Man verwendet Phosphorsäure als Katalysator und polymerisiert bei 190 bis 240°C und 10 bis 85 atü. Aus dem i-Buten bildet sich mit Hilfe eines Protons des Katalysators ein Carboniumion:

$$H_2C=\underset{\underset{CH_3}{|}}{\overset{\overset{CH_3}{|}}{C}} + H(Kat) \rightarrow CH_3-\underset{\underset{CH_3}{|}}{\overset{\overset{CH_3}{|}}{C^+}} + (Kat)^-$$

das an die Doppelbindung eines zweiten Butenmoleküls addiert wird:

$$CH_3-\underset{\underset{CH_3}{|}}{\overset{\overset{CH_3}{|}}{C^+}} + H_2C=\overset{\overset{CH_3}{|}}{C}-CH_3 \rightarrow CH_3-\underset{\underset{CH_3}{|}}{\overset{\overset{CH_3}{|}}{C}}-CH_2-\overset{\overset{CH_3}{|}}{C^+}-CH_3$$

Durch die Rückreaktion mit dem $(Kat)^-$ können unter Abgabe eines Protons zwei isomere Isooctene entstehen:

$$CH_3-\underset{\underset{CH_3}{|}}{\overset{\overset{CH_3}{|}}{C}}-CH_2-\underset{}{\overset{\overset{CH_3}{|}}{C}}=CH_2 \quad \text{oder} \quad CH_3-\underset{\underset{CH_3}{|}}{\overset{\overset{CH_3}{|}}{C}}-CH=\overset{\overset{CH_3}{|}}{C}-CH_3$$

Aus beiden Verbindungen gewinnt man durch Hydrieren das 2,2,4-Trimethylpentan (Isooctan)

$$CH_3-\underset{\underset{CH_3}{|}}{\overset{\overset{CH_3}{|}}{C}}-CH_2-\overset{\overset{CH_3}{|}}{CH}-CH_3$$

Raffination von Benzin. Die meisten Destillat- und Crack-Benzine müssen einer weiteren Nachbehandlung unterzogen werden. Das Benzin darf keinen zu hohen Dampfdruck aufweisen, weil dann im Sommer durch Verdunstung beim Transport und bei der Lagerung Verluste entstehen. Außerdem können sich Dampfblasen in der Vergaserleitung des Motors bilden. Der Dampfdruck soll aber auch nicht zu niedrig sein, um im Winter Startschwierigkeiten zu vermeiden. Man entfernt deshalb in einer Druckdestillation die C_4- und C_5-Kohlenwasserstoffe, bis sich der gewünschte Dampfdruck einstellt (*Stabilisierung*).

Treibstoffe dürfen keine schwefelhaltigen Bestandteile (z. B. Merkaptan R—SH oder Thioäther R_2S) enthalten, weil diese bei der Verbrennung Schwefeldioxid bzw. Schwefeltrioxid bilden, welche Korrosionserscheinungen hervorrufen. Alkene mit konjugierten Kohlenstoffdoppelbindungen gehen im Laufe der Zeit durch Polymerisation und Oxydation in harzartige Produkte über, die zunächst im Benzin gelöst sind, aber später durch Ablagerungen zu Störungen führen können. Die Beseitigung dieser Verbindungen erfolgt heute weitgehend durch katalytisch hydrierende Raffination (*Hydrofining*). Der notwendige Wasserstoff steht in ausreichender Menge aus den katalytischen Reforming-Verfahren zur Verfügung. Das Einsatzprodukt wird unter Druck (7 bis 70 atü) mit dem Wasserstoff auf Temperaturen zwischen 200° und 450°C erhitzt und in der Gasphase dem Reaktor zugeführt, in welchem sich der Katalysator befindet (Wolfram-Nickelsulfid oder Kobalt-Molybdänoxid). Hier erfolgt die Hydrierung der Olefine und die Umwandlung der Schwefelverbindungen unter Bildung von Schwefelwasserstoff:

$$R-CH=CH-CH=CH-R' + 2H_2 \rightarrow R-(CH_2)_4-R'$$
$$RSH + H_2 \rightarrow RH + H_2S$$
$$R_2S + 2H_2 \rightarrow 2RH + H_2S$$

Erdöl

Das Reaktionsprodukt wird gekühlt und einem Hochdruckabscheider zugeführt, in welchem eine Trennung in eine wasserstoffreiche Gasphase und eine Flüssigphase erfolgt. Der Wasserstoff kehrt in den Kreislauf zurück, das flüssige Produkt wird in einem zweiten Abscheider entspannt (Druckentlastung), wodurch die infolge Crackreaktionen entstandenen Kohlenwasserstoffe und der Schwefelwasserstoff abgetrennt werden. In einer Destillationskolonne treibt man schließlich die restlichen noch gelösten Gase aus der Flüssigkeit ab.

Der Gebrauchswert von Kraftstoffen läßt sich auch durch Zusätze (*Additive*) verbessern. Am wichtigsten ist das Antiklopfmittel Bleitetraäthyl $(C_2H_5)_4Pb$, das die Octanzahl auf wirtschaftliche Weise erhöht. Es wird in nur geringen Mengen (0,3 bis 0,6 ml/l) zugesetzt und hat die Eigenschaft, die beim Zerfall der n-Alkane zu schnell ablaufenden Kettenreaktionen abzubrechen, welche das Klopfen verursachen. Außerdem setzt man Äthylendibromid $(C_2H_4Br_2)$ zu, um das bei der Verbrennung entstehende Bleioxid in das flüchtige Bleidibromid $(PbBr_2)$ zu verwandeln. Dadurch gelangen allerdings 50 bis 70% des Blei mit den Auspuffgasen in die Luft. Ein Kraftwagen, der für eine Fahrstrecke von 100 km 10 Liter benötigt, gibt 2 bis 3 g Blei in die Luft ab. Bei einer Verkehrsdichte von 2000 Kraftwagen pro Stunde werden auf einem Kilometer Autobahn in einer Stunde 40 bis 60 g Blei abgeschieden.

Zur Verbesserung der Lagerbeständigkeit fügt man den Kraftstoffen noch Antioxydantien (mehrwertige Phenole, Kresole) hinzu.

Petroleum

Petroleum enthält Kohlenwasserstoffverbindungen mit einem Siedebereich von etwa 150° bis 270°C. Seine Verwendung zu Leuchtzwecken war 1859 der Anstoß für die Entwicklung der Erdölindustrie. Die Petroleumfraktion eignet sich als Flugturbinen-Treibstoff (Düsenkraftstoff, Kerosin), evtl. gemischt mit Schwerbenzin.

Gasöle

Diejenigen Anteile des Erdöls und seiner Crackdestillate, welche zwischen etwa 250 und 350°C sieden, werden als Gasöle bezeichnet. Sie dienten früher zur Verbesserung des Heizwertes von Leuchtgas. Heute verwendet man Gasöle als Dieselkraftstoff und leichtes Heizöl für Haushaltsfeuerungen. Ein großer Teil des Gasöls wird durch Crackverfahren zu Benzin verarbeitet.

Schmieröle

Bei der atmosphärischen Destillation von Erdöl bleibt ein Rückstand, der als Heizöl oder als Einsatzprodukt für Crackverfahren verwendet werden kann. Der Rückstand läßt sich aber auch durch eine Vakuum-Destillation in Schmierölfraktionen zerlegen. Diese werden nicht nach Siedebereichen, sondern nach ihrer

Erdöl

Viskosität eingeteilt. Außerdem ist die Abhängigkeit der Viskosität von der Temperatur für die Qualität eines Schmieröls wichtig, weil die Öle beim Erwärmen dünnflüssiger werden. Durch die unterschiedliche Konstruktion und Arbeitsweise der Maschinen (z. B. Uhren, Otto-Motoren, Dampfmaschinen, Dieselmotoren, Wagenachsen) muß eine große Zahl verschiedener Sorten Schmieröl hergestellt werden, z. B. Spindelöl, Turbinenöl, Automobilöle, Flugmotoröle, Dieselmotorenöle, Getriebeöle, Naßdampf- und Heißdampfzylinderöle. Die wichtigsten Gesichtspunkte sind dabei die Arbeitstemperatur, die Gleitgeschwindigkeit der reibenden Flächen und der Druck an der Schmierstelle.

Die Rohprodukte für die Schmierölherstellung müssen einer gründlichen Reinigung unterzogen werden. Hochwertige Schmieröle sollen wegen der Alterungseigenschaften keine Alkene enthalten. Aromaten beeinflussen das Viskosität-Temperatur-Verhalten ungünstig. Auch die höheren n-Alkane müssen entfernt werden, da sie bei niedrigen Temperaturen auskristallisieren oder das Öl verdicken. Ein Gehalt an Asphalt könnte Koksabscheidungen verursachen. Die unerwünschten Begleitstoffe lassen sich durch selektiv wirkende Lösungsmittel entfernen (*Solventextraktion*). Mit flüssigem Schwefeldioxid löst man bei -30 bis $-10°C$ die Alkene und Aromaten heraus (EDELEANU-Verfahren). Die asphaltartigen Bestandteile lösen sich nicht in flüssigem Propan und können so abgetrennt werden. Zur Entfernung der höheren n-Alkane kann man ebenfalls flüssiges Propan verwenden. Man kühlt die Lösung bis auf etwa $20°C$ unterhalb des gewünschten Stockpunktes (Erstarrungstemperatur) ab, wobei sich das Paraffin als fester Stoff abscheidet. Das Paraffin wird abfiltriert und läßt sich vielseitig verwenden: z. B. zur Herstellung von Kerzen und Druckerschwärze, in der Papierindustrie und zum Imprägnieren von Zündhölzern. Aus dem Filtrat gewinnt man das Schmieröl durch Abdampfen des Propans zurück. Die gereinigten Schmieröle werden schließlich durch Zusätze dem jeweiligen Verwendungszweck angepaßt. Der Einwirkung von Sauerstoff, die ein Verdicken des Öles und Korrosion zur Folge hätte, wirkt man durch Antioxydantien (z. B. alkylierte Phenole) entgegen. Organische Phosphite verringern die Korrosion. Bei Betriebsbedingungen mit starker Verschmutzung durch Treibstoffruß (Dieselmotor) setzt man Dispergiermittel (z. B. alkylbenzolsulfosaure Salze) hinzu. Sie halten den Ruß in kolloidaler Form (HD-Öle). Zusätze von Polyisobuten oder polymeren Methacrylsäure-dodecylestern bewirken einen gleichmäßigeren Viskositätsverlauf zwischen extremen Temperaturen.

Heizöle

Als Heizöl eignen sich alle Fraktionen der Destillate vom schweren Gasöl bis zu den Rückständen der Vakuumdestillation und den schweren Crackrückständen. Man unterscheidet Destillatheizöle (Gasöle), die sich ohne Vorwärmen zerstäuben lassen und Rückstandsöle, die zum Zerstäuben vorgewärmt werden müssen. Sie sind oft nicht ganz schlammfrei, besitzen eine große Viskosität und enthalten Schwefel.

Asphaltbitumen

Treibt man aus dem Rückstand, der bei der atmosphärischen Destillation anfällt, die hochsiedenden Ölanteile mit überhitztem Wasserdampf im Vakuum ab, so bleibt Asphaltbitumen zurück. Je geringer der Ölgehalt des Rückstandes ist, umso höher liegt der Erweichungspunkt des Asphalts (allgemein zwischen etwa 25 und 60°C). Behandelt man das Produkt bei etwa 250°C mit Luftsauerstoff, so werden Oxydations- und Polymerisationsreaktionen ausgelöst, die zu einer Erhöhung des Erweichungspunktes bis zu etwo 180°C führen („geblasener Asphalt"). Asphaltbitumen wird in großen Mengen als Bindemittel für den Bau von Straßendecken, zur Herstellung von Dachpappen und als Klebe-, Anstrich- und Abdichtungsmaterial verwendet.

Paraffin, Vaselin

Die höher molekularen Alkane (Paraffinkohlenwasserstoffe) sind von 16 Kohlenstoffatomen an aufwärts bei Zimmertemperatur feste Stoffe. Bei der Abkühlung von Destillaten des Schmieröls scheidet sich Paraffin ab. Aus den Rückständen der Destillation erhält man ein salbenartiges Produkt, das Rohvaselin. Durch Raffination entsteht daraus pharmazeutisches Vaselin, das als Bestandteil verschiedener Salben dient.

Petrochemie

Erdöl ist ein wichtiger Rohstoff für die →Petrochemie.

Literatur

Ullmanns Encyklopädie der technischen Chemie, Ergänzungsband. — Urban und Schwarzenberg, München 1970

WINNACKER-KÜCHLER: Chemische Technologie Band 3. — Carl Hanser Verlag, München 1959

OST-RASSOW: Lehrbuch der chemischen Technologie Band 2. — Johann Ambrosius Barth Verlag, Leipzig 1965

ASINGER, F.: Einführung in die Petrolchemie. — Akademie-Verlag, Berlin 1959

Erdwachs s. Alkane.

Ergocalciferol s. Vitamine (D).

Ergosterin s. Steroide 1., Vitamine (D).

Ergotamin s. Alkaloide.

Eriochromschwarz T s. Indikatoren, Maßanalyse.

Erste Hauptgruppe der chemischen Elemente (Alkalimetalle). Zu ihnen gehören:

Erste Hauptgruppe

3 Li Lithium, 1817 von Arfyedson, einem Schüler Berzelius, in dem in Schweden vorkommenden Mineral Petalit ($Li_2O \cdot Al_2O_3 \cdot 8\,SiO_2$) entdeckt und, weil es zuerst im Steinreich gefunden wurde, nach dem gr. lithos benannt.

11 Na Natrium

19 K Kalium. Beide Elemente wurden 1807 von Davy entdeckt. Sie erhielten von ihm die Namen „*sodium*" und „*potassium*". Bereits im Altertum waren Pottasche und Soda bekannt, wurden jedoch für das gleiche Material gehalten. Der Name dafür war bei den alten Israeliten „*neter*", den Griechen „*nitron*" und den Römern „*nitrium*". Die Araber bezeichneten beides als „*alkali*". Seit dem 15. Jahrhundert sind Soda und Pottasche in Europa bekannt. Bei Paracelsus findet sich erstmalig im Deutschen das Wort alkali. Gilbert nannte 1809 die von Davy entdeckten Elemente Kalium und Nitronium. Berzelius verwendete 1811 das Wort Natrium.

37 Rb Rubidium

55 Cs Cäsium. Beide Elemente wurden 1861 bei der spektralanalytischen Untersuchung von Rückständen des Dürkheimer Solwassers von *Bunsen* entdeckt. Nach den für die neu gefundenen Elemente charakteristischen roten und blauen Spektrallinien nannte er sie Rubidium (lt. rubidus, d. h. dunkelstes Rot) und Cäsium (lt. caesius, d. h. himmelblau).

87 Fr Francium, von Frau Perey 1939 beim dualen radioaktiven Zerfall des Actiniums nachgewiesen und nach „Frankreich" benannt.

Das Vorkommen in der Erdrinde beträgt:

Lithium $3 \cdot 10^{-3}\%$ Natrium $2,63\%$ Kalium $2,4\%$ Rubidium $3,5 \cdot 10^{-3}\%$
Cäsium $7 \cdot 10^{-4}\%$ Francium $\approx 24,5$ g

	Dichte in g/cm³	F in °C	Kp in °C	Atomradius in Å	Ionenradius in Å
Lithium	0,534	180	1326	1,55	0,6
Natrium	0,97	97,8	892	1,90	0,95
Kalium	0,86	63,7	760	2,35	1,33
Rubidium	1,52	39,0	696	2,48	1,48
Cäsium	1,87	28,45	708	2,67	1,68
Francium	?	?	?	?	$\approx 1,80$

Naturgemäß wirken sich die stark differierenden Ionenradien in den Eigenschaften der Alkalimetalle aus. So muß die Ionenanordnung beim Cäsiumchlorid anders beschaffen sein als bei den übrigen Alkalichloriden. Bei diesen ist jedes Ion von 6 Chloridionen in oktaedrischer Anordnung umgeben, während beim Cäsiumchlorid in Würfelform 8 Chloridionen jedes Cäsiumion einschließen. Trotzdem kommen immer insgesamt auf jedes Metallion je 1 Chloridion. Manchmal findet man diese Koordinationszahl in der Form $NaCl_{\frac{6}{6}}$ bzw. $CsCl_{\frac{8}{8}}$ angedeutet.

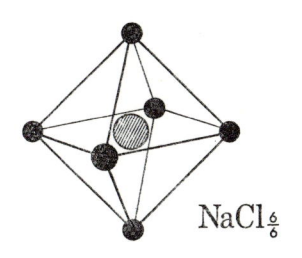

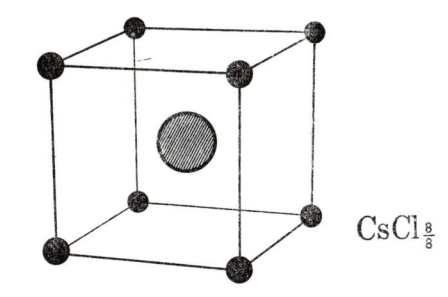

$NaCl_{\frac{6}{6}}$ $CsCl_{\frac{8}{8}}$

Geht ein Metallatom in Lösung als Ion, so umgibt es sich mit einer Hydrathülle. Die Zahl der angelagerten Wasserteilchen hängt vom Ionenradius und von der Ladung der entstehenden Ionen ab. Wegen seiner geringen Ausdehnung haften unter Energieabgabe am Lithiumion in erster Schicht 6 H_2O, während die Zahl bei den anderen Alkaliionen bis auf 1—2 H_2O beim Cäsiumion abnimmt. Obwohl bei diesem das Valenzelektron bereits durch infrarotes Licht abgespalten wird und die erforderliche Lichtenergie zum Lithium hin bis zum Ultraviolett verschoben ist, zeigt das Lithium eine größere Lösungstension als das Cäsium, und das Normalpotential (s. Redoxvorgänge) des Lithiums liegt wegen der bei der Hydratisierung frei werdenden Energie mit —3,03 V noch unter der des Cäsiums mit —3,02 V. Wegen der Hydrathülle bewegt sich das Lithiumion langsamer als selbst das Cäsiumion, während das Lithiumion der Schmelze leicht beweglich ist.

Elektronenanordnung:

Lithium	[He]	$2s^1$
Natrium	[Ne]	$3s^1$
Kalium	[Ar]	$4s^1$
Rubidium	[Kr]	$5s^1$
Cäsium	[Xe]	$6s^1$
Francium	[Rn]	$7s^1$

Die Übersicht gibt an, welche Edelgaskonfiguration bei der inneren Schale fertig ausgebildet ist. In jedem Fall kommt dann 1 Elektron der nächsten Schale hinzu. Trotz der formalen Übereinstimmung der Atome im Dampfzustand sind — wie bereits angedeutet — ihre chemischen Eigenschaften sehr unterschiedlich. Das würde sich noch mehr zeigen, wenn man den Wasserstoff mit seinem einzigen Valenzelektron hinzunähme, wie es bei Anordnungen in veröffentlichten Periodensystemen immer wieder geschieht.

Erste Hauptgruppe

CHEMISCHE REAKTIONEN DER ALKALIMETALLE

Mit	Lithium	Natrium	Kalium	Rubidium	Cäsium
Sauerstoff	träge; keine Reaktion unter 100°C	recht schnell			brennt in Luft
Stickstoff	reagiert: Argon muß als Schutzgas verwendet werden	keine Reaktionen			
Wasserstoff	schnelle Reaktion beim Schmelzpunkt	reagieren oberhalb 300°C		reagieren langsam bei 600°C	
Wasser	langsame Reaktion	schnell	sehr schnell		reagiert heftig
Kohlenstoff	reagiert bei hohen Temperaturen zu Li_2C_2	reagiert bei 800—900°C zu Na_2C_2	feste Lösung; keine Verbindung		keine Karbide
Ammoniak	ergibt langsam $LiNH_2$	ergibt langsam $NaNH_2$	reagiert leicht zu KNH_2	reagiert sehr schnell zu $RbNH_2$	reagiert sehr schnell zu $CsNH_2$
Kohlenoxid	bilden keine Karbonyle		bildet explosionsartig Karbonyl	bildet Karbonyl	Absorbiert bei Raumtemperatur
Kohlendioxid	reagiert nur bei hoher Temperatur	reagiert	reagiert	reagiert schnell	reagiert sehr schnell
Fluor Chlor Brom Jod	reagiert unter Lichtemission	brennt reagiert langsame Reaktion keine Reaktion	reagiert heftig Explosion brennt	reagiert unter Feuererscheinung	reagiert am heftigsten von allen Alkalien
Schwefelsäure konzentriert	reagiert sehr langsam	ziemlich heftig	Explosion	Explosion	
verdünnt	heftige Reaktion	sehr heftig			

Für die Trennung eines Gemisches der verschiedenen Alkaliionen gilt die Regel, daß die beiden leichten Metalle in Form einer Reihe von Salzen leicht, die anderen dagegen nur schwer löslich sind: Chlorate, Perchlorate, Chromate, Dichromate und eine Reihe von Komplexsalzen.

Das als Ausgangsstoff für weitere chemische Umsetzungen wichtige Hydroxid kann wie großtechnisch beim Natrium und beim Kalium nach dem Quecksilberverfahren gewonnen werden. Bei der Elektrolyse der wäßrigen Lösung eines Alkalisalzes gehen die an der Quecksilberkathode frei werdenden Atome Legierungen ein, die sich anschließend durch Behandlung mit Wasser in Quecksilber und Lauge wieder trennen lassen.

Während bei Natrium und bei Kalium von vornherein große Mengen an Chloriden oder auch anderen löslichen Salzen zur Verfügung stehen, ist bei den selten vorkommenden Alkaliverbindungen, die in der Regel als Silikate auftreten, erst eine Anreicherung durch →Flotation und anschließend ein Aufschluß erforderlich. Die Reindarstellung der Metalle kann in allen Fällen durch Schmelzflußelektrolyse der Hydroxide erfolgen. Für die Großtechnik der am meisten gebrauchten Alkalien Natrium und Lithium ist man jedoch zur Schmelzflußelektrolyse der Chloride übergegangen. Die bei den Chloriden viel höheren Schmelzpunkte konnte man durch Zusatz von Kaliumchlorid stark herabsetzen. So arbeitet man beispielsweise mit einer Mischung von 60% Lithium- und 40% Kaliumchlorid bei Temperaturen von ca. 400°C gegenüber 608°C und bei geeigneter Zusammensetzung mit 600°C gegenüber 800°C des Schmelzpunktes des reinen Natriumchlorids. In allen Fällen sind die Elektrolytzellen aus Metall — meistens Eisen —, das gleichzeitig als Kathode dient und von den abgeschiedenen Alkalimetallen nicht angegriffen wird. Als Anoden dienen Graphitstäbe. Um eine Rückwanderung der abgeschiedenen Metallstücke zu verhindern, schaltet man Eisensiebe als Diaphragmen dazwischen. Bei den gemischten Schmelzelektrolyten sorgt man ständig für Ersatz des Lithium- bzw. Natriumchlorids. Dadurch erreicht man, daß sich das zugesetzte Kaliumchlorid nicht an der Elektrolyse beteiligt. — In allen Fällen ist wegen der hohen Aktivität der heißen Alkalimetalle das Arbeiten in einer Schutzgasatmosphäre erforderlich. Außer beim Lithium kann das Stickstoff sein. Bei diesem ist Argon erforderlich, weil Lithium mit Stickstoff heftig reagiert.

Literatur

REMY: Lehrbuch der Anorganischen Chemie. — Akademische Verlagsgesellschaft, Leipzig 1961

SCHREITER: Seltene Metalle. — VEB Deutscher Verlag für Grundstoffindustrie, Bd. I und II, Leipzig 1963 bzw. 1961

SITTIG: Sodium. — Reinhold Publishing Corporation, New York-London 1956

BAGNALL: Chemistry of the rare Radioelements. — Butterworths Scientific Publications, London 1957

TOLLERT: Analytik des Kaliums. — Ferd. Enke Verlag, Stuttgart 1962

Erste Nebengruppe der chemischen Elemente (Kupfergruppe).
Zu ihnen gehören:

29 Cu Kupfer, hervorgegangen aus cuprum, das wiederum von der Insel Cypern seinen Namen ableitet. Es gehört zu den klassischen Metallen, worunter man die versteht, die beim Eintritt der Menschheit in die geschichtliche Zeit bekannt und bereits verwendet wurden.

47 Ag Silber leitet sich von einem gemeinsamen altgermanischen und slawischen Wortstamm ab (gotisch *silubr*) und kommt möglicherweise aus dem Sanskrit, wo es „weißglänzend" bedeutet. Im *Sachsenspiegel* findet sich für Silber *„silver"*. Dem chemischen Symbol liegt das lateinische Wort für Silber (*argentum*) zugrunde.

79 Au Gold, abgeleitet von dem altgermanischen Wort *ghel*, was soviel wie gelb bedeutet. Die Abkürzung dagegen stammt vom lateinischen *aurum*. Es gehört wie Kupfer und Silber zu den klassischen Metallen und war möglicherweise das erste, das gewonnen und verarbeitet wurde.

Das Vorkommen in der Erdrinde beträgt:

Kupfer $1 \cdot 10^{-2}\%$ Silber $6 \cdot 10^{-6}\%$ Gold $6 \cdot 10^{-7}\%$

	Dichte in g/cm³	F in °C	Kp in °C	Atomradius in Å	Ionenradius in Å	
Kupfer	8,96	1083	2595	1,28	0,96 (+1)	0,69 (+2)
Silber	10,50	961	2210	1,44	1,26 (+1)	
Gold	19,3	1064	2670	1,44	1,37 (+1)	1,05 (+3)

Elektronenanordnung:

Kupfer	[Ar]	$3d^{10}\ 4s^1$
Silber	[Kr]	$4d^{10}\ 5s^1$
Gold	[Xe]	$4f^{14}\ 5d^{10}\ 6s^1$

Die Übersicht gibt an, welche Edelgaskonfiguration bei den inneren Schalen vollendet ist und wie die anschließenden Schalen besetzt sind. Mit 10 Elektronen ist die jeweilige d-Unterschale aufgefüllt. Das einzelne s-Elektron ermöglicht die elektrische Leitung. Es zeigt sich, daß Silber der beste Leiter für Elektrizität und Wärme ist, knapp gefolgt von Kupfer, während beim Gold die Eigenschaften etwa 70% von denen des Silbers ausmachen.

Elektrische Leitfähigkeit: Um bei einem Querschnitt von 1 mm² den Widerstand 1 Ohm zu haben, muß ein Draht aus Silber 61 m, einer aus Kupfer 59 m und einer aus Gold 42 m lang sein.

Ähnlich wie bei den im Periodensystem vorangehenden Elementen der Übergangsmetalle tragen zur Kohäsion die d-Elektronen kräftig bei. Auf verschieden stark abschirmende Wirkungen der Zwischenschalen gegenüber dem Atomrumpf ist zurückzuführen, daß Silber nur in Ausnahmefällen die Oxydationszahl $+II$, im Normfall dagegen $+I$ besitzt. Umgekehrt ist Kupfer stabil in seinen zweiwertigen Verbindungen, während bei Gold der dreiwertige Zustand gegenüber dem einwertigen bevorzugt ist.

Aus der Tatsache, daß Gold insgesamt drei Elektronen beim Eingehen von Verbindungen abgibt, darf nicht gefolgert werden, es habe eine weniger feste d-Elektronenschale als Silber. Man muß vielmehr formulieren: Wenn Gold überhaupt eine Verbindung eingeht, was viel schwieriger als beim Silber der Fall ist, dann gibt es gleich drei Elektronen ab und geht in das Gold(III)-Ion über. Das mehr oder weniger edle Verhalten der drei Elemente zeigt sich an den Bildungswärmen bei der Oxydation:

Cu_2O $-39,8$ kcal/mol Ag_2O $-7,31$ kcal/mol
CuO $-37,1$ kcal/mol Au_2O_3 $+19,3$ kcal/mol

Das negative Vorzeichen bedeutet, daß die Elemente beim Eingehen der Verbindungen Wärme abgeben.

Die Elemente der Ersten Nebengruppe haben mit denen der Ersten Hauptgruppe gemeinsam, daß sie auf der äußersten Schale ein s-Elektron besitzen. Der Unterschied im Verhalten der Edelmetalle gegenüber dem der Alkalien ist darauf zurückzuführen, daß die bei ihnen vorliegende abgeschlossene Edelgasschale den Atomrumpf vollkommen abschirmt, das einzelne Elektron also wenig gebunden ist, während die abgeschlossene d-Schale der Edelmetalle den Rumpf nur unvollkommen abschirmt.

Große Ähnlichkeit zeigen die einwertigen Verbindungen der drei Elemente. So sind beispielsweise ihre Chloride, Oxide und Sulfide schwer löslich. Sieht man von den Kupferoxiden ab, so läßt sich sagen, daß bei Verbindungen der Edelmetalle mit Nichtmetallen niedriger Elektronegativität die niedrige Oxydationsstufe, im anderen Falle die höhere bevorzugt ist. Verbindungen, die dieser Regel widersprechen, lassen sich nur auf indirektem Wege herstellen. Selbst beim Silber existiert die zweiwertige Verbindung AgF_2.

Bei den Silberhalogeniden fällt das verschiedene Lösungsvermögen auf. Während das Fluorid leicht löslich ist, sind das Chlorid und zunehmend das Bromid und das Jodid schwer löslich. Diese Gesetzmäßigkeit ist auf den zunehmenden Umfang der Elektronenhülle der Halogenidionen zurückzuführen: Je größer, desto mehr läßt sie sich in dem Sinne deformieren, daß es zu einer Durchdringung der äußeren Elektronenhüllen kommt und sich der Ionencharakter verwischt. Nachweisen läßt sich das dadurch, daß das Chlorid ammoniaklöslich unter Bildung

Erythrit

eines Komplexions $[NH_3AgNH_3]^+$ ist, während eine Auflösung bei den beiden anderen Ionen nur mit Kaliumcyanid unter Bildung des $[CNAgCN]^-$-Ions erfolgt.

Die Fähigkeit der beiden Metalle Silber und Gold, mit Cyanidionen lösliche Verbindungen zu ergeben, wird zur Gewinnung der letzten Reste dieser Metalle aus den sie enthaltenden Gesteinen oder aus den Sulfiden benutzt. Aus den Cyanidkomplexen können die Metalle durch Umsetzung mit Zink frei gemacht werden.

Vielfach treten Silber und Gold als geringfügige Beimengungen von Rohkupfer auf. Bei der elektrolytischen Reinigung fallen die edleren Metalle als Schlamm aus, während Kupfer an der Anode in einer Kupfersulfatlösung in Lösung geht und sich an der Kathode wieder abscheidet. Der ausgefallene Schlamm läßt sich zu einer neuen Elektrode verarbeiten, bei der wiederum im elektrolytischen Verfahren Gold ausfällt, während Silber sich in reiner Form an der Kathode abscheidet.

Die Gewinnung des Kupfers aus seinen Erzen beruht auf einem komplizierten metallurgischen Prozeß. Nach Anreicherung des gewöhnlich armen Erzes wird ein Zwischenprodukt ausgeschmolzen, das aus einem Gemisch von Kupfer(I)-sulfid und Eisen(II)-sulfid besteht. Darauf wird das Eisen verschlackt und das Kupfer(I)-sulfid teilweise zu Kupfer(I)-oxid abgeröstet. In einem Konverter reagieren dann beide zu Rohkupfer nach der Gleichung

$$Cu_2S + 2Cu_2O \rightarrow 6Cu + SO_2$$

Literatur

TRZEBIATOWSKI: Lehrbuch der Anorganischen Chemie. — VEB Deutscher Verlag der Wissenschaften, Berlin 1966

REMY: Lehrbuch der Anorganischen Chemie. — Akademische Verlagsgesellschaft, Leipzig 1961

OST/RASSOW: Lehrbuch der Chemischen Technologie. — Johann Ambrosius Barth, Leipzig 1965

BECK: Electronic structure and alloy chemistry of the Transitionelements. — Interscience Publishers, a division of John Wiley & Sons, New York-London 1963

Erythrit s. Hydroxylderivate 1.4.

Erythrocruorin s. Porphinderivate 1.

Erythro-Form s. Isomerie 2.2.

Erythromycin s. Antibiotica.

Eserin s. Alkaloide.

Essigsäure s. Carbonsäuren 1.1.2. und 1.1.4.

Ester sind Verbindungen, die aus →Hydroxylderivaten (Alkohole, Phenole) und Säuren unter Wasserabspaltung entstehen. Bei der Einwirkung von Halogenwasserstoffsäuren wird die OH-Gruppe der Hydroxylverbindung abgespalten im

Gegensatz zur Bildungsweise aus sauerstoffhaltigen Säuren. Diese Verbindungen werden als →Halogenderivate behandelt. Nitrile — formal Ester der →Blausäure — sind als Carbonsäurederivate aufgeführt (→Carbonsäuren 3.4.).

Für Ester sind zwei Nomenklaturen gebräuchlich: a. Säurealkylester (Alkyl ist als Kohlenwasserstoffradikal gleichzeitig der Name des Alkoholradikals) z. B. Ameisensäureäthylester, b. Alkylsalz z. B. Dimethylsulfat, Äthylformiat.

Die zweite Namensbildung beruht auf der Analogie zwischen der Bildung eines Esters und der Neutralisation zwischen Säure und Hydroxid. Während die Neutralisation eine sehr schnell verlaufende Ionenreaktion zwischen Hydronium- und Hydroxid-Ionen darstellt (Säurerest- und Metall-Ionen spielen fast keine Rolle, erkennbar an der Wärmetönung von 13,7 kcal/Mol für alle Neutralisationen, Gleichgewicht liegt sehr stark auf der Seite des gebildeten Wassers), ist die Esterbildung eine langsam verlaufende Reaktion zwischen Molekülen, katalytisch beschleunigt von Hydronium-Ionen, die zu einem von den Reaktionspartnern, deren Konzentration und den Reaktionsbedingungen (Temperatur) abhängigen Gleichgewicht führt. Das Wasser wird aus einem Molekül eliminiert. Die Wärmetönung ist für jede Esterbildungsreaktion verschieden.

$$H_3O^+ + X^- + Me^+ + OH^- \rightarrow 2H_2O + Me^+ + X^- \quad |-13,7 \text{ kcal}$$

$$\underset{\text{Säure}}{HOY} + \underset{\text{Alkohol}}{ROH} \rightleftarrows H_2O + \underset{\text{Ester}}{Y-O-R} \quad |-x \text{ kcal}$$

Verwendet man das Säurechlorid und Na-alkoholat anstelle der freien Säure und des Alkohols, verläuft die Esterbildung irreversibel, da die Alkali- und Halogenid-Ionen den Ester nicht angreifen.

$$\underset{\text{Na-alkoholat}}{RO^-Na^+} + \underset{\text{Säurechlorid}}{Cl-Y} \longrightarrow \underset{\text{Ester}}{R-O-Y} + Na^+ + Cl^-$$

1. Ester anorganischer Säuren

Von Bedeutung sind die Ester der salpetrigen Säure, der Salpetersäure, der Schwefelsäure und der Phosphorsäure.

Alkylnitrite werden präparativ zur Einführung der Nitroso-Gruppe und zur Diazotierung von Aminen (→Org. Stickstoffbindungen 2.) eingesetzt. Das primäre Isoamylnitrit (3-Methylbutylnitrit) wirkt gefäßerweiternd (Angina pectoris-Behandlung).

Ester

$$R\text{-}CH_2\text{-}\underset{O}{\overset{\|}{C}}\text{-}R_1 + R_2\text{-}O\text{-}NO \xrightarrow{-R_2OH} R\text{-}\underset{N=O}{CH}\text{-}\underset{O}{\overset{\|}{C}}\text{-}R_1 \rightarrow R\text{-}\underset{HON}{C}\text{-}\underset{O}{\overset{\|}{C}}\text{-}R_1$$

Keton   Alkylnitrit   α-Nitrosoketon   α-Oximinoketon

$$\left[\text{C}_6\text{H}_5\text{-}\overset{+}{N}H_3\right]Cl^- + R\text{-}O\text{-}NO \rightarrow \left[\text{C}_6\text{H}_5\text{-}N\equiv\overset{+}{N}\right]Cl^- + ROH + H_2O$$

primäres Amin   Diazoniumsalz

Die Ester der Salpetersäure sind sehr explosiv und werden als Sprengstoffe benutzt (→Explosivstoffe). Die Wirkung beruht auf den bei der Zersetzung freigesetzten Gasen. Zu den Salpetersäureestern gehören *Nitroglycerin* (s. →Hydroxylderivate 1.3.), „Nitrocellulose" (Schießbaumwolle s. →Kohlenhydrate 3.) und Pentaerythrit-tetranitrat (entstanden aus Tetramethylolmethan).

$$O_2N\text{-}O\text{-}H_2C\text{-}\underset{\underset{H_2C\text{-}O\text{-}NO_2}{|}}{\overset{\overset{H_2C\text{-}O\text{-}NO_2}{|}}{C}}\text{-}CH_2\text{-}O\text{-}NO_2$$

Pentaerythrit-tetranitrat

$$\begin{array}{c}H_2C\text{-}O\text{-}NO_2\\|\\2\,HC\text{-}O\text{-}NO_2 \rightarrow 6\,CO_2 + 5\,H_2O + 3\,N_2 + \tfrac{1}{2}O_2\\|\\H_2C\text{-}O\text{-}NO_2\end{array}$$

Glycerintrinitrat „Nitroglycerin"

Die Schwefelsäure als zweibasische Säure bildet saure und neutrale Ester. Sie können auch durch Anlagerung an →Alkene entstehen.
Alkylhydrogensulfate zerfallen beim Erhitzen. In Abhängigkeit von Temperatur und Konzentration entstehen bei niedriger Temperatur neutrale Ester, bei höherer Temperatur und viel Alkohol →Äther, bei Temperaturen über 200°C unter Protonenabspaltung →Alkene.

$$\begin{array}{c}R\text{-}CH_2\text{-}CH_2\text{-}OSO_3H \xrightarrow{-H^+} R\text{-}HC=CH_2\\\text{Alkylhydrogensulfat} \qquad \text{Alken}\end{array}$$

$$RCH_2\text{-}CH_2\text{-}O\text{-}CH_2\text{-}CH_2R \xleftarrow[-H^+]{+RCH_2CH_2OH} R\text{-}CH_2\text{-}\overset{+}{C}H_2 \xrightarrow[+R\text{-}CH_2\text{-}CH_2\text{-}OSO_3H]{-H^+} (R\text{-}CH_2\text{-}CH_2\text{-}O)_2SO_2$$

Äther   Dialkylsulfat

Saure Ester bilden neutrale Alkalisalze. Technisch wird dies bei →Waschmitteln ausgenutzt. Höhere Alkohole (sog. Fettalkohole) mit langer hydrophober Kohlenwasserstoffkette ergeben mit Schwefelsäure verestert Fettalkoholsulfate, deren

Natriumsalze neutral reagieren, wasserlöslich sind und wie Seifen wirken (ohne ihre Nachteile zu besitzen: alkalische Reaktion, Ausfällen durch hartes Wasser).

$$CH_3-(CH_2)_n-CH_2-OSO_3^- Na^+$$
Fettalkoholsulfat

Dimethyl- und Diäthylsulfat dienen als Alkylierungsmittel, da sie den Wasserstoff in OH-, NH-, SH- und aktivierten CH-Gruppen in alkalischem Medium durch Alkylgruppen ersetzen. Das reaktionsfähigere (und sehr giftige) *Dimethylsulfat* setzt sich auch mit Alkalisalzen um (Cyanide, Halogenide, Nitrite).

C₆H₅-O⁻Na⁺ + (CH₃O)₂SO₂ ⟶ C₆H₅-OCH₃ + Na⁺(CH₃OSO₃)⁻
Na-phenolat   Dimethylsulfat   Methylphenyläther   Methylhydrogensulfat
                                   Anisol

(CH₃O)₂SO₂ + Na⁺CN⁻ ⟶ H₃C—C≡N + Na⁺(CH₃OSO₃)⁻
Dimethylsulfat   Na-cyanid   Acetonitril
                               Nitril der Essigsäure

Phosphorsäureester spielen in Lebewesen eine sehr große Rolle, z. B. als sog. energiereiche Verbindungen (bei ihrer Hydrolyse wird eine größere Energiemenge freigesetzt) wie →ATP = Adenosintriphosphat; als Zwischenprodukte bei Biosynthesen wie iso-Pentenyl-pyrophosphat bei den Carotinoiden (→Polyene und →Steroide); als Zwischenprodukte beim Abbau wie Fructose-1,6-diphosphat bei der Glykolyse (→Äthanol, →Kohlenhydrate); als Bausteine wie in den Nucleotiden der →Nucleinsäuren (u. a. Erbsubstanz) und in einigen →Lipoiden wie Lecithin, Sphingomyelin.

ATP = Adenosintriphosphat

2. Carbonsäureester

Die bekannteste Bildungsart ist die schon angedeutete Reaktion zwischen Carbonsäure und Alkohol, wobei durch Versuche mit Sauerstoffisotop 18 nachgewiesen wurde, daß die OH-Gruppe von der Säure abgespalten wird.

Ester

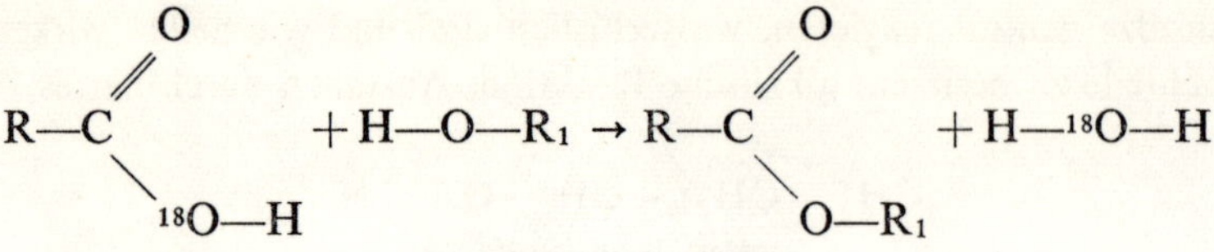

$$R-C(=O)-{}^{18}O-H \;+\; H-O-R_1 \;\rightarrow\; R-C(=O)-O-R_1 \;+\; H-{}^{18}O-H$$

Carbonsäure   Alkohol   Ester

Durch Protonen von starken Säuren katalysiert, verläuft der Mechanismus folgendermaßen: Das Proton lagert sich an ein O-Atom der Carboxylgruppe (Carbonsäure als Base wirkend), das C-Atom der Carboxylgruppe wird dadurch so elektrophil (positiviert), daß es von dem nucleophilen O-Atom eines Alkoholmoleküls angegriffen werden kann. Der Ester stabilisiert sich durch Wasser und Protonenabspaltung.

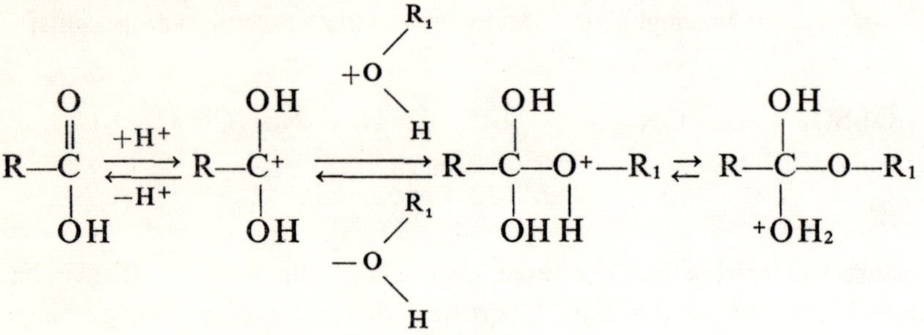

$$R-\underset{OH}{\overset{O}{\underset{\|}{C}}} \;\underset{-H^+}{\overset{+H^+}{\rightleftarrows}}\; R-\underset{OH}{\overset{OH}{C^+}} \;\rightleftarrows\; R-\underset{\underset{H}{\overset{|}{O}}\diagdown}{\overset{\overset{R_1}{\underset{|}{{}^+O}}\diagup H}{C}}-OH \;\rightleftarrows\; R-\underset{OHH}{\overset{OH}{C}}-O^+-R_1 \;\rightleftarrows\; R-\underset{{}^+OH_2}{\overset{OH}{C}}-O-R_1$$

Carbonsäure → Veresterung säurekatalyisert

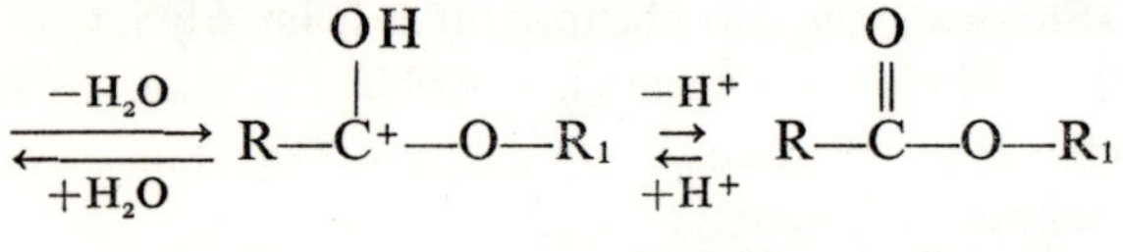

$$\underset{+H_2O}{\overset{-H_2O}{\rightleftarrows}}\; R-\overset{OH}{C^+}-O-R_1 \;\underset{+H^+}{\overset{-H^+}{\rightleftarrows}}\; R-\overset{O}{\underset{\|}{C}}-O-R_1$$

Verseifung ← Ester

Wie bei den Teilreaktionen angezeigt, sind alle Reaktionen umkehrbar, d. h. es stellt sich ein Gleichgewicht ein, das dem Massenwirkungsgesetz (→Kinetik) gehorcht. Zur Erzielung einer maximalen Ausbeute an Ester ist es nötig, eines der entstehenden Produkte (H_2O oder Ester) aus dem Gleichgewicht zu entfernen (durch Verdampfen, Destillieren).

Der beschriebene Mechanismus gilt nicht für tertiäre Alkohole, die stabile Carbonium-Ionen bilden. In diesem Fall wird der Alkohol protoniert. Unter Wasserabspaltung bildet sich ein Carbonium-Ion, an das sich das O-Atom der Carboxylgruppe anlagert. Protonenabspaltung ergibt den Ester. Auch hier liegen umkehrbare Teilreaktionen vor.

$$\begin{array}{c}R\\ R-C-OH\\ R\end{array} \underset{-H^+}{\overset{+H^+}{\rightleftarrows}} \begin{array}{c}R\\ R-C-O^+H_2\\ R\end{array} \underset{+H_2O}{\overset{-H_2O}{\rightleftarrows}} \begin{array}{c}R\\ R-C^+\\ R\end{array} \underset{-O=C-R_1}{\overset{+O=C-R_1}{\rightleftarrows}} \begin{array}{c}OH\\ |\\ C-R_1\\ |\\ OH\end{array}$$

tertiärer Alkohol Carbonium-Ion

$$\begin{array}{c}R\quad OH\\ \backslash\ |\\ R-C-O-C^+-R_1\\ /\\ R\end{array} \underset{+H^+}{\overset{-H^+}{\rightleftarrows}} \begin{array}{c}R\quad O\\ \backslash\ \|\\ R-C-O-C-R_1\\ /\\ R\quad\text{Ester}\end{array}$$

Ohne Zusatz einer katalytisch wirkenden Mineralsäure bildet sich das Gleichgewicht langsamer aus. Mit der Umkehrbarkeit der Reaktionen ist bereits die hydrolytische Spaltung des Esters festgelegt. Die Spaltung des Esters in Säure und Alkohol wird *Verseifung* genannt, da speziell bei der *Hydrolyse* der Fette Seifen (Alkalisalze höherer Fettsäuren) entstehen. Auch die säurekatalysierte Verseifung führt nur zu einem Gleichgewichtszustand. Die Teilreaktionen spielen sich in umgekehrter Reihenfolge ab. Der Unterschied in der Reaktionsweise primärer und sekundärer Alkohole gegenüber den tertiären zeigt sich ebenfalls an den Estern. Im ersten Fall wird die Acyl-Sauerstoff-Bindung gelöst, im zweiten die Alkyl-Sauerstoff-Bindung. Bei der Hydrolyse der Ester aus primären Alkoholen bleibt also das O-Atom der Esterbindung beim Alkohol, wie es dem Vorgang der Esterbildung entspricht.

Im Gegensatz zur sauren Verseifung ist die alkalische Esterhydrolyse ein irreversibler Prozeß. Er liefert also eine quantitative Ausbeute. Ein Hydroxid-Ion lagert sich im geschwindigkeitsbestimmenden Schritt an das schwach positivierte C-Atom der „Carboxylgruppe". Unter Abspaltung des Alkohols entsteht ein Säureanion, das von dem Alkohol oder dem Alkoholat-Ion nicht wieder angegriffen werden kann.

$$\underset{\text{Ester}}{R-\overset{O}{\overset{\|}{C}}-O-R_1} \underset{-OH^-}{\overset{+OH^-}{\rightleftarrows}} R-\overset{O^-}{\underset{OH}{\overset{|}{\underset{|}{C}}}}-O-R_1 \rightarrow \underset{\text{Säureanion}}{R-\overset{O}{\overset{\|}{\underset{O^-}{\underset{|}{C}}}}} + \underset{\text{Alkohol}}{H-O-R_1}$$

Esterdarstellungen aus Säurederivaten verlaufen meist irreversibel, so aus Silbersalzen und Alkylhalogeniden, aus Säurechloriden oder Säureanhydriden und Alkohol (Präparationsmethode für Ester tertiärer Alkohole), aus Nitrilen und Alkohol. Nach dem TISCHTSCHENKO-Verfahren werden zwei Moleküle Aldehyd in Gegenwart von Aluminium-Alkoholaten disproportioniert, d. h. in einem Redox-

Ester

prozeß zu einem Molekül Säure oxidiert und einem Molekül Alkohol reduziert (→Oxoverbindungen 1.1.3.). Bei der Umesterung wird ein Ester mit einem anderen, säure- oder basenkatalysiert, umgesetzt.

$$\underset{\text{Aldehyd (Tischtschenko-Reaktion)}}{R-\overset{H}{\underset{O}{C}}} + Al(OR_1)_3 \rightarrow R-\overset{H}{\underset{O-Al^-(OR_1)_3}{C^+}} \xrightarrow{+O=\overset{H}{\underset{}{C}}-R} R-\overset{H}{\underset{O-Al^-(OR_1)_3}{C}}-O-\overset{H}{\underset{H}{C^+}}-R \rightarrow$$

$$R-\overset{H}{\underset{O-Al^-(OR_1)_3}{C^+}}-O-\overset{H}{\underset{H}{C}}-R \xrightarrow{-Al(OR_1)_3} \underset{\text{Ester}}{R-\overset{}{\underset{O}{C}}-O-\overset{H}{\underset{H}{C}}-R}$$

Ester (vor allem niedere) sind neutrale Flüssigkeiten, die sich wegen fehlender Wasserstoffbrücken in Wasser nicht lösen und einen niedrigeren Siedepunkt haben als die Säuren. Ester sind weniger reaktionsfähig als Carbonsäurechloride und -anhydride (→Carbonsäuren 3.). Dementsprechend werden zur Hydrolyse (Mechanismus s. o.) schärfere Bedingungen benötigt. Die Umesterung entspricht der Alkoholyse der anderen Säurederivate. Mit NH_3 oder Aminen entstehen Amide bzw. substituierte Amide. Reduktion mit $LiAlH_4$ oder mit Na in Alkohol (Bouveault-Blanc-Methode) führt zu Alkoholen. Reduktion mit →Grignard-Verbindungen liefert tertiäre Alkohole.

$$\underset{\text{Ester}}{R-\overset{O}{\underset{OR_1}{C}}} + 2R_2Mg-Br \xrightarrow{-R_1OMgBr} R-\overset{OMgBr}{\underset{R_2}{C}}-R_2 \xrightarrow{+H_2O} \underset{\text{tertiärer Alkohol}}{R-\overset{OH}{\underset{R_2}{C}}-R_2}$$

$$+ BrMgOH$$

Grignard-Reagens

Präparativ werden Ester eingesetzt bei der →Acyloin-Kondensation, der Claisenschen Esterkondensation (Acetessigester s. →Carbonsäuren 2.5.), der Dieckmannschen Esterkondensation (→Cycloalkane). Die Reaktionen von Malonsäurediäthylester und Acetessigsäureäthylester sind bei den →Carbonsäuren behandelt (1.2. und 2.5.).

Niedere Ester dienen als Lösungsmittel in der Lackindustrie, als künstliche Aromastoffe. Ester höherer Fettsäuren treten als Wachse, Fette und →Lipoide auf. Wegen ihres Geruches werden Ester niederer Carbonsäuren und niederer Alkohole (bis 8 C-Atome) als „*Fruchtäther*" bezeichnet und für künstliche Essenzen benutzt: Äthylformiat (Rum), Isoamylacetat, Isoamylbutyrat (Birne), Isobutylacetat (Banane), n-Octylacetat (Orange), Isoamylpropionat, Äthylbutyrat (Ananas), Methylbutyrat (Apfel).

Ester höherer Carbonsäuren mit einwertigen höheren Alkoholen sind *Wachse* (chemische Definition; technisch: bis 20°C knetbar, über 40°C schmelzend, niedrig viskös, polierbar — nach dieser Definition auch Kohlenwasserstoffe (Paraffine = höhere →Alkane) aus der →Erdöl-Raffination und synthetische Produkte). In natürlichen Pflanzen- und Tierwachsen werden Carbonsäuren und Alkohole mit 12—34 C-Atomen gefunden: Myricylpalmitat im Bienenwachs ($C_{15}H_{31}COOC_{30}H_{61}$, F: 73°C), Cetylpalmitat im *Walrat* des Pottwals ($C_{15}H_{31}COOC_{16}H_{33}$, F: 53°C), Cerylcerotat im chinesischen Insektenwachs (von Schildläusen — $C_{25}H_{51}COOC_{26}H_{53}$, F: 84°C), Myricylcerotat im Carnauba-Wachs (brasilianische Palme — $C_{25}H_{51}COOC_{30}H_{61}$, F: 87°C). Die natürlichen Wachse stellen Gemische verschiedener Ester dar. Dazu kommen freie Alkohole und Säuren. Die aufgeführten Ester sind nur die Hauptkomponenten des jeweiligen Wachses.

Ester des dreiwertigen Alkohols Glycerin (→Kohlenhydrate 1.3. — daher auch Glyceride genannt) mit höheren geradkettigen Fettsäuren sind die Bestandteile der natürlichen *Fette* und Öle. Vorkommende Fettsäuren sind u. a. Buttersäure C_3H_7COOH (in der Butter), Laurinsäure ($C_{11}H_{23}COOH$), Myristinsäure ($C_{13}H_{27}COOH$), vor allem aber Palmitinsäure ($C_{15}H_{31}COOH$), Stearinsäure ($C_{17}H_{35}COOH$) und die von der Stearinsäure abzuleitenden ungesättigten Säuren Ölsäure ($C_{17}H_{33}COOH$), Linolsäure ($C_{17}H_{31}COOH$) und Linolensäure ($C_{17}H_{29}COOH$).

In der Natur kommen in der Regel gemischte Glyceride vor, d. h. Ester, die nicht nur mit einer Fettsäure verestert sind wie in den einheitlichen Glyceriden z. B. in Tristearin. Der Schmelzpunkt eines Fettes steigt mit der Menge der gesättigten Fettsäuren. Er liegt bei tierischen Fetten höher als bei pflanzlichen, da erstere weniger Ölsäure und andere ungesättigte Fettsäuren enthalten.

$$
\begin{array}{ll}
\text{H}_2\text{C}-\text{O}-\overset{\overset{\text{O}}{\|}}{\text{C}}-\text{C}_{17}\text{H}_{35} & \text{H}_2\text{C}-\text{O}-\overset{\overset{\text{O}}{\|}}{\text{C}}-\text{C}_{15}\text{H}_{31} \\
| & | \\
\text{HC}-\text{O}-\overset{\overset{\text{O}}{\|}}{\text{C}}-\text{C}_{17}\text{H}_{35} & \text{HC}-\text{O}-\overset{\overset{\text{O}}{\|}}{\text{C}}-\text{C}_{17}\text{H}_{35} \\
| & | \\
\text{H}_2\text{C}-\text{O}-\overset{\overset{\text{O}}{\|}}{\text{C}}-\text{C}_{17}\text{H}_{35} & \text{H}_2\text{C}-\text{O}-\overset{\overset{\text{O}}{\|}}{\text{C}}-\text{C}_{17}\text{H}_{33} \\
\text{Tristearat} & \text{Oleopalmitostearat (gemischtes Glycerid)}
\end{array}
$$

Ester

Die natürlichen Fette stellen Gemische der einfachen und gemischten Glyceride dar. Zur Charakterisierung der Zusammensetzung eines Fettes dienen *Kennzahlen*. Die Säurezahl gibt die Menge (in mg) KOH an, die zur Neutralisation der freien Säuren in 1 g Fett notwendig sind. Die Verseifungszahl gibt an, wieviel mg KOH zur Hydrolyse von 1 g Fett gebraucht werden. Daraus läßt sich die Molmasse der Ester berechnen. Die REICHERT-MEISSL-Zahl zeigt, wieviel ccm 0,1 n Alkalilauge zur Neutralisation des Wasserdampfdestillats von 5 g hydrolysiertem Fett erforderlich sind. Damit werden die flüchtigen niederen Fettsäuren (Buttersäure u. ä.) erfaßt. Die Acetylzahl dient zur Bestimmung der freien Hydroxylgruppen in den Fetten. Sie gibt an, wieviel mg KOH zur Neutralisation der von 1 g acetyliertem Fett bei der Hydrolyse abgespaltenen Essigsäure benötigt werden. Neuerdings wird die zur Acetylierung verbrauchte Essigsäuremenge direkt gemessen und als Hydroxylzahl angegeben. Die Jodzahl ist ein Maß für den Gehalt an ungesättigten Fettsäuren. Es ist die Menge Jod (in g), die 100 g Fett aufnehmen. Außer diesen summarischen Kennzahlen gibt es noch eine Reihe weiterer Einzelkennzahlen (z. B. Buttersäurezahl, Carbonylzahl, Dienzahl).

Glyceride der ungesättigten Fettsäuren unterliegen der →Autoxydation. Die Verbindungen werden oxydiert und →polymerisieren. Durch die Oxydation können Ketten gespalten werden. Metalle katalysieren die Vorgänge, die sich über →Radikale abspielen. Auch Fermente sind an Abbauvorgängen beteiligt. Dies führt zum Ranzigwerden der Nahrungsfette. Bei hohem Gehalt an mehrfach ungesättigten Fettsäuren — diese Öle bezeichnet man als trocknende Öle — bildet sich ein Firnis, ein Film aus vernetzten, oxydierten und polymerisierten Molekülen.

Bei der Fetthärtung wird katalytisch mit Nickel in fein verteilter Form Wasserstoff an ungesättigte Fettsäuren angelagert (NORMANN). Durch dieses Verfahren werden flüssige Fette (früher Waltran, Öle) in für die menschliche Ernährung benötigten festen Fette übergeführt.

Die Fetthydrolyse dient zur Gewinnung der Seife (→Waschmittel). Sie erfolgt durch Kochen mit alkalischen Lösungen (Soda, Natronlauge), durch Kochen mit Schwefelsäure und Emulgatoren (wasserunlösliches Fett wird durch TWITCHELL-Reagens — sulfonierte Ölsäure und Naphthalin — benetzbar), mit überhitztem Wasserdampf unter Druck in Gegenwart von ZnO oder in besonderen Fällen durch Fermente.

Biosynthese der Fettsäuren und Abbau (β-Oxydation) s. →Carbonsäuren 1.1.4. und 2.5. Die Synthese des Neutralfettes, das in den Lebewesen gespeichert wird, erfolgt über Glycerinphosphat und aktivierten Fettsäuremolekülen (mit Coenzym A verbunden).

Fettähnliche Stoffe s. →Lipoide, →Polyene (Carotinoide), →Steroide.

Literatur
FODOR, G.: Organische Chemie. — VEB Dt. Verlag der Wissenschaften, Berlin 1965
Rodd's Chemistry of Carbon Compounds Bd. I C. — Elsevier Pub. Comp., Amsterdam 1965
KAUFMANN, H. P.: Analyse der Fette und Fettprodukte. — Springer, Berlin 1958
DEVEL, H. J.: The Lipids Bd. I. — Interscience Pub., London 1951

Eucupin s. Arzneimittel.

Eudesmol s. Terpene 2.

Euducon s. Arzneimittel.

Eulan s. Schädlingsbekämpfungsmittel.

Europium gehört zu den →Lanthaniden und zwar zur Untergruppe der Ceriterden. Von ihm existieren die stabilen Isotope mit den Massenzahlen 151 (47,8%) und 153 (52,2%). Lagerstätten finden sich in Skandinavien, im Ural, in den USA, Brasilien und in einigen Gegenden Australiens. Innerhalb der Bundesrepublik sind nur ganz unbedeutende Lager in Bayern bei Amberg, in Baden und im Rheinland bekannt.

Verhältnismäßig leicht läßt sich Europium von den anderen Lanthaniden dadurch trennen, daß man es in Gegenwart von Sulfationen elektrolytisch reduziert. Dabei scheidet sich das schwer lösliche Europium(II)-sulfat ab. Bei zu geringer Konzentration fügt man Strontiumchlorid hinzu, das als Sulfat ausfällt und in seinem Kristallgitter Eu^{2+} einbaut. Beim anschließenden Glühen bildet sich Eu_2O_3, das als Oxid des dreiwertigen Europiums in HCl leicht löslich ist. Das Element selbst läßt sich mittels Schmelzflußelektrolyse leicht gewinnen. Für hohe Ansprüche ist der Reinheitsgrad jedoch nicht ausreichend, weil — wenn auch in viel geringerem Maße — Samarium und Ytterbium zweiwertige Ionen bilden können und dadurch mit dem Europium zusammen den Trenngang durchlaufen und zum Schluß mit ausgeschieden werden.

Seine hauptsächliche Verwendung hat Europium durch das Farbfernsehen gefunden. Zurückzuführen ist das auf die Eigenschaft, beim Auftreffen von Kathodenstrahlen rot zu phosphoreszieren in einem Spektralbereich zwischen 6110 und 6140 Å. Gd_2O_3 und YVO_4 werden mit Eu^{3+}-Ionen gedoppt. Dabei erhält man auf dem Fernsehschirm ein kräftiges Rot, während bei einem Doppen von Y_2O_3 orangefarbenes Licht emittiert wird.

Eine mögliche Verwendung für Europium besteht in der Konstruktion eines Festkörperlasers, bei dem Y_2O_3 mit Eu^{3+} gedoppt ist. Er strahlt Licht mit der Wellenlänge 6113 Å aus.

Literatur
SHYMA P. SINHA: Europium. — Springer Verlag Berlin, Heidelberg, New York 1967

Eutektikum s. Metalle.
Euxenit s. Lanthanide.
Evipan s. Arzneimittel, Heterocyclen 2.1.
Exo-Struktur s. Diels-Alder-Synthese.
Explosivstoffe sind chemisch einheitliche Verbindungen oder Stoffgemische, welche sich beim Erwärmen, durch mechanische Einwirkung (*Schlag, Reibung*) oder infolge einer Initialzündung umsetzen. Bei diesem Vorgang entstehen in kürzester Zeit große Gas- und Wärmemengen. Explosivstoffe stellen feste, pastenförmige oder flüssige Stoffe dar, die vorwiegend zum Sprengen (*Sprengstoffe*), Treiben (*Schießstoffe*) und Zünden (*Initialsprengstoffe*) verwendet werden. Außerdem eignen sie sich für die Feuerwerkerei (s. Pyrotechnik).
Beim Zünden eines Explosivstoffes kann die Reaktion in Form einer Verbrennung erfolgen, die mit geringer Geschwindigkeit im Material fortschreitet. Bei Glycoldinitrat beträgt z. B. die Verbrennungsgeschwindigkeit im freien Raum 0,03 cm/sec. Dabei entstehen folgende Produkte:

$$C_2H_4(ONO_2)_2 \rightarrow 2NO + 1,7CO + 1,7H_2O + 0,3CO_2 + 0,3H_2$$

Findet die Verbrennung in einem abgeschlossenen Raum statt, so üben die heißen Gase plötzlich einen starken Druck auf die umgebenden Wände aus, die zertrümmert werden können (Explosion). Von der Zündstelle schreitet die Verbrennung mit zunehmender Geschwindigkeit fort, weil Druck und Temperatur ansteigen. Ist die Schallgeschwindigkeit überschritten, werden die benachbarten Bereiche nicht mehr durch Wärmeleitung, sondern durch stoßartige Druckübertragung gezündet (*Detonation*). Es entstehen Druckwerte von 100.000 atü und mehr. Die gebildeten Gase eilen hinter der Stoßwelle her. In einem Bohrloch wird die Wand durch die Stoßwelle zertrümmert und die Gase reißen dann die Trümmer auseinander. Bei Glycoldinitrat kann eine Detonationsgeschwindigkeit von 8000 m/sec erreicht werden. Es entstehen dabei im wesentlichen folgende Endprodukte:

$$C_2H_4(ONO_2)_2 \rightarrow 2CO_2 + 2H_2O + N_2$$

Die obere Grenze der Detonationsgeschwindigkeit beträgt etwa 9000 m/sec.
Schwarzpulver kann bereits durch Funken oder eine Flamme zur Explosion gebracht werden. Für andere Sprengstoffe ist ein mehr oder weniger starker Impuls (Initialzündung) notwendig, um eine Detonation auszulösen. Solche Sprengstoffe brennen ruhig ab, wenn man sie mit einer Flamme zündet, weil der zur Detonation notwendige Druck nicht erreicht wird. Die leicht explosionsfähigen Stoffe lassen sich durch Erwärmen oder durch eine nicht außergewöhnliche mechanische Beanspruchung zur Explosion bringen. Die hochsensiblen Verbindungen nennt man Initialsprengstoffe. Die mäßig sensiblen werden als gewerbliche Sprengstoffe verwendet.

Neben der chemischen Struktur beeinflußt auch die physikalische Beschaffenheit des Explosivstoffs die Bedingungen, welche zur Detonation führen. Ein lockerer, poröser Sprengstoff, der aus kleinen Partikeln mit großer innerer Oberfläche besteht, erleichtert die Detonation. Steigert man die Homogenität, wird die Detonation immer mehr erschwert. Sie kann sogar bei glasiger, hornartiger Beschaffenheit des Materials unmöglich werden. So läßt sich z. B. bei einem feinkristallinen, nicht zu hoch verdichteten Trinitrotoluol die Detonation mit etwa 0,1 g Bleiazid auslösen. Wenn das Trinitrotoluol aus dem Schmelzfluß erstarrt ist, kann es durch eine hochwertige Sprengladung von über 20 g nicht mehr zur Detonation gebracht werden. Die Empfindlichkeit von Sprengstoffen läßt sich auch durch Hinzufügen von wachsartigen Stoffen herabsetzen („Phlegmatisierung").

Ein Sprengstoff kann mit Hilfe folgender Begriffe charakterisiert werden:

1. Die *Dichte* gibt an, wieviel kg Sprengstoff einen Raum von 1 dm³ einnehmen. Sie kann bei ein und demselben Sprengstoff durch Pressen oder Gießen verändert werden. Eine größere Dichte hat auch eine größere Detonationsgeschwindigkeit zur Folge. Allerdings ist der Sprengstoff dann schwerer zur Explosion zu bringen.

2. Die *Explosionstemperatur* (Verbrennungstemperatur) gibt die höchste Temperatur der Verbrennungsgase an.

3. Die *Explosionswärme* ist diejenige Wärmemenge in kcal, welche bei der Explosion von 1 kg Sprengstoff frei wird. Etwa 30 bis 40% verwandeln sich in mechanische Arbeit. Die Werte der Explosionswärme sind im Vergleich zu Brennstoffen gering. Die große Leistung der Sprengstoffe entsteht auf Grund der hohen Umsetzgeschwindigkeit.

4. Das *spezifische Gasvolumen* gibt an, wieviel Normalliter Gas (Volumen bei 0°C und 760 Torr) bei der Explosion von 1 kg Sprengstoff entstehen.

5. *Spezifischen Druck* nennt man den Druck, welchen die von 1 kg Sprengstoff gebildeten Gase in einem Explosionsraum von 1 Liter bei der Explosionstemperatur erreichen.

6. Der *Brisanzwert* nach KAST ist ein Vergleichsmaß für die Brisanz (zertrümmernde Wirkung) des Explosivstoffs. Er ist von der Dichte, dem spezifischen Druck und der Detonationsgeschwindigkeit abhängig. Die vergleichende Messung des Brisanzwertes erfolgt im Stauchapparat nach KAST. In diesem Gerät wird ein Stahlstempel bei der Detonation eines Sprengkörpers vorgeschriebener Größe auf einen Kupferzylinder von 7 mm Durchmesser und 10 mm Höhe getrieben. Der Kupferzylinder erfährt eine Stauchung, welche einen Vergleich mit anderen Sprengstoffen ermöglicht.

Explosivstoffe

7. Mit der *Blockprobe* nach TRAUZL wird die Arbeitsleistung eines Explosivstoffs bestimmt. In einem Bleiblock von 20 cm Höhe und 20 cm Durchmesser befindet sich eine zylindrische Bohrung (Volumen etwa 60 cm^3). In diese füllt man 10 g Explosivstoff und deckt den restlichen Raum mit Sand ab. Durch die Explosion entsteht eine Aufweitung des Hohlraums, dessen Volumen durch Eingießen von Wasser bestimmt wird.

8. Die *Schlagempfindlichkeit* ist für die Verwendung des Explosivstoffs von großer Bedeutung. Man ermittelt die Fallhöhe, aus welcher ein Fallhammer von 2 kg Masse die Sprengstoffprobe zur Detonation bringt.

9. Die *Detonationsgeschwindigkeit* läßt sich nach der Methode von DAUTRICHE bestimmen. Ein genormtes Stahlrohr wird mit Sprengstoff gefüllt. In zwei seitlichen Bohrungen (etwa 10 cm Abstand in Richtung der Längsachse) stecken die Enden einer 1 bis 1,5 m langen Zündschnur, deren mittlerer Teil auf einer Bleiplatte befestigt ist. Die Zündschnurmitte ist durch eine Kerbe auf der Bleiplatte gekennzeichnet. Wird die Sprengladung im Rohr gezündet, so erreicht die Explosionswelle zuerst das eine Ende der Zündschnur und später das andere, das somit auch später anbrennt. Die beiden Explosionswellen der Zündschnurenden laufen aufeinander zu und erzeugen eine Kerbe in der Bleiplatte, die seitlich von der Zündschnurmitte liegt. Aus der Kenntnis dieses Abstandes und der Brenngeschwindigkeit der Zündschnur (7200 m/sec) läßt sich die Detonationsgeschwindigkeit des Sprengstoffs berechnen. Genauere Werte liefert das Durchschießen zweier Drahtsonden. Die Messung erfolgt mit elektronischen Hilfsmitteln.

10. Die *Verpuffungstemperatur* ist diejenige Temperatur, bei welcher der Explosivstoff abbrennt (verpufft), ohne eine offene Flamme zu berühren. Die Verpuffungstemperatur gibt einen Anhaltspunkt für die Temperaturempfindlichkeit des Sprengstoffs.

In folgender Übersicht sind die Daten einiger Sprengstoffe angegeben:

	Dichte kg/l	Explos. Temp. °C	Explos. Wärme kcal/kg	Spez. Gasvol. NL/kg	Spez. Druck kg/cm^2
Schwarzpulver	1,2	2380	665	280	2 810
Nitrocellulose	1,3	3100	1025	765	9 765
Nitroglycerin	1,6	4250	1485	715	12 240
Sprenggelatine	1,55	4710	1545	712	13 420
Trinitrotoluol	1,57	2820	950	690	8 080
Pikrinsäure	1,69	3230	1000	675	8 950
Nitropenta	1,7	3900	1400	780	12 000
Hexogen	1,7	3400	1365	908	11 500
Knallquecksilber	3,5	4350	357	316	5 530
Bleiazid	4,79	3450	260	310	—

Explosivstoffe

	Brisanz-wert n. Kast	Trauzl-Block-ausweitung cm³	Deto-nations-geschw. m/sec.	Fallhöhe 2 kg Fallhammer cm	Verpuf-fungs-tempe-ratur °C
Schwarzpulver	1 350	30	400	über 60	310
Nitrocellulose	79 975	342	6300	20	183—186
Nitroglycerin	145 900	515	7450	4	200
Sprenggelatine	160 000	480	7700	12	180—200
Trinitrotoluol	85 000	285	6700	60	über 225
Pikrinsäure	107 400	305	7100	35—95	über 225
Nitropenta	193 000	515	8340	20	215
Hexogen	195 000	490	8400	20	—
Knallquecksilber	125 800	110	5500	4	160
Bleiazid	107 000	110	5500	10	über 225

Die chemische Umwandlung der Explosivstoffe besteht in der heftigen Oxydation dieser Verbindungen. Der notwendige Sauerstoff ist entweder im Molekül selbst enthalten oder er wird durch beigemischte Sauerstoffträger geliefert. Der Sauerstoff ist dabei an Stickstoff oder Chlor gebunden. Dem chemischen Aufbau nach unterscheidet man einfache und zusammengesetzte Explosivstoffe. Die einfachen Explosivstoffe bestehen entweder aus einem Gemisch von Brennstoff und Sauerstoffträger oder aus einem einzigen Stoff, in dessen Molekülen sich auch die Sauerstoffatome befinden.

I. Einfache Explosivstoffe

1. *Schwarzpulver* ist ein Gemisch aus Holzkohle, Schwefel und Kalisalpeter (KNO_3). Der Salpeter liefert den zur Verbrennung der beiden anderen Bestandteile notwendigen Sauerstoff, wobei der Schwefel die Entzündbarkeit begünstigt. Die Mischung enthält 75% KNO_3, 15% Holzkohle und 10% Schwefel. Die Explosionsgeschwindigkeit ist gering, etwa 300 m/sec. Schwarzpulver besitzt eine schiebende und treibende Wirkung. Es wird für die Sprengung weicher Gesteine und bei der Gewinnung von Werksteinen verwendet, weil keine Haarrisse entstehen, welche die Beständigkeit des Steins gegen Witterungseinflüsse verringern. Schwarzpulver ist außerdem ein wichtiger Bestandteil für die Feuerwerkerei (s. Pyrotechnik).

2. *Ester der Salpetersäure*

a) *Nitroglycerin und Nitroglycol* (Sprengöl). Bringt man Glycerin und ein Gemisch aus 50% Salpetersäure und 50% Schwefelsäure (Nitriersäure) bei 10 bis 20°C zur Reaktion, so entsteht der Salpetersäuretriester des Glycerins (→Hydroxylverb 1.3.), auch Glycerintrinitrat genannt

Explosivstoffe

$$\begin{array}{l}\text{CH}_2\text{OH}\\|\\\text{CHOH}\\|\\\text{CH}_2\text{OH}\end{array} + 3\,\text{HNO}_3 \rightarrow \begin{array}{l}\text{CH}_2\text{—O—NO}_2\\|\\\text{CH—O—NO}_2\\|\\\text{CH}_2\text{—O—NO}_2\end{array} + 3\,\text{H}_2\text{O}$$

Die Bezeichnung Nitroglycerin ist chemisch nicht richtig, weil keine echte Nitroverbindung vorliegt. Die Schwefelsäure dient als wasserentziehendes Mittel. Nitroglycerin ist eine ölige Flüssigkeit, welche durch Hammerschlag detoniert:

$$\text{C}_3\text{H}_5(\text{ONO}_2)_3 \rightarrow 3\,\text{CO}_2 + {}^5/_2\,\text{H}_2\text{O} + {}^1/_4\,\text{O}_2 + {}^3/_2\,\text{N}_2$$

Es wird zur Herstellung von Sprengstoffen verwendet (Gehalt 4 bis 92%) und dient auch als Bestandteil rauchschwacher Geschützpulver (Gehalt 25 bis 40%). ALFRED NOBEL fand 1867, daß ein Gemisch aus 75% Nitroglycerin, 24,5% Kieselgur und 0,5% Soda einen handhabungssicheren Sprengstoff ergibt, den er Dynamit (Gurdynamit) nannte. Heute wird das Gurdynamit nicht mehr verwendet. Nitroglycerin dient zur Herstellung von gewerblichen Sprengstoffen und militärischen Pulvern. An Stelle des Glycerins kann auch das Glykol mit der Nitriersäure umgesetzt werden. Man erhält dann das Glykoldinitrat $\begin{array}{l}\text{CH}_2\text{—O—NO}_2\\|\\\text{CH}_2\text{—O—NO}_2\end{array}$
Glykol ist heute aus Äthen leicht zugänglich.

b) *Nitrocellulose* erhält man durch Behandeln von Cellulose (→Kohlenhydrate 3.) mit einem Gemisch aus Salpetersäure und Schwefelsäure. Chemisch werden dabei alkoholische Hydroxylgruppen der Cellulose mit Salpetersäure verestert. Je nach den Nitrierbedingungen entstehen Nitrocellulosen mit 10 bis 12,5% Stickstoff (*Kollodiumwolle*) oder 12,5 bis 13,5% Stickstoff (*Schießbaumwolle*). Die Nitrocellulose läßt sich mit einem Alkohol-Äther-Gemisch in ein dichteres, gelatineartiges, verformbares Produkt verwandeln („*Gelatinieren*"). Als Stabilisatoren setzt man Diphenylamin oder Harnstoffderivate hinzu. Ein Gemisch aus Schießbaumwolle und Kollodiumwolle dient zur Herstellung rauchschwacher Gewehr- und Geschützpulver. Kollodiumwolle verarbeitet man auch mit Sprengöl zu rauchlosem Pulver.

c) *Nitropenta* (Nitropentaerythrit) ist chemisch Pentaerythrittetranitrat, der Salpetersäureester des vierwertigen Alkohols Pentaerythrit $\text{C}(\text{CH}_2\text{OH})_4$. Durch Nitrieren entsteht Nitropenta:

$$\text{C}(\text{CH}_2\text{OH})_4 + 4\,\text{HNO}_3 \rightarrow \text{C}(\text{CH}_2\text{ONO}_2)_4 + 4\,\text{H}_2\text{O}$$

Es gehört zu den brisantesten Sprengstoffen (Detonationsgeschwindigkeit etwa 8300 m/sec), dient zum Füllen von detonierenden Zündschnüren (*Sprengschnur*) und ist ein Bestandteil von Sprengkapseln. Bei der Explosion entstehen folgende Produkte:

Explosivstoffe

$$C(CH_2ONO_2)_4 \rightarrow 3CO_2 + 2CO + 4H_2O + 2N_2$$

3. Nitrokörper

Bei den aromatischen Nitrokörpern ist das Stickstoffatom direkt an ein Kohlenstoffatom gebunden.

a) *Pikrinsäure* ist das symmetrische Trinitrophenol, welches durch Lösen von Phenol (s. Hydroxylderivate 3.) in SO_3-haltiger →Schwefelsäure und Nitrieren mit →Salpetersäure entsteht. Als hochbrisanter Sprengstoff diente sie zum Füllen von Granaten. Die Pikrinsäure ist in Wasser löslich und bildet als Säure mit Metallen die Pikrate, welche sehr stoßempfindlich sind. Pikrinsäure wurde deshalb fast völlig durch Trinitrotoluol verdrängt.

b) *Trinitrotoluol* (Trotyl) erhält man durch Nitrieren von Toluol (s. Benzolkohlenwasserstoffe 1.2.). Es besitzt eine geringere Schlagempfindlichkeit als Pikrinsäure. Der niedrige Schmelzpunkt (81°C) ermöglicht ein Aufschmelzen mit heißem Wasser. Trinitrotoluol ist gegen Erwärmen sehr beständig; erst ab 160°C bilden sich gasförmige Produkte. Wegen seiner großen Handhabungssicherheit wird die Hauptmenge des Trotyls im Gemisch mit anderen Sprengstoffen zu gewerblichen und militärischen Sprengladungen verarbeitet.

c) *Hexogen* (Cyclotrimethylentrinitramin)

$$\begin{array}{c}
\text{H}_2 \\
\text{C} \\
\diagup \quad \diagdown \\
O_2N-N \qquad N-NO_2 \\
| \qquad\qquad | \\
H_2C \qquad\quad CH_2 \\
\diagdown \quad \diagup \\
N \\
| \\
NO_2
\end{array}$$

wird aus Hexamethylentetramin hergestellt, das sich wiederum aus Methanal und Ammoniak gewinnen läßt. Hexogen ist ein fester, weißer Stoff vom Schmelzpunkt 202°C. Seine Brisanz gleicht Nitropenta. Die Stabilität ist aber größer. Es wird als Preßkörper zu Hohlladungsgeschossen verwendet. Plastikbomben enthalten häufig Hexogen.

4. Initialsprengstoffe

Initialsprengstoffe lassen sich durch Flammen, Funken oder geringen Schlag zur Detonation bringen. Sie können die Explosion auf andere schwer explosionsfähige Sprengstoffe übertragen (Initialwirkung). Zu ihnen zählt *Knallquecksilber*

(Quecksilberfulminat, $Hg(ONC)_2$, Salz der Knallsäure $HONC$), das durch Schlag leicht detoniert:

$$Hg(ONC)_2 \rightarrow Hg + 2CO + N_2$$

Zur Herstellung wird Quecksilber in Salpetersäure gelöst und in Alkohol gegossen. Knallquecksilber findet Verwendung in Zündsätzen und Sprengkapseln.
Bleiazid, $Pb(N_3)_2$, ist das Bleisalz der Stickstoffwasserstoffsäure HN_3. Es besitzt stärkere Initialkraft als Knallquecksilber. Bleiazid ist unempfindlich gegen Feuchtigkeit und ermöglicht die Verwendung von Aluminiumkapseln.
Bleitrinitroresorcinat (Bleisalz des Trinitroresorcins, $C_6H(OH)_2(NO_2)_3$) wird wegen seiner großen Funkenempfindlichkeit dem Bleiazid beigemischt. Es bildet außerdem den Hauptbestandteil der rostfreien Zündhütchensätze.

II. *Zusammengesetzte Explosivstoffe*

Die einfachen Sprengstoffe, vor allem die aromatischen Nitrokörper, besitzen zu wenig Sauerstoff im Molekül, um in Wasser und Kohlendioxid zu zerfallen. Sie bilden Kohlenmonoxid und Ruß, was bei Sprengungen in Gruben nachteilig ist. Man versetzt deshalb die Sprengstoffe mit oxydierenden Salzen (z. B. Salpeter und Chlorate). Durch Mischung verschiedener Bestandteile läßt sich außerdem die Brisanz dem jeweiligen Verwendungszweck anpassen.

1. *Dynamite*

Das von NOBEL erfundene Dynamit (Nitroglycerin in Kieselgur aufgesaugt) wird heute nicht mehr verwendet. Man versetzt (gelatiniert) Nitroglycerin mit Kollodiumwolle (Gelatinedynamit). *Sprenggelatine*, bestehend aus 92% Nitroglycerin und 8% Kollodiumwolle, ist der stärkste Sprengstoff und dient zum Sprengen sehr zäher Gesteine (z. B. Basalt). Abgeschwächte Sprenggelatine erhält man durch Mischungen, z. B. Dynamit I: 62% Nitroglycerin, 3% Kollodiumwolle, 26% Salpeter, 7% Holzmehl und 2% Soda. Die Detonationsgeschwindigkeit beträgt etwa 6500 m/sec. Die Dynamite sind in papierumhüllten Patronen von 2 bis 3 cm Durchmesser und 10 bis 12 cm Länge im Handel. Sie werden mit Sprengkapseln gezündet.

2. *Ammonsalpetersprengstoff*

Billiger und handhabungssicherer als Dynamite sind die gelatinösen Ammonsalpetersprengstoffe. *Gelatine-Donarit I* enthält z. B. 23% gelatiniertes Sprengöl, 55% Ammonsalpeter, 10% Natronsalpeter, 11% Nitrokörper (z. B. Trinitrotoluol) und 1% Holzmehl. Pulverförmige Ammonsalpetersprengstoffe werden im Bergbau verwendet. Sie sind wenig empfindlich gegen Stoß und Schlag. *Donarit I* besteht

z. B. aus 80% Ammonsalpeter, 14% Nitrokörper, 4% Sprengöl und 2% Holzmehl. Donarit II ist weniger brisant und enthält weniger Nitrokörper und mehr Holzmehl.

3. *Wettersprengstoffe*

In Kohlengruben sind nur bestimmte Sprengmittel mit geringer Brisanz zugelassen, damit sich Kohlenstaub und Grubengas nicht entzünden. Dies erreicht man durch Zusätze von Natriumchlorid, weil die Salzteilchen der Explosionsflamme beim Schmelzen Wärme entziehen. Wetter-Nobelit A enthält z. B. 31% NH_4NO_3, 38% NaCl, 2% $Ca(NO_3)_2$, 2% Dinitrotoluol, 1% Holzmehl und 26% Nitroglycerin.

III. *Zündmittel*

1. *Sprengkapseln.* Zur Verwendung von Initialsprengstoffen füllt man diese in Metallhülsen (Sprengkapseln). Auf einer sog. Unterladung (z. B. Nitropenta) befindet sich in einem Deckhütchen der Sprengsatz. Er besteht bei Kupferkapseln aus Knallquecksilber, bei Aluminiumkapseln aus einem Gemisch von Bleiazid und Bleitrinitroresorcinat.

2. *Zündhütchen* sind flache Metallkapseln, in welche meist Bleitrinitroresorcinat eingefüllt ist. Sie befinden sich am Boden einer Patronenhülse und dienen zur Zündung der Pulverladung mit Hilfe des Schlagbolzens der betreffenden Schußwaffe.

3. *Zündschnüre* ermöglichen das Übertragen der Zündung auf die Sprengkapsel oder den Sprengstoff. Pulverschnüre enthalten Schwarzpulver in einem Gewebeschlauch. Die vorgeschriebene Brenndauer beträgt 110 bis 130 sec/m.

4. *Sprengschnüre* sind detonierende Zündschnüre. Sie werden meist mit Nitropenta gefüllt und können Sprengstoffe ohne Sprengkapsel zur Zündung bringen. Eine Zündung von Sprengstoffen kann auch auf elektrischem Wege erfolgen.

Literatur

Ullmanns Encyklopädie der technischen Chemie. — Urban und Schwarzenberg, München, Berlin 1965

Extraktivdestillation s. Petrochemie.

F

FAD = Flavin-adenin-dinucleotid s. Heterocyclen 2.4., Vitamine.

Färberei. In der Färberei werden farbige Verbindungen benötigt, welche die betreffenden Materialien, vor allem Textilien, mit ausreichender Intensität anfärben. Außerdem verlangt man die wichtigsten „Gebrauchsechtheiten" von diesen →Farbstoffen. Sie sollen licht-, wasch-, schweiß-, bügel- und reibecht sein. Allerdings sind meist nicht alle Forderungen in gleich hohem Maße zu erfüllen. Welcher Farbstoff geeignet erscheint, wird auch durch das zu färbende Material bestimmt. In der Färberei- und Druckereichemie bildet man deshalb ein Einteilungsprinzip der Farbstoffe, das nicht durch die Konstitution dieser Verbindungen bestimmt ist. Man faßt vielmehr diejenigen Farbstoffe in Gruppen zusammen, denen gleiche Anwendungsverfahren zugrunde liegen. Nach diesem Gesichtspunkt ergibt sich folgende Einteilung:

Basische (kationische) Farbstoffe   Küpenfarbstoffe
Säurefarbstoffe   Oxydationsfarbstoffe
Substantive Farbstoffe (Direktfarbstoffe)   Schwefelfarbstoffe
Reaktivfarbstoffe   Dispersionsfarbstoffe
Entwicklungsfarbstoffe   Pigmentfarbstoffe

Die Löslichkeit der Farbstoffe in Wasser wird durch bestimmte Gruppen in den Molekülen verursacht, z.B. SO_3H, (SO_3Na), OSO_3H, (OSO_3Na), $COOH$, $(COONa)$. Diese Verbindungen sind in Wasser ionogen gelöst, wobei das Farbstoffion das Anion bildet (anionische Farbstoffe), z.B.

$$[FbSO_3]^- + Na^+$$
Fb = Farbstoffrest

Bei den kationischen Farbstoffen (auch basische Farbstoffe genannt) bewirken die Amino- und substituierten Aminogruppen, daß das Farbstoffion als Kation auftritt, z.B.: $[FbNH_3]^+ + Cl^-$. Farbion und Gegenion bilden das sog. Farbsalz. Die *basischen Farbstoffe* zählen zu den kationischen Farbstoffen. Sie können daher solche Fasern anfärben, welche anionische Gruppen besitzen. Wegen ihrer Wasserlöslichkeit sind sie nur in beschränktem Maße naßecht.

Die *Säurefarbstoffe* sind ihrer Struktur nach Säuren bzw. anionische Farbstoffe. Sie können sich an kationische Bestandteile des zu färbenden Materials anlagern. Einige Farbstoffe sind so gebaut, daß sie mit Chromsalzen schwerlösliche bzw. unlösliche Komplexverbindungen eingehen können (*Chromkomplex*- und *Chromierungsfarbstoffe*). Säurefarbstoffe eignen sich zum Färben und Bedrucken von Wolle, Seide, Polyamidfasern, Leder und Papier.

Färberei

Die *substantiven Farbstoffe* (Direktfarbstoffe) ziehen selbständig ohne jegliche Zusätze aus dem Färbebad auf. Die Färbungen sind nur wenig naßecht. Diese Eigenschaft kann verbessert werden, wenn der Farbstoff diazotierbare Aminogruppen (s. organische Stickstoffverb. 2. u. 3.) besitzt (Diazotierungsfarbstoffe). Durch Kupplung mit einem Phenol oder Naphthol wird das Farbstoffmolekül auf der Faser vergrößert, ohne daß Atomgruppen hinzukommen, welche wasserlösliche Wirkung haben. Dies hat eine geringere Löslichkeit und damit bessere naßechte Eigenschaften zur Folge.

Reaktivfarbstoffe enthalten besondere Atomgruppen (sog. Reaktivkomponenten), welche mit bestimmten Atomgruppen der Faser chemische Verbindungen eingehen.

Die *Entwicklungsfarbstoffe* werden aus ungefärbten oder wenig gefärbten Verbindungen durch chemische Reaktion auf der Faser erzeugt.

Die *Küpenfarbstoffe* sind in Wasser unlöslich. Man überführt (verküpt) sie durch Reduktion in eine lösliche Form (Leukoverbindung), welche auf die Faser aufzieht. Durch Oxydation bildet sich dann auf der Faser der unlösliche Küpenfarbstoff zurück. Diese Farbstoffe besitzen große Wasch-, Licht- und Wetterechtheit. Sie sind als Indanthrenfarbstoffe im Handel.

Die *Oxydationsfarbstoffe* werden durch Oxydation von löslichen, ungefärbten Komponenten auf der Faser erzeugt.

Schwefelfarbstoffe sind schwefelhaltige, in Wasser unlösliche Verbindungen. Man reduziert sie zu einer löslichen Form, welche auf die Faser aufzieht. Durch Oxydation entsteht der Schwefelfarbstoff mit waschechten Eigenschaften.

Dispersionsfarbstoffe ziehen aus einer wäßrigen Dispersion auf die Faser. Die Farbstoffe lösen sich nicht in Wasser.

Pigmentfarbstoffe stellen unlösliche Farbkörper dar, welche keinerlei Affinität zu den Faserstoffen haben. Sie werden durch besondere Bindemittel auf der Faser fixiert.

Färben der Wolle und Seide

Die Wollfaser und die Seide zählen zu den Eiweißfasern (Proteinfasern). Diese Eiweißkörper, das Keratin der Wolle und das Fibroin der Seide, bestehen aus →Aminosäuren, die in Polypeptidketten miteinander verbunden sind. Man kann sich vorstellen, daß die Aminogruppe eines Aminosäuremoleküls mit der Carboxylgruppe eines zweiten Moleküls unter Austritt von Wasser eine Bindung eingeht (Peptidbindung), z. B.

$$H_2N-CH_2-COOH + H_2N-CH_2-COOH \rightarrow$$
$$H_2N-CH_2-CO-NH-CH_2-COOH$$

Färberei

Aus mehreren Aminosäuremolekülen entsteht ein Polypeptid:

$H_2N-R_1-CO-NH-R_2-CO-NH-R_3-CO-NH-R_1-CO-NH-R_2-CO-NH-R_3-COOH$

Die →Aminosäuren sind in einer periodischen Reihenfolge miteinander verknüpft, d.h., die Bausteine der Kette kehren nach einer bestimmten Ordnung wieder. An den Enden der Molekülketten befinden sich jeweils eine freie Amino -und eine freie Carboxylgruppe. Außerdem können auch innerhalb des Moleküls freie Amino- oder Carboxylgruppen vorliegen, wenn Diaminocarbonsäuren (z.B. Arginin, Lysin) oder Aminodicarbonsäuren (z.B. Asparaginsäure) als Bausteine vorkommen. Im elektrisch neutralen Zustand liegen die Aminosäuren und die Eiweißkörper in zwei Formen vor: ungeladen oder als „Zwitterion". Der letztere Zustand tritt dann ein, wenn das Proton der Carboxylgruppe an das einsame Elektronenpaar des Stickstoffatoms der Aminogruppe wandert. Zwischen beiden Formen besteht ein Gleichgewicht:

$$H_2N-CH_2-COOH \rightleftarrows H_3N^+-CH_2-COO^-$$

Die Aminosäuren zeigen amphoteres Verhalten, d.h., sie können Protonen aufnehmen und in sauren Lösungen Kationen bilden:

$$H_3N^+-CH_2-COO^- + H^+ \rightleftarrows H_3N^+-CH_2-COOH$$

oder Protonen abgeben, so daß in alkalischer Lösung die Anionen überwiegen:

$$H_3N^+-CH_2-COO^- + OH^- \rightleftarrows H_2N-CH_2-COO^- + H_2O$$

In einem charakteristischen pH-Bereich ist die Anzahl der geladenen Amino- und Carboxylgruppen gleichgroß (isoionischer Zustand; bei Wolle pH 4,9; bei Seide pH 5,0). Im isoionischen Zustand besitzt der Eiweißkörper größte Stabilität, vor allem ist die Quellung minimal.

1. *Säurefarbstoffe*

Bedingt durch das amphotere Verhalten der Wolle läßt sie sich mit Säurefarbstoffen anfärben, welche die wichtigste Farbstoffgruppe für die Wolle darstellen. Die Färbung wird in saurem Medium vorgenommen (Zugabe von Schwefelsäure, Ameisensäure oder Essigsäure), wobei die Aminogruppen positiv geladen werden (s. oben) und damit zur Bindung von Farbsäureanionen befähigt sind:

$$R-\overset{+}{N}H_3 + [FbSO_3]^- \rightarrow R-\overset{+}{N}H_3{}^-[O_3SFb]$$

Zu dieser elektrostatischen Bindung treten bei der endgültigen Fixierung des Farbstoffs auf der Faser noch Wasserstoffbrückenbindungen und VAN DER WAALS-Kräfte hinzu. Im alkalischen Medium nimmt die Haftfähigkeit der Säurefarbstoffe auf der Wolle ab, weil sich die ungeladenen Aminogruppen zurückbilden. Die elektrostatische Bindung wird daher geringer und gleichzeitig erfolgt eine Abstoßung zwischen Faser und Farbstoffanion, weil negativ geladene Carboxylgruppen entstehen. Die Wollfärbung läuft deshalb im alkalischen Medium mehr oder weniger leicht aus. Der größte Teil der Säuerfarbstoffe gehört der chemischen Struktur nach zu den Azofarbstoffen. Ein anderer Teil wird durch Anthrachinon- und Triphenylmethanfarbstoffe gebildet.

Chromkomplexfarbstoffe. Die Waschechtheit der Säurefarbstoffe läßt sich durch die Verwendung der Chromkomplexfarbstoffe vergrößern. Bei diesen Farbstoffen besteht eine Verbindung zwischen einem Chromatom und einem Farbstoffmolekül (1:1-Chromkomplexfarbstoff) oder es ist ein Chromatom mit zwei Farbstoffmolekülen verknüpft (1:2-Chromkomplexfarbstoff). Der Farbstoff wird nicht nur elektrostatisch, sondern auch koordinativ durch das Chromatom an die Faser gebunden:

Auf diese Weise vergrößert sich die Waschechtheit.

Chromierungsfarbstoffe. Die echtesten Wollfärbungen erreicht man mit den Chromierungsfarbstoffen. Geeignet hierfür sind solche Säurefarbstoffe, welche mit Chrom eine Komplexbindung eingehen können. Diese Eigenschaft besitzt z. B. die o-Hydroxyazogruppierung:

Beim Nachchromierverfahren wird die Faser zunächst mit dem betreffenden Säurefarbstoff angefärbt und dann durch Zufügen von Chromsalzen „chromiert". Es bildet sich ein Farbstoffchromkomplex, der an die Aminogruppen der Wolle koordinativ gebunden ist. Dieser Vorgang verläuft langsam und die Bindung des Farbstoffs an die Faser gestaltet sich wesentlich inniger als bei den Metallkomplexfarbstoffen. Wegen der hohen Echtheitseigenschaften

Färberei

werden die Chromierungsfarbstoffe zum Färben von loser Wolle, Uniformstoffen, Wintermänteln und Herrenanzugsstoffen verwendet.

2. *Küpenfarbstoffe*

Von den Küpenfarbstoffen eignen sich nur solche für die Wollfärberei, welche in schwach alkalischer Lösung zur Leukoverbindung reduziert werden können. Stark alkalische, heiße Lösungen greifen die Wollfaser an, weil die Peptidbindungen in zunehmendem Maße gespalten werden. Geeignet als Farbstoffe sind Indigo, Thioindigo und Derivate, Benzochinonküpenfarbstoffe und Naphthochinonküpenfarbstoffe. In der Küpe liegen Farbstoffanionen vor, die sich mit den positiv geladenen Aminogruppen zum „Farbsalz" verbinden.

3. *Reaktivfarbstoffe*

Sie sind in Wasser löslich und enthalten im Molekül eine reaktionsfähige Gruppe, welche in alkalischer Lösung mit der Faser (NH_2-Gruppen) eine Bindung eingeht (s. auch: Färben der Cellulosefasern).

Färben der Cellulosefasern

Man unterscheidet die natürlichen Cellulosefasern wie Baumwolle, Flachs, Hanf und Jute von den künstlichen oder regenerierten Cellulosefasern, also Reyon (Kunstseide) und Zellwolle (s. Chemiefaserstoffe). Die zweite Gruppe besteht nahezu vollkommen aus Cellulose (s. Kohlenhydrate). Die natürlichen Cellulosefasern enthalten Begleitstoffe, z.B. Lignin und Pektin. Die Cellulose besteht aus kettenförmigen Makromolekülen, deren Bausteine, die β-Glucose, in Glucosidbindung miteinander verknüpft sind:

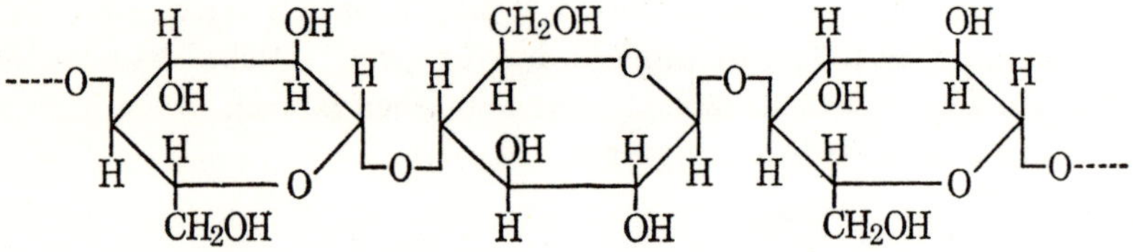

Während die Wollfarbstoffe auf der Wolle vorwiegend durch chemische bzw. elektrostatische Bindung fixiert werden, ist diese Art des „Aufziehens" des Farbstoffs bei den Cellulosefasern nicht möglich. Sie enthalten nur die alkoholischen Hydroxylgruppen, die nicht zur Bildung von Farbsalzen geeignet sind. Saure oder basische Farbstoffe können also nicht verwendet werden.

Die Farbstoffe für Cellulosefasern sind dadurch charakterisiert, daß sie in der Lösung zu einer mehr oder weniger starken Assoziation neigen. Als Ursache dafür kommen Dipolkräfte, VAN DER WAALS-Kräfte und Wasserstoffbrücken-

Färberei

bindungen in Frage. Diese Kräfte bewirken auch ein Aufziehen des Farbstoffs auf die Faser.

1. *Substantive Farbstoffe* (Direktfarbstoffe)

Man faßt in dieser Gruppe solche Farbstoffe zusammen, welche wasserlöslich sind und auf Cellulosefasern selbständig (direkt) aufziehen. Substantivität liegt dann vor, wenn die Farbstoffe aus ihren Lösungen in größerem Umfang von der Cellulosefaser aufgenommen werden als der gleichzeitig herausgenommenen Lösungsmittelmenge entspricht. Außerdem besitzt der auf die Faser aufgezogene Farbstoff eine Widerstandsfähigkeit gegen Ablösen in Wasser. Bringt man die Faser in die Lösung eines substantiven Farbstoffs, werden die Farbstoffteilchen zunächst an der Faseroberfläche adsorbiert. Sie diffundieren dann in die amorphen Bereiche der Faser und werden dort durch Wasserstoffbrücken so mit den Hydroxylgruppen der Cellulose verbunden, daß die Längsachse des Moleküls parallel zu den Glucoseketten liegt. Bedingt durch die kleinen Hohlräume der Faser, können keine Molekülaggregate sondern nur einzelne Farbstoffmoleküle eindringen. Die Einzelmoleküle, welche durch Adsorption aus dem größeren Aggregat ausscheiden, werden ständig nachgeliefert. Schließlich entsteht ein Gleichgewicht, welches dadurch gekennzeichnet ist, daß die Zahl der in der Zeiteinheit adsorbierten Farbstoffmoleküle gleich der Zahl der sich von der Faser ablösenden Moleküle ist. Die Aufnahme des Farbstoffs wird deshalb durch das Flottenverhältnis beeinflußt. Damit bezeichnet man das Verhältnis der Fasermenge (in kg) zu der Flottenmenge (Farbstofflösung in l oder kg). Es liegt zwischen 1 : 25 und 1 : 3. Mit zunehmendem Flottenverhältnis werden die Farbstoffe weniger gut ausgenutzt. Manche Farbstoffe ziehen weitgehend auf die Faser, viele bleiben zu einem Viertel bis zu einem Drittel im Färbebad.

Die Mehrzahl der substantiven Farbstoffe gehört ihrem chemischen Aufbau nach zu der Gruppe der Dis- und Polyazofarbstoffe. Die Löslichkeit in Wasser erhalten diese Farbstoffe durch die Gegenwart von Sulfogruppen, seltener durch Carboxylgruppen. Die substantiven Farbstoffe lassen sich dort anwenden, wo keine besonderen Anforderungen an die Waschechtheit der Färbung gestellt werden. Bei geringerer Farbtiefe nimmt die Waschechtheit zu. Artikel, die öfter mild gewaschen werden, lassen sich in hellen Farbtönen durch substantive Färbung herstellen, z. B. Damenunterwäsche, Damenkleiderstoffe und Möbelstoffe. Die substantiven Farbstoffe haben große Bedeutung für das Färben von Cellulosefasern, weil sie sehr billige und einfache Färbungen ermöglichen.

Nachbehandlungsmethoden für substantive Farbstoffe

Eine Verbesserung der waschechten Eigenschaften kann bei substantiven Farbstoffen erreicht werden, wenn diese im Molekül Atomgruppen (beizenziehende

Färberei

Atomgruppen) enthalten, welche mit Metallsalzen (Kaliumbichromat oder Kupfersulfat) Komplexverbindungen (Farblacke) bilden. Auf diese Weise wird die Wasserlöslichkeit vermindert. Als beizenziehende Atomgruppen eignen sich z. B.

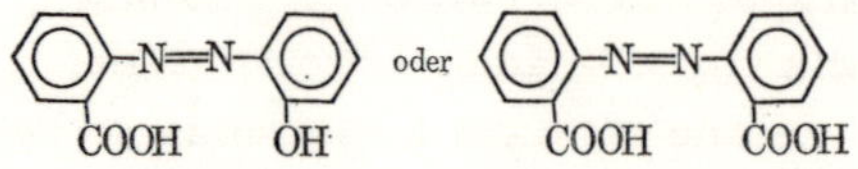

Die gefärbten Fasern werden etwa eine halbe Stunde bei 50 bis 80°C in Lösungen von Kaliumbichromat oder Kupfersulfat getaucht. Eine Verbesserung der Naßechtheit substantiver Färbungen ist auch durch Nachbehandlung mit kationaktiven Hilfsmitteln möglich. Es kommen hierfür Verbindungen in Frage, welche im Kation einen hydrophoben Rest enthalten, welcher mit dem anionischen Farbstoff eine schwerlösliche Verbindung eingeht.

2. *Diazotierungsfarbstoffe*

Substantive Farbstoffe mit einer oder mehreren diazotierbaren Aminogruppen werden nach dem Aufziehen auf die Faser in einem neuen Bad diazotiert und das Diazoniumsalz mit Phenol, oder Naphthol gekuppelt (s. organische Stickstoffverb. 2. und 3.). Dadurch vergrößert sich das Farbstoffmolekül infolge der Bildung einer neuen Azobrücke und die Löslichkeit des Farbstoffs wird geringer, z. B.

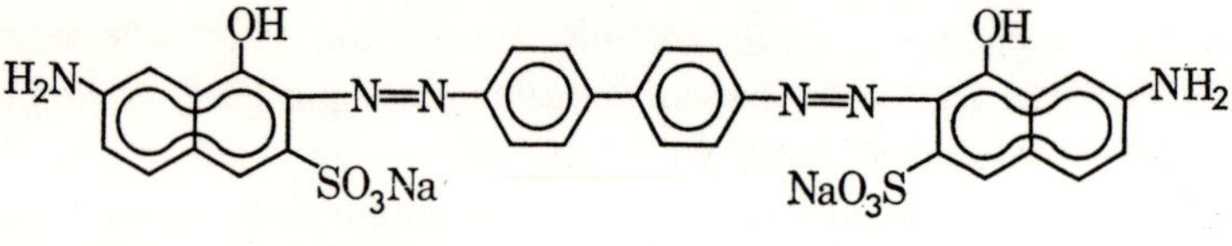

Durch Diazotieren und Kuppeln mit β-Naphthol entsteht:

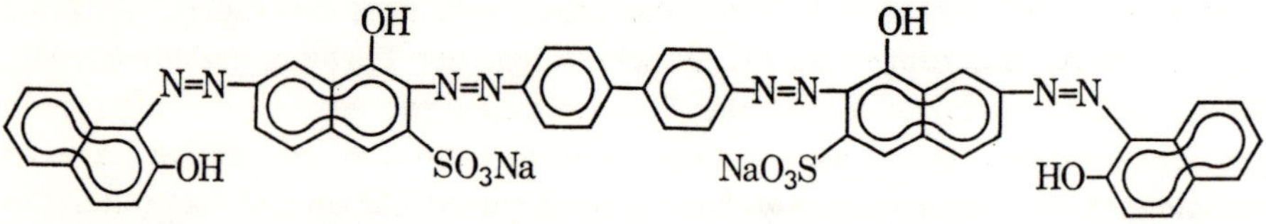

3. *Entwicklungsfarbstoffe*

Bildet man Azofarbstoffe (s. Farbstoffe 1.2.) aus Komponenten, welche SO_3H- oder $COOH$-Gruppen enthalten, so erhält man Farbstoffe, die aus wäßriger Lösung auf die Faser aufziehen. Sie besitzen aber keine große Waschechtheit. Enthalten die Azofarbstoffe keine solche Gruppen, sind sie wasserunlöslich und damit auch vollkommen waschecht. Diese Farbstoffe eignen sich dann aber nicht zum Färben aus wäßrigem Medium.

Aus zwei löslichen Komponenten läßt sich auf der Faser ein unlöslicher Farbstoff nach folgendem Verfahren erzeugen. Mit einer alkalischen Naphthollösung (z. B. β-Naphthol) tränkt (grundiert) man zunächst die Faser und bringt sie dann in ein zweites Bad, das eine Diazoniumsalzlösung enthält. Dort bildet sich der Azofarbstoff auf der Faser (Entwicklung), z. B.

$$\text{Naphthol-ONa} + \text{ClN}_2\text{-C}_6\text{H}_4\text{-NO}_2 \longrightarrow \text{Naphthol-N=N-C}_6\text{H}_4\text{-NO}_2 + \text{NaCl}$$

Zu Anfang verwendete man β-Naphthol, das allerdings nicht substantiv ist. Es läßt sich nur durch Trocknen fixieren und wird beim Behandeln der Faser mit wäßrigen Lösungen teilweise abgezogen, so daß die Kupplung zum Azofarbstoff nicht nur auf der Faser, sondern auch in der Flotte erfolgt. Dieser Farbstoff, der sich im Bad gebildet hat, lagert sich oberflächlich auf der Faser ab, was die Reibechtheit der Färbung beeinträchtigt. In der Verbindung 2-Hydroxy-3-naphthoesäureanilid (Naphtol AS) fand man eine Grundierungskomponente, welche substantive Eigenschaften besitzt, d. h. sie zieht wie ein Direktfarbstoff auf die Faser auf.

Naphtol AS

Naphtol AS ist der Grundkörper einer großen Zahl ähnlich gebauter Verbindungen, die als „substantive Naphthole" (Grundierungskomponenten) bezeichnet werden. Mit ihnen lassen sich praktisch alle Nuancen von Gelb über Orange, Rot, Blau, Grün bis Schwarz erzeugen, wobei die Grundierungs- und die Diazotierungskomponente entsprechend gewählt werden muß.

4. *Küpenfarbstoffe*

Die Küpenfarbstoffe gehören zu den echtesten Farbstoffen. Sie sind in Wasser nicht löslich und werden zum Färben in alkalischem Medium durch Reduktion (mit Natriumdithionit, $Na_2S_2O_4$) in eine lösliche Form (Leukoverbindungen) gebracht (verküpt), welche auf die Faser aufzieht. Durch Oxydation wird der in Wasser unlösliche Farbstoff auf der Faser zurückgebildet, wodurch sich eine waschechte Färbung ergibt. Die Farbstoffe sind teils indigoider, teils anthrachi-

Färberei

noider Natur. Bei Indigo und allen indigoiden Küpenfarbstoffen verläuft der Vorgang des Verküpens und Oxydierens nach folgendem Schema:

$$\text{Indigo} \underset{\text{Oxydation}}{\overset{Na_2S_2O_4 \cdot NaOH}{\rightleftharpoons}} [\text{Leukoform}] \underset{NaOH}{\overset{H_2O}{\rightleftharpoons}} \text{Natrium-Leukoindigo}$$

In entsprechender Weise bildet sich aus den Anthrachinonküpenfarbstoffen- z. B. dem Indanthren gelb GK

die Leukoverbindung:

Die Oxydation kann mit Luftsauerstoff erfolgen. Man verwendet wäßrige Oxydationsbäder, wenn der Farbstoff schwer oxydiert wird oder die Einwirkung des Sauerstoffs behindert ist (z. B. bei Garnen im aufgewickelten Zustand). Als Oxydationsmittel eignen sich Wasserstoffperoxid, Bichromat und Persulfat.

5. Indigosole

Indigosole nennt man Natriumverbindungen der Schwefelsäureester von Leukoküpenfarbstoffen. Diese Verbindungen sind wasserlöslich und ziehen auf die Faser auf. Die Estergruppe läßt sich spalten und die entstehende Leukoverbindung kann zum unlöslichen Farbstoff oxydiert werden, z. B.

Indigosol → Leukoindigo → Indigo

Unter Zusatz von Natriumnitrit färbt man die Faser mit dem Indigosol an, und behandelt die Ware in einem zweiten Bad mit Schwefelsäure. In diesem wird der Ester verseift (gespalten) und das mit der Faser eingeschleppte Natriumnitrit in salpetrige Säure überführt, welche den Leukoküpenfarbstoff zum Farbstoff oxydiert. Indigosole werden vorwiegend zum Färben heller Farbtöne verwendet, weil sie gut durchfärben und leicht egalisieren.

6. *Schwefelfarbstoffe*

Sie ermöglichen preiswerte Färbungen loser Baumwolle. Schwefelfarbstoffe sind hochmolekulare Verbindungen. Sie entstehen durch Verschmelzen der verschiedensten organischen Verbindungen mit Schwefel oder Alkalipolysulfiden. Die Produkte sind meist in Wasser unlöslich und werden zum Färben in eine Lösung überführt, welche auf die Faser aufzieht.

$$R-S-S-R \underset{\text{Oxydation}}{\overset{\text{Reduktion}}{\rightleftarrows}} 2R-SH$$

Durch Oxydation bildet sich der unlösliche Farbstoff auf der Faser zurück. Es besteht Ähnlichkeit mit den Küpenfarbstoffen. Die Reduktion kann aber mit dem billigen Natriumsulfid erfolgen.

Besonders gleichmäßige Färbungen erzielt man mit wasserlöslichen Schwefelfarbstoffen. Sie stellen Alkalisalze der Thioschwefelsäuren der Schwefelfarbstoffe dar, die praktisch keine Substantivität besitzen. Sie durchdringen die Faser sehr gut, ohne sie anzufärben. Erst durch Versetzen mit dem Reduktionsmittel (Na_2S oder $NaHS$) in schwach alkalischem Medium entsteht die Leukoverbindung, welche auf der Faser aufzieht, z. B.

$$FbSSO_3^- + HS^- \rightleftarrows FbS^- + S_2O_3^{2-} + H^+$$

Die endgültige Fixierung des Farbstoffs erfolgt durch Oxydation.

7. *Reaktivfarbstoffe*

Reaktivfarbstoffe sind wasserlösliche Verbindungen. Sie bestehen aus einer farbgebenden Komponente (Fb) und einer besonderen Atomgruppe (sog. Reaktivkomponente), welche an die Hydroxylgruppen der Cellulose unter Bildung von Estern und Äthern chemisch gebunden wird. Als Reaktivkomponente eignet sich z. B. folgende Struktur:

$$Fb-SO_2-CH=CH_2$$

Beim Färben erfolgt mit der Cellulose (HO—Cell) nachstehende Reaktion:

$$Fb-SO_2-CH=CH_2 + HO-Cell \rightarrow Fb-SO_2-CH_2-CH_2-O-Cell$$

Färberei

Es sind auch substituierte Äthanderivate von der allgemeinen Form Fb—X—CH$_2$—CH$_2$—Y verwendbar. Für X und Y können z. B. folgende Gruppen eingesetzt werden:

X: O, SO$_2$, CO, NH, SO$_2$NH, NHSO$_2$, CONH

Y: Cl, Br, OSO$_3$H, OPO$_3$H$_2$, OSO$_2$CH$_3$

Durch die Einwirkung der Lauge spaltet sich aus solchen Gruppierungen die Säure ab und es entsteht eine Vinylverbindung, die, wie oben angegeben, mit der Cellulose reagiert. z. B. bildet sich aus dem β-Oxy-äthylsulfonschwefelsäureester des Farbstoffs

Fb—SO$_2$—CH$_2$—CH$_2$—O—SO$_3$H

unter Einwirkung von Natronlauge die reaktionsfähige Vinylsulfongruppe:

Fb—SO$_2$—CH=CH$_2$

Die Reaktivkomponente kann auch ein Derivat des Cyanurchlorids sein, z. B.

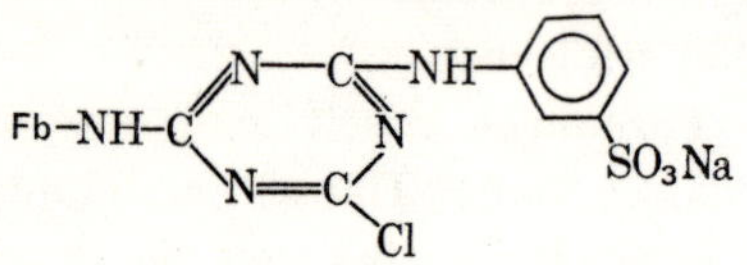

wobei das Chloratom mit Hydroxylgruppen der Cellulose reagiert. Es entsteht dann

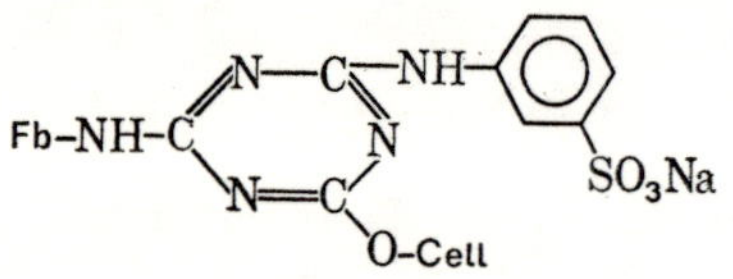

Durch entsprechende Auswahl der farbgebenden Komponente lassen sich besonders klare Farbtöne von großer Lebhaftigkeit erzielen. Die Naßechtheiten, wie Wasser-, Schweiß- und Waschechtheit, sind im wesentlichen von der Art der Reaktivkomponente abhängig.

8. *Oxydationsfarbstoffe*

Beim Färben mit Oxydationsfarbstoffen bringt man geeignete aromatische Amine auf die Faser und erzeugt den Farbstoff durch Oxydation. Der Hauptvertreter dieser Gruppe ist das Anilinschwarz, welches durch Oxydation von salzsaurem Anilin auf der Faser gebildet wird. Auch das p-Aminodiphenylamin ergibt durch Oxydation einen schwarzen Farbstoff, das Diphenylschwarz.

9. Basische Farbstoffe

Sie sind kationischer Natur und entstammen verschiedenen Farbstoffklassen. Cellulosefasern lassen sich nur mit Hilfe einer Beize anfärben. Im Gegensatz zu den substantiven Farbstoffen nennt man sie auch *adjektive Farbstoffe*. Als Beizmittel dient Tannin, Pentagalloylglucose (s. Carbonsäuren 2.4.2.).

$$
\begin{array}{l}
\text{CH}_2\text{OR} \\
\text{CH} \\
\text{CHOR} \\
\text{CHOR} \\
\text{CHOR} \\
\text{CHOR}
\end{array}
$$

R bedeutet: (Digalloyl-Rest mit OH-Gruppen)

Die phenolischen Hydroxylgruppen wirken als schwache Säure (Gerbsäure) und können mit den basischen Farbstoffen schwerlösliche Verbindungen bilden. Andererseits zeigen sie auch eine gewisse Affinität zur Faser. Die Farbstoffe besitzen nur geringe Lichtechtheit. Weil sie aber außerordentlich lebhafte und feurige Färbungen liefern, verwendet man sie bei solchen Artikeln, welche dem Tageslicht nicht oder nur wenig ausgesetzt sind und die besonders billig sein sollen; z. B. zum Färben von Stoffen für Theater- und Faschingsdekorationen.

Färben der künstlichen Cellulosefasern (*Reyon und Zellwolle*)

Kunstseide und Zellwolle besitzen eine hohe Affinität zu den Cellulosefarbstoffen, was ein rasches Aufziehen der Farbstoffe zur Folge hat. Dadurch können unterschiedliche Farbstoffkonzentrationen in der Nähe der Faser auftreten. Somit sind die Voraussetzungen für ein gleichmäßiges (egales) Anfärben nicht mehr gegeben. Man muß daher die Färbebedingungen so wählen, daß die Aufziehgeschwindigkeit verkleinert wird. Außerdem ist es schwierig, Fasern von einheitlichen färberischen Eigenschaften über einen längeren Zeitraum herzustellen. Im Handel sind Sortimente, welche ein gleichmäßiges Anfärben bei Rohstoffunterschieden begünstigen. Auch die elektrischen Ladungserscheinungen an der Faseroberfläche spielen eine Rolle. Sie beruhen wahrscheinlich auf einem verschiedenen Gehalt an Carboxylgruppen. Viscosefasern enthalten mehr Carboxylgruppen als Kupferfasern, was durch die oxydative Vorreife bedingt ist. Infolge der negativen Aufladung wirkt die Viscose abstoßend auf die anionischen Farbstoffe und anziehend auf basische Farbstoffe, mit denen die Viscose ohne Beize gefärbt werden kann. Gut geeignet sind auch die Indigosole und die Entwicklungsfarbstoffe.

Färberei

Färben der Acetatfasern

Da in der Acetatfaser die alkoholischen Hydroxylgruppen der Cellulose zum größten Teil acetyliert sind, verhält sich die Acetatfaser gegenüber den Cellulosefarbstoffen indifferent, weil diese auf der Wechselwirkung zwischen den alkoholischen Hydroxylgruppen und dem Farbstoff beruhen.

Die Acetatfaser wirkt bei der Aufnahme von Farbstoff als „Lösungsmittel". Es entsteht eine feste Lösung. So findet man z. B. für das Verteilungsgleichgewicht zwischen Faser und wäßriger Flotte die Gesetzmäßigkeit, welche auch für die Verteilung eines Stoffes zwischen zwei Lösungsmitteln gilt. Im Gleichgewicht ist das Verhältnis der Farbstoffkonzentrationen in beiden Lösungsmitteln konstant (HENRYsches Gesetz). Erhöht man die Farbstoffkonzentration in der Flotte auf das Dreifache, vergrößert sich auch die Konzentration in der Faser auf den dreifachen Wert. Diese Erscheinung tritt bei der Adsorption nicht auf. Verantwortlich für die Eigenschaft der Lösefähigkeit sind Dipolkräfte und Wasserstoffbrückenbindungen.

Beim Färben der Acetatfasern darf die Temperatur nicht über 75°C steigen, da sonst die Faser an Glanz und Festigkeit verliert. Geeignet sind Dispersionsfarbstoffe, die in wäßriger Dispersion von der Faser in Form einer festen Lösung aufgenommen werden (z. B. Azo- u. Anthrachinonfarbstoffe). Waschechtere Färbungen entstehen, wenn man aromatische Amine auf die Faser bringt und durch Diazotieren und Kuppeln einen echten Farbstoff erzeugt. Außerdem lassen sich auch Entwicklungsfarbstoffe verwenden.

Färben der synthetischen Fasern

Das Verhalten der synthetischen Fasern (s. Chemiefaserstoffe) gegenüber Farbstoffen wird durch die chemische Konstitution und den physikalischen Bau bestimmt. In dieser Hinsicht bestehen zwischen den verschiedenen Typen deutliche Unterschiede. Eine gemeinsame Eigenschaft zeigen viele synthetische Fasern. Sie können mit Dispersionsfarbstoffen angefärbt werden. Dabei findet ein Lösungsvorgang statt, welcher dem der Acetatfasern entspricht.

Grundsätzlich müssen alle synthetischen Fasern, bei deren Herstellung eine starke Verstreckung erfolgte, durch eine Heißluftbehandlung fixiert werden, weil sie sonst in heißen Bädern zum Schrumpfen, Kräuseln und Knittern neigen.

Wegen der geringen Quellbarkeit der synthetischen Fasern bietet das Färben erhebliche Schwierigkeiten. Durch die Verwendung besonderer Quellungsmittel (auch Färbebeschleuniger oder *Carrier* genannt, z. B. p-Phenylphenol, Benzoesäure, chlorierte Benzole u. a.) erreicht man, daß größere Mengen Farbstoff auf die Faser aufziehen. Vermutlich werden durch den Carrier zwischenmolekulare

Färberei

Bindungen gespalten, so daß eine Auflockerung des Fasergefüges eintritt. Da Carrier zum Teil hautreizend wirken, müssen sie restlos ausgewaschen werden.
Polyamidfasern (Perlon und Nylon) besitzen im wesentlichen gleichartige Struktur. Im Vergleich zur Wolle und Seide zeigt sich eine gewisse Ähnlichkeit. Es bestehen aber doch deutliche Unterschiede, welche durch den andersartigen Bau der Fasern bedingt sind. Die Struktur der Perlonfaser entspricht folgender Formel (s. Chemiefaserstoffe):

$$H_2N-(CH_2)_5-CO[-NH-(CH_2)_5-CO-]_n NH-(CH_2)_5-COOH$$

Nylon:

$$H_2N-(CH_2)_6-NH[-CO-(CH_2)_4-CO-NH-(CH_2)_6-NH-]_n CO-$$
$$-(CH_2)_4-COOH$$

Die Ähnlichkeit der Polyamidfasern mit den Proteinfasern besteht darin, daß sich die Peptidbindung (—NH—CO—) in dem vielgliedrigen System wiederholt. Während sich bei den Polyamiden zwischen den Peptidbindungen mindestens vier Kohlenstoffatome befinden, werden die Peptidgruppen in den Proteinfasern nur durch ein Kohlenstoffatom getrennt. Die Wolle zeigt schematisch folgenden Aufbau:

$$H_2N\ldots-CH_2-NH-CO-\underset{\underset{NH_2}{|}}{CH}-CO-CH_2-NH-CO-\underset{\underset{-NH-CO\ldots}{|}}{\overset{\overset{COOH}{|}}{CH}}-$$

Außerdem enthalten die Moleküle Seitengruppen, so daß neben den endständigen Amino- und Carboxylgruppen noch sog. Extragruppen vorhanden sind.
Die Polyamidfasern können, ebenso wie die Proteinfasern, anionische Farbstoffe in saurer Lösung mit Hilfe der geladenen Aminogruppe binden. Allerdings ist das Aufnahmevermögen geringer als bei Wolle, weil die Anzahl der Aminogruppen kleiner ist. Basische Farbstoffe werden durch die Carboxylgruppen aufgenommen. Zum Anfärben eignen sich auch substantive Farbstoffe, 1:1 Chromkomplexfarbstoffe, Entwicklungs-, Küpen- und Reaktivfarbstoffe.
Polyurethanfasern färbt man zweckmäßig mit Dispersionsfarbstoffen, welche in Form einer festen Lösung aufgenommen werden. Säurefarbstoffe lassen sich unter normalen Bedingungen nicht verwenden, weil die Polyurethanfaser keine primären Aminogruppen enthält.
Die *Polyesterfaser* besitzt eine sehr kompakte Anordnung, welche das Diffundieren der Flotte in die Faser erschwert. Das Verhältnis der Diffusionskomponenten

Färberei

für Polyester und Nylon beträgt 1:700. Es kommen also nur Farbstoffe mit kleinem Molekül in Betracht. Die Diffusion muß durch hohe Temperatur oder Carrier gefördert werden. Als Farbstoffe sind geeignet: Dispersions-, Azo-, Entwicklungs- und Küpenfarbstoffe.

Polyvinylfasern lassen sich infolge geringer Quellbarkeit nur schwer anfärben. Dispersionsfarbstoffe besitzen eine gewisse Affinität zu diesen Fasern. Mit Hilfe von Carriern lassen sich helle und mittlere Töne befriedigend färben. Grundsätzlich darf eine Badtemperatur von 70°C nicht überschritten werden, weil sonst die Faser erweicht.

Polyacrylintrilfasern. Der Zusammenhalt zwischen den Polyacrylnitrilketten wird durch Wasserstoffbrücken bewirkt:

$$\begin{array}{cccc}
& H & & H \\
& | & & | \\
-& C-CH_2-C-CH_2- & & \\
& | & & | \\
& C & & C \\
& ||| & & ||| \\
& N & & N \\
& \vdots & & \vdots \\
& H & & H \\
& | & & | \\
-& C-CH_2-C-CH_2- & & \\
& | & & | \\
& C & & C \\
& ||| & & ||| \\
& N & & N \\
\end{array}$$

Die Anzahl der Wasserstoffbrücken hängt vom Orientierungsgrad der Ketten ab. Bei der stark verstreckten endlosen Faser ist sie am größten. Die geringer verstreckte Stapelfaser besitzt weniger Querverbindungen und läßt sich leichter anfärben, weil die Diffusion der Farbstoffmoleküle größer ist. Fügt man dem Färbebad einen Carrier zu, können die Wasserstoffbrücken aufgebrochen werden. Die CN-Gruppe bewirkt, daß sich Protonen an den benachbarten Kohlenstoffatomen abspalten können, wodurch die Faser einen anionischen Charakter erhält. Basische (kationische) Farbstoffe zeigen deshalb eine natürliche Affinität zu dieser Faser, während Säurefarbstoffe (anionische Farbstoffe) gewissermaßen abgestoßen werden.

Polyolefinfasern (Polyäthylen, Polypropylen) sind wegen ihres apolaren Charakters aus wäßrigen Bädern nur schwer anzufärben. Neben Dispersionsfarbstoffen sind auch Entwicklungsfarbstoffe geeignet. Wenn irgend möglich, verwendet man spinngefärbte Fasern.

Färberei

Färbeapparate und Färbemaschinen

Das Färben der Textilmaterialien erfolgt weitgehend maschinell. Entweder wird die Ware durch die ruhende Flotte bewegt (Färbemaschine) oder umgekehrt (Färbeapparat).

Loses Material füllt man in einen Behälter und pumpt die Flotte wechselseitig durch den Materialblock.

Garne werden in Form des Strangs, der Kreuzspule oder des Kettbaums gefärbt. Stranggarn färbt man in Färbemaschinen und Färbeapparaten. Kreuzspulen lassen sich nach dem Packsystem färben (vorwiegend Wollfärberei). Die Spulen packt man in einen Behälter und setzt ihn in einen Färbeapparat. Beim Aufstecksystem stecken die Spulen auf perforierten Hülsen, in welche die Flotte hineingepreßt wird, wobei die Pumpe wechselseitig arbeitet.

Für *Stückware* stehen verschiedene Einrichtungen zur Verfügung, deren Anwendung von der Qualität der Ware, der Faserart und dem Färbeverfahren bestimmt wird.

Wollene Gewebe und alle Strick- und Wirkwaren färbt man auf der *Haspelkufe*. Über einem Behälter (Kufe), welcher die Farbflotte enthält, befindet sich eine Haspel. Sie zieht die an den Enden zusammengenähte Ware durch die Flotte. Das Gewebe liegt dabei nicht glatt. Für schwere, steife oder zum Knittern neigende Stoffe ist daher die Haspelkufe nicht geeignet. In solchen Fällen werden Breitfärbemaschinen wie Jigger und Färbefoulard verwendet.

Der *Jigger* besteht aus einer kleinen Kufe, welche einige Führungswalzen enthält. Zwei Aufwickelwalzen bewirken den Warentransport durch die Flotte, wobei die Ware von der einen Walze abläuft. Sie gelangt über Führungswalzen in faltenfreiem, gespanntem Zustand durch die Flotte und wird von der Zugwalze aufgewickelt. Die Laufrichtung der Ware wechselt man so oft, bis die gewünschte Farbtiefe erreicht ist. Die Warenbahnen können mehrere tausend Meter lang sein.

Im *Färbefoulard* arbeitet man mit kürzester Färbedauer und kleinster Flottenmenge. Die Ware wird von mehreren Walzen durch die Flotte gezogen, die sich in einem kleinen Trog befindet. Es erfolgt dabei nur ein einziger Durchlauf bei einer Geschwindigkeit von 15 bis 40 Meter pro Minute. Man verwendet solche Färbeverfahren, bei denen eine erhöhte Färbedauer keine größere Farbtiefe bewirkt. Die Foulardfärbung eignet sich für eine große Produktion.

Soll die Fixierung des Farbstoffs sorgfältiger geschehen, arbeitet man mit der *Kontinuefärbemaschine*. Sie besteht aus mehreren Kufen, in denen die Ware mit einer großen Zahl von Leitrollen mehrmals durch die Flotte geführt wird. Man kann so den Färbeprozeß auf 3 bis 4 Minuten ausdehnen und bei hoher Produktion (15 bis 20 Meter pro Minute) befriedigende Ergebnisse erzielen.

Faradaysches Gesetz

Eine Ware, die zug- und scheuerempfindlich ist (Krepp- und Plüschartikel), muß spannungs- und scheuerungsfrei gefärbt werden. Man befestigt die Ware spiralförmig auf einem sternartigen Materialträger, der sich um seine Achse in der Färbeflotte dreht. Dieses Verfahren erfordert langwierige Handarbeit.

Literatur
ALBERT SCHAEFFER: Chemie der Farbstoffe und deren Anwendung. — Verlag von Theodor Steinkopff, Dresden und Leipzig 1963
OST-RASSOW: Lehrbuch der Chemischen Technologie. — Joh. Ambrosius Barth Verlag, Leipzig 1965

Faradaysches Gesetz s. Elektrolyse.
Farbfotografie s. Fotografie 2.
Farbstoffe (s. auch →Färberei)
sind — im strengen Sinne des Wortes — organische Verbindungen, die farblose Substrate — meist Textilien — färben. Es ist also nicht jede farbige Substanz ein Farbstoff. Ganz davon zu trennen sind die unlöslichen anorganischen Mineralfarben (s.u. 3.). Die ebenfalls als Blüten „farbstoffe" bezeichneten Verbindungen — ohne jedoch entsprechend verwendet zu werden — sind im Abschnitt 2 zusammengefaßt.

1. Synthetische Farbstoffe

Vor der Entdeckung der künstlichen Farbstoffe dienten Naturprodukte zum Färben von Kleidung und Gegenständen: *Indigo* aus der asiatischen Indigofera tinctoria und der europäischen Färberwaid, *Karmin* aus Cochenille-Schildläusen, *Purpur* aus der Purpurschnecke, *Safrangelb* aus Krokusnarben, *Alizarin* aus der Krapp-Pflanze u.a.m.
Zwar wurde der erste künstliche Farbstoff (Pikrinsäure s. Nitrofarbstoffe) bereits 1771 von WOULFE hergestellt, die eigentliche Entwicklung der Teer- oder Anilinfarbstoffe begann erst 1856 mit der Entdeckung von *Mauvein* durch den 18 jährigen PERKIN. In kurzen Zeitabständen folgten die Entwicklungen weiterer Farbstoffe. Wichtige natürliche Farbstoffe wurden analysiert und großtechnisch synthetisiert (1868 *Alizarin*, 1870 *Indigo*). In diese Zeitspanne fallen auch die Gründungen der meisten chemischen Konzerne. Eine wichtige Voraussetzung für diese Entwicklung war das von KEKULÉ entwickelte Benzolstrukturmodell.
WITT versuchte 1876 einen Zusammenhang zwischen Konstitution und Farbe zu finden. Er führte die Farbigkeit auf sog. *chromophore Gruppen* zurück. Als chromophore Gruppen bezeichnete er Gruppen mit Doppelbindungen wie $-NO_2$ (Nitro), $-NO$ (Nitroso), $-CO$ (Carbonyl), $-N=N-$ (Azo). Diese Gruppen

Farbstoffe

müssen über ein System mit konjugierten Doppelbindungen (→aromatisch oder →Polyen) mit *auxochromen Gruppen* (—NH$_2$, —OH) verbunden sein, die einen farbvertiefenden Effekt besitzen (bathochrom, Verschiebung der Absorption zu längeren Wellenlängen).

Heute betrachtet man Chromophore als Elektronenakzeptoren, Auxochrome dagegen als Elektronendonatoren (positiver mesomerer Effekt). Farbigkeit entsteht durch Absorption im Bereich der sichtbaren elektromagnetischen Schwingungen. Dabei wird den Molekülen Energie zugeführt, was sich darin zeigt, daß Elektronen in angeregte, energiereichere Zustände (meist antibindende) übergehen. Wegen des relativ geringen Energiegehaltes des Lichts können nur Elektronen mit geringem Unterschied zwischen bindendem Grundzustand und niedrigstem angeregten Zustand diese Wellenlängen absorbieren. Dies trifft zu für die π-Elektronen (→Atombau) von Doppelbindungen, wenn sie wegen Überlappung mit anderen Systemen mit π-Elektronen delokalisiert sind. Je größer die Ausdehnung eines π-Systems ist, desto kleiner werden die Energiedifferenzen, da die Anzahl der bindenden und antibindenden Zustände zugenommen hat. Die π-Elektronen einer Azogruppe können sich z. B. mit den beiden aromatischen Systemen, mit denen sie verbunden sind (→Organische Stickstoffverbindungen 3.), überlappen. Der Effekt wird u.a. durch elektronenliefernde Aminogruppen verstärkt. Die Aminogruppe dient zugleich der Bindung des Farbstoffs an die Textilfaser (s. →Färberei).

Die Einteilung der Farbstoffe kann nach verschiedenen Gesichtspunkten erfolgen, u. a. nach färbereitechnischen (→Färberei). Hier sollen die Farbstoffe nach charakteristischen chemischen Gruppierungen klassifiziert werden.

1.1. Nitro- und Nitrosofarbstoffe verdanken ihre Farbigkeit der Konjugation eines aromatischen Systems mit einer der namengebenden Gruppen. Nitrofarbstoffe sind gelb oder braun. Sie werden in der →Färberei als Säure-, Dispersions- und Pigmentfarbstoffe verwandt. Zu ihnen gehört der erste synthetische Farbstoff, die *Pikrinsäure* (2,4,6-Trinitrophenol s. →organische Stickstoffverbindungen 1.), der aber heute für Färbungen nicht mehr benutzt wird.

Pikrinsäure
für Wolle und Seide

Naphtholgelb S
Säurefarbstoff für Wolle

Cellitonechtgelb 2R
für Acetatseide

1.2. Azofarbstoffe stellen die größte Gruppe unter den Farbstoffen dar. Weit über 100 000 Verbindungen wurden bisher synthetisiert und geprüft. Die Farbigkeit beruht auf der Azogruppe —N=N—, die zwei aromatische Systeme verbin-

Farbstoffe

det (→org. Stickstoffv. 3.). Monoazofarbstoffe sind meistens gelb bis rot. Dis-, Tris- und Tetrakisazoverbindungen umfassen sämtliche Farbtöne einschließlich schwarz. Azofarbstoffe werden hergestellt durch Kupplung aus einer Diazoverbindung mit einer Kupplungskomponente (Amin oder Phenol) (→Organische Stickstoffverbindungen 3.). Durch eine oxydative Azokupplung können auch heterocyclische Verbindungen in Form von Hydrazinderivaten als Diazokomponente für Farbstoffe eingesetzt werden.

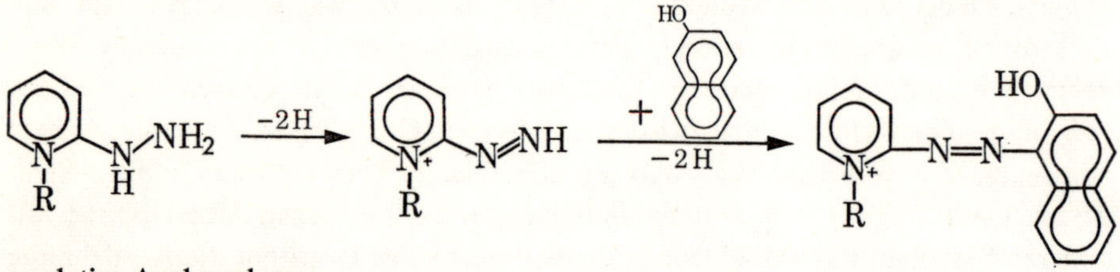

oxydative Azokupplung

Azofarbstoffe werden in der Färberei in verschiedener Weise eingesetzt: als wasserlösliche basische Farbstoffe (Chrysoidin), als wasserlösliche Säurefarbstoffe (Orange II), als Chromierungs- und Chromkomplexfarbstoffe (Diamantschwarz PV), als Direktfarbstoffe (Chicagoblau 6B, Chloranthinlichtgrün BLL), als Reaktivfarbstoffe (Cibacronbrilliantrot 3B), als wasserunlösliche Dispersinsfarbstoffe (Cibacetviolett SR), als wasserunlösliche Pigmentfarbstoffe (Hansagelb G), als wasserunlösliche Entwicklungsfarbstoffe (Pararot). Die angeführten Beispiele sind willkürlich ausgewählt. Einige Farbstoffe sind als Indikatoren gebräuchlich. Stilbenderivate mit schwacher Blaufärbung dienen in →Waschmitteln als optische *Aufheller*.

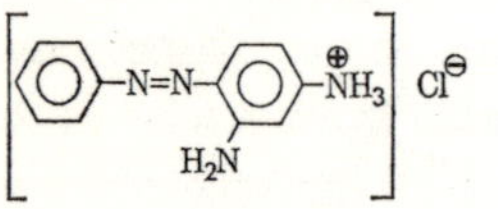

Chrysoidin
zum Lederfärben

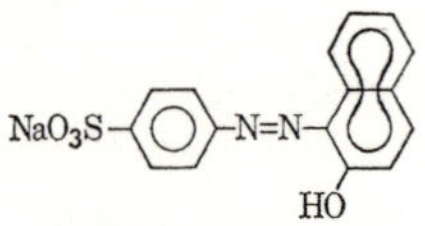

Orange II
für Wolle, Leder, Papier

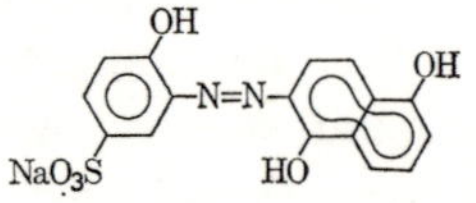

Diamantschwarz PV
für Wolle

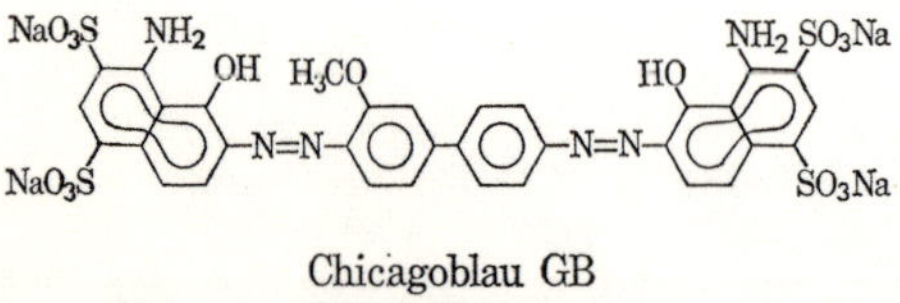

Chicagoblau GB
(Disazofarbstoff)
für Baumwolle

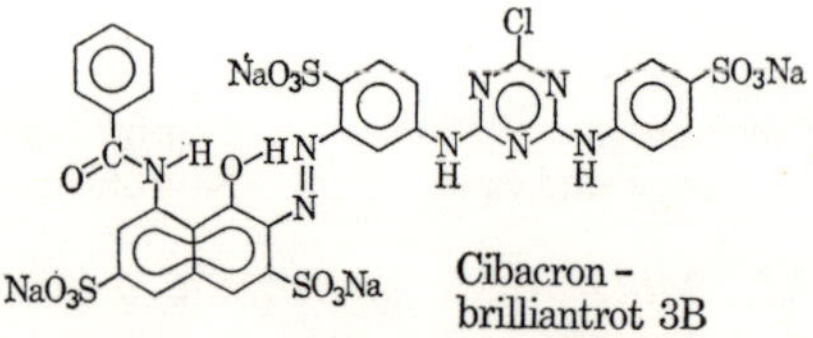

Cibacron-
brilliantrot 3B
für Baumwolle
(Bindung an Stelle des Cl-Atoms)

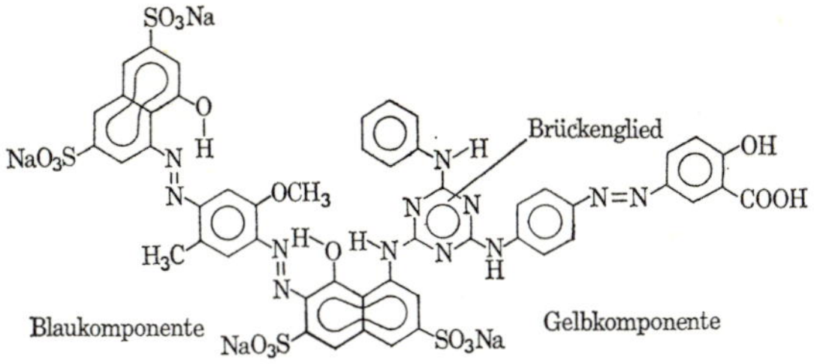

Farbstoffe

Chloranthinlichtgrün BLL für Baumwolle (Blaukomponente / Gelbkomponente, Brückenglied)

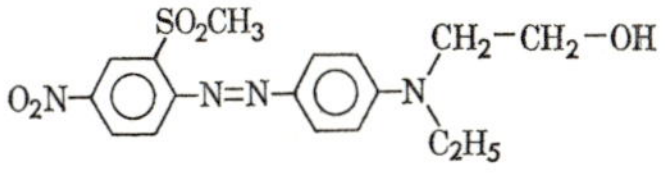

Cibacetylviolett 5R
für Acetatseide und synthetische Fasern

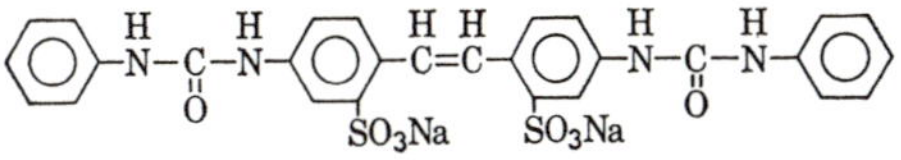

Aufheller Stilbenderivat
(Benzolkohlenw. 2.1)

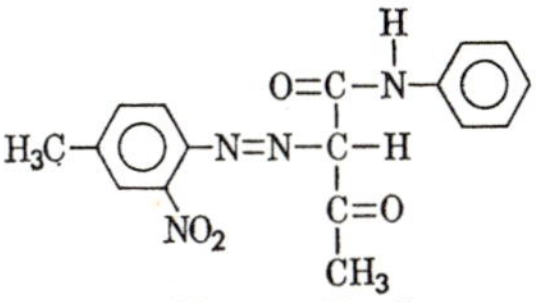

Hansagelb G
für Öl- u. Druckfarben, für Viskose

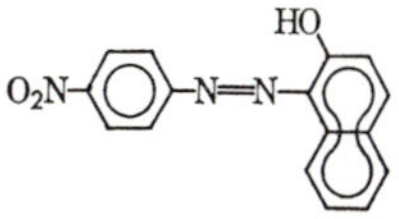

Pararot
für Baumwolle

1.3. Polymethinfarbstoffe sind gekennzeichnet durch konjugierte Kohlenstoffdoppelbindungen, die eine Elektronenakzeptorgruppe mit einem Elektronendonator verbinden. Die Methingruppen können durch Aza-Gruppen (Stickstoff) ersetzt sein. Die wichtigsten Farbstoffe enthalten stickstoffhaltige Substituenten und werden, wenn der Stickstoff Bestandteil eines Ringes ist, als *Cyanine* bezeichnet. Polymethinfarbstoffe werden durch Kondensation aus heterocyclischen Verbindungen mit ortho-Ameisensäureester aufgebaut. Die Farbstoffe sind häufig wenig lichtecht und finden kaum Verwendung in der Färberei (meistens für Polyacrylnitrilfasern — →Chemiefasern). Dagegen dienen sie zum Sensibilisieren von photographischen Schichten für längerwellige Strahlen (→Fotografie 1.) (AgBr ist empfindlich für UV- und blau-violettes Licht). Für Farben in Farbfotos werden Chinonimine benutzt (s. 1.4. →Fotografie 2.).

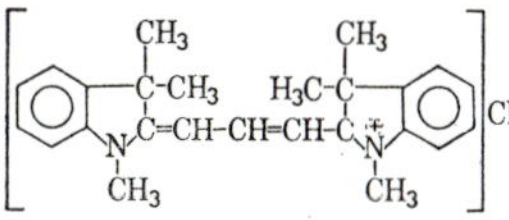

Astraphloxin FF
für Wolle, Seide und Baumwolle
mit Tannin

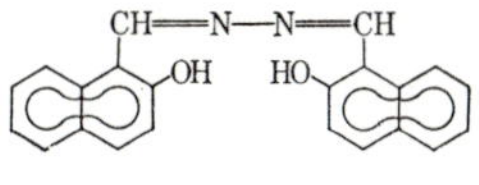

Lumogen hellgelb
[ein Azamethin,
Leuchtfarbstoff]

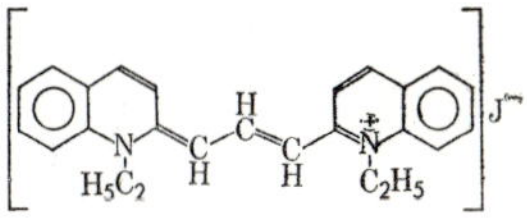

Pinacyanol
Rotsensibilisator

Farbstoffe

$$[\overset{+}{X}=\overset{|}{C}-(\overset{|}{C}=\overset{|}{C})_n-Y]^q \longleftrightarrow [X-\overset{|}{C}=(\overset{|}{C}-\overset{|}{C})_n=Y]^q$$

Mesomerie bei Polymethinfarbstoffen
X = Elektronendonator, Y = Elektronenakzeptor, q = Ladung

1.4. Di- und Triarylcarbonium-Farbstoffe und ihre Aza-Analoga lassen sich formal durch die allgemeine Polymethinformel beschreiben (n = 4). Die Methingruppen treten aber in →aromatischen bzw. chinoiden (→Oxoverb. 2.4.) Systemen auf. Sie können nur durch mesomere Grenzstrukturen beschrieben werden. Tragen

Einige mesomere Grenzstrukturen von Arylcarboniumfarbstoffen

n = 0: Diphenylmethanfarbst.
n = 1 : Triphenylmethanfarbst.
X = Y = NRR′, Z = H *Malachitgrün*-Typ
X = Y = Z = NRR′ *Kristallviolett*-Typ
X = Y = OH, Z = H *Phenolphthalein*-Typ

n = O oder 1,	*Chinonimine*	W = NR: Azine
W = NR: *Acridine*	X = NRR′, Y = NR″R‴ : Indamin	W = O: Oxazine
n = O oder 1,	X = NRR′, Y = O : Indanilin	W = S: Thiazine
W = O oder S: *Xanthene*	X = OH, Y = O : *Indophenol*	

Farbstoffe für Farbenfotografie

die Farbstoffe am dritten Ring in ortho-Stellung zum zentralen C-Atom eine Carboxylgruppe, werden sie als *Phthaleine* bezeichnet. Die Herstellung der Triphenylmethanfarbstoffe erfolgt durch Kondensationsreaktionen z. B. von aromatischen Aldehyden mit N-substituiertem Anilin oder Phenol. Elektrophile Reagentien wie Chloroform, Formaldehyd, aromatische Aldehyde werden bei diesen Reaktionen mit nucleophilen aromatischen Verbindungen umgesetzt. Die Wasserstoffatome am zentralen C-Atom werden durch Oxydation entfernt. Auch diese Methinfarbstoffe sind meistens wenig lichtecht. Sie werden ebenfalls häufig bei Polyacrylnitrilfasern eingesetzt. Einige Farbstoffe werden für Bürobedarfsartikel verwendet (*Kristallviolett, Malachitgrün* u. a.) Xanthene (*Eosin, Fluorescein*) werden wegen ihrer Fluoreszenz für Plakate und Markierungen benutzt. Da einige Farbstoffe bei pH-Änderungen (→pH-Wert) die Farbe wechseln, dienen sie als Säure-Basen- →Indikatoren.

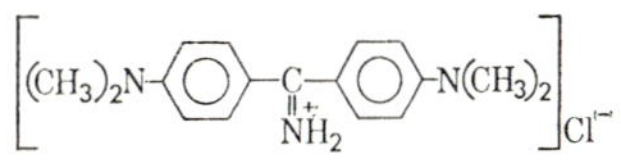

Auramin O
Diphenylmethanfarbstoff
für Seide und tannierte Baumwolle

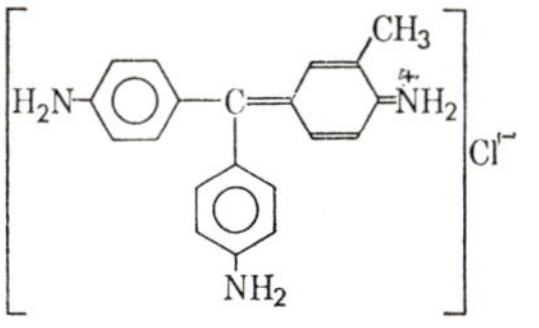

Fuchsin

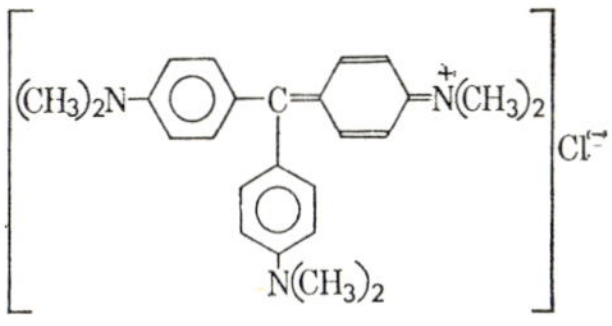

Kristallviolett
(Methylviolett: Gemisch nicht vollständig methylierter Verbindungen)

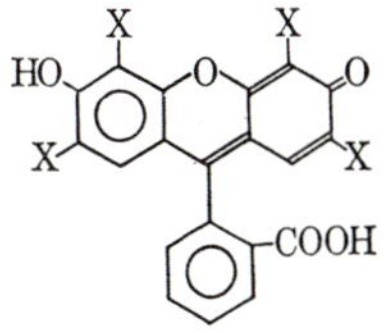

X = H : *Fluorescein*
X = Br: *Eosin*
X = J : *Erythrosin*
Xanthen-derivate

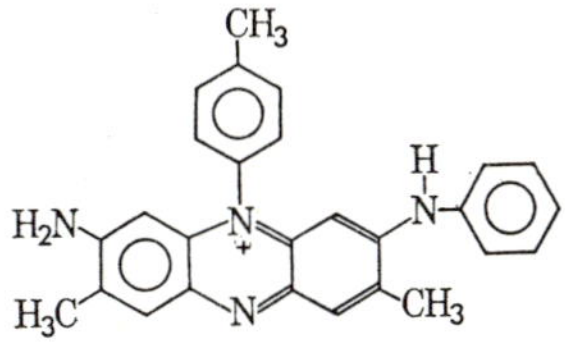

Mauvein
(1. synthetischer Farbstoff)
für Seide
Azin-derivat

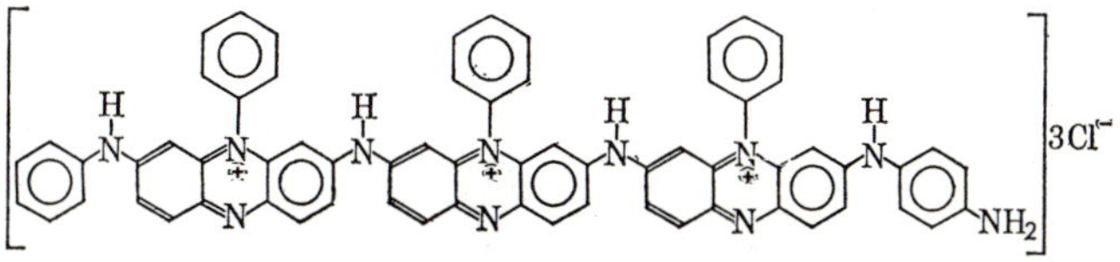

Anilinschwarz
Entwicklungsfarbstoff für Baumwolle
Azin-derivat

1.5. *Carbonylfarbstoffe* enthalten mindestens zwei miteinander in Konjugation stehende Carbonylgruppen oder C=S-Gruppen. Es ist nach den Azofarbstoffen die wichtigste Farbstoffgruppe. Zu ihr gehören *Indigo-*, Anthrachinonfarbstoffe und Farbstoffe aus höher anellierten Carbonylverbindungen. Die Bedeutung dieser Farbstoffe beruht auf der Fähigkeit des Systems, 1. mit wenig konjugierten Bindungen langwelliges Licht zu absorbieren und 2. sich zu wasserlöslichen Verbindungen reduzieren zu lassen (Küpen→färberei). Durch Oxydation gehen die Carbonylfarbstoffe auf der Faser in wasserunlösliche farbige Substanzen über. Symmetrische Indigofarbstoffe entstehen durch Angliederung eines hetero-

Farbstoffe

cyclischen Fünfrings an ein aromatisches System und oxydativer Verknüpfung. Unsymmetrische indigoide Farbstoffe werden durch Kondensation der beiden Komponenten hergestellt. *Indigo*, ein Indolderivat, wird aus Anilin, Formaldehyd und NaCN aufgebaut. Nach Verseifung des entstandenen Nitrils wird Phenylglycin in einer Alkalischmelze mit $NaNH_2$ zu Indoxyl, das oxydativ zu Indigo umgewandelt wird.

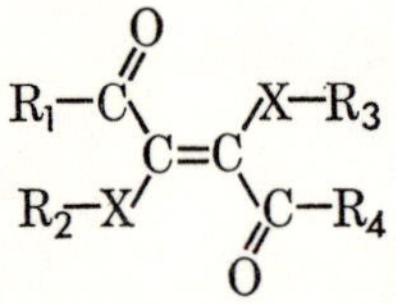

allgemeine Struktur indigoider Farbstoffe

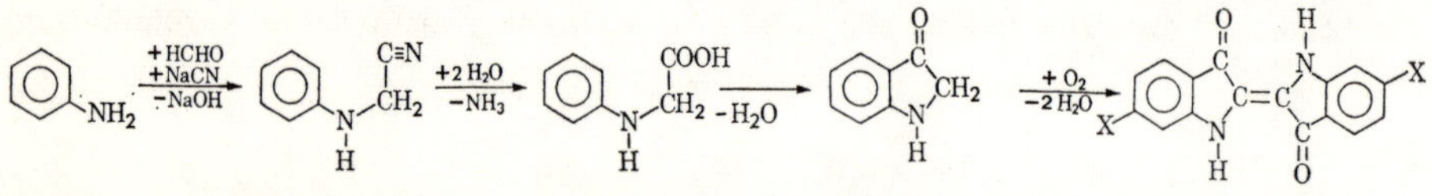

Anilin — Phenylglycin-nitril — Phenylglycin — Indoxyl — X = H : *Indigo*; X = Br : *Purpur*

Indigo-Synthese

Bei den Anthrachinonfarbstoffen liegt als chromophores Carbonylsystem ein chinoider Ring vor. Während beim Anthrachinon noch einfache Substituenten als Elektronendonatoren zur Farbstoffbindung notwendig sind, absorbieren höher anellierte Carbonylverbindungen (mehrere Benzolringe miteinander verbunden) ohne Elektronendonatoren bereits im sichtbaren Bereich des Spektrums. →Färbereitechnisch gehören die Carbonylfarbstoffe zu den Säurefarbstoffen (mit Sulfonsäuregruppen), den Dispersionsfarbstoffen (Derivate der α-Aminoanthrachinone), den Beizenfarbstoffen (Polyhydroxyanthrachinone mit mindestens zwei ortho-ständigen Hydroxylgruppen bilden mit Metallhydroxiden Komplexe: Cr, Fe, Al—Ca; ältester Farbstoff: *Alizarin* aus der Krapp-Pflanze bildet mit Al und Ca Türkischrot, heute ohne Bedeutung; *Karmin* aus Cochenilleschildläusen), der Reaktivfarbstoffen und den Küpenfarbstoffen (darunter die wichtigen Indanthrone).

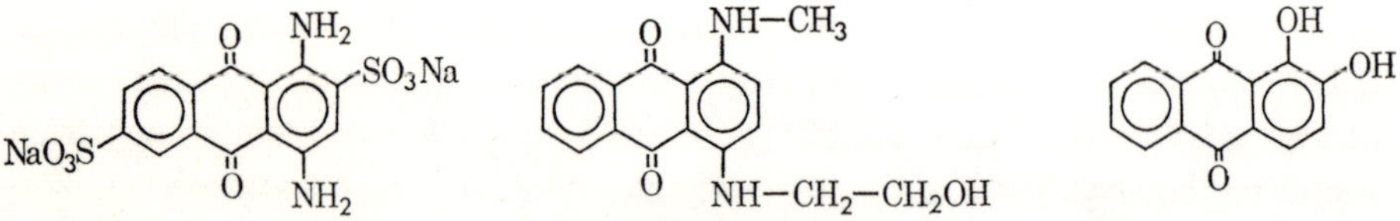

Alizarindirektviolett EBB
für Wolle

Cellitonechtblau FFR
Dispersionsfarbstoff
für Acetatseide

Alizarin
Beizenfarbstoff
für Baumwolle

Farbstoffe

Indanthrenblau RS
(chemisch: Indanthron, erster Indanthrenfarbstoff)
Küpenfarbstoff

Violanthron
Indanthrendunkelblau BO

Vermutliche Struktur der *Karminsäure* (Cochenillefarbstoff)

1.6. Schwefelfarbstoffe entstehen durch Umsetzung aromatischer Amine und Aminophenole mit Schwefel oder Natriumpolysulfid. Die Struktur der entstehenden Verbindungen ist bis heute ungeklärt. Sie werden ähnlich wie die Küpenfarbstoffe in wasserlösliche Leukoverbindungen übergeführt (mit Na_2S). Nach Aufziehen auf der Baumwolle entstehen durch Luftoxydation die wasserunlöslichen Farbstoffe.

Vermutliches Strukturelement von Immedialorange C

Vermutliches Strukturelement von Schwefelschwarz T
(mengenmäßig der am meisten produzierte Farbstoff: 10% der gesamten Weltfarbstoffproduktion)

1.7. Aza [18] *annulenfarbstoffe* sind Aza-Analoga (Verbindungen, in denen an einigen Stellen C-Atome durch N-Atome ersetzt sind) des →Porphins, des Stammgerüsts der natürlichen Farbstoffe Hämin und Chlorophyll. Es liegt ein →aromatisches System mit 18 π-Elektronen vor, meist in Form von Metallkomplexen. Nach dem ersten aufgefundenen Farbstoff dieser Gruppe werden diese Verbindungen auch *Phthalocyanine* genannt. Anfangs wurden sie nur als Pigmentfarben benutzt. Inzwischen sind durch Einführung entsprechender Gruppen Küpen- und Reaktivfarbstoffe hergestellt worden.

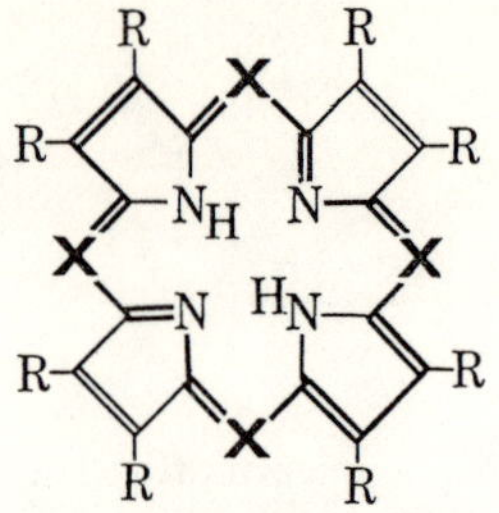

Farbstoffe

X=C : Porphin
X=N : Tetraazoporphin
    = Aza[18]-annulenderivat
18-Annulen-Gerüst dick gezeichnet

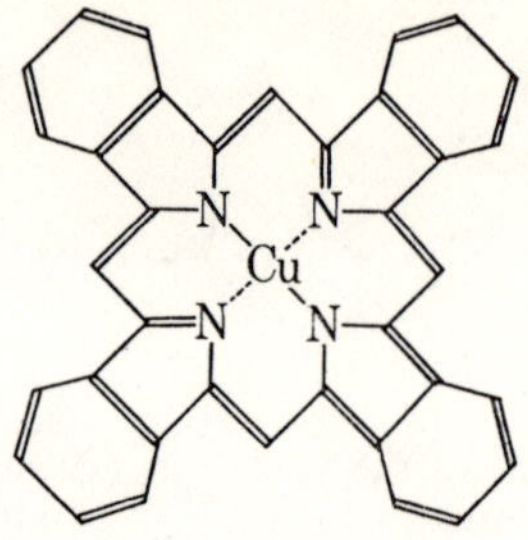

Kupferphthalocyanin

2. Natürliche Farbstoffe

Die natürlichen Farbstoffe, die für die Färberei von Bedeutung sind, werden entsprechend ihrer Struktur bei den synthetischen Farbstoffen erwähnt (*Indigo*, *Alizarin* bei den Carbonylfarbstoffen). Die meisten farbigen Natursubstanzen haben jedoch keine Verwendung gefunden. Dazu gehört der Blattfarbstoff *Chlorophyll*, ein →Porphinderivat, das in speziellen Zellorganellen zu finden ist. *Carotinoide* (→Polyene 2.) sind ebenfalls fettlöslich (Lipochrome) und kommen deshalb auch in den besonderen Farbstoffträgern der Zelle vor, in den Plastiden.

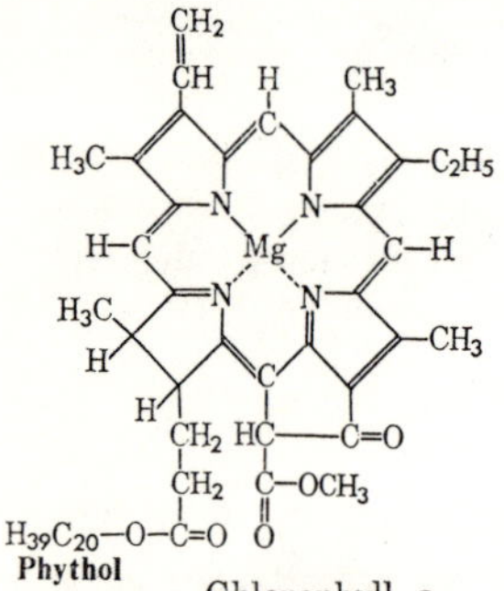

Chlorophyll a

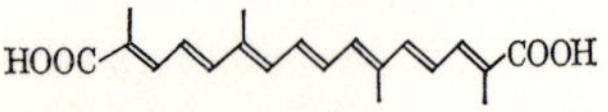

Kette der C_{40}-Carotinoide

$R_1 = R_2 =$: Lycopin
    κ = Kettenansatz

$R_1 = R_2 =$: β-Carotin

$R_1 = R_2 =$: Zeaxanthin

R_1 wie Zeaxanthin, $R_2 =$: Luteïn (Xanthophyll)

$R_1 = R_2 =$: Violaxanthin

Crocetin-Safrangelb
C_{20}-Carotinoid
als Digentiobioseester im Safran
aus Krokusnarben (Gentiobiose s. →Kohlenhydrate)

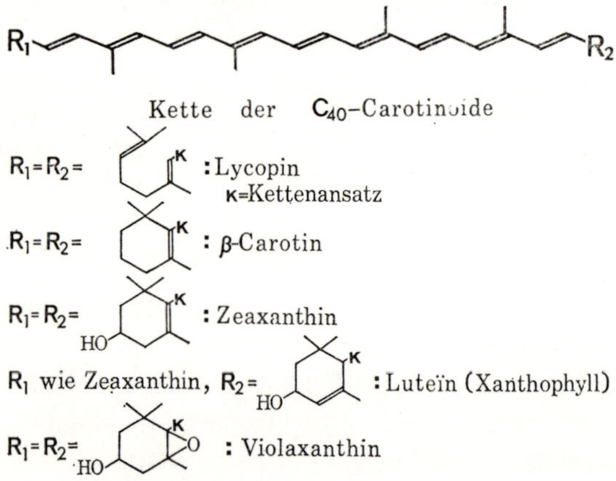

Farbstoffe

Carotinoide, die nur aus C und H aufgebaut sind, nennt man Carotine, solche mit O Xanthophylle. Es sind nicht nur Begleitfarbstoffe des Chlorophylls in den Blättern, sondern auch farbliefernde Komponenten in Früchten (Lycopin in Tomaten, Zeaxanthin im Mais), in Wurzeln (Carotin in der Möhre), in Blüten (Lutein im Löwenzahn, Violaxanthin im Stiefmütterchen, Crocetin — Safrangelb — im Krokus).

Außer den Lipochromen treten in den Pflanzen wasserlösliche Farbstoffe auf, die im Zellsaft lokalisiert sind. Nach der chemischen Konstitution unterscheidet man die rotblauen *Anthocyane* und Betacyane von den gelben Anthoxanthinen und Betaxanthinen. Die farbgebenden Komponenten sind meistens an Zucker gebunden (glykosidische Bindung s. →Kohlenhydrate 1.).

Die zuckerfreie Komponente (Aglykon) leitet sich bei Anthocyanen und Anthoxanthinen vom Benzpyran ab. Die Aglykone der ersteren, Anthocyanidine genannt, sind Polyhydroxyderivate der 2-Phenylbenzopyryliumsalze (Flavyliumsalze →Heterocyclen 2.2.). Die Unterschiede in den Farbnuancen liegen in der Substitution des Phenyls. Man kennt bis jetzt 6 verschiedene Grundtypen. Der Umschlag der Anthocyane von rot nach blau, der früher als Indikatorwirkung erklärt wurde (→pH-Wert ändert sich von sauer nach alkalisch s. →Säuren-Basen), hat sich durch neuere Forschungsergebnisse als eine Veränderung durch Komplexbildung herausgestellt. Die einfachen Glykoside sind als Oxoniumsalze (Sauerstoff trägt positive Ladung) rot, dagegen als Komplex mit Fe^{3+} oder Al^{3+} blau. Daher lassen sich Hortensien durch Begießen mit entsprechenden Salzlösungen blau färben. Voraussetzung für die Komplexbildung sind zwei orthoständige Hydroxylgruppen am Phenylrest. Beim Cyanin, dem blauen Farbstoff der Kornblume, hat man eine Bindung der Metallionen an die Säuregruppen der Polygalacturonsäure gefunden, einem makromolekularen Polysaccharid (→Kohlenhydrate 3.) aus Galacturonsäure (→Kohlenhydrate 1.).

Benzo-α-pyran
α-Chromen

Flavyliumsalze
2-Phenylbenzopyryliumsalze

R,R':H: Pelargonidin
R:OH,R':H: Cyanidin
R,R':OH: Delphinidin

Grundskelett des Anthocyanidine

R:OCH_3, R':H: Päonidin
R:OCH_3, R':OH: Petunidin
R, R':OCH_3: Malvidin

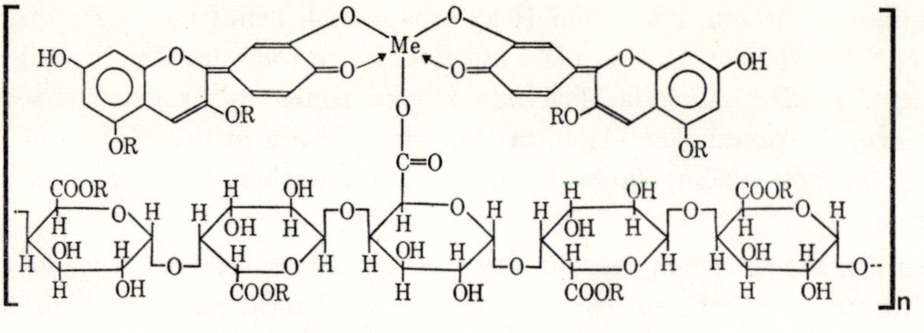

Farbstoffe

Metall-Komplex des Cyanins R : Glucosyl

Anthoxanthine leiten sich nicht vom α-Chromen, sondern meistens vom Chromon ab, dem 4-Oxo-benzo-pyran-→Heterocyclen 2.2. Das Grundskelett trägt ebenfalls in 2-Stellung einen Phenylrest, der unterschiedlich mit Hydroxylgruppen substituiert ist. Je nachdem, ob das Grundskelett in 3-Stellung eine Hydroxylgruppe besitzt oder nur ein H-Atom trägt, spricht man von Flavonolen oder *Flavonen*. Einige gelbe Blütenfarbstoffe besitzen ein etwas abgewandeltes Gerüst: Flavanone (2,3-Dihydroflavone) und Isoflavone (3-Phenylchromon).

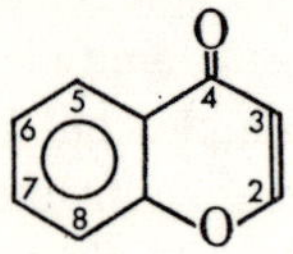

Chromon
4-Oxo-benzopyran

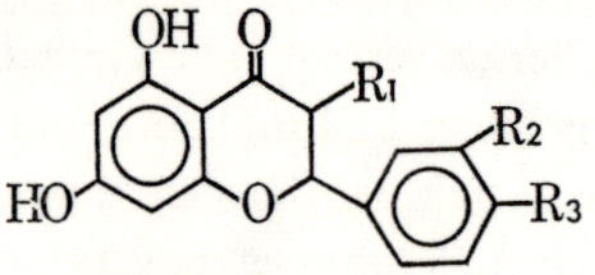

Grundskelett einiger
Anthoxanthine

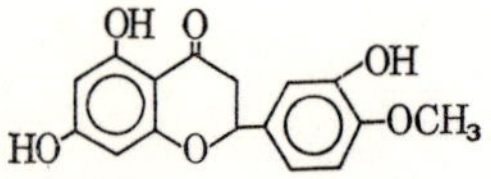

Hesperitin (Flavanon)

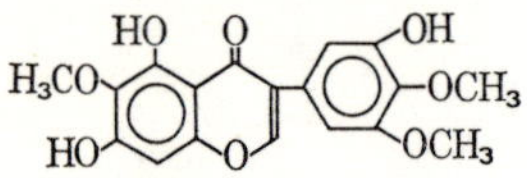

Irigenin (Isoflavon)
ohne -OCH₃ in 6-Stellung und
mit ⟨O⟩-OH Gruppe:
Genisteïn

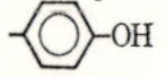

R_1 = H : Flavone
  R_2, R_3 = H : Chrysin
  R_2 = H, R_3 = OH : Apigenin
  R_2, R_3 = OH : Luteolin
R_1 = OH : Flavonole
  R_2, R_3 = H : Galangin
  R_2 = H, R_3 = OH : Kämpferol
  R_2, R_3 = OH : Quercitin
  (wichtigster Farbstoff)

Die *Betalaine* (Betacyane und Betaxanthine) vertreten Anthocyane und Anthoxanthine in der Ordnung der Centrospermen (Nelkengewächse). Sie leiten sich von einem →heterocyclischen Grundskelett mit N-Atomen ab (s. d. 1.1.).

Farbstoffe

Betanidin, ein Betacyan (Farbstoff der roten Rübe)

Indicaxanthin, ein Betaxanthin (aus Kaktusfeige)

R = H: I Brasilin, II Brasilein Rotholzfarbstoff aus Caesalpinia-Arten

R = OH: I *Haematoxylin*, II Haematein Blauholzfarbstoff aus Haematoxylon-Arten

Die Farbstoffe des Rot- und Blauholzes haben eine gewisse Verwandtschaft mit den Flavanonen. Die Farbstoffe werden in der Färberei benutzt für Wolle, Leder und nach Beizen auch Baumwolle. *Hämatoxylin*, die Substanz aus dem Campechebaum (Blauholz) wird für histologische Färbungen eingesetzt. Der eigentliche Farbstoff (Hämatein) entsteht durch Luftoxydation.

3. *Mineral- oder Erdfarben*

Es handelt sich bei diesen Substanzen um anorganische Verbindungen. Die Produktion von Mineralfarben erreicht wertmäßig die der organischen Farbstoffe, mengenmäßig übertrifft sie die Teerfarbenproduktion um das Zehnfache. Mineralfarben sind unlöslich in Wasser und werden als *Pigmente* eingesetzt für Anstrich, Lackierung, Tapetendruck, Künstlerfarben und in der Papier-, Gummi-, Email-, Glas- und Keramikindustrie. Als Bindemittel werden für die Mineralfarben Leinöl, Leim, Wasserglas, Casein, gelöschter Kalk u. a. m. benutzt. Die Pigmente sind als 0,3 bis 0,5 μ große Körnchen in die homogenen durchsichtigen Massen eingelagert.

Die wichtigsten Erdfarben sind die Weißpigmente: *Lithopon* ($ZnS + BaSO_4$, mengenmäßig bedeutendste Farbe), Barytweiß ($BaSO_4$), Kreide ($CaCO_3$), Gips ($CaSO_4 \cdot 2H_2O$), Bleiweiß ($2PbCO_3 \cdot Pb(OH)_2$), Zinkweiß (ZnO), Zirkonweiß (ZrO_2), Titanweiß (TiO_2) u. a. m. Rotpigmente sind u. a. Spanischrot (Fe_2O_3), *Mennige* (Pb_3O_4), *Zinnober* (HgS) und Cadmiumrot ($CdS \cdot CdSe$). Für braune Farben wird MnO benutzt. Gelbe Mineralfarben sind Bariumchromat ($BaCrO_4$), Eisengelb ($FeO(OH)$), Bleiglätte (PbO), Chromgelb ($PbCrO_4$), Zinkgelb ($ZnCrO_4$), Cadmiumorange (CdS), *Neapelgelb* ($Pb(SbO_3)_2$). Als blaue Pigmente dienen Kobaltblau ($CoAl_2O_4$), Molybdänblau ($MoO_2 \cdot 3MoO_3$), Bremer Blau ($Cu(OH)_2$) und *Ultramarin* vom Lapis lazuli ($Na_5Al(SiO_4)_3S$). Für Grün werden

Farnesol

Chromgrün (Cr_2O_3) und *Schweinfurter Grün* ($Cu(CH_3COO)_2 \cdot 3Cu(AsO_2)_2$) eingesetzt. Zum Schwarzfärben nimmt man Ruß (C) und Eisenschwarz (Fe_3O_4). In der keramischen Industrie werden verschiedene Oxide mit Al_2O_3 zu Spinellen umgesetzt.

Literatur

WINNACKER, K. und KÜCHLER, L.: Chemische Technologie Bd. 2 und 4. — Hanser, München 1959 und 1960
SCHWEIZER, H. R.: Künstliche organische Farbstoffe und ihre Zwischenprodukte. — Springer, Berlin 1964
RYS, P. u. ZOLLINGER, H.: Leitfaden der Farbstoffchemie. — Verlag Chemie, Weinheim 1970
HERZMANN, H.: Pflanzenfarbstoffe. — Ziemsen, Wittenberg 1962
FODOR, G.: Organische Chemie Bd. 2. — VEB Dt. Verlag der Wissenschaften Berlin 1965
WYLER, H.: Die Betalaine. — Chemie in unsrer Zeit 3, 1969, 146
BAYER, E.: Angewandte Chemie 78, 1966, 834

Farnesol s. Terpene 2., Steroide, Polyene 2.
Faserstoffe s. Chemiefaserstoffe, Glas (Glasfasern).
Fehlingsche Lösung s. Oxoverbindungen 1.1.3.
Feinwaschmittel s. Waschmittel.
Feldspat s. Silikate.
Fenchon s. Terpene 1.
Fentons Reagens s. Polymerisation, Radikalreaktionen.
Fermente s. Enzyme.
Fermium s. Actiniden.
Ferrite s. Eisen.
Ferrocen s. nichtbenzoide aromat. Verbindungen 3.
Festkörperelektrolyse s. Dritte Nebengruppe.
Fettalkoholsulfate s. Waschmittel.
Fette s. Ester 2.
Fettsäuren s. Carbonsäuren.
Feuerwerkerei s. Pyrotechnik.
Feulgen-Reaktion s. Kohlenhydrate 1.3., Nucleinsäuren.
Filmvorführlampen s. Xenon.

Fischer-Projektion benannt nach EMIL FISCHER (1852 Euskirchen — 1919 Berlin) ist eine Methode, die räumliche Anordnung im Molekül in die Ebene zu projizieren. Sie wird für die Strukturformeln der organischen Chemie benutzt. Die Kohlenstofftetraedermittelpunkte werden dabei so angeordnet, daß sie eine senkrechte Kette in der Papierebene ergeben, die horizontale Kante der Tetraeder ist nach vorn gerichtet, parallel der Verbindungslinie der Augen. Bei der Abflachung des

Tetraeders kommen die Gruppen an diesen Bindungen in die Papierebene. Die Struktur darf in der Ebene gedreht, aber nicht angehoben und umgewendet werden.

$$\begin{array}{c} \text{COOH} \\ \text{H-C-OH} \\ \text{HO-C-H} \\ \text{COOH} \end{array}$$

Fittig-Synthese s. WURTZsche Synthese, Benzolkohlenwasserstoffe 1.2.
Fixieren s. Fotografie 1.
Flavomycin s. Antibiotica.
Flavone s. Farbstoffe 2., Heterocyclen 2.2.
Fließgleichgewicht s. Enzyme.
Flintenschrot s. Arsen.

Flotation. Durch Flotation kann man feinkörnige, feste Stoffgemische trennen. Kupfererze enthalten z. B. oft nur wenige Prozente an Kupferverbindungen. Um die übrigen Bestandteile des Roherzes abzutrennen, wird es fein zermahlen, bis die Teilchen einen Durchmesser von 0,1 bis 0,3 mm besitzen. Man kann nun von der Tatsache Gebrauch machen, daß fein gemahlene Mineralien in wäßriger Suspension (Aufschwemmung) bei Anwesenheit von bestimmten Chemikalien (Sammler) schwer benetzbar (hydrophob) werden. Die Sammler bestehen aus unpolaren, hydrophoben Kohlenwasserstoffketten, welche polare, wasserlöslich machende, adsorptionsfähige Atomgruppen tragen. Nach der Ionenladung der polaren Gruppe unterscheidet man anionische und kationische Sammler. Als anionische Sammler (besonders geeignet für Buntmetallerze) können verwendet werden: Xanthogenate ($ROCS_2^-$), Carboxylate ($RCOO^-$), Alkylsulfate ($ROSO_3^-$) und Alkylsulfonate (RSO_3^-).

Die positiven Restvalenzen der Metallatome, welche in der Oberfläche der Erze oder Mineralien liegen (Locker- und Störstellen), adsorbieren die polaren Gruppen des Sammlers. So entsteht ein monomolekularer Film der Sammlermoleküle, wobei die hydrophoben Alkylgruppen nach außen zeigen und den Teilchen die hydrophoben Eigenschaften erteilen. Bringt man z. B. ein gemahlenes Gemisch aus Kupferkies und Quarzteilchen in Wasser, dem ein Sammler zugesetzt ist und bläst Luft, fein verteilt, durch die Flüssigkeit, werden die Kupferkiesteilchen vom Sammler benetzt und erhalten somit hydrophobe Eigenschaften. Sie haften deshalb

Flotation

an den Luftbläschen, schwimmen mit ihnen nach oben und sammeln sich als „Konzentrat" im Schaum an. Häufig werden schaumbildende Substanzen (Schäumer) hinzugefügt, welche die feine Verteilung der Luft begünstigen und einen stabilen Schaum entstehen lassen. Die vom Wasser benetzten Quarzteilchen sinken nach unten. Das „Konzentrat" wird oben abgezogen und auf Filtern entwässert. Auf diese Weise lassen sich Erze verarbeiten, welche nur 0,5% Kupfer enthalten.

Bei den kationischen Sammlern trägt die Alkylgruppe eine positiv geladene Atomgruppe, z. B. RNH_3^+, $R_2NH_2^+$, R_3NH^+ oder R_4N^+. Sie eignen sich zur Flotation von oxidischen Erzen und Alkalisalzen. Die negativen Oberflächenatome adsorbieren die positiven Atomgruppen des Sammlers, und es entsteht ein Teilchen mit hydrophoben Eigenschaften. Der pH-Wert der Flüssigkeit beeinflußt die Adsorptionsfähigkeit des Minerals, weil die Oberfläche der Teilchen auch Wasserstoffionen oder Hydroxidionen anlagert. Die Oberfläche solcher Teilchen, welche den Sammler nicht oder nur wenig adsorbieren, läßt sich durch leicht adsorbierbare Ionen (Regler) aktivieren, wenn die Ladung des Ions der Ladung des Sammlers entgegengesetzt ist. So schwimmt z. B. Zinkblende mit Xanthogenaten (s. Kohlensäurederivate 5) besser auf, wenn Kupfersulfat in geringen Mengen als Regler hinzugefügt wird. Die Schwefelionen an der Oberfläche der Zinkblende adsorbieren die positiven Kupferionen. Die Teilchen erhalten dadurch eine positive Ladung, welche die Xanthogenate stark adsorbiert. Andererseits können die Oberflächen der Mineralien durch Zusätze von Ionen so verändert (passiviert) werden, daß keine Anlagerung des Sammlers stattfindet. Man verwendet Ionen, welche die gleiche Ladung tragen wie das Sammlerion. Diese Maßnahme ermöglicht z. B. die Trennung von zwei Metallsulfiden durch Flotation (selektive Flotation). Das eine Sulfid wird passiviert, das andere schwimmt auf und läßt sich abtrennen. Durch reaktivierende Zusätze kann das zweite Sulfid für den Sammler wieder adsorptionsfähig gemacht werden. Bei kupfer- und molybdänhaltigen Porphyrgesteinen mit 1,8% Kupfer und 0,01% Molybdän läßt sich z. B. durch Kollektivflotation (beide Sulfide schwimmen auf) zunächst ein Konzentrat mit 33% Kupfer- und 0,6% Molybdänsulfid erhalten, das dann durch selektive Flotation ein Konzentrat mit etwa 80% Molybdänsulfid liefert.

Die untere Grenze der Teilchengröße liegt bei 0,05 mm. Durch Adsorption an geeignete Hilfsstoffe lassen sich auch Teilchen unter 0,01 mm Durchmesser flotieren. Die Menge der einzusetzenden Sammler ist wegen der dünnen Belegung der Mineraloberfläche sehr gering. Für eine Tonne Erz, Mineral oder Salz in 3 m³ Wasser benötigt man etwa 30 bis 300 g Sammler.

Es können auch wasserlösliche Salze flotiert werden, wenn man eine Lösung verwendet, welche mit den Salzkomponenten gesättigt ist. So läßt sich z. B.

Kaliumchlorid aus den Kalirohsalzen durch Aufschwimmen mit Hilfe von Alkylsulfaten gewinnen. Das Flotationsverfahren hat heute in fast alle Gebiete der Trennung von Feststoffen Eingang gefunden.

Literatur
HENGLEIN, F. A.: Grundriß der chemischen Technik. — Verlag Chemie, Weinheim 1963

Flüssiggase sind die →Alkane *Propan* (C_3H_8) und die beiden *Butane* (C_4H_{10}). Man bezeichnet sie als Flüssiggase, weil sie unter geringem Druck verflüssigt in roten Gasflaschen in den Handel kommen (Propan 10 atü bei 25°C, n-Butan bei 2,5 atü). Die Gase (Propan Kp.: −42,2°C, n-Butan −0,5°C, Isobutan −11,7°C) kommen in geringer Menge im Erdgas vor. Sie sind im →Erdöl gelöst und werden meistens an der Ölquelle schon abgetrennt. In großen Mengen entstehen sie beim Cracken →Erdöl. Sie werden im Haushalt verwendet zum Heizen (Propan 526 kcal/Mol, Isobutan 683 kcal/Mol) und in der Industrie als Ausgangssubstanz für Synthesen (Buta→dien, →Kautschuk, →Äthen, Isomerisierung von Kraftstoffen →Erdöl). 2—9% Gemische mit Luft sind explosiv.

Literatur
OLDENBURG, G.: Propan — Butan, Springer, Berlin 1966

Fluor gehört zu den Elementen der →Siebenten Hauptgruppe (Halogene). Von ihm existiert nur das stabile Isotop mit der Massenzahl 19.
Als Element mit der größten Elektronegativität tritt es normalerweise als Ion auf. Da es in der Größe der der Ionen OH^- und O^{2-} gleichkommt, kann in Mineralien weitgehend ein Austausch zwischen ihnen erfolgen. Im „Stinkfluß" von Wölsendorf in Bayern findet sich das Element — ein Folgeprodukt radioaktiver Umwandlungen — im Flußspat eingeschlossen. Sobald durch einen Bruch des Minerals das Gas frei wird, reagiert es mit Wasser unter Bildung von Ozon:

$$F_2 + H_2O \rightarrow 2HF + O$$
$$O + O_2 \rightarrow O_3$$

Von den vorkommenden Mineralien haben nur der Kryolith (Na_3AlF_6) als „Lösungsmittel" von Al_2O_3 bei der Aluminiumgewinnung und der Flußspat technische Bedeutung. Jener findet sich zusammen mit anderen, selteneren Fluormineralien im Gebiet von Frederikshafen auf Westgrönland. Flußspat von einem Reinheitsgrad von ca. 98% findet sich in beträchtlichen Mengen in Mexiko,

Fluoren

China, der UdSSR, in USA, Italien und Westdeutschland (Oberpfalz, Schwarzwald). Flußspat: CaF_2.

Die Reaktionsfähigkeit des Fluors ist stark von der Temperatur abhängig. Bei entsprechenden Temperaturen vereinigt sich das Element mit allen Metallen und explosionsartig mit Wasserstoff. Die nach dem Prozeß $H_2 + F_2 \rightarrow 2HF \,|\, -128\,kcal$ entstehende Wärme ist so groß, daß Temperaturen über 4000°C erreicht werden. Mit entsprechenden Schweißbrennern läßt sich u. a. Kupfer trotz seiner starken Wärmeableitung schweißen. Verschiedentlich dient ein Gemisch aus flüssigem Wasserstoff und flüssigem Fluor als Rakentenantriebsmittel. Schwefel, Selen, Silicium, Kohlenstoff und Antimon entzünden sich spontan in Fluor. Die Alkalimetalle Kalium, Rubidium und Cäsium reagieren mit Fluor (ohne Anwesenheit von HF) bei 140—220°C, wobei Substanzen entstehen mit der Bruttoformel MF_3. Es handelt sich hierbei um ein geradliniges Ion $(F-F-F)^-$. Die Edelmetalle werden nur bei sehr hoher Temperatur angegriffen. Kohlenwasserstoffe brennen spontan. Glas und Asbest verbrennen, wenn sie stark genug vorerhitzt werden. Der Bedarf an fluorhaltigen Chemikalien, insbesondere Flußsäure, ist ständig im Wachsen: Fluorsilikate für Wäschereien; Kryolith für die Aluminiumgewinnung, als ein Insektizid und als Bestandteil von Emaille und von Gläsern; wasserfreier Fluorwasserstoff in der Petroleumindustrie; Freon oder Frigen (CCl_2F_2) als Kühlmittel oder als Druckgas in Sprühdosen; fluorhaltige Kunststoffe (z. B. Teflon $-CF_2-CF_2-$); Fluorverbindungen als wichtige Substanzen im Atomenergieprogramm.

Fluor und trockner Fluorwasserstoff können in verflüssigter Form in Stahlflaschen aufbewahrt und transportiert werden.

Im Boden und im Trinkwasser sind stets Fluoridionen vorhanden. So gelangen sie auch in den menschlichen Körper. Bei zu hohem Gehalt werden Zähne fleckig und brüchig, andererseits konnte ein geringeres Auftreten der Karies nachgewiesen werden. Fluor, Fluorwasserstoff, lösliche und flüchtige Fluorverbindungen sind stark giftig. Fluor hat gegenüber Insekten die gleiche Giftwirkung wie Blausäure. Pflanzen können Konzentrationen bis zu $1\,^0/_{00}$ vertragen. Die menschliche Haut ist gegenüber Fluor und Flußsäure sehr empfindlich. Hierbei entstehen Verbrennungen ähnlich denen, die eine Äthinflamme hervorruft. Bei leichterer Berührung können Stunden vergehen, bevor Schmerz auftritt. Eine Behandlung ist mit einer Calciumglukonatlösung möglich. Dabei setzt sich Fluor in das unlösliche Calciumfluorid um.

Fluoren = Dibenzocyclopentadien s. Benzolkohlenwasserstoffe 2.3.2.
Fluorescein s. Farbstoffe 1.4., Indikatoren.
Flußspat s. Fluor.
Flutlichtstrahler s. Wolfram.

Folsäure s. Vitamine, Heterocyclen 2.4.

Form-: von Ameisensäure abgeleitete Verbindungen (acidum formicum) wie Formaldehyd (→Oxoverbindungen 1.1.2. und 1.1.4.), Formamid (→Carbonsäuren 3.3.).

Formalin s. Oxoverbindungen 1.1.4.

Formylgruppe (—CHO): kennzeichnende Gruppe für Aldehyde s. Oxoverbindungen.

Fotografie ist die Ausnutzung der Zersetzung der Silberhalogenide durch das Licht zur Erzeugung von Bildern. SCHULZE entdeckte zwar bereits 1727 die Schwärzung von AgCl, aber erst 1839 fand DAGUERRE — und 1840 unabhängig von ihm TALBOT —, daß die sehr langen Belichtungszeiten erheblich abgekürzt werden können, wenn man das Bild nach einer unsichtbaren Veränderung durch das Licht chemisch erzeugt (Entwicklung). DAGUERRE arbeitete mit Silberplatten und AgJ, die Entwicklung nahm er mit Hg-Dämpfen vor. Die belichteten Stellen wurden durch Amalgambildung (→Quecksilber) farblos, es entstand also ein Positiv. Das TALBOT-Verfahren entspricht im wesentlichen der heute verwendeten Methode. Auch er benutzte AgJ. Die Entwicklung wurde durch Gallussäure (→Carbonsäuren 2.4.) bewirkt, mit der die Papiere getränkt waren. Das Ergebnis war ein Negativ, das in einem zweiten — dem ersten entsprechenden — Prozeß in ein Positiv verwandelt werden mußte.

1. Schwarz-Weiß-Fotografie

Die heute verwendeten Filme enthalten im wesentlichen AgBr, das in Form von Mikrokristallen (Korn) in Gelatine eingebettet ist. Die durchschnittliche Korngröße beträgt bei mittlerer Empfindlichkeit $0,8 \cdot 10^{-4}$ cm. (Je höher die Empfindlichkeit, desto größer das Korn). Das unlösliche *Silberbromid* (AgBr) entsteht aus den löslichen Substanzen Silbernitrat und Kaliumbromid.

Die Ausscheidung von schwarzem, metallischem Silber bedeutet chemisch eine Reduktion (→Redoxvorgänge), da das Ag^+-Ion ein Elektron aufgenommen hat. Dies ist aber erst eine Folgereaktion der Lichteinwirkung. Die bei der Belichtung gebildeten Silberaggregate sind nicht beobachtbar. Diese Entwicklungskeime auf den AgBr-Körnern sind aber die Voraussetzung für die chemische Entwicklung. Man bezeichnet die Gesamtheit der Entwicklungskeime als latentes Bild.

$$Ag^+ + e^- \to Ag$$

Entwicklungskeime bilden sich so gut wie nicht im idealen Gitter aus, sondern in Gittern mit Verunreinigungen (Jod-, Schwefel-Ionen) und Unregelmäßigkeiten (→Kristallgitter). Solche Fehler treten als Empfindlichkeitszentren auf.

Fotografie

Absorbiertes Licht spaltet vom Bromid-Ion ein Elektron ab, das im Gitter wandert. Im Gitter tritt durch das neutrale Bromatom eine überzählige positive Ladung auf, ein sog. Defektelektron, das ebenfalls im Gitter wandert, d. h. ein benachbartes Brom-Ion gibt seine Ladung an das Brom-Atom ab. Der Prozeß setzt sich fort bis zu einer Stelle erhöhter negativer Ladung. Ag^+-Ionen können ebenfalls wandern, da sie kleiner sind als die Bromid-Ionen und durch thermische Anregung von ihren Gitterplätzen ins Zwischengitter springen können. Nachdem die Defektelektronen abgefangen worden sind (das Halogen entweicht nach Molekülbildung), können sich Zwischengittersilberionen und die vom Licht abgespaltenen Elektronen an günstigen Stellen vereinigen (an Oberflächenecken). Durch weitere Anlagerung von Elektronen und Silberionen bildet sich ein Entwicklungskeim. Bei Zusatz von Gold- oder Schwefelverbindungen zur Emulsion (falscher Ausdruck für die in Gelatine eingebetteten AgBr-Körner) bilden Goldatome der Ag_2S gute Kondensationskeime für die Vereinigung von Elektronen und Ag^+-Ionen. Das Korn ist chemisch sensibilisiert.

Bei der *Entwicklung* wird das latente Bild milliardenfach verstärkt, dadurch daß an den Stellen, die Entwicklungskeime enthalten, eine chemische Reduktion der Ag^+-Ionen wesentlich schneller verläuft als an den unbelichteten AgBr-Körnern. Als Reduktionsmittel dienten früher Fe^{2+}-Ionen (in Form von Eisen-Kaliumoxalat $FeK_2(COO \cdot COO)_2$), heute Hydroxy- oder Aminobenzolderivate (Phenole s. →Hydroxylverb. 3., Anilin s. →org. Stickstoffverb. 2.). Die Verbindungen müssen mindestens zwei Gruppen in ortho- oder para-Stellung enthalten.

p-Phenylendiamin 0,3

Hydrochinon 1

p-Aminophenol 6

Pyrogallol 16

4-Methylaminophenolsulfat (*Metol*) 20

1-Hydroxy-2,4-diaminobenzol 30–40

(Aktivität bezogen auf Hydrochinon = 1)

Entwickler

Hydrochinon + 2 Ag^+ + 2 OH^- ⟶ 2 Ag + Chinon + 2 H_2O

Entwicklung am Beispiel von Hydrochinon

Die Entwicklersubstanz wird durch die Elektronenabgabe oxydiert (→Redoxvorgänge). Die entstehenden Wasserstoff-Ionen werden von OH^--Ionen abgefangen. Die Entwickler enthalten deshalb meist eine Base (→Säuren-Basen) wie Alkalikarbonate, Borax oder Alkalihydroxyde. Ein Zusatz von KBr bewirkt eine Verringerung der Schleierbildung. Die Ag^+-Ionenkonzentration in der Lösung wird herabgesetzt. Außerdem enthalten die Entwickler noch Natriumsulfit, das die gegen Oxydation sehr empfindlichen Substanzen schützen soll.

Da beim Entwickeln nur die belichteten AgBr-Körner reduziert werden, müssen die unbelichteten Körner zur Verhinderung einer nachträglichen Veränderung des Bildes entfernt werden. Dies erfolgt beim *Fixieren*, bei dem mit *Natriumthiosulfat* ein löslicher Silberionenkomplex entsteht, der aus der fotografischen Emulsion herausgelöst wird.

$$Ag^+Br^- + 4Na^+ + 2S_2O_3^{2-} \rightarrow [Ag(S_2O_3)]^{3-} + 4Na^+ + Br^-$$

Überbelichtete oder überentwickelte Negative werden durch *Abschwächen* verwendbar. Abschwächer führen Silber in Silberionen über, sind also Oxydationsmittel. Benutzt werden rotes Blutlaugensalz (→Blausäure), dessen Fe^{3+}-Ionen zu Fe^{2+}-Ionen reduziert werden, Kaliumdichromat $K_2Cr_2O_7$, Kaliumpermanganat $KMnO_4$ oder Kaliumperoxidisulfat $K_2S_2O_8$. Die gebildeten Ag^+-Ionen werden nach dem Abschwächen mit Thiosulfat entfernt. Da feinverteiltes Silber schneller reagiert, werden die Kontraste im Bild verstärkt.

$$3K^+ + [Fe(CN)_6]^{3-} + Ag \rightarrow [Fe(CN)_6]^{4-} + Ag^+ + 3K^+$$
Rotes Blutlaugensalz
Kaliumhexacyanoferrat (III)

$$[Fe(CN)_6]^{4-} + 4Ag^+ \rightarrow Ag_4[Fe(CN)_6]$$
Silberhexacyanoferrat (II)

Abschwächung mit Kontrastminderung erfolgt mit $CuSO_4$, das in Gegenwart von NaCl zu Cu^+Cl^- reduziert wird.

Verstärkung eines flauen Negativs ist durch sog. physikalische Entwicklung möglich, bei der gelöste Ag^+-Ionen durch Reduktion an den Entwicklungskeimen abgeschieden werden. Auch eine Behandlung mit $HgCl_2$ gibt eine Verstärkung (Reduktion zu Hg_2Cl_2, das mit NH_3 tiefschwarzes metallisches Quecksilber liefert).

Die Entwicklung von *Umkehrfilmen* mit normalen Emulsionen wird zuerst wie bei einem Negativbild durchgeführt. Das entwickelte Silber wird aber in einem zweiten Schritt durch einen *Bleichprozeß* herausgelöst. Zum Bleichen wird häufig $K_2Cr_2O_7$ benutzt, das Silberatome zu Ionen oxydiert. Da diese Ionen nicht mehr an Halogenid-Ionen gebunden sind, werden sie beim Wässern aus der Schicht

Fotografie

entfernt. Durch eine diffuse Belichtung wird das vorher nicht entwicklungsfähige AgBr reduzierbar, was mit einem zweiten Entwickler durchgeführt wird. Nach Fixieren, Wässern und Trocknen ist das Positivbild fertig.

Zur Zersetzung von Silberbromid reichen energiemäßig Quanten langwelliger Strahlung (sogar Infrarot) aus, aber, wie aus der gelblichweißen Farbe des AgBr hervorgeht, absorbiert es nur kurzwellige Strahlen im Bereich der blauen Teils des Spektrums bis 520 nm und die unsichtbaren UV-Strahlen. Ähnliches gilt für AgJ, während AgCl nur UV-Licht absorbiert. Rotes, gelbes und grünes Licht werden von der unbehandelten fotografischen Schicht wie Schwarz behandelt. Erst durch die Entdeckung *optischer Sensibilisatoren* wurden Platten und Filme ortho- bzw. panchromatisch. Orthochromatische Schichten sind für den grünen Bereich sensibilisiert, *panchromatische* für alle Farben einschließlich Rot, teilweise für Infrarot bis 1300 nm.

Als Sensibilisatoren dienen Farbstoffe, die an der Oberfläche der AgBr-Körner adsorbiert werden und das absorbierte Licht zum großen Teil an den Kristall weitergeben. Ob die Energieübertragung durch ein vom Farbstoff geliefertes Elektron oder durch Resonanz erfolgt, ist noch nicht geklärt. Grünsensibilisierung wird durch *Xanthene* erreicht. Das sind Farbstoffe vom Triarylcarboniumtyp (früher Triphenylmethan s. →Farbstoffe 1.4.) wie Erythrosin. Zur Sensibilisierung bis zum Rotbereich oder Infrarot dienen die ähnlichen Polymethinfarbstoffe (→Farbstoffe 1.3.), auch *Cyanine* genannt, wie Äthylrot (Isocyanin), Pinacyanol (Rubrocyanin) u. a.

Erythrosin
(mit Br statt J: Eosin)

Äthylrot
Isocyanin

Pinacyanol
Rubrocyanin

2. *Farbfotografie*

Farbige Bilder können nach zwei Verfahren entstehen, durch die additive und die subtraktive Farbmischung. Bei der additiven Methode wird das Farbbild aus den drei Grundfarben Blau, Grün und Rot additiv zusammengesetzt. Die Filter zur Erzeugung der Teilbilder absorbieren zwei Drittel des Lichts. Da bei der subtraktiven Methode ein Filter nur ein Drittel des Lichts wegnimmt, werden weniger intensive Lichtquellen benötigt. Die modernen Farbfilme sind deshalb alle nach diesem Verfahren aufgebaut. Dabei absorbiert das Gelbfilter blaues Licht, das Purpurfilter grünes und das Blaugrünfilter rotes Licht. Kombination zweier entsprechender Filter ergibt eine der drei Grundfarben (Gelb- und Purpurfilter lassen nur rotes Licht durch).

Ein besonderes Verfahren ist der Druckprozeß beim *Technicolor*film. Früher wurden in besonderen Kameras durch Strahlenteilung drei Farbauszüge hergestellt (durch Vorschalten entsprechender Filter und durch Sensibilisierung bis zu bestimmten Wellenlängen). Mit Pyrogallolentwicklern erreicht man eine Unlöslichkeit der Gelatine an den belichteten Stellen. Durch Auswaschen erhält man ein Relief, das mit geeigneten komplementärfarbigen Farbstoffen eingefärbt wird. Die drei Teilbilder werden auf einen Schwarz-Weiß-Positiv-Film gedruckt. Farbbeizen, die die Farbstoffe binden, verhindern das Verlaufen der Farbstoffe. Das Verfahren ist wegen der komplizierten Technik nur für farbige Spielfilme gebräuchlich.

Die meisten anderen Verfahren arbeiten nach dem Prinzip der *chromogenen* (farbstoffbildenden) *Entwicklung*, das 1911 von Rudolf Fischer gefunden wurde. Dabei bildet der oxydierte Entwickler in einer Folgereaktion mit einer farblosen Substanz einen Farbstoff. Als Entwickler dienen p-Phenylendiaminderivate (z. B. das N-Diäthylderivat), die in oxydierter Form mit Phenolen zu blauen Farbstoffen kuppeln oder mit Verbindungen reagieren, die aktive Methylengruppen enthalten.

Als Farbstoffe dienen in vielen Fällen *Chinonimine* (auch Azomethinfarbstoffe genannt), die auf die Struktur der Diarylcarboniumfarbstoffe (s. →Farbstoffe 1.4.) zurückgeführt werden können. Substanzen mit einer aktiven Methylengruppe führen zu gelben und roten Farbstoffen. Für Gelbkomponenten ist die Gruppe X—CO—CH$_2$—CO—Y charakteristisch. Purpurkuppler basieren auf Pyrazolon

Gelbkuppler Purpur-Kuppler Blaugrün-Kuppler

Fotografie

(→Heterocyclen 1.3.). Als Blaugrünkomponente werden Farbstoffe eingesetzt, die sich vom Naphthol ableiten.

Die Farbfilme sind Mehrschichtenfilme mit Schichten, die dünner als 5 nm sind. Die Farbkuppler dürfen nicht von einer Schicht in die andere diffundieren. Daher hat man Kuppler ausgewählt, die lange Kohlenwasserstoffketten enthalten. Sie verhindern die Wanderung der Kupplermoleküle. Andererseits muß Kuppler in der Emulsion löslich sein. Dies wird durch hydrophile Gruppen wie —COOH und —SO$_3$H erreicht. Dieser Aufbau der Kupplungskomponenten ist von *Agfacolor* entwickelt worden. In den von Kodak herausgebrachten *Eastmancolor*filmen sind die wasserunlöslichen Kuppler in hochsiedenden organischen Lösungsmittel gelöst, in denen sich auch die oxydierten Entwickler besser lösen als im Wasser. Als feine Öltröpfchen sind sie in den fotografischen Schichten emulgiert. Diesen Komponenten fehlen die langen Kohlenwasserstoffketten, dafür tragen sie stark verzweigte Seitenketten.

Die Schichten im Farbfilm sind im allgemeinen in folgender Weise angeordnet: In der obersten Schicht wird die Empfindlichkeit des AgBr für blaues Licht ausgenutzt; in ihr ist der Gelbkuppler eingebettet. Damit die andere Schichten nicht noch einmal auf das blaue Licht ansprechen, folgt eine Gelbfilterschicht (kolloidales gelbes Silber). In der folgenden Schicht ist ein Sensibilisator enthalten, der AgBr für Grün empfindlich macht, und der Purpurkuppler. In der letzten farbempfindlichen Schicht ist AgBr für Rot sensibilisiert, und die Kupplungskomponente für Blaugrün ist in ihr enthalten. Die Schichten sind also für die additiven Grundfarben sensibilisiert, aber die Kupplungskomponenetn liefern die „Minusfarben".

Bei der Verarbeitung des belichteten Farbfilms entsteht mit dem Entwickler sowohl das Schwarz-Weiß- als auch das Farbbild. Das Silber wird durch ein Bleichbad wieder oxydiert und entfernt. Das Negativ wird zum Positiv umkopiert. Bei *Umkehrfilmen* wird zuerst eine Schwarz-Weiß-Entwicklung durchgeführt. Nach einer diffusen Zweitbelichtung erfolgt die Farbentwicklung, die z. B. in der obersten Schicht dort gelben Farbstoff herstellt, wo vorher kein blaues Licht aufgetroffen war. Nach Bleichung und Fixierung bleibt das Farbstoffbild übrig. Mit diffundierenden löslichen Farbstoffen arbeitet das *Polaroid*-System. Die Farbstoffe werden an den belichteten Stellen bei der Entwicklung unlöslich, an den unbelichteten bleiben sie löslich. So können sie diffundieren und kommen in eine Schicht, die auf diese Weise zum Positivbild wird. Man benutzt dabei Entwicklerfarbstoffe. Das sind Substanzen, in denen ein Entwicklermolekül über eine Kohlenwasserstoffkette mit dem eigentlichen Farbstoffmolekül verbunden ist. Durch die Oxydation bei der Entwicklung wird dieses Molekül in Alkalien unlöslich. Das nicht oxydierte dagegen löst sich mit Hilfe der OH-Gruppen des Entwicklermoleküls. Der Film ist wie die anderen Farbfilme aufgebaut. Zur

Erhöhung der Lagerbeständigkeit sind Entwicklerfarbstoffmoleküle und AgBr mit den Sensibilisatoren in getrennten Schichten eingebaut. Außerdem sind noch zusätzliche Schutzschichten vorhanden. Dazu kommt noch die Schicht, die die wandernden Farbstoffmoleküle aufnimmt, bindet und das Alkali neutralisiert (organische Säuren). Beim Filmtransport nach der Belichtung wird durch Walzen eine Kapsel mit Alkalien zerstört, die den Entwicklungs- und Diffusionsprozeß auslöst.

Entwicklerfarbstoffmolekül   Gelbkuppler f. Kodachrome

Beim *Kodachrome*-Verfahren sind die Farbstoffe nicht in dem Mehrschichtenfilm enthalten, sondern werden den Entwicklungsbädern zugesetzt. Die Farbstoffe müssen sich also in den alkalischen Entwicklern lösen (sie enthalten Hydroxyl- o. Carbonylgruppen), aber nach der Entwicklung unlöslich ausfallen. Die Farbstoffe werden in drei Entwicklerbädern nacheinander erzeugt, nachdem vorher eine Nachbelichtung mit Filtern erfolgte.

Literatur
JUNGE, K. W. u. HÜBNER, G.: Fotografische Chemie. — VEB Fotokinoverlag, Leipzig 1966
PÜSCHEL, W.: Die Farbfotographie. — Chemie in unsrer Zeit 4, 1970, 9

Francium gehört als Alkalimetall zu den Elementen der →Ersten Hauptgruppe. Das beständigste Isotop hat die Halbwertzeit von 21 Minuten. Es entsteht innerhalb der Zerfallsreihe des Actinourans. Das zu dieser Reihe gehörende Actinium zerfällt zu 1,2% durch Aussenden eines α-Teilchens und geht dabei in das Franciumisotop mit der Massenzahl 223 über. Durch β-Ausstrahlung wandelt es sich in das Radiumisotop mit der Massenzahl 223 um. Ein chemisches Arbeiten mit diesem Isotop in wägbarer Menge wäre wegen der hohen Strahlungsaktivität unmöglich, falls man überhaupt das Element milligrammweise erhalten könnte. Die Aktivität eines Milligramms Francium ist genau so groß wie die von 45 000 g Radium.
Untersuchungen über die Eigenschaften des Franciums stammen von der Entdeckerin, Frau PEREY. Dabei stehen nur Lösungen von einer Konzentration von 10^{-11}—10^{-15} Mol zur Verfügung. Die Hauptschwierigkeit liegt in der kurzen Lebensdauer des Elements. Ähnlich wie Cäsium und Rubidium sind die meisten

Salze des Franciums löslich, wodurch es sich von Elementen anderer Gruppen leicht trennen läßt. Es kristallisiert zusammen mit Cäsiumperchlorat, -pikrat, -jodat, -tartrat und anderen schwer löslichen Verbindungen des Cäsiums und des Rubidiums. Bei allen Untersuchungen hat sich immer wieder bestätigt, daß Francium zur Gruppe der Alkalien gehört.

Frash-Verfahren s. Schwefel.

Freon s. Halogenderivate 4.

Friedel-Crafts-Reaktion s. Substitution 2.1., Benzolkohlenwasserstoffe 1.1.3., Oxoverbindungen 1.1.1.

Frigen s. Fluor, Halogenderivate 4.

Fruchtäther s. Ester 2.

Fruchtzucker s. Kohlenhydrate 1.2.

Fructose (Fruchtzucker) s. Kohlenhydrate 1.2.

Fuchsin s. Farbstoffe 1.4.

Fuchsinschweflige Säure s. Oxoverbindungen 1.1.3.

Füllstoffe s. Papier (Herstellung des Ganzstoffes).

Fünfte Hauptgruppe der chemischen Elemente. Zu ihnen gehören

7 N Stickstoff		1772 von Daniel Rutherford entdeckt, von Scheele 1777 ausführlich als „verdorbene Luft" beschrieben und danach von Lavoisier mit Azote („das Leben nicht unterhaltend") bezeichnet. Chaptal verwendete den Namen *nitrogene* („Salpeterbildner").
15 P Phosphor		1669 von Hennig Brand im Urin entdeckt und von Lavoisier erstmalig als Element angesprochen. Der Name stammt vom gr. Wort für Lichtträger.
33 As Arsen		Aristoteles und sein Schüler Theophrast nannten das heute als Auripigment (As_2S_3) bekannte Mineral „arsenikon". 1250 stellte Albertus Magnus erstmalig das metallische Arsen her.
51 Sb Antimon		Das im Altertum als Färbemittel für Augenbrauen und Wimpern verwendete Grauspießglanzerz (Sb_2S_3) heißt bei den Römern *stibium*. Im 15. Jahrhundert beschreibt der Benediktinermönch Basilius Valentinus die Darstellung des metallischen Antimons. Der vermutlich aus dem Arabischen stammende Name für das Mineral, Antimon, wurde für das Element verwendet.
83 Bi Wismut		Basilius Valentinus beschreibt Wismut bereits in 15. Jahrhundert. Im 18. Jahrhundert erkannten Pott und Bergmann und Claude Geoffroy Wismut als ein neues Element. Der

Name stammt vermutlich aus dem Erzgebirge (Schneeberg), wo man Wismuterze in den „Wiesen mutete".

Anteil an der Erdrinde:
N 0,03%, P 0,12%, As $5{,}5 \cdot 10^{-4}$%, Sb $2{,}3 \cdot 10^{-5}$%, Bi $3{,}4 \cdot 10^{-6}$%

Elektronenanordnung:

Stickstoff	[He]	$2\,s^2\,2\,p^3$
Phosphor	[Ne]	$3\,s^2\,3\,p^3$
Arsen	[Ar]	$3\,d^{10}\,4\,s^2\,4\,p^3$
Antimon	[Kr]	$4\,d^{10}\,5\,s^2\,5\,p^3$
Wismut	[Xe]	$4\,f^{10}\,5\,d^{10}\,6\,s^2\,6\,p^3$

Die Übersicht läßt erkennen, daß in der äußersten Schale der fünf Elemente 2 + 3 Elektronen vorhanden sind. Bereits daraus geht hervor, daß sie die Oxydationszahlen +3 und +5 haben können. Daneben macht sich von oben nach unten im abnehmenden Maße die Tendenz bemerkbar, durch Aufnahme von drei weiteren Elektronen die Gestalt des nächst höheren Edelgases anzunehmen, also die Oxydationszahl −3.

Das so auffallend unterschiedliche Verhalten des Stickstoffs ist auf die geringe Größe des Stickstoffatoms zurückzuführen. In allen Fällen stehen zur gegenseitigen Bindung drei Elektronen zur Verfügung. Beim Molekül N_2 erfolgt die Abbindung durch je eine σ- und zwei π-Bindungen. Es hat somit eine dem Äthin analoge Bindung. Diese Dreifachbindung ist die Ursache dafür, daß Stickstoff reaktionsträge ist. Bei allen Reaktionen, die vom elementaren Stickstoff ausgehen, muß erst einmal der atomare Zustand herbeigeführt werden. In ihm ist Stickstoff sehr reaktionsfreudig. Selbst Phosphoratome sind zu groß, um eine ähnliche Bindungsweise zu ermöglichen. Bei ihm, bei Arsen und beim Antimon ist dafür eine Tetraederstruktur möglich, wobei an jeder Ecke ein Atom sitzt. Diese Vierermoleküle sind im Dampf nachgewiesen worden, beim Antimon jedoch nur beim Verdampfen aus fester Phase bei Temperaturen zwischen 500 und 560°C.

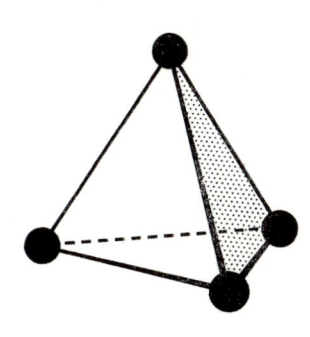

Mit zunehmender Temperatur zersetzen sich die Dämpfe in einfachere Moleküle. Das Vierermolekül des Phosphors ist im weißen Phosphor vorgebildet. In der flüssigen Phase bildet es Assoziationen von zwei oder vier Tetraedern. Diese Assoziation fehlt beim Arsen. Aus dem Grunde geht es bei der Temperatur, bei der die Umwandlung vom grauen, metallischen Arsen in das gelbe erfolgen müßte, sofort in den Dampfzustand über. Das dem weißen Phosphor analoge gelbe Arsen existiert nur als metastabile Form

Fünfte Hauptgruppe

bei tiefen Temperaturen. Unter Druck von mindestens 36 atm ist ein Schmelzpunkt bei 817°C zu beobachten. Unter diesem erhöhten Druck kommt es zu einer starken Assoziation von As_4-Molekülen, die für die flüssige Phase charakteristisch ist.

Weißer Phosphor geht dadurch in die stabilere Form des roten Phosphors über, daß sich pro Tetraeder eine Bindung löst und es zur Kettenbildung kommt.

BRIDGMAN gelang es, durch Drucke von mehr als 12000 atm bei Temperaturen um 200°C den schwarzen, metallischen Phosphor herzustellen, der noch stabiler als der rote ist. Bei weiteren in der Literatur beschriebenen Modifikationen handelt es sich stets um Gemische von rotem und weißem Phosphor.

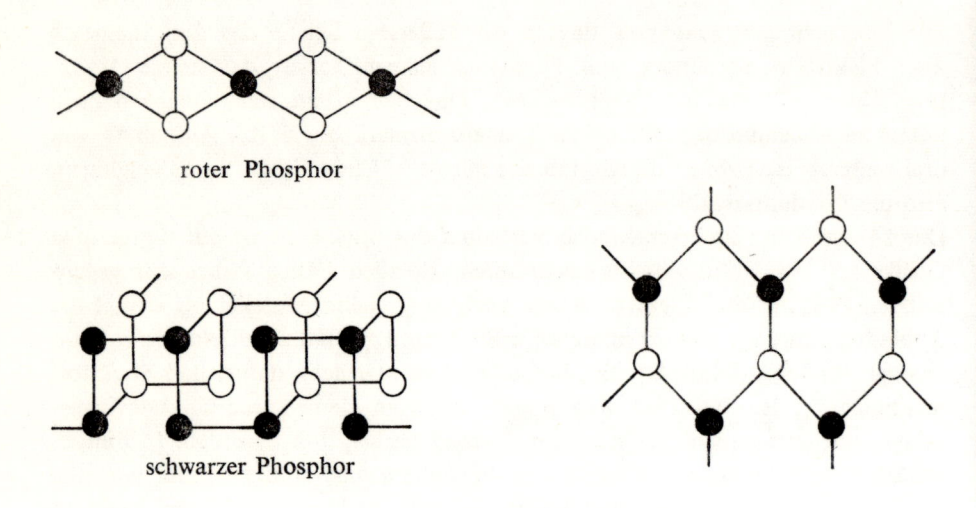

roter Phosphor

schwarzer Phosphor

● 1. Schicht   ○ 2. Schicht

Die Elemente Arsen, Antimon und Wismut sind allein in der grauen, metallischen Modifikation beständig. Die Elemente zeigen eine Lagestruktur, wobei jedes Atom jeweils drei nahegelegene und drei weiter entfernt gelegene Nachbarn hat.

Stickstoff wird bei −210°C fest. Er bildet dann ein weißes Pulver und hat in dieser β-Form einen hexagonalen Aufbau aus N_2-Molekülen. Bei −237,5°C geht er in die eisähnliche, kubische α-Form über. Der Unterschied der beiden festen Modifikationen besteht darin, daß bei der α-Form die N_2-Moleküle feststehende Achsen, bei der β-Form frei drehbare Achsen besitzen. Die α-Form ist phosphoreszierend und sendet ein dem Nordlicht ähnliches Spektrum aus.

Fünfte Hauptgruppe

	Dichte g/cm³	F in °C	Kp in °C	Atom-	Kovalent-	Ionen-	
Stickstoff α	1,0265	—210	—195,8	0,72	0,74	1,71(—3)	0,11(+5)
β	0,8791						
Phosphor							
weiß	1,82	44,1	280,5	1,28	1,10	2,12(—3)	0,34(+5)
rot	2,34	590	600				
schwarz	2,70	—					
Arsen							
grau	5,78	610		1,39	1,21	0,69(+3)	0,47(+5)
gelb	3,9	(Sublimation)					
amorph	≈5						
Antimon							
grau	6,60	630,5	1380	1,59	1,41	0,90(+3)	0,62(+5)
amorph	5,3						
Wismut	9,8	271	1450	1,70	1,52	1,20(+3)	0,74(+5)

(Der rote Phosphor hat bei annähernd 590° C und 1 atm einen Tripelpunkt, so daß alle drei Zustandsformen gleichzeitig auftreten. Die Angaben über die Siedepunkte schwanken stark in der Literatur, bei Antimon und Wismut bis zu 100° C.) Die geringe Ausdehnung des Stickstoffatoms verglichen mit den anderen der gleichen Familie wirkt sich auch in der Struktur der Wasserstoffverbindungen (Ammoniak, Phosphine, Arsine, Stibine, Bismutine) und der Halogenide aus. Beim Stickstoff beeinflussen sich alle Elektronen des 2. Energiezustandes so, daß es zur tetraedrischen Anordnung (Hybridisierung) kommt, während das bei den größeren Vertretern nicht der Fall ist. So beträgt der Winkel H -M -H beim Ammoniak 106°, weicht also nur wegen der Asymmetrie des einen Elektronenpaares gering vom Tetraederwinkel ab, beim Phosphor 94°, Arsen 92°, Antimon 92°. Bei Wismut scheint der Winkel wegen der Unbeständigkeit der Verbindung noch nicht bekannt zu sein. Wird der Wasserstoff durch ein Halogen ersetzt, so spreizt er sich wegen der gegenseitigen Abstoßung der geladenen Halogenatome.

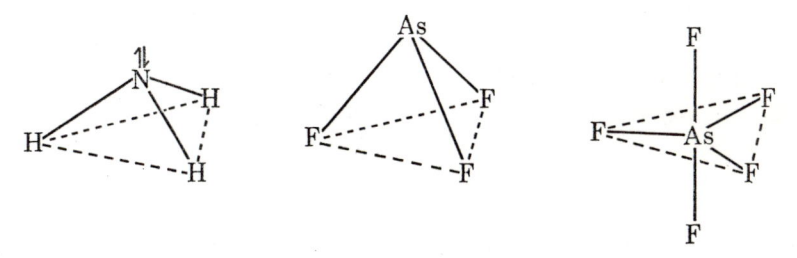

Andererseits ist beim Stickstoff nicht genügend Platz, um 5 Halogenatome um das Atom herum anzuordnen. Das einsame Elektronenpaar des Stickstoffs ist die Ursache für die starke Polarität und die Wasserlöslichkeit. Hier kann sich ein Proton anlagern, wodurch das völlig symmetrische Ammoniumion entsteht.

Fünfte Hauptgruppe

In bedeutend schwächerem Maße ist das beim Phosphorwasserstoff möglich. Stickstoff und Phosphor können die Verbindungen H_2N-NH_2 (Hydrazin) und H_2P-PH_2 (Diphosphin) bilden. Die Gewinnung all dieser Wasserstoffverbindungen ist dadurch möglich, daß sich die Elemente dieser Familie leicht mit solchen der Ersten Hauptgruppe und solchen der Zweiten Haupt- und Nebengruppe verbinden. Mit Wasser setzen sie sich dann zu den Wasserstoffverbindungen um.

Die Trihalogenide reagieren mit Wasser, wobei eine deutliche Abnahme der Tendenz mit zunehmender Atommase zu beobachten ist. So ergeben sich beim Stickstoff, beim Phosphor und beim Arsen Sauerstoffsäuren, während der Vorgang bei Antimon und bei Wismut zu den Oxyhalogeniden, z. B. SbOCl und BiOCl, führt.

Von den Elementen der Fünften Hauptgruppe sind zahlreiche Oxide bekannt, die in der folgenden Tabelle zusammengestellt sind.

Stickstoff	Phosphor	Arsen	Antimon	Wismuth
N_2O g				
NO g				
N_2O_3 g	P_4O_6 s Kp 23,8°C	As_4O_6 s	Sb_4O_6 s	Bi_2O_3 s
N_2O_4 f Kp 21,1°C	P_4O_{10} s		$(Sb_2O_3)x$ s	
N_2O_5 s F 23,8°C	$(P_4O_{10})x$ s	As_2O_5 s	Sb_2O_5 s	Bi_2O_5(?)
	$(PO_2)x$ s			

(Hierbei bedeuten g gasförmig, f flüssig, s fest bei 20°C) Die Oxide des Stickstoffs nehmen dadurch noch zahlenmäßig zu, daß durch thermische Zersetzung sich freie Radikale bilden können:

$$N_2O_3 \rightleftarrows NO + NO_2 \qquad N_2O_4 \rightleftarrows 2\,NO_2$$

Die thermische Zersetzbarkeit der beiden Oxide ist zu verstehen, wenn man beachtet, daß die beiden Spaltprodukte nur durch eine einzelne π-Bindung miteinander verbunden sind (s. Atombau). Im Tetroxid sind deswegen auch die beiden Dioxide so miteinander verbunden, daß alle Atome in einer Ebene liegen und sie nicht gegeneinander rotieren können. Das N_2O-Molekül zeigt eine dem CO_2 analoge Bindung. Ein freies Elektron kann sich über das gesamte Molekül bewegen. Wegen der ähnlichen Bindungen sind auch die physikalischen Eigenschaften der beiden Molekülsorten ähnlich.

Als Folge der mannigfaltigen Oxide gibt es entsprechend zahlreiche Säuren. Die wichtigsten sind beim Stickstoff die salpetrige Säure (HNO_2) und die →Salpetersäure (HNO_3), beim Phosphor die phosphorige (H_3PO_3) und die Phosphorsäure (H_3PO_4). Eine arsenige Säure konnte nie isoliert werden. Dagegen existiert die Arsensäure (H_3AsO_4). Die Antimonsäure hat eine gänzlich andere Struktur als die Phosphorsäure: $H[Sb(OH)_6](OH)_9$, Wismutsäure ist unbekannt. Die Namen der von den angegebenen Säuren abgeleiteten Salze sind: Nitrite und Nitrate, Phosphite und Phosphate, Arsenate, Antimoniate. Wismut allein bildet mit Oxisäuren echte Salze, die sich langsam in wäßriger Lösung hydrolytisch zersetzen:

$$Bi(NO_3)_3 \rightarrow BiO(NO_3) \text{ oder } BiO(OH) \cdot BiO(NO_3)$$
$$Bi_2(SO_4)_3 \rightarrow (BiO)_2SO_4 \text{ oder } Bi(OH)_3 \cdot Bi(OH)SO_4$$

Von den Elementen der Fünften Hauptgruppe sind ringförmige organische Verbindungen bekannt. So bildet Arsen einen sesselförmigen Sechserring, bei dem der Valenzwinkel zwischen zwei Arsenatomen 91° beträgt. Stickstoff ist ähnlich dem Kohlenstoff in der Lage, ringförmige benzolähnliche Verbindungen zu bilden. Beständig ist das Tetrazol, ein Fünferring mit einem eingebauten Kohlenstoffatom. Herstellen ließ sich auch das Phenylpentazol, dessen Ring nur aus Stickstoffatomen besteht. Allerdings ist es nur bei tiefen Temperaturen (Trockeneis) beständig. Benzol ähnliche Eigenschaften besitzen auch Ringe, die aus P—N-Gruppen aufgebaut sind.

Die Verschiedenartigkeit der Darstellung der Reinelemente ergibt sich aus dem verschiedenartigen Vorkommen. So tritt Stickstoff in unbeschränkter Menge als der wesentliche Luftbestandteil auf. Allgemein verfährt man heute so, daß man die nach dem Lindeschen Verfahren verflüssigte Luft verdampfen läßt, wobei der Stickstoff mit dem Siedepunkt —195,8°C zuerst in reiner Form in den Gaszustand übergeht, während anschließend das zurückbleibende Stickstoff-Sauerstoffgemisch verdampft (s. Sauerstoff).

Bei den anderen vier Elementen beruht die Darstellung im Prinzip auf der Reduktion der Oxide durch Kohle. Beim Phosphor geht man dabei vom Calciumtriphosphat aus, dem man Sand und Kohle zusetzt. Dabei wird das Calcium zu Silikat gebunden:

$$2Ca_3(PO_4)_2 + 6SiO_2 + 10C \rightarrow 6CaSiO_3 + 10CO + P_4$$

Bei dem bedeutendsten Arsenvorkommen handelt es sich um ein Gemisch von Eisensulfid und -arsenid. In dem Fall genügt bereits ein Erhitzen unter Luftabschluß, während beim Arsensulfid als Ausgangsmaterial, genau wie bei den

Fünfte Hauptgruppe

Sulfiden des Antimons und des Wismut, zuerst das Material geröstet, d. h. oxidiert, und dann anschließend mit Kohle reduziert wird.

Literatur
SNEED-BRASTED: Comprehensive Inorganic Chemistry. — D. Van Nostrand Company, Princeton, New Jersey 1956
HESLOP-ROBINSON: Inorganic Chemistry. — Elsevier Publishing Company Amsterdam, London, New-York 1963
BELL-LOTT: Modern Approach to Inorganic Chemistry. — Butterworts, London 1966
DAY: The Chemical Elements in Nature. — George G. Harrap & Co Ltd. London, Toronto, Wellington, Sydney 1965
REMY: Lehrbuch der Anorganischen Chemie. — Akademische Verlagsanstalt, Leipzig 1961
OST-RASSOW: Lehrbuch der Chemischen Technologie. — Joh. Ambrosius Barth, Leipzig 1965

Fünfte Nebengruppe der chemischen Elemente (Vanadingruppe).

Zu diesen Elementen gehören:

23 V Vanadium, entdeckt 1801 durch MANUEL DEL RIO; später wieder in Zweifel gezogen. Erneut entdeckt 1830 durch SEFSTRÖM. Benannt nach *Vanadis*, einem Beinamen der Göttin *Freya*.

41 Nb Niobium, entdeckt von HATCHETT 1801 und nach dem Ort des Vorkommens Columbium genannt. ROSE wies 1844 im Columbit von Bodenmais im Bayrischen Wald zwei Elemente nach: Niobium und Tantal (benannt nach dem gr. König *Tantalus* und seiner Tochter *Niobe*).

73 Ta Tantal, entdeckt von EKEBERG in Upsala (Schweden) 1802.

Das Vorkommen in der Erdrinde beträgt:

V $1,8 \cdot 10^{-2}\%$ Nb $6 \cdot 10^{-5}\%$ Ta $2 \cdot 10^{-5}\%$

	Dichte in g/cm³	F in °C	Kp in °C	Atomradius in Å	Ionenradius in Å (fünfwertig)
Vanadium	6,1	1900	3450	1,36	0,58
Niobium	8,6	2470	5127	1,47	0,7
Tantal	16,6	2996	6200	1,47	0,73

Elektronenanordnung:

Vanadium	[Ar]	$3d^3\ 4s^2$
Niobium	[Kr]	$4d^4\ 5s^1$
Tantal	[Xe]	$4f^{14}\ 5d^3\ 6s^2$

Fünfte Nebengruppe

Die Übersicht gibt an, welche Edelgaskonfiguration bei den inneren Schalen vollendet ist und wieviele Elektronen in den nach außen folgenden Schalen bzw. Unterschalen vorhanden sind. Übereinstimmend besitzen die Elemente der Fünften Nebengruppe auf den äußeren Schalen 5 Elektronen. Das ist der Grund dafür, daß sie alle fünfwertig sind. Daneben treten sie — bevorzugt beim Vanadium — auch zwei-, drei- und vierwertig auf. Hieraus geht hervor, daß Vanadium seine Elektronen fester bindet als Niobium bzw. Tanatal, was mit dem geringeren Abstand vom Atomkern zusammen hängt. Auffällig ist die fast völlige Übereinstimmung der Ionenradien von Niobium und von Tantal. Darin liegt der Grund, daß die beiden Elemente stets zusammen, wenn auch mit verschiedenen Anteilen, in den Mineralien auftreten.

Die Aufarbeitung und weitere Verarbeitung der Erze dieser Gruppe hängt weitgehend von der chemischen Zusammensetzung ab. Bei den sehr häufig auftretenden eisenhaltigen Erzen erfolgt auf aluminothermischem oder elektrothermischem Wege mit Kohlenstoff oder Silicium eine Reduktion zu Ferrovanadium, Ferroniobium und Ferrotantal.

Die Reaktionen werden durch folgende Gleichungen wiedergegeben:

$$3\,V_2O_5 + 10\,Al \rightarrow 6\,V + 5\,Al_2O_3 \mid -619 \text{ kcal}$$
$$3\,Nb_2O_5 + 10\,Al \rightarrow 6\,Nb + 5\,Al_2O_3 \mid -577 \text{ kcal}$$
$$3\,Ta_2O_5 + 10\,Al \rightarrow 6\,Ta + 5\,Al_2O_3 \mid -509 \text{ kcal}$$

Die Reduktion mit Kohlenstoff ist im Gegensatz zum aluminothermischen Verfahren stark endotherm, wie als Beispiel die Gleichung für Vanadium zeigt, und erfordert deswegen die zusätzliche Energie des elektrischen Flammenbogens:

$$V_2O_5 + 5\,C \rightarrow 2\,V + 5\,CO \mid +303 \text{ kcal}$$

Da die Metalle dieser Gruppe zu 40% als Eisenzusätze dienen, genügt in der Regel die Erzeugung der Ferrolegierung.

Eine weitere Trennung der drei Metalle untereinander und von Eisenbeimengungen ist u. a. möglich durch Überführung in die Pentachloride bzw. das Eisen(III)-chlorid und anschließende fraktionierte Verdampfung. Die Siedepunkte liegen bei

$FeCl_3$ 315°C VCl_4 154°C (VCl_5 existiert nicht) $NbCl_5$ 240°C $TaCl_5$ 350°C

Die Reinstdarstellung gelingt anschließend nach dem abgeänderten van Arkel-de Boer-Verfahren (s. Vierte Nebengruppe):

$$NbCl_5 \rightarrow Nb + {}^5/_2\,Cl_2$$
$$TaCl_5 \rightarrow Ta + {}^5/_2\,Cl_2$$

Fulminate

d. h. zentrale dünne Drähte aus Niobium bzw. Tantal werden auf Temperaturen von 1800 bzw. 2000°C erhitzt, während das Rohmetall sich an anderer Stelle der Apparatur bei einer Temperatur von 200°C befindet. Frei werdendes Chlor verbindet sich bei 200°C zu den betreffenden Chloriden. Diese verdampfen langsam, wandern zu den heißen Drähten und zersetzen sich wieder.

Ähnlich wie bei den Elementen der Titangruppe muß die Verarbeitung teilweise in einer Schutzgasatmosphäre (Argon) durchgeführt werden.

Die Verwendungsmöglichkeiten sind trotz guter Eigenschaften häufig dadurch eingeschränkt, daß andere Metalle noch bessere Eigenschaften besitzen. So wurde Tantal seines hohen Schmelzpunktes wegen früher zur Herstellung von Glühbirnen verwendet, bis man lernte, Wolframdrähte genügender Feinheit herzustellen: Wolfram hat einen Schmelzpunkt, der noch höher als der des Tantals liegt. Niobium kann als Hülsenmaterial für Uranstäbe in Reaktoren benutzt werden. Doch liegt seine thermische Neutronenabsorption um eine Zehnerpotenz höher als die des Zirkoniums. Die Elektronenaustrittsarbeit ist beim Niobium sehr hoch, wird aber durch die des Hafniums noch übertroffen.

Literatur
SCHREITER: Seltene Metalle Bd. II und III. — VEB Deutscher Verlag für Grundstoffindustrie, Leipzig 1963
SISCO/EPREMIAN: Columbium and Tantalum. — John Wiley & Sons Inc. New York-London 1963
MILLER: Tantalum & Niobium-Metallurgy of the rares metals Vol. 6. — Butterworths, London 1958
TRZEBIATOWSKI: Lehrbuch der Anorganischen Chemie. — VEB Deutscher Verlag der Wissenschaften, Berlin 1966

Fulminate s. Oxime.
Fulven s. Nichtbenzoide aromat. Verbindungen 3., Cycloalkene.
Fumarsäure s. Carbonsäuren 1.1.2. u. 2.1.
Fungicide s. Schädlingsbekämpfungsmittel.
Furan s. Heterocyclen 1.1.
Furanose s. Kohlenhydrate 1.1.
Furfural s. Heterocyclen 1.1.
Fuselöle s. Äthanol, Hydroxylderivate 1.1.1.

G

Gaba s. Aminosäuren 4., Hormone, org. Stickstoffverbindungen 2.
Gabriel-Synthese s. org. Stickstoffverbindungen 2., Carbonsäuren 1.2.
Gadolinit s. Yttrium.

Gadolinium. Von dem Element sind die beständigen Isotope mit den Massenzahlen 152 (0,2%), 154 (6,5%), 155 (18,4%), 156 (19,9%), 157 (18,9%), 158 (20,9%) und 160 (20,2%) bekannt. Der Chemiker arbeitet mit dem Durchschnittswert von 157,25. Das Element gehört zur Untergruppe der Yttererden der→ Lanthaniden. Wegen der schwierigen Reindarstellung kostet 1 kg Gadoliniumoxid mit dem Reinheitsgrad von 99% bis zu 2000 DM.
Zu den überraschenden Eigenschaften der Seltenen Erden gehört der bei den meisten auftretende hohe paramagnetische Wert. Hieraus ergibt sich die — wenn auch nur von wissenschaftlichem Interesse — wichtige Anwendung zur Herstellung sehr tiefer Temperaturen. Unter Paramagnetismus versteht man die Eigenschaft, sich in einem angelegten magnetischen Felde auszurichten und zwar in die Richtung der magnetischen Kraftlinien. Am höchsten ist der Effekt beim Gadolinium. Man bringt Gadoliniumsulfat oder -chlorid in einen gegen Wärmezufluß gut isolierten Raum, der mit flüssigem Helium gefüllt ist. Beim Anlegen eines äußeren magnetischen Feldes tritt die Ausrichtung der Gadoliniumionen ein unter gleichzeitiger Verringerung der Wärmebewegung. Die abgegebene Wärme wird vom Helium abgeführt. Schaltet man anschließend das Magnetfeld ab, so nehmen die Ionen wieder eine statistisch verteilte Wärmebewegung an. Dabei muß die neue Temperatur unter der Ausgangstemperatur liegen. Wird nun die Ausgangstemperatur dadurch bereits nahe an den absoluten Nullpunkt herangebracht, daß sich die Apparatur in flüssigem Helium befindet, das noch abgesaugt wird, und liegt sie somit bei wenig über 1 K, so kann nach dem beschriebenen Verfahren eine Temperatur von $2 \cdot 10^{-5}$ K erreicht werden.
Gadolinium ist bis zu 16°C — seinem Curie-Punkt — ferromagnetisch, während bei beispielsweise Dysprosium der Curie-Wert bei -168°C liegt. Unterhalb dieser Temperaturen lassen sich die Molekularmagnete wie bei Eisen über mikroskopische Bereiche in gleichem Sinne ausrichten. Oberhalb der Temperatur sind die Stoffe dann nur noch paramagnetisch.
Gadolinium besitzt einen ungewöhnlich hohen Wirkungsquerschnitt gegenüber langsamen Neutronen, einer Eigenschaft des Gd-Kernes.
Wegen der Sonderstellung des Gadolinium unter den Lanthaniden siehe „Lanthaniden"!

Gärung s. Äthanol, Kohlenhydrate 1.4.
Galactose s. Kohlenhydrate 1.2.

Gallenfarbstoffe

Gallenfarbstoffe s. Porphinderivate 2.

Gallensäuren s. Steroide 2.

Gallium gehört zu den Elementen der →Dritten Hauptgruppe. Von ihm existieren die stabilen Isotope mit den Massenzahlen 69 (60,4%) und 71 (39,6%).
Als bisher einziges selbständiges Gallium-Mineral ist im Jahre 1958 der mit Kupferkies ($CuFeS_2$) verwandte Gallit ($CuGaS_2$) mit 35,4% Ga in Erzen von Tsumeb (Südwestafrika) und bei Kipushi (Katanga) entdeckt worden. Trotz seiner verhältnismäßig großen Häufigkeit tritt es abgesehen von den beiden Orten niemals auf Lagerstätten stärker angereichert auf. Wegen seiner chemischen Verwandtschaft und der ähnlich großen Ionenradien neigt Gallium dazu, Aluminium im Kristallgitter seiner Mineralien zu ersetzen. Eine quantitative Beziehung besteht jedoch nicht. Die für die Gewinnung von Gallium heute mit Abstand wesentlichen Mineralien sind Hydroxide und Oxyhydrate des Aluminiums, die man unter dem Namen Bauxit zusammenfaßt. Die zur Zeit wichtigsten Bauxitlagerstätten mit 50—60% Al_2O_3 und nennenswerten Galliumgehalten finden sich in Guayana, Frankreich, Italien, Jugoslawien, Ungarn, der UdSSR, den USA, Ghana, China und Australien. Als Sulfid kommt Gallium zusammen mit Germaniumerzen und mit Zinkblende vor. Ungewöhnlich reich an Gallium ist die Zinkblende von Petsamo (UdSSR, früher Finnland).

Die Anwendung von Gallium beschränkt sich nicht zuletzt seines hohen Preises wegen mit nur geringen Mengen auf wenige Gebiete. Gallium läßt sich als Sperrflüssigkeit an Stelle von Quecksilber in Manometern und zum Dichten von Ventilen und von Glasverbindungen verwenden. In Quarzglas dient es als Hochtemperaturthermometer bis zu 1200°C. Hochreines Gallium dient zur Dotierung von Halbleitern der Vierten Hauptgruppe und für spezielle Zwecke in Verbindungshalbleitern des Typs A^{III}—B^V. GaAs ist besonders geeignet, Sonnenlicht unmittelbar in elektrische Energie umzuwandeln (Sonnenbatterien).

Gallium ist etwas härter als Blei und sehr spröde. Es besitzt bläulichgraue Farbe mit grünlichblauen Reflexen. In der Hand schmilzt es bereits. Es läßt sich leicht bis um 25°C unterkühlen und geht erst durch Impfen mit einem Galliumkristall in den festen Zustand über. An Gallium, das sehr langsam bis auf −30°C unterkühlt und bei −34°C zur Kristallisation gebracht wurde, konnte ein Schmelzpunkt von −15,5°C beobachtet werden. Diese tiefschmelzende Modifikation erstarrt im Gegensatz zu dem bei 29,8°C schmelzenden Gallium unter Volumenkontraktion. Nach einiger Zeit geht sie jedoch unter knackendem Geräusch, Farbänderung und Volumenvergrößerung in die normale Phase über.

Gallussäure s. Carbonsäuren 2.4.2.

Galvanische Elemente. Die Kombination zweier Redoxpaare (→Redoxvorgänge) in einer solchen Weise, daß eine Spannung gemessen werden kann, nennt man

Galvanische Elemente

ein galvanisches Element. Es erzeugt elektrische Energie auf chemischem Wege. Die Beobachtungen des italienischen Arztes GALVANI im Jahre 1790 gaben den Anstoß zu genaueren Untersuchungen dieser Vorgänge. Die Ausgrabungen des Archäologen W. KÖNIG weisen allerdings daraufhin, daß die galvanischen Elemente schon in der vorchristlichen Zeit bekannt waren. Er fand in Khujut Rabuah bei Bagdad Tonvasen, welche die Parther (250 v. Chr.) als galvanische Elemente verwendeten. In ein solches Tongefäß wurde mit Hilfe von Asphalt ein Kupferrohr und zentrisch dazu ein Eisenstab eingekittet. Füllt man das Gefäß mit einer organischen Säure (Weinessig oder Zitronensaft), so liegt ein galvanisches Element vor. Sehr wahrscheinlich hatte man damals in den Tempelwerkstätten Schmuckstücke aus Blei galvanisch vergoldet. Vermutlich wurden diese Batterien auch für Heilzwecke verwendet. Bis zur Erfindung der Dynamomaschine waren die galvanischen Elemente die einzigen Stromquellen, welche eine konstante Spannung liefern konnten. In Form von Batterien und Akkumulatoren sind sie auch heute noch unentbehrlich, z. B. zum Starten von Fahrzeugmotoren, in der Raumfahrttechnik und in tragbaren Geräten. Außerdem können sie eine Stromversorgung in Notfällen gewährleisten (z. B. bei der Nachrichtenübermittlung).

Man unterscheidet *Primär-* und *Sekundärelemente*. In den Primärelementen können die chemischen Verbindungen, welche bei der Abgabe von elektrischer Energie entstanden sind, nicht mehr durch Zufuhr von elektrischer Energie in die Ausgangsverbindungen umgewandelt werden. Bei den Sekundärelementen ist dies möglich. Sie lassen sich „aufladen" und sind dann wieder betriebsfähig.

LECLANCHÉ-*Element*. Es ist das gebräuchlichste Primärelement, das als sogenannte Trockenbatterie vielfältige Anwendung findet. Es wurde als „Naßelement" bereits im Jahr 1866 von dem französischen Ingenieur GEORGES LECLANCHÉ erfunden. Er benutzte nur einen einzigen Elektrolyten (Ammoniumchlorid-Lösung). Ein Diaphragma war somit nicht notwendig. Als Elektroden dienten Zink und ein Gemisch aus Braunstein (MnO_2) und Ruß. Erst 33 Jahre später verbesserte PAUL SCHMIDT das Leclanché-Element zum „Trockenelement", indem er die Ammoniumchloridlösung mit Weizenmehl eindickte. Dadurch erweiterte sich der Anwendungsbereich dieser Elemente sehr wesentlich. Erst jetzt war eine Massenproduktion möglich. Die negative Zinkelektrode besitzt die Form eines zylindrischen Gefäßes. In seinem Inneren befindet sich die eingedickte Ammoniumchloridpaste, welche mit dem Braunstein-Rußgemisch zu einem Zylinder gepreßt ist. In seiner Mitte steckt ein poröser Kohlestab, der ebenso wie der Ruß die Leitfähigkeit vergrößern soll.

In vereinfachter Form lassen sich die Vorgänge folgendermaßen darstellen. An der negativen Elektrode gehen Zinkatome in Zinkionen über:

$$Zn \rightarrow Zn^{2+} + 2e^-$$

Galvanische Elemente

Wäre nun kein Braunstein vorhanden, könnte sich Wasserstoff am Kohlestab abscheiden, weil die Wasserstoffionen aus der Ammoniumchloridlösung (NH_4Cl) entladen werden ($2H^+ + 2e^- \rightarrow H_2$). Die Spannung des Elementes würde stark absinken. Der Braunstein verhindert diesen Vorgang. Es sind zwei Reaktionsmechanismen möglich:

$$2MnO_2 + 2H^+ + 2e^- \rightarrow 2MnO(OH) \quad \text{bzw.}$$

$$2MnO_2 + 2NH_4^+ + 2e^- \rightarrow 2MnO(OH) + 2NH_3$$

Welcher dieser Vorgänge abläuft, hängt wesentlich von der Art des Braunsteins ab, der als Natur-, Kunst- und Elektrolytbraunstein verarbeitet werden kann. Die Zinkionen binden das Ammoniak (NH_3) unter Bildung eines Komplexsalzes

$$Zn^{2+} + 2NH_3 + 2Cl^- \rightarrow [Zn(NH_3)_2]Cl_2$$

Das Element liefert eine Spannung von etwa 1,5 Volt, welche bei Belastung auf etwa 1,25 Volt absinkt.

Quecksilberoxidzellen eignen sich besonders für Geräte, in denen relativ wenig Raum für das Trockenelement zur Verfügung steht. Ihre Energiedichte (270 bis 370 Wh/l) und ihr Energieinhalt (80 bis 100 Wh/kg) sind größer als beim Leclanché-Element (100 bis 120 Wh/l und 50 bis 60 Wh/kg). Außerdem bleibt die Arbeitsspannung (1,1 bis 1,3 V) während der Entladung wesentlich stabiler. Der Preis dieser Zellen ist allerdings auch höher. Es wird das System $Zn/KOH/HgO$ verwendet, in welchem die Vorgänge nach folgendem Schema verlaufen:

negative Elektrode:

$$Zn + 4OH^- \rightarrow Zn(OH)_4^{2-} + 2e^-$$

$$Zn(OH)_4^{2-} \rightarrow ZnO + H_2O + 2OH^-$$

positive Elektrode:

$$HgO + H_2O + 2e^- \rightarrow Hg + 2OH^-$$

Die positive Elektrode besteht aus einem Gemisch von rotem Quecksilberoxid und Graphit, das man als unterste Schicht in eine zylindrische Stahldose gepreßt hat. Darüber befindet sich 40%ige Kalilauge, die in mehreren Lagen Papier oder Baumwolle aufgesaugt ist. Die oberste Schicht bildet die Zinkelektrode, welche aus Zinkpulver besteht, das amalgamiert wurde. Dadurch erreicht man, daß sich am Zink kein Wasserstoffgas abscheiden kann, was außerdem noch durch einen Überschuß an Quecksilberoxid verhindert wird. Die Zelle ist somit „gasdicht".
Blei-Akkumulator. Er ist eine sogenannte Sekundärzelle. Man kann sie durch Zufuhr von elektrischer Energie wieder in ihren Ausgangszustand versetzen („aufladen").

Im geladenen Zustand besteht die positive Elektrode aus Bleidioxid (PbO_2) und die negative Elektrode aus Blei (Pb). Beide Elektroden tauchen in verdünnte Schwefelsäure (Dichte 1,21 bis 1,26 g/cm³). Verbindet man die beiden Elektroden durch einen Stromverbraucher, so kommt eine Elektronenbewegung von der Blei- zur Bleidioxidelektrode nach folgendem Schema zustande:

negative Elektrode:

$$Pb + SO_4^{2-} \underset{\text{Laden}}{\overset{\text{Entladen}}{\rightleftarrows}} PbSO_4 + 2e^-$$

positive Elektrode:

$$PbO_2 + SO_4^{2-} + 4H_3O^+ + 2e^- \underset{\text{Laden}}{\overset{\text{Entladen}}{\rightleftarrows}} PbSO_4 + 6H_2O$$

Während des Entladevorganges wird Schwefelsäure verbraucht und Wasser gebildet. Deshalb sinkt die Konzentration der Schwefelsäure, und der Ladezustand kann an der Dichte der Schwefelsäure kontrolliert werden. Sie soll nicht unter 1,10 g/cm³ sinken. Im entladenen Zustand (etwa 1,8 V) bestehen beide Elektroden aus Bleisulfat ($PbSO_4$). Verbindet man nun die negative Elektrode mit dem Minuspol einer Spannungsquelle und die positive Elektrode mit dem Pluspol, so verlaufen die oben genannten Vorgänge in entgegengesetzter Richtung („Laden"). Am negativen Pol bildet sich schwammiges Blei zurück und am positiven Pol entsteht Bleidioxid, bis das Bleisulfat verbraucht ist. Diesen Zustand erkennt man am „Gasen" des Akkumulators. Bei angeschlossener Spannungsquelle bildet sich dann an der negativen Platte Wasserstoff und an der positiven Platte Sauerstoff. Hierzu ist allerdings eine höhere Spannung (etwa 2,7 V) notwendig. Beide Gase entstehen durch die Elektrolyse der verdünnten Schwefelsäure. Der Lade- und Entladevorgang kann mehrfach wiederholt werden (500 bis 1500 mal).

Herstellung. Die Blei-Akkumulatoren stellt man im geladenen Zustand her. Die Elektroden bestehen häufig aus engmaschigen Gitterplatten aus Hartblei (Antimon-Blei-Legierung mit 8 bis 12% Antimon). In die Hohlräume der Gitter streicht man die „aktive Masse" in Form einer Paste. Sie besteht aus einer Mischung von Bleioxid (PbO) mit 20 bis 40% Bleipulver und verdünnter Schwefelsäure. Ihre Menge ist geringer als zur Bildung von Bleisulfat stöchiometrisch notwendig wäre. So bilden sich sogenannte basische Bleisulfate ($3PbO \cdot PbSO_4$ oder bei Temperaturen über 60°C auch $4PbO \cdot PbSO_4$). Die Masse erhärtet beim Trocknen, wobei auch der Rest des metallischen Bleis oxydiert wird. Nach dem Trocknen taucht man die Platten in verdünnte Schwefelsäure und legt eine Gleichspannung an. Dadurch werden die positiven und negativen Elektroden gebildet („Formieren"). An der negativen Platte setzt die Reduktion in der

Galvanische Elemente

Nähe der Gitterstäbe ein und breitet sich dann in der gesamten Masse aus. Es bildet sich schwammiges Blei. An der positiven Platte beginnt die Oxydation zu Bleidioxid (PbO_2) im Inneren und schreitet dann zur Oberfläche fort. Man nimmt an, daß Hydroxidionen (OH^-) entladen werden, die sich in das Gitter einbauen. Durch Abgabe von Protonen erfolgt eine Stabilisierung zu Bleidioxid:

$$2\,OH^- \rightarrow 2\,OH_{ads} + 2\,e^-$$

$$Pb^{2+} + 2\,OH_{ads} \rightarrow Pb(OH)_2^{2+}$$

$$Pb(OH)_2^{2+} \rightarrow PbO_2 + 2\,H^+$$

Nach dem Formieren werden die positiven und negativen Platten gründlich gewässert und anschließend getrocknet. Das Trocknen der formierten negativen Platten muß unter Luftabschluß erfolgen, weil sie sehr empfindlich gegen Sauerstoff sind. Beim Zusammenbau des Akkumulators verbindet man mehrere Platten gleicher Polung durch eine Polbrücke leitend miteinander. So entsteht eine Plattengruppe. Zwei solche entgegengesetzt gepolte Plattengruppen bilden eine Zelle mit 2 Volt Spannung. Die einzelnen Platten sind durch poröse Separatoren (gesinterte oder geschäumte Kunststoffe) getrennt, um Kurzschlüsse zu vermeiden. Das Plattensystem steht in einem Gehäuse aus säurebeständigem Hartgummi oder Kunststoff. Nach dem ersten Entladen verläuft der Ladevorgang in anderer Weise als beim Formieren, weil nicht die Oxide oder basischen Sulfate oxydiert bzw. reduziert werden, sondern das neutrale Bleisulfat.

Wird einem Bleiakkumulator längere Zeit kein Strom entnommen, so nimmt seine Kapazität von selbst ab. Der Kapazitätverlust beträgt 0,5 bis 1% pro Tag. Er beruht auf einer lokalen Reaktion in der negativen Platte. Das schwammige Blei reagiert mit der Schwefelsäure. Es bildet sich Bleisulfat und Wasserstoff. Dieser Vorgang wird durch katalytisch wirkende Verunreinigungen (z. B. edlere Metalle und deren Ionen) beschleunigt. Außerdem kann das Blei durch Sauerstoff oxydiert werden, welcher in der Säure gelöst ist, oder der am Ende des Aufladevorganges an der positiven Platte gebildet wurde. Eine Reduktion des Bleidioxids durch das Blei des Elektrodengitters kann an der positiven Platte nach folgender Bruttoreaktion entstehen:

$$PbO_2 + Pb + 2\,HSO_4^- + 2\,H^+ \rightarrow 2\,PbSO_4 + 2\,H_2O$$

Diese Erscheinung wirkt sich für die Batteriehersteller und Händler bei der Lagerhaltung nachteilig aus. Alle 4 bis 6 Wochen müßten die Akkumulatoren nachgeladen werden. Bei einem großen Lager sind die Kosten hierfür zu hoch, so daß die Batterien in ungefülltem Zustand gelagert wurden. Die negativen Platten oxydierten hierbei und das gebildete Bleioxid setzte sich mit der Schwe-

Galvanische Elemente

felsäure rasch zu Bleisulfat um, wenn der Akkumulator gefüllt wurde. Die negative Platte ist somit entladen. Sie müßte zunächst etwa 50 Stunden lang aufgeladen werden. Dieses Problem ist heute durch den sog. *trocken geladenen Akkumulator* gelöst. Man taucht die negative Platte nach dem „Formieren" in Borsäure, welche das schwammige Blei vor einer Oxydation schützt. Bei Bedarf wird lediglich die Schwefelsäure eingefüllt und der Akkumulator ist nach ca. 20 Minuten betriebsfähig.

Nach dem Entladen soll man einen Bleiakkumulator möglichst bald wieder aufladen, weil sich sonst die feinen Kristalle des gebildeten Bleisulfat vergrößern. Sie lassen sich dann schwerer oxydieren bzw. reduzieren, was einen Kapazitätsverlust bedeutet. Bleiakkumulatoren werden vorwiegend als Starterbatterien für Verbrennungsmotoren verwendet.

Nickel-Akkumulator. Hierzu gehören der von JUNGNER 1899 in Schweden entwickelte Nickel-Cadmium-Akkumulator und der EDISON-Akkumulator (Nickel-Eisen-Akkumulator). Als Elektrolyt wird in beiden Fällen ca. 20%-ige Kalilauge verwendet. Man spricht deshalb auch von alkalischen Akkumulatoren.

EDISON-*Akkumulator.* Im geladenen Zustand besteht die positive Platte aus Nickel-(III)-Oxid, das wegen der schlechten Leitfähigkeit mit Graphit gemischt in fein gelochte Behälter aus dünnem, vernickeltem Stahlblech eingefüllt ist. Wenn diese Behälter eine flache, rechteckige Form besitzen, bezeichnet man sie als Taschenplatten. Die zylindrische Form nennt man Röhrenplatten. Die negative Platte ist als Taschenplatte ausgebildet und enthält fein verteiltes Eisen. Bei der Entladung verlaufen die Vorgänge nach folgendem Schema:

negative Platte:

$$Fe + 2\,OH^- \underset{Laden}{\overset{Entladen}{\rightleftarrows}} Fe(OH)_2 + 2\,e^-$$

positive Platte:

$$2\,NiO(OH)\cdot 2\,H_2O + 2\,e^- \underset{Laden}{\overset{Entladen}{\rightleftarrows}} 2\,Ni(OH)_2 + 2\,OH^-$$

Die Bildung des $Fe(OH)_2$ scheint über folgende Zwischenstufen zu verlaufen:

$$Fe + OH^- \rightarrow Fe(OH)_{ads} + e^-$$

$$Fe(OH)_{ads} + OH^- \rightarrow (FeO)_{ads} + H_2O + e^-$$

$$(FeO)_{ads} + OH^- \rightarrow HFeO_2^-$$

$$HFeO_2^- + H_2O \rightarrow Fe(OH)_2 + OH^-$$

Galvanische Elemente

Die Dichte der Kalilauge ändert sich nur wenig. Sie kann daher nicht zur Kontrolle des Ladungszustandes benutzt werden. Der Edison-Akkumulator liefert zwar eine geringere Spannung (1,4 bis 1,34 Volt) als der Blei-Akkumulator, ist aber unempfindlich gegen Erschütterungen, und es entstehen keine Nachteile, wenn er im völlig entladenen Zustand stehen bleibt. Außerdem ist die Zahl der möglichen Ladevorgänge wesentlich größer (bis 3000).

Nickel-Cadmium-Akkumulator. Die positive Platte besteht wie beim Edison-Akkumulator aus $NiO(OH)$. Die negative Elektrode ist als Taschenplatte ausgebildet und enthält Cadmiumpulver. Seit etwa 1940 stellt man poröse Platten aus Nickelpulver her (Sinterplatten). Sie enthalten die aktiven Massen in den Poren aufgesaugt. Dadurch erreicht man eine feine Verteilung und eine gute elektrische Leitfähigkeit, welche durch den großen Nickelgehalt bedingt ist. Dies bedeutet einen kleinen Innenwiderstand. Im Prinzip verlaufen die Reaktionen ähnlich wie beim Edison-Akkumulator:

negative Platte:
$$Cd + 2\,OH^- \rightarrow Cd(OH)_2 + 2\,e^-$$
positive Platte:
$$2\,NiO(OH) \cdot 2\,H_2O + 2\,e^- \rightarrow Ni(OH)_2 + 2\,OH^-$$

Die oben genannten Vorteile des Edison-Akkumulators besitzt auch der Nickel-Cadmium-Akkumulator.

Die Erfindung der Sinterplatten beim Nickel-Cadmium-Akkumulator war die Voraussetzung für die Herstellung eines *gasdichten Akkumulators*. Er ermöglicht eine Benutzung in jeder Lage, ohne daß Elektrolyt ausfließen kann. Der Elektrolyt wird in einem porösen Separator kapillar gebunden. Die Schwierigkeit besteht darin, daß beim Überladen des Akkumulators an der negativen Platte Wasserstoff und an der positiven Platte Sauerstoff entstehen. In einem gasdicht verschlossenen Akkumulator würde der Gasdruck die Zelle sprengen. Die Entwicklung von Wasserstoffgas läßt sich dadurch verhindern, daß man die negative Platte mit einer „Ladereserve" versieht. Diese Platte enthält mehr Cadmiumhydroxid als notwendig wäre (in Bezug auf die Nickelhydroxid-Menge in der positiven Platte). Wenn an der positiven Platte das Nickelhydroxid umgesetzt ist, bildet sich an dieser Stelle Sauerstoff aus den Hydroxidionen des Elektrolyten ($2\,OH^- \rightarrow \frac{1}{2}O_2 + H_2O + 2\,e^-$). An der negativen Platte ist dann noch Cadmiumhydroxid vorhanden, das zu Cadmium reduziert werden kann. Der sich entwickelnde Sauerstoff füllt nun den gesamten Raum des Akkumulators aus, gelangt also auch an die negative Platte, löst sich dort in der Flüssigkeitsschicht, welche die Elektrode überzieht, und wird durch die Elektronen, welche bei der Überladung zugeführt werden, zu Hydroxidionen reduziert.

$$\tfrac{1}{2}O_2 + H_2O + 2\,e^- \rightarrow 2\,OH^-$$

Der Sauerstoff, welcher bei der Überladung entsteht, verbraucht sich also immer wieder. Es kommt nicht zu einem Überdruck. Die Zelle kann gasdicht verschlossen werden. Der Akkumulator erfordert deshalb auch keine Wartung mehr. Er findet in zahlreichen tragbaren elektrischen und elektronischen Geräten Anwendung, z. B. Taschenlampen, Blitzlichtgeräten, Trockenrasierern und Transistorradios. Mit Hilfe eines eingebauten Gleichrichters können die Akkumulatoren an der Steckdose geladen werden.

Literatur
STURM, F. v.: Elektrochemische Stromerzeugung. — Verlag Chemie, Weinheim 1969
DROTSCHMANN, C.: Bleiakkumulatoren. — Verlag Chemie, Weinheim 1951

Galvanotechnik s. Elektrolyse.
Gammexan s. Schädlingsbekämpfungsmittel.
Gangart s. Stahl.
Ganglioside s. Lipoide.
Gap s. Vierte Hauptgruppe.
Gaschromatographie s. Chromatographie.
Gasglühkörper s. Thorium und Cer.
Gekrätz s. Scheidgut.
Gel-Effekt s. Polymerisation.
Gelfiltration s. Chromatographie (Molekularsiebchromatographie), Aminosäuren 3.
Generatorgas s. Mineralkohlen.

Genfer Nomenklatur nennt man die auf der internationalen Chemikertagung 1892 in Genf auf Anregung A. W. HOFMANNS aufgestellten Regeln zur eindeutigen Benennung organischer Verbindungen. Die Regeln sind auf weiteren Tagungen (u. a. Lüttich 1930, Paris 1957) ergänzt worden. Für diese Fragen ist die Nomenklaturkommission der IUPAC (International Union of Pure and Applied Chemistry — Internationale Union für reine und angewandte Chemie) zuständig. Die Regeln werden bei den Gruppen (z. B. →Alkane, →Cycloalkane) erläutert.

Literatur
IUPAC: Nomenclature of organic chemistry 1957. — Butterworths, London 1958

Gentiobiose s. Kohlenhydrate 2. (auch bei Amygdalin-→Kohlenhydrate 1.2.).
Geraniol s. Terpene 1.
Gerbstoffe s. Carbonsäuren 2.4.2., Heterocyclen 2.2.
Germanin s. Arzneimittel.

Germanium

Germanium gehört zu den Elementen der →Vierten Hauptgruppe. Von ihm existieren die Isotopen mit den Massenzahlen 70 (20,52%), 72 (27,43%), 73 (7,76%), 74 (36,54%) und 76 (7,76%).

Germanium ist als Spurenelement sehr verbreitet. Da sein Ionenradius sich nur geringfügig von dem des Siliciums unterscheidet und die Tetraeder GeO_4 und SiO_4 sehr ähnlich sind, ist das meiste Germanium in Silikate eingebaut. Es ist in erheblichen Mengen in vielen Kohlen aller Art und auch im Graphit enthalten. Für wirtschaftliche Ausnutzung sind nur die beiden Germaniummineralien Germanit ($10Cu_2S \cdot 4GeS_2 \cdot A_2S_3$) und Renierit ($Cu_{42}Fe_{16}Ge_6Zn_{3,5}Sn(As+Su)_{1,5} \cdot S_{64}$) von Bedeutung. Sie finden sich in Südafrika und in Katanga. Außer aus den beiden angegebenen Mineralien wird es als Nebenprodukt von Buntmetallerzen und aus Kohle gewonnen. So ist seine Produktion weitgehend an die Gewinnungsverfahren der Hauptmetalle (Zn, Sn, Cu usw.) gebunden. Das mit der Kohle zusammen vorkommende Germanium findet sich in den Flugaschen der Gaswerke. Ziel ist in allen Fällen ein zunächst verunreinigtes $GeCl_4$. Mit Wasser setzt es sich in das Oxid GeO_2 um, wobei die Verunreinigungen im Wasser bleiben. Im Gegensatz zum SiO_2 kann GeO_2 mit Wasserstoff reduziert werden. Für Zwecke der Halbleiterphysik ist dieses Germanium noch nicht rein genug. Nach dem Zonenschmelzverfahren (s. Dritte Hauptgruppe der Elemente) läßt sich der Reinheitsgehalt bis zum 12 Neuner-Gehalt (99,9999999999%) steigern. Abgesehen unter speziellen Bedingungen ist es in seiner Verwendungsmöglichkeit als Elektrolysegleichrichter, Diode, Triode und Fotoelement dem Silicium unterlegen, weshalb an dieser Stelle nicht näher darauf eingegangen werden soll.

Germanium ist ein silberweißes, glänzendes, sehr sprödes Metall. Die Dichte des geschmolzenen Germaniums ist um 4% höher als die des festen. Beim Erstarren dehnt es sich ähnlich dem Wasser um 6% aus. Seine Härte entspricht dem des Glases.

Germanium und sein Oxid werden als ungiftig angesehen. Durch den Mund eingeführtes Germanium erweist sich als harmlos; es soll zur Bildung roter Blutkörperchen anregen. Klinische Versuche haben gezeigt, daß durch tägliche Zufuhr von 10 mg Germaniumoxid bei tuberkulösen Menschen eine Zunahme des Hämoglobingehaltes erreicht werden kann. Eine intravenöse Darreichung irgendwelcher Germaniumverbindungen ist gefährlich, weil es wegen der Solbildung zu einem Kollaps kommen kann.

Geschirrspülmittel s. Waschmittel.

Gestagene s. Hormone, Steroide 3.

Gewichtsanalyse s. Gravimetrie.

Gibberelin s. Wuchsstoffe.

Gibbs-Helmholtzsche Gleichung s. Kinetik (chemische).

Gips s. Calciumsulfat, Schwefel.
Glanze s. Schwefel.

Glas. Als Gläser werden unterkühlte Schmelzen bezeichnet, die infolge ihrer außergewöhnlichen Zähigkeit als Festkörper erscheinen. Im Sprachgebrauch ist es aber auch üblich, gewisse Polymerisations-Kunststoffe ebenfalls als Gläser zu bezeichnen (z. B. Plexiglas). A. DIETZEL schlug als gemeinsamen Oberbegriff für das Glas und alle glasähnlichen organischen Kunststoffe das Wort „Vitroid" (*vitrum* Glas) vor. „Ein Vitroid ist ein kompakter, physikalisch einheitlicher Stoff, der sich im amorphen (strukturell ungeordneten, nicht kristallinen) Zustand befindet, bei niederer Temperatur starr und spröde ist und bei höheren Temperaturen erweicht." Glas im altherkömmlichen Sinne ist demnach dem Begriff Vitroid unterzuordnen. Es kann wie folgt wissenschaftlich definiert werden: „Glas ist ein fester Werkstoff aus anorganischen Verbindungen, der sich in seiner Grundmasse im vitroiden Zustand befindet."

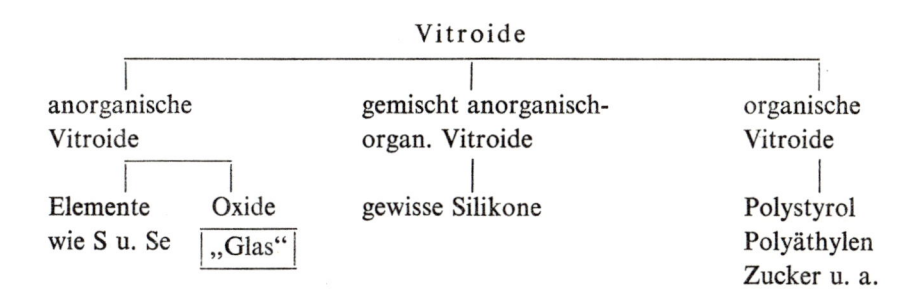

```
                              Vitroide
        ┌────────────────────────┼────────────────────────┐
anorganische              gemischt anorganisch-          organische
Vitroide                  organ. Vitroide                Vitroide
   ┌────────┐                    │                           │
Elemente   Oxide           gewisse Silikone              Polystyrol
wie S u. Se  „Glas"                                      Polyäthylen
                                                         Zucker u. a.
```

Chemischer Aufbau. Das Glas mit der einfachsten Zusammensetzung ist das reine Kieselglas, auch Quarzglas genannt. Es besteht nur aus Siliciumdioxid (SiO_2). Dieses Siliciumdioxid existiert in der Natur auch als Quarzkristall. Kristallisiertes Siliciumdioxid und Kieselglas haben die gleiche chemische Zusammensetzung. In beiden Fällen ist ein Silicium-Atom von 4 Sauerstoff-Atomen umgeben, wobei die Sauerstoff-Atome an den Spitzen eines Tetraeders stehen. Die chemische Bindung zwischen den Silicium-Atomen und den Sauerstoff-Atomen ist als polare Atombindung aufzufassen. Es liegt keine reine Ionenbindung vor, weshalb man die Bauelemente eigentlich nicht als Ionen bezeichnen dürfte. Aus praktischen Gründen wird aber häufig die Bezeichnungsweise Silicium-Ion und Sauerstoff-Ion verwendet. Die (SiO_4)-Tetraeder sind über gemeinsame Sauerstoff-Ionen an den Ecken miteinander verknüpft. Dies gilt für den kristallinen und auch für den glasigen Zustand des Siliciumdioxids. Im kristallinen Siliciumdioxid sind die Tetraeder symmetrisch angeordnet und bilden ein 6-eckiges Raumgitter. Die Abb. 1 zeigt das Gitter in ebener schematischer Darstellung.

Glas

Die Sauerstoff-Ionen über und unter der Zeichenebene wurden weggelassen. Im Kieselglas dagegen bilden die Tetraeder ein unregelmäßiges Netzwerk (Abb. 2).

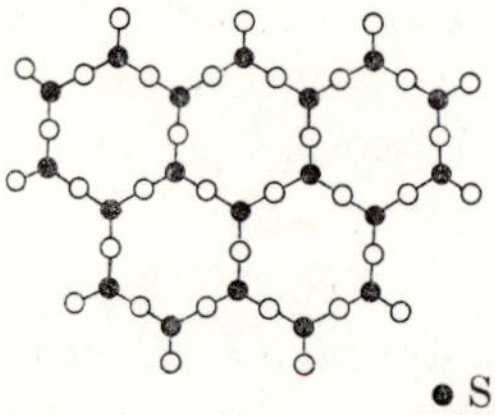

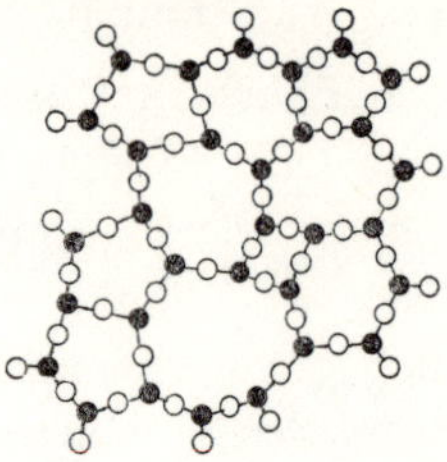

● Silicium—Atome
○ Sauerstoff—Atome

Abb. 1   Abb. 2

Die in der Ebene dargestellten Ringe werden von 4 bis 9 Tetraedern gebildet. Die Herstellung von Kieselglas erfordert Temperaturen von über 1600°C. Zur Erniedrigung des Schmelzpunktes versetzt man das Siliciumdioxid mit Natrium- oder Kaliumoxid, d. h. es gelangen zusätzlich Natrium- und Sauerstoff-Ionen in das Glas. Da in reinem Kieselglas alle Sauerstoff-Ionen an Silicium-Ionen gebunden sind, kann ein zusätzliches Sauerstoff-Ion nur Platz finden, wenn es das Netz zerreißt. Dadurch entstehen an Stelle des „brückenbildenden" Sauerstoff-Ions zwei „nichtbrückenbildende" Sauerstoff-Ionen. Es bildet sich eine sog. Trennstelle, weil keine direkte Verbindung mehr zwischen den Silicium-Ionen vorhanden ist. Schematisch läßt sich dies folgendermaßen darstellen:

$$-Si-O-Si- \;+\; Na_2O \;\rightarrow\; -Si-O \quad\overset{Na}{\underset{Na}{}} \quad O-Si-$$

Jedes eingeführte Natrium-Ion erzeugt ein Trennstellensauerstoff-Ion. Die Natrium-Ionen treten in die Hohlräume des gestörten Netzwerkes ein. Die Natrium-Sauerstoffbindung ist dabei schwächer als die Silicium-Sauerstoffbindung. Wird der Gehalt an Natriumoxid vergrößert, so spaltet sich schließlich das dreidimensionale Netzwerk auf und zerfällt in lange Ketten, die bei noch größerem Natriumoxidgehalt weiter aufspalten. In solchen Fällen erfolgt dann keine Glasbildung mehr. Die Grundlage der Glasbildung ist also ein Netzwerk, das in dem obigen Beispiel durch (SiO_4)-Tetraeder dargestellt wird. Diejenigen Kationen, die solche Netzwerke aufbauen können, bezeichnet man als Netzwerkbildner. Kationen, welche das Netzwerk abbauen oder verändern, heißen Netz-

Glas

werkwandler. Netzwerkbildner sind z. B. Silicium, Germanium und Bor. Zu den Netzwerkwandlern zählen die Alkali- und Erdalkalimetalle. Die Entstehung von Trennstellen bedingt eine Änderung der Eigenschaften des Glases. Je mehr Trennstellen vorhanden sind, um so flüssiger ist das Glas im Schmelzbereich. Neben den Alkalioxiden enthalten alle normalen Gläser noch Erdalkalioxide, am häufigsten Calciumoxid. Der Einbau des Calciumoxids in die Glasstruktur erfolgt in ähnlicher Weise wie beim Natriumoxid:

$$-Si-O-Si- + CaO \longrightarrow -Si-O \underset{\diagup \ \ \diagdown}{\overset{Ca}{}} O-Si-$$

Es entstehen also ebenfalls Trennstellen. Die Calcium-Sauerstoffbindung ist allerdings stärker als die Natrium-Sauerstoffbindung, so daß die beiden gebildeten Trennstellen-Sauerstoffionen über das Calcium-Ion eine gewisse Bindung erhalten. Die meisten handelsüblichen Gläser sind auf der Basis Natriumoxid-Calciumoxid-Siliciumdioxid aufgebaut. Im allgemeinen enthalten sie aber noch weitere Komponenten. Meist wird Aluminiumoxid in ein Natron-Kalk-Glas eingeführt, in welchem bereits Trennstellen vorhanden sind. Damit wird dem Aluminium-Ion die Möglichkeit gegeben, (AlO_4)-Gruppen aufzubauen. Ein Aluminium-Ion kann an die Stelle eines Silicium-Ions in der Glasstruktur treten. Der notwendige Ladungsausgleich ist durch die Natrium-Ionen gegeben, die zur Bildung der betreffenden Trennstellen geführt haben. Jedem Aluminium-Ion ist ein Natrium-Ion benachbart, das jetzt keine Trennstelle mehr bildet. Durch den Ersatz von Siliciumdioxid durch Aluminiumoxid werden Trennstellen geschlossen und die Glasstruktur verfestigt. In ähnlicher Weise kann auch Bortrioxid (B_2O_3) wirken. Eine charakteristische Eigenschaft des Glases ist das langsame Erweichen beim Erhitzen. Es unterscheidet sich darin sehr wesentlich von den Kristallen. Im Kristall sind alle Gitterbausteine streng geordnet. Mit steigender Temperatur geht diese Ordnung verloren, weil einige Bausteine fortwandern, bis schließlich das Gitter bei einer bestimmten Temperatur, dem Schmelzpunkt, zusammenbricht. Im Glas liegt dagegen eine ungeordnete Struktur vor. Es sind viele Übergänge zwischen starken und schwachen Bindungen vorhanden. Die schwachen Bindungen werden zuerst gesprengt, und es bleibt noch ein gewisser Zusammenhalt durch die starken Bindungen bestehen. Die Substanz schmilzt nicht bei

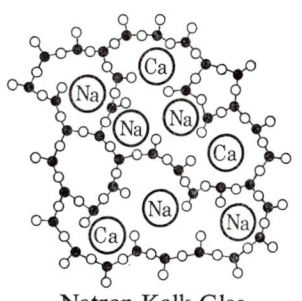

Natron-Kalk-Glas

einer bestimmten Temperatur, sondern erweicht langsam. Je höher die Temperatur steigt, um so mehr Bindungen werden aufgerissen und um so geringer wird die Viskosität (Zähigkeit) des Glases. Umgekehrt schließen sich beim Abkühlen einige Bindungen, wodurch die Viskosität ansteigt. Beim Erreichen der Schmelztemperatur besteht nun die Möglichkeit der Kristallisation. Als Voraussetzung dazu müssen die zum Aufbau des kristallinen Zustands notwendigen Bestandteile in der richtigen Menge und Lage herangeführt werden. Da auch in der Schmelze (SiO_4)-Tetraeder oder ähnliche Bruchstücke vorliegen, sind die notwendigen Bestandteile immer vorhanden. In der Schmelze findet ein ständiges Schließen und Öffnen von Bindungen statt, wobei es nicht immer auf die genauen Orientierungen der (SiO_4)-Tetraeder ankommt. Die einzelnen Bruchstücke werden deshalb keine besondere Symmetrie in der Anordnung aufweisen. Die Kristallbildung kann aber erst dann einsetzen, wenn sich zufällig einmal ein geordnetes Bruchstück, ein Keim, gebildet hat. Dafür ist jedoch eine gewisse Zeit notwendig. Wenn daher die Abkühlung in relativ kurzer Zeit erfolgt, ist im Falle einer Siliciumdioxid-Schmelze nicht mit einer Kristallisation zu rechnen. Mit fortschreitender Abkühlung findet ein weiteres Schließen von Bindungen statt und die Viskosität steigt noch mehr an. Dadurch wird die Kristallisation immer mehr gehemmt, bis schließlich die Viskosität so groß geworden ist, daß eine Kristallbildung praktisch unmöglich wird. Die Schmelze ist in das feste Glas übergegangen. Gewisse Anomalien komplizierter zusammengesetzter Gläser können mit Hilfe der oben angedeuteten Netzwerktheorie nicht einwandfrei erklärt werden. Daher wurde eine andere Strukturtheorie aufgestellt. Nach dieser sind im Glas auch kristallähnliche Gebilde, sog. Kristallite, vorhanden. In der Mitte der Kristallite ist die Anordnung ähnlich wie bei Kristallen, der Grad der Ordnung vermindert sich aber kontinuierlich nach den Rändern zu. Nach neueren Untersuchungen sind die Netzwerk- und Kristallit-Theorie nur in Grenzfällen gültig. Die Struktur der meisten Gläser schwankt zwischen dem ungeordneten asymmetrischen und dem geordneten symmetrischen Zustand.

Nach der chemischen Zusammensetzung kann man folgende Glasarten unterscheiden:

Natron-Kalk-Gläser („Normalglas"):
75,5% SiO_2, 12,9% Na_2O, 11,6% CaO.
Das gewöhnliche Gebrauchsglas (z. B. Fensterglas und Spiegelglas) entspricht dieser Zusammensetzung.

Kali-Kalk-Gläser („böhmisches Kristallglas"):
76% SiO_2, 14,1% K_2O, 6,7% CaO, 2,3% Na_2O, 0,5% As_2O_5, 0,1% Al_2O_3, 0,3% SO_3.

Die Bezeichnung Kristallglas ist genau genommen ein Widerspruch. Sie entstand, weil diese Gläser zu feinen, geschliffenen Gegenständen verarbeitet wurden und in ihrem Aussehen dem klaren Bergkristall sehr ähnlich sein können.

Natron-Kali-Kalk-Gläser („Thüringer Glas"):
69,6% SiO_2, 12% Na_2O, 5,6% K_2O, 7,5% CaO, 3,5% Al_2O_3, 0,4% B_2O_3.
Aus ihnen werden chemische Geräte hergestellt, die nicht den höchsten Anforderungen genügen müssen.

Bor-Tonerde-Gläser („Jenaer Glas"):
74,5% SiO_2, 8,5% Al_2O_3, 4,6% B_2O_3, 7,7% Na_2O, 3,9% BaO, 0,8% CaO, 0,1% MgO.
Durch die Verwendung von Bortrioxid (B_2O_3) und Aluminiumoxid (Al_2O_3) wird die Widerstandsfähigkeit des Glases gegen Chemikalien und Temperaturdifferenzen sehr erhöht.

Supremax-Glas:
56,4% SiO_2, 20,1% Al_2O_3, 8,9% B_2O_3, 8,7% MgO, 4,8% CaO, 0,6% K_2O, 0,6% Na_2O.
Die Erweichungstemperatur liegt oberhalb 1000°C. Das Glas wird für chemische Geräte verwendet, die Temperaturen bis 800°C ausgesetzt werden sollen.

Kali-Blei-Gläser („Bleikristallglas"):
56% SiO_2, 32% PbO, 11,4% H_2O, 0,1% Al_2O_3, 0,5% As_2O_5.
Es ist gekenzeichnet durch starkes Lichtbrechungsvermögen und wird gerne für geschliffene Gebrauchs- und Luxusgegenstände verwendet.

Glasherstellung. Als Rohstoffe verwendet man:

        Quarzsand (SiO_2)
        Soda ($Na_2CO_3 \rightarrow Na_2O + CO_2$)
        Pottasche ($K_2CO_3 \rightarrow K_2O + CO_2$)
        Kreide oder Marmor ($CaCO_3 \rightarrow CaO + CO_2$)
        Mennige ($Pb_3O_4 \rightarrow 3PbO + \frac{1}{2}O_2$)
        Borax ($Na_2B_4O_7 \rightarrow 2B_2O_3 + Na_2O$)
        Kaolin ($Al_2O_3 \cdot 2SiO_2 \cdot 2H_2O$)
        oder Feldspat ($Me_2O \cdot Al_2O_3 \cdot 6SiO_2$)

Die fein gemahlenen Rohstoffe werden in dem entsprechenden Gewichtsverhältnis gemischt und in großen Schmelzgefäßen aus Ton oder Schamotte (Glashäfen) in einem Hafenofen oder in großen Wannenöfen, die bis zu 300 t Glas aufnehmen können, bei Temperaturen bis zu 1000°C geschmolzen. Der Schmelzvorgang verläuft in 2 Stufen. Bei niedrigen Temperaturen (Gemengeschmelzen) entweicht eine beträchtliche Menge Gas (CO_2), bei höheren Temperaturen erfolgt die sog.

Glas

„Läuterung". Jetzt ist das Glas so dünnflüssig, daß die Gase völlig entweichen und blasenfreies Glas zurückbleibt.

Färbungen von Gläsern kann man durch Zugabe von Metalloxiden erreichen, z. B.: Nickeloxid (violett), Kobaltoxid (blau), Chromoxid (grün), Kupfer (I)-Oxid (rot). Die grüne Farbe von Flaschen ist auf Eisen (II)- und Eisen (III)-Oxide zurückzuführen. *Trübungen* des Glases (Milchglas, Opalglas) kann man durch Zugabe von kleinen festen Teilchen erzeugen, die eine andere Lichtbrechung als das Glas besitzen. Geeignet sind z. B. Calciumphosphat und Zinndioxid.

Glaserzeugnisse. Nach der Art der Herstellung und dem Verwendungszweck unterscheidet man drei große Gruppen: I. Flachglas, II. Hohlglas, III. Glasfasern.

I. *Flachglas.* Hierzu rechnet man alle Glasarten, die in Form von Tafeln und Platten hergestellt werden. Man unterscheidet Tafelglas und Spiegelglas. Tafelglas, das als Dünnglas und Fensterglas in Dicken von 1 bis 7 mm erzeugt wird, ist nicht geschliffen oder poliert. Spiegelglas nennt man gegossenes oder gewalztes Glas, das auf beiden Seiten plangeschliffen und anschließend poliert ist. Es gewährleistet eine klare, verzerrungsfreie Durchsicht.

Die *Herstellung von Tafelglas* erfolgt nach dem „Ziehverfahren". Aus einer schlitzförmigen Schamottedüse oder aus der freien Oberfläche der Schmelze wird das Glas in Form eines Bandes stetig nach oben abgezogen. Luftkühler verfestigen das Glas so weit, daß es sich zu der gewünschten Dicke ziehen läßt. Das Glas wird durch mechanisch angetriebene Walzenpaare bewegt und in einem 7 m hohen Ziehschacht spannungsfrei abgekühlt. Eine mechanische Vorrichtung am oberen Ende des Ziehschachtes schneidet in die gewünschten Längen. Bei einem anderen Verfahren zieht man das Glas nicht bis zum Schluß senkrecht nach oben, sondern lenkt es im plastischen Zustand über eine Biegewalze in die waagerechte Richtung um. Das im Ziehverfahren hergestellte Flachglas besitzt eine blanke, „feuerpolierte" Oberfläche. Sie ist ohne Nachbearbeitung durchsichtig.

Zur *Herstellung von Spiegelglas* kann das maschinell gezogene Tafelglas verwendet werden. Da die Oberfläche von Spiegelglas vor dem Schleifen keine blanke Oberfläche besitzen muß, läßt sich das Ziehverfahren durch ein Walzverfahren ersetzen, das leistungsfähiger ist. Durch die Berührung des heißen Glases mit der Tisch- oder Walzenoberfläche entsteht eine matte, durchscheinende Oberfläche, die durch Schleifen und Polieren völlig planparallel und durchsichtig wird. Der größte Teil des Spiegelglases wird heute nach dem „Fließverfahren" hergestellt. Das Glas fließt unmittelbar in breitem Strom aus einem Wannenofen in dünner Schicht auf ein Walzenpaar, das die Formung zu einem endlosen Band bewirkt. An die Walzmaschine schließt sich ein langer Durchlaufkühlofen an. Auf diesen folgt die Schleif- u. Polieranlage. Mit mehreren großen Schleifscheiben wird das Glasband gleichzeitig von oben und unten bearbeitet. Bei den ersten Scheiben (Grobschleifer) verwendet man relativ groben Sand (0,2 bis 1 mm), bei den letzten feinen Sand (unter 0,03 mm). Nach dem Schleifen wird das Glasband in Tafeln geeigneter Größe zerschnitten und auf großen, schweren Tischen durch eine Polierstraße geschickt. Dicke Filzscheiben erzeugen mit Hilfe von Eisenoxid als Poliermittel eine völlig blanke Oberfläche. Diese Oberfläche läßt sich durch Aufbringen einer dünnen Silberschicht verspiegeln. Das Silber wird durch ein Reduktionsmittel (z. B. Traubenzucker) aus einer ammoniakalischen Silbernitratlösung in Form kleinster Kristalle als geschlossene Schicht auf dem Glas niedergeschlagen. Bringt man auf die Glasoberfläche dünne Schichten auf, deren Brechungsverhältnis kleiner als dasjenige des Glases ist, dann läßt sich eine starke Reflexminderung der Glasoberfläche erzielen. Von dieser Maßnahme wird besonders bei optischen Gläsern (Linsen) Gebrauch gemacht. Meist verwendet man Fluoridschichten, die im Vakuum aufgedampft werden.

II. *Hohlglas*. Man unterscheidet folgende Gruppen:

1. *Wirtschafts- und Beleuchtungsglas*
Dieser Begriff umfaßt alle im Haushalt und Schankgewerbe benutzten Hohl- und Preßgläser. Das hochwertige Wirtschaftsglas in Form von Kelchen, Vasen und dgl. wird heute noch fast ausschließlich nach dem Mundblasverfahren hergestellt. Mit der Glasmacherpfeife (Eisenrohr mit drehbarem Handgriff) nimmt der Glasmacher unter ständigem Drehen der Pfeife eine kleine Menge Glas auf, die er zu einer Kugel aufbläst. Dieser Vorgang wird mehrmals wiederholt, je nach der notwendigen Menge des Glases. Durch Blasen und Schwenken erweitert sich die Kugel zu einem beutelförmigen Körper (Külbel), der anschließend in eine aufklappbare, nasse Holz- oder Metallform eingesetzt wird. Durch Blasen und Drehen preßt sich der Glaskörper so an die Formwand an, daß er die gewünschte Gestalt ohne sichtbare Naht erhält. Zwischen Glas und nasser Form bildet sich eine wärmeisolierende, dünne Dampfschicht, die das Entstehen einer glatten Glasoberfläche begünstigt. Die Herstellung von Beleuchtungsglas ähnelt in vielem der Herstellung von Wirtschaftsglas.

2. *Flaschen- und Verpackungsglas*
erzeugt man heute mit vollautomatischen Blasmaschinen. Das in die Maschine gegebene Glas wird in der Vorform zum Külbel geformt, welches in groben Zügen bereits die Form des späteren Gegenstandes besitzt. In einer zweiten Form, der „Fertigform", entsteht durch erneutes Blasen das fertige Gefäß.

Glas

3. *Hohl- und Preßgläser für technische Zwecke*

Diese Gruppe umfaßt Glasröhren, Laborgeräte, Glühlampenkolben und Glasbausteine. Röhren erhält man durch Ausziehen und Blasen. Glühlampenkolben werden vollautomatisch mit Blasmaschinen hergestellt. Flache Gegenstände, z. B. Schalen, Schüsseln, Glasbausteine usw. werden durch Pressen angefertigt. In das Unterteil einer Form bringt man die notwendige Glasmenge, die durch einen aufgedrückten Stempel die endgültige Form erhält. Glasbausteine sind meist hohle, rechteckige oder runde Körper, die aus zwei Einzelteilen durch Verschmelzen zusammengesetzt werden.

III. *Glasfasern und Glaswolle*

Glasfasern nennt man feine Fäden unter $12\,\mu$ (1 Mikron $(\mu) = {}^{1}/_{1000}$ mm), die besonders für Spinnzwecke geeignet sind. Als Glaswolle oder Glaswatte bezeichnet man ein Haufwerk gröberer Glasfasern mit einem Durchmesser von $20\,\mu$ und größer. Glaswatte wird z. B. durch das Schleuderverfahren hergestellt. Auf eine kleine waagrecht liegende Schleuderscheibe, die mit etwa 4000 Umdrehungen pro Minute rotiert, fließt in der Mitte ein feiner Strahl flüssigen Glases, das durch die Fliehkraft zu Fäden von ca. $20\,\mu$ ausgezogen wird. Die Glaswatte verarbeitet man zu Matten für Wärme- und Schallisolierung. Glasfasern entstehen z. B. durch das Düsenziehverfahren. Eine mit geschmolzenem Glas gefüllte kleine Platinwanne besitzt am Boden eine große Zahl kleiner Düsen, aus denen eine rotierende Trommel feine Glasfasern von 5 bis $6\,\mu$ auszieht. Daraus läßt sich ein Glasseidenstrang herstellen, der beispielsweise aus 60 Spinnfäden besteht und zu Glasseidenmatten und -Gewebe verarbeitet werden kann.

Obwohl im Netzwerk des Glasinneren nach den derzeitigen Theorien keine bevorzugte Richtung angenommen wird und nichts darauf hinweist, daß eine Glasschmelze zu langen dünnen Fäden ausgezogen werden kann, vermutet man, daß eine Fadenstruktur in Form von Ketten schon in der Beschaffenheit des Glasinneren vorhanden ist. Die Entstehung der Ketten wird damit begründet, daß in der Netzwerkstruktur unterschiedliche Bindungsstärken vorliegen. Die festen, starren Bindungen bilden eine Kette und zwischen ihnen liegen Bereiche mit schwächeren Bindungen. Beim Ziehen der Glasschmelze reißen die schwächeren Bindungen. Dann können sich die stärkeren Bindungen in der Ziehrichtung einander nähern und Kettenstrukturen ausbilden.

Die wichtigste Eigenschaft der Glasfasern ist ihre große Festigkeit. Kompaktes Glas, z. B. Platten oder Stäbe gleicher Zusammensetzung, besitzt eine Zugfestigkeit von nur etwa 10 kp/mm². Bei feinsten Fäden von weniger als $12\,\mu$ Durchmesser erreicht man Zugfestigkeiten von mehr als 1000 kp/mm². Diese unterschiedliche Eigenschaft beruht auf dem spanngungsfreien Zustand der

Glasfasern, weil infolge der schnellen Abkühlung die Temperatur des Fadens innen und außen nahezu gleich ist. Das außerordentlich günstige Verhältnis von Zugfestigkeit und spezifischem Gewicht wird von keinem bekannten Faserwerkstoff, auch nicht von Spezialstählen, erreicht. Hauptverwendungsgebiete für Glasseidenerzeugnisse sind: Elektroisolation für Maschinen und Transformatoren, Kunststoffverstärkung (insbesondere für großflächige Teile) beim Bau von Schiffen, Fahrzeugen, Flugzeugen, Häusern, Apparaten und Behältern, sowie für Sportgeräte und Haushaltungsgegenstände.

Optische Gläser

Dieser Begriff umfaßt im weiteren Sinne alle Filtergläser, Brillengläser, Prismen und Linsen für Geräte jeder Art. Im engeren Sinne versteht man darunter besonders hochwertige, homogene Gläser mit genau festgelegten Werten für Brechungsverhältnis, Dispersion usw. Optisches Glas erfordert besonders sorgfältig ausgesuchte Rohstoffe, da bereits wenige tausendstel Prozent Eisen eine störende Verfärbung bewirken können. Optische Gläser werden in Wannen erschmolzen, die mit Platin ausgekleidet sind, weil manche Gläser einen sehr dünnflüssigen Zustand erreichen und das keramische Material stark angreifen. Die erforderliche Homogenität erzielt man durch Rühren der Glasschmelze. Das fertige Glas wird dann in vorgewärmte Eisenformen gegossen. Besondere Sorgfalt erfordert das Kühlen des optischen Glases, denn nur bei völliger Spannungsfreiheit werden die gewünschten Wirkungen erzielt.

Geschichte

Die Ägypter kannten das Glas bereits um 3000 v. Ch. Es diente vorwiegend als wertvoller Schmuckgegenstand. Sehr wahrscheinlich wurde die Herstellungsmethode durch Zufall gefunden. Später trat die Verwendung als Gefäß in den Vordergrund, wobei das Glas im gerade geschmolzenen Zustand um einen Kern geformt wurde. Der erste entscheidende Fortschritt in der Glasherstellung war die Erfindung der Glasmacherpfeife (wahrscheinlich im 1. Jahrhundert v. Ch.). Die Verbesserung des Tiegelmaterials erlaubte höhere Temperaturen beim Schmelzprozeß, wodurch das Glas dünnflüssiger wurde und durch Blasen verformt werden konnte. So entstand die für das Glas kennzeichnende Verarbeitungstechnik. Die Römer entwickelten sie zu hoher Kunst und brachten sie nach Deutschland. Als Alkalirohstoff verwendete man Pottasche (K_2CO_3), die aus niedergebrannten Waldbäumen gewonnen wurde. Von Böhmen ging die Entwicklung des Kristallglases aus. Ein billiges Massenprodukt wurde das Glas allerdings erst, als zu Beginn des 19. Jahrh. nach dem LE-BLANC-Verfahren Soda hergestellt werden konnte. Schließlich setzte mit dem Beginn des 20. Jahrh. die Mechanisierung der Glasindustrie ein. Das Glas hat in Form von Linsen sehr

Glaselektrode

entscheidend dazu beigetragen, daß der Mensch mit Hilfe des Mikroskops und des Fernrohrs neue Erkenntnisse über die Natur gewinnen konnte.

Literatur
SCHOLZE, HORST: Glas. — Friedrich Vieweg u. Sohn, Braunschweig 1965
KNAPP, O.: Glasfasern. — Akadémiai Kiadó, Budapest 1966
OST-RASSOW: Lehrbuch der chemischen Technologie. — Johann Ambrosius Barth Verlag, Leipzig 1965

Glaselektrode s. pH-Wert (Potentiometrische pH-Messung).
Glasfasern s. Glas.
Gleichgewichtskonstante s. Kinetik (chemische).
Gleichrichter s. Silicium.
Glimmer s. Silikate.
Globuline s. Aminosäuren 3.
Glucosamin s. Kohlenhydrate 1.3.
Glucose (Traubenzucker) s. Kohlenhydrate 1.2.
Glucuronsäure s. Kohlenhydrate 1.2.
Glühdrähte s. Sechste Nebengruppe.
Glutaminsäure s. Aminosäuren 1.2.
Glutathion s. Aminosäuren 2.3.
Glycerin s. Hydroxylderivate 1.3.
Glycin = Glykokoll s. Aminosäuren 1.2.
Glykogen s. Kohlenhydrate 3.
Glykokoll s. Aminosäuren 1.2.
Glykole s. Hydroxylderivate 1.2.
Glykosid s. Kohlenhydrate 1.2.
Glyoxal s. Additionen 4., Benzolkohlenwasserstoffe 1.1.2., Hydroxylderivate 1.2.

Gold gehört zu den Elementen der→ Ersten Nebengruppe. Von ihm existiert in der Natur nur das stabile Isotop mit der Massenzahl 197.

Auf Grund seines edlen Charakters kommt das Gold bevorzugt gediegen vor. Grundsätzlich teilt man die Goldvorkommen ein in eigentliche Golderze, die wenigstens wertmäßig als Hauptbestandteil Gold enthalten, und in goldhaltige Erze, in denen das Gold als Nebenbestandteil neben Buntmetallen auftritt. Nach dem Lagerstättencharakter unterscheidet man primäre Vorkommen (Berggold), in denen das Metall unregelmäßig verteilt und in unterschiedlicher Korngröße meist in Quarz (Goldquarz) als Freigold vorliegt. Der zweite Lagerstättentyp sind sekundäre Vorkommen, bei denen das Freigold weggeschwemmt und an geeigneter Stelle wieder abgelagert wurde (Seifengold). Größere Goldklumpen nennt man

Nuggets, der größte von 236 kg wurde in Australien gefunden. Die wenigen in Verbindungsform vorkommenden Goldmineralien sind von untergeordneter, örtlicher Bedeutung. Gold produzierende Länder sind Kalifornien, Australien, Neuseeland, Südafrika, Kanada, Alaska sowie Sibirien.

Gold ist eines der schwersten Metalle, worauf seine gute natürliche und künstliche Aufbereitungsmöglichkeit beruht: Auswaschen aus Sanden. Merkliche Verflüchtigung setzt bereits lange vor Erreichen des Siedepunktes ein.

Die Legierbarkeit mit anderen Metallen ist recht gut, worauf die „Sammlerwirkung" für Gold beruht. Gute Sammlereigenschaften besitzen Silber, Blei und Kupfer. Zink nimmt Gold noch vor Silber auf unter Bildung von $AuZn$. Die Amalgamierung (Vereinigung mit Quecksilber) ist bei Zimmertemperatur nur gering. Das Quecksilber wird leicht wieder abgegeben, wobei die Goldverluste weniger als 0,1% betragen.

In den meisten Säuren ist Gold so gut wie unlöslich, worauf auch Trennverfahren von Silber beruhen. Mit Chlorgas bildet sich das in Wasser leicht lösliche $AuCl_3 \cdot 2H_2O$, worauf letzten Endes auch das Lösungsvermögen von Königswasser ($HNO_3 + HCl$) beruht. In stark salzsaurer Lösung entsteht die Goldwasserstoffsäure ($HAuCl_4$) bzw. das kristalline Hydrat $HAuCl_4 \cdot 4H_2O$. Andere lösliche Komplexe sind $NaAu(CN)_2$ und $CaAu(CN)_4$.

Die Weltproduktion schwankt zwischen 700 und 1200 Jahrestonnen. Seiner Farbe und seiner Korrosionsfestigkeit wegen findet es bevorzugt Anwendung für Schmuck und Gedenkmünzen. Die Hauptmenge des je produzierten Goldes liegt trotz Aufhebung der Golddeckung in den Tresoren der Staatsbanken (Fort Knox). Hochwertiger Zahnersatz ist legiertes Gold.

Der Feingehalt wird entweder angegeben in Tausendteilen oder in Karat, wobei reines Gold 1000 Fein oder 24 Karat entspricht.

Gramicidin s. Aminosäuren 2.3., Antibiotica.
Graphit s. Kohlenstoff.
Grauspießglanzerz s. Antimon.

Gravimetrie (Gewichtsanalyse) ist ein Verfahren, mit dem man die prozentuale Zusammensetzung von Substanzen ermitteln kann. Der zu untersuchende Stoff wird zunächst gelöst. Durch Zugabe eines Hilfsstoffes (Reagens) führt man den zu bestimmenden Bestandteil in eine praktisch unlösliche Verbindung über, deren Zusammensetzung bekannt sein muß und deren Masse genau bestimmt werden kann. Aus dieser Menge läßt sich dann der Anteil des zu bestimmenden Stoffes stöchiometrisch berechnen. Zur Bestimmung des Silbergehaltes einer Silbersalzlösung scheidet man z. B. das Silber durch Hinzufügen eines Überschusses von Chloridionen als Silberchlorid ($AgCl$) aus der Lösung ab. Der Niederschlag wird durch Filtrieren von der Lösung getrennt, getrocknet und gewogen. Man erhält

Greenokit

somit die Masse des AgCl, aus welcher sich die Silbermenge berechnen läßt (143,34 g AgCl enthalten 107,88 g Silber). Soll der Eisengehalt einer Eisen(III)-nitratlösung bestimmt werden, fällt man das Eisen durch Zugabe von Ammoniaklösung als $Fe(OH)_3 \cdot x H_2O$. Diese Verbindung ist zur Wägung nicht geeignet, da sie unterschiedliche Mengen Wasser enthalten kann. Nach der Filtration wird deshalb der Niederschlag durch Glühen in einem Tiegel in Fe_2O_3 überführt, dessen Zusammensetzung genau definiert ist.

Eine wichtige andere quantitative Bestimmungsmethode wird unter dem Stichwort →Maßanalyse behandelt.

Literatur

JANDER-BLASIUS: Einführung in das anorganisch-chemische Praktikum. — S. Hirzel Verlag, Stuttgart 1964

Greenokit s. Cadmium.

Grignard-Reaktion, entdeckt von VICTOR GRIGNARD (1871 Cherbourg—1935 Lyon), wird durchgeführt mit einer organischen Magnesiumverbindung (→Metallorganische Verbindungen). Sie bildet sich bei der Reaktion von Alkyl- oder Arylhalogeniden (am besten Jodiden) in →Äther mit Magnesium: $RJ + Mg \rightarrow RMgJ$. Diese Verbindung wird zersetzt von Substanzen mit aktivem Wasserstoff (Wasser, Alkohole →Hydroxylverbindungen, →Carbonsäuren, Amine →org. Stickstoffverbindungen 2., Acetylen-→Äthin) unter Bildung von Kohlenwasserstoffen. Da ein reaktionsfähiges Wasserstoffatom stets ein Molekül Kohlenwasserstoff freisetzt, hat ZEREWITINOFF eine Methode entwickelt, bei Anwendung von Methylmagnesiumjodid gebildetes Methan volumetrisch zu messen und so den Gehalt an aktiven Wasserstoff quantitativ zu bestimmen:

$$CH_3MgJ + ROH \rightarrow CH_4 + ROMgJ$$

Mit Halogeniden setzen sich die Magnesiumverbindungen auch zu Kohlenwasserstoffen um (ähnlich der → WURTZschen Synthese)

$$R_1\text{—}MgJ + R_2J \rightarrow R_1\text{—}R_2 + MgJ_2$$

Ist R_2 ein →Alken, können so durch Austausch neue Alkene entstehen.

Die wichtigste Anwendung ist die →Addition an Carbonyl (C=O)- oder andere polare Mehrfachbindungen:

$$\begin{array}{c} H \\ | \\ H_3C\text{—}C^+\text{=}O^- \\ + \\ {}^-CH_3\text{—}Mg^+\text{—}Br \end{array} \rightarrow \begin{array}{c} H \\ | \\ H_3C\text{—}C\text{—}OMgBr \\ | \\ CH_3 \end{array} \xrightarrow{H_2O} \begin{array}{c} H \\ | \\ H_3C\text{—}C\text{—}OH \\ | \\ CH_3 \end{array} + HOMgBr$$

So entstehen durch Addition an Aldehyde sekundäre Alkohole, aus Ketonen und →Estern tertiäre Alkohole, aus Nitrilen (→Carbonsäure 3.4.) Ketone, aus CO_2 Carbonsäuren.

Es handelt sich um eine nucleophile →Addition des Carbanions an das positiv geladene Atom der polaren Mehrfachbindung.

Literatur
KRAUCH u. KUNZ: Reaktionen der organischen Chemie. — Hüthig, Heidelberg 1966

Griseofulvin s. Antibiotica, Heterocyclen 1.2.
Guajol s. Terpene 2.
Guanidin s. Kohlensäurederivate 3.
Guanin s. Heterocyclen 2.4., Nucleinsäuren.
Gummi s. Kautschuk.
Gummi arabicum s. Kohlenhydrate 3.
Guttapercha s. Kautschuk.

H

Haber-Bosch-Verfahren s. Ammoniak.

Hämatit s. Eisen.

Hämatoxylin s. Farbstoffe 2.

Hämoglobin s. Porphinderivate 1.

Hafnium gehört zu den Elementen der →Vierten Nebengruppe. Vom Hafnium sind stabile Isotope vorhanden mit den Massenzahlen 174 (0,18%), 176 (5,3%), 177 (18,47%), 178 (27,1%), 179 (13,84%) und 180 (35,11%).

Ausgesprochene Hafniumerze sind nicht bekannt. Stets kommt es mit Zirkonium zusammen vor, wobei der Gehalt der Erze wechselt. Den höchsten Gehalt hat der Alvit von Kragerö (Norwegen), eine Abart des Zirkons, mit 20% Hafnium. Gewonnen wird das Element als Nebenprodukt des Zirkoniums, das wegen der Verwendung in Reaktoren möglichst hafniumfrei sein muß.

In allen chemischen Eigenschaften, auch der seiner Verbindungen, ähnelt das Hafnium dem Zirkonium. Metallisches Hafnium ist in der Kälte sehr beständig. Von Wasser wird es nicht angegriffen. Bemerkenswert ist seine Beständigkeit gegenüber Hochdruckwasser bis zu 399°C. Spuren von Verunreinigungen wirken sich hier weniger aus als beim Zirkonium.

Das Metall geht bei 2000°C von der hexagonalen α-Form in die kubisch raumzentrierte β-Form über. Damit liegt die Umwandlung bedeutend höher als beim Titan und beim Zirkonium.

Wegen seiner bisher noch beschränkten Erzeugung und des verhältnismäßig hohen Preises hat Hafnium nur in geringem Umfang Anwendung gefunden. Sein hoher Neutronenabsorptionsquerschnitt zusammen mit seinem hohen Schmelzpunkt machen Hafnium zum geeigneten Material für Kontroll- und Regelstäbe in Reaktoren. Es hat als Regelstab auf amerikanischen Atom-U-Booten und -Flugzeugträgern Anwendung gefunden. Als Neutronenabsorber besitzt es hohe Lebensdauer, da es eine Reihe Tochterisotope bildet, die nach Neutroneneinfang nur γ-Strahlung aussenden.

Den höchsten je gemessenen Schmelzpunkt hat Hafniumkarbid, der mit 3887°C noch 10°C über dem des Tantalkarbids liegt. Noch höher allerdings schmilzt das komplexe Karbid $4TaC \cdot 1HfC$, nämlich bei 3942°C. Damit übertrifft es den Schmelzpunkt des $4TaC \cdot 1ZrC$ um 10°C.
Preis 1350 DM/kg (1963).

Hahnium von Amerikanern vorgeschlagener Name für das noch umstrittene Element der Ordnungszahl 105.

Halbacetale s. Additionen 4., Hydroxylderivate 1.1.3., Oxoverbindungen 1.1.3.
Halbleiter s. Silicium.
Halbleiter (Verbindungshalbleiter) s. Dritte Hauptgruppe.
Halbwertszeit s. Zerfallsreihen.
Halbzellstoff s. Papier.
Halluzinogene s. Rauschgifte.
Halogencarbonsäuren s. Carbonsäuren 2.2.

Halogenderivate der Kohlenwasserstoffe sind organische Verbindungen, in denen ein oder mehrere Wasserstoffatome durch Halogene ersetzt sind. Die Verbindungen werden unterteilt in 1. Monohalogen-, 2. Dihalogen-, 3. Trihalogen- und 4. Polyhalogenderivate. Für alle gilt die →Genfer Nomenklatur. Dem Namen des Kohlenwasserstoffs wird die Anzahl der Halogenatome und ihre Stellung durch die Nummer des substituierten C-Atoms vorangestellt. Die auch noch gebrauchten älteren Namen wie Methylchlorid, Vinylchlorid sind falsch, da alle diese Verbindungen keine Salze sind und nicht aus Ionen bestehen.

Dichlorfluormethan	1,2-Dibromäthan	2-Chlorbuta-1,3-dien	1,3-Dichlorbenzol

Die Bedeutung der Halogenderivate liegt darin, daß durch den Einbau des Fremdatoms mit negativem induktivem Effekt (größere Elektronegativität als Kohlenstoff s. →Elektronenverschiebung) das Kohlenwasserstoffgerüst polarisiert wird und damit von polaren Reagentien angegriffen werden kann. Das Halogenatom ist meist leicht gegen andere Gruppen durch nucleophile →Substitution austauschbar. Die Verbindungen dienen als Zwischenprodukte für Synthese in Labor und Industrie.

Auch als Endprodukte spielen sie wegen bestimmter Eigenschaften bei einfacher Herstellung eine große Rolle. Halogenderivate sind in Wasser unlöslich, die flüssigen werden als Lösungsmittel und Extraktionsmittel für Fette und ähnliche Substanzen eingesetzt (*Dichlormethan* für Extraktionen, *Tetrachlormethan* als Fleckentferner). Mit steigender Anzahl Halogenatome werden sie nicht brennbar (*Tetrachlormethan* als Feuerlöschmittel). Gasförmige Substanzen mit hohem Siedepunkt, die leicht verdampfen, werden in Kühlschränken, als unbrennbare

Halogenderivate 1.

Treibgase und zur Lokalanästhesie eingesetzt (*Monochlormethan* und -äthan, Fluoralkane = „*Frigen*"). Fast alle Halogenderivate sind toxisch. Darauf beruht ihre Verwendung als Schädlingsbekämpfungsmittel (*DDT, Hexachlorcyclohexan*) und als Narkosemittel (*Chloroform* $CHCl_3$, *Halothan* $CF_3CHClBr$). Chemische Beständigkeit und größere thermische Stabilität — das gilt besonders für die Fluorverbindungen — zeichnen halogenierte →Polymerisationsprodukte gegenüber Kohlenwasserstoffen aus. Sie finden eine immer weitere Verbindung: PVC = Polyvinylchlorid, Chloropren (→Kautschuk), *Teflon* = *Hostaflon* (Polytetrafluoräthen) u. a.

1. *Monohalogenderivate*

1.1. *Herstellung*

Sie lassen sich von verschiedenen Ausgangsprodukten herstellen. Einige verbreitete Verfahren sind in der Tab. 1 (verändert nach FODOR) zusammengefaßt.

Tabelle 1:

Ausgangsstoff	Reagens	Reaktion	Produkt
1. *Kohlenwasserstoffe*			
1.1. →Alkane, →Cycloalkane, Alkylbenzole	Cl_2, Br_2	→Substitution →Radikalreaktion S_R	Alkyl-, c-Alkylhalogenid, seitenkettensubstituiertes Benzol
1.2. →Alkene	N-Bromsuccinimid (→Carbonsäure 1.2.)	S_R	Alkenylbromid
	Halogenwasserstoff	→Addition elektrophil A_E	Alkylhalogenid
1.3. →Benzolkohlenwasserstoffe	Cl_2, Br_2/Me^{3+} J_2/HgO	→Substitution elektrophil S_E mit LEWIS- →Säuren	Kernsubstituiertes Arylhalogenid
1.4. →Alkine	Halogenwasserstoff	A_E	Alkenylhalogenid

Halogenderivate 1.

Ausgangsstoff	Reagens	Reaktion	Produkt
2. Sauerstoffhaltige Verbindungen			
2.1. Alkohole (→Hydroxylderivate)	Halogenwasserstoff	Substitution nucleophil S_N	Halogenderivat (außer F und J)
	Phosphortrihalogenid	S_N	Halogenderivat (auch mit J)
2.2. Silbersalze von Carbonsäuren	Br_2, J_2	HUNDSDIECKER-Reaktion	Halogenderivate
3. Stickstoffhaltige Verbindungen			
3.1. Alkylamine →Org. Stickstoffverbindungen 2.	NOCl, NOBr Nitrosylhalogenid		Alkylchlorid, Alkylbromid
3.2. Arylamin	$HNO_2 + HCl$	Diazotierung	Arylhalogenid
4. Schwefelhaltige Verbindungen			
4.1. Dialkylsulfat (→Ester 1.)	NaJ, NaF		Alkyljodid, Alkylfluorid
5. Halogenhaltige Verbindungen			
5.1. Monochloralkan	NaJ	S_N	Alkyljodid
5.2. Monojodalkan	AgF, Hg_2F_2	S_N	Alkylfluorid
5.3. Polychloralkane	$HF/SbCl_5$		Fluorchloralkane
5.4. Dihalogenalkane, -alkene	Basen	→Elimination von Halogenwasserstoff	Alkenylhalogenid Alkinylhalogenid
5.5. Trihalogenalkane	Zink	Elimination von Halogen	Alkenylhalogenid

1.1. $$C_6H_{14} + Cl_2 \xrightarrow{Licht} HCl + C_6H_{13}Cl$$
   Hexan   Monochlorhexan

Die Reaktionsgeschwindigkeit dieser *Kettenreaktion* ist bei primären C-Atomen am geringsten, bei tertiären (mit 3 weiteren C-Atomen direkt verbunden) am

Halogenderivate 1.

größten, da die Aktivierungsenergie zur Abspaltung eines Wasserstoffatoms bei tertiären C-Atomen am geringsten ist. Fluor reagiert so heftig (große Bindungsenergie der polaren C—F-Bindung), daß Fluorierungen am besten indirekt erfolgen. Auch mit Jod kann die Reaktion nicht direkt durchgeführt werden, da HJ ein starkes Reduktionsmittel ist; die Jodierung verläuft endotherm. Das gilt auch für die elektrophile Substitution von Benzol durch Jod, die nur mit Zusatz spezieller Oxydationsmittel gelingt.

1.2.

$$\underset{\text{Propen}}{\begin{array}{c}CH_3\\|\\CH\\\|\\CH_2\end{array}} + \underset{\text{N-Bromsuccinimid}}{Br-N\begin{array}{c}\overset{O}{\diagdown}\\C-CH_2\\|\\|\\C-CH_2\\\diagup\\O\end{array}} \rightarrow \underset{\text{Allylbromid}}{\begin{array}{c}CH_2Br\\|\\CH\\\|\\CH_2\end{array}} + \underset{\text{Succinimid}}{HN\begin{array}{c}\overset{O}{\diagdown}\\C-CH_2\\|\\|\\C-CH_2\\\diagup\\O\end{array}}$$

$$\underset{\text{Propen}}{H_3C-CH=CH_2} + HJ \rightarrow H_3C-\overset{\overset{J}{|}}{C}H-CH_3 \quad \text{2-Jodpropan}$$

Die Additionsgeschwindigkeit der Halogenwasserstoffe erfolgt entsprechend ihrer Säurestärke, von HF nach HJ ansteigend. Die Anlagerung des Halogens an das wasserstoffärmste C-Atom entspricht der Regel von MARKOWNIKOFF (→Addition), die auch für die →Addition an →Alkine gilt (für HBr nur unter Ausschluß von Radikalbildnern).

2.1.

$$\underset{\text{Alkohol}}{\begin{array}{c}R\\\diagdown\\CHOH\\\diagup\\R'\end{array}} + HY \rightarrow \underset{\text{Halogenid}}{\begin{array}{c}R\\\diagdown\\CHY\\\diagup\\R'\end{array}} + H_2O$$

$$\underset{\text{Alkohol}}{3R-CH_2OH} + \underset{\substack{\text{Phosphor-}\\\text{trihalogenid}}}{PY_3} \rightarrow \underset{\text{Halogenid}}{3R-CHY} + H_3PO_3$$

Beide Reaktionen verlaufen nicht mit Fluorverbindungen. Die OH-Gruppe wird nur durch Halogenwasserstoffe, also in saurer Lösung verdrängt, weil die OH-Gruppe stärker nucleophil ist als die Halogenid-Ionen. In saurer Lösung bildet sich H_2O durch Anlagerung eines Protons (→Substitution).

Halogenderivate 1.

2.2. HUNDSDIECKER-*Reaktion*

$$RCOOAg + Br_2 \rightarrow RCOOBr + AgBr, \quad RCOOBr \rightarrow RBr + CO_2$$
Ag-Salz einer Carbonsäure

3.1. $R\text{—}CH_2\text{—}NH_2 + NOCl \xrightarrow{-H_2O} [R\text{—}CH_2\text{—}N\equiv N]^+ Cl^- \rightarrow R\text{—}CH_2Cl + N_2$
Alkylamin   Alkyldiazoniumsalz
              (nicht isoliert)

3.2.

$$C_6H_5\text{-}NH_2 + HNO_2 + HCl \xrightarrow{-2H_2O} [C_6H_5\text{-}N\equiv N]^+ Cl^- \xrightarrow{\text{Hitze}} C_6H_5\text{-}Cl + N_2$$

Aminobenzol   Benzoldiazonium-
                chlorid (isolierbar)

4.1. $(CH_3)_2SO_4 + NaJ \rightarrow CH_3J + CH_3\text{—}O\text{—}SO_2\text{—}ONa$
Dimethylsulfat   Methyljodid   Na-methylsulfat

5.3. $CCl_4 + HF \xrightarrow{SbCl_5} CCl_3F + HCl$

Wie bereits erwähnt, sind Jod- und Fluorverbindungen direkt nur schwierig zu gewinnen. Meist werden Austauschreaktionen mit anderen Halogenen eingesetzt (auch bei mehrfachem Eintritt von Fluoratomen).

5.4.

$$\begin{array}{c} H\;H \\ BrC-CH \\ H\;Br \end{array} \xrightarrow[-HBr]{+OH^-} \begin{array}{c} H \\ \diagdown \\ \;\;C=C \\ \diagup \\ Br \end{array} \begin{array}{c} H \\ \diagup \\ \\ \diagdown \\ H \end{array}$$

1,2-Dibromäthan   Bromäthen

1.2. Eigenschaften

Die Eigenschaften der Monohalogenderivate sind im wesentlichen in der allgemeinen Zusammenfassung enthalten. Schmelz- und Siedepunkte sind in Tab. 2. aufgeführt. Die Siedepunkte steigen mit zunehmender C-Atomanzahl ebenso an wie bei wachsender Halogenatomanzahl. Bei entsprechenden Verbindungen wachsen die Werte von Fluor über Chlor-Brom zu Jod. Das beruht auf den mit wachsenden Molmasse ebenfalls größer werdenden VAN DER WAALS-Kräften (→Bindungskräfte). Die Dichte sinkt mit steigender C-Atomzahl, steigt mit anwachsender Anzahl von Halogenatomen und innerhalb der Halogengruppe. Die Rabelle (abgeändert nach RODD und FODOR), enthält die Werte in °C in der ersten Reihe, in der zweiten die Dichte in g/cm³ bei 20°C.

Halogenderivate 1.

Tab. 2:

Radikal	Formel	F	Kp	F	Kp	F	Kp	F	Kp
		F		**Cl**		**Br**		**J**	
Methyl	CH₃—	−141,8 0,877 am Kp	−78,4	−97,7 0,991 am Kp	−24,1	−93,7 1,732 bei 0	3,5	−66,1 2,279	42,5
Äthyl	C₂H₅—	−143,2 0,816 am Kp	−38,0	−138,7 0,921 bei 0	12,5	−119,0 1,43	38,4	−108,5 1,933	72,4
Propyl	C₃H₇—	−159,0 0,779 am Kp	−3,2	−122,8 0,890	46,6	−110,0 1,353	71	−101,4 1,747	102,5
Butyl	C₄H₉—	0,776	31,9	−123,1 0,884	78,5	−112,4 1,299	101,5	−103,5 1,617	130,4
Isopropyl	(CH₃)₂CH—	−133,4 0,768 am Kp	−9,4	−117,0 0,859	34,8	−89,0 1,310	59,4	−90,8 1,703	89,5
tert. Butyl	(CH₃)₃C—		12,1	−28,5 0,847 bei 15	50,7	−20,0 1,222	73,2	−33,6 1,571 bei 0	100,0
Vinyl	C₂H₃—		−72,0	−159,7 0,919 bei 15	−13,9	−137,8 1,517 bei 14	15,8	2,080 bei 0	56,0
Allyl	C₃H₅			−136,4 0,938	44,6	−119,4 1,398	71,3	−99,3 1,848 bei 12	103,1
Äthinyl	C₂H—	−196	−80				−2		32
Phenyl	C₆H₅—	−41,9 1,024	84,8	−45,2 1,107	132,0	−30,6 1,499 bei 15	156,1	−31,3 1,832	188,4
Benzyl	C₆H₅CH₂—			−43,0 1,103 bei 18	179,3	−3,9 1,438 bei 22	210,0	24,0 1,733 bei 25	93,0 10 torr
Methylen	CH₂=		−51,6	−96,8 1,326	40,0	−52,7 2,495	97,0	6,0 3,325	66 11 torr
Äthyliden	CH₃CH=		−24,7	−96,6 1,174	57,3	2,10 bei 15	112,5	2,84	178
o-Phenylen	C₆H₄=			−17,5 1,305	180				
m-Phenylen				−23,8 1,288	172				
p-Phenylen				53 1,458 bei 20	173,4				
Haloform	CH≡	−160,0	−84	−63,5 1,498 bei 15	61,5	7,8 2,89	149,5	120 4,008	

1.3. *Reaktionen*

Die Reaktionsfähigkeit der Monohalogenderivate nimmt in der Reihenfolge Jod-Brom-Chlor-Fluor ab, ebenso von tertiären über sekundären zu primären C-Atomen, mit denen die Halogene verbunden sind. Wegen der Dipoleigenschaft der Kohlenstoff-Halogen-Bindung sind die Reaktionen meistens Angriffe nucleophiler Teilchen (→Substitutionen oder →Eliminationen) oder Heterolysen (führen zu Carbonium-Ionen). Der jeweilige Mechanismus hängt ab von der Struktur der das Halogen bindenden Gruppe und dem Lösungsmittel. In großen Zügen kann man die Verbindungen nach ihrer Reaktivität in drei Gruppen einstufen:

1. Verbindungen mit normaler Reaktivität (R—CH$_2$—Y, also Halogen→alkane und -→cycloalkane, bei denen das Halogen nicht an einem tertiären C-Atom sitzt). Diese Verbindungen reagieren mit nucleophilen Teilchen in bimolekularer Reaktion, bevorzugt substituierend, in zweiter Linie eliminierend.

2. Verbindungen mit erhöhter Reaktivität (Alkyl- bzw. Cycloalkylderivate mit Halogen am tertiären C-Atom, Verbindungen, bei denen das Halogen in Konjugation mit Doppelbindungen oder einem →aromatischen System steht, also Allylhalogenide (>C=C—C—Y) und Benzylhalogenide (C$_6$H$_5$—C—Y) oder ähnliche Substanzen). Die Reaktionen verlaufen monomolekular mit großer Geschwindigkeit.

3. Verbindungen mit verminderter Reaktivität (Verbindungen, die das Halogen am Kern eines →aromatischen Systems oder an einem C-Atom einer →Alkendoppelbindung tragen, also Phenyl- oder Vinylhalogenide). Solche Substanzen reagieren mit nucleophiler Substitution nur bei höherer Temperatur.

Einige wichtige Reaktionen sind in Tab. 3 (abgeändert nach Fodor) zusammengefaßt.

Tab. 3:

Reagens	Vorgang	Produkt	
1. Bildung einer C—O-Bindung			
1.1. H$_2$O, OH$^-$	nucleophile →Substitution S$_N$	Alkohol, Phenol (→Hydroxyderivate)	>C—OH
1.2. RONa Alkoholat	S$_N$	→Äther	>C—O—R
1.3. RCOONa Carbonsäuresalz	S$_N$	→Ester	—C(=O)O—C<

Halogenderivate 1.

Reagens	Vorgang	Produkt	
1.4. $NaNO_2$	S_N	Salpetrigsäure→ester (vgl. 5.2.)	$\rangle C-O-N=O$

2. *Bildung einer C—S-Bindung* (→Org. Schwefelverbindung)

2.1. NaSH	S_N	Mercaptan s. d. 1.,	$\rangle C-S-H$
$Na_2S_2O_3$		(nach Hydrolyse)	
$(NH_2)_2CS$		(nach Hydrolyse durch Basen)	
Thioharnstoff			
2.2. NaSR	S_N	Thioäther s. d. 2.	$\rangle C-S-R$
2.3. Na_2SO_3	S_N	Sulfonsäuresalz s.d. 3.	$\rangle C-SO_2ONa$

3. *Bildung einer C—C-Bindung*

3.1. NaCN, $Cu_2(CN)_2$	S_N	→Carbonsäure-Nitril	$\rangle C-C\equiv N$
3.2. reaktive C—H-Bindung	S_N	C-Alkylderivate von Malonester und Acetessigester $\rangle C-C\langle$ (→Carbonsäuren 1.2. u. 2.5.)	
3.3. Aren/$AlCl_3$	S_E elektrophil	Alkylaren (Friedel-Crafts-Synthese) (→Benzolkohlenwasserstoffe)	
3.4. K, Na, Cu, Zn	→radikalische Elimination	→Alkan (→Wurtzsche Synthese)	$\rangle C-C\langle$

4. *Bildung einer C=C-Bindung*

4.1. Basen	nucleophile →Elimination (HX)	→Alken	$\rangle C=C\langle$

5. *Bildung einer C—N-Bindung* (→org. Stickstoffverbindung)

5.1. NR_3	S_N	Amine s. d. 2.	$\rangle C-NR_2$
5.2. $NaNO_2$	S_N	Nitroverbindungen s. d. 1 (vgl. 1.4.)	$\rangle C-NO_2$
5.3. NaN_3	S_N	Alkylazide	$\rangle C-N_3$

6. *Bildung einer C—H-Bindung*

6.1. H/Katalyse HJ+P	radikalische Substitution	Kohlenwasserstoff	$\rangle C-H$

7. *Bildung einer C-Metall-Bindung* (→metallorganische Verbindungen)

7.1. Mg		Alkylmagnesiumhalogenid (→Grignard-Reaktion)	$\rangle C-Mg-X$

Halogenderivate 1.

Reagens	Vorgang	Produkt
7.2. Li		organische Lithiumverbindungen $>$C—Li
8. *Bildung einer C-Halogen-Bindung*		
8.1. Metallhalogenid	S_N	organische Fluor- und Jodverbindungen (vgl. Tab. 1:5.1. und 5.2)

1.1. $R'—CR_2Y + OH^- \rightarrow R'—CR_2OH + Y^-$

Diese Reaktion ist nicht die Umkehrung der Bildung von Alkylhalogenid aus Alkohol (Tab. 1:2.1.), da sie in alkalischer Lösung oder bei Verbindungen mit erhöhter Reaktivität bereits in Wasser erfolgt. Bei bimolekularem Mechanismus (S_N2) (→Substitution) erfolgt immer eine Inversion der Konfiguration (s. →Isomerie) (WALDENsche Umkehrung), die nur bei asymmetrischen C-Atomen nachweisbar ist.

1.4. + 5.2.

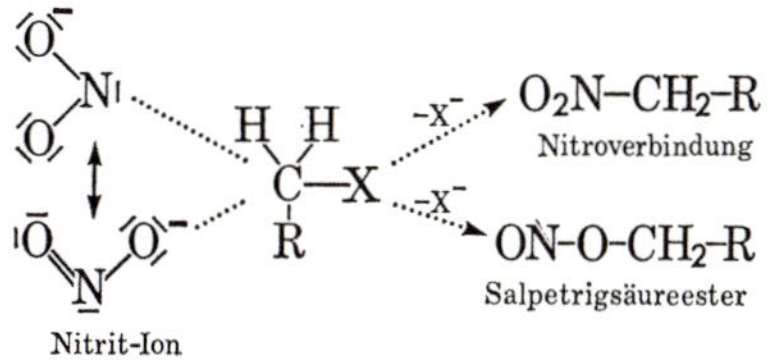

$$\text{Nitrit-Ion} \xrightarrow{-X^-} \begin{array}{l} O_2N—CH_2—R \quad \text{Nitroverbindung} \\ ON—O—CH_2—R \quad \text{Salpetrigsäureester} \end{array}$$

Das Nitrit-Anion bildet ein Gemisch aus Salpetrigsäureester und Nitroverbindung, weil das Stickstoff- und das Sauerstoffatom stark nucleophil sind und das positivierte C-Atom sowohl das eine als auch das andere Atom binden kann.

2.1.

$$R—Cl + Na_2S_2O_3 \xrightarrow{-NaCl} R—S—SO_3Na \xrightarrow[HCl]{+H_2O} R—SH + NaHSO_4$$

Thiosulfat — Thioschwefelsäurehalbester — Mercaptan

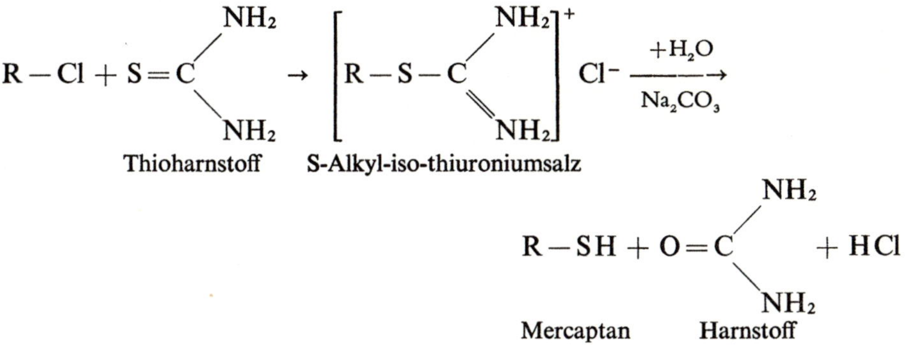

$$R—Cl + S=C\begin{smallmatrix}NH_2\\NH_2\end{smallmatrix} \rightarrow \left[R—S—C\begin{smallmatrix}NH_2\\\|\\NH_2\end{smallmatrix}\right]^+ Cl^- \xrightarrow[Na_2CO_3]{+H_2O}$$

Thioharnstoff — S-Alkyl-iso-thiuroniumsalz

$$R—SH + O=C\begin{smallmatrix}NH_2\\NH_2\end{smallmatrix} + HCl$$

Mercaptan — Harnstoff

Halogenderivate 2.

Die der Alkoholbildung analoge Mercaptanherstellung aus Alkalihydrogensulfiden wird durch komplizierte Gleichgewichte gestört, so daß die gebräuchlichen Mercaptansynthesen über Zwischenprodukte verlaufen. Das Mercaptan entsteht nach Hydrolyse.

3.2.

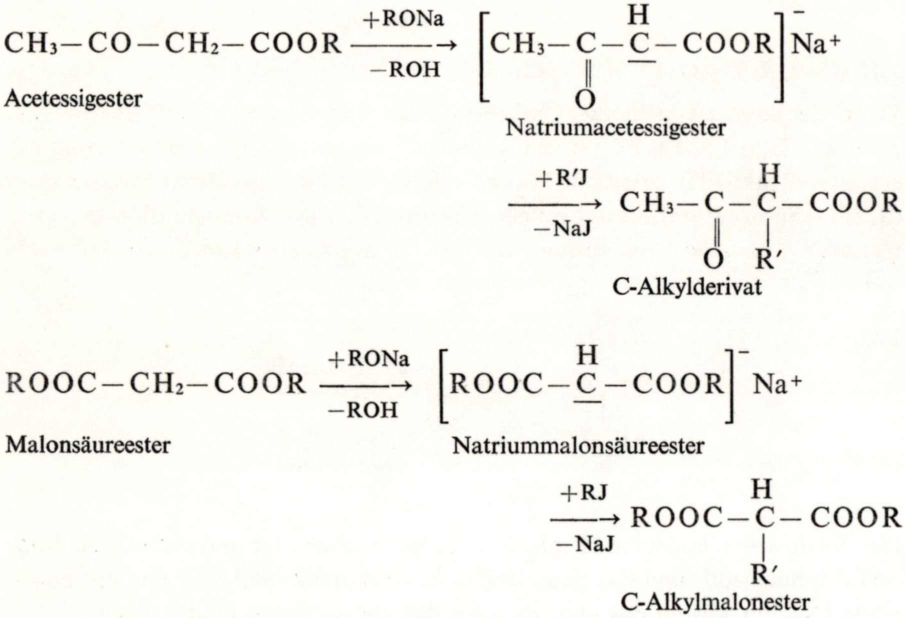

$$CH_3-CO-CH_2-COOR \xrightarrow[-ROH]{+RONa} \left[CH_3-\underset{O}{\overset{\parallel}{C}}-\underset{}{\overset{H}{\underline{C}}}-COOR \right]^- Na^+$$

Acetessigester \hspace{4em} Natriumacetessigester

$$\xrightarrow[-NaJ]{+R'J} CH_3-\underset{O}{\overset{\parallel}{C}}-\underset{R'}{\overset{H}{C}}-COOR$$

C-Alkylderivat

$$ROOC-CH_2-COOR \xrightarrow[-ROH]{+RONa} \left[ROOC-\underset{}{\overset{H}{\underline{C}}}-COOR \right]^- Na^+$$

Malonsäureester \hspace{4em} Natriummalonsäureester

$$\xrightarrow[-NaJ]{+RJ} ROOC-\underset{R'}{\overset{H}{C}}-COOR$$

C-Alkylmalonester

Die Methylengruppe ist durch ihre Lage besonders reaktionsfähig und tauscht leicht ein Proton gegen Alkali-Ionen aus. Mit Halogeniden mit normaler und erhöhter Reaktivität entstehen C-Alkyl-derivate. Wiederholung des Prozesses führt zu C-Dialkylderivaten.

Verbindungen von technischer Bedeutung sind: *Monochlormethan* (Kälteaggregate), *Monochloräthan* (Lokalanästhesie), Monochlorbenzol (Zwischenprodukt für Phenol, Anilin, *DDT*), Vinylchlorid (→Polymerisation zu *PVC*; Herstellung des Monomeren aus →Äthin und Chlorwasserstoff oder — moderner — aus →Äthen — gewonnen aus Crackgasen →Erdöl- und Chlor mit nachfolgender HCl-Elimination durch Kalkmilch).

2. *Dihalogenderivate*

Geminale Dihalogenderivate tragen die Halogenatome an einem C-Atom, vicinale an benachbarten C-Atomen, disjunkte an C-Atomen, die mindestens durch ein C-Atom getrennt sind.

Halogenderivate 3.

Geminale Verbindungen entstehen 1. aus Aldehyden und Ketonen durch Phosphorhalogenide, 2. durch Addition von Halogenwasserstoff an Vinylhalogenide oder →Alkine (zweimalige Addition), 3. durch Halogenaustausch.

Geminale Verbindungen ergeben durch Hydrolyse →Oxoverbindungen (Umkehrung der Herstellung). Nach Abspaltung von 2 Molekülen Halogenwasserstoff durch Basen bilden sich Alkine.

Vicinale Dihalogenverbindungen entstehen durch Addition von Halogen an eine Alkendoppelbindung oder durch Substitution von Glykolen (1,2-Dialkohole) mit Halogenwasserstoff oder Phosphorhalogeniden.

Durch Einwirken von Zink auf vicinale Dihalogenverbindungen lassen sich umgekehrt wieder →Alkene herstellen. Fluorverbindungen sind dazu nicht zu gebrauchen.

Disjunkte Dihalogenverbindungen reagieren wie Monohalogenderivate. Von Interesse sind α, ω-Dihalogenverbindungen, d. h. es sind die endständigen C-Atome halogeniert. Sie dienen zur Herstellung von Ringverbindungen (→Cycloalkane u. a). Sie werden gebildet z. B. durch Einwirken von Brom auf Silbersalze zweibasischer Carbonsäuren oder aus α, ω-Glykolen mit Phosphorhalogeniden oder Halogenwasserstoffen.

Dichlormethan ist ein in der Technik viel gebrauchtes Extraktionsmittel.

3. *Trihalogenderivate*

Die bekanntesten Vertreter dieser Verbindungen sind die Methanderivate, die auch unter den Trivialnamen Haloforme bekannt sind. Die physikalischen Daten sind in Tab. 2 bei den Monohalogenverbindungen mit aufgeführt.

Chloroform ist ein Narkosemittel, dessen Bedeutung abnimmt, da bessere Mittel zur Verfügung stehen (wegen Zersetzungsgefahr enthält das in braunen Flaschen aufbewahrte Narkose-Chloroform 1% Äthanol zur Bindung des entstehenden sehr giftigen *Phosgens* $COCl_2$). Chloroform wird noch häufig als Extraktions- und Lösungsmittel eingesetzt, da es nicht brennbar ist, Fette gut löst, weil es ein hohes Dipolmoment besitzt.

Die medizinische Verwendung von *Jodoform* als Antisepticum ist nicht mehr gebräuchlich, dagegen dient es in der analytischen Chemie als Nachweis für C-Acetylgruppen (CH_3-CO-) oder Gruppen, die zu solchen Methylketongruppen oxydiert werden können. Die Jodoform-Probe erfolgt durch Erhitzen der Substanz mit Jod und einer Lauge. Bei Anwesenheit einer entsprechenden Gruppe fällt Jodoform als gelber, kristalliner Niederschlag aus.

Der Mechanismus der Jodoform-Probe entspricht dem Herstellungsverfahren für Chloroform aus Alkohol, Aceton, Chloralhydrat oder Trichloressigsäure durch Einwirken von Laugen oder Hypochloriden. Der erste Schritt besteht in der u. U.

Halogenderivate 4.

notwendigen Bildung der CH_3-CO-Gruppe. Die Methylgruppe wird vollständig halogeniert, und die Lauge hydrolysiert die C—C-Bindung, die durch die von zwei Seiten induktiv wirkenden Chlor- und Sauerstoffatome (Elektronenanziehung) geschwächt wird. Auch Bromoform läßt sich so herstellen.

$$H_3C-CH_2OH \xrightarrow{-2H} H_3C-C\underset{H}{\overset{O}{\diagup}} \xrightarrow[-3OH^-]{+3OX^-} X_3C-C\underset{H}{\overset{O}{\diagup}} \xrightarrow{OH^-} X_3CH + HC\underset{O^-}{\overset{O}{\diagup}}$$

Äthanol　　　　　Äthanal　　　　X = Cl = Chloral　　Haloform　Ameisen-
　　　　　　　　　　　　　　　　　　　　　　　　　　　　　　　　säureanion

Während Chloroform auch technisch durch Chlorieren von Methan gewonnen werden kann, stellt man Bromo- und Jodoform durch Elektrolyse der entsprechenden Alkalihalogenide in verdünnter alkoholischer oder acetonischer Lösung her.

Höhere Alkane mit einer 1,1,1-Trihalogengruppe entstehen durch →radikalische →Addition von Haloformen an Alkene.

Andere Reaktionen von Haloformen, speziell von Chloroform, sind: a. Oxydation durch Sauerstoff bei Licht zu *Phosgen* $COCl_2$; b. Hydrolyse durch Laugen zu Ameisensäuresalzen; ein Zwischenprodukt dieser Reaktion ist Dichlorcarben, das bei der REIMER-TIEMANN-Reaktion eingesetzt wird (→Carbene): Bildung von aromatischen Hydroxyaldehyden aus Phenol, Chloroform und Alkalilauge; c. Bildung von →Isonitrilen (R—N—C) aus primären Aminen, Chloroform und Alkali; d. Kondensation mit Ketonen zu Verbindungen vom Typ $RR'\cdot COH \cdot CCl_3$.

Es gibt auch gemischte Trihalogenverbindungen. Von Bedeutung ist R 22, *Difluorchlormethan* CHF_2Cl, das einerseits als Treib- und Kältemittel eingesetzt wird, andererseits durch Pyrolyse bei 700°C *Tetrafluoräthen* liefert, aus dem durch →Polymerisation ein chemisch und thermisch stabiler Kunststoff entsteht (*Teflon, Hostaflon*).

$$2 CHF_2Cl \rightarrow F_2C=CF_2 + 2HCl$$
R 22　　　　　　　Tetrafluoräthen

R 22 (Erklärung bei Polyhalogenverbindungen) entsteht durch Halogenaustausch mit Fluorwasserstoff in Anwesenheit von Katalysatoren.

4. *Polyhalogenverbindungen*

Tetrachlormethan, auch *Tetrachlorkohlenstoff* genannt (Handelsname Tetra), ist die bekannteste Verbindung dieser Art, verwendet als unbrennbares Lösungsmittel und für Feuerlöschgerätefüllung. Hergestellt wird es durch Chlorieren von

Methan oder aus Schwefelkohlenstoff und Chlor. Physikalische Eigenschaften s. Tab. 2.

Seit dem 2. Weltkrieg sind eine Reihe von Fluoralkanen und -alkenen zu Verbindungen von großem technischem Interesse geworden. Sie werden unter dem Namen *Freon* oder *Frigen* gehandelt und mit Kurzbezeichnungen versehen wie R 22, R 113. Dabei bedeutet die letzte Zahl die Anzahl der F-Atome im Molekül, die vorletzte die um 1 vermehrte Anzahl der H-Atome und die drittletzte die um 1 verminderte Anzahl der C-Atome. Die restlichen Atome sind Chloratome. R 22 = CHF_2Cl, R 113 = $CF_2Cl-CFCl_2$. Diese Verbindungen werden durch Halogenaustausch hergestellt mit wasserfreiem HF aus entsprechenden Polychloralkanen. Die Verbindungen sind chemisch stabil, nicht brennbar und zum großen Teil ungiftig. Technisch werden sie als Treibmittel für Aerosole, Kältemittel, Entfettungsmittel (für chemische Reinigung R 11 und R 113) und Feuerlöschmittel eingesetzt. Die Alkene (Tetrafluoräthen und Trifluorchloräthen) sind Ausgangsstoffe für wichtige Polymerisationskunststoffe. Die Verwendung als Treib- und Kältemittel beruht u. a. auf den niedrigen Siedepunkten: R 11 23,8°, R 12 −29,8°, R 22 −40°, R 113 47°, R 114 3,8° (alles °C).

Eine Substanz aus dieser Gruppe erwies sich als gutes, ungefährliches Inhalationsnarkoticum: Fluothan oder *Halothan* genannt, chemisch 1,1,1-Trifluor-2-chlor-2-bromäthan $CF_3CHClBr$. Es kann auf folgende Weise hergestellt werden:

$$CCl_2=CHCl \xrightarrow{+HCl} CCl_3CH_2Cl \xrightarrow[-3HCl]{+3HF} CF_3CH_2Cl \xrightarrow[-HBr]{+Br_3} CF_3CHClBr$$

Die als Ausgangssubstanzen benutzten Polychlorverbindungen sind durch direkte Chlorierung der →Alkane oder durch →Addition an →Äthin zugänglich. Durch aufeinanderfolgende Anlagerung von Halogenen oder Halogenwasserstoffen bzw. Abspaltung von Halogenwasserstoffen kann man die gewünschten Substanzen erhalten.

Zwei Polychlorverbindungen sind wichtige Schädlingsbekämpfungsmittel, *Hexachlorcyclohexan* und *DDT*.

Hexachlorcyclohexan (Handelsnamen Lindan oder Gammexan) ist nur als γ-Isomeres wirksam (von 8 möglichen Stereoisomeren). Bei der γ-Konstellation stehen die 6 Chloratome in den Positionen a.a.a.e.e.e. (→Cycloalkane). Es kann durch Addition von Chlor an Benzol unter UV-Licht gewonnen werden.

DDT ist die Abkürzung für 1.1-p-p'-Dichlordiphenyl-2.2.2-trichloräthan, das aus Chlorbenzol und Chloralhydrat unter Einwirken von Schwefelsäure gewonnen wird. Wegen der Speicherung in tierischen und menschlichen Körper werden gegen die Anwendung Bedenken erhoben.

Halogene

γ-Hexachlorcyclohexan Chlorbenzol Chloralhydrat DDT

Literatur
Rodd's Chemistry of Carbon Compounds, Bd. IA. — Elsevier Pub. Com., Amsterdam 1964
FODOR, G.: Organische Chemie Bd. 1. — VEB Dt. Verlag der Wissenschaften, Berlin 1965

Halogene Name für die Elemente der Siebenten Hauptgruppe.
Halohydrine (Halogenalkohole) s. Hydroxylderivate 1.1.4.
Halothan s. Halogenderivate 4.
Hannay-sche Synthese s. Kohlenstoff.
Hantzsch-Synthese s. Heterocyclen 1.1.
Harkinsche Regel s. Promethium.
Harmin s. Rauschgifte, Heterocyclen 1.2.
Harnsäure s. Heterocyclen 2.4.
Harnstoff s. Kohlensäurederivate 3.
Harzsäuren s. Terpene 3.
Haschisch s. Rauschgifte.
Hausmannit s. Mangan.
Heizöl s. Erdöl.

Helium gehört zu den →Edelgasen. Von ihm existieren die stabilen Isotope mit den Massenzahlen 3 (0,000137%) und 4 ($\approx 100\%$).

Das auf der Erde befindliche Helium ist völlig radiogenen Ursprungs (s. Zerfallsreihen). Jährlich werden in der Erdkruste ca. 10^7 m³ produziert. Der geringe Anteil in der Atmosphäre ist als Gleichgewichtszustand aufzufassen zwischen der ständigen Produktion und den Verlusten in der hohen Atmosphäre. Das leichtere Isotop bildet sich durch β-Zerfall des durch Kernreaktionen (Höhenstrahlung) entstandenen Tritiums ($^3_1$H).

Die Abtrennung des Heliums aus der Luft ist wenig zweckmäßig. Als einziges der Edelgase ist es in großen Mengen in verschiedenen Naturgasquellen vorhanden. Die ergiebigsten sind dort anzutreffen, wo die geologischen Bedingungen eine Ansammlung in tiefer liegenden Schichten begünstigen. Anscheinend wird Helium durch Naturgase — einschließlich Erdgas — ausgespült. Die Übersicht zeigt einige ergiebige Quellen.

Staat	Quelle	He (%)	Ausbeute (m³/Jahr)
Frankreich	Santenay, Carnot, Cote-d' Or	9,97	18
Frankreich	Bourbon-Laney	1,84	10
Frankreich	Lesquin, Lille	0,924	1359
Frankreich	Vaux-en-Bugey	0,095	20000
Deutschland	Neuengamme, Hamburg	0,025	25000
USA	Amarillo, Texas	1,75	13600000

Die Gewinnung des Heliums aus Erdgas erfolgt durch Verflüssigung des hauptsächlichen Gases, wobei Helium gasförmig bleibt.

Da sich beide Isotope recht wesentlich in der Atommasse unterscheiden, weichen charakteristische Daten stark von einander ab. Beide zeigen in der Nähe des absoluten Nullpunktes ein von allen anderen Gasen abweichendes Verhalten: Sie haben keinen Tripelpunkt, d. h. im Druck-Temperatur-Diagramm gibt es keine Stelle, an der die Stoffe gleichzeitig in fester, flüssiger und gasförmiger Gestalt auftreten. Weitere Besonderheiten zeigen die beiden Diagramme (in qualitativer Darstellung):

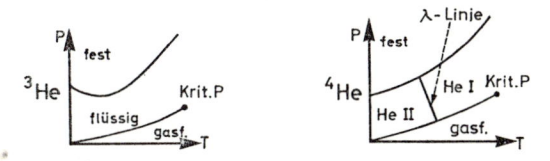

Das leichte Helium ist bei einem Druck von 31 atm bei 0,6 K und bei 0,12 K flüssig, dazwischen jedoch (0,3 K) fest. Schweres Helium geht am λ-Punkt (2,19 K und 1 atm) beim Abkühlen in die einzige bekannte Superflüssigkeit über.

Das Helium II ist durch folgende Eigenschaften gekennzeichnet:

a) sehr hohe Wärmeleitfähigkeit — 600 mal so groß wie die des Kupfers bei Zimmertemperatur;

b) sehr geringe Viskosität (Zähigkeit) — annähernd 1/1000 der des gasförmigen Wasserstoffs;

c) die Fähigkeit, allein aus dem Gefäß auszulaufen.

Helium ist somit das einzige Element, das bei normalem Druck nicht fest wird. Eine Fixierung der Heliumatome an bestimmte Gitterpunkte bedingt nach der Quantenmechanik eine Erhöhung der Impulse und somit auch der Schwingungsenergie. Ist nun die Van-der-Waalssche Anziehung zwischen den einzelnen Atomen zu gering, so kommt es nicht zur Gitterbildung. Beim Helium ist das im Gegensatz

Helium

zu allen anderen Elementen der Fall. Am absoluten Nullpunkt beträgt die Schwingungsamplitude 30—40% des Abstandes zweier Heliumatome. Erklären läßt sich auch, warum ⁴He unter bestimmten Bedingungen eine Supraflüssigkeit ist, ³He dagegen nicht. Das schwere Helium hat den Gesamtspin 0 (Boson), das leichte dagegen den Spin 1/2 (Fermion). Bei diesem ist eine Energiequantelung erforderlich, bei jenem nicht. Eine befriedigende und dazu anschauliche Theorie wurde noch nicht gefunden.

Flüssiges Helium dient zur Erzeugung sehr tiefer Temperaturen. Die Verflüssigung unmittelbar nach dem Lindeschen Verfahren (s. Sauerstoff) ist nicht möglich, weil komprimiertes Helium sich bei der Expansion erst dann abkühlt, wenn es zuvor auf 51 K (⁴He) bzw. 40 K (³He) vorgekühlt wird. Nach älteren Verfahren erfolgt die Heliumverflüsigung deswegen auf dem Weg flüssige Luft-flüssiger Wasserstoff-flüssiges Helium. Der seit 1946 verwendete Collins Cryostat läßt dagegen komprimiertes Helium bei der Ausdehnung Arbeit leisten (z. B. einen Dynamo betreiben). In mehreren Stufen gelingt es dann nach Vorkühlung mit flüssiger Luft, Helium zu verflüssigen. Es verdampft wegen seiner minimalen Verdampfungswärme sehr schnell. Deswegen befindet sich das Dewargefäß mit ihm in einem zweiten mit flüssiger Luft. Die tiefen Temperaturen werden benötigt, um Metalle in ihren supraleitenden Zustand zu überführen, d. h. weniger als 18 K (Nb_2Sn). Beim Verdampfen flüssigen Heliums gelangt man bis zu 0,8 K bzw. bei Verwendung des leichten Heliums bis zu 0,3 K. Durch adiabatische Entmagnetisierung paramagnetischer Salze in flüssigem Helium der Temperatur $T < 1$ K ist es gelungen, bis zu einer Temperatur von $2 \cdot 10^{-5}$ K herunter zu kommen. Die eigentlichen technischen Schwierigkeiten liegen im Abpumpen des Dampfes, da der Dampfdruck nur ganz gering ist:

	K	Torr		K	Torr
	0,5	0,0000163		0,3	0,00150
⁴He	0,6	0,000281	³He	0,6	0,4985
	0,8	0,0114		0,8	2,74
	1	0,126		1	8,564

Große Mengen Helium verwendet die Industrie als Schutzatmosphäre für gewisse metallurgische Verfahren (s. Argon). Es läßt sich im flüssigen Zustand in besonders gut isolierten Kesselwagen ohne nennenswerten Verlust über lange Strecken transportieren.

Eine Füllung der Ballons für Radiosonden zur Erforschung der höheren Luftschichten mit Helium ist nicht wegen der fehlenden Brandgefahr vorzuziehen, sondern weil Helium weniger schnell die Hülle durchdringt als Wasserstoff. Immer wieder werden Versuche angestellt, rentable Luftschiffe zu entwickeln. Das erste mit Atomkraft getriebene Luftschiff mit einer Länge von 180 m hatte eine Reisegeschwindigkeit von ca. 130 km/std. Der Atomantrieb erforderte nur 1/20 von der für ein Flugzeug erforderlichen Energie.

Die Eigenschaft des Heliums, in Wasser wenig löslich zu sein und relativ schnell zu diffundieren, läßt ein Gemisch von Helium und Sauerstoff geeignet erscheinen für Menschen, die unter hohen Drucken Arbeiten ausführen müssen. Gegenüber dem Stickstoff wird nur ca. die halbe Menge Gas ins Blut aufgenommen. Unter normalem Druck werden 99% des gelösten Heliums in 5,5 Stunden durch Diffusion wieder abgegeben.

Ein Gemisch von 60% Helium, 25% Sauerstoff und 15% Cyclopropan hat sich in der Anästhesie bewährt, weil es die Gefahren für das Nervensystem ganz vermeidet oder zumindest herabsetzt.

Gasentladungsröhren enthalten gelegentlich Helium, das ein gelblich weißes Licht ergibt.

Helix s. Aminosäuren 3., Nucleinsäuren.
Hell-Volhard-Zelinsky-Reaktion s. Carbonsäuren 1.1.3.
Hemellitol s. Benzolkohlenwasserstoffe 1.2.
Hemicellulose s. Papier (Holz), Kohlenhydrate 3.
Heparin s. Kohlenhydrate 1.2.
Hept-: Bezeichnung für C-Gerüst aus 7 Atomen s. Alkane, Alkene, Alkine.
Herbicide s. Schädlingsbekämpfungsmittel.
Heroin s. Arzneimittel, Rauschgifte.

Heterocyclische Verbindungen sind Ringsysteme, an deren Aufbau nicht nur C-Atome beteiligt sind. Ringe, deren Gerüst nur aus C-Atomen besteht, nennt man alicyclisch oder carbocyclisch (→Cycloalkane, →-alkene, →-alkine, →Benzolkohlenwasserstoffe).

Am Aufbau von Heterocyclen können Atome von Elementen teilhaben, die zwei kovalente Atombindungen betätigen können. Heterocyclen werden jedoch im wesentlichen aus Elementen der →vierten, →fünften und →sechsten Hauptgruppe des →Periodensystems gebildet. Von diesen Gruppen stellen die Ringsysteme mit N, O und S zugleich den größten Anteil und die wichtigsten Verbindungen.

Wie bei den carbocyclischen Systemen sind wegen der Spannungen heterocyclische Fünf- und Sechsringe am stabilsten (→Cycloalkane). Dies wird unterstützt durch den →aromatischen Charakter, den einige dieser Systeme besitzen.

Heterocyclische Verbindungen

Es ist deshalb vorgeschlagen worden, heterocyclische Verbindungen nicht nach Ringgröße und Anzahl der Heteroatome (wie auch in dieser Zusammenfassung) einzuteilen, sondern nach ihrem chemischen Verhalten. Man erhält dann drei Klassen: Heteroparaffine, Heteroaromaten und Heteroolefine.

Heteroparaffine sind gesättigte Verbindungen. Sie entsprechen in ihren Eigenschaften den Derivaten der aliphatischen (nicht ringförmigen), gesättigten Kohlenwasserstoffe (→Alkane). So verhalten sich *Tetrahydrofuran* oder 1,4-*Dioxan* wie →Äther, Piperidin wie ein sekundäres Amin (→org. Stickstoffverbindung 2).

Heteroaromaten sind dagegen maximal ungesättigte Verbindungen. Chemisch bleiben diese Ringsysteme ziemlich unreaktiv, während ihre Substituenten verändert werden. Sie zeigen eine größere Bereitschaft →Substitutionen einzugehen als →Additionen. Die Fünf- und Sechsringe besitzen 6 π-Elektronen (→Atombau) und entsprechen damit der HÜCKEL-*Regel*. Durch Kernresonanzspektroskopie ist der für →aromatische Systeme charakteristische Ringstrom nachzuweisen.

Die besonders wichtige Gruppe der Heteroaromaten läßt sich nochmals unterteilen. Die eine Gruppe besitzt einen π-Elektronenüberschuß, die andere einen π-Elektronenmangel. Zu den π-elektronenreichen Verbindungen gehören die Fünfringsysteme wie *Pyrrol*, *Thiophen* und *Furan* (s. u.). Die Sechsringe *Pyridin* und *Pyrimidin* (s. u.) sind dagegen π-elektronenarme Heteroaromaten. Der Überschuß kommt dadurch zustande, daß sich 6 π-Elektronen auf 5 Atome verteilen. Bei den π-elektronenarmen Verbindungen wirkt sich die große →Elektronegativität des N-Atoms aus. Im chemischen Verhalten ähneln die elektronenreichen Substanzen dem Anilin (→org. Stickstoffv. 2), dessen Aminogruppe durch den +M-Effekt (→Elektronenverschiebungen) für π-Elektronenüberschuß im Benzolring sorgt, während Nitrobenzol (→org. Stickstoffverb. 1.) im Verhalten den elektronenarmen Heteroaromaten entspricht, da die Nitrogruppe π-Elektronen aus dem Benzolring herauszieht.

Heteroolefine sind nicht vollständig ungesättigt oder nur teilweise hydriert wie *Pyran* und *Pyrrolin*. Sie zeigen Bromaddition, während Heteroaromaten durch Brom substituiert werden.

Die Nomenklatur der Heterocyclen beruht weitgehend auf Trivialnamen. Bei komplizierten Systemen ist es auch üblich vom Namen des entsprechenden carbocyclischen Kohlenwasserstoffs auszugehen und Name und Stellung des Heteroatoms voranzustellen (1-Azanaphthalin = *Chinolin*, 10-Aza-anthracen = *Acridin*). Dabei steht die Bezeichnung *aza* für N, *oxa* für O und *thia* für S. Diese Vorsilben gelten auch für die systematische Nomenklatur der IUPAC, die im Wortstamm Größe und Sättigung des Ringsystems ausdrückt (Tab. 1.). Die Anzahl von Heteroatomen derselben Art (von zwei aufwärts) wird durch griechische Zahlwörter angegeben. Verschiedene Heteroatome werden aufgeführt nach absteigender Gruppennummer und aufsteigender Periodennummer, also O vor S vor N.

Heterocyclische Verbindungen 1.1.

Tabelle 1:

Ringgröße	stickstoffhaltig			stickstofffrei		
	gesättigt	eine	mehrere	gesättigt	eine	mehrere
		\multicolumn{2}{c	}{Doppelbindungen}		\multicolumn{2}{c	}{Doppelbindungen}
3	-iridin	-irin	—	-iran	-iren	—
4	-etidin	-etin	-et	-etan	-eten	-et
5	-olidin	-olin	-ol	-olan	-olen	-ol
6	+	—	-in	-an	—	-in
7	+	—	-epin	-epan	—	-epin
8	+	—	-ocin	-ocan	—	-ocin
9	+	—	-onin	-onan	—	-onin
10	+	—	-ecin	-ecan	—	-ecin

+ Präfix „perhydro" vor Namen der ungesättigten Substanz

Folgende Beispiele zeigen die Anwendung: Oxiran (3-Ring, gesättigt, O-Atom = Äthylenoxid s. →Äther 2.1.), Oxol (5-Ring, ungesättigt, O-Atom = Furan), Dioxan (6-Ring, gesättigt, 2 O-Atome s. →Äther 2.2), Azin (6-Ring, ungesättigt, N-Atom = Pyridin), Oxazol (5-Ring, ungesättigt, O- und N-Atom).

Die Numerierung der Ringatome beginnt normalerweise beim Heteroatom. Bei mehreren Heteroatomen wird der Startpunkt der Zählung nach der gleichen Regel bestimmt wie bei der Namensgebung (O vor S vor N). Die Richtung der Zählung wird so gelegt, daß die Heteroatome möglichst niedrige Nummern er-erhalten. Beispiele: 1,2,4-Triazin, 1,2-Oxathiolan.

Im speziellen Teil sind einige Angaben über 5- und 6-Ringe enthalten. Die beiden Abschnitte sind unterteilt in Ringe mit 1 Heteroatom, benzolkondensierte Systeme, Ringe mit mehreren Heteroatomen. Reihenfolge: O, S, N.

1. *Fünfringe*

1.1. *Fünfringe mit einem Heteroatom*

Die wichtigsten Fünfringe sind die Heteroaromaten *Furan* (Oxol), *Thiophen* und *Pyrrol* (Azol). Der aromatische Charakter dieser Verbindungen beruht auf dem π-Elektronensextett, das sich aus 4 π-Elektronen aus konjugierten Doppelbindungen von C-Atomen und 2 Elektronen aus einem nichtbindenden p-Orbital des Heteroatoms zusammensetzt. Da sich die 6 Elektronen auf 5 Atome verteilen, kommt es an den C-Atomen gegenüber dem →aromatischen System →Benzol zu einer Erhöhung der Elektronendichte. Die Gleichmäßigkeit der Ladungsdichteverteilung wird durch die →Elektronegativität des Heteroatoms beeinträchtigt. Die Aromaticität nimmt zu in der Reihenfolge Furan, Pyrrol, Thiophen wegen der abnehmenden Elektronegativität von O, N zu S.

Heterocyclische Verbindungen 1.1.

Pyrrol: mesomere Grenzformeln   *Pyrrol*   *Pyrrolidin*

Dipolmoment 1,8 D ; 1,57 D

Der aromatische Charakter läßt sich nicht nur an den bekannten Kriterien (Kernresonanz u. a.) nachweisen. Auch die Dipolmomente zeigen eine Veränderung gegenüber den hydrierten Fünfringen (Tetrahydrofuran, *Thiophan, Pyrrolidin*). Bei den Heteroaromaten sind sie entgegengesetzt gerichtet, was die Einbeziehung eines freien Elektronenpaars in den Ring anzeigt.

Eine für alle drei Verbindungen anwendbare Darstellungsmethode ist die intramolekulare Kondensation von 1,4-Dioxoverbindungen (PAAL-KNORR-Synthese). Mit P_4O_{10} liefern sie Furan, mit P_4S_{10} Thiophen, mit NH_3 oder primären Aminen Pyrrol.

Butan-1,4-dion $\xrightarrow{-H_2O}$ Furan

Eine vergleichende Übersicht über einige Eigenschaften und Reaktionen der drei Heteroaromaten gibt Tab. 2:

Tabelle 2:

	Furan	*Thiophen*	*Pyrrol*
F in °C	−85,6	−38,3	—
Kp in °C	31,3	84,1	131
Dichte g/ccm	0,937	1,064	0,969
Hydrierung zu	n-Butanol (Pt), *Tetrahydrofuran*	Tetrahydrothioph. = Thiophan	*Tetrahydropyrrol* = Pyrollidin
Maleinsäureanhydrid	→DIELS-ALDER-Diensynthese	—	Substitution in Position 2
Halogene	Cl-Addition in 2,5-Position, auch Subst.	Mono- und Polysubstitution ohne Kat.	Polysubstitution ohne Kat.
Nitrierung	CH_3COONO_2	CH_3COONO_2	CH_3COONO_2
Sulfonierung	SO_3 in Pyridin	H_2SO_4 ohne Hitze	SO_3 in Pyridin
Acylierung	$SnCl_2$ als Kat.	$AlCl_3$ als Kat.	Anhydrid ohne Kat.
Azokupplung	findet statt	—	findet statt
Alkalisalze	Phenyl-Li o. Na	Phenyl-Li o. Na	KOH

Heterocyclische Verbindungen 1.1.

Wie an den in der Tabelle aufgeführten Reaktionen zu sehen ist, zeigt Furan deutliche Anklänge an das Verhalten eines →Diens und eines →Äthers, was bei Thiophen und Pyrrol fehlt (→DIELS-ALDER-Synthese, Ringöffnung bei katalytischer Reduktion). Die Aromaticität der drei Systeme wird durch die Fähigkeit zur elektrophilen →Substitution (normalerweise in Position 2) bestätigt. Als π-elektronenreiche Heteroaromaten reagieren sie leichter als Benzol, weshalb sie bei manchen Substitutionen keinen Katalysator benötigen. Wegen ihrer Empfindlichkeit gegenüber Säuren (→Polymerisation) müssen die Umsetzungen unter abgeänderten Bedingungen durchgeführt werden (bei Furan ohne $AlCl_3$, den typischen FRIEDEL-CRAFTS-Katalysator für Acylierung; Nitrierung durch Acetylnitrat in Essigsäureanhydrid; Sulfonierung mit SO_3 in Pyridin — vgl. →Benzolkohlenwasserstoffe 1.1.2). Die Säureeinwirkung mindert die Aromaticität. Das Proton wird nicht an dem Heteroatom angelagert, da es eine positive Teilladung trägt, sondern an einem C-Atom. Bei Furan und Pyrrol ist dies die Einleitung für eine →Polymerisation.

Furan hat seinen Namen von furfur (lt. Kleie) erhalten, weil es durch Einwirken von Mineralsäuren auf Hemicellulosen (Pentosenpolymere s. →Kohlenhydrate 1. u. 3.) über *Furfural* (Furan-2-aldehyd) entsteht. Furfural wird katalytisch unter CO-Abspaltung zu Furan.

Zu den bereits beschriebenen Eigenschaften des Furans ist die leichte Oxydierbarkeit zu ergänzen. Ein Derivat des →DIELS-ALDER-Addukts stellt *Cantharidin* dar, das Gift der spanischen „Fliege" (Lytta vesicatoria, ein Ölkäfer; Cantharidin wird auch vom Marienkäfer ausgeschieden). 0,03 g sind für den Menschen tödlich.

Heterocyclische Verbindungen 1.1.

Furan   Maleinsäureanhydrid   Addukt   *Cantharidin*
DIELS-ALDER-Synthese

Furan und *Furfural* (früher falsch Furfurol genannt) sind in der Industrie wichtige Zwischenprodukte bei der Herstellung von Kunstharzen und →Chemiefasern (Nylon, Perlon). Sie liefern bei entsprechender Hydrierung *Tetrahydrofuran*, das zu Adipinsäure (→Carbonsäuren 1.2.) und anderen Produkten verarbeitet wird. Tetrahydrofuran ist ein cyclischer →Äther und auch durch Wasserabspaltung aus Butan-1,4-diol (aus →Äthin) zugänglich. Tetrahydrofuran ist ein giftiges, aber gutes Lösungsmittel für Reduktionen mit Metallhydriden, für →GRIGNARD-Reaktionen und für Polyvinylchlorid.

Ein Naturprodukt mit Tetrahydrofurangerüst ist *Muscarin*, das →Alkaloid aus dem Fliegenpilz.

Muscarin   *Biotin*   Thiophen

Thiophen ist im Steinkohlenteer ein Begleiter des Benzols (→Benzolkohlenw. 1.1.3), von dem es sich durch die leichtere Sulfonierbarkeit trennen läßt. Technisch ist es durch die Umsetzung zwischen n-Butan und Schwefel bei 650°C herzustellen. Es zeigt eine charakteristische Farbreaktion durch eine Blaufärbung mit Isatin (s. u. 1.2.) und konz. Schwefelsäure. Thiophen ist nicht oxydierbar. Sein Hydrierungsprodukt Tetrahydrothiophen = Thiophan läßt sich zu einem Sulfon (→Org. Schwefelverbindung 2.) oxydieren. Das Thiophangerüst kommt in der Natur im →Vitamin *Biotin* vor.

Pyrrol erhielt seinen Namen nach der Rotfärbung eines Fichtenspans nach Einwirken von Pyrrol bzw. Steinkohlenteer und Salzsäure (pyrros gr. feuerrot). Pyrrol kann hergestellt werden durch Umsetzung von Furan mit NH_3. Eine Labormethode ist die KNORR-*Synthese*, bei der ein α-Aminoketon mit einem β-

Ketoester kondensiert wird. Die Aminoketone gewinnt man durch Nitrosierung und Reduktion aus β-Ketoestern. Sie müssen nicht erst isoliert werden. Eine ähnliche Pyrrolbildung stellt die HANTZSCH-*Synthese* dar, die von α-Halogenketonen und β-Ketoestern ausgeht. Letztere werden mit NH_3 zu einem Imin umgewandelt. Der nucleophile Stickstoff greift in beiden Fällen das elektrophile C-Atom der Carbonylgruppe an. Die zweite Bindung kommt durch die reaktive Methylengruppe zustande.

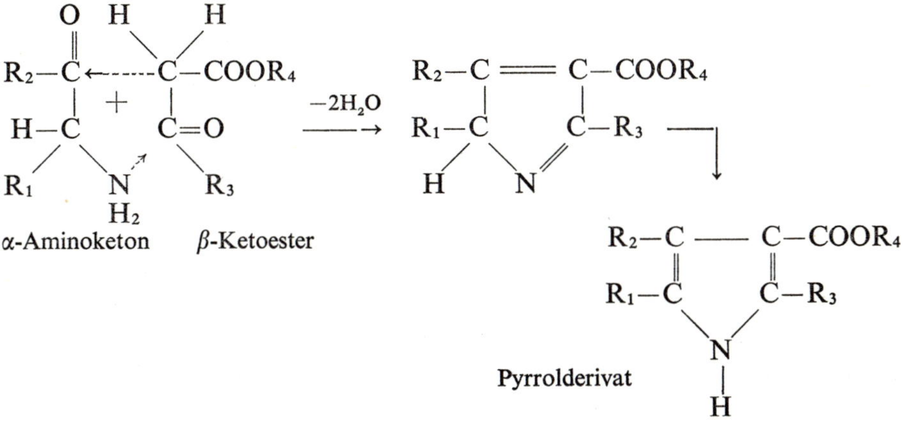

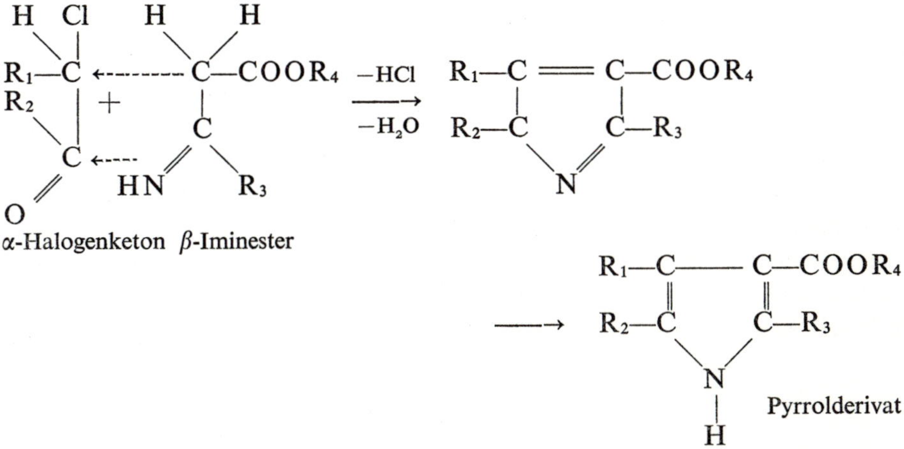

$$R_2-\underset{\underset{H-C}{\|}}{\overset{O}{C}}\overset{H}{\underset{|}{\longleftarrow}}\overset{H}{\underset{|}{C}}-COOR_4 \quad + \quad \underset{\underset{N}{\underset{H_2}{|}}}{\overset{}{C}}=O \quad R_3$$

α-Aminoketon β-Ketoester

$$\xrightarrow{-2H_2O} \quad \begin{array}{c} R_2-C=C-COOR_4 \\ R_1-C \quad\quad C-R_3 \\ H \quad\quad N \end{array} \longrightarrow$$

$$\begin{array}{c} R_2-C = C-COOR_4 \\ R_1-C \quad\quad C-R_3 \\ N \\ H \end{array}$$

Pyrrolderivat

$$\begin{array}{c} H\ Cl \quad H\ H \\ R_1-C \longleftarrow C-COOR_4 \\ R_2\ |\ + \quad | \\ C \longleftarrow C \\ // \quad HN \quad R_3 \\ O \end{array}$$

α-Halogenketon β-Iminester

$$\xrightarrow[-H_2O]{-HCl} \quad \begin{array}{c} R_1-C=C-COOR_4 \\ R_2-C \quad\quad C-R_3 \\ N \end{array}$$

$$\longrightarrow \quad \begin{array}{c} R_1-C \longrightarrow C-COOR_4 \\ R_2-C \quad\quad C-R_3 \\ N \\ H \end{array}$$

Pyrrolderivat

Pyrrol ist leicht oxydierbar. Es ist sehr wenig basisch wegen des aromatischen Systems. Dagegen wirkt es als schwache Säure ($p_{K_s} = 15$, stärker als Ammoniak). Eine große Anzahl Naturprodukte enthalten das Pyrrolgerüst. Dazu gehören die →Porphin-Farbstoffe Hämin aus Hämoglobin und Chlorophyll, die Gallenfarbstoffe und →Vitamin B_{12} (Cyanocobalamin). Einen den Porphinen ähnlichen

Heterocyclische Verbindungen 1.2.

Aufbau haben die synthetischen →Farbstoffe (s. d. 1.7.) der Phthalocyanin-Reihe.

Pyrrolidin ist das vollständig hydrierte Pyrrolderivat. Es ist als cyclisches sekundäres Amin stark basisch (→org. Stickstoffverbindungen 2.). In der Natur tritt das Pyrrolidingerüst bei den →Aminosäuren Prolin (Pyrrolidin-2-carbonsäure) und 4-Hydroxy-prolin auf, mit Pyridin (2.1.) im →Alkaloid *Nicotin* und mit Piperidin (s. 2.1.) kondensiert in dem →Alkaloiden *Atropin, Cocain* u.a. und in den Blütenfarbstoffen der Betalain-Gruppe (→Farbstoffe 2.).

Prolin   *Griseofulvin*   *Atropin*
            aus Penicillium-Arten

1.2. *Benzokondensierte fünfgliedrige Heterocyclen*

Heterocyclische Ringe können mit Benzolringen kondensiert sein, d. h. zwei gemeinsame Ringatome besitzen.

Cumaron ist chemisch Benzofuran (Kp: 177°C), das im Steinkohlenteer vorkommt. Seinen Namen verdankt es der früheren Gewinnung aus Cumarin durch Ringverengung. Dem chemischen Verhalten nach entspricht es nicht dem Naphthalin, sondern eher einem Benzolring mit →Alkenseitenkette. Es addiert Brom am Furanring. Erst bei Erhitzen kommt es durch HBr-Elimination zu einem Substitutionsprodukt. Es polymerisiert sehr leicht zu technisch verwerteten Cumaronharzen. Natürliche Derivate sind das →Antibioticum *Griseofulvin* und als Benzodihydrofuranabkömmling Bestandteil des Holzstoffes *Lignin* (20—30% der Holzmasse). Lignin baut sich wahrscheinlich aus Coniferylalkohol (4-Methoxy-3-hydroxyzimtalkohol) auf. Dieser Alkohol bildet durch Zusammenlagerung zweier Moleküle verschiedene Zwischenprodukte, die sich zum Lignin zusammensetzen.

Coniferylalkohol   Ligninbaustein mit   Ligninbaustein mit
                    Benzodihydrofurangruppe   kondensierter
                                               Tetrahydrofurangruppe

Heterocyclische Verbindungen 1.2.

Benzothiophen (Thionaphthen Kp: 220°C) kommt zusammen mit Naphthalin vor, das wie Thiophen als Benzolbegleiter auftritt. Es zeigt ein stärkeres aromatisches Verhalten, so wird es elektrophil in 3-Stellung substituiert. Die Stammsubstanz hat keine Bedeutung, aber technisch spielen die Derivate als Thioindigofarbstoffe eine Rolle. Thioindigo ist ein roter →Farbstoff (s. d. 1.5.), der genau wie Indigo verküpt werden kann (→Färberei).

Benzopyrrol ist die wichtigste dieser kondensierten Verbindungen. Sein Trivialname ist *Indol* (Kp: 253°C). Indol gibt die gleiche Reaktion mit Fichtenspan wie Pyrrol. Es ist eine schwache Base, die mit Säuren keine Salze bildet. Der am N-Atom gebundene Wasserstoff ist aber durch Metall zu ersetzen. Die elektrophile →Substitution erfolgt bei diesem System wie bei Thionaphthen in 3-Position.

Indol kommt zu 3—5% in der Schwerölfraktion (240°—270°) des Steinkohlenteers (→Benzolkohlenwasserstoffe 1.1.3.) vor. Es tritt mit seinem 3-Methylderivat *Skatol* als Abbauprodukt von Eiweiß im Faeces auf und bedingt mit Skatol den Geruch. Verdünnt und in reiner Form riecht Indol anders, denn in dieser Form kommt es in Orangen- und Jasminblüten vor.

Indol läßt sich aus o-Amino-ω-chlorstyrol (wie andere Benzoheteroaromaten aus entsprechenden Vorstufen) oder durch Reduktion des bei der technischen Indigoproduktion anfallenden Indoxyls herstellen. Eine bekannte Methode ist die FISCHERsche Indolsynthese durch Kondensation eines Phenylhydrazon einer →Oxoverbindung unter Einwirkung eines elektrophilen Katalysators (ZnCl$_2$, H$_2$SO$_4$). Das Hydrazon lagert sich zu einem Enamin (Aminogruppe an C=C) um, das sich nach Art einer CLAISEN- →Umlagerung (s. d. 2.3.) in ein Diamin verwandelt. Unter NH$_3$-Abspaltung kommt es zum Ringschluß.

Skatol   o-Amino-ω-chlorstyrol   Indol   Indoxyl   Indol

Phenylhydrazin   Phenylhydrazon   Enamin   Indol
FISCHER-Synthese

Das Indolgerüst liegt in vielen Naturstoffen vor, so z. B. in der →Aminosäure Tryptophan und den von ihr abstammenden biogenen Aminen (→Org. Stick-

Heterocyclische Verbindungen 1.2.

stoffverbindungen 2.) Tryptamin und *Serotonin* (5-Hydroxy-tryptamin). Serotonin ist ein blutgefäßverengendes Gewebs→hormon. Das N, N-Dimethyl-serotonin = *Bufotenin* wird als →Rauschgift aus Schmetterlingsblütlern verwendet. Andere Rauschmittel auf Indolbasis sind die → Alkaloide *Psilocybin* und *Psilocin* aus mexikanischen Pilzarten. Ein einfaches Indolgerüst liegt auch dem pflanzlichen →Wuchsstoff Auxin zugrunde: *β-Indolylessigsäure* (*IES*).

| Tryptophan | R_1, R_2 = H: Tryptamin
R_1: OH, R_2: H: Serotonin
R_1: OH, R_2: CH_3: Bufotenin | Psilocin
Psilocybin ist in
4-Stellung mit H_3PO_4
verestert | Auxin
IES |

Ein Indolderivat ist der Farbstoff *Indigo*, der als Glykosid Indikan (mit Zucker verbunden s. →Kohlenhydrate 1.) in der Indigopflanze und im Färberwaid vorkommt. Das 6,6,-Dibromderivat ist der aus der *Purpur*schnecke gewonnene Farbstoff. Die in Wasser unlöslichen Farbstoffe werden durch Reduktion entfärbt und wasserlöslich (Verküpen s. →Färberei). Das farbgebende Prinzip des Indigos ist Vorbild für viele synthetische →Farbstoffe (s. d. 1.5.). Ein Oxydationsprodukt des Indigos ist *Isatin*.

| Indigo
x: Br = Purpur | Indigweiß
Leucoindigo | Isatin | R: H: Carbazol
R: CH = CH_2:
N-Vinylcarbazol |

Ein tricyclisches System aus einem Pyrrolring und zwei Benzolringen ist *Carbazol* (Dibenzopyrrol, F: 245°C), das im Anthracenöl des Steinkohlenteers (→Benzolkohl. 1.1.3.) enthalten ist. N-Vinylcarbazol ist ein Ausgangsstoff für ein technisches Polymerisationsprodukt.

Auch in der Natur treten tri- und polycyclische Ringsysteme auf, die auf Indol zurückzuführen sind. Dazu gehören die Alkaloide, die sich von dem *β-Carbolin* ableiten, bei dem das Indol mit einem Pyridinring (s. 2.1.) kondensiert ist, wie das →Rauschgift *Harmin* aus Bannisteria, die Alkaloide *Yohimbin* aus dem Yohimbe-Baum und *Reserpin* aus Rauwolfia. Auf ein mit Pyrrolidin kondensiertes Gerüst geht *Physostigmin* (Eserin) zurück. Tetracyclische Derivate sind die Mutterkornalkaloide und das synthetische *Lysergsäurediäthylamid* (→Rauschgifte). Ein

Gerüst aus sieben Ringen besitzt *Strychnin*, und aus 12 Ringen ist ein *Curare*-Bestandteil aufgebaut (Formeln s. →Alkaloide).

β-Carbolin   Harman   Physostigmin   Lysergsäure   Strychnin
              XOCH₃: Harmin

1.3. *Fünfringe mit mehreren Heteroatomen*

Auch bei diesen Systemen sind die ungesättigten Verbindungen von größerer Bedeutung. Sie besitzen ebenfalls aromatischen Charakter, können aber im Gegensatz zu den Heteroaromaten mit einem Fremdatom nucleophil reagieren. Für die Bildung des →aromatischen π-Elektronensextetts wird nur das freie Elektronenpaar eines Heteroatoms benötigt, so daß das nicht bindende Elektronenpaar des zweiten Heteroatoms für den nucleophilen Angriff (z. B. Protonenanlagerung) zur Verfügung steht. Sie sind aus diesem Grund auch wasserlöslich — ebenfalls abweichend von den bisher erwähnten Fünfringen. In diesen Systemen ist die Möglichkeit zur Tautomerie (→Isomerie 3.) größer.

Eine allgemeine Darstellungsmethode ist die intramolekulare Kondensation von 1,4-bifunktionellen Verbindungen, die Kondensation von α-Halogenoxoverbindungen mit Säureamiden, Säureamidinen u. ä.

1,4-Dioxoverbindung   1,3-Oxazolderivat   α-Halogenoxoverb.   X = O: Säureamid → 1,3-Oxazol
                       (Azlacton)   X = NH: Säureamidin → 1,3-Diazol (Imidazol)
                                                                 X = S: Thioamid → 1,3-Thiazol

Oxazole (*Azlacton*)-Ringsysteme mit einem O- und einem N-Atom — haben keine besondere Bedeutung bei Naturstoffen (für Synthesen s. →Aminosäuren). Das 1,3-Thiazol (Kp: 117°C) kommt in natürlichen Verbindungen vor: in →Vitamin B₁ (*Aneurin* oder *Thiamin*, das Co→enzym der Carboxylase) mit Pyrimidin (s. u.) und in *Penicillinen* (→Antibiotica aus bestimmten Penicillium-Arten) als Thiazolidin. Industriell wird Thiazol als Komponente in Sulfonamiden (→Arzneimittel) und in Polymethin→farbstoffen (s. d. 1.3), die zur Sensibilisierung photographischer Filme dienen, eingebaut.

Heterocyclische Verbindungen 1.3.

Thiazol ist eine schwach basische Flüssigkeit (Protonenanlagerung am N-Atom). Es wird sehr schwer oxydiert und nicht zu Thiazolidin reduziert.

Thiamin Vitamin B   Penicillin-Stammgerüst

R: —CH_2—⟨O⟩ Penicillin G
R: —CH_2—CH=CH—CH_2—CH_3 Penicillin F
R: —$(CH_2)_5$—CH_3 Penicillin K
R: —CH_2—O—⟨O⟩—Penicillin V

Die beiden Diazole (1,2-Diazol: *Pyrazol*, 1,3-Diazol: *Imidazol*) sind stärkere Basen als Pyrrol. Imidazol ist die stärkere Base, da die Ladungsverteilung symmetrisch ist ($p_{Kb}=7{,}1$ gegen 11,5 bei Pyrazol). Wegen der verstärkten Elektronenanziehung durch das zweite N-Atom besitzen beide aber auch eine größere Acidität (Säurestärke) als Pyrrol. Die hohen Siedepunkte (Pyrazol F: 70°, Kp: 188°, Imidazol F: 90°, Kp: 263° — immer °C) sind auf die Ausbildung von Wasserstoffbrücken zurückzuführen. Elektrophil werden beide in 4-Stellung substituiert. Pyrazol ist herzustellen aus Diazoverbindungen (→org. Stickstoffv. 3) und →Alkenen oder →Alkinen und aus 1,3-Di→oxoverbindungen und Hydrazin. In der Natur tritt es nicht auf. Auf Pyrazolbasis sind einige Farbstoffe (Pyrazolon-Farbstoffe) und →Arzneimittel (*Antipyrin, Pyramidon*) aufgebaut.

Äthin Diazomethan   Pyrazol   1,3-Dioxoverb.+Hydrazin   Pyrazol

X = H : Antypyrin   1,2- Dioxoverbindung   Imidazol
X = $N(CH_3)_2$: Pyramidon

Imidazol (alter Name Glyoxalin nach Erstherstellung aus NH_3, Methanal und Äthandial = Glyoxal) wird auch heute aus 1,2-Dioxoverbindung und entsprechenden Stickstoffverbindungen (Amidine, Formamid) gewonnen. Naturstoffe mit dem Imidazolringsystem sind die →Aminosäure *Histidin* und das von ihr abstammende, in allen Geweben vorhandene, biogene Amin *Histamin* (Anhäufung bzw. Freisetzung verursacht Allergien — als *Antihistaminica* dienen Imidazol- oder Pyridinderivate, die Histamin verdrängen), das Krämpfe hervorrufende →Alkaloid *Pilocarpin* (aus einer afrikanischen Pilocarpus-Art), das Vitamin *Biotin* (Formel s. 1.1. bei Thiophen) und die *Purine* (Imidazol- und Pyrimidinring kondensiert s. 2.3.).

Histidin   Histamin   Pilocarpin

Heterocyclische Ringsysteme mit mehr als zwei Heteroatomen sind Triazole, Tetrazole und ähnliche Verbindungen, die alle keine sehr große Bedeutung haben. Triazole sind zu gewinnen aus HCN und Diazomethan oder aus Äthinderivaten und Aziden, Tetrazole aus HCN und Aziden. 3-Amino-1,2,4-Triazol wird zum Entlauben von Pflanzen (Baumwollernte) eingesetzt, Triphenyltetrazoniumchlorid (TTC) ist ein Redox-→Indikator.

Diazo-   1,2,3-   Azid   Tetrazol
methan   Triazol

Sehr unstabile Verbindungen sind Pentazolderivate. Der Ring ist nur aus N-Atomen aufgebaut.

Das 1,2,3-Oxadiazol ist ein Vertreter einer Gruppe von Heterocyclen, die sich nur durch polare Grenzformeln beschreiben lassen. Die Verbindungen besitzen ein großes Dipolmoment. Man nennt diese Substanzen *Sydnone* oder meso-ionische Verbindungen.

Sydnon

Heterocyclische Verbindungen 2.1.

2. Sechsringe

2.1. Sechsringe mit einem Heteroatom

Während heterocyclische Fünfringsysteme mit mehr als einer Doppelbindung ein aromatisches System darstellen, unabhängig von der Art der Heteroatome, liegt bei den maximal ungesättigten Sechsringen normalerweise nur bei N-haltigen Ringen Aromaticität vor. Das beruht darauf, daß nur N eine Doppelbindung im Ring ausbilden kann und damit zur Vervollständigung des π-Elektronensextetts beiträgt. Die entsprechenden O- und S-Verbindungen enthalten immer eine CH_2-Gruppe im Ring, welche die Ausbildung einer geschlossenen π-Elektronenwolke verhindert. Bei Kationenbildung (Oxonium- bzw. Sulfonium-Ion) kommt es zu einer gewissen aromatischen Struktur.

Azin = Pyridin   Oxin = γ-Pyran   Pyrylium-Ion

Eine allgemeine Methode zur Darstellung sechsgliedriger Heterocyclen ist die Verwendung von Verbindungen mit funktionellen Gruppen in 1,5-Stellung. Dies entspricht den Verfahren zur Synthese von Fünfringen. Es ist nicht nötig mit Glutaconaldehyd (Pent-2-en-1,5-dial) und Derivaten zu arbeiten, da gesättigte Sechsringe sich leicht dehydrieren lassen. Daß sowohl γ-Pyran als auch γ-Thiopyran erst 1962 hergestellt wurden, liegt daran, daß die Ausgangsverbindungen sich eher einer Aldolkondensation unterziehen als durch Wasserabspaltung heterocyclische Ringe zu bilden.

Von den beiden möglichen O-haltigen Sechsringen ist nur *γ-Pyran* bekannt. Auch die in der Natur vorkommenden Substanzen mit kondensiertem Benzolring leiten sich vom γ-Pyran ab (s. 2.2.). Das chemische Verhalten entspricht dem eines →Alkens, also einer ungesättigten Verbindung und nicht einer aromatischen Substanz. Eine größere Stabilität besitzen dagegen — wie erwähnt — Pyryliumsalze. Auch die Oxoderivate sollten entsprechend den Reaktionen des Troponrings (→Nicht benzoide arom. Verb. 4.) eine Aromaticität besitzen. α-Pyron (1-Oxopyran) zeigt aber nur die Eigenschaften eines ungesättigten Lactons (→Carbonsäuren 2.4.): Ringaufspaltung durch Alkalien, →Diels-Alder-Addition mit Maleinsäureanhydrid, rasche →Polymerisation. Das γ-Pyron (4-Oxopyran) weist ein Mischverhalten auf: es addiert Brom in höheren Konzentrationen, bei kleiner

Menge findet Substitution statt, läßt sich leicht durch Alkalien spalten, bildet aber kein →Oxim, dagegen mit Mineralsäuren 4-Hydroxypyryliumsalze. Pyronderivate treten in der Natur auf z. B. Kojisäure bei Bakterien, Maltol in Nadelhölzern, Mekonsäure bei Opiumalkaloiden.

nicht gefundenes α-Pyran   α-Pyron   γ-Pyron

Kojisäure

R_1: H, R_2: CH_3: Maltol
R_1; R_2: COOH: Mekonsäure

Über Thiopyran und seine Derivate ist wenig bekannt. Ihr Verhalten entspricht dem der O-Verbindungen.

Pyridin (F: —42°C, Kp: 115°C) wurde im Steinkohlenteer und Knochenöl entdeckt und lange Zeit daraus gewonnen. Labormäßig kann es am einfachsten durch Kondensation von ungesättigten 1,5-Dioxoverbindungen mit NH_3 oder Hydroxylamin dargestellt werden. Es ist auch aus Äthin und NH_3 hergestellt worden. Die Verbindung ist wasserlöslich und besitzt einen charakteristischen Geruch. Pyridin wird als Lösungsmittel benutzt, als nucleophiler Aktivator bei Acylierungen und als Denaturierungsmittel für Äthanol.

Daß Pyridin ein aromatisches System ist, zeigt die Verbrennungswärme, die um 43 kcal/Mol niedriger bestimmt wird als der Wert für Monoaza-cyclohexatrien berechnet wurde, die Widerstandsfähigkeit gegen Oxydationsmittel und die Fähigkeit für elektrophile Substitutionen. Diese Substitutionen finden nur unter stärkeren Bedingungen statt (Nitrierung bei 300° mit Fe als Katalysator, dsgl. Bromierung). Die gegenüber Benzol herabgesetzte Reaktionsfähigkeit liegt an dem π-Elektronenmangel infolge der Elektronenanziehung durch das N-Atom. Das Verhalten entspricht dem Nitrobenzol. Die Substitution erfolgt demgemäß auch in Position 3, da die 2-,4-und 6-Stellung positiviert sind. Diese Ladungsverteilung ermöglicht nucleophile Substitutionen. So können OH, NH_2 und Alkyle bzw. Aryle eingeführt werden. Die Substitution mit $NaNH_2$ (TSCHISCHIBABIN-*Reaktion*) in wasserfreien Lösungsmitteln führt zur Anlagerung des NH_2^--Ions in 2-Position und Abspaltung eines Hydrid-Ions (H^-) zur Wiederherstellung des aromatischen Systems. Das Hydrid-Ion bildet mit einem Proton aus dem NH_2 ein Wasserstoffmolekül. Mit Wasser bildet sich das 2-Aminopyridin. Die Einführung der Kohlenwasserstoffgruppen erfolgt mit →metallorganischen Verbindungen (Phenyllithium, Butyllithium: ZIEGLER-*Reaktion*).

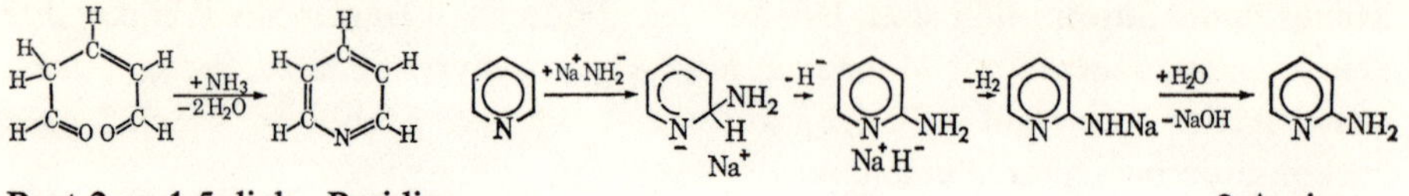

Heterocyclische Verbindungen 2.1.

Pent-2-en-1,5-dial   Pyridin   2-Amino-
pyridin

Ein dem Benzol vergleichbares Verhalten zeigt sich bei Substitution von 3- oder 4-Halogenpyridinen. Das Auftreten von umgelagerten Reaktionsprodukten beweist das intermediäre Vorkommen von *Arin-Zwischenstufen* (→Cyloalkine).

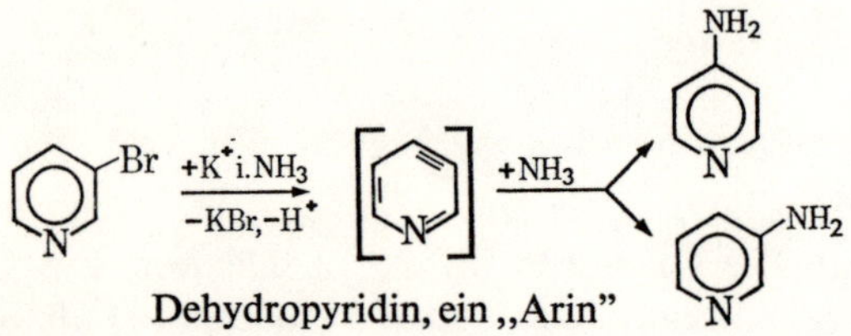

4-Aminopyridin

3-Aminopyridin

Dehydropyridin, ein „Arin"

Pyridin wirkt durch das ungebundene Elektronenpaar des N-Atoms als schwache (p_{Kb}: 8,8), tertiäre Base und bildet mit Säuren quartäre Pyridiniumsalze — aber auch mit Alkylhalogeniden. Da diese Salze durch die positive Ladung des N-Atom noch stärker an Elektronen verarmt sind, finden elektrophile Substitutionen kaum statt (daher auch ein Teil der Schwierigkeiten, Pyridin elektrophil zu substituieren, da solche Reaktionen meist von Säuren katalysiert werden). Nucleophile Substitutionen erfolgen bereits mit Hydroxid-Ionen.

Pyridin-Derivate sind die drei isomeren Monomethylpyridine (Picoline), Dimethylpyridine (Lutidine), Trimethylpyridine (Collidine). Einige dieser Verbindungen sind wie Pyridin im Steinkohlenteer enthalten. Die drei isomeren Monocarbonsäure sind Picolinsäure, *Nicotinsäure* (aus dem Alkaloid) und Isonicotinsäure. Isonicotinsäurehydrazid ist ein wirksames Tuberkuloseheilmittel (*Neoteben*).

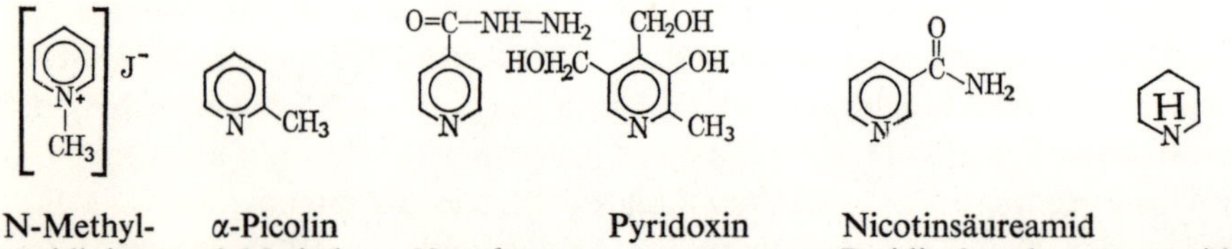

N-Methyl-   α-Picolin   Pyridoxin   Nicotinsäureamid
pyridinium-   2-Methyl-   *Neoteben*   Pyridin-3-carbonsäureamid
Jodid   pyridin   Pyridin-4-carbonsäurehydrazid   Piperidin

Heterocyclische Verbindungen 2.2.

Durch Hydrierung entsteht aus Pyridin das gesättigte cyclische sekundäre Amin *Piperidin*, ein starke Base (p_{Hn}: 2,8). Pyridin- und Piperidingerüst sind in einer Reihe von Naturstoffen vorhanden, vor allem in vielen Alkaloiden, aber auch in den →Vitaminen B_6 (*Pyridoxin*) und PP-Faktor (Anti-Pellagra-Faktor, *Nicotinsäureamid* — wichtiges Coenzym für Dehydrogenasen). An bekannteren →Alkaloiden sind erwähnenswert: *Ricinin, Nicotin, Piperin, Pelletierin* (Granatapfel), *Coniin* (Schierling), *Atropin* (s. 1.1.) und *Cocain* u. a. Tropanalkaloide.

| Ricinin | Nicotin | Piperin | R: —CH_2—CO—CH_3 Pelletterin R: CH_2—CH_2—CH_3 Coniin | Cocain |

2.2. Benzokondensierte sechsgliedrige Heterocyclen

Von dem sauerstoffhaltigen Heterocyclen leiten sich viele Naturprodukte ab, vor allem pflanzliche Stoffe wie *Gerbstoffe* und *Blütenfarbstoffe* (→Farbstoffe 2.). Aber auch das →Vitamin E (Tocopherole) enthält dieses Gerüst. Die Darstellung veranschaulicht den Zusammenhang der verschiedenen Substanzen.

α-Chromon
Benzo-α-pyron = Cumarin

Chroman
→Vitamin E

γ-Chromon
Benzo-γ-pyron

Flavon
→gelbe Blütenfarbstoffe, Anthoxanthine

Flavyliumsalze
→blaue, rote Blütenfarbstoffe (Anthocyanine)

Flavan
→Gerbstoffe (Catechine)

Flavanon
→gelbe Blütenfarbstoffe

Cumarin ist der Duftstoff des Waldmeisters. Es verhält sich chemisch wie o-Hydroxyzimtsäurelacton (→Carbonsäuren 2.4.), also nicht wie zwei kondensierte aromatische Systeme. Auch die anderen Verbindungen außer den in *Anthocyanen* enthaltenen Flavyliumsalze weisen keine aromatischen Eigenschaften auf. Die →Farbstoffe (s. d. 2.) sind als Glykoside im Zellsaft gelöst.

Gerbstoffe gehen z. T. auf Derivate der Gallussäure (Trihydroxybenzoesäure s. →Carbonsäuren 2.4.) zurück, z. T. auf polymerisierte Polyhydroxyflavonderivate. Man bezeichnet die Substanzen mit dem Sammelnamen *Catechine*.

Heterocyclische Verbindungen 2.2.

α-Tocopherol
Vitamin E

Catechin

Xanthen

Fluoreszein X = H
X = Br: Eosin

Vom Dibenzopyran (*Xanthen*) leiten sich synthetische →Farbstoffe (s. d. 1.4.) ab, die durch ihre Fluoreszenz auffallen.

Bei den benzokondensierten N-haltigen Ringen unterscheidet man zwei Isomere: *Chinolin* (1-Azanaphthalin, F: —19,6°C, Kp: 239°C) und *Isochinolin* (2-Azanaphthalin, F: 24°C, Kp: 240°C). Beide kommen im Steinkohlenteer vor und sind aromatische Systeme. Sie werden elektrophil substituiert, wobei sie sich verhalten wie Naphthalin (Benzolkohlenwasserstoffe 2.3.) mit einer elektronenanziehenden Gruppe im zweiten Ring. Die Substitution findet in 5- oder 8-Stellung statt. Entsprechend der Stammform Pyridin läßt sich Chinolin in Position 2 nucleophil substituieren. Der heterocyclische Ring ist sehr stabil. So wird bei Oxydationen der Benzolring angegriffen und Chinolin zur Chinolinsäure (Pyridino-o-dicarbonsäure) abgebaut. Beide Azanaphthaline sind schwachen Basen, Isochinolin ist die stärkere von beiden.

Zur Herstellung des Chinolinringsystems dient die SKRAUPSCHE Synthese (Anilin mit Acrolein — aus wasserfreiem Glycerin — kondensiert, nach Cyclisierung Dehydrierung durch Nitrobenzol), DOEBNER-MILLER-Synthese (wie SKRAUP, nur mit anderen α, β-ungesättigten Oxoverbindungen) und FRIEDLÄNDER-Synthese (Kondensation von o-Amino-oxoverbindungen, intramolekulare SCHIFFSCHE Basenbildung). Isochinolin wird nach BISCHLER-NAPIERALSKI durch Cyclierung von Amiden mit $POCl_3$ gewonnen.

Anilin Acrolein
SKRAUP

Chinolin

o-Amino-oxoverb.
FRIEDLÄNDER

Amid

Isochinolinderivat

Chinolinderivate sind einige →Arzneimittel (*Atophan* gegen Gicht, *Plasmochin*, *Resochin* u. a. gegen Malaria), →Farbstoffe (Cyaninfarbstoffe = Polymethinfarbstoffe s. d. 1.3.) und die Ruban-→Alkaloide *Chinin* u. a. Isochinolinderivate sind die Alkaloide *Papaverin*, Narcotin und das aus fünf Ringen aufgebaute *Morphin*.

Heterocyclische Verbindungen 2.3.

Auch vom Dibenzopyridin (*Acridin*) leiten sich Farbstoffe und Arzneimittel ab (*Atebrin* gegen Malaria, *Trypaflavin* zur Mundhöhlendesinfektion).

Atebrin   Trypaflavin   Malein-   Hydrazin   Pyridazin
                                              säure   1,2-Diazin
                                              dialdehyd

2.3. Sechsringe mit mehreren Heteroatomen

Oxazin und Thiazin haben nur als Dibenzokondensationsprodukte eine Bedeutung (s. u.). 1,4-Dioxan ist ein cyclischer →Äther und wird als Lösungsmittel benutzt. Von den drei isomeren Diazinen (1,2-Diazin = Pyridazin, 1,3-Diazin-*Pyrimidin*, 1,4-Diazin = Pyrazin) hat Pyrimidin die größte Bedeutung. Alle drei Substanzen sind gegenüber dem Pyridin noch stärker an π-Elektronen verarmt, so daß eine elektrophile Substitution nur stattfindet, wenn bereits aktivierende d. h. elektronenliefernde Substituenten wie —OH und —NH_2 vorhanden sind. Die Substitution tritt bei Pyrimidin in Position 5 ein. Nucleophile Substitution erfolgt dagegen leichter (Angriff benachbart zu N-Atomen). Ihren aromatischen Charakter zeigen sie an der Widerstandsfähigkeit gegen Oxydationsmittel, die eher Substituenten angreifen als den Kern.

Zur Herstellung dienen ähnliche Verfahren wie sie auch bei anderen heterocyclischen Ringsystemen angewandt werden. Sie nutzen Kondensationsreaktionen

Heterocyclische Verbindungen 2.3.

zwischen Amino- und Oxoverbindungen aus. Pyridazin entsteht aus Maleinsäuredialdehyd (1,4-Dioxoverbindungen) und Hydrazin, Pyrimidin aus Malonsäuredialdehyd (1,3-Dioxoverbindungen) und Harnstoff, Amidin o. Formamid, Pyrazin aus α-Aminooxoverbindungen durch Luftoxydation.

| 1,3-Dioxov. Amidin | Pyrimidinderivat | Sulfadiazin 2-(p-Aminobenzolsulfamido)-pyrimidin | Barbitursäure |

$R_1, R_2: C_2H_5, R_3: H = $ Veronal
$R_1: C_2H_5, R_2 = C_6H_5, R_3: H = $ Luminal
$R_1: C_2H_5, R_2 = C_6H_9, R_3: H = $ Phanodorm
$R_1, R_3: CH_3, R_2 = C_6H_9:$ Cyclohexenyl:Evipan

Wegen der schwierigen Substitution werden viele Derivate durch Abwandlung der Ausgangsprodukte cyclisiert.

Vom *Pyrimidin* (F: 22°, Kp: 124° C) leiten sich einige →Arzneimittel ab, so Sulfonamide und Schlafmittel. Die Schlafmittel gehen auf die *Barbitursäure* zurück und werden deshalb *Barbiturate* genannt. Es handelt sich dabei nicht um Salze, sondern C,C-Alkyl- oder -arylderivate wie *Veronal, Luminal, Phanodorm* und *Evipan*.

Von Naturstoffen enthalten den Pyrimidinring →Vitamin B_1 (s. o. 1.3.) und die in →Nucleinsäuren vorkommenden Basen *Cytosin, Thymin* und *Uracil*. Die Nucleinsäurebasen liegen meist in der tautomeren Ketoform vor.

| Cytosin (2-Hydroxy-4-aminopyrimidin) | Uracil 2,4-Dihydroxypyrimidin | Thymin 5-Methyluracil |

Synthetische Farbstoffe sind die Derivate der Dibenzopyrazine, -oxazine und -thiazine (→Farbstoffe 1.4.). Zu den *Phenazinen* gehören die Safranine (nicht mit dem Carotinoid des Safrankrokus verwandt), zu den Phenothiazinen der Redox→ indikator und Vitalfarbstoff *Methylenblau*. Phenoxazine kommen auch in der Natur vor in Augenpigmenten von Insekten (*Ommochrome*) und in *Actinomycinen* (→Antibiotica).

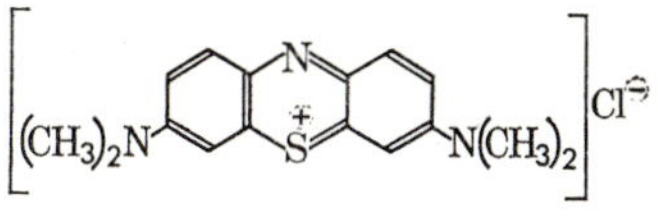

Heterocyclische Verbindungen 2.4.

Methylenblau

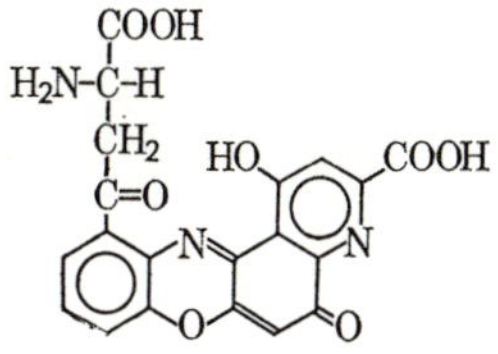

Xanthommatin
(ein Ommochrom)

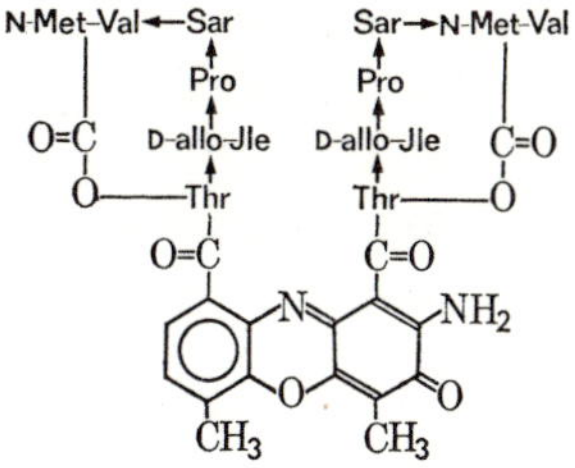

Actinomycin C₃
(Abk.: →Aminosäuren)

Von den Heterocyclen mit mehr als zwei Fremdatomen ist lediglich das symmetrische 1,3,5-Triazin wichtig. Die Stammsubstanz läßt sich durch Trimerisierung von →Blausäure herstellen. Sie löst sich im Gegensatz zu Pyridin und Pyrimidin kaum im Wasser, weil es durch den nucleophilen Angriff zersetzt wird. Elektrophile Substitutionen sind nicht möglich. Zwei Derivate haben industrielle Anwendung gefunden, *Cyanurchlorid* (Cyanursäurechlorid, Trimerisation von Chlorcyan) bei den Reaktivfarbstoffen (→Färberei) und *Melamin* (Cyanursäureanid aus Dicyanamid) bei der →Polykondensation mit Formaldehyd zu Kunstharzen.

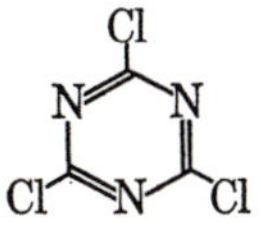

Cyanursäurechlorid

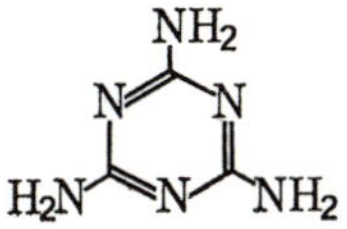

Melamin

2.4. Kondensierte Heterocyclen

Es ist bereits auf einige Beispiele von kondensierten Heterocyclen bei Naturstoffen hingewiesen worden: Thiophan und Imidazolidin im *Biotin*, Pyrrolidin und Piperidin im Skelett der Tropan-→Alkaloide, Pyrrol und Pyridin (mit Benzolring) bei den Harman-→Alkaloiden.
Kondensierte Ringsysteme, in denen jeder Ring mehr als ein Heteroatom enthält, sind *Purine* und *Pteridine*.
Purine sind (4,5) Imidazolo-pyrimidine. Zu dieser Gruppe gehören sehr wichtige Naturstoffe wie die →Nucleinsäurebasen *Adenin* und *Guanin*, die auch als Bestandteil von →Enzymen (1. wasserstoffübertragenden Enzyme wie NAD = Nicotinamid-adenin-dinucleotid und FAD = Flavin-adenindinucleotid — Nucleotid: Verbindung aus Base, Zucker und Phosphorsäure — 2. gruppenübertragende Fermente wie Coenzym A und 3. energieübertragende Enzyme wie →ATP = Adenosintriphosphat) vorliegen. *Harnsäure* wird als Abbauprodukt der Purine ausgeschieden oder pathologisch in Gelenken abgelagert (Gicht). Es wird durch

Heterocyclische Verbindungen 2.4.

die *Murexid*-Reaktion nachgewiesen (Eindampfen mit HNO_3, Rückstand gibt mit NH_3 rote Farbe: Ammoniumsalz der Purpursäure). Auch in →Alkaloiden tritt das Purinskelett auf. *Coffein, Theobromin* und *Theophyllin*. Diese Alkaloide sind Methylderivate des Xanthins. Die Hydroxyderivate liegen meist in der tautomeren Ketonform vor.

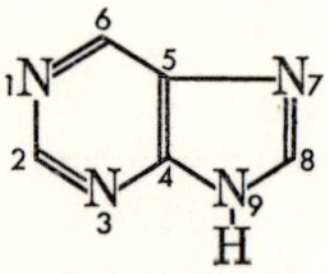

2	6	8	
H	H	H	Purin
H	NH_2	H	Adenin
NH_2	OH	H	Guanin
H	OH	H	Hypoxanthin
OH	OH	H	Xanthin
OH	OH	OH	Harnsäure

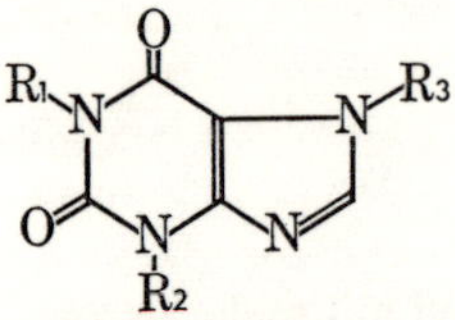

Purin-Skelett

Xanthin-Skelett

R_1	R_2	R_3	
CH_3	CH_3	H	Theophyllin
H	CH_3	CH_3	Theobromin
CH_3	CH_3	CH_3	Coffein

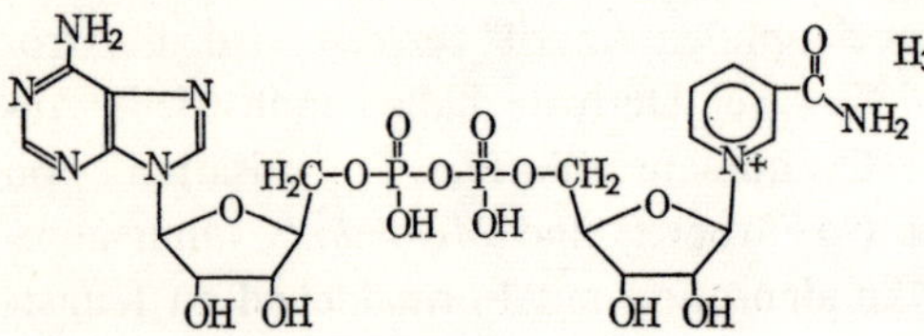

Adenin Ribose Pyrophosphat Ribose Nicotinamid
⎵⎵⎵⎵⎵⎵⎵⎵⎵⎵⎵⎵⎵⎵⎵⎵⎵⎵⎵⎵⎵⎵
   Nucleotid   NAD   Nucleotid

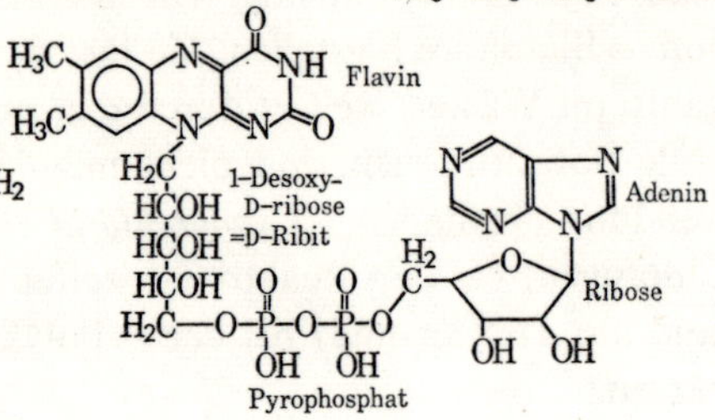

FAD

Die *Pteridine* enthalten einen Pyrimidin- und einen Pyrazinring. Naturstoffe mit diesem Gerüst finden sich als Farbstoffe in Schmetterlingsflügeln (Pterine). Auch die →Vitamine *Folsäure* und *Riboflavin* (B_2) enthalten es. Dem Riboflavin liegt ein tricyclisches System zugrunde, das Isoalloxazin (Flavin). Riboflavin ist ein Coenzym für wasserstoffübertragende Enzyme (*FAD*, FMN = Flavinmononucleotid).

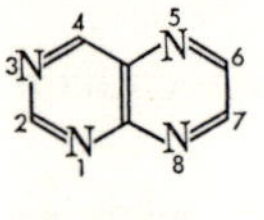

Pteridin 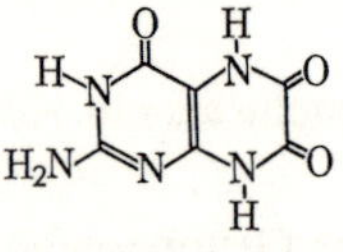   Leucopterin (Kohlweißling)   Folsäure
              ohne O in 7: Xanthopterin (Zitronenfalter)

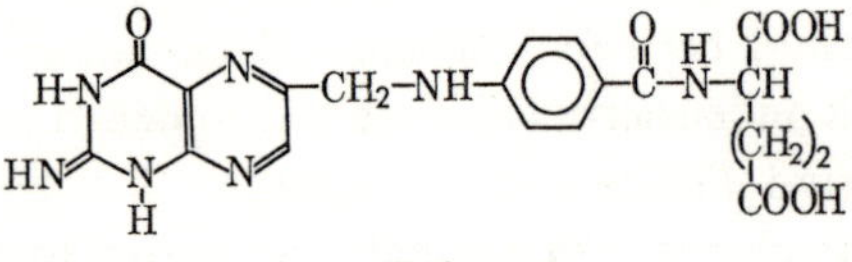

Literatur

FODOR, G.: Organische Chemie Bd. 2. — VEB Dt. Verlag d. Wissenschaften, Berlin 1965
CHRISTEN, H. R.: Grundlagen der organischen Chemie. — Sauerländer-Diesterweg, Aarau-Frankfurt 1970
BADGER, G. M.: The Chemistry of Heterocyclic Compounds. — Academic Press, New York 1961
ALBERT, A.: Heterocyclic Chemistry. — Athlone Press, London 1968

Hex-: Bezeichnung für C-Gerüst aus 6 Atomen s. Alkane, Alkene, Cycloalkane, Alkine.

Hexachlorcyclohexan s. Benzolkohlenwasserstoffe 1.1., Halogenderivate 4., Schädlingsbekämpfungsmittel.

Hexahelicen s. Benzolkohlenwasserstoffe 2.3.3.

Hexamethylendiamin s. Stickstoffverbindungen 2., Chemiefasern.

Hexamethylentetramin s. Oxoverbindungen 1.1.4.

Hexaphenyläthan s. Benzolkohlenwasserstoffe, Radikale.

Hexogen s. Explosivstoffe (Nitrokörper).

Hexose s. Kohlenhydrate 1.

High-Spin-Form s. Koordinationschemie.

Histamin s. Heterocyclen 1.3., Hormone.

Histidin s. Aminosäuren 1.2., Heterocyclen 1.3.

Histone s. Aminosäuren 3., Nucleinsäuren 1.

Hochofen s. Stahl.

Hochtemperaturen durch Elektrobogen s. Argon.

Hofmann-Abbau s. Carbonsäuren 3.3., org. Stickstoffverbindungen 2., Umlagerungen 1.1.2.

Hofmann-Regel s. Elimination.

Holländer s. Papier (Herstellung des Ganzstoffes).

Holmium gehört zu den →Lanthaniden. Von ihm existiert nur das stabile Isotop mit der Massenzahl 165.

Holocellulose s. Papier (Holz).

Holz s. Papier.

Holzschliff s. Papier.

Homologe Reihe nennt man eine Folge von geradkettigen Verbindungen, bei der zwei aufeinander folgende Glieder sich in der Zusammensetzung durch eine —CH_2-Gruppe unterscheiden, z. B. C_5H_{12}, C_6H_{14}, C_7H_{16}. Man kann sie sich theoretisch so entstanden denken, daß ein H-Atom an einem endständigen C-Atom durch die Methylgruppe (—CH_3) ersetzt wird. In homologen Reihen ändern sich die physikalischen und chemischen Eigenschaften der Glieder allmählich. Beispiele: n-→Alkane, →Monocarbonsäuren, →Alkine, →Alkene.

Homotropiliden s. Isomerie 3., Umlagerungen 2.3.

Hormone sind Substanzen, die von Lebewesen in speziellen Organen (Drüsen mit innerer Sekretion) gebildet und von den Körperflüssigkeiten (Blut, Lymphe) zu Erfolgsorganen gebracht werden, wo sie steuernd oder regulierend in Körperfunktionen eingreifen. Diese Definition gilt ohne Einschränkung nur für die klassischen Hormone. Man kennt auch Stoffe mit regulatorischer Funktion, die nicht in besonderen Drüsen produziert werden (Gewebshormone). Sie werden

Hormone

aber auf humoralem Weg (durch Flüssigkeiten) zu dem Wirkungsort gebracht. Da Hormone in kleinsten Mengen wirken, stellt man sie mit →Vitaminen und →Enzymen zu den Wirkstoffen. Hormone unterscheiden sich von den Vitaminen dadurch, daß sie im Organismus gebildet werden. Im Gegensatz zu den Enzymen besitzen sie keine katalytische Wirkung.

Den Ort der regulierenden Eingriffs vermutet man nach Ergebnissen mit radioaktiven Hormonen im Zellkern. Als Wirkungsweise hat man bei einigen Hormonen (→Steroidhormone, erstmals nachgewiesen am Insektenhäutungshormon Ecdyson) eine Induktion von Enzymen gefunden. Die durch ein Repressormolekül blockierten Erbinformationen können nach Beseitigung der Blockade durch das Hormon m-RNS (messenger-Ribo→nucleinsäuren) bilden. Diese bringen die Information zu den Ribosomen, die die Enzymproteine produzieren. Der Eingriff der Hormone ist in Einzelheiten noch nicht aufgeklärt. So ist es noch offen, ob die basischen Proteine (Histone) oder die an Disulfidbrücken reichen, sauren Proteine an der Desoxyribonucleinsäure (DNS) verändert werden. Es sind auch noch andere, allerdings unspezifische Hormonwirkungen gefunden worden.

Vor kurzem konnte noch ein weiterer Wirkungsmechanismus aufgefunden werden. Hormone werden an spezielle Rezeptoren in den Zellmembranen gebunden. Sie lösen dadurch die Tätigkeit eines Enzyms aus, der Adenylcyclase, die →ATP unter Abspaltung von Pyrophosphat in das zyklische Adenosin -3'-5'-monophosphat (cAMP) umwandelt. cAMP hat die Funktion eines „second messenger", indem es in den betroffenen Zellen weitere Reaktionen veranlaßt. In Leberzellen aktiviert das von dem Hormon Glucagon stimulierte cAMP eine Proteinkinase (Ferment, das Phosphatgruppen überträgt). Diese Kinase aktiviert dann das Ferment, das Stärke in Glucose abbaut und damit die Glucagonwirkung erfüllt, den Blutzuckerspiegel zu heben.

Eine Anzahl Hormone wirken antagonistisch, so die Bauchspeicheldrüsenhormone Insulin und Glucagon auf den Blutzuckerspiegel, Calcitonin aus der Schilddrüse und das Parathormon der Nebenschilddrüsen auf die Ca^{2+}-Ionen-Konzentration im Blut.

Die Tätigkeit einiger Hormondrüsen wird von Hormonen des Hypophysenvorderlappens reguliert. Hier liegt ein Regelkreis mit negativer Rückkopplung vor, da die Hormone der stimulierten Drüsen die Ausscheidung des betreffenden Hypophysenhormons hemmen. Die Hemmung greift in einigen Fällen bereits an den Zellen des Zwischenhirns an, die mit ihrer Sekretion von Releasing Hormonen (Freisetzungsfaktoren) die Absonderung der Hypophysenvorderlappenhormone stimulieren. Releasing Hormone sind von Nervenzellen gebildete Substanzen, die im Fortsatz der Nervenzelle transportiert und ans Blut abgegeben werden. Man nennt sie auch Neurosekrete. Sie stellen eine Zwischenstufe von nervöser und

Hormone

humoraler Regulation dar. Ein Beispiel für einen der beschriebenen dreistufigen, hierarchisch geordneten Regelkreise ist die Schilddrüse: → bildet ⟿ wirkt ein

Zwischenhirn→Thyreotropin-Releasing-Hormon⟿Hypophysenvorderlappen
↑ ↑ ↓
Thyroxin←Schilddrüse (Thyreoidea) ←⟵Thyreotropin

Chemisch stellen die Hormone keine einheitliche Gruppe dar, aber sie gehören nicht so vielen unterschiedlichen Stoffgruppen an wie die Vitamine. Man kann sie unterteilen in →Aminosäurenderivate, Peptid- und Proteinhormone sowie →Steroidhormone. In der Tabelle sind Namen, Bildungsort und physiologische Wirkung von Säugetierhormonen zusammengestellt (nach Karlson verändert). Einige Formeln sind nach der Tabelle aufgeführt (Namen in Tabelle kursiv).

Hormonname und Abkürzung	Bildungsort	physiologische Wirkung, in Klammern Krankheiten bei Störung
1. *Aminosäurenderivate*		
Thyroxin	Schilddrüse	Entwicklung (Kretinismus), Grundumsatz (+: Basedowsche Krankheit; −: Myxödem),
Adrenalin	Nebennierenmark	gefäßverengend, blutdrucksteigernd, Erhöhung des Blutzuckers, Transmitter bei sympathischen Nerven
Melatonin	Epiphyse	Hemmung der Genitalienentwicklung
Histamin	Haut, Lunge	Kapillarerweiterung, Magensaftsekretion (allergische Reaktionen)
Serotonin	Darmschleimhaut, in Blutplättchen gespeichert	gefäßverengend bei Blutgerinnung, Darmperistaltik,
Dopamin	chromaffine Zellen	blutdrucksteigernd, Kontraktion der glatten Muskulatur
Acetylcholin	Nervenzellen	Transmitter (Überträger) an Synapsen und motorischen Endplatten
γ-Aminobuttersäure (*GABA*)	Gehirn	Transmitter für hemmende Nerven

2. *Peptid- und Proteinhormone*
(Zahl = Anzahl der Aminosäuren, in Klammern Molmasse)

Hormone

Hormonname und Abkürzung	Bildungsort	physiologische Wirkung, in Klammern Krankheiten bei Störung
2 a. *Peptidhormone*		
Releasing-Faktor f. Thyreotropin 3	Zwischenhirn	Freisetzung des Thyreotropins TTH
f. Corticotropin	Zwischenhirn	Freisetzung des Corticotropins ACTH
f. Somatotropin	Zwischenhirn	Freisetzung des Somatotropins
f. Luteinisierungshormon	Zwischenhirn	Freisetzung des LH = ICSH
f. Follikelreifungshormon	Zwischenhirn	Freisetzung des FSH
Prolactinhemmfaktor	Zwischenhirn	Hemmung der Freisetzung von Prolactin LTH
Ocytocin 9	Neurohypophyse (Hinterlappen)	Uteruskontraktion, Milchejektion
Vasopressin 9	Neurohypophyse	Blutdrucksteigerung, Diuresehemmung (Diabetes insupidus)
Melanotropin MSH 13,22	Pars intermedia (Mittellappen)	Dunklerwerden der Haut durch Melanophorenausbreitung
Corticotropin ACTH 39 (4500)	Adenohypophyse (Vorderlappen)	Stimulierung der Nebennierenrinde, daher Adrenocorticotropes Hormon
Lipotropes Horm. 90	Adenohypophyse (Vorderlappen)	Freisetzen von Fett aus Fettgewebe
Insulin 51 (5750)	B-Zellen der LANGERHANSschen Inseln (Bauchspeicheldrüse)	Senkung des Blutzuckerspiegels (Diabetes mellitus) u. a. durch Umwandlung in Fett
Glucagon 29 (3500)	A-Zellen der LANGERHANSschen Inseln (Bauchspeicheldrüse)	Erhöhung des Blutzuckerspiegels durch Neubildung und Abbau der Glykogen-Reserve
Calcitonin 78 (8700)	Schilddrüse	Senkung der Ca^{2+}-Konzentration im Blut
Parathormon 75 (8500)	Nebenschilddrüse (Epithelkörperchen)	Erhöhung des Ca^{2+}-Spiegels im Blut und der Phosphatausscheidung
Gastrin 17	Magen (Pylorus)	Salzsäureproduktion
Sekretin 27	Zwölffingerdarm	Bauchspeicheldrüsensekretion

Hormone

Hormonname und Abkürzung	Bildungsort	physiologische Wirkung, in Klammern Krankheiten bei Störung
Cholecystokinin = = Pankreozymin 33	Zwölffingerdarm	Gallenblasenkontraktion, Fermentausscheidung der Bauchspeicheldrüse
Angiotensin I 10 Angiotensin II 8	Leber, durch Renin aus Niere frei	blutdrucksteigernd, Stimulation der Nebennierenrinde
Bradykinin 9	durch Kallikrein freigesetzt	blutdrucksenkend

2b. *Proteinhormone* (GP = Glycoproteid)

Somatotropin 188 (21 500)	Adenohypophyse (Vorderlappen)	Wachtum u. a. durch Fettverbrennung Proteinsynthese, Knochenwachstum
Thyreotropin GP (30.000)	Adenohypophyse	Schilddrüsenaktivierung
Follikel-stimulierendes Hormon FSH GP (25.000)	Adenohypophyse	Follikelentwicklung in Ovar und Samenproduktion im Hoden
Zwischenzellenstimulierendes Hormon ICSH = LH GP (30.000)	Adenohypophyse	Förderung der Östrogen- und Testosteronproduktion, Umwandlung des Follikels in den Gelbkörper
Luteotropes Horm. = Prolactin LTH (24.000)	Adenohypophyse	Förderung der Progesteronproduktion und der Milchdrüsen
Relaxin (12.000)	Ovar	Auflockerung der Schamfuge
Choriongonadotropin HCG GP (30.000)	Placenta	Förderung der Östrogenproduktion während der Schwangerschaft
Erythropoietin GP	Niere	Bildung und Reifung roter Blutkörperchen

3. *Steroidhormone*

Testosteron, Androstendion	Hoden (Zwischenzellen)	Bildung sekundärer Geschlechtsmerkmale, Spermienreifung, Tätigkeit der akzessorischen Drüsen
Östrogene (*Östradiol*)	Ovar (Follikel)	Brustzyklen, Proliferation der Uterusschleimhaut,
Gestagene (*Progesteron*)	Ovar (Gelbkörper)	Sekretionsphase der Uterusschleimhaut,
Corticosteroide (*Cortisol*, Corticosteron Aldrosteron),	Nebennierenrinde	Mineralhaushalt — Na^+-Retention, Glykogenbildung aus Protein

Hornblende

Thyroxin *Adrenalin* *Melatonin*

Histamin *Serotonin* *Dopamin* *Acetylcholin*

Cys-Tyr-Jle-Gln-Asn-Cys-Pro-Leu-Gly-NH$_2$ *Ocytocin*
└──S-S──┘

Cys-Tyr-Phe-Gln-Asn-Cys-Pro-Arg-Gly-NH$_2$ *Vasopressin*
└──S-S──┘

Gly-Jle-Val-Glu-Gln-Cys-Cys-Ala-Ser-Val-Cys-Ser-Leu-Tyr-Gln-Leu-Glu-Asn-Tyr-Cys-Asn-COOH

Phe-Val-Asn-Gln-His-Leu-Cys-Gly-Ser-His-Leu-Val-Glu-Ala-Leu-Tyr-Leu-Val-Cys-Gly-Glu-Arg-Gly
Insulin   HOOC-Ala-Lys-Pro-Thr-Tyr-Phe-Phe

Testosteron   *Östradiol* *Progesteron*   *Cortisol*   *Aldosteron*
Wenn in Stellung 17=O *Östrogene*   ohne-OH an 17   (Mineralhaushalt)
Androstendion   *Östron*   *Corticosteron*

Literatur
KARLSON P.: Biochemie. — Thieme, Stuttgart 1970
BERSIN TH.: Biochemie der Hormone. — Akad. Verlagsges. Leipzig 1960
BUTT, W. R.: Hormone Chemistry. — Van Nostrand Comp. London 1967
DONOVAN, B.: Neuroendokrinologie. — Thieme, Stuttgart 1973
VON FABER, H. u. HAID, H.: Endokrinologie. — Ulmer, Stuttgart 1972
HANKE, W.: Vergleichende Wirkstoffphysiologie. — Springer, Berlin 1973

Hornblende s. Silikate.

Hostaflon s. Halogenderivate 3., Polymerisation.

Hostalen s. Polymerisation.

Hückel-Regel s. Aromatische Systeme, Heterocyclen, Benzolkohlenwasserstoffe, nicht benzoide aromatische Verbindungen.

Humulen s. Terpene 2.

Hundsdiecker-Reaktion s. Carbonsäuren 1.1.3., Halogenderivate 1.1.
Hyaluronsäure s. Kohlenhydrate 1.2.
Hybridisierung s. Atombau.
Hydantoin s. Aminosäuren 1. 3.
Hydraulischer Modul s. Zement.
Hydrazobenzol s. org. Stickstoffverbindungen 3.2.
Hydrazone s. Oxoverbindungen 1.1.3., Additionen 4.

Hydride sind Verbindungen eines Elementes mit Wasserstoff. Man unterscheidet drei Gruppen:
1. salzartige Verbindungen mit den stark elektropositiven Elementen;
2. flüchtige mit Elementen annähernd der gleichen Elektronegativität (kovalente Bindungen) oder solchen hoher Elektronegativität (kovalente bis ionische Verbindungen);
3. metallische Hydride mit den Übergangsmetallen des Periodensystems.

Bei der 3. Gruppe handelt es sich um Lösungen von Wasserstoff im Metall. Er wird unter Ausweitung in das Metallgitter eingebaut. Häufig ist kein festes Verhältnis zwischen dem Metall und dem Wasserstoff gegeben.

Zu der 2. Gruppe gehören u. a. Kohlenwasserstoffe, Schwefelwasserstoff, Wasser, Halogenwasserstoff, die z. T. unmittelbar aus den Elementen synthetisiert werden können. Hydride der Beryllium- und der Borgruppe lassen sich nur im indirekten Verfahren gewinnen. Beim Berylliumhydrid (BeH_2) und noch mehr beim Borhydrid beobachtet man eine durch Wasserstoffbrücken hervorgerufene Polymerisation. So ist z. B. ein Molekül BH_3 nicht beständig, weil es sofort über zwei Wasserstoffbrücken zum Diboran B_2H_6 übergeht.

Verbindungen der 1. Gruppe entstehen beim Überleiten von Wasserstoff über die betreffenden Metalle. Die erforderlichen Temperaturen betragen für die leichteren Alkalimetalle und für die Erdalkalien ca. 300°C, für Rubidium und Cäsium um 600°C. Wegen der Neigung der Hydride, sich bei höheren Temperaturen zu zersetzen, muß der Druck des zu reagierenden Wasserstoffs mindestens 1 atm betragen. Im Gegensatz zu den Metallen der 3. Gruppe tritt bei der Reaktion eine starke Volumenabnahme ein, die beim Lithium 25% beträgt und beim Cäsium einen Wert von 45% erreicht. Entsprechend ist die Dichte dieser Hydride größer als die der Metalle (LiH 0,77, CsH 3,41). Das beständigste Hydrid ist LiH. Es bildet eine weiße, harte, wie Steinsalz kristallisierende Masse mit dem Schmelzpunkt 680°C. Bei höheren Temperaturen ist es höchst reaktionsfähig, ähnlich dem freien Alkalimetall. Bei gewöhnlicher Temperatur wird es von trockenen Gasen, wie Cl_2, O_2 und HCl nicht angegriffen, dagegen von Wasser lebhaft zersetzt: $LiH + H_2O \rightarrow LiOH + H_2$. Bei der Elektrolyse kurz unterhalb des Schmelzpunktes von 680°C scheidet sich Wasserstoff an der Anode ab:

Hydrierung

Beweis für das Vorhandensein negativer Wasserstoffionen (Ionenradius ca. 1,20 Å). Im 2. Weltkrieg wurde auf alliierter Seite CaH_2 verwendet, um den zum Füllen für Wetterballons erforderlichen Wasserstoff bequem transportieren zu können. Durch Einwirkung auf Wasser ergibt 1 kg des Materials rund 1 m³ Wasserstoff. Für die Kernfusion (Wasserstoffbombe) wurde LiD von Interesse.

Literatur
SANDERSON-REINHOLD: Chemical Periodicity. — Reinhold Publishing Corporation, New York 1960
SNEED-BRASTED: Comprehensive Inorganic Chemistry, Vol. 6. — D. Van Nostrand Company, Inc. Princeton, New Jersey 1957
REMY: Lehrbuch der Anorganischen Chemie. — Akademische Verlagsanstalt, Leipzig 1961

Hydrierung nennt man die Anlagerung von Wasserstoff, s. Additionen 1.3. u. 4.
Hydroborierung s. Alkene, metallorganische Verbindungen, Hydroxylderivate 1.1.1.
Hydrochinon s. Hydroxylderivate 3.1. u. 3.3.
Hydrofining s. Erdöl (Benzin).

Hydroformylierung ist die Bezeichnung für die von ROELEN entdeckte Reaktion, bei der aus →Alkenen unter Einwirkung von CO und H_2 →Oxoverbindungen entstehen (daher auch Oxoreaktion genannt). Normalerweise bilden sich Aldehyde, lediglich beim →Äthen tritt auch eine Ketonbildung auf. Die Aldehyde können sehr leicht zu den entsprechenden Alkoholen hydriert werden. Als Katalysator bei der Hydroformylierung dient Kobalt, vermutlich in der Form des Kobaltcarbonylwasserstoffs $HCo(CO)_4$. Das Schema für die Reaktion lautet:

$$2R\!-\!CH\!=\!CH_2 + 2CO + 2H_2 \begin{array}{c} \nearrow \\ \\ \searrow \end{array} \begin{array}{l} R\!-\!CH_2\!-\!CH_2\!-\!C\!\!\!\diagup\!\!\!\!\diagdown\!\!\!\!\!{}^O_H \\ \\ R\!-\!\underset{HC=O}{\underset{|}{CH}}\!-\!CH_3 \end{array}$$

Literatur
ASINGER, F.: Chemie und Technologie der Monoolefine. — VEB Dt. Verlag d. Wissensch., Berlin 1965

Hydrolyse: Spaltung einer Verbindung durch Anlagerung von Wasser s. Kohlenhydrate 2. u. 3., Aminosäuren, Ester, Enzyme.
Hydrophobe Bindungen s. Aminosäuren 3.

Hydroxylderivate 1.

Hydroxycarbonsäuren s. Carbonsäuren 2.4.
Hydroxylamin s. org. Stickstoffverbindungen 1., Oxime.

Hydroxylderivate der Kohlenwasserstoffe sind Verbindungen, bei denen formal ein Wasserstoffatom gegen eine Hydroxylgruppe ausgetauscht ist. Nach der Bindungsart des C-Atoms, das die OH-Gruppe trägt, unterscheidet man drei Gruppen: 1. Alkohole, 2. Enole, 3. Phenole. Alkohole tragen die OH-Gruppe nicht an einem C-Atom mit einer π-Bindung. Die Hydroxylgruppe bei den Enolen ist an ein C-Atom gebunden, das eine Doppelbindung trägt. Bei Phenolen sitzt die OH-Gruppe an einem C-Atom, das zum Ring eines aromatischen Systems gehört.

R—CH$_2$—OH   R = Alkyl-, Cicloalkyl-,   R—HC=C—R′
Alkohol   Alkenyl, Aryl-Gruppe   Enol |
                                                    O
                                                    | Phenol
                                                    H

1. *Alkohole*

Nach der Anzahl der Hydroxylgruppen in einem Molekül bezeichnet man Alkohole als einwertig bei einer OH-Gruppe, als zweiwertig bei zwei OH-Gruppen usw. Primäre Alkohole sind dagegen solche, die die OH-Gruppe an einem C-Atom tragen, das mit nur einem C-Atom direkt verbunden ist (kennzeichnende Gruppe —CH$_2$OH). Bei sekundären ist das C-Atom mit der Hydroxylgruppe mit zwei C-Atomen verbunden [>CHOH], bei tertiären mit drei ($\geqslant$COH). Das ist von Bedeutung bei Oxydationen.

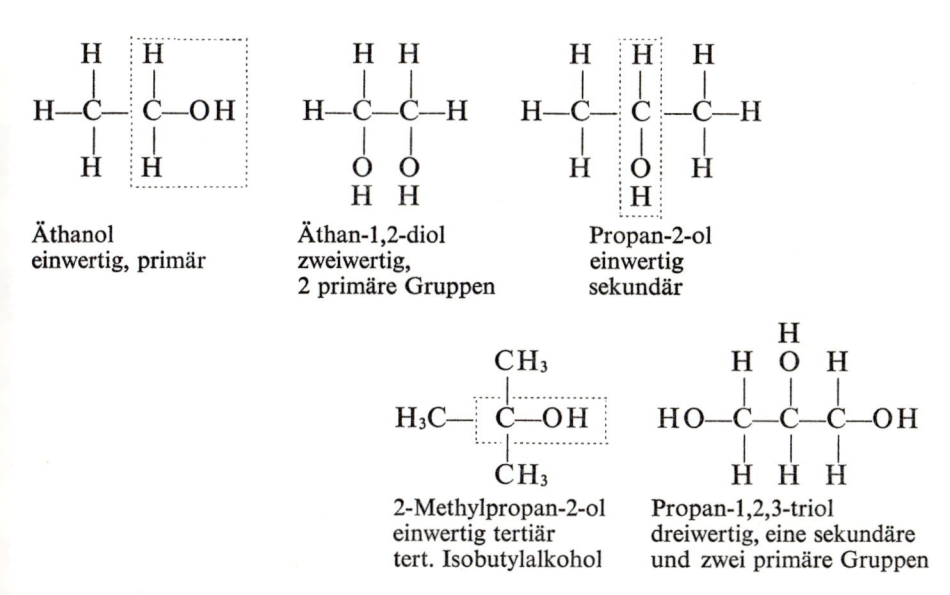

Äthanol
einwertig, primär

Äthan-1,2-diol
zweiwertig,
2 primäre Gruppen

Propan-2-ol
einwertig
sekundär

2-Methylpropan-2-ol
einwertig tertiär
tert. Isobutylalkohol

Propan-1,2,3-triol
dreiwertig, eine sekundäre
und zwei primäre Gruppen

Hydroxylderivate 1.1.

1.1. Einwertige Alkohole

Die einwertigen Alkohole können als Derivate des Wassers aufgefaßt werden, bei dem ein H-Atom durch einen Kohlenwasserstoffrest ersetzt ist. Je nach der Art des Rests bilden die Alkohole mehrere homologe Reihen.

Die Bezeichnung der Alkohole erfolgt nach der Genfer Nomenklatur durch Anhängen der Silbe *-ol* an den Namen des Kohlenwasserstoffs. Die Stellung der Hydroxylgruppe wird wie bei den verzweigten Ketten durch die Nummer des C-Atoms vor der Endung -ol angegeben. Ein älterer Name für Methanol ist Carbinol. Für die bekanntesten Alkanole sind auch Trivialnamen gebräuchlich wie Methylalkohol für Methanol, Äthylalkohol für Äthanol, Amylalkohole für Pentanole, tertiärer Isobutylalkohol für 2-Methylpropan-2-ol u.ä.

Durch die Einführung der OH-Gruppe und ihre unterschiedliche Stellung im Molekül steigt die Anzahl der Isomeren gegenüber den Kohlenwasserstoffen. Bei den Alkanolen gibt es bereits 4 isomere Butanole, darunter eine Form mit Stereo→isomerie (optisch aktiv), und 8 Pentanole (Amylalkohole) mit 3 stereoisomeren Molekülen. Die entsprechenden →Alkane kommen nur in 2 bzw. 3 Isomeren vor.

C—C—C—C—C—OH   C—C—C—C—C   C—C—C—C—C
Pentan-1-ol   Pentan-2-ol*   Pentan-3-ol

3-Methylbutan-1-ol   3-Methylbutan-2-ol*   2-Methylbutan-1-ol*

2-Methylbutan-2-ol   2,2-Dimethylpropan-1-ol

Isomere Pentanole (nur C-Skelett, * optisch aktiv)

1.1.1. Herstellung

Einige Alkohole entstehen durch biologische Prozesse. So ist das Endprodukt der alkoholische Gärung, eines fermentativen Abbaus von Traubenzucker durch verschiedene Hefepilze, →Äthanol. Die *Fuselöle*, die in der Gärflüssigkeit auftreten, sind Abbauprodukte von Aminosäuren. Es handelt sich dabei um Propan-

Hydroxylderivate 1.1.

1-ol, 2-Methylpropan-1-ol, aber hauptsächlich um 3-Methylbutan-1-ol und 2-Methylbutan-1-ol. Butan-1-ol entsteht beim Kohlehydratabbau durch Clostridium acetobutylicum. Durch trockene Destillation von Holz wurde früher Methanol hergestellt, daher auch der Name Holzgeist. Einige wichtige chemische Methoden sind in der Tab. 1 (abgeändert nach FODOR) zusammengestellt.

Tabelle 1:

Ausgangsstoff	Reagens	Vorgang
1. →Alkane	O_2/Katalysator	Oxydation
2. →Alkene	H_2O; R_2BH/H_2O_2 (*Hydroborierung*)	katalytische Wasseranlagerung; mit Boran stereospezifisch
	$CO + H_2O$/Kat.	REPPE Synthese
3. Mono→halogenderivate	Basen (OH^-)	Hydrolyse, nucleophile Substitution
4. Monoamin	HNO_2	Diazotierung
5. Aldehyde, Ketone	H_2/Pt, Ni	katal. Hydrierung
	Metallhydride ($LiAlH_4$, $NaBH_4$)	Reduktion
	R—Mg—Br, R—Mg—J	Anlagerung (→GRIGNARD-Reaktion)
	Alkohol/Al(OR)$_3$	MEERWEIN-PONNDORF-VERLEY-Reduktion
	Aldehyd/OH^-	Disproportionierung CANNIZZARO-Reaktion
6. Carbonsäuren	Metallhydride	Reduktion
	R—Mg—Br, R—Mg—J	Anlagerung (GRIGNARD)
7. Carbonsäureester	H_2/CuCr$_2$O$_4$ bei 100 at, 100°C	katal. Hydrierung
	Metallhydride	Reduktion
	R—Mg—Br, R—Mg—J	Anlagerung (GRIGNARD)
	H_2O/Säure oder Lauge	Verseifung, Esterspaltung

Die Oxydation der Alkane und die katalytische Hydrierung von Estern sind großtechnische Prozesse zur Herstellung der sog. Fettalkohole für die →Waschmittelindustrie. Auch die katalytische Wasseranlagerung an →Äthen (→Alkene) wird in großem Maß ausgeführt zur Gewinnung von →Äthanol, dagegen wird die katalytische Anlagerung von Wasser an →Äthin (Acetylen) kaum noch verwendet.

Hydroxylderivate 1.1.

Viel verwendete präparative Verfahren sind die →GRIGNARD-Reaktion und die Reduktion mit komplexen Metallhydriden, weil beide Prozesse nicht an eine bestimmte Ausgangssubstanz gebunden sind.

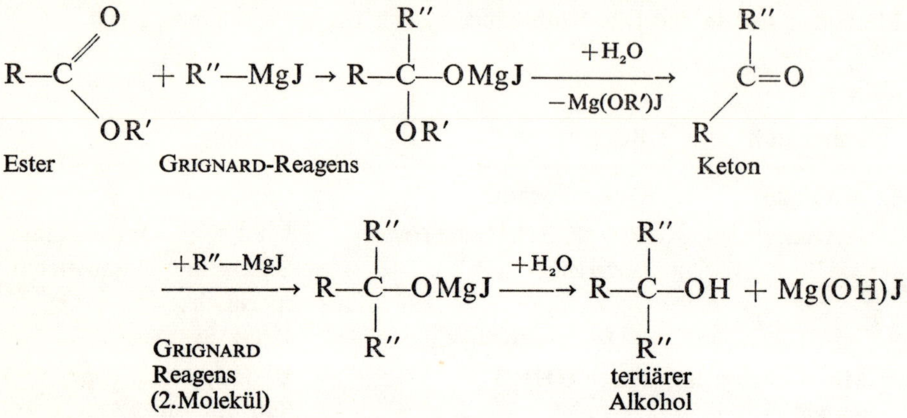

$$R-C\overset{O}{\underset{OR'}{\diagdown}} + R''-MgJ \rightarrow R-\underset{OR'}{\overset{R''}{\underset{|}{C}}}-OMgJ \xrightarrow[-Mg(OR')J]{+H_2O} \underset{R}{\overset{R''}{\diagup}}C=O$$

Ester GRIGNARD-Reagens Keton

$$\xrightarrow{+R''-MgJ} R-\underset{R''}{\overset{R''}{\underset{|}{C}}}-OMgJ \xrightarrow{+H_2O} R-\underset{R''}{\overset{R''}{\underset{|}{C}}}-OH + Mg(OH)J$$

GRIGNARD Reagens (2.Molekül)

tertiärer Alkohol

GRIGNARD-Reaktion 1. vom Ester zum Keton, 2. vom Keton zur Alkohol

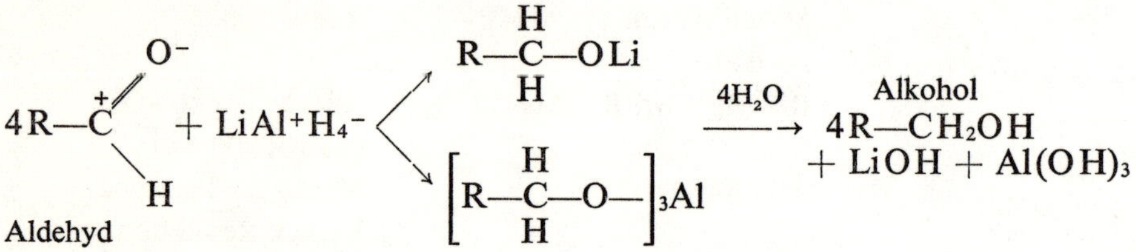

$$4R-\overset{O^-}{\underset{H}{\overset{+}{C}}} + LiAl^+H_4^- \diagup\diagdown \begin{matrix} R-\overset{H}{\underset{H}{\overset{|}{C}}}-OLi \\ [R-\overset{H}{\underset{H}{\overset{|}{C}}}-O-]_3Al \end{matrix} \xrightarrow{4H_2O} \begin{matrix} \text{Alkohol} \\ 4R-CH_2OH \\ + LiOH + Al(OH)_3 \end{matrix}$$

Aldehyd

Reduktion mit Lithiumaluminiumhydrid (H⁻ geht an positiviertes C-Atom)

Redoxreaktionen sind die MEERWEIN-PONNDORF-VERLEY-Reduktion, in der sich ein Alkohol und eine Oxoverbindung gegenüberstehen, und die CANNIZZARO-Reaktion, die aber nur von aromatischen Aldehyden, Methanal (Formaldehyd) und Aldehyden durchgeführt wird, deren —CHO-Gruppe an einem tertiären C-Atom sitzt.

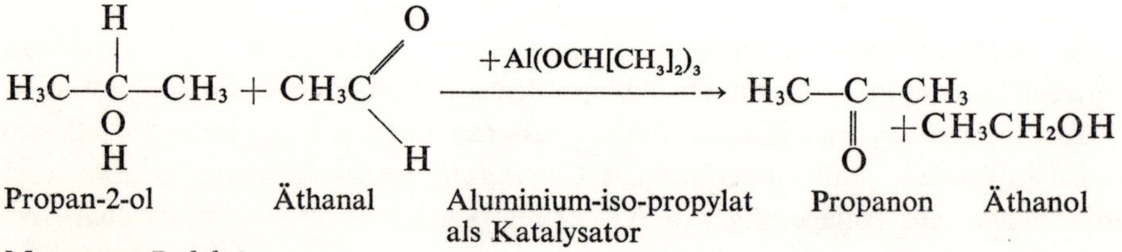

$$H_3C-\underset{\underset{H}{O}}{\overset{H}{\underset{|}{C}}}-CH_3 + CH_3C\overset{O}{\diagdown_H} \xrightarrow{+Al(OCH[CH_3]_2)_3} H_3C-\underset{O}{\overset{}{\underset{\|}{C}}}-CH_3 + CH_3CH_2OH$$

Propan-2-ol   Äthanal   Aluminium-iso-propylat als Katalysator   Propanon   Äthanol

MEERWEIN-*Reduktion*

Hydroxylderivate 1.1.

$$2 \; C_6H_5\text{-CHO} \xrightarrow{+ \text{NaOH}} C_6H_5\text{-COONa} + C_6H_5\text{-CH}_2\text{OH}$$

Benzaldehyd   Na-benzoat   Benzylalkohol
CANNIZZARO-*Reaktion*

Der Mechanismus der MEERWEIN-Reduktion verläuft vermutlich auf folgende Weise: An den Sauerstoff der Oxoverbindung lagert sich Aluminium; dann wandert ein Hydrid-Anion (H⁻) von der Aluminiumverbindung zum positivierten C-Atom der Carbonyl-Gruppe, worauf Propanon aus dem Komplex ausscheidet und der Komplex sich unter Rückbildung des Katalysators spaltet. Auch andere Aluminiumalkoholate sind als Katalysatoren verwendbar.

1.1.2. Eigenschaften

Wie bei allen →homologen Reihen steigen Schmelz- und Siedepunkte mit anwachsender Molmasse. Pro CH_2-Gruppe steigt der Siedepunkt um 18—20°C. Von den Isomeren haben primäre Alkohole den höchsten, tertiäre den niedrigsten Siedepunkt.

Im Vergleich mit Substanzen mit gleichem C-Gerüst oder gleicher Molmasse zeigt sich, daß Alkohole relativ hohe Siedepunkte haben z. B.: Äthan (30) −88,6°, Monochlormethan (50,5) −24,2°, Methylamin (31) −6,3°, Methanol (32) +64,5° (Klammerwerte Molmasse, Temperatur in °C). Diese hohen Siedepunkte sind auf die gegenseitige Anziehung der Moleküle durch Wasserstoffbrücken (→Bindungskräfte) zurückzuführen. Das positivierte H-Atom der OH-Gruppe wird dabei von dem negativierten O-Atom einer zweiten Hydroxylgruppe gebunden. Die Bindungsenergie liegt zwar unter 10 kcal/Mol, aber die gebildeten Molekülassoziationen sind schwerer zu trennen. Der Nachweis der Wasserstoffbrückenbindung erfolgt durch Infrarotspektroskopie.

Die niederen Alkanole (bis C_{12}) sind deshalb flüssig. Die ersten drei Glieder dieser Reihe mischen sich auch in jedem Verhältnis mit Wasser, das ebenfalls Wassserstoffbrücken ausbildet (keine vollständige Trennung durch Destillation, Volumenkontraktion bei Mischung von Wasser und →Äthanol). Da mit steigender Molmasse der Einfluß der hydrophoben Alkylkette immer stärker wird, mischen sich einwertigen Alkohole mit mehr als 3 C-Atomen nur noch begrenzt mit Wasser, höhere sind unlöslich. Sie gleichen in ihrem Charakter den Alkanen. Die niederen Alkohole sind gute polare Lösungsmittel.

Die niederen Alkohole haben einen charakteristischen Geruch und einen brennenden Geschmack. Die Alkohole wirken als Gifte. Während Methanol bereits in kleinen Dosen zu schweren Schäden führt (Erblindung), wirkt →Äthanol in kleinen Mengen anregend, in größeren aber ebenfalls giftig.

Hydroxylderivate 1.1.

Alkohole sind brennbar (*Brennspiritus*: Äthanol mit Zusatz von Methanol und Pyridin zum Ungenießbarmachen).
Die physikalischen Daten einiger Alkohole sind in Tab. 2 enthalten.

Tabelle 2 (abgeändert nach FODOR und RODD):

Name	Summenformel	F in °C	Kp in °C	Dichte g/ccm bei 20°C
Methanol	CH_3OH	—97,5	64,5	0,792
→Äthanol	C_2H_5OH	—114,5	78,3	0,789
Propan-1-ol	C_3H_7OH	—126,1	97,1	0,804
Propan-2-ol	C_3H_7OH	—89,5	82,4	0,785
Butan-1-ol	C_4H_9OH	—89,8	117,7	0,810
Butan-2-ol	C_4H_9OH	—89,0	99,5	0,807
2-Methylpropan-1-ol	C_4H_9OH	—108,0	107,9	0,806
2-Methylpropan-2-ol	C_4H_9OH	25,6	82,4	0,786
Pentan-1-ol	$C_5H_{11}OH$	—78,8	138,1	0,814
Pentan-2-ol	$C_5H_{11}OH$		119,9	0,813
Pentan-3-ol	$C_5H_{11}OH$		116,1	0,822
2-Methylbutan-1-ol	$C_5H_{11}OH$		128,0	0,819
2-Methylbutan-2-ol	$C_5H_{11}OH$	—9,1	102,3	0,809
3-Methylbutan-1-ol	$C_5H_{11}OH$	—117,2	132,0	0,814
3-Methylbutan-2-ol	$C_5H_{11}OH$		111,5	0,819
2,2-Dimethylpropan-1-ol	$C_5H_{11}OH$	53,0	113	0,812
Hexan-1-ol	$C_6H_{13}OH$	—51,6	157,5	0,819
Heptan-1-ol	$C_7H_{15}OH$	—34,6	176,8	0,822
Octan-1-ol	$C_8H_{17}OH$	—16,8	195,3	0,826
Dodecan-1-ol (Laurylalkohol)	$C_{12}H_{25}OH$	23,4	153,5	bei 25 torr
Tetradecan-1-ol (Myristylalkohol)	$C_{14}H_{29}OH$	35,0	111	bei 0,1 torr
Hexandecan-1-ol (Cetclalkohol)	$C_{16}H_{33}OH$	49,5	180	bei 10 torr
Cyclohexanol	$C_6H_{11}OH$	24,0	161,5	0,962
Menthol	$C_{10}H_{19}OH$		215,0	0,890 bei 15°
Prop-2-en-1-ol (Allylalkohol)	C_3H_5OH	—50	96—97	0,854

Hydroxylderivate 1.1.

Name	Summenformel		F in °C	Kp	Dichte g/ccm bei 20°C
But-2-en-1-ol	C_4H_7OH	cis	−90,2	123	0,866
(Crotylalkohol)		trans		121,2	0,852
Prop-2-in-1-ol	C_3H_3OH		−51,8	113,6	0,948
(Propargylalkohol)					
Benzylalkohol	C_7H_7OH		−15,3	205,2	1,05 bei 15°

Wie erwähnt treten einige der niederen Alkanole als Abbauprodukte von Mikroorganismen auf. Methanol und Äthanol kommen als Ester und Äther in Pflanzen vor (Lignin s. →Papier). Höhere Alkohole treten als →Ester in Pflanzenölen und Wachsen auf, Cetylalkohol im Walrat, Cerylalkohol ($C_{26}H_{53}OH$) im chinesischen Wachs, Myricylalkohol ($C_{31}H_{63}OH$) im Bienenwachs. Die Cuticula höherer Pflanzen enthält Wachse (→Ester) mit primären Alkoholen, die aus geradzahligen C-Ketten (C_{26}—C_{34}) bestehen, so das Carnauba-Wachs der brasilianischen Wachspalme. Der im Chlorophyllmolekül als Ester auftretende Alkohol *Phytol* ($C_{20}H_{39}OH$) ist ungesättigt, es ist 3, 7, 11, 15-Tetramethyl-hexadec-2-en-1-ol. *Menthol* (1-Methyl-4-isopropyl-cyclohexan-3-ol) ist in den Blättern der Minzen (Mentha) enthalten. Es ist eine optisch aktive Substanz (—), da drei asymmetrische C-Atome vorkommen.

(—)-Menthol (3 Substituenten in e-Position s. →Cycloalkane)

1.1.3. Chemische Reaktionen

Durch die große Elektronegativität des Sauerstoffatoms liegt im Alkohol eine polare Bindung vor, die nicht nur die physikalischen Eigenschaften bestimmt. Auch chemisch verhalten sich Alkohole ähnlich dem Wasser. Sie reagieren zwar neutral, stellen aber eine sehr schwache Säure dar (Reaktion des H-Atoms der Hydroxylgruppe, Salzbildung mit Alkalimetallen → Alkoholate). Das die OH-Gruppe tragende C-Atom ist positiviert und nucleophilem Angriff zugänglich. Daher sind die an dieses C-Atom gebundenen H-Atome ebenfalls reaktiv (Dehydrierungen). Die Reaktionen sind in Tab. 3 (abgeändert nach FODOR) zusammengestellt.

Hydroxylderivate 1.1.

Tabelle 3:

Reagierende Gruppe	Reagens	Vorgang	Produkt
1. H-Atom der OH-Gruppe	1.1. Alkalimetalle	Salzbildung	Alkoholat, H_2
	1.2. $LiAlH_4$	Salzbildung	Li- u. Al-Alkoholat, H_2
	1.3. CH_3—Mg—X (→Grignard-Reak.)	Anlagerung Zerewitinoff-Reaktion	→Methan und Alkoxy-Mg-X
	1.4. Aldehyd/Säurekatalyse	Kondensation nucleophile →Substitution	Acetal
	1.5. Säure	nucl. Substitution	Ester
	1.6. Phenylisocyanat (→Kohlensäurederiv. 5.)	→Addition	N-Phenylcarbaminsäureester
2. —CH_2OH >CHOH	2.1. Pt, Pd	Dehydrierung	Aldehyd, Keton
	2.2. Oxydationsmittel	Dehydrierung	Aldehyd, Keton Carbonsäuren
	2.3. →Oxoverbindung/Al-Alkoholat	Reduktion nach Meerwein-Ponndorf-Verley (s. →1.1.1.)	Aldehyd, Keton
3. —OH	3.1. Lewis-→Säure	Dehydratation (→Elimination)	→Alken
	3.2. CS_2, CH_3J, KOH u. Hitze	→Radikalreaktion →Elimination nach Tschugajeff	→Alken über Xanthat
	3.3. Al_2O_3	intermolekulare Dehydratation	→Äther
	3.4. Halogenwasserstoff, Phosphorhalogenide	nucleophile →Substitution	Halogenierter Kohlenwasserstoff (→Halogenderivate)

1.1. Die Alkoholate (auch *Alkoxide* genannt) sind starke Basen und können entsprechend eingesetzt werden. In Wasser reagieren sie deshalb zu Alkohol und

OH-Ion. Die Alkoholate wirken auch als nucleophile Reagentien. So bildet sich aus Alkoholat und Monohalogenalkan durch nucleophile Substitution ein Äther.

$$C_2H_5O^-Na^+ + H_2O \rightarrow C_2H_5OH + Na^+ + OH^-$$
Na-äthylat　　　　　　Äthanol

$$C_2H_5O^-Na^+ + Cl-CH_3 \rightarrow C_2H_5-O-CH_3 + Na^+Cl^-$$
　　　　　　　　　　　　　　Äthylmethyläther

1.2. und 1.3. Bei beiden Reaktionen entweicht ein Gas, das volumetrisch gemessen werden kann, mit $LiAlH_4$ H_2, mit CH_3-Mg-X CH_4. Sie dienen in der Analyse zur Bestimmung des aktiven Wasserstoffs, d. h. der Wasserstoffatome in OH—, NH— und ähnlichen Gruppen.

1.4. Säurekatalysiert werden Alkohole an Aldehyde zu *Halbacetalen* addiert, die mit einem 2. Molekül Alkohol zu *Acetalen* kondensieren.

$$R-C\begin{matrix}H\\\\\\O\end{matrix} \xrightarrow[-H^+]{+HOR'+H^+} R-C\begin{matrix}H\\|\\OR'\end{matrix}-OH \xrightarrow[-H_2O]{+HOR'} R-C\begin{matrix}H\\|\\OR'\end{matrix}-OR'$$

Aldehyd　　　　　　　Halbacetal　　　　　Acetal

2.1. und 2.2. Primäre Alkohole werden zu Aldehyden, sekundäre zu Ketonen oxydiert. Wie man unter Sauerstoffausschluß zeigen kann, handelt es sich um eine Dehydrierung. Tertiäre Alkohole sind wegen des fehlenden H-Atoms an dem die Hydroxylgruppe tragenden C-Atom nicht ohne weiteres oxydierbar. Mit Oxydationsmitteln reagieren sie unter Wasserabspaltung zu Alkenen, die von den Oxydationsmitteln in C-ärmere Ketone verwandelt werden.

$$R-\overset{H}{\underset{H}{C}}OH \xrightarrow{-2H} R-\overset{H}{C}=O \qquad \overset{R}{\underset{R'}{C}}\overset{H}{}OH \xrightarrow{-2H} \overset{R}{\underset{R'}{C}}=O$$

prim. Alkohol　Aldehyd　　　　sek. Alkohol　　Keton

Hydroxylderivate 1.1.

$$\underset{\text{tert. Alkohol}}{CH_3-\underset{\underset{CH_3}{|}}{\overset{\overset{CH_3}{|}}{C}}-OH} \xrightarrow{-H_2O} \underset{\text{Alken}}{\underset{H_3C\quad CH_3}{\overset{\overset{CH_2}{\|}}{C}}} \xrightarrow{+3O} \underset{\text{Keton}}{\underset{CH_3}{\overset{\overset{CH_3}{|}}{C}}=O} + \underset{\text{Carbonsäure}}{H-C\overset{\nearrow O}{\underset{\searrow OH}{}}}$$

1.1.4. *Alkoholderivate*

Alkohole, die außer der OH-Gruppe noch andere funktionelle Gruppen im Molekül enthalten, zeigen in der Regel die für beide Gruppen typischen Reaktionen. So sind ungesättigte Alkohole, die z.B. durch die GRIGNARD-Reaktion mit ungesättigten Oxoverbindungen hergestellt werden können, zu Additionen an der C-C-Doppelbindung und u. a. zu selektiver Oxydation der Alkoholgruppe fähig. Mit Kaliumpermanganat, dem BAEYERschen Reagens auf Doppelbindungen, lassen sich zwei weitere OH-Gruppen anlagern und oxydieren. Für die Oxydation der OH-Gruppe ohne Angriff auf die Doppelbindung eignet sich das Verfahren von MEERWEIN-PONNDORF.

Halogenalkohole (sog. *Halohydrine*) reagieren sowohl als Halogen- als auch als Hydroxylderivate von Kohlenwasserstoffen. Man erhält sie durch Addition von unterhalogenigen Säuren (HOX) an →Alkene, durch Addition von Halogenwasserstoffen an Epoxide (→Äther 2.1.), durch nucleophile →Substitution zweiwertiger Alkohole mit Halogenwasserstoffen bzw. von Dihalogenderivaten mit Laugen, oder durch andere passend gewählte Ausgangssubstanzen nach den beschriebenen Herstellungsverfahren für Alkohole oder Halogenide.

Auch die Aminoalkohole (Alkanolamine) zeigen die Eigenschaften aliphatischer Alkohole und Amine. Sie reagieren als Basen (Salzbildung mit Säuren) und als schwache Säuren (Alkoholatbildung mit Alkalimetallen). Durch Wasserabspaltung entstehen Imine, z. B. aus 2-Aminoäthanol (auch *Colamin* genannt) Äthylenimin, eine giftige, dem Äthenoxid (1,2-Epoxyäthan s. →Äther 2.1.) entsprechende, sehr reaktionsfähige Substanz (vorwiegend Additionsreaktionen).

$$\underset{\text{2-Aminoäthanol}}{\overset{H\quad H}{\underset{\underset{H\quad H H}{N\quad O}}{HC-CH}}} \xrightarrow{+HCl} \underset{\text{Äthanolaminohydrochlorid}}{\left[\overset{H\quad H}{\underset{\underset{H}{\overset{+}{N}H_3\quad O}}{H-C-C-H}}\right]^+ Cl^-} \xrightarrow[-HCl]{-H_2O} \underset{\text{Äthylenimin}}{\overset{H\quad H}{\underset{\underset{H}{N}}{H-C-C-H}}}$$

Hydroxylderivate 1.1.

Aminoalkohole werden durch Reaktion von Ammoniak oder Aminen mit Halohydrinen oder Epoxiden gewonnen. Äthanolamine dienen als Netzmittel, Weichmacher und basische Komponenten für Seifen.

$$\underset{\text{Äthenoxid (Epoxid)}}{H-\underset{\underset{O}{\diagdown\diagup}}{\overset{H}{\underset{|}{C}}}-\overset{H}{\underset{|}{C}}-H} \xrightarrow{+NH_3} \underset{\text{2-Aminoäthanol (\textit{Colamin})}}{H-\overset{H}{\underset{\underset{NH_2}{|}}{C}}-\overset{H}{\underset{\underset{OH}{|}}{C}}-H} \xrightarrow{+\text{Epoxid}}$$

$$\underset{\substack{\text{Diäthanolamin}\\\text{2,2'-Iminodiäthanol}}}{HN(CH_2CH_2OH)_2} \xrightarrow{+\text{Epoxid}} \underset{\substack{\text{Triäthanolamin}\\\text{2,2',2''-Nitrilotriäthanol}}}{N(CH_2CH_2OH)_3}$$

Einige Aminoalkohole haben physiologische Bedeutung. *Cholin* (2-Hydroxyäthyltrimethyl-ammoniumhydroxid) kommt als basische Komponente der Phospho-→lipoide vom Lecithintyp im Pflanzen- und Tierreich häufig vor. Es ist ein essentieller Nährstoff und wird zur Vitamingruppe B gerechnet. Der Essigsäureester des Cholins, das *Acetylcholin*, wird im Körper durch Fermente aus Cholin und Acetyl-Coenzym A (aktivierte Essigsäure) unter Energielieferung von →ATP (Adenosintriphosphat) hergestellt. Es ist die Überträgersubstanz an den Nervenenden (Synapsen und motorische Endplatten) der cholinergischen Nerven (parasympatisches Eingeweidenervensystem). Die Wirkung ist nur sehr kurz, denn es wird sehr schnell von dem Ferment Cholinesterase (Wechselzahl 3 Millionen Mol/min pro Mol Ferment) in Cholin und Acetat gespalten. Acetylcholin wird als Neuro→hormon bezeichnet. Es senkt in peripheren Blutbahnen den Blutdruck und ruft möglicherweise die Leitung in den Nerven durch Permeabilitätsänderungen hervor.

$$\left[H-\overset{H}{\underset{\underset{OH}{|}}{C}}-\overset{H}{\underset{\underset{+N(CH_3)_3}{|}}{C}}-H\right]^+ OH^- \qquad \left[H_3C-\overset{O}{\overset{\|}{C}}-O-\overset{H}{\underset{\underset{H}{|}}{C}}-\overset{H}{\underset{\underset{H}{|}}{C}}-\overset{CH_3}{\underset{\underset{CH_3}{|}}{\overset{+}{N}}}-CH_3\right]^+ OH^-$$

Cholin Acetylcholin

Hydroxylderivate 1.2.

$$\begin{array}{l} CH_2-O-\overset{\displaystyle O}{\overset{\|}{C}}-R \\ CH-O-\overset{\displaystyle O}{\overset{\|}{C}}-R' \\ CH_2-O-\overset{\displaystyle O}{\overset{\|}{P}}-O-CH_2-CH_2 \\ \diagdown O^- {}^+N(CH_3)_3 \end{array}$$

α-Lecithin (Glycerin, 2 Fettsäuren, Phosphorsäure, Cholin)

1.2. Zweiwertige Alkohole

Geminale Alkohole tragen die beiden OH-Gruppen an einem C-Atom, vicinale an benachbarten C-Atomen, disjunkte an zwei C-Atomen, die mindestens durch ein C-Atom getrennt sind. Die Benennung folgt entsprechend den Regeln für die Nomenklatur der Monoalkohole.

Geminale Diole sind nur beständig, wenn sie elektronenanziehende Gruppen enthalten (—I-Effekt), so beim Chloralhydrat = 2,2,2-Trichloräthan-1,1-diol. Andere geminale Diole sind nur in Wasser beständig. Sie sind als Hydrate der →Oxoverbindungen anzusehen.

Diole werden nach dem einfachsten Vertreter der vicinalen Diole, dem Äthylenglykol (Äthan-1,2-diol) auch *Glykole* genannt. Die vicinalen Diole können nach den gleichen Methoden hergestellt werden wie einwertige Alkohole, wenn man von entsprechenden bifunktionellen Molekülen ausgeht, z. B. Dihalogenalkane. Dies gilt auch für die disjunkten Diole. Vicinale Diole sind speziell von →Alkenen aus zugänglich, entweder durch direkte Oxydation mit $KMnO_4$, durch Bildung von Epoxiden (→Äther 2.1.) mit Hilfe von organischen Persäuren (die Epoxide werden durch Hydrolyse zu 1,2-Diolen) oder durch Addition von HOX (X = Halogen), das zu Halogenalkoholen führt, die nach alkalischer Hydrolyse vicinale Diole ergeben. *Pinacole* (vicinale Diole mit zwei tertiären Alkoholgruppen) sind durch Reduktion von Ketonen mit Metallen (Na, Al, Mg) zugänglich. Der Radikalmechanismus verläuft über Metallketyle. Das aus zwei Metallketylen gebildete Dialkoholat wird durch Wasser zu einem di-tertiären 1,2-Diol.

Alkenoxydation:

$$R-\underset{H}{\overset{H}{\underset{|}{C}}}=\underset{H}{\overset{H}{\underset{|}{C}}}-R' \xrightarrow{R''-\overset{O}{\overset{\|}{C}}-O-OH} R-\underset{H}{\overset{}{\underset{|}{C}}}\overset{O}{\diagup\diagdown}\underset{H}{\overset{}{\underset{|}{C}}}-R' \xrightarrow{H_2O} R-\underset{H}{\overset{\overset{\displaystyle O}{|}}{\underset{|}{C}}}-\underset{H}{\overset{\overset{\displaystyle O}{|}}{\underset{|}{C}}}-R'$$

Alken · · · Persäure · · · Epoxid · · · vicinales Diol

Hydroxylderivate 1.2.

Ketonreduktion:

$$2 \begin{array}{c} R \\ \diagdown \\ C=O \\ \diagup \\ R' \end{array} + 2\,Na \cdot \rightarrow 2 \begin{array}{c} R \\ \diagdown \\ C-O-Na \\ \diagup \\ R' \end{array} \rightarrow \begin{array}{c} R \\ | \\ R'-C-O-Na \\ | \\ R-C-O-Na \\ | \\ R' \end{array}$$

Keton   Natriumketyl   Dialkoholat

$$\xrightarrow{2H_2O} \begin{array}{c} R \\ | \\ R'-C-OH \\ | \\ R-C-OH \\ | \\ R' \end{array} + 2\,NaOH$$

Pinacol

Wegen der beiden Hydroxylgruppen sind die Wirkungen der Wasserstoffbrücken noch mehr ausgeprägt als bei den Monoalkoholen. Vicinale Diole haben bedeutend höhere Siedepunkte (Äthandiol 197,2°C, Äthanol 78°C), sind dickflüssiger, lösen sich leichter in Wasser. Sie reagieren neutral und haben einen süßen Geschmack, der sich mit steigender Anzahl von OH-Gruppen verstärkt.

Vicinale Diole zeigen die gleichen chemischen Reaktionen wie Monoalkohole. Die beiden OH-Gruppen reagieren aber fast unabhängig voneinander, was bei Oxydationsvorgängen sehr deutlich wird. Es bildet sich ein Gemisch verschieden stark oxydierter Verbindungen, gezeigt am Beispiel von Äthan-1,2-diol:

Äthandiol   Glykolaldehyd   Glyoxal / Äthandial   Glyoxylsäure   Oxalsäure / Äthandisäure

Eine charakteristische Reaktion für Alkohole ist die intramolekulare Wasserabspaltung unter dem katalytischen Einfluß von Säuren. Wegen der benachbarten

Hydroxylderivate 1.2.

OH-Gruppen führt diese Reaktion bei vicinalen Diolen zu besonderen Produkten. Der negativierte Sauerstoff einer OH-Gruppe addiert ein Proton. Der Alkohol wandelt sich unter Wasserabspaltung in ein Carbonium-Ion um. Dieses Ion kann sich stabilisieren durch eine 1,2-→Umlagerung (Abstoßen eines Protons und Wanderung eines H⁻-Ions, daher H-Anionotropie genannt) zu einer →Oxoverbindung oder durch Bildung eines inneren →Äthers (Epoxid). Es ist aber auch eine Anlagerung an ein Sauerstoffatom eines zweiten Alkoholmoleküls möglich und damit die Bildung einer Ätherbindung. Das entspricht dann einer zwischenmolekularen Wasserabspaltung. Der Äther kann entweder durch eine weitere intramolekulare Wasserabspaltung zu einem cyclischen Äther werden oder durch weitere zwischenmolekulare Wasserabspaltungen zu einem linearen Polyäther kondensieren.

Innermolekulare Wasserabspaltung bei *Pinacolen* führt zu einem Spezialfall der 1,2-→Umlagerungen, der Pinacol-Pinacon-Umlagerung. Dabei entsteht durch eine Umlagerung des C-Gerüsts ein Keton.

2,3-Dimethylbutan-2.3-diol Pinacol

2,2-Dimethylbutan-3-on Pinacon

Die Oxydation mit Blei (IV)-acetat oder mit Perjodsäure zu zwei Oxoverbindungen pro Molekül Glykol ist eine Nachweisreaktion für vicinale Hydroxylgruppen, wobei cis-ständige Hydroxylgruppen durch die größere Reaktionsgeschwindigkeit erkannt werden. Auch die Bildung cyclischer Acetale mit einer Oxoverbindung ist nur mit cis-ständigen Hydroxylgruppen möglich. Da die Acetalbindung gegen Alkali und Oxydationsmittel beständig ist (Hydrolyse durch wäßrige Säuren), wird sie als Schutz der Keto- oder der Hydroxylgruppen verwendet.

$$\begin{array}{c}|\\-C-OH\\|\\-C-OH\\|\end{array} + \begin{array}{c}O\\\diagup\diagdown\\C-R\\H\end{array} \underset{+H_2O}{\overset{-H_2O}{\rightleftarrows}} \begin{array}{c}|\\-C-O\\|\\C\\|\\-C-O\\|\end{array}\begin{array}{c}R\\\diagdown\diagup\\\\\diagup\diagdown\\H\end{array}$$

cyclisches Acetal

Äthan-1,2-diol (*Glykol* im engeren Sinne) (F: —13°C, Kp: 197,2°C, 1,115 g/ccm) und die von ihm abgeleiteten →Äther, besonders 1,4-Dioxa-cyclohexan (*Dioxan*) sind wichtige Lösungsmittel in der Lack- und Kunststoffindustrie. Äthan-1,2-diol wird wegen seines niedrigen Gefrierpunktes als Gefrierschutzmittel für Autokühler eingesetzt und ist Ausgangssubstanz für die Polyesterfaser Trevira (Diolen s. →Polykondensation). Die linearen Polyäther, die aus Äthenoxid (→Äther) hergestellt werden, dienen als Weichmacher oder mit Fettalkoholen veräthert als nichtionogene Waschmittel.

Disjunkte Diole zeigen in ihren Reaktionen keine Unterschiede zu Monoalkoholen. Sie lassen sich leicht in cyclische Äther durch Wasserabspaltung verwandeln, da die entstehenden größeren Ringe spannungsfrei sind. Die Herstellung entspricht dem bei den vicinalen Glykolen aufgeführten Verfahren.

1.3. Dreiwertige Alkohole

Der einfachste und zugleich bekannteste dreiwertige Alkohol ist das 1799 von Scheele entdeckte *Glycerin*, chemisch Propan-1,2,3-triol (F: 17,9°C, Kp: 290°C, 1,260 g/ccm). Es ist eine farblose, viskose, süßschmeckende Flüssigkeit. Es kommt als Baustein aller tierischen und pflanzlichen Fette und Öle sowie der abgeleiteten Verbindungen (Phosphatide) vor. Es tritt auch als Nebenprodukt der alkoholischen Gärung auf bei Zugabe von Natriumsulfit.

Glycerin wird gewonnen durch Verseifung der Fette (alkalische Hydrolyse) oder durch Hydrolyse der vom Propen (aus Crackgasen) abgeleiteten Chlorverbindungen (Allylchlorid).

Hydroxylderivate 1.3.

$$\begin{array}{l} H_2C-O\overset{O}{\overset{\|}{C}}-R_1 \\ HC-O\overset{O}{\overset{\|}{C}}-R_2 + 3H_2O \\ H_2C-O\overset{}{\overset{}{C}}-R_3 \\ \overset{\|}{O} \end{array} \xrightarrow{OH^-} \begin{array}{l} H_2C-OH \\ HC-OH \\ H_2C-OH \end{array} + \begin{array}{l} R_1COOH \\ R_2COOH \\ R_3COOH \end{array}$$

Fettsäureglycerinester   Glycerin   Fettsäuren

$$\begin{array}{l} H_2C-Cl \\ HC \\ H_2C \end{array} + Cl_2 \rightarrow \begin{array}{l} H_2C-Cl \\ HC-Cl \\ H_2C-Cl \end{array} \xrightarrow[-3HCl]{OH^- \; +3H_2O} \begin{array}{l} H_2C-OH \\ HC-OH \\ H_2C-OH \end{array}$$

Allylchlorid   Glycerin
3-Chlorprop-1-en

Die Eigenschaften und Reaktionen entsprechen denen der vicinalen Diole. Bei 450°C geht Glycerin unter Wasserabspaltung in Acrolein über, bei niedrigeren Temperaturen mit wasserentziehenden Mittel. Acrolein (Acrylaldehyd, Propenal) hat einen stechenden Geruch (Fettüberhitzung) und wird für die Polymerisation benötigt.

$$\begin{array}{l} H_2C-OH \\ HC-OH \\ H_2C-OH \end{array} \xrightarrow{-2H_2O} \begin{array}{l} CH_2 \\ \| \\ CH \\ | \\ H-C=O \end{array}$$

                                                          Acrolein, Propenal

Glycerin wird verwendet: zur Herstellung von Salben, zum Appretieren, als Gefrierschutzmittel (Autokühler), als Bremsflüssigkeit, als wasseranziehendes Mittel bei Druckfarben. Aus Glycerin werden durch →Polykondensation Alkydharze (Glyptal) und durch Ver→esterung mit Salpetersäure „Nitroglycerin" hergestellt. Glycerinchlorhydrine sind Zwischenprodukte bei industriellen Synthesen.
„Nitroglycerin" ist der falsche Name für Trisalpetersäureglycerinester oder Glyceryltrinitrat, einer hoch explosiven Substanz (→Explosivstoffe), die unter starker Kühlung bei Temperaturen zwischen 10 und 20°C aus Glycerin und Nitriersäure (konz. Salpeter- und Schwefelsäure) hergestellt wird. Die ölige Flüssigkeit explodiert bei Schlag und Überhitzung unter Bildung gasförmiger Produkte.

Hydroxylderivate 1.4.

NOBEL entdeckte die Unempfindlichkeit gegen Erschütterungen nach Aufsaugen in Kieselgur (Dynamit). Zur Erhöhung der Wirkung wird heute Holzmehl genommen. Mischungen von „Nitroglycerin" mit „Nitrocellulose" (Kollodiumwolle, Salpetersäurecelluloseester) sind je nach Mischungsverhältnis Sprenggelatine oder rauchloses Pulver.

$$\begin{array}{c}H_2C-OH \\ | \\ HC-OH \\ | \\ H_2C-OH\end{array} + 3\,HNO_3 \xrightarrow[-3H_2O]{H_2SO_4} \begin{array}{c}H_2C-O-NO_2 \\ | \\ HC-O-NO_2 \\ | \\ H_2C-O-NO_2\end{array}$$

Glycerin   Salpetersäure   Glyceryltrinitrat
(Kein Nitroderivat,
da keine C—N-Bindung)

1.4. Vier- und mehrwertige Alkohole

Die größere Anzahl der Hydroxylgruppen bedingt ein Ansteigen des Schmelzpunktes (Butantetraole sind bei Zimmertemperatur fest) und eine gute Löslichkeit in Wasser trotz verlängerter C-Kette. Die Substanzen schmecken süß.

Der einfachste vierwertige Alkohol, Butan-1,2,3,4-tetraol, wird *Erythrit* genannt und besitzt zwei asymmetrische C-Atome (→Isomerie 2), die aber zwei gleichen Molekülhälften angehören. Es gibt also außer optisch aktiven Verbindungen auch eine meso-Form, die wegen intramolekularen Kompensation inaktiv ist. Sie kommt in Algen vor.

Bei den fünfwertigen offenkettigen Alkoholen, den Pentiten, tritt ein pseudoasymmetrisches C-Atom zu zwei asymmetrischen C-Atomen. Ein pseudoasymmetrisches C-Atom trägt vier verschiedene Substituenten wie ein asymmetrisches C-Atom, aber zwei davon sind spiegelbildlich gleich. Es liegt dann doch ein Symmetrieelement vor. Somit fällt die optische Aktivität für dieses C-Atom aus. Bei den Pentiten ist es das C-Atom 3. Der optisch aktive Pentit wird Arbit genannt, die beiden inaktiven Formen Xylit und Adonit. Letztere kommt im Adonisröschen vor.

Die Anzahl der verschiedenen Konfigurationen steigt bei den ringförmigen (alicyclischen) Alkoholen. Nach dem Vorkommen in der Eiche (Quercus) wird Cyclohexan-1,2,3,4,5-pentaol *Quercit* genannt. Vom Quercit gibt es 6 optische Antipodenpaare und 4 inaktive Formen.

Die offenkettigen sechswertigen Alkohole (Hexite) spielen in Natur und Technik eine größere Rolle als die bisher erwähnten. Sie stehen den Hexosen (Zuckern mit 6 C-Atomen →Kohlenhydrate) nahe. Hexite besitzen 4 asymmetrische C-Atome, von denen aber je zwei strukturell gleich sind, so daß es nur 10 stereoisomere Formen gibt (statt 16 bei 4 ungleichen asymmetrischen C-Atomen).

Hydroxylderivate 2.

D-*Sorbit* tritt in Vogelbeeren auf (Sorbus aucuparia), D-*Mannit* und *Dulcit* in Manna.

D-Sorbit dient als Zuckerersatz für Diabetiker, als Ausgangsstoff für die →Vitamin C-Synthese, als Glycerinersatz zum Feuchthalten. Mannithexanitrat wird als Sprengstoff verwendet (entspricht Nitroglycerin).

Auch alicyclische Hexaole (*Inosite*) kommen in der Natur vor z. B. in →Lipoiden. Sie treten in 7 optisch inaktiven und 2 optisch aktiven Isomeren auf.

$$
\begin{array}{cccc}
& & \text{CH}_2\text{OH} & \text{CH}_2\text{OH} \\
& \text{CH}_2\text{OH} & \text{H}-\overset{x}{\text{C}}-\text{OH} & \text{HO}-\overset{x}{\text{C}}-\text{H} \\
\text{CH}_2\text{OH} & \text{H}-\overset{x}{\text{C}}-\text{OH} & \text{HO}-\overset{x}{\text{C}}-\text{H} & \text{HO}-\overset{x}{\text{C}}-\text{H} \\
\text{HO}-\overset{x}{\text{C}}-\text{H} & \text{H}-\overset{0}{\text{C}}-\text{OH} & \text{H}-\overset{x}{\text{C}}-\text{OH} & \text{H}-\overset{x}{\text{C}}-\text{OH} \\
\text{H}-\overset{x}{\text{C}}-\text{OH} & \text{H}-\overset{x}{\text{C}}-\text{OH} & \text{H}-\overset{x}{\text{C}}-\text{OH} & \text{H}-\overset{x}{\text{C}}-\text{OH} \\
\text{CH}_2\text{OH} & \text{CH}_2\text{OH} & \text{CH}_2\text{OH} & \text{CH}_2\text{OH} \\
\text{D (+) Erythrit} & \text{Adonit} & \text{D-Sorbit} & \text{D-Mannit}
\end{array}
$$

$$
\begin{array}{c}
\text{CH}_2\text{OH} \\
\text{H}-\overset{x}{\text{C}}-\text{OH} \\
\text{HO}-\overset{x}{\text{C}}-\text{H} \\
\text{HO}-\overset{x}{\text{C}}-\text{H} \\
\text{H}-\overset{x}{\text{C}}-\text{OH} \\
\text{CH}_2\text{OH} \\
\text{Dulcit(inaktiv)}
\end{array}
\qquad
\text{D-Inosit}
$$

x asymmetrisches C-Atom   0 pseudoasymmetrisch

2. Enole

Wie im Namen angedeutet, besitzen Enole eine C-C-Doppelbindung und eine Hydroxylgruppe. Die Bezeichnung wird nur dann benutzt, wenn die Hydroxylgruppe an einem der C-Atome sitzt, die an der Doppelbindung beteiligt sind.

Am Beispiel des einfachsten Enols, des Vinylalkohols $H_2C=CHOH$, wird deutlich, daß Enole nur bei bestimmtem Molekülbau stabil sind. Vinylalkohol ist völlig unbeständig und lagert sich sofort in Äthanal um.

Hydroxylderivate 2.

Die Enolform wird stabilisiert durch eine Gruppe mit —I-Effekt (elektronenanziehend →Elektronenverschiebung) in β-Stellung und durch Doppelbindungen, die in Konjugation zur Enol-Doppelbindung treten.

Diese Bedingungen treffen zu bei β-Dicarbonylverbindungen (1,3-Di→oxoverbindungen —C—CH$_2$—C—, wie z. B. bei β-Diketonen (z. B. Acetylaceton) oder
$\quad\quad\quad\quad\quad\quad\quad$‖$\quad\quad$‖
$\quad\quad\quad\quad\quad\quad\quad$O$\quad\quad$O

β-Keto→carbonsäureestern (z. B. Acetessigsäureäthylester s. →Carbonsäure 2.5.). Diese Verbindungen treten in zwei miteinander im Gleichgewicht stehenden Formen auf, einer Enol- und einer Keto-Form. Sie unterschieden sich durch die Stellung eines Wasserstoffatoms. Diese →Isomerie wird als Tautomerie bezeichnet, der Spezialfall als *Keto-Enol-Tautomerie*.

Normalerweise erfordert die Abspaltung eines Wasserstoffatoms von einem C-Atom einer Ketoform mehr Arbeit als die vom Sauerstoffatom einer Enolform. Deshalb liegen Vinylalkohol, Aceton und andere einfache Ketone und Aldehyde in der Oxoform vor. Der Enolgehalt des Acetons beträgt nur $2{,}5 \cdot 10^{-4}\%$.

Zwei Gruppen mit —I-Effekt in 1,3-Stellung bewirken eine Herabsetzung der Ablösungsarbeit des Wasserstoffatoms vom C-Atom auf ein Achtel. So kommt es zu einer Enolisierung. Das Gleichgewicht hängt ab vom Energiegehalt der Bindungen, vom Lösungsmittel, von der Konzentration und der Temperatur. Der Enolgehalt steigt in weniger polaren Lösungsmitteln. So beträgt der Enolgehalt beim Acetessigester in Wasser 0,4%, in Äthanol 10,5 in Äther 32,9, in Hexan 46,4. Der Enolgehalt sinkt mit steigender Konzentration des gelösten Stoffes.

$\quad\quad\quad\quad\quad\quad\quad\quad\quad\quad$H$\quad\quad\quad\quad\quad\quad\quad\quad\quad\quad\quad\quad$H
H$_3$C—C—CH$_3\quad$H$_3$C—C—C—C—CH$_3\quad\rightleftarrows\quad$H$_3$C—C—C=C—CH$_3$
$\quad\quad$‖$\quad\quad\quad\quad\quad\quad\quad$‖$\quad$H$\quad$‖$\quad\quad\quad\quad\quad\quad\quad\quad$‖$\quad\quad$|
$\quad\quad$O$\quad\quad\quad\quad\quad\quad\quad$O$\quad\quad\quad$O$\quad\quad\quad\quad\quad\quad\quad\quad$O$\quad\quad$O
$\quad\quad\quad\quad\quad\quad\quad\quad\quad\quad\quad\quad\quad\quad\quad\quad\quad\quad\quad\quad\quad\quad\quad\quad\quad\quad\quad\quad\quad\quad$H

Aceton$\quad\quad\quad\quad\quad\quad$Acetylaceton$\quad\quad\quad\quad\quad\quad$Enolform 80%
Dimethylketon$\quad\quad\quad\:$Ketoform 20%

$\quad\quad\quad\quad\quad\quad\quad\quad$H$\quad\quad\quad\quad\quad\quad\quad\quad\quad\quad\quad\quad\quad\quad$H
$\quad\quad\:$H$_3$C—C—C—C—OC$_2$H$_5\quad\rightarrow\quad$H$_3$C—C=C—C—OC$_2$H$_5$
$\quad\quad\quad\quad\quad\:$‖$\quad$|$\quad$‖$\quad\quad\quad\quad\quad\quad\quad\quad\quad\quad\quad\quad\quad$|$\quad\quad$‖
$\quad\quad\quad\quad\quad$O$\quad$H$\quad$O$\quad\quad\quad\quad\quad\quad\quad\quad\quad\quad\quad\quad$O$\quad\quad$O
$\quad\quad\quad\quad\quad\quad\quad\quad\quad\quad\quad\quad\quad\quad\quad\quad\quad\quad\quad\quad\quad\quad\quad\quad\quad$H

Acetessigsäureäthylester = Acetessigester$\quad\quad$β-Hydroxycrotonsäureester
Ketoform 92,5%$\quad\quad\quad\quad\quad\quad\quad\quad\quad\quad\quad\quad\quad\:$Enolform 7,5%

Hydroxylderivate 3.

$$\left[\begin{array}{c} H \quad R_2 \\ \diagdown C \diagup \\ C = O \\ \diagup \quad \diagdown \\ C \quad Fe \\ \diagup \quad \diagup \\ R_1 \quad O \end{array} \right]^{2+}$$

Komplexsalz beim FeCl$_3$-Nachweis

Der Nachweis der beiden Stoffe im Gleichgewicht erfolgt mit UV-Spektroskopie. Die Enolform läßt sich qualitativ durch Eisen-(III)-salze nachweisen. Sie bildet farbige innere Komplexsalze. Quantitativ erfolgt die Enolbestimmung nach der Methode von K. H. MEYER. Die Enoldoppelbindung addiert Brom (im Überschuß) sehr schnell. Der Bromüberschuß ist durch β-Naphthol beseitigt worden. Das Produkt spaltet HBr ab. Die neue α-Bromketoverbindung ist durch HJ zu reduzieren. Das gebildete Jod kann mit Natriumthiosulfatlösung titrimetrisch bestimmt werden.

$$R_1\!-\!\underset{\underset{H}{O}}{\overset{H}{C}}\!=\!C\!-\!\underset{O}{\overset{}{C}}\!-\!R_2 \xrightarrow{+Br_2} R_1\!-\!\underset{\underset{H}{O}}{\overset{Br}{C}}\!-\!\underset{Br}{\overset{H}{C}}\!-\!\underset{O}{\overset{}{C}}\!-\!R_2 \xrightarrow{-HBr}$$

Enolform $\qquad\qquad\qquad$ Dibromaddukt

$$R_1\!-\!\underset{O}{\overset{}{C}}\!-\!\underset{Br}{\overset{H}{C}}\!-\!\underset{O}{\overset{}{C}}\!-\!R_2 \xrightarrow{+2HJ} R_1\!-\!\underset{O}{\overset{}{C}}\!-\!\underset{H}{\overset{H}{C}}\!-\!\underset{O}{\overset{}{C}}\!-\!R_2 + J_2 + HBr$$

α-Bromketoverbindung $\qquad\qquad\qquad$ 1,3-Diketon

Die Trennung der beiden isomeren Formen erfolgt durch fraktionierte Kristallisation bei tiefen Temperaturen.

3. *Phenole*

Phenole stellen einen Spezialfall der Enole dar. Die Hydroxylgruppe ist direkt an das →aromatische System mit den π-Elektronen gebunden und wird in dieser Enolform stabilisiert. Nur mehrwertige Phenole zeigen den Übergang zur Oxoform.

Als Phenole im weiteren Sinn versteht man die entsprechend gebauten Derivate aller aromatischen Kohlenwasserstoffe, im engeren Sinn sind Phenole die Hydroxylderivate des Benzols. Analog werden die Derivate der anderen aromatischen Kohlenwasserstoffe bezeichnet: *Naphthol* (Naphthalin), Anthranol (Anthracen) u. ä. Mit Abnahme des aromatischen Charakters wird auch der Phenolcharakter weniger ausgeprägt.

3.1. *Eigenschaften der Phenole*

Die physikalischen Konstanten einiger Phenole und Phenolderivate sind in der Tab. 4 zusammengestellt (nach FODOR und RODD).

Name	Chem. Bezeichnung	F in °C	Kp	Dichte (g/ccm)
Phenol	Hydroxybenzol	41,0	181,7	1,072
Brenzkatechin	1,2-Dihydroxybenzol	105,0	245,0	1,371 bei 15°
Resorcin	1,3-Dihydroxybenzol	111,0	276,0	1,285 bei 15°
Hydrochinon	1,4-Dihydroxybenzol	172,3	286,2	1,358
Pyrogallol	1,2,3,-Trihydroxyben.	132,0	309	1,453 bei 4°
	1,2,4-Trihydroxyben.	140,0		
Phloroglucin	1,3,5-Trihydroxyben.	218,0		
	α-Naphthol	96,0	288,0	1,224 bei 4°
	β-Naphthol	122,0	294,8	1,217 bei 4°
o-*Kresol*	2-Methylphenol	30,5	191,0	1,046
m-Kresol	3-Methylphenol	11,8	202,0	1,034
p-Kresol	4-Methylphenol	34,8	202,3	1,035
Thymol	2-Isopropyl-4-methyl-phenol	51,0	232,0	0,969
Pikrinsäure	2,4,6-Trinitrophenol	122,0		

Die chemischen Reaktionen der Phenole ergeben sich aus den Wechselwirkungen zwischen dem aromatischen Kern und der Hydroxylgruppe. Charakteristisch dafür ist die schwache, aber deutlich ausgeprägte Säurenatur der Phenole (Hydroxybenzol = Carbolsäure). Sie lösen sich deshalb in Laugen, dagegen sind sie in Wasser nur begrenzt löslich. Die Abspaltung des Protons wird begünstigt durch die Wechselwirkung eines Sauerstoffelektronenpaares mit dem Ringsystem (positiver mesomerer Effekt s. →Substitution 2.1. und →Benzolkohlenwasserstoffe 1.1.2.). Das gebildete Phenolat-Ion ist durch Mesomerie stabilisiert, die negative Ladung ist delokalisiert. Die Säurestärke des Phenols ist kleiner als die der Kohlensäure. Sie kann durch Substituenten verstärkt werden, die einen negativen induktiven und mesomeren Effekt ausüben wie z. B. Nitro-

Hydroxylderivate 3.

gruppen. Die Dissoziationskonstante für Phenol beträgt $1,3.10^{-1}$, von 2-Nitrophenol $7,5.10^{-8}$, von 2,4-Dinitrophenol 10^{-4}, von 2,4,6-Trinitrophenol (*Pikrinsäure*) $1,6.10^{-1}$. Pikrinsäure löst sich deshalb auch in Wasser recht gut auf.

Abweichend von den Alkoholen läßt sich Phenol nicht mit einem Alkohol oder Phenol zu einem →Äther kondensieren, da das Sauerstoffatom durch die Mesomerie positiviert wurde. Dagegen führt die bei Alkoholen übliche Umsetzung zwischen dem Phenolat und einem Alkylhalogenid zu einem Äther (WILLIAMSON-Synthese), z. B. zum *Anisol*, dem Phenylmethyläther $C_5H_5OCH_3$.

Auch die Veresterung ist bei Phenolen nicht mit Carbonsäuren möglich, sondern muß mit Hilfe von Säureanhydriden oder Säurechloriden in alkalischem Medium durchgeführt werden (SCHOTTEN-BAUMANN-Verfahren).

$$\text{C}_6\text{H}_5\text{-O}^- \text{ Na}^+ + \text{ClCH}_3 \longrightarrow \text{C}_6\text{H}_5\text{-O-CH}_3 + \text{Na}^+ \text{Cl}^-$$

Anisol

$$\text{C}_6\text{H}_5\text{-O}^- \text{ Na}^+ + (\text{CH}_3\text{CO})_2\text{O} \longrightarrow \text{C}_6\text{H}_5\text{-O-}\overset{\overset{\text{O}}{\|}}{\text{C}}\text{-CH}_3 + \text{CH}_3\text{COO}^- \text{Na}^+$$

Essigsäureanhydrid   Essigsäurephenylester   Na-acetat

Der Austausch der Hydroxylgruppe gegen ein Halogen, eine für Alkohole leicht mögliche nucleophile →Substitution, findet bei Phenolen nur dann statt, wenn Nitrogruppen als Substituenten am Benzolring sitzen. Gegen Wasserstoff ist die Hydroxylgruppe nur durch energische Reduktion austauschbar, z. B. mit Zinkstaubdestillation.

Die Hydroxylgruppe beeinflußt aber ebenso den aromatischen Kern. Es überwiegt der positive mesomere Effekt (+M-Effekt), d. h. die Ladungsdichte des Ringsystems wird erhöht. Die für benzoide Aromaten typischen elektrophilen Substitutionsreaktionen (→Benzolkohlenwasserstoffe) erfolgen leichter, schneller. Es bilden sich z. T. mehrfach substituierte Produkte (*Pikrinsäure*). Außer den bei den →Benzolkohlenwasserstoffen (s. d. 1.1.2.) auftretenden Substitutionen zeigen Phenole noch folgende Reaktionen: a. FRIES-→Umlagerung eines Phenolesters in Anwesenheit von Lewis-Säuren zu Acylphenol (Phenolketon), b. REIMER-TIEMANN-Reaktion zur Einführung einer Aldehydgruppe durch Chloroform in alkalischer Lösung (→Carbene), c. KOLBE-SCHMITT-*Synthese* einer aromatischen Hydroxycarbonsäure mit CO_2 und Phenolat, d. Kondensation mit Methanal (Formaldehyd) in saurer oder alkalischer Lösung zu Kunstharzen (Bakelit) (→Polykondensationen).

Hydroxylderivate 3.

a. Phenylester $\xrightarrow{AlCl_3}$ Acylphenol (o-Stellung bei über 100°C)

b. $C_6H_5\text{-}O^- Na^+ + HCCl_3 \xrightarrow[-HCl]{NaOH}$ $C_6H_5\text{-}O^- Na^+ + [:CCl_2] \longrightarrow$ (o-CHCl$_2$-phenolat) $\xrightarrow[-2HCl]{OH^-/+H_2O}$ Aldehydphenol

Chloroform — Dichlorocarben — Aldehydphenol

c. $C_6H_5\text{-}OH + CO_2 \xrightarrow{+NaOH}$ o-Hydroxybenzoësäure; Salizylsäure

d. $C_6H_5\text{-}OH + H_2C=O \xrightarrow{H_3O^+}$ 2-Methyolphenol $\xrightarrow[-H_2O]{C_6H_5OH}$ 2,2' Dihydroxydiphenylmethan

Methanal — 2-Methyolphenol — 2,2' Dihydroxydiphenylmethan

3.2. Herstellung und Verwendung

Phenole werden aus dem Mittelöl bei der Steinkohlenteerdestillation gewonnen (→Benzolkohlenwasserstoffe 1.1.3.). Die auf diese Weise gewonnene Menge reicht nicht aus, so daß verschiedene großtechnische Verfahren zur Phenolherstellung entwickelt wurden, a. Alkalischmelze von Benzolsulfonaten, b. Hydrolyse von Arylhalogeniden (RASCHIG-*Verfahren*), c. Luftoxydation von Cumol und Spaltung des entstandenen Peroxids.

a. $C_6H_5\text{-}SO_3^- Na^+ + 2NaOH \xrightarrow{300°}$ $C_6H_5\text{-}O^- Na^+ + 2Na^+ + SO_3^{2-} + H_2O$

Na-benzolsulfonat — nukleophile Substitution

b. $C_6H_6 + HCl + \tfrac{1}{2}O_2 \xrightarrow{-H_2O}$ $C_6H_5\text{-}Cl \xrightarrow[400°]{+2NaOH}$ $C_6H_5\text{-}O^- Na^+ + Na^+ + Cl^- + H_2O$

Benzol

c. $C_6H_6 + H_2C=CH\text{-}CH_3 + \longrightarrow$ Cumol / Isopropylbenzol $\xrightarrow[\text{reaktion}]{O_2 \; \text{Radikal-}}$ Cumolhydroperoxid $\xrightarrow{100°}$ Phenol + Aceton

Benzol — Propen — Cumol Isopropylbenzol — Cumolhydroperoxid — Phenol Aceton

Hydroxylderivate 3.

Eine Labormethode zur Phenolgewinnung ist die Diazotierung von aromatischen Aminen (→org. Stickstoffverbindungen 3.1.) und Erhitzen der Diazoniumsalzlösung (Verkochen).

$$\langle\bigcirc\rangle-NH_2 + HNO_2 \xrightarrow[-2H_2O]{+HCl} \left[\langle\bigcirc\rangle-\overset{+}{N}\equiv N\right]Cl^- \xrightarrow[60°]{+H_2O} \langle\bigcirc\rangle-OH + HCl + N_2$$

Arylamin (Anilin)

Die Hauptverwendung findet Phenol bei der Herstellung von Kunstharzen auf Formaldehydbasis und bei der Erzeugung von Kunstfasern. BAEKELAND gewann durch alkalische Kondensation aus Formaldehyd und Phenol ein lösliches, leicht schmelzendes Harz, das bei Erhitzen mit Formaldehyd weitere Kondensationen eingeht. So entsteht aus linearen Produkten ein weitgehend vernetztes, nicht schmelzbares Produkt (*Bakelit*) (→Polykondensationen). Die saure Kondensation führt zu ähnlichen Produkten (Novolacke). Substituierte Phenole dienen als Ausgangsprodukte bei der Herstellung von Kunstharzen, die als Ionenaustauscher dienen (Wasserenthärtung, Süßwassererzeugung).

Für die →Chemiefaserindustrie dient Phenol als Ausgangssubstanz zur Herstellung von Cyclohexanol, aus dem Adipinsäure oder Caprolactam erzeugt werden zur Nylon- und Perlongewinnung.

In kleineren Mengen wird Phenol zu vielen anderen organischen Verbindungen umgewandelt und ist deshalb ein wichtiges Zwischenprodukt, so zu Salicylsäure (Aspirin), *Pikrinsäure* (→Explosivstoffe), 2,4-Dichlorphenoxyessigsäure (Unkrautbekämpfung, s. →Schädlingsbekämpfungsmittel), →Farbstoffe (Phenolphthalein) u. a. m. Phenolderivate sind gute Desinfektionsmittel und Antioxydantien (→Autoxydation), so die Methylphenole (*Kresole*, in Seife gelöst: Lysol).

Thymol (im Thymian vorkommend, synthetisch aus m-Kresol und Propen hergestellt) wird in der Parfümindustrie gebraucht.

3.3. *Zwei- und mehrwertige Phenole*

Ihre Herstellungsarten und Eigenschaften unterscheiden sie nicht wesentlich von den einwertigen Phenolen. Ihr Enolcharakter zeigt sich ebenso wie der von Phenol durch die Bindung von farbigen Komplexen mit Eisen-(III)-salzen. Der Einfluß der Hydroxylgruppen auf den Kern steigt an. Ihre Löslichkeit in Wasser ist größer.

Zusätzlich zeigen die mehrwertigen Phenole folgende Reaktionen. 1,2-Dihydroxybenzole bilden mit Phosgen ($COCl_2$), Dichlormethan oder Metallsalzen cyclische Verbindungen. Die 1,2- und 1,4-Dihydroxybenzole sind leicht oxydierbar. Es bilden sich *Chinone* (→Oxoverbindungen 2.4.), das sind Cyclohexadienderivate.

Wegen der leichten Oxydierbarkeit werden diese Verbindungen als photographische Entwickler eingesetzt (*Hydrochinon, Pyrogallol*: alkalische Lösung absorbiert Luftsauerstoff).

Brenzkatechin   cyclisches   Brenzkatechin   o-Benzochinon
1,2-Dihydroxybenzol   Acetal   Cyclohexa-1,3-dien-5,6-dion

Hydrochinon   Chinon
1,4-Dihydroxybenzol p-Benzochinon

1,3-Dihydroxybenzol läßt sich dagegen leicht reduzieren, weil es Keto-Enol-Tautomerie (s. o. 2.) zeigt.

Resorzin   Diketoform   Dihydroresorzin
1,3-Dihydroxybenzol   Cyclohexan-1,3-dion
Dienolform

Literatur
Rodd's Chemistry of Carbon Compounds. — Elsevier Pub. Comp. Amsterdam. Bd. IB: 1965, Bd. ID: 1965, Bd. IIIA: 1954
FODOR, G.: Organische Chemie, Bd. I. — VEB Dt. Verlag der Wissenschaften, Berlin 1965
HENECKA, H.: Chemie der Beta-Dicarbonyl-Verbindungen. — Springer, Berlin 1950
DIERICHS, A. und KUBICKA, R.: Phenole und Basen. — Akademie-Verlag, Berlin 1958

Hyoscyamin s. Alkaloide.
Hypalon s. Kautschuk.
Hypergole Zündung s. Raketentreibstoffe.

Hyperkonjugation ist die Annahme einer konjugationsartigen Wechselwirkung der C-H-Bindung mit dem π-Elektron der benachbarten Doppelbindung. Sie dient zur Erklärung experimenteller Ergebnisse, bei denen die Reihenfolge des induktives Effekts (elektronenabstoßend →Elektronenverschiebung) der Gruppen: $\cdot CH_3 < \cdot C_2H_5 < \cdot CH(CH_3)_2 < \cdot C(CH_3)_3$ umgekehrt wurde. Man interpretiert die Methylgruppe als eine quasi-Dreifachbindung $C \equiv H_3$:

Hyperkonjugation

$$H_3C-\underset{H}{\overset{H}{\underset{|}{C}}}=\underset{H}{\overset{H}{C}} \leftrightarrows H\overset{H^+}{\underset{H}{\overset{|}{C}}}=\overset{H}{\underset{H}{\overset{|}{C}}}-\overset{-}{\underset{H}{\overset{|}{C}}}-H$$

Das H^+ ist dabei nicht als losgelöstes Proton anzusehen. Als Argument für die Hyperkonjugation wird (in nicht zwingender Weise) u. a. die verkürzte C—C-Bindungslänge angegeben. Die Hyperkonjugation scheint bei beständigen Verbindungen keine Rolle zu spielen, aber in Übergangszuständen als elektronenliefernder Mechanismus.

Literatur
BAKER, J. W.: Hyperconjugation. — Clarendon Press, Oxford 1952
DEWAR, M.: Hyperconjugation. — Ronald Press, New York 1962

BAUMANN · FRICKE · WISSING · MEHR WISSEN ÜBER CHEMIE

MEHR WISSEN ÜBER CHEMIE

Von

Kurt Baumann - Heinz Fricke - Heinz Wissing

I bis Z

AULIS VERLAG DEUBNER & CO KG · KÖLN

Best.-Nr. 6017
© AULIS VERLAG DEUBNER & CO KG, KÖLN 1974
Druck und Einband: ČGP DELO, Ljubljana, Jugoslawien
ISBN 3-7614-0230-9

I

Ibotensäure s. Rauschgifte.
IES s. Indolylessigsäure (→Wuchsstoffe).
Ilmenit s. Titan.
Imidazol s. Heterocyclen 1.3.
-in weist als Endsilbe auf mindestens eine Kohlenstoff-Dreifachbindung hin s. Alkine, Äthin, Cycloalkine.
Indan s. Benzolkohlenwasserstoffe 2.3.1.
Indanthren s. Farbstoffe 1.5., Oxoverbindungen 2.4.
Inden = Benzocyclopentadien s. Benzolkohlenwasserstoffe 2.3.1.
Indigo s. Farbstoffe 1.5., Heterocyclen 1.2., Färberei.

Indikatoren (s. auch p_H-Wert) sind Substanzen, die durch ihre Farbe einen Zustand oder durch eine Farbänderung den Endpunkt (*Äquivalenzpunkt*) einer chemischen Reaktion anzeigen. Meistens handelt es sich um →Farbstoffe. Angewendet werden sie bei Bestimmungen des →p_H-Werts und Neutralisationstitrationen (Acidimetrie und Alkalimetrie), bei der Messung von Redoxpotentialen (→Redoxvorgänge), bei der Fällungstitration und der Komplexometrie (→Maßanalye). Die bekanntesten Indikatoren sind die →Säure-Basen-Indikatoren. Es sind Säure- Basenpaare, die bei Protonenabgabe bzw. -aufnahme mit der Konstitutionsänderung eine Farbänderung verbinden. Es kommt durch die Veränderung der Ladung zu einer verstärkten oder verminderten →Mesomerie. Dadurch wird die Lichtabsorption beeinflußt. Der Umschlagsbereich hängt vom p_{Ks}-Wert (Säurestärke) ab (→p_H-Wert). Durch den Farbumschlag wird der Äquivalenzpunkt der Neutralisation angezeigt. p_H-Bestimmungen sind mit Indikatorgemischen möglich oder durch Ausnutzung der allmählichen Farbänderung im Umschlagsbereich eines Indikators.

Die als Säure-Basen-Indikatoren benutzten Farbstoffe gehören zu den Azofarbstoffen (→Farbstoffe 1.2.) wie Kongorot, *Methylorange*, Tropäolin 0 u.a. oder den Triarylcarboniumfarbstoffen (→Farbstoffe 1.4.) wie *Phenolphthalein, Bromthymolblau* sowie andere Phthaleine und Sulfophthaleine (SO_3H-Gruppe anstelle der $COOH$-Gruppe). Die Konstitutionsänderungen sind am Beispiel des Methylorange, des Phenolphthalein und des zwei Farbumschläge zeigenden Bromthymolblau aufgeführt (jeweils nur eine Grenzstruktur).

$$^-O_3S-\bigcirc-N=N-\bigcirc-N(CH_3)_2 \xrightleftharpoons[-H^+]{+H^+} {}^-O_3S-\bigcirc-\underset{H}{N}-N=\bigcirc=\overset{+}{N}(CH_3)_2$$

gelb $p_H > 4{,}4$ \qquad rot $p_H < 3{,}1$

Methylorange

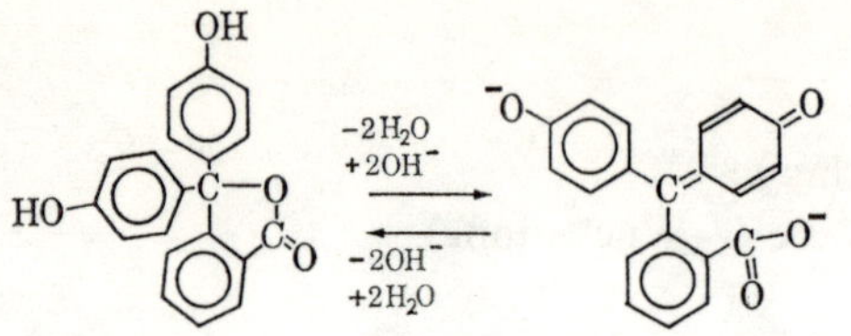

Indikatoren

farblos (Lacton) $p_H < 8{,}2$ rot $p_H > 10$

Phenolphthalein

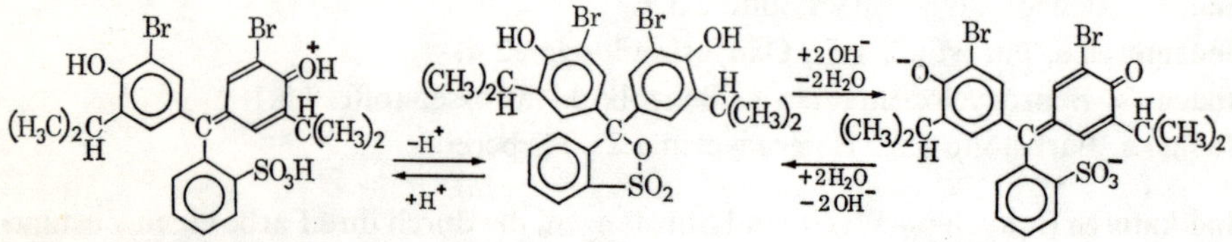

rot $p_H < 1$ gelb p_H 2—6   blau $p_H > 7{,}6$

Bromthymolblau

Bei Redox-Indikatoren (→Redoxvorgänge) treten die unterschiedlichen Farben im oxydierten und reduzierten Zustand auf. Solche Farbänderungen kommen bei den Carbonylfarbstoffen (→Farbstoffen 1.5.) vor, die als Küpenfarbstoffe (→Färberei) eingesetzt werden. Als Indikator sind aber nur Farbstoffe brauchbar, die leicht reversibel oxydierbar und reduzierbar sind. Das Umschlagspotential ist oft auch p_H-abhängig, da bei der Farbänderung H^+-Ionen beteiligt sein können. Beispiele für Redox-Indikatoren sind *Methylenblau* ($E_0 = 0{,}01$ V), *Diphenylamin* ($E_0 = 0{,}76$ V, benutzt für Fe^{2+}-Bestimmung mit $K_2Cr_2O_7$), 6-Dichlorphenolindophenol (*Tillmanns Reagens*, $E = 0{,}23$ V, für →Vitamin C-Titrationen) und *Triphenyltetrazoliumchlorid* → Heterocylen 1.3.(*TTC*, zur Feststellung der Keimfähigkeit von Samen benutzt, da nur in lebenden Keimlingen reduzierende Enzyme wirksam sind).

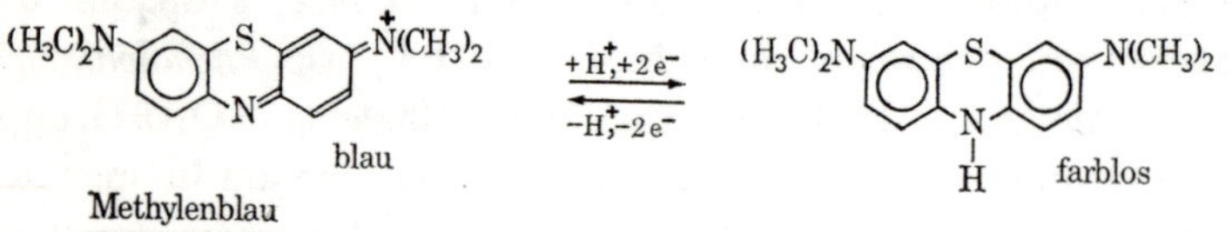

blau   farblos

Methylenblau
(Thiazin→farbstoff 1.4)

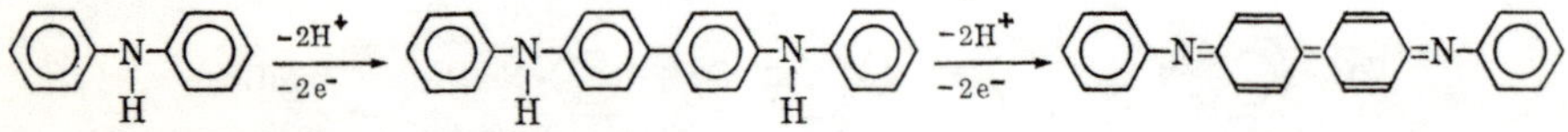

farblos   Diphenylbenzidin   violett

Diphenylamin

Indikatoren

2,6-Dichlorphenol-indophenol (Chinonimin → farbstoff) / Tillmanns Reagens

farblos TTC / Triphenylformazan rot

Bei einigen Redoxtitrationen werden keine Farbstoffe als Indikatoren benötigt, so bei der Manganometrie, da die Farbe von $KMnO_4$ sich von violett nach farblos ändert, oder bei der Jodometrie, weil ein Stärkezusatz mit elementarem Jod eine tiefblaue Einschlußverbindung bildet (→Kohlenhydrate 3., →Clathrate).

Auch bei Fällungstitrationen werden nicht immer organische Farbstoffe als Indikatoren eingesetzt. Bei der Titration von Ag^+-Ionen mit Thiocyanatlösung (→Kohlensäurederivate 5.) nach VOLHARD dienen Fe^{3+}-Ionen zur Bestimmung des Endpunkts ($Fe(CNS)_3$-rot). Bei der Halogenid-Ionen-Titration mit $AgNO_3$ nach MOHR werden Chromat-Ionen ($AgCrO_4$-rot) zur Endpunktermittlung verwendet. Bei dieser Titration können aber auch Adsorptionsindikatoren benutzt werden. Es handelt sich dabei um fluoreszierende *Xanthen*-Farbstoffe wie *Eosin* und *Fluoreszein* (Formel →Farbstoffe 1.4.). Sie werden als Anionen erst an den Niederschlag gebunden, wenn dieser nach Erreichen des Endpunkts

Rhodamin 6G / Eriochromschwarz T

Phthaleinpurpur

Indium

sich durch überschüssiges Ag⁺ positiv auflädt. Dies tritt als Farbänderung in Erscheinung. Für negativ aufgeladene Niederschläge kann der basische Xanthen-Farbstoff *Rhodamin 6 G* eingesetzt werden.

Bei der *Komplexometrie* (Chelatometrie) werden Farbstoffe zur Erkennung des Äquivalenzpunktes herangezogen, die als Metall-Indikatorkomplex eine andere Farbe haben als der freie Indikator. Mg^{2+}-Ionen können mit dem Indikator *Eriochromschwarz T* titriert werden (als Chelatbildner — Komplexon, Titriplex — wird Äthylendiamintetraessigsäure — Formel →Maßanalyse — benutzt), bei Erdalkalimetallionen verwendet man *Phthaleinpurpur*.

Literatur
JANDER, G. und JAHR, K.: Maßanalyse. — Gruyter, Berlin 1961
SCHWABE, K.: Fortschritte der pH-Meßtechnik. — VEB Technik, Berlin 1958
CHRISTEN, H. R.: Grundlagen der organischen Chemie. — Sauerländer, Diesterweg, Aarau 1970
SCHWARZENBACH, G. FLASCHKE, H: Die komplexometrische Titration. — Enke, Stuttgart 1965

Indium gehört zu den Elementen der →Dritten Hauptgruppe. Vom Indium existiert das stabile Isotop mit der Massenzahl 113 (4,28%) und das quasistabile der Massenzahl 115 (95,72%) mit der Halbwertzeit $6 \cdot 10^{14}$ Jahre. Es geht durch β-Ausstrahlung in das Zinn-115 über.

Erst 1955 wurde als erstes Indiummineral der Roquésit ($CuInS_2$) entdeckt, der isomorph dem Kupferkies ($CuFeS_2$) und dem Gallit ($CuGaS_2$) ist. 1963 fand man im Zinnstein von Dshalindinsk (kleiner Chalan in Ostsibirien) die Indiummineralien Indit ($FeIn_2S_4$) und Dshalindit ($In(OH)_3$). Als wirtschaftlich interessante Ausgangsmaterialien für die Gewinnung von Indium kommen bisher lediglich Zinkblenden in Betracht. In diese ist das Metall in sehr unterschiedlichen Gehalten eingetreten. Die Gehalte schwanken von Spuren bis zu mehreren Promille. Besonders hohen Indiumgehalt (bis zu 1000 g/t) führen die Zinkblenden von Pitkäranta und Petsamo (beide USSR, früher Finnland).

Indium ist nur als Begleitelement anzusehen, das lediglich im Rahmen großer Verhüttungsprozesse oder chemischer Verfahren angereichert und als Nebenerzeugnis ausgebracht werden kann.

Indium ist ein silberweißes und duktiles Metall mit einem dem Platin ähnlichen metallischen Glanz und guter Anlaufbeständigkeit. Es ist ungefähr so weich wie Blei. Beim Erhitzen über den Schmelzpunkt hinaus bedeckt es sich mit einer Oxidhaut und verbrennt bei höheren Temperaturen zu In_2O_3. In kalten Mineralsäuren ist es etwas, in starken Säuren, besonders in der Wärme, gut löslich. Bei höheren Temperaturen reagiert es mit Halogenen und Schwefel zu den entsprechenden dreiwertigen Verbindungen.

Beim Umgang mit Indium und seinen Verbindungen sind keine spezifischen Giftwirkungen bekannt geworden. Da das Metall aber in zahlreichen organischen Säuren leicht löslich ist, muß es als Überzugsmetall für Lebensmittelbehälter außer Betracht bleiben.

Die Verwendungsmöglichkeiten des Indiums sind recht umfangreich, doch steht ihnen der hohe Preis entgegen. Von seinen Eigenschaften bedient sich die Technik insbesondere wegen seiner Gleit- und Schmierfähigkeit, seiner Korrosionsbeständigkeit, seines niedrigen Schmelzpunktes, seiner Eigenschaften als Lot- und Verbindungsmetall sowie seiner vergütenden Wirkung als Legierungsbestandteil und seiner Halbleiterwirkungen. Für das Gebiet der Schmuckwarenindustrie ist Indium interessant, da seine Legierungszusätze von 1—25% Gold und Silber härten, gegen Anlaufen schützen und Glanz und Polierfähigkeit erhöhen.

Indol s. Heterocyclen 1.2.
β-Indolylessigsäure s. Heterocyclen 1.2., Wuchsstoffe.
Indophenol s. Farbstoffe 1.4.
Induktiver Effekt s. Elektronenverschiebung 1., Substitution 2.1., Benzolkohlenwasserstoff 1.1.2.
Initialsprengstoffe s. Explosivstoffe.
Inkohlung s. Mineralkohlen.
Inosit s. Hydroxylderivate 1.4., Lipoide.
Insekticide s. Schädlingsbekämpfungsmittel.
Insulin s. Hormone.
Interhalogenverbindungen s. Siebente Hauptgruppe.
Invarstahl s. Nickel.
Ionenaustauscher s. Polykondensation.
Ionen-Bindung s. Bindungskräfte.
Ionenprodukt des Wassers s. pH-Wert.
Ionisationsenergie s. Elektronegativität.
Ionon-Ring s. Polyene 2.
PC s. Schädlingsbekämpfungsmittel.

Iridium gehört zu den Elementen der →Achten Nebengruppe. Von ihm existieren nur die zwei stabilen Isotope mit den Massenzahlen 191 (37,3%) und 193 (62,7%). Das bedeutendste Iridiumerz ist das Osmiridium, das in Alaska und in Teilen Südafrikas gefunden wird mit einem Iridiumanteil von 25 bis 75%. In bestimmten Gebieten Brasiliens und Burmas findet sich eine Platiniridiumlegierung mit bis zu 75% Iridium. Iridiumhaltige Erze wurden im Kaukasus, in Tasmanien und in Sibirien entdeckt. Die Extraktion aus Platinkonzentraten erfolgt wie bei den anderen Seltenen Platinmetallen durch Behandlung mit Königswasser, in dem Platin und Palladium sich auflösen. Die Trennung von dem chemisch verwandten

Isatin

Rhodium kann dadurch erfolgen, daß das Rhodium-Iridiumgemenge mit Natriumhydrogensulfat geschmolzen wird. Hierbei entsteht das lösliche Rhodiumsulfat und läßt Iridium zurück.

Reines Iridium ist ein perlglänzendes, stahlweißes Metall mit einem schwach gelblichen Schimmer. Der Bruch ist etwas grau und hakig. Seiner Sprödigkeit wegen kann es im Kaltzustand zwar gehämmert, jedoch nicht gedehnt werden. Im Glühzustand läßt es sich zu Blech und Draht von unregelmäßigem Querschnitt auswalzen, wogegen es unmöglich ist, Drähte zu ziehen. Platin wird durch einen Zusatz von Iridium gehärtet, doch darf der Zusatz nicht mehr als 35% Iridium betragen. Derartige Legierungen haben zur Herstellung des Urmeters in Paris-Sèvres gedient. Verwendet werden sie ferner zu Spitzen von Goldfedern und für Injektionskanülen. Wegen des hohen Iridiumpreises wird Platin häufig mit Osmium und Rhodium legiert, was zu gleichen Brauchbarkeiten führt.

Bei Rotglut wird Iridium von Sauerstoff angegriffen unter Bildung des Dioxids. Dabei bildet sich eine Schutzschicht, die massives Iridium vor einer weiteren Oxydation schützt. Das Metall läuft schwarzblau an. Bei 1100°C zersetzt sich die Verbindung wieder. Angegriffen wird Iridium auch von den Halogenen, jedoch erst bei Rotglut. Es ist widerstandsfähig gegen alle Säuren, einschließlich Königswasser, und in geringerem Maße gegen geschmolzenes Alkali. Eine Zeit lang fand es deswegen Verwendung an Stelle von Platingeräten. Iridium legiert nicht mit Gold, Silber und Quecksilber. In den USA verwendet man 70% des Iridiums zur Herstellung von Schmuckwaren.

Exakte Messungen über die Bestimmung der Gitterabstände des Iridiumkristalls haben ergeben, daß Iridium das schwerste aller Elemente ist. Seine Dichte ist ca. 2°/$_{00}$ größer als die des Osmiums.

Weitgehend verdrängt wurden Platin-Iridiumlegierungen durch Edelstähle.

Isatin s. Heterocyclen 1.2.

Iso- dient allgemein zur Bezeichnung isomerer Verbindungen, z. B. isomerer →Alkane, d. h. der gegenüber den geradkettigen n-Verbindungen verzweigten Moleküle, speziell zur Benennung der verzweigten Verbindungen, die zwei Methylgruppen am Kettenende haben: Iso-pentan = 2-Methylbutan.

Isochinolin s. Heterocyclen 2.2.
Isodurol s. Benzolkohlenwasserstoffe 1.2.
Isoelektrischer Punkt s. Aminosäuren.
Isoenzyme s. Enzyme.

Isolatoren s. Kristallgitter.
Isoleucin s. Aminosäuren 1.2.

Isomerie liegt vor, wenn bei gleicher Summenformel (Angabe über die Anzahl der im Molekül vorhandenen Atome) mindestens zwei in bezug auf chemische oder physikalische Eigenschaften unterscheidbare Substanzen vorliegen. Sie unterscheiden sich in ihrer Struktur (*Konstitution* oder *Konfiguration*). Bei verschiedener *Konstitution* (Anordnung und Bindung der Atome im Molekül) spricht man von 1. Strukturisomerie. Eine unterschiedliche *Konfiguration* (räumliche Anordnung) führt zur 2. Stereoisomerie. Voraussetzung für beide Isomeriearten ist die Annahme der freien Drehbarkeit um die Bindungsachse einer Einfachbindung (Fehlen von Rotationsisomeren, s. 4. *Konstellation*) und die Annahme, daß Atome bzw. Atomgruppen ihren Platz im Molekül nicht wechseln (Ausnahme: 3. *Tautomerie* und Valenztautomerie). Zuerst werden die Isomeriemöglichkeiten in der organischen Chemie behandelt, unter 5. die der anorganischen.

1. *Strukturisomerie*:

1.1. Stellungsisomerie (auch Kettenisomerie genannt): verschiedene Anordnung der Atome im Molekül, z. B.

C_5H_{12} — n-Pentan, 2,2-Dimethylpropan

C_3H_7Cl — 1-Chlorpropan, 2-Chlorpropan

C_2H_6O — Äthanol, Dimethyläther

C_4H_8 — But-1-en, But-2-en

1.2. Bindungsisomerie liegt vor, wenn die gleichen Atome verschieden gebunden sind, z. B.

Isomerie 2.

C₄H₈

```
    |  |  |  |              |  |
   —C—C=C—C—             —C—C—
    |        |              |  |
                           —C—C—
                            |  |
   But-2-en              Cyclobutan
```

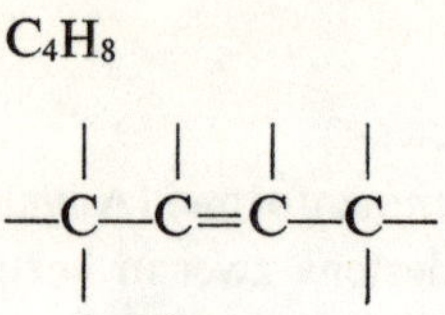

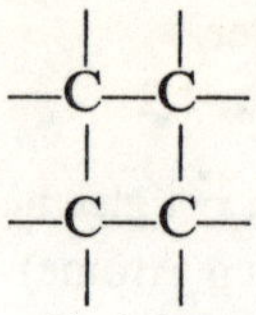

2. Stereo- oder Raumisomerie

2.1. Geometrische oder *cis-trans* Isomerie tritt auf, wenn wenigstens eine Atombindung nicht frei drehbar ist und sich zwei Substituenten zueinander in verschiedener räumlicher Lage befinden. Dieser Fall liegt vor bei Mehrfachbindungen und bei Ringverbindungen, in denen die Ringatome untereinander nur einfach gebunden sind (→Cycloalkane und perhydrierte →Heterocyclen). Sind die beiden Substituenten räumlich nahe, spricht man von der cis-Stellung (benachbart), andernfalls von der trans-Stellung (gegenüber), z. B.

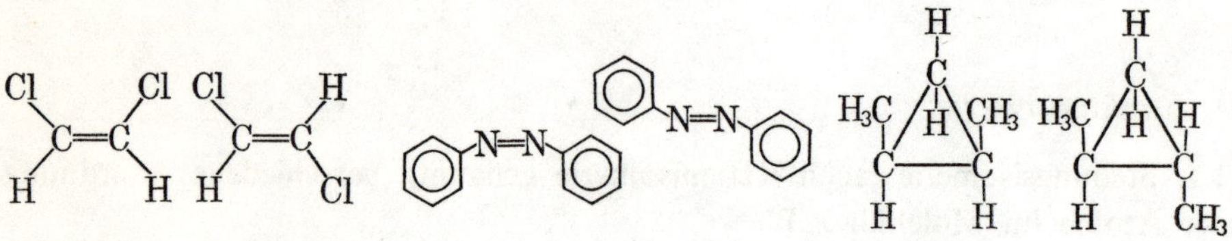

cis-1,2-Dichloräthen Kp. 60,3°C

trans-1,2-Dichloräthen Kp. 47,7°C

cis-Azobenzol

trans-Azobenzol

cis-1,2-Dimethylcyclopropan

trans-1,2-Dimethylcyclopropan

Die Bestimmung der *Konfiguration* erfolgt mit physikalischen Methoden (Röntgenkristallstrukturanalyse: Messung der Atomabstände im Kristall; Infrarotspektroskopie) oder durch selektive chemische Reaktionen (Eintritt oder Ausbleiben einer möglichen Ringbildung).

2.2. Optische Isomerie beruht auf der Molekülasymmetrie, d.h. auf einer *chiralen* Struktur, einer Struktur ohne Symmetriezentrum oder -ebene. Meistens liegt in

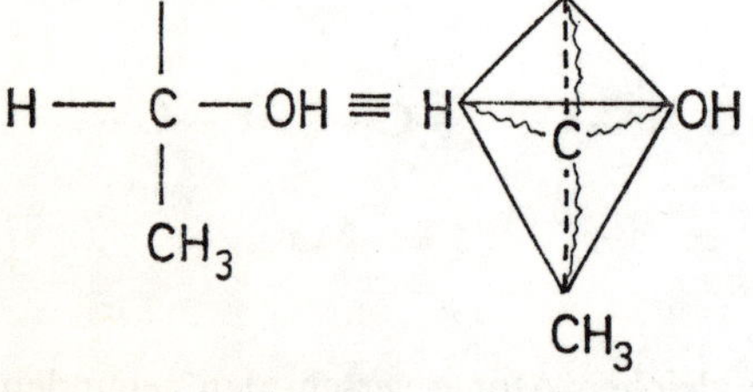

D(−)-Milchsäure

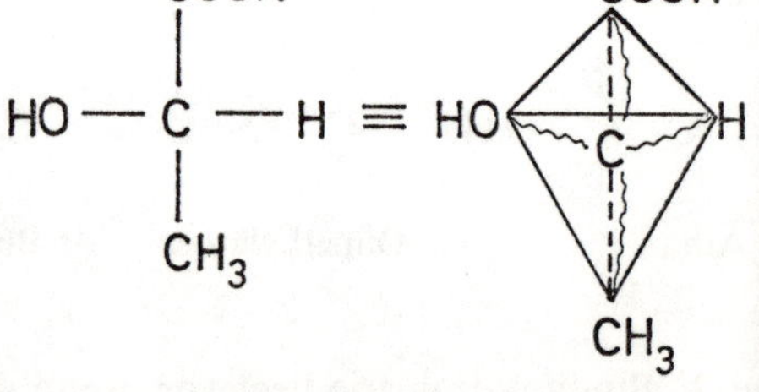

L(+)-Milchsäure

Isomerie 2.

diesen Verbindungen ein asymmetrisches C-Atom vor, d.h. ein C-Atom, das mit vier verschiedenen Substituenten verbunden ist, z. B. bei der Milchsäure (dargestellt in der →FISCHER-Projektion: Tetraeder des C-Atoms in bestimmter Weise in Ebene projiziert). Es gibt aber auch *Chiralität* ohne asymetrisches C-Atom s. u. Atropisomerie.

Die beiden Moleküle entsprechen sich wie Gegenstand und Spiegelbild (enantiomorph). Die entsprechenden (*enantiomeren*) Verbindungen sind physikalisch und chemisch identisch bis auf die optische Aktivität und die Kristallbildung. Sie bilden Kristalle, die entgegengesetzt hemiëdrisch ausgebildet sind, d.h. sich wie rechte und linke Hand verhalten. Unter optischer Aktivität versteht man das Vermögen eines Stoffes, die Polarisationsebene des Lichts zu drehen. Enantiomere Substanzen drehen in flüssiger Form oder gelöstem Zustand die Ebene in entgegengesetzter Richtung, aber im gleichen Maß. Zur Kennzeichnung der Drehungsrichtung verwendet man die Symbole + (rechts) und — (links). Die Buchstaben D bzw. L (von dexter-rechts und sinister-links) beziehen sich auf die relative Konfiguration, bestimmt mit Röntgenstrahlbeugung oder chemischen Untersuchungen, wobei allerdings von einer Substanz (D-Glycerinaldehyd o. D-Serin) ausgegangen werden muß, deren Konfiguration bekannt und festgelegt ist. Die Konfiguration braucht nicht mit der Drehungsrichtung übereinzustimmen, wie bei der Milchsäure gezeigt.

Auch die absolute Konfiguration, unabhängig von einem Bezugssystem, kann rechnerisch oder experimentell ermittelt werden. Zur Kennzeichnung verwendet man die *Nomenklatur nach* CAHN-PRELOG-INGOLD. Die vier Substituenten des asymmetrischen C-Atoms werden angeordnet nach der Ordnungszahl der direkt gebundenen Atome. Bei gleicher Ordnungszahl der direkt gebundenen Atome werden die Ordnungszahlen der an diese Atome gebundenen „zweiten" Atome herangezogen. Als Beispiel dient Serin (die Methode wird aber weniger für Aminosäuren und Kohlenhydrate benutzt, mehr für komplizierte Verbindungen).

Die Reihenfolge der Substituenten nach fallender Ordnungszahl ist: $NH_2 (N = 7)$, $COOH$ ($C = 6$, zweite Atome $O = 8$, wegen Doppelbindung doppelt gezählt, daher $8 + 8 + 8$), CH_2OH (zwar $C = 6$, aber zweite Atome $8 + 1 + 1$, da $H = 1$),

Isomerie 2.

H. Man betrachtet nun den Tetraeder so, daß das Atom mit der niedrigsten Ordnungszahl nach hinten gerichtet ist. Für die anderen drei Gruppen, die in einer Ebene liegen, gibt es zwei Anordnungen. Sind sie nach fallender Ordnungszahl im Uhrzeigersinn angeordnet, bezeichnet man dies als R (von rectus), im anderen Fall als S (sinister, links).

Die Mischung von D- und L-Form in Verhältnis 1:1 ist optisch inaktiv und wird als *Racemat* bezeichnet (nach der Traubensäure, →Carbonsäuren 1.2., an der es von Pasteur zum ersten Mal erkannt wurde). Racemate lassen sich in die beiden optischen Antipoden spalten durch mechanische Sortierung der hemiëdrischen Kristallformen (nur bei bestimmten Verbindungen möglich), durch Abbau eines Antipoden durch Fermente (Fermente sind selbst asymmetrisch und bauen deshalb stereospezifisch nur einen Antipoden ab), durch Herstellung zweier unterschiedlicher Verbindungen mit einer optisch aktiven Substanz (Voraussetzung: Vorhandensein einer funktionellen Gruppe, z. B. Säuregruppe bei der Milchsäure). Das Racemat der Milchsäure ist trennbar nach Umsetzung mit einer Base (optisch aktive Basen stehen in Alkaloiden zur Verfügung wie die →Alkaloide (—)Strychnin, (—)Chinin u. a. m.). Es entstehen dann zwei Verbindungen, D-Säure-D-Base und L-Säure-D-Base, die nicht mehr spiegelbildlich sind und deshalb verschiedene physikalische Eigenschaften haben und somit trennbar sind. Solche Verbindungen werden *diastereomer* genannt (nur Ausschnitte aus dem Molekül wie Gegenstand und Spiegelbild).

Sie treten auch auf, wenn in einem Molekül mehr als ein asymmetrisches C-Atom vorhanden ist. Die Anzahl der möglichen stereoisomeren Formen ist 2^n, wobei n die Zahl der asymmetrischen C-Atome mit verschiedenen Substituenten angibt. Bei zwei asymmetrischen C-Atomen müssen vier optisch aktive Formen vorhanden sein:

```
        A              A              A              A
        |              |              |              |
     C—C—B          B—C—C          C—C—B          B—C—C
        |              |              |              |
1.   F—C—E     2.   E—C—F     3.   E—C—F     4.   F—C—E
        |              |              |              |
        D              D              D              D
```

1 u. 2 sowie 3 u. 4 sind *enantiomere*, 1 u. 3 oder 4 *diastereomere* Verbindungen.

Besondere Bezeichnungsweisen sind bei Substanzen üblich, die mit zwei asymmetrischen C-Atomen vom Typ d-Cab-Cac-e sind. Sie werden nach der Konfiguration der beiden Zucker (Tetrosen) Erythrose und Threose benannt. Liegen die gleichen Substituenten auch auf der gleichen Seite, spricht man von der *erythro*-Form, sonst von der *threo*-Form.

Isomerie 2.

```
      d              d
      |              |
   b—C—a          a—C—b
      |              |
   c—C—a          c—C—a
      |              |
      e              e
```
Erythro- und threo-Form einer enantioneren Verbindung

Als Epimerisierung wird der Konfigurationswechsel an einem asymmetrischen C-Atom in einer Verbindung bezeichnet, die mehrere asymmetrische C-Atome enthält, z. B. die Umwandlung von Glucose zu Mannose durch Laugen oder die Mutarotation (spontane Änderung) von α-Glucose zu β-Glucose in wäßriger Lösung. *Epimere* unterscheiden sich nur durch die Konfiguration eines C-Atoms. Haben zwei asymmetrische C-Atomme gleiche Substituenten (z. B. Weinsäure $COOH \cdot C^xHOH \cdot C^xHOH \cdot COOH$), so kommt es zu zwei Formen, die eine Symmetrieebene besitzen. Die Anteile der asymmetrischen C-Atome am Gesamtdrehvermögen heben sich auf, diese Formen (nicht unterscheidbar) sind optisch inaktiv, man nennt sie *meso-Form*. Sie sind nicht in optisch aktive Formen aufzuspalten wie die Racemate.

```
    COOH           COOH           COOH           COOH
     |              |              |              |
   H—C—OH        HO—C—H         H—C—OH         HO—C—H
     |              |              |              |
   HO—C—H         H—C—OH         H—C—OH    ≡   HO—C—H
     |              |              |              |
    COOH           COOH           COOH           COOH
 D(+)-Weinsäure  L(−)-Weinsäure         Mesoweinsäure
```

Gemisch: Traubensäure (Racemat) (→Carbonsäuren 1.2.)

Die Entdeckung der optischen Aktivität als Moleküleigenschaft geht auf BIOT (1815) zurück, PASTEUR gelang die erste Trennung eines Racemats in die optischen Antipoden (1848). Die Erklärung gaben unabhängig voneinander VAN'T HOFF und LE BEL (1874) durch die Annahme der Tetraederstruktur des C-Atoms. Auch die geometrische Isomerie wurde auf Grund dieser Annahme von VAN'T HOFF vorausgesagt.

Eine Ausnahme stellen bestimmte Allenderivate ($>C=C=C<$) dar (ebenfalls von VAN'T HOFF 1874 vorausgesagt, erst 1935 bestätigt), die kein asymmetrisches C-Atom besitzen und doch in zwei spiegelbildlichen Formen auftreten, da die Ebenen der beiden Doppelbindungen um 90° gegeneinander gedreht sind.

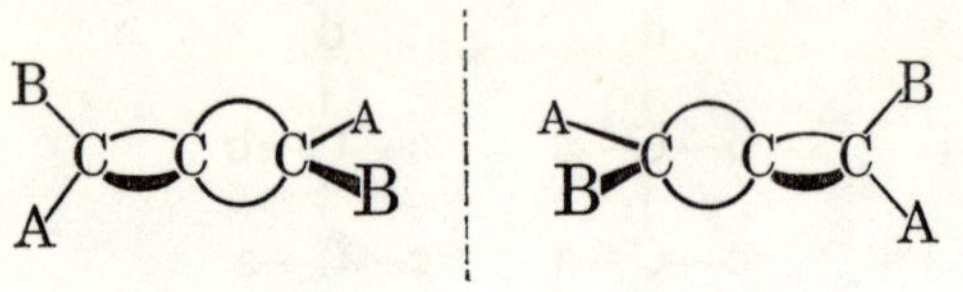

Isomerie 3.

Dieser Fall wird *Atropisomerie* genannt. Er beruht auf der Beschränkung der freien Drehbarkeit, ähnlich wie auch bei tetrasubstituieren (2.2'.6.6') Diphenylderivaten, die sich bei Substituenten mit großer Raumerfüllung nicht mehr um die Achse der Einfachbindung drehen können. Die Ringebenen sind wegen der Substituenten gegeneinander verdreht.

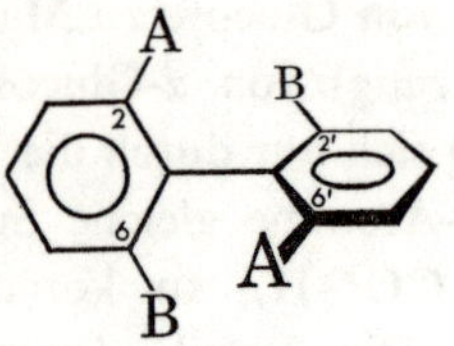

3. Tautomerie (s. →Umlagerungen 2.)

Tautomerie haben Substanzen, die sich durch die Stellung eines Wasserstoffatoms unterscheiden, sich ineinander umwandeln und im Gleichgewicht stehen. Entdeckt von HANTZSCH am Phenylnitromethan:

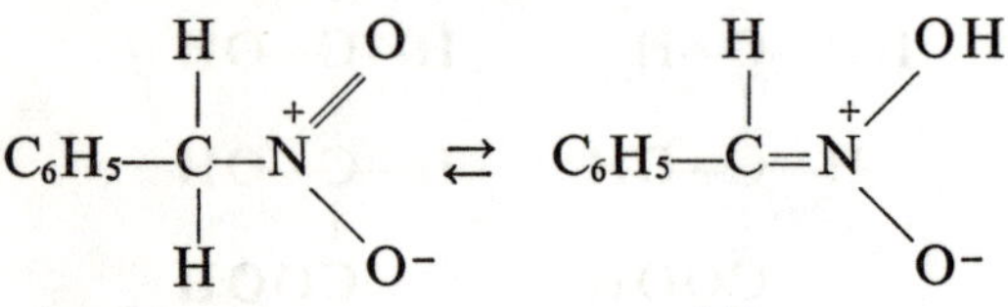

nitro-Form   aci-Form
gelbes Öl   farblose feste Säure

Der bekannteste Fall der Protonenverschiebung (daher auch *Prototropie* genannt ist die *Keto-Enol-Tautomerie* (→Hydroxylderivate 2.) beim Acetessigester. Im Gleichgewicht liegt die Enol-Form in 7% vor, was man durch eine quantitativ feststellbare Reaktion mit Brom zeigen kann.

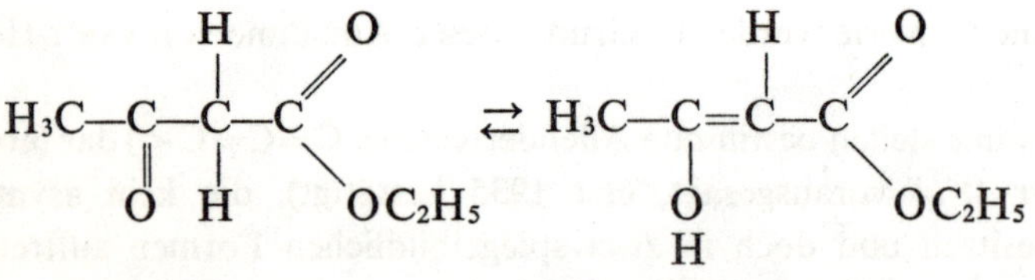

Keto-Form   Enol-Form

Bei den →Kohlenhydraten tritt die Oxo-cyclo-tautomerie auf, ein Gleichgewicht zwischen einer Oxoform und einer cyclischen Halbacetalform.
Werden Anionen umgelagert, so bezeichnet man dies als *Anionotropie* z. B.:

$$H-C\equiv C-\underset{H}{\overset{H}{C}}-Br \xrightarrow{Cu_2Br_2} \underset{Br}{\overset{H}{\diagdown}}C=C=C\underset{H}{\overset{H}{\diagup}}$$

Umlagerungsreaktionen zu Isomeren, durch thermische Energie oder Licht angeregt, können bei niedriger Aktivierungsenergie bei Zimmertemperatur ablaufen. Die Isomeren, die durch eine Umordnung von π- oder von π- und σ-Bindungen entstehen, liegen im Gegensatz zur →Mesomerie (s. →aromatisches System, →Benzolkohlenwasserstoffe) als reale Substanzen im Gleichgewicht vor. Bei Molekülen mit diesen fluktuierenden Strukturen spricht man von *Valenztautomerie*. Die beste Untersuchungsmöglichkeit für solche Umlagerungen bietet die Kernresonanzspektroskopie. Das am längsten bekannte Beispiel ist das Gleichgewicht zwischen c-Octa-1,3,5-trien und Bicyclo [4.2.0]-octa-2,4-dien (→Cycloalkane).

Bei bestimmten Ringsystemen ändert sich die Zahl der Doppelbindungen nicht. Die Umwandlungen erfolgen sehr rasch, bei tiefen Temperaturen kommen sie zum Stillstand. Beispiele für Moleküle mit fluktuierenden Strukturen sind *Homotropiliden* (Bicyclo[5.1.0]-Octa-2,5-dien) und Bullvalen $C_{10}H_{10}$. Beim *Bullvalen* gibt es mehr als 1,2 Millionen Isomere, die bei 80°C sich ständig ineinander umwandeln.

Homotropiliden   Bullvalen (einige Isomeriemöglichkeiten)

4. *Konstellation oder Konformation*

Bei der Drehung um die Achse einer einfachen C-C-Bindung nehmen die Substituenten des einen Atoms nicht jede beliebige Lage zu den Substituenten des anderen Atoms ein. Infolge der VAN DER WAALS-Kräfte sind sogar bei einem Molekül wie Äthan die gestaffelten Lagen (da energieärmer) gegenüber den eklipti-

Isomerie 5.

schen bevorzugt. Beim Butan sind vier Konformere möglich. (s. Abb.) Um aus einer energetisch günstigen Konstellation in eine andere zu gelangen, wird Energie benötigt (Rotationsenergie). Kernresonanzspektroskopie ist das beste Mittel, die Konstellation festzustellen, aber auch Elektronen- und Röntgenstrahlbeugung dienen zur Erforschung. Zur bildlichen Darstellung bringt man die C-C-Achse in die Sehachse, z. B.:

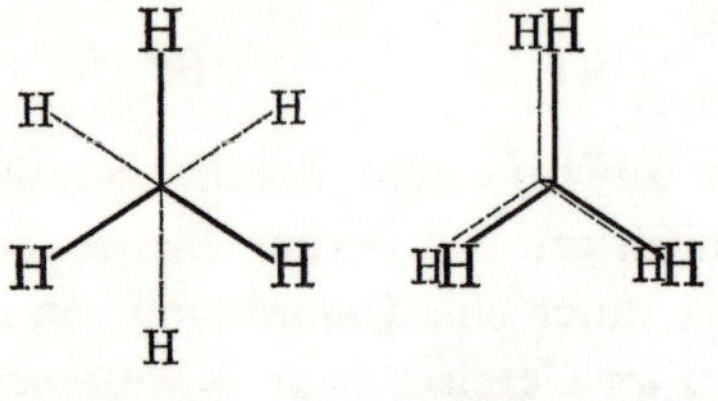

gestaffelt ekliptisch
Äthan

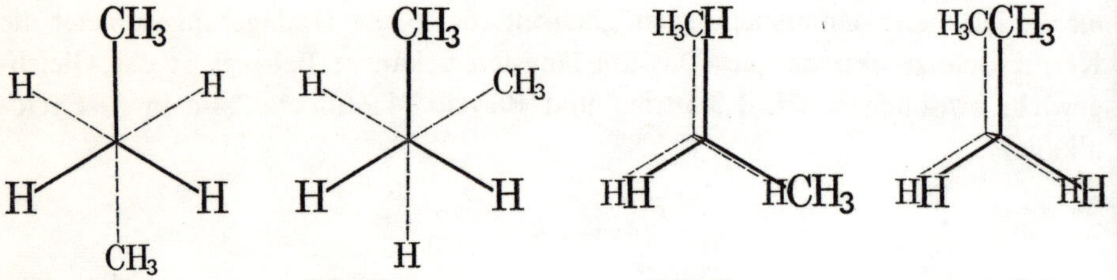

anti-parallel gestaffelt | (klinal) syn-schief gestaffelt | (klinal) anti-schief ekliptisch | syn-parallel ekliptisch

Konformeren des Butans C_4H_{10}

Die anti-parallele Form ist die energieärmste, der Unterschied zur syn-schiefen Form beträgt 0,8 kcal/Mol, zur anti-schiefen 2,9 und zur syn-parallelen 3,6. Konformation in Ringsystemen →Cycloalkane 1.

5. Anorganische Chemie

Während die Anzahl der Isomeren im Gebiet der organischen Chemie außerordentlich groß ist, kommen im Bereich der anorganischen Chemie relativ wenig isomere Verbindungen vor.

Strukturisomerie liegt vor bei der untersalpetrigen Säure $(HNO)_2$ (1) und Nitramid (2), bei der Hydroxylamin-monosulfonsäure (3):

H—O—N=N—O—H
1

$\begin{matrix} H & & O \\ & N-N & \\ H & & O \end{matrix}$
2

Isomerie 5.

$$\begin{array}{ccc} SO_3H & & H \\ N\!-\!H & & N\!-\!H \\ OH & 3 & OSO_3H \end{array}$$

Vertauschen in Komplexen einzelne Liganden ihre Plätze, einmal sind sie ionogen, das andere Mal koordinativ gebunden, so treten strukturisomere Verbindungen auf:

Ionisationsisomerie: $[CoSO_4(NH_3)_5]Br$ und $[CoBr(NH_3)_5]SO_4$
 violettrot   dunkelviolett

Hydrat-isomerie: $[CrCl_2(H_2O)_4]Cl \cdot 2H_2O$, $[CrCl(H_2O)_5]Cl_2 \cdot H_2O$, $[Cr(H_2O)_6]Cl_3$
 dunkelgrün   hellgrün   violett

Koordinationsisomerie: $[Pt(NH_3)_4] \cdot [CuCl_4]$ und $[Cu(NH_3)_4][PtCl_4]$
 gelbbraun   tiefviolett

Einen sehr seltenen Fall von Isomerie hat man beim Nitropentamminkobalt (III)-chlorid entdeckt. Ist Kobalt mit einem Sauerstoff der NO_2-Gruppe verbunden, ist die Farbe des Komplexes rot, bei Bindung an N gelbbraun:

$[Co(NH_3)_5ONO]Cl_2$ rot $[Co(NH_3)_5NO_2]Cl_2$ gelbbraun.

Von Komplexen sind auch beide Formen der Stereoisomerie bekannt. Geometrische Isomerie findet man hauptsächlich bei der Komplexzusammensetzung $[Me\,a_4b_2]^n$ z. B. $[Co(NO_2)_2(NH_3)_4]NO_3$, cis-Form braungelb, trans-Form orangegelb. Die Erklärung wurde schon von WERNER gegeben, die sechs Liganden besetzen die Ecken eines Oktaeders, das Zentralatom sitzt im Mittelpunkt:

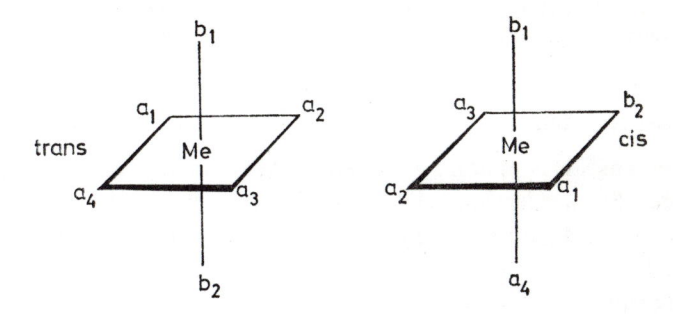

Cis-trans-Isomerie tritt auch auf bei Komplexen der Formel $[Me\,a_3b_3]^n$. Ist der Komplex aus einer großen Zahl unterschiedlicher Liganden aufgebaut, erhöht sich die Anzahl der Isomeren, bei [Pt en NH_3 Cl Br NO_2]Cl (en = Äthylendiamin) gibt es 6 Möglichkeiten, bei 6 verschiedenen Gruppen 15.

Isomerisierung

Bei Komplexen mit der Koordinationszahl 4 gibt es ebenfalls die Möglichkeit einer cis-trans-Isomerie, wenn eine planquadratische und keine Tetraeder-Konfiguration vorliegt. Nachgewiesen wurde es bei [PtCl$_2$(NH$_3$)$_2$]: dottergelbe cis-Form, schwefelgelbe trans-Form.

Werden bei Komplexen mit Oktaederkonfiguration die vier gleichen einwertigen Reste durch zwei gleiche zweiwertige ersetzt (z. B. Äthylendiamin = en NH$_2$· ·CH$_2$·CH$_2$·NH$_2$), so tritt optische Isomerie auf, wenn die zweiwertigen Reste in cis-Stellung stehen, z. B. bei [CoClNH$_3$en$_2$]Cl$_2$:

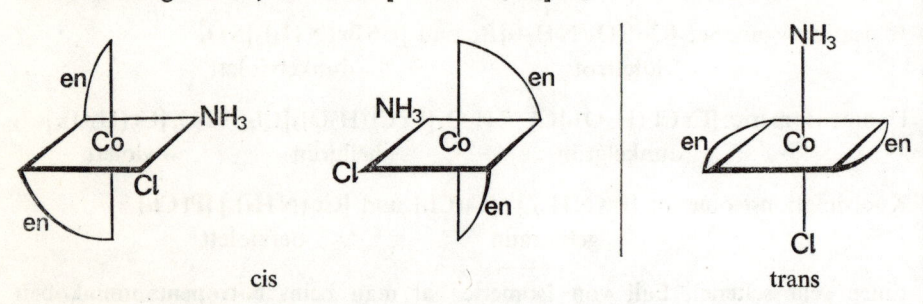

cis   trans

Die cis-Verbindungen haben keine Symmetrieebene und treten in zwei spiegelbildlichen Formen auf, die die Ebene des polarisierten Lichts drehen.

Literatur
ELIEL, E.: Stereochemie der Kohlenstoffverbindungen. — Verlag Chemie, Weinheim 1966
Rodd's Chemistry of Carbon Compounds, Bd. IA. — Elsevier Pub., Amsterdam 1964
FIESER I. u. FIESER, M.: Organische Chemie. — Verlag Chemie, Weinheim 1968
FODOR, G.: Organische Chemie, Bd. I. — VEB Dt. Verlag der Wissenschaften, Berlin 1965
GRINBERG, A.: Einführung in die Chemie der Komplexverbindungen. — VEB Technik, Berlin 1955
MAIER, G.: Valenzisomerisierungen. — Verlag Chemie, Weinheim 1973
BECKE-GOEHRING, M. u. HOFFMANN, H.: Komplexchemie. — Springer, Berlin 1970
BÄHR u. THEOBALD: Organische Stereochemie. — Springer, Berlin 1973

Isomerisierung s. Erdöl.

Isonitrile sind am Stickstoffatom substituierte Abkömmlinge des Cyanwasserstoffs (→Blausäure). Sie werden auch als Isocyanide bezeichnet. Sie sind den Nitrilen (→Carbonsäuren 3.4.) isomer, die die C-substituierten Derivate des Cyanwasserstoffs darstellen.

Während Nitrile aus Alkalicyaniden und Alkylhalogeniden herzustellen sind, entstehen Isonitrile aus Silbercyanid und Alkylhalogeniden, da im AgCN der Kohlenstoff mit dem Silber in Form einer Atombindung verbunden ist und nur das N-Atom ein freies Elektronenpaar besitzt. Wasserabspaltung mit POCl$_3$ aus substituierten Formamiden (Ameisensäureamid) ergibt ebenfalls Nitrile. Die

Isonitrile

in geringen Mengen wegen ihres üblen Geruchs wahrnehmbaren Isonitrile dienen als Nachweis für primäre Amine (→org. Stickstoffverbindungen 2.), denn nur diese Substanzen lassen beim Einwirken von Chloroform und Alkalilaugen Isonitrile entstehen, sekundäre und tertiäre Amine dagegen nicht (Isonitrilreaktion von HOFMANN). Bei dieser Reaktion wirkt das aus Chloroform und Lauge gebildete Dichlor→carben als angreifendes Teilchen.

$$AgC \equiv N + J-R \rightarrow C \equiv N-R + AgJ$$
$$\text{Isonitril}$$

$$\underset{H}{\overset{O}{\underset{\diagup}{\overset{\diagdown}{C}}}}-\underset{|}{\overset{H}{N}}-R \longrightarrow C \equiv N-R + H_2O$$

substituiertes Formamid   Isonitril

$$R-NH_2 + :CCl_2 \rightarrow R-\underset{|}{\overset{H}{\underset{H}{N^+}}}-C^--Cl_2 \longrightarrow R-N \equiv C + 2HCl$$

primäres Amin   Dichlor-carben   Isonitril

Isonitrile sind sehr giftige Flüssigkeiten (Nitrile sind weniger giftig), vermutlich weil sie sich — ähnlich wie CO — mit Metallen zu Komplexen verbinden (Hämoglobin). Isonitrile haben einen niedrigeren Siedepunkt als Nitrile. Bei der katalytischen Reduktion mit Wasserstoff liefern Isonitrile sekundäre Amine, Nitrile primäre. Oxidation führt zu Isocyanaten, die nach Hydrolyse unter CO_2-Abspaltung primäre Amine ergeben. Auf diesem Weg sind Gemische von Nitrilen und Isonitrilen aus den Cyanidsynthesen zu trennen. Säuren hydrolysieren Isonitrile bereits bei milden Bedingungen zu Ameisensäure und primärem Amin.

$$HCOOH + RNH_2 \xleftarrow{+H_2O} R-N \equiv C \xrightarrow{+4H} R\underset{H}{\overset{}{N}}CH_3$$

Ameisensäure
primäres Amin   sekundäres Amin

$$\downarrow +O$$

$$\longrightarrow R-N=C=O \xrightarrow[-CO_2]{+H_2O} R-NH_2$$

Isocyanat   primäres Amin

Literatur
Rodd's Chemistry of Carbon Compounds, Bd. IC. — Elsevier, Amsterdam 1965

Isopentenylpyrophosphat s. Polyene 2., Steroide, Terpene.
Isopren s. Diene 2., Kautschuk, Polyene 2., Steroide, Terpene.
Isoproteine s. Aminosäuren 3.
Isotaktisch s. Kautschuk, Polymerisation.
Isotopie s. Zerfallsreihen.

J

Jahn-Teller-Effekt s. Koordinationschemie.
Jenaer Glas s. Glas (Bor-Tonerde-Gläser).

Jod gehört zu den Elementen der →Siebenten Hauptgruppe (Halogene). Von ihm existiert nur das stabile Isotop der Massenzahl 127. Daneben ist als Spaltprodukt des Urans das quasistabile Isotop 129 mit der Halbwertszeit von $1{,}6 \cdot 10^7$ Jahren bekannt. In der Natur — eingeschlossen in Uranerzen — hat man es jedoch nicht nachweisen können.

Der Gehalt des Meerwassers an Jod beträgt nur ca. $10^{-4}\%$. So bilden die Ozeane zwar ein potentiell großes Reservoir, doch gelang bisher noch keine rationelle Gewinnung. Auffallend ist der extrem geringe Jodgehalt des Toten Meeres. Wegen seiner Bedeutung für die menschliche Gesundheit wurde der Jodgehalt der Atmosphäre untersucht. Im Bereich der Meeresbrandung beträgt er $0{,}1$—$1{,}4$ mg/m³. Durch Regenwasser gelangt Jod ins Binnenland. So ließen sich in der Schweiz noch ca. $10^{-6}\%$ im Regenwasser nachweisen. Der Jodgehalt im Boden nimmt stark mit der Entfernung von der Küste ab. Andererseits zeigt er auf ozeanischen Inseln einen Betrag bis zu $7 \cdot 10^{-5}\%$.

Für die Jodgewinnung kommen jodhaltige Quellen (Wasser- und Erdölquellen) in Betracht, wie sie sich in Kalifornien, am Kaspischen Meer, Indonesien, Japan und Italien finden. Der Hauptproduzent für Jod ist jedoch Chile. In der Atacama-Wüste lagert die Caliche, die zu 25% Natriumnitrat enthält, daneben aber bis zu 2% Jod in Form von Jodaten.

Jod ist ein fester, schwarzer Stoff mit schwachem Metallglanz. Leicht löst sich Jod in Tetrachlorkohlenstoff, Schwefelkohlenstoff u. a. m. Leicht löst es sich auch in konzentrierter wäßriger Lösung von KJ unter Bildung von J_3^--Ionen. Die Lösungen sind violett gefärbt, wenn das Lösungsmittel in seinem Atomaufbau sauerstofffrei ist, anderenfalls ist die Lösung bräunlich (z. B. Jodtinktur, eine Lösung von Jod in Alkohol). In braunen Lösungen ist das gelöste Jod chemisch gebunden und steht in einem bestimmten Gleichgewicht mit freiem Jod. Bei violetten Lösungen liegt eine bloße Anlagerung (Solvatation) an die Moleküle des Lösungsmittels vor.

Die chemische Aktivität des Jods ist noch schwächer als die des Broms, und die Jodide sind weniger stabil als die Halide der anderen Halogene. Wismut, Blei und Gold reagieren mit Jod überhaupt nicht. Die Jodate sind dagegen stabiler als die Chlorate und Bromate. Sie sind aber gleichfalls ausgesprochene Oxydationsmittel, verpuffen auf glühender Kohle und detonieren, mit brennbaren Stoffen gemischt, durch Schlag.

Jod-Gitter

Jod findet im Laboratorium Verwendung in der Jodometrie, sowie in der präparativen organischen Chemie. Es dient zur Darstellung organischer und anorganischer Jodverbindungen. Viele derartige Verbindungen finden in der Medizin Anwendung. KJ setzt man vielfach dem Speisesalz zu, um dem Körper die Bildung der Jodthyroxine zu ermöglichen, deren Fehlen zur Kropfbildung führt. Während Land- und Süßwasserpflanzen nur einen unwesentlichen Jodgehalt besitzen, sind Braunalgen befähigt, Jod so anzureichern, daß es 1,7% des Trockengewichts ausmacht. Das Verfahren, aus solchen Algen Jod zu gewinnen, ist überholt.
Halogenlampen enthalten Jod. Näheres s. Wolfram.

Jod-Gitter s. Siebente Hauptgruppe.
Jodlampen s. Wolfram.
Jodoform s. Halogenderivate 1.2. und 3.
Jod-Stärke-Reaktion s. Clathrate, Kohlenhydrate 3.
Joule-Thomson-Effekt s. Sauerstoff.
Juwelenplatin s. Palladium.

K

Kainit s. Kalium.

Kalium gehört als Alkalimetall zu den Elementen der →Ersten Hauptgruppe. Von ihm existieren die stabilen Isotope mit den Massenzahlen 39 (93,10%) und 41 (6,88%) und das mit einer Halbwertszeit von $1,27 \cdot 10^9$ Jahren quasistabile mit der Massenzahl 40 (0,0118%).

Kalium hat nahezu den gleichen Anteil an der Erdkruste wie Natrium, doch ist es nicht so allgemein verbreitet. Die bei der Verwitterung der Kalisilikate, u. a. Kalifeldspat ($K_2O \cdot Al_2O_3 \cdot 6SiO_2$) und Kaliglimmer ($K_2O \cdot 3_{11}Al_2O_3 \cdot 2H_2O \cdot 6SiO_2$), entstandenen Verbindungen werden im Gegensatz zu denen des Natriums weitgehend im Boden gebunden. So gelangen zwar Natriumionen in großen Mengen in die Weltmeere, jedoch nicht die des Kaliums: Ihr Anteil beträgt 0,04% gegenüber 1,14%. Bei der Entstehung der Salzlager aus Meerwasser liegen, wenn überhaupt noch erhalten, auf mächtigen Kochsalzlagern relativ dünne Schichten von Abraumsalzen, die aus Doppelsalzen von Kalium und Magnesium, in seltenen Fällen aus reinem Kaliumchlorid (Sylvin) bestehen: Carnallit ($KCl \cdot MgCl_2 \cdot 6H_2O$), Kainit ($KCl \cdot MgSO_4 \cdot 3H_2O$), Schönit ($K_2SO_4 \cdot MgSO_4 \cdot 6H_2O$) u. a. Bedeutende Vorkommen finden sich in Mitteldeutschland, im Elsaß, in den USA (New-Mexiko) und in der UdSSR (Solikamsk).

Kalium ist ein weiches Metall, das beim Anschneiden silbergrau glänzt, jedoch sehr schnell anläuft. Wie die übrigen Alkalimetalle muß es in einer neutralen Flüssigkeit (z. B. Petroleum) aufbewahrt werden. Als Metall ist es von geringerem Interesse als Natrium. Von großer Bedeutung sind dagegen seine Salze. In vielen Fällen lösen sie sich schwerer als die entsprechenden des Natriums, sind weniger hygroskopisch und somit haltbarer. Das gilt u. a. für das Chlorat, Perchlorat, Permanganat, Nitrat, Dichromat. Umgekehrt liegen dagegen die Verhältnisse beim Fluorid und beim Karbonat.

Während Mensch und Tier ohne Kochsalz nicht existieren können, sind Kalisalze unbedingt für die Pflanze erforderlich. So dient die Gewinnung der Kalisalze in erster Linie der Kalidüngung. Häufig kommen sie gemischt mit Stickstoffdünger und mit Phosphaten unter Namen wie Hakaphos, Nitrophoska usw. in den Handel. Beim Einäschern von Holz oder Pflanzen bildet sich die Pottasche (K_2CO_3), die heutzutage kaum noch Bedeutung hat.

Verwendung des metallischen Kaliums als Kühlflüssigkeit s. Natrium.

Das radioaktive Kaliumisotop 40 wandelt sich durch Einfang eines Elektrons in das Argonisotop 40 um, das 99,6% des gesamten Argons ausmacht. Es ist anzunehmen, das der gesamte Argongehalt der Luft aus dieser Umwandlung stammt. Aus dem in kaliumhaltigen Gesteinen auftretenden Argon läßt sich eine Altersangabe herleiten.

Kalk s. Calciumoxid.
Kalkammonsalpeter s. Düngemittel.
Kalksandsteine s. Mörtel.
Kalkseife s. Waschmittel.
Kalkspat s. Calciumcarbonat.
Kalkstein s. Calciumcarbonat.
Kalkstickstoff s. Düngemittel.
Kalomelelektrode s. pH-Wert (Potentiometrische pH-Messung).
Kaolin s. Silikate.
Kaolinit s. Keramik.
Karminsäure s. Benzolkohlenwasserstoffe 2.3.2., Farbstoffe 1.5.
Karton s. Papier.
Kata-kondensiert s. Benzolkohlenwasserstoffe 2.3.3.
Katalase s. Porphinderivate 3.
Katalyse s. Kinetik (chemische).

Kautschuk ist ein →makromolekulares Produkt, das aus der Latex (milchartige Suspension in wäßriger Lösung) verschiedener Pflanzen gewonnen wird. Zu diesen Pflanzen gehören u. a. Euphorbiaceen (darunter Hevea brasiliensis, die den höchsten Ertrag liefert), Moraceen (Castilloa-Arten aus Brasilien und Mexiko, der Gummibaum Ficus elastica aus Südostasien), Apocynaceen (Lianen der Gattung Landolphia aus Zentralafrika) und Compositen (Guayule-Strauch aus Mexiko, Kok-Saghys — eine Löwenzahnart in der Sowjetunion). Aus der Latex wird der Rohkautschuk durch Koagulation (z. B. mit Essigsäure) gewonnen.

Kautschuk kann als →Polymerisationsprodukt des *Isoprens* (2-Methylbutadien →Diene) aufgefaßt werden. In der Pflanze dient iso-Pentenylpyrophosphat (→Polyene 2. Carotinoide) als Baustein. Die Molmasse der Makromoleküle schwankt zwischen $1,3 \cdot 10^6$ und $3 \cdot 10^6$. Das gestreckte Molekül soll $2,5 \mu m$ lang sein. Die Konfigurationsanalyse ergibt eine cis-Anordnung (→Isomerie 2.) im Kautschukmolekül, d. h. die Kette wird von der Doppelbindung aus in der gleichen Richtung fortgesetzt. *Guttapercha*, das aus Sapotaceen gewonnen wird und ebenfalls polymerisiertes Isopren darstellt, liegt in der trans-Form vor (→Isomerie):

$$-CH_2-\underset{\underset{CH_3}{|}}{C}=CH-CH_2-CH_2-\underset{\underset{CH_3}{|}}{C}=CH-CH_2-CH_2-\underset{\underset{CH_3}{|}}{C}=CH-CH_2-$$

Polyisopren   Kautschuk + Guttapercha

$$H_2C=\underset{\underset{CH_3}{|}}{C}-CH=CH_2$$

Isopren

Kautschuk

cis-Anordnung: Kautschuk   trans-Anordung: Guttapercha

Außerdem liegt im Kautschukmolekül eine *isotaktische* Anordnung vor (→Polymerisation), da die Substituenten an den asymmetrischen (quarternären) C-Atomen (mit x bezeichnet) alle in der gleichen Ebene liegen. Das ist von Bedeutung für die Herstellung von künstlichem Kautschuk.

Die technische Verwendung des Kautschuks wurde durch die Entdeckung der *Vulkanisation* durch GOODYEAR 1838 ermöglicht. Dadurch geht der Kautschuk aus einem Zustand mit vorwiegender Plastizität in einen hochelastischen über. Dies wird erreicht durch Vernetzung der Makromoleküle. Meist erhitzt man den Kautschuk mit Schwefel (daher die der Mythologie entlehnte Bezeichnung Vulkanisation). Füllstoffe wie Ruß oder Zinkoxid und Vulkanisationsbeschleuniger (Metalloxide, organische Basen wie Dithiocarbamidate) werden zugesetzt. Das erhaltene Produkt (*Gummi*) enthält 1—5% Schwefel, im Hartgummi sind 30—50% Schwefel eingearbeitet. Die chemischen Vorgänge sind noch nicht geklärt. Vermutlich werden zuerst die α-Methylengruppen von Allyleinheiten angegriffen (CH_2-Gruppen neben einer Doppelbindung $>C=C-CH_2$). Die SH-Gruppen reagieren dann mit Doppelbindungen. Es gibt aber auch Vorstellungen, daß die Doppelbindungen direkt angegriffen werden und sich auf diese Weise Schwefelbrücken zwischen verschiedenen Molekülen bilden.

Die im Molekül noch vorhandenen Doppelbindungen werden vom Sauerstoff angegriffen. Der Gummi ändert seine Eigenschaften (Alterungsvorgänge, Ermüdung). Durch Antioxydantien (→Autoxydation) versucht man den Effekt zu verhindern.

Da der natürliche Kautschuk in seinen Preisen stark schwankte, die Rohstoffquellen im Kriegsfall nicht erreichbar waren, begann man mit der Nachahmung von Kautschuk. Heute spielt der synthetische Kautschuk eine große Rolle, weil der natürliche den Bedarf bei weitem nicht mehr decken kann.

Dabei wird nur in geringem Maße von Isopren ausgegangen. Erst durch die Entdeckung von Katalysatoren für die stereospezifische Polymerisation (s. →Polymerisation) von ZIEGLER und NATTA, die es ermöglichen, einen synthetischen Kautschuk herzustellen, der dem natürlichen völlig gleicht, hat diese Ausgangssubstanz an Bedeutung gewonnen. Die Hauptmenge des Kunstkautschuks besteht aus Buta→dien. Es wird heute am billigsten aus Erd- bzw. Crackgasen hergestellt durch Dehydrierung des Butans (z. B. HOUDRY-Verfahren). Die anderen Verfahren haben an Bedeutung verloren, darunter die beiden klassischen Verfahren auf Acetylenbasis (→Äthin) — 1. Wasseranlagerung an Äthin zu Äthanal, Aldolkondensation, Hydrierung zu Butan-1,3-diol, Dehydration; 2. Äthinylierung nach REPPE mit Methanal (Formaldehyd) zu Butindiol, Hydrierung zu Butan-1,4-diol, Dehydration (Wasserabspaltung) — und die Methode, aus Alkohol Butadien zu gewinnen (LEBEDEW).

1. $HC\equiv CH \xrightarrow{+H_2O} H_3C-CHO \xrightarrow{+H_3C-CHO} CH_3-CHOH-CH_2-CHO$
   Äthin　　　　　　　Äthanal　　　　　　　　　　　Aldol

   $\xrightarrow{+H_2} CH_3-CHOH-CH_2-CH_2OH \xrightarrow{-2H_2O} CH=CH-CH=CH_2$
   　　　　　Butan-1,3-diol　　　　　　　　　　　　Butadien

2. $HC\equiv CH \xrightarrow{+2HCHO} HOH_2C-C\equiv C-CH_2OH \xrightarrow{+2H_2}$
   Äthin　　　　　　　　Butindiol

   $HOH_2C-CH_2-CH_2-CH_2OH \xrightarrow{-2H_2O} CH_2=CH-CH=CH_2$
   Butan-1,4-diol　　　　　　　　　　　　　　　Butadien

3. $2\,CH_3CH_2OH \xrightarrow[\text{MgO auf SiO}_2]{400°,\,5\,\text{Torr}} CH_2=CH-CH=CH_2 + H_2 + 2H_2O$
   Äthanol　　　　　　　　　　　　　Butadien

Die beim Verfahren von LEBEDEW nebeneinander laufende Dehydrierung und Dehydratisierung können technisch auch nacheinander durchgeführt werden.
Der aus Butadien mit Natrium als Katalysator gewonnene Synthesekautschuk (1926) wurde *Buna* genannt (nach Bu-tadien und Na-trium). Schon bald (1930) ging man zu Copolymerisaten über, d. h. man gab zwei verschiedene Ausgangssubstanzen bei der Polymerisation zusammen, da diese Produkte bessere Eigenschaften aufwiesen. So entsteht Buna S durch Copolymerisation mit Styrol und Buna N durch Copolymerisation mit Acrylnitril. Buna S zeigt ein günstigeres Abriebverhalten als der normale Buna, Buna N eine besondere Öl- und Benzinbeständigkeit (die polare Gruppe bedingt eine geringe Löslichkeit in unpolaren Lösungsmitteln).
Öl- Oxydations- und Hitzebeständigkeit sind Vorteile, die 2-Chlorbutadienpolymerisate (*Neoprene*) gegenüber Naturkautschuk haben. Auch Butylkautschuk, ein Copolymerisat aus viel Isobutylen (2-Methylpropen) und wenig Isopren, ist

sehr beständig gegen Hitze und Sauerstoff und zeigt kaum Alterungserscheinungen. Das beruht auf der sehr kleinen Anzahl ungesättigter Bindungen (Isobutylen ist kein Dien). Butylkautschuk wird für die Innenlagen von Schläuchen und Reifen verwendet, da er auch nur eine geringe Durchlässigkeit für Gase aufweist. Ein Polyäthylenderivat mit elastischen Eigenschaften ist *Hypalon*, bei dem Sulfonylchloridgruppen an das Polyäthylen (→Polymerisation →Äthen) angebaut werden. Es wird für Walzenbeläge und Transportbänder eingesetzt.

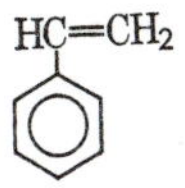

Styrol
→Benzolkohlenw. 1.2.

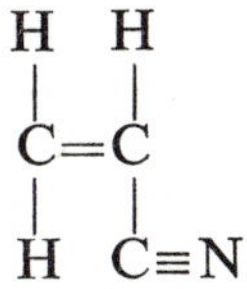

Acrylnitril

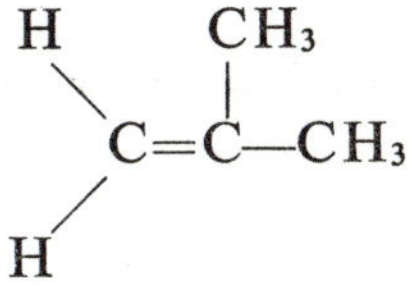

Isobutylen

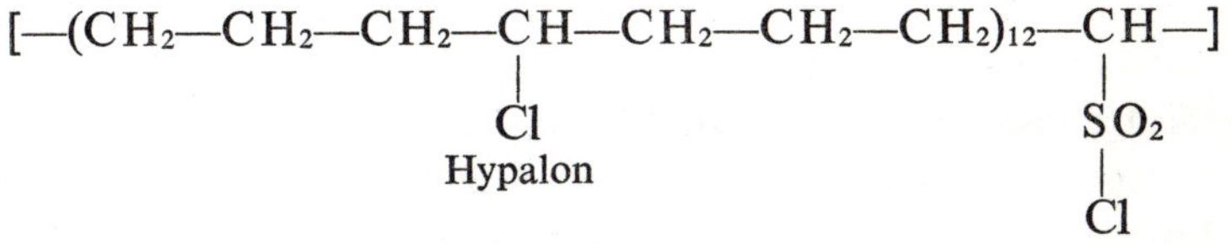

$[-(CH_2-CH_2-CH_2-CH-CH_2-CH_2-CH_2)_{12}-CH-]$
Cl
SO_2
Cl

Hypalon

Zwei Synthesekautschukarten auf anderer Basis sind Thiokole und Silicone. Thiokole entstehen aus Dihalogenalkanen und Natriumpolysulfid (Na_2S_2, Na_2S_4 u. a.). *Silicone* (z. B. Polydimethylsiloxan) werden wie die Polysulfidverbindungen durch →Polykondensation gewonnen. Das Ausgangsprodukt für die Kondensation (Silanole) wird durch Hydrolyse aus Chlorsilanen hergestellt, die bei der Reaktion von Silicium mit Monochlormethan gebildet werden.

$nCl-CH_2-CH_2-Cl + nNa_2S_2 \rightarrow [-CH_2-CH_2-S-S-]_n + 2nNaCl$

Thiokol

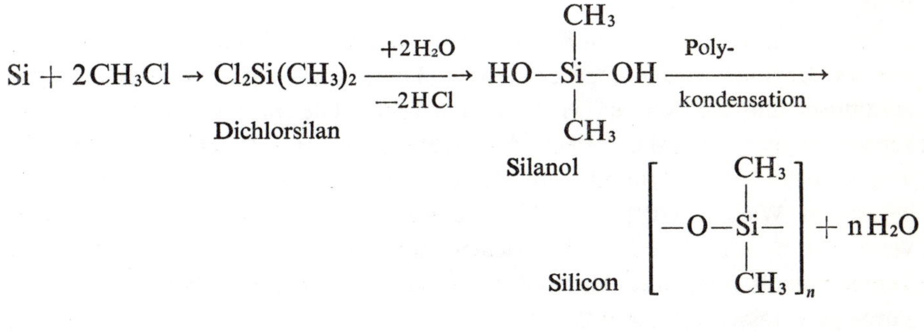

$Si + 2CH_3Cl \rightarrow Cl_2Si(CH_3)_2 \xrightarrow[-2HCl]{+2H_2O} HO-Si(CH_3)_2-OH \xrightarrow{Polykondensation}$

Dichlorsilan

Silanol

$\left[-O-Si(CH_3)_2-\right]_n + nH_2O$

Silicon

Thiokole sind sehr beständig gegen Witterungseinflüsse. Silicone behalten ihre Eigenschaften bei extrem hohen und niedrigen Temperaturen, sie sind wetter-, ozon- und lichtbeständig und zeigen gute elektrische Eigenschaften. Silicone werden beim Flugzeugbau eingesetzt.

Literatur
BOSTRÖM, S.: Kautschuk-Handbuch, 1. Bd. — Berliner Union, Stuttgart 1959
MORTON, M.: Introduction to Rubber Technology. — Reinhold Pub. Com., New York 1959

K-Einfang s. Atomkerne.
Keller-Killiani-Nachweis s. Kohlenhydrate 1.3.
Kelthane s. Schädlingsbekämpfungsmittel.
Kennzahlen s. Ester 2.
Kephalin s. Lipoide.

Keramik (Tonwaren). Für die Herstellung sämtlicher keramischen Erzeugnisse wird Ton als Rohstoff verwendet. Ton im weitesten Sinne ist jedes in der Natur vorkommende Gestein, das aus Aluminiumoxid (Al_2O_3) und Siliciumdioxid (SiO_2) zusammengesetzt ist. Er hat die Eigenschaft, in feuchtem Zustand eine plastische Masse zu bilden, die nach dem Trocknen ihre Form beibehält und beim Erhitzen (*„Brennen"*) erhärtet. Tone sind Stoffgemische, welche durch Verwitterung und chemische Zersetzung von Gesteinsmineralien (z. B. Kali-Feldspat: $K_2O \cdot Al_2O_3 \cdot 6 SiO_2$) entstanden sind. Die wichtigsten Bestandteile der Tone sind Kaolinit ($Al_2O_3 \cdot 2 SiO_2 \cdot 2 H_2O$) und Montmorillonit ($Al_2O_3 \cdot 4 SiO_2 \cdot H_2O$). Zur Porzellanherstellung eignet sich besonders gut der reine, weiße Kaolin (*Porzellanerde*), welcher hauptsächlich aus Kaolinit besteht. Meist enthält der natürliche Ton mehr oder weniger große Mengen an Verunreinigungen in Form von Feldspat, Quarz und Glimmer. Bei großem Gehalt an Eisenoxid ist der Ton gelb, braun oder rot gefärbt. Ein Gemenge aus Ton und Sand bezeichnet man als Lehm, der zur Herstellung von Ziegelsteinen und Dachziegeln verwendet wird.

Lufttrockener Ton kann beim Kneten 15 bis 50% Wasser binden, das beim Trocknen an der Luft wieder abgegeben wird. Dabei rücken die Tonteilchen näher zusammen und der Körper wird dadurch fester. Gleichzeitig tritt eine Volumverminderung (*„Schwinden"*) ein. Außerdem bilden sich Poren im Tonmaterial aus, weil die Volumverminderung etwas geringer ist als dem Volumen des abgegebenen Wassers entspricht. Beim Brennen erfolgt nochmals eine Volumverminderung, die Poren werden kleiner, der Körper härter und bei steigender Temperatur beginnt das Material teilweise zu schmelzen. Dabei werden die Poren geschlossen (*„Sintern"*).

Die Schwindung erschwert die Herstellung von Tonwaren, weil die Gegenstände beim Brennen zerspringen können. Sie wird durch Vermischen des Tons mit

„*Magerungsmitteln*" (Sand, Quarzpulver und gebranntem Ton) vermindert. Bei reinem Kaolin erfolgt eine weitgehende Verdichtung der gebrannten Masse („*Scherben*") erst bei Temperaturen über 1400°C. Durch Zusatz von „*Flußmitteln*" (Kalk, Eisenoxid, Feldspat) läßt sich die Sintertemperatur erniedrigen. Die keramischen Erzeugnisse teilt man in zwei Hauptgruppen ein: Tongut (*Irdengut*) und Tonzeug (*Sintergut*).

Tongut
Darunter versteht man Tonwaren mit wasseraufsaugendem, porösem, nicht durchscheinendem Scherben. Sie lassen sich folgendermaßen einteilen:

A. *Baustoffe*
1. Ziegeleierzeugnisse (Mauerziegel, Hohlziegel, Dachziegel usw.). Man verwendet Lehm als Rohstoff, der mit Wasser zu einem Teig angerührt wird, aus dem sich Ziegel formen lassen, die bei 900°C im Ringofen gebrannt werden. Dichtere und festere Ziegelsteine (*Klinker*) entstehen bei stärkerem Brennen.
2. Feuerfeste Erzeugnisse. Sie müssen bei Temperaturen bis zu etwa 1700°C formbeständig bleiben. Am gebräuchlichsten sind Schamottesteine, die zum Auskleiden von Feuerungen verwendet werden. Man brennt eine Mischung aus rohem Ton und stark gebranntem feuerfestem Ton bei 1450°C. Durch Vergrößern des Aluminiumoxidgehalts über die Zusammensetzung $Al_2O_3 \cdot 2SiO_3$ erhöht sich die Erweichungstemperatur, bei „Dynamidonsteinen" z. B. bis 1900°C.

B. *Geschirr*
1. Töpfereierzeugnisse (Blumentöpfe, irdenes Haushaltsgeschirr, Majolika, Fayence). Sie gehören zu den ältesten Keramikerzeugnissen. Gewöhnlicher Töpferton wird auf der Töpferscheibe geformt, an der Luft getrocknet und bei 900°C vorgebrannt. Weil der Scherben porös ist, gibt man ihm häufig eine Glasur, indem der getrocknete Gegenstand in eine Bleiglasurmischung getaucht wird, die außerdem durch Beimischen von Metalloxiden (z. B. Eisenoxid und Braunstein) gefärbt werden kann. Beim zweiten Brennen bei etwa 1000°C bildet sich dann an der Oberfläche eine Schicht aus Bleiglas.
2. Steingut (Wirtschaftsgeschirr und sanitäres Steingut, z. B. Waschbecken, Abflußvorrichtungen usw.). Als Rohstoffe verwendet man weißbrennende Tone (geringer Gehalt an Eisenoxid), die mit Quarz oder Sand und geschlämmtem Kaolin (um einen weißen Scherben zu erhalten) vermischt werden. Setzt man Kalkspat (*Kreide*) als Flußmittel hinzu, so bildet sich nach dem Brennen ein „Kalksteingut" (Weichsteingut), das leichter und weicher ist als das „Feldspat-Steingut" (Hartsteingut). Letzteres entsteht durch Zusatz von Feldspat und wird wegen der großen Festigkeit zur Herstellung von sanitärem Steingut verwendet.

Keramik

Die geformten Gegenstände werden zweimal gebrannt. Zunächst im unglasierten Zustand (*Rohbrand*), bei 1100 bis 1200°C im Falle des Kalk-Steinguts und bei 1200 bis 1300°C als Feldspat-Steingut. Anschließend erfolgt das Aufbringen der Farben mit dem Pinsel oder durch Spritzen (Unterglasurfarben). Der Scherben ist noch porös genug, um die Glasursuspension aufzusaugen. Bei 900 bis 1000°C erfolgt dann der Glasurbrand (*Glattbrand*). Infolge der niedrigen Temperatur verfügt man über eine größere Auswahl an Unterglasurfarben als beim Porzellan. Die größere Bildsamkeit und Trockenfestigkeit, die geringere Schwindung und bessere Temperaturwechselbeständigkeit, die billigeren Rohstoffe und das einfachere Dekorieren und Brennen des Steinguts ermöglichen einen niedrigeren Preis gegenüber dem Porzellan und erlauben die Herstellung als Massenartikel. Allerdings ist die mechanische Festigkeit des Steinguts geringer. Die Glasur haftet nicht so gut und zeigt Neigung zum Abblättern. Das Brennen erfolgt in sog. Tunnelöfen von 65 bis 80 m Länge. Die Gegenstände, in Kapseln aus feuerfestem Material verpackt, werden auf Wagen in 20 bis 80 Stunden durch den Ofen gezogen.

Tonzeug

Zum Unterschied vom Tongut besitzt das Tonzeug einen wasserundurchlässigen, dichten Scherben. Man erreicht diese Eigenschaft durch Brennen bei hohen Temperaturen. Erhält man dabei einen nichtdurchscheinenden Scherben, so bezeichnet man die Tonware als *Steinzeug*. Ist der Scherben durchscheinend, spricht man von *Porzellan*.

1. *Steinzeug.* Hierzu gehören z. B. das graue, blau bemalte, altdeutsche Geschirr, Trinkkrüge, Einmachtöpfe, Spülwannen, Viehtröge usw. Das Steinzeug kann als Vorläufer des Porzellans betrachtet werden. In Form von Klinkern, Fliesen und Kanalisationsröhren findet das Steinzeug auch als Baustoff Verwendung. Durch seine Beständigkeit gegen Chemikalien eignet sich das Steinzeug auch als Werkstoff für die chemische Industrie. Die Rohstoffe sind die gleichen wie bei der Herstellung von Steingut, allerdings ist der Gehalt an Feldspat etwas größer. Beim Steingut werden die Gegenstände bei Temperaturen bis zu 1450°C nur einmal gebrannt. Die Glasur erfolgt durch Einblasen von Kochsalzlösung in den Ofen. Es bildet sich dabei Natriumsilikat, das kräftig verglasend wirkt.

2. *Porzellan.* Das edelste Produkt der keramischen Industrie ist härter als Stahl und Glas. Es besitzt auch eine größere Widerstandsfähigkeit gegen Temperaturwechsel im Vergleich zum Glas. Als Rohstoffe dienen Kaolin, Quarz und Feldspat. In einem geeigneten Mischungsverhältnis findet man dieses Rohstoffgemisch nur in wenigen Lagerstätten in der Natur vor (China und Japan). In allen anderen Fällen muß die Mischung künstlich hergestellt werden. Verwendet man eine Mischung, in welcher der Hauptbestandteil Kaolin ist (z. B. 50% Kaolin, 25%

Quarz und 25% Feldspat), so erhält man beim Brennen (1400 bis 1500°C) das gegen Temperaturänderungen sehr beständige und teure „*Hartporzellan*". Überwiegen die Anteile an Quarz und Feldspat (z. B. 25% Kaolin, 45% Quarz und 30% Feldspat), entsteht „*Weichporzellan*", das schon bei 1200 bis 1300°C gebrannt werden kann. Es ist gegen Temperaturwechsel empfindlicher, aber auch billiger.

Bei der Herstellung des Porzellans sind besonders reine Rohstoffe erforderlich, die unter Zusatz von Wasser so zermahlen und gemischt werden, daß ein feiner, flüssiger Schlamm entsteht, der in Filterpressen filtriert wird. Die zurückbleibende Masse läßt man in feuchten, kühlen Kellern einige Monate lagern, wodurch sich die Formbarkeit vergrößert. Nach gründlichem Durchkneten wird die abgelagerte Masse mit der Töpferscheibe, durch Stanzen oder Gießen geformt und dann langsam und gleichmäßig an der Luft getrocknet, damit später beim Brennen keine Risse entstehen. Anschließend werden die Gegenstände 12 bis 20 Stunden lang bei etwa 900°C rohgebrannt, damit sie eine gewisse Festigkeit erhalten. Zum Schutze vor Flugstaub im Ofen werden die Tonwaren in Schamottekapseln verpackt. Nach dem Abkühlen taucht man jedes Stück in einen dünnflüssigen Glasurbrei (wäßrige Aufschlämmung von Feldspat, Marmor, Quarz und Kaolin). Das poröse Rohporzellan saugt das Wasser auf, und es bleibt eine dünne Schicht des Glasurbreis auf der Oberfläche zurück. Die Gegenstände werden nun zum zweiten Mal bis zu 24 Stunden lang bei wesentlich höheren Temperaturen (1200 bis 1500°C) fertig gebrannt („*Garbrand*" oder „*Glattbrand*"), wobei sie dicht und durchscheinend werden.

Beim ersten Brand erfolgt eine gewisse Verfestigung des Werkstücks, weil der Kaolinit sein Konstitutionswasser (chemisch gebundenes Wasser) verliert und sich in Aluminiumoxid und Quarz aufspaltet, welche sich ab 1000°C zu feinen, nadelförmigen Mullitkristallen ($3\,Al_2O_3 \cdot 2\,SiO_2$) vereinigen können. Ab 1180°C beginnt der Feldspat glasig zu erweichen und Quarz teilweise aufzulösen. So bildet sich im zweiten Brand, bei dem die Temperatur bis auf 1500°C ansteigt, eine Glasschmelze, in welche die Mullitkristalle und groben Quarzkristalle eingebettet sind. Sie verursacht die Transparenz (Durchscheinen) und die Undurchlässigkeit des Scherbens. Die Bildung des Porzellanscherbens wird also bestimmt durch die Massenzusammensetzung, die Höhe der Brenntemperatur und ihre zeitliche Einwirkung. Das Netzwerk der Mullitkristalle bildet das Gerüst des Scherbens.

Die farbige Verzierung des Porzellans kann durch *Unterglasurmalerei* erfolgen. Hierzu werden Metalloxide als Malerfarben auf den roh gebrannten, unglasierten Scherben aufgetragen. Wegen der hohen Brenntemperatur kann man nur verhältnismäßig wenig Farben verwenden, denn sie dürfen sich nicht zersetzen. In Frage kommen vor allem das Kobaltoxid für blau (Kobaltblau; „*Zwiebelmuster*"), das Chromoxid für grün und Eisenoxid für rot. Für das Weichporzellan gibt es

Kernit

wegen der niedrigen Brenntemperatur eine größere Auswahl an Farben. Eine andere Möglichkeit bietet die Aufglasurmalerei. Hierbei werden die Farben auf das glasierte Porzellan aufgetragen. Man verwendet ein Gemisch aus Bleiglaspulver und fein gemahlenem Farbkörper, das mit Terpentinöl angerührt ist. Die leicht schmelzenden Farbkörper werden im dritten Brand bei 600 bis 900°C mit der Glasur verschmolzen. Die Farben liegen dabei nur oberflächlich auf der Glasur und sind daher leichter abnutzbar. Für Figuren und Reliefs verwendet man auch unglasiertes Porzellan („*Biskuit*"). In diesem Falle wird der Gegenstand direkt etwa 24 Stunden auf 1400 bis 1500°C erhitzt.

Einfache keramische Erzeugnisse, aus Ton geformte und gebrannte Vasen, hat es schon in der Steinzeit gegeben. In Ägypten fand man unglasierte und bemalte Tonvasen, deren Alter man auf 5300 Jahre schätzt. Nach der Völkerwanderung hatten die Mauren besonders auf der Insel Majorka glasierte und bemalte Gefäße (*Majolika*) hergestellt. Im Mittelalter waren die Steinguterzeugnisse sehr beliebt. Die Herstellung des Porzellans aus natürlich vorkommenden Porzellantonen war den Chinesen schon im 6. Jahrhundert n. Ch. bekannt. In Deutschland wurde die Bereitung des Porzellans von Johann Friedrich BÖTTGER im Jahre 1709 erfunden, der aus dem Kaolin von Aue bei Schneeberg im sächsischen Erzgebirge weißes Hartporzellan herstellte. Dies war der Anlaß zur Gründung der ersten Porzellanfabrik Europas im Jahre 1710 („*Meißner Porzellanmanufaktur*"), der dann bald weitere Porzellanfabriken auch in anderen Ländern folgten.

Literatur
SINGER: Industrielle Keramik. — Springer, 1964

Kernit s. Bor.
Kernkräfte s. Atomkerne.
Kesselstein s. Calcium.
Keratin s. Aminosäuren 3.
Ketale s. Oxoverbindungen 1.1.3., Additionen 4.
Ketene s. Oxoverbindungen 1.2.
Ketocarbonsäuren s. Carbonsäuren 2.5.
Keto-Enol-Tautomerie s. Isomerie 3., Hydroxylderivate 2., Carbonsäuren 2.5, Oxoverbindungen 2.2., Umlagerungen 2.1.
Ketone s. Oxoverbindungen.
Ketose s. Kohlenhydrate 1.
Kettenreaktion s. Addition 1.1., Polymerisation, Radikalreaktionen, Autoxydation, Elimination.
Kiese s. Schwefel.

Kinetik (chemische).

1. In der Natur herrscht das Bestreben, vom geordneten in den ungeordneten Zustand überzugehen. Ein Maß für die jeweilige Unordnung ist die *Entropie*.

$$\boxed{V_2 \quad\quad\quad\quad\quad\quad}$$
$$^{1}/_{5}V_1$$

In einem Kasten mit dem Volumen V_1 befinde sich ein Molekül. Dann ist die Wahrscheinlichkeit dafür, daß es in dem links angedeuteten Teil $V_2 = {}^1/_5 V_1$ auftritt, $w_2 = {}^1/_5$, wogegen die Wahrscheinlichkeit dafür, überhaupt in dem Kasten zu sein, $w_1 = 1$ ist. Bei zwei Teilchen ergibt sich $w_2 = ({}^1/_5)^2$ dafür, daß beide gleichzeitig in dem Volumen V_2 auftreten, wogegen ihr Vorhandensein in dem Kasten überhaupt $w_1 = 1$ bleibt. Bei n Teilchen sind die entsprechenden Wahrscheinlichkeiten $w_2 = ({}^1/_5)^n$ und $w_1 = 1$. Die Zahl W soll angeben, wievielmal größer die Wahrscheinlichkeit dafür ist, überhaupt im Kasten als in V_2 zusammengedrängt zu sein.

$$W = \frac{w_1}{w_2} = \frac{1}{\left(\frac{1}{5}\right)^n} = 5^n = \left(\frac{V_1}{V_2}\right)^n$$

Handelt es sich um M Mole eines Gases, so wird $n = M \cdot N_L$, worin N_L die Avogadrozahl ist.

$$\ln W = M \cdot N_L \cdot \ln \frac{V_1}{V_2}$$

Bedeuten R die allgemeine Gaskonstante und k die Boltzmannkonstante, so besteht die Beziehung $R = k \cdot N_L$, woraus sich ergibt:

$$k \cdot \ln W = M \cdot R \cdot \ln \frac{V_1}{V_2} = \Delta S$$

ΔS bedeutet die Entropiezunahme, wenn sich das Gas von V_2 auf V_1 ausdehnt. Andererseits läßt sich die Arbeit ermitteln, die bei der Ausdehnung zu gewinnen ist:

$$A = \int_{V_2}^{V_1} p\, dV = M \cdot R \cdot T \ln \frac{V_1}{V_2}$$

Durch Vergleich zeigt sich $\quad A = T \cdot \Delta S$

Die Ableitung setzt Isothermie voraus. Bei einem idealen Gas dient die der Umgebung abgezogene Wärmemenge dazu, diese Arbeit zu leisten. Bei einem realen Gas dagegen sind die intramolekularen Kräfte zwischen den Molekülen zu berücksichtigen. Je nach der Wärmetönung bei einer Ausdehnung des betreffenden Gases ist die entzogene Wärmemenge größer oder kleiner als beim idealen Gas. Verringern lassen sich diese intramolekularen Kräfte dadurch, daß man die

Kinetik 2.

restlichen $^4/_5$ Volumen mit einem zweiten Gas ausfüllt und die beiden Gase durch eine Membran trennt, die das Gas 1 nicht hindurchläßt, dem Gas 2 dagegen kein Hindernis bietet. Die Trennarbeit zwischen den Teilchen des Gases 1 und denen des Gases 2 untereinander ist dann weitgehend durch die Anziehungsarbeit zwischen 1 und 2 ausgeglichen.

2. GIBBS-HELMHOLTZSCHE Gleichung

In der Gleichung $\quad \Delta H = \Delta G + T \cdot \Delta S$

bedeuten ΔH die Reaktionswärme (auch Enthalpie genannt), ΔG die freie Energie oder Affinität, ΔS die Entropie. Auf 1 Mol bezogen nimmt die Gleichung die Form an:

$$\Delta H^0 = \Delta G^0 + T \cdot \Delta S^0 \quad \text{oder} \quad \Delta G^0 = \Delta H^0 - T \cdot \Delta S^0,$$

wobei es sich um die Standard-Werte handelt.

Die Gleichung besagt, daß bei einer Reaktion die Reaktionswärme z. T. zur Arbeitsleistung herangezogen werden kann, ein anderer Teil dagegen zur Veränderung der Entropie dient.

Eine Reaktion läuft immer dann ab, wenn $\Delta G < 0$ ist.

Beispiele:

a) Wasserstoff und Sauerstoff reagieren miteinander zu Wasser. Die Vereinigung kann durch Verbrennen oder über eine Brennstoffzelle erfolgen:

$$2 H_{2(g)} + O_{2(g)} \rightarrow 2 H_2O_{(fl)} \quad | \quad \Delta H = -137 \text{ kcal}$$
$$2 H_{2(g)} + O_{2(g)} \rightarrow 2 H_2O_{(g)} \quad | \quad \Delta G = -113,4 \text{ kcal}$$

In die G.-H.-Gleichung eingesetzt ergibt sich für $T = 291$ K (18°C)

$$-113,4 = -137 + 291 \cdot \Delta S^0$$
$$\Delta S^0 = -81 \text{ cal}$$

Der Entropieanteil wird der Umgebung zugeführt. Umgekehrt ist bei der elektrolytischen Zersetzung $\Delta S > 0$, was einen Wärmeentzug aus der Umgebung bedeutet. In der Regel ist er durch die Stromwärme, die bei der Elektrolyse auftritt, mehr als kompensiert. Durch Kombination kalorimetrischer, elektrometrischer und spektroskopischer Verfahren ließen sich für die Stoffe die Standardentropien bestimmen. Im obigen Falle ergibt sich aus

	$H_{2(g)}$	$O_{2(g)}$	$H_2O_{(fl)}$
ΔS_0	$2 \cdot 31,32$	49	$2 \cdot 16,73$

$$(2 \cdot 16,73) - (2 \cdot 31,32 + 49) = -80,18$$

Bei einer negativen Entropie ist $\frac{\Delta G}{\Delta T} > 0$, was bedeutet, daß die Affinität abnimmt. Bei entsprechender Temperatur wird nämlich $-137 + T \cdot \Delta S^0 = 0$.

b) Bildung von „Wassergas".

$$H_2O_{(g)} + C_{(f)} \rightarrow CO_{(g)} + H_{2(g)} \quad | \quad \Delta H = +29{,}2 \text{ kcal}$$

Die Standardentropien sind

	$CO_{(g)}$	$H_{2(g)}$	$H_2O_{(g)}$	$C_{(f)}$	
ΔS^0	47,3	31,3	45,1	1,37	cal/mol

$\Delta S^0 = (47{,}3 + 31{,}3) - (45{,}1 + 1{,}37) = 31{,}1 \text{ cal} = 0{,}0311 \text{ kcal}$
$\Delta G = 29{,}2 - T \cdot 0{,}0311$

Bei gewöhnlicher Temperatur ist $\Delta G > 0$, d. h. die Reaktion läuft nicht ab. Erst für $940 \text{ K} = 667°\text{C}$ wird $\Delta G = 0$. Um einen schnellen Ablauf der Reaktion zu erreichen, ist diese Temperatur wegen $\frac{\Delta G}{\Delta T} < 0$ weitgehend zu überschreiten.

3. Reaktionsgeschwindigkeit

a) Irreversible Prozesse.

Als Vertreter eines monomolekularen Prozesses kann man die Zersetzung von Arsenwasserstoff in Arsen und Wasserstoff betrachten. Die Reaktion läuft zufriedenstellend bei 310°C ab. Für sie gilt die Bedingung Verbrauchsgeschwindigkeit gleich Bildungsgeschwindigkeit

$$-\frac{d(c_0 - x)}{dt} = \frac{dx}{dt} = k_1 \cdot (c_0 - x)$$

worin c_0 die Ausgangskonzentration zur Zeit t_0, x den zur Zeit t bereits verwandelten Anteil und k_1 die Geschwindigkeitskonstante bedeuten. Aus der Differentialgleichung ergibt sich

$$\ln(c_0 - x) = -k_1 t + \ln c_0$$

$$\ln \frac{c_0}{c_0 - x} = k_1 t$$

$$\frac{c_0}{c_0 - x} = \exp(k_1 t)$$

$$x = c_0(1 - [\exp(-k_1 t)])$$

Die Halbwertszeit, zu der nur noch die Hälfte des Ausgangsstoffes vorhanden ist, ist dann

$$t_{\frac{1}{2}} = \frac{\ln 2}{k_1} = \frac{0{,}69}{k_1}$$

Kinetik 3.

Die Messung dieser Halbwertszeit ist somit eine einfache Methode zur Bestimmung der Reaktionsgeschwindigkeit.
Beispiel einer bimolekularen Reaktion ist die Vereinigung von Jod und Wasserstoff zu Jodwasserstoff: $J_2 + H_2 \rightarrow 2HJ$.
Analog zu oben gilt dann

$$\frac{dx}{dt} = k_2 \cdot (c_{I_2} - x) \cdot (c_{H_2} - x)$$

oder bei gleichen Konzentrationen der Partner

$$\frac{dx}{dt} = k_2 \cdot (c_0 - x)^2$$

Entsprechende Rechnungen führen zur Halbwertszeit

$$t_{½} = \frac{1}{k_2} \cdot \frac{1}{c_0}$$

Eine trimolekulare Reaktion ist die Vereinigung von Stickoxid mit Sauerstoff

$$2NO + O_2 \rightarrow 2NO_2$$

Bei entsprechenden Konzentrationen ergibt sich

$$\frac{dx}{dt} = k_3 (c_0 - x)^3$$

und die Halbwertszeit

$$t_{½} = \frac{3}{2k_3} \cdot \frac{1}{c_0^2}$$

Höhermolekulare Reaktionen sind recht unwahrscheinlich. Sie gehen in der Regel über bi- und trimolekulare Teilreaktionen vor sich.
Die Halbwertszeiten ermöglichen die Entscheidung, ob eine mono-usw. Reaktion vorliegt. So ergäben sich stöchiometrisch völlig gleichwertig

$AsH_3 \rightarrow As + 3H$ oder $2AsH_3 \rightarrow 2As + 3H_2$ oder $4AsH_3 \rightarrow 4As + 6H_2$

Die Halbwertszeit entscheidet, daß nur ein monomolekularer Vorgang abläuft.
b) **Reversible Prozesse.** Bei den drei aufgeführten Beispielen mußten die Reaktionsprodukte dem Prozeß entzogen werden, damit er irreversibel ablaufen kann. Ist das nicht der Fall, dann ergibt sich für die Reaktion $2NO_2 \leftrightharpoons N_2O_4$ die Reaktionsgeschwindigkeit

$$\frac{dx}{dt} = \underset{\rightarrow}{k_2 (c_0 - x)^2} - \underset{\leftarrow}{k_1 \cdot x}$$

Allmählich wird $\frac{dx}{dt} = 0$, d. h. es hat sich ein Gleichgewicht eingestellt:

$$k_2 \cdot (c_0 - x)^2 \underset{\leftarrow}{\overset{\rightarrow}{=}} k_1 \cdot x$$

Für das Beispiel $J_2 + H_2 \leftrightharpoons 2HJ$

gilt analog $k_2 \cdot (c_0 - x)^2 \underset{\leftarrow}{\overset{\rightarrow}{=}} k_1 \cdot x^2$

Das so formulierte Gleichgewicht heißt auch das Massenwirkungsgesetz, der Quotient der beiden Reaktionsgeschwindigkeiten die Gleichgewichtskonstante K.

c) Temperaturabhängigkeit der Gleichgewichtskonstanten.

Die meisten chemischen Reaktionen sind stark temperaturabhängig. ARRHENIUS formulierte bereits 1889 die Abhängigkeit der Reaktionsgeschwindigkeit von der absoluten Temperatur:

$$k = A \cdot \exp(-E_a/RT)$$

Hierin bedeuten A eine Konstante, E_a die Aktivationsenergie und R die allgemeine Gaskonstante. Ein allgemeinerer Ausdruck ist

$$k = A \cdot T^n \cdot \exp(-E_a/RT)$$

Welchen Wert n im einzelnen Fall hat, ist durch das Experiment zu entscheiden. Es zeigt sich, daß für mittlere Werte von E_a (im Falle $H_2 + J_2 \rightarrow 2HJ$ beträgt er bei 25°C und 1 atm Druck ca. 42,4 kcal/mol) eine Verdoppelung der Teilchenzahl mit der Aktivationsenergie pro Temperaturerhöhung um 10°C eintritt. Die Erklärung ist in der Maxwellverteilung der Geschwindigkeiten bei einer bestimmten Temperatur zu suchen. Für T = 293 K beträgt die Durchschnittsgeschwindigkeit eines Stickstoffmoleküls 509 m/sec, wogegen die Spitzen bei über 1000 m/sec liegen. Bereits bei einer Erhöhung um 10°C nimmt die Zahl der Moleküle mit Spitzengeschwindigkeiten beträchtlich zu.

Die Gleichgewichtskonstante K ergibt sich als Funktion der Aktivationsenergie für die Vorwärtsreaktion und die der Rückwärtsreaktion

$$K = \frac{k_v}{k_r} = \frac{A_v}{A_r} \cdot \exp\left(-\frac{E_v - E_r}{RT}\right)$$

Bei konstantem Druck und bei konstanter Temperatur läßt sich die Gibbs-Helmholtzsche-Gleichung hierauf übertragen, wodurch die Größen A und E in ihrer physikalischen Bedeutung klarer zu erkennen sind.

$$K = \exp\left(-\frac{\Delta G^0}{RT}\right) = \exp\left(\frac{\Delta S^0}{R}\right) \cdot \exp\left(-\frac{\Delta H}{RT}\right)$$

In manchen Fällen versagt die Arrheniusgleichung vollständig. Dann liegen besondere reaktionskinetische Verhältnisse vor, die in jedem Einzelfall besonders zu klären sind. Beispiele hierfür sind die Stickstoffadsorption an einer Wolframoberfläche und enzymkatalysierte Vorgänge im menschlichen Körper.

4. Reaktionsmechanismen

ARRHENIUS und den Forschern seiner Zeit lag die Vorstellung zugrunde, daß eine Reaktion eintritt, sobald zwei zu reagierende Teilchen mit genügend großer Energie zusammenstoßen: Kollisionstheorie. Ihre Ergebnisse sind als Näherungen aufzufassen. Nicht brauchbar ist die Kollisionstheorie in kondensierten Phasen. Eine Verbesserung stellt die Theorie des Zwischenzustandes dar. Ein Atom A nähere sich der Verbindung BC. Dann kann folgende Reaktion einsetzen:

$$A + BC \rightarrow AB + C$$

Wenn sich A der Gruppe BC nähert, d. h. r_{AB} kleiner wird, lockert sich die Bindung zwischen B und C und es kommt zu einem Zwischenzustand $A \cdot \cdot B \cdot \cdot C$. Er hat je nach den energetischen Verhältnissen die Möglichkeit, sich nach zwei Richtungen weiter zu entwickeln:

$$A + BC \rightleftharpoons A \cdot \cdot B \cdot \cdot C \rightarrow AB + C$$

London konnte zeigen, daß bei Atomen, die sich mittels s-Elektronen binden, die günstigste Lage bei linearer Anordnung vorliegt. Die ersten Berechnungen wurden am Beispiel

$$H + H_2(\text{ortho}) \rightarrow H_2(\text{para}) + H$$

angestellt. Man betrachtet die sich aus Coulomb- und Austauschenergie ergebende potentielle Energie in Abhängigkeit von den Abständen r_{AB} bzw. r_{BC} zwischen AB und BC. Die Potentiallinien sind im folgen Bild dargestellt:

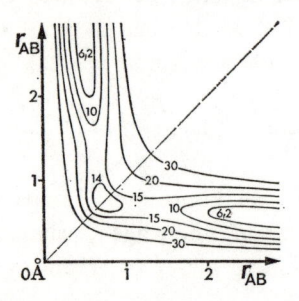

Die Werte bedeuten kcal/mol.

Bei $r_{AB} = 0{,}74$ Å und $r_{BC} = 0{,}74$ Å liegen energetische Minima vor, während senkrecht zu ihrer Verbindungslinie ein Sattelpunkt zwischen zwei Maxima vorhanden ist. Dieser Sattel ist der Energiezustand der Zwischenverbindung. Er muß überschritten werden, damit die Reaktion ablaufen kann. In anderer Darstellung sieht die Energiebarriere so aus:

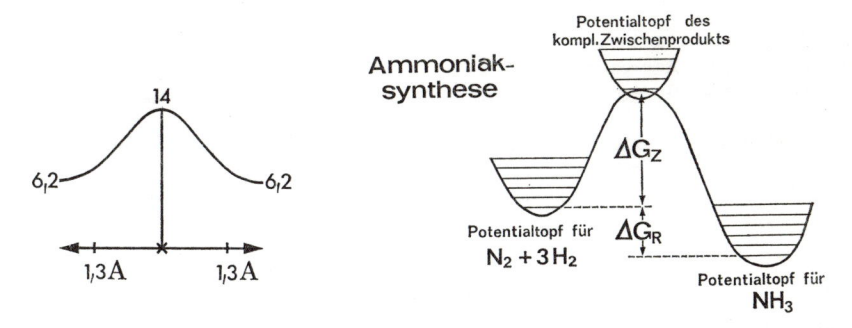

Ammoniaksynthese

Werte in kcal/mol.

5. Katalyse

Die freie Energie ΔG_R^0 der Reaktion bestimmt zwar die Möglichkeit für den Ablauf einer Reaktion, doch entscheidet sie nicht über die Geschwindigkeit. (Ein ganz auffälliges Beispiel hierfür ist die Ammoniaksynthese aus den Elementen.) Diese wird vielmehr von ΔG_Z^0 des Zwischenkomplexes bestimmt. Ein Katalysator ist nun ein Stoff, der mit den reagierenden Stoffen angeregte Zwischenkomplexe eingeht, für die $\Delta G_K^0 < \Delta G_Z^0$ ist. Man unterscheidet die homogene Katalyse — beispielsweise eine Phase in Lösung, wozu u. a. die Säure-Base-Katalyse gehört — und die heterogene Katalyse. Bei ihr handelt es sich meist um Adsorption von Gasen an einer Metalloberfläche, wobei es auch zu Zwischenkomplexen kommt. Man spricht deswegen besser von einer Chemisorption. So kann zwar ein Stickstoff-Wasserstoff-Gemisch von Nickelschwamm adsorbiert werden, doch kommt es nicht zur Reaktion zwischen den beiden Gasen. Dagegen ist das bei Platinschwamm der Fall.

6. Tunneleffekt

Dieser rein quantenmechanische Effekt spielt in der Reaktionschemie eine untergeordnete Rolle, weil die Potentialbarriere, wie sie beispielsweise für die Umwandlung $H_{2(o)} \rightarrow H_{2(p)}$ und für die Ammoniaksynthese dargelegt wurde, zu breit und andererseits die Höhe doch nicht hoch genug ist, um ihn zu begünstigen. Bei der Inversion des Ammoniaks

Kinine

dagegen ist die 7 kcal/mol hohe Barriere so schmal, daß das Umklappen des Moleküls schneller durch einen Tunnel erfolgt als durch Überschreiten der Barriere.

Literatur
WOLF: Theoretische Chemie. — Joh. Ambrosius Barth, Leipzig 1959
REMY: Lehrbuch der Anorganischen Chemie. — Akademische Verlagsanstalt, Leipzig 1961
HESLOP and ROBINS: Inorganic Chemistry. — Elsevier Publishing Comp. Amsterdam, London, New York 1963
EYRING and EYRING: Modern Chemical Kinetics. — Reinhold Publishing Corporation, New York 1965
ANDUR and HAMMES: Chemical Kinetics. — McGraw-Hill Book Company, New York, London, Sydney 1966

Kinine s. Wuchsstoffe.
Klopffestigkeit s. Erdöl (Benzin), Oktanzahl.
Knallquecksilber s. Explosivstoffe (Initialsprengstoffe), Oxime.
Knallsäure s. Oxime.
Knoevenagel-Kondensation s. Additionen 4., Carbonsäuren 1.2. (Malonester), Oxoverbindungen 1.1.3.
Knorr-Synthese s. Heterocyclen 1.1.
Koagulation s. Aminosäuren 3.

Kobalt gehört zu den Elementen der →Achten Nebengruppe. Von ihm existiert nur das stabile Isotop mit der Massenzahl 59. Kobalt kommt in der Natur stets mit anderen Metallen zusammen vor, vorwiegend Kupfer und Nickel, und zwar als Oxid, Sulfid oder Arsenid. Die wichtigsten Produzenten sind Katanga, Rhodesien und Kanada. Bei jenen ist das Hauptabbauprodukt Kupfer, während im Kobaltbezirk von Ontario und im Gowgandabezirk das dort gefundene Silbererz der ursprüngliche Anlaß für den Bergwerksbetrieb war. Andere abbauwürdige Lager kobalthaltiger Erze finden sich in Marokko, in Cuba und in Finnland. Kobalt ist ein grauglänzendes Metall. Seine Härte und Festigkeit übertrifft die mancher Stahlsorten. Wie Eisen und Nickel ist es ferromagnetisch. Es behält diese Fähigkeit bis 1121°C bei. Somit ist es das Metall mit dem höchsten Curiepunkt. Es tritt in der hexagonal dichtesten Kugelpackung (ε-Kobalt) und der flächenzentrierten Form (α-Kobalt) auf. Die Übergangstemperatur liegt bei 450°C, doch ist der Übergang völlig verschmiert, weil die beiden Formen sich energetisch nur geringfügig unterscheiden.

Das vor dem 2. Weltkrieg relativ wenig verwendete Kobalt wurde während des Krieges und wenig später im Korea-Krieg Mangelware. Der damit verbundene Preisanstieg führte zur Aufschließung von bis dahin wenig beachteten Kobaltlagern, vorwiegend in Kanada. Ein Drittel des Verbrauchs in den USA dient zur Erzeugung von Hochtemperatur-Legierungen, wie sie bei Turbopropmaschinen, Gasturbinen und Jetaggregaten erforderlich sind. In den USA wurden ca. 100 derartige Legierungen entwickelt, von denen die Hälfte Kobaltgehalte von 3—66% Co haben. Ein weiteres Drittel dient zur Herstellung von Dauermagneten, mit einem Kobaltgehalt bis zu 50%. Über 50% dieser Magnete gehen in die Produktion von Radargeräten, Fernsehern, Rundfunkgeräten und andere Kommunikationsgeräte. Beträchtliche Mengen Kobalt dienen der Herstellung von schnell-schneidenden Werkzeugen und sich nur langsam abnutzender Maschinenteile. Kobalt ist das Grundmaterial für weitgehend temperaturunabhängige feinste Federn, wie sie in Präzisionsgeräten verwendet werden.

Kobalt besitzt spezifisch katalytische Eigenschaften. Kobaltoxid erzeugt im Glasfluß eine tiefblaue Farbe. Dieses Glas, fein vermahlen, dient in der Porzellanmanufaktur als Porzellanfarbe.

In Böden ist Kobalt in Spurenform vorhanden. Doch zeigte sich bei zu geringem Auftreten bei Wiederkäuern eine typische Mangelkrankheit. Die Untersuchungen ergaben, daß dem Vitamin B 12 ein Co-Komplex zugrunde liegt und daß die Tiere an diesem Vitamin Mangel litten.

In massiver Form wird das Metall von Luft und von Wasser unterhalb von 300° C nicht angegriffen. Kobalt vereinigt sich leicht mit den Halogenen. Im geschmolzenen Zustand reagiert es mit den meisten Nichtmetallen. Es löst sich leicht in verdünnter Schwefelsäure, Salzsäure und Salpetersäure. Nur langsam wird es von Alkalien angegriffen.

Viel Aufsehen hat die Möglichkeit einer Kobaltbombe erregt. Bei Bestrahlung mit Neutronen geht das Kobalt-59 in Kobalt-60 über. Mit einer Halbwertszeit von 5,2 Jahren wandelt es sich unter Aussendung von β- und γ-Strahlung in stabiles Nickel um. Eine Kobaltbombe ist eine mit einem Kobaltmantel umkleidete „klassische" Atombombe, die nach der Zündung die erforderlichen Neutronen gibt. Das bei der Zündung zerstäubende Kobalt-60 ist wegen der langen Halbwertszeit so gefährlich. In gefesselter Form dient die Kobaltbombe in der Medizin als Strahlenquelle.

Kodachrome s. Fotografie 2.
Königsgelb s. Arsen.
Kohle s. Mineralkohlen.

Kohlenhydrate ist ein Sammelbegriff für eine Gruppe chemisch ähnlicher Verbindungen, die in Lebewesen weit verbreitet sind (Nähr-, Speicher-, Gerüststoffe). Diese Bezeichnung für *Zucker* (kennzeichnende Endung -*ose*) und Polysaccharide leitet sich von der früheren Anffassung her, diese Verbindungen seien durch die Summenformel $C_x(H_2O)_y$ charakterisiert. Sie beständen also aus Kohlenstoff

Kohlenhydrate 1.

und enthielten Wasserstoff und Sauerstoff im gleichen Verhältnis wie im Wasser. Man kennt aber heute Verbindungen mit der gleichen Summenformel, die in ihren Eigenschaften nicht den Zuckern ähneln (Methanal, Essigsäure, Milchsäure), andrerseits gibt es zuckerähnliche Substanzen, die nicht der Summenformel entsprechen (Amino-, Desoxyzucker).

Zweckmäßigerweise teilt man Kohlenhydrate ein in 1. Monosaccharide, 2. Oligosaccharide und 3. Polysaccharide.

1. *Monosaccharide* (*Einfachzucker*)

1.1. *Konstitution, Konfiguration, Konstellation*

Einfachzucker sind Oxidationsprodukte mehrwertiger aliphatischer Alkohole, also Poly→hydroxy-→oxoverbindungen. Nach der Stellung der Oxogruppe spricht man von Aldehydzuckern (*Aldosen*) oder Ketonzuckern (*Ketosen*—Endung -ulose). Nach der Zahl der C-Atome teilt man ein in Triosen, Tetrosen, Pentosen, *Hexosen* usw.

Die einfachste Aldose ist Glycerinaldehyd (2,3-Dihydroxypropanal), die einfachste Ketose Dihydroxyaceton (1,3-Dihydroxypropanal). Glycerinaldehyd enthält ein asymmetrisches C-Atom (→Isomerie 2.2) und tritt in zwei enantiomeren Verbindungen auf. Mit wachsender Hydroxylgruppenzahl steigt die Zahl der optischen Isomere. Man hat die absolute Konfiguration (Lage der Atome im Raum) bei dieser Substanz bestimmt. Die Zucker werden in zwei Reihen eingeteilt, die sich auf die Konfiguration, unabhängig von der optischen Drehungsrichtung, beziehen. Vom rechtsdrehenden D (+) Glycerinaldehyd (D-Konfigurationsangabe, + Drehrichtung rechts) leitet man die Zucker her, die an dem asymmetrischen C-Atom, das von der Oxogruppe am weitesten entfernt ist, die gleiche Konfiguration besitzen. Diese Zucker gehören zur D-Reihe. In Abb. 1 ist der Stammbaum der D-Reihe in der →Fischer-Projektion unter Benutzung vereinfachender Symbole zusammengestellt (nach Fodor).

Die Zucker der L-Reihe sind die Spiegelbilder der entsprechenden Verbindungen der D-Reihe (Enantiomere).

Die Beweisführung für die Zugehörigkeit zu einer Reihe erfolgt durch stufenweisen Abbau zu dem entsprechenden Glycerinaldehyd oder stufenweisen Aufbau vom Glycerinaldehyd.

Die systematische Synthese der Zucker wird meist nach der *Cyanhydrin-Methode* von Kiliani und E. Fischer durchgeführt: Anlagerung von →Blausäure an die Carbonylgruppe zum α-Hydroxycarbonsäurenitril, Hydrolyse zur →Carbonsäure (Aldonsäure s. u.), die mit γ-oder δ-Hydroxylgruppen ein Lacton bildet, Reduktion des Lactons zum Lactol (→Oxoverbindungen 3.) mit $NaBH_4$. Es

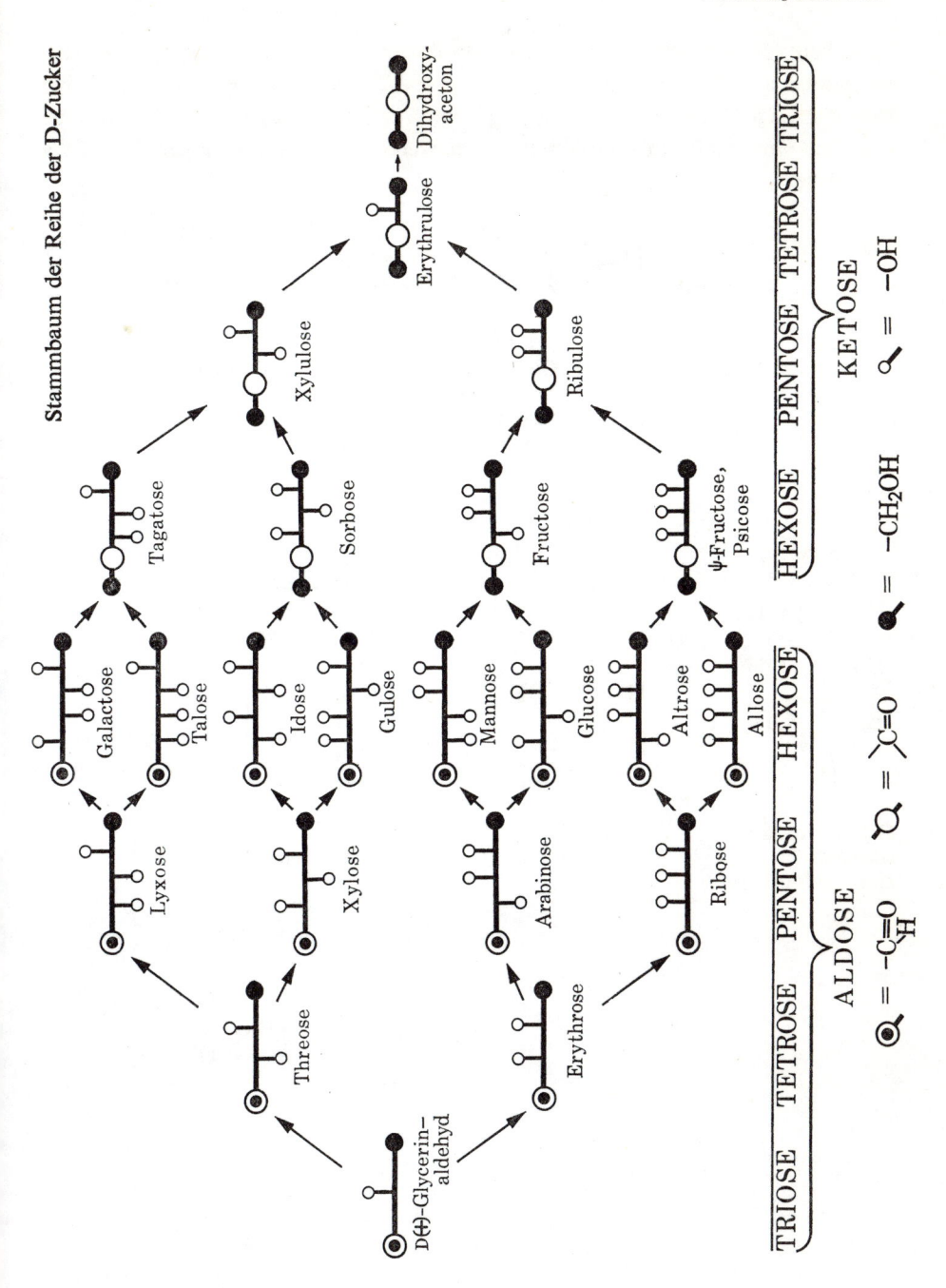

Kohlenhydrate 1.1.

Stammbaum der Reihe der D-Zucker

```
                                                    Dihydroxy-
                                                    aceton
                                         Erythrulose
                        Xylulose                    Ribulose
            Tagatose         Sorbose      Fructose       ψ-Fructose,
                                                         Psicose
   Galactose  Talose  Idose  Gulose  Mannose  Glucose  Altrose  Allose

        Lyxose        Xylose        Arabinose        Ribose

              Threose                      Erythrose

                        D(+)-Glycerin-
                        aldehyd
```

	HEXOSE	PENTOSE	TETROSE	TRIOSE
		KETOSE		

◐ = —CHO (—C(=O)H)
○ = >C=O
● = —CH₂OH → ● = —CH$_2$OH
◦ = —OH

$\bullet$ = $-\underset{H}{\overset{}{C}}=O$ $\circ$ = $-OH$ $\bigcirc$ = $>C=O$ ● = $-CH_2OH$

TRIOSE TETROSE PENTOSE HEXOSE
                 ALDOSE

565

Kohlenhydrate 1.1.

entstehen zwei epimere Hydroxyaldehyde mit einem C-Atom mehr als die Ausgangssubstanz. Sie sind epimer (→Isomerie 2.2.), weil sie sich nur durch die sterische Lage der α-Hydroxylgruppe in der Konfiguration eines asymmetrischen C-Atoms unterscheiden (Spezialfall der diastereomeren Verbindungen: nur Teile der Moleküle Bild und Spiegelbild).

$$H-C=O \atop R \quad \xrightarrow{+HCN} \quad \begin{matrix} C\equiv N \\ | \\ H-C^x-OH \\ | \\ R \end{matrix} \quad \xrightarrow[-NH_3]{+2H_2O} \quad \begin{matrix} COOH \\ | \\ H-C^x-OH \\ | \\ R \end{matrix}$$

Aldose 1   Cyanhydrin   Aldonsäure
= α-Hydroxycarbonsäurenitril
^{x} asymmetrisches C-Atom

D-Erythronsäure (Beispiel einer Aldonsäure) → γ-Lacton → γ-Lactol Cyclohalbacetal der Aldose 2

$\xrightarrow{+H_2O}$ Aldose 2

Der stufenweise Abbau kann nach WOHL als Umkehrung der Cyanhydrin-Synthese erfolgen: Bildung des →Oxims aus Aldose und Hydroxylamin, Veresterung mit Essigsäureanhydrid und gleichzeitige Umbildung zum Nitril, Abspaltung

Kohlenhydrate 1.1.

von Blausäure und Essigsäure durch Na-methylat in Chloroform-Methanol-Lösung. Eine zweite Methode ist das Verfahren nach RUFF: Oxydation der Aldose zur Aldonsäure, Oxydation des Calciumsalzes mit FENTONS Reagens (H_2O_2 und Fe^{3+}) zur Aldose, die ein C-Atom weniger hat als die Ausgangssubstanz.

$$\underset{\substack{\text{Aldose 1}\\ \text{WOHL-Abbau}}}{\begin{array}{c} H-C=O \\ | \\ H-C-OH \\ | \\ R \end{array}} \xrightarrow[-H_2O]{+H_2NOH} \underset{\text{Oxim}}{\begin{array}{c} H-C=N-OH \\ | \\ H-C-OH \\ | \\ R \end{array}} \xrightarrow[-2H_2O]{O(COCH_3)_2} \underset{\text{Nitril}}{\begin{array}{c} C\equiv N \\ | \\ HCOOCCH_3 \\ | \\ R \end{array}}$$

$$\xrightarrow[\substack{-NaCN \\ -CH_3COOCH_3}]{+CH_3ONa} \underset{\text{Aldose 2}}{\begin{array}{c} H-C=O \\ | \\ R \end{array}}$$

$$\underset{\substack{\text{Aldose 1}\\ \text{RUFF-Abbau}}}{\begin{array}{c} H-C=O \\ | \\ H-C-OH \\ | \\ R \end{array}} \xrightarrow{\text{Oxydation}} \underset{\text{Aldonsäure}}{\begin{array}{c} COOH \\ | \\ H-C-OH \\ | \\ R \end{array}} \xrightarrow[\substack{\text{des Ca-}\\\text{Salzes}}]{\text{Oxydation}} \underset{\alpha\text{-Ketocarbonsäure}}{\begin{array}{c} COOH \\ | \\ C=O \\ | \\ R \end{array}} \xrightarrow{-CO_2} \underset{\text{Aldose 2}}{\begin{array}{c} H \\ | \\ C=O \\ | \\ R \end{array}}$$

Die räumliche Lage der Hydroxylgruppen, die nicht die Einordnung in eine Reihe bestimmen, ergibt sich durch Abbau zu Verbindungen bekannter Konfiguration, z. B. durch oxydativen Abbau zur Weinsäure. Zur Aufklärung der Konfiguration hilft auch die Bildung des gleiches Osazons (s. u.) aus epimeren Zuckern. Zucker zeigen einige Aldehydreaktionen (s. →Oxoverbindungen: Oxydation mit FEHLINGscher Lösung), andere aber nicht (Reaktion mit Fuchsinschwefliger Säure, Addition von $NaHSO_3$ oder Ammoniak). Vollständig veresterte Aldosen reagieren nicht mit Hydroxylamin. Die Bildung eines Dimethylacetals aus einer Aldehydgruppe und zwei Molekülen Methanol unterbleibt, statt dessen entstehen zwei isomere kristalline Verbindungen durch die Reaktion von einem Molekül Aldose mit einem Molekül Methanol (Methylglycoside). Diese Beobachtungen sprechen für die Abwesenheit einer freien Aldehydgruppe. Die Zucker zeigen eine intramolekulare Verknüpfung der Carbonylgruppe mit einer räumlich günstig gelegenen Hydroxylgruppe. Es entsteht ein cyclisches Halbacetal, *Lactol* genannt. Die offenkettige Form steht mit der cyclischen Form im Gleichgewicht (Oxo-cyclo-tautomerie s. →Isomerie 3.). Das Gleichgewicht liegt auf der Seite der cyclischen Form.

Kohlenhydrate 1.1.

Eine räumlich günstig gelegene Hydroxylgruppe liegt dann vor, wenn sie die Bildung eines möglichst spannungsfreien Rings erlaubt. Das sind fünf- oder sechsgliedrige Ringe. Bei den Zuckern treten in wäßriger Lösung sechsgliedrige Ringe auf, d. h. bei einer Aldohexose findet die Halbacetalbindung mit der OH-Gruppe am 5. C-Atom statt. Wegen der Ähnlichkeit mit dem sechsgliedrigen heterocyclischen System Pyran werden diese Ringe als *Pyranosen* bezeichnet, während die fünfgliedrigen Ringe, die u. a. bei Ketosen in Derivaten auftreten (Fructose im Rohrzucker), *Furanosen* genannt werden. Anstelle der Namen werden die durch die Sauerstoffbrücke verbundenen C-Atome in Klammer hinter dem Namen angegeben: D-Glucopyranose = D-Glucose <1.5>. In den Projektionsformeln nach HAWORTH werden die Hydroxylgruppen, die mit dem D-Glycerinaldehydhydroxyl konfigurationsidentisch sind, unterhalb des Ringes gezeichnet.

Die Bestimmung der Gliederzahl eines Ringes erfolgt u. a. durch Oxydation mit Perjodsäure oder Blei-(4)-acetat. Pyranosen liefern andere Produkte als Furanosen.

Durch die Bildung des Halbacetals wird das erste C-Atom bei Aldosen asymmetrisch. Es entstehen zwei diastereomere Formen, die man in diesem Spezialfall (Konfigurationsunterschied nur am ehemaligen Carbonyl-C-Atom) anomer bezeichnet. Man unterscheidet sie durch die Präfixe α- und β-. In der Reihe der D-Pyranosen wird die am stärksten rechtsdrehende Form als α-Form bezeichnet. Bei der α-D-Glucose stehen die beiden Hydroxylgruppen am C-Atom 1 und 2 in cis-Stellung. Diese Anordnung ist energetisch ungünstiger als die bei der β-Form auftretende trans-Stellung. Daher liegen bei der Einstellung des Gleichgewichts 62% der Moleküle in der β-Form vor. Die Umwandlung der anomeren Formen läßt sich beim Lösen kristallisierten Zuckers in Wasser beobachten. Die

optische Drehung ändert sich bis zu einem konstanten Endwert. Diese Erscheinung bezeichnet man als *Mutarotation*. α-D-Glucose zeigt zuerst einen Wert von +111°, β-D-Glucose hat einen Anfangswert von +19°. Nach einiger Zeit (abhängig vom p_H-Wert und der Temperatur) zeigen beide Lösungen einen Wert von +52,5°. α-D-Glucose kristallisiert aus Pyridin und kaltem Wasser aus, β-D-Glucose aus Äthanol und aus über 115°C heißen gesättigten wäßrigen Lösungen. Die Umwandlung erfolgt sehr wahrscheinlich über die offenkettige Aldehydform, die aber im Gleichgewicht in sehr geringer Konzentration vorliegt (weniger als 0,1%).
Das letzte Problem bei der Strukturaufklärung ist die Konstellation (Konformation →Isomerie 4.). Zucker sind keine aromatischen Verbindungen, d. h. der Ring ist nicht eben. Pyranosen sind eigentlich Polyhydroxy-monooxacyclohexane (→Cycloalkane). Theoretische Überlegungen über Instabilitätsfaktoren ließen von den 14 möglichen Konformeren (2 Sessel-, 6 Wannen-, 6 Twistformen) die Sesselform als begünstigt erscheinen, bei der die meisten Hydroxylgruppen in äquatorialer Stellung vorliegen. Der Nachweis konnte durch Röntgenuntersuchungen erbracht werden. Es konnten auch Untersuchungen mit Kupferammoniakkomplexen herangezogen werden, da Kupfer nur dann einen cyclischen Komplex mit zwei benachbarten Hydroxylgruppen bildet, wenn der Valenzwinkel nicht größer als 60° ist. Die Nomenklatur ist nicht geregelt. Allgemein benutzt man die englischen Abkürzungen (C = chair, Sessel, B = boat, Wanne, S = skew, Twist). Nach einem Vorschlag von RODD werden die aus der Ebene ragenden Atome durch ihre Positionen angegeben: C_1^4 bedeutet Sesselform, C_4 oberhalb, C_1 unterhalb der Ebene.

α-D-Gluco-pyranose (C_1^4)
e = äquatoriale Stellung

β-Gluco-pyranose (C_1^4)
Projektion entlang C_2-C_1 und C_4-C_5 Bindung

1.2. Eigenschaften und Reaktionen

Zucker schmecken süß, sind wasserlöslich und kristallisieren. Sie schmelzen unter Zersetzung, was ebenso wie die Wasserlöslichkeit auf die Bildung von Wasserstoffbrücken zurückzuführen ist. Natürliche Zucker sind optisch aktiv, d. h. sie drehen die Ebene des polarisierten Lichts. In Tab. 1 (nach FODOR, MICHEEL und RODD) sind einige Eigenschaften und das Vorkommen zusammengefaßt.

Kohlenhydrate 1.2.

Tab. 1:

Name	F in °C	α_D am Anfang des Lösens	α_D im Gleichgewicht	Vorkommen
Aldosen:				
D-Glycerinaldehyd	Sirup		+14°	Phosphorsäureester in Muskeln
D-Erythrose	Sirup	+1°	−14,5°	—
α-D-Threose	126—132	+29,1°	+19,6°	—
D-Ribose	87	−23,1°	−23,7°	Nukleinsäuren, Enzyme,
β-D-Arabinose	160	−175°	−105°	Tuberkulosebazillus
β-L-Arabinose	160	+190°	+105°	Araban, →Papier Pektin, Pflanzengummi, Glycoside
α-D-Xylose (Holzzucker)	140—153	+94°	+19°	Xylan, →Papier Stroh, Maisstengel
α-L-Lyxose	105	−6°	+13°	Antibioticum Curamycin
β-D-Allose	128	+1°	+14,4°	—
β-D-Altrose	103—105	−69°	+33°	—
α-*D-Glucose*	146	+112°	+53°	Früchte, Disaccharide: Rohrzucker, Milchzucker, Maltose, Stärke, Glykogen, Glucoside
Traubenzucker				
β-D-Glucose	148-150	+19°	+53°	Früchte, Cellulose →Papier, Glucosid
α-*D-Mannose*	133	+30°	+15°	Mannan, in Elfenbeinnuß, Rotalgen
D-Gulose	Sirup		−20,4	—
D-Idose	Sirup		+16°	—
β-D-Talose	120—121	+13°	+21°	Antibioticum Hygromycin

Kohlenhydrate 1.2.

Name	F in °C	α_0 am Anfang des Lösens	α_0 im Gleichgewicht	Vorkommen
α-D-Galactose ⎱ Milch-	167	+151°	+81°	Galactan, Milchzucker, Raffinose, Cerebroside
β-D-Galactose ⎰ spaltzucker	167	+54°	+81°	Cerebroside
Ketosen:				
Dihydroxyaceton	65—71			Phosphorsäureester in Muskeln
L-Erythrulose	Sirup		+11,4°	
D-Xylulose	130		−33°	Glucuronsäurecyclus
D-Pentulose			−16°	Phosphorsäureester bei Photosynthese
α-*D-Fructose* ⎱ *Frucht-*	102—104	+63,6°	−92,3°	Inulin, Rohrzucker, Phosphorsäureester bei Glycolyse
β-*D-Fructose* ⎰ *zucker*	102—104	−133,5°	−92,3°	Glycolyse
L-Sorbose	164		−43°	Vogelbeeren
α-D-Tagatose	162	+0,8°	−4°	Pflanzengummi, Flechten
D-Allulose			+3°	Pflanzen der Gattung Itea

Die chemischen Reaktionen der Monosaccharide beruhen auf der Carbonylgruppe (→Oxoverbindungen 1.1.3.) und den Hydroxylgruppen (→Hydroxylderivate 1.1.3.). Wegen der gegenseitigen Beeinflussung der funktionellen Gruppen treten sowohl die Reaktionen der 1,2-Hydroxy-oxoverbindungen als auch der 1,5-Hydroxy-oxoverbindungen auf (→Oxoverbindungen 3.).

Zu den Reaktionen der ersten Gruppe gehören die DE BRUYN-VAN EKENSTEINSCHE Umlagerung und die Osazon-Bildung. Die Umlagerungsreakion in alkalischem Medium (säurekatalysiert verläuft die Umsetzung langsam) führt über das Zwischenprodukt Endiol. Aus dem Endiol, das aus D-Glucose entsteht, kann die Epimerisierung zur Mannose erfolgen und die Bildung der Ketose Fructose.

Kohlenhydrate 1.2.

$$\begin{array}{c}H-C=O\\|\\H-C-OH\\|\\HO-C-H\\|\\\text{D-Glucose}\\66\%\end{array} \rightleftarrows \begin{array}{c}H-C-OH\\\|\\H-C-OH\\|\\HO-C-H\\|\\\text{Endiol}\\\updownarrow\end{array} \rightleftarrows \begin{array}{c}H-C=O\\|\\HO-C-H\\|\\HO-C-H\\|\\\text{D-Mannose}\\1\%\end{array}$$

$$\begin{array}{c}H\\\diagdown\\C-OH\\|\\H\quad C=O\\\diagup\\|\\HO-C-H\\|\\\text{D-Fructose 33\%}\end{array}$$

Die mit Phenylhydrazin entstehenden *Osazone* haben bei den Hexosen Chelatstruktur. Durch Hydrolyse mit konz. Säuren werden Osone gebildet, die durch Reduktion in Ketosen übergehen, da die Aldehydgruppe leichter reduziert wird. Dies ist eine weitere Umwandlungsmöglichkeit.

Aldose → Hydrazon → Osazon mit Chelatstruktur → Oson → Ketose

Die Carbonylgruppe kann reduziert werden durch Wasserstoff mit Ni als Katalysator, Natriumborhydrid oder Natriumamalgam. Der Zucker wird zum entsprechenden Alkohol. Aus Hexosen werden Hexite (→Hydroxylderivate 1.4.).
Die Oxydation führt zu verschiedenen Produkten in Abhängigkeit vom Oxydationsmittel. Schwache Oxydationsmittel (Bromwasser, verd. HNO_3) oxydieren nur die Carbonylgruppe und lassen Onsäuren entstehen. Aus D-Glucose wird D-Gluconsäure. Wird das Oxydationsmittel sichtbar reduziert wie bei einigen alkalischen Schwermetallkomplexen, ist es Nachweismittel für reduzierende Zucker: FEHLINGsche Lösung, NYLANDERS Reagens, TOLLENS-Reaktion (→Oxoverbindungen 1.1.3.). Auch Ketosen wirken reduzierend, weil sie sich schon im

schwach alkalischen Medium über das (auch oxydierbare) Endiol in Aldosen umwandeln können. Die Onsäuren treten in Form der 1,4-Lactone auf.

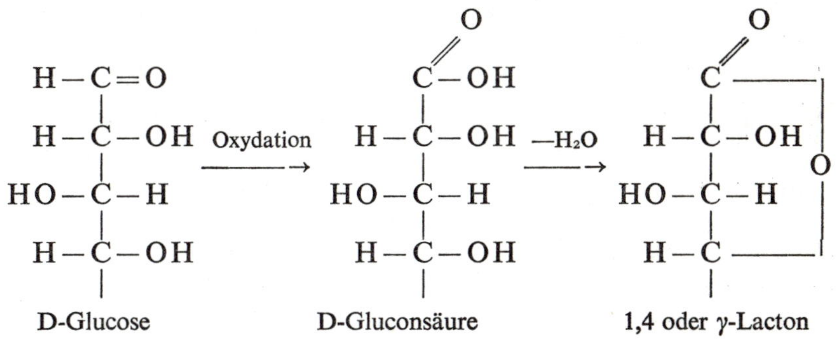

$$\begin{array}{c} H-C=O \\ | \\ H-C-OH \\ | \\ HO-C-H \\ | \\ H-C-OH \\ | \end{array} \xrightarrow{\text{Oxydation}} \begin{array}{c} C(=O)-OH \\ | \\ H-C-OH \\ | \\ HO-C-H \\ | \\ H-C-OH \\ | \end{array} \xrightarrow{-H_2O} \begin{array}{c} \text{1,4 oder } \gamma\text{-Lacton} \end{array}$$

D-Glucose — D-Gluconsäure — 1,4 oder γ-Lacton

Starke Oxydationsmittel (konz. HNO_3) oxydieren die Carbonylgruppe und die primäre Hydroxylgruppe und lassen Dicarbonsäuren entstehen, die nach der Nomenklatur Arsäuren genannt werden (D-Glucose → D-Glucarsäure). Meist sind Trivialnamen im Gebrauch: D-Glucarsäure = *Zuckersäure*, D-Galactarsäure = *Schleimsäure*. Sie liegen als Mono- oder Dilactone vor.

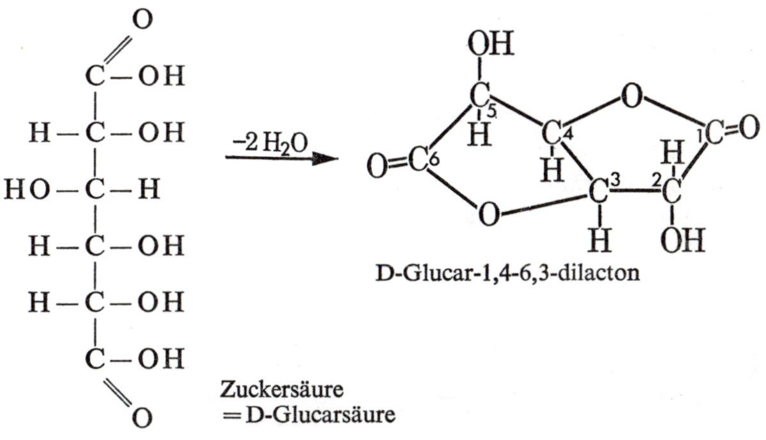

D-Glucar-1,4-6,3-dilacton

Zuckersäure = D-Glucarsäure

Eine Oxydation der primären Hydroxylgruppe allein kann mit $KMnO_4$ erreicht werden, wenn die anderen Hydroxylgruppen verestert sind. NO_2 oxidiert ebenfalls diese Gruppe selektiv, wenn die Aldehydgruppe in glykosidischer Form blockiert ist. Die Produkte nennt man Uronsäuren. Sie haben eine beträchtliche biologische Bedeutung. *D-Glucuronsäure* kommt in den Mucopolysacchariden vor: Hyaluronsäure (bewirkt Änderung der Zellmembrandurchlässigkeit), Heparin

Kohlenhydrate 1.2.

(hemmt Blutgerinnung), vor allem aber dient sie zur Entgiftung des Körpers. Aromatische Carbonsäuren, Phenole und andere Verbindungen werden vom Körper als Glucuronide ausgeschieden.

Hyaluronsäure (Einheit)   Heparin (Einheit)

Die wichtigsten Reaktionen der Hydroxylgruppen sind die Verätherung und die Veresterung. Durch Essigsäureanhydrid werden alle freien OH-Gruppen verestert. Es entsteht aus Hexosen ein Pentaacetylzucker, der lediglich an der glykosidischen OH-Gruppe (das ist die Hydroxylgruppe, die als Halbacetal aus der Carbonylgruppe beim Ringschluß entstanden ist) leicht das Acetation abgibt, z. B. im Austausch gegen Bromid zum Acetobromzucker.

Die *glykosidische* Hydroxylgruppe ist den anderen OH-Gruppen gegenüber durch höhere Reaktionsfähigkeit ausgezeichnet. Eine Verätherung findet bereits (entsprechend der Acetalbildung bei →Oxoverbindungen) mit Alkohol statt mit Säurezusatz als Katalysator (FISCHER-Methode). Die übrigen Hydroxylgruppen werden mit Methyljodid und Silberoxid oder Dimethylsulfat und Alkali veräthert. Die nicht abspaltbaren Methylgruppen (außer der glykosidischen) sind für analytische Untersuchungen von Bedeutung.

Die Verätherung der glykosidischen Hydroxylgruppe führt zu gemischten cyclischen Acetalen. Sie werden allgemein *Glykoside* genannt. Der Nichtzuckeranteil heißt Aglykon. Solche Verbindungen sind in Lebewesen weit verbreitet, z. B. Salicin aus der Weide, *Amygdalin* aus den bitteren Mandeln (Glykosid eines Disaccharids).

Salicin   Gentiobiose   Mandelsäurenitril
Amygdalin

Außer der nicht sehr selektiven FISCHER-Methode können Glykoside nach dem Verfahren von KOENIGS und KNORR aus Acetobromzucker in Anwesenheit von Ag_2O oder Ag_2CO_3 mit Alkoholen, Phenolen und Zuckern entstehen. Phenole greifen leicht Acetylzucker mit Hilfe eines Säurekatalysators ($ZnCl_2$) an. Die

Kohlenhydrate 1.3.

Katalysatoren sind elektrophile Reagentien (LEWIS-Säuren), die am O-Atom gebunden werden, während das C-Atom nucleophil angegriffen wird. Daher können auch Stickstoffverbindungen wie aromatische Amine glykosidisch gebunden werden (→Nucleinsäuren).

Glykoside können nicht mehr reduzieren, zeigen keine Mutarotation. Entsprechend der Acetalbindung werden sie leicht von Säuren gespalten, während sie gegen Alkali beständig sind. Aus Amygdalin entsteht dann Gentiobiose, Benzaldehyd und Cyanwasserstoff (→Blausäure). Darauf beruht die Giftwirkung (Salzsäure im Magen).

1.3. *Besondere Zuckerarten*

In den →Nucleinsäuren, in den herzwirksamen Digitalis-Glykosiden (→Steroide), im →Antibioticum *Streptomycin* — um nur einige Beispiele zu nennen — treten Zucker auf, die anstelle einer oder mehrerer Hydroxylgruppen Wasserstoff enthalten. Man nennt sie *Desoxyzucker*. In ihren Reaktionen unterscheiden sie sich nur dann von denen der Zucker, wenn die fehlende Hydroxylgruppe für die Reaktionen entscheidend ist: 2-Desoxyaldosen bilden keine Osazone, 5-Desoxyhexosen können nur als Furanosering auftreten. 2-Desoxyaldosen werden nachgewiesen mit $FeSO_4$, H_2SO_4 und Essigsäure (Blaufärbung nach KELLER-KILIANI). 2-Desoxypentosen sind zu erkennen nach DISCHE an der Blaufärbung mit Diphenylamin, H_2SO_4 und Essigsäure oder nach FEULGEN an der Rotfärbung mit fuchsinschwefliger Säure nach Hydrolyse mit HCl (wichtiger mikrochemischer Nachweis für →Nucleinsäuren mit Desoxyzucker im Zellkern).

Die bekanntesten Vertreter dieser Stoffklasse sind *β-Desoxy-D-ribose* als Baustein der Desoxynucleinsäuren (DNS) und 6-Desoxy-L-mannose = Rhamnose (Baustein vieler Glykoside in Pflanzen).

```
   H—C=O              H—C=O              H—C=O
   |                  |                  |
   H—C—H              H—C—OH             H—C—H
   |                  |                  |
   H—C—OH             H—C—OH             H—C—OH
   |                  |                  |
   H—C—OH            HO—C—H              H—C—OH
   |                  |                  |
   H—C—OH            HO—C—H              H—C—H
   |                  |                  |
   H                  H—C—H              H
                      |
                      H
2-Desoxy-D-ribose   6-Desoxy-L-mannose  2,6-Didesoxy-D-allose = Digitoxose
                                        (Digitalis-→Steroide)
```

Kohlenhydrate 1.3.

Wird eine Hydroxylgruppe durch eine Aminogruppe ersetzt, spricht man von Aminozuckern, ausgenommen beim Ersatz der glykosidischen OH-Gruppe. Das sind Glykosylamine. Beide Arten von Verbindungen kommen in Lebewesen vor. 2-Amino-2-desoxy-D-glucose (*D-Glucosamin*) ist die am weitesten verbreitete Substanz dieser Art. Sie bildet das Polysaccharid *Chitin*. Andere Aminozucker kommen in Mucopolysacchariden und in Antibiotica vor.

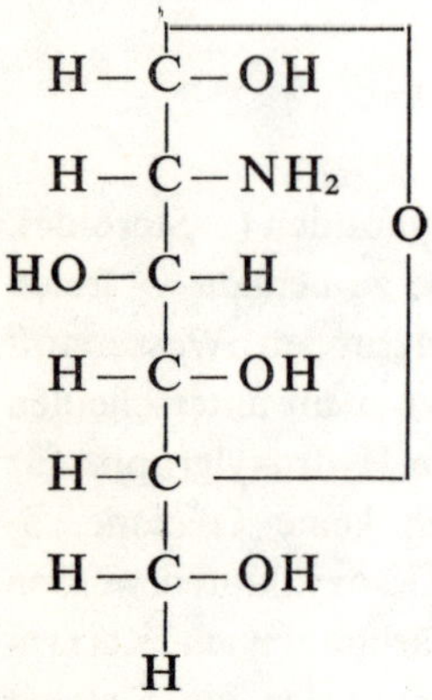

D-Glucosamin
2-Amino-2-desoxy-
D-glucopyranose

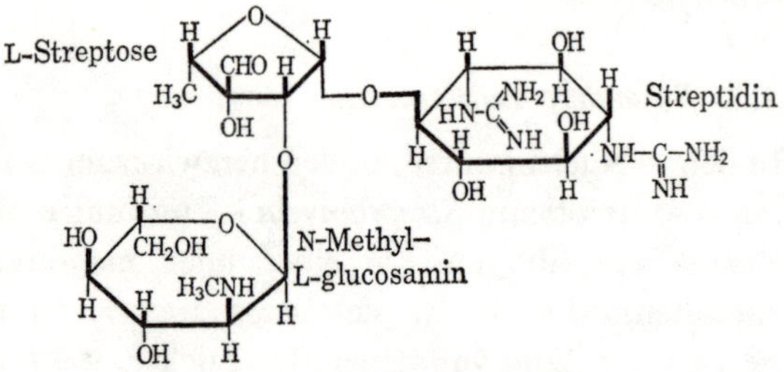

Streptomycin

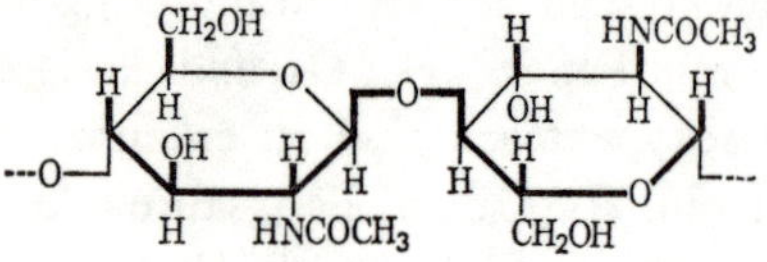

Ausschnitt aus Chitin-Kette

Als Reduktone werden Verbindungen bezeichnet, die durch zwei OH-Gruppen an einer C—C-Doppelbindung (Endiole) starke Reduktionswirkungen zeigen. Der bekannteste Vertreter ist die *L-Ascorbinsäure* (→Vitamin C). Reduktone sind mit den Aldehydnachweisen (FEHLING usw.) zu erkennen. Ein besserer Nachweis ist die Entfärbung von TILLMANNS *Reagens* (2,6-Dichlorphenol-indophenolnatrium (→Indikatoren) in essigsaurer Lösung.

→Vitamin C ist das 2,3-Dienol-1,4-lacton der 2-Keto-L-idon- oder -L-gulonsäure (Epimere). Es kommt in frischen Früchten und grünen Pflanzen vor und verhindert Skorbut. Ascorbinsäure ist nur in sauren Lösungen haltbar in Abwesenheit von Sauerstoff. Sonst entsteht Dehydroascorbinsäure. Die technische Synthese geht von L-Sorbose aus, die durch Acetobacter aus Sorbit gewonnen wird (Sorbit entsteht durch katalytische Hydrierung von D-Glucose). Alle OH-Gruppen außer der primären Alkoholgruppe am 1. C-Atom werden durch Aceton geschützt. Die primäre OH-Gruppe wird mit $KMnO_4$ oxidiert, die Schutzgruppen werden abgespalten. Die entstandene Ketosäure wird mit Säuren lactonisiert.

Kohlenhydrate 1.4.

$$\underset{\text{2-Keto-L-gulonsäure}}{\begin{array}{c}COOH\\|\\O=C\\|\\HO-C-H\\|\\H-C-OH\\|\\HO-C-H\\|\\H-C-OH\\|\\H\end{array}}\quad\underset{+H_2O}{\overset{-H_2O}{\rightleftarrows}}\quad\underset{\substack{\text{2,3-Dienol-1,4-lacton}\\\text{Vitamin C}}}{\begin{array}{c}C=O\\|\\HO-C\\\|\\HO-C\\|\\H-C\\|\\HO-C-H\\|\\H-C-OH\\|\\H\end{array}O}\quad\underset{+2H\cdot}{\overset{-2H\cdot}{\rightleftarrows}}\quad\underset{\text{Dehydroascorbinsäure}}{\begin{array}{c}C=O\\|\\O=C\quad\ O\\|\\O=C\\|\\H-C\\|\\HO-C-H\\|\\H-C-OH\\|\\H\end{array}}$$

1.4. *Biologischer Auf- und Abbau*

Man glaubte lange Zeit, daß Methanal (Formaldehyd) ein Zwischenprodukt bei der *Photosynthese* sei, bei der aus CO_2 und H_2O unter Ausnutzung der Lichtenergie Zucker gebildet wird. Die Annahme wurde durch Experimente gestützt, bei denen es gelang, aus Methanal in alkalischer Lösung ein Gemisch von Zuckern herzustellen. Nach der Einführung radioaktiver Isotope gelang es aber, die Vorgänge bei der Photosynthese aufzuklären und zu zeigen, daß das giftige Methanal dabei keine Rolle spielt.

Die *Photosynthese* kann man in drei Teilschritte zerlegen. Für die beiden ersten Schritte wird die Energie des Lichts ausgenutzt (s. →Porphinderivate 4.): Herstellung von →ATP (Adenosintriphosphat) zur Energieübertragung und Spaltung des Wassers. Der Wasserstoff wird von NADP gebunden (Nicotinamid-adenindinucleotid-phosphat →Heterocyclen 2.4.), der Sauerstoff abgegeben. Die Lichtenergie wird von den Pigmenten (meist Chlorophyll) aufgenommen.

$$\underset{\substack{\text{Ribolosediphosphat}\\ \text{\textcircled{P}= gebundene }H_3PO_4}}{\begin{array}{c}H_2C-O-\text{\textcircled{P}}\\|\\C=O\\|\\H-C-OH\\|\\H-C-OH\\|\\H_2C-O-\text{\textcircled{P}}\end{array}}\quad\underset{+H_2O}{\overset{+CO_2}{\underset{\text{Carbo-}}{\xrightarrow{\text{dismutase}}}}}\quad\underset{\substack{\text{3-Phospho-}\\\text{glycerinsäure}}}{2\begin{array}{c}H_2C-O-\text{\textcircled{P}}\\|\\HC-OH\\|\\COOH\end{array}}\quad\underset{\substack{-ADP\\NADP\\H_2O}}{\overset{+\substack{ATP\\NADPH_2}}{\xrightarrow{\hspace{1cm}}}}\quad\underset{\substack{\text{3-Phospho-}\\\text{glycerinaldehyd}}}{\begin{array}{c}H_2C-O-\text{\textcircled{P}}\\|\\HC-OH\\|\\HC=O\end{array}}$$

pro Molekül

Kohlenhydrate 1.4.

Die Reduktion des CO_2 ist eine Dunkelreaktion. Es wird dazu von Ribulose-1,5-diphosphat gebunden. Der Zucker zerfällt zu 2 Molekülen Phosphoglycerinsäure, die mit Hilfe des in der Lichtreaktion hergestellten Wasserstoffs und der Energie des ATP reduziert werden. In einem komplizierten Kreislauf (CALVIN-Zyklus — Schema nach CARLSON s.u.) werden die Akzeptormoleküle der Ribulose wieder hergestellt.

CALVIN-Cyclus   Dunkelreaktion

$$3\,CO_2 + 3\,H_2O \rightarrow CH_2OH \cdot CHOH \cdot CHO + 3\,O_2$$
Summengleichung von Licht- und Dunkelreaktion der Photosynthese

Bei einigen Pflanzen (Zuckerrohr, Mais u.a.m.) erfolgt die CO_2-Fixierung nicht so, daß als erstes Produkt der C_3-Körper Phosphoglycerinsäure auftritt, sondern CO_2 wird von Phosphoenolbrenztraubensäure (PEP) gebunden (Enol→Isomerie 3., Brenztraubensäure→Carbonsäuren 2.5.). Es entsteht der C_4-Körper Oxalessigsäure, eine Dicarbonsäure. Man unterscheidet deshalb heute C_3- und C_4-Pflanzen. Bei den C_4-Pflanzen wird Oxalessigsäure zu Äpfelsäure reduziert, das nach dem Transport in die Chloroplasten der Gefäßbündelscheide in Brenztraubensäure und CO_2 umgewandelt wird. CO_2 wird dann auf dem C_3-Weg weiterverarbeitet. Der Vorteil dieses Verfahrens liegt in einer besseren CO_2-Ausnutzung und einer Verringerung der Transpiration. Deshalb findet man diesen Typ häufig bei Wüstenpflanzen tropischer und subtropischer Gebiete, denn die Voraussetzungen sind hohe Lichtintensitäten und hohe Temperatur.

Kohlenhydrate 1.4.

Die in den Kohlehydraten gespeicherte Energie wird für die Organismen durch die Dissimilationsprozesse *Atmung* und *Gärung* freigesetzt. Der Abbau der Hexosen verläuft bei Atmung und einigen Gärungen (Alkohol, Milchsäure) im ersten Abschnitt gleich (Formeln, Enzyme sind bei →Äthanol aufgeführt). Die Trennung erfolgt bei der Brenztraubensäure. Bei der Milchsäuregärung wird der bei der Glycerinaldehydoxydation gewonnene Wasserstoff auf die Brenztraubensäure übertragen, so daß Milchsäure entsteht. Bei der alkoholischen Gärung wird vor der Aufnahme des Wasserstoff CO_2 abgespalten, so daß der Wasserstoff Äthanal zu Äthanol reduziert.

Bei der Atmung unterbleibt diese Wasserstoffübertragung. Vielmehr wird durch Oxydation von Äthanal zu Essigsäure nochmals Wasserstoff frei. Der Wasserstoff (an NAD gebunden) aus beiden Reaktionsschritten wird in der Atmungskette mit Sauerstoff verbunden, wobei pro Mol Wasser drei Mol →ATP gebildet werden.

$$\underset{\text{Brenztraubensäure}}{\begin{array}{c}COOH\\ \|\\ C=O\\ |\\ CH_3\end{array}} \begin{array}{c}\xrightarrow{+2H}\\ \\ \xrightarrow{-CO_2}\end{array} \begin{array}{c}\underset{\text{Milchsäure}}{\begin{array}{c}COOH\\ |\\ HCOH\\ |\\ CH_3\end{array}}\\ \\ \underset{\text{Äthanal}}{\begin{array}{c}HC=O\\ |\\ CH_3\end{array}}\end{array} \begin{array}{c}\xrightarrow{+2H}\\ \\ \xrightarrow[-2H]{+H_2O}\end{array} \begin{array}{c}\underset{\text{Äthanol}}{\begin{array}{c}H_2COH\\ |\\ CH_3\end{array}}\\ \\ \underset{\text{Essigsäure}}{\begin{array}{c}COOH\\ |\\ CH_3\end{array}}\end{array}$$

Die Essigsäure ist im Organismus an das Co-Enzym A gebunden. Mit Oxalessigsäure entsteht Citronensäure. Diese Verbindung wird im *Citronensäurecyclus* (KREBS-Cyclus →Carbonsäuren 2.3.) wieder zu Oxalessigsäure abgebaut. Die Essigsäure wird dabei in CO_2 und Wasserstoff zerlegt, der meist an NAD gebunden wieder in der Atmungskette oxydiert wird.

$$CH_3COOH + 2H_2O \rightarrow 2CO_2 + 4\{2H\}$$

Abbau der Essigsäure im Citronensäurecyclus (verkürzt) s. nächste Seite

Die eigentliche Energieerzeugung findet in der Atmungskette statt, einer Reihe hintereinander geschalteter Fermente (u. a. auch Cytochrom →Porphinderivate 3.), die die Reaktion zwischen Wasserstoff und Sauerstoff nur in kleinen Schritten zustande kommen lassen. Darauf beruht auch der große Unterschied in der Energieausbeute bei den Gärungen und der Atmung. Während bei der alkoholischen Gärung und der Milchsäuregärung nur 2 Mol ATP pro Mol vergorene Glucose gebildet werden, entstehen bei der Atmung 38 Mol ATP pro Mol Glucose.

Kohlenhydrate 2.

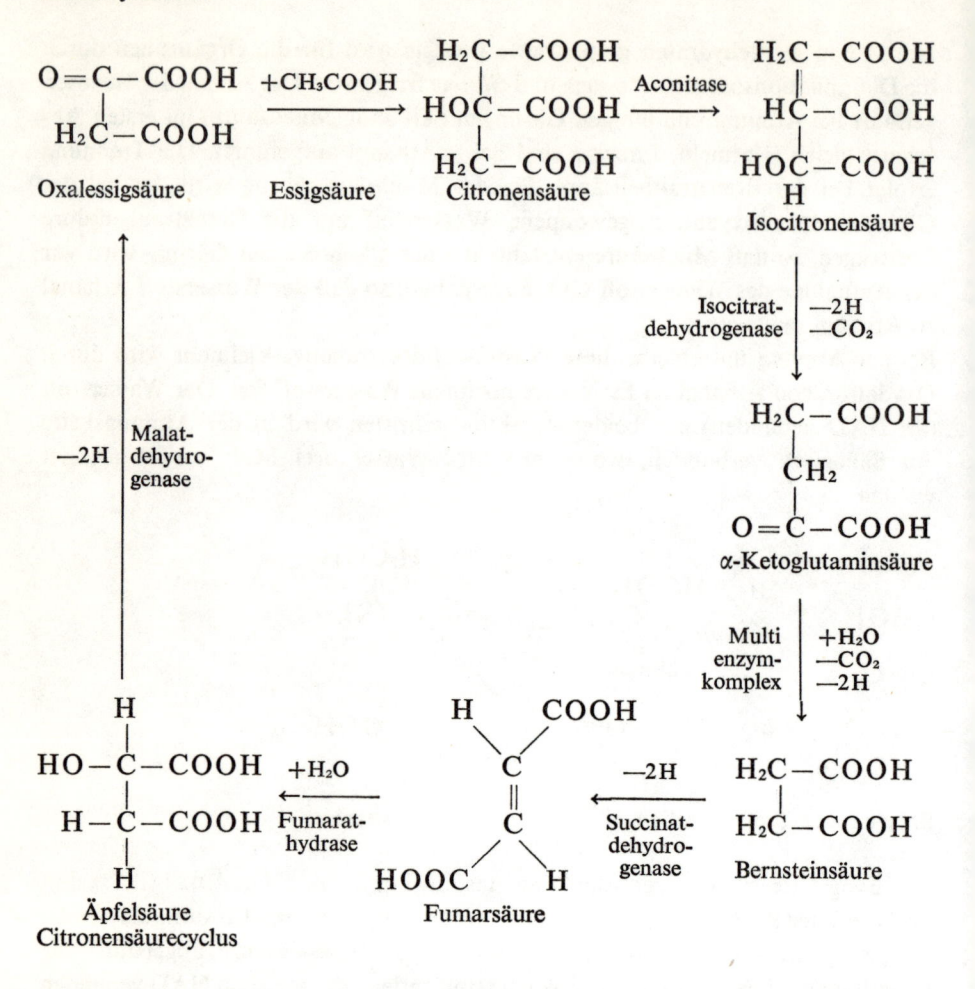

$$O=C-COOH \atop H_2C-COOH \quad +CH_3COOH \longrightarrow \quad {H_2C-COOH \atop HOC-COOH \atop H_2C-COOH} \quad \xrightarrow{Aconitase} \quad {H_2C-COOH \atop HC-COOH \atop HOC-COOH \atop H}$$

Oxalessigsäure · Essigsäure · Citronensäure · Isocitronensäure

Isocitrat-dehydrogenase | $-2H$, $-CO_2$

$$\downarrow$$

$$H_2C-COOH \atop CH_2 \atop O=C-COOH$$

α-Ketoglutaminsäure

Malat-dehydrogenase $-2H$

Multi enzym-komplex | $+H_2O$, $-CO_2$, $-2H$

$$\downarrow$$

$$HO-\underset{H}{\overset{H}{C}}-COOH \atop H-\underset{H}{\overset{H}{C}}-COOH \quad \xleftarrow{+H_2O \atop Fumarat- \atop hydrase} \quad {H \quad COOH \atop C \atop \| \atop C \atop HOOC \quad H} \quad \xleftarrow{-2H \atop Succinat- \atop dehydro- \atop genase} \quad {H_2C-COOH \atop H_2C-COOH}$$

Äpfelsäure · Fumarsäure · Bernsteinsäure
Citronensäurecyclus

Dies entspricht unter Standardbedingungen einer Energieausbeute von 266 kcal oder 39,5% der gesamten frei zu setzenden Energie (675 kcal bei der Verbrennung von 1 Mol Glucose). Im menschlichen Körper werden täglich ~70 kg ATP aufgebaut und zu ADP verbraucht.

2. *Oligosaccharide*

Oligosaccharide sind Zucker, bei denen 2—10 (Schardinger Dextrin) Monosaccharidmoleküle durch Acetalbindung (glykosidisch) verbunden sind. Die meisten Verbindungen gehören zu den *Disacchariden*, die — sofern sie aus Hexosen bestehen — die Summenformel $C_{12}H_{22}O_{11}$ haben.

Kohlenhydrate 2.

Bei den Disacchariden oder Doppelzuckern unterscheidet man zwei Gruppen: 1. Die nicht reduzierenden Zucker. Bei diesen Verbindungen ist die Acetalbindung zwischen den glykosidischen Hydroxylgruppen der beiden Zucker geschlossen worden. Es liegt damit keine freie Carbonylgruppe mehr vor, und es entfällt die Fähigkeit, FEHLINGsche Lösung zu reduzieren. 2. Die reduzierenden Zucker haben die Acetalbindung zwischen der glykosidischen OH-Gruppe des einen Zuckers und mit einer nichtglykosidischen OH-Gruppe des anderen Zuckers ausgebildet. Beim zweiten Molekül ist die Carbonylgruppe für Reduktionen frei. In der Nomenklatur werden die Zucker der Gruppe 1 als Glykosyl-glykoside bezeichnet, während die reduzierenden Glykosyl-glykosen sind. Andere Möglichkeiten der Benennung sind an den Formeln der Saccharose und Gentiobiose angeführt.

Rohrzucker-Saccharose
1-α-D-Glucosyl ⟨1.5⟩-2-β-D-fructosid ⟨2.5⟩
α-D-Glucopyranosyl (1→2)-β-D-fructofuranosid

Gentiobiose (andere Schreibweise s. Amygdalin: s. o. 1.2.)
6-β-D-Glucosyl ⟨1.5⟩-D-glucose ⟨1.5⟩
β-D-Glucopyranosyl (1→6)-D-glucopyranose

Oligosaccharide unterscheiden sich in ihren chemischen Eigenschaften nicht von den Monosacchariden (Ausnahme: Reduktionsfähigkeit). Die Acetalbindung kann durch Säuren oder Fermente gespalten werden. Die Fermente arbeiten spezifisch: Emulsin löst nur die Acetalbindung bei β-Glykosiden, Maltase nur bei α-Glykosiden. Liegt wie bei der Saccharose eine α, β-Glykosidbindung vor, spalten beide Fermentsorten. So läßt sich enzymatisch die Frage nach der Konfiguration der gebundenen Monosaccharide lösen.

In Tabelle 2 (abgeändert nach FODOR) sind einige wichtige Disaccharide mit ihrer Verknüpfung und ihren Eigenschaften aufgeführt.

Kohlenhydrate 2.

Tab. 2:

Name	Monosaccharide		Ver-knüpfung	F in °C	α_D	Vorkommen
Primverose	β-D-Xylose	<1.5>	1→6	209	−3,3°	Glykoside in
	D-Glucose	<1.5>				Primel, Rinde
Rutinose	β-L-Rhamnose	<1.5>	1→6	189—192	+0,8°	Rutinglykoside
	D-Glucose	<1.5>				
Saccharose	α-D-Glucose	<1.5>	1→2	184—185	+66,5°	Zuckerrohr,
Rohrzucker	β-D-Fructose	<2.5>				Zuckerrübe,
						u. a. m.
Trehalose	α-D-Glucose	<1.5>	1→1	203	+197°	Mutterkorn,
	α-D-Glucose	<1.5>				Trehalamanna
Isotrehalose	β-D-Glucose	<1.5>	1→1	130—135	−41,5°	Pilze, Hefe
	β-D-Glucose	<1.5>				
Maltose	α-D-Glucose	<1.5>	1→4	103	+136°	Malz (Stärke)
Malzzucker	D-Glucose	<1.5>				
Cellobiose	β-D-Glucose	<1.5>	1→4	225	+34,6°	(Cellulose)
	D-Glucose	<1.5>				
Gentiobiose	β-D-Glucose	<1.5>	1→6	190—195	+9,6°	Glykoside
	D-Glucose	<1.5>				(Amygdalin),
						Enzian
Lactose	β-D-Galactose	<1.5>	1→4	252	+55,4°	Milch, Früchte
Milchzucker	D-Glucose	<1.5>				
Raffinose	α-D-Galactose	<1.5>	1→6	118—120	+123°	Rübenmelasse,
	α-D-Glucose	<1.5>	1→2			Baumwoll-
	β-D-Fructose	<2.5>				samen

Der am weitesten verbreitete Zucker ist die *Saccharose*, die in allen Pflanzenteilen vorkommt. Für die industrielle Gewinnung werden Zuckerrohr (14—16% Gehalt), Zuckerrübe (16—20%), auch Zuckerahorn ausgenutzt. Aus dem Zuckerrohr wird der Saft ausgepreßt. Zuckerrüben werden klein geschnitzelt und mit Wasser im Gegenstromverfahren ausgelaugt. Die Zuckerlösungen werden mit $Ca(OH)_2$ versetzt, das Säuren neutralisiert und ebenso wie die enthaltenen Eiweiße ausfällt. Mit CO_2 wird das überschüssige Kalkwasser als Kalk ausgefällt. Nach Filtration wird der Saft im Vakuum eingedickt, bis ein Sirup entsteht. Dieser Sirup wird in weiteren Vakuumgefäßen zur Kristallisation gebracht, die Kristalle werden durch Zentrifugieren abgetrennt. Der Rest, Melasse genannt, wird zu verschiedenen Zwecken, u. a. als Viehfutter verwandt. Die Kristalle werden durch Umkristallisieren und Filtrieren über Aktivkohle gereinigt (raffiniert). Wenn nötig, findet eine Bleichung mit SO_2 statt.
Geschmolzener Rohrzucker (englisch Sucrose) bildet beim Abkühlen durchsichtige Kristalle (Kandiszucker). Durch Fermente (Invertase, Saccharase)

oder beim Erwärmen mit verdünnten Säuren wird die Acetalbindung gespalten. Es entstehen aus einem Molekül Saccharose 1 Molekül Glucopyranose und 1 Molekül Fructopyranose (!). Da die Fructose stärker das polarisierte Licht nach links dreht als die Glucose nach rechts, wird die ursprüngliche Rechtsdrehung des Rohrzuckers beim Spalten in eine Linksdrehung umgekehrt. Dies bezeichnet man als Inversion und das Gemisch aus Trauben- und Fruchtzucker als Invertzucker. Die Inversion ist proportional der H_3O^+-Ionenkonzentration und läßt sich im Polarimeter quantitativ verfolgen. Erhitzung der Saccharose über den Schmelzpunkt bewirkt Zersetzung. Das entstandene braune Gemisch nennt man Karamel.

3. Polysaccharide

Den Polysacchariden fehlen die kennzeichnenden Eigenarten der Zucker, süßer Geschmack, Reduktionswirkung und Wasserlöslichkeit. Sie treten in Lebewesen als Gerüstsubstanzen und Reservestoffe auf. Es handelt sich um →Makromoleküle, die aus Einfachzuckern aufgebaut sind. Die Verkettung erfolgt durch Acetalbindung. Verzweigungen kommen vor.

Viele Polysaccharide sind aus einem Monomer (häufig Glucose) aufgebaut (Homoglykane). Sie werden durch die Endung -an gekennzeichnet (Glucosan z. B.). Polysaccharide werden entsprechend dem Verhalten der Doppelzucker durch Säuren oder spezifische Enzyme hydrolytisch gespalten. Als Abbauzwischenprodukte können die zugehörigen Disaccharide auftreten (bei Stärke Maltose, bei Cellulose Cellobiose).

Zusammensetzung, Verknüpfung und Vorkommen einiger Homoglykane sind in Tabelle 3 (abgeändert nach Fodor) zusammengestellt.

Stärke ist eine weit verbreitete Reservesubstanz bei den Pflanzen, das eigentliche Endprodukt der Photosynthese (→Porphinderivate 3. und →Kohlenhydrate 1.3.). Sie besteht aus dem löslichen Anteil Amylose (bis 27%) und dem schwerlöslichen Amylopektin. Amylose wird durch Jod blau gefärbt. Das Jod liegt wahrscheinlich als I_3^--Ion in einem Komplex (→Clathrate) mit der Amylose vor. Die α-D-Glucose-Einheiten, die fast ausschließlich in 1-4-Verknüpfung vorliegen, bilden eine Schraube (6 Glucose-Einheiten pro Windung), in deren Hohlraum das Jod eingelagert wird. Der Polymerisationsgrad der Amylose beträgt 250—300, was einer Molmasse bis zu 50.000 entspricht.

Amylopektin (mit Jod nur Rotfärbung) hat eine größere Molmasse. Es wird uneinheitlich angegeben (bis 400.000, entsprechend einem Polymerisationsgrad von 2000) und enthält eine geringe Menge Phosphorsäure. Das Makromolekül ist verzweigt (1-6-Acetalbindung). Die Kette verzweigt sich im Durchschnitt nach 25-Glucoseeinheiten. Die Verzweigung ist unregelmäßig ähnlich dem Astwerk, nicht lamellenartig oder nur von einer Hauptkette ausgehend.

Kohlenhydrate 3.

Die Speichersubstanz der Tiere *Glykogen* unterscheidet sich von der pflanzlichen Stärke durch einen größeren Polymerisationsgrad (5-10.000, Molmasse über 1,000.000) und durch eine stärkere Verzweigung als im Amylopektin, dem Glykogen sehr ähnelt. Die durchschnittliche Länge der unverzweigten Ketten soll 12—14 Glycose-Einheiten betragen.

Tab. 3:

Name	Monomere Einheit	Verknüpfung	Gestalt	Molmasse	Vorkommen
Amylose	α-D-Glucose	1→4	Schraube	$5 \cdot 10^4$	Reservestoff in Pflanzen
Amylopektin	α-D-Glucose	1→4 1→6 4%	kuglig	$4 \cdot 10^5$	
Glykogen	α-D-Glucose	1→4 1→6 10% 1→2	kuglig	$16 \cdot 10^6$	Leber (bis 20%), Muskeln
Inulin	β-D-Fructose <2.5>	1→2	Kette	$5 \cdot 10^3$	Reservestoff bei Korbblütlern, Lilien
Mannan A	β-D-Mannose	1→4		$15 \cdot 10^3$	Steinnuß, Dattelsame
Dextran	α-D-Glucose	1→6 1→4	kuglig	$4 \cdot 10^6$	extracelluläres Aufbauprodukt von Bakterien, Blutersatz
Araban	β-L-Arabose <1.4>	1→3 1→5	verzweigt		Pektin
Pektin	α-D-Galacturonsäuremethylester	1→4	gestreckt Fäden	$5 \cdot 10^4$	Pflanzenmembranen, Fruchtsäfte (Gelierung)
Cellulose	β-D-Glucose	1→4	gestreckt Fäden	$2 \cdot 10^6$	Pflanzenmembranen
Xylan Hemicellulose	β-D-Xylose <1.5> teilweise endständig L-Arabinose	1→4 <1.4>	gestreckt	$2 \cdot 10^4$	Pflanzenmembranen, Stroh
Chitin	N-Acetyl-β-D-Glucosamin	1→4	gestreckt	$2 \cdot 10^6$	Insektenpanzer

Cellulose (s. a. →Papier) hat die gleiche Summenformel wie Stärke: $(C_6H_{10}O_5)_n$. Der Polymerisationsgrad ist höher. Die Einheit ist β-D-Glucose, die entsprechend der Amylose in 1→4-Acetalbindung vorliegt. Wegen der β-glykosidischen Bindung kommt es aber nicht zur Ausbildung einer Schraube, sondern zu gestreckten Fäden. Nach Röntgenuntersuchungen liegen in der natürlichen Cellulose einige Abschnitte im kristallinen Zustand vor. Diese mikrokristallinen Bereiche werden Kristallite oder Micellen genannt. Die Micellen sind durch amorphe oder geringer geordnete Gebiete getrennt. In den Micellen sind mehrere Ketten parallel orientiert. Sie werden wahrscheinlich durch Wasserstoffbrücken zusammengehalten. Nach SCHULZ (zitiert bei KARLSON) sollen es allerdings Abschnitte eines Fadens sein, die gefaltet liegen. Die antiparallelen Abschnitte werden durch Wasserstoffbrücken verknüpft.

Ansicht in Achsenrichtung   Ausschnitt aus Amylose–Schraube   ⟶ -CH₂OH ;
/ -H ; ⟶ -OH

Ausschnitt aus Cellulose-Kette
nach Fodor

Im Holz ist die Cellulose von Hemicellulosen s.a. →Papier (Xylanen, bis zu 30%) und Lignin (Polymerisate ungesättigter Phenolätheralkohole, bis zu 30%) begleitet. Die Gewinnung und Verwendung ist bei →Papier und →Chemiefaserstoffen aufgeführt.

Die unlösliche Cellulose wird durch Komplexbildung in SCHWEITZERS Reagens (Kupfertetraminhydroxid) löslich. Behandlung der Cellulose mit Natronlauge führt zu Natriumalkoholaten, die mit CS_2 lösliches Xanthogenat (→Kohlensäured. 5) bilden. Mit Säuren regeneriert Cellulose wieder. Auch durch Veresterung mit Essigsäure (3 Moleküle auf eine Glucose-Einheit) wird Cellulose löslich und verarbeitbar. Dies wird bei den Chemiefasern ausgenutzt.

$$H-\underset{|}{\overset{|}{C}}-O^-Na^+ + CS_2 \rightarrow H-\underset{|}{\overset{|}{C}}-O-\underset{\underset{S}{\|}}{C}-S^-Na^+$$

Kohlensäurederivate

Veresterung mit Salpetersäure (unter Schwefelsäurezusatz) führt zur Tri-Nitrocellulose (→Explosivstoffe), die als Sprengstoff und Schießpulver eingesetzt wird. Genau wie beim Nitroglycerin ist der Name chemisch falsch. In beiden Fällen sind es Salpetersäureester. Weniger stark nitrierte Cellulose (circa 2 Estergruppen pro Glucose-Einheit) ist Collodium, in Alkohol-Äther löslich. Mit Campher entsteht Celluloid, das früher Ausgangsmaterial für Filme war. Wegen der Gefährlichkeit (Entzündbarkeit) werden heute Filme auf der Basis von Acetylcellulose hergestellt.

In der Natur kommen auch zahlreiche Heteroglykane (Polysaccharide mit mehreren verschiedenen Bausteinen) vor. Dazu gehören die bereits bei den Monosacchariden in Formeln dargestellten Substanzen Heparin und Hyaluronsäure. Auch die verschiedenen Pflanzengummisorten wie *Gummiarabicum* aus Acacia-Arten, Kirschgummi sind Heteroglykane. Sie setzen sich aus L-Arabinose, L-Rhamnose, D-Galactose und D-Glucuronsäure zusammen. *Agar*, der Extrakt aus Gracilaria-Algen, der wegen seiner Gelbildung für Nährböden verwendet wird, besteht aus 1,3-glykosidisch verbundener β-D-Galactose und in 1,4-Stellung verknüpfte 3.6-Anhydro-α-L-Galactose. Die Zellwände der Bakterien haben das Disaccharid N-Acetyl-glucosamin-(1→6)-N-Acetyl-muraminsäure (Muraminsäure = Milchsäureäther des Glucosamins) als Baustein. Die polymeren Glykoside werden von dem →Enzym Lysozym gespalten (Wirkungsweise s. Enzyme).

Eine besondere Gruppe der Heteroglykane sind die Glykoproteine. Hier sind Kohlenhydratketten an eine Polypeptidkette gebunden. Dazu gehören Eieralbumin und Blutplasmaverbindungen. Die spezifischen Substanzen für die Blutgruppen haben als Glykoproteine Kohlenhydratendgruppen, die als Antigene wirken. Bei der Blutgruppe A ist es die Endgruppe: α-D-N-Acetylgalactosaminyl-(1→3)-D-Galactosyl.

Literatur

Rodd's Chemistry of Carbon Compounds, Bd. IF. — Elsevier Pub. Com., Amsterdam 1967
Fodor, G.: Organische Chemie, Bd. II. — VEB Verlag der Wissenschaften, Berlin 1965
Micheel, F.: Chemie der Zucker und Polysaccharide. — Akadem. Verlags-Gesellschaft, Leipzig 1956
Guthrie, R. u. Honeyman J.: An Introduction to the Chemistry of Carbohydrates. — Clarendon Press, Oxford 1964
Davidson, E.: Carbohydrate Chemistry. — Holt, Rinehart and Winston, New York 1967
Karlson, P.: Kurzes Lehrbuch der Biochemie. — Thieme, Stuttgart 1970
Florkin, M. u. Stotz, E.: Comprehensive Biochemistry, Bd. 5. — Elsevier Pub. Com., Amster-
Schopfer, P.: Erfolgreiche Photosynthese-Spezialisten. Biologie in unserer Zeit 3, 1973, 173
Aspinall, G. O.: Polysacchariden. — Pergamon, Oxford 1970

Kohlensäurederivate werden, sofern es Salze sind, der anorganischen Chemie zugerechnet. In diesem Abschnitt werden organische Derivate aufgeführt: 1.

Kohlensäurederivate 1.

Ester, 2. Säurechloride (Phosgen), 3. Säureamide (Urethan, Harnstoff, Guanidin), 4. Nitrile (Cyansäure, Cyanamid), 5. Schwefelanaloge Verbindungen.

1. Ester

Von der völlig unbeständigen *Orthokohlensäure* H_4CO_4, dem Dihydrat des CO_2, existieren Ester, die für Synthesen benutzt werden. So bilden sich mit →GRIGNARD-Reagentien Ketonacetale (→Oxoverbindungen). Orthokohlensäureester entstehen bei der Reaktion von Alkoholaten mit Trihalogenmethanderivaten.

$$CCl_3NO_2 \ + \ 4Na^+(OC_2H_5)^- \ \rightarrow \ C(OC_2H_5)_4 \ + \ 3NaCl + NaNO_2$$

Chlorpikrin   Na-äthylat   Tetraäthoximethan
(Nitrochloroform)   Äthylorthocarbonat

Unter Kohlensäure versteht man das Monohydrat des CO_2, eigentlich die Metakohlensäure. Wegen der beiden OH-Gruppen an einem C-Atom ist es eine ebenfalls labile Verbindung. Die sauren Ester (Alkylhydrogencarbonate) sind auch nicht beständig. Neutrale Kohlensäurediester entstehen aus Alkyljodiden und Silbercarbonaten, aus Alkohol und Phosgen bzw. Chlorkohlensäureester. Es sind ätherisch riechende Flüssigkeiten, die sich mit H_2O mischen. Sie dienen zur Einführung der veresterten Carboxylgruppe ($RO \cdot CO-$ = Alkoxicarbonylgruppe) in eine organische Verbindung.

$$Ag_2CO_3 \ + \ 2C_2H_5J \ \rightarrow \ 2AgJ \ + \ (C_2H_5)_2CO_3$$

                                              Diäthylcarbonat
                                              Äthoxicarbonyloxiäthan

Chlorkohlensäureester (Chlorameisensäureester) sind die ersten Reaktionsprodukte der Umsetzung von Phosgen mit Alkoholen oder Phenol. Als reaktionsfähige Substanzen bilden sie mit überschüssigem Alkohol Kohlensäurediester (in Gegenwart von Pyridin), mit NH_3 Urethane (Carbaminsäureester).

$$COCl_2 \ + \ C_2H_5OH \ \rightarrow \ Cl-C\begin{matrix}\nearrow O \\ \searrow OC_2H_5\end{matrix} \ + \ HCl$$

Phosgen   Äthanol   Chlorkohlensäureäthylester

$$\underset{\text{Chlorkohlensäureester}}{R-O-\underset{|}{\overset{Cl}{C}}=O} \ \xrightarrow{+ROH} \ \underset{\text{Kohlensäurediester}}{R-O-\overset{O}{\overset{\|}{C}}-O-R} \ + \ HCl$$

2. Chloride

Vom Monochlorid der Kohlensäure sind nur die erwähnten Ester beständig. Das zweifache Säurechlorid (Carbonylchlorid) wird *Phosgen* genannt, weil es DAVY 1812 mit Hilfe von Sonnenlicht aus CO und Cl_2 herstellte. Aus diesen beiden Stoffen gewinnt man es noch heute technisch mit Aktivkohle als Katalysator (→Radikalreaktion) oder aus CCl_4 und SO_3 im kleinen Maßstab.

Das farblose Gas ist sehr giftig. Es wurde im 1. Weltkrieg als Giftgas eingesetzt, da es die Schleimhäute der Lungen angreift. Als zweifaches Säurechlorid wird es von nucleophilen Teilchen angegriffen, von Hydroxyl-Ionen, Wasser (nur langsam), Alkoholen, NH_3 und Aminen, Fettsäuren (Bildung von Säurechloriden).

$$O=C(Cl)(Cl) \text{ (Phosgen)} + H_2O \rightarrow CO_2 + 2HCl$$

Radikalkettenmechanismus:
Start: $Cl_2 \xrightarrow{h\nu} 2Cl\cdot$
Kette: $Cl\cdot + CO \rightarrow Cl-\overset{\cdot}{C}=O$
$Cl-\overset{\cdot}{C}=O + Cl_2 \rightarrow COCl_2 + Cl\cdot$

3. Amide

Wie bei den Chloriden ist das Monoamid der Kohlensäure, die *Carbaminsäure*, nur in Form der Salze und Ester beständig. Die Ester heißen *Urethane*. Sie entstehen aus Chlorkohlensäureester und NH_3, aus Cyansäure (s. 4.) und Alkohol oder Carbamoylchlorid (Carbamylchlorid NH_2-COCl) und Alkohol.

$$O=C(Cl)(OR) + 2NH_3 \rightarrow O=C(NH_2)(OR) + NH_4Cl$$
Chlorkohlensäureester   Urethan

$$H-O-C\equiv N + C_2H_5OH \rightarrow H-O-C(=NH)(OC_2H_5) \rightarrow O=C(NH_2)(OC_2H_5)$$
Cyansäure   Urethan

Urethane sind kristallin, reagieren mit NH_3 zu Harnstoff, mit Aminen zu substituierten Harnstoffderivaten. Urethane wirken hypnotisch, sedativ und wachstumsstörend. Sie werden als Beruhigungsmittel und zur Behandlung von Krebs eingesetzt.

Durch →Polyaddition bilden sich aus Alkylisocyanaten (s. 4.) und Alkoholen (beide Moleküle bifunktionell) Polyurethane, makromolekulare Kunststoffe.

nOCN(CH$_2$)$_6$NCO + nHO(CH$_2$)$_4$OH →
1,6-Diisocyanathexan 1,4-Butandiol

[· OCNH(CH$_2$)$_6$NHCO · O · (CH$_2$)$_4$ · O ·]$_n$
Polyurethan

Harnstoff (Carbamid, engl. urea) ist das stabile Diamid der Kohlensäure. Es ist ein Endprodukt des Eiweißabbaus bei Säugern (30 g/Tag im menschl. Harn). Bei den Säugern wird Harnstoff nur in der Leber gebildet. Die →Aminosäure Ornithin reagiert mit NH$_3$ und CO$_2$ zu Citrullin, das mit einem 2. Molekül NH$_3$ Arginin bildet. Durch Hydrolyse von Arginin bildet sich unter Abspaltung von Harnstoff Ornithin zurück. Der Weg ist insofern vereinfacht, als NH$_3$ nicht direkt, sondern bereits von anderen Verbindungen übertragen wird, z. B. bei der ersten Reaktion von Carbamylphosphat.

Technisch wird Harnstoff aus CO$_2$ und NH$_3$ (im Überschuß) unter Druck hergestellt. Bei diesem Verfahren bildet sich zuerst Ammoniumcarbamat, das sich

Kohlensäurederivate 3.

zu Harnstoff und Wasser zersetzt. In kleineren Mengen kann Harnstoff aus Phosgen und Kohlensäureestern mit NH_3 gebildet werden. Von historischem Interesse ist die Darstellung durch WÖHLER 1828 aus Ammoniumcyanat.

$$NH_4^+OCN^- \rightleftarrows H_2N-CO-NH_2$$
$$\text{Ammoniumcyanat} \qquad \text{Harnstoff}$$

Der kristalline, gut wasserlösliche Harnstoff schmilzt bei 132,7° C. Diese relativ hohe Temperatur und Kristalluntersuchungen legen nahe, bei Harnstoff eine Mesomerie (→Atombau) zwischen Zwitterionenstrukturen anzunehmen.

$$\overset{O^-}{\underset{|}{H_2N^+=C-NH_2}} \leftrightarrow \overset{O^-}{\underset{|}{H_2N-C=N^+H_2}}$$

Harnstoff wirkt gegenüber Mineralsäuren als einwertige Base. Durch Säuren, Alkali oder durch das Ferment Urease wird Harnstoff zu NH_3 und CO_2 hydrolysiert. Beim Erhitzen zersetzt er sich in Umkehrung des WÖHLERschen Prozesses zu NH_3 und Cyansäure, die mit Harnstoff *Biuret* bildet. Biuret ist an einer Farbreaktion mit $CuSO_4$ (Violettfärbung) zu erkennen. Alkalihypohalogenide wandeln Harnstoff in Hydrazin um.

$$\underset{\text{Harnstoff}}{H_2N-\overset{\overset{O}{\|}}{C}-NH_2} + HOCN \rightarrow \underset{\text{Biuret}}{H_2N-\overset{\overset{O}{\|}}{C}-NH-\overset{\overset{O}{\|}}{C}-NH_2}$$

$$H_2N-\overset{\overset{O}{\|}}{C}-NH_2 + \underset{\text{Hypochlorid}}{NaOCl} + 3NaOH \rightarrow \underset{\text{Hydrazin}}{H_2N-NH_2} + H_2O + NaCl + Na_2CO_3$$

Harnstoff wird als Kunstdünger verwendet, zur Abtrennung unverzweigter Kohlenwasserstoffe (nichtstöchiometrische Einschlußverbindungen →Clathrate), zur Herstellung von Kunststoffen (mit Formaldehyd Aminoplaste →Polykondensation), zur Synthese von Schlafmitteln (Barbitursäure →Heterocyclen 2.3.). Ureide sind N-acylierte Harnstoffe. Sie werden durch Reaktion von Harnstoff mit Estern, Säurechloriden oder -anhydriden gebildet. Mit zweibasischen Säuren entstehen cyclische Ureide, z. B. *Barbitursäure* aus Malonsäureester.

$$\underset{\text{Harnstoff}}{O=C\diagup_{NH_2}^{NH_2}} + \underset{\text{Malonsäureester}}{\overset{O}{\underset{O}{\overset{\|}{C}-OR}}\diagdown_{CH_2}^{\diagup}\diagup_{C-OR}^{\|}} \xrightarrow{-2ROH} \underset{\text{Barbitursäure}}{O=C\diagup_{N-C}^{\overset{H}{\underset{H}{|}}\overset{O}{\underset{\|}{\diagdown}}}\diagdown_{N-C}^{\diagup}CH_2}$$

Harnstoffderivate sind Semicarbazid und Guanidin. *Semicarbazid* (der Name ist falsch, es handelt sich um Carbaminsäurehydrazid) ist ein wichtiges Mittel zum Nachweis von Carbonylgruppen (→Oxoverbindungen), mit denen es kristalline Semicarbazone bildet. Semicarbazid entsteht durch elektrolytische Reduktion von Nitroharnstoff.

$$\underset{\text{Nitroharnstoff}}{H_2N-\overset{O}{\underset{\|}{C}}-NH-NO_2} \xrightarrow{+6H\cdot} \underset{\text{Semicarbazid}}{H_2N-\overset{O}{\underset{\|}{C}}-NH-NH_2} + 2H_2O$$

$$\underset{\text{Aldehyd}}{R-C\diagup_{\diagdown O}^{H}} + \underset{\text{Semicarbazid}}{H_2N-NH-\overset{O}{\underset{\|}{C}}-NH_2} \xrightarrow{-H_2O} \underset{\text{Semicarbazon}}{R-C\diagup_{\diagdown N-N-\overset{O}{\underset{\|}{C}}-NH_2}^{H}}$$

Guanidin ist Harnstoffimid (Carbaminsäureamidin). Es entsteht aus Cyanamid mit NH_4Cl oder Cyanoguanidin und Ammoniumsalzen. Guanidin ist eine sehr starke Base, die Herstellungsverfahren liefern Salze. Das Kation ist völlig symmetrisch und wegen der →Mesomerie sehr stabil.

$$\left[H_2N^+=C\diagup_{NH_2}^{NH_2} \leftrightarrow H_2N-C\diagup_{NH_2}^{\overset{+}{N}H_2} \leftrightarrow H_2N-C\diagup_{\overset{+}{N}H_2}^{NH_2} \right] Y^-$$

Biologisch wichtige Guanidinderivate sind die →Aminosäure Arginin und Kreatin, das im Muskel und im Gehirn nachzuweisen ist.

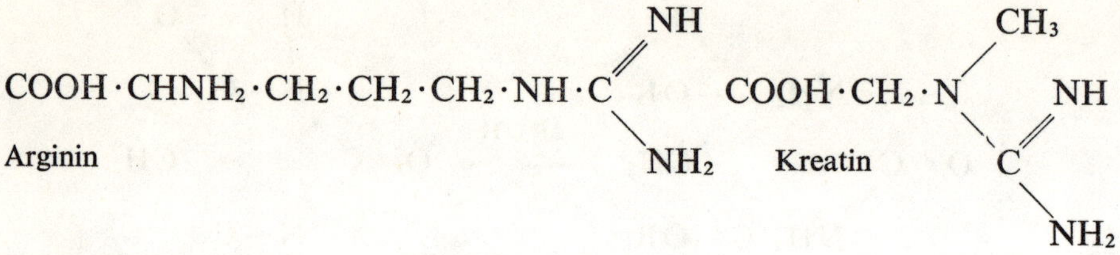

Kohlensäurederivate 4.

COOH·CHNH₂·CH₂·CH₂·CH₂·NH·C(=NH)(NH₂)   COOH·CH₂·N(CH₃)·C(=NH)(NH₂)

Arginin   Kreatin

4. Nitril

Das Nitril der Kohlensäure ist die *Cyansäure*, die in zwei tautomeren Formen auftreten kann und der Knallsäure (→Oxime) isomer ist.

$$H-O-C\equiv N \rightleftarrows O=C=N-H \qquad C=N-O-H$$

Cyansäure   Isocyansäure   Knallsäure

Cyansäure ist nur kurze Zeit, und zwar unter 0°C, haltbar. Sie polymerisiert leicht zu der trimeren cyclischen Cyanursäure und dem polymeren kettenförmigen Cyamelid. Beide zerfallen in der Wärme zu Cyansäure bzw. Isocyansäure.

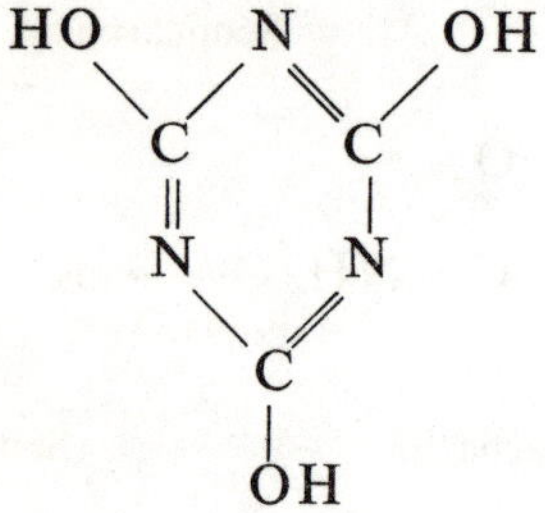

Cyanursäure (→Heterocyclen 2.3.)

Mit Alkoholen bildet Cyansäure Urethane, mit Aminen substituierte Harnstoffverbindungen. Mit Wasser hydrolysiert sie rasch zu NH_3 und CO_2. Alkalisalze (Cyanate) zeigen Ionenstruktur. Kaliumcyanat entsteht durch Oxydation von Kaliumcyanid (KCN).

Da sowohl das N-Atom als auch das O-Atom bei OCN^- nucleophil sind, gibt es Isocyan- und Cyansäureester. Letztere sind nur unter besonderen Bedingungen zu fassen, da sie ebenfalls trimerisieren. Isocyansäureester entstehen bei der Reaktion zwischen einem Cyanat und Alkylestern anorganischer Säuren oder zwischen Phosgen und Amin.

$$K^+[OCN]^- + CH_3J \rightarrow H_3C-N=C=O + KJ$$

Methylisocyanat

Kohlensäurederivate 5.

$$R-NH_2 + COCl_2 \xrightarrow{-HCl} R-NH-C\underset{Cl}{\overset{\displaystyle O}{\diagup\!\!\!\diagdown}} \xrightarrow{-HCl} R-N=C=O$$

Amin   Phosgen   Alkylisocyanat

Das elektrophile C-Atom wird leicht von nucleophilen Teilchen angegriffen. Das System ist durch die Doppelbindungen reaktionsfähig, es addiert leicht Alkohole und Amine. Moleküle mit zwei Isocyanatgruppen bilden mit zweiwertigen Alkoholen Kunststoffe (→Polyaddition). Es entstehen dabei Polyurethane (s. o. →3.).

Cyanamid (NH_2CN, Cyansäureamid = Carbaminsäurenitril) liegt so gut wie nicht in der möglichen tautomeren Form als Carbodiimid vor ($HN=C=NH$). Cyanamid wird technisch aus seinem Salz, Calciumcyanamid (Kalkstickstoff), mit CO_2 hergestellt. In kleineren Mengen ist es aus Cyanhalogeniden und NH_3 oder durch Wasserabspaltung aus Harnstoff mit Thionylchlorid zugänglich.

Cyanamid bildet als schwache Säure Salze, ist aber nur in schwach sauren Lösungen beständig, da es in stark saurer Lösung zerfällt. Es polymerisiert leicht zu Cyanoguanidin (Dicyandiamid) und zum trimeren cyclischen Melamin →Heterocyclen 2.3. (Ausgangsstoff für Aminoplaste).

$$H_2N-\underset{\overset{\|}{HN}}{C}-\underset{\overset{|}{H}}{N}-C\equiv N \qquad\qquad \text{Melamin-Struktur}$$

Cyanoguanidin „Dicyandiamid"   Melamin

Das elektrophile C-Atom addiert nucleophile Substanzen, mit NH_3 entsteht Guanidin, mit H_2S Thioharnstoff. Hydrolyse am N-Atom alkylierter Cyanamidderivate ergibt sekundäre Amine.

Calciumcyanamid, technisch zugänglich durch den FRANK-CARO-Prozeß (Calciumcarbid und N_2 bei 1000°C), zerfällt mit H_2O zu Kalk, NH_3 und H_2O und wird deshalb als Düngemittel eingesetzt.

5. Schwefelanaloge Verbindungen

Sie lassen sich formal durch Ersetzen des Sauerstoffs durch Schwefel ableiten. Im Namen wird dies durch die Vorsilbe thio- ausgedrückt.

Kohlensäurederivate 5.

Schwefelkohlenstoff (Kohlenstoffdisulfid) entspricht CO_2 und ist dementsprechend als das Anhydrid einer der möglichen Thiokohlensäuren zu betrachten, genauer der Dithiokohlen-O, S-säure (Thionthiolkohlensäure oder Xanthogensäure).

$$S=C\begin{matrix}SH\\OH\end{matrix}$$

CS_2 ist eine giftige, leicht entflammbare, stark lichtbrechende, mit H_2O nicht mischbare Flüssigkeit (F: $-108,6°C$, Kp: $46,25°C$). Sie wird direkt aus den Elementen gewonnen. CS_2 ist ein gutes Lösungsmittel für Schwefel, weißen Phosphor, Jod und Kunstseide (*Xanthogenat*bildung). Mit Alkoholaten bildet CS_2 Xanthogenate = Alkalisalze der Xanthogensäureester. Auf dieser Reaktion basiert auch die Lösung der Cellulose (→Kohlenhydrate, →Chemiefasern) nach einer Reaktion mit CS_2 und NaOH.

$$S=C=S + K^+OR^- \rightarrow S=C\begin{matrix}S^-K^+\\OR\end{matrix} \qquad H-\overset{|}{\underset{|}{C}}-O-C\overset{S}{\underset{S-Na}{}}$$

Xanthogenat   Formelausschnitt aus Cellulose-Xanthogenat

Thioharnstoff ist aus Cyanamid durch H_2S-Anlagerung zugänglich. Er wird bei Synthesen eingesetzt, da er ebenso wie Harnstoff leicht alkyliert wird.

Der Cyansäure entspricht die *Rhodansäure* (Thiocyansäure) HSCN. Sie liegt nicht in der tautomeren Isothiocyansäureform vor wie die Cyansäure. Sie ist aber gleichfalls rein nicht beständig und sehr leicht polymerisierbar. Sie kommt in Spuren im menschlichen Magen und Schleim vor. Die Salze entstehen aus Cyaniden durch Einwirken von Schwefel, z. B. KCNS. Rhodanid-Ionen dienen wegen der auffallenden Farbe der entsprechenden Salze als Nachweismittel für Fe^{3+} und Ag^+-Ionen. Das graue Quecksilbersalz bläht sich beim Verbrennen beträchtlich auf (Scherzartikelherstellung).

Ester sind von beiden tautomeren Formen der Säure bekannt. Beide sind mit Wasser nicht mischbare, stark riechende Öle. Die Alkylisothiocyanate werden auch *Senföle* genannt, da ein Vertreter aus Senfsamen durch Hydrolyse isoliert wurde. Es handelt sich um Allylsenföl, das in der Pflanze als S-Glucosid Sinigrin vorkommt.

Kohlenstoff

Sinigrin

Allylsenföl
Allylisothiocyanat

H$_2$C=CH-CH$_2$-N=C=S

Literatur
Rodd's Chemistry of Carbon Compounds, Bd. I C. — Elsevier Pub. Com., Amsterdam 1965
FODOR, G.: Organische Chemie, Bd. II. — VEB Dt. Verlag der Wissenschaften, Berlin 1965

Kohlenstoff gehört zu den Elementen der →Vierten Hauptgruppe. Von ihm existieren die stabilen Isotope mit den Massenzahlen 12 (98,893%) und 13 (1,107%) und das quasistabile Isotop der Massenzahl 14 mit einer Halbwertszeit von 5760 Jahren.
$1/_{12}$^{12}C ist als Atommasseneinheit m_u oder u festgelegt. Auf diese beziehen sich alle Atommassenangaben. ^{14}C entsteht in der Atmosphäre nach der Reaktion ^{14}N(p; n)^{14}C. In der Form des ^{14}CO$_2$ ist es in der ganzen Atmosphäre gleichmäßig verteilt, sodaß es in gleichem Verhältnis von allen Pflanzen aufgenommen und verarbeitet wird. Nach dem Absterben der Zellen nimmt dann der Anteil wegen des ständigen Zerfalls des Isotops durch β-Strahlung ab. Der in einem Holz oder einem Gewebe aus historischer oder prähistorischer Zeit noch enthaltene Anteil läßt das Alter erkennen.
In chemisch reiner Form tritt Kohlenstoff als Diamant und als Graphit auf. Haupterzeuger für Diamanten sind der Kongo und die ihm benachbarten Staaten, für Graphit Korea, Österreich, Mexiko und die BRD. Wirtschaftliche Bedeutung haben die organischen Verbindungen (fossile Kohlen und Erdöl) und die Karbonate (Kalkstein, Dolomit).
Die Verbrennungswärme des Diamanten pro Mol ist um 0,69 kcal größer als die des Graphits. Während im Diamantgitter jedes C-Atom vom nächsten den Abstand 1,54 Å hat, beträgt er bei dem an Bienenwaben erinnernden Graphitgitter zu den nächstgelegenen 1,45 Å, wogegen der Abstand dieser „Bienenwaben" untereinander 3,345 Å beträgt. Dieser lockere Abstand bedingt die Weichheit des Graphits. Die zwischen den Ebenen befindlichen Elektronen sind Leitungselektronen. „Amorphe" Kohle, wie Ruß, hat ebenfalls die Graphitstruktur. Bei einer Temperatur von 300°C und einem Druck von 15.000 atm sind die beiden Modifikationen des Kohlenstoffs im Gleichgewicht, oberhalb der Bedingungen ist der Diamant die stabile Phase, unterhalb der Graphit. Die Umwandlung bei normalen Bedingungen erfolgt praktisch überhaupt nicht. Erst bei ca. 1500°C tritt sie bei 1 atm ein. Bei Temperaturen unter 1000°C und

Kohlenstoff

Drucken von mehr als 650 kbar (1 kbar = 987 atm) entsteht metallischer Kohlenstoff. Wegen der sp³-Bindung des Diamanten und der sp²-Bindung des Graphits s. Atombau!
Seit 1955 kann man industriell Diamanten herstellen in Größen bis zu 0,1 Karat (0,0205 g). Bei 3000°C und 125 kbar in Gegenwart von Cr, Fe oder Pt erfolgt künstlich die Umbildung aus dem Graphit. Diese synthetischen Diamanten können als Schmirgel verwendet werden. Bereits 1880 hat der schottische Wissenschaftler JAMES B. HANNAY ein Verfahren entwickelt, nach dem er Diamantsplitter synthetisierte, ohne die sich abspielenden Vorgänge restlos deuten zu können. Die Synthese erfolgte nach folgendem Schema

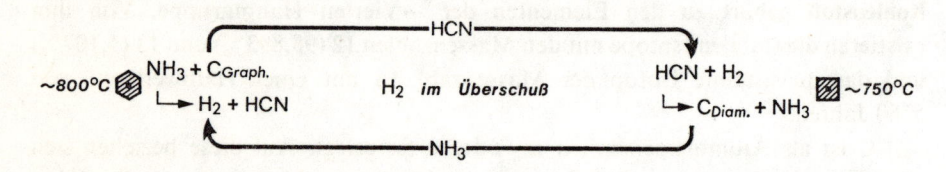

$$\sim 800°C \quad NH_3 + C_{Graph.} \xrightarrow{HCN} H_2 \text{ im Überschuß} \xrightarrow{NH_3} HCN + H_2 \to C_{Diam.} + NH_3 \quad \sim 750°C$$

RODEWALD stellt auf dem Verfahren fußend eine Möglichkeit zur Züchtung größerer Diamanten in Aussicht.
Bei der Hanneyschen Synthese ist entscheidend das Abscheiden des Kohlenstoffs durch Zersetzen einer hoch energetischen Kohlenstoffverbindung, d.h. einer solchen, die zur Herstellung aus den Elementen viel Energie erfordert. Auf Grund dieser Erkenntnis nimmt man heutzutage auch an, daß die Naturdiamanten sich aus Einschlüssen hoch komprimierter Gase, vermutlich Äthin, gebildet haben.
Die organischen Vorkommen des Kohlenstoffs bilden den Ausgang für die Produktion der organisch chemischen Industrie. Daneben stellt man in großen Mengen durch Spaltung von Kohlenwasserstoffen Ruß her, der als Füll- und Streckmaterial für Gummiwaren verwendet wird.
Im Gegensatz zu den anderen Vertretern der Vierten Hauptgruppe bildet Kohlenstoff die beiden gasförmigen Oxide CO_2 und CO. Beim CO_2 befindet sich das Kohlenstoffatom im sp²-Zustand, beim CO im sp-Zustand. (S. Atombau) Die Atome der anderen Vertreter dieser Gruppe sind zu groß, um ähnliche Hybride bilden zu können. Aus dem gleichen Grund ist ihnen auch eine der Graphitstruktur analoge unmöglich. CO ist ein schweres Gift, weil es in das Hämoglobin eingebaut wird und den Austausch O_2—CO_2 unmöglich macht.
Kohlendioxid löst sich in geringem Maße in Wasser unter Bildung von Kohlensäure: $CO_2 + H_2O \leftrightharpoons H_2CO_3$. Technisch sind von Bedeutung ihre Salze →Soda (Na_2CO_3), Natron ($NaHCO_3$), Pottasche (K_2CO_3) und der in der Natur bis zur Mächtigkeit von Gebirgen auftretende Kalkstein ($CaCO_3$). Die in ihm gefundenen Versteinerungen deuten auf maritimen Ursprung hin. Eine in der

Tiefe bei erhöhter Temperatur vonstatten gegangene kristalline Umwandlung ist der Marmor, kristallisiertes Kalciumkarbonat der Kalkspat.
Kohle ist ein wesentlicher Bestandteil des Stahls. Er vermag mit den meisten Metallen Carbide zu bilden, die sich im Falle der Schwermetallcarbide durch große Härte auszeichnen. Das aus Kalkstein und Kohle nach der Gleichung

$$CaCO_3 + 3C \rightarrow CaC_2 + CO + CO_2 \mid +152 \text{ kcal}$$

gewonnene Calciumcarbid setzt sich mit Wasser zu Äthin um:

$$CaC_2 + 2H_2O \rightarrow C_2H_2 + Ca(OH)_2 \mid -50 \text{ kcal}$$

Bis zur Entwicklung der Petrochemie war Äthin Ausgangsmaterial für die großindustrielle Synthese organischer Produkte.

Kohlenwasserstoffe sind organische Verbindungen, die nur aus Kohlenstoff und Wasserstoff bestehen. Im 19. Jahrhundert teilte man sie in kettenförmige aliphatische (von Fett abgeleitet) und in ringförmige aromatische (aus duftenden Harzen dargestellte Benzolabkömmlinge) ein. Da man heute unter einem →aromatischen System ein spezielles Elektronensystem versteht, das auch bei nicht benzolähnlichen, alicyclischen (nur C-Atome in Ring) Kohlenwasserstoffen und →heterocyclischen (auch andere als C-Atome im Ring) Verbindungen vorkommt, werden die Kohlenwasserstoffe nach den Bindungsverhältnissen zusammengefaßt (die Formelbeispiele geben nur die Bindungen zwischen C-Atomen wieder):

1. gesättigte Kohlenwasserstoffe (nur σ-→Bindungen)

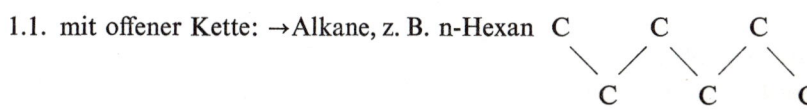

1.1. mit offener Kette: →Alkane, z. B. n-Hexan

1.2. mit geschlossener Kette: →Cycloalkane, z. B. Cyclopentan

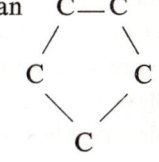

2. ungesättigte Kohlenwasserstoffe (neben σ-Bindungen auch π-Bindungen)

2.1. mit Doppelbindung (σ, π-Bindung)

2.1.1. mit offener Kette

2.1.1.1. mit einer Doppelbindung: →Alkene, z. B. Propen

Kokerei

2.1.1.2. mit zwei und mehr Doppelbindungen: →Diene, →Polyene
z. B. Butadien C=C , Carotin
\
C=C

2.1.2. mit geschlossener Kette: →Cycloalkene, z. B. Cyclopenten

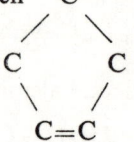

```
        C
       / \
      C   C
       \ /
       C=C
```

2.2. mit Dreifachbindung (σ, 2π-Bindung): →Alkine, z. B. →Äthin C≡C

2.3. mit $(4n+2)$ π-Elektronen über planarer Ringstruktur: →aromatische Kohlenwasserstoffe

2.3.1. benzoide Systeme (benzolähnlich)

2.3.1.1. n = 1: →Benzol und Derivate, z. B. Toluol

2.3.1.2. n ≠ 1: polycyclische Kohlenwasserstoffe mit kondensierten Benzolkernen, z. B. Naphthalin

2.3.2. →nicht benzoide Systeme. z. B. Azulen.

Literatur
FODOR: Organische Chemie, Bd. I. — VEB Deutscher Verlag der Wissenschaften, Berlin 1965

Kokerei s. Mineralkohlen.
Koks s. Mineralkohlen.
Kolbe-Schmidt-Synthese s. Carbonsäuren 2.4.2., Hydroxylderivate 3.1.
Kollodiumwolle s. Explosivstoffe (Nitrocellulose).
Kolophonium s. Papier (Herstellung des Ganzstoffes), Terpene 3.
Kompetitive Hemmung s. Enzyme.
Komplexe s. Koordinationschemie.
Komplexometrie s. Indikatoren, Maßanalyse.
Kondensation ist die Verknüpfung zweier Moleküle unter Austritt kleiner Gruppen s. Additionen 4., Polykondensation. Bei Ringsystemen bedeutet kondensiert, daß die Ringe zwei Atome gemeinsam haben s. Cycloalkane, Benzolkohlenwasserstoffe 2.3., Heterocyclische Verbindungen.
Konfiguration (räumliche Anordnung der Atome im Molekül) s. Isomerie 2.
Konformere (Isomere unter Berücksichtigung der Rotation um Einfachbindung) s. Isomerie 4., Cycloalkane.

Konjugiert bedeutet bei Doppelbindungen, daß Doppelbindungen und Einfachbindungen abwechseln s. Diene, Polyene, aromatische Systeme.

Konservierungsstoffe verzögern oder vermindern nachteilige Veränderungen an Lebensmitteln. Im engeren Sinn versteht man darunter Stoffe, die antimikrobiell wirksam sind.

Die Haltbarmachung der Lebensmittel ist ein altes Problem. Der Verderb der Nahrungsmittel hat als Ursachen die Oxydation durch den Luftsauerstoff (→Autoxydation), chemische Umsetzungen durch lebensmitteleigene Enzyme und durch Bakterien, Hefen und Schimmelpilze.

Neben den physikalischen Konservierungsverfahren (Kühlen, Erhitzen, Trocknen) gibt es seit altersher chemische Stoffe, die geeignet sind, Lebensmittel vor dem Verderb zu schützen. Kochsalz und Zucker wirken dabei eigentlich physikalisch, denn in den angewandten Konzentrationen entziehen sie den Mikroorganismen das lebensnotwendige Wasser. Beim natürlichen oder künstlichen Einsäuern wird ebenfalls den Mikroorganismen eine Lebensbedingung genommen, nämlich das neutrale bis alkalische Milieu, in dem sie am besten wachsen. Beim Räuchern und Einlegen in Alkohol wird die antimikrobielle Wirkung ausgenutzt.

Mit der Entwicklung der organischen Chemie kam die Entdeckung von Verbindungen, die Mikroorganismen abtöten. Da diese Stoffe aber auch in mehr oder minder großem Maß schädlich für den Menschen sind, ist die Anwendung in vielen Ländern gesetzlich geregelt worden. Dabei ging man so vor, daß nur unschädliche Stoffe ausdrücklich erlaubt sind. In der BRD ist der Zusatz von *Sorbinsäure* (→Carbonsäuren 2.1.), *Benzoesäure* (→Carbonsäuren 1.1.4.), der →Ester der p-Hydroxybenzoesäure (PHB-Ester, →Carbonsäuren 2.4.2.) und Ameisensäure (→Carbonsäuren 1.1.4.) in Konzentrationen unter 0,5% zu ganz bestimmten Nahrungsmittelgruppen erlaubt.

$H_3C-CH=CH-CH=CH-COOH$ ⬡-COOH   HO-⬡-$COOC_2H_5$ H-COOH

Sorbinsäure   Benzoesäure   p-Hydroxybenzoe-   Ameisen-
Hex-2,4-dien-1-säure   säureäthylester   säure

Am wenigsten den Geschmack beeinflußend und geringsten toxisch ist die *Sorbinsäure*, die als ungesättigte Fettsäure vom Körper als Nahrungsmittel benutzt wird. Von den angeführten Säuren sind auch einige Salze, meist Na-, K- und Ca-Salze zugelassen. Die behandelten Lebensmittel und Speisen sind kennzeichnungspflichtig.

Außer diesen Verbindungen, deren Zulassung durch die Konservierungsstoffverordnung geregelt ist, sind noch einige andere Stoffe auf Grund von entsprechenden Verordnungen im Gebrauch. So dürfen die Schalen von Citrusfrüchten mit

Konstantan

Diphenyl (→Benzolkohlenwasserstoffe 2.2., 0,07 g/kg Frucht) und Wachsen (→Ester 2.) behandelt werden, was aber die Schalen zum Verzehr ungeeignet macht. Anderen Obstprodukten (u. a. Trockenfrüchten) können schweflige Säure und ihre Salze zugesetzt werden.

⌬—⌬   Diphenyl

Für die Konservierung von Brot wird *Propionsäure* (CH_3-CH_2-COOH) benutzt. Diese →Carbonsäure wird im Körper restlos abgebaut.
Für alkoholfreie Getränke ist Phosphorsäure, für Wein Pyrokohlensäurediäthylester zugelassen.

Literatur
SCHORMÜLLER, J.: Lehrbuch der Lebensmittelchemie. — Springer, Berlin 1961
LÜCK, E.: Lebensmittelkonservierung. — Chemie in unserer Zeit 3 (1969), 116

Konstantan s. Nickel.
Konstellation (räumliche Anordnung unter Berücksichtigung der Rotation) s. Isomerie 4., Cycloalkane 1.
Konstitution (Anordnung der Atome im Molekül). s. Isomerie
Koordinations-Chemie. Im ursprünglichen Sinne wird der Ausdruck Koordinationsverbindung bezogen auf Moleküle oder auf Ionen, in denen ein Atom (A) von anderen Atomen (B) oder Gruppen (C) eingeschlossen ist. Hierin heißt A das *Zentralatom* und die anderen es berührenden Atome B oder Gruppen C *Liganden*. Ein *Chelat* ist ein Ligand, der sich durch zwei oder mehr koordinierende Atome an das Zentralatom anlagert, während eine Brückengruppe zwei oder mehrere Zentralatome koppelt. Die Gesamtheit aller Zentralatome und Liganden heißt *Komplex*. Daher spricht man häufig statt Koordinations-Chemie auch von Komplexchemie. Die am längsten bekannte Komplexverbindung ist das 1704 von DIPPEL und DIESBACH entdeckte *Berliner-Blau* (häufig auch als *Preußisch-Blau* bezeichnet). Die im 19. Jahrhundert entdeckte große Anzahl komplexer Verbindungen führte zu WERNERS Koordinationslehre, die 1891 veröffentlicht wurde. Der Kern dieser Lehre ist, daß ein Atom nicht eine bestimmte Zahl niedriger Valenzen besitzt, sondern daß sich Valenzen über die gesamte Atomoberfläche verteilen und von verschieden starker Festigkeit sein können. In einer 1893 veröffentlichten zweiten Arbeit nannte er sie *primäre* und *sekundäre* Valenzen. Sie sind seither die Grundlage der Koordinationschemie geblieben.
Komplexe kommen dadurch zustande, daß negativ geladene Ionen oder neutrale Moleküle mit einsamen Elektronenpaaren leere Orbitale des Zentralatoms besetzen können. Ein Beispiel:

Koordinations-Chemie

$$\begin{array}{c} F \\ | \\ F-B \\ | \\ F \end{array} + \begin{array}{c} H \\ | \\ |N-H \\ | \\ H \end{array} \leftrightarrow \begin{array}{cc} F & H \\ | & | \\ F-B-N-H \\ | & | \\ F & H \end{array}$$

Von der 3. Periode an stehen den Elementen neben den 3s- und 3p-Orbitalen noch die energetisch etwas höher gelegenen 3d-Orbitale zur Besetzung mit Elektronen zur Verfügung. Auf diese Weise ist die Bildung der dreiseitigen Doppelpyramide des $PCl_5(sp^3d)$ und des Oktaeders des $SF_6(sp^3d^2)$ möglich.

Bei den d-Elementen (Metallen 1. Art) der 4. Periode können freie 3d- und 4d-Orbitale neben den 4s- und 4p-Orbitalen besetzt werden. Dadurch kommt es zu mannigfaltigen Komplexbildungen. Entsprechende Verhältnisse sind für die nächsten Perioden gegeben. Die Liganden-Feldtheorie zeigt, welche Komplexe möglich sind und welche Formen sie annehmen. Die d-Orbitale (s. Atombau) sind je nach dem Element energetisch gleich- oder verschieden-wertig. Man spricht auch von einer Aufsplitterung der d-Orbitale. Dadurch entstehen verschiedene Möglichkeiten.

Das Tetraeder-Feld

In diesem Fall liegen die d_γ-Orbitale energetisch tief, die d_ε-Orbitale dagegen hoch und unterscheiden sich nur geringfügig von den s-Orbitalen der höheren Quantenzahl.

$$\begin{array}{l} n\,s\;\; — \\ n-1 \begin{cases} d_\varepsilon \;\; — \\ d_\gamma \;\; — \end{cases} \end{array}$$

Beispiele

	d_γ	d_ε	s		d_γ	d_ε	s
Ti	↑ ↑		⇅	V	↑ ↑ ↑		⇅
Ti^{4+}				V^{4+}	↑		
$TiCl_4$		⇅ ⇅ ⇅ ⇅		VCl_4 ↑		⇅ ⇅ ⇅ ⇅	
	$Cl^-\;Cl^-\;Cl^-\;Cl^-$				$Cl^-\;Cl^-\;Cl^-\;Cl^-$		

Die Liganden sind tetraedrisch angeordnet. Das angedeutete Schema läßt sich nicht beliebig auf die im Periodensystem folgenden Elemente wegen der abschirmenden Wirkung der Elektronen übertragen. So entsteht beispielweise das Tetrachlorcobalt(II)-Ion durch eine andere Besetzung:

Koordinations-Chemie

	$3d_\gamma$	$3d_\varepsilon$	4s	4p
Co	⇅ ⇅	↑ ↑ ↑	⇅	
Co^{2+}	⇅ ⇅	↑ ↑ ↑		
$[CoCl_4]^{2-}$	⇅ ⇅	↑ ↑ ↑	⇅	⇅ ⇅ ⇅
			Cl^-	Cl^- Cl^- Cl^-

In den beiden ersten Beispielen liegt ein d^3s-, im letzten Beispiel ein sp^3-Hybrid vor.

Das Oktaeder-Feld

In diesem Fall liegen die d_ε-Orbitale energetisch tiefer und sind mit nicht bindenden Elektronen besetzt. Je nach dem Zentralatom und je nach der Ligandenart — mit schwachem oder mit starkem Feld — bilden sich „äußere Orbitale" oder „innere Orbitale".

$$n\begin{cases} d_\varepsilon & - \\ p & - \\ s & - \end{cases} \left. \begin{matrix} \\ d^2sp^3 \\ \\ \end{matrix} \right\} sp^3d^2$$
$$n-1\begin{cases} d_\gamma & - \\ d_\varepsilon & - \end{cases}$$

Beispiele:

	$3d_\varepsilon$	$3d_\gamma$	4s	4p	$4d_\varepsilon$	
Mo	↑ ↑ ↑ ↑		⇅			
Mo^{6+}						
MoF_6		⇅ ⇅	⇅	⇅ ⇅ ⇅		(inneres
		F^- F^-	F^-	F^- F^- F^-		Orbital)
		d_γ^2	s	p^3		
Fe	⇅ ↑ ↑	↑ ↑	⇅			
Fe^{3+}	↑ ↑ ↑	↑ ↑				
$[FeF_6]^{3-}$	↑ ↑ ↑	↑ ↑	⇅	⇅ ⇅ ⇅	⇅ ⇅	(äußeres
			F^-	F^- F^- F^-	F^- F^-	Orbital)
			s	p^3	d^2	
$[Fe(CN)_6]^{3-}$	⇅ ⇅ ↑	⇅ ⇅	⇅	⇅ ⇅ ⇅		(inneres
		CN^- CN^-	CN^-	CN^- CN^- CN^-		Orbital)
		d_γ^2	s	p^3		

Äußere oder innere Orbitale bei der Oktaëderbildung sind eine Folge verschiedenartiger Anordnungen der Elektronen, die die inneren d-Orbitale besetzen. Nach der HUNDschen *Regel* sind zunächst alle d-Orbitale mit je einem Elektron mit gleich gerichtetem Spin zu besetzen, ehe es zu Paarbildungen mit entgegengesetzten Spins kommt. So hat man bei d-Elementen mit mehr als 3 Elektronen und weniger als 7 Elektronen die Möglichkeit der normalen magnetischen Verteilung (High-spin-form) und der anormalen Verteilung (Low-spin-form). Die Tabelle gibt die beiden Formen für Elemente der 4. Periode an:

Gesamtzahl der d-Elektronen	Typisches Ion	Low-spin-form d_ε					High-spin-form d_ε			d_γ	
3	Cr^{3+}	↑	↑	↑			↑	↑	↑		
4	Mn^{3+}	⇅	↑	↑			↑	↑	↑	↑	
5	Fe^{3+}	⇅	⇅	↑			↑	↑	↑	↑	↑
6	Co^{3+}	⇅	⇅	⇅			⇅	↑	↑	↑	↑
7	Co^{2+}	⇅	⇅	⇅	↑		⇅	⇅	↑	↑	↑
8	Ni^{2+}	⇅	⇅	⇅	↑	↑	⇅	⇅	⇅	↑	↑

Zwei Energien stehen gegeneinander: die Paarungsenergie Π und die Trennungsenergie $\Delta (Ed_\gamma - Ed_\varepsilon)$.

Die *Paarungsenergie* Π ist von der Natur des Liganden nur wenig abhängig und für die 3d-, 4d- und 5d-Orbitale von der gleichen Größenordnung.

Die *Trennungsenergie* Δ hängt vom Ligandenfeld und somit von der Natur des Liganden ab. Hier gilt die „spektrochemische Reihe" mit fallenden Werten für Δ:

$$CN^- > NO_2 > NH_3 > H_2O > C_2O_4^{2-} > F^- > Cl^- > Br^- > J^-$$

In der 4. Periode ist Δ meist kleiner als Π, wodurch die äußeren Orbitale bevorzugt sind, in der 5. und 6. Periode dagegen größer mit bevorzugter Bildung innerer Orbitale.

JAHN-TELLER-*Effekt* (1937)

Wenn alle Orbitale einer entarteten, d. h. energetisch gleichwertigen, Gruppe mit Elektronen gleichmäßig besetzt sind, z. B. d_γ^2, d_σ^4, d_ε^3 usw. beim Oktaeder oder Tetraeder-Feld, so ist die Elektronendichte der nicht bindenden Elektronen symmetrisch verteilt und beeinflußt nicht die Oktaeder- bzw. Tetraederform. Das gilt beispielsweise für $[TiCl_6]^{2-}$ (d^0) und $[FeF_6]^{3-}$ $(d_\varepsilon^2 d_\sigma^2)$. Andere Oktaeder, wie $[Ti(H_2O)_6]^{3+}$ (d_ε^1) und $[Fe(H_2O)_6]^{2+}$ $(d_\varepsilon^4 d_\gamma^2)$ sind leicht gestört. Dagegen geht der Komplex $[MnF_6]^{3-}$ $(d_\varepsilon^3 d_\gamma^1)$ in einen energetisch niedrigeren Zustand über, wenn sich auf der einen Achse die Liganden entfernen, auf den beiden anderen dem Zentralatom nähern: *Tetragonale Form*. Der Grund hierfür liegt in einer Aufsplittung der d-Orbitale, wobei für die Form des Komplexes entscheidend die d_{z^2}- und $d_{x^2-y^2}$-Orbitale sind. Anschaulich heißt das aber, daß das energetisch am tiefsten liegende d_{z^2}-Orbital mit einem Elektronenpaar besetzt auf der z-Achse hohe Elektronendichte bedingt, während das auf den beiden anderen Achsen liegende $d_{x^2-y^2}$-Orbital frei von Elektronen sein kann. Die auf der z-Achse liegenden Liganden werden abgestoßen, die anderen dagegen kommen näher an das Zentralatom heran. Je nach dem Charakter des Zentralatoms kann die Abstoßung stärker oder schwächer

$d_{x^2-y^2}$ ———
d_{xy} ———
$d_{xz} d_{yz}$ ———
d_{z^2} ———

Koordinations-Chemie

sein. Bei starken Ligandenfeldern lagert sich überhaupt kein Ligand mehr an der z-Achse an und es entsteht die *quadratische Anordnung*. Ein Beispiel hierfür ist das Nickel(II)-Ion.

	d_ε	d_z	$d_{x^2-y^2}$	s	p	d
Ni^{2+}	⇅ ⇅ ⇅	↑	↑			

Starkes Ligandenfeld

$[Ni(CN)_4]^{2-}$ ⇅ ⇅ ⇅ ⇅ ⇅ ⇅ ⇅ ⇅
                              CN^- CN^- CN^- CN^-
                                d   s p^2

Schwaches Ligandenfeld

$[Ni(NH_3)_6]^{2+}$ ⇅ ⇅ ⇅ ↑ ↑ ⇅ ⇅ ⇅ ⇅ ⇅ ⇅
                                    NH_3 NH_3 NH_3 NH_3 NH_3 NH_3
                                      s p^3 d^2

Farbe der Komplexverbindungen

Wenn nicht alle inneren d-Orbitale besetzt sind, können ein oder mehrere Elektronen durch Lichteinstrahlung in einen höheren Energiezustand gehoben werden. So geht das Hexaquotitan(III)-Ion in einen angeregten Zustand über. Das führt zu einer Absorptionsbande mit dem Maximum bei 5000 Å. Wenn mehrere Elektronen d-Orbitale besetzen, so sind zahlreiche Übergänge möglich und komplizierte Absorptionsbanden vorhanden, die bei den Übergangsmetallen jedoch im Sichtbaren oder im benachbarten UV- oder IR-Bereich liegen.

$[Ti(H_2O)_6]^{3+}$ ↑ — $3d_\varepsilon$ — — $3d_\gamma$ —
$*[Ti(H_2O)_6]^{3+}$ ↑

Chelate und *Brückengruppen.*

Vornehmlich in der organischen Chemie treten Verbindungen mit zwei als Liganden geeigneten Gruppen (Bidentate) auf. Hierzu gehören u. a. Äthylendiamin ($H_2N \cdot CH_2 \cdot CH_2 \cdot NH_2$) und Glyoxim ($HO-N=C(CH_3)-C(CH_3)=N-OH$). Man erkennt in ihnen die entscheidenden NH_2- und $-C=N$-Gruppen, die schwache oder starke Ligandenfelder entsprechend dem Ammoniak und dem

Cyanion bilden können. Es entstehen das oktaedrische Tri(Äthylendiamino)-Nickel(II)-Ion bzw. das Bi(Dimenthylglyoximato)Nickel(II) mit quadratischer Anordnung.

Die Bezeichnung *Chelat* stammt von MORGAN und DREWS (1920) und stellt das gr. Wort für „Scherenbindung" dar

Zahlreiche oktaedrische Komplexverbindungen sind zur Brückenbindung und zur Polymerisation befähigt. Ein gutes Beispiel für den doppelt überbrückenden Typ ist das Octamino-μ-dioxycobalt(III)-sulfat. Der Buchstabe μ gibt an, welches das überbrückende Glied ist. Eine Polymerisation liegt beim Kristall des Berliner Blaus vor. Die Eisenatome sind abwechselnd von je 6 Kohlenstoff- bzw. 6 Stickstoffatomen umgeben. Je nach der Herstellung erhält man das wasser- und säureunlösliche $[Fe_2(CN)_6]$ oder das kolloidal lösliche $K[Fe_2CN_6]$. Die Kaliumionen sind mitten in den Hexaedern untergebracht.

Literatur

HESLOP and ROBINSON: Inorganic Chemistry. — Elsevier Publishing Company, Amsterdam, London, New York 1963

GRADDON: Co-Ordination Chemistry. — Pergamon Press, Oxford u. a. 1966

BETHE-GOEHRINF und HOFMANN: Komplexchemie. — Springer, Berlin 1970

UMLAND: Theorie und praktische Anwendung von Komplexchemie. — Athenaion-Verlag, Frankfurt/M. 1971

Kordreyon s. Chemiefaserstoffe (Viskoseverfahren).

Korksäure s. Carbonsäuren 1.2., Cycloalkene.

Korrosion. Damit bezeichnet man die Zerstörung von Metallen durch chemische Einflüsse. Am bekanntesten ist die Bildung von Rost auf Eisen, welches feuchter Luft oder Wasser ausgesetzt ist. Zunächst bildet sich auf der Eisenoberfläche durch den Sauerstoff der Luft eine sehr dünne, nicht sichtbare Oxidschicht, die vielfach nur aus wenigen Atomschichten besteht. Ist nun an einer Stelle diese Oxidschicht beschädigt, was durch mechanische Einflüsse oder auch durch Chloridionen erfolgen kann, so beginnt der eigentliche Vorgang der sog. elektrochemischen Korrosion. Zwischen dem Metall und der Oxidschicht bildet sich ein →galvanisches Element aus (Lokalelement). An einem Beispiel soll dieser Vorgang betrachtet werden. Ein Tropfen einer wäßrigen Salzlösung befindet sich

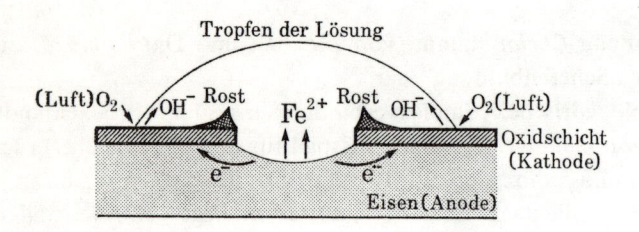

über der defekten Oxidschicht eines Eisenblechs (s. Abb.). Das Eisen sendet an dieser beschädigten Stelle Eisenionen in die Flüssigkeit:

$$Fe \rightarrow Fe^{2+} + 2e^-$$

Das Eisen wird hierbei als Anode bezeichnet. Es werden Elektronen frei, die zur Oxidschicht (Kathode) wandern und dort mit dem Sauerstoff der Luft und dem Wasser Hydroxidionen bilden:

$$\tfrac{1}{2}O_2 + H_2O + 2e^- \rightarrow 2OH^-$$

In dem Raum zwischen Anode und Kathode entsteht dann ein Rostring, weil in diesem Bereich Eisenionen und Hydroxidionen zusammentreffen. Sie vereinigen sich zu schwerlöslichem Eisen(II)-hydroxid ($Fe(OH)_2$), das bei ausreichend vorhandenem Sauerstoff zu Eisen(III)-hydroxid ($FeO(OH)$ oder $Fe_2O_3 \cdot H_2O$), dem Rost, oxydiert wird. Diesen Vorgang, der auch bei anderen Metallen ablaufen kann, bezeichnet man als *Sauerstoff-Korrosion*, weil nicht so sehr die Materialbeschaffenheit maßgebend ist, sondern der Sauerstoff den aktiven Reaktionspartner darstellt. Die Tatsache, daß die Oxidschichten als Kathode wirken (sie sind „edler" als das Grundmetall), läßt sich durch die Bildung der Hydroxidionen erklären, welche an dieser Stelle einen Elektronenmangel erzeugen.

Die Oxidschicht, welche für die Sauerstoff-Korrosion notwendig ist, kann aber auch schützende Eigenschaft haben. Dies ist z. B. bei Aluminium und Chrom der Fall. Die Schutzwirkung, die man auch als *Passivität* bezeichnet, kann allerdings nur dann eintreten, wenn das gebildete Oxid stabil und fest ist und lückenlos auf der Oberfläche haftet.

Bei Abwesenheit von Sauerstoff kann es in wäßrigen Lösungen zur Bildung von Wasserstoff kommen (*Wasserstoff-Korrosion*). Nach der Spannungsreihe (→Redox-Vorgänge unter Redoxpotential) sollten alle Metalle, deren Potential stärker negativ ist als das Wasserstoffpotential bei dem betreffenden →pH-Wert in Lösung gehen. So müßte sich z. B. Eisen in Wasser bei pH 7 auflösen, weil das Potential des Wasserstoffs $-0{,}41$ Volt und das Potential des Eisens $-0{,}44$ Volt beträgt.

Tatsächlich erfolgt eine Lösung unter Wasserstoffentwicklung erst bei pH-Werten kleiner als 4. Es ist also in der Praxis zur Abscheidung von Wasserstoff an Eisen ein größerer Spannungsbetrag notwendig (Überspannung), weil bei der Entladung der Wasserstoffionen an der Oberfläche des Metalls Hemmungserscheinungen eintreten (s. Elektrolyse/Überspannung). Die Mindestüberspannung bei Eisen beträgt etwa 0,2 Volt. Auch bei anderen Metallen findet man Überspannungen. Die Beständigkeit des Bleis gegenüber Schwefelsäure erklärt sich durch die hohe Überspannung von etwa 0,8 Volt. Aus der Spannungsreihe allein läßt sich also keine eindeutige Voraussage über das Verhalten der Metalle bei Korrosion ableiten. Man hat deshalb für die Praxis 2 Spannungsreihen aufgestellt, die sich auf die Korrosion durch Regen- und Schwitzwasser bzw. auf Meerwasser beziehen.

Geringe Mengen an edleren Verunreinigungen wirken beschleunigend auf die Geschwindigkeit der Wasserstoff-Korrosion. Die Verunreinigungen bilden mit dem Grundmetall ein Lokalelement. Das Grundmetall geht in Lösung und die edlen Verunreinigungen reichern sich an der Oberfläche an. Bei Zink und Aluminium kann so eine Steigerung bis zum 1000 fachen erfolgen. Im Eisen wirkt auch Kohlenstoff als edlere Verunreinigung. Völlig reines Eisen löst sich in verdünnter Salz- oder Schwefelsäure sehr langsam auf (etwa 30 bis 50 g/m² pro Tag). Bei einem Gehalt von 1% Kohlenstoff ist dieser Betrag etwa 100 mal so groß. Andere Beimengungen können aber auch eine Verkleinerung der Korrosionsgeschwindigkeit bewirken, so z. B. der Siliciumgehalt bei Eisen. Neben Säuren können auch Laugen bestimmte Metalle, wie z. B. Aluminium, Zink und Zinn, angreifen, weil die Oxide dieser Metalle in Laugen löslich sind.

Korund

Korrosionsschutz

Zur Verhütung der Korrosion sind mehrere Maßnahmen bekannt. Die metallurgische Wissenschaft und Technik hat zahlreiche Legierungen entwickelt, welche den verschiedenen Anforderungen gerecht werden. Rostfreien Stahl erhält man z. B. durch Legieren von Eisen mit 18% Chrom und 8% Nickel. Oft ist es aber nur notwendig, die Oberfläche des Metalls zu schützen. Es können dann Überzüge von Fremdmetallen erzeugt werden, die sich z. B. durch →Elektrolyse abscheiden lassen (Galvanisieren). Wenn der Überzug edler als das Grundmetall ist, muß die abgeschiedene Schicht sehr dicht und lückenlos sein Eine kleine Undichtigkeit kann bei der Berührung mit einer Flüssigkeit zur Bildung eines Lokalelementes führen (Lochfraß). Man stellt auch Deckschichten durch Aufwalzen dünner Bleche eines edleren Metalls auf das Grundmetall her (Plattieren). Schließlich lassen sich durch chemische Oberflächenbehandlung schützende Überzüge gewinnen, welche aus chemischen Verbindungen des Metalls bestehen z. B. Oxide des Aluminiums und Phosphate des Eisens. Zum Schutz vor Korrosion kann man das Metall auch mit einem Anstrich versehen. Er besteht aus einem Farbkörper (Pigment) und einem Bindemittel (an der Luft trocknende Öle oder Kunstharze). Ein wichtiges Pigment ist Mennige, das auf Eisen passivierend wirkt.

Eine Korrosion von Metallteilen, die sich ständig unter Wasser befinden (Rohrleitungen, Heizungskessel), kann durch den sog. *kathodischen Schutz* verhindert werden. Man bringt unter Wasser an dem zu schützenden Metall Stäbe an, die aus einem unedleren Metall bestehen, sog. *Aktivanode*. Soll Eisen geschützt werden, ist z. B. Magnesium geeignet. Bei einem Korrosionsvorgang wird das Magnesium in Lösung gehen (Anode) und das Eisen, welches die Kathode bildet, wird geschützt. Die Aktivanode muß nach einer gewissen Zeit ersetzt werden. Dies läßt sich vermeiden, wenn man an Stelle der löslichen Anode eine unlösliche Elektrode aus Graphit oder Edelmetall verwendet. Verbindet man diese Elektrode mit dem Pluspol einer Gleichspannungsquelle und das Eisen mit dem Minuspol, so werden die Eisenteile ebenfalls kathodisch geschützt. Die Maßnahmen zum Schutz der Metalle vor Korrosion erfordern in der Technik einen beträchtlichen finanziellen Aufwand.

Literatur

FRITZ TÖDT: Korrosion und Korrosionsschutz. — Walter de Gruyter & Co., Berlin 1961
U. R. EVANS: Einführung in die Korrosion der Metalle. — Verlag Chemie Weinheim 1965

Korund s. Aluminium.
Kovalente Bindung s. Bindungskräfte.

Kreide s. Calciumcarbonat.

Kresol s. Hydroxylderivate 3.1. und 3.2.

Kristallgitter (s. auch Bindungskräfte). Bei der Bildung von Kristallgittern der Elemente lassen sich deutlich drei Gruppen unterscheiden: die der ganz rechts im Periodensystem liegenden, die in den mittleren Hauptgruppen befindlichen und die der eigentlichen Metalle.

Die Elemente der Siebenten Hauptgruppe, dazu der Wasserstoff, bilden Moleküle dadurch, daß sie durch Aufnahme eines Elektrons die vollendete Schale des nächstfolgenden Edelgases anzunehmen suchen (Elektronenaffinität). Stoßen z. B. zwei Fluoratome zusammen, so kommt es zur Paarbildung der beiden einzelnen Elektronen und zu einer gemeinsamen äußeren Elektronenwolke. Das Molekül nimmt die Gestalt eines Ellipsoids an. Zur Gitterbildung kommt es bei derartig abgesättigten Molekülen nur durch VAN-DER-WAALS-Kräfte bei entsprechend tiefen Temperaturen. Für Halogene ist das Jod-Gitter (s. Siebente Hauptgruppe) charakteristisch, ein ausgesprochenes Schichtgitter. Hierbei spielt die verminderte Symmetrie des Halogenmoleküls gegenüber einem kugelförmigen Molekül eine Rolle. Bei den Edelgasatomen ist der höchste Symmetriezustand gewahrt. Daher kommt es zur hexagonal oder kubisch dichtesten Kugelpackung, bei der jedes Atom von 12 anderen umgeben ist.

In der →Vierten Hauptgruppe ist der Diamanttyp charakteristisch. Die äußere Elektronenschale enthält im Dampfzustand 4 Elektronen, die folgendermaßen angeordnet sind:

$$s \;\boxed{\mathord{\uparrow\downarrow}}\quad \boxed{\mathord{\uparrow\downarrow}\;|\;|\;} \; p \;\Rightarrow\; \boxed{\uparrow|\uparrow|\uparrow|\uparrow}$$

Sobald es zur Gitterbildung kommt, hybridisieren die Orbitale und richten sich nach den Ecken eines Tetraeders aus. Jedes Orbital ist mit einem einzelnen

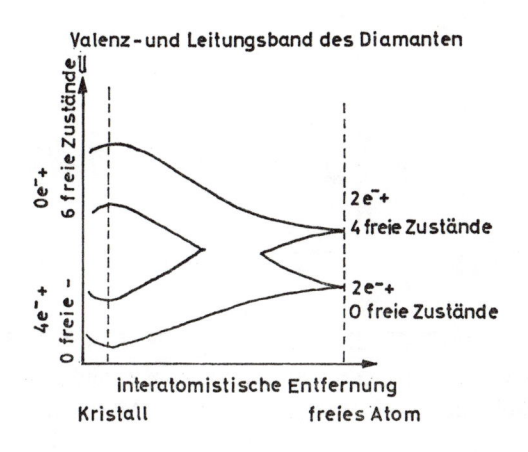

Valenz- und Leitungsband des Diamanten

Kristallgitter

Elektron besetzt. So kann es zur Überlappung der Orbitale zweier benachbarter Atome kommen und schließlich zum Diamantgitter. Die energetischen Verhältnisse werden durch das Bändermodell dargestellt. Sämtliche Elektronen gehören dem Gesamtkristall an. Nach dem Pauliprinzip können sich immer nur zwei im gleichen Energiezustand befinden und müssen dann entgegengesetzten Spin besitzen. Die entstehenden Energiebänder bilden somit kein Kontinuum. Beim weiteren Wachsen des Kristalls ändern sich die Ober- und die Untergrenze kaum noch, nur die Anzahl der Sprossen. Das Valenzband ist bei den Elementen der Vierten Hauptgruppe völlig besetzt. Deswegen liegen Isolatoren vor. Anders ausgedrückt: die bindenden Elektronenpaare verbleiben in ihren Orbitalen. Wenn trotzdem eine geringe Leitfähigkeit zu beobachten ist, so liegt das daran, daß ca. 10^{15} Störungen pro cm³ auch in besten Einkristallen vorhanden sind. Beim absoluten Nullpunkt müssen sich alle Elektronen im Valenzband befinden. Bei Zimmertemperatur dürfte beispielsweise die Energie der Germaniumelektronen nicht ausreichen, die verbotene Zone zu überspringen. Da aber die Energie statistisch verteilt ist, besitzen immerhin pro cm³ 10^{13} Elektronen die zum Überspringen erforderliche Energie. Sie lassen dann die gleiche Zahl von Löchern (Defektelektronen) im Valenzband zurück. Beide — Elektronen und Defektelektronen — ermöglichen die Elektrizitätsleitung. Zum Vergleich: In 1 cm³ Kupfer befinden sich $4{,}5 \cdot 10^{22}$ freie Elektronen.

Das Bändermodell läßt sich grundsätzlich auf jeden Kristall anwenden, ist also nicht auf die Elemente der Vierten Hauptgruppe beschränkt. Zu unterscheiden ist einmal, ob die Zahl der möglichen Sprossen unbeschränkt ist, also beliebig viele Bausteine den Kristall aufbauen können, oder beschränkt, was beispielsweise beim Schwefel zu Achterringen führt (Van-der-Waals-Kräfte bilden aus derartigen Ringen Schwefelkristalle). Ferner ist zu unterscheiden, ob Valenzband und Leitungsband völlig getrennt liegen (Isolatoren und Halbleiter) oder sich

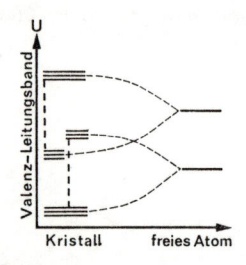

überlappen (Metalle). Im Falle der Alkalien und der Elemente der Kupfergruppe ist das Valenzband von vornherein nur halb besetzt und somit bereits Elektrizitätsleitung möglich. Bei zwei- und mehrwertigen Metallen ist das Valenzband zwar völlig aufgefüllt, also nicht zur Leitung befähigt, doch reicht das Leitungsband in den Bereich des Valenzbandes hinein. Die Metallstruktur hat man sich vorzustellen als positiv geladene Atomrümpfe in einem Elektronensee. Im einfachsten Metallmodell ist die positive Ladung auf einer Kugeloberfläche gleichmäßig verteilt. Für diese Kugel ergibt die Rechnung einen Radius in der Größenordnung $r_s \approx 1{,}3$ Å. Die Energie errechnet sich zu $U_o = -\dfrac{9e^2}{20\,r_s} \approx 5\,\text{eV}$ (e-Elementarladung). Der Wert stimmt mit den experimentell ermittelten in der Größenordnung gut überein. Dagegen läßt er sich nicht mit dem entsprechenden Wert des Wasserstoffatoms von $U_o = 13{,}6$ eV vereinbaren. Auch der Radius r_s weicht von dem des Wasserstoffs stark ab. Daraus folgt aber, daß das Modell der metallischen Bindung nicht auf Wasserstoff anwendbar ist. Die Übergangsmetalle zeichnen sich durch eine besonders große Festigkeit aus, die auch Ursache für die hohen Schmelzpunkte ist. Sie wird hervorgerufen durch asymmetrische Verteilung der unvollendeten d-Schale mit ihrer Dipolwirkung. Die bei allen Metallen auftretende induzierte VAN-DER-WAALS-Kraft liegt dagegen nur in der Größenordnung von 1% aller bindenden Kräfte.

Kristallgitter der chemischen Verbindungen können Molekulargitter sein (z. B. Naphthalin), auf kovalenten Bindungskräften beruhen (z. B. GaAs) oder aber Ionengitter darstellen, wie Kochsalz. Die beiden ersten Typen sind Analoga zu Kristallgittern der Elemente. Ionengitter erhalten ihre Festigkeit auf Grund der elektrostatischen Anziehung beider Ionen. Die Gesamtenergie des aus N Ionenpaaren gebildeten Kristalles beträgt $U_{tot} = -\dfrac{N \cdot \alpha \cdot Z^2 \cdot e^2}{R_0}\left(1 - \dfrac{\rho}{R_0}\right)$ Darin bedeuten R_0 den Abstand der Mittelpunkte zweier Ionen, α die für jeden Fall verschiedene MADELUNG konstante, die sich rechnerisch ermitteln läßt, Z die Zahl der Ladungen eines Ions und ρ eine Konstante mit dem ungefähren Wert 0,1. Nur einige der sehr vielen möglichen Kristallgitter sollen hier mit ihren Gitterkonstanten aufgeführt werden. Die räumliche Anordnung der Gitterbausteine wird am deutlichsten sichtbar, wenn nur die Atomrümpfe gekennzeichnet werden. Die Gitterkonstanten sind in Å angegeben.

1. *Diamantgitter.* Um jeden Baustein herum liegen tetraedrisch vier weitere Bausteine. Sind sie gleichartig, so heißt das Gitter Diamantgitter, sonst *Zinkblendegitter*. Die Raumerfüllung beträgt nur 34%.

C	Si	Ge	Sn (grau)	ZnS	AgJ	SiC
1,54	2,35	2,45	2,80	2,34	2,80	1,87

Kristallgitter 2.

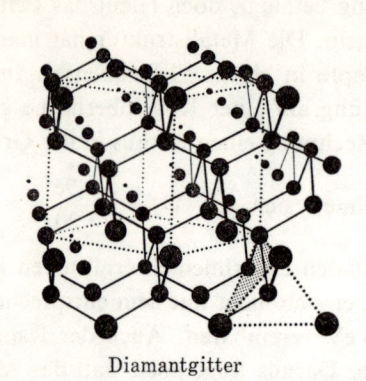

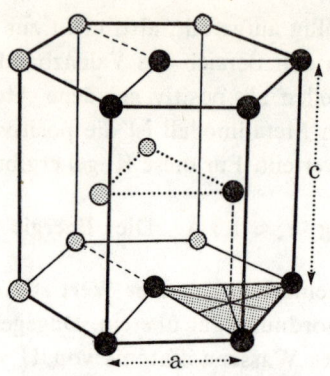

Diamantgitter   hexagonal dichteste Kugelpackung

2. *Hexagonal dichteste Kugelpackung.* Jeder Baustein ist von 12 anderen gleichmäßig umgeben. Die Raumerfüllung beträgt 74%.

	Mg	Be	^{4}He	^{3}He	H_2	D_2
a =	3,22	2,268	3,68	3,91	3,77	3,53
c =	5,23	3,594	6,01	6,35 (rechn.)	6,10	5,80

3. Beim *flächenzentrierten Gitter* befinden sich die Bausteine in den Ecken eines Würfels und in den Mitten der Würfelflächen. Auch in diesem Fall ist jeder Baustein von 12 anderen umgeben. Die Raumerfüllung beträgt 74% (*kubisch dichteste Kugelpackung*). Als zwei ineinander geschachtelte flächenzentrierte Gitter verschiedenartiger Bausteine ist das *Steinsalzgitter* zu betrachten.

Ar	Sr	γ-Fe	NaCl	KBr	CsF	LiH	PbS	MgO	UO
5,42	6,05	3,58	5,628	6,58	6,00	4,08	5,92	4,20	4,92

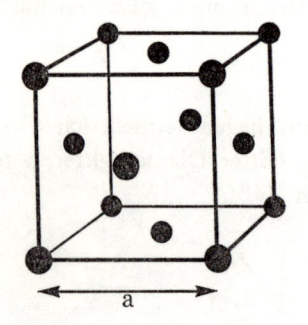

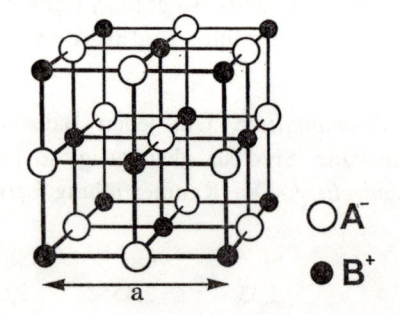

○ A$^-$
● B$^+$

4. *Raumzentriertes Gitter*. Die Bausteine liegen in den Ecken eines Würfels und im Würfelmittelpunkt. Befindet sich im Mittelpunkt ein anderer Baustein als in den Ecken, so handelt es sich um den *Cäsiumjodid-Typ*.

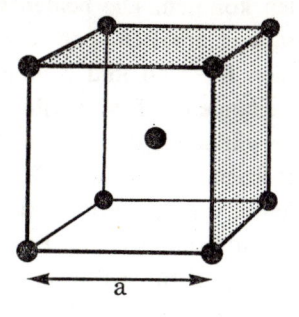

Na	Ba	α-Fe	Cu Be	CsJ	NH₄Cl
4,30	5,01	2,86	2,70	4,562	3,87

Raumerfüllung 68%.

Literatur
KITTEL: Einführung in die Festkörperphysik. — R. Oldenburg Verlag, München, Wien 1968
SCHULZE: Metallphysik. — Akademie-Verlag Berlin 1967
WILKS: The Properties of Liquid and Solid Helium. — Clarendon Press, Oxford 1967

Kristallglas s. Glas (Kali-Kalk-Gläser).
Kristallviolett s. Farbstoffe 1.4.
Krötengifte s. Steroide 4.
Kryolit s. Dritte Hauptgruppe und Fluor.

Krypton gehört zu den →Edelgasen. Von ihm existieren stabile Isotope mit den Massenzahlen 78 (0,354%), 80 (2,27%), 82 (11,56%) 83 (11,55%), 84 (56,90%) und 86 (17,37%); außerdem das quasistabile mit der Massenzahl 81 und der Halbwertszeit $2,1 \cdot 10^5$ Jahre.
Luft ist die einzige Rohstoffquelle für Krypton und Xenon. Die Gewinnung daraus ist insofern leichter als die von Argon, als ihre Siedepunkte weit über denen der übrigen Luftbestandteile liegen und beide Edelgase in flüssiger Luft leicht löslich sind. Infolgedessen können sie durch einen verhältnismäßig einfachen Waschvorgang aus der Luft abgetrennt werden. Erschwert wird dagegen ihre Gewinnung dadurch, daß sie nur in geringen Mengen auftreten. 1 Million m³ Luft müssen von einer Zerlegungsanlage verarbeitet werden, um 1 m³ Krypton/Xenon zu gewinnen. Bis 1934 arbeitete man nach dem von Ramsey 1897 angegebenem Verfahren, bei dem 1 Liter Krypton auf 25.000 RM und 1 Liter

Kugelpackung

Xenon auf 32.000 RM zu stehen kamen. Das Interesse der Beleuchtungsindustrie an billigem Krypton und Xenon veranlaßte die I. G. Farbenindustrie, in ihrem Leunawerk durch P. SIEDLER ein Verfahren zu entwickeln, durch das die Preise auf 2—3 RM gesenkt werden konnten. Die beiden Gase kann man als Nebenprodukt der Sauerstoffgewinnung erhalten, oder aber man verarbeitet die Luft direkt auf die Gewinnung von Krypton und Xenon hin. Im letzteren Falle ist nur jeweils $1/_{10}$ der zu verarbeitenden Luft zu verflüssigen. Hierin sind die beiden relativ hoch siedenden Gase enthalten. Sie bleiben nach Abblasen des Sauerstoffs im Sumpf einer Rektifiziersäule zurück. Bei 140 K verdampft dann anschließend Krypton. Um Xenon von Kryptonresten zu befreien, läßt man es an Aktivkohle adsorbieren. Aus ihr kann es durch Erwärmen frei gemacht werden. Die einzige praktische Anwendung für Krypton ist die in der Beleuchtungsindustrie. Gasgefüllte Glühbirnen haben eine höhere Lebensdauer und ermöglichen eine höhere Temperatur des Glühdrahtes und somit eine bessere Lichtausbeute als luftleere oder auch mit Argon gefüllte Glühlampen. Der Gasdruck beträgt bei normaler Temperatur 0,8 atm. Während des Gebrauchs liegt er dann bei ca. 1 atm. Durch den Druck des Füllgases wird ein Verdampfen des Wolframglühdrahtes verhindert. Krypton hat eine geringere Leitfähigkeit als Argon. Deswegen kann der Glühbirnenkolben kleiner sein.

Spezielle Gasentladungslampen mit Kryptonfüllung erzeugen ultraviolettes Licht im Bereich vom 1250—1605 Å.

In der Medizin hat Krypton keine Verwendung gefunden.

Kugelpackung (dichteste) s. Kristallgitter.

Kupfer gehört zu den Elementen der →Ersten Nebengruppe. Von ihm existieren die stabilen Isotope mit den Massenzahlen 63 (69,09%) und 65 (30,91%).

Die Gewinnung des Kupfers ist im großen Maßstab möglich, da das Metall in seinen Erzen ziemlich angereichert vorkommt. Am häufigsten werden sulfidische Kupfererze gefunden:

Kupferglanz	Cu_2S	Rotkupfererz	Cu_2O
Kupferkies	$CuFeS_2$	Malachit	$CuCO_3 \cdot Cu(OH)_2$
Buntkupferkies	Cu_5FeS_4	Kupferlasur	$2CuCO_3 \cdot Cu(OH)_2$

Gediegen findet sich das Erz am Lake Superior in Nordamerika. Die wichtigsten Kupfererzlagerstätten besitzen die USA, Kanada, Chile, die UdSSR (Kasachstan, Ural), der Kongo, Rhodesien und Australien. Die europäischen Vorkommen in Spanien, Jugoslawien, der DDR und in Polen sind wesentlich kleiner und nicht so kupferreich.

Kupfer in reiner Form ist rosarot und seidenglänzend. Reinstes Kupfer findet zur Herstellung von elektrischem Leitungsmaterial Anwendung (Elektrolytkupfer

mit max. 99,99% Kupfergehalt). Alle übrigen reinen Kupferqualitäten zeichnen sich darüber hinaus noch aus durch hohe Wärmeleitfähigkeit, gute Verformbarkeit und Korrosionsbeständigkeit gegen viele Chemikalien. Vom Kupfer sind eine Reihe Legierungsgruppen bekannt:
Unter Messing versteht man eine Zweistofflegierung von Kupfer und Zink mit teilweise Zusätzen von Blei. Die erforderliche Menge von Kupfer beträgt mindestens 56,5% Kupfer. Die Qualität der Messingsorten kann durch geringfügige Zusätze anderer Metalle verbessert werden. Die gesamte Messingproduktion ist durch Einführen von Ersatzstoffen stark zurückgegangen.
Bronze ist eine Zweistofflegierung von Kupfer und Zinn. Der Kupfergehalt schwankt zwischen 80 und 95%. Aluminiumbronze enthält statt des Zinns Aluminium.
Rotguß ist eine Dreistofflegierung von 85% Kupfer, 9% Zinn und 6% Zink unter Zulassung eines Bleigehaltes bis 3%. Bewährt hat sich diese Legierung als Lagermetall bei der Eisenbahn. Alle Rotgußsorten sind in besonderem Maße geeignet für Maschinenarmaturenguß. Eine besondere Bedeutung hatten früher alle unter Neusilber (Alpaca, Argentan, Hotelsilber) bekannten Dreistofflegierungen von rund 60% Kupfer, 20% Nickel und 20% Zink.
Von den Kupferverbindungen ist am bekanntesten das Kupfervitriol ($CuSO_4 \cdot 5H_2O$), das in der Galvanotechnik, sowie bei der Schädlingsbekämpfung im Weinbau Verwendung gefunden hat. Eine Rolle als Farbe für den Schiffsanstrich spielt Kupfer(I)-oxid, ferner als Malerfarbe das „Schweinfurter Grün", eine Kupfer-Arsen-Sauerstoffverbindung.

Kupferoxidammoniakverfahren s. Chemiefaserstoffe.

Kurtschatovium gehört zur →Vierten Nebengruppe der chemischen Elemente. Es wurde 1967 von einer russischen Forschergemeinschaft (FLEROV) in Dubno gefunden. Insgesamt konnten 32 Atome nachgewiesen werden. Seine Halbwertszeit beträgt 0,3 Sekunden.
Man erhält das Element, indem man Plutonium mit Neon beschießt. Beim Einfang spalten sich einige Neutronen ab und Kurtschatovium bleibt übrig, das in der angegebenen Zeit durch α-Strahlung in Nobelium zerfällt:

$$^{242}_{94}Pn\,(^{22}_{10}Ne;\,4n)\ ^{260\pm1}_{104}Ku \xrightarrow{0,3\ sec}\ ^{256}_{102}No$$

Im Hochvakuum wird Plutonium mit Neonkernen beschossen. Auf der entgegengesetzten Seite treten dann in Helium bei einem Druck von 1 Atmosphäre die entstandenen Kurtschatoviumatome heraus und gelangen durch eine feine Öffnung in einen hoch evakuierten Raum. In diesem befindet sich ein laufendes Band, das die auftreffenden Ku-Atome an Glimmerdetektoren vorbei führt. Wenn dann nach 0,3 Sekunden der Zerfall eintritt, erzeugt das Zerfallsprodukt ein kleines

Kurtschatovium

Loch im Glimmer. Er muß vorher auf 600°C erhitzt und mit Flußsäure geätzt worden sein, um bereits vorhandene Spuren als alte erkennen zu lassen.

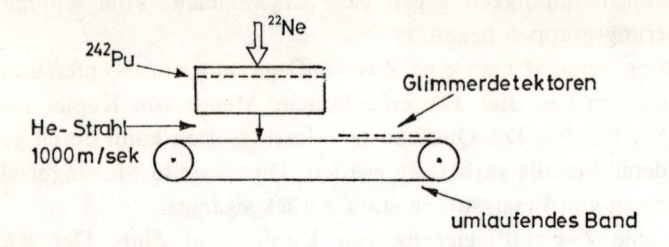

Wissenschaftlich war die Frage zu klären, ob das neue Element noch zu den Actiniden oder ob es bereits zur Titangruppe gehört. Nach dem obigen Verfahren werden Kurtschatoviumatome erzeugt, dann durch ein ca. 4 m langes Rohr gesaugt. Seitlich leitet man Stickstoff mit einem Zusatz von $ZrCl_4$-Dampf ein. In einem eingeschalteten Filter würden sich die $KuCl_4$-Moleküle fangen, wenn es sich um ein Actinidenchlorid mit der hohen Siedetemperatur um 1500°C handelt. Anderenfalls gehen die Moleküle mit den $ZrCl_4$-Dämpfen durch den Filter hindurch und treffen in einen Raum mit der Temperatur von 350°C, dessen Wände mit Glimmerdetektoren ausgestattet sind. Der Versuch zeigte, daß die Ku-Atome ihre Zerfallsspuren auf den Detektoren hinterließen. — Die Apparatur besteht aus Glas, Edelstahl oder Teflon.

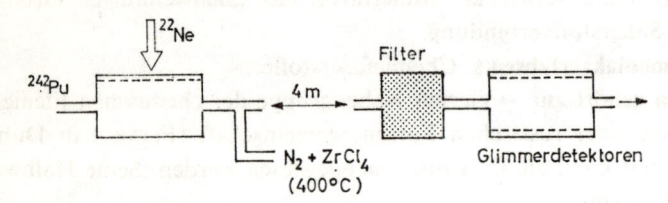

L

Lactam s. Aminosäuren 4.
Lactol (Cyclisches Halbacetal) s. Kohlenhydrate 1.1., Oxoverbindungen 3.
Lacton s. Carbonsäuren 2.4.
Lactose (Milchzucker) s. Kohlenhydrate 2.
Lävulinsaure s. Carbonsäuren 2.5.
λ **(Lambda)-Punkt** s. Helium.
Lanceol s. Terpene 2.
Lanosterin s. Terpene 4.

Lanthan gehört zu den Elementen der →Dritten Nebengruppe (Seltene Erden). Von ihm existieren das quasistabile Isotop mit der Massenzahl 138 und einer Halbwertszeit von $1,1 \cdot 10^{11}$ Jahren, das 0,089% des natürlich vorkommenden Lanthans ausmacht, und das stabile Isotop mit der Massenzahl 139.
Lanthan tritt immer zusammen mit den Lanthaniden auf, wobei der Anteil der einzelnen Elemente stark schwanken kann. Das wichtigste Mineral ist der Monazit. Er findet sich primär in Erstarrungsgesteinen (Granit, Gneis) und in kristallinen Schiefern. Auf sekundären Lagerstätten kommen die technisch sehr wichtigen Monazitsande vor, die durch Verwitterung des Muttergesteins und Abtransport der Sande durch das Wasser entstanden sind. Dadurch trat an verschiedenen Stellen, unterstützt an der Küste durch Ebbe und Flut, eine Anreicherung des schweren Minerals ein. Hauptfundorte sind neben den historischen, jedoch wenig ergiebigen Lagerstätten in Schweden und Norwegen der Ural und die Halbinsel Kola, der Kongo, Madagaskar und Südafrika. Neben diesen primären Lagerstätten liegen bedeutende Vorkommen von Monazitsanden an der Südspitze von Indien, an der brasilianischen Küste und an den Mittelmeerküsten Ägyptens und Algeriens. Die abbauwürdigen Vorkommen des Monazitsandes werden auf 4 Millionen Tonnen geschätzt.
Reines Lanthan ist ein dehnbares, auf frisch polierten Flächen weißes Metall, das aber an der Luft sofort farbig anläuft. In trockener Luft überzieht es sich mit einer stahlblauen Schutzschicht. In feuchter Luft wandelt es sich dagegen langsam in weißes Hydroxid um. Die Härte des Metalles ist größer als die des Zinns, seine Verbrennungswärme größer als die des Aluminiums. Mit geschmolzenem Aluminium vereinigt sich Lanthan unter energischer Reaktion zu einer schön kristallisierenden und vollkommen luftbeständigen Verbindung von $LaAl_4$. Sehr leicht legiert es auch mit Platin. Der Preis für Reinlanthan beträgt DM 1,50 bis 2.— pro Gramm.
Im Stickstoff- oder im Ammoniakstrom bildet das Metall die Verbindung LaN, eine schwarze, bröcklige Masse, die sich in Wasser unter Ammoniakentwicklung

Lanthanide

umsetzt. Reines Lanthan, wie ein Mischmetall mit ca. 10% Cer, reagiert bereits bei Zimmertemperatur mit Wasserstoff. Bei 240°C glüht Lanthan mit rotgelbem Licht auf unter Bildung des Hydrids LaH_3. Es stellt ein Übergangsglied zwischen den salzförmigen Hydriden der Alkali- und Erdalkalihydride und den Metallhydriden dar, bei denen der Wasserstoff als gelöst aufzufassen ist.

Lanthanide gehören zu den „Seltenen Erden" (Dritte Nebengruppe der chemischen Elemente).

Die Lanthaniden werden unterteilt in:

1. *Cer-Gruppe*; zu ihr gehören die Elemente: Anteil an der Erdkruste in %

58 Cer (Ce) (benannt nach dem Planetoiden *Ceres*)	$2{,}2 \cdot 10^{-3}$
59 Praseodym (Pr) (gr. grüner Zwilling)	$3{,}5 \cdot 10^{-4}$
60 Neodym (Nd) (gr. neuer Zwilling)	$1{,}2 \cdot 10^{-3}$
61 Promethium (Pm) (Gestalt der gr. Sage)	Spuren
62 Samarium (Sm) (nach dem Mineral *Samarskit*)	$5 \cdot 10^{-4}$
63 Europium (Eu)	$1{,}4 \cdot 10^{-4}$
64 Gadolinium (Gd) (nach dem Chemiker Gadolin)	$5 \cdot 10^{-4}$

2. *Ytter(bium)-Gruppe* mit:

65 Terbium (Tb) (nach Ytterby: Stadt in Schweden)	$7 \cdot 10^{-5}$
66 Dysprosium (Dy) (gr. „schwer zu gewinnen")	$5 \cdot 10^{-4}$
67 Holmium (Ho) (nach Stockholm)	$7 \cdot 10^{-5}$
68 Erbium (Er) (nach Ytterby)	$4 \cdot 10^{-4}$
69 Thulium (Tm) (alter Name für Skandinavien)	$7 \cdot 10^{-5}$
70 Ytterbium (Yb) (nach Ytterby)	$5 \cdot 10^{-4}$
71 Lutetium (Lu) (alter Name für Paris)	$6 \cdot 10^{-5}$

Die in Klammern gesetzten Elemente wurden anfänglich als Reinelelemente angesehen.

Die Unterteilung der Lanthaniden in die Cer- und die Yttergruppe und die Fähigkeit, Ionen verschiedener Ladung zu bilden, läßt sich nur verstehen, wenn man die Anordnung der Elektronen bei den einzelnen Vertretern betrachtet. Bereits beim Lanthan (Ordnungszahl 57) sind die ersten drei Schalen mit insgesamt 28 Elektronen voll besetzt. Auf der 4. Schale fehlen die Elektronen der 4. Unterschale (f-Elektronen), während die s, p und d-Elektronen mit 2, 6 und 10 vorhanden sind. Entsprechend gilt, daß in der 5. Schale die s- und die p-Elektronen vorhanden sind, während die Auffüllung der d-Elektronen erst beginnt. In der 6. Schale sind die beiden s-Elektronen vorhanden. Charakteristisch für die Lanthaniden ist die Auffüllung der f-Elektronen der 4. Schale. Sie liegen damit innerhalb

Lanthanide

Übersicht über die Entdeckungsgeschichte:

1. *Cer-Gruppe*

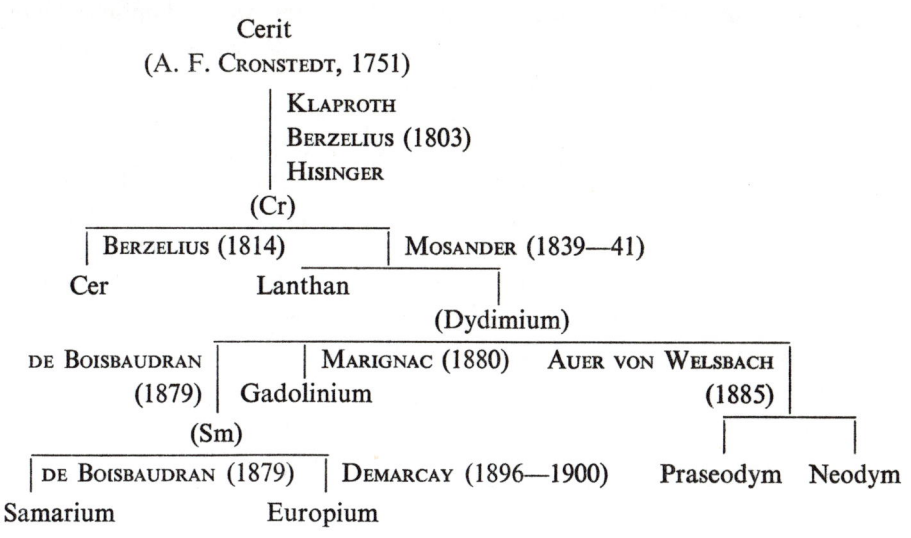

```
                        Cerit
            (A. F. Cronstedt, 1751)
                          |  Klaproth
                          |  Berzelius (1803)
                          |  Hisinger
                        (Cr)
   | Berzelius (1814)         | Mosander (1839—41)
   Cer           Lanthan                 |
                                    (Dydimium)
   de Boisbaudran   | Marignac (1880)    Auer von Welsbach
     (1879)        | Gadolinium               (1885)       |
            (Sm)                                    |          |
   | de Boisbaudran (1879)  | Demarcay (1896—1900)  Praseodym  Neodym
   Samarium             Europium
```

Promethium entdeckt 1945 durch Marinsky und Glendenin

2. *Ytter(bium)-Gruppe*

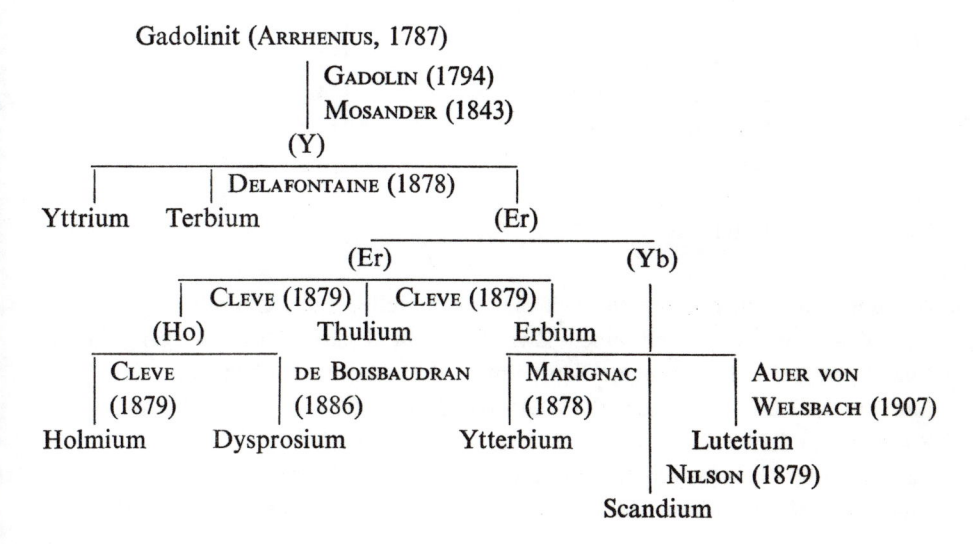

```
            Gadolinit (Arrhenius, 1787)
                          |  Gadolin (1794)
                          |  Mosander (1843)
                        (Y)
   |           | Delafontaine (1878)  |
   Yttrium   Terbium                 (Er)
                              (Er)                  (Yb)
              | Cleve (1879)  | Cleve (1879) |
            (Ho)             Thulium        Erbium
   | Cleve       | de Boisbaudran   | Marignac     | Auer von
   | (1879)      | (1886)           | (1878)       | Welsbach (1907)
   Holmium      Dysprosium        Ytterbium      Lutetium
                                                 Nilson (1879)
                                                  Scandium
```

Lanthanide

der bereits begonnenen 5. und 6. Schale. Dabei hat sich an Hand spektroskopischer Messungen herausgestellt, daß die Anordnung nicht ganz dem „Idealtyp" entspricht. Zu beachten ist auch die Spineigenschaft der Elektronen. Hierbei handelt es sich um eine Größe, für die es kein Analogon im Makroskopischen gibt. Vielfach jedoch vergleicht man die Elektronen mit kleinen Kreiseln, die sich rechts oder links herum drehen können. Eine Drehbewegung wird in der Physik stets durch einen Vektor charakterisiert, der senkrecht auf einer rotierenden Scheibe steht. Bei der rotierenden Erde müßte der Vektor im Nordpol aus der Erde herausragen. Bei Elektronen kann der Spin gleich oder parallel oder aber entgegengesetzt oder antiparallel ausgerichtet sein. Auch für die 4 f-Schale gilt die HUNDsche Regel, daß zunächst mit fortschreitender Ordnungszahl die Elektronen sich mit parallelem Spin einstellen. Erst wenn die Mitte erreicht ist, ordnen sich die hinzukommenden Elektronen mit entgegengesetztem Spin an. Für die Lanthaniden ergibt sich somit folgende Elektronenanordnung:

Element	„Idealanordnung"			Beobachtet		
	4f	5d	6s	4f	5d	6s
Cer	↑	↑	⇅	↑	↑	⇅
Praseodym	2↑	↑	⇅	3↑		⇅
Niodym	3↑	↑	⇅	4↑		⇅
Promethium	4↑	↑	⇅	5↑		⇅
Samarium	5↑	↑	⇅	6↑		⇅
Europium	6↑	↑	⇅	7↑		⇅
Gadolinium	7↑	↑	⇅	7↑	↑	⇅
Terbium	6↑ ⇅	↑	⇅	5↑2⇅		⇅
Dysprosium	5↑2⇅	↑	⇅	4↑3⇅		⇅
Holmium	4↑3⇅	↑	⇅	3↑4⇅		⇅
Erbium	3↑4⇅	↑	⇅	2↑5⇅		⇅
Thulium	2↑5⇅	↑	⇅	↑6⇅		⇅
Ytterbium	↑6⇅	↑	⇅	7⇅		⇅
Lutetium	7⇅	↑	⇅	7⇅	↑	⇅

Aus der Übersicht ergibt sich auch die Sonderstellung des Gadoliniums.
Die Idealanordnung stellt einen Zwischenzustand dar beim Übergang in die Ionenform Ln^{3+}. Ihre Ionenradien nehmen dabei kontinuierlich ab:
Lanthan 1,22 Cer 1,18 Praseodym 1,16 Neodym 1,15
Promethium 1,14 Samarium 1,13 Europium 1,13 Gadolinium 1,11
Terbium 1,09 Dysprosium 1,07 Holmium 1,05 Erbium 1,04
Thulium 1,04 Ytterbium 1,00 Lutetium 0,99 (Angströmeinheiten)

Qualitativ läßt sich das obige Elektronensystem bestätigen, wenn man die Farbe der dreiwertigen Ionen betrachtet:

La^{3+}	farblos	Lu^{3+}
Ce^{3+}	farblos	Yb^{3+}
Pr^{3+}	grün	Tm^{3+}
Nd^{3+}	rötlich	Er^{3+}
Pm^{3+}	rosafarben/gelb	Ho^{3+}
Sm^{3+}	gelb	Dy^{3+}
Eu^{3+}	schwach rosa	Tb^{3+}
Gd^{3+}	farblos	Gd^{3+}

Verständlich ist an Hand der Elektronenanordnung, daß Europium — mehr als Samarium — auch zweiwertige Ionen bilden kann. Es nimmt dabei die Elektronenkonfiguration des Gadoliniumions an: beide sind farblos! Ähnlich liegen die Verhältnisse beim Ytterbium, das als zweiwertiges Ion die gleiche Elektronenanordnung wie das dreiwertige Lutetiumion hat. Für das Samarium ist dagegen der Zustand des zweiwertigen Ions viel unwahrscheinlicher.

Ob die Elemente 2-, 3-, oder 4-wertige Ionen bilden, hängt nicht allein von ihnen ab, sondern auch von den Elementen, mit denen sie zusammen reagieren, d. h. von der Elektronegativität des Partners. Den höchsten Wert hat Fluor, an zweiter Stelle steht der Sauerstoff. So bildet Praseodym die Verbindungen PrO_2 und Na_2PrF_6 mit vierwertigem Praseodym. Neodym bildet mit Jod (EN 2,4) ein NdJ_2, mit Fluor (EN 4,0) dagegen Cs_3NdF_6. Vom Terbium sind TbO_2 und TbF_4 bekannt. Beim Dysprosium ist Cs_3DyF_7 bekannt, während Thullium TmJ_2 bildet.

Alle Lanthaniden sind Metalle. Als Gebrauchsmetalle sind die meisten von ihnen Neulinge. Das hängt damit zusammen, daß sie in reiner Form nur schwer verfügbar sind und mit der Schwierigkeit ihrer Herstellung überhaupt. Wie bei jeder Elementenfamilie nimmt die Dichte mit wachsender Atommasse zu. Eine Ausnahme bilden hierbei wiederum Europium und Ytterbium. Das Gleiche gilt für die Schmelzpunkte, die dem des Calciums gleichkommen. Die Metalle sind weich, schmiedbar und dehnbar. Frische Schnittflächen zeigen Silberglanz. Ihre elektrische Leitfähigkeit liegt in der gleichen Größenordnung wie die des Cäsiums und die des Quecksilbers.

	Dichte g/cm³	F in °C	Kp in °C
Cer	6,771	795	3468
Praseodym	6,782	935	3127
Neodym	7,004	1024	3027

Lanthanide

	Dichte g/cm³	F in °C	Kp in °C
Promethium	(7,260)	(1035)	—
Samarium	7,536	1072	1900
Europium	5,259	826	1439
Gadolinium	7,895	1312	3000
Terbium	8,272	1356	2800
Dysprosium	8,536	1407	2600
Holmium	8,803	1461	2600
Erbium	9,051	1497	2900
Thulium	9,332	1545	1727
Ytterbium	6,997	824	1427
Lutetium	9,842	1652	3327

Das Oxydationspotential der Lanthaniden liegt in der gleichen Größenordnung wie das des Magnesiums. Sie lassen sich demnach leicht oxydieren und stellen umgekehrt geeignete Reduktionsmittel dar. Das Reaktionsverhalten mit anderen Elementen geht aus der folgenden Übersicht hervor:

Halogene	bei Raumtemperatur langsam; Verbrennen bei mehr als 200°C
Sauerstoff	bei Raumtemperatur langsam; bei 150—180°C verbrennen.
Schwefel	Reaktion beim Schmelzpunkt des Schwefels
Stickstoff	Vereinigung bei über 1000°C.
Kohlenstoff	bei hohen Temperaturen
Bor	bei hohen Temperaturen
Wasserstoff	Bildung von Hydriden über 300°C
Hydroniumionen	Heftige Einwirkung bereits bei Raumtemperaturen
Wasser	Langsames Einwirken bei Raumtemperatur; bei höherer Temperatur schneller
Feuchte Luft	Schnelles Einwirken auf Europium; bei anderen langsamer

Eine Gewinnung der Lanthanidenmetalle aus der Schmelzflußelektrolyse stößt wegen der hohen Schmelzpunkte ihrer Salze auf Schwierigkeiten. Geeigneter ist die Reduktion der Fluoride mit Calcium. Den höchsten Reinheitsgrad erhält man durch anschließende Destillation in Tantalgefäßen bei einem Vakuum von 10^{-5} Torr.

Die Lanthaniden kommen im Monazitsand als Phosphate, im Cerit als Silikate, im Euxenit als Tantalat, im Gadolinit als Silikate vor. Die Mineralien enthalten zwar bevorzugt eines der Lanthaniden, dazu die mit ähnlichen Eigenschaften ausgestatteten Elemente Lanthan, Scandium, Yttrium und Thorium, doch sind stets alle in mehr oder minder großen Anteilen vorhanden. Hiermit hängt auch die Schwierigkeit zusammen, sie voneinander zu trennen. Während die Verbindungen der Lanthaniden mit Chlor, Brom, Jod, als Nitrate, Perchlorate, Bromate und Acetate insgesamt leicht löslich sind, die Fluorverbindungen und die Hydroxide unlöslich, sind die Oxalate der Cer-Gruppe in Oxalsäure unlöslich, die der Yttriumgruppe löslich, die Karbonate der Cer-Gruppe in Kohlensäure unlöslich, die der Ytter-Gruppe löslich.

Auf diesen nur angedeuteten Unterschieden beruhte der klassische Trennungsgang der Lanthaniden. So waren 5000 Rekristallisationen erforderlich, um aus dem Doppelnitrat von Praseodym und Neodym die beiden Stoffe mit einem Reinheitsgrad von 99% zu bekommen. Man benötigte dazu acht Monate intensiver Arbeit. Die Trennung eines Thuliums von 99% Reinheit war noch schwieriger: Ein zwanzigprozentiges Konzentrat wurde in 6 Jahren erreicht; vier weitere Jahre waren erforderlich, um reines Thulium durch Umkristallisationen aus den Bromaten zu gewinnen. Reines Holmium erlangte man nach vier Jahren beständiger Arbeit.

Die modernen Trennungsmethoden beruhen auf einer Kombination von Ionen-Austauscher und Chromatographie. Wenn die Herstellung größerer Mengen nach dem Verfahren auch recht langsam vor sich geht, so erhält man jedoch Reinheitsgrade bis zu 99,99%.

Die Lanthaniden wurden erstmals für Wissenschaft und Industrie interessant, als AUER VON WELSBACH Ende vorigen Jahrhunderts den Gasglühstrumpf erfand. Er besteht aus Thoriumoxid mit einer Beigabe von ca. 1% Ceroxid. In dieser Zusammensetzung erreichte er die beste Lichtausbeute. Frühzeitig wurden die Feuersteine bekannt aus einer Legierung von Eisen mit 30% Cer.

Ein Zusatz von Lanthaniden — besonders von Neodym — erhöht beträchtlich die Bruchfestigkeit von Magnesiumlegierungen. Anwendungen finden die Lanthaniden als Katalysatoren. So hat Pr_2O_3 spezifische Eigenschaften für die Ammoniakverbrennung bei niedriger Temperatur. Die Oxide von La, Pr, Nd, Gd und Dy beschleunigen die Zersetzung des Äthylalkohols.

Eine bedeutende Rolle spielen die Lanthaniden bei der Herstellung von Kristall-Phosphoren. Sie bewirken die Umwandlung irgend welcher Energie in Licht. So enthält das Glas der Leuchtstoffröhren verschiedene Zusätze von Lanthaniden. Gläser mit einem Gehalt an Nd und Pr absorbieren ultraviolettes Licht. Sie dienen somit für Sonnenbrillen und Schutzbrillen für Glasbläser und Schweißer. Auch zur Herstellung von Unkraut- und Ungezieferverteilungsmitteln haben Verbindungen der Lanthaniden Anwendung gefunden. In der Medizin ließen sich Einwirkungen von Erbium und Cer auf den Hämoglobingehalt und die Zahl der roten Blutkörper nachweisen.

Lasix

Literatur.
TRIFONOV, D. N.: The Rare-Earth Elements (Übersetzung aus dem Russischen.) — Pergamon Press, Oxford, London, New York 1963
MOELLER, TH.: The Chemistry of the Lanthanides. — Reinhold Publishing Corporation, New York 1963
REMY: Lehrbuch der Anorganischen Chemie. — Akademische Verlagsgesellschaft 1961

Lasix s. Arzneimittel.
Laurit s. Ruthenium.
Lavandulol s. Terpene 1.
Lawrencium s. Actiniden.
LD-AC-Verfahren s. Stahl.
Lecithin s. Lipoide.
Leclanché-Element s. Galvanische Elemente.
Legierungen s. Metalle.
Leichenstarre s. ATP.
Leitungsband s. Kristallgitter.
Lepidolit s. Lithium.
Letternmetall s. Antimon.
Leuchtpatronen s. Pyrotechnik.
Leucin s. Aminosäuren 1.2.
Lewis-Theorie s. Säuren und Basen.
Librium s. Rauschgifte.
Ligand s. Koordinationschemie.
Lignin s. Papier (Holz), Heterocyclen 1.2.
Ligroin s. Erdöl (Benzin).
Limonen s. Terpene 1.
Limonit s. Eisen.
Lindan s. Schädlingsbekämpfungsmittel.
Linde-Verfahren s. Sauerstoff.
Linolensäure s. Carbonsäuren 1.1.2. und 2.1.
Linolsäure s. Carbonsäuren 1.1.2. und 2.1., Ester.
Lipochrome s. Farbstoffe 2., Polyene 2.

Lipoide (neuerdings Lipide) sind eine Gruppe chemisch uneinheitlicher Verbindungen, die in Lebewesen vorkommen und fettähnlich (wasserunlöslich) sind. Im Gegensatz zu den Neutralfetten (→Ester 2.), die in den Lebewesen als Speichersubstanz benutzt werden, dienen die Lipoide zum Aufbau von Strukturen. Dies gilt besonders für Membranen, da sie durch hydrophile Bausteine Grenzflächen zwischen Wasser und Fett bilden können. Im Nervengewebe sind sie sehr verbreitet.

Lipoide

Nach der Hauptalkoholkomponente unterscheidet man Glycerinphosphatide und Sphingolipoide (sie enthalten Glycerin oder Sphingosin).
Glycerinphosphatide sind den Fetten im Aufbau sehr ähnlich. Der Alkohol Glycerin ist mit 2 Molekülen Fettsäure (meist Palmitin- oder Stearinsäure →Carbonsäuren) verestert. Die 3. Hydroxylgruppe des Glycerins (→Hydroxylderivate 1.3.) ist mit Phosphorsäure verestert, die ihrerseits mit einem Alkohol verestert ist. Als Alkoholkomponente an der Phosphorsäure liegt im *Lecithin* der Aminoalkohol *Cholin* (→organische Stickstoffverb. 2.), im Kephalin der Aminoalkohol *Colamin*, in den Inositphosphatiden der sechswertige cyclische Alkohol *Inosit* (→Hydroxylderivate 1.4.) vor. Bei den Plasmalogenen tritt an die Stelle einer Fettsäure ein Aldehyd, der als Enoläther gebunden wird.

α-Lecithin   β-Kephalin   Inositphosphatid

Die Bezeichnungen α und β weisen auf die Veresterung der Phosphorsäure an einer primären oder sekundären Hydroxylgruppe. Die Aminogruppe bildet mit der Phosphorsäure ein Zwitterion (Betainstruktur).
Sphingolipoide kommen besonders reichlich im Gehirn vor.
Sphingosin ist ein zweiwertiger Alkohol mit einer Kette aus 18 C-Atomen, einer Doppelbindung und einer Aminogruppe (trans-D-erythro-1,3-dihydroxy-2-aminooctadec-4-en; →Organische Stickstoffverbindung 2.). In den Sphingomyelinen (Vorkommen in den Myelinscheiden der Nerven) ist Sphingosin mit Phosphor-

Cholin   Phosphorsäure   Sphingosin   Nervonsäure
Schematischer Aufbau eines Sphingomyelins

säure und *Cholin* verestert und amidartig mit einer Fettsäure verbunden. Außer den bekannten Fettsäuren treten häufig C_{24}-Säuren auf, Lignocerinsäure (gesättigt) und Nervonsäure (Doppelbindung an C_{15}). In den *Cerebrosiden* tritt an die Stelle des Phosphorylcholins ein Zucker (meist Galactose →Kohlenhydrate 1.).

Ganglioside, die wie die Cerebroside zu den zuckerhaltigen Glykolipoiden gehören, sind komplizierter aufgebaut. Schema der Struktur eines Gangliosids:

```
                                                              Fettsäure
                                                                  |
Galactose—N-Acetyl-Galactosamin—Galactose—Glucose—Sphingosin
    |                                       |
N-Acetyl-Neuraminsäure          N-Acetyl-Neuraminsäure
```

Neuraminsäure ist ein Kondensationsprodukt von Mannosamin (→Kohlenhydrate 1.3.) und Brenztraubensäure (→Carbonsäuren 2.5.). Ganglioside finden sich im Gehirn verstärkt bei der amaurotischen Idiotie vom Typ TAY-SACHS.

Literatur
KARLSON, P.: Biochemie. — Thieme, Stuttgart 1970
DEUEL, H. J.: The Lipids, Bd. I. — Interscience Pub., London 1951
SCHETTLER, G.: Lipids and Lipidoses. — Springer, Berlin 1967
SHAPIRO, D.: Chemistry of Sphingolipids. — Herman, Paris 1969
FLORKIN, M. u. STOTZ, E.: Comprehensive Biochemistry, Bd. 6.— Elsevier Pub. Com., Amsterdam 1965

Lithium gehört als Alkalimetall zur →Ersten Hauptgruppe der chemischen Elemente. Von ihm existieren die beiden stabilen Isotope mit den Massenzahlen 6 (7,5%) und 7 (92,5%).
Lithium ist auf der Erde weit verbreitet und weit häufiger als beispielsweise Blei. Trotzdem gibt es auf der Erde nur wenige abbauwürdige Lagerstätten. Die größten liegen in Kanada, andere von geringerer Mächtigkeit in Transbaikalien, dem Ural und Ostsibirien, ferner in den USA, Brasilien, Argentinien, Zentralafrika und Australien. Die wichtigsten Mineralien sind der Lepidolith (LiF· ·KF·Al_2O_3·$3SiO_2$) und der Zinnwaldit (LiF·KF·FeO·Al_2O_3·$3SiO_2$).
Lithium ist ein silberweißes Metall, das sich seiner Weichheit wegen mit dem Messer schneiden läßt. Nach dem bei $-260°C$ festen Wasserstoff mit der Dichte 0,076 g/cm³ ist Lithium das leichteste aller Elemente. Flüssiges Lithium hat die gleiche Wärmekapazität wie Wasser bei $15°C$. Im flüssigen Bereich von 700 bis $1000°C$ vermag es an Eisen, Zirkon, Titan und Uran nur 0,01 bis 0,001%, an

Niob und Molybdän noch weniger zu lösen. Deswegen sind diese Metalle zum Aufbewahren flüssigen Lithiums geeignet, während schon bei weit tieferen Temperaturen Quarz, Glas und Porzellan korrodieren. Die elektrische Leitfähigkeit beträgt ca. 16% von der des Kupfers. Lithium ist auf jeden Fall zu den Alkalimetallen zu rechnen, obwohl es in manchen Eigenschaften von den anderen abweicht. So sind sein Fluorid, sein Phosphat und sein Karbonat in Wasser fast unlöslich. In feuchter Luft überzieht sich frisch angeschnittenes Lithium in wenigen Sekunden mit einer Schicht, die zu 75% aus Lithiumnitrid (Li_3N) und 25% aus Lithiumoxid (Li_2O) besteht. Seine Einwirkung auf Wasser ist gegenüber der Einwirkung der anderen Alkalien viel schwächer: Lithium schmilzt nicht dabei und der entstehende Wasserstoff entzündet sich nicht. Außer mit konzentrierter Schwefelsäure reagiert es mit allen Säuren recht lebhaft. Bei erhöhter Temperatur verbindet es sich unmittelbar mit den Halogenen und ab 350°C mit Wasserstoff. Mit den Hydroxiden der anderen Alkalien und der Erdalkalien setzt sich Lithiumsulfat zu Lithiumhydroxid um. Im Gegensatz zu KCl und NaCl löst sich LiCl in organischen Lösungsmitteln.

Man kennt heute ca. 50 verschiedene Anwendungsmöglichkeiten für Lithium. In großen Mengen verwendet man lithiumhaltige Schmiermittel. Man erhält sie durch einen Zusatz von 15 bis 25% Lithiumstearat zu Mineralölen oder zu Vaselinen. Wegen seiner guten Schmierfähigkeit in dem Temperaturbereich von −50 bis +160°C ist es für hochtourige Flugzeugmotore und Instrumente geeignet.

Wird ein mit dem hygroskopischen Lithiumchlorid benetzter Körper an Wechselspannung angeschlossen, so erhitzt sich das Chlorid solange, bis der Partialdruck gleich dem des Wasserdampfs der umgebenden Luft ist. Hierauf beruhen Feuchtigkeitsmesser, mit deren Hilfe man die absolute wie die relative Feuchtigkeit der Luft ermitteln kann. In geschlossenen Kühlanlagen bis zu Kapazitäten von 2 Millionen kcal/h dienen Lithiumchlorid, -bromid oder -nitrat als Absorber für Ammoniak und andere Kühlgase. Als Treibmittel für Raketen lassen sich Lithiumhydrid und Lithium-Bor-Verbindungen verwenden. Weitere Anwendungen findet man im Rettungs- und Signalwesen, bei Feuerlöschern, als Enteisungsmittel bei Flugzeugen, zur Gasabsorption, als Bleichmittel (LiO), für Eisen-Nickel-Akkumulatoren. Als ferromagnetisch keramischer Werkstoff ist Lithiumferrit im UKW-Bereich noch günstiger als Nickelferrit.

Im Reaktorbau kann flüssiges Lithium dann als Kühlmittel verwendet werden, wenn man vorher das Isotop mit der Masse 6 entfernt hat. Dises fängt bei einem thermischen Neutroneneinfangquerschnitt von 946 barn zu viele Neutronen ein im Gegensatz zum Li-7, das nur 0,033 barn hat. Da die Trennung der Isotope recht kostspielig ist, hat man bisher nur bei Atom-U-Booten davon Gebrauch gemacht.

Lithopon

Im Gegensatz dazu ist das Li-6 wichtig zur Erzeugung von Tritium (T = $^{3}_{1}$H) nach der Reaktion $^{6}_{3}$Li(n; α)$^{3}_{1}$H.

Mit einer Halbwertszeit von 12,3 Jahren läßt es sich aufbewahren. Deuterium (D = $^{2}_{1}$H) und Tritium sind die Grundstoffe für Wasserstoffbomben. Nur weil zur Zündung Plutonium- bzw. Uranbomben geringen Formates erforderlich sind, ist eine von radioaktiven Nachfolgestoffen saubere Atombombe nicht möglich. Nach der Zündung finden folgende Prozesse statt

$$2\,^{3}_{1}\text{H} \rightarrow \,^{4}_{2}\text{He} + 2\,\text{n} \quad | \quad -2{,}6 \cdot 10^{8}\,\text{kcal}$$
$$^{3}_{1}\text{H} + \,^{2}_{1}\text{H} \rightarrow \,^{4}_{2}\text{He} + \text{n} \quad | \quad -4 \cdot 10^{8}\,\text{kcal}$$

Bei der entstehenden Temperatur in der Größenordnung von mehr als $10^{8}\,°C$ reagieren dann anschließend auch Deuteriumatome miteinander. Da diese technisch recht unvollkommene Atombombe verflüssigtes Tritium und Deuterium enthält, bezeichnet man sie als „nasse" Bombe. Die „feste" und technisch vollkommenere Bombe ist die aus Lithiumhydrid. Nach der Zündung spielen sich folgende Prozesse ab:

$$^{6}_{3}\text{Li} + \,^{2}_{1}\text{H} \rightarrow 2\,^{4}_{2}\text{He} \qquad ^{6}_{3}\text{Li} + \text{n} \rightarrow \,^{4}_{2}\text{He} + \,^{3}_{1}\text{H}$$
$$^{6}_{3}\text{Li} + \,^{3}_{1}\text{H} \rightarrow 2\,^{4}_{2}\text{He} + \text{n}$$

Die dritte Reaktion wird durch das beim „Abbrennen" erzeugte Tritium ausgelöst. Beliebige Mengen von LiD lassen sich anhäufen, da eine Selbstentzündung unmöglich ist. Die Sprengkraft von 1 kg LiD ist 50.000 t TNT (Trinitrotoluol) äquivalent. Es ist die Besonderheit des Lithiumkernes, daß er beim Einfang von Neutronen in zwei gleich schwere Kerne aufplatzt im Gegensatz zum Neutroneneinfang anderer Elemente, bei denen nur eine γ-Strahlung erfolgt.

Die Energieerzeugung der Welt wird dann endgültig gesichert sein, wenn es gelingt, die obigen Kernreaktionen langsam ablaufen zu lassen, d. h. wenn es gelingt, die zur Zündung erforderlichen $10^{8}\,°C$ durch gebremste Verfahren einzuleiten.

Lithopon s. Farbstoffe 3., Barium.
Lossen-Abbau s. Umlagerungen 1.1.2.
Lost s. org. Schwefelverbindungen 2.
Lowry-Brönsted-Theorie s. Säuren und Basen.
Low-Spin-Form s. Koordinationschemie.
LSD s. Alkaloide, Rauschmittel.
Luminal = Phanodorm s. Arzneimittel, Heterocyclen 2.1.
Luminescenz s. Sechste Hauptgruppe.
Lupolen s. Polymerisation.

Lutetium gehört zu den →Lanthaniden. Von ihm existiert ein stabiles Isotop mit der Massenzahl 175 (97,41%) und ein metastabiles mit der Massenzahl 176 (12,73%) und einer Halbwertszeit von $2,2 \cdot 10^{10}$ Jahren.
Lycopin s. Polyene 2.
Lysergsäure s. Alkaloide.
Lysin s. Aminosäuren 1.2.
Lysozym s. Aminosäuren 3., Enzyme (Wirkungsweise).

M

Madelung-Konstante s. Kristallgitter.

„Magische" Zahlen s. Atomkerne.

Magnetit s. Eisen.

Magnesium gehört zu den Elementen der →Zweiten Hauptgruppe. In der Natur treten die stabilen Isotope mit den Massenzahlen 24 (78,70%), 25 (10,13%) und 26 (11,17%) auf.

Magnesium kommt in gelöster Form in beträchtlichen Mengen im Meerwasser vor, aus dem es sich auch gewinnen läßt. Als Ablagerung in ehemaligen Meeresbuchten findet es sich in Form von Doppelsalzen unter den Abraumsalzen. Der Dolomit ist ein isomorphes Gemisch von Magnesium und Calciumkarbonat ($MgCO_3 \cdot CaCO_3$). Häufig ist Magnesium auch wesentlicher Bestandteil bestimmter Silikate, wie Olivin (Mg, Fe $\cdot SiO_4$), Serpentin ($3MgO \cdot 3Mg(OH)_2 \cdot 4SiO_2 \cdot H_2O$) und Asbest ($3MgO \cdot 2SiO_2 \cdot 2H_2O$).

Magnesium ist ein silberweißes, sehr leichtes Metall. An der Luft überzieht es sich sehr schnell mit einer schützenden Oxidhaut, wodurch es mattweiß wird. Es ist von mittlerer Härte und ziemlich dehnbar, sodaß es sich zu dünnem Blech auswalzen und zu dünnen Drähten ausziehen läßt. Die elektrische Leitfähigkeit beträgt ca. 35% von der des Kupfers. Ein Nachteil bei der Verwendung des ziemlich unedlen Metalls ist seine geringe Widerstandskraft gegen Wasser, besonders gegenüber Seewasser. Seine Legierungen finden Verwendung im Flugzeug-, Schiffs- und Fahrzeugbau. Die beiden wichtigsten sind.

1. *Elektron*: 2—4% Aluminium, 0,2—3% Zink, 0,2—2,2% Mangan, Rest Magnesium;

2. *Magnalium*: 70—90% Aluminium, 30—10% Magnesium.

Schon geringfügige Verunreinigungen von Eisen, Nickel und Kupfer, wie sie gewöhnlich im Magnesium auftreten, erhöhen die Korrosion des Metalls. Andererseits kann Magnesium als Korrosionsschutz — ähnlich dem Zink und dem Cadmium — dienen. So hat es Verwendung gefunden als Korrosionsschutz bei großen Stahlkonstruktionen, Rohren für Pipelines und unterirdischen Vorratsbehältern. Versuche wurden bereits angestellt, Magnesium wegen seines Elektropotentials von $-2,4$ V als Anode für Trockenbatterien zu verwenden. Die hierbei auftretenden Reaktionen sind:

$$Mg \rightarrow Mg^{2+} + 2e^-$$
$$2AgCl + 2e^- \rightarrow 2Cl^- + 2Ag \quad \text{oder} \quad Mg/Mg^{2+}/[AgCl]Ag^+/Ag$$
$$Mg^{2+} + 2Cl^- \rightarrow MgCl_2 \cdot 6H_2O$$

Diese galvanischen Zellen bieten den Vorteil einer hohen Stromabnahme bei konstanter Spannung, leichten Gewichts, langer Lebensdauer und zufrieden-

stellendem Betrieb innerhalb eines Temperaturbereichs von $-54°C$ bis $+94°C$.
Wegen der Verwendung von Silber werden sie jedoch recht teuer.
Eine vielversprechende Anwendung stellt die Photogravüre von Magnesiumlegierungsblechen dar.
Traditionelle Anwendungen findet Magnesium bei der Reduktion anderer Metalle und in der Pyrotechnik.

Makrolide s. Carbonsäuren 2.4.1., Antibiotica.

Makromoleküle sind Moleküle, die aus mehr als 1000 Atomen aufgebaut sind und deren relative Molmasse deshalb über 10.000 liegt. Sie kommen in der Natur vor (→Kautschuk, Stärke, Cellulose →Kohlenhydrate 3., Protein →Aminosäuren 3., →Nucleinsäuren u. a. m.). Von großer technischer Bedeutung sind die synthetisch hergestellten Makromoleküle der Kunststoffe und →Chemiefasern. →Polymerisation, →Polykondensation und →Polyaddition sind die verschiedenen Möglichkeiten, Makromoleküle aufzubauen.

Der Begriff des Makromoleküls wurde 1922 von STAUDINGER eingeführt. Es handelt sich bei diesen hochpolymeren Verbindungen um Substanzen, die im festen Zustand nicht kristallin vorliegen. Die Moleküle sind meistens regellos angeordnet. Sie bilden ein isotropes, zähes, verformbares Material. Sie haben keine einheitliche Molekulargröße (*Polymolekularität*). Man kann nur eine durchschnittliche relative Molmasse angeben. Die verschiedenen Moleküle bilden ein untrennbares Gemisch.

Die gegenseitigen räumlichen Beziehungen der Makromoleküle und ihre Gestalt bedingen die physikalischen Eigenschaften. So liegen besonders die unverzweigten fadenförmigen Makromoleküle (Länge bis 1 µm) in einem Zustand gewisser Kristallinität vor. Begünstigt wird es durch gleiche Konformation (→Isomerie), wie sie durch stereospezifische →Polymerisation erzeugt wird. Die zwischenmolekularen Kräfte (VAN DER WAALS-Kräfte →Bindungskräfte) führen zu submikroskopischen kristallinen Bereichen, den Mizellen.

Bei den Makromolekülen können die zwischenmolekularen Kräfte größer sein als die Bindung zwischen Atomen des gleichen Moleküls. Dann zersetzen sich die Moleküle, bevor sie sich trennen, d. h. der Schmelzpunkt liegt über dem Zersetzungspunkt.

Wegen der Polymolekularität haben hochpolymere Verbindungen keinen scharfen Schmelzpunkt. Oft erweichen sie nur noch und werden zu plastisch verformbaren Massen. Unterhalb des Schmelzpunkts haben sie die Struktur einer unterkühlten amorphen Schmelze, wie es für das Glas typisch ist. Bei nichtkristallinen Substanzen zeigt sich beim Abkühlen ein Einschnitt bei der Temperatur, bei der die Mikro-BROWNSche-Bewegung (Drehungen um C—C-Bindungsachse) aufhört. Man nennt diesen Punkt Einfriertemperatur.

Malachit

Schmelzpunkt und Einfriertemperatur hängen von der Molmasse ab. Die Einfriertemperatur wird durch *Weichmacher* zu tieferen Temperaturen verschoben. Als äußere Weichmacher werden hochsiedende Lösungsmittel eingesetzt, die sich zwischen die Makromoleküle schieben und die zwischenmolekularen Bindungen lösen, so daß die Moleküle leichter beweglich werden. Innere Weichmacher lockern ebenfalls das Gefüge. Sie werden in das Makromolekül eingebaut, z. B. durch Co→polymerisation.

Makromoleküle sind oberhalb des Erweichungspunkts thermoplastisch, wenn sich die Moleküle gegeneinander verschieben lassen, oder elastisch, wenn durch Vernetzungen die Verschiebbarkeit aufgehoben wird bzw. die bis zu einem gewissen Grad verschobenen Moleküle in die alte Lage zurückgeholt werden. Diese Kautschukelastizität ist nicht mit der des Stahls zu vergleichen.

Makromoleküle lassen sich nur kolloidal lösen, da die Teilchengröße über 1 nm liegt. Sie zeigen keine Dialyse (Trennung durch Membranen). Die Viskosität nimmt mit steigender Konzentration stärker zu, da die Fadenmoleküle sich gegenseitig behindern. Bei hohen Molmassen geht die Löslichkeit zurück, die Substanzen quellen, d. h. sie nehmen unter Volumenzunahme Lösungsmittel auf. Sehr stark vernetzte Stoffe zeigen auch keine Quellbarkeit.

Die durchschnittliche Molmasse wird entweder als Zahlenmittel oder als Gewichtsmittel angegeben. Beim Zahlenmittel wird der lineare Mittelwert der Molzahlen der Einzelmolmassen angegeben, beim Gewichtsmittel werden die Molzahlen noch mit den jeweiligen Molmassen multipliziert. Lichtstreuungen, Viskositätsmessungen und Untersuchungen mit der Ultrazentrifuge ergeben das Gewichtsmittel, Messungen des osmotischen Drucks und chemische Endgruppenbestimmungen liefern das Zahlenmittel.

Literatur
BATZER, H.: Einführung in die makromolekulare Chemie. — Hüthig Verlag, Heidelberg 1958
RUNGE, F.: Einführung in die Chemie und Technologie der Kunststoffe. — Akademie-Verlag, Berlin 1963

Malachit s. Kupfer.
Malachitgrün s. Benzolkohlenwasserstoffe 2.1., Farbstoffe 1.4.
Maleinsäure s. Carbonsäuren 1.1.2. und 2.1.
Malonestersynthesen s. Carbonsäuren 1.2.
Malonsäure s. Carbonsäuren 1.1.2. und 1.2.
Maltose (Malzzucker) s. Kohlenhydrate 2.
Malzzucker s. Kohlenhydrate 2.
Mandelsäure s. Carbonsäuren 2.4.2.

Mangan gehört zu den Elementen der →Siebenten Nebengruppe. Es gehört zu den wenigen Elementen, von denen nur ein einziges beständiges Isotop existiert: Massenzahl 55.

Mangan ist nach dem Eisen das am meisten verbreitete Schwermetall. Das weitaus wichtigste Manganerz ist der Braunstein (MnO_2). In gewaltigen Mengen findet man ihn in der UdSSR (Kaukasus und Dnjepergebiet), in Afrika (Ghana, Südafrikanische Union, Ägypten und Marokko), in Indien, Nordborneo, Indonesien, China, Brasilien, Chile, Kuba und USA. In Österreich kommt er in der Steiermark, in Deutschland im Siegerland, Westfalen und Thüringen vor. Vorkommen des Hausmannit ($MnO \cdot MnO_2$) liegen in den Dolomiten und in Schweden.

Das silbergraue Metall ist sehr reaktionsfähig. In der Rotglut verbindet es sich leicht mit Sauerstoff, Schwefel und Phosphor, weshalb es auch als Desoxydations- und Entschwefelungsmittel geschätzt wird. Von seinen Verbindungen sind am beständigsten die zweiwertigen. Es besitzt großes Legierungsvermögen mit anderen Metallen. Es bewirkt eine starke Steigerung der absoluten Festigkeit und Härte. Technisch wichtig sind die Eisen-Kohlenstoff-Mangan-Legierungen. Technische Bedeutung haben aber auch Buntmetallegierungen: Manganbronzen, Sondermessinge (z. B. Deltametall), Mangannickel. Die Legierung Manganin (84 Teile Kupfer, 12 Teile Mangan, 4 Teile Nickel) wird wegen ihrer geringen Temperaturabhängigkeit des elektrischen Widerstandes für Präzisionswiderstände benutzt.

Die bekanntesten Legierungen sind Ferromangan mit einem Mangangehalt von 25—80% und Spiegeleisen mit 6—14%. Die Manganstähle dienen vor allem zur Herstellung hochbeanspruchter Maschinenteile.

Von großer wirtschaftlicher Bedeutung ist daneben die Verwendung des Braunsteins als Oxydationsmittel in den Trockenelementen. Bei ihnen tritt an der Kathode Zink in Ionenform in Lösung, wobei sich gleichzeitig an der Anode Ammoniumionen neutralisieren. Nach kurzer Zeit bedeckt dann Wasserstoff die als Elektrode benutzten Graphitstäbe und verhindert eine weitere Strombildung. Zur Vermeidung packt man die Stäbe in einen Beutel von Braunstein. Der abgeschiedene Wasserstoff wird durch ihn oxydiert:

$$NH_4^+ + e^- \rightarrow NH_3 + H \qquad H + MnO_2 \rightarrow MnO(OH)$$

Braunstein dient weiterhin bei der Glasfabrikation als Entfärbungs- und Läuterungsmittel.

In minimalen Mengen findet sich Mangan in Pflanzen und im Tierkörper. Auf Vorgänge in den Zellen wirkt es katalytisch ein.

Viel verwendet als Oxydations-, Bleich- und Desinfektionsmittel wird das Kaliumpermanganat ($KMnO_4$). Nachteilig wirkt sich bei diesem Mittel jedoch aus,

Mannich-Reaktion

daß es in der wäßrigen Lösung Braunstein abscheidet und somit bei seiner Verwendung Spuren hinterläßt.

Mannich-Reaktion s. Additionen 4., Oxoverbindungen 1.1.3.
Mannit s. Hydroxylderivate 1.4.
Mannose s. Kohlenhydrate 1.2.
Manool s. Terpene 3.
Marihuana s. Rauschgifte.
Markasit s. Thallium.
Markierte Verbindungen s. Wasserstoff.
Markownikoff-Regel s. Additionen 1.1. und 1.3.
Marmor s. Calcium, Calciumcarbonat.
Marshsche Probe s. Arsen.
Martensit s. Stahl.

Maßanalyse (Volumetrie, Titration). Sie dient zur Bestimmung der unbekannten Menge eines gelösten Stoffes. Man fügt zu der Lösung eine geeignete Reagenslösung, welche eine chemische Reaktion bewirkt, deren Reaktionsablauf bekannt sein muß. Aus dem Verbrauch und der Konzentration der Reagenslösung (*Maßlösung*) läßt sich die gesuchte Stoffmenge berechnen. Vorausgesetzt wird, daß die chemische Reaktion quantitativ und eindeutig nach den stöchiometrischen Verhältnissen verläuft, der Gehalt (Titer) der Reagenslösung genau bekannt und das Ende der chemischen Reaktion (*Äquivalenzpunkt* oder Endpunkt) deutlich erkennbar ist. Häufig wird zu diesem Zweck ein Hilfsstoff (→Indikator) hinzugegeben, welcher den geringsten Überschuß an Maßlösung anzeigt (z. B. durch eine Farbänderung).

Je nach der Art der chemischen Reaktion unterscheidet man:

1. Neutralisationsverfahren

Die Reaktionspartner sind Säuren und Laugen. Es erfolgt eine Neutralisation, d. h. die Hydroniumionen (H_3O^+) der Säure vereinigen sich mit den Hydroxidionen der Lauge zu Wasser:

$$H_3O^+ + OH^- \leftrightarrows 2H_2O$$

Ist die zu bestimmende Substanz eine Säure (*Acidimetrie*), gibt man als Maßlösung eine Lauge hinzu. Liegt eine Lauge vor, dient eine Säure als Maßlösung (*Alkalimetrie*). Der Endpunkt der Reaktion ist am →pH-Wert zu erkennen. Der Äquivalenzpunkt wird nicht immer der Neutralpunkt (pH = 7) sein. Dies trifft nur zu, wenn eine starke Säure mit einer starken Base reagiert. Bei der Titration einer schwachen Säure mit einer starken Base liegt der Äquivalenzpunkt im alkalischen Bereich, bei der Reaktion starker Säuren mit schwachen

Basen im sauren Bereich. Der Endpunkt kann mit Hilfe von pH-→Indikatoren erkannt werden (s. pH-Wert). Aus Salzen lassen sich durch Ionenaustauscher äquivalente Mengen Hydronium- oder Hydroxidionen in Freiheit setzen, welche dann titriert werden können.

2. Redox-Verfahren

Sie beruhen auf Reduktions-Oxydationsvorgängen (s. Redox-Vorgänge). Die zu bestimmende Substanz wird mit einer oxydierend bzw. reduzierend wirkenden Maßlösung versetzt. Der Endpunkt kann entweder an der Eigenfarbe des einen Reaktionspartners erkannt werden oder man bedient sich eines Redox-Indikators (s. Indikatoren).
Als Oxydationsmittel eignet sich Kaliumpermanganat (*Permanganometrie*), das z. B. zur Bestimmung des Gehaltes an Fe^{2+}-Ionen verwendet wird. Zu der sauren Lösung des Eisensalzes gibt man eine violett gefärbte Kaliumpermanganatlösung bekannter Konzentration. Es verläuft folgende Reaktion:

$$MnO_4^- + 5Fe^{2+} + 8H^+ \rightarrow Mn^{2+} + 5Fe^{3+} + 4H_2O$$

Die MnO_4^--Ionen werden zu Mn^{2+}-Ionen reduziert, wobei die Violettfärbung verschwindet. Der Endpunkt ist also leicht zu erkennen. Die Jodometrie beruht auf der Tatsache, daß elementares Jod oxydierend und Jod-Ionen reduzierend wirken können:

$$J_2 + 2e^- \leftrightarrows 2J^-$$

3. Fällungsverfahren

Das Fällungsverfahren eignet sich für solche Stoffe, die mit einer Maßlösung einen schwer löslichen Niederschlag von bekannter und einheitlicher Zusammensetzung bilden. Sobald der gesamte reaktionsfähige Bestandteil der zu untersuchenden Lösung ausgefällt ist, erzeugt die weitere Zugabe von Maßlösung keine Fällung mehr. Der Endpunkt ist erreicht. Um ihn besser zu erkennen, verwendet man einen →Indikator, der am Endpunkt die Farbe der Lösung verändert. So fällt man z. B. bei der Bestimmung von Silber nach VOLHARD die Silberionen mit Rhodanidionen (SCN^-) als Silberrhodanid (AgSCN) aus:

$$Ag^+ + SCN^- \rightarrow \{AgSCN\}$$

Der Endpunkt wird durch Zugabe von Fe^{3+}-Ionen (in Form von $Fe(NH_4)(SO_4)_2$-Lösung) erkannt. Sie bilden mit überschüssigen SCN^--Ionen dunkelrotes $Fe(SCN)_3$.

4. Komplexbildungstitration (Komplexometrie)

Man verwendet als Maßlösung solche Verbindungen, welche mit den Ionen der zu untersuchenden Lösung Komplexverbindungen eingehen. Die Komplexo-

Maßanalyse

metrie bietet die Möglichkeit, viele Metallionen in sehr geringen Mengen genau zu bestimmen. Man setzt der Lösung, welche die Metallionen enthält, gerade so viel von dem Komplexbildner als Maßlösung hinzu, daß alle Metallionen gebunden werden. Als Komplexbildner eignet sich z. B. das Dinatriumsalz der Äthylendiamintetraessigsäure (AeDTE·Na$_2$ — Handelsnamen: Titriplex, Komplexon u. a.).

$$\begin{bmatrix} {}^-OOC-CH_2 & & & CH_2-COO^- \\ & H-\overset{+}{N}-CH_2-CH_2-\overset{+}{N}-H & \\ {}^-OOC-CH_2 & & & CH_2-COO^- \end{bmatrix} 2\,Na^+$$

Zur Abkürzung bezeichnet man das Anion mit XH_2^{2-}. Bei der Bildung des Komplexes mit Metallionen werden die an den beiden Stickstoffatomen befindlichen Wasserstoffatome als Protonen verdrängt, und es entsteht der AeDTE-Komplex:

$$XH_2^{2-} + Me^{2+} \rightarrow [X \cdots Me]^{2-} + 2H^+$$

Zur Bestimmung des Endpunkts dient ein Farbstoff (Indikator). Er wird in die zu bestimmende Lösung gegeben und kann mit den freien Metallionen ebenfalls einen Komplex bilden. Der Farbstoff-Metall-Komplex ist aber wesentlich weniger stabil als der AeDTE-Komplex. Als Indikator wird z. B. Eriochromschwarz T(Erio T) verwendet, das in alkalischer Lösung blauviolett gefärbt ist und folgende Struktur besitzt:

Das Erio T (in alkalischer Lösung: FH^{2-}) bildet mit Metallionen einen rot gefärbten Komplex:

$$FH^{2-} + Me^{2+} \rightleftarrows [F \cdots Me]^- + H^+$$
blauviolett   rot

Beim Titrieren wird dem Farbstoff-Metall-Komplex das Metall durch den stärkeren Komplexbildner AeDTE entzogen. Sind sämtliche Metallionen aus dem Farbstoffkomplex verdrängt, erfolgt der Farbumschlag von rot nach blauviolett.

Elektroanalytische Methoden

Der Endpunkt einer chemischen Reaktion läßt sich auch mit Hilfe von Leitfähigkeitsmessungen (Konduktometrie) und Spannungsmessungen (Potentiometrie) ermitteln (z. B. Messung der Wasserstoffionenkonzentration, s. pH-Wert im Abschnitt potentiometrische pH-Messung). Zur quantitativen Bestimmung von Kationen eignet sich auch die Polarographie (s. Elektrolyse) und die Elektrogravimetrie, bei welcher die Metalle durch Elektrolyse aus einer Lösung abgeschieden werden.

Auch *optische Methoden* werden bei quantitativen Bestimmungen herangezogen, z. B. die Kolorimetrie und Fotometrie. Beide Methoden beruhen darauf, daß der gesuchte Stoff in eine lichtechte, farbige, lösliche Verbindung überführt wird oder eine Farbreaktion auslöst bzw. steuert. Bei der Kolorimetrie ermittelt man die unbekannte Konzentration der gefärbten Lösung durch Vergleich mit Standartlösungen bekannter Konzentration derselben Substanz. Bei der Fotometrie mißt man die Absorption einfarbiger (monochromatischer) Strahlung durch die gefärbte Lösung.

Literatur
JANDER-BLASIUS: Einführung in das anorganisch-chemische Praktikum. — S. Hirzel Verlag, Stuttgart 1964
G. W. EWING: Physikalische Analysen- und Untersuchungsmethoden der Chemie. — Dipl. Ing. Rudolf Bohmann Industrie- und Fachverlag, Wien — Heidelberg 1964

Massendefekt. 1905 fand *A. Einstein* die Beziehung $E = m_0 c^2$; (c = Lichtgeschwindigk. i. Vakuum). Der „Ruhmasse" m_o vom 1 mg entspricht danach die ungeheure Energie von $2,1 \cdot 10^7$ *kcal* oder 25 000 *kWh*. Diese Folgerung aus der *„speziellen Relativitätstheorie"* gilt grundsätzlich auch für chemische Reaktionen wie z. B.:

$$C + O_2 \rightarrow CO_2 \mid \Delta H = -96 \, kcal$$
(12g) (32g) (44g)

d. h.: die abgegebene Reaktionswärme von 96 kcal bewirkt gleichzeitig einen Massenschwund von $4,5 \cdot 10^{-6}$ mg je Mol CO_2 ($\sim 10^{-4}$ p.p.m.). Die Größenordnung dieses „Massendefektes" darf bei atomphysikalischen Prozessen nicht vernachlässigt werden. Bei der natürl. Entstehung chem. Elemente durch Fusion leichterer Atomkerne zu schwereren (z. B. im Atomfeuer des Fixsterninnern) bewirkt die abgestrahlte (= „negative") Bindungsenergie einen äquivalenten Massendefekt. Daher sind die Atommassen niemals ganzzahlig (bis auf das Bezugsisotop ^{12}C). Dies verdeutlicht die Kurve der sogen. „Packungsanteile" n. *F. W. Aston* (1927); ihr relatives Nullniveau muß (lt. JUPAC 1961) dem Kohlenstoffisotop ^{12}C entsprechen (s. Abb.).

Massenwirkungsgesetz

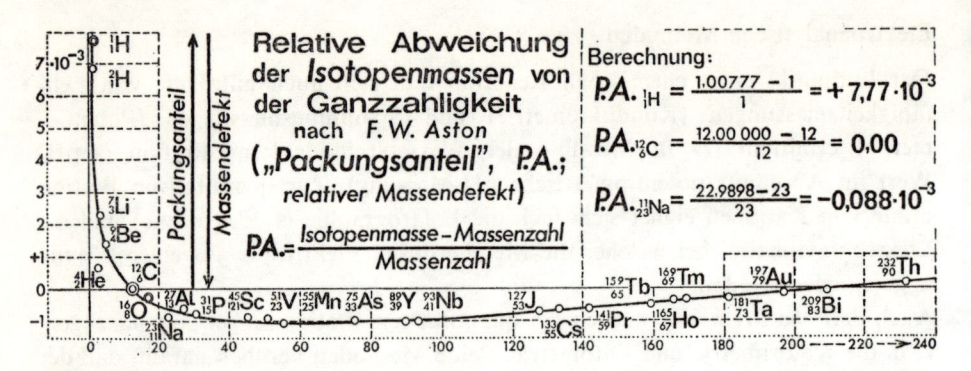

Relative Abweichung der *Isotopenmassen* von der Ganzzahligkeit nach F. W. Aston („*Packungsanteil*", P.A.; *relativer Massendefekt*)

$$P.A. = \frac{Isotopenmasse - Massenzahl}{Massenzahl}$$

Berechnung:

$$P.A._{1}^{1}H = \frac{1.00777 - 1}{1} = +7{,}77 \cdot 10^{-3}$$

$$P.A._{6}^{12}C = \frac{12.00\,000 - 12}{12} = 0{,}00$$

$$P.A._{23}^{11}Na = \frac{22{,}9898 - 23}{23} = -0{,}088 \cdot 10^{-3}$$

Massenwirkungsgesetz s. Kinetik (chemische).

Massenzahl (= **Massenindex**) ganzzahlig abgerundete (*relat.*) *Atommasse* (hochgestellt vor Elementsymbolen zur Bez. der *Isotopen*); zugleich Anzahl der Neutronen und Protonen im Atomkern (→Atom; →Zerfallsreihen).

Masurium historischer Name für Technetium.

Mattauschsche Regel s. Promethium.

Mauvein s. Farbstoffe 1.4.

Meerwein-Ponndorf-Verley-Reduktion s. Additionen 4., Hydroxylderivate 1.1.1., Oxoverbindungen 1.1.3.

Mehrzentrenbindung s. metallorganische Verbindungen.

Melamin s. Heterocyclen 2.3., Polykondensation, Kohlensäurederivate 4.

Melatonin s. Hormone.

Melittin s. Aminosäuren 2.3.

Mendelevium s. Actiniden

Mennige (Pb_3O_4) s. Farbstoffe 3.

Menocil s. Rauschgifte.

Menthol s. Hydroxylderivate 1.1.2., Terpene 1.

Mercaptan s. org. Schwefelverbindungen 1.

Mergel s. Calciumcarbonat.

Mescalin s. Alkaloide, Rauschgifte.

Mesitylen s. Benzolkohlenwasserstoffe 1.2.

Meso-Form s. Isomerie 2.2.

Mesomerer Effekt s. Elektronenverschiebung 2., Substitution 2.1., Benzolkohlenwasserstoffe 1.1.2.

Mesomerie (Resonanz) bedeutet, daß eine Substanz oder ein Übergangszustand bei einer Reaktion nicht mehr durch eine Strukturformel beschrieben werden kann. Die Verteilung der Elektronen läßt sich nur durch Grenzstrukturen wiedergeben, die keine chemischen Individuen darstellen. Das Vorliegen einer Mesomerie wird durch Angabe eines Pfeils mit zwei Spitzen ↔ zwischen den Grenzstrukturen angegeben. Zwei Pfeile ⇄ geben im Gegensatz dazu ein Gleichgewicht zwischen zwei existierenden Verbindungen an. Beispiele →Aromatische Systeme, Benzolkohlenwasserstoffe 1.1.1., Diene 2. Durch die Mesomerie sind die Verbindungen in einem niedrigeren Energiezustand. Sie sind stabiler.

Messing s. Kupfer.
Meta = 1,3-Disubstitution s. Benzolkohlenwasserstoffe 1.1.2.
Meta (Metaldehyd) s. Oxoverbindungen 1.1.3.

Metalle. Im täglichen Leben versteht man unter einem Metall einen Stoff, der durch gewisse metallische Eigenschaften gekennzeichnet ist: metallischen Glanz, hohe Leitfähigkeit für den elektrischen Strom und für Wärme, plastische Verformbarkeit. Spezielle Gruppen im Handel sind Stahl, Nichteisenmetalle (Zinn, Zink u. a.), Buntmetalle (Bronze, Messing) und Edelmetalle.

Vom chemischen Standpunkt aus hat man zu unterscheiden zwischen Reinmetallen (Elementen) und Legierungen. Von den bekannten 104 chemischen Elementen rechnet man nur 20 zu den Nichtmetallen. Dabei ist die Grenze deswegen nicht streng zu ziehen, weil gelegentlich eine Modifikation des Elementes metallische Eigenschaften trägt, eine andere dagegen nicht, wie das weiße und das graue Zinn. Bei den Metallen lassen sich unterscheiden die stark unedlen oder A-Metalle (Alkalien, Erdalkalien und Seltene Erden), die Metalle I. Art, zu denen die Elemente der Vierten bis zur Achten Nebengruppe und die Erste Nebengruppe gehören und schließlich die Metalle II. Art, auch B-Metalle genannt, zu denen die Elemente der Zweiten Hauptgruppe ganz und von der Dritten bis Fünften Hauptgruppe die höheren Vertreter gehören.

Die hohe elektrische Leitfähigkeit beruht auf der freien Beweglichkeit des Elektronengases im Gitterkristall: in 1 Sekunde legen die Elektronen einen Weg von tausend Kilometern und mehr zurück, wobei es sich um eine völlig ungeordnete Bewegung nach Art der molekularen Wärmebewegung handelt. 75% der Reinmetalle kristallisieren in der hexagonal oder der kubisch dichtesten Kugelpackung oder im raumzentrierten System (s. Kristallgitter). Aus der Schmelze lassen sich Einkristalle ziehen, deren Leitfähigkeit in verschiedenen Richtungen verschiedene Werte hat. Das wird verständlich, wenn man beachtet, daß beispielsweise beim flächenzentrierten Gitter der Abstand zweier Bausteine in der Diagonale ca. 1,4 mal so groß ist wie in der Kante. Normalerweise bilden sich jedoch beim Erstarren des Metalles Konglomerate von Kristalliten, die beim Polieren und Anätzen sichtbar werden. Der Grund hierfür liegt in den Verwerfungen, die ihrerseits auf ungleichförmiger Ablagerung flüssiger Metallteilchen an die vorhandenen Kristallisationskerne zurückzuführen sind. Die Folge einer solchen Metallstruktur ist die Gleichförmigkeit der metallischen Eigenschaften nach allen Richtungen.

Metalle

Die Metalle des täglichen Lebens sind mit wenigen Ausnahmen Legierungen, weil sie abgesehen von der elektrischen Leitfähigkeit bessere Eigenschaften zeigen, wie höhere Festigkeit, hohe Elastizität, verringertes Angriffsvermögen durch Chemikalien usw. Dabei ist die Zahl der Legierungsmöglichkeiten unbeschränkt groß.

Legierungen sind im geschmolzenen Zustand homogene Metallgemische und deren Erstarrungsprodukte. Es handelt sich um Lösungen von Metallen ineinander oder auch von Verbindungen in Metallen.

Man hat zu unterscheiden:

1. Unmischbarkeit der Komponenten. Jede kristallisiert beim Erstarren in ihrem eigenen Kristallgitter. Die Legierung ist dann ein heterogenes Gemenge. Beispiel: Kupfer-Blei.

2. Mischbarkeit. Die zulegierte Komponente wird in das Gitter des Wirtskristalles (Matrix) eingebaut. Es entsteht eine homogene Legierung einer einzigen Kristallart (Mischkristall). Hierbei hat man zu unterscheiden, ob die Komponente regellos Atome des Wirtskristalles ersetzt (Substitutionsmischkristall) oder ob sie in Lücken des Wirtskristalles eingelagert wird (Einlagerungskristall). Ein Beispiel für jenen ist die Legierung Gold-Silber. Einlagerungen sind möglich, wenn es sich um sehr kleine Atome handelt, wie Wasserstoff, Stickstoff, Kohlenstoff oder auch Bor. Sie werden häufig in Hohlräume des Elementgitters der Übergangsmetalle (Metalle I. Art) eingebaut.

3. Intermetallische Verbindungen oder Metallide. Komponenten können bei bestimmter Zusammensetzung zu Verbindungen mit einem Kristallgitter zusammentreten, das wesentlich von denen der Komponenten verschieden ist. Beispiel $PbMg_2$. Häufig treten Zusammensetzungen auf, die durch keinerlei „Valenzen" zu erklären sind: KNa_2, Ce_2Ni_7, $CaZn_5$, $ReBe_{22}$. Solche streng stöchiometrisch zusammengesetzten intermetallischen Verbindungen heißen in der russischen Literatur *Daltonide*. Dagegen heißen solche, die auch in einem größeren Bereich variabler Zusammensetzung stabil sind, *Berthollide*. (Einteilung nach Kurnakov.)

Die Metallographie bedient sich zur Erforschung der Struktur der Metalle hauptsächlich dreier Methoden: der mikroskopischen Untersuchung, der Röntgen-Strukturanalyse und der thermischen Analyse, der Aufnahme eines Zustandsdiagramms. Bei diesem Verfahren taucht ein durch eine Schamotthülle geschütztes Thermoelement in die Schmelze einer Legierung. Da sie gleichmäßig Wärme abgibt, sinkt die Temperatur gleichmäßig. Beim Beginn der Erstarrung und bei einer Modifikationsänderung treten Haltepunkte auf, solange latente Wärme frei wird.

Metalle

Das Zweistoffsystem Blei-Zinn zeigt bei 26 Atomprozent Blei und 74 Atomprozent Zinn den niedrigsten Schmelzpunkt, nämlich 183°C. Man spricht in solch einem Fall von einem Eutektikum. Geht man von einer Schmelze von mehr als 74% Zinn aus, so scheidet sich beim Abkühlen nach Erreichen der Linie AE zunächst reines Zinn aus. Dadurch sinkt der Zinngehalt der restlichen Schmelze allmählich bis auf 74%. Beim weiteren Wärmeentzug erstarrt die restliche Schmelze als eutektische Legierung. Analog ist der Vorgang, wenn man von einer Schmelze von mehr als 26% Blei ausgeht. Häufig ist die Erstarrungslinie nicht mit der Schmelzlinie identisch.

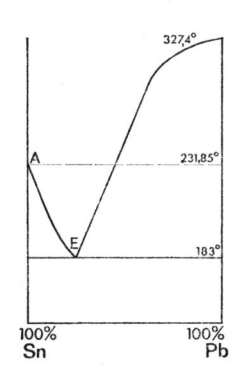

Das Zweistoffsystem Quecksilber-Cadmium ist ein Beispiel für eine Berthollid-Phase. Sie tritt bevorzugt auf, wenn zwei Metalle miteinander legiert werden, die im Periodensystem nicht weit von einander stehen. In den beiden Randbereichen des Diagramms scheiden sich weitgehend Kristalle der Komponenten ab. Dagegen ist der ω-Bereich eine Stabilität bei weitester Streuung der Zusammensetzung.

Im Gegensatz hierzu bilden Zweistoffsysteme mit Komponenten, die im Periodensystem weit auseinander stehen, wie Quecksilber-Kalium, den Daltoniden-Typ. Im Bereich von 50—100 Atomprozent Kalium liegt jedoch mit den Komponenten HgK und K ein Berthollit-Typ vor.

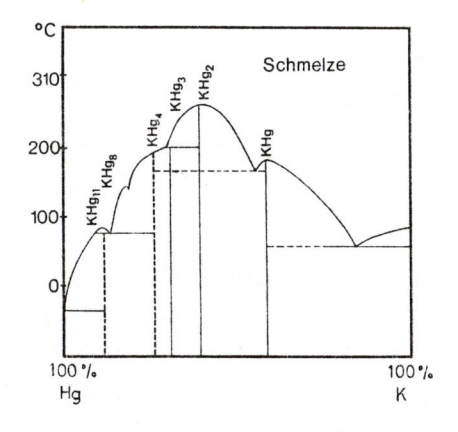

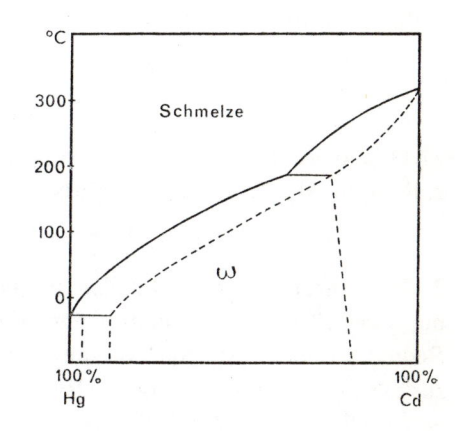

Literatur

REMY: Lehrbuch der Anorganischen Chemie. — Akademische Verlagsanstalt, Leipzig 1961
SCHULZE: Metallphysik. — Akademie-Verlag, Berlin 1967
KORNILOV: The Chemistry of Metallides. — Consultants Bureau, New York 1966

Metallische Bindung

Metallische Bindung s. Kristallgitter.

Metallorganische Verbindungen sind Substanzen, in denen ein C-Atom mit einer (verschieden stark polarisierten) Atombindung an ein Metallatom direkt gebunden ist.

FRANKLAND war 1848 der erste, der solche Verbindungen herstellte und untersuchte (Zinkalkyle). Eine weitere Erforschung erfolgte durch GRIGNARD um 1900, besonders an den Magnesiumverbindungen. Inzwischen haben metallorganische Verbindungen nicht nur Anwendung in der präparativen Chemie gefunden (→GRIGNARD-Reaktion), sondern auch einer ganzen Reihe von großtechnischen Prozessen liegen metallorganische Verbindungen zugrunde (→Alken→polymerisation, →Hydroformylierung, Hydroborierung, Antiklopfmittel →Octanzahl, →Erdöl). Theoretisches Interesse haben die Sandwich-Strukturen wie Ferrocen gefunden (→Nicht benzoide aromat. Verb. 3.).

Die Benennung erfolgt durch Voranstellen des Namens des organischen Radikals, gefolgt von dem Metallnamen: Phenyllithium, Diäthylzink.

Für die Herstellung metallorganischer Verbindungen gibt es mehrere allgemeine Methoden.

1. Die Umsetzung von →Halogenderivaten mit Metallen. Es handelt sich um eine elektrophile →Substitution. Sie kann bei Li, Mg und Erdalkalimetallen, Zn und Hg benutzt werden. Es muß unter Ausschluß von H_2O, O_2 und CO_2 gearbeitet werden. Meist wird in ätherischer Lösung die Reaktion durchgeführt. Die Reaktionsfähigkeit der Halogene nimmt in der Reihenfolge Jodid, Bromid, Chlorid ab. Fluoride sind kaum umzusetzen.

$$CH_3Br + 2Li \rightarrow CH_3Li + LiBr$$
$$CH_3J + Mg \rightarrow CH_3MgJ$$

Metalle, die nur langsam reagieren, werden in Form von Legierungen eingesetzt, z. B. Al in Al_2Mg_3 oder Pb in PbNa.

$$4PbNa + 4C_2H_5Br \rightarrow (C_2H_5)_4Pb + 3Pb + 4NaBr$$

2. Der Austausch von Metallen in metallorganischen Verbindungen. Dies ist nur möglich, wenn das eintretende Metall reaktionsfähiger, d. h. ein stärkeres Reduktionsmittel ist. Als Ausgangssubstanz nimmt man meist die leicht herzustellenden und beständigen Hg-Verbindungen. So können die direkt kaum herzustellenden (→WURTZ-Synthese) Na-, K-Verbindungen gewonnen werden.

$$(CH_3)_2Hg + 2Na \rightarrow 2CH_3Na + Hg$$

3. Eine Variation des letzten Verfahrens ist die Anwendung von Halogeniden beim Metallaustausch. Es findet dann eine doppelte Umsetzung statt. Der entscheidende Unterschied liegt darin, daß weniger reaktionsfähige Metalle aus-

getauscht werden. Man geht dementsprechend von Mg- (GRIGNARD-), Li-, Zn- oder Al-Verbindungen aus und kann metallorganische Derivate von Sn, Pb, Au, Pt u. a. herstellen.

$$SnCl_4 + 4CH_3MgBr \rightarrow (CH_3)_4Sn + 2MgCl_2 + 2MgBr_2$$

4. Die Addition von Metallhydriden an →Alkene ist ein neueres Verfahren. Es wird besonders bei Al (ZIEGLER) und B eingesetzt.

$$AlH_3 + 3C_2H_4 \rightarrow (C_2H_5)_3Al$$
$$6RCH=CH_2 + B_2H_6 \rightarrow 2(RCH_2-CH_2)_3B$$

Die Addition von Boranen wird als *Hydroborierung* bezeichnet und ist eine wichtige synthetische Methode, da die Organoborane leicht umgesetzt werden.

5. Metallierung mit metallorganischen Verbindungen. Diese Reaktion läuft auf eine Protonenübertragung hinaus. Man ist auf diese Weise in der Lage, die sonst kaum meßbare Säurestärke von Kohlenwasserstoffen einzustufen, da das Gleichgewicht dieser Protolysen-Reaktionen auf der Seite der schwächeren Partner liegt (→Säure-Base).

$$C_6H_5Na + C_6H_5CH_3 \rightarrow C_6H_5CH_2Na + C_6H_6$$

Die Eigenschaften der metallorganischen Verbindungen hängen sehr stark von der Bindung ab. Die Metalle mit der geringsten →Elektronegativität wie die Alkalimetalle Na, K, Rb, Cs bilden mit Kohlenstoff so stark polarisierte Bindungen, daß sie als Ionenbindung (→Bindungskräfte, →Kristallgitter) angesehen werden können. Die Verbindungen haben salzähnlichen Charakter. Sie sind schwerflüchtig, lösen sich nicht in unpolaren Lösungsmitteln und zersetzen sich vor dem Schmelzpunkt. Sie sind aber sehr reaktionsfähig, denn die Reaktivität wächst mit der Zunahme des Ionencharakters.

Bei den weniger elektropositiven Metallen kommt es zu einer nicht so stark polarisierten Atombindung. Dementsprechend sind die Verbindungen beständiger, weniger reaktionsfähig, leicht flüchtig und in unpolaren Flüssigkeiten löslich. Besonders trifft das für Hg-Verbindungen zu.

Eine besondere Art der Bindung liegt bei den leichteren Metallen der Gruppe II und III vor (Be, B, Al). Sie treten als Dimere auf. Es kommt zu *Elektronenmangelbindungen*, weil das Metall mit mehr Orbitalen als Valenzelektronen sich mit Atomgruppen verbunden hat, die keine freien Elektronenpaare besitzen, um die Orbitale zu besetzen. Bei diesen *Mehrzentrenbindungen* erstreckt sich ein bindendes Molekülorbital mit zwei Elektronen über drei Atome.

Einen weiteren Sonderfall stellen die Komplexbildungen von Übergangs-(Zwischengruppen-)Metallen mit Alkenen, Alkinen und aromatischen Verbindungen dar, in denen es zu Wechselwirkungen zwischen π-Bindungen kommt.

Metallorganische Verbindungen

Reaktionsmöglichkeiten der metallorganischen Verbindungen sind z. T. bei den Herstellungsverfahren erwähnt worden. Die Spaltung der Metall-Kohlenstoff-Bindung durch H_2 erfolgt bei den Alkalimetallen sehr leicht ohne besondere Bedingungen. Zinkverbindungen zeigen diese Reaktion erst bei 200°, 125 at Druck und einem Katalysator.

Sehr heftig reagieren viele metallorganischen Verbindungen mit O_2, H_2O, CO_2, Halogenen und Mineralsäuren. Deshalb müssen diese Stoffe bei der Darstellung von metallorganischen Verbindungen ausgeschlossen werden. Mit Luft reagieren Alkali- und Erdalkalimetallverbindungen unter Selbstentzündung. Auch mit H_2O erfolgt eine explosionsartige Zersetzung zu Kohlenwasserstoffen und Metallhydroxiden. Lediglich Metalle mit einer →Elektronegativität über 1,7 (Übergangsmetalle und schwere Metalle der Gruppen III, IV und V) reagieren nicht oder nur sehr langsam mit Wasser. Deshalb sind Hg-Verbindungen gegenüber Luft und H_2O relativ beständig.

Nach diesen allgemeinen Zusammenfassungen sind noch ein paar kurze Bemerkungen zu einzelnen Elementen anzufügen.

Alkalimetallverbindungen (→Erste Hauptgruppe) sind — wie erwähnt — von dem ionischen Charakter der Bindung in ihrem Verhalten bestimmt. Dies gilt mit Ausnahme von Lithium, das wegen seiner geringen Größe Atombindungen ausbildet. n-C_4H_9Li ist eine in Kohlenwasserstoffen lösliche Flüssigkeit, deren geringe Flüchtigkeit mit Molekülassoziationen zu erklären ist, wobei wahrscheinlich *Elektronenmangelbindungen* eine Rolle spielen. Li-Verbindungen werden wegen ihrer größeren Reaktionsfähigkeit anstelle der Mg-haltigen GRIGNARD-Verbindungen für Synthesen benutzt.

GRIGNARD-Verbindungen sind Alkylmagnesiumhalogenide. Ihre Struktur ist nicht geklärt. Sie lassen sich vermutlich als Gemische mit folgenden Gleichgewichten auffassen:

$$\text{RMg}\begin{matrix}X\\\\X\end{matrix}\text{MgR} \rightleftarrows 2\,\text{RMgX} \rightleftarrows \text{R}_2\text{Mg} + \text{MgX}_2 \rightleftarrows \text{Mg}\begin{matrix}R\\\\R\end{matrix}\text{Mg}\begin{matrix}X\\\\X\end{matrix}$$

GRIGNARD-Reagentien brechen Einzelbindungen, wenn aktiver Wasserstoff oder Halogene vorhanden sind, und addieren an polare Doppelbindungen wie Carbonylgruppe in →Oxoverbindungen oder →Carbonsäurederivaten (→GRIGNARD-Reaktion).

$$\text{RMgX} + \text{R'OH} \rightarrow \text{RH} + \text{R'OMgX}$$

$$\text{RMgX} + \text{R'X} \rightarrow \text{RR'} + \text{MgX}_2$$

Metallorganische Verbindungen

Es handelt sich bei diesen beiden Reaktionen um elektrophile →Substitutionen am gesättigten C-Atom, weil die Metall-Kohlenstoffbindung das C-Atom negativiert.

Vor der Entdeckung der GRIGNARD-Verbindungen dienten Zinkverbindungen für Synthesen, aber wegen der größeren Reaktivität und der einfacheren Herstellung der GRIGNARD-Reagentien haben Zinkverbindungen kaum noch eine Bedeutung für synthetische Zwecke.

Die beständigen Hg-Verbindungen werden für die Gewinnung anderer metallorganischer Verbindungen eingesetzt. Sie sind sehr giftig (Haut-Kontakt und Atemgifte) und wurden in der Pharmazie und als Saatgutbeizmittel (Ceresan s. →Schädlingsbekämpfungsmittel) verwendet. Wegen der Gefährlichkeit wird ihre Benutzung eingeschränkt. In manchen Ländern (Schweden) ist sie bereits verboten.

Die Entdeckung der *Hydroborierung* (→Addition von Boranen an →Alkene) bot neue Möglichkeiten für präparatives Arbeiten, da die Hydroborierung unter milden Bedingungen rasch und nahezu quantitativ verläuft. Die Hydroborierung ist eine cis-Addition und folgt nicht der Regel von MARKOWNIKOFF (s. →Addition): H tritt an wasserstoffärmstes C-Atom.

$$2\ \underset{\text{Propen}}{\overset{H_3C}{\underset{H}{>}}C=C\overset{H}{\underset{H}{<}}} + B_2H_6 \longrightarrow 2\ H_3C-\underset{H}{\overset{H}{C}}-\underset{H}{\overset{H}{C}}-B\overset{H}{\underset{H}{<}} \xrightarrow{+4\,C_3H_6} 2\left[H_3C-\underset{H}{\overset{H}{C}}-\underset{H}{\overset{H}{C}}-B\right]_3$$

$$\downarrow H_2O_2 \text{ in alkalischer Lösung}$$

$$6\ H_3C-CH_2-CH_2-OH$$
$$\text{n-Propan-1-ol}$$

Aluminium-Alkyle lassen sich ebenfalls durch →Addition an →Alkene herstellen. Al gehört wie B zur →dritten Gruppe. Gemäß dem metallischeren Charakter von Al sind dessen organische Verbindungen reaktionsfähiger. Sie zersetzen sich leicht mit Wasser und Luft. Trimethyl- und Triäthylaluminium liegen im dimeren Zustand vor und weisen eine Brückenstruktur mit einer Elektronenmangelbildung auf.

$$\underset{H_3C}{\overset{H_3C}{>}}Al\underset{CH_3}{\overset{CH_3}{<}}Al\underset{CH_3}{\overset{CH_3}{<}}$$

Geradkettige →Alk-1-ene addieren an Al-C-Bindung in der Art, daß das Al-Atom an das primäre C-Atom gebunden wird. Dies ist die *Aufbau-Reaktion*, eine Grundlage zur →Polymerisation mit Aluminiumalkylen als Katalysator.

Metathese-Reaktion

$$R-CH_2-al + R'CH=CH_2 \rightarrow RCH_2 \cdot CHR'CH_2 al \qquad al = {}^1/_3 Al$$

Aluminium-Katalysatoren spielen bei der stereotaktischen →Polymerisation eine Rolle.

Das giftige Bleitetraäthyl, das aus einer Legierung von Blei und Natrium hergestellt wird, dient als Zusatz (Antiklopfmittel) zu Treibstoffen (→Octanzahl, →Erdöl). Wegen der Giftigkeit der entstehenden Bleirückstände wird dieser Zusatz eingeschränkt.

Literatur
Rodd's Chemistry of Carbon Compounds, Bd. IB. — Elsevier Pub. Com., Amsterdam 1965
COATES, G. E. u. WADE K.: Organometallic Compounds. — Methuen, London 1967
COATES, G. u. a.: Einführung in die metallorganische Chemie. — Enke, Stuttgart 1972
HEIMBACH, P. u. TRAUNMÜLLER, R.: Chemie der Metall-Olefin-Komplexe. — Verlag Chemie, Weinheim 1970

Metathese-Reaktion s. Cycloalkane 1.2.
Metasystox s. Schädlingsbekämpfungsmittel.
Metazocin s. Arzneimittel.
Methadon s. Arzneimittel, Rauschgifte.

Methan ist das erste Glied der →homologen Reihe der →Alkane mit der Formel CH_4, ein farbloses, geruchloses Gas (Kp. $-161{,}6°C$, Dichte 0,7168 g/l), das mit nicht leuchtender Flamme verbrennt (210,8 kcal/Mol) und sich im Wasser kaum löst. Gemische mit Luft (zwischen 5 und 15% CH_4) explodieren heftig bei einer Entzündungstemperatur von 695°C (höher als Knallgas) = schlagende Wetter in Bergwerken.

Methan kommt in großen Mengen im Erdgas vor. Bei der trockenen Destillation von Kohle und Holz entsteht es (Grubengas in Steinkohlenflözen, Kokerei- und Stadtgas). Methan wird auch bei der bakteriellen Zersetzung von Zellulose gebildet (Sumpfgas-Entdeckung von SCHEELE). Methan kann durch Zersetzung von Metallcarbiden mit Wasser (Al_4C_3) oder aus Wassergas nach dem FISCHER-TROPSCH-Verfahren hergestellt werden. Die Umkehrung des letzten Verfahrens dient heute zur Gewinnung von Wasserstoff aus Erdgas für Synthesen (z. B. HABER-BOSCH →Ammoniak):

$$CH_4 + H_2O \xrightarrow[1000°C]{Ni} 3H_2 + CO$$

Unvollständige Verbrennung liefert Ruß, thermische Spaltung →Äthin.

Literatur
ASINGER: Chemie und Technologie der Paraffin-Kohlenwasserstoffe. — Akademie-Verlag Berlin 1956

Methanol s. Hydroxylderivate 1.1.2.
Methanolzelle s. Brennstoffzellen.
Methin-Gruppe (=CH-) s. Polymethin→farbstoffe 1.3., Porphinderivate, Polyene.
Methionin s. Aminosäuren 1.2.
Methylen (CH$_2$-Gruppe) s. Alkene, Carbene.
Methylenblau s. Heterocyclen 2.3., Indikatoren.
Methylorange s. Indikatoren.
Metol s. Fotografie 1.
Mevalonsäure s. Carbonsäuren 2.4.1., Polyene, Steroide.
Michaelis-Konstante s. Enzyme.
Michael-Reaktion s. Additionen 1.2., Carbonsäuren 1.2. (Malonester) und 2.1., Oxoverbindungen 1.2.
Milchsäure s. Carbonsäuren 1.1.2. und 2.4.1.
Milchzucker s. Kohlenhydrate 2.
Millons Reagens s. Aminosäuren 3.
Mineralfarben s. Farbstoffe 3.

Mineralkohlen. Hierzu rechnet man folgende Kohlearten: Anthrazit, Steinkohle und Braunkohle. Der tiefschwarze Anthrazit ist der hochwertigste Brennstoff (8000 kcal/kg). Er hinterläßt nur wenig Asche und sein Kohlenstoffgehalt beträgt mehr als 92%.
Die technische Verwendung der *Steinkohle* (75 bis 90% Kohlenstoffgehalt, Heizwert etwa 7500 kcal/kg) richtet sich nach der Gasmenge und dem Rückstand (Koks), der bei der Entgasung unter Luftabschluß verbleibt:
„Magerkohle" entwickelt nur 5 bis 10% gasförmige Bestandteile und verbrennt deshalb mit kurzen Flammen. Sie ist besonders für Feuerungen geeignet.
„Fettkohle" liefert 10 bis 25% gasförmige Produkte und verbrennt mit mittellanger Flamme. Sie dient hauptsächlich zur Herstellung von Koks.
„Gaskohle" ergibt beim Erhitzen 25 bis 35% Gase und wird zur Erzeugung von Stadtgas verwendet. Der dabei entstehende Koks ist für Heizungszwecke gut zu gebrauchen.
Die *Braunkohle*, dunkel bis hellbraun gefärbt, enthält etwa 50% Wasser und ihr Heizwert ist am geringsten (2400 kcal/kg im lufttrockenen Zustand). Ein Transport über weite Strecken lohnt sich daher nicht. Man verbraucht Braunkohle an Ort und Stelle (Energieerzeugung) oder preßt sie zu Braunkohlenbriketts.
Die Mineralkohlen bestehen nicht aus reinem Kohlenstoff, sondern stellen ein Gemisch komplizierter kohlenstoffhaltiger Verbindungen dar, an denen hauptsächlich die Elemente Sauerstoff, Wasserstoff, Stickstoff und Schwefel beteiligt sind.

Mineralkohlen

Die Braunkohle ist in der Neuzeit der Erdgeschichte (Tertiärformation) aus den Waldmooren entstanden. Die Steinkohle bildete sich in der Altzeit (Karbonformation) aus Sumpfmooren von riesenhaften Farnen und Schachtelhalmen. Durch langsame Senkung des Untergrundes wurden solche ausgedehnten Sumpf- und Moorwälder vom Meer überflutet, das durch seine Ablagerungen eine Deckschicht aus Sedimenten gebildet hat. Auf ihnen konnte sich beim Zurückweichen des Meeres ein neues Moor entwickeln. Dieser Vorgang hat sich mehrfach wiederholt. In Millionen Jahren erfolgten dann Umwandlungs- und Zersetzungsvorgänge („*Inkohlung*"), bei denen die Elemente Wasserstoff und Sauerstoff vorwiegend als Methan (CH_4), Kohlendioxid (CO_2) und Wasser (H_2O) abgespalten wurden. Diese Verbindungen konnten durch die porösen Gesteine entweichen oder sich in unterirdischen Hohlräumen ansammeln. Auf diese Weise sinkt der Wasserstoff- und Sauerstoffgehalt des Rückstandes und der Anteil an Kohlenstoff vergrößert sich. Je länger die Inkohlung unter den entsprechenden Druck- und Temperaturverhältnissen andauerte, desto größer ist der Kohlenstoffgehalt der Kohlen. Folgende Tabelle enthält die Elementarzusammensetzung der asche- und wasserfreien Substanz ohne Berücksichtigung des Schwefel- und Stickstoffgehalts (in %):

	Kohlenstoff	Wasserstoff	Sauerstoff
Holz	50	6	44
Torf	60	6	34
Braunkohle	74	5	21
Gaskohle	85	5,3	10,7
Anthrazit	96	2	2

Die Asche, die bei der Verbrennung der Kohlen zurückbleibt, besteht aus der ursprünglichen Pflanzenasche und fein verteilten tonigen und sandigen Substanzen, die während des Inkohlungsvorganges aus Gewässern eingeschwemmt wurden. In den geologisch ältesten Schichten findet man daher Anthrazit und Steinkohle, in den jüngeren Formationen die Braunkohle, und das jüngste Produkt ist der Torf.

Die molekulare Struktur der Kohlen ist so kompliziert, daß nur annähernde Vorstellungen darüber bestehen. Sicher ist, daß die organische Substanz der Kohlen aus Makromolekülen mit aromatischen Ringsystemen besteht, die eine große Zahl von Seitenketten tragen. Diese Verbindungen sind wegen ihrer thermischen Unbeständigkeit und geringen Löslichkeit einer chemischen Untersuchung nur schwer zugänglich.

Mineralkohlen

Als jüngste Kohle befindet sich die Braunkohle in so geringen Tiefen im Boden, daß eine Gewinnung im Tagebau möglich ist. Steinkohle und Anthrazit müssen „unter Tage" abgebaut werden. Etwa 50% der geförderten Kohle werden verbrannt, um Energie zu gewinnen.

Soll Kohle in chemischen Vorgängen eingesetzt werden, ist sie in ihrer ursprünglichen Form meist nicht zu gebrauchen, da ihre flüchtigen Bestandteile störend wirken können (z. B. bei der Metallgewinnung im Hochofen). Man erhitzt deshalb die Steinkohle unter Luftabschluß (trockene Destillation). Dabei entweicht ein brennbares Gasgemisch, das als Heizgas verwendet werden kann. Als Rückstand verbleibt Koks. Man bezeichnet diesen Vorgang auch als *Entgasung* oder *Verkokung* der Steinkohle. Er wird in Gaswerken oder Kokereien durchgeführt. 1735 entwickelte der Engländer DARBY das erste brauchbare Verfahren zur Koksgewinnung. Interesse daran hatte die Eisenindustrie, die bis dahin das Roheisen mit Hilfe von Holzkohle als Reduktionsmittel gewonnen hatte. Im Jahre 1813 wurde die erste Straßenbeleuchtung mit Gas in London in Betrieb genommen.

Bei der Hochtemperaturverkokung erhitzt man Steinkohle auf 800 bis 1200°C unter Luftabschluß in sogenannten Horizontalkammeröfen (12 m Länge, 4 bis 6 m Höhe und etwa 45 cm Breite), von denen 20 bis 60 Stück nebeneinander zu Batterien vereinigt sind. Die Flammen der Heizgase umspülen jede Kammer von beiden Seiten. Nach etwa 20 Stunden wird der glühende Koks mit Stoßmaschinen aus der Kammer geschoben und in „*Löschwagen*" mit Wasser abgelöscht. Nach dem Koksausstoß füllt man die Kammern sofort wieder mit Steinkohle. Den Kammern entweicht ein Gemisch aus Gasen und Dämpfen, dem man Steinkohlenteer, Ammoniak und Benzol entzieht. Zu diesem Zweck wird das Rohgas abgekühlt, wobei sich Teer und Ammoniakwasser abscheiden. Anschließend löst man das Benzol mit Hilfe von Waschöl (Fraktion des Steinkohlenteers, die bei 200 bis 300°C siedet) aus dem Gasstrom heraus („*Benzolwäscher*"). Durch Erhitzen dieser Lösung entweicht das Benzol, das Waschöl bleibt zurück und kann wieder verwendet werden. Nach der Benzolwäsche enthält der Gasstrom noch etwas Schwefelwasserstoff, den man an Eisenhydroxid ($Fe(OH)_3$) in Trockenreinigern bindet, wenn das Gas als Ferngas Verwendung finden soll.

Das Gasgemisch besteht nach diesen Vorgängen aus folgenden Verbindungen (Durchschnittswerte): 50% Wasserstoff, 33% Methan, 7% Kohlenmonoxid, 5% Stickstoff, 3% Kohlenwasserstoffverbindungen und 2% Kohlendioxid.

Die Zersetzungsvorgänge während der Entgasung sind sehr kompliziert und besonders von der Temperatur abhängig. Die hochmolekularen Kohlenwasserstoffe der Alkane spalten schon bei niedrigen Temperaturen (etwa 500°C) von den Enden her Bruchstücke ab, die bis zu 3 Kohlenstoffatome enthalten. Dabei

Mineralkohlen

bleiben ungesättigte Kohlenwasserstoffe mit niedrigerer Zahl der Kohlenwasserstoffatome zurück. In diesem Temperaturbereich spalten auch die Benzolkohlenwasserstoffe Seitenketten ab, die dann zu Polymerisation neigen. Aus drei Äthenmolekülen kann sich z. B. Cyclohexan (C_6H_{12}) bilden, das bei weiterem Erhitzen unter Abspaltung von Wasserstoff in Benzol übergeht. Dieser Wasserstoff kann dann bei höheren Temperaturen reduzierend auf Phenole, Kresole und Naphthole wirken, die bei niedrigen Temperaturen gebildet werden. So kommt es zur Bildung von Benzol, Xylol, Naphthalin, Anthracen und Phenanthren. Der in der Kohle enthaltene Schwefel und Stickstoff entweicht hauptsächlich in Form von Schwefelwasserstoff und Ammoniak. Aus einer Tonne Kohle erhält man im Durchschnitt folgende Stoffmengen: 750 kg Koks, 30 kg Teer, 10 kg Benzol, 2 kg Ammoniak und 330 m³ Heizgas.

Koks besteht zum größten Teil aus elementarem Kohlenstoff (94 bis 97% Kohlenstoff, 0,5 bis 1,2% Wasserstoff, 1 bis 2% Sauerstoff, 0,6 bis 0,8% Stickstoff und 0,8 bis 1,5% Schwefel; bezogen auf asche- und wasserfreie Substanz). Er wird in großen Mengen im Hochofen (→Stahl) zur Erzeugung von Roheisen verwendet. Durch „Vergasen" von Koks gewinnt man Heizgase, die in der Technik viele Vorteile bieten, z. B. bequemer Transport, leicht mischbar mit der Verbrennungsluft, keine Rückstände bei der Verbrennung. Leitet man Luft durch eine hohe Schicht von glühendem Koks, erhält man ein Gasgemisch („*Generatorgas*") etwa folgender Zusammensetzung: 35% Kohlenmonoxid, 60% Stickstoff, 5% Kohlendioxid. Das in der untersten Koksschicht gebildete Kohlendioxid (CO_2) wird in den darüber liegenden glühenden Schichten zu Kohlenmonoxid (CO) reduziert:

$$C + O_2 \rightarrow CO_2 \quad | \quad -94 \text{ kcal}$$

$$CO_2 + C \rightleftarrows 2CO \quad | \quad +41{,}2 \text{ kcal}$$

Nur bei Temperaturen um 1000°C und darüber wird nahezu alles Kohlendioxid zu Kohlenmonoxid reduziert. Der Heizwert dieses Gasgemisches ist infolge des großen Anteils an Stickstoff gering (900 kcal/m³). Es wird daher an Ort und Stelle zur Beheizung von Wärmespeicheröfen (Stahl-, Glas- und Keramikindustrie) verwendet.

Bläst man Wasserdampf durch glühende Koksschichten, so bildet sich ein energiereicheres Gasgemisch („*Wassergas*") mit einem Heizwert von etwa 3000 kcal/m³. Seine Bestandteile sind: 50% Wasserstoff, 40% Kohlenmonoxid und 10% Kohlendioxid. Die Reaktion verläuft nach folgenden Gleichungen:

(1) $\quad\quad\quad C + H_2O \rightarrow CO + H_2 \mid +31{,}4 \text{ kcal}$

(2) $\quad\quad\quad CO + H_2O \rightleftarrows CO_2 + H_2 \mid -9{,}8 \text{ kcal}$

Nur bei Temperaturen über 1000° C erhält man vorwiegend Kohlenmonoxid und Wasserstoff. Bei niedrigeren Temperaturen verläuft die Reaktion (2) vorwiegend nach rechts und es bildet sich Kohlendioxid und Wasserstoff. Die Reaktion (1) stellt einen endothermen Vorgang dar. Es muß daher ständig Wärme zugeführt werden, um die Reaktion in Gang zu halten. Diese Wärme kann der Generatorgas-Prozeß liefern, wenn man abwechselnd oder gleichzeitig Wasserdampf und Luft (bzw. Sauerstoff) durch die glühenden Koksschichten bläst. Es entsteht dann ein Gasgemisch („*Mischgas*") mit folgender durchschnittlicher Zusammensetzung: 50% Stickstoff, 30% Kohlenmonoxid, 15% Wasserstoff und 5% Kohlendioxid. Dieses Verfahren kann auch zur Herstellung von Wasserstoff verwendet werden.

Der *Steinkohlenteer* ist eine zähe, schwarze, unangenehm riechende Flüssigkeit. Sie stellt ein Gemisch aus etwa 10.000 Verbindungen dar, von denen bisher etwa 475 mit Sicherheit nachgewiesen sind. Etwa 55% des Teers bestehen aus diesen Verbindungen. Der Steinkohlenteer wird zunächst in einfacher Destillation weiterverarbeitet. Etwa 50 bis 60% des Teers bleiben dabei als schwarze, feste Masse zurück („*Steinkohlenteerpech*"). Das Destillat wird durch fraktionierte Destillation in folgende Fraktionen getrennt:

	Siedebereich	Erzeugnisse
Leichtöl	bis 180° C	Benzol, Toluol, Xylol
Mittelöl	170 bis 240° C	Phenol, Kresole, Pyridin
Schweröl	240 bis 270° C	Naphthalin, Diphenyl
Anthracenöl	270 bis 360° C	Anthracen, Carbolineum

Aus 50 kg Teer erhält man etwa 1 kg Benzol, 250 g Toluol, 250 g Phenol, 3 kg Naphthalin und 250 g Anthracen.

Das Steinkohlenteerpech enthält hochmolekulare, aromatische Kohlenwasserstoffe und Heterocyclen. Die Hauptbestandteile sind aromatische Kohlenwasserstoffe mit mehreren kondensierten Ringen, die wahrscheinlich zu einem Teil über Methylengruppen miteinander verknüpft sind. Das Pech verwendet man als Straßenteer sowie zur Herstellung von Steinkohlenbriketts und Dachpappe.

Literatur

GRAF, E. G.: Technologie der Brennstoffe. — Deuticke, Wien 1955
FRANCK, H. G. u. COLLIN, G.: Steinkohlenteer. — Springer, 1968

Mipolam s. Polymerisation.

Mischindikator s. pH-Wert (pH-Indikatoren).

Mörtel sind Bindemittel, die mit kleinkörnigen Zuschlägen (Sand, Kies) und Wasser vermischt, nach einiger Zeit erhärten. Sie dienen zum Verkitten von Bausteinen oder zum Verputz von Mauerteilen. Man unterscheidet Luftmörtel, die nur an der Luft erhärten und Wassermörtel (hydraulische Mörtel), die auch unter Wasser zu einer festen Masse erstarren (→Zement).

Der bekannteste Luftmörtel ist der Kalkmörtel. Er besteht aus einem dicken Brei von gelöschtem Kalk (Calciumhydroxid), Sand und Wasser, wobei Kalk und Sand im Volumenverhältnis 1 : 3 gewählt werden. Beim Erhärten nimmt das Calciumhydroxid ($Ca[OH]_2$) aus der Luft Kohlendioxid auf und bildet Calciumcarbonat ($CaCO_3$):

$$Ca(OH)_2 + CO_2 \rightarrow CaCO_3 + H_2O$$

Dieses kristalline Calciumcarbonat verkittet den Sand und die Bausteine. Der Sand beteiligt sich dabei nicht an der chemischen Reaktion. Er ist notwendig, um den Mörtel porös zu machen, damit Luft eindringen kann und ein Fortschreiten des Erstarrungsprozesses nach innen ermöglicht wird. Aus Kalkmörtel lassen sich auch Bausteine, sogenannte *Kalksandsteine*, herstellen. Zu diesem Zweck bringt man ein Gemenge aus Sand, gelöschtem Kalk und Wasser durch Pressen in Ziegelform. Diese Ziegel werden mit überhitztem Wasserdampf bei 180°C und 10 atü in geschlossenen Kesseln gehärtet. Aus dem gelöschten Kalk und dem Sand bildet sich Calciumhydrogensilikat, das die Sandkörner verkittet. Die fast weißen Kalksandsteine besitzen die Form von Tonziegeln, sind aber billiger.

Mößbauern s. Eisen.

Molekül oder Molekel. Im Juli 1811 erschien im *Journal de physique par Delamétherie* eine Abhandlung AVOGADROS unter dem Titel *„Essai d'une manière de déterminer les masses rélatives des molécules élémentaires des corps, et les proportions selon lesquelles elles entrent dans combinaisons"*. Hier wird zum ersten Mal das Wort Molekül verwendet. Avogadro unterscheidet elementare Moleküle, die dem heutigen Begriff Atom entsprechen, manchmal auch als „constituierende" Moleküle bezeichnet, und integrierende Moleküle. Entscheidend ist in seiner Arbeit die Annahme, daß die Moleküle aller Gase untereinander den gleichen Abstand besitzen. In der Originalarbeit findet sich also nicht das Avogadrosche Gesetz in der heute bekannten Form: In gleichen Volumina enthalten bei gleichem Druck und gleicher Temperatur Gase die gleiche Anzahl von Molekülen. Eine ähnliche Hypothese stellte unabhängig von Avogadro AMPÈRE im Jahre 1814 auf, wobei er statt des Wortes Molekül das Wort Partikel verwendete

Bei Anwendung auf bekannte Gasreaktionen seiner Zeit kam Avogadro zu dem Schluß, daß die Moleküle aus mehreren Elementarmolekülen zusammengesetzt sind. Das dürfte der Anlaß dafür sein, daß man lange Zeit unter einem Molekül immer den kleinsten Baustein einer chemischen Verbindung betrachtete. So verstand man u. a. unter einem Molekül Kochsalz NaCl. Nach Erforschung der Gitterstrukturen mittels Röntgendiagrammen ließ sich der Molekülbegriff in der Form nicht mehr halten, weil jedes Natriumion von sechs Chloridionen und umgekehrt umgeben ist, also keine bestimmte Zuordnung besteht. Man kann dann nur den gesamten Kristall als Molekül auffassen. Nach der Entdeckung der Edelgase erkannte man, daß auch „elementare" Moleküle existieren können, oder in der modernen Darstellung ausgedrückt, daß es auch einatomige Moleküle gibt, die das Gesetz von Avogadro erfüllen. Der Molekülbegriff braucht jedoch nicht auf Gase beschränkt zu werden. So kann man durchaus von Anthrazenmolekülen sprechen, die durch VAN-DER-WAALS-Kräfte zusammengehalten einen Kristall bilden. Die JUPAC führt als neutrale Moleküle u. a. auf: H (monohydrogen), O (monooxygen) usw., erkennt also auch einatomige Moleküle an. Molekül ließe sich heute als kleinste (meta-)stabile Einheit eines Stoffes definieren.

Das Molvolumen eines Gases beträgt bei 0°C und 1 atm Druck 22,4 Liter. In ihnen ist die Molmasse eines Gases enthalten (4 g He, 2 g H_2, 17 g NH_3 usw.). Die Anzahl der Moleküle heißt die Avogadro- auch Loschmidtsche-Zahl und beträgt $N_L = 6{,}0249 \cdot 10^{23}$.

Literatur
Ostwald's Klassiker der exakten Wissenschaften, Nr. 8. — Wilhelm Engelmann, Leipzig 1889
JUPAC: Nomenclature of Inorganic Chemistry. — Butterworths Scientific Publications, London 1959

Molekularsiebchromatographie s. Chromatographie, Clathrate.
Moltopren s. Polyaddition.
Molybdän gehört zu den Elementen der →Sechsten Nebengruppe. Es hat die natürlichen Isotope mit den Massenzahlen 92 (15,84%), 94 (9,04%), 95 (15,72%), 96 (16,53%), 97 (9,46%), 98 (23,78%), 100 (9,63%). Es ist fast ebenso häufig wie Blei in der Erdkruste.

Das weitaus häufigste Mineral ist der Molybdänglanz MoS_2. Er kristallisiert hexagonal, ist metallisch glänzend — und auch wegen der geringen Härte — dem Graphit täuschend ähnlich. Er kommt zusammen mit Zinn und Wolframit in Eruptivgesteinen vor. Gelegentlich enthält des Erz noch geringe Mengen von Rhenium. An zweiter Stelle steht der Wulfenit oder das Gelbbleierz ($PbMoO_4$).

Monazit

Wichtige Erzvorkommen liegen in den USA mit dem wichtigsten Fundort Climax in Colorado. Die UdSSR steht an zweiter Stelle mit Fundstätten in Transkaukasien, Nordkaukasus, Transbaikalien und im Bezirk Krasnojarsk. Kleine Fundstellen befinden sich im Erzgebirge. Auch der Mansfelder Kupferschiefer enthält Mengen unter $1/100\%$.

Die Farbe des Molybdäns ist silberweiß. Wegen seines um ca. 1100°C höheren Schmelpunktes als Eisen kann es noch bei Temperaturen angewendet werden, bei denen andere Metalle erweichen. Seine geringe Wärmeausdehnung — etwa $1/3$ der des Kupfers — und seine hohe Wärmeleitfähigkeit verleiht Molybdän ausgezeichnete Temperaturwechselbeständigkeit.

Molybdän ist löslich in Salpetersäure, heißer, konzentrierter Schwefelsäure und in Gemischen von Salpetersäure und Salzsäure. Mäßig beständig ist es gegen Salzsäure, warme Schwefelsäure, Ammoniak und Schwefel, Halogene und Kohlenstoff enthaltende Gase und beständig gegen nicht oxydierende anorganische und organische Säuren; desgleichen gegen wäßrige Alkalilösungen. In trockener sauerstoffhaltiger Luft ist es bei Raumtemperaturen völlig beständig. Angegriffen wird es durch flüssiges Zinn, nicht dagegen von flüssigen Alkalimetallen, Quecksilber, Zink und Blei-Wismut-Zinn-Legierungen. Molybdän nimmt begierig Arsen auf, Wasserstoff wird nicht gebunden.

Molybdän bildet die Oxide MoO_2 und MoO_3. Letzteres löst sich leicht in Alkalien und in Ammoniak unter Bildung von Molybdaten: z. B. $(NH_4)_2MoO_4$. Erhitztes Molybdän reagiert mit Fluor, Chlor und Brom, im festen Zustand jedoch nicht mit Jod.

Die Stahlindustrie verbraucht ca. 90% der Molybdänerzeugung. Dabei überschreitet der Molybdänanteil kaum 1% der Legierungen. Bei hoch legierten Chrom- und Chrom-Nickel-Stählen erhöht der Zusatz merklich die Korrosionsbeständigkeit. Die Tauchkugel *Bathyskaph*, mit der Piccard 1960 den tiefsten Punkt des Mariannengrabens — 11.521 Meter unter dem Wasserspiegel — erreichte, bestand aus einem Chrom-Nickel-Molybdän-Stahl.

Molybdän ist einer der am meisten angewandten Katalysatoren bei der Oxydation, Hydrierung, Dehydrierung, Polymerisation und Alkylierung. Wolfram-Molybdän-Thermoelemente eignen sich für die Temperaturmessung von Stahlschmelzen auch bei 1900°C und höheren Temperaturen.

Monazit s. Lanthan.
Monochloräthan s. Halogenderivate 1.
Monochlorbenzol s. Halogenderivate 1.
Monochlormethan s. Halogenderivate 1.
Monosaccharide s. Kohlenhydrate 1.
Montmorillonit s. Silikate, Keramik.

Monuron s. Schädlingsbekämpfungsmittel.
Morphin s. Alkaloide, Heterocyclen 2.2., Arzneimittel, Rauschgifte.
MO-Verfahren s. Aromatische Systeme.
Mowilith s. Polymerisation.
Mucine s. Aminosäuren 3.
Mullit s. Silikate.
Multi-Enzym-Komplex s. Carbonsäuren 1.1.4.
Murexid-Reaktion s. Heterocyclen 2.4.
Muscarin s. Alkaloide, Heterocyclen 1.1., Rauschgifte.
Muscon s. Oxoverbindungen 1.1.4.
Mutarotation s. Kohlenhydrate 1.1.
Myoglobin s. Porphinderivate 1.
Myrcen s. Terpene 1.
Myretnol s. Terpene 1.

N

n- ist die Abkürzung für normal. Sie bezeichnet: 1. bei Elektrolyten eine Lösung, die ein Val (Grammäquivalent) in einem Liter Lösung enthält — in 1 l einer 1 n Schwefelsäure sind $96{,}06 : 2 = 48{,}03$ g Sulfat-Ionen gelöst, da die Sulfat-Ionen die Ladung 2+ tragen; 2. bei Oxydationsmitteln eine Lösung, die ein Oxydationsäquivalent in einem Liter Lösung enthält — 1 Mol $KMnO_4$ stellt 5 Grammatom Elektronen zur Verfügung, eine 1 n Lösung enthält im Liter $158{,}03 : 5 = 31{,}606$ g $KMnO_4$; 3. bei →Alkanen und anderen Kohlenwasserstoffen die Verbindungen, die aus einer unverzweigten Kette bestehen.

NAD = Nicotinamid-adenin-dinucleotid s. Heterocyclen 2.4., Vitamine.
Nallin s. Arzneimittel.
Naphthacen (Tetracen) s. Benzolkohlenwasserstoffe 2.3.3.
Naphthalin $C_{10}H_8$ s. Benzolkohlenwasserstoffe 2.3.1.
Naphthene s. Cycloalkane.
Naphthol s. Hydroxylderivate 3.
Narcotin s. Alkaloide.

Natrium gehört als Alkalimetall zur →Ersten Hauptgruppe der chemischen Elemente. Nur ein stabiles Isotop existiert, das die Massenzahl 23 hat.
Seiner Verbreitung nach steht Natrium an sechster Stelle aller Elemente. Seiner leichten Oxydierbarkeit wegen tritt es jedoch nie gediegen auf. Dagegen finden sich leicht lösliche Salze in großen Mengen, die sich entweder in ariden Gebieten haben halten können oder die im Laufe der Erdgeschichte von einer wasserundurchlässigen Schicht bedeckt wurden. Hierzu gehören das Steinsalz (NaCl), Soda (Na_2CO_3), Thenardit (Na_2SO_4), Borax ($Na_2B_4O_7$) und der Chilesalpeter ($NaNO_3$). Entstanden sind diese Lagerstätten durch Austrocknen von Meeresbuchten oder — wie beim Salpeter — durch Ausfallen aus der Atmosphäre. Bei einem so reichhaltigen Vorkommen sind andere Natrium haltige Verbindungen, die erst aufgeschlossen werden müßten, ohne Interesse.
Metallisches Natrium hat entweder in reiner Form oder in einer Legierung von 56% Na und 44% K als Kühlflüssigkeit Verwendung gefunden. Die angegebene Legierung ist schon bei 50°C flüssig und siedet bei ca. 820°C gegenüber 892°C des reinen Natriums. Die Wärmekapazität beträgt nur rund $^1/_3$ der des Wassers, doch liegt der technische Vorteil darin, daß man ohne Druckerhöhung arbeiten kann. Besonders interessant wurden diese Kühlflüssigkeiten beim Wärmetransport in Reaktoren. Einer zwölfmal größeren Neutronenabsorption des Natriums verglichen mit der des Lithiums-7 stehen die viel geringeren Kosten gegenüber. Die gute elektrische Leitfähigkeit bei geringer Dichte lassen Natrium in Konkurrenz mit den besten Leitern treten. Man füllt dünne Stahlrohre mit Natrium

und erhält damit elektrische Stromschienen, die beispielsweise Ströme von 4000 Amp. leiten.

Glühender Natriumdampf leuchtet intensiv gelblich-grün. Da diese „D"-Linie ungefähr im farbempfindlichsten Bereich des menschlichen Auges liegt, erreicht man mit geringstem Energieaufwand eine beste physiologische Lichtwirkung. Man verwendet in zunehmendem Maße derartige Natriumdampflampen zur Straßenbeleuchtung. Da außer der „D"-Linie keine sichtbare Linie im Spektrum des Natriums vorliegt, ist eine derartige Lampe im Haushalt völlig unbrauchbar. Unter der großen Zahl von Natriumverbindungen ist von besonderer technischer Bedeutung das Natriumcyanid (NaCN), das dem Auflösen von Gold aus seinen Erzen dient. Es kann u. a. mittels Kohle und Stickstoff nach folgenden Gleichungen gewonnen werden:

$$2\,Na + 2\,C \rightarrow Na_2C_2$$
$$Na_2C_2 + N_2 \rightarrow 2\,NaCN$$

Natriumchlorat ($NaClO_3$) dient als Unkrautvertilgungsmittel.
Natriumcarbonat s. Soda.
Natriumhydroxid, NaOH. Fester, weißer, undurchsichtiger Stoff, der in Stangen, Schuppen, Tafeln oder Plätzchen im Handel ist. Die Herstellung erfolgt durch →Chloralkali-Elektrolyse. Natriumhydroxid ist hygroskopisch und löst sich leicht in Wasser unter Wärmeentwicklung. Es wird in der Technik für zahlreiche Zwecke verwendet: in der Seifenfabrikation, bei Farbstoffsynthesen, zur Herstellung von Zellstoff, Kunstseide, Wasserglas und Abbeizmitteln.
Natriumthiosulfat s. Fotografie 1.
Natronlauge. Lösung von →Natriumhydroxid in Wasser. Konzentrierte Natronlauge wirkt stark ätzend auf organische Gewebe und greift bei längerer Einwirkung auch Glas und Porzellan an.
N-Bromsuccinimid s. Carbonsäuren 1.2. (Bernsteinsäure), Alkene.
NDGA s. Autoxydation.

Neapelgelb s. Farbstoffe 3.
Neo-bezeichnet bei →Alkanen die Isomeren, deren Verzweigung aus drei Methylgruppen am Kettenende besteht, z. B. Neo-hexan = 2,2-Dimethylbutan

Neodym gehört zu den →Lanthaniden. Von ihm existieren stabile Isotope mit den Massenzahlen 142(27,11%), 143(12,17%), 145(8,3%), 146(17,22%), 148(5,73%) und 150(5,62%). Hinzu kommt das metastabile Isotop mit 144(23,85%), das eine Halbwertszeit von $2,4 \cdot 10^{15}$ Jahren besitzt.

Neon gehört zu den →Edelgasen. Von ihm existieren die stabilen Isotope mit den Massenzahlen 20 (90,92%), 21 (0,26%) und 22 (8,82%).

Das geringe Auftreten des Elementes auf der Erde ist ungewöhnlich und eröffnet eine Reihe von Problemen, die bisher nicht gelöst werden konnten. Die Möglichkeit, ähnlich wie Helium, aus der Atmosphäre in den Weltenraum entwichen zu sein, ist deswegen auszuschließen, weil dann auch die in der Uratmosphäre vorhandenen Gase Ammoniak und Methan hätten ebenfalls verschwinden müssen.

Die einzige Rohstoffquelle ist die Luft. Bei der fraktionierten Destillation der verflüssigten Luft (s. Sauerstoff) bleibt Neon auch bei Anwendung hoher Drucke zusammen mit Helium gasförmig, weil die kritische Temperatur zu tief liegt. An einem in die Rektifikationssäule eingebauten Kondenser trennen sie sich mit viel Stickstoff und werden in einer Zusatzsäule zum größten Teil von ihm durch nochmaliges Verflüssigen des Stickstoffs abgeschieden. Das Rohneon durchströmt bei der Temperatur des flüssigen Stickstoffs eine Falle aktiver Kohle. Der noch vorhandene Stickstoffrest wird an ihr adsorbiert. Eventuell vorhandener Wasserstoff oxydiert anschließend an Kupferoxid. Das entstandene Wasser scheidet sich wiederum bei der Temperatur flüssigen Stickstoffs ab. Wegen der stärkeren Adsorptionsfähigkeit des Neons gegenüber Helium läßt man es durch mehrere hintereinander geschaltete Fallen aktiven Kohlenstoffs strömen. Während es bei den tiefen Temperaturen völlig festgehalten wird, strömt Helium hindurch. Beim Erwärmen des mit Neon gesättigten Kohlenstoffs wird es frei und kann in Stahlflaschen gespeichert werden.

Das einzige Anwendungsgebiet stellt die Lichterzeugung dar. Es ist der entscheidende Anteil in Glimmlampen. Sie sind im Handel in Stärken von 0,04 bis 3 W und haben eine gute Lichtausbeute. Sie sind eine Abart der Gasentladungslampen. Mit Neon gefüllte Röhren können je nach der Farbe des Glases Rot in verschiedenen Abstufungen aufweisen. Der Innendruck beträgt 6 bis 12 Torr. Natriumdampflampen, die in zunehmendem Maße der Straßenbeleuchtung dienen, enthalten Neon. Beim Einschalten beginnt es sofort zu leuchten (rot). Nach und nach erwärmt sich das feste Natrium, verdampft und sendet dann sein charakteristisches Licht aus.

Der Preis für 1 Liter Neon beträgt 20 bis 30 DM. Trotz dieses Preises wirkt er sich bei der Preisgestaltung der Neonröhren kaum aus. Ein Liter Gas reicht aus, eine Röhre von 10 mm lichter Weite von einem Kilometer Länge bei einem Druck von 7 Torr zu füllen. Medizinisch hat Neon keine Anwendung gefunden.

Nichtbenzoide aromatische Verbindungen 1.

Neopren s. Kautschuk.
Neoteben s. Heterocyclen 2.1.
Neptunium s. Actiniden.
Nerol s. Terpene 1.
Neusilber s. Kupfer.
Neutrino s. Atomkerne.
Neutroneneinfang s. Cadmium.
Neutronenerzeugung s. Beryllium.
Neutronennachweis s. Bor.

Nichtbenzoide aromatische Verbindungen sind nicht vom →Benzol herzuleitende Ringsysteme mit konjugierten (→Diene) Doppelbindungen (Einfach- und Doppelbindung wechseln miteinander), die eine ebene Struktur haben und eine Anzahl π-Elektronen, die der Regel (4n + 2) entspricht (→aromatische Systeme). Diese Verbindungen haben ein relativ stabiles System, das auf der →Mesomerie durch die π-Elektronenwolke beruht, und auch chemische Eigenschaften, die denen des früher als aromatisch bezeichneten Benzols ähneln. In diesem Abschnitt werden nur die carbocyclischen Vertreter (Ringe nur aus C-Atomen) kurz zusammengefaßt. Heterocyclische Vertreter→Heterocyclen.

1. *Cyclopropenderivate*

Nach der HÜCKEL-*Regel* besitzt das einfachste aromatische System 2 π-Elektronen (n = 0). Das liegt im Cyclopropenyliumkation vor — theoretisch abzuleiten vom c-Propen durch Wegnahme eines Hydridions (H⁻). Die unsubstituierte Verbindung ist erst seit 1967 bekannt, aber Triphenyl- oder Tripropylderivate seit 1957. Die erste Verbindung dieser Art wurde durch Einwirken eines →Carbens auf ein zweifach substituiertes →Äthin hergestellt.

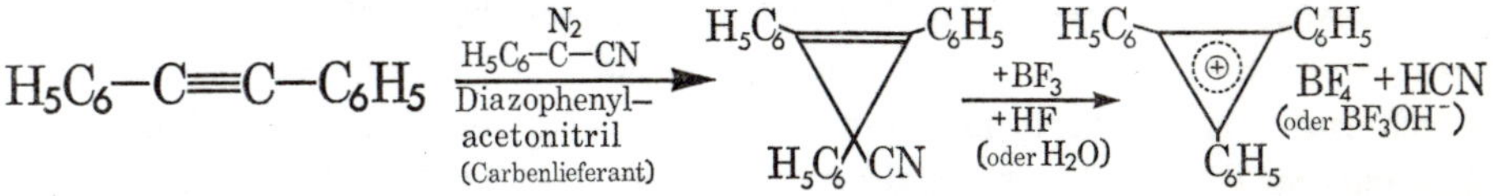

$H_5C_6-C\equiv C-C_6H_5$ $\xrightarrow[\text{Diazophenyl-acetonitril (Carbenlieferant)}]{\overset{N_2}{H_5C_6-C-CN}}$ [Dreieck mit H_5C_6, C_6H_5, H_5C_6, CN] $\xrightarrow[+HF \text{ (oder } H_2O)]{+BF_3}$ [Dreieck mit H_5C_6, C_6H_5, C_6H_5, ⊕] $BF_4^- + HCN$ (oder BF_3OH^-)

Diphenyläthin   Triphenyl-c-propenyliumsalz

Messungen der C—C-Abstände im Ring ergeben den gleichen Wert wie bei Benzol (1,4 Å). Nach dem Kernresonanzspektrogramm sind die Substituenten untereinander gleichwertig. Daran ist das →aromatische System erkennbar. Daß es sich um ein Kation handelt, wird am Salzcharakter deutlich: die Verbindungen lösen sich nicht in unpolaren Lösungsmitteln, sondern in polaren wie Aceton ($CH_3-CO-CH_3$). Es sind stabile Salze, die sich beim Schmelzen bei

Nichtbenzoide aromatische Verbindungen 2.

300°C zersetzen. Entsprechend ihrer Ladung kommt es zu nucleophilen →Additionen.

Eine dem c-Propenyliumkation entsprechende aromatische Struktur weist Cyclopropenon auf. Derivate können auf ähnliche Weise wie oben beschrieben hergestellt werden. Man geht nur von Dihalogencarbenen aus und hydrolysiert das entstandene Produkt. Trotz starker Ringspannung wird es erst über 160°C zersetzt. Die Verbindungen haben große Dipolmomente, die Diphenylverbindung 5,08 D.

Dipropyläthin = Oct-4-in   Dihalogen- Dipropyl-
                                                 carben   cyclopropenon

2. *Cyclobutadienderivate*

c-Butadien ist kein aromatisches System, da es 4 π-Elektronen besitzt. Es konnte auch bisher nur in Form von Metallkomplexen hergestellt werden (Tricarbonyl-c-butadien-eisen). Dagegen ist das Dikation des c-Butens ein →aromatisches System mit zwei delokalisierten π-Elektronen. Durch Einwirkung von Silberfluorborat auf 1,2-Dibrom-1,2,3,4-tetraphenyl-cyclobut-3-en bildet sich ein Salz mit dem erwähnten Kation. Entsprechend dem c-Propenon sind c-Buten-3,4-dionderivate sehr stabil. Diese Verbindungen lassen sich nicht zu →Alkoholen reduzieren. Sie reagieren nicht bei der →DIELS-ALDER-Synthese, werden aber durch Brom substituiert. Die Substanz ist stabiler als Benzochinon, das eine ähnliche Struktur hat. Verständlicherweise tritt ein Hydroxyderivat als starke Säure auf (Abstoßung durch positive Ladung).

1,2-Dibrom-1,2,3,4-tetra-   c-Butenyldikation   c-Butendion (Säure, wenn 1R =OH
phenylcyclobut-3-en

Nichtbenzoide aromatische Verbindungen 3.

Ein gemischtes System stellt *Diphenylen* dar, eine Verbindung, bei der ein Cyclobutadienring von zwei Benzolringen eingefaßt wird. Es entsteht durch Erhitzen von 2,2′-Dihalogendiphenyl mit Cu_2O (→Benzolkohlenwasserstoffe 2.2.). Die C—C-Abstände sind nicht gleich. Nach dem Kernresonanzspektrogramm sollen nur in den beiden Benzolringen Ringströme auftreten (Anzeichen für delokalisierte π-Elektronen). Substitutionsreaktionen zeigen aber, daß die beiden Benzolringe nicht voneinander unabhängig sind. Es muß eine Konjugation zwischen den Ringen bestehen, da nur 2,6-Disubstitutionsprodukte entstehen.

Diphenylen

3. *Cyclopentadienderivate*

Ein π-Elektronensextett entsprechend dem Benzolring weisen auch Ringsysteme auf, die keine sechsgliedrigen Ringe sind. c-Pentadien erreicht diesen aromatischen Zustand durch Abgabe eines Protons und damit Übergang zu einem Cyclopentadienation (engl. c-pentadienide). Bereits 1901 wurde die erste Verbindung dieser Art hergestellt, aber die Bedeutung nicht erkannt.

Im Gegensatz zum c-Pentadien, das ein reaktionsfähiges konjugiertes →Dien darstellt (schnelle →Polymerisation, →DIELS-ALDER-Synthese), sind die c-Pentadienat-Anionen beständig. Sie polymerisieren nicht, reagieren nicht bei der DIELS-ALDER-Reaktion. Als Salze lösen sie sich in Ammoniak. In Stickstoffatmosphäre lassen sie sich bis 300°C erhitzen. An der Luft sind sie entflammbar. Die Resonanzenergie des Systems beträgt 42 kcal/Mol. Das Kernresonanzspektrogramm zeigt die gleichmäßige Bindung aller Wasserstoffatome. Von CO_2 wird es elektrophil substituiert, auch von Alkylhalogeniden. Die Produkte sind aber dimerisiert (zwei Moleküle vereinigt). Der Säurecharakter von c-Pentadien ist größer als der aller anderen Kohlenwasserstoffe außer →Äthin. Darauf beruht auch die relativ leichte Bildung des Anions. Substitution mit elektronenanziehenden Gruppen wirkt stabilisierend, diese Verbindungen sind auch in Luft haltbar. Das Elektronensextett kann auch in nicht salzartigen Substanzen auftreten, so in dem dipolaren Diazocyclopentadien u. ä. Verbindungen. Diese Verbindung zeigt leicht elektrophile Reaktionen. Tetracyano→äthen [$(CN)_4C_2$] wirkt substituierend und nicht als DIELS-ALDER-Komponente.

Nichtbenzoide aromatische Verbindungen 3.

Nicht so ausgeprägten aromatischen Charakter zeigen die Derivate des *Fulvens*. Die Stammsubstanz ist thermisch unstabil und unterliegt der →Autoxydation. Fulvene haben ein kleines Dipolmoment, das Kernresonanzspektrum läßt einen kleinen Ringstrom erkennen. Man nimmt einen Anteil von 5—10% einer dipolaren Struktur an, besonders dann, wenn R oder R′ (s. Abb.) ein Substituent mit einem Heteroatom ist, das eine positive Ladung übernehmen kann. Im wesentlichen sind Fulvene ungesättigte Verbindungen, sie zeigen leicht →Additionen. Fulvene werden hergestellt durch Kondensation (Zusammenlagerung unter Verlust

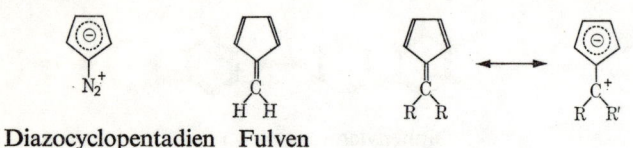

Diazocyclopentadien   Fulven

kleinerer Moleküle, meist Wasser) aus c-Pentadien und Aldehyden oder Ketonen (→Oxoverbindungen) in Anwesenheit starker Basen.
Entsprechend den einfachen Verbindungen zeigen auch zusammengesetzte ähnliche Eigenschaften, so 9-Diazofluoren. Es ist ein Derivat des Fluorens (→Benzolkohlenwasserstoffe 2.3.2.), des Dibenzo-cyclopentadiens.

Eine interessante Verbindung ist *Ferrocen* (Name abgeleitet vom engl. Wort für Benzol = benzene), die 1951 bei einer Reaktion auftrat, die eigentlich ein anderes Produkt ergeben sollte. Aus Cyclopentadienylmagnesiumjodid bildete sich bei Behandlung mit $FeCl_2$ Dicyclopentadienyleisen, eine orange kristalline Substanz (F: 173°C). Ferrocen wird auch direkt bei der Umsetzung von c-Pentadien mit Eisen bei 300°C gebildet.

$$2C_5H_5MgJ + FeCl_2 \rightarrow (C_5H_5)_2Fe + 2MgClJ$$

Die 12 π-Elektronen der beiden Ringe binden das Fe^{2+}-Ion, das somit vollständig besetzte Energiestufen erhält wie das Edelgas Krypton. Die Ringe sind fast neutral. Die C—C-Abstände betragen 1,4 Å wie im Benzol. Der Abstand der

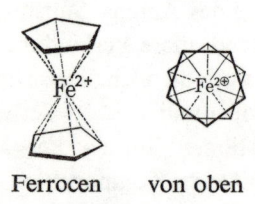

Ferrocen   von oben

beiden Ringe vom Eisen beträgt 3,4 Å. Man bezeichnet den Aufbau dieses und ähnlich gebauter Moleküle als *Sandwichstruktur,* weil das Metall zwischen den Ringsystemen liegt.

Ferrocen zeigt keine →Additionreaktionen, also keine →Dienstruktur, sondern elektrophile →Substitutionsreaktionen wie Benzol, so z. B. FRIEDEL-CRAFTS-Synthesen (Anlagerung von Alkyl- oder Acylgruppen mit $AlCl_3$ als Katalysator). Substituenten in einem Ring beeinflussen die Reaktivität des zweiten Rings. Ferrocen kann nur unter extremen Bedingungen reduziert werden. Oxydation ergibt ein blaues Ferricinium-Kation $[(C_5H_5)_2Fe]^+$, das nicht elektrophil substituiert werden kann.

Das Fehlen von →Isomeren, die zwei gleiche Substituenten in beiden Ringen tragen, zeigt, daß die Ringe frei rotieren. Verbindungen mit zwei verschiedenen Substituenten an einem Ring sind in optische Antipoden spaltbar (→Isomerie 2. Stereoisomerie).

Ähnliche Verbindungen wie das Ferrocen bilden auch andere Zwischenschalenmetalle (Nebengruppenelemente: Einlagerung der Elektronen in andere Energiestufen als s und p), aber lediglich die Verbindungen mit Elementen der →achten Nebengruppe sind stabil und zeigen entsprechende Reaktionen.

Inzwischen ist die Herstellung von Tripeldecker-Sandwich-Verbindungen des Ni gelungen.

4. Cycloheptatrienderivate = Tropyliumderivate

Ebenfalls ein π-Elektronensextett besitzt das Kation, das sich vom c-Heptatrien ableiten läßt. Es kann durch Erhitzen des Dibromcycloheptadiens dargestellt werden, aber auch durch Einwirken von →Carben (aus Diazomethan) auf →Benzol. Die Salze des c-Heptatrienyliumkations werden Tropyliumsalze genannt. Ihr Dissoziationsgrad hängt vom Anion ab; das Perchlorat hat deutlich salzartigen Charakter. Auch das Bromid löst sich in polaren Lösungsmitteln und zeigt keine Diensynthese im Gegensatz zum isomeren 7-Brom-c-Hepta-1,3,5-trien, das nur in unpolaren Substanzen wie Benzin gelöst werden kann.

c-Heptatrien   Dibromcyclo-   Tropylium-   7-Brom-c-hepta-
               heptadien   bromid   1,3,5-trien

Entsprechend seiner Ladung reagiert das Tropylium-Ion als elektrophiles Teilchen mit nucleophilen Substanzen, z. B. H_2O. Durch Oxydation wird es meist zu Benzolderivaten (Benzaldehyd) abgebaut.

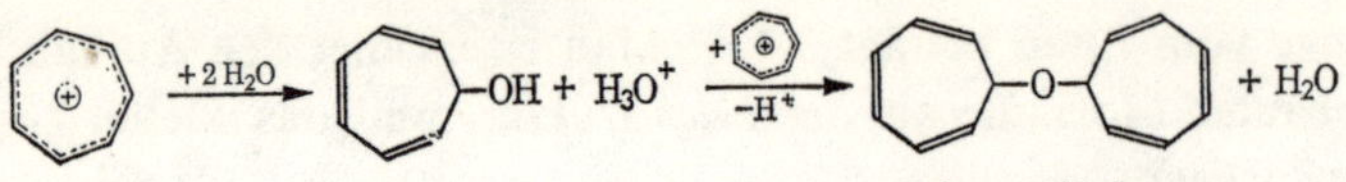

Nichtdenzoide aromatische Verbindungen 5.

Ditropyläther

Wie bei anderen nichtbenzoiden aromatischen Systemen ist das →Keton (Tropyliumoxid = c-Hepta-2,4,6-trienon = Tropon) als dipolare Struktur eine den Tropyliumsalzen entsprechende Verbindung. Sie zeigt demgemäß kaum Carbonylgruppenaktivität.

2-Hydroxytropon (*Tropolon*) zeigt noch ausgeprägtere Eigenschaften. Es ist eine kristalline Substanz (F: 49°C). Der gegenüber dem 3-bzw. 4-Hydroxytropon niedrige Schmelzpunkt (3-HT: 180°C, 4-HT: 212°C) beruht auf der intramolekuren Bindung zwischen OH-Gruppe und CO-Gruppe. Die Möglichkeit, Tropolon durch Oxydation von c-Heptatrien mit $KMnO_4$ herzustellen, zeigt die Stabilität des Systems. Es läßt sich auch nicht durch katalytischen Kontakt an Pd reduzieren.

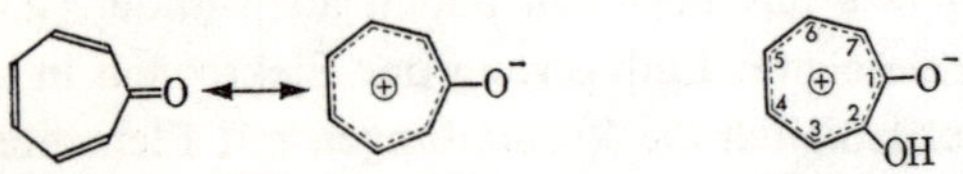

Tropon   2-Hydroxytropon = Tropolon

Die Carbonylgruppe zeigt keine der typischen Reaktionen (ausgenommen Substitutionsprodukte). Neben der Addition nach Art der →DIELS-ALDER-Synthese reagiert Tropolon wie Benzol (elektrophile Substitution: Nitrierung, Bromierung). Die Substitution erfolgt am leichtesten in 5-Stellung. Die Zweitsubstitution wird von dem ersten Substituenten nicht beeinflußt. Die Verbindung hat Säure- und Basencharakter ($p_K = 7$).

Derivate des Tropolons treten in der Natur auf bei Schimmelpilzen (Stipitatsäure), bei Zypressengewächsen (Thujaplicin), bei Liliengewächsen (Colchicin). *Colchicin* ist ein →Alkaloid, das u. a. in der Herbstzeitlose vorkommt und die Ausbildung der Teilungsspindel bei der Zellteilung (Mitose) hemmt und damit polyploide Zellen entstehen läßt.

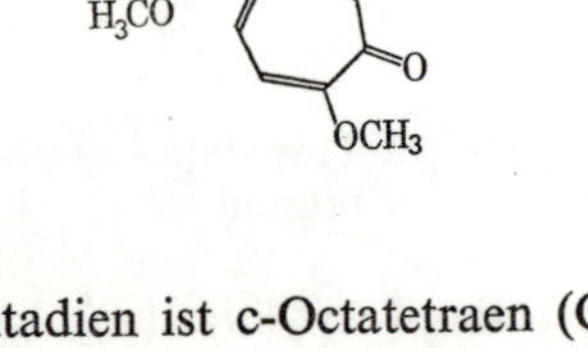

Colchicin

5. Cyclooctatetraen

Ebenso wie das c-Butadien ist c-Octatetraen (C_8H_8) kein aromatisches System. Es kann hergestellt werden und zeigt die Eigenschaften eines aliphatischen (kettenförmigen) →Alkens. Räumlich stellt das Molekül eine Wanne dar. Dagegen ist

Nichtbenzoide aromatische Verbindungen 6.

das Dianion dieser Verbindung mit 10 π-Elektronen planar und nach den Spektraldaten aromatisch. Es entsteht durch Einwirkung von Kalium auf c-Octatetraen in Äther. Die Kristalle explodieren an der Luft. Mit vierwertigem Uran ist eine Verbindung — entsprechend dem Ferrocen — gefunden worden [U(C$_8$H$_8$)$_2$], Uranocen genannt. Die Ringe sind eben.

Ein aromatisches System mit 10 Elektronen hat auch das Anion des c-Nonatetraens.

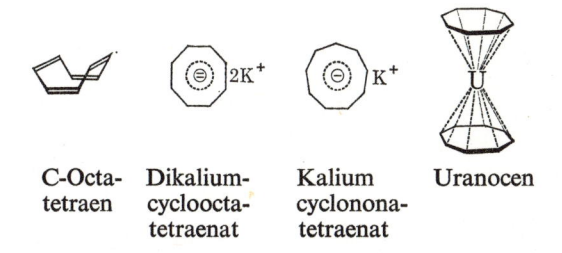

| C-Octa-tetraen | Dikalium-cyclooctatetraenat | Kalium cyclononatetraenat | Uranocen |

6. Annulene

Vollständig konjugierte cyclische Polyene werden auch als Annulene bezeichnet. In eckiger Klammer wird die Anzahl der Ringatome vorangestellt: [8] Annulen = c-Octatetraen. Mittelgroße Ringe können kein aromatisches System sein — auch wenn sie der HÜCKEL-Regel entsprechen —, da nach innen angeordnete H-Atome sich räumlich behindern und keine planare Struktur zulassen. Die räumliche Behinderung kann umgangen werden durch eine —CH$_2$-Brücke, die die nach innen gerichteten C-Atome verbindet, z. B. beim 1,6-Methanocyclodecapentaen. Diese Verbindung ist aromatisch, polymerisiert nicht, reagiert aber mit elektrophilen Reagenzien wie Benzol.

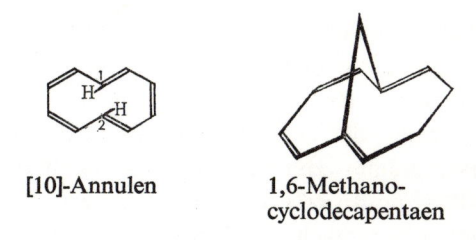

| [10]-Annulen | 1,6-Methano-cyclodecapentaen |

Lediglich das [18] Annulen stellt eine stabile planare Verbindung dar, das aber stark zu →Additionen neigt und elektrophile →Substitutionen nur unter besonderen Bedingungen zeigt. Die Darstellung entspricht der von →Cycloalkinen: aus α, ω-Diacetylenen. Nach dem oxydativen Ringschluß wird das Produkt teilhydriert zu einem cyclischen →Polyen. Ausgangssubstanz für [18] Annulen ist Hexa-1,5-diin.

Nichtbenzoide aromatische Verbindungen 7.

[14]-Annulen

[18]-Annulen C—C-Abstand der Bindung
1 : 1,42Å, alle anderen: 1,38Å

7. Azulen

Die Definition der Aromaticität von HÜCKEL gilt streng genommen nur für monocyclische Verbindungen. Vom →Benzol abgeleitete polycyclische Ringverbindungen (Naphthalin u. a. →Benzolkohlenw. 2.3.) zeigen jedoch ebenfalls die geforderten Eigenschaften. Auch bei nichtbenzoiden Systemen gibt es polycyclische aromatische Strukturen. Die bekanntesten sind die Azulene. Die Stammsubstanz ist das Azulen $C_{10}H_8$ (Bicyclo [5.3.0] deca-1,3,5,7,9-pentaen: Nomenklatur bei →Cycloalkanen). Es ist eine intensiv blaugefärbte Verbindung (noch 1 ppm in Petroleum wahrnehmbar). Die Derivate treten als ätherische Öle in Pflanzen auf (Kamille, Beifuß, Möhre u. a.). Chamazulen (1,4-Dimethyl-7-äthylazulen) aus der Kamille wird gegen Entzündungen eingesetzt.

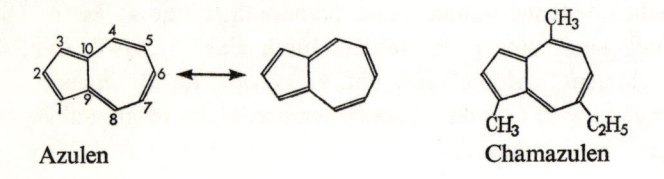

Azulen

Chamazulen

Azulen besteht aus einem 5- und einem 7-Ring, die kondensiert sind (zwei gemeinsame Atome). Es kann nicht nur in den oben aufgeführten KEKULÉ-Strukturen geschrieben werden, sondern auch als dipolare Form. Das System besitzt 10π-Elektronen und genügt damit der HÜCKEL-Regel. Es ist aber nicht ganz planar. Das Kernresonanzspektrogramm zeigt eine asymmetrische Ladungsverteilung an (5-Ring negativiert, 7-Ring positiviert). Die Resonanzenergie des Azulens beträgt 47 kcal/Mol und ist somit wesentlich geringer als die des isomeren Naphthalins (77 kcal.). Azulen wandelt sich auch bei Erhitzen im Vakuum über 350°C fast vollständig in Naphtalin um.

Azulen wird zwar im Gegensatz zu Benzol von $KMnO_4$ bereits bei niedrigen Temperaturen oxydiert, zeigt aber keine Neigung zur Addition bei der DIELS-ALDER-Synthese. Elektrophile →Substitution erfolgt entsprechend der Ladungsverteilung im 5-Ring in 1- oder 3-Stellung. Nucleophile Substitution tritt bevorzugt im 7-Ring in 4- oder 8-Stellung auf. Als Übergangszustände treten bei der elektrophilen Substitution Tropylium-Ionen (s.o.), bei der nucleophilen Reaktion c-Pentadienat-Ionen (s.o.) auf. Das Azulensystem ist aber energetisch begünstigt und wird deshalb zurückgebildet.

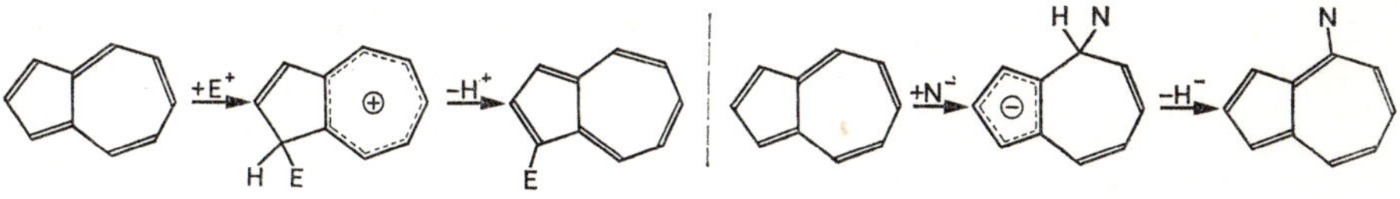

S_N-Mechanismus S_E-Mechanismus

Die einfachste elektrophile Reaktion ist eine Protonenaufnahme in sauren Lösungen, die zu gelben Azulenium-Ionen führt. Azulene wirken als schwache Basen. Weitere →Substitutions-Reaktionen dieser Art sind Kupplung mit Diazoniumsalzen, Nitrierung, Halogenierung und Acylierung nach FRIEDEL-CRAFTS.

Zur Herstellung des Azulengerüstes sind verschiedene Wege beschritten worden. Ein Ausgangsprodukt ist Indan, ein bicyclisches System mit einem Benzolring. Die Ringerweiterung erfolgt entweder durch Umsetzung mit →Carben aus Diazomethan oder nach der DEMJANOW-Methode (→Cycloalkane). Das Zwischenprodukt muß noch dehydriert werden. Das ist auch die Endreaktion, wenn man von 7- oder 5-Ringsystemen ausgeht und einen Ringschluß von Substituenten herbeiführt. Die zu geringen Ausbeuten führende Dehydrierung wird vermieden bei der Kondensation ungesättigter Dialdehyde mit c-Pentadien. Die biologische

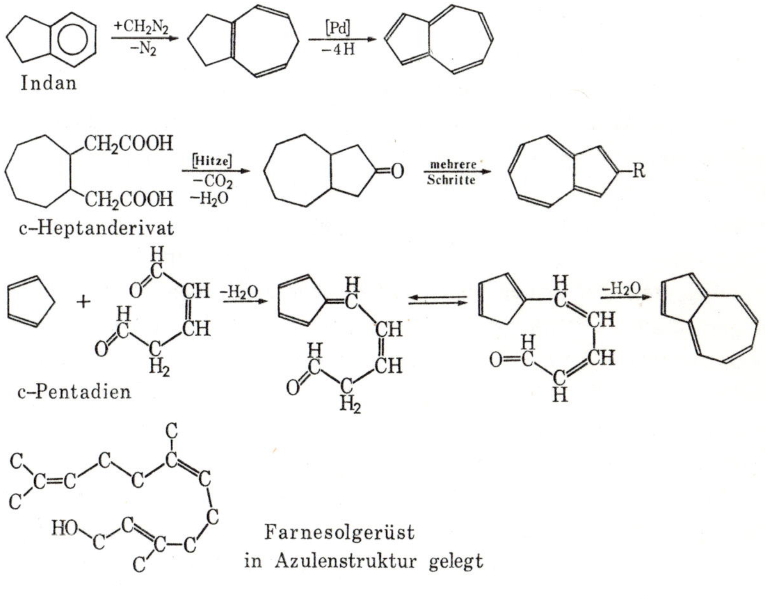

Indan

c-Heptanderivat

c-Pentadien

Farnesolgerüst in Azulenstruktur gelegt

Bildung substituierter Azulene läuft vermutlich ähnlich den Carotinen (→Polyene) über Farnesol (im Syntheseweg mit Phosphorsäure zum Pyrophosphat verestert).

Literatur
GINSBURG, D.: Non-Benzenoid Aromatic Compounds. — Interscience Pub., New York 1959
LLOYD, D.: Carbocyclic Non-Benzenoid Aromatic Compounds. — Elsevier Pub. Com., Amsterdam 1966
Chemie in unserer Zeit 4, 1970, 67
Chemie in unserer Zeit 6, 1972, 134
GARRATT, P. u. VOLLHARDT, P.: Aromatizität. — Thieme, Stuttgart 1973

Nickel gehört zu den Elementen der →Achten Nebengruppe. Von ihm existieren stabile Isotope mit den Massenzahlen 58 (67,88%), 60 (26,23%), 61 (1,19%), 62 (3,66%) und 64 (1,08%).
In der Regel ist Nickel an Schwefel oder Arsen gebunden. In den Erzen tritt es in wechselnder Zusammensetzung zugleich mit Kobalt, Eisen und Kupfer auf. Der Hauptproduzent für Nickel ist Kanada. Dort finden sich umfangreiche Lager im Sudbury Distrikt und im Gebiet des Lynn Sees. Jene sind auch deswegen von Interesse, weil sie Platinmetalle enthalten, deren Ausbeutung allein sich nicht lohnen würde. Doch als Nebenprodukt machen sie ca. $^2/_3$ der Weltproduktion aus. Von Bedeutung sind noch die Nickelerze von Neukaledonien, die finnischen bei Petsamo und solche im Ural.
Nickel ist ein silberweißes, stark glänzendes Metall und nur geringfügig härter als reines Kupfer. Es ist außerordentlich gut polierbar, sehr dehnbar, läßt sich schmieden und schweißen und zu Blech auswalzen. Sein elektrisches Leitvermögen beträgt nur ca. $^1/_7$ von dem des Kupfers. Noch geringer ist das Leitvermögen von Nickellegierungen, die deswegen für elektrische Widerstände verwendet werden. Konstantan ist eine Legierung aus 40% Ni und 60% Cu, die vor allem einen sehr geringen Temperaturkoeffizienten besitzt. Nickelin besteht aus 31% Ni, 56% Cu und 13% Zn. Zum Bewickeln elektrischer Öfen verwendet man gelegentlich Chromnickeldraht. Das Material besteht zu 60% aus Ni und 40% Cr. Invarstahl mit einem außergewöhnlich geringen Temperaturausdehnungskoeffizienten hat einen Nickelgehalt von 36%. Geräte aus Nickel verwendet man häufig statt des viel teureren Platins in Laboratorien. Wegen seiner Korrosionsfestigkeit dient es in großem Maße als Rohstoff für Münzen. Früher vernickelte man vielfach eiserne Gegenstände gegen atmosphärische Angriffe. Es hat sich deswegen nicht bewährt, weil beim Eintreten einer geringen Verletzung der Nickelschutzschicht unter ihr die Korrosion eintritt und dann das Nickel abblättert. Stattdessen ist man zum Verchromen übergegangen, bei dem zwar zunächst auch eine Nickelschicht auf dem Eisen elektrolytisch aufgetragen werden muß. Sie wird jedoch dann anschließend noch mit Chrom

überzogen. Diese kombinierte Schutzschicht zeigt nicht die erwähnten Nachteile.
In fein verteilter Form ist Nickel katalytisch. So wird es zum Härten von Fetten benutzt, ist jedoch verglichen mit Palladium recht unwirksam.
Gegen Wasser und Luft ist kompaktes Nickel bei gewöhnlicher Temperatur sehr widerstandsfähig. In reinem Sauerstoff verbrennt ein Nickeldraht ähnlich wie Eisen unter Funkensprühen. Nickelblech läuft beim Erhitzen an der Luft wie Stahl an. Verdünnte Säuren greifen Nickel bedeutend langsamer an als Eisen. Leicht löst es sich in verdünnter Salpetersäure. In konzentrierter dagegen wird es wie Eisen passiviert.
Mit Chlor und Brom vereinigt sich erhitztes Nickel unter Feuererscheinung. Im flüssigen Zustand kann Nickel bis zu 6,25% Kohlenstoff aufnehmen, den es jedoch größtenteils beim Abkühlen wieder ausscheidet. Explosionsartig verbindet es sich in der Hitze mit Aluminium.
Nickel-Akkumulator s. Galvanische Elemente.
Nicotin s. Alkaloide, Heterocyclen 2.1., Schädlingsbekämpfungsmittel.
Nicotinamid s. Heterocyclen 2.1. und 2.4., Vitamine.
Nicotinsäure s. Heterocyclen 2.1., Vitamine.
Ninhydrin s. Additionen 4., Aminosäuren 1.3., Benzolkohlenwasserstoffe 2.3.
Niobium gehört zu den Elementen der →Fünften Nebengruppe. Von ihm existiert nur das Nuklid mit der Massenzahl 93.
Das wichtigste Erz ist der Columbit, ein Oxidgemisch von Eisen, Mangan, Niobium und Tantal, wobei das Verhältnis von Niobium zu Tantal stark wechseln kann. Extreme Zusammensetzungen zeigen der Niobit (ohne Tantal) und der Tantalit (ohne Niobium). Die führende Lagerstätte ist Nigeria, wo man Columbitkonzentrat als Beiprodukt bei der Aufbereitung von Zinnerz gewinnt. Weitere wichtige Lagerstätten finden sich im Kongo, in Uganda und in Tanganyika. Führendes Vorkommen in Europa ist der Pyrochlor ($NaF \cdot CaO \cdot Nb_2O_5$) in Sove in Norwegen. Das Vorkommen am Kaiserstuhl ist ein Calciumniobat mit ca. 60% Niobiumoxid.
Niobium hat ein silbriges, platinähnliches Aussehen und ist in reinem Zustand sehr duktil. Sauerstoff, Stickstoff, Kohlenstoff und verschiedene andere Nichtmetalle härten das Material und verspröden es bei Raumtemperatur.
Gegenüber anderen Elementen ist Niobium fünf-, vier-, drei- und zweiwertig. So kennt man die Oxide Nb_2O_5, NbO_2, NbO, die entsprechenden Fluoride, Chloride, Bromide und Jodide. Bekannt sind auch analoge Nitride, die sich durch Wasserstoffreduktion der Oxide bzw. Chloride in Gegenwart von Stickstoff gewinnen lassen.
Erst nach 1940 hat Niobium größere wirtschaftliche Bedeutung bekommen. Mit anderen ebenfalls hoch schmelzenden Metallen legiert, erhält man Materialien, die u. a. den hohen Temperaturen von Raketenmotoren gewachsen sind.

Nitrate

Mit Niobium legierter Stahl findet wegen seiner Dauerfestigkeit und Beständigkeit gegen hohe Betriebstemperaturen und heiße Gase Anwendung in Gasturbinen, Düsenflugzeugen und Raketen.

Ein Zusatz von Niobium oder auch Tantal in ca. fünffacher Höhe des Kohlenstoffgehaltes zu Chrom-Nickel-Stählen verhindert das bei Dauererhitzung einsetzende Ausscheiden von Kohlenstoff an den Korngrenzen und die damit verbundene Korrosion. Niobium geht hierbei eine Karbidbildung ein, weil seine Affinität zum Kohlenstoff größer als die zum Chrom und zum Eisen ist. Auf diese Weise ergibt sich ein geigneter Werkzeugstahl.

Im Reaktorbetrieb haben sich Zr Nb-Legierungen bewährt.

Mit Niobium-Wolfram-Thermoelementen kann man Temperaturen bis zu 2000° C messen.

Niobpentoxid wird als Katalysator bei der Herstellung synthetischen Gummis benutzt. — Preis 450 DM/kg (1963).

Nitrate s. Fünfte Hauptgruppe.

Nitrene s. Carbene.

Nitrile s. Carbonsäuren 3.4., Blausäure (Ameisensäurenitril).

Nitrite s. Fünfte Hauptgruppe.

Nitrocellulose s. Explosivstoffe.

Nitroglycerin s. Ester 1., Arzneimittel, Explosivstoffe, Hydroxylderivate 1.3.

Nitropenta s. Explosivstoffe (Ester der Salpetersäure).

Nitrosoverbindungen s. Org. Stickstoffverbindungen 1.

Nitroverbindungen s. Org. Stickstoffverbindungen 1.

Nobelium s. Actiniden.

Noradrenalin s. Org. Stickstoffverbindungen 2.

Normalpotential s. Redoxvorgänge (Redoxpotential).

Normalwasserstoffelektrode s. Redoxvorgänge (Redoxpotential).

Novalgin s. Arzneimittel.

Novocain = Procain s. Arneimittel, Aminosäuren 4.

Novolake s. Polykondensation.

Nucleinsäuren sind hochmolekulare Substanzen, die erstmalig 1869 von MIESCHER in den Zellkernen (Nucleus) von Eiterzellen und Fischspermien nachgewiesen wurden. Sie werden durch Hydrolyse im Mengenverhältnis 1:1:1 in →heterocyclische stickstoffhaltige Basen, Zuckermoleküle (*Pentosen*) und Phosphorsäure zerlegt. Nach der Art des Zuckers unterscheidet man DNS und RNS (bzw. nach der internationalen Nomenklatur DNA und RNA, wobei A für acid = Säure steht).

1. DNS

Die Abkürzung bedeutet Desoxyribonucleinsäure und bezieht sich auf die Kohlenhydratkomponente *Desoxyribose*, eine Pentose (Zucker mit 5 C-Atomen), bei der in Position 2' die Hydroxylgruppe fehlt (reduziert-desoxydiert) (s. →Kohlenhydrate 1.3.).

In der DNS kommen normalerweise nur 4 Basen (s. →Säure-Base) vor, die auf zwei →heterocyclische Grundskelette zurückgehen: *Pyrimidin* und *Purin* (→Heterocyclen 2.3 und 2.4). Von den Pyrimidinderivaten kommen *Cytosin* (Aminogruppe in 6-Stellung) und *Thymin* (Hydroxylgruppe in 6-Stellung und Methylgruppe in 5-Stellung) vor. Beide enthalten an Position 2 Sauerstoff. Durch die Wanderung des H-Atoms am N-3, kommt es zu einer Tautomerie (Keto-Enol-Tautomerie, s. →Isomerie). Das Gleichgewicht liegt auf Seiten der biologisch wichtigen Keto-Form.

D-2-Desoxyribose   Pyrimidin   Cytosin   Thymin

An Purinabkömmlingen treten auf: *Adenin* (6-Aminopurin) und *Guanin* (2-Amino-6-hydroxypurin).

Die Basen sind *β-glykosidisch* (→Kohlenhydrate 1.2.: Ver→ätherung der durch den Ringschluß am Zuckermolekül neu entstandenen Hydroxylgruppe) an das C-1'-Atom der Desoxyribose gebunden. Die aus Zucker und Base entstandenen *Nucleoside* werden bei Pyrimidinbasen mit der Endung -idin (Cytidin bzw. Desoxycytidin), bei Purinbasen mit -osin (Adenosin bzw. Desoxyadenin) bezeichnet. Solche Nucleoside kommen oft als Co→enzyme vor, z. B. beim →ATP = Adenosintriphosphat, bei einigen →Vitaminen.

Purin   Adenin   Guanin   Adenosin   Adenosinmonophosphat AMP

Als *Nucleotide* bezeichnet man die mit Phosphorsäure veresterten Nucleoside. Die Phosphorsäure wird an das C-5'-Atom der Desoxyribose gebunden. Nucleotide entstehen beim enzymatischen Abbau der Nucleinsäuren (für DNS durch DNase) und treten als Vorstufen für die Synthese auf.

Nucleinsäuren 1.

Pyrimidine werden in der Zelle aus Asparaginsäure (→Aminosäuren 1.) und Carbamylphosphat (→Kohlensäurederivate 3.) hergestellt. Als Zwischenprodukt entsteht nach Ringschluß und Dehydrierung Orotsäure, die mit Zucker und Phosphorsäure verknüpft wird. Bei den Purinderivaten erfolgt die Biosynthese in kleinen Schritten am Zuckerphosphatteil des Nucleotids.

In der hochmolekularen DNS sind die Nucleotide durch Phosphorsäuredi →esterbrücken zwischen C-3' des einen Zuckermoleküls und C-5' des anderen verknüpft. So entsteht als *Primärstruktur* eine lange, unverzweigte Kette, die eine Polarität aufweist (von 5' zu 3').

Untersuchungen von CHARGRAFF ergaben bei DNS beliebiger Herkunft, daß das molare Verhältnis von Adenin:Thymin und von Guanin:Cytosin immer 1:1 ist. Damit ist auch die Zahl der Pyrimidine (C+T) gleich der der Purine (A+G) und der 6-Amino-Derivate (A+C) gleich der der 6-Keto-Derivate (G+T). Die Spezifität der DNS zeigt sich nur im Verhältnis (A+T):(G+C).
Auf Grund dieser chemischen Befunde und der Ergebnisse von Röntgenstrukturanalysen, die auf eine Schraubenstruktur hinwiesen, schlugen WATSON und

Nucleinsäuren 1.

CRICK 1953 ein Modell für die *Sekundärstruktur* der DNS vor. Nach diesem Modell besteht DNS aus zwei gegenläufigen Polynucleotidketten, die zu einer Doppelwendel (*Helix*) gewunden sind. Die Stabilität der Struktur wird bestimmt durch Wasserstoffbrücken (→Bindungskräfte) zwischen Basenpaaren, die senkrecht zu der Helix-Achse stehen, und den intermolekularen Kräften zwischen übereinanderliegenden Basen. Wasserstoffbrücken sind aus räumlichen Gründen (Purine sind ausgedehnter als Pyrimidine) und aus chemischen Gründen nur zwischen Adenin und Thymin sowie zwischen Guanin und Cytosin möglich. Damit sind Analysenergebnisse von CHARGRAFF erklärt. Eine Schraubenwindung umfaßt 10 Basenpaare (Identitätsperiode 34 Å). Die Basen liegen sich nicht diametral gegenüber. Die Wasserstoffbrücken liegen dementsprechend seitlich der Helix-Achse.

Tkymin   Adenin   Cytosin   Guanin

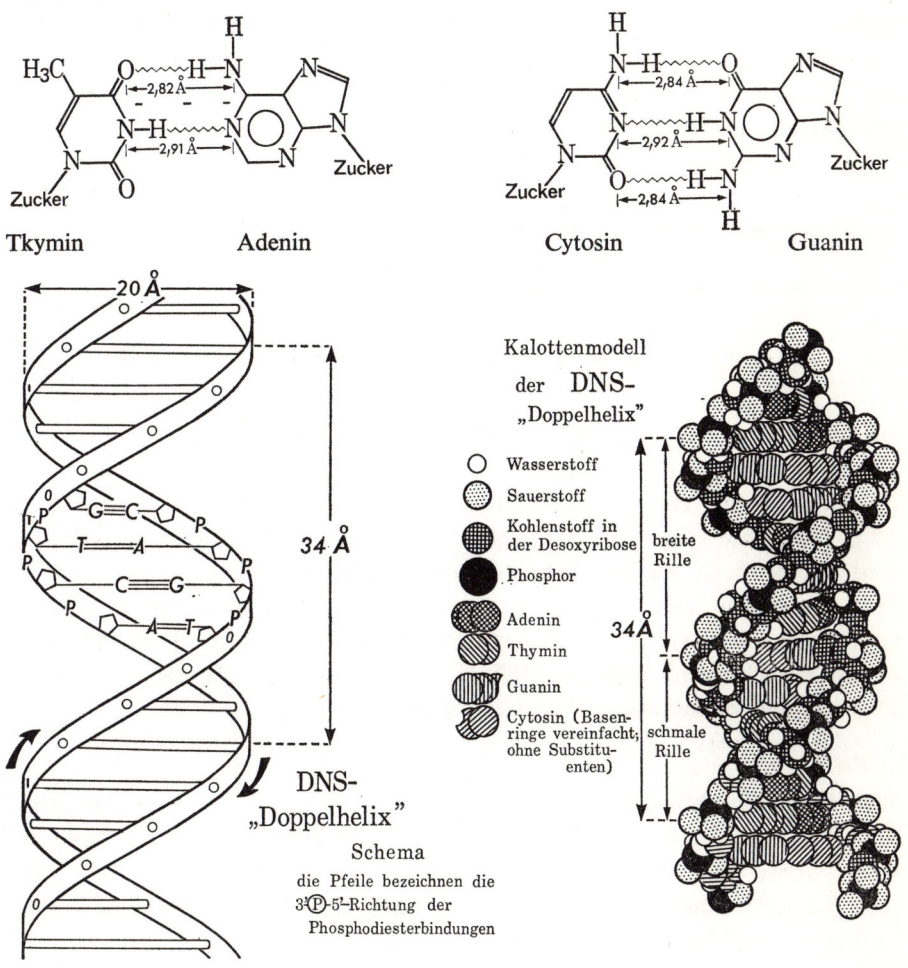

DNS-„Doppelhelix"
Schema
die Pfeile bezeichnen die
3'-℗-5'-Richtung der
Phosphodiesterbindungen

Kalottenmodell der DNS-„Doppelhelix"

○ Wasserstoff
⊙ Sauerstoff
● Kohlenstoff in der Desoxyribose
● Phosphor
Adenin
Thymin
Guanin
Cytosin (Basenringe vereinfacht; ohne Substituenten)

breite Rille
34 Å
schmale Rille

Nucleinsäuren 2.

Das WATSON-CRICK-Modell eignet sich gut zur Erklärung der biologischen Funktionen der DNS. Durch den Versuch von AVERY 1944 war DNS als Träger der Erbinformation erkannt worden. Da nach der vorgeschlagenen Struktur die Basensequenz der einen Kette die Basensequenz des zweiten (komplementären) Polynucleotidstranges festlegt, ist ein Mechanismus vorstellbar, bei dem die DNS-Einzelstränge als Matrizen bei der Verdopplung wirken. Die auf diese Weise entstandenen zwei Doppelstränge setzen sich aus einem „elterlichen" Matrizenstrang und einem synthetisierten komplementären Strang zusammen, wie durch Versuche von MESELSON und STAHL mit radioaktiven Isotopen nachgewiesen wurde. Die Einzelheiten dieser DNS-Replikation (Verdopplung), die eine Voraussetzung für jede Zellteilung darstellen, sind noch nicht geklärt.
Auch die zweite Funktion der DNS, die Umsetzung der Erbinformation bei der Proteinsynthese, ist mit dem WATSON-CRICK-Modell erklärbar. Die Folge von drei Basen (Triplett) codiert eine Aminosäure. Der Code ist entschlüsselt.
Als Ausnahmen kommen bei gewissen Viren DNS-Moleküle als Einzelstränge vor. Diese einsträngige DNS kann auch in Ringform vorliegen.

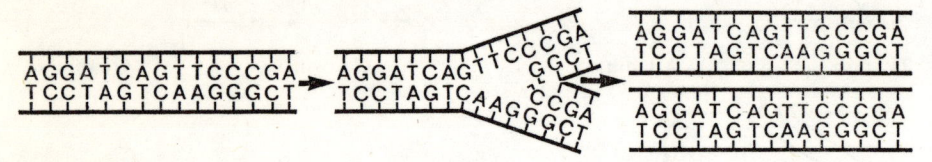

Schema der Replikation eines DNS-Doppelstranges (Cohne Sekundärstruktur)

DNS liegt im Zellkern in den Chromosomen als DNS-Protein-Komplex vor, der Chromatin oder Nucleohiston genannt wird. Als Nachweis dient die FEULGEN-Reaktion, mit der eigentlich der 2-Desoxyzucker erfaßt wird (→Kohlenhydrate 1.3.). Das Protein besteht hauptsächlich aus sehr basischen *Histonen*, die vermutlich eine Rolle bei der Regulation der Gentätigkeit spielen. Außerhalb des Zellkerns wurde DNS in Mitochondrien (für Zellatmung), Plastiden (Chloroplasten für Photosynthese) und Zentriolen (für Teilungsspindel) nachgewiesen. In den Mitochondrien liegt die DNS als ringförmige Doppelspirale vor, wie sie auch aus den zellkernlosen Bakterien bekannt ist.

2. RNS

RNS bedeutet Ribonucleinsäuren und bezieht sich auf einen der Unterschiede zur DNS, nämlich den Zuckerbestandteil. In der RNS tritt an die Stelle der Desoxyribose die normale *Ribose*. Ein weiterer Unterschied besteht darin, daß anstelle der Pyrimidinbase *Thymin Uracil* auftritt. Uracil ist ebenfalls eine Pyrimidinderivat, ihm fehlt die Methylgruppe des Thymins.

Nucleinsäuren 2.

Die Funktion der RNS in den Lebewesen ist eine völlig andere als die der DNS. Nur bei einigen Viren kommt RNS als Träger der Erbinformation vor. In Bakterien und kernhaltigen Zellen wird RNS bei der Proteinbiosynthese in verschiedener Form eingesetzt. Man unterscheidet nach Funktion und Bau m-RNS, t-RNS und r-RNS.

2a. *m-RNS*

m-RNS (Abkürzung für messenger-RNS = Boten-RNS) hat ihren Namen nach der biologischen Funktion erhalten, die in der DNS niedergelegte Information über die Aminosäurensequenz der an den Ribosomen hergestellten Proteine aus dem Zellkern zu den Ribosomen zu bringen. Dazu wird eine Transkription (Umschreibung) durchgeführt, bei der einer der beiden DNS-Stränge als Matrize bei der Herstellung einer komplementären RNS-Kopie dient. Daß die m-RNS die entsprechende komplementäre Basensequenz hat, läßt sich daran zeigen, daß sie mit einem der durch vorsichtiges Schmelzen getrennten DNS-Ketten einen stabilen DNS-RNS-Hybrid-Komplex ergibt. Die Transkription erfolgt mit Hilfe eines Enzyms, der DNS-abhängigen RNS-Polymerase. Sie besteht aus mehreren Untereinheiten, von denen einer, der σ-Faktor, vermutlich spezifisch für die Abschnitte auf der DNS ist, an denen eine sinnvolle Synthese beginnen kann. Die Einzelheiten sind noch ungeklärt.

m-RNS ist immer einsträngig und enthält entsprechend der DNS-Basensequenz die Basen Adenin, Guanin, Cytosin und Uracil. Die Molmasse hängt ab von der übermittelten Information, also auch von der Molmasse der gebildeten Proteine. Sie liegt normalerweise zwischen 100000 und einigen Millionen.

2b. *t-RNS*

t-RNS ist die Abkürzung für transfer-RNS oder Träger-RNS. Diese RNS-Fraktion wurde auch lösliche RNS genannt, weil sie neben anderen löslichen Zellbestandteilen beim Zentrifugieren mit einer Beschleunigung von 100000 g (g = Erdbeschl.) noch im löslichen Überstand bleibt. Es handelt sich bei der t-RNS, die ungefähr 10% der Gesamt-RNS-Menge einer Zelle darstellt, also um kleine Moleküle: Einzelpolynucleotidstränge mit 70—90 Nucleotiden (Molmasse 30000).

Die biologische Funktion der t-RNS besteht darin, die zur Proteinbiosynthese benötigten Aminosäuren zu den Ribosomen zu transportieren. Für jede der 20 Aminosäuren gibt es mindestens eine spezifische t-RNS. Jedes t-RNS-Molekül muß also zwei charakteristische Stellen haben, die eine für das spezifische Enzym, das die t-RNS mit der für sie bestimmten Aminosäure verbindet, die andere für die Anlagerung an die richtige Position an der m-RNS. Nach Untersuchungen über den genetischen Code wird eine Aminosäure durch drei aufeinanderfolgende

Nucleinsäuren 2.

Basen bestimmt. Für die Anlagerung der t-RNS an die m-RNS sind entsprechend dem Codewort drei komplementäre Basen zuständig, die Wasserstoffbrücken eingehen. Die Bindung an das spezifische Enzym beruht vermutlich auf der räumlichen Struktur der t-RNS, über die man noch nicht viel weiß.

Erforscht dagegen sind die Nucleotidsequenzen von 15 verschiedenen t-RNS. Die einsträngigen Moleküle enthalten außer den vier üblichen RNS-Basen Thymin und in relativ großer Menge methylierte oder hydrierte Basen. Auch schwefelhaltige Basen kommen vor und das Pseudouridin, das als Base normales Uracil enthält, das aber an das Zuckermolekül mit einem C-Atom gebunden ist. Das aminosäurenbindende Ende enthält bei allen t-RNS die Basenfolge C-C-A-Aminosäure.

Nach Röntgenuntersuchungen bilden die einsträngigen t-RNS-Moleküle Sekundärstrukturen mit Wasserstoffbrücken. Bei maximaler Basenpaarung läßt sich eine Kleeblattsturktur aufstellen, die aber noch nicht bewiesen ist.

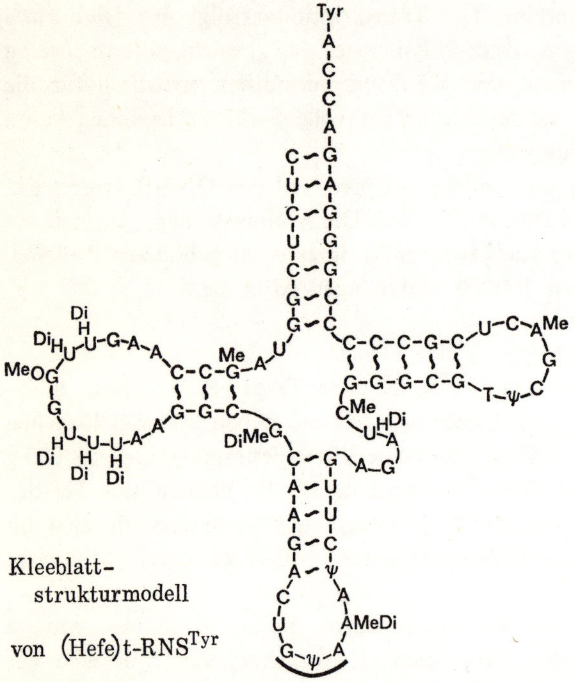

Kleeblatt-
strukturmodell
von (Hefe) t-RNS^{Tyr}

Riboside seltener Basen in den Nucleotiden der

t–RNS^{Tyr}

MeA   = 1-Methyladenosin
DiMeA = N(6)-Dimethyladenosin
MeG   = N(2)-Methylguanosin
DiMeG = N(2)-Dimethylguanosin
ψ = Pseudouridin
MeOG = 2'-O-Methylguanosin
DiHU = Dihydrouridin
MeC   = 5-Methylcytosin

⌒ Wasserstoffbrücken

⌣ „Anticodon"
Bindungsstelle für m-RNS
Codewort U A C
(Leserichtung umgekehrt)

2c. *r-RNS*

Ribosomale RNS bildet mit 80—85% die Hauptmenge der RNS einer Zelle. Den Namen erhielt sie nach dem Vorkommen in den Ribosomen, sphärischen Partikelchen mit einer Molmasse von $0{,}8 \cdot 10^6$ bis $1{,}8 \cdot 10^6$. Die Ribosomen sind

in der Mehrzahl an Strukturen gebunden, und zwar an das endoplasmatische Reticulum (ein Netzwerk von Kanälen). Ungefähr ¼ kommt ungebunden vor.
Ribosomen werden in zellkernhaltigen Zellen in den Nucleoli (Kernkörperchen) gebildet. Sie bestehen aus zwei Untereinheiten, die nach dem Verhalten in der Ultrazentrifuge bei Bakterien als 50s und 30s-Partikel bezeichnet werden. Die Zusammenlagerung zu funktionsfähigen 70s-Partikeln ist in vitro von der Mg^{2+}-Konzentration abhängig. Ribosomen enthalten rund 60% RNS. In jeder Untereinheit ist ein hochmolekulares Polynucleotid enthalten, in dem 50s-Partikel zusätzlich ein kleineres Molekül (120 Nucleotide). Es treten hauptsächlich die normalen Basen auf. Die wenigen ungewöhnlichen Basen entstehen — wie auch bei der t-RNS — nach dem Einbau durch enzymatische Umwandlung aus den normalen Basen. Die meisten Proteine der Ribosomen sind basisch.
Die Ribosomen sind die Organellen in der Zelle, die die Proteinsynthese durchführen. Der Start der Proteinbiosynthese beginnt mit der Bildung eines Komplexes zwischen einer 30s-Untereinheit, einem m-RNS-Molekül und einer t-RNS, die Formyl-Methionin gebunden hat. Dazu sind aber noch nicht näher bekannte Auslösefaktoren nötig. Erst dann kann das 50s-Partikel angelagert werden und die Bildung des Proteins beginnen. Das am Anfang stehende Formylmethionin wird wieder abgespalten. Die Einzelheiten der Synthese ebenso wie die der Wanderung der m-RNS durch das Ribosom sind noch ungeklärt.

Literatur
BRESCH, C. u. HAUSMANN, R.: Klassische und molekulare Genetik. — Springer, Berlin 1970
HARBERS, E.: Nucleinsäuren. — Thieme, Stuttgart 1969
KARLSON, P.: Biochemie. — Thieme, Stuttgart 1970
BEYERSMANN, D.: Nucleinsäuren. — Verlag Chemie, Weinheim 1971
KAUDEWITZ, F.: Genetik — Springer, Berlin 1973

Nucleophil ist ein Teilchen, das mindestens eine negative Teilladung trägt und daher ein Atom mit einer positiven Teilladung angreift. S. Additionen 1.2. und 4. Substitution, Umlagerungen.
Nucleoside s. Nucleinsäuren 1.
Nucleotid s. ATP, Nucleinsäuren.
Nugget s. Gold.
Nullpunktsenergie s. Helium.
Nylanders Reagens s. Oxoverbindungen 1.1.3.
Nylon s. Chemiefaserstoffe.

O

Ocimen s. Terpene 1.

Oct-: Bezeichnung für C-Gerüst aus 8 Atomen s. Alkane, Alkene, Alkine.

Octanzahl (s. a. →Erdöl) wird zur Charakterisierung der Klopffestigkeit von Benzin benutzt. Das Klopfen wird besonders von unverzweigten →Alkanen hervorgerufen, die sich im Motor bei der Kompression vorzeitig entzünden. Deshalb hat man n-Heptan (C_7H_{16}) mit der Octanzahl 0 eingestuft, 2,2,4-Trimethylpentan (ein verzweigtes Octan = „Isooctan") dagegen mit 100, weil es sehr klopffest ist. Die Octanzahl eines Benzins gibt die Prozente „Isooctan" in einem Gemisch mit n-Heptan an, das die gleiche Klopffestigkeit in einem Normmotor besitzt. Flugbenzin sollte keine Octanzahl unter 100 haben. Durch Zusatz von Äthanol, Benzol, Cumol (Isopropylbenzol) oder Bleitetraäthyl ($Pb[C_2H_5]_4$) wird die Klopffestigkeit erhöht. Das Bleitetraäthyl fängt durch Zerfall in →Radikale die aus den Alkanen gebildeten Radikale ab und verhindert so eine vorzeitige Explosion. Um eine Verbleiung des Motors durch das bei der Verbrennung entstehende Blei-II-oxid zu verhindern, wird dem Benzin außer 0,05% Bleitetraäthyl auch 1,2-Dibromäthan zugefügt, so daß das flüchtige Blei-II-bromid gebildet wird.

Ocytocin s. Aminosäuren 2.3., Hormone.

Oktaeder-Feld s. Koordinationschemie.

Ölsäure s. Carbonsäuren 1.1.2. und 2.1., Ester.

Östrogene s. Hormone, Steroide 3.

-ol: kennzeichnende Endung für →Hydroxylderivat (Alkohol, Phenol). In der deutschen Fachsprache in falscher Weise auch bei →Benzolkohlenwasserstoffen üblich: Benzol, Toluol, Styrol, Xylol u. a.

Oleanolsäure s. Terpene 4.

Olefine s. Alkene.

Oleum s. Schwefelsäure.

Olivin s. Silikate.

Ommochrome s. Heterocyclen 2.3.

-on: kennzeichnende Endsilbe für Ketone s. Oxoverbindungen.

Onocerin s. Terpene 4.

Operment s. Arsen.

Opium s. Rauschgifte.

Oppenhauer-Oxydation s. Additionen 4., Hydroxylderivate 1.1.1., Oxoverbindungen 1.1.1.

Optische Aufheller s. Waschmittel, Farbstoffe 1.2.

Orbital s. Atombau. Inneres bzw. äußeres Orbital s. Koordinationschemie.

Organische Chemie ist das Teilgebiet der Chemie, in dem die Chemie der Kohlenstoffverbindungen zusammengefaßt wird mit Ausnahme der Kohlenstoffoxide, der Kohlensäure und deren Salze. Der Name ist historisch bedingt, da man vor 1828 annahm, daß organische Stoffe nur in Lebewesen mit Hilfe der Lebenskraft (*vis vitalis*) gebildet werden können. BERGMAN unterschied 1777 anorganische und organische Stoffe, nachdem im 18. Jahrhundert eine Reihe von organischen Verbindungen isoliert worden waren (z. B. MARGGRAF: 1747 Rohrzucker (→Kohlenhydrate 2.), 1749 Ameisensäure (→Carbonsäuren 1.1.); SCHEELE: 1769 Weinsäure, 1775 Benzoesäure; ROUELLE: 1773 Harnstoff (→Kohlensäurederivate 3.), während man im Altertum und Mittelalter zwar organische Prozesse (alkoholische Gärung →Äthanol, Essigsäuregärung, →Färberei u. a. m.), aber keine rein dargestellten Stoffe kannte. BERZELIUS führte 1806 den Begriff „Organische Chemie" ein. Die Versuche WÖHLERS machten den ursprünglichen Trennungsgrund hinfällig (1824 Umwandlung von Dicyan →Blausäure — Produkt tierischen Ursprungs aus Blutlaugensalz — in Oxalsäure →Carbonsäuren 1.2., die man nur aus Pflanzen kannte; 1828 Überführung von Ammoniumcyanat — damals als anorganisch eingestuft — in Harnstoff durch Erhitzen). Die Aufteilung der Chemie wurde aus Zweckmäßigkeitsgründen beibehalten, weil die Anzahl der bekannten Kohlenstoffverbindungen (GMELIN erkannte 1848, daß organische Stoffe immer Kohlenstoff enthalten) sehr rasch anwuchs. Z. Zt. kennt man rund 1 Million organische gegenüber 50.000 anorganischen Verbindungen, jährlich kommen mindestens 50.000 neue organische Stoffe dazu, die zum größten Teil künstlich hergestellt werden und nicht in Lebewesen vorkommen. Organische Verbindungen sind meistens: brennbar, Nichtleiter, langsam reagierend, in Wasser unlöslich. Sie haben meistens einen niedrigen Schmelzpunkt (unter 300°C), ihre Struktur bestimmt wesentlich die Eigenschaften, sie reagieren selten quantitativ.

Literatur
VON LIPPMANN: Zeittafeln zur Geschichte der organischen Chemie. — Springer, Berlin 1921
FODOR, G.: Organische Chemie Bd. 1. — VEB Deutscher Verlag der Wissenschaften, Berlin 1965
NOLLER, C.: Lehrbuch der organischen Chemie. — Springer, Berlin 1960

Organische Stickstoffverbindungen gibt es in mannigfachen Formen (s. →Aminosäuren, →heterocyclische Verbindungen, Amide und Nitrile s. →Carbonsäuren 3.3. u. 3.4., →Isonitrile, →Oxime, →Ester der Salpeter- und salpetrigen Säure, Harnstoff s. →Kohlensäurederivate 3.). Hier sollen einige wichtige Verbindungsgruppen zusammengefaßt werden, die sich nicht von anderen Verbindungen ableiten lassen, wie Oxime von Oxoverbindungen, Nitrile von Carbonsäuren

Organische Stickstoffverbindungen 1.

usw. Dazu gehören 1. Nitroverbindungen, 2. Amine, 3. Azo- und Diazoverbindungen.

1. *Nitroverbindungen*

Sie sind Derivate organischer Verbindungen, bei denen ein oder mehrere H-Atome am C-Gerüst durch die NO_2-Gruppe (Nitrogruppe) ersetzt sind. Die Nitrogruppe läßt sich als ein →mesomerer Zustand (→Atombau) verstehen. In der Formel gibt man nur die Grenzzustände an, bei denen ein O-Atom doppelt, ein O-Atom einfach (semipolar) gebunden sind. Im Verhalten sind die beiden O-Atome völlig gleichwertig. Die Gruppe ist stark polar.

Mesomerie der Nitrogruppe

Nitromethan Winkel u. Abstände

Die Benennung der Nitroverbindungen erfolgt nach den Regeln für substituierte Verbindungen (Angabe der Nummer des substituierten C-Atoms). Nach der Anzahl der C-Atome, die mit dem substituierten C-Atom direkt verbunden sind, unterscheidet man primäre, sekundäre und tertiäre Nitrokörper. Die technisch besonders wichtigen aromatischen Nitroverbindungen sind dementsprechend tertiäre Verbindungen.

Am einfachsten gelingt die Herstellung aromatischer Nitroverbindungen. Sie gelingt mit Salpetersäure. Je nach dem Aktivierungszustand des Benzolrings verwendet man verdünnte Salpetersäure (bei Phenolen-→Hydroxylder. 3.), bzw. konzentrierte mit oder ohne einen Zusatz von Schwefelsäure (Nitriersäure). Der Vorgang ist eine elektrophile →Substitution durch das Nitronium-Kation NO_2^+ (→Benzolkohlenwasserstoffe 1.1.2.). Aliphatische Kohlenwasserstoffe werden am besten in der Dampfphase nitriert. Für kleinere Mengen ist die nucleophile Substitution von Halogen durch Nitrit gebräuchlich (VIKTOR MEYER). Die bei diesem Prozeß gleichzeitig entstehenden →Ester der salpetrigen Säure können wegen ihres niedrigeren Siedepunktes leicht abgetrennt werden.

Bildung des Nitronium-Kations

Nitrierung von Benzol

Organische Stickstoffverbindungen 1.

$$RCl + Ag^+O=N-O^- \diagup \begin{matrix} R-O-N=O & \text{Alkylnitrit} \\ R-\overset{+}{N}\underset{O^-}{\overset{O}{\diagdown}} & \text{Nitroalkan} \end{matrix} \quad +AgCl$$

Halogenderivat Silbernitrit

Nitroverbindungen sind Flüssigkeiten, die mit Wasser nicht mischbar sind. Wegen des großen Dipolmoments sind sie aber ausgezeichnete Lösungsmittel für viele organische Substanzen. Sie sind giftig.

Die Reaktionen der Nitroverbindungen sind abzuleiten von der starken Elektronenanziehung der Nitrogruppe (negativer induktiver und mesomerer Effekt →Elektronenverschiebung).

Primäre und sekundäre Nitroverbindungen geben an OH⁻-Ionen Protonen ab und bilden Salze. Bei Phenylnitroalkanen und Nitroalkanen läßt sich eine Tautomerie (→Isomerie 3. →Umlagerungen 2.) nachweisen zwischen der normalen Nitroform und einer aci-Form, auch Nitrosäure genannt, die ein H-Atom des α-C-Atoms an einem O-Atom bindet.

primäre Nitroverbindung   Anion (mesomer)   Nitroform   aci-Form
                                                Tautomerie

Durch starke Säuren werden primäre Nitrokörper zu Hydroxylamin und Carbonsäure, sekundäre zu Keton und N_2O hydrolytisch gespalten. →Oxoverbindungen werden an primäre und sekundäre Nitroverbindungen unter Bildung von Nitroalkoholen addiert. Mit starken Basen verläuft dieser Vorgang ähnlich der Aldolkondensation (→Oxoverbindungen 1.1.3.), d.h. es erfolgt eine Wasserabspaltung zu einer ungesättigten Nitroverbindung.

primäre Nitroverb.   Carbonsäure Hydroxylamin

sekundäre Nitroverb.   Keton   Distickstoffoxid

Organische Stickstoffverbindungen 1.

$$CH_3-CHO + CH_3NO_2 \longrightarrow CH_3CHOH-CH_2-NO_2$$

Äthanal　　　Nitromethan　　　　　　1-Nitropropanol-2
(Acetaldehyd)

Die Reduktion der Nitrogruppe erfolgt stufenweise mit nascierendem Wasserstoff. Sie ist technisch wichtig bei aromatischen Nitroverbindungen. Die erste Stufe, ein Nitrosoderivat, läßt sich nicht isolieren, da sie schneller zum Hydroxylaminderivat reduziert wird als die Nitrogruppe zur Nitrosogruppe. Aromatische *Nitroso*verbindungen sind durch Oxydation von *Hydroxylamin*derivaten oder durch Substitution mit salpetriger Säure zugänglich. Das erste isolierbare Reaktionsprodukt bei der Nitrokörperreduktion ist in neutraler Lösung das betreffende *Hydroxylamin*derivat. In saurer Lösung oder mit starken Reduktionsmitteln (Ni-Katalysator, LiAlH$_4$) wird als Endprodukt ein primäres Amin gebildet (*Anilin* aus Nitrobenzol mit Eisen und Salzsäure). In alkalischer Lösung kommt es durch Sekundärreaktionen zur Bildung von *Azokörpern*. So entsteht aus Nitrosobenzol und N-Phenylhydroxylamin Azoxybenzol.

Nitrobenzol　　　Nitrosobenzol　　　N-Phenylhydroxylamin　　　Aminobenzol
　　　　　　　　　　　　　　　　　　　　　　　　　　　　　　　　(Anilin)

Nitrosobenzol
+Phenylhydroxylamin　　　　　　　Azoxybenzol

Der Benzolring wird durch die Nitrogruppe desaktiviert, d. h. der Eintritt eines zweiten Substituenten ist erschwert. Der Angriff des Zweitsubstituenten erfolgt in meta-Stellung (→Benzolkohlenwasserstoffe 1.1.2.). So bildet sich mit Nitriersäure nur 1,3-Dinitrobenzol = m-Dinitrobenzol. In aktivierten Benzolringen ist die Einführung mehrerer Nitrogruppen möglich.

Eine Auswirkung des elektronenanziehenden Effekts der Nitrogruppe auf den Benzolring und seine Substituenten ist die erhöhte Säurestärke von Nitrophenolen gegenüber Phenol. Die Säurestärke steigt mit anwachsender Zahl der Nitrogruppen. Aber auch die Stellung wirkt sich aus. In ortho- und para-Stellung der Nitrogruppe kommen induktiver und mesomerer Effekt (→Elektronenverschiebung) zur Geltung, in meta-Stellung nur der induktive Effekt. Der induktive Effekt beruht auf der Elektronegativität, d. h. dem Vermögen, ein bindendes Elektronenpaar anzuziehen. Der mesomere Effekt äußert sich in der Verschiebung von π-Elektronen. 2,4,6-Trinitrophenol (*Pikrinsäure*) ist 1000 mal stärker als Ameisensäure, die stärkste Monocarbonsäure.

Nitrokörper kommen in der Natur nicht häufig vor. Chloramphenicol, ein →Antibioticum, ist ein Nitroderivat.

Technisch werden die aliphatischen Nitroverbindungen als Lösungsmittel für Kunststoffe eingesetzt. Chlorpikrin (Cl_3C—NO_2) ist ein Insekticid (→Schädlingsbekämpfungsmittel). Aromatische Nitrokörper dienen als Ausgangsstoffe für Synthesen von →Farbstoffen und →Arzneimitteln. Mehrfach nitrierte Substanzen werden als →Explosivstoffe verwendet, so 2,4,6-*Trinitrotoluol* (*TNT*, Trotyl) oder 2,4,6-Trinitrophenol (*Pikrinsäure*).

Nitromethan (F: —20°C, Kp: 102°C), Nitroäthan (F: —90°C, Kp: 114°C), Nitrobenzol (F: 5,7°C, Kp: 211°C, nach Bittermandel riechend), 2,4,6-Trinitrotoluol (F: 81°C, Kp: 240°C), *Pikrinsäure* (F: 122°C, Kp: 300°C).

TNT   Pikrinsäure

2. Amine

Wenn vom Ammoniak oder der Ammoniumgruppe ein oder mehrere H-Atome durch Kohlenwasserstoffreste ersetzt sind, bezeichnet man diese Verbindungen als Amine. Im Gegensatz zu den Nitroverbindungen geben die Ausdrücke primäres, sekundäres Amin die Anzahl der substituierten H-Atome des NH_3 an. Quartäre Amine leiten sich von der Ammoniumgruppe ab.

Die Benennung erfolgt entweder nach dem Prinzip der substituierten Kohlenwasserstoffe (1,4-Diamino-butan) oder unter der Annahme der Substitution des Ammoniaks (Methyl-äthyl-amin).

Die Herstellung nicht quartärer Amine erfolgt durch →Substitution, Reduktion oder oxydativen Abbau. Substitutionsprozesse liegen vor bei der Einwirken von Halogenkohlenwasserstoffen auf NH_3, Phthalimid-Kalium (GABRIEL-*Synthese*), Cyanamid. Von den zu substituierenden N-Verbindungen aus gesehen handelt es sich um elektrophile Substitutionen. Mit Phthalimid-Kalium entstehen nur primäre Amine, mit Cyanamid (→Kohlensäured. 4) nur sekundäre, aus NH_3 aber ein Gemisch von primären, sekundären und tertiären Aminen, das durch Destillation getrennt werden muß.

Organische Stickstoffverbindungen 2.

$$R-X + NH_3 \longrightarrow [R-NH_3]^+ X^- \xrightarrow{Na^+OH^-} R-NH_2 + H_2O + NaX$$

Phthalimidkalium   (*Gabriel*-Synthese)   Phthalsäure   primäres Amin

Ca-Cyanamid   sekundäres Amin

Reduktion führt zu Aminen, wenn als Ausgangsstoffe Nitro- oder Nitrosoverbindungen (s. o.), →Oxime, Amide oder Nitrile (→Carbonsäuren 3.4.) benutzt werden. Arylamine werde nur auf diese Weise gewonnen. Die Hydrierung erfolgt entweder katalytisch (*Raney*-Nickel), mit nascierendem Wasserstoff (Metall u. Säure, Natrium und Alkohol) oder mit $LiAlH_4$. →Oxime und Imide, die aus →Oxoverbindungen mit NH_3, Hydroxylamin und Aminen hergestellt werden, brauchen nicht isoliert zu werden, sondern können sofort in der Lösung reduziert werden.

Aldehyd   Aldoxim   Aldimid   primäres Amin

Nitril   primäres Amin   Amid   primäres Amin

Beim oxydativen Abbau von N-haltigen Carbonsäurederivaten entstehen Amine (→Umlagerungen 1.1.2.). Beim HOFMANN-*Abbau* läßt man auf Amide Na-hypobromit einwirken, beim CURTIUS-*Abbau* wandelt man Azide durch Erhitzen zu Isocyanaten um, die mit Hydrolyse Amine ergeben. Der *Abbau nach* SCHMIDT geht von Carbonsäuren aus, die mit Stickstoffwasserstoffsäure (N_3H) und konz. Schwefelsäure vermutlich wie beim CURTIUS-*Abbau* Amine liefern.

Organische Stickstoffverbindungen 2.

$$R-\underset{O}{\overset{NH_2}{C}} + Na-O-Br \xrightarrow{-NaOH} R-\underset{O}{\overset{Br}{\underset{|}{C}}}\overset{N-H}{} \xrightarrow{-HBr} \left[R-\underset{O}{\overset{N}{C}}\right] \longrightarrow R-N=C=O \xrightarrow[-CO_2]{+H_2O} R-NH_2$$

Amid Na-hypobromid   Acylnitren   Isocyanat   prim. Amin

Hofmann

$$R-\underset{O}{\overset{\bar{N}-\overset{+}{N}\equiv N}{C}} \xrightarrow{-N_2} \left[R-\underset{O}{\overset{N}{C}}\right] \longrightarrow R-N=C=O \xrightarrow[-CO_2]{+H_2O} R-NH_2$$

Säureazid   Acylnitren   Isocyanat   prim. Amin

Curtius

$$R-\underset{O}{\overset{OH}{C}} + HN_3 \longrightarrow R-NH_2 + CO_2 + N_2$$

Carbonsäure Stickstoff-   Amin
wasserstoff-
säure

Schmidt

Quartäre Ammoniumsalze entstehen aus tertiären Aminen mit Halogeniden. Die freie Basen erhält man daraus mit AgOH oder Anionenaustauschern.

$$\underset{R_2}{\overset{R_3}{R_1-N}} + R-Br \longrightarrow \left[\underset{R_2}{\overset{R_3}{R_1-N-R}}\right]^+ Br^- \xrightarrow[-AgBr]{+AgOH} \left[\underset{R_2}{\overset{R_3}{R_1-N-R}}\right]^+ OH^-$$

Primäre, sekundäre und tertiäre Amine haben wegen des freien Elektronenpaars am N-Atom basische Eigenschaften. Sie addieren ein Proton. Die Basenstärke aliphatischer Amine ist nur wenig größer als die des Ammoniaks, sie ist bei sekundären Aminen am größten. Aromatische Amine zeigen wegen des positiven mesomeren Effekts der Aminogruppe (sie stellt dem Benzolring Elektronen zur Verfügung) eine geringere Basenstärke als NH_3. Quartäre Amine sind in wäßriger Lösung vollständig in Ionen gespalten. Ihre Stärke entspricht den Alkalihydroxiden, die ebenfalls die starke Base OH^- in der Lösung enthalten.

Tertiäre Amine mit drei verschiedenen Substituenten lassen sich nicht in optische Antipoden zerlegen (→Isomerie 2.2.), weil das N-Atom durch die Ebene der drei Substituenten hindurchschwingt. Verhindert man die Schwingung durch Einbau in Ringsysteme, läßt sich die Trennung in zwei optisch aktive Substanzen durchfuhren. Zum ersten Mal gelang dies bei der TROEGER*schen Base*. Bei Ammoniumsalzen mit vier verschiedenen Substituenten tritt ebenfalls optische Aktivität auf.

Organische Stickstoffverbindungen 2.

TROEGERsche Base

Außer den drei Methylaminen und dem Äthylamin sind die Amine mit Wasser mischbare Flüssigkeiten. Der Geruch nach Fisch verliert sich ebenso wie die Wasserlöslichkeit bei höheren Aminen.

Die Reaktionsfähigkeit der Amine beruht auf dem freien Elektronenpaar des N-Atoms, das ihm einen basischen (nucleophilen) Charakter gibt. Es kommt zur — wenigstens vorübergehenden — Bildung des Ammoniumzustandes. Bei Substituenten mit starker Elektronenanziehung wird abhängig von der Art des Amins ein Proton oder Alkylkation abgespalten.

Beispiele:

Salzbildung mit Säuren; →Substitution mit Halogenkohlenwasserstoffen oder Alkylsulfaten (Aminherstellung); →Carbonsäuren und ihre Derivat (Anhydride, Chloride, Ester) bilden mit primären und sekundären Aminen N-substituierte Carbonsäureamide; Bildung von *Sulfonamiden* mit organischen Sulfonsäurechloriden; salpetrige Säure liefert mit primären Aminen über Nitrosamin und Diazoniumsalz nach N_2-Abspaltung einen Alkohol, während sekundäre Amine auf der Stufe des Nitrosamins stehen bleiben und tertiäre ein Trialkylämmoniumnitrit bilden: mit Bromcyan entstehen Cyanamidderivate; mit CS_2 und Schwermetallionen bilden primäre Amine Senföle (Isorhodansäureester →Kohlensäurederivate 5.); →Oxoverbindungen addieren Amine zu Aminoalkoholen, die bei primären Amine unter Wasserabspaltung ein *Azomethin* (SCHIFFsche *Base*) ergeben; primäre Amine lassen sich auch durch die Bildung von →Isonitrilen mit Chloroform und Alkalilauge nachweisen (Dichlor→carbenaddition).

Organische Stickstoffverbindungen 2.

$$R-\underset{H}{\overset{H}{N}}-H + HOOC-R' \longrightarrow \begin{cases} [RNH_3]^+ \ ^-OOC-R' \quad \text{Salz} \\ \left[R-\underset{H}{\overset{H}{\underset{|}{N}}}-\underset{OH}{\overset{|}{C}}-R'\right]^+ OH^- \xrightarrow{-H_2O} R-\underset{H}{\overset{H}{\underset{|}{N}}}-\underset{O}{\overset{}{\underset{\|}{C}}}-R' \end{cases}$$

Amin Carbonsäure — Carbonsäureamid

$$R-\underset{H}{\overset{H}{N}}-H + Cl-\underset{O}{\overset{O}{\underset{\|}{S}}}-R' \longrightarrow \left[R-\underset{H}{\overset{H}{\underset{|}{N}}}-\underset{O}{\overset{O}{\underset{\|}{S}}}-R'\right]^+ Cl^- \xrightarrow{-HCl} R-NH-SO_2-R'$$

Sulfonsäurechlorid — prim. Sulfonamid

$$R-\underset{H}{\overset{H}{N}}-H + 2\,HONO \xrightarrow{-H_2O} \left[R-\underset{H}{\overset{H}{\underset{|}{N}}}-N=O\right]^+ NO_2^- \xrightarrow{-HNO_2} R-\underset{H}{\overset{}{\underset{|}{N}}}-N=O \longrightarrow [R-\overset{+}{N}\!\equiv\!N]OH^- \xrightarrow{-N_2} R-OH$$

salp. Säure — Nitrosamin — Diazoniumbase — Alkohol

$$R-\underset{H}{\overset{R'}{N}} + BrC\equiv N \longrightarrow \left[R-\underset{H}{\overset{R'}{\underset{|}{N}}}-C\equiv N\right]^+ Br^- \xrightarrow{-HBr} \underset{R}{\overset{R'}{N}}-C\equiv N$$

Bromcyan — sek. Cyanamid

$$R-\underset{H}{\overset{H}{N}} + \underset{S}{\overset{S}{\underset{\|}{C}}} \longrightarrow \left[R-\underset{H}{\overset{H}{\underset{|}{N}}}-\underset{S}{\overset{S^-}{\underset{|}{C}}}\right] \xrightarrow{+[RNH_3]^+} H_2S + RNH_2 + R-N=C=S$$

Kohlenstoffdisulfid — Senföl

$$R-\underset{H}{\overset{H}{N}} + R'-\overset{}{C}=O \longrightarrow \left[R-\underset{H}{\overset{H}{\underset{|}{N}}}-\underset{H}{\overset{O^-}{\underset{|}{C}}}-R'\right] \longrightarrow R-\underset{H}{\overset{}{\underset{|}{N}}}-\underset{H}{\overset{OH}{\underset{|}{C}}}-R' \xrightarrow{-H_2O} R-N=\underset{H}{\overset{}{C}}-R'$$

Aldehyd — Aminoalkohol — Schiffsche Base / Azomethin

$$R-\underset{H}{\overset{H}{N}} + :CCl_2 \longrightarrow \left[R-\underset{H}{\overset{H}{\underset{|}{N}}}-CCl_2^-\right] \xrightarrow{-2\,HCl} R-N\!\equiv\!C$$

Dichlorcarben — Isonitril

Tertiäre Amine werden von H_2O_2 und organischen Peroxiden zu Aminoxiden oxydiert. Tertiäre Amine mit 3 verschiedenen Substituenten sind nach der Oxydation optisch aktiv.

Quartäre Ammoniumverbindungen werden durch Erhitzen in ein tertiäres Amin und einen Alkohol oder →Alken zerlegt. Die Zerlegung findet auch mit Basen statt und ist ein Teil des Verfahrens der erschöpfenden Methylierung nach HOFMANN. Das Verfahren dient zur Konstitutionsaufklärung unbekannter organischer

Organische Stickstoffverbindungen 2.

Basen. Mit Phenyllithium entstehen nach WITTIG Stickstoff-→Ylide. Der Name Ylid weist auf die Doppelnatur der Bindung hin, teils Atombindung (-yl), teils Ionenbindung (Carbanionen) (-id). Ylide sind hochreaktiv. Trimethylammoniummethylid kann als Methylenspender bei Synthesen verwendet werden.

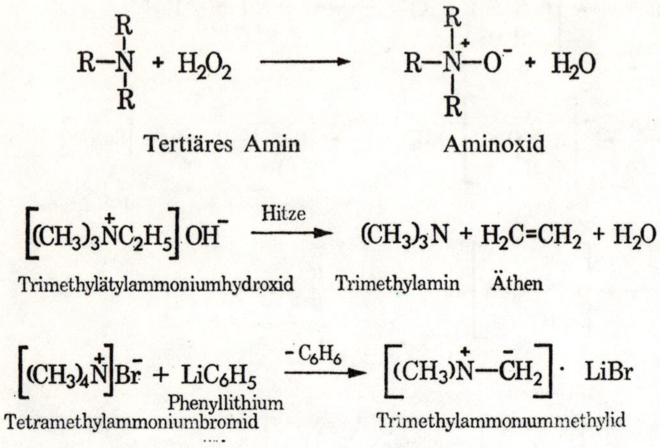

$$R-\underset{R}{\overset{R}{N}} + H_2O_2 \longrightarrow R-\underset{R}{\overset{R}{\overset{+}{N}}}-O^- + H_2O$$

Tertiäres Amin Aminoxid

$$[(CH_3)_3\overset{+}{N}C_2H_5]OH^- \xrightarrow{\text{Hitze}} (CH_3)_3N + H_2C=CH_2 + H_2O$$

Trimethyläthylammoniumhydroxid Trimethylamin Äthen

$$[(CH_3)_4\overset{+}{N}]Br^- + LiC_6H_5 \xrightarrow{-C_6H_6} [(CH_3)_3\overset{+}{N}-\overset{-}{C}H_2] \cdot LiBr$$

Tetramethylammoniumbromid Phenyllithium Trimethylammoniummethylid

Diamine, deren Herstellung gegenüber den Monoaminen keine Besonderheit aufweisen, lassen sich zu heterocyclischen Ringsystemen verbinden.

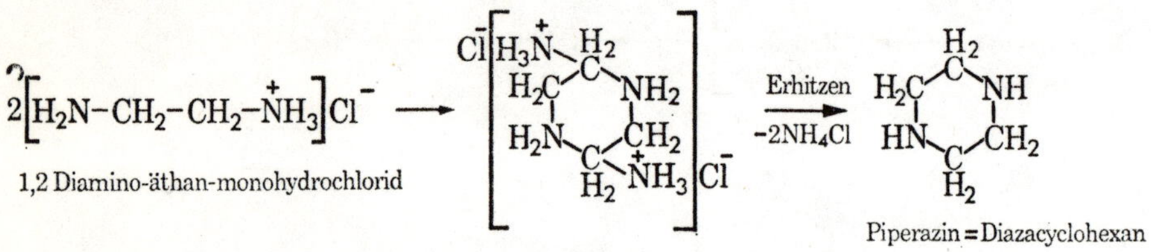

$$2[H_2N-CH_2-CH_2-\overset{+}{N}H_3]Cl^- \longrightarrow \begin{bmatrix} Cl^- \begin{matrix} H_3\overset{+}{N} & H_2 \\ H_2C & C & NH_2 \\ & | & \\ H_2N & CH_2 \\ C & \overset{+}{N}H_3 \end{matrix} Cl^- \end{bmatrix} \xrightarrow[-2NH_4Cl]{\text{Erhitzen}} \begin{matrix} H_2 \\ H_2C-C-NH \\ | \quad \quad | \\ HN-C-CH_2 \\ H_2 \end{matrix}$$

1,2 Diamino-äthan-monohydrochlorid

Piperazin = Diazacyclohexan

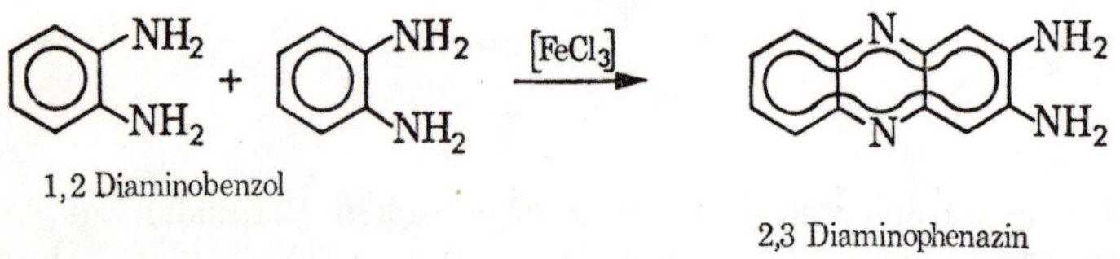

1,2 Diaminobenzol + 1,2 Diaminobenzol $\xrightarrow{[FeCl_3]}$ 2,3 Diaminophenazin

Methyl- und Äthylamine werden aus Alkoholen und NH_3 mit Druck und bei hoher Temperatur hergestellt. Sie sind ebenso wie die aromatischen Amine Ausgangsprodukte für die Synthese von Arzneimitteln, Farbstoffen und Kunststoffen.

Methylamin (F: —92,5°C, Kp: —6,5°C), Dimethylamin (F: —96°C, Kp: 7,4°C) Trimethylamin (Seefischgeruch, F: —124°C, Kp: 3,5°C), Äthylamin (F: —80,6°C, Kp: 16,6°C).

Die einfachste aromatische Aminoverbindung ist *Anilin* (F: —6,2°C, Kp: 184,4°C). Benannt nach dem portugiesischen Wort für Indigo, aus der es zum ersten Mal hergestellt wurde. Es ist eine giftige, mit Wasser kaum mischbare, an der Luft sich braun färbende Flüssigkeit. Mit Chlorkalklösung bildet Anilin einen rotvioletten Farbstoff (Nachweis des freien Anilins). Im Gegensatz zur Nitrogruppe bewirkt die Aminogruppe einen positiven mesomeren Effekt, d.h. sie stellt dem Benzolring mesomer Elektronen zur Verfügung und aktiviert ihn damit. Zweitsubstituenten werden nach ortho- und para-Stellung gelenkt.

Vom Anilin sind zahlreiche technisch wichtige Produkte abzuleiten: Acetanilid (→Arzneimittel Antifebrin), p-Äthoxy-acetanilid (Arzneimittel *Phenacetin*), *Toluidine* (3 isomere Aminotoluole, für Azo- und Triphenylmethan→farbstoffe), Nitraniline (3 isomere Nitro-aminobenzole, ebenfalls für Azofarbstoffe), Dimethylanilin (Ausgangsstoff für →Farbstoffe — s.d. 1.4 — Malachitgrün und Kristallviolett), Diphenylamin (für Thiazinfarbstoffe), Phenylendiamin (3 Isomere, für Azofarbstoffe, als Entwickler), *Benzidin* (4,4'-Diaminodiphenyl, für Azofarbstoffe), p-Amino-benzolsulfonsäure (*Sulfanilsäure*, für Azofarbstoffe), Sulfanilamid (PAB, da *p-A*minobenzolsulfamid: einfachstes *Sulfonamid*, →Arzneimittel gegen bakterielle Infektionen).

Ein technisch wichtiges aliphatisches Diamin ist 1,6-Diaminohexan (*Hexamethylendiamin*). Es ist ein Ausgangsprodukt für die →Polykondensation mit Adipinsäure zu Nylon 66 (Chemiefasern). Hergestellt wird es aus 1,4-Dichlorbutan, das mit Cyaniden zu Adipinsäuredinitril wird. Katalytische Reduktion führt zum Diamin.

$$Cl-(CH_2)_4-Cl \xrightarrow[-2NaCl]{+2NaCN} N\equiv C-(CH_2)_4-C\equiv N \xrightarrow{8H} H_2N-(CH_2)_6-NH_2$$

1,4-Dichlorbutan   Adipinsäuredinitril   Hexamethylendiamin

Organische Stickstoffverbindungen 2.

Proteine sind aus Aminocarbonsäuren (→Aminosäuren) aufgebaut. Decarboxylierung läßt Amine entstehen. Man findet in Lebewesen deshalb „biogene Amine", die als →Hormone dienen (*Dopamin, Serotonin, Histamin*), als *Transmitter* eingesetzt werden (Übertragung der Erregung an den Nervenenden — Synapsen — z. B. *Noradrenalin, Acetylcholin,* γ-Aminobuttersäure), als Baustoffe verwandt werden (Cysteamin für Co→enzym A, Äthanolamin = *Colamin* für →Lipoide). Über die Funktion anderer biogener Amine weiß man noch nichts, so über 1,4-Diaminobutan (*Putrescin* aus der →Aminosäure Ornithin) und 1,5-Diaminopentan (*Cadaverin* aus der →Aminosäure Lysin). In lebenden Wesen kommen sie in Ribosomen vor, wie aus den Namen hervorgeht sind sie charakteristische Dufterzeuger bei Fäulnisprozessen.

$H_2N-(CH_2)_4-NH_2$ $H_2N-(CH_2)_5-NH_2$ $H_2N-CH_2-CH_2-SH_2$ $HOOC-(CH_2)_3-COOH$

Putrescin   Cadaverin   Cysteamin   γ-Aminobuttersäure
                                      aus Cystein   GABA aus Glutaminsäure

Während sich die Indolamine (nach dem Indolskelett →Heterocyc.) wie Tryptamin und Serotonin vom Tryptophan ableiten, sind die als Transmitter wirkenden Catecholamine Produkte des Phenylalanin — Tyrosin-Stoffwechsels.

Phenylalanin   Tyrosin   DOPA   Dopamin   Noradrenalin   Adrenalin
                         3,4-Dihydroxyphenylalanin

Noradrenalin und Adrenalin gehören zur Gruppe der Aminoalkohole (außerdem sind sie noch Aminophenole) wie das →Alkaloid Ephedrin und die für →Lipoide wichtigen Basen *Colamin* (Äthanolamin) und *Sphingosin*. In vielen Lipoiden liegt Colamin als quartäre methylierte Base vor: *Cholin*. Der Essigsäureester des Cholins ist *Acetylcholin*. Acetylcholin ist die Transmittersubstanz der cholinergischen Nerven (parasympathischer Teil des Eingeweidenervensystems, praegan-

Ephedrin   *Colamin*   *Cholin*   *Acetylcholin*
           Aminoäthanol   D-erythro-2-amino-trans-ocetadec-4-en-1,3-diol = *Sphingosin*

glionäre Faser des sympathischen Teils und markhaltige motorische Nerven), während *Noradrenalin* Transmittersubstanz für die postganglionären Fasern des sympathischen Eingeweidenervensystems ist. γ-Aminobuttersäure ist der Transmitter für hemmende Nerven im Gehirn.

3. Diazo- und Azoverbindungen

Beide Verbindungen enthalten zwei miteinander verbundene Stickstoffatome. Bei den Diazoverbindungen ist ein Stickstoffatom mit einem Kohlenwasserstoffrest verbunden, bei Azoverbindungen beide Stickstoffatome.

$$\overset{-}{R}-\overset{+}{N}\equiv N \qquad R-N=N-R'$$

Diazoverbindung   Azoverbindung

3.1. Diazoverbindungen

Aliphatische Diazoverbindungen sind durch Spaltung von N-Nitroso-N-alkylharnstoffderivaten zugänglich. Es sind Zwitterionen, die nur in Lösung etwas beständig sind. Diazomethan (ein gelbes, giftiges, explosives Gas, F: —145°C, Kp: —23°C) wird präparativ zum Einfügen eine Methylengruppe benutzt. Diazoalkane reagieren mit Verbindungen mit aktivem Wasserstoff (Säuren, →Hydroxylderivate) und mit polarisierbaren Verbindungen (→Oxoverbindungen, Säurechloride) unter Bildung eines Diazoniumsalzes. Der positiv polarisierte Teil wird am Methylenkohlenstoff gebunden. Das Diazoniumsalz zerfällt spontan in N_2 und zwei Ionen, die sich vereinigen.

$$O=C\overset{\displaystyle \overset{CH_3}{\underset{|}{N-NO}}}{\underset{NH_2}{}} \xrightarrow{+2\,KOH} H_2\overset{-}{C}-\overset{+}{N}\equiv N + K_2CO_3 + H_2O + NH_3$$

N-Nitroso-N-methylharnstoff   Diazomethan

$$\underset{\text{Diazomethan}}{\overset{\overset{-}{C}H_2}{\underset{N}{\overset{+}{\underset{\parallel}{N}}}}} + \overset{+}{X}-\overset{-}{Y} \longrightarrow \left[\overset{\underset{|}{X}}{\underset{\underset{N}{\overset{\parallel}{\underset{N}{}}}}{CH_2}}\right]^{+} \overset{-}{Y} \longrightarrow N_2 + H_2\overset{+}{C}^{X} + \overset{-}{Y} \longrightarrow N_2 + H_2\overset{X}{\underset{|}{C}}-Y$$

Mit Säurechloriden kommt es durch eine Umlagerung zur Bildung der nächst höheren homologen Carbonsäure (ARNDT-EISTERT-Synthese, →Carbonsäuren 1.1.1). Diazomethan reagiert auch mit →Alkenen und →Benzol, da es beim

Organische Stickstoffverbindungen 3.1.

Zerfall sehr reaktionsfähiges →Carben bildet, das sich an die Doppelbindungen addiert.

$$R-\underset{H}{C}=\underset{H}{C}-R' + N_2CH_2 \xrightarrow{-N_2} R-\underset{H}{\underset{|}{C}}\underset{\underset{H_2}{C}}{\text{———}}\underset{H}{\underset{|}{C}}-R'$$

Alken   Diazomethan   Cyclopropanderivat

Aromatische Diazoverbindungen sind leichter herzustellen, da aromatische Amine beim Umsetzen mit salpetriger Säure in mineralsaurer Lösung in der Kälte keinen Stickstoff abspalten (Diazotierung). Es bilden sich Diazoniumsalze, die von Laugen in Diazotate umgewandelt werden. Diazoniumsalze sind mesomere Substanzen.

$$Ar-NH_2 + 2\,HNO_2 \xrightarrow{-H_2O} \left[Ar-\underset{H}{\underset{|}{N}}-N=O\right]^+ NO_2^- \xrightarrow{-HNO_2} Ar-\underset{H}{\underset{|}{N}}-N=O \xrightarrow[-H_2O]{+HCl} [Ar-\overset{+}{N}\equiv N]\,Cl^-$$

Amin   Diazoniumsalz

$$[Ar-\overset{+}{N}\equiv \overset{-}{N}]\,\overset{-}{X} + 2\,KOH \xrightarrow[-H_2O]{-\overset{+}{K}\overset{-}{X}} [Ar-N=N-O]^-\,K^+ \quad ; \quad [Ar-\overset{+}{N}\equiv \overset{-}{N}] \longleftrightarrow [Ar-\overset{-}{N}=\overset{+}{N}]$$

Diazotat   Mesomerie

Die wichtigsten Reaktionen aromatischer Diazoverbindungen sind nucleophile →Substitutionen. In Prozessen ähnlich den Umsetzungen aliphatischer Diazoverbindungen kommt es zur Einführung von Substituenten in aromatische Ringsysteme unter Abspaltung von Stickstoff. Bekannte Beispiele dafür sind das Verkochen von Diazoniumsalzen zu Phenol, die SANDMEYER-*Reaktion* (Einführung von Halogenid-, Cyanid-, Nitrit-Ionen mit katalytischer Hilfe von Cu(I)-Salzen).

$$\left[\underset{\text{Diazoniumchlorid}}{\text{C}_6\text{H}_5-\overset{+}{N}\equiv N}\right]Cl^- + H_2O \longrightarrow \underset{\text{Phenol}}{\text{C}_6\text{H}_5-OH} + N_2 + HCl$$

$$\left[\underset{\text{Diazoniumchlorid}}{Ar-\overset{+}{N}\equiv N}\right]Cl^- + \underset{\text{Cu-Cyanid}}{CuCN} \longrightarrow \underset{\text{aromatisches Nitril}}{Ar-C\equiv N} + N_2 + CuCl$$

Kupferpulver kann anstelle des Cu(I)-Salzes treten. Bei der Einführung des SO_3^-, des AsO_3^{2-}, des SH^--Restes wird keine Katalyse benötigt.

Die nucleophile Substitution findet am Kohlenstoff statt, entweder an Carbonium-Ionen — entstanden durch N_2-Abspaltung als Primärschritt (S_{N1} s. Substitution) -oder in einer S_{N2}-Reaktion am stickstofftragenden C-Atom.
Eine zweite Reaktionsmöglichkeit ist die nucleophile Substitution am β-Stickstoffatom. Diese Reaktion bezeichnet man als Kupplung. Es entstehen Azoverbindungen (Herstellung von Azofarbstoffen). Phenole und Enole kuppeln in alkalischer Lösung (also mit Diazotaten). Die Diazokomponente kuppelt in p-Stellung zur Hydroxylgruppe, bei substituierten Verbindungen in o-Stellung. Das β-N-Atom ist elektrophil. Die Tendenz wird durch elektronenanziehende Gruppen in der Diazokomponente verstärkt. Mit Aminen findet eine Kupplung in essigsaurer Lösung statt. Allerdings kuppeln nur tertiäre aromatische Amine sofort in p-Stellung. Primäre und sekundäre bilden zuerst Diazoaminoverbindungen, die sich in Azoverbindungen umlagern.

Diazoniumsalze kuppeln auch mit Substanzen, die aktive Methylengruppen enthalten, wie Acetessigester, Malonester (→Carbonsäuren 1.2. und 2.5.).

3.2. Azoverbindungen

Die Herstellung substituierter Azoverbindungen erfolgt durch die *Kupplung* von Diazoverbindungen mit Aminen oder Phenolen. Azoderivate bilden sich aber auch bei der Reduktion von Nitroverbindungen in alkalischer Lösung durch Sekundärreaktionen (Kondensationen). Aus Nitrosobenzol und Phenylhydroxylamin bildet sich Azoxybenzol, das über Azobenzol zum Endprodukt Hydrazobenzol reduziert wird. Aus Aminen und Nitrosoverbindungen entstehen Azokörper. Durch geeignete Wahl der Versuchsbedingungen lassen sich die Zwischenprodukte abfangen. Reduktion mit Kaliummethylat führt zu Azoxybenzol, mit Natriumamalgam oder $LiAlH_4$ zu Azobenzol und mit Zn und NaOH zu Hydrazobenzol.

Organische Stickstoffverbindungen 3.2.

Die einzelnen Oxydationsstufen der Azoderivate lassen sich durch Oxydation oder Reduktion ineinander überführen.

Daß in Azoxyverbindungen die angegebene asymmetrische Struktur vorliegt und kein symmetrischer Dreiring, zeigt das Vorkommen von cis-trans-Isomeren (→Isomerie 2. und →Oxime). Die stabilere trans-Form überwiegt im Gleichgewicht. Auch bei Azokörpern tritt diese geometrische Isomerie auf. Die normalerweise vorliegende trans-Form wird durch UV-Bestrahlung in die cis-Form umgewandelt.

Aromatische Azoverbindungen sind nur schwache Basen. Die Stickstoffdoppelbindung ist Oxydationsmitteln gegenüber beständiger als die Kohlenstoffdoppelbindung (→Alkene), dagegen wird sie leichter reduziert. Die Reduktion führt zur Spaltung in zwei Amine. Aliphatische Azoverbindungen sind durch Reduktionsmittel nicht zu spalten. Sie bilden beim Erwärmen unter N_2-Abspaltung →Radikale (Anwendung bei radikalischen →Polymerisationen als Startreaktion und bei Synthesen).

cis-   trans-   ω-Azotoluol   Radikal   Diphenyläthan
Azoxybenzol

Hydrazobenzol ist auch als Hydrazinderivat aufzufassen (1,2-Diphenylhydrazin). Unter Säureeinwirkung lagert sich Hydrazobenzol intramolekular zu *Benzidin* (4,4'-Diaminodiphenyl) um (→Umlagerungen 3.). Bei Blockierung der p-Stellung durch Substituenten erfolgen nur halbseitige Umlagerungen.

Hydrazobenzol   Benzidin

Eine wichtige Verbindung ist *Phenylhydrazin*, ein starkes Reduktionsmittel. Man erhält es durch Reduktion von Diazoniumsalzen. Phenylhydrazin bildet als pri-

Phenylhydrazin   Oxoverbindung   Hydrazon

Zucker   Osazon   Anilin

märes Hydrazin mit →Oxoverbindungen *Hydrazone*. Mit Zuckern (→Kohlenhydrate 1.1.3.) entstehen durch Kondensation und Reduktion *Osazone*.

Literatur
FODOR, G.: Organische Chemie, Bd. 1. — VEB Dt. Verlag der Wissenschaften, Berlin 1965
RODD's Chemistry of Carbon Compounds, Bd. I.B. — Elsevier Publ. Com., Amsterdam 1965
MILLAR, I. und SPRINGALL, H. D.: A shorter Sidgwick's Organic Chemistry of Nitrogen. — Clarendon Press, Oxford 1969
KARLSON, P.: Biochemie. — Thieme, Stuttgart 1970
SMITH, P.: Open chain nitrogen compounds, Bd. I. u. II. — Benjamin, New York 1965

Organische Schwefelverbindungen entsprechen in einigen Fällen den Sauerstoffverbindungen, da beide Elemente in der →sechsten Hauptgruppe des Periodensystems stehen. Dazu gehören Thiole (Alkohole), Sulfide (→Äther) und Disulfide (Peroxide). Da aber der Schwefel auch in den Oxydationsstufen +4 und +6 vorkommt, gibt es auch organische Schwefelverbindungen ohne Analogien zu Sauerstoff. Von den verschiedenen Verbindungsklassen werden hier zusammengefaßt: 1. Thiole, 2. Sulfide, 3. Sulfonsäuren und die Derivate dieser Verbindungen. CS_2-Derivate und Thiocyansäure sind unter →Kohlensäurederivate zu finden, Ringverbindungen unter →heterocyclische Verbindungen, organische Sulfate unter →Ester.

1. Thiole

Sie entsprechen formal den Alkoholen (→Hydroxylderivate), werden deshalb auch als Thioalkohole bezeichnet oder mit dem alten Namen *Mercaptane* (da sie schwerlösliche Quersilbersalze bilden). Die -SH-Gruppe nennt man *Sulfhydryl-*, Mercapto- oder Thiolgruppe. Die Benennung erfolgt nach der →Genfer Nomenklatur durch Anhängen von -thiol an den Namen des Kohlenwasserstoffs.
Herstellung von Thiolen kann erfolgen durch Umsetzen eines Alkohols mit H_2S in der Dampfphase über Thorium(4)oxid-Katalysatoren, durch nucleophile →Substitution zwischen Alkylhalogeniden oder -sulfaten mit Alkalihydrogensulfid, durch die alkalische Hydrolyse eines Zwischenprodukts aus Thioharnstoff (→Kohlensäurederivate 5.) und Alkylhalogenid, einem S-Alkyl-isothiuroniumsalz, durch Reduktion von Sulfonsäurechloriden und aus Diazoniumsalzen (→Organische Stickstoffverbindungen 3.) mit KHS.

$$C_2H_5OH + H_2S \xrightarrow{[ThO_2]} C_2H_5SH + H_2O$$
Äthanol — Äthanthiol

$$CH_3\text{-}OSO_3^- Na^+ + Na^+ HS^- \longrightarrow CH_3SH + 2Na^+ + SO_4^{2-}$$
Methylsulfat — Na-hydrogensulfat — Methanthiol Methylmercaptan

Organische Schwefelverbindungen 1.

$$\begin{array}{c} H_2N \\ H_2N \end{array}\!\!\!C\!=\!S \ + \ R\!-\!Br \ \longrightarrow \ \left[\begin{array}{c} H_2\overset{+}{N} \\ H_2N \end{array}\!\!\!C\!-\!SR\right]Br^- \ \xrightarrow{NaOH} \ HS\!-\!R \ + \ Na^+Br^- \ + \ (NH_2)_2CO$$

Thioharnstoff   S-Alkyl-isothiuroniumbromid   Alkanthiol   Harnstoff

$$H_3C\text{-}\langle\bigcirc\rangle\text{-}SO_2Cl \ \xrightarrow[-2H_2O \atop -HCl]{+6H\cdot} \ H_3C\text{-}\langle\bigcirc\rangle\text{-}SH$$

p-Methylsulfonsäurechlorid   p-Methylthiophenol (= p-Thiokresol)

Thiole sind (Methanthiol ausgenommen) farblose Flüssigkeiten. Sie riechen unangenehm und sind giftig. 1 Teil Butanthiol kann noch in 10^{10} Teilen Luft bemerkt werden.

In ihren Eigenschaften verhalten sie sich zu den Alkoholen wie die Stammkörper Wasser und Schwefelwasserstoff zueinander. Wegen der fehlenden Wasserstoffbrücken haben Thiole niedrigere Siedepunkte als Alkohole (Methanthiol 7,6°C, Äthanthiol 35°C). Thiole regieren schwach sauer und bilden mit Schwermetallen beständige Salze (Mercaptide).

Entsprechend dem WILLIAMSON-Verfahren zur →Ätherbildung setzen sich Alkalimercaptide mit Alkylhalogeniden zu Thioäthern (Sulfiden) um. Mit →Oxoverbindungen geben Thiole stabile Additionsverbindungen (Mercaptale bei Aldehyden, Mercaptole bei Ketonen).

Thiole werden leicht oxydiert. Bereits Luftsauerstoff führt sie in Disulfide über (wichtig bei →Aminosäuren: Cystein wird zu Cystin). Mit stärkeren Oxydationsmitteln entstehen Sulfonsäuren.

$$R\!-\!S\!-\!H \ + \ NaOH \ \xrightarrow{-H_2O} \ [R\!-\!S]^- Na^+ \ \xrightarrow{+R'J} \ R\!-\!S\!-\!R' \ + \ NaJ$$

Alkylthiol   Na-mercaptid   Thioäther

$$\begin{array}{c} R \\ R' \end{array}\!\!\!C\!=\!O \ + \ 2\,HS\!-\!R'' \ \xrightarrow{-H_2O} \ \begin{array}{c} R \\ \\ R' \end{array}\!\!\!C\!\!\begin{array}{c} S\!-\!R'' \\ \\ S\!-\!R'' \end{array}$$

Oxoverbindung   Mercaptal, wenn R=H, R'=Alkyl
                                     Mercaptol, wenn R, R' = Alkyl

$$2\,R\!-\!S\!-\!H \ \xrightarrow{-2H} \ R\!-\!S\!-\!S\!-\!R$$

Thiol   Disulfid

$$R\!-\!S\!-\!H \ \xrightarrow{+3\,O} \ R\!-\!\underset{\underset{O}{\|}}{\overset{\overset{O}{\|}}{S}}\!-\!OH$$

Sulfonsäure

2. Sulfide

Da diese Verbindungen den Äthern entsprechen, werden sie auch als *Thioäther* bezeichnet. In der Natur finden sich Sulfide im →Erdöl. Das →Vitamin Biotin und die →Aminosäure Methionin enthalten eine Sulfidbindung. β,β'-Dichloräthylsulfid ist eine giftige Flüssigkeit, deren Dämpfe Bronchien und Haut zerstören. Im 1. Weltkrieg wurde sie unter dem Namen *Lost* oder *Senfgas* als chemischer Kampfstoff eingesetzt.

$$Cl-CH_2-CH_2-S-CH_2-CH_2-Cl$$
Senfgas

Thioäther werden durch Umsetzung von Alkylhalogeniden mit Alkalimercaptiden (s. o.) oder Alkalisulfiden hergestellt. Es sind farblose Flüssigkeiten, mit Wasser nicht mischbar. Gereinigt soll ihr Geruch nicht unangenehm sein.
Thioäther lagern Alkylhalogenide zu Trialkylsulfoniumhalogeniden an. Die daraus mit feuchtem Silberoxid hergestellten Sulfoniumhydroxide sind sehr starke Basen. Sie zerfallen beim Erhitzen in Sulfid, →Alken und Wasser. Bei Sulfoniumsalzen mit 3 verschiedenen Substituenten tritt Stereo→isomerie auf. Sie lassen sich in zwei optisch aktive Verbindungen spalten. Dies beweist das Vorliegen einer tetraedrischen Molekülasymmetrie.
Durch H_2O_2 oder verdünnte Salpetersäure werden Sulfide zu Sulfoxiden, mit $KMnO_4$ oder konzentrierter Salpetersäure zu *Sulfonen* oxidiert. Die Schwefel-Sauerstoffbindung kann als Doppelbindung formuliert werden. Im Gegensatz zur Kohlenstoffdoppelbindung, die durch Überlappung zweier p-Orbitale zustande kommt, liegt hier eine p-d-Bindung vor. Dies zeigt sich in der geringeren Reaktionsfähigkeit. Auch Sulfoxide treten bei geeigneter Substitution optisch aktiv auf.
Dimethylsulfoxid ist ein polares Lösungsmittel für Kunststoffe.

$$\begin{array}{c} R_1 \\ R_2 \end{array}\!\!S \ + \ R_3-X \ \longrightarrow \ \left[\begin{array}{c} R_1 \\ R_2 \end{array}\!\!S\!\!\begin{array}{c} \\ R_3 \end{array}\right]^+ X^-$$

Sulfid   Alkylhalogenid   Sulfoniumsalz

$$R_1-S-R_2 \xrightarrow[-H_2O]{+H_2O_2} R_1-\underset{O}{\overset{\|}{S}}-R_2 \xrightarrow{+O} R_1-\underset{O}{\overset{\overset{O}{\|}}{\underset{\|}{S}}}-R_2$$

Sulfid   Sulfoxid   Sulfon

3. Sulfonsäuren

Formal sind Sulfonsäuren Derivate der Schwefelsäure, bei der eine OH-Gruppe durch einen Kohlenwasserstoffrest ersetzt worden ist. Bei der Benennung setzt man -sulfonsäure an den Namen des Kohlenwasserstoffs.

Organische Schwefelverbindungen 3.

Die Herstellung über Schwefelsäure gelingt einwandfrei nur bei aromatischen Substanzen mit einer elektrophilen →Substitution, wobei SO_3 als elektrophiles Teilchen angreift. Bei der Einwirkung von SO_3 auf aliphatische Verbindungen verläuft die Reaktion nicht stöchiometrisch. Technisch läßt man SO_2 und O_2 in einer →Radikalreaktion auf Alkane einwirken. Eindeutige Produkte erhält man bei der Oxydation von Thiolen und bei der nucleophilen →Substitution von Halogenen durch Sulfit — auch bei aromatischen Verbindungen.

$$\text{Benzol} + 2\,H_2SO_4 \xrightarrow[-HSO_4^-]{-H_3O^+} \text{Benzolsulfonsäure (C}_6\text{H}_5\text{-SO}_3\text{H)}$$

$$\underset{\text{Alkylhalogenid}}{CH_3X} + \underset{\text{Na-sulfit}}{Na_2SO_3} \longrightarrow \underset{\text{Na-methylsulfonat}}{CH_3SO_3^- \; Na^+} + NaX$$

Sulfonsäuren sind hygroskopisch, leicht löslich in Wasser und organischen Lösungsmitteln. In Wasser dissoziieren sie sehr stark. Da sie im Gegensatz zur Schwefelsäure keine Oxydationsmittel sind, werden sie als Protonenspender für enstprechende Katalysen (→Esterbildung, Hydrolyse) eingesetzt. Die Salze reagieren mit Wasser nicht alkalisch und bilden mit Ca^{2+}-Ionen keinen Niederschlag. Darauf beruht die Verwendung von Sulfonsäuren als →Waschmittel anstelle von Seifen. Da die Sulfonsäuregruppe die Löslichkeit in Wasser verstärkt, wird diese Gruppe oft in Verbindungen eingeführt, um eine bessere Anwendung der Substanz zu ermöglichen (→Farbstoffe, →Arzneimittel). In aromatischen Verbindungen läßt sich die Sulfonsäuregruppe durch nucleophile →Substitution ersetzen. Sie werden deshalb technisch als Zwischenprodukte ausgenutzt. Bei elektrophiler Substitution lenkt die Sulfonsäuregruppe den Zweitsubstituenten in die m-Stellung (→Benzolkohlenwasserstoff).

Wichtige Derivate der Sulfonsäuren sind Sulfonsäure→ester, -chloride und -amide. Ester entstehen aus Sulfonsäurechloride in einer Umsetzung mit Alkoholen. Da bei Einwirkung nucleophiler Teilchen die C-O-Bindung gespalten wird, können die Sulfonsäureester (besonders Benzol- und Toluolsulfonsäureester) als Alkylierungsmittel eingesetzt werden.

$$\underset{\text{Sulfonsäurechlorid}}{R-SO_2Cl} \xrightarrow[+Na^+OH^-]{+R'OH} \underset{\text{Sulfonsäureester}}{R-SO_2-OR'} + Na^+\,Cl^- + H_2O$$

$$\underset{\text{Phenolat}}{C_6H_5-O^-\,Na^+} + \underset{\text{Benzolsulfonsäuremethylester}}{H_3C-O-\overset{O}{\underset{O}{S}}-C_6H_5} \longrightarrow \underset{\text{Phenol-methyläther}}{C_6H_5-O-CH_3} + \underset{\text{Na-benzolsulfonat}}{C_6H_5-SO_3^-\,Na^+}$$

Sulfonsäurechloride bilden sich bei der Reaktion zwischen PCl_5 und Alkalisulfonaten. Für aromatische Säurechloride gibt es eine Bildungsmöglichkeit durch elektrophile →Substitution mit Chlorsulfonsäure. Aliphatische Verbindungen (→Alkane) entstehen in einer →Radikalreaktion nach dem Kettenmechanismus mit SO_2 und Cl_2 im UV-Licht. Das Gemisch der Reaktionsprodukte dient als Ausgangsmaterial für →Waschmittel.

$$R-\underset{O}{\overset{O}{\underset{\|}{\overset{\|}{S}}}}-O^- Na^+ + PCl_5 \longrightarrow R-\underset{O}{\overset{O}{\underset{\|}{\overset{\|}{S}}}}-Cl + POCl_3 + NaCl$$

Sulfonat　　　　　　　　　　Sulfonsäurechlorid

$$Cl_2 \xrightarrow{h\nu} 2\,Cl\cdot\ ,\quad Cl\cdot + R-H \longrightarrow HCl + R\cdot\ ,\quad R\cdot + SO_2 \longrightarrow R\dot{S}O_2\ ,$$

$$R\dot{S}O_2 + Cl_2 \longrightarrow RSO_2Cl + Cl\cdot$$

Kettenreaktion bei Sulfochlorierung

Sulfonsäurechloride reagieren mit nucleophilen Stoffen (Hydroxylderivate, Amine). Bei Reduktion entstehen Sulfinsäuren oder bei stärkeren Reduktionsmitteln Thiole.

$$H-\overset{\delta+}{\underset{H}{\overset{H}{N}}}{}^{\delta-} + \underset{O}{\overset{O}{\underset{\|}{\overset{\|}{S}}}}\underset{Cl}{\overset{R}{}} \longrightarrow \underset{H}{\overset{H}{N}}-\underset{O}{\overset{O}{\underset{\|}{\overset{\|}{S}}}}-R + HCl$$

Ammoniak　Sulfonsäurechlorid　　–säureamid

$$R-\underset{O}{\overset{O}{\underset{\|}{\overset{\|}{S}}}}-Cl \xrightarrow[-HCl]{+2H} R-\underset{O}{\overset{O}{\underset{\|}{\overset{\|}{S}}}}-H \xrightarrow[-2H_2O]{+4H} R-S-H$$

Sulfinsäure　　Thiol

Sulfonsäureamide (Darstellung aus Chloriden s. o.) sind schwache Säuren, deren Proton gegen Chlor ausgetauscht werden kann. Die Salze dieser N-Chlorsulfonamidsäuren sind desinfizierende Mittel.

Derivate des p-Aminobenzolsulfonsäureamids (Sulfanilamid s. →organische Stickstoffverbindung 2.) sind unter dem Namen *Sulfonamide* →Arzneimittel gegen bakterielle Infektionen.

$$\text{Ph}-SO_2-NH_2 \xrightarrow[-HCl]{+Cl_2} \text{Ph}-SO_2-\underset{}{\overset{H}{N}}-Cl \underset{}{\overset{+NaOH}{\rightleftarrows}} [\text{Ph}-SO_2-N-Cl]^- Na^+ + H_2O$$

Sulfonsäureamid　　　　　　　　　　N-Chlorsulfonamid-Natrium

Orlon

$$H_2N-\bigcirc-SO_2-\overset{H}{N}-R$$

„Sulfonamid" = Sulfanilamid

Literatur
FODOR, G.: Organische Chemie, Bd. I. — VEB Dt. Verlag der Wissenschaften, Berlin 1965
Rodd's Chemistry of Carbon Compounds, Bd. IB. — Elsevier Pub. Com., Amsterdam 1965
REID, E.: Organic Chemistry of Bivalent Sulfur, Bd. I. u. II. — Chemical Pub. Comp. New York 1958 u. 1960

Orlon s. Polymerisation.
Ortho = 1,2-Disubstitution s. Benzolkohlenwasserstoffe 1.1.2.
Orthokohlensäureester s. Kohlensäurederivate 1.
Osazon s. Kohlenhydrate 1.2., Oxoverbindungen 3.
-ose: kenzeichnende Endung für Zucker (→Kohlenhydrate).
Osmiridium s. Iridium.

Osmium gehört zu den Elementen der →Achten Nebengruppe. Von ihm existieren die stabilen Isotope mit den Massenzahlen 184 (0,018%), 186 (1,59%), 187 (1,64%), 188 (13,3%), 189 (16,1%), 190 (26,4%) und 192 (41,0%).
Das auf der Erde so seltene Element findet sich in Nickeleisenmeteoriten zu einem bedeutend höheren Anteil. Auf der Erde wird es stets mit einem oder mehreren der übrigen Platinmetalle zusammen gefunden, gelegentlich auch mit Gold. Die bedeutendste Rohstoffquelle ist das Osmiridium, eine Legierung von Osmium mit Iridium mit geringen Mengen anderer Platinmetalle. Man findet es hauptsächlich im Gebiet der Goodnews Bay in Alaska und in den Goldseifen des Witwatersrand in Südafrika. Der Osmiumgehalt in dem Mineral schwankt beträchtlich von 1% in russischen Vorkommen bis zu 30% in einer kalifornischen Probe. Eine andere wichtige jedoch sehr seltene Quelle ist der Laurit $(Os, Ru)S_2$, der sich in Teilen Borneos und in Tasmanien findet. Der Osmiumgehalt beträgt hier ca. 3%. Die Trennung aus Platinkonzentraten beruht darauf, daß es genau wie die anderen „Seltenen Platinmetalle" in Königswasser nicht löslich ist. Neben dem zur weiteren Trennung bereits von seinem Entdecker TENNANT entwickelten Verfahren ist auch eine Trennung durch Ionenaustauscher möglich. Osmium ist graublau mit violettem Schimmer. Die Härte ist höher als die des Glases. Es ist noch hämmerbar, aber spröde und kaum dehnbar. Erst in der Glühhitze wird Osmium, wie die meisten Metalle, weich. Die Leichtigkeit, mit der das Element oxydiert wird, hängt weitgehend von seinem Zustand ab: In Pulverform wird es bereits bei Zimmertemperatur angegriffen. Man kann bei fein verteiltem Osmium den schwachen, aber charakteristischen Geruch des

Oxime

Tetroxids wahrnehmen. In massiver Form oxydiert es dagegen erst über 400°C. Das Oxydationsprodukt ist das Tetroxid, obwohl sich zusätzlich eine Oberflächenschicht von OsO_2 bildet. Bei 100°C wird Osmium von Fluor und von Chlor angegriffen, wobei sich verschiedene Fluoride bzw. Chloride bilden. Widerstandsfähig ist es gegen alle oxydierenden Säuren, Salzsäure und Schwefelsäure, doch löst es sich in alkalischen Schmelzen.

Seine praktischen Anwendungen sind sehr gering, was auf den hohen Preis und die schwierige Verarbeitung zurückzuführen sein dürfte. In geringen Mengen wird es dem Platin zur Erhöhung seiner Festigkeit zugesetzt. Der Firmenname *Osram* deutet noch daraufhin, daß es einst neben Wolfram als Glühfadenmaterial Verwendung fand. Wie alle Elemente der Gruppe besitzt Osmium gewisse katalytische Eigenschaften.

Osmiumtetroxid ist stark giftig. Unschädlich bei halbstündiger Einatmung ist ein Gehalt von 0,001 mg OsO_4 je Liter Luft, bei sechsstündiger Einatmung ein Gehalt von 0,000001 mg pro Liter. Symptome der Vergiftung sind Kopfschmerzen, Schlaflosigkeit, Übelkeit, Magen-Darm-Störungen mit heftigen Durchfällen. Geschädigt werden auch Pflanzen.

Otavit s. Cadmium.
Ovotran s. Schädlingsbekämpfungsmittel.
Oxa-: Hinweis auf O-Atom in Heterocyclen.
Oxalessigsäure s. Carbonsäuren 2,5.
Oxalsäure s. Carbonsäuren 1.1.2. u. 1.2.
Oxide s. Sauerstoff.

Oxime entstehen durch Einwirken von *Hydroxylammoniumchlorid* auf →Oxoverbindungen (Titration der freigesetzen Salzsäure ermöglicht Bestimmung der Reaktionsgeschwindigkeit und Anzahl der Oxogruppen einer unbekannten Verbindung). Die Bezeichnungen Aldoxim und Ketoxim weisen auf die Oxoverbindungen, aus denen die Oxime hergestellt wurden.

Entsprechend der geometrischen →Isomerie bei C-C-Doppelbindungen kann man bei der C-N-Doppelbindung eine Isomerie nachweisen. Die beiden Isomere werden als syn- und anti-Form unterschieden (syn entspricht bei C-Verbindungen der cis-Form). Die Benennungen beziehen sich bei Aldoximen auf die Lage von Hydroxylgruppe und Wasserstoff, bei Ketoximen muß sie auf einen Kohlenwasserstoffrest bezogen sein.

Oxime

Bei kettenförmigen oder alicyclischen Verbindungen ist eine Trennung der beiden Isomere selten möglich, da das syn-Isomer bedeutend stabiler zu sein scheint. Möglicherweise wandeln sich die beiden Formen sehr schnell ineinander um. Dagegen finden sich die Isomere bei aromatischen Oximen. Eine Möglichkeit zur Unterscheidung der beiden Isomeren liegt in der Fähigkeit zum Ringschluß bei anti-Oximen (Bildung von Isoxazol). Die anti-Form spaltet mit P_2O_5 Wasser ab und bildet ein Nitril (→Carbonsäuren 3.4.).

Oxime sind amphoter (schwache Säuren und schwache Basen). In neutraler Lösung entstehen mit Alkylhalogeniden N-Alkyl-derivate, in alkalischer Lösung dagegen O-Alkyläther, da unter diesen Bedingungen das negativ geladene O-Atom stärker nucleophil ist.

Mit Essigsäureanhydrid bilden Oxime O-Acetyl-oxime, von denen aber nur die Aldoxime bei Erwärmen Nitrile ergeben unter Essigsäureabspaltung. Ketoxime zeigen unter Einwirkung von Säurechloriden oder starken Säuren eine Umlagerung (BECKMANN-→Umlagerung 1.1.2.). Die Hydroxylgruppe tauscht den Platz mit der anti- gelagerten Gruppe. Es entsteht ein substituiertes Säureamid. Es ist ein Sonderfall der 1.2-Umlagerungen.

Eine technische Anwendung fand diese Umlagerung bei der Herstellung des Ausgangsprodukts für Perlon →Chemiefasern: ε-Caprolactam, das aus Cyclohexanon-oxim mit H_2SO_4 gebildet wird.

Als Oxim des Kohlenmonoxids kann man die *Knallsäure* auffassen, die der Cyansäure isomer ist (erstes Beispiel der →Isomerie 1824, gefunden von LIEBIG,

Oxoverbindungen

GAY-LUSSAC, WÖHLER). Die freie Säure ist instabil und polymerisiert. Die Salze sind explosiv, sie zerfallen über 190°C unter Aufblitzen (daher *Fulminate*). Knallquecksilber dient als Initialzünder für Sprengstoffe. Es bildet sich bei Behandlung von Äthanol mit konz. HNO_3 und Quecksilber. $\quad C=N-OH \qquad H-O-C\equiv N$
$\qquad\qquad\qquad\qquad\qquad\qquad\qquad\qquad\qquad\qquad\quad$ Knallsäure $\qquad\qquad$ Cyansäure

Diacetyldioxim (*Dimethylglyoxim*) dient zum Nachweis von Ni^{2+}, mit dem es ein planares Chelat (→Koordinationschemie) bildet.

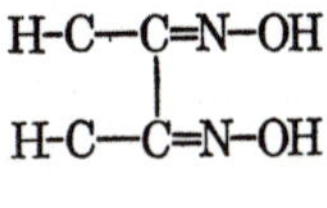

H-C—C=N-OH
|
H-C—C=N-OH

Diacetyldioxim

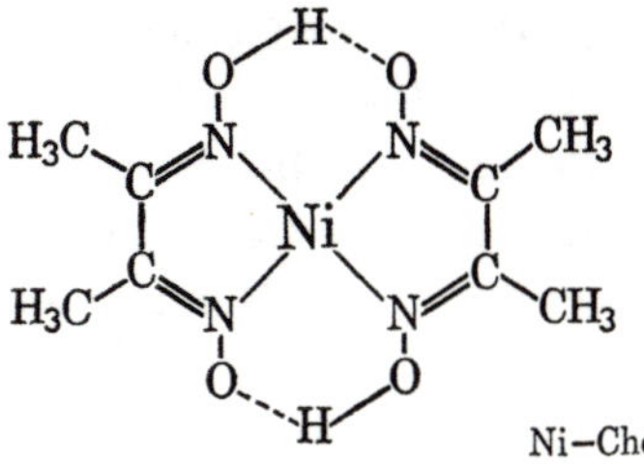

Ni—Chelat

Literatur
FODOR, G.: Organische Chemie, Bd. 2. — VEB Dt. Verlag der Wissenschaften, Berlin 1965
Rodd's Chemistry of Carbon Compounds, Bd. IC. — Elsevier Pub. Com., Amsterdam 1965

Oxiran s. Äther 2.1., Heterocyclen.

Oxoverbindungen sind organische Verbindungen, die die *Carbonylgruppe* enthalten, d. h. ein C-Atom mit einem doppelt gebundenen Sauerstoffatom ($>C=O$). Ist die Carbonylgruppe mit mindestens einem Wasserstoffatom verbunden, spricht man von *Aldehyden*. Die Gruppe -CHO heißt *Formylgruppe* (Schreibweise anders als Alkohol). Sind dagegen beide freien Valenzen mit Kohlenwasserstoffresten abgesättigt, bezeichnet man die Verbindungen als *Ketone*. Bei identischen Kohlenwasserstoffresten, nennt man dies ein einfaches Keton, anderenfalls ein gemischtes. Beim Carbonylgruppen-C-Atom von Aldehyden handelt es

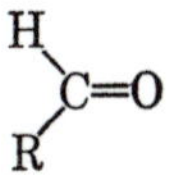

Aldehyd 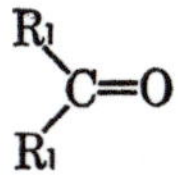 $\qquad$ einfaches Keton 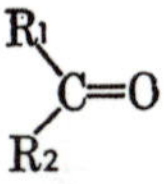 $\qquad$ gemischtes Keton

sich um ein endständiges Atom einer Kette oder an einem Ring, bei Ketonen um ein mittelständiges C-Atom.

Zuerst werden die Monooxoverbindungen gesättigter und ringförmiger Kohlenwasserstoffe behandelt (Nomenklatur, Herstellung, Eigenschaften, Reaktionen), dann die ungesättigter Kohlenwasserstoffe (*Ketene*). Di- und Polyoxoverbin-

Oxoverbindungen 1.

dungen (z. B. Chinone) sind unter Punkt 2 zu finden. Hinweise auf substituierte Oxoverbindungen sind bei 3. enthalten. →Kohlenhydrate sind unter einem eigenen Stichwort zusammen gefaßt.

1. *Monooxoverbindungen*

1.1. Gesättigte und aromatische Aldehyde und Ketone

Für Aldehyde und Ketone sind verschiedene Nomenklaturen in Gebrauch. Nach den Regeln der IUPAC (→Genfer Nomenklatur) werden Aldehyde durch Anhängen der Endung *-al* an den Namen des Kohlenwasserstoffs benannt, Ketone durch die Endung *-on*. Bei Polyoxoverbindungen wird die Oxogruppe als Substituent des Kohlenwasserstoffs angesehen und entsprechend dem Namen des Kohlenwasserstoffs mit der Nummer des substituierten C-Atoms vorangestellt.

Trivialnamen der Aldehyde leiten sich von den Carbonsäuren gleicher Kohlenstoffzahl ab. Alicyclische (Ringe nur aus C-Atomen) und →aromatische Aldehyde werden als substituierte Derivate aliphatischer Aldehyde angesehen oder als durch die Formylgruppe substituierte Ringsysteme.

Ketone werden mit dem Wort Keton und den davorgesetzten Namen der Kohlenwasserstoffreste bezeichnet. Aromatische Ketone werden als Acylderivate angesehen.

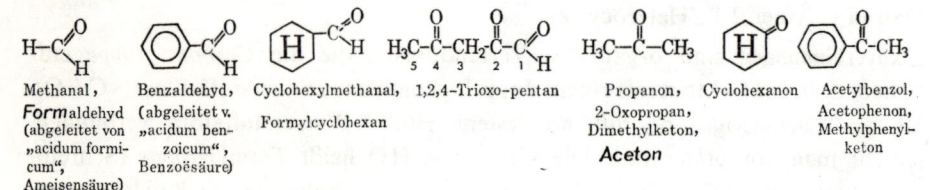

Methanal, *Form*aldehyd (abgeleitet von „acidum formicum", Ameisensäure)

Benzaldehyd, (abgeleitet v. „acidum benzoicum", Benzoësäure)

Cyclohexylmethanal, Formylcyclohexan

1,2,4-Trioxo-pentan

Propanon, 2-Oxopropan, Dimethylketon, *Aceton*

Cyclohexanon

Acetylbenzol, Acetophenon, Methylphenylketon

1.1.1. *Herstellung*

Einige wichtige Herstellungsverfahren für Oxoverbindungen sind in Tab. 1 (abgeändert nach Fodor) zusammengefaßt.

Tab. 1:

Ausgangsprodukt	Reagens	Vorgang	Produkt A = Aldehyd K = Keton
1. Kohlenwasserstoff			
1.1. →Alkane, Alkylbenzole	Luft, CrO_3	Oxydation	A
1.2. →Alkene	Ozon, CrO_3, $KMnO_4$	Oxydation	A, K
	$CO + H_2$	→Hydroformylierung	A, K
1.3. →Alkine	H_2O/Hg^{2+} als Katal.	→Addition	A, K

Oxoverbindungen 1.1.1.

Ausgangsprodukt	Reagens	Vorgang	Produkt A — Aldehyd K — Keton
2. →Hydroxylverbindungen			
2.1. primäre Alkohole	CrO_3, HNO_3, in Dampfphase kata.	Oxydation Dehydrierung	A A
2.2. sekundäre Alkohole	dsgl. wie prim. Alko.		K
2.3. Alkohole	Al-Alkoholat	Oxydation nach OPPENHAUER	A. K
2.4. 1,2-Diole	Säurekatalyse HJO_4	→Umlagerung Oxydation	K, A A, K
3. →Halogenderivate			
3.1. geminales Dihalogend. (2 Halogene an 1C-Atom)	H_2O	Hydrolyse	A, K
3.2. Halogenid	Hexamethylentetramin	SOMMELET-Reaktion	A
3.3. Alkylhalogenid	$(C_6H_5)_3P$, C_6H_5Li u. a.	WITTIG-*Synthese*	K
4. →Carbonsäurederivate			
4.1. Carbonsäure	Na-Amalgam in Dampfphase mit Ameisensäure über MnO oder ThO_2	Reduktion Reduktion	A A
4.2. Carbonsäuresalz Ca, Ba, Th		Thermolyse — $CaCO_3$	A, K
4.3. Carbonsäurechlorid	H_2/Pd-$BaSO_4$ als Kat. CdR_2 Alken, c-Alkan/$AlCl_3$ Aren	ROSENMUND-Redukt. Austauschreaktion FRIEDEL-CRAFTS	A K A, K
4.4. Carbonsäureanhydrid	Aren, Alken/$AlCl_3$	FRIEDEL-CRAFTS	K
4.5. Carbonsäurenitril	$SnCl_2$ + HCl R-MgBr	STEPHEN-Reduktion →GRIGNARD-Reaktion	A K
4.6. Carbonsäure-N- methylanilid	$LiAlH_4$	WEYGAND-Reduktion	A
4.7. Carbonsäureester	R-MgBr	→GRIGNARD-Reaktion	A, K
4.8. Diester, Dinitrile, Dichloride		Bildung cyclischer Ketone (→Cycloalkane)	K

1.1 C₆H₅—CH₃ →[CrO_3] C₆H₅—CHO + H_2O
   Methylbenzol   Benzaldehyd

1.2 $R_3R_2C=CHR_1$ →[CrO_3] $R_3R_2C=O$ + $O=CHR_1$
   Alken   Keton   Aldehyd

R—CH=CH_2 + CO + H_2 ⟶ R—CH_2—CH_2—CHO
   Alken
                        ⟶ R—CH(CH₃)—CHO
         Hydroformylierung

Oxoverbindungen 1.1.1.

1.3 HC≡CH $\xrightarrow[(Hg^{2\oplus})]{+H_2O}$ [H$_2$C=C(OH)(H)] ⟶ H$_3$C-CHO

Äthin   Vinylalkohol   Äthanal

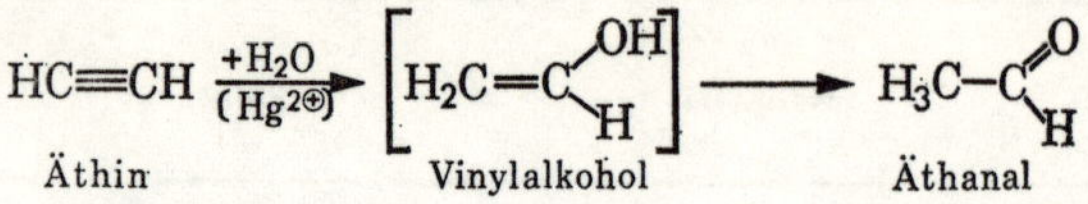

2. Die Darstellung von Oxoverbindungen aus Alkoholen ist die klassische Methode. Das Wort *Aldehyd* ist die Abkürzung für *Al*kohol *dehyd*rogenatus. Es handelt sich bei der Oxydation eigentlich um eine Dehydrierung, wie sie sich katalytisch ohne Sauerstoff durchführen läßt. Aus primären Alkoholen entstehen Aldehyde, aus sekundären Ketone.

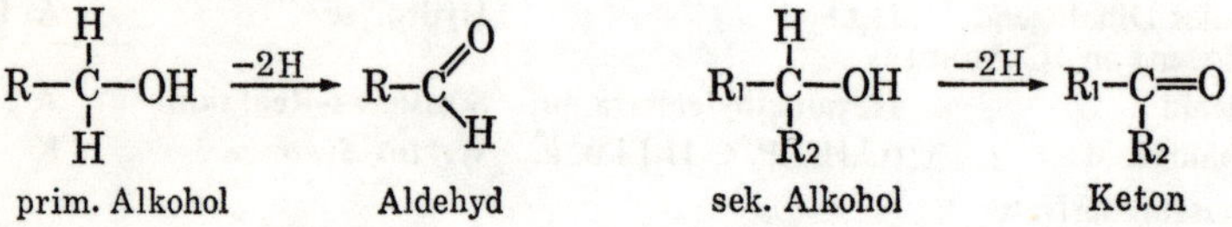

R-CH$_2$-OH $\xrightarrow{-2H}$ R-CHO   R$_1$-CH(R$_2$)-OH $\xrightarrow{-2H}$ R$_1$-C(R$_2$)=O

prim. Alkohol   Aldehyd   sek. Alkohol   Keton

Die *Oxydation nach* OPPENHAUER ist eine Abart der MEERWEIN-PONNDORF-VERLEY-*Reduktion* (→Hydroxylderivate 1.1.1. und →Addition 4.).

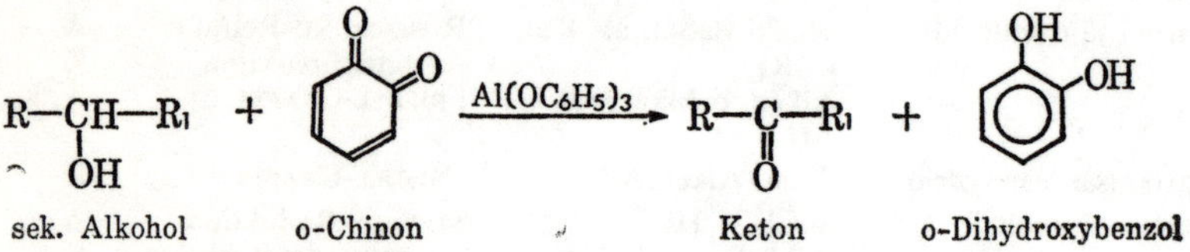

R-CH(OH)-R$_1$ + o-Chinon $\xrightarrow{Al(OC_6H_5)_3}$ R-CO-R$_1$ + o-Dihydroxybenzol

sek. Alkohol   o-Chinon   Keton   o-Dihydroxybenzol

Die durch Säure katalysierte Umlagerung läßt aus Äthan-1,2-diol (Glykol) Äthanal entstehen. Die *Pinacol*-Pinacon-Umlagerung gehört ebenfalls zu dieser Reaktionsgruppe (→Hydroxylderivate 1.2.).

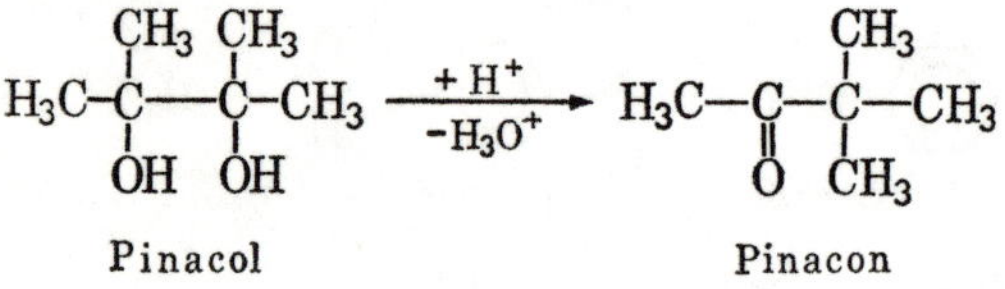

H$_3$C-C(CH$_3$)(OH)-C(CH$_3$)(OH)-CH$_3$ $\xrightarrow[-H_3O^+]{+H^+}$ H$_3$C-CO-C(CH$_3$)$_2$-CH$_3$

Pinacol   Pinacon

3.2 C$_6$H$_5$-CH$_2$Cl + N$_4$(CH$_2$)$_6$ ⟶ 3 H-CHO + C$_6$H$_5$-CH$_2$NH$_2$ + 3 CH$_2$=NH

Benzylchlorid Hexamethylentetramin   Methanal Benzylamin   Formaldimin

Sommelet-Reaktion

$\xrightarrow{H_2O}$ 3 H-CHO + C$_6$H$_5$-CHO + NH$_3$ + CH$_3$NH$_2$ + 2 CH$_2$=NH

Benzaldehyd   Methylamin

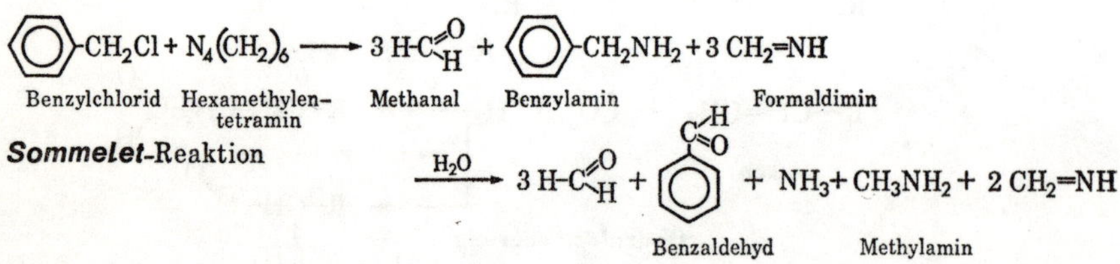

Oxoverbindungen 1.1.1.

3.3 $(C_6H_5)_3P + Cl-CH_2-R \longrightarrow [(C_6H_5)_3P-CH_2-R]^+ Cl^- \xrightarrow{+C_6H_5Li} (C_6H_5)_3P=CH-R + LiCl + C_6H_6$

  Phosphin   Alkylhalogenid   Phosphoniumsalz   Phosphoran = Phosphor-Ylid

$2\ (C_6H_5)_3P=\overset{H}{\underset{}{C}}-R\ +\ R'COCl\ \longrightarrow\ R-\overset{O}{\underset{\underset{P(C_6H_5)_3}{|}}{C}}-C-R'\ +\ [R-CH_2-P(C_6H_5)_3]^+ Cl^-$

           Säurechlorid

$R-\overset{O}{\underset{\underset{P(C_6H_5)_3}{|}}{C}}-C-R'\ \xrightarrow{H_2O}\ R-CH_2-\overset{O}{\underset{}{C}}-R'\ +\ O=P(C_6H_5)_3$

                           Keton   Phosphinoxid

Wittig-Synthese

4.1 $R-C\overset{O}{\underset{OH}{}}\ +\ H-C\overset{O}{\underset{OH}{}}\ \xrightarrow{ThO_2}\ R-C\overset{O}{\underset{H}{}}\ +\ CO_2\ +\ H_2O$

   Carbonsäure   Ameisensäure   Aldehyd

4.2 $(R-COO)_2Ca\ \longrightarrow\ \overset{R}{\underset{R'}{}}C=O\ +\ CaCO_3$

   Ca-Salz   Keton

4.3 $R-C\overset{O}{\underset{Cl}{}}\ +\ 2\ H\ \xrightarrow{Pd/BaSO_4}\ R-C\overset{O}{\underset{H}{}}\ +\ HCl$

   Säurechlorid

Die ROSENMUND-Reduktion liefert nur Aldehyde, wenn der Katalysator durch Chinolin-S vergiftet wurde, sonst entstehen Alkohole.

4.4. Eine der wichtigsten Methoden ist die FRIEDEL-CRAFTS-*Synthese*, die ähnlich wie die Alkylierung der →Benzolkohlenwasserstoffe (1.1.2.) abläuft. Der mit den LEWIS-→Säuren (AlCl₃, FeCl₃, ZnCl₂) gebildete Komplex lagert sich in elektrophiler →Substitution an entsprechende Kohlenwasserstoffe (Aren, Alken, c-Alkan).

$R-C\overset{O}{\underset{X}{}}\ +\ H-R'\ \xrightarrow{AlCl_3}\ R-\overset{O}{\underset{}{C}}-R'\ +\ HX\ \ ;\ \ X = Cl\ ;\ Br\ ;\ OCOR\ (Anhydrid)$

Schema

$R-C\overset{O}{\underset{Cl}{}}\ +\ AlCl_3\ \longrightarrow\ [R-\overset{+}{C}=O]\ AlCl_4^-\ \xrightarrow{Benzol}\ [\text{Benzol-}C(H)=O\ H]\ AlCl_4^-\ \longrightarrow\ C_6H_5-C\overset{O}{\underset{H}{}}\ +\ AlCl_3+HCl$

  Säurechlorid   Benzaldehyd

Die Methode kann auch bei Phosgen (Dichlorid der Kohlensäure) angewandt werden und auch bei Ameisensäurechlorid, das nicht rein darzustellen ist (Methode nach GATTERMANN und KOCH).

Oxoverbindungen 1.1.2.

4.5 $R-C\equiv N + SnCl_2 + 4\,HCl \longrightarrow H_2SnCl_6 + R-\overset{H}{C}=NH \xrightarrow[+HCl]{+H_2O} R-C\overset{O}{\underset{H}{\diagdown}} + NH_4Cl + H_2SnCl_6$
   Nitril   Aldimin

Stephen-Reduktion

4.6 $R-\underset{O}{\overset{CH_3}{\underset{|}{C}}}-N-C_6H_5 \xrightarrow{LiAlH_4} R-\underset{OLi}{\overset{H\ CH_3}{\underset{|\ \ |}{C}}}-N-C_6H_5 \xrightarrow{H_2O} R-C\overset{H}{\underset{O}{\diagdown}} + LiOH + C_6H_5-\overset{H}{N}-CH_3$

Weygand-Reduktion

4.7. Eine weitere verbreitete Methode ist die Anwendung des →GRIGNARD-Reagens. Metacarbonsäureester werden zu Alkoholen reduziert. Mit Orthocarbonsäureestern bildet das GRIGNARD-Reagens in einer Austauschreaktion Acetale (Ketale), die bei Hydrolyse Ketone liefern.

$R-\overset{OR_1}{\underset{OR_1}{\overset{|}{\underset{|}{C}}}}-OR_1 + R_2-MgBr \longrightarrow R_1-OMgBr + R-\overset{OR_1}{\underset{R_2}{\overset{|}{\underset{|}{C}}}}-OR_1 \xrightarrow{+H_2O} 2\,R_1OH + \overset{R}{\underset{R_2}{\diagdown}}C=O$

Orthocarbonsäureester   **Grignard-Reagenz**   Ketonacetal

4.8. Die Herstellung cyclischer Ketone ist bei den →Cycloalkanen beschrieben. Es handelt sich um die DIECKMANNSche Esterkondensation, die →Acyloinkondensation nach PRELOG-STOLL, die intramolekulare Kondensation von Nitrilen nach ZIEGLER und von Dichloriden nach BLOMQUIST.

1.1.2. *Eigenschaften*

Wie bei anderen homologen Reihen nimmt der Siedepunkt mit wachsender C-Atomanzahl zu. Methanal ist der einzige gasförmige Aldehyd. Die Carbonylgruppe ist zwar hydrophil, aber Wasserstoffbrücken (→Bindungskräfte) werden in viel veringerem Maß ausgebildet als bei Hydroxylverbindungen. Dementsprechend sind nur die ersten Glieder der Oxoverbindungen wasserlöslich (Methanal, Äthanal, Propanon). Aldehyde haben einen scharfen Geruch, der mit steigender Kohlenstoffzahl unangenehm ranzig wird. Cyclische Ketone mit großen Ringen riechen dagegen angenehm (Muscon = natürlicher Moschusduft). Die physikalischen Eigenschaften einiger Oxoverbindungen sind in Tab. 2 (abgeändert nach Rodd und Fodor) zusammengestellt.

Oxoverbindungen 1.1.2.

Tab. 2:

Name	Formel	F in °C	Kp	Dichte g/cm³
Aldehyde:				
Methanal — *Formaldehyd*	CH_2O	—118	—19	0,8153 bei —20
Äthanal — *Acetaldehyd*	C_2H_4O	—123,5	20,2	0,8058 bei 4°
Propanal — Propionaldehyd	C_3H_6O	—81	48,8	0,807
n-Butanal — Butyraldehyd	C_4H_8O	—99	75,7	0,817
n-Pentanal — Valeraldehyd	$C_5H_{10}O$	—91,5	103,4	0,819
n-Hexanal — Capronaldehyd	$C_6H_{12}O$		128	0,834
n-Heptanal — Önanthaldehyd	$C_7H_{14}O$	—43,7	152,8	0,850
n-Octanal — Caprylaldehyd	$C_8H_{16}O$	17	163,4	0,821
Propenal — *Acrolein*	C_3H_4O	—86,9	52,7	0,841
But-2-en-1-al — *Crotonaldehyd*	C_4H_6O	—69	102,3	0,857
1,2-Dioxyäthan — Glyoxal	$C_2H_2O_2$	15	50,4	1,140
Formylbenzol — Benzaldehyd	C_7H_6O	—26,0	179,5	1,050
3-Phenyl-prop-2-en-1-al — *Zimtaldehyd*	C_9H_8O	—7,5	251,0	1,112
4-Hydroxy-3-methoxy-benzaldehyd — *Vanillin*	$C_8H_8O_3$	81	140 bei 6 mm	
Ketone:				
Dimethylketon — *Aceton*	C_3H_6O	—94,9	56,2	0,796
Diäthylketon — Pentan-3-on	$C_5H_{10}O$	—42,0	102	0,814
Di-n-propylketon — Heptan-4-on	$C_7H_{14}O$	—32,6	144	0,815
Di-i-propylketon — 2,4-Dimethyl-pentan-3-on	$C_7H_{14}O$		123,7	0,811
Methyläthylketon — Butan-2-on	C_4H_8O	—86,4	79,6	0,806
Methylpropylketon — Pentan-2-on	$C_5H_{10}O$	—77,8	101,7	0,809
Methyl-t-butylketon — Pinacon-2,2-Dimethylbutan-3-on	$C_6H_{12}O$	—52,5	106,2	0,811
Methylphenylketon — Acetophenon	C_8H_8O	19,7	202,3	1,026
Methylbenzylketon — Phenylaceton	$C_{10}H_{12}O$		235	0,989
Diphenylketon — *Benzophenon*	$C_{13}H_{10}O$		306	1,098
Äthenon — Keten	C_2H_2O	—151,0	—56,0	
2,3-Dioxobutan — Diacetyl	$C_4H_6O_2$		88,0	0,990

Oxoverbindungen 1.1.3.

Name	Formel	F in	Kp °C	Dichte g/cm³
2,4-Dioxopentan — Acetylaceton	$C_5H_8O_2$	—23,2	139,0 bei 46 mm	0,976
Diphenyldiketon — *Benzil*	$C_{14}H_{10}O_2$	95,0	346	1,521 bei 13°
Butan-3-ol-2-on — Acetoin	$C_4H_8O_2$	15,0	148,0	1,002
Phenyl-α-hydroxy-benzylketon — *Benzoin*→Acyloine	$C_{14}H_{12}O_2$	137,0	344,0	1,310

1.1.3. *Reaktionen*

Die besondere Reaktionsfähigkeit der Oxoverbindungen beruht vor allem auf der Polarisation der C—O-Doppelbindung, die von den Dipolmomentmessungen angezeigt wird. Die meisten Reaktionen haben deshalb ionoiden Charakter. Man klassifiziert sie als nucleophile →Additionen, da das positivierte C-Atom von einem Anion angegriffen wird, das O-Atom aber vom Kation. Die nucleophile Addition kann von Lewis- →Säuren katalysiert werden, da sie durch die Addition am O-Atom eine stärkere Positivierung des C-Atoms bewirken. Bei Gleichzeitigkeit von Anziehen der Elektronen durch die Lewis-Säure und nucleophilem Angriff spricht man von Synchron-Reaktionen, bzw. von "push-pull"-Reaktionen. Tabelle 3 gibt eine Zusammenfassung einiger Reaktionsmöglichkeiten der Oxoverbindungen.

Tab. 3 (verändert nach Fodor):

Reagens	Oxokomponente Reaktion (A = Aldehyd, K = Keton)	Produkt
1. Nucleophile Additionen:		
1.1. Additionen von Sauren oder Verbindungen mit aktivem Wasserstoff:		
1.1.1. Wasser	A	Hydrat
1.1.2. Alkohol	A	*Halbacetal*, *Acetal* (→Äther 1.)
1.1.3. Phenol	A, K	Diphenylacetale, Alkylolphenole
1.1.4. Halogenwasserstoff	A, K	geminales *Halohydrin* →Halogender. 1.3.

Oxoverbindungen 1.1.3.

Reagens	Oxokomponente (A — Aldehyd, K — Keton)	Reaktion	Produkt
1.1.5. Cyanwasserstoff	A, K		Cyanhydrin
1.1.6. Natriumhydrogensulfit	A, K		α-Hydroxysulfonsäure
1.1.7. Mercaptan (org. S-Verb. 1.)	A, K		Merkaptal
1.1.8. Alk-1-inid-ionen	A, K	Äthinylierung nach REPPE (→Äthin)	Alkinole
1.1.9. Orthoameisensäureester	A, K		Acetale, Ketale
1.1.10. Peroxysäuren	K	BAEYER-VILLIGER-Umlagerung (s.d. 1.1.1.)	Ester

1.2. Addition von Carbanionen (aus reaktiven Methylenverbindungen):

1.2.1. Oxoverbindung	A, K	*Aldolkondensation*	β-Hydroxyaldehyd o.-keton
1.2.2. Carbonsäureester	A	CLAISEN-SCHMIDT-Kon--densation	β-Hydroxycarbonsäureester
1.2.3. Carbonsäureanhydrid	A	PERKIN-Synthese	α, β-ungesättigte Säuren
1.2.4. Malonsäureester	A	KNOEVENAGEL-Kondensation	α, β-ungesättigte Säuren
1.2.5. Bernsteinsäureester	A, K	STOBBE-Kondensation	α, β-ungesättigte Säuren
1.2.6. α-Halogencarbonsäureester	A	REFORMATSKY-Reaktion	β-Hydroxycarbonsäureester
1.2.7. Methanal, sek. Amin	A, K	MANNICH-*Reaktion*	β-Dialkylaminoketon
1.2.8. Diazomethan	A		Methylketone

1.3. Kondensation mit basischen Stickstoffverbindungen:

1.3.1. Ammoniak	A, K		Aldehydammoniak, Imin
1.3.2. primäres Amin	A, K		*Azomethin* (SCHIFFsche *Base*)
1.3.3. Hydroxylamin	A, K		Oxim

Oxoverbindungen 1.1.3.

Reagens	Oxokomponente (A — Aldehyd, K — Keton)	Reaktion	Produkt
1.3.4. Hydrazin	A, K		Hydrazon→ →Azin
1.3.5. Semicarbazid	A, K		Semicarbazon
1.3.6. N-R-Hydroxylamin	A, K		Nitron
1.4. Polare Reaktionen mit anderen Verbindungen			
1.4.1. LiAlH₄	A, K	Reduktion	Alkohol
1.4.2. Al-Alkoholat	A, K	MEERWEIN-PONN-DORF-VERLAY-*Reduktion*	Alkohol
1.4.3. arom. Aldehyd	A	CANNIZZARO-*Reaktion*	Alkohol + Säure
1.4.4. Aldehyd	A	TISCHTSCHENKO-*Reaktion*	→Ester
1.4.5. arom. Aldehyd	A	Acyloin-Kondensation	α-Hydroxyketone
1.4.6. R-Mg-Halogen	A, K	GRIGNARD-Reakt.	Alkohol
1.4.7. Phosphor-→Ylide	A, K	WITTIG-Reaktion	→Alken
1.4.8. →Alken	A	PRINS-Reaktion	1,3-Diol
2. Radikalreaktionen			
2.1. Keton/Na	K		tertiäres Diol (*Pinacol*)
2.2. H₂/Pt o. Ni	A, K	katalytische Reduktion	Alkohol
3. Substitutionsreaktionen:			
3.1. Halogene	K		Halogenketone
3.2. Phosphorpenthalogenid	A, K		geminale Dihalogenide
4. Spezifische Aldehydreaktionen:			
4.1. Sauerstoff	A	Oxydation (FEHLING, TOLLENS, NYLANDER)	Carbonsäure
4.2. Fuchsin, H₂SO₃	A	SCHIFFS-Reagens	Farbstoff
4.3. Benzolsulfhydroamsäure	A	ANGELI-RIMINI-Reaktion	Alkylhydroxamsäure
4.4. Aldehyde	A	Polymerisation	

Oxoverbindungen 1.1.3.

Reagens	Oxokomponente (A — Aldehid, K — Keton)	Reaktion	Produkt
5. Spezifische Ketonreaktionen			
5.1. Hypohalogenide	K	Haloformre- aktion (→Halo- genverbindungen)	Carbonsäure, Haloform

1.1. Das allgemeine Schema für die nucleophile →Addition (s.d. 4.) von Verbindungen mit aktivem Wasserstoff lautet:

$$\underset{\text{Oxoverb.}}{\overset{O^- \quad H^+}{\underset{}{\overset{|}{C^+}}} + \overset{|}{X^-}} \rightarrow \underset{\text{Addukt}}{\overset{O-H}{\underset{X}{C}}}$$

X = OH, OR, Halogen,
CN, SO$_3^-$, SR, C≡C—H,

Die Addition hängt vom Polarisationsgrad der Carbonylgruppe ab. Er wird am wenigsten von Wasserstoffatomen beeinflußt, weshalb Methanal die reaktionsfähigste Oxoverbindung ist und allgemein Aldehyde leichter reagieren als Ketone. Bei den Ketonen setzen die Alkylgruppen die positive Ladung des Carbonyl-C-Atoms herab. Außerdem behindern sie den Angriff des nucleophilen Teilchens durch ihren Raumanspruch.

Die Reaktionen sind umkehrbar. Nicht immer sind die Produkte isolierbar, so die Hydrate, *Halbacetale*, Halohydrine (→Additionen 4.). Hydrate sind nur beständig, wenn Substituenten mit starkem negativ induktivem Effekt am benachbarten C-Atom sitzen (2,2,2-Trichloräthan-1,1-diol = *Chloralhydrat*). Halbacetale reagieren mit einem weiteren Molekül Alkohol zu isolierbaren *Acetalen* (→Hydroxylderivate 1.1.3.). Die entsprechenden Verbindungen von Ketonen — *Ketale* — sind nur über Orthoameisensäureester herstellbar.

Die Additionsprodukte von Alkalihydrogensulfiten kristallisieren leicht. Sie werden deshalb zur Reinigung von Aldehyden eingesetzt. Aus den *Cyanhydrinen* lassen sich durch Hydrolyse einfach α-Hydroxycarbonsäuren gewinnen. Eine Abänderung des Verfahrens (statt HCN: NH$_4$Cl + NaCN) bietet die Möglichkeit, α-Aminocarbonsäuren herzustellen.

$$\underset{R_2}{\overset{R_1}{C}}=O + H-C\equiv N \longrightarrow \underset{R_2}{\overset{R_1}{C}}\underset{C\equiv N}{\overset{OH}{}} \xrightarrow{+2H_2O} \underset{R_2}{\overset{R_1}{C}}\underset{C\underset{O}{\overset{}{\diagdown}} OH}{\overset{OH}{}} + NH_3$$

Cyanhydrin   α-Hydroxycarbonsäure
α-Hydroxynitril

Oxoverbindungen 1.1.3.

Mit Phenolen gibt es zwei Reaktionsmöglichkeiten. Entsprechend dem Alkoholcharakter entstehen Acetale. Die Hauptreaktion findet an den aktivierten C-Atomen des Benzolrings (ortho- und para-Stellung) statt und führt zu einer Substitution durch eine Alkylolgruppe. Diese Reaktionen sind von technischer Bedeutung bei der Herstellung von Kunstharzen aus Methanal und Phenol (→Polykondensation).

1.2. Durch →Addition (s.d. 4.) von Carbanionen kommt es zur Ausbildung einer C—C-Bindung. Die Carbanionen entstehen durch Basenkatalyse (Protonenabspaltung) aus Verbindungen mit Methylengruppen. Die Methylengruppe muß aber durch benachbarte Gruppen mit negativem induktivem Effekt (elektronenanziehend) aktiviert sein, d. h. die Bindung zwischen C und H muß gelockert sein (z. B. durch Ester-, Anhydrid-, Carbonyl-, Nitrogruppen).

Häufig kommt es nach der Addition zu einem zweiten Schritt, einer Elimination von Wasser. Dies führt zur Ausbildung einer C—C-Doppelbindung (→Alkene). Allgemeines Schema dieses Reaktionstyps:

$$\underset{R_2}{\overset{R_1}{\diagdown}}C=O \;+\; H_2C\underset{R_4}{\overset{R_3}{\diagup}} \xrightarrow{Base} \underset{R_2}{\overset{R_1}{\diagdown}}\underset{OH}{C}-\underset{H}{C}\underset{R_4}{\overset{R_3}{\diagup}} \xrightarrow{-H_2O} \underset{R_2}{\overset{R_1}{\diagdown}}C=C\underset{R_4}{\overset{R_3}{\diagup}}$$

Wegen der Wasserabspaltung werden diese Additionsreaktionen sehr häufig Kondensationen genannt.

Die *Aldolkondensation* spielt sich zwischen Oxoverbindungen ab. Voraussetzung ist, daß mindestens der eine Partner ein H-Atom am α-C-Atom, dem der Carbonylgruppe benachbarten C-Atom, besitzt. Nur dann ist unter Baseneinwirkung eine Carbanionbildung möglich. Den Namen für diese Reaktion gab das Produkt, das durch die Verbindung zweier Moleküle Äthanal entsteht, das sog. Aldol (*Ald*ehydalkoh*ol*). Es ist der einfachste Vertreter der β-Hydroxy-aldehyde.

$$R_1-\underset{H}{\overset{H}{C}}-C=O \xrightarrow{-H^+} R_1-\underset{H}{\overset{H}{C}}^{-}-C=O \xrightarrow[+H^+]{+R_1-CH_2-\overset{+}{C}HO} R_1-\underset{H}{\overset{H}{C}}-\underset{H}{\overset{OH}{C}}-\underset{R_1}{\overset{H}{C}}-C=O \xrightarrow{-H_2O} \underset{H}{\overset{R_1}{\diagdown}}C=C\underset{R_1}{\overset{H}{\diagup}}C=O$$

Aldehyd   Carbanion   „Aldol"   α, β-Alkenaldehyd

Die anderen in Gruppe 1.2. aufgeführten Reaktionen unterscheiden sich von der Aldolkondensation durch die Verbindungen, die die Carbanionen liefern, z. B. Säureanhydride, Ester, Malon- und Bernsteinsäurederivate. Als Primärprodukt entstehen β-Hydroxycarbonsäurederivate, die sich durch die Wasserabspaltung in α, β-ungesättigte Säuren umwandeln. Unterschiedlich sind bei diesen Kondensationsreaktionen auch die Basen. Bei der KNOEVENAGEL-*Kondensation* werden meistens Amine eingesetzt, bei der STOBBE-*Kondensation* Piperidin. Die CLAISEN-SCHMIDT-*Kondensation* erfordert Na, Na-äthylat o. ä. Verbindungen. Bei der REFORMATSKY-*Reaktion* wird der Halogenester durch Zink in ein Carbanion verwandelt.

$$R-\underset{\text{Aldehyd}}{\overset{H}{C}}{=}O + \underset{\underset{\text{Malonestercarbanion}}{H^+ \text{ Base}}}{\overset{H}{\underset{}{C}}{\begin{matrix}COOR'\\COOR'\end{matrix}}} \xrightarrow{\text{Base}} R-\underset{\underset{\beta\text{-Hydroxydicarbonsäureester}}{HO}}{\overset{H}{\underset{}{C}}}-\overset{H}{\underset{}{C}}{\begin{matrix}COOR'\\COOR'\end{matrix}} \xrightarrow{H_2O} \underset{\alpha,\beta\text{-ungesättigtes Carbonsäurederivat}}{\overset{H}{\underset{R'}{C}}{=}\overset{}{C}{\begin{matrix}COOR'\\COOR'\end{matrix}}}$$

Knoevenagel-Kondensation

$$\underset{\underset{\underset{\text{Mannich-Reaktion}}{HN(CH_3)_2 \text{ sek. Amin}}}{O{=}CH_2 \text{ Methanal}}}{H-CH_2-\overset{\overset{O}{\|}}{C}-CH_3 \text{ Keton}} \xrightarrow{-H_2O} \underset{\text{Methyl-}\beta\text{-dimethylaminoäthylketon}}{(CH_3)_2N-CH_2-CH_2-\overset{\overset{O}{\|}}{C}-CH_3}$$

1.3. Die MANNICH-*Reaktion* leitet über zu den Kondensationsreaktionen mit basischen Stickstoffverbindungen. Bei diesen Reaktionen werden keine zusätzlichen Protonenakzeptoren (Basen) benötigt, da das Stickstoffatom ein freies Elektronenpaar für den nucleophilen Angriff besitzt. Die Reaktionen verlaufen nach folgendem Schema:

$$\underset{\text{Oxoverbindung}}{R_1-\overset{R_2}{\underset{\|}{\underset{O}{C}}}{+}|\overset{H}{\underset{H}{N}}{-}R_3} \to \underset{\text{Ammoniumderivat}}{R_1-\overset{R_2}{\underset{O^-}{C}}-\overset{H}{\underset{H}{N^+}}-R_3} \to \underset{\text{Aminoalkoholderivat}}{R_1-\overset{R_2}{\underset{OH}{C}}-\overset{H}{N}-R_3} \xrightarrow{-H_2O}$$

$$R_1-\overset{R_2}{\underset{}{C}}{=}N-R_3$$

Das angegebene Endpunkt kann nur bei Ammoniak und primären Aminen erreicht werden. Sekundäre Amine ergeben Aminoalkohole. In stärker sauren Lösungen ($p_H < 4$) wird der Stickstoff protoniert und kann dann nicht mehr als nucleophiles Reagens dienen. Mit den in der Tabelle 3 aufgeführten Verbindungen entstehen folgende Produkte:

Oxoverbindungen 1.1.3.

$\underset{R_2}{\overset{R_1}{>}}C=NH$ $\underset{R_2}{\overset{R_1}{>}}C=N-R_3$ $\underset{R_2}{\overset{R_1}{>}}C=N-OH$ $\underset{R_2}{\overset{R_1}{>}}C=N-NH_2$ $\overset{+\underset{R_2}{\overset{R_1}{>}}C=O}{\underset{-H_2O}{\longrightarrow}}$ $\underset{R_2}{\overset{R_1}{>}}C=N-N=C\underset{R_2}{\overset{R_1}{<}}$

Imin.   Azomethin   Oxim   Hydrazon   Azin
aus Ammoniak   (*Schiff*'sche Base)   aus Hydroxylamin   aus Hydrazin
     aus primären Aminen

$\underset{R_2}{\overset{R_1}{>}}C=N-\overset{H}{\underset{\overset{|}{O}}{N}}-\overset{|}{C}-NH_2$ $\underset{R_2}{\overset{R_1}{>}}C=\overset{+}{N}-R_3$
                             $\overset{|}{O^-}$

Semicarbazon   Nitron
aus Semicarbazid   aus N-R-Hydroxylamin

Diese Verbindungen kristallisieren meistens leicht und eignen sich deshalb gut zum Abtrennen und Reinigen von Oxoverbindungen.

Hydrazone — sie müssen nicht isoliert worden sein — bilden das Ausgangsmaterial für die WOLFF-KISHNER-*Reduktion*. Durch Einwirken starker Basen kommt es zu einer Protonenverschiebung, und unter Abgabe von Stickstoff entsteht die der Oxoverbindung entsprechende Methylenverbindung.

$\underset{R_2}{\overset{R_1}{>}}C=N-NH_2 \rightleftharpoons \underset{R_2}{\overset{R_1}{>}}\overset{H}{\underset{|}{C}}-N=NH \longrightarrow N_2 + \underset{R_2}{\overset{R_1}{>}}CH_2$

     Hydrazon   Diazokörper

1.4. Die normalen Reduktionen führen nur zur Stufe des Alkohols. Von den katalytischen Reduktionen mit Hilfe von Platin oder Nickel abgesehen (sie verlaufen radikalisch), sind auch diese Reaktionen nucleophile Additionen. Der entscheidende Angriff erfolgt durch ein Hydrid-Ion, ein negativ geladenes H-Ion. Das Hydrid-Ion wird vom $LiAlH_4$ oder ähnlichen Verbindungen geliefert. Bei der MEERWEIN-PONNDORF-*Reduktion* stammt es vom Aluminium-Alkoholat, bei der CANNIZZARO-*Reaktion* von einem Aldehyd-Molekül, das eine OH^--Gruppe addiert hat (→Addition 4.). Die CANNIZZARO-*Reaktion* findet nur bei Aldehyden statt, die kein H-Atom am α-C-Atom besitzen, wie z. B. aromatische Aldehyde. Der bei der CANNIZZARO-*Reaktion* als Zwischenprodukt entstehende Ester ist das Endprodukt der TISCHTSCNHENKO-*Reaktion*.

Cannizzaro-Reaktion

Tischtschenko-Reaktion

Oxoverbindungen 1.1.3.

Eine Additionsreaktion aromatischer Aldehyde unter besonderen Bedingungen (Cyanid-Ionen-Katalyse) stellt die →Acyloin-Kondensation dar.

$$C_6H_5-\underset{O}{\overset{H}{C}} + CN^- \rightarrow C_6H_5-\underset{O^-}{\overset{NC\ H}{C}} \xrightarrow{\overset{O}{\overset{\|}{+C-C_6H_5}}\atop H} C_6H_5-\underset{O^-}{\overset{NC}{C}}-\underset{H}{\overset{OH}{C}}-C_6H_5 \xrightarrow{-CN^-} C_6H_5-\underset{O}{\overset{OH}{C}}-\underset{H}{\overset{}{C}}-C_6H_5$$

Benzaldehyd   2. Molekül   Benzoin
Acyloin-Kondensation   Benzaldehyd   α-Hydroxyketon

Eine wichtige Synthesemethode ist die →GRIGNARD-*Reaktion*, die von Aldehyden zu sekundären Alkoholen, von Ketonen zu tertiären Alkoholen und →Alkenen führt. Das polare GRIGNARD-*Reagens* (Alkylmagnesiumhalogenid →metallorg. Verb.) wird an die polare Carbonylgruppe addiert und durch Hydrolyse gespalten. Säurehydrolyse führt bei tertiären Alkoholen zu Alkenen.

$$\underset{R_2}{\overset{R_1}{>}}C\overset{\delta+}{\underset{\underset{R_3}{\overset{+}{}}}{=}}\overset{O}{\underset{\delta-}{}}Mg-X \longrightarrow R_2-\underset{R_3}{\overset{R_1}{\underset{|}{C}}}-OMgX \xrightarrow{+H_2O} R_2-\underset{\underset{\text{Alkohol}}{R_3}}{\overset{R_1}{\underset{|}{C}}}-OH + HOMgX$$

GRIGNARD-*Reaktion*

Bei der WITTIG-*Reaktion* wird ein Phosphoran (Phosphorylid) an die Carbonylgruppe addiert (das C-Atom im →Ylid ist negativiert) und das Produkt in →Alken und Phosphinoxid gespalten.

$$\underset{R_2}{\overset{R_1}{>}}C=O \atop + \atop \underset{R_4}{\overset{R_3}{>}}C=P(C_6H_5)_3 \longrightarrow \underset{R_2}{\overset{R_1}{>}}\underset{\underset{R_4}{\overset{R_3}{|}}}{\overset{|}{C}}-\overset{-}{O} \atop {\overset{|}{C}}\overset{+}{-}P(C_6H_5)_3 \longrightarrow \underset{R_3}{\overset{R_2}{>}}C=C\underset{R_4}{\overset{R_1}{<}} + \overset{O}{\underset{}{\overset{\|}{P}}}(C_6H_5)_3$$

Triphenylphosphoran   Alken   Phosphinoxid
WITTIG-Reaktion

Unter Säurekatalyse werden bei der PRINS-*Reaktion* Aldehyde an →Alkene addiert. Es entstehen 1,3-Diole, Ring-Acetale dieser Diole oder β, γ-ungesättigte Alkohole.

$$>C=C< + \overset{H}{\underset{H}{\overset{+}{>}}}C-OH \longrightarrow >\overset{+}{C}-\overset{|}{\underset{|}{C}}-CH_2OH \xrightarrow{-H^+} \underset{\gamma}{>}C=\underset{\beta}{C}-\underset{\alpha}{\overset{|}{C}}-CH_2OH \xrightarrow{+H_2O} -\overset{|}{\underset{|}{C}}-\overset{|}{\underset{OH}{C}}-\overset{|}{\underset{|}{C}}-CH_2OH$$

Alken   protoniertes   β, γ-ungesättigter
          Methanal   Alkohol

Oxoverbindungen 1.1.3.

2.1. Eine der wenigen Reaktionen (außer katalytischen Reduktionen), die über Radikale als Zwischenprodukte abläuft, ist die *Pinacolbildung* (Hydroxylderivate) aus Ketonen. Sie verläuft ähnlich der →Acyloinbildung aus Estern. Nach der Anlagerung eines Radikals erfolgt meist ein Zusammenlagern zweier Moleküle (Dimerisierung).

$$\begin{matrix}\diagdown C=O\\ \diagup \\ \diagdown C-O^-\\ \diagup \end{matrix} + 2Na^{\oplus} \longrightarrow \begin{matrix}\diagdown C-O^- Na^+\\ \diagup\\ \diagdown C-O^- Na^+\\ \diagup\end{matrix} \longrightarrow \begin{matrix}\diagdown C-O^- Na^+\\ \diagup\\ \diagdown C-O^- Na^+\\ \diagup\end{matrix} \xrightarrow{+2H_2O} \begin{matrix}\diagdown C-O-H\\ \diagup\\ \diagdown C-O-H\\ \diagup\end{matrix} + 2Na^+ + 2OH^-$$

Keton   Pinacol

3. Halogene können die H-Atome der Alkylgruppen einer Oxoverbindung ersetzen. Die Substitution des Sauerstoffs erfolgt nach Einwirken von PCl_5 und ähnlichen Verbindungen. Es entstehen geminale Dihalogenide.

4. Die besonderen Eigenschaften der Aldehyde beruhen auf dem H-Atom an der Carbonylgruppe. Deshalb sind Aldehyde oxidierbar. Nach Wasseranlagerung wird Wasserstoff abgespalten (Dehydrierung), und aus der Formylgruppe ist eine Carboxylgruppe geworden, die für organische Säuren kennzeichnende Gruppe.

$$R-\overset{H}{\underset{}{C}}=O + H_2O \longrightarrow R-\overset{H}{\underset{OH}{C}}-OH \xrightarrow{-2H} R-C\overset{O}{\underset{OH}{}}$$

Aldehyd   Carbonsäure

Als Wasserstoffakzeptor dient Sauerstoff, der von einigen leicht reduzierbaren Metalloxiden abgespalten wird. Bei der FEHLINGschen *Lösung* wird Kupfer(2)hydroxid zu gelbrotem Kupfer(1)oxid reduziert. Das aus $CuSO_4$ und NaOH gebildete schwer lösliche Kupferhydroxid wird durch Komplexbildung mit Kalium-Natrium-Tartrat (einem Salz der Weinsäure COOH.CHOH.CHOH. COOH) gelöst. Die Silberspiegelreaktion von TOLLENS nutzt den löslichen $Ag(NH_3)_2$-Komplex aus und läßt daraus Silber entstehen. (Anwendung bei Herstellung von Spiegeln und Thermosflaschen). NYLANDERS *Reagens* entspricht der Fehlingschen Lösung, lediglich wird Wismuthydroxid (aus Wismutnitrat) als Oxidationsmittel eingesetzt.

Aldehyde kennzeichnende Farbreaktionen sind ANGELI-RIMINI-*Reaktion* und SCHIFFS-Reaktion. Bei der ANGELI-RIMINI-Reaktion erfolgt eine Umsetzung des Aldehyds mit Benzolsulfhydroxamsäure zu Alkylhydroxamsäure, die mit Eisen(3)salzen eine Rotfärbung ergibt. Das SCHIFFsche *Reagens* ist das von schwefliger Säure entfärbte Parafuchsin, das bei Einwirkung von Aldehyden eine rotviolette Färbung zeigt.

Oxoverbindungen 1.1.4.

Angeli-Rimini-Reaktion

R–CHO + C₆H₅–SO₂–NHOH ⟶ R–C(OH)(N-OH) + C₆H₅–SO₂H

Benzolsulfhydroxamsäure → Alkylhydroxamsäure

Schiff'sches Reagens (Fuchsinschweflige Säure) nach *Wieland*

Farbstoff nach Aldehydreaktion; nach *Hörmann* (Liebigs Annalen 616 (1958))

Aliphatische Aldehyde →polymerisieren meist unter Säurekatalyse reversibel zu cyclischen oder linearen Produkten. Dies gilt besonders für Methanal und Äthanal. Vom Äthanal sind zwei cyclische Polymere bekannt: das flüssige Paraldehyd ist eine trimere, das feste Metaldehyd (*Meta*) eine tetramere Struktur. Ersteres wird als Schlafmittel, letzeres als Hartspiritus eingesetzt.

Metaldehyd

$\overset{-}{O}-\overset{+}{CH_2}$ + n $\overset{-}{O}-\overset{+}{CH_2}$ $\xrightarrow{+OH^-}$ HO–CH₂–(O–CH₂)ₙ–O–CH₂–OH

H⁺ Methanal   Polyoxymethylen

Die Polymerisate enthalten die C–O–C-Gruppe, wirken also als Äther (Acetale) und nicht als Aldehyde, sind durch Säuren spaltbar.

5. Für Methylketone ist die Haloformreaktion charakteristisch. Hypohalogenide halogenieren die Methylgruppe vollständig. Alkalien hydrolysieren die geschwächte C–C-Bindung. Es bilden sich Haloform und Alkalicarbonsäuresalz (→Halogenderivate 3.).

1.1.4. Verwendung

Methanal (*Formaldehyd*: HCHO) wird hauptsächlich durch Oxidation von Methanol mit Luft an katalytisch wirkendem Silber erzeugt. Das stechend riechende Gas löst sich gut in Wasser (*Formalin*: 40% Lösung). Die Hauptverwendung von Methanal liegt auf dem Gebiet der Kunststoffe: →Polykondensation mit Phenolen, Harnstoff, Melamin; Polymerisation zu Polyoxymethylen. Die Einwirkung des Methanals auf Eiweiße (Bildung wasserunlöslicher Verbindungen) wird in verschiedener Weise genutzt als Desinfektionsmittel, als Konservierungsmittel für anatomische Präparate, als Gerbmittel. Ein wichtiges Reduktionsmittel in der Farbstoffindustrie (Färberei) ist Rongalit C, das Natriumsalz der α-Hydroxymethansulfinsäure (HO–CH₂–SO₂Na).

Oxoverbindungen 1.1.4.

Methanal nimmt unter den Aldehyden chemisch eine Sonderstellung ein, da die Carbonylgruppe zwei H-Atome trägt. Methanal ist deshalb zweimal zu oxidieren, zuerst zu Ameisensäure HCOOH, dann zu Kohlensäure HOCOOH. Ameisensäure entsteht auch bei der CANNIZZRO-*Reaktion*, die Methanal als Aldehyd ohne α-H-Atom eingeht.

Ein bekanntes Derivat von Methanal ist *Hexamethylentetramin* (*Urotropin*), das Polymerisationsprodukt des Imins. Es wird u. a. als Diureticum eingesetzt.

$$3\ H\text{-}CH\text{=}O + 3\ NH_3 \rightarrow 3\ H\text{-}CH(NH_2)\text{-}OH \xrightarrow{-3H_2O} 3\ H_2C\text{=}NH \longrightarrow [\text{Triazinan}] \xrightarrow[-3H_2O]{+NH_3,\ 3HCHO} (CH_2)_6N_4$$

Methanal   Ammoniak   Formaldimin   Hexamethylentetramin

Äthanal (*Acetaldehyd*: CH$_3$CHO) gewinnt man nach dem WACKER-*Prozeß* durch Oxidation von →Äthen mit Luft in wäßriger CuCl$_2$/PdCl$_2$-Lösung. Früher wurde er durch katalytische Oxydation von Äthanol oder durch Anlagerung von Wasser an →Äthin hergestellt.

Äthanal ist ein wichtiges Zwischenprodukt bei der Herstellung von Essigsäure, Äthanol, Propenal (Acrolein).

Benzaldehyd (C$_6$H$_5$CHO) ist der einfachste aromatische Aldehyd, ein wichtiges Zwischenprodukt für Farbstoff- und Arzneimittelsynthesen. Da er nach Bittermandeln riecht, wird er auch in der Parfümindustrie verwendet. Benzaldehyd ist ein Bestandteil des *Amygdalins*, das in bittere Mandeln vorkommt (Glycosid des Zuckers Gentiobiose mit Mandelsäurenitril).

$$\text{C}_6\text{H}_5\text{-CH(O-C}_{12}\text{H}_{21}\text{O}_{10}\text{)-C}\equiv\text{N} \xrightarrow[\text{H}_3\text{O}^+\ (\text{Katalysator})]{+2\text{H}_2\text{O}} 2\ C_6H_{12}O_6 + C_6H_5\text{-CHO} + HCN$$

Amygdalin   Benzaldehyd   Blausäure

Benzaldehyd ist leicht oxidierbar (→Autoxidation). Der Prozeß verläuft über einen →Radikalmechanismus, bei dem Persäuren als Zwischenprodukte auftreten und Schwermetallspuren oder Licht die Startreaktion veranlassen.

Propanon (*Aceton*, Dimethylketon: CH$_3$COCH$_3$) ist das einfachste und auch bekannteste Keton. Die Herstellungsverfahren sind: katalytische Oxidation von Propan-2-ol, katalytische Oxidation von Propen in CuCl$_2$/PdCl$_2$-Lösung (WACKER-*Prozeß*). Es ist ein ausgezeichnetes Lösungsmittel.

Aceton entsteht ferner bei der →Autoxidation von Cumol (→Benzolkohlenwasserstoffe 1.1.4.) zu Phenol, bei der trockenen Destillation von Holz. Es ist nachzuweisen mit Natriumnitrosylprussiat →Blausäure (Rotfärbung in alkalischer Lösung, in Essigsäure violett) und durch die Jodoformprobe →Halogender. 3. (mit Jod und Kalilauge).

Höhergliedrige alicyclische Ketone zeigen charakteristische Gerüche und werden in der Parfümindustrie verwendet, so Cyclohexanon (Mandel), Cyclodecanon (Campher), Cyclopentadecanon (Bisam). Ein Methylderivat der letzten Verbindung ist der Riechstoff des natürlichen Moschus (Muscon), der echte Campher dagegen ist ein bicyclisches Keton : 1,8.8-Trimethyl-bicyclo (2.2.1)-heptan-2-on s. →Terpene 1.

1.2. Ungesättigte Oxoverbindungen

Die wichtigsten dieser Verbindungen leiten sich von den Alkenen ab. Nach der Lage der Alkendoppelbindung zu der Carbonylgruppe unterscheidet man kumulierte, konjugierte und isolierte Doppelbindungen.

Bei den kumulierten Verbindungen trägt das C-Atom der Carbonylgruppe auch die Alkendoppelbindungen. Diese Verbindungen heißen nach dem einfachsten Vertreter $H_2C=C=O$ *Ketene.*

Sie werden hergestellt durch Entfernen von Brom mit Hilfe von Zink aus α-Bromcarbonsäurebromiden oder durch Pyrolyse von aliphatischen Carbonsäuren (Keten durch Pyrolyse von Aceton).

Oxoverbindungen 1.2.

Die kumulierte Doppelbindung der Ketene ist sehr energiereich und damit chemisch sehr reaktionsfähig für Additionen. Das β-C-Atom stellt den negativen Pol des Dipols dar. Dementsprechend verlaufen einige Reaktionen elektrophil. Ketene addieren Halogene zu α-Halogencarbonsäurehalogeniden (Umkehrung der Darstellung), Wasser zu Carbonsäuren, Alkohol zu Carbonsäureestern, Carbonsäuren zu Carbonsäureanhydriden, Ammoniak zu Carbonsäureamid, Alkene zu Cyclobutanderivaten. Die meisten Ketene dimerisieren leicht und sind bei Raumtemperaturen nicht beständig.

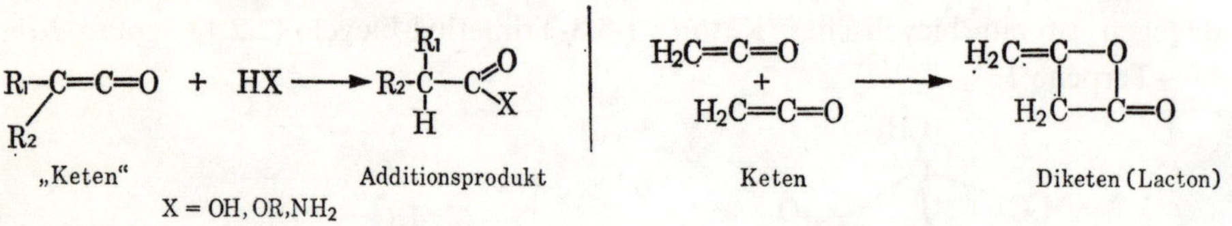

„Keten"   Additionsprodukt   Keten   Diketen (Lacton)
X = OH, OR, NH$_2$

Auch die ungesättigten Oxoverbindungen mit konjugierten Doppelbindungen, die α,β-ungesättigten Oxoverbindungen sind sehr reaktionsfähig. Sie sind darstellbar durch Wasserabspaltung mit $ZnCl_2$ oder P_2O_5 aus Aldolen oder Kondensation von Alkenen und Säurechloriden (→Carbonsäuren 3.) oder Säureanhydriden in Gegenwart von $AlCl_3$ oder $ZnCl_2$.

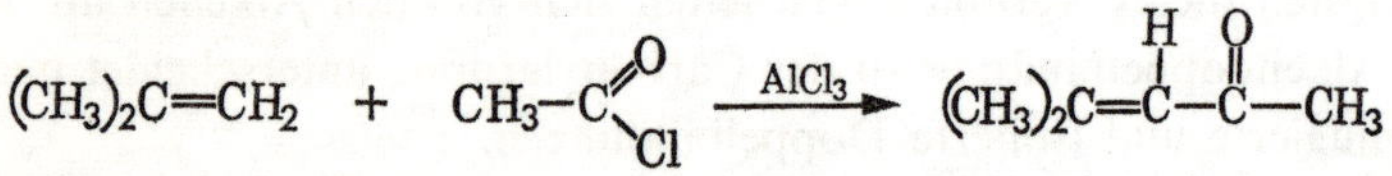

Alken   Säurechlorid α,β-ungesättigtes Keton

Die beiden Doppelbindungen beeinflussen sich. So ist die Alkendoppelbindung auch durch Natrium und Alkohol katalytisch hydrierbar. Die Carbonylgruppe wird selektiv mit der MEERWEIN-PONNDORF-Methode reduziert. Die Halogenaddition verläuft nur träge. Die ungesättigten Oxoverbindungen können bei der →DIELS-ALDER-Synthese als dienophile Substanzen eingesetzt werden. Sie polymerisieren auch leicht. Bei der MICHAEL-*Kondensation* greift ein Carbanion, gebildet durch Protonenabspaltung aus einer eine reaktive Methylengruppe enthaltenden Verbindung, das β-C-Atom an, während sich das Proton am α-C-Atom anlagert.

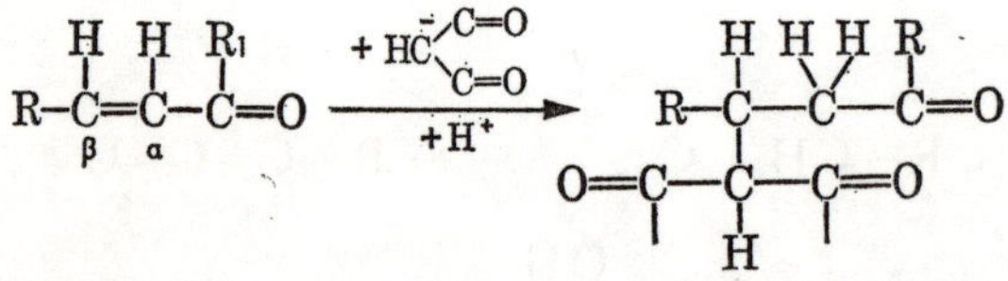

MICHAEL-*Kondensation*

Oxoverbindungen 2.1.

Ähnlich den konjugierten Alkenen (Buta→dien) kommen 1.4-Additionen vor, z. B. mit dem →GRIGNARD-Reagens, mit Cyanid- und Sulfitanionen.

$$R-\underset{\underset{O}{\|}}{C}=\underset{H}{\overset{H}{|}}C-\underset{H}{\overset{H}{|}}C-R_1 \xrightarrow{+HCN} R-\underset{\underset{H}{\overset{|}{C\equiv N}}}{\overset{H}{\overset{|}{C}}}-\underset{}{C}=\underset{O}{\overset{H}{|}}C-R_1 \rightarrow R-\underset{\underset{N\equiv C}{\overset{|}{}}}{\overset{H}{\overset{|}{C}}}-\underset{H}{\overset{H}{|}}C-\underset{\underset{O}{\|}}{C}-R_1$$

Die einfachste Verbindung dieser Art ist Propenal, auch *Acrolein* oder Acrylaldehyd genannt: $CH_2=CH-CHO$. Es ist ein wichtiger Ausgangsstoff für →Polymerisationen. Herstellt wird Propenal durch Oxydation von Propen oder durch Aldolkondensation zwischen Äthanal und Methanal. Es entsteht auch durch zweimalige Wasserabspaltung aus Glycerin. Darauf beruht der Name Acrolein (acer = scharf, oleum = Öl), denn beim hohen Erhitzen von Fetten bildet sich Acrolein aus der Glycerinkomponente des Fettes — kenntlich am stechenden Geruch.

Ungesättigte Verbindungen mit isolierten Doppelbindungen weisen keine Besonderheiten in ihren Reaktionen auf.

2. Di- und Polyoxoverbindungen

Die gegenseitige Beeinflussung der Oxogruppen hängt von der Lage ab. Die Verbindungen werden in folgender Reihenfolge aufgeführt: 1.1,2-Dioxoverbindungen, 2.1,3-Dioxo..., 3.1,4-Dioxo..., 4. Chinone, 5. Polyoxoverbindungen.

2.1. *1,2-Dioxoverbindungen*

Die einfachste Herstellungsart ist die Oxidation mit Selendioxid, da die elektronenanziehende Wirkung der Carbonylgruppe die Abspaltung der Protonen am α-C-Atom erleichtert. Auch aus den entsprechenden Diolen sind die 1,2-Dioxoverbindungen durch Dehydrierung zugänglich.

Sie zeigen die Reaktionen der Monoverbindungen in zwei Stufen. Wegen der Stellung der Oxogruppen kommt es noch zu folgenden typischen Reaktionen:
1. Die C—C-Bindung der beiden Carbonylgruppen kann oxidativ gespalten werden (negativer induktiver Effekt des Sauerstoffs), so wird aus Butan-2,3-dion (Diacetyl) mit H_2O_2 Essigsäure. 2. Es kann eine intramolekulare CANNIZZARO-

$$\underset{\text{Diacetyl}}{H_3C-\underset{\underset{O}{\|}}{C}-\underset{\underset{O}{\|}}{C}-CH_3} + H_2O_2 \rightarrow \underset{\text{Essigsäure}}{2H_3C-\underset{\underset{O}{\|}}{C}-OH}$$

Oxoverbindungen 2.2.

Reaktion eintreten, bei der die eine Oxogruppe oxidiert, die andere reduziert wird, so entsteht aus 1,2-Dioxoäthan (Glyoxal) in alkalischer Lösung das Alkalisalz der Glykolsäure. Verwandt mit dieser Reaktion ist die Benzilsäureumlagerung, eine 1,2-→Umlagerungsreaktion (s.d. 1.1.).

Glyoxal   Na-glykolat   Benzil   Benzilsäure-Natrium

3. Es kommt zur Ausbildung →heterocyclischer Ringe beim Einwirken bifunktioneller Verbindungen, so geben 1,2-Dioxoverbindungen mit 1,2-Diaminen 1,4-Diazinderivate. 4. Die Dioxime neigen zur Komplexbildung mit Schwermetallionen (Nickelnachweis mit *Dimethylglyoxim* nach TSCHUGAEW).

o-Phenylendiamin
1,2-Diaminobenzol   Chinoxalin (→Heterocyclen 2.2.)

Diacetyl   Hydroxylamin   Dimethylglyoxim

Die physikalischen Daten der einfachsten Verbindungen sind in der Tabelle in 1.1.2. enthalten. Es handelt sich um das einfachste Dialdehyd: 1,2-Dioxoäthan = Glyoxal (fest gelb, verdampft grün): das einfachste Diketon Butan*s*2,3-dion = Diacetyl (flüssig gelbgrün), Diphenyldiketon = *Benzil* (fest kanariengelb). Methylglyoxal (1,2-Dioxopropan) ist die Stammform der homologen Reihe der Ketoaldehyde, eine gelbe Flüssigkeit, die beim Kohlenhydratabbau im Muskel auftritt.

2.2. *1,3-Dioxoverbindungen*

Hergestellt werden diese Verbindungen durch CLAISEN-*Kondensation* zwischen einer Monooxoverbindung und einem Carbonsäureester unter Einwirkung starker nucleophiler Reagenzien wie Natrium, Natriumamid oder -alkoholat. Der erste Schritt besteht in der nucleophilen Addition des aus der Oxoverbindung entstandenen Carbanions an des elektrophilen C-Atom des Esters. Dann erfolgt die nucleophile Elimination des Alkohols. Säuren (selbst CO_2) entfernen das Natrium, und es entsteht die Dioxoverbindung. Ein anderes Verfahren ist die Kondensation eines Säureanhydrids mit einem Keton mit Borfluorid als Katalysator.

Oxoverbindungen 2.2.

$$R_1-\underset{\underset{O}{\|}}{C}-\underset{\underset{H}{|}}{\overset{R_2}{C}}-H + \underset{\underset{O}{\|}}{C}-R_3 \xrightarrow{Na\cdot} R_1-\underset{\underset{O}{\|}}{C}-\underset{\underset{H}{|}}{\overset{R_2}{C}}-\underset{\underset{O}{\|}}{C}-R_3 + R_4OH$$

Oxoverbindung   Ester   1,3-Dioxoverbindung   Alkohol

Sitzt an dem zwischen den beiden Carbonylgruppen liegenden C-Atom ein H-Atom, tritt Tautomerie (→Isomerie) auf. Es kommt zu einem Gleichgewicht zwischen einer *Keton- und einer Enolform* (→Hydroxylderivate 2.). Es bildet sich kein Dienol, da dann eine kumulierte Doppelbindung auftreten müßte. Außerdem stabilisiert die konjugierte Doppelbindung die Monoenolform. Bei entsprechender räumlicher Lage kommt es zur Bildung einer Wasserstoffbrücke, die ebenfalls stabilisierend wirkt. Die Ketone sind deshalb beständiger als die Aldehyde, die leicht polymerisieren. Der einfachste Vertreter der 1,3-Diketone ist Pentan-2,4-dion = Acetylaceton, eine farblose Flüssigkeit, die zu 80% in der Enolform vorliegt.

$$H_3C-\underset{\underset{O}{\|}}{C}-\underset{\underset{H}{|}}{\overset{H}{C}}-\underset{\underset{O}{\|}}{C}-CH_3 \rightleftharpoons H_3C-\underset{\underset{OH}{|}}{\overset{H}{C}}=\underset{}{C}-\underset{\underset{O}{\|}}{C}-CH_3 \;\not\longrightarrow\; H_3C-\underset{\underset{OH}{|}}{C}=C=\underset{\underset{HO}{|}}{C}-CH_3$$

Acetylaceton   Monoenolform   Dienolform
Diketoform

Die Einwirkung der beiden O-Atome auf das mittelständige C-Atom führt zu charakteristischen Reaktionen. 1. So erfolgt bei Einsatz starker Basen eine Spaltung in Keton und Carbonsäure. 2. Mit Methyljodid finde eine Alkylierung statt. 3. Diazomethan bewirkt dagegen eine Alkylierung am Enolsauerstoff.

$$H_3C-\underset{\underset{O}{\|}}{C}-CH_2-\underset{\underset{O}{\|}}{C}-CH_3 \xrightarrow{+Na^+OH^-} H_3C-\underset{\underset{O}{\|}}{C}{\diagup}^{\overset{-}{O}\,Na^+} + H_3C-\underset{\underset{O}{\|}}{C}-CH_3$$

Acetylaceton   Na-acetat   Aceton

Entsprechend dem Verhalten der 1,2-Dioxoverbindungen sind auch die 1,3-Dioxoverbindungen in der Lage, mit bifunktionellen Aminen Ringschlüsse zu →heterocyclischen Ringen durchzuführen. Mit Hydrazin entstehen fünfgliedrige 1,2-Diazolderivate, mit Harnstoff sechsgliedrige 1,3-Diazinverbindungen (→Heterocyclen 1.3. bzw. 2.3.).

$$\begin{array}{c}H_3C\;\;\;O\\\diagdown\;\;\diagup\\C\\|\\H_2C\\|\\C\\\diagup\;\;\diagdown\\H_3C\;\;\;O\end{array} + \begin{array}{c}NH_2\\|\\NH_2\end{array} \longrightarrow \begin{array}{c}\;\;\;\;OH\;\;H\\\;\;\;\;|\;\;\;\;|\\H_3C-C-N\\|\;\;\;\;\;\;\;\;\diagdown\\H_2C\;\;\;\;\;\;\;N-H\\|\;\;\;\;\;\;\;\diagup\\\;\;\;\;C\\\;\;\;\;\diagup\;\;\diagdown\\H_3C\;\;\;\;OH\end{array} \xrightarrow{-H_2O} \begin{array}{c}H_3C\\\diagdown\\C=N\\|\;\;\;\;\;\diagdown\\H_2C\;\;\;\;\;N\\|\;\;\;\;\;\diagup\\C\\\diagup\;\;\diagdown\\\;\;\;\;\;\;\;CH_3\end{array}$$

Acetylaceton Hydrazin   3,5-Dimethylpyrazol

Oxoverbindungen 2.3.

Mit Schwermetallsalzen werden ebenfalls stabile innere Komplexsalze gebildet, die sich destillieren lassen. Sie sind in organischen Lösungsmitteln löslich, in wäßrigen fallen sie aus. Es liegen Chelatbildungen vor (→ Koordinationschemie).

2.3. 1,4-*Dioxoverbindungen*

Mit Säurekatalyse gehen diese Verbindungen leicht in → heterocyclische Fünfringe über. Sie reagieren auch mit Verbindungen, die ein nucleophiles Atom enthalten, zu Fünfringen. Sechsgliedrige Ringsysteme entstehen mit Verbindungen, die zwei benachbarte nucleophile Atome enthalten. Dagegen fehlt bei den 1,4-Dioxoverbindungen die Tendenz zur Tautomerie und die Fähigkeit, mit Metallen Komplexe zu bilden.

Succindialdehyd
Butandial   **Furan**

2.4. *Chinone*

Chinone sind konjugierte ungesättigte Dioxoverbindungen, die sich von → Benzolkohlenwasserstoffen ableiten lassen. Eigentlich sind es Derivate des Cyclohexadiens. Der Name der Verbindungen ist abgeleitet vom p-Benzochinon (häufig nur Chinon genannt), das bei der Oxidation von Chinasäure entsteht.
Die Beziehung der Chinone zu den aromatischen Benzolkohlenwasserstoffen beruht auf der Herstellungsweise. Sie lassen sich am einfachsten durch Dehydrierung von Diphenolen gewinnen. Aromatische Diamine gehen bei Oxidation zu Diiminen über, aus denen sich die Chinone durch Hydrolyse darstellen lassen.

Hydrochinon   **p-Benzochinon**   **1,2-Diamino-**   **o-Chinon-**   **o-Benzochinon**
1,4-Dioxybenzol   **benzol**   **diimin**

p-Benzochinon wird auch aus Anilin (Aminobenzol) durch Oxidation mit Chrom(6)oxid gewonnen. Die Reaktion verläuft über ein Kettenmolekül aus 8 Benzolringen, Nigranilin genannt, das ein Chinoniminderivat ist.
Bei den Chinonen liegt kein aromatisches System vor. Das aromatische System wird aber sehr leicht wieder rückgebildet. Man spricht deshalb von *chinoiden Systemen*. Es bildet sich nur bei 1,2-, 1,4-, 2,6- oder ähnlicher Stellung der Oxogruppen aus. 1,3- oder m-Chinone sind nicht existenzfähig.

Oxoverbindungen 2.4.

Die Eigenschaften der Chinone lassen sich auf die konjugierten ungesättigten Bindungen und die Aromatisierungstendenz zurückführen. Sie können in 1,6-, 1,4- und 3,4-Additionen eingeteilt werden.
Eine für Oxoverbindungen typische Umsetzung ist die Reaktion mit Hydroxylamin zu einem Mono- oder Dioxim. Auch die Wasserstoffanlagerung findet in 1,6-Stellung statt. Chinone werden umso leichter reduziert, je mehr ihre Struktur vom aromatischen Bindungssystem abweicht. Von den 3 Naphthochinonen hat das 2,6-Isomere (amphi-Naphthochinon) das beste Oxidationsvermögen, es besitzt zwei chinoide Ringe.
Bei der Reduktion von p-Benzochinon entsteht als Zwischenprodukt *Chinhydron* (ebenfalls aus äquimolaren Mengen Chinon und Hydrochinon). Die grüne Substanz wird für potentiometrische Titrationen (→pH-Wert) benutzt. Sie besteht aus einem Molekül Chinon und einem Molekül Hydrochinon, die außer durch Wasserstoffbrücken durch die Wechselwirkung der Elektronensysteme zusammengehalten werden.
Entsprechend den α, β-ungesättigten Oxoverbindungen addieren Chinone in 1,4-Stellung. An den Sauerstoff wird die elektrophile Gruppe, an das 3-ständige C-Atom die nucleophile Gruppe angelagert. Die entstandene Verbindung ist die tautomere Form des entsprechend substituierten Diphenols, in die sie sich umlagert.

Diese Reaktion erfolgt mit Chlorwasserstoff, Blausäure, Anilin, Essigsäureanhydrid und Methanol.
Eine 3,4-Addition liegt in der Anlagerung von Halogenen an die C-Doppelbindungen vor. Ebenso können Chinone bei der →DIELS-ALDER-Synthese als Dienophile eingesetzt werden.
Der Chinoncharakter ist auch an der Farbigkeit der Moleküle erkennbar. Das blaßgelbe Anthra-9,10-chinon ist kein echtes Chinon, da die Oxogruppen mit aromatischen Ringen konjugiert sind. Anthrachinon wirkt nicht oxidierend.
Chinonderivate sind in der Natur und Technik weit verbreitet. So wirkt ein Benzochinonderivat (*Ubichinon*) in der Atmungskette bei der Wasserstoffweiterleitung mit, ein anderes (*Plastochinon*) bei der Photosynthese (→Phorphinder. 4), die →Vitamine der K-Gruppe sind dagegen Naphthochinonderivate (*Phyllochinon*).

Oxoverbindungen 2.5.

Ubichinon   Vitamin K_2 Plastochinon
                 (Phyllochinon)

Da p-Benzochinon mit Radikalen stabilisierte Addukte bildet, wird es als Polymerisationsinhibitor bei polymerisationsfähigen Verbindungen eingesetzt.
Von Benzo-, Naphtho- und Anthrachinon leiten sich zahlreiche →Farbstoffe ab. Ein natürlicher Farbstoff ist *Alizarin*, das als Glycosid in der Krapppflanze vorkommt. Industriell erzeugte Farbstoffe sind die Indanthrenfarbstoffe, bei denen man die Möglichkeit zur Reduktion ausnutzt. Die unlöslichen Farbstoffe werden durch Reduktion wasserlöslich (Verküpung), die Faser mit der Lösung getränkt. Durch Luftoxidation bildet sich der eigentliche Farbstoff aus der löslichen farblosen (Leuko-) Form zurück. Nach diesem Prozeß nennt man sie Küpenfarbstoffe (→Färberei).

Alizarin   Indanthrenblau R

2.5. *Polyoxoverbindungen*

Diese Verbindungen spielen keine praktische Rolle. Sie werden durch Ozonabbau aus Polyenen gewonnen. Ninhydrin, das Nachweismittel für →Aminosäuren, ist das Trioxoderivat des Indans (Hydrinden) →Benzolkohlenw. 2.3.

3. *Substituierte Oxoverbindungen*

Wie bei den Dioxoverbindungen erwähnt, beeinflussen sich zwei funktionelle Gruppen in einem Molekül. Nahe gelegene Gruppen beeinflussen sich durch induktive und mesomere Effekte. Bei entfernteren Gruppen kann es zu einer direkten Reaktion der beiden Gruppen kommen, abhängig von der räumlichen Lage.
So bewirken im *Chloralhydrat* die drei Chloratome durch ihren negativen induktiven Effekt, daß zwei OH-Gruppen mit einem C-Atom verbunden sind.

Oxoverbindungen 3.

Chloralhydrat, das Hydrat des Trichloräthanals, wird aus Chlor und wäßrigem Äthanol gewonnen und wird zur Herstellung von Chloroform (Trichlormethan →Halogenderivate 3.) und DDT (→Benzolkohlenwasserstoffe 2.1.) benutzt.

$$H_3C—CH_2OH + 4Cl_2 + H_2O \rightarrow CHCl + Cl_3C—CH(OH)_2$$
Äthanol   Chloralhydrat

Die wichtigsten Derivate sind die Hydroxy-oxoverbindungen. Die →Kohlenhydrate sind ein Spezialfall dieser Gruppe. 1,2-Hydroxy-oxoverbindungen entstehen durch teilweise Dehydrierung von 1,2-Diolen z. B. mit FENTONS Reagens ($Fe^{2+} + H_2O_2$), durch Hydrolyse einer 1,2-Halogen-oxoverbindung oder mit Hilfe der Acyloin-Kondensation (aus tertiären Aldehyden: →Oxoverbindungen 1.1.3. oder Carbonsäureestern: →Acyloine). 1,3-Hydroxy-oxoverbindungen sind Produkte der Aldolkondensation. Sollen die beiden Gruppen noch weiter entfernt stehen, geht man von entsprechenden ungesättigten Alkoholen aus, die nach Ozonolyse die gewünschte Substanz liefern.

Charakteristische Reaktionen der 1,2-Hydroxy-oxoverbindungen sind: 1. Die Enolisierung durch Laugen zu einem Endiol. 2. Bei vorsichtiger Oxidation entstehen aus den Aldehyden α-Hydroxycarbonsäuren, aus den Ketonen α-Ketosäuren. 3. Mit Phenylhydrazin entstehen aus stellungsisomeren Aldehyden und Ketonen stellungsisomere Phenylhydrazone. Phenylhydrazon im Überschuß liefert aus Aldehyd und Keton das gleiche *Osazon*. Der Mechanismus ist ungeklärt. 4. Aromatische α-Hydroxy-oxoverbindungen ergeben mit Metallsalzen Chelate.

1,3-Hydroxy-oxoverbindungen spalten, wie bei der Aldolkondensation (→Oxoverbindungen 1.1.3.) erwähnt, leicht Wasser ab und werden zu α, β-ungesättigten Oxoverbindungen. 1,4- und 1,5-Hydroxy-oxoverbindungen zeigen die Bildung von Cycloalbacetalen (*Lactole*), d.h. die Reaktion zwischen Alkohol- und Oxogruppe findet intramolekular statt (Tautomerie → Isomerie). Die aus Lactolen mit

Oxoverbindungen 3.

anderen Alkoholen gebildeten gemischten Acetale werden Glycoside (Lactolide) genannt. Diese Acetalbindung ist bereits durch verdünnte Mineralsäuren anzugreifen (→Äther).

1,4-Hydroxyaldehyd γ-Lactol Glycosid
γ-Hydroxyaldehyd   Methylbutyrolactolid
4-Hydroxybutan-1-on

Literatur
FODOR, G.: Organische Chemie, Bd. II. — VEB Dt. Verlag der Wissenschaften, Berlin 1965
Rodd's Chemistry of Carbon Compounds, Bd. IC. — Elsevier Pub. Com., Amsterdam 1965
GUTSCHE, D.: The Chemistry of Carbonyl Compounds. — Prentice Hall, Englewood 1967
PATAI, S.: The Chemistry of the Carbonyl Group. — Interscience Pub., London 1966

β-Oxydation s. Carbonsäuren 2.5.
Oxydationszahl s. Wertigkeit, Redoxvorgänge.
Ozokerit s. Alkane.
Ozon s. Sauerstoff.

P

Paal-Knorr-Synthese s. Heterocyclen 1.1.
Paläotemperaturskala s. Atombau.
Palatal s. Polykondensation.

Palladium gehört zu den Elementen der →Achten Nebengruppe. Von ihm existieren die Isotope mit den Massenzahlen 102 (0,96%), 104 (10,97%), 105 (22,23%), 106 (27,33%), 108 (26,71%) und 110 (11,81%).
Der wichtigste Produzent für Palladium ist Kanada, wo es sich zusammen mit Platin in annähernd gleichen Mengen im Nickel-Magnetkies-Lager von Sudbury findet. Weit geringere Mengen stammen aus Südafrika. Gediegen tritt es selten auf, weil Palladium sich leicht zu dem bräunlichen Oxyhydrat $PdO \cdot H_2O$ oxydiert. In Brasilien findet sich etwas Palladiumgold.
Palladium ist ein silberweißes, perlglänzendes, auf Hochglanz polierbares Metall. Es läßt sich nach genau den gleichen Verfahren wie Platin verarbeiten. Geschmolzenes Palladium nimmt Sauerstoff auf, gibt ihn aber beim Erstarren unter Spratzen wieder ab. Es besitzt die charakteristische Fähigkeit, in großen Mengen Wasserstoff zu absorbieren. Palladiumschwamm nimmt das 850-fache an Volumen Wasserstoff auf. Der in ihm gelöste Wasserstoff ist besonders reaktionsfähig, worauf u. a. seine Verwendung für die Fetthärtung beruht. Durch ein heißes Palladiumblech diffundiert Wasserstoff so leicht hindurch, als ob überhaupt keine Trennwand vorhanden wäre. Auf diese Weise läßt sich Wasserstoffgas reinigen. Die erzielte Reinigungswirkung liegt bei einer Endreinheit von 0,0001% Sauerstoff.
Reines Palladium löst sich leicht in kalter und verdünnter Salpetersäure. Eine platinreiche Palladiumlegierung wird dagegen von Salpetersäure nicht angegriffen. Beim Lösen in Königswasser bildet sich die Palladochlorwasserstoffsäure ($H[PdCl]_6$). Bei Zusatz einer Alkalichloridlösung entsteht das entsprechende Salz, das sich jedoch im Gegensatz zu den Platinsalzen in siedendem Wasser zu den löslichen Tetrachlorverbindungen zersetzt. Das Verfahren dient zur Trennung des ebenfalls in Königswasser löslichen Platins. Die Halogene greifen bei dunkler Rotglut Palladium an. Da die Schmuckindustrie keinen besonderen Wert auf Palladium legt, ist sein Preis viel geringer als der des Platins. So erwies sich Palladium für viele Zwecke in der Elektrotechnik und Zahntechnik als geeigneter Platinersatz. Da Platin allein zu weich ist, wurde es sehr bald zur Herstellung von Kronen, Brücken, Stiften für künstliche Zähne mit Palladium legiert. Oft bestehen Stifte für künstliche Zähne aus einer Legierung von 9 Teilen Pd und 1 Teil Ag. In Legierung mit Gold wird Palladium als Basisplatte für Ersatzstücke verwendet. Das sog. Juwelenplatin besitzt einen Palladiumanteil von 10—20%.

Palmitinsäure

Palmitinsäure s. Carbonsäuren 1.1.2., Ester 2.
PAN s. Polymerisation.
Panchromatisch s. Fotografie 1.
Pantothensäure s. Aminosäuren 4., Vitamine (B).
Papain s. Aminosäuren 2.1.
Papaverin s. Alkaloide, Heterocyclen 2.2.
Papier ist ein aus kurzen Fasern entstandener Werkstoff. Seine Herstellung läßt sich folgendermaßen unterteilen:
  1. Aufbereitung der Rohstoffe zu „Halbstoffen"
  2. Herstellung des „Ganzstoffes" aus den Halbstoffen
  3. Bildung des Papierblattes
  4. Papierveredelung

Als wichtigster Rohstoff wird Holz verwendet, das durch mechanische und chemische Verfahren zu Faserstoffen verarbeitet werden kann. Bei den Papieren unterscheidet man holzhaltige und holzfreie. Holzhaltige Papiere bestehen aus Fasern, die neben Cellulose noch Lignin und Harzreste enthalten. Diese Stoffe sind die Ursache dafür, daß holzhaltiges Papier im Sonnenlicht nach einiger Zeit vergilbt und brüchig wird. Holzfreies Papier stellt man aus Lumpenfasern oder Zellstoff her, der auf chemischem Wege aus Holz gewonnen wird.

Holzschliff

Im mechanischen Verfahren wird sog. Holzschliff (*Weißschliff*) erzeugt, aus dem sich nur holzhaltiges Papier, z. B. für kurzlebige Massenpapiere wie Zeitungsdruckpapier oder Packpapier, herstellen läßt. Als Rohstoff dient vorwiegend Fichten- und Pappelholz, das man zunächst maschinell entrindet, in Stücke von 1—2 m Länge zersägt und diese gegen rotierende Schleifsteine (bis zu 2 m Durchmesser) preßt. Durch Wasserzufuhr werden die abgerissenen Holzteilchen fortgespült. In Europa findet der Kettenschleifer (s. Abb.) am häufigsten Verwendung.

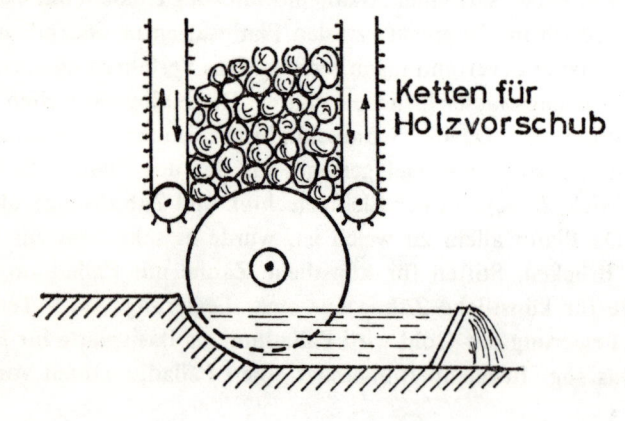

Ein senkrechter Holzstapel wird von beiden Seiten durch umlaufende Ketten an den Schleiferstein gepreßt, wobei die Fasern des Holzes parallel zur Achse des Schleifersteines verlaufen (sog. Querschliff). Als Schleifersteine verwendete man früher natürliche Sandsteine, die heute durch künstliche Steine ersetzt sind. Die „zementgebundenen" Steine tragen auf einem Eisenbetonkern einen etwa 65—125 mm dicken Betonring mit eingelagerten Quarz- und Korundkörnern. Bei den „keramisch gebundenen" Steinen besteht die Abnutzungsschicht aus bienenwabenartig angeordneten sechseckigen, hartgebrannten Segmenten, die durch Schrauben im Eisenbetonkern verankert sind. Die Segmente bestehen aus Körnern von Siliciumcarbid oder Aluminiumoxid, die in ein Bindemittel eingelagert sind. Der keramisch gebundene Stein ist teurer, besitzt aber eine längere Laufzeit und liefert ein gleichmäßigeres Produkt. Während des Schleifvorganges erhöht sich infolge der Reibungswärme die Temperatur in der Schleifzone bis auf 190°C, wodurch die Kittsubstanz des Holzes (vorwiegend Lignin) erweicht. Nun kann die körnige Oberfläche des Steines aus dem Holzverband Faserbündel herausreißen, die anschließend eine „Mahlung" erfahren. Die im Schliff enthaltenen Holzteilchen stellen ein Strukturgemisch dar, das sich folgendermaßen einteilen läßt:

1. Faserstoff, unterteilt in: Faserlangstoff (Länge: von 800 bis 4500 μ m, Breite: 25—80 μ m) und Faserkurzstoff (Länge: 200—800 μ m, Breite: 2,5—2,8 μ m).
2. Feinstoff, unterteilt in: Schleimstoff (Länge: bis 200 μ m, Breite: bis 1 μ m) und Mehlstoff (Länge: 20—30 μ m, Breite: 1—30 μ m; pulvrig zerriebene Teilchen).

Die Qualität des Holzschliffs läßt sich durch das Mischungsverhältnis von Faserstoff zu Feinstoff beeinflussen. Die Festigkeitseigenschaften der aus Holzschliff gebildeten Papierblätter nehmen bis zu einem gewissen Grade mit steigendem Feinstoffgehalt zu. Für Zeitungsdruckpapier wählt man Holzschliff mit 40—45%, für bessere holzhaltige Druckpapiere 52—56% Feinstoffgehalt.

Der aus dem Schleifer abfließende Stoffbrei wird von Splittern befreit und mehrfach sortiert, so daß man Feinstschliff (für Kunstdruck- und Feinpapiere, Sieblochung 0,6—0,9 mm), Feinschliff (für bessere holzhaltige Druck- und Schreibpapiere, Sieblochung 1,0—1,3 mm) und Normalschliff (für Zeitungsdruckpapier, Sieblochung 1,4—1,6 mm) erhält. Grober Holzschliff wird für Kartons und Pappen verwendet. Verarbeitet man den Holzschliff anschließend zu Papier, so wird er mit einer Konzentration von 4—5% in die Papierfabrik gepumpt. Zum Verkauf ist eine Entwässerung notwendig, z. B. mit einer Rundsieb-Entwässerungsmaschine. Hierbei setzen sich die Fasern als dünne Schicht auf dem Siebzylinder ab, die von einer Walze aufgenommen wird. Durch anschließendes Pressen verkleinert sich der Trockengehalt des Schliffs bis auf 40—60%. In diesem Zustand gelangt er in Form von Rollen in den Handel.

Die harzreichen Kiefernhölzer verarbeitet man nach dem *Braunschliff*-Verfahren. Das Holz wird zunächst in zylindrischen Kochern gedämpft. Hierdurch findet eine Lockerung des Holzgefüges statt, so daß der anschließende Schleifvorgang einen geringeren Kraftaufwand erfordert, und die Fasern sehr schonend aus dem Holzgefüge herausgenommen werden. Der Braunschliff ist deshalb langfaseriger als der Weißschliff, und er besitzt eine größere Festigkeit. Es kann ungeschältes Holz verwendet werden, weil die Rinde im Dampfprozeß abfällt. Das gedämpfte Holz wird den Schleifern zugeführt und wie Weißschliff weiterverarbeitet. Der Braunschliff ist wegen seiner braunen Farbe nicht für Druck- und Schreibpapier geeignet. Er wird vorwiegend für Braunholzpappe und Verpackungsmaterial verwendet.

Bei der Herstellung von holzfreiem Papier müssen auf chemischem Wege diejenigen Bestandteile entfernt werden, die neben der Cellulose im Holz enthalten sind.

Holz

Holz ist keine gleichmäßige Masse. Es wird durch Zellen gebildet, wobei die Cellulose den Hauptbestandteil der Zellwand darstellt. In die Zellwand sind Hemicellulosen und Lignin eingebettet, das den eigentlichen Träger der Verholzung darstellt. In die Zellwand sind Hemicellulosen und Lignin eingebettet, das den eigentlichen Träger der Verholzung darstellt. Holz enthält etwa 50% Cellulose, 30% Lignin und 20% Hemicellulose. Neben diesen Zellwandbestandteilen befinden sich im Holz noch Begleitstoffe, die nur in geringer Menge vorhanden sind. Es handelt sich um folgende Stoffgruppen: Ätherische Öle, Harze, Fettsäuren, Gerbstoffe, Farbstoffe, organische Stickstoffverbindungen und Mineralsalze. Die Aufklärung der chemischen Zusammensetzung des Holzes ist bis heute noch nicht vollständig gelungen. Schon die Isolierung und quantitative Bestimmung der Hauptbestandteile bereitet Schwierigkeiten, weil das Holz einen sehr widerstandsfähigen Komplex darstellt, der nur durch kräftige Einwirkungen zerlegt werden kann. Hierbei ist es möglich, daß weitgehende chemische Veränderungen im Holz eintreten, wie z. B. die Sprengung von Bindungen, die Abspaltung von Atomgruppen, Kondensationen und Polymerisationen.

Der *Cellulose* (s. Kohlenhydrate 3.) gibt man die Formel $(C_6H_{10}O_5)_n$. Durch Hydrolyse (Spaltung unter Aufnahme von Wasser) läßt sich Cellulose in Glucose zerlegen:

$$(C_6H_{10}O_5)_n + n\ H_2O \rightarrow n\ C_6H_{12}O_6$$

Man kann sich also das Molekül durch die Aneinanderlagerung zahlreicher Glucosemoleküle unter Abspaltung von Wasser entstanden denken. Die Cellulose bildet somit ein Molekül, in dem sich die Gruppe $C_6H_{10}O_5$ n- fach wiederholt. Die Glucosereste ($C_6H_{10}O_5$) sind dabei durch β-glucosidische 1,4 Sauerstoffbrücken miteinander verbunden.

β-Glucose

β-Glucose
vereinfachte Schreibweise

Ausschnitt aus einer Kette:

Die Länge der Ketten ist nicht einheitlich. Man kennzeichnet sie mit dem Durchschnittspolymerisationsgrad (DP-Wert), der angibt, aus wieviel Glucoseresten die Kette besteht. Er entspricht also dem Index n in der Formel $(C_6H_{10}O_5)_n$. Der DP-Wert hat bei Holzcellulose einen Betrag von 3000—4000. Die Eigenschaften der Celluloseprodukte werden neben der chemischen Struktur auch durch die Lage und Anordnung der Molekülketten zueinander und zur Faserachse bestimmt. Die Celluloseketten liegen nicht regellos beieinander, sondern befinden sich in einem bestimmten Ordnungszustand, welcher der Kristallordnung niedermolekularer anorganischer und organischer Substanzen ähnelt. Aus diesem Grund bezeichnet man die geordneten Bereiche der Cellulose auch als Kristallite. Der Elementarkörper (die sich periodisch wiederholende morphologische Einheit) der Kristallite besteht aus vier nach der gleichen Richtung verlaufenden parallelen Celluloseketten als Kanten und einer in entgegengesetzter Richtung verlaufenden Cellulosekette als Mittelachse. Seine Länge entspricht der Länge zweier Glucosereste. Eine Gruppe (etwa 100 parallel liegende Molekülketten) solcher Elementarkörper bildet einen Kristallitstrang, auch Elementarfibrille genannt, mit einer Querschnittsfläche von etwa 30 nm². Die Länge wird mit 50—60 nm angegeben. Die Fasern sind nun nicht lückenlos mit Kristalliten ausgefüllt. In der Längs- und Querrichtung bestehen Unterbrechungen durch weniger geordnete Bereiche, die als „*amorph*" oder „*parakristallin*" bezeichnet werden. An diesen Stellen

Papier

laufen die chemischen Reaktionen der Cellulose bevorzugt ab. Außerdem sind sie auch für die physikalischen Eigenschaften der Faser mitbestimmend. Der kristalline Anteil beträgt etwa 70%. Die nächst größere Baustufe der Cellulose stellen die Mikrofibrillen dar, welche sich durch Zusammenlagerung von 15—25 Elementarfibrillen ergeben. Der Querschnitt beträgt etwa 25 nm $\times$ 25 nm, in dem sich etwa 2000 Celluloseketten befinden. Die Länge wird mit 2000 bis 5000 nm angenommen. Die Mikrofibrillen lassen sich nur elektronenoptisch beobachten. Die Makrofibrillen sind bereits im Lichtmikroskop sichtbar. Sie bilden den Zusammenschluß von etwa 100—250 Mikrofibrillen. Ihr Querschnitt wird mit $0{,}2\,\mu\mathrm{m} \times 0{,}2\,\mu\mathrm{m}$ angegeben. Zwischen den einzelnen Mikrofibrillen befinden sich Hohlräume, die parallel zur Faserachse verlaufen und einen Durchmesser von etwa 10 nm haben. In diesen Hohlräumen befinden sich die wichtigen anderen Bestandteile des Holzes: Lignin und Hemicellulose.

Als *Hemicellulosen* bezeichnet man Stoffe, die mit der Cellulose chemisch verwandt sind. Es handelt sich ebenfalls um Polysaccharide, die aber durch Säuren leichter gespalten werden. Die DP-Werte sind wesentlich kleiner (50—360) als bei Cellulose. Es handelt sich also um kurze Ketten. In den Nadelhölzern findet man vorwiegend Hexosane, also Zucker mit 6 Kohlenstoffatomen. Der wichtigste Vertreter ist das Mannan, das aus Mannose-Bausteinen aufgebaut ist:

In den Laubhölzern überwiegen die Pentosane (Zucker mit 5 Kohlenstoffatomen), von denen das Xylan am häufigsten vorkommt. Es ist hauptsächlich aus Xylose aufgebaut und bildet Kettenmoleküle:

Bei der Hydrolyse des Xylans wurden auch sog. Uronsäuren gefunden. Darunter versteht man Aldehyd-Carbonsäuren der Zuckerreihe wie z. B. Glucuronsäure:

[Strukturformel einer Uronsäure]

Polysaccharide, die einen oder mehrere Uronsäurereste im Molekül enthalten, bezeichnet man als Polyuronide, deren Uronsäuren auch methyliert sein können, z. B.:

[Strukturformel eines Polyuronids]

Ein gewisser Teil der Hemicellulosen kann auch in das Gitter der Cellulose eingebaut sein (sog. Cellulosane). Hierzu eignen sich besonders die Hexosane, deren Bausteine die gleiche Länge wie die der Cellulose besitzen. Den Gesamtanteil der Kohlenhydrate des Holzes nennt man *Holocellulose*. Er besteht aus Reincellulose und Hemicellulose.

Lignin ist der dritte wichtige Bestandteil des Holzes. Damit bezeichnet man denjenigen Holzanteil, der aus aromatischen Verbindungen besteht und die Verholzung hervorruft. Sämtliche Lignine sind aus drei Bestandteilen aufgebaut:

1) HO—⟨O⟩—CH=CH—CH$_2$OH   Koniferylalkohol
        |
       OCH$_3$

2) HO—⟨O⟩—CH=CH—CH$_2$OH   Sinapinalkohol
        |
       OCH$_3$ (oben und unten)

Papier

3) HO—⟨◯⟩—CH=CH—CH$_2$OH   p-Kumaralkohol

Das Lignin der Nadelhölzer enthält von 1) etwa 90%, der Rest besteht aus 2) und 3). Laubholzlignin enthält etwa 50% von 1), über 40% von 2) und den Rest von 3). Die oben genannten Bausteine sind durch ätherische Sauerstoffbrücken oder durch Kohlenstoff-Kohlenstoffbindungen zu einem stark vernetzten Ligninpolymolekül von sehr unregelmäßiger Struktur miteinander verbunden. Die Molekülmasse beträgt etwa 10000. Da jedes Molekül der obigen Bestandteile mehrere reaktionsfähige Stellen besitzt, ist eine große Anzahl von Vernetzungen möglich. Man nimmt außerdem an, daß eine chemische Bindung zwischen Lignin und Cellulose besteht.

Bei den chemischen Verfahren zur Gewinnung von Cellulose bringt man das Lignin und die Hemicellulosen unter Schonung der Cellulosebestandteile in Lösung. Hierzu verwendet man hauptsächlich zwei Verfahren: das Sulfitverfahren und das Sulfatverfahren.

Das Sulfitverfahren

Bei diesem Verfahren wird das Lignin durch eine Lösung von Calciumhydrogensulfit (Ca[HSO$_3$]$_2$) und schwefliger Säure in die wasserlösliche Ligninsulfonsäure überführt. Man entrindet zunächst das Holz und verarbeitet es dann in großen Hackmaschinen (Schwungräder bis zu 3 m Durchmesser, welche 3 bis 10 Hackmesser tragen) zu etwa 20 mal 30 mm großen Hackschnitzeln. Diese werden in Schleudermaschinen oder Schlagmühlen weiter zerkleinert und von Ästen und groben Holzstücken befreit. Die Schnitzel gelangen dann in die Zellstoffkocher, in denen sie mit der sog. Kochsäure unter erhöhtem Druck erhitzt werden. Diese Kocher sind zylinderförmige Behälter von etwa 200 m³ Fassungsvermögen, die im Innern mit säurefestem Stahl ausgekleidet sind. Die Kochsäure gewinnt man durch Umsetzung von Schwefeldioxid mit Kalkstein in den „Säuretürmen". Von unten wird Schwefeldioxid eingeleitet, das man durch Abrösten von Schwefelkies (FeS$_2$) oder durch Verbrennen von Schwefel erzeugt. Im Säureturm kommt das Schwefeldioxid mit dem eingefüllten Kalkstein und mit Wasser in Berührung, das von oben zufließt. Es bildet sich dann eine Calciumhydrogensulfit-Lösung, welche freie schweflige Säure enthält:

$$CaCO_3 + H_2O + 2SO_2 \rightarrow Ca(HSO_3)_2 + CO_2$$

Mit dieser Lösung kocht man die Hackschnitzel ca. 10 Stunden bei etwa 5 atü und 125 bis 145°C. Die Kochsäure wird nach dem Umlaufverfahren ständig durch das Kochgut gepumpt. Der Kochvorgang verläuft in verschiedenen Stufen.

Papier

In der ersten Stufe findet bei 60 bis 70° C eine Addition von schwefliger Säure an das Lignin statt, wobei die Bindung des Lignins an die Kohlenhydrate bestehen bleibt („feste Ligninsulfosäure"). In der zweiten Stufe erfolgt durch Hydrolyse der festen Ligninsulfosäure eine Spaltung in kleinere, wasserlösliche Bruchstücke. In der dritten Stufe tritt eine Hydrolyse der Hemicellulosen ein, und in der vierten Stufe würde schließlich der langsame Abbau der Cellulosemoleküle erfolgen. Die Kochbedingungen können je nach der Art des gewünschten Zellstoffs variiert werden. Für Papierzellstoff wird man dafür sorgen, daß ein hoher Gehalt an Hemicellulose erhalten bleibt. Nach dem Kochvorgang wird der entstandene Brei aus den Druckgefäßen abgelassen, mit Wasser ausgewaschen und einer Separation unterzogen, d. h. die chemisch aufgeschlossenen Holzschnitzel werden in Einzelfasern zerlegt und von Ästen, Sand und nicht aufgeschlossenen Holzanteilen getrennt. Soll der Zellstoff verkauft werden, gelangt er zu einer Entwässerungsmaschine und kann mit 90% Trockengehalt, zu Ballen verpackt, abgegeben werden.

Die Verwertung der Sulfitablauge stellt ein Problem dar, das heute noch nicht endgültig gelöst ist. Pro Tonne Zellstoff fallen etwa 7 m³ Ablauge an. Früher ließ man diese Lösung in die Flüsse ablaufen. Die heutigen Wassergesetze zwingen zu einer Aufarbeitung. Soll die Ablauge restlos beseitigt werden, dampft man die Lösung ein und verbrennt den Rückstand. Die Ablauge enthält 140—180 g Trockensubstanz pro Liter. Will man die in der Ablauge enthaltenen Stoffe verwerten, so können die Hexosen, welche durch Spaltung der Hemicellulosen in die Ablauge gelangt sind, durch Gärung in Alkohol überführt werden. Hierzu eignen sich besonders die Ablaugen aus Fichtenholz, die einen Gehalt von 29—33% Hexose aufweisen. Man neutralisiert die sauer reagierende Ablauge mit Kalkmilch, erwärmt sie auf eine Gärtemperatur von 23—35° C und versetzt mit Brennereihefe und Hefenährsalzen. Während die Pentosen von der Gärung nicht erfaßt werden, wandeln sich die Hexosen in Äthanol und Kohlendioxid um:

$$C_6H_{12}O_6 \rightarrow 2 C_2H_5OH + 2 CO_2$$

Nach dem Gärvorgang wird der Alkohol durch Destillation entfernt. Die gewonnenen Alkoholmengen sind unterschiedlich, sie können 70—100 Liter Alkohol pro Tonne Zellstoff betragen. Eine weitere Möglichkeit ist die biologisch-chemische Verwertung der Ablauge. Mit Hilfe der biologischen Eiweißsynthese läßt sich Vitamin B-haltiges Eiweiß erzeugen, das als wertvolles Futtermittel eingesetzt werden kann. Man verwendet dazu Wuchshefen, welche die Fähigkeit haben, die in der Ablauge vorhandenen Pentosen und Hexosen zu ihrem Aufbau heranzuziehen. So können aus 100 m³ Buchenholzablauge etwa 1 Tonne Trockenhefe gewonnen werden.

Modifizierte Sulfitverfahren. Nach dem oben beschriebenen Sulfitverfahren kann man kein Kiefernholz verarbeiten. Das Calciumhydrogensulfit ist nur in Gegenwart von überschüssigem Schwefeldioxid, also in saurem Medium, gut löslich. Der pH-Wert soll dabei nicht über 3,5 ansteigen; im allgemeinen liegt er zwischen 1,2 und 1,5. In diesem pH-Bereich aber erfolgt eine Kondensation des Lignins mit phenolischen Kernstoffen des Kiefernholzes. Verwendet man Natrium-, Ammonium- oder Magnesiumhydrogensulfite an Stelle von Calciumhydrogensulfit, so kann der pH-Wert der Kochsäure in weiten Grenzen verändert werden. Der Kochvorgang läßt sich auf diese Weise einer großen Anzahl von Hölzern anpassen.

Neben dem Sulfitverfahren hat ein zweites Verfahren große Bedeutung erlangt:

Das Sulfatverfahren

Es bietet mehrere Vorteile. Nahezu alle Hölzer und Holzabfälle können verarbeitet werden. Das Holz muß nicht oder nur teilweise entrindet sein. Laubhölzer ergeben einen qualitativ besseren Zellstoff. Außerdem wird ein besonders fester und zäher Zellstoff („Kraftzellstoff") gewonnen, der sich zur Herstellung von widerstandsfähigen Sackpapieren und Packpapieren eignet.

Der Verlauf des Verfahrens ist dem Sulfitverfahren ähnlich. Man verwendet aber eine andere Lösung, um die Holzschnitzel aufzuschließen. Die Kochlauge besteht aus einer Lösung, die z. B. 60 g Natriumhydroxid (NaOH), 22 g Natriumsulfid (Na_2S), und 15 g Natriumcarbonat (Na_2CO_3) im Liter enthält. Der Kochvorgang wird bei einer Temperatur von 165°C (Laubholz) bis 175°C (Nadelholz) und einem Druck von 8—10 atü ausgeführt. Die Kochdauer beträgt 1½ bis 4 Stunden. Das feste Lignin nimmt während dieses Vorgangs Schwefel auf. Dieses „sulfidierte Lignin" wird in einer zweiten Reaktionsstufe unter dem Einfluß der Lauge hydrolytisch gespalten, wobei sich freie Phenolgruppen bilden, welche die Löslichkeit des Lignins in der Lauge verursachen. Nach dem Kochen wird der Zellstoff gründlich gewaschen und dann wie Sulfitzellstoff weiterverarbeitet. Das Sulfatverfahren ist nur dann wirtschaftlich, wenn die in der Ablauge noch vorhandenen Chemikalien wiedergewonnen werden. Im anderen Falle müßte man für 100 kg fertigen Zellstoff etwa 50—55 kg Natriumhydroxid verbrauchen. Die Ablauge wird deshalb eingedampft. Um die Schwefelverluste zu ersetzen, fügt man dem Rückstand Natriumsulfat (Na_2SO_4) zu und verbrennt das Gemisch in einem Schmelzofen (800—900°C). Während dieses Vorgangs wird das Natriumsulfat durch den Kohlenstoff der organischen Substanz zu Natriumsulfid reduziert:

$$Na_2SO_4 + 2C \rightarrow Na_2S + 2CO_2$$

Außerdem entsteht bei der Verbrennung auch Kohlendioxid, das sich mit vorhandenem Natriumhydroxid oder Natriumoxid zu Natriumcarbonat umsetzt:

$$2\,NaOH + CO_2 \rightarrow Na_2CO_3 + H_2O$$
$$Na_2O + CO_2 \rightarrow Na_2CO_3$$

Die bei der Verbrennung entstandene Schmelze wird in Wasser gelöst. Durch Zugabe von gelöschtem Kalk läßt sich das Natriumcarbonat in Natronlauge umwandeln:

$$Ca(OH)_2 + Na_2CO_3 \rightarrow 2\,NaOH + CaCO_3$$

Hierbei scheidet sich das Calciumcarbonat als Niederschlag aus. Es wird abgetrennt, erhitzt (Bildung von Calciumoxid) und anschließend mit Wasser versetzt.

$$CaCO_3 \rightarrow CaO + CO_2$$
$$CaO + H_2O \rightarrow Ca(OH)_2$$

Auf diese Weise läßt sich das Calciumhydroxid zurückgewinnen.

Halbzellstoffe

Bei der Herstellung von Zellstoff nach den beiden genannten Verfahren werden etwa 60% des Holzes nicht ausgewertet. Eine Verbesserung der Ausbeute erhält man bei der Herstellung von Halbzellstoff. Damit bezeichnet man einen Faserstoff, der hinsichtlich seiner Zusammensetzung zwischen Zellstoff und Holzschliff einzuordnen ist. Halbzellstoffe enthalten noch beträchtliche Mengen an Lignin und Hemicellulose. Durch eine milde und schonende Behandlung des Holzes mit Natriumsulfit, Natronlauge oder Natriumcarbonat erfolgt teilweise ein chemischer Aufschluß, an den eine mechanische Zerfaserung angeschlossen wird. Man erhält auf diese Weise bei niedrigem mechanischem Aufwand eine Ausbeute von 60 bis 80%. Als Rohstoffe eignen sich alle Arten der Laubhölzer, außerdem auch Holzabfälle und Stroh. Halbzellstoffe werden vorwiegend zu Kartons, Faserplatten, Dachpappen, Tapetenpapieren und Packpapieren verarbeitet.

Bleiche. Vor der Herstellung eines Papierblattes müssen die Faserstoffe gebleicht werden. Man unterscheidet Oxydationsbleiche (für Zellstoff) und Reduktionsbleiche (für Holzschliff). Die reduzierenden Bleichmittel (Schwefeldioxid, Natriumhydrogensulfit und Natriumpyrosulfit, $Na_2S_2O_5$) bewirken eine Bleiche durch die Reduktion der farbigen Bestandteile zu farblosen Stoffen, ohne daß diese löslich werden. Es erfolgt also kein Substanzverlust. Nachteilig dabei ist, daß die Bleichwirkung nicht von Dauer ist, da sie durch Oxydation aufgehoben wird. Der gebleichte Holzschliff wird daher bei längerem Lagern seine ursprüngliche Farbe wieder annehmen. Bei den oxydierenden Bleichmitteln (z. B. Chlor, Hypochlorite und Chlordioxid) wird das Lignin in wasser- und alkalilösliche Abbauprodukte überführt, wobei also ein Substanzverlust erfolgt. Man arbeitet in einem Mehrstufenverfahren, wobei zunächst Chlor verwendet wird, welches Chlorlignin bildet. Dieses ist in Natronlauge löslich und wird in der zweiten Stufe mit Natronlauge herausgewaschen. Anschließend erfolgt eine Behandlung mit Chlordioxid, das noch spezifischer auf Lignin einwirkt. Schließlich kann auch Wasserstoffperoxid eingesetzt werden.

Herstellung des Ganzstoffes
Die Halbstoffe (Holzschliff, Zellstoff, Halbzellstoff) werden den Papierfabriken meist in Rollen, Wickeln oder Ballen geliefert. Diese müssen zunächst eine Vorzerkleinerung erfahren, damit sie zu einer Fasersuspension zerteilt werden können. Die Vorzerkleinerung kann im „Kollergang" erfolgen, der aus zwei schweren Läufersteinen besteht, die in verschieden großem Abstand von der Drehachse in einem Trog kreisen. Man verwendet diese Methode heute aber nur noch bei Ausschuß und Altpapier, weil die Fasern hierbei hauptsächlich gequetscht werden, was ihre Festigkeit beeinträchtigt. Man benutzt heute sog. Stoffauflöser („Pulper"), welche eine kontinuierliche Arbeitsweise ermöglichen. Sie bestehen aus einem

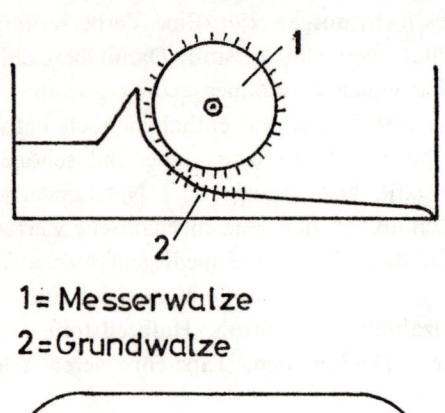

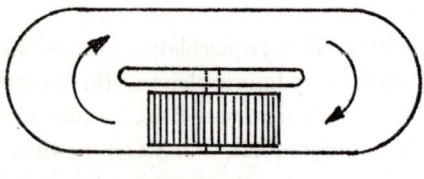

1 = Messerwalze
2 = Grundwalze

Holländer

großen Stahltrog in dem eine Scheibe oder ein Rührwerk mit großer Geschwindigkeit rotiert, wodurch unter Zufluß von Wasser eine Zerkleinerung erfolgt. Anschließend erfährt der Stoff eine „Mahlung" im *„Holländer"*. Dieses Gerät besteht aus einem länglichen Trog, der in der Mitte durch eine Trennwand geteilt ist. Auf der einen Seite befindet sich eine Mahlwalze, an derem Umfang mehrere Messer eingesetzt sind. Unter dieser Walze sind in einem Bodenprofil ebenfalls Messer befestigt (Messer-Grundwerk). Wird die Holländerwalze so weit gesenkt, daß sich die Messer fast berühren, so erfolgt eine „Schneidmahlung" (die Fasern werden geschnitten). Der entstehende Stoff ist locker, nimmt leicht Wasser auf und gibt es schnell wieder ab. Er besitzt nur geringe Festigkeit und eignet sich für Lösch- und Filtrierpapiere. Arbeitet man mit einer größeren Stoffdichte und mit stumpfen Messern, die einen etwas größeren Abstand haben, so werden die Fasern nur gequetscht („Quetschmahlung") und in Teilfäserchen aufgespalten. Es tritt eine Lockerung des Fasergefüges ein, so daß Wasser in die Zwischenräume eintreten kann und eine Quellung erfolgt. Bei fortgesetzter Mahlung erhält der Stoff schließlich einen schmierigen Zustand („Schmierigmahlung"), der schließlich in Faserschleim übergeht. Ein solcher Stoff ergibt ein mehr oder weniger durchscheinendes Papier. In modernen Anlagen sind die Holländer durch kontinuierlich arbeitende Geräte, z. B. „Kegelrefiner" ersetzt. In einem kegelförmigen Gehäuse, dessen Innenseite mit Messern versehen ist, rotiert mit hoher Drehzahl ein mit Messern besetzter Kegel. Durch die Zentrifugalkräfte werden die Fasern gegen die Kanten der Gehäusemesser geschleudert und dabei teilweise gequetscht und gespalten.

Leimung. Die zur Papierherstellung verwendeten Faserstoffe besitzen eine große Saugfähigkeit für Flüssigkeiten, vor allem Wasser. Dies wird durch die Hohlräume verursacht, die sich zwischen den Fasern befinden. Sie nehmen das Wasser kapillar auf. Unterstützt wird dieser Vorgang durch die leichte Benetzbarkeit und Quellfähigkeit der Fasern. Diese Eigenschaft ist bei Lösch-, Filtrier- und Saugpapieren sehr erwünscht, erscheint aber als Nachteil bei Schreib- und Druckpapieren, von denen man verlangt, daß die mit Tinte und Druckfarben auf die Oberfläche aufgetragenen Schriftzeichen und Bildteile randscharf wiedergegeben werden. Die Tinte darf z. B. nicht „auslaufen". Dies erreicht man durch das „Leimen" des Papieres. Als Rohstoff eignet sich *Kolophonium*, das durch Destillation aus Kiefernzapfharz gewonnen wird. Kolophonium besteht im wesentlichen aus Abietinsäure $C_{19}H_{29}COOH$:

Durch Kochen mit Soda oder Natronlauge bringt man das Kolophonium in eine mit Wasser mischbare Form. Ein Teil der Abietinsäure wird dabei in das wasserlösliche Natriumresinat umgewandelt:

Papier

$$2\,C_{19}H_{29}COOH + Na_2CO_3 \rightarrow 2\,C_{19}H_{29}COONa + H_2O + CO_2$$

Der übrige Teil liegt in fein verteilter Form kolloidal gelöst vor („freies Harz"). Dieser Harzleim wird dem Ganzstoff beigemischt. Durch die Zugabe von Aluminiumsulfat erfolgt eine Ausfällung des Harzleims. Es bildet sich das schwerlösliche Aluminiumresinat:

$$6\,C_{19}H_{29}COONa + Al_2(SO_4)_3 \rightarrow 2(C_{19}H_{29}COO)_3Al + 3\,Na_2SO_4$$

wobei auch das freie Harz mit ausgefällt wird. Beide Stoffe umhüllen die Fasern. Bei der Trocknung des Papiers erfolgt durch die Wärmeeinwirkung eine Verschmelzung der Harzteilchen, und das Papier ist dadurch in der gesamten Masse tintenfest. Heute verwendet man zur Vergrößerung der Naßfestigkeit auch Kunstharze, wie z. B. Melaminharze. Nicht alle Papiere müssen absolut tintenfest (vollgeleimt) sein. Druckpapiere erhalten z. B. einen geringeren Leimungsanteil (3/4, 1/2, oder 1/4 geleimt).

Füllstoffe. Um das Durchscheinen der Schrift oder des Druckes auf der Rückseite des Papiers zu vermeiden, versetzt man den Ganzstoff mit „Füllstoffen", wie z. B. Kaolin, Gips, Kreide, Magnesiumcarbonat oder Bariumsulfat. Diese weißen, pulverförmigen Stoffe füllen die Hohlräume zwischen den Fasern aus und erhöhen die Reflexion des auftreffenden Lichtes, wodurch ein größerer „Weißgehalt" entsteht. Außerdem lagern sich die Füllstoffe zwischen die Faserunebenheiten in der Oberfläche des Papiers und bewirken eine gleichmäßige, geschlossene Oberfläche. Diese ist notwendig, um eine gute Bildwiedergabe bei Druckpapieren zu erzielen. Allerdings verringert sich mit steigendem Füllstoffgehalt die Festigkeit des Papiers. Soll das Papier gefärbt sein, so kann jetzt ein Zustaz der Farbstoffe erfolgen.

Bildung des Papierblattes

Der Ganzstoff ist nun soweit vorbereitet, daß er zur Papiermaschine gelangen kann. Hier wird der Fasermasse das Wasser entzogen. Hierbei tritt eine Verfestigung ein, welche durch die Kontraktion der Fasermasse infolge der Oberflächenspannung des Wassers verursacht wird. Dadurch kommt es zu einer innigen Berührung der Fasern, so daß die „VAN DER WAALSCHEN Kräfte" wirksam werden. Dabei kommt den Hydroxylgruppen in der Cellulose die größte Bedeutung zu, weil sie zur Bildung von Wasserstoffbrücken fähig sind und dadurch zur Verbindung benachbarter Molekülketten beitragen. (Abb. S. 744).

Bei der Langsiebpapiermaschine wird die Fasersuspension gleichmäßig auf ein waagrechtes, endlos umlaufendes Siebband gegeben. Auf diesem bildet sich das Papierblatt als ein Faserfilz infolge der Entwässerung, welche durch Unterdruck noch gefördert wird. Das erste Verdichten der gebildeten Bahn erreicht man durch mechanische Druckwirkung („Gautschen") zwischen zwei Gautschwalzen. Das eigentliche Auspressen des Wassers erfolgt dann in der „Preßpartie". Die feuchte Papierbahn wird von einem endlos umlaufenden Filzband aufgenommen, das über mehrere Walzen läuft. Auf diese drücken schwere Gegenwalzen, welche die pressende Wirkung ausüben. Der Filz hat dabei die Aufgabe, zur Entwässerung zwischen den Walzen beizutragen und einem Verquetschen der Papierbahn entgegenzuwirken. Ist eine Entwässerung bis auf 40% erreicht, wird der Rest in der „Trockenpartie" durch Erwärmen ausgetrieben. Die Papierbahn durchläuft hierzu eine große Zahl von beheizten Walzen, wobei ein Trockenfilz für ein Anpressen an die Trockenzylinder sorgt. Um die Unebenheiten der Papierbahn auszugleichen, gelangt sie anschließend in das Glättwerk, das aus mehreren übereinander gelagerten, polierten Hartgußwalzen besteht, zwischen denen das Papier hindurchgeführt wird (maschinenglatte Papiere). Soll die Oberflächenglätte noch vergrößert werden („Satinieren"), leitet man das Papier durch einen „Kalander", in welchem wechselweise polierte Hartguß- und Papierwalzen übereinander angeordnet sind. Das fertige Papier wird schließlich in die gewünschten Formate geschnitten oder auf Rollen aufgezogen. Mit modernen Papiermaschinen kann eine Arbeitsgeschwindigkeit von 1000 m pro Minute erreicht werden.

Papierveredelung

Durch die „Veredelung" verleiht man dem Papier spezielle Eigenschaften. Um einen gleichmäßigen, geschlossenen Oberflächenfilm zu erzeugen, wird eine bestimmte Menge Beschichtungsmaterial ein- oder doppelseitig auf die Oberfläche des Papiers aufgetragen („gestrichene Papiere"). Der Aufstrich erfolgt mit Lösungen oder Dispersionen von Pigmentstoffen und Bindemitteln. Als Bindemittel verwendet man hauptsächlich Kasein und Stärkeprodukte. Weiße

Papier

Pigmente verbessern das Aussehen der Papiere und erhöhen ihre Druckeigenschaften. Hierzu verwendet man z. B. Kaolin, Bariumsulfat, Kreide und Bariumcarbonat. Farbige Pigmente dienen zur Herstellung von Buntpapieren. Paraffinierte Papiere (Wachspapiere) finden Anwendung in der Verpackungstechnik. Beim „Kaschieren" wird eine hochwertige Folie (Metallfolie) oder Plastfolie auf die Oberfläche des Papiers oder Kartons aufgeklebt, um das Aussehen oder die Undurchlässigkeit gegenüber anderen Stoffen zu verbessern. Das „Kreppen" beeinflußt das Aussehen und die Dehnbarkeit des Papiers.

Bei der Herstellung von *Pergamentpapier*, das als naßfestes und fettdichtes Verpackungsmaterial geeignet ist, wird saugfähiges Zellstoffpapier kurzzeitig mit 70%iger Schwefelsäure behandelt. Dadurch beginnt ein Abbauvorgang der Cellulose. Es bildet sich ein schleimiges, gallertartiges Produkt (Amyloid), das bei der Trocknung die Fasern fest miteinander verbindet und die Poren des Papiers verschließt.

Kartons und Pappen

Die Herstellung von Kartons und Pappen beruht auf den gleichen Verfahren wie die Herstellung von Papier. Es handelt sich also um das gleiche Material, wobei sich die Werkstoffe im wesentlichen durch das „Flächengewicht" (Masse pro Flächeneinheit) unterscheiden. Eine scharfe Abgrenzung ist nicht möglich. Eine grobe Einteilung nach dem Flächengewicht kann in folgender Weise vorgenommen werden: Papier 6—250 g/m², Karton 250—500 g/m² und Pappe 500—1000 g/m². Im Vergleich zum Papier treten bei der Herstellung von Kartons und Pappen auf der Papiermaschine Schwierigkeiten bei der Entwässerung auf, weil die Faserschicht dicker ist. Kartons und Pappen mit großem Flächengewicht stellt man deshalb aus mehreren Lagen her, die entweder in feuchtem Zustand miteinander vergautscht oder in trockenem Zustand verklebt werden („mehrlagig gegautscht" oder „mehrlagig geklebt"). Das Vergautschen mehrerer Lagen kann in der Weise erfolgen, daß mehrere Papierbahnen verschiedener „Partien" zusammengepreßt werden (Maschinenpappen), oder es wird eine dünne Papierbahn mehrfach auf eine Walze bis zur gewünschten Dicke aufgewickelt und von Hand abgeschnitten (Handpappen). Einlagige Kartons stellt man auf gewöhnlichen Langsiebpapiermaschinen her, die allerdings wesentlich langsamer laufen müssen, damit eine ausreichende Entwässerung gewährleistet ist.

Wellpappen bestehen aus zwei oder mehreren zusammengeklebten Lagen von glatten und gewellten Papierbahnen. Bei der Herstellung von Wellpapier (eine gewellte Bahn) führt man eine Papierbahn durch ein Paar beheizter Riffelwalzen, wobei die ineinandergreifenden Zähne dieser Walzen die Riffelung erzeugen. Wellpapier 2-fach besteht aus einer glatten und einer gewellten Bahn. Wegen ihrer Biegefestigkeit, Stabilität, Elastizität und Polsterwirkung eignet sie sich sehr gut zur Verpackung von Massenartikeln (z. B. Glühbirnen und Hohlglaserzeugnisse). Werden beide Seiten des Wellpapiers mit glatten Bahnen beklebt, erhält man das Wellpapier 3-fach.

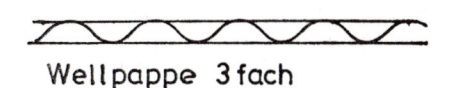

Wellpapier

Wellpappe 2 fach

Wellpappe 3 fach

Papiersorten. Aus der großen Zahl der Papiersorten sollen nur einige genannt werden:

Schreibpapiere sind holzhaltige oder holzfreie, satinierte und vollgeleimte Papiere mit einem Füllstoffgehalt von etwa 8%. Als Rohstoffe eignen sich alle hellfarbigen Halbstoffe. Flächengewicht 50—100 g/m².

Schreibmaschinenpapiere werden holzfrei und holzhaltig hergestellt. Die Leimung ist etwas geringer als bei Schreibpapieren. Für die Oberfläche genügt die Maschinenglätte. Füllstoffgehalt etwa 12%.

Offsetdruckpapier muß voll geleimt sein, damit die Neigung zum Quellen vermindert wird.

Werkdruckpapier dient zu Herstellung von Büchern, Zeitschriften und Broschüren. Flächengewicht 50—120 g/m².

Illustrationsdruckpapier erfordert eine scharfe Satinage, damit eine gute Bildwiedergabe erzielt wird.

Zeitungsdruckpapier besteht in der Hauptsache aus Holzschliff mit einem Zellstoffgehalt von etwa 10—12%.

Tiefdruckpapiere müssen besonders saugfähig sein, damit sie eine gute Farbaufnahme ermöglichen.

Kraftpackpapier wird aus ungebleichtem Kraftzellstoff hergestellt. Es findet hauptsächlich in Form von Papiersäcken Verwendung.

Seidenpapier ist ein Sammelbegriff für Verpackungspapiere mit einem Flächengewicht bis zu 25 g/m². Sie müssen weich, geschmeidig und trotz ihrer geringen Dicke verhältnismäßig fest sein. Sie werden aus gebleichtem oder ungebleichtem Zellstoff hergestellt.

Papierchromatographie

Man hat auch Verfahren entwickelt, um *synthetische Papiere* auf der Basis organischer Polymerer herzustellen. Bei den meisten Verfahren wird eine Aufschlämmung von 3—6 mm langen Fasern aus Polyterephthalsäureestern, Polyamiden, Polyacrylnitril und dgl. auf die Papiermaschine gebracht und mit geeigneten Kunstharzlösungen verbunden. Während die Eigenschaften normaler Cellulosepapiere durch die natürlichen Ausgangsstoffe eng begrenzt sind, ist es möglich, bei synthetischen Fasern und Papieren spezielle Eigenschaften zu erzielen. Die ungewöhnliche Strapazierfähigkeit derartiger Papiere ermöglicht eine bevorzugte Verwendung für Landkarten, Wandkarten, Lehrtafeln, Ausweispapiere, Kinderbücher, Karteikarten, Banknoten usw. Wegen der großen Herstellungskosten wird allerdings das synthetische Papier das aus Holz hergestellte Papier vorläufig nicht verdrängen können.

Literatur
HENTSCHEL, H.: Chemische Technologie der Zellstoff- und Papierherstellung. — VEB Fachbuchverlag, Leipzig 1967
KARL KÜRSCHNER: Chemie des Holzes. — Technischer Verlag Herbert Cram, Berlin 1966
SANDERMANN, W.: Chemische Holzverwertung. — BLV Verlagsgesellschaft, München, Basel, Wien 1963

Papierchromatographie s. Chromatographie.
Pappe s. Papier.
Para = 1,4-Disubstitution s. Benzolkohlenwasserstoffe 1.1.2.
p-Aminobenzoesäure s. Aminosäuren 4., Vitamine.
p-Cymol s. Benzolkohlenwasserstoffe 1.2.
Paraffine s. Alkane.
Paramagnetische Gase s. Sechste Hauptgruppe.
Parathion s. Schädlingsbekämpfungsmittel.
PAS s. Carbonsäuren 2.4.2.
Patentkali s. Düngemittel (Kali-Dünger).
Patronit s. Vanadium.
Pechblende s. Uran.
Pelletierin s. Heterocyclen 2.1.
Penicillin s. Aminosäuren 2.3., Antibiotica, Heterocyclen 1.3., Arzneimittel.
Pent-: Bezeichnung für ein C-Gerüst aus 5 Atomen s. Alkane, Alkene, Cycloalkene, Alkine.
Pentose s. Kohlenhydrate 1., Nucleinsäuren.
Peptide s. Aminosäuren 2.
Peptidrost s. Aminosäuren 3.

Perinaphthen (Phenalen) s. Benzolkohlenwasserstoffe 2.3.2.
Peri-kondensiert s. Benzolkohlenwasserstoffe 2.3.3.
Periodensystem der chemischen Elemente.
Die ersten Anfänge des natürlichen Systems der Elemente sind in DÖBEREINERS Lehre von den „Triaden" zu finden, die 1829 veröffentlicht wurde und besagte, daß die Atommasse eines Elementes gleich dem atrihmetischen Mittel der Atommassen benachbarter verwandtschaftlicher Elemente ist. Versuche von CHANCOURTOIS (1862) und von NEWLANDS (1863), Ordnung in die ca. 60 bekannten Elemente zu bringen, wurden wenig beachtet. In "Die modernen Theorien der Chemie und ihre Bedeutung für die chemische Statik" (1. Auflage, Breslau 1864) findet sich auf den Seiten 135—139 ein Kapitel „Natur der Atome: Gründe gegen ihre Einfachkeit" von LOTHAR MEYER. Ziel der Untersuchung ist Klärung der Frage „ob nicht unsere Atome selbst wieder Vereinigungen von Atomen höherer Ordnung, also Atomgruppen oder Molekeln seien". Er ordnet in dieser Arbeit sechs der heutigen Hauptgruppen und zwei Nebengruppen völlig richtig an, während bei fünf weiteren Nebengruppen Fehler auftreten, die auf ungenau bekannten Atommassen beruhen. Er findet, daß zwischen der 1. und der 2. Periode und zwischen der 2. und 3. Periode eine Atommassendifferenz von ca. 16,5, bei den weiter folgenden eine in der Größenordnung von 45—50 besteht. In dieser ersten Arbeit ordnet er die Elemente untereinander an, während er in einer späteren von 1870 sie nach dem Vorbild von MENDELEJEFF nebeneinander schreibt. Von Mendelejeffs umfangreicher Arbeit „Die Beziehungen zwischen den Eigenschaften der Elemente und ihren Atomgewichten", die 1869 in russischer Sprache im „Journal der russischen chemischen Gesellschaft," Bd. I, veröffentlicht wurde, erscheint nur eine kurze Zusammenfassung in der „Zeitschrift für Chemie" 12. Jhrg (1869) unter dem Titel „Über die Beziehungen der Eigenschaften zu den Atomgewichten der Elemente". Diese Kurzfassung wurde L. Meyer bekannt. Mendelejeff ordnet in der Kurzfassung 62 Elemente nach ihren Atommassen an, bricht die Kette jedesmal ab, wenn ein Element auftritt, das einem vorangegangenen Element ähnlich ist, und läßt bereits vier Lücken frei, an denen die Elemente noch unbekannt sind. In seiner großen Arbeit über „Die periodische Gesetzmäßigkeit der chemischen Elemente" von 1871 gibt Mendelejeff in Tabelle II die Kurzform des Periodensystems an mit Haupt- und Nebengruppen, wie es heute bekannt ist. Er konnte zeigen, daß man mit Hilfe des Systems die Eigenschaften unbekannter Elemente voraussagen konnte, von Elementen, von denen nur die Äquivalentmasse bekannt war, sich die Atommasse bestimmen ließ und man in einigen Fällen die damals bekannte Atommasse korrigieren mußte.
Man neigt heute dazu, der Langform des Periodensystems den Vorzug zu geben. Die „Atome höherer Ordnung", von denen Lothar Meyer sprach, haben sich als die Kerne und Elektronen der Atome herausgestellt. Für die Reihenfolge in

Periodensystem

der Anordnung der Elemente ist nicht die Atommasse, sondern die Zahl der Elektronen oder die Kernladungszahl eines Atoms maßgebend. In der Mitte des vorigen Jahrhunderts waren die Anomalien der Atommassen glücklicherweise den Chemikern noch nicht bekannt gewesen, was ihnen bei der Aufstellung des Periodensystems Schwierigkeiten bereitet hätte.

Eine einheitliche Darstellung des Periodensystems ist einfach deswegen nicht möglich, weil die Natur komplizierter gebaut ist, als man es gern hätte. Ein System nach der Elektronenkonfiguration der Atome beruht auf spektroskopischen Messungen der Elemente im Dampfzustand. Man weiß jedoch, daß sie im Kristall, als der dem Chemiker zugänglichen Form der Elemente, abweicht. Uneinigkeit herrscht bei der Anordnung der Elemente inzwischen nur in der Frage, ob die Elemente Beryllium und Magnesium zusammen mit den Erdalkalien oder zusammen mit den Elementen Zink, Cadmium und Quecksilber die 2. Hauptgruppe bilden. Nach dem Vorschlag von KORNILOV wurden in diesem Buch Beryllium und Magnesium mit Zink, Cadmium und Quecksilber zusammengefaßt. Hierfür spricht u. a., daß die Sulfate im Gegensatz zu denen der Erdalkalien leicht wasserlöslich sind, daß sich die Hydride nur auf indirektem Wege gewinnen lassen, daß die Schmelzpunkte systematisch abnehmen und daß die Elemente bis auf das Quecksilber im gleichen System kristallisieren. Abgesehen vom Magnesium sind die Elemente Supraleiter, die Erdalkalien dagegen nicht. Die Elemente der Lanthanserie und die der Actiniumserie wurden so angeordnet, daß die Spiegelbildlichkeit (Zahl der f-Elektronen in der oberen Reihe gleich der der fehlenden f-Elektronen in der unteren) zum Ausdruck kommt, was sich auch in verschiedenen Eigenschaften auswirkt. In allen Fällen wurde die Gitterstruktur gekennzeichnet oder, wo in Abhängigkeit von Temperatur oder Herstellungsart mehrere Modifikationen auftreten, die Polymorphie durch ein „p" gekennzeichnet. Den Verfassern schien das sinnvoll zu sein, weil bei bestimmten Betrachtungen die stabile Modifikation einer höheren oder tieferen Temperatur zu beachten ist, oder weil bei gleicher Temperatur neben der stabilen auch eine oder mehrere metastabile Modifikationen auftreten. (Graphit und Diamant, weißes und graues Zinn, weißer und roter Phosphor und die an sich stabilste Form des schwarzen Phosphors.) Auch das Auftreten des „p" zeigt im Periodensystem die verwandtschaftlichen Beziehungen der Elemente. Als Gittereigenschaften wurden neben der Kristallform noch die charakteristische Temperatur für die Supraleitung und die Höhe der „verbotenen Zonen" bei Halbleitern angegeben (s. Kristallgitter). Wenn in einigen Fällen ein Element gleichzeitig durch die Angabe des „gap" als Halbleiter und durch die charakteristische Temperatur als Supraleiter gekennzeichnet ist, so bezieht sich diese auf die metallische Modifikation, die dann nicht zur Charakterisierung „p" herangezogen wurde, wenn es sich um eine Höchstdruckmodifikation handelt.

Erstmalig finden sich im Periodensystem gesondert aufgeführt die Isotopen des Wasserstoffs und die des Heliums. Notwendig erschien das deswegen, weil heute mit ihnen eine regelrechte Isotopenchemie betrieben wird. Bei allen anderen Elementen ist eine Aufteilung nach Isotopen kaum erforderlich, weil das Massenverhältnis sich mit zunehmender Atommasse immer mehr dem Wert 1 nähert. Die möglichen Wertigkeiten wurden nicht aufgenommen, weil sich die wichtigsten aus der Stellung im Periodensytem ergeben, weil sie von der Elektronegativität des Partners abhängen und weil man — wie bei den Edelmetallen und den Edelgasen — hinzufügen muß: falls sie sich überhaupt verbinden. Grob läßt sich sagen, die Nummer der Hauptgruppenzahl ist die Wertigkeit gegenüber dem Sauerstoff. Dagegen zeigt die Wertigkeit gegenüber Wasserstoff ihren Höchstwert in der Vierten Hauptgruppe. Von dort nimmt sie nach beiden Seiten ab. Bei den Nebengruppen gilt als mögliche Wertigkeit zwei bis zu dem durch die Gruppennummer gekennzeichneten Höchstwert. Ausnahmen bilden nur die Elemente der Gruppen VIII und I. Wasserstoffverbindungen existieren nur für die Nebengruppe II.

„Periode" ist lediglich ein Hinweis, daß sich ähnliche Elektronenkonfigurationen, nur mit höherer Hauptquantenzahl, die mit der Periodennummer identisch ist, wiederholen.

Literatur
OSTWALD's Klassiker der exakten Wissenschaften, Nr. 68. — Wilhelm Engelmann, Leipzig 1895
SANDERSON-REINHOLD: Chemical Periodicity. — Reinhold Publishing Corporation, New York 1960
KORNILOV: The Chemistry of Metallids. — Übersetzung aus dem Russischen, Consultants Bureau, New York 1966

Perkin-Synthese s. Additionen 4., Carbonsäuren 2.1. und 3.1., Oxoverbindungen 1.1.3.
Perlit s. Stahl.
Perlon s. Chemiefaserstoffe.
Permanganometrie s. Maßanalyse (Redox-Verfahren).
Permutit s. Silikate.
Peroxide s. Sauerstoff.
Pervitin s. Arzneimittel, Rauschgifte.
Perylen s. Benzolkohlenwasserstoffe 2.3.3.
Petalit s. Erste Hauptgruppe.

Petrochemie.
Hiermit bezeichnet man denjenigen Teil der chemischen Technologie, welcher das →Erdöl als Rohstoff zur Herstellung der verschiedensten Produkte verwendet.

Petrochemie

Als Zwischenprodukte eignen sich vorwiegend Methan, Äthan, Butane, Alkene, Äthin (Acetylen), Cyclohexan, Benzol, Toluol und Xylole.

Methan, Äthan und die Butane werden aus dem Erdgas (s. Erdöl) und den Abgasen der Erdöldestillation gewonnen.

Große Mengen Alkene fallen in Crackgasen der Erdölraffinerien als Nebenprodukt an. Die petrochemische Industrie hat daneben Verfahren entwickelt, die in erster Linie Äthen liefern. Diese Verfahren sind anders geartet als die gewöhnlichen Crackverfahren, weil das Hauptprodukt nicht Benzin sondern Gas sein soll. Es handelt sich um sog. *Pyrolyse*-Vorgänge, bei denen die Kohlenwasserstoffe über 600°C erhitzt werden. Hierbei können zwei Primärreaktionen ablaufen:

1. Dehydrierungsreaktionen. Unter Abspaltung von Wasserstoff entstehen Alkene, wobei das Gerüst des Kohlenwasserstoffs erhalten bleibt, z. B.

$$CH_3-CH_2-CH_2-CH_2-CH_3 \rightarrow CH_3-CH_2-CH=CH-CH_3 + H_2$$

2. Crackreaktionen. Das Molekül zerfällt unter Sprengung einer C—C Bindung in ein Alkan und ein Alken. Dabei ist die Summe der Kohlenstoffatome des Alkens und des Alkans gleich der Anzahl der Kohlenstoffatome des Ausgangsproduktes, z.B.

$$R-CH_2-CH_2-CH_2-CH_2-R' \rightarrow R-CH_2-CH_3 + CH_2=CH-R'$$

In welchem Umfang diese Reaktionen jeweils gleichzeitig ablaufen, hängt von der Anzahl der Kohlenstoffatome des Ausgangsmaterials ab. Mit zunehmender Kettenlänge nimmt die thermische Stabilität der Alkane ab. Methan ist bis zu einer Temperatur von 500°C stabil. Erst ab 700°C findet eine Zersetzung statt. Bei 1400°C erfolgt eine rasche Spaltung, und es tritt eine stufenweise Dehydrierung in CH_3-, CH_2- und CH-Radikale ein, die unter Rekombination zu Äthan, Äthen und Äthin zusammentreten können.

$$CH_4 \rightarrow \cdot CH_3 \longrightarrow \cdot CH_2 \longrightarrow \cdot C-H$$
$$\downarrow \qquad \qquad \downarrow \qquad \qquad \downarrow$$
$$CH_3-CH_3 \quad CH_2=CH_2 \quad HC\equiv CH$$

Mit steigender Temperatur überwiegt die Bildung der wasserstoffärmeren Radikale. Wird Äthan kurzzeitig hoch erhitzt, so erfolgt eine Dehydrierung. Es entsteht Äthen und Wasserstoff. Beim Propan überwiegt die Crackreaktion, die weniger Energie erfordert (etwa 16 kcal/mol) als die Dehydrierungsreaktion (etwa 30

Petrochemie

kcal/mol). Daher bildet sich bei der Pyrolyse von Propan neben Propen auch Äthen und Methan:

$$CH_3-CH_2-CH_3 \rightarrow CH_2=CH_2 + CH_4 \quad \text{(Crackung)}$$

$$CH_3-CH_2-CH_3 \rightarrow CH_3-CH=CH_2 + H_2 \quad \text{(Dehydrierung)}$$

Bringt man n-Butan auf hohe Temperatur, können folgende Primärreaktionen ablaufen:

$$CH_3-CH_2-CH_2-CH_3 \rightarrow CH_3-CH=CH_2 + CH_4$$

$$CH_3-CH_2-CH_2-CH_3 \rightarrow CH_2=CH_2 + CH_3-CH_3$$

$$CH_3-CH_2-CH_2-CH_3 \rightarrow CH_3-CH_2-CH=CH_2 + H_2$$

Die Reaktionsprodukte müssen sehr rasch aus der Reaktionszone entfernt werden, damit sie nicht weitere Veränderungen erfahren.

Äthen läßt sich technologisch aus Äthan durch thermische Dehydrierung gewinnen. Verwendet man höhermolekulare, gasförmige Alkane als Ausgangsmaterial (z. B. Propan und Butan), so muß eine Crackung (Gascrackung) stattfinden. Aus Propan erhält man dann ein Gemisch aus Äthen, Methan und Propen. Aus n-Butan bildet sich Äthen und Äthan neben Propen und Methan. Durch Trennung der Reaktionsprodukte läßt sich auf diese Weise Äthen und Propen rein herstellen.

Eine Auswahl der Möglichkeiten zur Weiterverarbeitung von Äthen zeigt folgende Übersicht:

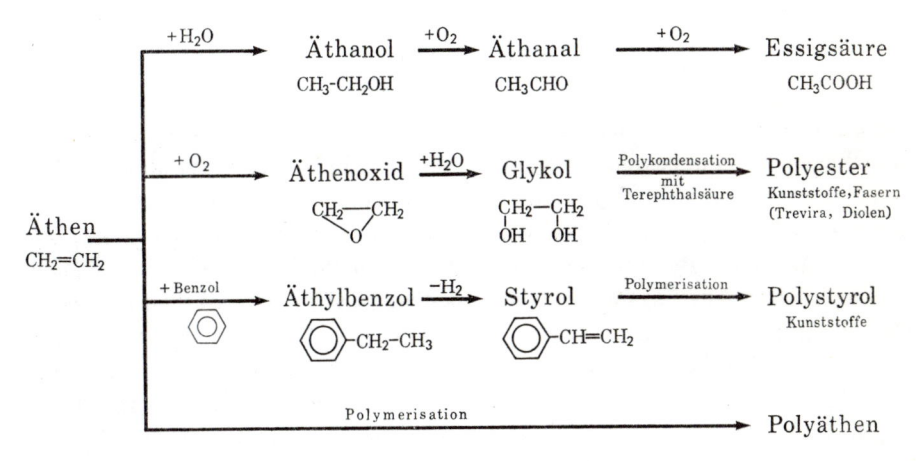

Äthen $CH_2=CH_2$

- $+H_2O \rightarrow$ Äthanol $CH_3\text{-}CH_2OH$ $\xrightarrow{+O_2}$ Äthanal CH_3CHO $\xrightarrow{+O_2}$ Essigsäure CH_3COOH
- $+O_2 \rightarrow$ Äthenoxid $\underset{O}{CH_2\text{—}CH_2}$ $\xrightarrow{+H_2O}$ Glykol $\underset{OH \ \ OH}{CH_2\text{—}CH_2}$ $\xrightarrow[\text{Terephthalsäure}]{\text{Polykondensation mit}}$ Polyester Kunststoffe, Fasern (Trevira, Diolen)
- $+$ Benzol $\rightarrow$ Äthylbenzol ⌬-$CH_2\text{-}CH_3$ $\xrightarrow{-H_2}$ Styrol ⌬-$CH=CH_2$ $\xrightarrow{\text{Polymerisation}}$ Polystyrol Kunststoffe
- $\xrightarrow{\text{Polymerisation}}$ Polyäthen

Charakteristisch für die verschiedenen Pyrolyseverfahren ist die Art der Wärmezufuhr für die stark endothermen Crack- und Dehydrierungsreaktionen. Bei der

Petrochemie

Gascrackung mit Hilfe des *Pebbles-Heater*-Prozesses werden Steinkugeln (etwa 1 cm ⌀, große spezifische Wärme) mit Hilfe von Verbrennungsgasen in einem Zylinder (Aufheizer) erhitzt (s. Abb.). Sie gelangen dann in einen darunter liegenden Zylinder (Reaktor), dem das zu pyrolysierende Material im Gegenstrom zugeführt wird. Die Steine wandern durch den Reaktor in einen Zwischenbehälter und gelangen von dort mit Hilfe eines Heißluftstroms wieder zum Aufheizer.

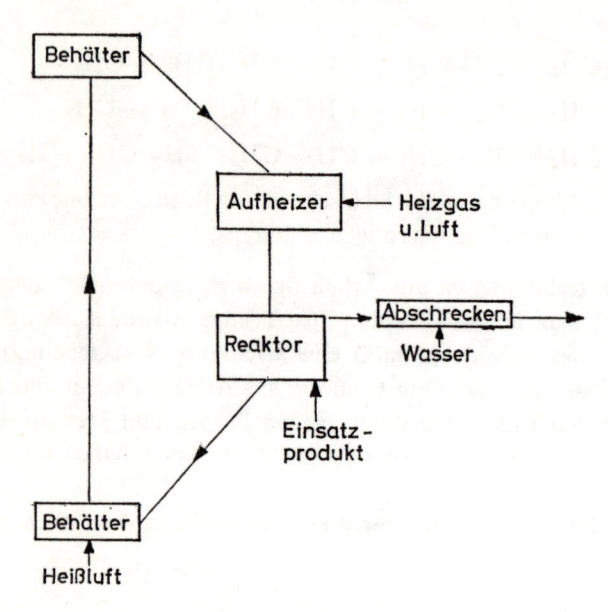

Pebbles-Heater-Prozeß

Die aus dem Reaktor entweichenden Pyrolyseprodukte werden durch Einspritzen von Wasser rasch abgekühlt (Abschrecksystem) und in ihre Bestandteile zerlegt. Stehen Erdgase oder Crackgase nicht in ausreichender Menge zur Verfügung, so können auch flüssige Kohlenwasserstoffe aus Erdölfraktionen zur Herstellung von Alkenen durch Pyrolyse verwendet werden. Im *Höchster-Koker*-Prozeß lassen sich auch solche Ausgangsprodukte verarbeiten, die stark zur Koksbildung neigen. Das Verfahren ähnelt dem *Pebbles-Heater*-Prozeß. An Stelle der Steinkugeln erhitzt man Kokskugeln und spritzt auf diese das erhitzte Ausgangsprodukt. Die Pyrolysegase werden abgeschreckt und anschließend getrennt. Die Kokskugeln führt man nach dem Entfernen des abgeschiedenen Kokses dem Reaktor wieder zu.

Die Reaktionsprodukte der Pyrolyseverfahren bestehen aus Gasgemischen, die in ihre Bestandteile zerlegt werden müssen. Bei der Abtrennung von Methan und

Wasserstoff kann man z. B. das Gasgemisch unter Druck mit einem Öl in Berührung bringen, in welchem Methan und Wasserstoff unlöslich sind (*Absorptionsverfahren*). Aus dem Waschöl lassen sich die gasförmigen Kohlenwasserstoffe austreiben, welche dann weiter getrennt werden müssen. Hierzu eignet sich z. B. die Destillation. Durch Abkühlen, gegebenenfalls bei gleichzeitiger Druckerhöhung, wandelt man das Gasgemisch in eine Flüssigkeit um, welche destilliert werden kann. Die Trennung von Äthan und Äthen ist durch Destillation noch leicht möglich, weil die Differenz der Siedepunkte (Äthan: —88,6°C und Äthen: —103,8°C) groß genug ist. Bei Propan und Propen ist die Trennung durch Destillation bereits schwieriger, weil der Unterschied der Siedepunkte nur 5,5°C beträgt. Ist eine destillative Trennung nicht mehr möglich, können Absorptionsverfahren eingesetzt werden. Zur Trennung zweier Verbindungen, deren Siedepunkte sehr nahe beieinander liegen, eignet sich auch die *Extraktivdestillation*. Man setzt einen dritten Stoff (Extraktionsmittel) hinzu, der sich noch in flüssigem Zustand befindet, wenn die beiden zu trennenden Stoffe bereits gasförmig sind. Bei einem geeigneten Extraktionsmittel wird unter den Bedingungen der Destillation die eine Komponente der zu trennenden Stoffe im Extraktionsmittel gelöst, während die andere abdestilliert.

Bei der Pyrolyse flüssiger Kohlenwasserstoffe entstehen neben den gasförmigen Verbindungen auch flüssige Produkte, welche *aromatische Kohlenwasserstoffe* enthalten. Mit steigender Temperatur nimmt die Bildung der gasförmigen Bestandteile und der Gehalt der Flüssigkeit an aromatischen Verbindungen immer mehr zu. Bei 800°C besteht die Flüssigkeit fast nur noch aus Aromaten. Ihre Entstehung führt man auf die Reaktion von Butadien mit niedermolekularen Alkenen zurück (→ DIELS-ALDER-*Reaktion*). Aus Butadien und Äthen kann sich bei hohen Temperaturen Cyclohexen bilden, aus Butadien und Propen entsteht Methylcyclohexen. Beide Verbindungen gehen dann durch Dehydrierung in Benzol bzw. Toluol über. Durch die Anwendung von Katalysatoren und bei entsprechend langen Verweilzeiten ist die Bildung von Aromaten in den flüssigen Pyrolyseprodukten bereits bei erheblich niedrigeren Temperaturen (etwa 650°C) möglich (*Catarol-Prozeß*).

Benzol, Toluol und Xylole können auch aus straight-run-Benzinfraktionen, die Naphthene enthalten, durch Reforming-Verfahren (s. Benzin) gewonnen werden. Damit ist man bei der Herstellung dieser Verbindungen nicht mehr ausschließlich auf den Steinkohlenteer (entstanden bei der Verkokung der Steinkohle) als Rohstoff angewiesen. Dies ist besonders bedeutungsvoll, weil der Koksbedarf nicht in dem Maße angestiegen ist, wie es der Bedarf an aromatischen Kohlenwasserstoffen in der chemischen Industrie erforderte. In folgender Übersicht sind einige Verwertungsmöglichkeiten für aromatische Kohlenwasserstoffe angeführt:

Petrochemie

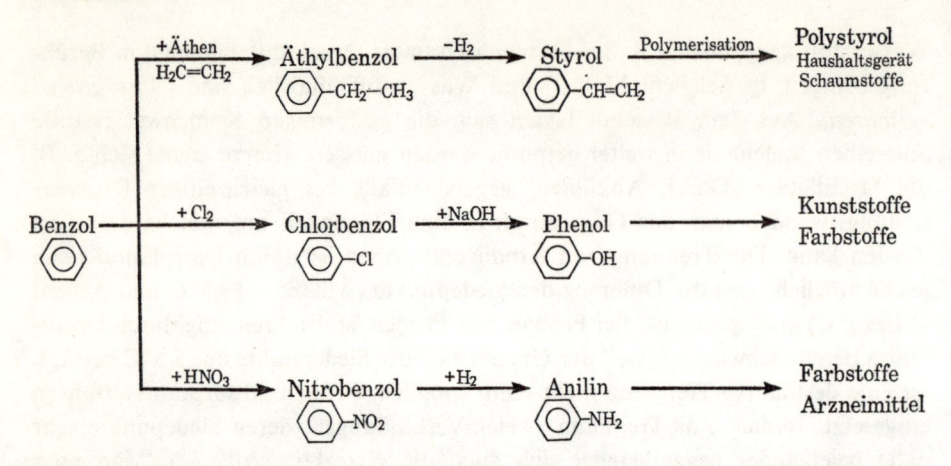

```
                    +Äthen        Äthylbenzol      -H₂      Styrol    Polymerisation    Polystyrol
                    H₂C=CH₂       ⬡-CH₂-CH₃       ──→      ⬡-CH=CH₂  ─────────────→    Haushaltsgerät
                                                                                        Schaumstoffe

Benzol     +Cl₂     Chlorbenzol   +NaOH    Phenol                                       Kunststoffe
  ⬡        ───→     ⬡-Cl          ────→    ⬡-OH     ────────────────────────────→      Farbstoffe

                    +HNO₃         Nitrobenzol   +H₂      Anilin                          Farbstoffe
                    ───→          ⬡-NO₂         ──→      ⬡-NH₂    ────────────────→     Arzneimittel
```

Auch das *Acetylen* (Äthin), das üblicherweise aus Calciumcarbid gewonnen wird, ist heute ein Produkt der petrochemischen Industrie. Durch Zufuhr großer Energiemengen kann man Acetylen durch Pyrolyse aus Methan erhalten:

$$2\,CH_4 \rightarrow HC \equiv CH + 3\,H_2$$

Bei der Methanpyrolyse nach dem SACHSSE-Prozeß verbrennt man einen Teil des Methans mit reinem Sauerstoff in Spezialbrennern (Flammentemperatur: 1500° bis 1600°C). Leichte und mittlere Erdölfraktionen und auch gasförmige Kohlenwasserstoffe vom Äthan aufwärts lassen sich nach dem *Höchster Hochtemperatur-Pyrolyse*-Verfahren zu Acetylen verarbeiten. Hierbei werden die Restgase, welche bei der Aufarbeitung der Pyrolyseprodukte entstehen, zur Wärmeerzeugung durch Verbrennen mit Sauerstoff verwendet. Einige Beispiele für die Weiterverarbeitung des Acetylens zeigt folgende Übersicht:

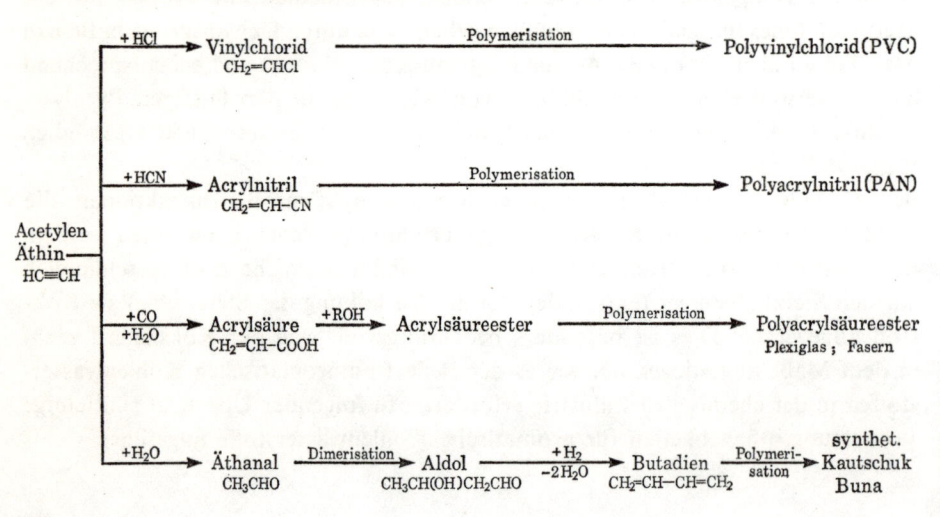

```
                    +HCl    Vinylchlorid              Polymerisation
                    ───→    CH₂=CHCl         ─────────────────────────→    Polyvinylchlorid (PVC)

                    +HCN    Acrylnitril              Polymerisation
                    ───→    CH₂=CH-CN        ─────────────────────────→    Polyacrylnitril (PAN)
Acetylen
Äthin
HC≡CH               +CO     Acrylsäure      +ROH    Acrylsäureester   Polymerisation   Polyacrylsäureester
                    +H₂O    CH₂=CH-COOH     ───→                      ──────────────→   Plexiglas; Fasern
                    ───→

                    +H₂O    Äthanal     Dimerisation    Aldol              +H₂     Butadien      Polymeri-    synthet.
                    ───→    CH₃CHO      ───────────→    CH₃CH(OH)CH₂CHO   ─────→   CH₂=CH-CH=CH₂  sation       Kautschuk
                                                                          -2H₂O                  ──────→      Buna
```

Literatur
Ullmanns Encyklopädie der technischen Chemie, Ergänzungsband. — Urban und Schwarzenberg, München 1970
WINNACKER-KÜCHLER: Chemische Technologie, Band 3. — Carl Hanser Verlag, München 1959
OST-RASSOW: Lehrbuch der chemischen Technologie, Bd. 2. — Johann Ambrosius Barth Verlag, Leipzig 1965
ASINGER, F.: Einführung in die Petrolchemie. — Akademie-Verlag, Berlin 1959

Petroläther s. Erdöl (Benzin).
Petroleum s. Erdöl.
Phanodorm s. Heterocyclen 2.3.
Pharmaka s. Arzneimittel.
PHB-Ester s. Konservierungsmittel.
Phellandren s. Terpene 1.
Phenacetin s. Org. Stickstoffverbindungen 2.
Phenalen s. Benzolkohlenwasserstoffe 2.3.2.
Phenanthren $C_{12}H_{10}$ s. Benzolkohlenwasserstoffe 2.3.2.
Phenazin s. Farbstoffe 1.4., Heterocyclen 2.3.
Phene s. Benzolkohlenwasserstoffe 2.3.3.
Phenole s. Hydroxylderivate 3.
Phenolphthalein s. Benzolkohlenwasserstoffe 2.1., Indikatoren, Farbstoffe 1.4.
Phenoplaste s. Polykondensation.
Phenyl = Benzolgruppe C_6H_5—
Phenylalanin s. Aminosäuren 1.2.
Phenylhydrazin s. Additionen 4., Org. Stickstoffverbindungen 3.2., Kohlenhydrate 1.2., Oxoverbindungen 3.
Phloroglucin s. Hydroxylderivate 3.1. und 3.3.
Phosgen s. Halogenderivate 2.1. und 3., Kohlensäurederivate 2., Chlor.

Phosphor gehört zu den Elementen der →Fünften Hauptgruppe. Das einzige stabile Isotop hat die Massenzahl 31.
Zu 95% kommt der Phosphor in den zum Apatit gehörenden Mineralien vor. Die allgemeine Formel lautet $Ca_5(PO_4)_3X$. Dabei bedeutet X ein Anion wie F, Cl oder OH. Am häufigsten ist der Fluorapatit $Ca_5(PO_4)_3F$. Die Hauptquellen für Phosphate sind gegenwärtig:
1. Organische Lager von Exkrementen der Seevögel, vorwiegend auf ozeanischen Inseln. Es handelt sich hierbei um Ammonium- oder Natriumsalze, die allmählich durch Auslaugungsprozesse in Calciumsalz umgewandelt werden.
2. Sedimente in vielen geologischen Formationen, die aus Verwitterungen phosphorhaltiger Kalke stammen.

Phosphor

3. Gebirgsbildende Phosphate im magmatischen Gestein.
An der Spitze der Produktion stehen die USA, im Abstand gefolgt von der USSR und den Inseln des Stillen Ozeans.
In den Handel kommt weißer oder roter Phospher. Der weiße ist eine wachsweiche Masse von charakteristischem Geruch. In Wasser löst er sich nur spurenweise, gut dagegen in Schwefelkohlenstoff. Im fein verteilen Zustand ist er selbstentzündlich, oberhalb von 50°C auch in kompakter Form. Im Dunkeln leuchtet Phosphor wegen des Verbrennens seines Dampfes (Chemilumineszens). Weißer Phosphor reagiert heftig mit Halogenen, immer noch lebhaft mit Schwefel und einigen Metallen. In warmer Kalilauge löst er sich unter Entwicklung von PH_3 zu KH_2PO_2. Er ist stark giftig. 0,1 g im Magen sind bereits tödlich. Auch das dauernde Einatmen der Phosphordämpfe führt zu schweren Schädigungen des Zahnfleisches und der Kieferknochen.
Unter Einwirkung des Lichtes oder schneller bei Erhitzen unter Luftabschluß auf ca. 260°C wandelt sich der weiße in den stabileren roten Phosphor um. Er ist ungiftig und unlöslich in Schwefelkohlenstoff, leuchtet nicht und entzündet sich erst bei 400°C. Auf den Reibflächen der Zündholzschachteln befindet sich roter Phosphor, der sich beim Reiben an den heißesten Stellen in weißen umwandelt und mit dem auf der Zündholzkuppe befindlichen Kaliumchlorat reagiert.
Große Mengen Phosphat verbraucht die Landwirtschaft als Düngemittel. Da der Apatit nicht wasserlöslich ist, muß er erst durch Schwefelsäure aufgeschlossen werden: $Ca_3(PO_4)_2 + 2H_2SO_4 + 4H_2O \rightarrow 2CaSO_4 \cdot 2H_2O + Ca(H_2PO_4)_2$. Das entstandene Gemisch kommt als Superphosphat in den Handel. Ein Phosphordünger ist ferner die aus den Konverterprozessen stammende Thomasschlacke ($Ca_3[PO_4]_2 + Ca_2SiO_4$), die nicht wasserlöslich ist, doch von der Pflanze umgesetzt werden kann. (s. Düngemittel.).
Im 2. Weltkrieg spielte Phosphor eine große Rolle als Material für Brandbomben und zur Vernebelung von Industrieanlagen.

Phosphore s. Lanthanide.
Photooxid s. Benzolkohlenwasserstoffe 2.3.3.
Photosynthese s. Porphinderivate 4. (Lichtreaktion), Kohlenhydrate 1.4. (Dunkelreaktion).
Photozelle s. Cäsium.
Phthaleine s. Farbstoffe 1.4.
Phthaleinpurpur s. Indikatoren.
Phthalocyanine s. Farbstoffe 1.7.
Phthalsäure s. Carbonsäuren 1.1.2. und 1.2.

pH-Wert. Mit Hilfe des pH-Werts läßt sich der saure, alkalische oder neutrale Zustand einer wäßrigen Lösung quantitativ erfassen. Als Maß dient die Wasserstoffionenkonzentration der Lösung. Man geht von der Tatsache aus, daß in reinem Wasser in geringer Menge Wasserstoffionen (genauer: Hydroniumionen) neben Hydroxidionen vorliegen. Sie entstehen durch „Autoprotolyse" des Wassers:

1) $\qquad H_2O + H_2O \rightleftarrows H_3O^+ + OH^-$

Aus einem Wassermolekül kann ein Proton (H^+) zu einem anderen Wassermolekül überwechseln. So bildet sich ein Hydroniumion (H_3O^+), und ein Hydroxidion (OH^-) bleibt zurück. Allerdings haftet das Proton nicht ständig an diesem Wassermolekül. Es wechselt sehr rasch zu anderen Wassermolekülen über. Die Lebensdauer eines einzelnen Hydroniumions ist kleiner als 10^{-12} sec. In der Literatur wird zur Vereinfachung an Stelle des Hydroniumions oft nur das Wasserstoffion (H^+) geschrieben. Ein Proton kann aber auch ein Hydroniumion verlassen und sich mit einem Hydroxidion verbinden, so daß wieder zwei Wassermoleküle entstehen. Die Autoprotolyse ist also ein umkehrbarer Vorgang. Es stellt sich ein Gleichgewichtszustand ein, für welchen das Massenwirkungsgesetz zutrifft:

2) $\qquad \dfrac{[H_3O^+] \cdot [OH^-]}{[H_2O]^2} = k$

In reinem Wasser sind nur äußerst wenig Hydronium- und Hydroxidionen vorhanden, so daß die Konzentration von H_2O als konstant betrachtet werden kann. Dies gilt auch für verdünnte wäßrige Lösungen; $[H_2O]^2$ wird daher in die Gleichgewichtskonstante k einbezogen:

3) $\qquad [H_3O^+] \cdot [OH^-] = k[H_2O]^2 = K_W$

Der Wert für K_W (*Ionenprodukt des Wassers*) ist temperaturabhängig. Bei 22°C beträgt er 10^{-14}, d. h. das Produkt der Hydronium- und Hydroxidionenkonzentration hat in reinem Wasser und allen verdünnten wäßrigen Lösungen den konstanten Wert 10^{-14} (bei 22°C). Aus diesem Ionenprodukt läßt sich die Konzentration der Hydroniumionen in reinem Wasser berechnen. Aus der Gleichung 1) ergibt sich, daß für jedes gebildete Hydroniumion auch gleichzeitig ein Hydroxidion entsteht. Die Konzentration (in Grammion/l) der Hydronium- und Hydroxidionen ist also in reinem Wasser gleich groß. Es gilt daher:

$$[H_3O^+]^2 = [OH^-]^2 = 10^{-14} \quad \text{oder} \quad [H_3O^+] = [OH^-] = 10^{-7}$$

In 10 Millionen Liter Wasser befinden sich demnach nur 19 g Hydroniumionen und 17 g Hydroxidionen. Reines Wasser wird als neutral bezeichnet, da es auf die Geschmacksempfindung nicht einwirkt. Diese Vereinbarung überträgt man auf wäßrige Lösungen, deren Hydroniumionenkonzentration 10^{-7} Grammion/l beträgt; sie sind neutral. Überwiegen die Hydroniumionen, so reagiert die Lösung sauer (s. Säuren u. Basen). Ist die Hydroxidionenkonzentration größer als die

pH-Wert

Hydroniumionenkonzentration, liegt eine alkalische Lösung vor. Um beide Zustände einer Lösung zu kennzeichnen, genügt die Angabe der Hydroniumionenkonzentration, weil das Produkt der Hydronium- und Hydroxidionenkonzentration in allen verdünnten wäßrigen Lösungen den Wert 10^{-14} besitzt. Ist bei einer Lauge die Hydroxidionenkonzentration gegeben, so errechnet man die Hydroniumionenkonzentration folgendermaßen:

$$[H_3O^+] = \frac{10^{-14}}{[OH^-]}$$

Auf diese Weise läßt sich eine alkalische Reaktion ebenfalls mit der Hydroniumionenkonzentration quantitativ kennzeichnen. Allerdings entstehen dabei oft unpraktische Zahlenwerte. Man hat deshalb den sog. pH-Wert eingeführt und ihn als negativen dekadischen Logarithmus der Hydroniumionenkonzentration definiert:

$$pH = -\log [H_3O^+]$$

Genau genommen müßte man an Stelle der Hydroniumionenkonzentration die →Aktivität der Hydroniumionen einsetzen. Bei sehr verdünnten Lösungen kann der Aktivitätskoeffizient $f = 1$ angenommen werden. In neutralen Lösungen ($[H_3O^+] = 10^{-7}$) beträgt der pH-Wert 7. Saure Lösungen besitzen eine größere Hydroniumionenkonzentration (z. B. $[H_3O^+] = 10^{-2}$). Der pH-Wert muß deshalb kleiner als 7 sein (z. B. pH = 2). In alkalischen Lösungen ist die Hydroniumionenkonzentration kleiner als 10^{-7} (z. B. 10^{-9}), d. h. der pH-Wert ist größer als 7 (z. B. pH = 9). Es existiert also eine pH-Skala von pH = 0 ($[H_3O^+] = 1$, sehr stark sauer) bis pH = 14 ($[H_3O^+] = 10^{-14}$ bzw. $[OH^-] = 1$, sehr stark alkalisch). Einer Differenz des pH-Wertes um eine Einheit entspricht eine Änderung der Hydroniumionenkonzentration um eine Zehnerpotenz. Sind die Konzentrationen der Hydronium- oder Hydroxidionen größer als 1 Grammion/l, gilt die oben genannte Beziehung nicht mehr. Die Konzentration der Wassermoleküle kann nicht als konstant angesehen werden. Solche Lösungen nennt man übersauer oder überalkalisch. Bei 40%iger Schwefelsäure ist pH = -2, für 50%ige Kalilauge gilt pH = 14,5.

Berechnung des pH-Wertes

Wenn die Konzentration einer *Säure* oder *Lauge* bekannt ist, läßt sich der pH-Wert der verdünnten Lösung berechnen. In Salzsäure, welche 0,1 Mol Chlorwasserstoff pro Liter enthält, beträgt die Hydroniumionenkonzentration 10^{-1} Grammion/l, das ergibt pH = 1. Eine Natronlauge mit 0,001 Mol Natriumhydroxid pro Liter besitzt eine Hydroxidionenkonzentration von 10^{-3} Grammion/l, das entspricht

$$[H_3O^+] = \frac{10^{-14}}{[OH^-]} = \frac{10^{-14}}{10^{-3}} = 10^{-11} \text{ Grammion/l}$$

also ist pH = 11. Man kann bei gegebener Hydroxidionenkonzentration auch zunächst den pOH-Wert berechnen (negativer Logarithmus der Hydroxidionenkonzentration). Aus dem Ionenprodukt des Wassers ergibt sich:

$$pH + pOH = 14$$

In dem obigen Beispiel ist pOH = 3 und somit pH = 14 − pOH = 14 − 3 = 11. Diese Überlegung gilt aber nicht für alle Säuren und Basen. Bei einer 0,1 m Essigsäure ergibt die Messung pH = 3, obwohl die Konzentration der Säure die gleiche Größe hat wie die Salzsäure im obigen Beispiel. Der Grund für die Abweichung liegt darin, daß die Essigsäure eine schwache Säure darstellt. Sie enthält in der Lösung nur den 1000. Teil an Hydroniumionen im Vergleich zur Salzsäure. Bei den starken Säuren und Basen reagiert die Säure bzw. Base praktisch vollständig mit dem Wasser, so daß die Hydronium- bzw. Hydroxidionenkonzentration gleich der Gesamtkonzentration der Säure bzw. Base ist. Bei den schwachen Säuren (HA) liegt ein Gleichgewicht vor, das die Stärke der Säure kennzeichnet:

$$HA + H_2O \rightleftarrows H_3O^+ + A^-$$

Mit Hilfe der Säurekonstante K_s:

$$\frac{[H_3O^+] \cdot [A^-]}{[HA]} = K_s$$

läßt sich die Hydroniumionenkonzentration berechnen. Aus der Reaktionsgleichung kann man ablesen, daß $[H_3O^+] = [A^-]$. [HA] ist nicht mehr gleich der Gesamtkonzentration der Säure C. Ein Teil der Säure ist mit dem Wasser eine Reaktion eingegangen. Für jedes entstandene Hydroniumion ist ein Säuremolekül HA verbraucht worden, so daß sich [HA] im Gleichgewichtszustand folgendermaßen berechnet: $[HA] = C - [H_3O^+]$. Es ist also jetzt zu schreiben:

$$\frac{[H_3O^+]^2}{C - [H_3O^+]} = K_s \quad \text{oder} \quad [H_3O^+]^2 + K_s[H_3O^+] - K_s \cdot C = 0 \quad \text{und}$$

$$[H_3O^+] = \frac{-K_s + \sqrt{K_s^2 + 4 K_s \cdot C}}{2}$$

Diese Formel wird man nur bei sehr schwachen Säuren und stark verdünnten Lösungen anwenden. In den anderen Fällen genügt eine Näherungsformel. Man setzt für [HA] die Gesamtkonzentration C ein:

$$\frac{[H_3O^+]^2}{C} = K_s$$

und erhält daraus folgende Beziehung:

$$[H_3O^+] = \sqrt{K_s \cdot C} \quad \text{oder} \quad pH = \frac{pK_s - \log C}{2}$$

pH-Wert

wobei pK_s den negativen Logarithmus des K_s-Wertes angibt. Bei einem K_s-Wert der Essigsäure von 10^{-5} errechnet man pH = 3. Der pH-Wert einer schwachen Säure ist also von der Konzentration und der Größe der Säurekonstanten abhängig.

Entsprechende Überlegungen gelten auch für schwache Basen (B):

$$B + H_2O \rightleftarrows BH^+ + OH^-$$

$$[OH^-] = \frac{-K_b + \sqrt{K_b^2 + 4K_b \cdot C}}{2} \quad \text{oder} \quad [OH^-] = \sqrt{K_b \cdot C} \quad \text{oder}$$

$$pOH = \tfrac{1}{2} pK_b - \tfrac{1}{2} \log C$$

Weil pH + pOH = 14 ist, ergibt sich pH = 14 − pOH; somit gilt auch
pH = 14 − ½ log K_b + ½ log C

Lösungen von Salzen, deren Anionen Basen sind, reagieren alkalisch. Ist das Kation eine Säure, tritt saure Reaktion in der Lösung auf. Die pH-Werte dieser Lösungen lassen sich ebenfalls nach den genannten Formeln errechnen.

Eine 0,01 molare Ammoniumchloridlösung enthält Ammoniumionen (NH_4^+) die als Säure wirken, $pK_s = 9,3$.

$$NH_4^+ + H_2O \rightarrow NH_3 + H_3O^+$$

$$pH = \frac{pK_s - \log C}{2} = \tfrac{1}{2} pK_s - \tfrac{1}{2} \log C = 5{,}65$$

Eine 0,1 molare Natriumcarbonatlösung enthält Carbonationen (CO_3^{2-}), die als Base wirken:

$$CO_3^{2-} + H_2O \rightarrow HCO_3^- + OH^-$$

Wenn $pK_b = 3,6$ ist, dann gilt

$$pH = 14 - pOH$$
$$pOH = \tfrac{1}{2} \cdot 3{,}6 + 0{,}5 = 2{,}3$$
$$pH = 14 - 2{,}3 = 11{,}7$$

Besteht das Salz aus schwachen Säuren und schwachen Basen, so hängt die Reaktion der Lösung von der relativen Stärke beider ab. Die Hydroniumionenkonzentration der Lösung errechnet sich dann näherungsweise nach der Formel

$$[H_3O^+] = \sqrt{\frac{K_s}{K_b} \cdot K_w} \quad \text{oder}$$

$$pH = 7 + \tfrac{1}{2} pK_s - \tfrac{1}{2} pK_b$$

Bei einer Ammoniumacetatlösung wirken die Ammoniumionen als Säure und die Acetationen als Base ($pK_s = 9{,}2$ und $pK_b = 9{,}2$). Das ergibt für die Lösung pH = 7.

Salze wie Natriumchlorid und Kaliumnitrat reagieren in wäßrigen Lösungen neutral, da Chloridionen und Nitrationen gegenüber Wasser nicht basisch reagieren, und die Metallionen sich indifferent verhalten. Manche Metallionen können im hydratisierten Zustand als Säuren wirken, z. B.

$$[Al(H_2O)_6]^{3+} + H_2O \rightarrow H_3O^+ + [Al(H_2O)_5OH]^{2+}$$

Das gleiche gilt für $[Fe(H_2O)_6]^{3+}$. Aluminium- und Eisenchloridlösungen reagieren daher sauer.

Pufferlösungen

Diese Lösungen haben die Eigenschaft, den ihnen eigenen pH-Wert bei Zugabe von kleinen Mengen Säure oder Base beizubehalten. Reines Wasser ändert schon bei der Berührung mit Luft seinen pH-Wert von 7 auf 6, weil es Kohlendioxid aufnimmt und dadurch Kohlensäure entsteht.

Der Verlauf zahlreicher chemischer Vorgänge ist vom pH-Wert abhängig, weil entweder die Reaktionen nur bei bestimmten pH-Werten ablaufen, oder empfindliche Stoffe bei einer stärkeren Änderung des pH-Wertes zerstört werden. In solchen Fällen verwendet man Pufferlösungen. Hierzu eignen sich Lösungsgemische von schwachen Säuren mit ihren Alkalisalzen (z. B. Essigsäure und Natriumacetat) oder schwache Basen mit ihren Salzen sehr starker Säuren (z. B. Ammoniak und Ammoniumchlorid). Es können auch zwei Alkalisalze einer mehrwertigen Säure verwendet werden (z. B. KH_2PO_4 und Na_2HPO_4).

Weil das Salz einer schwachen Säure stets die korrespondierende Base als Anion enthält, und im Salz einer schwachen Base das Kation die korrespondierende Säure darstellt, läßt sich für Pufferlösungen auch folgende Definition angeben: Puffersysteme sind Lösungsgemische von schwachen Säuren und ihren korrespondierenden Basen.

Das Verhalten einer Pufferlösung läßt sich aus der Gleichgewichtsbedingung einer schwachen Säure verstehen. Als Beispiel soll das Puffersystem einer schwachen Säure (HA) mit ihrem Natriumsalz betrachtet werden. Für die schwache Säure stellt sich im Wasser folgendes Gleichgewicht ein:

$$HA + H_2O \rightleftarrows H_3O^+ + A^-$$

Mit Hilfe der Säurekonstanten

$$K_s = \frac{[H_3O^+] \cdot [A^-]}{[HA]}$$

läßt sich der pH-Wert berechnen:

$$[H_3O^+] = K_s \cdot \frac{[HA]}{[A^-]}$$

pH-Wert

Daraus ergibt sich

$$pH = pK_s + \log \frac{[A^-]}{[HA]}$$

Mischt man zu dieser Säure die Lösung ihres Alkalisalzes, das die A^--Ionen enthält, so ist der pH-Wert nur von dem Konzentrationsverhältnis Base (A^-) zu Säure (HA) abhängig, z. B.

$\frac{[A^-]}{[HA]}$	pH
1 : 1	pK_s
1 : 10	$pK_s - 1$
1 : 100	$pK_s - 2$
10 : 1	$pK_s + 1$
100 : 1	$pK_s + 2$

Durch die Zugabe des Salzes verschiebt sich das Gleichgewicht nach links. Um eine Näherungsgleichung zu erhalten, darf man $[A^-]$ durch die Konzentration des Salzes und [HA] durch die Konzentration der Säure ersetzen:

$$pH = pK_s + \log \frac{[Salz]}{[Säure]}$$

Da in Mischungen schwacher Basen mit ihren Salzen (z. B. Ammoniak und Ammoniumchlorid) die Konzentration der betreffenden korrespondierenden Säure praktisch nur vom Salz herrührt, gilt die entsprechende Gleichung:

$$pH = pK_s + \log \frac{[Base]}{[Salz]}$$

Die Wirkungsweise des Puffersystems soll am Beispiel des Essigsäure—Acetatpuffers betrachtet werden. Gibt man zu der Pufferlösung etwas Natronlauge, so werden sich die hinzugefügten Hydroxidionen mit Protonen der Essigsäure (HA) zu Wasser verbinden, so daß keine wesentliche pH-Änderung eintritt. Wird in die Pufferlösung verdünnte Salzsäure gegeben, werden die Hydroniumionen von den Acetationen unter Bildung von Essigsäure abgefangen. Der pH-Wert verkleinert sich etwas, weil die Konzentration der Acetationen abnimmt. Ein Zahlenbeispiel soll die Pufferwirkung erläutern. Gegeben sei ein äquimolarer Acetetatpuffer, bei dem $[HA] = [A^-]$ ist. Löst man z. B. 0,1 Mol Essigsäure und 0,1 Mol Natriumacetat in einem Liter Wasser, so ist $[HA] = [A^-] = 0{,}1$ Mol/l. Es stellt sich folgender pH-Wert ein:

$$pH = 4{,}74 + \log \frac{0{,}1}{0{,}1} = 4{,}74$$

Gibt man zu einem Liter dieser Pufferlösung 10 cm³ einer 0,1 molaren Natronlauge (also 0,001 Mol NaOH), wird 0,001 Mol Säure neutralisiert, und es entsteht 0,001 Mol Salz. Somit ist die Konzentration des Salzes $[A^-] = 0,1 + 0,001 = 0,101$ und die Konzentration der Säure $[HA] = 0,1 - 0,001 = 0,099$. Es gilt dann

$$\mathrm{pH} = 4{,}74 + \log \frac{0{,}101}{0{,}099} = 4{,}75$$

Die pH-Änderung beträgt also nur 0,01 pH-Einheiten.

Hätte man die 10 cm³ 0,1 molare Natronlauge in einen Liter reines Wasser von pH = 7 gegeben, so wäre $[OH^-] = 10^{-3}$ Grammion/l, also pOH = 3 und damit pH = 11. Die Wirksamkeit des Puffers ist theoretisch so lange möglich, bis entweder die gesamte Säure durch Neutralisation in Salz umgesetzt ist, oder bis die Anionen des Salzes sich vollständig mit den Hydroniumionen umgesetzt haben.

Der pH-Wert einer Pufferlösung wird durch Verdünnen nicht wesentlich geändert, denn das Konzentrationsverhältnis Säure/Salz oder Base/Salz bleibt dabei konstant. Kleine pH Änderungen entstehen bei der Verdünnung, weil genau genommen an Stelle der Konzentration die →Aktivität eingesetzt werden müßte. Die Aktivitätskoeffizienten von Säure und Base ändern sich infolge der verschiedenen Ladung nicht in der gleichen Weise.

Jeder Puffer besitzt nur eine begrenzte „Kapazität", um den Einfluß der Säure oder Lauge abzufangen. Sie ist abhängig von der Konzentration der im Gemisch vorhandenen Komponenten. Die optimale Zusammensetzung mit gleich großer Kapazität gegen Säuren und Basen liegt bei einem Konzentrationsverhältnis 1:1 vor, das auf 1:10 bzw. 10:1 ausgedehnt werden kann. Die größte Wirksamkeit besitzt ein Puffersystem also im Bereich $pK_s \pm 1$ pH-Einheit. Puffergemische mit extremen Konzentrationsverhältnissen sind vorwiegend gegen Säuren oder Laugen wirksam. Gebräuchlich sind z. B. folgende Systeme, wobei jeweils 0,5 Liter 0,2 molare Lösungen verwendet werden:

Acetatpuffer HAc/Ac^-	pH = 4,7
Phosphatpuffer $H_2PO_4^-/HPO_4^{2-}$	pH = 7
Carbonatpuffer HCO_3^-/CO_3^{2-}	pH = 10,5
Ammoniumpuffer NH_4^+/NH_3	pH = 9,3

pH-Wert

Puffersysteme eignen sich auch zur Herstellung von Lösungen mit bestimmten pH-Werten. Solche Bezugsysteme können zur Messung von pH-Werten verwendet werden. Ändert man die Konzentrationsverhältnisse der Komponenten eines Puffersystems, lassen sich Lösungen mit verschiedenen pH-Werten herstellen, z. B.
Lösung A: 0,2 m Borsäure + 0,05 m Zitronensäure
Lösung B: 0,1 m Na_3PO_4

pH	Lösung A	Lösung B
2,0	195	5
2,5	184	16
3,0	176	24
3,5	166	34
4,0	155	45
4,5	144	56
5,0	134	66
5,5	126	74
6,0	118	82
6,5	109	91
7,0	99	101
7,5	92	108
8,0	85	115
8,5	78	122
9,0	69	131
9,5	60	140
10,0	54	146
10,5	49	151
11,0	44	156
11,5	33	167
12,0	17	183

Messung des pH-Wertes

Sie kann mit Hilfe von pH-Indikatoren oder auf potentiometrischem Wege erfolgen.

pH-Indikatoren

pH-Indikatoren sind organische Säuren oder Basen, deren Farbe vom pH-Wert abhängt. Gibt man den Indikator in die zu untersuchende Lösung und beobachtet eine Farbänderung, so ist eine Angabe des pH-Wertes möglich. Es ist gleichgültig, ob eine Säure oder Base verwendet wird, da sich in der Lösung ein Säure-Base Gleichgewicht einstellt. Allerdings beeinflußt der Indikator den pH-Wert der zu bestimmenden Lösung. Eine Indikatorsäure verkleinert und eine Indikatorbase vergrößert den pH-Wert. Die Konzentration des Indikators in der zu untersuchenden Lösung muß daher möglichst klein sein.

Häufig verwendet man *zweifarbige Indikatoren*, bei denen die Säure (HIn) und die korrespondierende Base In⁻) farbig sind. Bringt man sie in Wasser, stellt sich folgendes Gleichgewicht ein:

$$HIn + H_2O \rightleftarrows H_3O^+ + In^-$$

Nehmen wir an, daß die Indikatorsäure eine rote Farbe besitzt und die Indikatorbase gelb gefärbt ist. Das Gleichgewicht kann durch die Säurekonstante quantitativ erfaßt werden:

$$1) \quad K_{HIn} = \frac{[H_3O^+] \cdot [In^-]}{[HIn]}$$

Formt man diesen Ausdruck folgendermaßen um

$$2) \quad \frac{[In^-]}{[HIn]} = \frac{K_{HIn}}{[H_3O^+]}$$

ist daraus zu ersehen, daß bei jeder beliebigen Hydroniumionenkonzentration beide Formen des Indikators, sowohl HIn als auch In⁻, vorhanden sind. Das menschliche Auge hat die Eigenschaft, daß es nur diejenige Farbe erkennen kann, die im Überschuß vorliegt. Eine Lösung, in welcher das Konzentrationsverhältnis In⁻/HIn = 1/10 ist, empfindet das Auge wie eine Lösung aus 100% HIn, in unserem Beispiel also rot. Entsprechendes gilt für das Konzentrationsverhältnis In⁻/HIn = 10/1. Ist die Hydroniumionenkonzentration groß, so wird der Quotient auf der linken Seite der Gleichung 2) klein, d. h. die Konzentration HIn ist groß. Man beobachtet die rote Farbe. Verkleinert man die Hydroniumionenkonzentration durch Zugabe von Hydroxidionen (Bildung von Wasser), so wird das Konzentrationsverhältnis In⁻/HIn groß, weil durch die Abgabe der Protonen aus der Indikatorsäure eine entsprechende Menge In⁻ gebildet wird. Die Lösung ist gelb gefärbt. Der Farbwechsel (Indikatorumschlag) erfolgt, wenn [HIn] = [In⁻] ist. Dabei wird vorausgesetzt, daß die Farbintensität bei gleicher Konzentration gleich groß ist. Aus der Gleichung 2) ist abzulesen, daß dieser Zustand eintritt, wenn $[H_3O^+] = K_{HIn}$ ist, oder $pH = pK_{HIn}$. In unserem Beispiel beobachtet man dann die Mischfarbe orange, die allerdings nicht sprunghaft bei dem betreffenden pH-Wert entsteht. Die Farbe schlägt in einem bestimmten pH-Bereich um (Umschlagsbereich). Ist der Wert der Säurekonstante K_{HIn} bekannt, läßt sich der Umschlagsbereich abschätzen. Die reine Farbe wird vom Auge nur dann erkannt, wenn das Verhältnis der Farbintensitäten 10 : 1 oder 1 : 10 ist. Rot ist also noch zu erkennen, wenn das Konzentrationsverhältnis In⁻/Hln gleich

pH-Wert

1/10 und kleiner ist. Für gelb gilt 10/1 und größer. Nehmen wir an, $K_{HIn} = 10^{-3}$, so gilt

$$\frac{[In^-]}{[HIn]} = \frac{10^{-3}}{[H_3O^+]}$$

Die Farbe der Lösung und der entsprechende pH-Wert lassen sich dann aus folgender Übersicht erkennen:

$\frac{[In^-]}{[HIn]}$	$[H_3O^+]$	pH	Farbe der Lösung
$\frac{1}{100}$	10^{-1}	1	rot
$\frac{1}{10}$	10^{-2}	2	noch rot
$\frac{1}{1}$	10^{-3}	3	Mischfarbe (orange)
$\frac{10}{1}$	10^{-4}	4	schon gelb
$\frac{100}{1}$	10^{-5}	5	gelb

Der Umschlagsbereich liegt also zwischen pH 2 und 4; er beträgt 2 pH-Einheiten. Man kann allgemein für den Umschlagsbereich angeben

$$pH = pK_{HIn} \pm 1$$

Er ist bei zweifarbigen Indikatoren von der Gesamtkonzentration des Indikators unabhängig. Sind die Farbintensitäten der beiden Indikatorbestandteile HIn und In$^-$ bei gleicher Konzentration sehr verschieden, so ist der Umschlagsbereich unsymmetrisch in Bezug auf $pH = pK_{HIn}$.

Es gibt auch Farbstoffe, bei denen zwei Farbumschläge entstehen, z. B. Thymolblau. Es handelt sich dann um mehrwertige Säuren oder Basen. Bei der Säure H_2In besitzt das Anion HIn^- eine andere Farbe als In^{2-}. Vorausgesetzt wird, daß sich die pK_s-Werte der beiden Säuren H_2In und HI_n^- genügend unterscheiden. Im anderen Fall existiert nur ein einziger, entsprechend breiterer Umschlagsbereich.

Bei *einfarbigen Indikatoren* beobachtet man eine Änderung der Farbintensität. Wenn die Indikatorbase (In$^-$) farbig ist (z. B. Phenolphthalein: rot) und in einer Konzentration [In$^-$]' sichtbar wird, so gilt für den Beginn des Umschlagsbereiches von farblos nach rot

$$pH = pK_{HIn} - \log\frac{[HIn]}{[In^-]}$$

Bei einer Gesamtkonzentration des Indikators C_{HIn} errechnet sich dann $[HIn] = C_{HIn} - [In^-]'$ und es ergibt sich

$$pH = pK_{HIn} - \log \frac{C_{HIn} - [In^-]'}{[In^-]'}$$

Wird so viel vom Indikator zugesetzt, daß $C_{HIn} \gg [In^-]'$, so vereinfacht sich die Gleichung:

$$pH = pK_{HIn} - \log C_{HIn} + \log [In^-]'$$

Der Beginn des Umschlagsbereiches ist also von der Gesamtkonzentration des Indikators abhängig. Ändert man die Gesamtkonzentration um das 10 fache, so verschiebt sich der Umschlagsbereich um eine pH-Einheit.

Die folgende Tabelle enthält einige Beispiele für pH-Indikatoren:

Indikator	Umschlagsbereich	Farbe sauer ←	→ alkalisch
Methylviolett	0,1 — 1,5	gelb	blau
Thymolblau	1,2 — 2,8	rot	gelb
Dimethylgelb	2,9 — 4,1	rot	gelb
Methylorange	3,1 — 4,4	rot	orange
Bromphenolblau	3,0 — 4,6	gelb	purpur
Methylrot	4,2 — 6,3	rot	gelb
Lackmus	5 — 8	rot	blau
Bromthymolblau	6,2 — 7,6	gelb	blau
Kresolrot	7,2 — 8,8	gelb	purpur
Thymolblau	8,0 — 9,6	gelb	blau
Phenolphthalein	8,0 — 9,8	farblos	rot violett
Thymolphthalein	9,3 —10,5	farblos	blau
Alizaringelb R	10,0 —12,0	gelb	dunkelorange

Die Farbänderung einer Indikatorsäure beim Abspalten eines Protons beruht auf der Änderung der Konstitution des Indikatormoleküls, welche eine Verschiebung der Lichtabsorption zur Folge hat. Die Farbigkeit einer Verbindung entsteht durch die Absorption eines Teils des auf sie eingestrahlten Lichtes. Das Auge kann Licht der Wellenlängen 4000 bis 8000 Å als Farbe erkennen. Wird ein Teil des weißen Lichtes (z. B. grün) von der betreffenden Verbindung absorbiert, so beobachtet man die Komplementärfarbe (rot). Das in saurer Lösung farblose p-Nitrophenol gibt z. B. bei größer werdendem pH-Wert der Lösung ein Proton ab und lagert sich dabei in die gelb gefärbte Base, das p-Nitrophenolat-Ion um:

pH-Wert

$$O_2N-C_6H_4-\bar{O}-H \rightleftharpoons [O_2N-C_6H_4-\bar{O}| \longleftrightarrow O_2N=C_6H_4=O]^- + H^+$$

Farblos   Gelb

Das farbige Anion besitzt ein beweglicheres Elektronensystem als die farblose Säure, welche das Licht im ultravioletten Bereich absorbiert. Das Anion absorbiert im sichtbaren blauen Bereich und so entsteht die gelbe Komplementärfarbe.

Mischindikatoren bestehen aus einem Indikator und einem indifferenten Farbstoff oder aus zwei Indikatoren, deren Umschlagsgebiete mehr oder weniger zusammenfallen. Wenn die Farben der Komponenten im Umschlagsbereich komplementär zueinander sind, wird die Mischung in diesem Bereich einen grauen Farbton annehmen. Sehr deutlich heben sich dann die Farben in den angrenzenden Bereichen ab. Beispiel: 5 Teile Dimethylgelb gemischt mit 3 Teilen Methylenblau. Dimethylgelb ist bei pH = 3 rot, bei pH = 3—4 orange und bei pH = 4 gelb. Methylenblau zeigt in allen Bereichen blaue Farbe. Das Gemisch besitzt daher folgende Farben: pH = 3 violett, pH = 3—4 grau, pH = 4 grün.

Zur Bestimmung des pH-Wertes mit Hilfe von Farbindikatoren kann man mehrere Proben der zu untersuchenden Lösung systematisch mit verschiedenen Indikatoren versetzen, so daß die gesamte pH-Skala erfaßt wird. Es weist dann derjenige Indikator eine Farbänderung auf, in dessen Umschlagsbereich sich der pH-Wert der Lösung befindet. Damit ist der unbekannte pH-Wert näherungsweise ermittelt. Zur genaueren Bestimmung wird man dann Vergleichslösungen mit genau bekannten und fein abgestuften pH-Werten (Pufferlösungen) herstellen, den betreffenden Indikator in gleicher Konzentration zusetzen und feststellen, welche Vergleichslösung am besten mit der unbekannten Lösung übereinstimmt.

Die ungefähre Bestimmung des pH-Wertes kann auch mit sog. *Universalindikatoren* erfolgen. Sie bestehen aus Mischungen mehrerer Indikatoren. Die Genauigkeit ist hierbei aber geringer als bei einfachen Indikatoren.

Indikatorpapiere ermöglichen in einfacher Weise eine rasche Orientierung über den pH-Wert. Die Papiere sind mit der Lösung eines Indikators oder Universalindikators getränkt und getrocknet. Man taucht sie in die zu untersuchende Lösung und kann durch Vergleichen der Farbe des Papiers mit einer Farbskala den pH-Wert feststellen. Bei den Indikatorpapieren ist allerdings die Konzentration des Indikators in der aufgesaugten Lösung recht groß. So können bei ungepufferten Lösungen beträchtliche pH-Änderungen eintreten. Eine weitere Fehlerquelle kann eintreten, wenn die zu untersuchende Lösung einen höheren, unbekannten Salzgehalt aufweist. Durch elektrostatische Wechselwirkung zwischen den Ionen der Salze und dem Indikatorion entsteht der sog. Salzfehler.

pH-Wert

Kolorimetrische Methoden werden deshalb vorwiegend zu einer raschen, orientierenden Bestimmung des pH-Wertes eingesetzt. Genauere Ergebnisse sind durch die potentiometrische pH-Messung zu erreichen. Kolorimetrische Bestimmungen des pH-Wertes sind bei gefärbten Lösungen nicht brauchbar. Ebenso versagen sie in oxydierenden und reduzierenden Lösungen, wenn chemische Umsetzungen des Indikators erfolgen.

Potentiometrische pH-Messung

Sie beruht auf der Messung einer Spannung (Potential), welche durch Kombination zweier Redoxpaare (Halbelemente) entsteht, →Redoxvorgänge. Die Größe des Potentials eines Paares muß dabei von der Hydroniumionenkonzentration abhängig sein. Die Meßanordnung ist in der Abb. schematisch dargestellt.

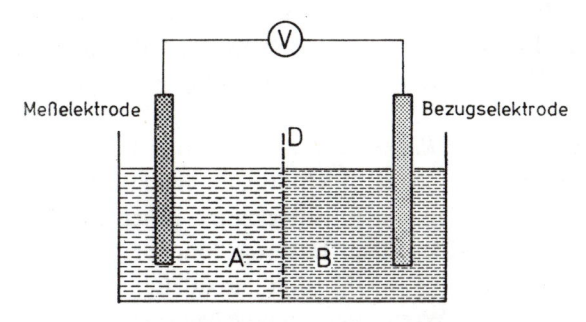

A. Meßlösung (unbekannter pH-Wert)
B. Lösung der Bezugselektrode
D. Diaphragma

Man könnte z. B. das Redoxpaar des Wasserstoffs selbst wählen ($\frac{1}{2} H_2 \rightleftarrows H^+ + e^-$), also eine Wasserstoffelektrode, deren Potential durch die Nernstsche Gleichung $E = E_o + 0{,}059 \log a_{H_3O^+}$ bestimmt wird (Meßelektrode). Verwendet man als zweites Redoxpaar (Vergleichs- oder Bezugselektrode) die Normalwasserstoffelektrode, so ist $E_o = 0$ und es gilt:

$$E = 0{,}059 \log a_{H_3O^+} \quad \text{oder} \quad E = -0{,}059 \cdot pH$$

In der Praxis verwendet man als Bezugselektrode andere Halbelemente, welche einfacher zu handhaben sind und deren Potential leichter konstant gehalten werden kann. Man bezeichnet sie als Elektroden zweiter Art. Bei der *Silberchlorid-Elektrode* taucht ein Silberdraht, dessen Oberfläche aus festem Silberchlorid besteht, in eine Kaliumchloridlösung, die mit Silberchlorid gesättigt ist. Es liegt also das Halbelement $Ag \rightleftarrows Ag^+ + e^-$ vor, dessen Potential durch die *Nernst*sche Gleichung bestimmt wird:

$$E = E°_{Ag} + 0{,}059 \cdot \log a_{Ag^+}$$

pH-Wert

Dabei bedeutet $E°_{Ag}$ das Normalpotential des Silbers. Da eine an Silberchlorid gesättigte Lösung vorliegt, ist das Produkt der Konzentrationen (genauer: Aktiviteten) der Silber- und Chloridionen konstant:

$$a_{Ag^+} \cdot a_{Cl^-} = L \qquad \text{(Löslichkeitsprodukt)}$$

Die Aktivität der Silberionen ist also dann

$$a_{Ag^+} = \frac{L}{a_{Cl^-}}$$

und es ergibt sich für das Potential E

$$E = E°_{Ag} + 0{,}059 \log L - 0{,}059 \log a_{Cl^-}$$

Die ersten beiden Summanden sind konstant und lassen sich zu der Konstanten $E°_{AgCl}$ zusammenfassen. Sie hat bei 20°C den Betrag 0,222 Volt. Bei einer 0,1 molaren Kaliumchloridlösung beträgt das Potential E der Silberchlorid-Elektrode 0,2867 Volt, bei 20°C. Ist die Kaliumchloridlösung gesättigt, beträgt E = 0,1958 Volt.

Gebräuchlich ist auch die *Kalomelelektrode*. Hierbei befindet sich Quecksilber, umgeben von festem Quecksilber (I)-chlorid, in einer Kaliumchloridlösung, die mit Hg_2Cl_2 gesättigt ist. Für dieses Halbelement gelten ähnliche Überlegungen wie für die Silberchlorid-Elektrode. Das sog. Standartpotential beträgt bei 0,1 molarer Kaliumchloridlösung 0,3338 Volt bei 20°C.

Um die Messung des pH-Wertes zu vereinfachen, verwendet man die Wasserstoffelektrode nicht als Meßelektrode. Hierfür eignet sich wesentlich besser die sog. *Chinhydronelektrode*. Sie besteht aus einem Platindraht, der in die zu messende Lösung taucht, welche durch Zugabe von Chinhydronkristallen an dieser schwer löslichen Verbindung gesättigt ist. Chinhydron stellt eine Additionsverbindung aus Chinon und Hydrochinon dar. In Lösung besteht folgendes Gleichgewicht:

$$HO-\!\!\bigcirc\!\!-OH \;\rightleftharpoons\; O=\!\!\bigcirc\!\!=O + 2\,H^+ + 2\,e^-$$

    Hydrochinon   Chinon

Die Aktivitäten des Chinons und Hydrochinons sind gleich groß. Das Potential der Elektrode wird durch folgende Gleichung bestimmt:

$$E = E°_{Ch} - 0{,}059 \cdot pH$$

Bei 20°C beträgt $E°_{Ch} = 0{,}7027$ Volt. Dieser Wert ist temperaturabhängig. Zwischen 0° und 37°C gilt:

$$E°_{Ch} = 0{,}7175 - 0{,}00074 \cdot t$$

Die Chinhydronelektrode ist nur bis zu einem pH-Wert von ca. 8 brauchbar, weil in alkalischem Bereich das Gleichgewicht des Hydrochinons geändert wird. Gegenüber schwachen Oxydationsmitteln ist sie beständiger als die Wasserstoffelektrode. Man kann mit ihr noch in verdünnter Salpetersäure messen. In starken Oxydations- und Reduktionsmitteln ist sie aber ebenfalls nicht mehr geeignet.

Glaselektroden

In solchen Fällen, in denen die Chinhydronelektrode versagt, kann die sog. Glaselektrode als Meßelektrode verwendet werden. Das Potential dieser Elektrode wird nicht durch einen Redoxvorgang bestimmt, sondern beruht auf Diffusions- bzw. Phasengrenzphänomenen. Den wichtigsten Teil stellt eine dünnwandige Kugel aus Spezialglas dar, welche an ein Glasrohr geschmolzen ist (Glaselektrode). Die Kugel enthält eine Pufferlösung von bekanntem pH-Wert (pH_i). Taucht man sie in eine Lösung, welche einen anderen (unbekannten) pH-Wert (pH_x) besitzt, so wird ein Ausgleich der unterschiedlichen Wasserstoffionenkonzentrationen angestrebt, und die Wasserstoffionen diffundieren durch die Glasmembran. Die zurückbleibenden Anionen bewirken an der Membran eine Potentialdifferenz, deren Größe durch folgende Gleichung bestimmt wird (bei 25°C).

$$E = 0{,}059\,(pH_i - pH_x)$$

Bei einer pH-Differenz von einer Einheit wird also eine Spannung von 59 mV entstehen. Um diese Spannung messen zu können, muß eine Bezugselektrode vorhanden sein. Hierfür eignet sich eine Kalomel- oder Silberchloridelektrode. Zur Ableitung des Potentials aus der Pufferlösung der Glaselektrode dient ebenfalls eine Elektrode zweiter Art. Man wählt im allgemeinen das System der Bezugselektrode, um zusätzliche Potentiale zwischen den Elektroden zu vermeiden (symmetrische Glaselektrodenkette). Es beteiligen sich nämlich mehrere Potentiale an der gemessenen Gesamtspannung. In der Meßelektrode entstehen: das Potential E_1 an der Grenzfläche Glasmembran-Meßlösung, welches die gewünschte pH-Abhängigkeit zeigt, das Potential E_2 an der Glasmembran und der Innenfüllung und schließlich das Potential E_3 an dem in die Innenfüllung eintauchenden Draht, welcher zur Ableitung des Potentials dient. In der Bezugselektrode entsteht das Potential E_4 an der Grenzfläche Elektrode-Innenfüllung und E_5 am Diaphragma, also zwischen Innenfüllung und Meßlösung. Für jede zuverlässige Messung muß die Summe der Potentiale E_2, E_3, E_4 und E_5 konstant und reproduzierbar sein. Man verwendet deshalb gleichartige Ableit- und Bezugselektroden, wodurch die Potentiale E_3 und E_4 entfallen. E_2 wird dadurch konstant gehalten, daß eine Pufferlösung als Innenlösung der Meßelektrode dient. E_5 läßt sich nur in seiner Änderung bei verschiedenen Meßlösungen möglichst klein halten. Dies

pH-Wert

wird z. B. durch eine Salzlösung als Innenlösung erreicht, deren Beweglichkeit von Anion und Kation möglichst gleich groß ist (z. B. Kaliumchloridlösung). Die Summe aller konstanten Potentiale muß durch Messung in einer genau bekannten Pufferlösung als Außenlösung bestimmt werden.

Zur Messung der Spannung sind Meßverstärker notwendig, weil der Widerstand der Glasmembran außerordentlich hoch ist. Die Meßinstrumente sind so geeicht, daß der pH-Wert der Lösung direkt abgelesen werden kann. Die Handhabung der Meßkette wird noch dadurch vereinfacht, daß Meß- und Bezugselektrode zur einem festen Bauteil vereinigt sind (Einstabmeßkette), das in die zu untersuchende Lösung eingetaucht wird und durch ein Kabel mit dem Meßverstärker verbunden ist (s. Abb.). Die Glaselektrode kann auch in oxydierenden und

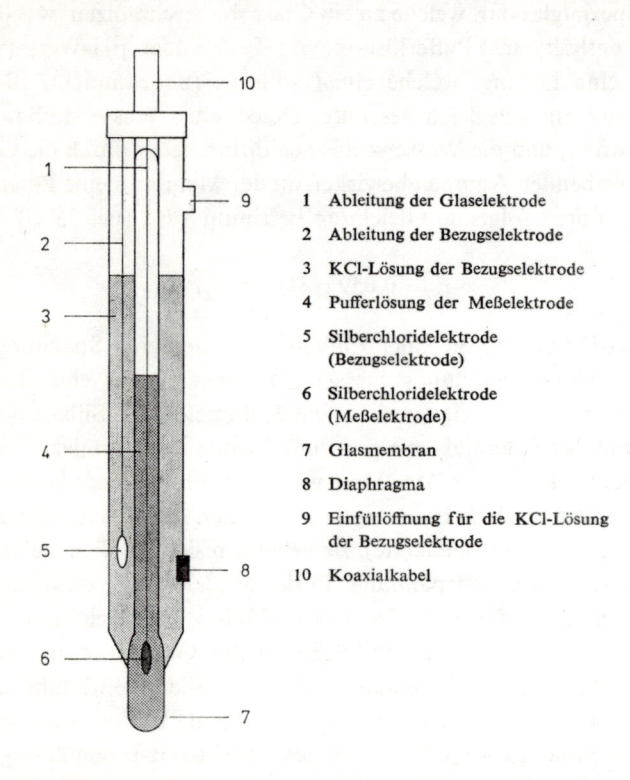

1 Ableitung der Glaselektrode
2 Ableitung der Bezugselektrode
3 KCl-Lösung der Bezugselektrode
4 Pufferlösung der Meßelektrode
5 Silberchloridelektrode (Bezugselektrode)
6 Silberchloridelektrode (Meßelektrode)
7 Glasmembran
8 Diaphragma
9 Einfüllöffnung für die KCl-Lösung der Bezugselektrode
10 Koaxialkabel

reduzierenden Lösungen verwendet werden, da ihre Wirkungsweise nicht auf Redoxvorgängen beruht. Bei pH-Bereichen größer als 10 sind Korrekturen notwendig, weil sich das Glas aufzulösen beginnt.

Literatur
SCHWABE, K.: pH-Meßtechnik. — Theodor Steinkopff, Dresden u. Leipzig 1963

Phyllochinon s. Oxoverbindungen 2.4., Vitamine (K).
Physostigmin s. Alkaloide, Heterocyclen 1.2.
Phytol s. Hydroxylderivate 1.1.2., Prophinderivate 4., Terpene 3.
π [Pi]-Bindung s. Atombau.
Pigmente s. Farbstoffe 3., Färberei.
Pikrinsäure s. Explosivstoffe (Nitrokörper), Farbstoffe 1.1., org. Stickstoffverbindungen 1., Hydroxylderivate 3.1.
Pilocarpin s. Heterocyclen 1.3.
Pinacole s. Hydroxylderivate 1.2., Umlagerungen 1.1.1., Oxoverbindungen 1.1.1. (Umlagerung) und 1.1.3. (Bildung).
Pinen s. Terpene.
Piperidin s. Heterocyclen 2.1.
Piperin s. Alkaloide, Heterocyclen 2.1.
Piperitol s. Terpene 1.
Plasmochin s. Arzneimittel, Heterocyclen 2.2.
Plastochinon s. Oxoverbindungen 2.4., Porphinderivate 4.
Platforming s. Erdöl (Benzin).

Platin gehört zu den Elementen der →Achten Nebengruppe. Von ihm existieren die Isotope mit den Massenzahlen 194 (32,9%), 195 (33,8%), 196 (25,3%) und 198 (7,21%). Hinzu kommen die quasistabilen Isotope 190 (0,0127%) mit einer Halbwertszeit von $7 \cdot 10^{11}$ Jahren und 192 (0,78%) mit der Halbwertszeit von ca. 10^{15} Jahren.

Reines Platin in Form von Nuggets war ursprünglich die einzige Rohstoffquelle. An der Spitze stand seinerzeit Columbien. Die Masse des größten je gefundenen Platinklumpens beträgt 11,641 kg. Er wird als Kuriosität in Madrid aufbewahrt. Die columbianischen Vorkommen sind inzwischen weitgehend abgebaut worden. Die weitaus größten Platin-Produzenten sind Kanada mit seinen Nickel-Magnetkies-Lagern bei Sudbury und Südafrika, im Abstand gefolgt von der UdSSR. Beim Verhüttungsvorgang der in Kanada und in Südafrika gefundenen Platinerze verbleiben die in ihnen enthaltenen Platinmetalle beim Nickel. Bei der elektrolytischen Reinigung fallen sie als Platinschwamm ab.

Reines Platin ist ein mattglänzendes, bläulichweißes Metall. Es ist weich und duktil. Sein Wärmeausdehnungskoeffizient ist gleich dem des Glases. Als eingeschmolzene Zuführungsdrähte für Glühbirnen ist es allerdings durch geeignete Eisennickellegierungen verdrängt worden.

Für hochbeanspruchte Kontakte, z. B. Selbstunterbrecher, verwendet man Platin und besonders harte Pt-Ir-Legierungen mit höchstens 25% Ir. In der Schwachstromtechnik genügen Legierungen von Platin und Palladium mit Gold und Silber. Seine Widerstandsfähigkeit gegen hohe Temperaturen macht das Platin

Plexiglas

zu einem geeigneten Material für elektrisch geheizte Laboratoriumsöfen. Mit einem Thermoelement, dessen einer Draht reines Platin, dessen anderer Draht eine Legierung des Platins mit 10% Rh ist, lassen sich Temperaturen bis zu 1600°C messen. Bei der Herstellung optischer Gläser benutzt die Industrie in zunehmendem Maße Platinwannen und Platinrinnen. Genau wie Palladium läßt es sich zu Draht ausziehen, gut hämmern und schweißen.

Das aussichtsreichste Anwendungsgebiet des Platins besteht in der katalytischen Reinigung von Gasen, weil eine Reihe wichtiger Industrien auf sauerstofffreie Gase angewiesen ist. Für die technische Gewinnung von Schwerem Wasser wird platinierte Aktivkohle verwendet. Salpetersäure wird fast ausschließlich durch Verbrennen von Ammoniak an Platin- oder Platin-Rhodium-Netzen gewonnen. In vielen Fällen ist Platin als Katalysator durch Eisen und Nickel mit Zusatz von Aktivatoren verdrängt worden. Die älteste bekannte Anwendung ist das DÖBER-EIN*sche* Feuerzeug, das in abgewandelter Form heute noch als Gasanzünder dient. An Platinschwamm verdichtet sich Wasserstoff so stark, daß das Material rotglühend wird und eine Flamme entzündet. Platin ist praktisch beständig gegenüber allen Säuren mit Ausnahme des Königswassers. Bei erhöhten Temperaturen wird es in geringem Maße auch von Schwefelsäure angegriffen, bei Temperaturen über 250°C von Fluor und Chlor, bei Zimmertemperatur langsam auch von Chlorwasser.

Plexiglas s. Carbonsäuren 2.1., Polymerisation.

Plutonium. Das zu den → Actiniden gehörende Element tritt in der Natur in geringen Mengen dort auf, wo sich Uran befindet, aus dem es laufend nach (α; n)-Umwandlungen entsteht:

$$^{238}U\ (n, \gamma)\ ^{239}U\ \xrightarrow[23,5\ min]{\beta^-}\ ^{239}Np\ \xrightarrow[2,33\ d]{\beta^-}\ ^{239}Pu$$

Der gleiche Prozeß spielt sich in den Brüter-Reaktoren ab. Bei ihnen fängt das Uran-238 Neutronen ein und erzeugt in der angegebenen Weise spaltbares Material, das zur Energieerzeugung genauso verwendet werden kann wie das leichte Uran-235. Nach Schätzungen der Internationalen Atomenergie-Organisation (IAEO) rechnet man für 1970 mit einer Jahresproduktion in kg von:

Kanada	650	Pakistan	60
Tschechoslowakei	75	Spanien	120
Deutschland	235	Schweden	120
Indien	190	Großbritannien	1250
Israel	5	USA	1000
Italien	160	UdSSR	110
Japan	300		

Die kritische Masse, bei der der spontane Zerfall einsetzt, beträgt ca. 300 g. Die natürliche Umwandlung des Plutoniums erfolgt über α-Strahlung. Sie geht nicht durch Gummihandschuhe hindurch, doch ist sie äußerst gefährlich, wenn Plutonium über die Lungen in den Blutstrom eintritt. Ein Stück Plutonium von der Größe eines Pfennigstückes ist in geeigneter Verteilung als tödliche Dosis ausreichend für ca. drei Millionen Menschen. In einem kompakten Plutoniumstück kann das entstehende Helium, das im Verlaufe eines Jahres pro cm³ Plutonium 0,05 cm³ ausmacht, nicht entweichen. Jedoch müßten erst 1—2 Jahrhunderte vergehen, bis der Gasdruck ausreicht, das Material zu zerbrechen. Die Strahlung ist gleichzeitig mit Wärmebildung verbunden, so daß ein massives Stück Plutonium von 50—100 g gegenüber der Umgebung 5°C wärmer ist.

Von der α-Strahlung zu unterscheiden ist die Plutoniumspaltung durch Einfang langsamer Neutronen. Bei dieser Spaltung entstehen pro Atom durchschnittlich 3 neue Neutronen.

Vom Plutonium sind 6 allotrope Modifikationen bekannt:

	beständig bei °C	Dichte g/cm³
Alpha	unter 122	19,7
Beta	122—206	17,8
Gamma	206—313	17,1
Delta	319—452	15,9
Delta I	452—480	16,0
Epsilon	480—640	16,5

Durch Abschrecken lassen sich die bei höheren Temperaturen beständigen Modifikationen teilweise bei tieferen Temperaturen erhalten.

Bei 640°C schmilzt Plutonium. In diesem Zustand reagiert es leicht mit Materialien, mit denen es zusammen kommt. Es läßt sich jedoch aufbewahren in Gefäßen aus gesinteter Magnesia und in Tantalgefäßen, die mit Tantalcarbid ausgekleidet sind. Bei 3300°C geht Plutonium in den gasförmigen Zustand über. Plutoniummetall wird im allgemeinen durch pyrochemische Verfahren gewonnen, z. B. durch Einwirken von Calcium auf die Halogene oder durch Schmelzflußelektrolyse.

Plutonium und seine Legierungen reagieren bei Temperaturen über 500°C mit Quarz. Das Metall besitzt Affinitäten zu Sauerstoff, Wasserstoff und Stickstoff und reagiert mit Ammoniak. Es kann die Oxide von Natrium und Kalium reduzieren, jedoch nicht das des Lithiums. PuH_2 und PuH_3 bilden eine feste Lösung, deren Zersetzungsdruck bis zu 500°C gering ist. Stickstoff jedoch reagiert mit den Hydriden bereits bei 230°C und Kohlenstoff bei 800°C, wobei sich PuN bzw. PuC bilden.

Polamidon

In feuchter Atmosphäre entsteht eine nicht fest sitzende Schicht von gelbem PuO_2. In feuchtem Helium oder Argon, besser als in Luft, entwickelt sich das Oxid schneller, nimmt grünliche Farbe an und ist staubförmig. Somit kann es leicht in die Lunge eintreten und zu schweren Vergiftungen führen. In der β-Form des Plutoniums dagegen entsteht eine fest sitzende Oxidschicht, sodaß die Oxydation insgesamt geringer als bei 50°C ist. Bei ε-Temperaturen jedoch erfolgt eine heftige Verbrennung zu braunem, leicht verdampfendem Oxid.

Bei der Korrosion mit Wasser bilden sich Produkte wie PuO_2, $Pu(OH)_3$ und PuH_2. Das Kristallgitter ist relativ stabil gegenüber Wasser. Der Korrosionsvorgang geht dadurch vor sich, daß Sauerstoffionen oder Hydroxidionen durch die Reaktionsschicht hindurch diffundieren. Auf der inneren Seite gebildete Plutonium (III)-Ionen lösen sich in der Oxidschicht. Die kathodische Reaktion auf der Außenseite führt zu O^{2-} und OH^- aus adsorbierten Sauerstoff- und Wassermolekülen und zur Entladung von Hydroniumionen. Diese Reaktionen werden hervorgerufen durch den Transport von Elektronen durch die Oxidschicht hindurch. Die gemessenen Potentiale zeigen, daß sich das Pu^{3+} spontan aus dem Plutonium bildet, während das Pu^{4+} in PuO_2 stärkerer Oxydationsmittel bedarf.

Literatur
WILKINSON: Plutonium and its Alloys. — Interscience Publishers, New York 1960

Polamidon s. Arzneimittel.
Polarisationsspannung s. Elektrolyse.
Polarographie s. Elektrolyse.
Polaroid-System s. Fotografie 2.
Pollopas s. Polykondensation.
Pollucit s. Cäsium.

Polonium gehört zu den Elementen der →Sechsten Hauptgruppe. In der Natur tritt nur das Isotop der Massenzahl 210 in der Zerfallsreihe des Urans 238 — klassischer Name Ra F — mit einer Halbwertszeit von 138,4 Tagen auf. Da nur 0,1 mg Polonium in 1 t der Pechblende enthalten sind, ließen sich Untersuchungen zur Beschaffenheit des Elements und zu den Eigenschaften seiner chemischen Verbindungen erst durchführen, als es gelang, durch Neutronenbeschuß des Wismuts in Reaktoren Polonium in der Größenordnung von Milligrammen zu erzeugen:

$$^{209}_{83}Bi\ (n;\ \gamma)\ ^{210}_{83}Bi\ \xrightarrow[5\,d]{\beta}\ ^{210}_{84}Po$$

Beständigere Poloniumisotope sind Po-209 und Po-208 mit Halbwertszeiten von 42 und 2,4 Jahren. Man erhält sie im Zyklotron durch Beschuß von Wismut oder Blei mit Protonen oder Deuteronen bzw. mit α-Teilchen mittlerer Energie:

$^{207}_{82}$Pb (α; 3n) $^{208}_{84}$Po $^{209}_{83}$Bi (p; 2n) $^{208}_{84}$Po $^{209}_{83}$Bi (d; 2n) $^{209}_{84}$Po

Diese langlebigen Isotopen sind für Untersuchungen wegen der geringeren Strahlengefahr viel geeigneter, doch erhält man im Zyklotron zu geringe Mengen. Wenn als höheres Chalkogen das Polonium in seinen flüchtigen Verbindungen bereits sehr giftig ist, so überwiegt jedoch die Strahlengefahr. Die zulässige Dosis beträgt $4 \cdot 10^{-11}$ mg/m³, während vergleichsweise die des Blausäuregases 10 mg/m³ ausmacht.

Polonium ist in beiden Modifikationen ein silberweißes Metall; in dünner Schicht besitzt es einen bräunlichen Glanz. Der Dampf ist farblos und enthält Moleküle Po$_2$. Bei Raumtemperatur oxydiert es nur sehr langsam, heftig dagegen bei 250°C unter Bildung von PoO$_2$. Es reagiert mit SO$_3$ und löst sich in konzentrierter Schwefelsäure, Salpetersäure und in Salzsäure.

Die Anwendungsmöglichkeiten des Poloniums beruhen ganz auf seiner Radioaktivität. Häufig wird es gebraucht, um Neutronen ohne störende γ-Strahlung zu erzeugen. Zu dem Zweck verwendet man eine Beryllium-Polonium-Legierung:

$$^{9}_{4}Be\ (\alpha; n)\ ^{12}_{6}C$$

Vergleichsweise große Mengen Polonium sind erforderlich, um Spuren von Fluor oder Aluminium nach der α-Aktivator-Methode nachzuweisen.

$$^{19}_{9}F\ (\alpha; n)\ ^{22}_{11}Na\ \xrightarrow[2,5a]{\beta^+}\ ^{22}_{10}Ne \qquad ^{27}_{13}Al\ (\alpha; n)\ ^{30}_{15}P\ \xrightarrow[2,6m]{\beta^+}\ ^{30}_{14}Si$$

Die entstandenen Elemente sind Positronenstrahler und können auf Grund dieser Eigenschaft bestimmt werden.

Eine neuere Anwendung beruht auf der mit der α-Ausstrahlung verbundenen Wärme. Sie kann zur Erwärmung eines Thermoelementes und somit zur Spannungserzeugung dienen (Satelliten, Mondbatterien).

Preis 2.000.000 DM/g (1959)

Poly-: kennzeichnende Vorsilbe für hochmolekulare, meist durch Polymerisation gebildete Kunststoffe und →Chemiefasern, Zusammenfassung s. →Polymerisation

Polyacrylnitrilfaser s. Chemiefaserstoffe.

Polyaddition ist ein Verfahren zur Herstellung von →makromolekularen Kunststoffen. Im Gegensatz zur →Polykondensation werden keine niedermolekularen Moleküle abgespalten. Entsprechend den Produkten der →Polymerisation haben die Polyaddukte die gleiche Zusammensetzung wie die Ausgangsstoffe. Es findet aber keine Kettenreaktion statt, die für die Polymerisation charakteristisch ist. Bei der Polyaddition werden Moleküle durch Bindungen verknüpft, die durch Wanderung eines Wasserstoffatoms von der funktionellen Gruppe des einen

Polyamide

Moleküls zur funktionellen Gruppe des anderen Moleküls frei geworden sind, wie bei Polyurethanen und Epoxidharzen.

Die Polyaddition erfolgt meist bei Zimmertemperatur ohne Katalysatorzusatz. Nach diesem Verfahren werden Polyurethane und Epoxidharze hergestellt.

Poly*urethane* (→Kohlensäurederiv. 2.) entstehen durch die Reaktion bifunktioneller Isocyanate (→Kohlensäurederiv. 4.) mit bi- oder polyfunktionellen Alkoholen. Der Wasserstoff der Alkoholgruppe wandert an das Stickstoffatom der Isocyanatgruppe, deren C-Atom sich mit dem Sauerstoff der Alkoholgruppe verbindet.

$$n\,OCN-(CH_2)_6-NCO + n\,HO-(CH_2)_4-OH \rightarrow OCN-(CH_2)_6-$$

1,6-Hexamethylen-diisocyanat   1,4-Butandiol   Polyurethan

$$[NHCO-O-(CH_2)_4-O-CONH-(CH_2)_6]_{n-1}-NHCO-O-(CH_2)_4\text{-}OH$$

$$\begin{array}{cccccc}
C=O & O=C & O-R_2-O & C=O & O=C-O-R_2-O \\
\| & \| & | & + & | & \rightarrow & \| & | & | \\
N-R_1-N & H & H & N-R_1-N-H & H
\end{array}$$

Anstelle des Alkohols können Diamine treten. Verwendet werden die Polyurethane als Kunstfaser, Kunstleder, Lack, Klebstoff und Schaumstoff (*Moltopren*). Die Schaumstoffe bilden sich durch Abspaltung von CO_2 von zugegebenen Carbonsäuren.

Epoxidharze (→Äther 2.1.) entstehen durch Addition von Dialkoholen oder Diaminen an Epoxide. Meist geht man vom Epichlorhydrin aus, dessen Chlor in einer Zwischenreaktion mit NaOH zu einem zweiten Epoxidring umgewandelt wird. Epoxidharze werden für Klebstoffe und Anstriche verwendet.

$$2\,CH_2\text{—}CH\text{—}CH_2 + HO\text{—}R\text{—}OH \rightarrow$$
$$\quad\; |\quad\;\;\backslash\;/$$
$$\;\;Cl\qquad O$$

$$CH_2\text{—}CH\text{—}CH_2\text{—}O\text{—}R\text{—}O\text{—}CH_2\text{—}CH\text{—}CH_2$$
$$\;\;|\quad\quad\;|\qquad\qquad\qquad\qquad\qquad\;|\quad\;\;|$$
$$\;Cl\quad\;\,OH\qquad\qquad\qquad\qquad\quad\;OH\;\;Cl$$

$$\xrightarrow{+2\,NaOH} CH_2\text{—}CH\text{—}CH_2\text{—}O\text{—}R\text{—}O\text{—}CH_2\text{—}CH\text{—}CH_2 + 2\,NaCl + 2\,H_2O$$
$$\qquad\qquad\;\backslash\;/\qquad\qquad\qquad\qquad\qquad\quad\;\backslash\;/$$
$$\qquad\qquad\;\,O\qquad\qquad\qquad\qquad\qquad\qquad\;O$$

Literatur

RUNGE, F.: Einführung in die Chemie und Technologie der Kunststoffe. — Akademie-Verlag, Berlin 1963

Polyamide s. Polykondensation, Chemiefasern.

Polyene sind →Kohlenwasserstoffe mit mehreren Doppelbindungen (→Alkene,

→Diene). Die Doppelbindungen können 1. gehäuft, 2. konjugiert oder 3. isoliert angeordnet sein.

1. Cumulene

Bei den Cumulenen enthält die Kette mehrere Doppelbindungen in ununterbrochener Reihenfolge (einfachster Typ: Allen s. →Diene). Sie entstehen durch Kondensation von →Ketonen mit Di-→alkinderivaten und nachfolgender Reduktion. Cumulene sind sehr reaktionsfähig, aber stabil gegen Sauerstoff und Permanganat. Die Farbe vertieft sich mit steigender Anzahl kumulierter Bindungen. Aus sp-Hybridisierung (→Atombau) der mittleren C-Atome mit Doppelbindung folgt, daß die Ebenen der Doppelbindungen senkrecht zueinander stehen. Daraus resultiert, daß unsymmetrisch substituierte Cumulene mit gerader Anzahl von Doppelbindungen optische →Isomerie zeigen ohne ein asymmetrisches C-Atom zu haben, mit ungerader Anzahl aber geometrische Isomerie.

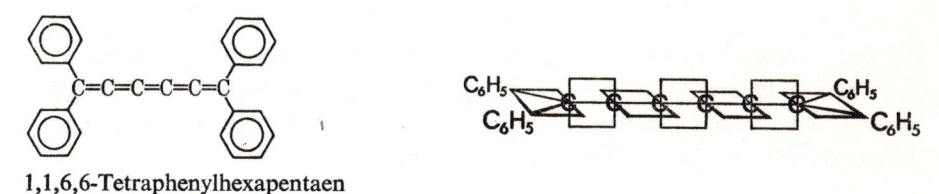

1,1,6,6-Tetraphenylhexapentaen

2. Konjugierte Polyene

Entsprechend den Dienen können die Doppelbindungen auch konjugiert angeordnet sein, d. h. Doppel- und Einfachbindungen wechseln im Molekül miteinander ab. Die einfachste Verbindung ist das Hexa-1,3,5-trien, das aus Allylchlorid mit Natriumamid hergestellt wird. Es kann sowohl in 1,4- als auch in 1,6-Stellung addieren. Die Addition von Brom erfolgt endständig, die Diensynthese (→DIELS-ALDER) in 1,4-Stellung. Ähnliches gilt auch für Verbindungen mit einer größeren Anzahl von Doppelbindungen.

$$H_2C=CH-CH_2Cl \quad ClH_2-CH=CH_2$$

$$NaNH_2 \downarrow -2HCl$$

$$\underset{1}{H_2C}=\underset{2}{CH}-\underset{3}{CH}=\underset{4}{CH}-\underset{5}{CH}=\underset{6}{CH_2}$$

Hexa-1,3,5-trien (C_6H_8)

$$C_6H_8 + Br_2 \rightarrow BrH_2C-CH=CH-CH=CH-CH_2Br$$

1,6-Addition

Von den Polyenen mit konjugierten Doppelbindungen sind die Carotine von besonderer Bedeutung. Diese Verbindungen und ihre Derivate (Gruppenname:

Polyene 2.

Carotinoide) sind im Pflanzen- und Tierreich weit verbreitete, gelbe bis rote, fettlösliche Farbenstoffe. Bis jetzt hat man ungefähr 180 Carotinoide festgestellt, von 50% kennt man die Struktur.

Die meisten Carotinoide haben 40 C-Atome. Man kann sich diese Verbindungen aus dem Skelett von 8 *Isopren*molekülen (2-Methylbuta-1,3-→dien) aufgebaut denken (mit einer größeren Anzahl von Doppelbindungen). Am besten ist es am *Lycopin* zu erkennen, von dem sich die anderen Carotinoide strukturell ableiten lassen:

Bei der vereinfachten Darstellung läßt man H- und C-Atome weg, deutet aber auch beim nichtcyclischen Lycopin Endgruppen an, aus denen Ringe entstehen können, wie sie bei anderen Carotinoiden vorliegen. Die Numerierung der C-Atome erfolgt, wie in der Zeichnung angegeben.

Die Isoprenmoleküle sind in zwei Gruppen zu vieren angeordnet. In den beiden Gruppen sind die Moleküle gewissermaßen mit dem Kopf an den Schwanz aneinandergereiht, die beiden Gruppen dagegen Schwanz an Schwanz. Deshalb stehen in der Mitte 2 Methylgruppen in 1,6-Stellung, während die anderen Methylgruppen in 1,5-Stellung angeordnet sind (s. Formel).

Das Molekül besteht aus einer zentralen Kette aus 22 C-Atomen mit neun konjugierten Doppelbindungen und einer Gruppe von 9 C-Atomen an beiden Enden. Die Unterschiede zwischen den Carotinoiden liegen in den Endgruppen, die zentrale Kette bleibt größtenteils unverändert.

Entsprechend den Eigenheiten der konjugierten Bindung (→Diene) — verstärkt durch die große Anzahl — werden die Unterschiede in den Abständen der C-Atome mit Doppel- oder Einfachbindung fast verwischt. Im mittleren Teil der Kette nähern sich die Abstände fast dem Wert im →aromatischen System, da die π-Elektronen wegen der großen Anzahl der Atome leicht beweglich sind.

Wegen der vielen Doppelbindungen müßten bei dem *Lycopin* z. B. 1056 Isomere (nur geometrische cis-trans-→Isomerie) möglich sein. Theoretische Überlegungen zeigten, daß bei einigen Doppelbindungen eine sterische Hinderung vorliegt, so daß nur 72 Möglichkeiten übrig bleiben. In der Natur liegen die Carotinoide in der trans-Form vor (all-trans, da bei allen möglichen Atomen). Wegen der Verwischung der Doppelbindung genügt eine kleine Anregungsenergie zum Übergang zu cis-Isomeren, so Bestrahlung mit Licht unter Jodeinfluß, Erhitzen einer Lösung in Kohlenwasserstoffen, Schmelzen der Kristalle im Vakuum.

Die leichte Beweglichkeit der π-Elektronen bedingt auch die Absorption des sichtbaren Lichts und damit die Farbe (Carotinoide werden auch *Lipochrome* genannt). Die Absorptionsspektren zeigen im Bereich des sichtbaren Lichts drei Absorptionsmaxima zwischen 400 und 550 nm. Mit der Anzahl der Doppelbindungen steigt die Beweglichkeit der Elektronen und die Anregungsenergie nimmt ab, die Absorptionsmaxima verschieben sich zum langwelligeren Teil des Spektrums. Die Farbe ändert sich von gelb nach rot (bathochromer Effekt). Eine Doppelbindung in isolierter Stellung verschiebt das Maximum der längstwelligen Absorptionsbande um 8—9 nm nach Rot, in konjugierter Stellung dagegen um 20—22 nm.

Bei thermischer Zersetzung (Pyrolyse) bilden sich aus dem Mittelstück des Carotinoids Benzolderivate wie Toluol oder 2,6-Dimethylnaphthalin. Oxydation mit Permanganat führt zu größeren Bruchstücken mit weniger als 40 C-Atomen, den sog. Apocarotinoiden. Manche dieser Produkte treten in Pflanzen auf (Crocetin z. B. im Safran $C_{20}H_{24}O_4$). Aus β-Carotin entsteht u. a. β-Apo-12'-Carotinal.

Luftsauerstoff greift Carotinoide an, sie sind rein nur unter Vakuum haltbar. Durch katalytische Hydrierung an Platin- oder Palladiumoxid werden Carotinoide zu Perhydroderivaten umgewandelt. Mit starken Säuren und Säurechlorid geben Carotinoide blaue oder violette Lösungen. Dies nutzt man zum Nachweis aus: Mit dem CAAR-PRICE-*Reagens* (Antimontrichlorid in Chloroform) tritt bei Carotinoiden eine tiefblaue Färbung auf.

Zur Isolierung aus Pflanzen oder Tieren werden die Carotinoide mit organischen Lösungsmitteln extrahiert. Carotinoide lassen sich nach ihrem Verhalten gegen-

Polyene 2.

über Lösungsmitteln in drei Gruppen aufteilen. Kohlenwasserstoffe, Ester und Moleküle, die nur eine Äther- oder Ketogruppe enthalten, lösen sich bevorzugt in Petroläther (Benzin mit niedrigem Kp). Carotinoide mit zwei oder mehr Hydroxylgruppen lösen sich in 90% Methanol. Deshalb entmischen sich diese beiden Gruppen in den zwei nicht mischbaren Lösungsmitteln. Die erste Gruppe befindet sich in der oberen leichteren Petrolätherschicht (epiphasische Carotinoide), die zweite in der unteren Phase mit Methanol (hypophasische Carotinoide). Carotinoide mit einer Hydroxylgruppe, mit zwei Keto-gruppen oder mit Säuregruppen sind in beiden Schichten zu finden. Die weitere Auftrennung erfolgt mit Hilfe der Säulen-Chromatographie, die von dem russischen Botaniker TSWETT bereits 1906 entwickelt worden war, aber erst nach 1930 zur Isolierung der Carotinoide wieder aufgegriffen wurde. Zur Vermeidung von Umlagerungen darf das Material nicht mit Säuren in Berührung kommen und ist möglichst wenig Hitze, Licht und Luft auszusetzen.

Zur Aufklärung der Struktur dienen im wesentlichen folgende Methoden: 1. Quantitative Addition von Wasserstoff oder Chlorjod ergibt die Anzahl der Doppelbindungen. 2. Seitliche Methylgruppen werden beim Abbau mit dem C-Atom der Hauptkette durch Chromsäure zu Essigsäure oxydiert. 3. Endständige Isopropylidengruppen [$(CH_3)_2C=C-$] ergeben bei Ozonabbau Aceton. 4. Hydroxylgruppen werden durch die Methode von ZEREWITINOFF (→GRIGNARD-*Reaktion*) erfaßt. 5. Oxydativer Abbau der endständigen Ringsysteme mit Permanganat oder Ozon führt zu kennzeichnenden Verbindungen. Während die Untersuchung des sichtbaren Spektrums bereits früher zur Analyse herangezogen wurde, werden neuerdings auch Infrarot- und Kernresonanzspektroskopie eingesetzt.

Die Bestätigung der Strukturformel erhielt man durch Synthesen. Die erste Totalsynthese gelang 1950 KARRER mit dem β-Carotin. Er ging von β-Ionon aus, wandelte es in einen C_{16}-Körper um und kondensierte zwei C_{16}-Moleküle mit einem C_8-Diketon. Den dabei erhaltenen C_{40}-Tetraol reduzierte er zu β-Carotin. Inzwischen sind eine ganze Reihe von Synthesewegen ermittelt worden, die sogar Carotinoide mit großer Ausbeute liefern, so daß sie in der Industrie angewendet werden. Eine Erleichterung der Synthesen erfolgte durch die Einführung der WITTIG-Reagentien (Alkylidenphosphorane s. →Ylide), die ISLER vornahm. Von ihm stammt auch stufenweise Aufbau durch die Vinyläthersynthese. Die Ausgangssubstanz ist ein Aldehyd →Oxoverbindungen, das zu einem Acetal umgewandelt wird. Das Acetal wird entweder mit Äthylvinyläther oder mit Äthylpropenyläther (zur Einführung der seitenständigen Methylgruppe) in Anwesenheit von $ZnCl_2$ behandelt. So wird die Polyen-Kette um 2 oder 3 C-Atome verlängert. Säurehydrolyse läßt einen Aldehyd entstehen, der wieder als Ausgangssubstanz dienen kann.

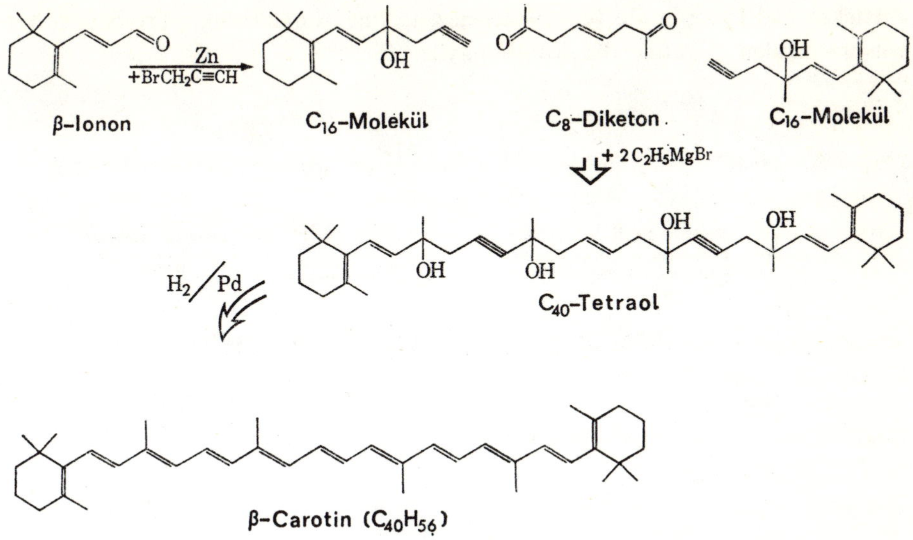

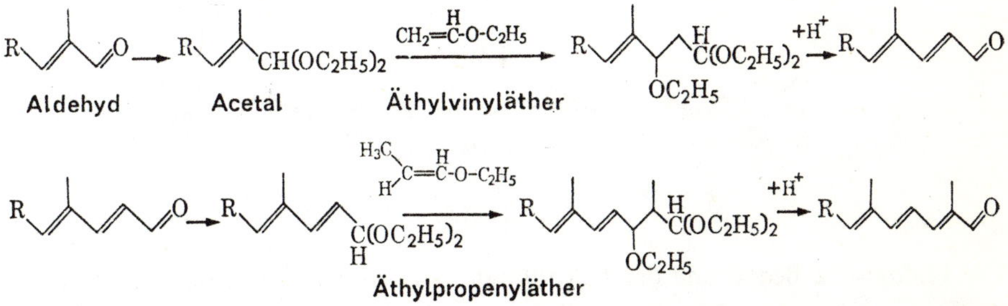

Polyene 2.

[β-Ionon] —Zn, +BrCH₂C≡CH→ [C_{16}-Molekül]   [C_8-Diketon]   [C_{16}-Molekül]

↓↑ +2 C_2H_5MgBr

C_{40}-Tetraol

H₂/Pd ↙

β-Carotin ($C_{40}H_{56}$)

Aldehyd → Acetal —$CH_2=\overset{H}{\underset{}{C}}$-O-$C_2H_5$ (Äthylvinyläther)→ R...$\overset{H}{C}(OC_2H_5)_2$, OC_2H_5 —+H⁺→ R...=O

R...=O → R...$\overset{H}{\underset{H}{C}}(OC_2H_5)_2$ —$\overset{H_3C}{\underset{H}{C}}=\overset{H}{\underset{}{C}}$-O-$C_2H_5$ (Äthylpropenyläther)→ R...$\overset{H}{C}(OC_2H_5)_2$, OC_2H_5 —+H⁺→ R...=O

Die biologische Synthese geht wie in vielen anderen Fällen von der aktivierten Essigsäure aus. Ein wichtiges Zwischenprodukt ist die *Mevalonsäure*, deren Aufbau aus Essigsäure durch Markierung mit radioaktivem Kohlenstoff nachgewiesen wurde. Aus der Mevalonsäure entsteht durch Decarboxylierung und Phosphorylierung *Iso-pentenylpyrophosphat* (IPP), der eigentliche „Isoprenbaustein". Durch Zusammenlagerung bildet sich daraus Geranylpyrophosphat (C_{10}), Farnesylpyrophosphat (C_{15}), Geranylgeranylpyrophosphat (C_{20}). Aus zwei Molekülen der letzten Verbindung entsteht durch Kopf-an-Kopf-Kondensation das C_{40}-Skelett der Carotinoide. Allerdings besitzt diese Verbindung noch nicht die große Zahl von Doppelbindungen, die schrittweise eingeführt werden. Der Mechanismus ist noch ungeklärt, molekularer Sauerstoff wird nicht immer benötigt. Die Dehydrierungen verlaufen über folgende Stufen (PORTER-LINCOLN-Weg): Phytoen(3)-Phytofluen (5)- ζ-Carotin (7)-Neurosporen (9)-Lycopin (11) (in Klammern die Anzahl der konjugierten Doppelbindungen). Durch Cyclisierung

Polyene 2.

entstehen aus Lycopin die verschiedenen Carotine, durch direkte Oxydation der entsprechenden Carotine die Xanthophylle.

Die biologische Bedeutung der Carotinoide liegt einmal darin, daß sie als Farbstoffe dienen, wobei sie z. T. an Proteine gebunden sind und so wasserlöslich werden (Chromoproteide), z. T. aber auch mit Carbonsäuren verestert als Farbwachse vorliegen. Am bekanntesten ist das Vorkommen einer Mischung von Carotinoiden in den grünen Blättern (20—40% Carotine und 60—80% *Xanthophylle*; bei den Carotinen hauptsächlich β-Carotin, 20—70 mg/100 g Trockenmasse). Die Carotinoide absorbieren sichtbares Licht sehr stark in dem Bereich, in dem Chlorophyll nicht absorbiert. Die Mitwirkung der Carotinoide bei der Photosynthese ist wahrscheinlich, aber noch nicht geklärt. Carotinoide in Blütenblättern und Früchten (höchstens 10% des Gesamtcarotinoidgehalts der Pflanze) sind z. T. artspezifisch und an der Photosynthese nicht beteiligt.

Auch im Tierreich sind Carotinoide als Farbstoffe weit verbreitet, die rote Farbe gekochter Krebse geht auf *Astaxanthin* zurück, das vorher als dunkelgrünes Chromoproteid vorlag. Auch die rote oder gelbe Färbung von Vogelfedern beruht auf Carotinoiden. In vielen Fällen, wenn nicht in allen, stammen sie aus der pflanzlichen Nahrung.

Polyene 2.

Die besondere Bedeutung der Carotine im Tierreich liegt aber darin, daß sie Vorstufen des →*Vitamins A* sind. Das gilt besonders für β-Carotin, das durch Wasseraufnahme in 2 Moleküle Vitamin A_1 gespalten wird. Aus dem Vitamin A wird der Sehpurpur aufgebaut.

Die anderen Carotine können nur z. T. in Vitamin A umgewandelt werden, da sie andere Strukturen am Molekülende tragen. Das α-Carotin, das eben so weit verbreitet ist wie β-Carotin, aber in geringerer Menge, trägt einen β-Iononring und einen α-Iononring (nicht konjugierte Doppelbindung im Ring). γ-Carotin (sehr selten) hat einen β-Iononring und eine nichtcyclische Struktur wie Lycopin. Das in Früchten (z. B. Tomate, Paprika u. a. m.) weit verbreitete Lycopin ist wegen seiner nichtcyclischen Struktur nicht in Vitamin A umzuwandeln.

Außer den erwähnten Carotinen, wie man im weiteren Sinn die Kohlenwasserstoffe der Carotinoide nennt, gibt es noch eine ganze Reihe, die entweder nur in sehr geringer Menge vorkommen oder nicht sehr weit verbreitet sind.

Als *Xanthophylle* bezeichnet man Carotinoide mit einer Sauerstoffunktion. Der Name Xanthophyll wird aber manchmal auch für einen Vertreter dieser Gruppe gebraucht, der von anderen Lutein oder Blattxanthophyll genannt wird. Es ist eines der am häufigsten vorkommenden Xanthophylle. Es tritt in allen grünen Teilen von Pflanzen und im Eidotter auf. Es ist 3,3′-Dihydroxy-α-carotin. Die entsprechende Verbindung, die sich vom β-Carotin ableitet und ebenfalls weit verbreitet ist, heißt Zeaxanthin (aus Mais isoliert). Sein Dipalmitinsäure→ester, der auch natürlich vorkommt, ist Physalien. Epoxidbildung an den Ringen wandelt Zeaxanthin in Antheraxanthin (Epoxidgruppe in einem Ring, aus Staubbeuteln isoliert) und Violaxanthin (von Stiefmütterchen) um.

Polyene 3.

Ebenfalls abzuleiten vom β-Carotin ist *Astaxanthin*, der Farbstoff, der bei Krebsen, Stachelhäutern und Fischen weit verbreitet ist. Es handelt sich um 3,3'-Dihydroxy-4,4'-diketo-β-carotin. Durch Oxydation in alkalischen Medien geht Astaxanthin in die Tetraketoverbindung über, das Astacin.

Teilstruktur von Astaxanthin $C_{40}H_{52}O_4$

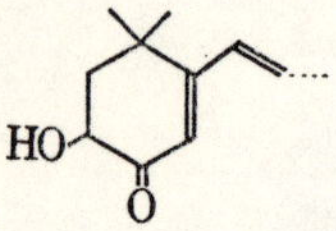

Teilstruktur von Astacin $C_{40}H_{48}O_4$

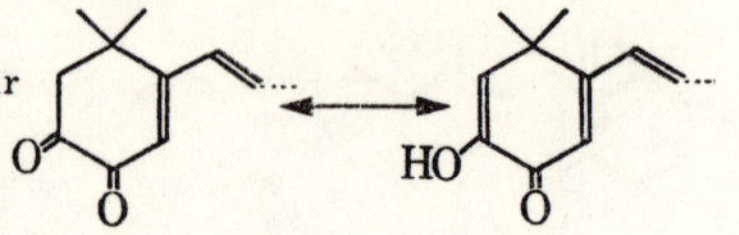

Natürliche Apocarotinoide sind u. a. *β*-Citraurin, ein Farbstoff der Orangenschale, und *Crocetin*, der Farbstoff der Safrankrokusnarbe.

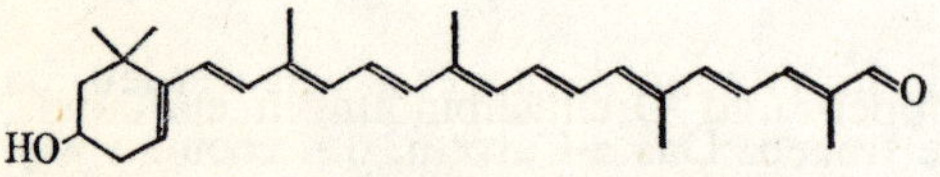

β-Citraurin $C_{30}H_{40}O_2$

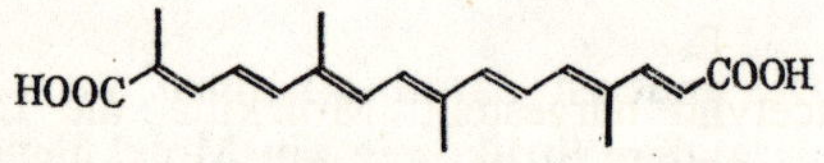

Crocetin $C_{20}H_{24}O_4$

3. *Polyene mit isolierten Doppelbindungen*

Von den Polyenen mit isolierten Doppelbindungen ist das *Squalen* ($C_{30}H_{56}$) das bekannteste, das natürlich vorkommt. Es wurde aus Lebertran isoliert. Seine Biosynthese verläuft entsprechend der Bildung der Carotine über Mevalonsäure und iso-Pentenylpyrophosphat zu Farnesylpyrophosphat. Zwei Moleküle dieser Verbindung kondensieren zu Squalen. Seine biologische Bedeutung liegt darin, daß es in das Sterangerüst übergeführt wird durch Cyclisierung.

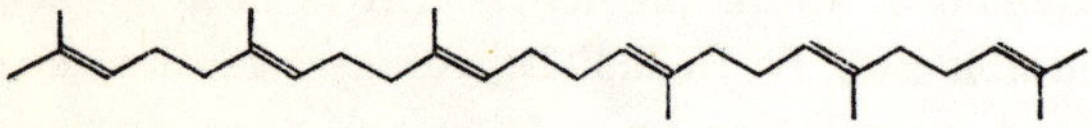

Squalen

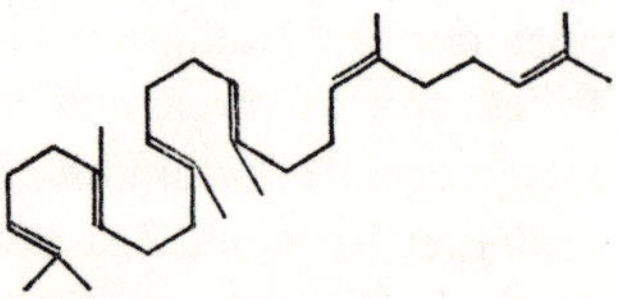

Squalen (Schreibweise zur Verdeutlichung des Übergangs zu →Steroiden)

Literatur

Rodd's Chemistry of Carbon Compounds, Bd. II B. — Elsevier Pub. Com., Amsterdam 1968
FODOR, G.: Organische Chemie, Bd. I. — VEB Dt. Verlag der Wissenschaften, Berlin 1965
KARRER, P. und JUCKER, E.: Carotinoide. — Birkhäuser, Basel 1948
ISLER, O.: Carotinoids. — Birkhäuser, Basel 1971
GOODWIN, T.: Comparative Biochemistry of Carotinoids. — Pergamon, London 1967

Polyester s. Polykondensation, Chemiefasern.

Polyine sind →Kohlenwasserstoffe, die mehr als eine Dreifachbindung (→Alkine) im Molekül enthalten. Konjugierte (Dreifach- und Einfachbindung abwechselnd) Di- und Polyine entstehen durch oxydative Kupplung von Alk-1-inen (GLASER-Reaktion) oder Entfernung von Halogenwasserstoff mit Natriumamid aus Dihalogenalkinen.

$$2R-C\equiv CH \xrightarrow{-2H} R-C\equiv C-C\equiv C-R$$
GLASER-Reaktion

$$R-\underset{Cl}{\overset{H}{C}}-[C\equiv C]_n-\underset{Cl}{\overset{H}{C}}-R' \xrightarrow{-2HCl} R-[C\equiv C]_{n+1}-R'$$

α, ω-Diine werden aus endständigen Dihalogenverbindungen mit Natriumacetylid hergestellt. Moleküle, die Doppel- und Dreifachbindungen enthalten, sind durch die GLASER-Reaktion oder die WITTIG-Reaktion (→Alkene) zugänglich. Polyine sind sehr instabil (Hexa-1,3,5-triin explodiert bei $-10°C$). Sie →polymerisieren leicht. Trotzdem kommen solche Verbindungen und ihre Derivate (Säuren) in der Natur vor, besonders häufig in sehr verdünnter Form in den Ölgängen von Doldengewächsen und Korbblütlern. Möglicherweise haben sie eine Schutzfunktion, da bei einigen eine antibiotische Wirkung festgestellt wurde.

$$H_3C-C\equiv C-C\equiv C-C\equiv C-C\equiv C-C\equiv C-CH=CH_2$$
Tridec-1-en-3,5,7,9,11-pentain isoliert aus Helipterum-Arten u. a. Korbblütlern

$$H-C\equiv C-C\equiv C-CH=C=CH-CH=CH-CH=CH-CH_2-COOH$$
Mycomycin aus Schimmelpilzen enthält Allenstruktur (→Diene), konjugierte Doppel- und Dreifachbindung

Literatur
Rodd's Chemistry of Carbon Compounds, Bd IA. — Elsevier Pub. Com., Amsterdam 1966
BOHLMANN, F.: Natürliche Acetylenverbindungen. — Chemie in unserer Zeit 3, 1969, 106

Polykondensation ist eine Methode zur Herstellung →makromolekularer Kunststoffe. Es ist eine Stufenreaktion (keine Kettenreaktion), bei der bi- oder oligofunktionelle Moleküle (Moleküle mit 2 oder mehreren reaktionsfähigen Gruppen) unter Abspaltung niedermolekularer Substanzen (Wasser, Ammoniak, Alkohol u. ä.) zusammentreten. Wegen des Austritts von Spaltstücken haben die makromolekularen Produkte nicht die gleiche Zusammensetzung wie die monomeren Ausgangsstoffe.

Ähnlich wie bei der →Polymerisation gibt es eine Copolykondensation (Kondensation zweier verschiedener Produkte), bei der verschiedene Verbindungen ein-

Polykondensation

gesetzt werden, um die Eigenschaften eines Produktes zu verändern. Die Anordnung der Monomeren erfolgt statistisch. Block- und Pfropfcopolykondensationen (→Polymerisation) sind von geringer Bedeutung. Pfropfcopolykondensationsreaktionen setzen polyfunktionelle Verbindungen voraus, bei denen aber bereits bei dem Aufbau des ersten Polykondensats Vernetzungsreaktionen eintreten. Die Bildung von Blockpolykondensaten wird dadurch erschwert, daß Kondensationen Gleichgewichtsreaktionen sind und die Bedingungen, die zwei Blöcke zusammenführen sollen, gleichzeitig für den Abbau der Einzelblöcke sorgen.

Einige wichtige Arten von Polykondensationsreaktionen und deren Produkte werden im folgenden aufgeführt.

Zu den ältesten Kunststoffen gehören die *Phenoplaste*, die aus Methanal (Formaldehyd) und Phenol (→Hydroxylderivate 3.) hergestellt werden. Sie werden als härtbare Preßmassen (*Bakelit*), als Lackrohstoffe (*Novolake*), Imprägniermittel und Gießharze eingesetzt.

Phenol und Methanal (Oxoverb. 1.1.4.) können in verschiedener Weise miteinander reagieren. So ist als erster Schritt die Anlagerung des Methanals an die aktivierte ortho- oder para-Stellung (→Substitution, elektrophil; →Benzol) des Phenols möglich. Dabei wird Phenolalkohol gebildet, der mit einem zweiten Molekül kondensieren kann, wobei Ätherbrücken entstehen. Bei Erhitzen über 160 °C wird Methanal abgespalten. Es treten Methylenbrücken auf, die auch durch direkte Reaktion zwischen Phenol und Phenolalkohol gebildet werden. Die letzte Reaktion spielt sich besonders bei Einwirkung von Säuren ab, wobei vermutlich Chinonmethid als Zwischenstufe auftritt.

Da das Phenolmolekül mehrere aktivierte Stellen (insgesamt 3) besitzt, lassen sich weitere Methanalmoleküle anlagern. So bildet sich stufenweise ein Makromolekül. Man unterbricht die Polykondensation bei bestimmten Molekülgrößen. Diese halbfesten Massen bezeichnet man als Resol. Im Gegensatz zu den →Polymerisaten, die beim Erhitzen weich werden (Thermoplaste), geht die Polykondensation der Phenolpaste bei Erhöhung der Temperatur wieder weiter (Duroplaste). Es kommt zu Vernetzungen. Dieser Vorgang bei den Phenoplasten wird als

Polykondensation

Härtung bezeichnet. Voraussetzung ist ein Überschuß an Methanal, so daß im wesentlichen Phenolalkohole gebildet wurden, die miteinander beim Erhitzen reagieren können. Das Produkt heißt Resit. Novolake werden mit einem Überschuß an Phenol hergestellt und enthalten Methylenbrücken, sind also nicht härtbar.

Copolykondensation von Phenolen mit Phenolen, die mit einer Sulfo- oder Carboxylgruppe (Säuregruppen) substituiert sind, ergeben feste Harze, die als Adsorbienten sauren Charakter haben. Bei Einbau von Phenolen mit Aminogruppen erhält man Substanzen mit basischem Charakter. Solche Produkte sind unter dem Handelsnamen Wofatite, Levatite u. a. als *Ionenaustauscher* gebräuchlich. Sie dienen zur Entsalzung (Enthärtung) des Wassers und anderer Lösungen. Härtbare Kunststoffe sind auch die *Aminoplaste*, die aus Methanal und Harnstoff (→Kohlensäurederivate 3.) unter Abspaltung von Wasser entstehen. Sie werden als Preßmassen für Geschirr (*Pollopas*), Lackrohstoffe und Klebstoffe (*Kaurit*) verwendet.

$$n H_2N-CO-NH_2 + n OCH_2 \rightarrow$$
　Harnstoff　　　Methanal

$$HOH_2C-(-HN-CO-NH-CH_2-)_{n-1}-NH-CONH_2 + n H_2O$$

Eine Vernetzung erfolgt durch die Reaktion des zweiten H-Atoms am Stickstoffatom. Sechs Möglichkeiten zur Reaktion mit Methanal hat Melamin (2,4,6-Triamino-1,3,5-triazin→Heterocyclen 2.3.), ein Trimeres des Cyanamids H_2N-CN:

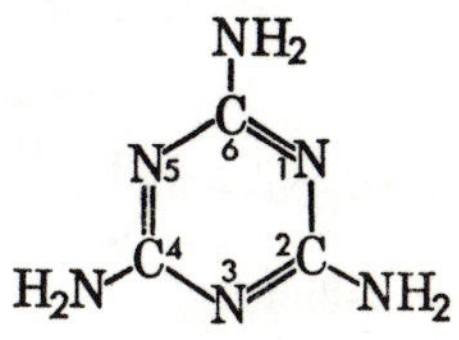

Auch die bekannte Kondensation zwischen einer Säure und einem Alkohol, die zu einem →Ester führt, ist für die Bildung von Makromolekülen eingesetzt worden. Bei Verwendung von Dicarbonsäuren und Dialkoholen (Glykole) entstehen in stufenweiser Reaktion Produkte, die als Endgruppen Carboxyl- und Hydroxylgruppen tragen und in weiteren Reaktionsschritten verestert werden können.

Polykondensation

$$HOOC-R-COOH + HO-R_1-OH \leftrightarrow$$
$$HOOC-R-COO-R_1-OH + H_2O$$

$$n\,HOOC-R-COOH + n\,HO-R_1-OH \rightarrow$$
Dicarbonsäure Dialkohol
$$HO-[OC-R-COO-R_1-O]_n-H + (2n-1)H_2O$$
Polyester

Der Nachteil besteht darin, daß die Reaktion umkehrbar ist, das Wasser sich also wieder anlagern kann (Hydrolyse), und sich ein Gleichgewichtszustand ausbildet. Die Polykondensation führt also zu einem Stillstand, während die Polymerisation ungehemmt sich abspielt. Polymerisate haben deshalb auch eine höhere Molekularmasse als Polykondensate. Durch Entfernung des Wassers wird das Gleichgewicht zugunsten der Esterbildung verschoben. Für die Entfernung des Wassers kann man eine höhere Temperatur (bis 250°C), Vakuum oder das Durchleiten eines inerten Gases einsetzen.

Da auch das Polyestermolekül noch reaktionsfähige Gruppen enthält, gibt man monofunktionelle Verbindungen dazu, die durch Blockierung der Endgruppen ein Weiterkondensieren verhindern. Auch Anwendung eines Überschusses eines Reaktionspartners führt zum gleichen Ziel. Solche Produkte sind aber auch für Blockcopolykondensation brauchbar.

Die aus bifunktionellen Verbindungen aufgebauten Polyester sind linear gebaut. Das Produkt aus Terephthalsäure und Äthan-1,2-diol (Äthylenglykol) ist hochkristallin, stabil gegen Hydrolyse, schmilzt bei 265°C und ist hervorragend zur Herstellung von Fasern (→Chemiefasern) geeignet. Es wird aus der Schmelze zu Fäden versponnen. Das Produkt ist unter der Bezeichnung *Terylen*, *Trevira*, *Diolen* u. a. im Handel. Die Herstellung des Polyesters erfolgt durch Umesterung aus dem Dimethylester wegen der Unlöslichkeit der freien Säure.

$$n\,H_3C-O-\overset{O}{\underset{}{C}}-\underset{}{\bigcirc}-\overset{O}{\underset{}{C}}-O-CH_3 + n\,HO-CH_2-CH_2-OH \rightarrow H_3C\left[-O-\overset{O}{\underset{}{C}}-\underset{}{\bigcirc}-\overset{O}{\underset{}{C}}-O-CH_2-CH_2-O\right]_n-H + (2n-1)CH_3OH$$

Terephthalsäure-   Äthan-1,2-diol
dimethylester

Bei Verwendung ungesättigter Dicarbonsäuren wie Maleinsäure oder ungesättigter Alkohole entstehen Polyester, deren Doppelbindungen für eine vernetzende Copolymerisation ausgenutzt werden kann. Man nimmt dafür Styrol. Die Produkte werden unter den Namen *Palatal* oder Leguval für Fahrzeugteile und Behälter benutzt.

Wird Glycerin (Propan-1,2,3-triol) als Alkoholkomponente eingesetzt, ist auch eine Vernetzung möglich. Mit Phthalsäure und ungesättigten Fettsäuren bilden sich Alkydharze, die als Lackbindemittel ausgezeichnete Eigenschaften besitzen, da die Vernetzung sowohl durch die Polykondensation als auch durch die Polymerisation der ungesättigten Fettsäuren zustande kommt. Ein Handelsname ist Glyptal.

Polyester mit guten mechanischen Eigenschaften (sie können genagelt und gesägt werden) und hohen Schmelztemperaturen (220°C) sind die Polykarbonate. Dabei wird die Kohlensäure als Dicarbonsäure ausgenutzt und mit 4,4'-Dioxydiphenylpropan verestert. Bei der Durchführung der Reaktion geht man von Phosgen aus, das, in Dichlormethan gelöst, an der Grenzfläche mit der Dioxyverbindung in der wäßrigen NaOH- Lösung reagiert. Das Produkt (Makrolon) dient zur Herstellung von Hausgeräten und Folien für Filme.

$$n\ HO-\underset{}{\bigcirc}-\underset{CH_3}{\overset{CH_3}{C}}-\underset{}{\bigcirc}-OH\ +\ n\ Cl-\overset{O}{\underset{}{C}}-Cl\ \xrightarrow[-(2n-1)NaCl]{+(2n-1)NaOH}\ H\left[-O-\underset{}{\bigcirc}-\underset{CH_3}{\overset{CH_3}{C}}-\underset{}{\bigcirc}-O-\overset{O}{\underset{}{C}}-O-\right]_n H$$

4,4'-Dioxydiphenylpropan   Phosgen

Eine andere Gruppe von Polykondensationsprodukten sind die *Polyamide* (→ Chemiefasern). Sie entstehen aus Dicarbonsäuren und Diaminen oder aus ω-Aminocarbonsäuren. Für die Kondensation gilt das gleiche wie für die Bildung der Polyester. Um genügend hohe Molekularmassen zu erreichen, müssen die Ausgangsprodukte im stöchiometrischen Verhältnis vorliegen. Bei der Herstellung von *Nylon* aus *Hexamethylendiamin* und *Adipinsäure* erreicht man dies durch die Bildung des Salzes der beiden Verbindungen, das gut gereinigt werden kann. Die Kondensation erfolgt unter den üblichen Bedingungen.

$H_2N-(CH_2)_6-NH_2 + HOOC-(CH_2)_4-COOH \rightarrow$
Hexamethylendiamin   Adipinsäure

$$H_2N-(CH_2)_6-\overset{H}{\underset{}{N}}-\overset{O}{\underset{}{C}}-(CH_2)_4-COOH + H_2O$$

$n\ H_2N-(CH_2)_6-NH-CO-(CH_2)_4-COOH \rightarrow$
$\quad H[HN-(CH_2)_6-NH-CO-(CH_2)_4-CO]_nOH + (n-1)H_2O$
      Nylon

Perlon wird aus Caprolactam hergestellt. *Caprolactam* ist eine Ringverbindung, die sich durch Kondensation aus ε-Aminocapronsäure bildet. Das Makromolekül entsteht dann nicht mehr durch Polykondensation, da kein Wasser mehr abgespalten werden muß, sondern es ist eher eine Polymerisation, der die Aufspaltung des Rings durch geringe Mengen Wasser vorhergeht.

Polykondensation

$$H_2N-(CH_2)_5-COOH \rightarrow \begin{array}{c} CH_2-CH_2-CH_2 \\ | \quad\quad\quad\quad\quad \diagdown \\ \quad\quad\quad\quad\quad\quad N-H \\ | \quad\quad\quad\quad\quad \diagup \\ CH_2-CH_2-C \\ \| \\ O \end{array} \rightarrow \begin{array}{c} H \quad\quad\quad\quad O \\ | \quad\quad\quad\quad\quad \| \\ \cdot N-(CH_2)_5-C\cdot \end{array}$$

ε-Aminocapronsäure Caprolactam

Zur Verhinderung weiterer Kondensationen der reaktionsfähigen Endgruppen wird Essigsäure zugesetzt, die die Aminogruppen blockiert.

Vernetzungen sind nicht nötig. Das Produkt ist bereits weitgehend kristallin. Das beruht auf der Bildung von →Wasserstoffbrücken zwischen den Makromolekülen.

Die bindende Gruppe $\begin{array}{c} H \ O \\ | \ \| \\ -N-C- \end{array}$ entspricht der bindenden Gruppe in den Proteinen (Peptidbindung →Aminosäuren). Auch bei den Proteinen ist die räumliche Struktur durch die Wasserstoffbrücken stabilisiert.

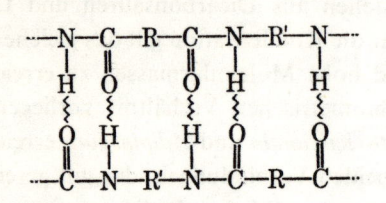

$$\begin{array}{c} ---N-C-R-C-N-R'-N--- \\ \quad\quad | \ \| \quad\quad \| \ | \quad\quad | \\ \quad\quad H \ O \quad\quad O \ H \quad\quad H \\ \quad\quad \S \quad\quad\quad \S \quad\quad\quad \S \\ \quad\quad O \ H \quad\quad H \ O \quad\quad O \\ \quad\quad \| \ | \quad\quad | \ \| \quad\quad \| \\ ---C-N-R'-N-C-R-C--- \end{array}$$

Diese zwischen-molekularen Bindungen bewirken, daß die Polyamide einen relativ hohen Schmelzpunkt haben (255°C bei Nylon) und in organischen Lösungsmitteln unlöslich sind. Sie werden deshalb aus der Schmelze versponnen, die Gewebe sind bügelfest. Außer Fasern werden aus Polyamiden Preßmassen und Folien hergestellt.

Sind die bisher erwähnten Polykondensate Kohlenstoffverbindungen — wenn auch z. T. mit Brücken aus Fremdatomen (O bei Estern, N bei Polyamiden) —, so spielen bei den folgenden Produkten organische Verbindungen eine untergeordnete Rolle.

Thiokole sind Kondensationsprodukte aus Dihalogenalkylen und Natriumpolysulfiden. NaCl wird bei der Kondensation in wäßriger Lösung abgespalten. Bei der Nachbehandlung wird ein Teil des Schwefels mit NaOH entfernt. Thiokole sind →kautschukartige Kunststoffe, die in der Ölfestigkeit den Bunasorten überlegen sind. Da Temperaturbeständigkeit und Elastizität nur gering sind, werden sie als Dichtungsmaterial eingesetzt.

Polymerisation

$nCl-CH_2-CH_2-Cl + nNa_2S_4 \rightarrow$
1,2 Dichloräthan　　　Na polysulfid

$$Cl-[CH_2-CH_2-S-S-]_nNa + (2n-1)NaCl$$
$$\overset{\|}{S}\;\overset{\|}{S}$$
Thiokol

Bei den Polysiloxanen (*Silikone*) bilden Silicium- und Sauerstoffatome abwechselnd die Kette des Makromoleküls. Die Siliciumatome sind noch mit Alkyl- oder Arylgruppen verbunden. Silikone werden aus Alkylchlorsilanen hergestellt. Durch Hydrolyse bilden sich Silanole, die in der Wärme kondensieren.

$$Cl-\underset{R}{\overset{R}{Si}}-Cl \xrightarrow[-2HCl]{+2H_2O} HO-\underset{R}{\overset{R}{Si}}-OH$$
　　　Chlorsilan　　　　　　　Silanol

$$n\,HO-\underset{R}{\overset{R}{Si}}-OH \rightarrow H\left[O-\underset{R}{\overset{R}{Si}}-O\right]H + (n-1)H_2O$$
$$R = -CH_3 \text{ o.ä.}$$
　　　　　　　　　　Silikon

Kettenabbrechend wirkt Trimethylchlorsilan. Bei Zugabe entsprechender Mengen dieser Verbindung entstehen niedermolekulare Kondensationsprodukte, die als Silikonöl Verwendung finden. Silicongummi bildet sich aus Fadenmolekülen mit geringer Vernetzung, wie sie aus Dichlorsilanen entstehen. Vernetzungen treten auf, wenn das trifunktionelle Methyltrichlorsilan in beträchtlicher Menge benutzt wird. Das Endprodukt ist ein Siliconharz, das für Einbrennlacke und Isoliermittel verwendet wird. Silikone sind sehr temperaturbeständig und werden entsprechend eingesetzt.

Literatur
HOUWINK, R. u. STAVERMAN, A.: Chemie und Technologie der Kunststoffe, Bd. I. — Akademische Verlagsges., Leipzig 1962
RUNGE, F.: Einführung in die Chemie und Technologie der Kunststoffe. — Akademie-Verlag, Berlin 1963
HAMANN, K.: Chemie der Kunststoffe. — Gruyter Verlag, Berlin 1960

Polymerisation nennt man das Verfahren zur Herstellung von →Makromolekülen (Molmasse über 10^4), bei dem ungesättigte kleine Moleküle (sog. Monomere) in einer Kettenreaktion sich verbinden. Da keine Moleküle wie bei →Polykondensation abgespalten werden, hat das Polymerisat die gleiche Verhältnisformel wie

Polymerisation

die monomere Ausgangssubstanz (unter Vernachlässigung der Endgruppen). Das gilt auch für die →Polyaddition, bei der aber die Reaktionsschritte unabhängig von den vorhergehenden sind. Dieses Verfahren, wie auch die beiden anderen erwähnten, ist von außerordentlicher technischer Bedeutung. Sie werden zur Herstellung der Kunststoffe eingesetzt. Die Kunststoffe haben heute einen wesentlichen Anteil an der Wachstumsrate der chemischen Industrie.

Die Voraussetzung für die Polymerisierbarkeit einer Verbindung ist das Vorhandensein mindestens einer C=C-Bindung. In der Regel handelt es sich um →Vinyl- oder Äthylidenverbindungen, deren Polymerisation

$$H_2C=C\diagup^H_X \qquad H_2C=C\diagup^X_Y$$

Vinylderivat   Äthylidenderivat

durch Initiatoren ausgelöst werden müssen. Die Auslösung kann radikalisch, kationisch oder anionisch erfolgen. Jede Polymerisation läuft als *Kettenreaktion* in drei Stufen ab: 1. Startreaktion, 2. Wachstumsreaktion (Propagation), 3. Abbruchreaktion (Termination).

Für die Startreaktion der →Radikalreaktion werden →Radikale benötigt. Durch Wärme läßt sich eine Radikalbildung und damit eine Polymerisation nur bei Styrol direkt erreichen. Die häufigste Art, die Kettenreaktion auszulösen, ist der Zusatz von Stoffen, die bei den Reaktionsbedingungen zu Radikalen zerfallen. Man setzt dazu u. a. Peroxide (Dibenzoylperoxid (1), Ditert.-butylperoxid) oder Azoverbindungen (Azo-bis-isobutyronitril (2)) ein.

1) Ph-C(O)-O-O-C(O)-Ph ⟶ 2 Ph-C(O)-O• ⟶ 2 Ph• + 2 CO_2

2) $(CH_3)_2\underset{CN}{C}-N=N-\underset{CN}{C}(CH_3)_2$ ⟶ N_2 + 2 $H_3C-\underset{CN}{\overset{CH_3}{C}}•$

Der Zerfall der Peroxide wird durch Reduktionsmittel beschleunigt. Man spricht dann von der Redoxkatalyse. FENTONS-Reagens ($Fe^{2+} + H_2O_2$) ist ein bekanntes Beispiel für diesen Vorgang, bei dem Fe^{3+}, OH^- und $•OH$ entstehen.

In der Startreaktion wird durch das Radikal die Doppelbindung des Monomers so aktiviert, daß in der Wachstumsreaktion weitere Monomere angelagert werden können.

Polymerisation

$$R\cdot + CH_2=CH_X \rightarrow R-CH_2-\underset{X}{\overset{H}{C}}\cdot \xrightarrow{+nCH_2=CH_X} R[-CH_2-CH_X-]_nCH_2-\underset{X}{\overset{H}{C}}\cdot$$

Startreaktion   Wachstumsreaktion

Es bildet sich ein linears Makromolekül, dessen Substituenten regelmäßig in 1,3-Stellung stehen, da die unsymmetrische Substitution am Monomeren polarisierende Wirkung hat.

Ein Abbruch der Kettenreaktion kommt durch Kombination oder Disproportionierung zustande.

Kombination

$$R(CH_2-CHX)_n-CH_2-\underset{X}{\overset{H}{C}}\cdot + \cdot\underset{X}{\overset{H}{C}}-CH_2-(CHX-CH_2)_mR \rightarrow$$

$$R-(CH_2-CHX)_{n+1}-(CHX-CH_2)_{m+1}-R$$

Disproportionierung

$$R(CH_2-CHX)_n-CH_2-\underset{X}{\overset{H}{C}}\cdot + R(CH_2-CHX)_m-CH_2-\underset{X}{\overset{H}{C}}\cdot \rightarrow$$

$$R(CH_2-CHX)_nCH_2-CH_2X + R(CH_2-CHX)_m-\overset{H}{C}=C\diagdown_X^H$$

Bei der Disproportionierung bildet sich durch Übertragung eines H-Atoms ein gesättigtes und ein ungesättigtes Molekül aus. Bei Polymerisationen ohne Lösungsmittel (in Substanz) tritt der TROMMSDORFF-NORRISH-Effekt (*Gel-Effekt*) auf: Auf Grund der Erhöhung der Viskosität das Reaktionsmediums kommt es zu einer Verringerung der Abbruchgeschwindigkeit, damit zu einem explosionsartigen Anwachsen der Reaktionsgeschwindigkeit und zu einer Erhöhung des Polymerisationsgrades. Die Diffusion der Monomeren wird durch die Viskosität nicht behindert, nur die der Makroradikale.

Eine Beendigung des Kettenwachstums stellt auch die *Übertragungsreaktion* dar. Da aber dabei ein neues Radikal gebildet wird, läuft die Kettenreaktion weiter. Die Übertragungsreaktion kann mit Monomeren, Polymeren, Lösungsmittelmolekülen oder Zusatzstoffen erfolgen. Die durchschnittliche Molmasse des Polymerisates wird herabgesetzt. Durch die Reaktion mit Polymeren können

Polymerisation

verzweigte Produkte entstehen, da die Radikalbildung nicht am Ende des Moleküls stattfinden muß. Technisch werden Zusatzstoffe wie Mercaptane als Regler für die Molekülgröße eingesetzt. Beschränkt man dabei die Polymerisation auf einige Reaktionsschritte, spricht man von *Telomerisation*.

Übertragungsreaktion $\quad R-(M)_n-M\cdot + XY \rightarrow R-(M)_n-MX + Y\cdot$

Kettenwachstum $\quad Y\cdot + M \rightarrow Y-M\cdot \xrightarrow{+nM} Y-(M)_n-M\cdot$

R = Startradikal, M = Monomeres, XY = zur Radikalbildung fähiges Molekül

Während bei der Übertragungsreaktion die Polymerisationsgeschwindigkeit nicht wesentlich verändert wird, bewirken Verbindungen wie Chinone, Nitroderivate, Phenole u. a. eine Hemmung der Polymerisation, da die gebildeten Radikale keine Monomeren anlagern. Solche Substanzen werden Inhibitoren genannt. Sie verhindern z. B. spontane Polymerisation.

Die Reaktionsbedingungen beeinflussen den Ablauf der Radikalpolymerisation. Der Polymerisationsgrad steigt mit sinkender Temperatur, mit abnehmender Radikalkonzentration und mit steigender Monomerenkonzentration.

Eine Reihe ungesättigter Verbindungen, z. B. 2-Methylprop-1-en (Isobutylen), lassen sich nicht radikalisch polymerisieren. Die Substituenten polarisieren die Doppelbindung des Monomers und entscheiden, ob Kationen oder Anionen Auslöser der Kettenreaktion sind. Diese Ionenkettenpolymerisationen laufen auch noch bei Temperaturen unter 0°C ab — im Gegensatz zum radikalischen Mechanismus. Sie werden vom Lösungsmittel beeinflußt: je größer die Dielektrizitätskonstante, desto schneller die Polymerisation. Radikalische Inhibitoren sind natürlich wirkungslos.

Nach dem kationischen Mechanismus polymerisieren Isobutylen, Styrol, Butadien und Vinyläther. Die Substituenten stoßen das π-Elektronenpaar ab, so daß das nicht substituierte C-Atom eine negative Ladung im mesomeren Zustand erhält. Als Auslöser wirken Säuren oder FRIEDEL-CRAFTS-Katalysatoren ($TiCl_4$, BF_3, $AlCl_3$), letzere aber nur in Anwesenheit eines protonenhaltigen Cokatalysators, wie Wasser oder Alkohol. Dabei wird ein Komplex gebildet, der ein Proton an das negativ geladene C-Atom lagert, so daß ein *Carbonium-Ion* entsteht. In der Wachstumsreaktion lagern sich weitere Monomere an das Carbonium-Ion an. Ein Kettenabbruch findet durch Abspaltung eines Protons aus der Methylengruppe oder Addition eines negativ geladenen Ions aus dem Katalysator statt. Diese Abbruchreaktion stellt eigentlich eine Übertragungsreaktion dar, da der Katalysator zurückgebildet wird. Bei der zweiten Möglichkeit für einen Kettenabbruch wird der Katalysator verbraucht.

Polymerisation

Bildung des Katalysators:

$$BF_3 + HX \rightarrow H^+[BF_3X]^-$$

Startreaktion:

$$CH_2=\underset{CH_3}{\overset{CH_3}{C}} \longrightarrow H_3C-\underset{CH}{\overset{CH_3}{C^+}} \xrightarrow[\text{Wachstum}]{+CH_2=C(CH_3)_2} H_3C-\underset{CH_3}{\overset{CH_3}{C}}-CH_2-\underset{CH_3}{\overset{CH_3}{C^+}}$$

Abbruchreaktion:

$$(CH_3)_3C-(CH_2-C(CH_3)_2)_n-CH_2-\underset{CH_3}{\overset{CH_3}{C^+}} \rightarrow$$

$$H^+ + (CH_3)_3C-(CH_2-C(CH_3)_2)_n-CH=\underset{CH_3}{\overset{CH_3}{C}}$$

Eine anionische Auslösung finden wir besonders bei Verbindungen, deren Substituenten das Elektronenpaar anziehen, z. B. Nitro-, Nitril-, Carboxyalkylgruppen. In der mesomeren Form wird das nicht substituierte C-Atom positiv geladen. Hier können Anionen angreifen wie OH^-, NH_2^-, Alkoholationen u. a. Es entsteht ein *Carbanion*, das in der Wachstumsreaktion weitere Monomere anlagert. Die Reaktionskette bricht ab, wenn ein Proton addiert wird.

Startreaktion:

$$CH_2=CHNO_2 + OH^- \rightarrow \underset{OH\ \ NO_2}{CH_2-\overset{H}{\underset{|}{C^-}}}$$

Wachstumsreaktion:

$$\underset{OH\ \ NO_2}{CH_2-\overset{|}{C^-}H} + \underset{NO_2}{CH_3=\overset{|}{CH}} \rightarrow \underset{NO_2\ \ OH\ \ NO_2\ \ \ \ NO_2}{CH_2-CH-CH_2-C^-H}$$

Eine Polymerisation mit Hilfe →metallorganischer Verbindungen, wie die von →Butadien mit →GRIGNARD-Verbindungen, läßt sich anionisch formulieren. Vermutlich verläuft auch die Butadienpolymerisation mit Na über einen anionischen Mechanismus (Buna als Produkt →Kautschuk).

Polymerisation

Außer den ungesättigten Verbindungen können auch einige Ringverbindungen polymerisiert werden, die im Ring ein Heteroatom enthalten. Der Ring wird bei der Startreaktion geöffnet. Es entstehen dann Makromoleküle, deren Ketten in regelmäßigen Abständen Heteroatome enthalten, vorwiegend Sauerstoff und Stickstoff. Die Polymerisation dieser Ringverbindungen verläuft nach ionischen Mechanismen, vorwiegend nach dem kationischen. Beispiele für solche Ringverbindungen sind:

$$\underset{\substack{\text{Äthenoxid}\\ \rightarrow \text{Äther 2.1}}}{\underset{O}{CH_2\!-\!CH_2}} \qquad \underset{\text{Äthenimin}}{\underset{\underset{H}{N}}{CH_2\!-\!CH_2}} \qquad \underset{\text{1,2-Propenoxid}}{\underset{O}{CH_2\!-\!CH\!-\!CH_3}} \qquad \underset{\substack{\text{Tetrahydrofuran}\\ \rightarrow \text{Äther 2.2}}}{\underset{O}{H_2CCH_2 \atop H_2CCH_2}}$$

Der Mechanismus für die kationische Polymerisation von Äthenoxid (Epoxid) läuft folgendermaßen ab:

$$H^+ + \underset{\underset{O}{\diagdown\diagup}}{CH_2\!-\!CH_2} \rightarrow \underset{\text{Startreaktion}}{HO\!-\!CH_2\!-\!H_2C^+} \xrightarrow{\underset{O}{\overset{CH_2-CH_2}{\diagdown\diagup}}}_{\text{Wachstumsreaktion}}$$

$$HO\!-\!CH_2\!-\!CH_2\!-\!O\!-\!CH_2\!-\!H_2C^+$$

Eine Polymerisation, deren Mechanismus noch nicht aufgeklärt ist, ist die von ZIEGLER entdeckte Form mit aluminiumorganischen Mischkatalysatoren. Sie ist von Bedeutung für die stereospezifische Polymerisation, die auf Arbeiten NATTAS zurückgeht.

In den Polymerisaten, die aus Vinylverbindungen hergestellt werden, sind die substituierten C-Atome asymmetrisch (→Isomerie 2.). Für jedes dieser C-Atome sind 2 spiegelbildliche Konfigurationen möglich. Sind beide in der Kette unregelmäßig verteilt (statistisch), so bezeichnet man den Zustand als *ataktisch*. Liegen alle asymmetrischen C-Atome einer Kette in der gleichen Konfiguration vor, nennt man sie *isotaktisch*. Bei regelmäßigem Wechsel zwischen den beiden Konfigurationen heißt der Zustand syndiotaktisch. Die Substituenten befinden sich dann abwechselnd einmal über, einmal unter der Ebene der C-Atomkette. Bei isotaktischen Polymeren sind die Substituenten nach einer Seite ausgerichtet. Für 1,2-disubstituierte Monomere ($CHX = CHY$) müssen die Definitionen erweitert werden. Liegen beide Gruppen auf der gleichen Seite, bezeichnet man es threo-di-isotaktisch, im anderen Fall als erythro-di-isotaktisch (s. →Isomerie). Die regelmäßig gebauten taktischen Polymere unterscheiden sich von den ataktischen durch eine größere Dichte, eine hohe Kristallinität, gute mechanische

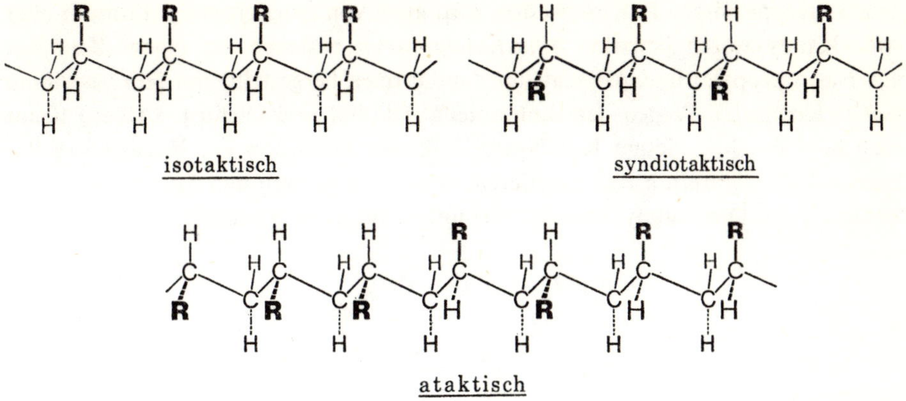

Polymerisation

[Strukturformeln: isotaktisch, syndiotaktisch]

[Strukturformel: ataktisch]

Eigenschaften und einen wesentlich höheren Erweichungspunkt (ataktisches Polystyrol 85—90°C, isotaktisches Polystyrol 230°C).

Die von ZIEGLER entwickelten organischen Mischkatalysatoren sind als Katalysatoren für die Niederdruckpolymerisation des →Äthens eingesetzt worden. Erst später entdeckte NATTA mit ihnen die stereospezifische Polymerisation. Die Katalysatoren entstehen aus Titantetrachlorid und Aluminiumtrialkylverbindungen — es können aber auch alle anderen Übergangsmetalle der Gruppen IV — VIII genommen werden. Über den Ablauf der Reaktion gibt es verschiedene Auffassungen. Man vermutet, daß es eine Art anionischer Polymerisation ist. Die beiden Grundsubstanzen des ZIEGLER-*Katalysators* sind allein unwirksam. Aus beiden Komponenten bildet sich wahrscheinlich ein Komplex, in dem Titan alkyliert ist und eine Alkylgruppe eine Brücke zwischen Titan und Aluminium schlägt. Das Aluminium fungiert auch als Elektronenakzeptor und ruft beim Titan einen Elektronenmangel hervor, der dessen Fähigkeit zur Komplexbildung erhöht. Der Einbau der polarisierten Monomeren erfolgt nach NATTA durch Einschub am Katalysatorkomplex. Nach anderer Auffassung wird das Titan durch die Aluminiumverbindung reduziert, wird dadurch positiver Teil eines Komplexes, dessen negativ geladenes Komplexion die Wachstumsreaktion durchführt. Als Beispiel ist das Schema nach NATTA angeführt:

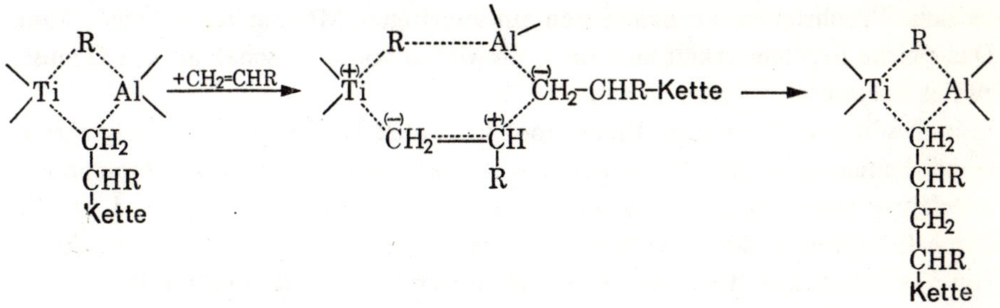

[Reaktionsschema]

Polymerisation

Eine stereospezifische Polymerisation wird auch von fein verteiltem Lithium oder Alfin-Katalysatoren bewirkt. *Alfin-Katalysatoren* bestehen aus einem Komplex aus Na-isopropylat und Allylnatrium (aus Propen hergestellt) mit fein verteiltem NaCl (Kochsalz). Wegen der Bestandteile Alkohol und Olefin (→Alken) nennt man es Alfin. Mit diesem Katalysator läßt sich besonders gut Butadien zu der trans-1,4-Konfiguration polymerisieren, aber auch Isopren und Styrol (→Benzolkohlen. 1.2.). Der Katalysator hat vermutlich folgende Struktur:

$$\begin{array}{c} CH_3 \quad Na^{(+)} \cdots\cdots CH_2 \\ | \qquad\qquad\qquad\qquad \backslash \\ H-C-O \qquad\qquad\quad C-H \\ | \qquad\qquad\qquad\qquad / \\ CH_3 \quad Na^{(+)} \text{---} CH_2 \end{array}$$

Na-isopropylat   Allylnatrium

Gibt man zwei oder mehr ungesättigte Verbindungen mit polymerisationsauslösenden Substanzen zusammen, können Makromoleküle entstehen, die alle Monomeren als Grundbausteine enthalten. Das ist die Copolymerisation (Mischpolymerisation). Von der Polymerisationsfähigkeit einer Verbindung kann nicht auf ihre Neigung geschlossen werden, Copolymerisate zu bilden. Maleinsäureanhydrid polymerisiert selbst nicht, geht aber u. a. mit Styrol im Verhältnis 1:1 ein Copolymerisat ein. Styrol und Vinylacetat, die leicht polymerisieren, copolymerisieren nicht, aber bei einem Zusatz von Acrylsäureester entsteht ein Makromolekül mit allen drei Substanzen als Grundbausteine. Das Mengenverhältnis im Copolymerisat steht im Zusammenhang mit der Zusammensetzung des Monomerengemisches, aber es entspricht meist nicht diesem Mischungsverhältnis. Die Eigenschaften der Copolymerisate werden von den Grundbausteinen beeinflußt.

In der Regel ist die Verteilung zweier Monomere in einem Makromolekül statistisch, in wenigen Fällen alternierend. In den letzten Jahren sind Methoden entwickelt worden, Copolymerisate mit einer langen Folge der einzelnen Monomeren herzustellen. Diese Formen nennt man Blockcopolymerisate. Sie lassen sich z. B. gewinnen durch Ultraschallabbau von Makromolekülen. Dabei entstehen radikalische Bruchstellen, an denen sich ein zugefügtes Monomeres anlagern kann. Das gleiche Ergebnis erhält man beim Einwirken von Ultraschall auf ein Gemisch zweier Polymerer.

Eine besondere Form des Blockcopolymerisates ist das Pfropfcopolymerisat, wobei Seitenzweige des Monomeren B an die Stammkette des Monomeren A angelagert sind. Pfropfcopolymerisation (Graftcopolymerisation) wird erreicht durch Einführen reaktiver Gruppen (Peroxide) an der Stammkette. Beim Einbau von Vinylbromid in die Stammkette lassen sich bei UV-Bestrahlung Bromatome abspalten. An die entstandenen Radikalstellen können andere Monomere angelagert werden. Die Pfropfpolymerisation ist ein Sonderfall der Verzweigung von Homopolymeren (nur aus einem Baustein aufgebaut), die durch Kettenübertragung auf ein bereits fertiges Makromolekül entsteht.

Pfropf- und Blockcopolymerisate haben andere Eigenschaften als die Copolymerisate, deren Grundbausteine unregelmäßig angeordnet sind. So löst sich z. B. ein Blockcopolymerisat sowohl in polaren als auch in unpolaren Lösungsmitteln, wenn es aus einem hydrophilen (wasserlöslich) und einem hydrophoben (fettlöslich) Monomeren aufgebaut ist.

Lineare und verzweigte Makromoleküle zeigen in der Regel eine gewisse Löslichkeit und sind schmelzbar. Durch dreidimensionale Vernetzung verlieren die Polymere Löslichkeit und Erweichungsfähigkeit. Eventuell sind sie begrenzt quellbar. Vernetzungen treten ein bei der Polymerisation polyfunktioneller Verbindungen (eine Doppelbindung ist eine bifunktionelle Gruppe im Sinne der Polymerisation, da sie nur eine Reaktion nach zwei Seiten ermöglicht, also lineare Produkte liefert) oder durch Umsetzungen an linearen Makromolekülen, die zur Verknüpfung dieser Ketten führen.

Ein klassisches Beispiel für die Verknüpfung linearer Moleküle ist die Vulkanisation des →Kautschuks (1839 von GOODYEAR entdeckt). Schwefelbrücken verbinden die Kautschukmakromoleküle, so daß aus einer plastischen Masse hochelastischer Gummi wird. Ähnlich wie bei der Bildung von Pfropfpolymerisaten können durch energiereiche Strahlen Radikalstellen an Makromolekülen entstehen, die zu Vernetzungsbrücken führen.

Das einfachste Beispiel für eine polyfunktionelle Verbindung ist Buta→dien, dessen zwei Doppelbindungen mit fortschreitender Polymerisation zur Verzweigung und Vernetzung führen. Noch leichter polymerisiert p-Divinylbenzol zu vernetzten Produkten, auch bei Copolymerisation. Dabei kann man durch die Menge des zugesetzten Divinylbenzols den Vernetzungsgrad bestimmen.

Technisch bestehen verschiedene Möglichkeiten für die Polymerisation. Bei der Polymerisation in Substanz arbeitet man ohne Zusatz eines Lösungsmittels. Wegen der schwierigen Wärmeabfuhr entstehen leicht inhomogene Produkte. Diese Schwierigkeit wird bei der Lösungspolymerisation umgangen, da das Lösungsmittel die Polymerisationswärme abführt. Aber das Produkt ist nicht rein zu gewinnen, da es Reste vom Lösungsmittel festhält. Deshalb wendet man dieses Verfahren dann an, wenn das Polymerisat mit dem Lösungsmittel zusammen weiterverarbeitet wird, z. B. bei der Herstellung von Lacken, Kleber, Imprägnierungsmitteln.

Im Gegensatz zu diesen Polymerisationen in homogener Phase stehen die Suspensions- und Emulsionspolymerisation, bei denen der Polymerisationsansatz heterogen ist. Die Suspensionspolymerisation entspricht der Polymerisation in Substanz,

Polymerisation

nur wird das Monomere durch starkes Rühren in Form von Tröpfchen in einem nichtlösenden Medium suspendiert. Die Polymerisation findet in den Tröpfchen statt. Deshalb muß der Katalysator im Monomeren löslich sein. Stabilisatoren verhindern das Zusammenballen der allmählich festwerdenden Teilchen. Das Polymerisat fällt in Perlform an und besitzt eine relativ einheitliche Molmasse. Die Emulsionspolymerisation unterscheidet sich dadurch, daß das Monomere mit Hilfe von Seife oder anderen Emulsionsmitteln (Detergentien) in der wäßrigen Phase fein verteilt wird. Es lassen sich dabei große Polymerisationsgeschwindigkeiten erzielen und damit verbunden höhermolekulare Produkte (*Geleffekt*). Das Polymerisat kann durch Koagulation gewonnen werden.

Ausgangssubstanzen zur Herstellung der Monomeren sind Steinkohle, →Äthin (Acetylen) und neuerdings in immer größeren Maße Erdöl und Erdgas (→Petrochemie) Einige bekannte Polymerisationsprodukte sind in der Tabelle aufgeführt (nach RUNGE):

Name (des Monomeren)	Formel des Monomeren	Handelsnamen u. a.	Verwendung u. a.
Polyäthylen (→Äthen)	$CH_2=CH_2$	*Lupolen H, Hostalen*	Folien, Flaschen, Geschirr, Seile
Polyisobutylen (2-Methylprop-1-en)	$CH_3-C(CH_3)=CH_2$	Oppanol B	Isolierung, Auskleidung, Kleber
Polystyrol (Vinylbenzol) →Benzolkohlenwasserst. 1.2.	$CH(C_6H_5)=CH_2$	Polystyrol Trolitul	Isolierung, Knöpfe, Kämme, Becher, Buna S mit Butadien
Polybutadien	$CH_2=CH-CH=CH_2$	*Buna*	Kunst→kautschuk Perbunan mit Acrylnitril
Polyvinylchlorid PVC (Monochloräthen)	$CHCl=CH_2$	Decelith Ekalit *Rhovyl Mipolam*	Rohre, Platten, Auskleidungen, Isolierung Stiefel, Handschuhe Fußbodenbelag, Kunstfaser
Polyvinylidenchlorid (1,1-Dichloräthen)	$CCl_2=CH_2$	Saran	Kunstfaser, Imprägnierung
Polytetrafluoräthen	$F_2C=CF_2$	*Hostaflon Teflon*	Auskleidung, Isolierung
Trifluorchloräthylen	$F_2C=CFCl$	*Hostaflon*	Dichtungen, Lagerschale Rohre
Polyvinylacetat	$CH(OCOCH_3)=CH_2$	*Mowilith* Vinnapas	Schläuche, Fußbodenbelag, Lackrohstoff

Polymolekularität

Name (des Monomeren)	Formel des Monomeren	Handelsnamen u. a	Vervundung u. a.
Polyvinylalkohol	$CH{=}CH_2$ $\mid$ OH	Polyviol Vinarol	Textilhilfsmittel, Emulgiermittel
Polyvinyläther	$CH{=}CH_2$ $\mid$ OR	Igevin Lutonal	Kleber, Lackrohstoff Textilhilfsmittel
Polyacrylsäureester	$CH{=}CH_2$ $\mid$ $COOR$	Plexigum	Lackrohstoff, Isolierung
Polyacrylnitril	$CH{=}CH_2$ $\mid$ CN	*PAN, Orlon*	→Chemiefaser
Polymethacrylat	CH_3 $\mid$ $C{=}CH_2$ $\mid$ $COOR$	*Plexiglas*	organisches Glas, Zahn- prothesen
Polyoxymethylen (Methanal = Formaldehyd)	H $\mid$ $C{=}O$ $\mid$ H	Delrin	Hausgerät
Polyäthylenoxid	$CH_2{-}CH_2$ $\diagdown O \diagup$	Polyglykol	Textilhilfsmittel
Polyäthylenimin	$CH_2{-}CH_2$ $\diagdown N \diagup$ H	Periston C Collacral	Imprägnierung, Ionen- austauscher

Die Handelsnamen sind nicht vollständig aufgeführt. Dies stellt keine Wertung dar.

Literatur

HOUWINK, R. u. STAVERMAN, A.: Chemie und Technologie der Kunststoffe, Bd. I. — Akademische Verlagsgesellschaft, Leipzig 1962

RUNGE, F.: Einführung in die Chemie und Technologie der Kunststoffe. — Akademie-Verlag, Berlin 1963

GAYLORD, N. u. MARK, H.: Linear and stereoregular addition polymers. (Polymer reviews Bd. 2). — Interscience Pub. New York 1959

RAFF, R. u. DOAK, K.: Crystalline olefin polymers, part I. (High polymers, Bd. 20). — Interscience Pub. New York 1965

BURNETT, G.: Mechanism of polymer reactions (High polymers, Bd. 3) — Interscience Pub. New York 1954

HENRICI-OLIVÉ, G. u. OLIVÉ, S.: Polymerisation. — Verlag Chemie, Weinheim 1969

VOLLMERT, B.: Polymer-Chemistry. — Springer, Berlin 1973

Polymorphie eines Stoffes liegt vor, wenn er abhängig von Temperatur und Druck in verschiedenen Kristallformen auftreten kann.

Polymolekularität s. Makromolekule.

Polymyxine s. Antibiotica.

Polyurethanfaser s. Chemiefaserstoffe, Polyaddition.

Porphin-Derivate (Porphyrine) treten in der Natur als Chromoproteide (→Aminosäuren 3.) auf, d. h. die farbgebenden Porphyrine sind an Eiweiß gebunden. Dazu gehören die Blutfarbstoffe Hämoglobin und Erythrocruorin, der Pflanzenfarbstoff Chlorophyll und die →Enzyme der Cytochrom-Gruppe, Peroxidasen, Katalasen und in abgewandelter Form →Vitamin B_{12} (Cobalamin).

Die Grundsubstanz ist Porphin ($C_{20}H_{14}N_4$), ein Ringsystem, das sich aus vier Pyrrolringen (→Heterocyclen 1.1.) zusammensetzt, die durch 4 Methingruppen (=CH—) verbunden werden. Die Ringe werden mit römischen Ziffern bezeichnet, die 8 H-Atome an den Pyrrolringen mit arabischen Ziffern und die Methingruppen mit griechischen Buchstaben. Porphin stellt ein →mesomeres System dar mit 18 π-Elektronen. Es entspricht also der HÜCKEL-Regel für →aromatische Systeme: $(4n+2)$ π-Elektronen. Man kann es als ein Aza-Analoges der [18]-Annulene ansehen (→Nichtbenzoide aromat. Systeme 6., →Farbstoffe 1.7.). Porphin und seine Derivate sind dementsprechend eben gebaut. Nicht dagegen die mit der Endung -ogen bezeichneten Derivate, die mindestens eine Methylenbrücke (—CH_2) besitzen.

Porphin

Bei den Porphyrinen sind die H-Atome durch Seitenketten ersetzt. Die Biosynthese des Porphyrinringsystems geht von aktivierter Bernsteinsäure aus (Succinyl-Coenzym A — sie entsteht im Citronsäurecyclus →Carbonsäuren 2.4.1. und beim Glutaminsäureabbau). Mit Hilfe einer Synthetase, die Pyridoxalphosphat (→Vitamin B_6 — Wirkungsweise s. d.) als Coenzym besitzt, wird Bernsteinsäure mit Glycin (Aminoessigsäure) verbunden, CO_2 und Co—A werden abgespalten, so daß δ-Aminolävulinsäure entsteht. Zwei Moleküle δ-Aminolävulinsäure werden durch eine Dehydratase zu einem Ring (Porphobilinogen) umgewandelt. Zur Bildung des eigentlichen Porphyrinsystems werden 4 Porphobilinogenmoleküle durch eine Desaminase (NH_3-Abspaltung) verbunden. Im natürlichen System sind aber die Seitenketten in Position 7 und 8 vertauscht. Es entsteht normalerweise Uroporphyrinogen III und nicht Uroporphyrinogen I, das die Vertauschung nicht enthält und in pathologischen Fällen auftritt. Eine Veränderung des I-Systems entsprechend dem weiteren Verlauf der Biosynthese des III-Systems führt zu

Porphin-Derivate

Stoffen, die in der Haut abgelagert, lichtsensibilisierend wirken und Nekrosen der Haut und Tod nachsichziehen.

Die Vertauschung erfolgt durch eine Isomersase, deren Wirkungsweise noch nicht ganz geklärt ist. Die nächsten Schritte sind Decarboxylierung der Essigsäureseitenketten zu Methylgruppen (Koproporphyrinogen III) und Decarboxylierung und Dehydrierung der Propionsäureseitenketten in 2 und 4-Stellung zu Vinylgruppen (Protoporphyrinogen 9). Die Synthese des Häms wird vollendet durch den Einbau von Fe^{2+} mit Hilfe einer Chelatase und einer Oxydase, die die Methylengruppen zu Methingruppen dehydriert (Ferroprotoporphyrin 9).

Die Regulation der Häm-Synthese erfolgt in zwei Ebenen. Häm reprimiert die Synthese der δ-Aminolävulinsäure-Synthetase und der Dehydratase (→Enzyme). Häm wirkt auch als allosterischer Inhibitor für δ-Aminolävulinsäuresynthetase

Porphin-Derivate 1.

(→Enzyme). Es sind also zwei Rückkopplungsmechanismen, die eine blockiert die Tätigkeit des ersten Enzyms der Synthesereihe, die andere blockiert die Synthese desselben Enzyms.

1. *Hämoproteide*

Zu dieser Gruppe gehören die Blutfarbstoffe und das dem *Hämoglobin* sehr ähnliche Myoglobin.

Der in vielen Tiergruppen verbreitete Blutfarbstoff Hämoglobin (Hb) enthält Häm mit Fe^{2+}. Außer mit den 4 Pyrrolringen ist das Eisen mit zwei Histidinmolekülen der Eiweißkomponente verknüpft. Die Anlagerung des O_2 erfolgt durch Verdrängung eines Imidazolrings vom Histidin. Eine Änderung des Oxydationszustandes des Eisens findet dabei nicht statt. Oxyhämoglobin (HbO_2) ist nicht oxydiert, sondern oxygeniert. HbO_2 ist durch die Umverteilung der Elektronen eine stärkere Säure als Hb. Die Bildung von HbO_2 in der Lunge hat gleichzeitig eine verstärkte CO_2-Abscheidung zur Folge.

Die Proteinkomponente (→Aminosäuren 3.) des normalen menschlichen Hämoglobins besteht aus vier Ketten (mit je einer Hämgruppe), die paarweise gleich sind. Die α-Kette besteht aus 141 Aminosäuren, die β-Kette aus 146. Die Molmasse liegt bei 68000. Die Aufnahme von O_2 durch eine Kette hat eine Konformationsänderung des Moleküls zur Folge, die eine festere Bindung der drei anderen O_2-Moleküle bewirkt. Da dies eine Vergrößerung der Affinität zu Sauerstoff bedeutet, hat es den Effekt, daß kein Hb teilweise mit O_2 beladen die Lungenkapillaren verläßt.

Die O_2-Aufnahme hängt vom O_2-Druck ab. Bei niedrigen Drucken (in den Geweben) wird O_2 vom Hämoglobin wieder abgegeben, so daß Hb eine Transportfunktion erfüllt.

Oxydation des Fe^{2+} zu Fe^{3+} hat eine Besetzung der O_2-Bindungsstelle durch ein Ion zur Folge. Dieses Methämoglobin ($Hb(Fe^{3+})OH^-$) kann keinen Sauerstoff transportieren. Durch ein Ferment in den roten Blutkörperchen wird es wieder reduziert. Eine Verhinderung des O_2-Transports bedeutet auch die Blockierung der Koordinationsstelle durch CO. Da CO 20 mal langsamer angelagert, aber 10 000 mal langsamer abgespalten wird, sind bei einem CO-Gehalt von 0,5% bereits 90% aller Hb-Moleküle besetzt. Eine Belegung von 2/3 aller Hb-Moleküle ist tödlich. Bei geringeren Mengen läßt sich das CO durch erhöhte O_2-Zufuhr wieder verdrängen, da auch die Bindung des CO eine Gleichgewichtsreaktion darstellt.

Die rote Farbe der Muskeln beruht auf dem Farbstoff *Myoglobin*. Die Eigenschaften entsprechen dem Hämoglobin. Myoglobin besitzt aber nur eine Proteinkette (Molmasse c. 17 000) und eine Hämgruppe. Seine Funktion ist es, Sauerstoff für kurzfristige Mangelzustände zu speichern. Deshalb ist Myoglobin auch

bei einem geringeren O_2-Druck als Hämoglobin bereits gesättigt und gibt entsprechend auch nur bei diesen Werten seinen gebundenen Sauerstoff frei.
Bei einigen Wirbellosen (Ringelwürmern u. a.) kommt neben dem Hämoglobin noch ein anderes Porphyrin mit Hämgruppen vor, das von manchen *Erythrocruorin* genannt wird. Seine Molmasse soll bis zu $6 \cdot 10^6$ betragen. Davon zu unterscheiden ist das bei Spirographis und anderen Polychaeten vorkommende Chlorocruorin, das als Komponente Hämin (also Fe^{3+}) enthält und auch im Porphyrinring einige Abweichungen aufweist. Wie sein Name andeutet, ist seine Farbe (mit oder ohne O_2) grün. Die Molmasse wird mit $3 \cdot 10^6$ angegeben.
Hämocyanin mit Kupfer als wirksamen Metall ist kein Porphyrin.

2. Gallenfarbstoffe

Die Gallenfarbstoffe gehören nicht mehr zu den Porphyrinen, da bei ihnen der Ring gesprengt ist. Da sie aber die Abbauprodukte darstellen, soll dieser Weg kurz aufgeführt werden. Der erste Schritt ist die oxydative Spaltung des Porphinrings zwischen Pyrrolring I und II unter Anlagerung von OH und Abspaltung von CO_2. Es entsteht ein grüner Farbstoff Choleglobin oder Verdeglobin, der die Proteinkomponente und das Eisen verliert. Es bildet sich eine lineare Tetrapyrrolstruktur, das grüne Biliverdin, das durch Hydrierung der mittleren Methingruppe zum roten Bilirubin wird. In der Leber wird Bilirubin an Glucuronsäure (→Kohlenhydrate 1.2.) gebunden und, auf diese Weise wasserlöslich gemacht, in die Galle ausgeschieden. Im Darm werden durch Bakterien weitere Reduktionen durchgeführt (Vinylgruppen, Methingruppen). Hydrierung der Doppelbindungen, die von den Hydroxylgruppen ausgehen, wandelt Urobilinogen in Stercobilinogen um. Diese Stoffe oder ihre dehydrierten Derivate (γ-CH_2-Gruppe) werden entweder mit dem Stuhl ausgeschieden oder wieder im Darm resorbiert und erneut der Leber zugeführt. Bei Lebererkrankungen oder Gallenverschluß treten *Bilirubin* und andere Farbstoffe ins Blut über und von dort ins Gewebe (Gelbsucht).

Biliverdin; grün

Bilirubin; rot

Stercobilinogen; farblos

Urobilinogen; farblos

Stercobilin; gelb

Ä : $-CH_2-CH_3$ (Äthyl)

3. *Eisenporphyrinenzyme*

Zu dieser Gruppe gehören die an der Atmungskette beteiligten *Cytochrome*, die Peroxidasen und Katalasen.

Die *Atmungskette* ist die Hauptproduktionsstelle für →ATP. Der energieliefernde Prozeß zum →ATP-Aufbau ist die Verbrennung des Wasserstoffs, der von Substraten z. B. des Citronensäurecyclus (→Carbonsäuren 2.4.) abgespalten wurde. Wasserstofftransport bzw. Elektronentransport erfolgen in der Atmungskette schrittweise. Die Reihenfolge der an der Atmungskette beteiligten Coenzyme lautet wahrscheinlich: NAD (Nicotinamidadenindinucleotid, Formel →Vitamine B bzw. →Heterocyclen 2.4.), FMN (Flavinmononucleotid →Vitamine B_2), Ubichinon →Oxoverbindung 2.4.), Cytochrom b, Cytochrom c, Cytochrom $a + a_3$ = End-Oxydase (WARBURGsches Atmungsferment). Möglicherweise sind einige dieser Enzyme zu Blöcken mit weiteren Enzymen zusammengeschlossen. Man kennt bis jetzt 30 Cytochrome. Alle zeigen Oxydationsstufenänderung beim Eisen.

Die Cytochrom b-Gruppe enthält die gleiche Gruppe wie Hämoglobin und hat eine Molmasse von 30 000.

Cytochrom c, das am besten untersuchte System, besitzt ebenfalls das Protoporphyrin 9 (wie Hämoglobin), aber die Bindung an das Protein (Molmasse des Cytochroms c 12 000) erfolgt über die beiden Vinylgruppen in Position 2 und 4. Sie werden von zwei SH-Gruppen von Cysteinseitenketten in Form von stabilen Thioätherbrücken mit dem Protein verbunden. Die Bindung liegt also hier als Hauptvalenz vor. Charakteristisch für Cytochrom c ist die Nichtanlagerung von CO, CN^- und anderen Häm-Hemmstoffen, aber auch die Anlagerung von O_2 ist nicht möglich. Cytochrom c transportiert Elektronen.

Im Gegensatz dazu stehen die Cytochrome der a-Gruppe. Sie sind diejenigen Fermente der Atmungskette, die mit dem Sauerstoff reagieren. Der Sauerstoff erhält die Elektronen, die die End-Oxydase von den anderen Enzymen der Atmungskette erhalten hat (daher Cytochrom-oxydase). Die Struktur der Porphyrinkomponente (Hämin a = Cytohämin) ist der des Chlorocruorins ähnlich. Sie enthält in Position 8 anstelle einer Methyl- eine Formylgruppe (—CHO) und in Position 2 anstelle der Vinylgruppe eine α-Hydroxyalkylgruppe. Die 15 C-Atome umfassende Seitenkette leitet sich von →Terpenen her.

Ungeklärt ist die Frage, ob die im WARBURGschen Atmungsferment enthaltenen Cytochrome a und a_3 zwei Funktionszustände oder zwei verschiedene Cytochrome sind. Beide zusammen bilden die Cytochrom-Oxydase und stellen einen Komplex aus 6 Untereinheiten dar mit einer Molmasse von 72 000 pro Untereinheit. Pro Cytohämin enthalten sie ein Atom Cu, das am Valenzwechsel beteiligt ist.

Porphin-Derivate 4.

Cytochrom c   Cytohämin

Katalasen und Peroxidasen setzen das bei Oxydationsprozessen entstehende, sehr giftige H_2O_2 um. Die Katalase (Molmasse 240000 mit vier Hämingruppen) zerlegt H_2O_2 durch Übertragen von 2H von einem zweiten H_2O_2-Molekül zu H_2O und O_2. Das Enzym besitzt eine sehr große Wechselzahl (umgesetzte Moleküle pro Minute): $5 \cdot 10^6$.

Die Peroxidasen nehmen den Wasserstoff von verschiedenen Substraten, die auf diese Weise oxydiert werden. Sie haben unterschiedliche Porphyrine als prosthetische Gruppe.

$2 H_2O_2 \rightarrow 2 H_2O + O_2$ $RH_2 + H_2O_2 \rightarrow R + 2 H_2O$
Katalasen-Reaktion   Peroxidasenreaktion

4. Chlorophyll

Die in den Chloroplasten vorkommenden Porphyrine sind Mg-Chelate (→Koordinationschemie). Aber auch am Ringsystem sind Abweichungen vom Protoporphyrin vorhanden.

Von den höheren Pflanzen sind zwei Chlorophylle bekannt. Die Struktur einiger niederen Pflanzen (Algen) vorkommender Chlorophyll-Arten ist noch nicht aufgeklärt. Den beiden Chlorophyllen a und b aus höheren Pflanzen ist gemeinsam der Phyrolrest an der Propionsäure in Position 7 (→Esterbindung, Phytol →Terpene 3.), ein isocyclischer Ring, kondensiert mit Pyrrolring III und eine Teilhydrierung (Position 7 u. 8) der Ringes IV und der Vinylgruppe in Position 4. Chlorophyll b unterscheidet sich von a lediglich in Position 3, an der b eine Formylgruppe anstelle einer Methylgruppe steht.

Durch die Phytylseitenkette sind die Chlorophylle lipoidlöslich geworden, was für die Anordnung in den Chloroplastenschichten, den Thylakoidmembranen, wichtig ist. Die genaue Anordnung in der Feinstruktur, in den Quantasomen —

Porphin-Derivate 4.

Chlorophyll

a : R = CH
b : R = C⟨O/H⟩

Phytolrest ($C_{20}H_{39}$)

wie die Partikel auf den Thylakoiden genannt werden —, ist noch nicht bekannt. Sehr wahrscheinlich sind Chlorophyllmoleküle zu Photosynthese-Einheiten zusammengefaßt, in denen die absorbierte Lichtenergie zu wenigen (0,1 %) Molekülen mit einer besonderen Bindung geleitet wird. Untersuchung der Absorptionsspektren zeigten, daß zwei photochemisch reagierende Systeme vorliegen, die als System I und System II bezeichnet werden. Beide enthalten Chlorophyll a und b. Der Unterschied liegt darin, daß System I vom langwelligen Rotlicht erregt wird, System II von einem breiteren Spektralbereich.

Der eigentliche Synthesevorgang bei der *Photosynthese*, der Aufbau von Glucose, spielt sich in einer Dunkelreaktion ab (→Kohlenhydrate 1.4.). Zu der Syntheseleistung benötigen die Enzyme Energie und Reduktionsäquivalente (gebundenen Wasserstoff). Beides wird durch Lichtreaktionen, die Primärvorgänge bei der Photosynthese, bereitgestellt. Die Umwandlung von Licht in chemische Energie findet in einem cyclischen und einem nichtcyclischen Prozeß statt.

Der cyclische Prozeß ist die sog. Photophosphorylierung, bei der bei Belichtung von System I aus ADP und Phosphorsäure →ATP (Adenosintriphosphat) aufgebaut wird. Durch die Absorption eines Lichtquants wird ein Elektron des Chlorophylls auf ein höheres Energieniveau gehoben (angeregter Zustand) und auf ein anderes Redoxsystem (→Redoxvorgänge) übertragen. Unter Abgabe der aufgenommenen Energie kehrt das Elektron über weitere Redoxsysteme zum Chlorophyll zurück. Die abgegebene Energie wird zum Aufbau von ATP eingesetzt. Als Redoxsysteme sind beteiligt Ferredoxin (Fe-Proteid), Plastochinon (ein Chinon — →Oxoverbindungen 2.4. mit Polyprenseitenkette →Terpene) und Cytochrom f (ein Cytochrom der c-Gruppe). Es ist noch nicht geklärt, ob dieser Prozeß, der sich in vitro abspielt, auch beim eigentlichen Ablauf der Photosynthese eine Rolle spielt.

Am nichtcyclischen Prozeß sind beide Chlorophyll-Systeme beteiligt. Ihre Reaktionsweise entspricht der bei dem cyclischen Prozeß: Quantenabsorption bewirkt Anregung, d. h. Bergauf-Transport eines Elektrons, Photoreduktion des Akzeptor-Redoxsystems und Photo-Oxydation des Chlorophylls.

Das System II überträgt sein Elektron auf Plastochinon. Es wird über mehrere Redoxsysteme (letzte Stufe: Cytochrom f) an das Chlorophyllsystem I weitergegeben, wenn dieses System oxydiert vorliegt. Bei dem Elektronentransport wird Energie zum Aufbau von ATP frei.

System II deckt seinen Elektronmangel von einem noch unbekannten Redoxsystem, das aber in der Lage ist, OH^--Ionen Elektronen zu entziehen und sie somit in elementaren Sauerstoff und Wasserstoff-Ionen zu zerlegen. Diese Photolyse des Wassers ist der entscheidende Vorgang, für den die Energie des Lichts benötigt wird: $2 OH^- - 4e \rightarrow O_2 + 2 H^+$

System I gibt nach Anregung sein Elektron an eine Redoxsubstanz Z ab, von der es über Ferrodoxin und Flavoprotein ($\rightarrow$Vitamin B_2) auf $NADP^+$ (Nicotinamid-adenin-dinucleotidphosphat $\rightarrow$Vitamine und $\rightarrow$Heterocyclen 2.4., bei NADP trägt die Ribose noch einen dritten Phosphorsäurerest) übertragen. $NADP^+$ kann damit Wasserstoff aufnehmen und als NADPH Wasserstoff für die Dunkelreaktion der Photosynthese zur Verfügung stellen.

Zur Bildung von O_2 müssen vier Elektronen transportiert werden. Das bedeutet einen Bedarf von 8 Lichtquanten. Die Energieausbeute beträgt 30%.

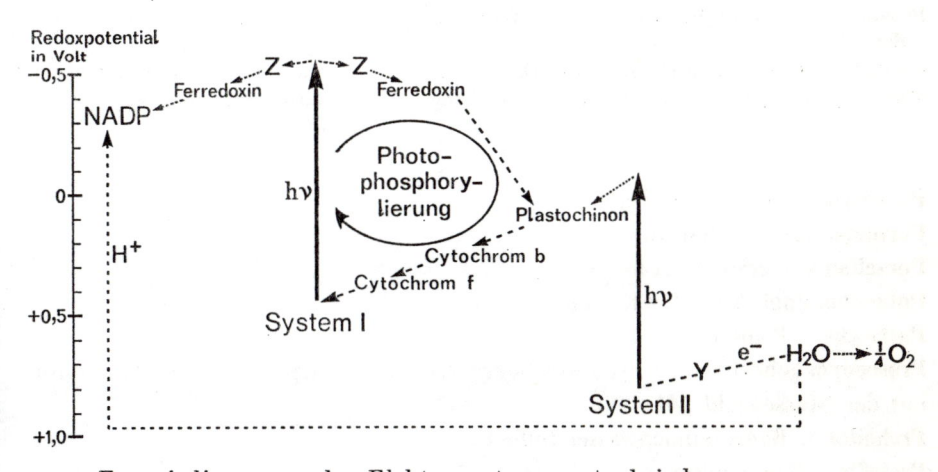

Energiediagramm des Elektronentransports bei der Photosynthese (nach Egle, verändert)

------> Redoxreaktionen; ——> Energiezuführung durch Lichtquanten (hν)

5. Vitamin B_{12} (Cobalamin)

Das Vitamin B_{12} ist auch kein Porphinderivat, aber es hat sehr große Ähnlichkeit. Es sind vier Pyrrolringe in einem Ringsystem angeordnet, in dem 3 Pyrrolringe

Porphyrine

durch Methinbrücken verbunden sind. Die beiden letzten Pyrrolringe sind aber direkt miteinander verbunden. Als Metall liegt Kobalt vor. Die sehr komplizierte Strukturformel ist bei den Vitaminen eingetragen, hier ist nur das eigentliche Pyrrolsystem gezeigt.

Literatur
KARLSON, P.: Biochemie. — Thieme, Stuttgart 1970
BUDDECKE, E.: Grundriß der Biochemie. — Gruyter, Berlin 1970
FLORKIN, M. u. STOTZ, E.: Comprehensive Biochemistry, Bd. 9. — Elsevier Pub. Com., Amsterdam 1963
FALK, J.: Porphyrins and Metalloporphyrins. — Elsevier Pub. Com., Amsterdam 1964
WIELAND, Th. u. PFLEIDERER, G.: Molekularbiologie. — Umschau, Frankfurt 1967

Porphyrine s. Porphinderivate.
Portlandzement s. Zement.
Porzellan s. Keramik (Tonzeug).
Potassium engl. Wort für Kalium.
Pottasche s. Kalium.
Praseodym gehört zu den →Lanthaniden. Von ihm existiert nur das stabile Isotop mit der Massenzahl 141.
Prehnitol s. Benzolkohlenwasserstoffe 1.2.
Preludin s. Rauschgifte.
Primärelement s. Galvanische Elemente.
Primärstruktur s. Aminosäuren 2.1., Nucleinsäuren.
Prins-Reaktion s. Alkene, Oxoverbindungen 1.1.3.
Procain s. Arzneimittel.
Progesteron s. Hormone, Steroide 3.
Prolin s. Aminosäuren 1., Heterocyclen 1.1.

Promethium. Von diesem den →Lanthaniden zugehörigen Element ist kein stabiles Isotop bekannt. Im Periodensystem der chemischen Elemente hat es die Ordnungszahl 61. Bereits 1917 hatte HARKINS die Regel aufgestellt, daß Elemente mit ungerader Ordnungszahl im allgemeinen seltener sind als die mit gerader. MATTAUCH formulierte 1934 als weitere Regel, daß bei gleich schweren Nukliden, die zu Elementen benachbarter Ordnungszahlen gehören, nur eines stabil ist. Die Atommasse des Promethiums muß um 147 herum liegen, wie man aus dem Periodensystem ablesen kann. In diesem Bereich sind jedoch alle Massenzahlen bereits durch stabile Nuklide besetzt:

60 Neodym	142	143	144	145	146	148	150	
61 Promethium								
62 Samarium			144		147	149 150	152	154

Inzwischen wurden jedoch 11 unstabile Isotope des Promethiums gefunden, die sich auf die Massenzahlen von 141 bis 151 verteilen. Künstlich läßt sich Promethium herstellen durch Beschuß eines Nachbarelementes. So erhält man unter Einwirkung von Deuteronen aus Neodym das Promethium der Massenzahl 145: ^{144}Nd (d; n) ^{145}Pm (Halbwertszeit ca. 30 Jahre).
Eine andere Möglichkeit ergibt sich aus der Spaltung schwerer Atomkerne. Aus den Zerfallsprodukten der Uranreaktoren läßt sich das langlebige Pm-147 mit einer Halbwertszeit von 3 Jahren anreichern. 1948 konnten die amerikanischen Wissenschaftler PARKER und LANZ je 3 mg eines gelben PmCl und eines rosafarbenen $Pm(NO_3)_3$ gewinnen. Sorgfältige chemische Untersuchungen zeigten, daß die Wertigkeiten $+2$ und $+4$ nicht charakteristisch für Promethium sind. Mittels der langlebigen Isotopen konnte auch das Spektrum ausgemessen werden. Wenn auf der Erde überhaupt ein natürliches Vorkommen nachgewiesen werden kann, dann nur dort, wo sich Uranlager befinden. Denn bei dem sehr seltenen spontanen Uranzerfall ist u. a. auch Promethium zu erwarten.
Den Namen gaben dem Element die amerikanischen Forscher Cryell, Marinsky und Glendenin, die das Isotop Pm-147 aus den Zerfallsprodukten des Urans isolierten. Der Name soll andeuten, daß die Isolierung an der Schwelle des Atomzeitalters steht, dessen Erschließung sich mit der Tat des Prometheus vergleichen läßt, dem die Menschheit den Gebrauch des Feuers verdankt.

Prontosil s. Arzneimittel
Prop- Bezeichnung eines C-Gerüsts aus 3 Atomen s. Alkane, Alkene, Cycloalkane, Alkine.
Propan s. Alkane, Flüssiggase.
Propargyl: Propinradikal s. Alkine.
Prosthetische Gruppe s. Enzyme.

Protactinium s. Actiniden.
Proteide s. Aminosäuren 3.
Proteine s. Aminosäuren 3.
Protium, Name für den leichten Wasserstoff.
Protolyse s. Säuren und Basen und pH.
Prototropie s. Isomerie 3., Umlagerungen 2.1.
Prussiate s. Blausäure.
Pschorr-Synthese s. Benzolkohlenwasserstoffe 2.3.2.
Pseudohalogene s. Blausäure.
ψ **(Psi)-Funktion** — physikalische Bedeutung — s. Atombau.
Psilocin s. Heterocyclen 1.2., Alkaloide, Rauschgifte.
Psilocybin s. Alkaloide, Rauschgifte, Heterocyclen 1.2.
Pteridine s. Heterocyclen 2.4.
Pufferlösung s. pH-Wert.
Pulegon s. Terpene 1.
Pulvermetallurgie s. Sechste Nebengruppe.
Purine s. Heterocyclen 2.4., Nucleinsäuren.
Puromycin s. Antibiotica.
Purpur s. Farbstoffe 1.5., Heterocyclen 1.2.
Putrescin s. org. Stickstoffverbindungen 2.
PVC s. Halogenderivate 1., Polymerisation.
Pyramidon s. Arzneimittel, Heterocyclen 1.3.
Pyran s. Heterocyclen 2.1.
Pyranose s. Kohlenhydrate 1.1.
Pyrazol s. Heterocyclen 1.3.
Pyrethrum s. Schädlingsbekämpfungsmittel, Cycloalkene.
Pyridin s. Heterocyclen 2.1.
Pyridoxin s. Vitamin B_6, Heterocyclen 2.1.
Pyrimidin s. Heterocyclen 2.3.
Pyrochlor s. Niobium.
Pyrogallol s. Hydroxylderiv. 3.1. u. 3.3., Fotografie 1.
Pyrolyse s. Petrochemie.

Pyrotechnik. Sie befaßt sich mit der Herstellung von Feuerwerkskörpern für Vergnügungszwecke (Lustfeuerwerk) und technische Zwecke (pyrotechnische Munition: Leucht- und Signalpatronen, Rauchgeräte und Übungsmunition). Die Feuerwerkskörper enthalten ein energiereiches Gemisch, den sog. Feuerwerksatz. Man unterscheidet Knall-, Pfeif-, Leucht-, Rauch-, Zünd- und Anfeuerungssätze. Alle „Sätze" enthalten brennbare Substanzen und solche Stoffe, welche Sauerstoff abgeben können. Der wichtigste Feuerwerksatz ist auch heute noch das Schwarzpulver aus Kalisalpeter, Schwefel und Holzkohle (s. Explosivstoffe). Es wird als Mehl- oder Kornpulver in Knallkörpern als Knallsatz, in Raketen als Treibsatz und als Ausstoßladung verwendet. Auf Baumwollfäden aufgezogen bildet es den wirksamen Bestandteil der Stoppinen (Zündfäden). Beispiele für Feuerwerksätze:

Leuchtsätze:

weiß: 50% $Ba(NO_3)_2$, 10% $Sr(NO_3)_2$, 7% Schwarzpulver, 25% Aluminiumschliff und 8% Schwefel

rot: 65% $Sr(NO_3)_2$, 14% Magnesium, 21% PVC

gelb: 58% $NaNO_3$, 18% Magnesium, 24% PVC

grün: 69% $Ba(NO_3)_2$, 11% Magnesium, 20% PVC

blau: 68% $KClO_3$, 6% Kolophonium, 4% Dextrin, 22% Schweinfurtergrün.

Rauchsätze:

weiß: 40% $KClO_3$, 12% Montanwachs, 45% NH_4Cl, 3% Kieselgur

rot: 28% $KClO_3$, 25% Milchzucker, 2% Tylose, 45% Sudanrot

Knallkörper oder Kanonenschläge enthalten einen pulverförmigen Knallsatz mit Verzögerungszünder in starkwandigen Papphülsen. Bei Kleinfeuerwerk verwendet man Schwarzpulver, bei großen Knallkörpern ein Gemisch aus Kaliumperchlorat und Aluminiumschliff. Knallerbsen sind kleine Papierkugeln, die mit Sand und einer Spur Knallsilber gefüllt sind. Zimmerfeuerwerk enthält Nitrowatte.

Pfeifsatz: 79% $KClO_3$ und 21% Gallussäure. Die Pfeifsätze werden in verdichtetem Zustand in einer etwa 2/3 gefüllten Papphülse abgebrannt. Nur Gemische aus Chloraten und Phenolabkömmlingen ergeben diesen Effekt, der bis heute nicht einwandfrei geklärt ist. Der Feinheitsgrad der Gallussäure ist äußerst wichtig. Man vermutet, daß der Satz in rasch aufeinanderfolgenden Explosionen abbrennt und die Luftsäule in der Papphülse dadurch in Schwingung versetzt wird.

Anfeuerungssätze: Viele pyrotechnische Sätze können nur schwer gezündet werden. Man verwendet deshalb zur Zündübertragung sog. Zwischen- und Anfeuerungssätze. Sie bestehen meist aus Schwarzpulvergemischen, die viel Wärme entwickeln und dadurch den eigentlichen Effektsatz zünden, z. B. 35% KNO_3, 40% Schwarzpulver, 12% Holzkohle, 8% Schwefel und 5% Dextrin.

Leucht- und Signalpatronen stellen die wichtigste Gruppe der pyrotechnischen Munition dar. Sie bestehen aus einer Aluminiumhülse, die am unteren Ende ein Zündhütchen trägt, welches durch den Schlagbolzen der Leuchtpistole gezündet

Pyroxene

wird. Über dem Zündhütchen befindet sich eine Schwarzpulverladung, welche den Leuchtstern, eine Aluminiumhülse, heraustreibt. Sie enthält einen Anfeuerungssatz und einen Leuchtsatz.

Literatur
Ullmanns Encyklopädie der technischen Chemie. — Urban und Schwarzenberg, München, Berlin 1963

Pyroxene s. Silikate.
Pyrrol s. Heterocyclen 1.1.
Pyrrolidin s. Heterocyclen 1.1.
Pyruvate (Salze der Brenztraubensäure) Carbonsäuren 2.5.

Q

Qualitative Analyse s. Elementaranalyse.
Quantenzahlen s. Atombau.
Quantitative Analyse s. Elementaranalyse.
Quecksilber gehört zu den Elementen der →Zweiten Hauptgruppe. Die stabilen Isotope haben die Massenzahlen 196 (0,146%), 198 (10,02%), 199 (16,84%), 200 (23,13%), 201 (13,22%), 202 (29,80%) und 204 (6,85%).
Das weitaus wichtigste Quecksilbererz ist der Zinnober, rein mit 86,2% Quecksilber, von hochroter Farbe, fast immer im Gestein versprengt oder mit Bitumen vermischt. Häufig ist gediegenes Quecksilber — in feine Tröpfchen verteilt — Begleiter des Zinnobers. In geringem Maße führen auch andere Metallsulfide geringe Mengen an Quecksilber. Im spanischen Almadén wurde Quecksilber bereits zur Römerzeit gewonnen. Im 15. Jahrhundert kamen Bergwerke im heutigen Italien hinzu und um 1850 Neu-Almadén in Kalifornien. Im Gegensatz zu den meisten anderen Metallen liegt auch heute noch der Schwerpunkt der Gewinnung in Europa (Italien und Spanien). Danach folgen die USA, die UdSSR und Mexiko.
Das Metall ist silberglänzend, flüssig von großer Kohäsion, fest hämmerbar und schmiedbar. Das elektrische Leitvermögen beträgt nur 1,6% von dem des Kupfers. Mit Fett läßt es sich leicht zu einer dunkelgrauen Salbe emulgieren. Bei starkem Schütteln zerstäubt es zu einem schwarzen Pulver.
Bei gewöhnlicher Temperatur und trockener Luft oxydiert Quecksilber nicht. Beim Erhitzen dicht vor dem Siedepunkt oxydiert es zu rotem Quecksilberoxid, das beim Erhitzen oberhalb des Siedepunktes wieder zerfällt. Aus Verbindungen gewonnenes Quecksilberoxid ist dagegen häufig gelb. Der Farbunterschied ist allein durch die Korngröße hervorgerufen. In heißer konzentrierter Salpetersäure und in Schwefelsäure löst sich Quecksilber auf, nicht dagegen in Salzsäure. Mit vielen anderen Metallen verbindet es sich zu Amalgamen, festen und flüssigen Legierungen, nicht jedoch mit Eisen, Nickel und Kobalt.
Quecksilber findet als Metall mannigfache Anwendung für technische Geräte und noch mehr für wissenschaftliche Instrumente: Quarzlampen, Druckregler, Rückstauventile, ferner für Thermometer und Barometer, Sperrflüssigkeit für Gase und als Siedeflüssigkeit für Hochvakuumpumpen. Als Quecksilberdampfgleichrichter hat es heute seine Bedeutung durch die Halbleitertechnik verloren. Das Gleiche gilt für die Extraktion von Gold und Silber in Amalgamform, ein Verfahren, das durch das Extraktionsverfahren mit Cyankali abgelöst wurde. Auch als Zinnoberfarbe findet Quecksilber heute keine Verwendung mehr, weil die Farbe wegen der Zersetzung im Sonnenlicht sehr schnell verschwindet.
Quecksilberoxidzelle s. Galvanische Elemente.

R

Racemat s. Isomerie 2.2.

Radikale sind reaktionsfähige Zwischenprodukte (in der Regel kurzlebig) mit einem oder mehreren ungepaarten Elektronen, die durch homolytische Spaltung einer Atombindung entstehen: Cl—Cl → 2 Cl·. Der Punkt symbolisiert das ungepaarte Elektron. Der Nachweis erfolgt durch die Feststellung des Paramagnetismus und Untersuchung der Elektronenspinresonanz. Chemisch lassen sich Radikale als Zwischenprodukte bei Reaktionen erkennen durch Zusatz Radikale bildender Verbindungen (eine zu untersuchende Reaktion läuft dann ab, wenn sie sich über Radikale abspielt) oder durch Inhibitoren, die Radikale abfangen.

In unpolaren Lösungsmitteln entstehen unter Ausschluß von Sauerstoff, der als reaktionsträges Diradikal die entstehenden Radikale wegfangen würde, relativ langlebige Radikale bei der Dissoziation von *Hexaphenyläthan*, Tetraphenylhydrazin, Diphenyldisulfid u. ä. Verbindungen. Die langlebigen Radikale ermöglichen sogar eine Molekularmassenbestimmung durch Gefrierpunktserniedrigung. Es bildet sich aus dem farblosen *Hexaphenyläthan* das gelbe Radikal *Triphenylmethyl* (1) in 0,08 m Lösung (Benzol) zu 3%. Bei anderen Substituenten treten größere Dissoziationsgrade auf, z. B. Tri-p-biphenylmethyl (2) (tief violett) 100% in kristallinen Zustand, Tri-o-anisyl-methyl (3) (orange) 95—100%.

Die Stabilität der Radikale beruht zum Teil auf →Mesomerie. Das einzelne Elektron kann sich auf einen größeren Molekülbereich verbreiten, da es sich in einem π-Orbital befindet und mit den π-Elektronen des gesamten Moleküls in Wechselwirkung treten kann. Darauf beruht auch die Lichtabsorption. Ein weiterer Grund liegt beim Triphenylmethyl darin, daß die orto-Wasserstoffatome sich räumlich behindern. Das Radikal ist propellerartig verdrillt, um dieser Behinderung zu entgehen. Deshalb entsteht bei der Dimerisierung auch nicht Hexaphenyläthan, sondern 1-Diphenylmethylen-4-triphenylmethyl-2,5-cyclo-hexadien, das sich langsam zu 4-Benzhydryltetraphenylmethan umlagert (Tautomerie s. →Isomerie).

| Hexaphenyläthan | Triphenylmethyl | Cyclohexadien-derivat | 4-Benzhydryltetra-phenylmethan |

Die Halbwertszeit des kurzlebigen Radikals ·CH_3 u. a. m. bestimmte PANETH zu $8 \cdot 10^{-3}$ sec, indem er Bleitetramethyl in einer Glasröhre thermisch zersetzte und die freien Radikale mit einem Trägergas zu einem Bleispiegel an einer entfernten Stelle an der Innenseite der Glasröhre transportieren ließ, mit dem die Radikale wieder reagierten. $Pb(CH_3)_4 \rightarrow Pb + 4 \cdot CH_3$

Radikalreaktionen sind Reaktionen, bei denen →Radikale als Zwischenprodukte auftreten. Sie finden häufig in der Gasphase oder in unpolaren Lösungsmitteln statt. Radikale können gebildet werden: 1. Durch thermische Zersetzung z. B. von Peroxiden oder Azoverbindungen; sehr verbreitet Dibenzolyperoxid und α-Azoisobutyronitril: $(C_6H_5COO)_2 \rightarrow 2 C_6H_5COO·$

$$H_3C-\underset{\underset{CH_3}{|}}{\overset{\overset{CN}{|}}{C}}-N=N-\underset{\underset{CH_3}{|}}{\overset{\overset{CN}{|}}{C}}-CH_3 \rightarrow N_2 + 2 H_3C-\underset{\underset{CH_3}{|}}{\overset{\overset{CN}{|}}{C}}·$$

2. Durch photochemische Zersetzung z. B. von Halogenen oder Carbonylverbindungen ($Cl_2 \rightarrow 2 Cl·$; Aceton $CH_3COCH_3 \rightarrow CH_3· + CH_3CO·$). 3. Durch Redoxreaktionen z. B. bei der Elektrolyse oder mit FENTONS *Reagens*

$$(Fe^{2+} + H_2O_2 \rightarrow Fe^{3+} + ·OH + OH^-).$$

Die Reaktionen laufen sehr schnell ab. Wenn jede Reaktion wieder zur Bildung eines Radikals führt, kann es zu Kettenreaktionen kommen. Man findet bei den Radikalreaktionen folgende Reaktionstypen:

1. *Übertragungsreaktionen*: $R· + R_1X \rightarrow RX + R_1·$
2. →*Additionen*: $R· + X=Y \rightarrow RX—Y·$
3. *Fragmentation*: $R· \rightarrow R_1· + X$
4. →*Umlagerung*: $R· \rightarrow R_1·$
5. *Kombination*: $R· + R_1· \rightarrow R—R_1$
6. *Disproportionierung* z.B.: $2 CH_3—CH_2· \rightarrow CH_3—CH_3 + CH_2=CH_2$

Die Reaktionstypen 5 und 6 beenden einen radikalischen Reaktionsmechanismus, da sie im Gegensatz zu 1—4 keine Radikale neu entstehen lassen.

Radikalreaktionen

1. Bei radikalischen →Substitutionen (S_R) spielen *Übertragungsreaktionen* eine große Rolle.
Die Halogenierung der →Alkane spielt sich als *Kettenreaktion* ab, nachdem die ersten Halogenradikale entstanden sind:

$$\begin{array}{l} Cl\cdot + CH_4 \longrightarrow HCl + \cdot CH_3 \\ Cl\cdot + CH_3Cl \longleftarrow Cl_2 + \cdot CH_3 \end{array}$$

Kombination zweier gleicher oder verschiedener Radikale läßt die Reaktionskette abbrechen:

$$CH_3\cdot + CH_3\cdot \to C_2H_6$$
$$CH_3\cdot + Cl\cdot \to CH_3Cl$$
$$Cl\cdot + Cl\cdot \to Cl_2$$

Der Radikalangriff erfolgt in der Peripherie des Alkans am Wasserstoff, während bei der nucleophilen →Substitution der Angriff am zentralen C-Atom stattfindet. Nach diesem Mechanismus erfolgt die Substitution mit Chlor und Brom, Fluor reagiert explosionsartig heftig, Jod nicht, da die Bindungsenergie der H—J-Bindung so klein ist, daß die Reaktion endotherm wird. Mit N-Bromsuccinimid gelingt die Substitution von Allylverbindungen:

Die →Autoxydation verläuft ebenfalls in einem Kettenmechanismus: Aldehyde werden zu →Carbonsäuren, Leinöl wird zu Firnis, Gummi altert, Cumol (→Benzolkohlenw. 1.2.) wird technisch zu Phenol (→Hydroxyld. 3.) und Aceton (→Oxoverb. 1.1.4.) oxidiert u. a. m.:

$$X + RH \to R\cdot + XH$$

$$\begin{array}{l} R\cdot + \cdot O_2\cdot \longrightarrow ROO\cdot \\ R\cdot + ROOH \longleftarrow RH + ROO\cdot \end{array}$$

Die Substitution von Aromaten mit dem Phenylradikal oder seinen Derivaten ist kein Kettenmechanismus. Die Radikale erhält man aus Aryl-Stickstoff-Verbindungen oder durch Decarboxylierung von Aroylradikalen (das Radikal von Dibenzoylperoxid zerlegt sich in ein Phenylradikal und CO_2, so können Nebenreaktionen mit dem Lösungsmittel erfolgen, wenn diese Substanz als Radikalbildner eingesetzt wird). Im Gegensatz zur elektrophilen Substitution des Benzolrings werden bei der radikalischen Substitution alle drei Isomere (bei zwei Substituenten) gebildet, allerdings mit einer Bevorzugung der 1,2-Substitution ($\sim 50\%$ der gebildeten Substanz).

2. Auch bei der →Addition (Ad_R) kann es zu *Kettenreaktionen* kommen. Ein bekanntes Beispiel für diese Art ist die →Polymerisation von Vinylverbindungen. Als Initiator dient z. B. Dibenzoylperoxid. Die gebildeten Benzoatradikale addieren ein Molekül mit einer Doppelbindung. Das Produkt hat ebenfalls Radikalcharakter und setzt die Addition weiterer Moleküle fort, so daß eine lange Kette gebildet wird, die als Anfangsglied den Radikalbildner enthält. Kettenabbruch erfolgt durch Kombination zweier Ketten, durch Disproportionierung oder auch durch Übertragungsreaktion mit Substanzen, die Radikale bilden können (Möglichkeit der Regulierung der Kettenlänge).

Start

$$R\cdot + \underset{\underset{H}{|}}{\overset{\overset{H}{|}}{C}}=\underset{\underset{X}{|}}{\overset{\overset{H}{|}}{C}} \rightarrow R-\underset{\underset{H}{|}}{\overset{\overset{H}{|}}{C}}-\underset{\underset{X}{|}}{\overset{\overset{H}{|}}{C}}\cdot$$

Propagation Kettenwachstum

$$R-\underset{\underset{H}{|}}{\overset{\overset{H}{|}}{C}}-\underset{\underset{X}{|}}{\overset{\overset{H}{|}}{C}}\cdot + \underset{\underset{H}{|}}{\overset{\overset{H}{|}}{C}}=\underset{\underset{X}{|}}{\overset{\overset{H}{|}}{C}} \rightarrow R-\underset{\underset{H}{|}}{\overset{\overset{H}{|}}{C}}-\underset{\underset{X}{|}}{\overset{\overset{H}{|}}{C}}-\underset{\underset{H}{|}}{\overset{\overset{H}{|}}{C}}-\underset{\underset{X}{|}}{\overset{\overset{H}{|}}{C}}\cdot \equiv R(CH_2CHX)_2\cdot \text{ usw.}$$

Termination Abbruch

$$R(CH_2CHX)_n\cdot + \cdot(CHXCH_2)_mR \rightarrow R(CH_2CHX)_{n+m}R$$

Ähnlich verlaufen die Additionsreaktionen mit Halogenen (Cl_2, Br_2), Halogenwasserstoffen, Alkylhalogeniden und Aldehyden (bilden Ketone) an C—C-Doppelbindungen. Es werden dabei in der Regel 1:1 Addukte gebildet:

$$CCl_4 \rightarrow \cdot CCl_3 + Cl\cdot$$

$$\cdot CCl_3 + CH_2=CHR \rightarrow CCl_3CH_2\dot{C}HR$$

$$CCl_3CH_2\dot{C}HR + CCl_4 \rightarrow CCl_3CH_2\overset{Cl}{\underset{|}{C}}HR + \cdot CCl_3$$

Bei Addition von HBr wird Br zuerst angelagert. Es entstehen deshalb andere Produkte als bei der elektrophilen →Addition, deren Produkte der MARKOWNIKOFF-Regel gehorchen.

Radioaktivität

Die →Addition von H_2 an C-C-Doppelbindungen erfolgt mit Hilfe von Katalysatoren (Ni, Pt, Pd u. a.).

3. →Eliminationen führen meist zur Bildung einer C-C-Doppelbindung. Xanthate (TSCHUGAJEW *Reaktion*), Aminoxide oder Carbonsäureester spalten bei Erhitzen intramolekular (deshalb E_i) unter Bildung eines cyclischen Zwischenprodukts Gruppen ab:

Xanthat (→Kohlensäurederivate 5) Zwischenprodukt

Bei anderen radikalischen Eliminationen treten Übertragungsreaktionen, Fragmentation, Disproportionierung und auch Umlagerung auf. Nach diesen Reaktionstypen verläuft wahrscheinlich die Crackung →(Erdöl) von →Alkanen: z. B.

$$R_2CHCH_2X \rightarrow R_2CH\dot{C}H_2 + X\cdot$$

$$X\cdot + R_2CHCH_2X \rightarrow HX + R_2\dot{C}CH_2X$$

$$R_2\dot{C}CH_2X + R_2CH\dot{C}H_2 \rightarrow R_2C=CH_2 + R_2CHCH_2X$$

Literatur
PRYOR, W.: Free Radicals. — McGraw Hill Book Comp., New York 1966
STIRLING, C.: Radicals in Organic Chemistry. — Oldbourne Press, London 1965
RÜCHARDT, CH. u MAYER-RUTHARDT, I.: Die Chemie freier Radikale. — Chemie in unserer Zeit, 3, 1969, 40
HAYSER, E.: Free Radical Chain Reactions. — Wiley, Chichester 1970
KOCH, J.: Free Radicals. — Wiley, Chichester 1973

Radioaktivität s. Zerfallsreihen.

Radium gehört zu den Elementen der →Zweiten Nebengruppe (Erdalkalien). Stabile Isotope existieren nicht. Das langlebigste ist das mit der Massenzahl 226, das die Halbwertszeit von 1622 Jahren hat und unter Aussenden von α-Teilchen und γ-Strahlen in Radon zerfällt.

Als Folgeprodukt des Urans tritt Radium stets in Uranerzen auf. Sein Vorkommen in der Erdkruste wird auf $1,8 \cdot 10^7$ t geschätzt.

Frisch hergestelltes Radium besitzt hellen, metallischen Glanz, der jedoch schnell verschwindet, sobald es der Luft ausgesetzt ist. Vermutlich bildet sich das Nitrid Ra_3N_2. Die physikalischen Daten über Radium sind sehr unsicher und basieren auf Versuchen, die vor ca. einem halben Jahrhundert ausgeführt wurden.

Radium wird hauptsächlich in der Medizin zur Bestrahlung, beispielsweise bei der Behandlung von Krebs, verwendet. Messungen der Strahlungsintensität lassen Rückschlüsse auf die Dicke von Metallplatten und in ihnen eventuell vorhandene Hohlräume ziehen. Die Bedeutung des Radiums für derartige industrielle Anwendungen ist durch Gewinnung künstlich erzeugter radioaktiver Stoffe stark zurückgegangen. Geringe Mengen Radium finden Verwendung für selbstleuchtende Stoffe, bei denen die Radiumstrahlung Scintillatoren, wie Zinksulfid, aufleuchten lassen. Mischungen aus Radium und Beryllium dienen als Neutronenquelle. Auf dem Gebiet der Geologie dient die Absorption von Radiumbromid auf Ton zur Unterscheidung von nicht absorbierenden Mineralien.

Die CURIES entdeckten das neue Element in der Pechblende von Joachimstal. Der Gehalt betrug nur 320 mg pro Tonne Uranmetall. Sie erhielten für ihre Arbeiten von der „Wiener Akademie der Wissenschaften" genügend Mengen zur Verfügung gestellt. Nach dem Zweiten Weltkrieg wurden die Joachimstaler Uranvorkommen von den Sowjetrussen ausgebeutet. Inzwischen sind die Vorkommen völlig erschöpft. Man fördert lediglich noch aus ca. 600 m Tiefe radiumhaltiges Wasser, das zu Bädern im Kurort Joachimstal dient. Radium ist häufig in Wässern vorhanden. Der ausgiebige Genuß eines solchen Wassers kann tödliche Folgen haben.

Da Radium häufig mit anderen radioaktiven Elementen auftritt, ist u. U. die Bestimmung seines Anteils von Bedeutung. Chemische Analysenmethoden sind vollständig durch moderne elektronische Methoden abgelöst worden („kicksorters").

Preis 100.000 DM/g (1959)

Radon gehört zu den →Edelgasen. Das langlebigste Isotop besitzt die Massenzahl 222 und hat eine Halbwertszeit von 3,8 Tagen. Es ist das Zerfallsprodukt des Radiums und tritt deswegen in der Natur überall in Uranlagern auf. Es ist aus festem Radium nur bei feinster Verteilung zu gewinnen, weil es im festen Körper eingeschlossen bleibt. Aus dem Grunde gewinnt man es aus wäßriger Lösung von Radiumsalzen. Das Radon, zusammen mit anderen Gasen, wird abgepumpt, gereinigt und in Spezialbehälter gefüllt. Das Gleichgewicht zwischen Radium und Radon ist in dreißig Tagen erreicht. Auf je 1 g kommen 0,64 mm^3.

In einer Lösung von 1 g Radiumchlorid bilden sich durch die radioaktive Strahlung 20—50 cm^3 Wasserstoff und Sauerstoff pro Tag. Ferner ist Helium von der α-Strahlung her vorhanden. Das Volumen dieser Gase ist um ein Vielfaches größer als das des gebildeten Radons.

Um möglichst reines Radon zu erhalten, geht man folgendermaßen vor:

1. Abpumpen des Gases aus der wäßrigen Lösung.

2. Durch elektrische Entladungen Wasserstoff und Sauerstoff vereinigen, um so das Volumen zu reduzieren.
3. Entfernen der Feuchtigkeit und des Kohlendioxids durch Adsorption.
4. Ausfrieren des Radons mit flüssigem Sauerstoff und entfernen der verbleibenden Gase.
5. Das Radon wieder erwärmen und in die Behälter füllen.

Die Anwendung des Radons beschränkt sich auf klinischen Gebrauch und die Strahleneinwirkung auf Tiere. Radon löst sich leicht in Fett; seine Öl/Wasser-Löslichkeit ist sechsmal so groß wie die des Xenons. Die zu erwartende betäubende Wirkung von Radon-Sauerstoffgemischen ließ sich wegen der hohen Strahlungsintensität nicht überprüfen. Während seiner kurzen Lebenszeit bildet es schnell nicht gasförmige Tochterprodukte, wie Wismuth-214 mit hoher γ-Aktivität.

Radon gibt den Biologen ein handliches Präparat, um Erbschäden zu erzeugen und zu studieren. Für klinische Bestrahlungen füllt man das Gas in Kapillarbehälter aus Gold oder Glas, die man beispielsweise an die krebskranken Stellen bringen kann. Man nennt diese Behälter Radiumeinlagen oder „seeds".

Das Einatmen von Radon stellt ein industriell-hygienisches Problem dar bei Arbeiten in Uranbergwerken und bei der Herstellung von Leuchtziffern. Die Toleranzgrenze beträgt 10^{-12} Curie/cm^3. In diesen Betrieben ist gute Durchlüftung erforderlich. Durch Aufenthalt in Radon freier Luft wird das aufgenommene Gas wieder abgegeben.

Raketentreibstoffe. Ein Raketentreibstoff stellt ein Energiesystem dar, das nach der Zündung in kontrollierter Weise Wärme und gasförmige Produkte liefert. Es besteht meist aus einem Brennstoff und einem Oxydationsmittel. Die bei der Reaktion gebildeten heißen Gase strömen mit hoher Geschwindigkeit aus den Düsen der Rakete und erteilen ihr damit den sog. Schub. Die Wirkungsweise des Antriebsystems ist physikalisch und chemisch unabhängig vom Vorhandensein der Luft. Man unterscheidet folgende Antriebsysteme:

Flüssig-Flüssig-Antrieb. Der Brennstoff und das Oxydationsmittel bestehen aus Flüssigkeiten, welche gleichzeitig über getrennte Einspritzköpfe in die Brennkammer gepumpt und dort gezündet werden. Die Zündung kann elektrisch erfolgen. Sie muß rasch und sicher wirken, weil eine Ansammlung des Treibstoffgemischs in der Brennkammer Explosionsgefahr bedeutet. Zur Zeit sind flüssiger Sauerstoff, Wasserstoffperoxid (H_2O_2) und hochkonzentrierte Salpetersäure (HNO_3) die gebräuchlichsten Oxydationsmittel. Als flüssige Brennstoffe verwendet man Benzine, Petroleumfraktionen, Anilin, Äthylalkohol und Hydrazin. Werden geeignete Komponenten gewählt, dann zünden sie spontan beim Zusammentreffen in der Brennkammer (*hypergole Zündung*). Als hypergole Gemische eignen sich H_2O_2/Hydrazin, HNO_3/Hydrazin, HNO_3/organische Amine.

Fest-Flüssig-Antrieb (Hybrid-Antrieb). Im festen Zustand wird häufig der Brennstoff (Aktivkohle oder Kunststoffe) verwendet. Er befindet sich in Form durchbohrter Scheiben in der Brennkammer. Auf die Oberfläche des Brennstoffes spritzt man das flüssige Oxydationsmittel. Hierfür eignen sich: flüssiger Sauerstoff, H_2O_2 und hochkonzentrierte Salpetersäure. Als Kunststoffe kommen in Frage: polymere Kohlenwasserstoffe, z. B. Polyäthylen und Polypropylen.

Feststoffantrieb. Der Treibstoff enthält den Brennstoff und das Oxydationsmittel entweder im gleichen Molekül oder getrennt in Form homogener oder heterogener Mischungen. Zwischen diesen beiden Extremen sind alle Übergänge möglich und praktisch im Gebrauch. Man verwendet z. B. ein Gemisch aus Nitrocellulose und einem energiereichen Salpetersäureester, meist Nitroglycerin. Der Nitroglyceringehalt kann 25—45% betragen. Als Stabilisatoren dienen Diphenylamin und substituierte Harnstoffe.

Composite—Treibstoffe stellen ein heterogenes System dar. Das Oxydationsmittel ist meist anorganischer Natur, z. B. Ammoniumperchlorat oder Ammoniumnitrat. Als Brennstoffe eignen sich Polyurethane und Mischpolymerisate, z. B. Butadien und Acrylsäure oder Butadien und Vinylpyridin.

Literatur
DADIEU A., DAMM R., SCHMIDT E. W.: Raketentreibstoffe. — Springer-Verlag, Wien, New York 1968

Raschig-Verfahren s. Hydroxylderivate 3.2.

Rastinon s. Arzneimittel.

Rauchsätze s. Pyrotechnik.

Rauschgifte, auch *Halluzinogene* oder *Phantastika* genannt, sind psychoaktive Substanzen, die seelische Veränderungen hervorrufen, besonders visuelle oder akustische Halluzinationen, Veränderungen des Zeit- und Raumgefühls. Natürliche Rauschmittel, die meistens aus Pflanzen gewonnen werden, wurden in primitiven Kulturen für medizinische und magisch-religiöse Zwecke verwendet. Ungefähr 20 Pflanzen haben eine größere Bedeutung.

Weltweite Benutzung findet heute eine der ältesten Kulturpflanzen, der Hanf (Cannabis sativa, Familie Hanfgewächse, den Maulbeerbäumen verwandt). Die psychoaktive Substanz ist nur in dem Harz weiblicher Blütensprosse enthalten. Sie wird in Form von *Haschisch* (unverändertes Harz) oder *Marihuana* (getrocknete und zerriebene Blütenspitzen und Blätter — Haschisch enthält das Fünffache des Wirkstoffs) zum Essen, Trinken oder — und das ist die normale Gebrauchsform — zum Rauchen benutzt. Das wirksame Prinzip ist ein *Tetrahydrocannabinol*. Die Wirkungen sollen innerhalb einer halben Stunde ihr Maximum erreichen, nach

Rauschgifte

drei Stunden wieder abgeklungen sein. Sie bestehen in Glücksgefühl, Gedankenverwirrung, Störung des Zeitsinnes und des Raumgefühls, optischen und akustischen Halluzinationen. Der euphorische Zustand wechselt mit Depressionen und Angstzuständen — besonders bei höheren Dosen. Die Symptome hängen — wie bei den anderen Rauschgiften — von der Person, der Dosis, der Gewöhnung, der Situation und anderen unkontrollierbaren Faktoren ab. Physiologisch bewirkt Cannabilol eine Rötung der Augen wegen der Erweiterung der Blutgefäße. Pupillenvergrößerung ist ebensowenig erwiesen wie die Ungefährlichkeit dieses Stoffes.

Allerdings scheint erwiesen zu sein, daß eine körperliche Abhängigkeit (Sucht) nicht entsteht, es wird aber die Hemmung abgebaut, auf harte (suchterzeugende) Rauschmittel überzusteigen.

6a,7,8,10a-Tetrahydrocannabinol   Ibotensäure   *Bufotenin*   *Harmin*
N-Dimethyl-5-hydroxytryptamin

Die anderen natürlichen Rauschgifte sind →Alkaloide (Strukturformeln sind dort aufgeführt). Dazu gehören *Scopolamin* und *Atropin* (aus Nachtschattengewächsen: Stechapfel, Bilsenkraut, Tollkirsche, Alraune; vermutlich im Mittelalter Anlaß für den Hexenaberglauben). Der psychotrope Wirkstoff des Fliegenpilzes, der in Sibirien als Rauschmittel benutzt wird, ist nicht das Alkaloid *Muscarin*, sondern *Ibotensäure* (Formel s. o.). Der Wirkstoff wird im Körper nicht abgebaut, sondern im Urin ausgeschieden. Er wird als Extrakt in Getränken aufgenommen und ruft Euphorie, Visionen, aber auch religiöse Anwandlungen hervor.

Sehr weit verbreitet ist der Gebrauch halluzinogener Pflanzen bei mittel- und südamerikanischen Indianer. In Mexiko werden u. a. benützt der Kaktus Peyotl (Lophophora williamsi — Alkaloid *Mescalin* — zuerst Brechreiz, Zittern, Schweißausbrüche, nach ein bis zwei Stunden eine bis 12 Stunden dauernde traumähnliche Phase mit Farbvisionen, aber auch Täuschungen anderer Sinnesorgane), die Samen der Winden Ololiuqui (Rivea corymbosa und Ipomea violacea — Alkaloid *Ergin*) und den Pilz Teonanacatl (Psilocybe mexicana — Alkaloid *Psilocybin* und *Psilocin* — 2,5 mal weniger toxisch als *Mescalin*, dafür eine 50 mal stärkere psychotrope Wirkung mit visuellen Halluzinationen und auch Persönlichkeitsspaltung). Die beiden Pilzalkaloide sind Tryptaminderivate (Stoffwechselprodukt der →Aminosäure Tryptophan). Südamerikanische Indianer verwenden als halluzinogenes

Rauschgifte

Schnupfpulver ebenfalls Tryptaminderivate (→org. Stickstoffv. 2.) aus verschiedenen Schmetterlingsblütlern (*Bufotenin* — Formel s. o.). Als Aufguß werden Blätter der Liane Banisteriopsis (Malpighiaceen) mit dem Alkaloid *Harmin* (Formel s. o.) benutzt. Nach anfänglicher Übelkeit treten starke Farbvisionen und Gehörshalluzinationen auf.

Die stärkste halluzinogene Wirkung ruft ein synthetisches Mittel hervor, *Lysergsäurediäthylamid* (*LSD*). Es ist ein Derivat des oben erwähnten Alkaloids Ergin = D(+)-Lysergsäureamid und den Mutterkornalkaloiden verwandt. Mescalin ist 5000 mal weniger wirksam. 0,001 mg pro kg Körpergewicht eingenommen, geschnupft oder gespritzt lösen Halluzinationen aus: intensive Farbvisionen, Umsetzung von Tönen in Farben und umgekehrt, Aufhebung der Realitätseinsicht. Die angeblich bewußtseinserweiternde Wirkung kann aber zu Fehlhandlungen führen, die für den Betreffenden lebensgefährlich werden können. Auch sind Angstrauschzustände (horror-trips) nicht vorauszusehen und nicht selten. Durch solche Erlebnisse können Psychosen (wirkliche Geistesstörungen) entstehen bzw. hervorgerufen werden. Bei LSD liegen Hinweise für Mutagenität vor, d. h. in Körper- und Keimzellen können Chromosomenanomalien auftreten. Häufig kommt es zu einer psychischen Abhängigkeit (Sucht). Die Gefährlichkeit des LSD liegt auch in der Schwierigkeit der Dosierung und der fehlenden Reinheitskontrolle.

Lysergsäurediäthylamid
LSD

Y : H   X = H Amphetamin
              Benzedrin
        X = CH_3 Pervitin
Y : OH, X = CH_3 Ephedrin

Menocil

Preludin

Zu den echten Halluzinogenen gehören auch synthetische Derivate des *Ampheamins* wie *DOM* (auch *STP* genannt). Amphetamin (*Benzedrin*) selbst gehört zu den Aufputschmitteln und wird deshalb wie sein Methylderivat *Pervitin* und das →Alkaloid *Ephedrin* als *Weckamin* bezeichnet. Solche künstliche Stimulantien werden auch als Appetitzügler eingenommen. (*Preludin*, *Menocil*). Mißbrauch führt auch bei diesen Aufputschmitteln zur Sucht.

Auch ohne Sucht können die Halluzinogene unvoraussehbare und unkontrollierbare Schädigungen psychischer und sozialer Art bewirken. Sie führen den Menschen bei vollem Bewußtsein in eine Traumwelt und stehen damit im Gegensatz zu den klassischen Sucht- und Rauschgiften, den Opiaten. *Opium*, der Milchsaft aus den unreifen Kapseln des Schlafmohns, ist ein Gemisch mit einem Gehalt

Rauschgifte

von 25% →Alkaloiden, darunter 12% *Morphin*, 5—6% Narcotin, 1% Papaverin und bis zu 0,8% Codein. Der getrocknete Saft, das Rohopium, ist eine braune Masse, die geraucht oder in Wasser aufgelöst, gespritzt wird. Opiate wirken beruhigend, schmerzstillend, sie erzeugen einen Zustand des Entrücktseins, des Wohlbehagens. Sucht und Gewöhnung stellen sich nach kurzem Gebrauch ein, d. h. der Körper verlangt nach der Droge, er benötigt aber immer größere Mengen. Zu den Opiaten zählen auch die synthetischen Derivate, die die pharmazeutische Industrie durch konsequente Untersuchung der Morphinstruktur entwickelt hat (→Arzneimittel) wie *Dolantin*, *Methadon* = *Polamidon*. Ein synthetisches Produkt besonderer Gefährlichkeit ist *Heroin*, chemisch Diacetylmorhin. Es wirkt stärker als Morphin. Zur Auslösung der Sucht genügt u. U. eine einzige Spritze. Die Unreinheit der Substanz ist ein weiterer Gefahrenpunkt.

Zu den klassischen Rauschmitteln gehört auch das aus den Blättern des südamerikanischen Cocastrauchs gewonnene *Cocain*. Es wird geschnupft oder gespritzt. Seine Wirkung ist nicht dämpfend wie bei den Opiaten, sondern erregend (ähnlich den Stimulantien). Lokal bewirkt es eine Betäubung, aber im Zentralnervensystem führt es zu Erregungen. Es kann sowohl zur Kontaktfreudigkeit als auch zu krankhaftem Mißtrauen führen. Abhängigkeit von der Droge stellt sich rasch ein.

R = H: Morphin   Dolantin   Librium   X: CH_3, Y: H: Valium   Veronal
R = $OCCH_3$: Heroin   X: H, Y: OH: Adumbran   (Barbiturat)

Eine dämpfende, beruhigende Wirkung haben auch die als *Tranquilizer* bezeicheten Mittel wie *Valium*, *Librium*, *Adumbran*. Eine Abhängigkeit (Sucht) ist auch bei ihnen möglich. Ein ähnlicher Mißbrauch wird mit Schlafmitteln getrieben, die meist *Barbiturate* (→Heterocyclen 2.3.) enthalten. Diese Schlafmittel können die entgegengesetzte Wirkung hervorrufen. Sie werden als Aufputschmittel eingesetzt.

Literatur
RÖMPP, H.: Chemische Zaubertränke. — Franckhsche Verlagsh., Stuttgart 1961
SCHMID, R.: Halluzinogene aus Pflanzen. — Naturwissen. Rundschau 23, 1970, 5
NEIDLEIN, R.: Moderne Rauschgifte. — Chemie in unserer Zeit 4, 1970, 153
Bundesminister f. Jugend, Familie und Gesundheit: Information zum Drogen-Problem. — Bonn
SCHMIDBAUER, W.: Handbuch der Rauschdrogen. — Nymphenburger Verlag, München 1971
HESSE, E.: Rausch-, Schlaf- und Genußgifte. — Enke, Stuttgart 1966
EMBODEN, W.: Narcotic Plants. — Studio vista, London 1972

Bradley, P. u. Brimamble, R.: Biochemical and Pharmacological Mechanism underlying Behaviour. — Elsevier, Amsterdam 1972

Reaktionsgeschwindigkeit s. Kinetik (chemische).
Reaktionsmechanismen s. Addition, Elimination, Radikalreaktionen, Substitutionen, Umlagerungen, Polymerisation, Kinetik (chemische).
Reaktionswärme s. Kinetik (chemische).
Realgar s. Arsen.
Redoxdisproportionierung s. Redoxvorgänge.
Redoxpotential s. Redoxvorgänge.
Redox-Vorgänge. Als Oxydation bezeichnete man ursprünglich die Vereinigung eines Elementes mit Sauerstoff. Bei der Oxydation von Metallen geben die Metallatome Elektronen an die Sauerstoffatome ab, z. B.:

$$\frac{\begin{array}{l}Mg \rightarrow Mg^{2+} + 2e^- \\ 2e^- + O \rightarrow O^{2-}\end{array}}{Mg + O \rightarrow Mg^{2+}O^{2-}}$$

Neben dem Sauerstoff haben auch andere Stoffe die Fähigkeit, Elektronen aufzunehmen. Bei der Reaktion des Magnesiums mit Chlor spielt sich ein ähnlicher Vorgang ab:

$$\frac{\begin{array}{l}Mg \rightarrow Mg^{2+} + 2e^- \\ 2e^- + 2Cl \rightarrow 2Cl^-\end{array}}{Mg + 2Cl \rightarrow Mg^{2+}2Cl^-}$$

Das Magnesiumatom gibt seine Elektronen an die Chloratome ab. Deshalb bezeichnet man auch diesen Vorgang als Oxydation (Chlor oxydiert Magnesium). Der oxydierte Stoff (Atom, Ion, Molekül) gibt Elektronen ab. Sie werden von dem Reaktionspartner aufgenommen. Einen solchen Vorgang bezeichnet man als Reduktion (ursprünglich: Entzug von Sauerstoff). Reduktion und Oxydation sind also miteinander gekoppelt; man spricht deshalb von Redox-Vorgängen. Den Reaktionspartner, welcher die Elektronen aufnimmt (Elektronenakzeptor), nennt man Oxydationsmittel. Reduktionsmittel können einem anderen Stoff Elektronen zuführen (Elektronendonator). Unter Berücksichtigung dieser Begriffe läßt sich ein Redox-Vorgang als Redoxpaar (Halbreaktion oder auch korrespondierendes Redoxpaar) darstellen:

Reduzierte Form $\underset{\text{Reduktion}}{\overset{\text{Oxydation}}{\rightleftarrows}}$ Oxydierte Form + Elektronen
(Reduktionsmittel)   (Oxydationsmittel)

Redox-Vorgänge

oder abgekürzt:

$$\text{Red} \rightleftarrows \text{Ox} + n\,e^-$$

n bedeutet eine bestimmte Anzahl Elektronen. Beispiele:

$$\text{Na} \rightleftarrows \text{Na}^+ + e^-$$
$$\text{Mg} \rightleftarrows \text{Mg}^{2+} + 2e^-$$
$$2\text{Cl}^- \rightleftarrows \text{Cl}_2 + 2e^-$$

Sämtliche Reaktionen, bei denen Elektronen aufgenommen oder abgegeben werden, können als Reduktions- und Oxydationsreaktionen formuliert werden. Zu einer vollständigen Redox-Reaktion sind immer zwei Redoxpaare notwendig. Das eine Paar (1) soll die Elektronen liefern, also eine Verschiebung von Red_1 nach Ox_1 erfahren:

$$\text{Red}_1 \rightarrow \text{Ox}_1 + n\,e^-$$

Das zweite Paar nimmt die freigewordenen Elektronen auf. Dabei erfolgt der Übergang von Ox_2 nach Red_2:

$$n\,e^- + \text{Ox}_2 \rightarrow \text{Red}_2$$

Es ergibt sich somit folgende allgemeine Redox-Reaktionsgleichung:

$$\text{Red}_1 \rightarrow \text{Ox}_1 + n\,e^-$$
$$\underline{n\,e^- + \text{Ox}_2 \rightarrow \text{Red}_2}$$
$$\text{Red}_1 + \text{Ox}_2 \rightarrow \text{Ox}_1 + \text{Red}_2$$

Oxydationszahl (Oxydationsstufe). Bei komplizierten Redox-Reaktionen läßt sich oft nur schwer erkennen, in welcher Weise die Elektronenübertragungen erfolgen. Häufig verlaufen sie über Komplexreaktionen und sind mit Protonenübergängen verknüpft. In solchen Fällen bedient man sich eines Hilfsbegriffes, der Oxydationszahl. Die Oxydationszahl von Metall- und Nichtmetallionen, die nur aus einem Atom bestehen, ist gleich ihrer Ionenladung mit dem entsprechenden Vorzeichen. In allen anderen Fällen versteht man darunter die negative oder positive Ladung, die ein Atom in einem Molekül erhalten müßte, wenn man sich das Molekül aus Ionen aufgebaut denkt. Bei Elektronenpaarbindungen werden die bindenden Elektronenpaare vollständig dem mehr elektronegativen Atom zugeteilt. Bei Elektronenpaaren zwischen zwei gleichen Atomen behält jedes Atom ein Elektron. Die Summe aller Oxydationszahlen in einem Molekül ist gleich Null. Fluor erhält die Oxydationszahl — I, Sauerstoff — II, (ausgenommen in Perverbindungen, wie z. B. H_2O_2, gilt für Sauerstoff — I). Die Oxydationszahl für Wasserstoff beträgt $+I$ (Ausnahme: Metallhydride: —I).
Beispiele: Berechnung der Oxydationszahl (x_N) von Stickstoff in NF_3: $x_N + 3(-I) = 0$; $x_N = +III$. In NH_3 besitzt der Stickstoff die größere →Elektro-

negativität. Also gilt: $x_N + 3(+I) = 0$; $x_N = -III$. Liegt anstelle eines Moleküls ein Ion vor, so ist die Summe der Oxydationszahlen gleich der Ladung des Ions. Im Sulfat-Ion (SO_4^{2-}) beträgt z. B. die Oxydationszahl des Schwefels $+VI$; $x_S + 4(-II) = -II$; $x_S = +VI$. Die Oxydationszahl eines Atoms in einem freien Element ist Null.

Da eine Oxydation mit einem Entzug von Elektronen verbunden ist, muß die Oxydationszahl des oxydierten Elementes größer werden. Bei einer Reduktion verkleinert sich die Oxydationszahl. Zur Formulierung solcher Redoxgleichungen wird allerdings vorausgesetzt, daß man weiß, welche Stoffe bei der Reaktion entstehen. Als Beispiel soll die Reaktionsgleichung für die Oxydation von Eisensulfat ($FeSO_4$) mit Kaliumpermanganat ($KMnO_4$) bei Anwesenheit von Schwefelsäure aufgestellt werden. Es entstehen folgende Reaktionsprodukte: $Fe_2(SO_4)_3$, $MnSO_4$, K_2SO_4 und H_2O. Zunächst stellt man die beiden korrespondierenden Redoxpaare auf:

1) $$Fe^{2+} \rightleftarrows Fe^{3+} + e^-$$

2) Das MnO_4^- Ion geht in Mn^{2+} über. Mangan ändert seine Oxydationszahl von $+VII$ auf $+II$; es wird reduziert. Hierzu muß es fünf Elektronen aufnehmen. Bei der Reaktion werden dann formal vier Sauerstoffionen frei, wofür acht Wasserstoffionen notwendig sind, damit sich Wasser bilden kann. Das Redoxpaar lautet dann:

$$MnO_4^- + 8H^+ + 5e^- \rightleftarrows Mn^{2+} + 4H_2O$$

Man schreibt nun die beiden Redoxpaare untereinander und faßt sie derart zusammen, daß die Elektronen eliminiert werden können (Multiplikation der Teilgleichungen mit einem geeigneten Faktor und anschließende Addition):

Oxydation: $5Fe^{2+} \rightarrow 5Fe^{3+} + 5e^-$
Reduktion: $\underline{MnO_4^- + 8H^+ + 5e^- \rightarrow Mn^{2+} + 4H_2O}$

$$5Fe^{2+} + MnO_4^- + 8H^+ \rightarrow 5Fe^{3+} + Mn^{2+} + 4H_2O$$

Ergänzt man die beiden Seiten der Gleichung durch die entsprechenden Gegenionen, entsteht folgende Gesamtgleichung:

$5Fe^{2+} + 5SO_4^{2-} + K^+ + MnO_4^- + 8H^+ + 4SO_4^{2-} \rightarrow$
$ 5Fe^{3+} + Mn^{2+} + K^+ + 9SO_4^{2-} + 4H_2O$

oder als Stoffgleichung:

$10FeSO_4 + 2KMnO_4 + 8H_2SO_4 \rightarrow 5Fe_2(SO_4)_3 + 2MnSO_4 + K_2SO_4 + 8H_2O$

Redoxdisproportionierung. Wenn für ein Element mindestens drei Oxydationsstufen möglich sind, können die Atome in der mittleren Stufe durch Abgabe von Elektronen in die höhere Oxydationsstufe gelangen oder durch Aufnahme von

Redox-Vorgänge

Elektronen in die niedere Oxydationsstufe übergehen. Einen solchen Stoff bezeichnet man redox-amphoter. Sauerstoff z. B. hat in den Verbindungen H_2O, H_2O_2 und O_2 die Oxydationsstufen -II, -I und O. Wasserstoffperoxid (H_2O_2), wirkt gegenüber Fe^{2+} oxidierend:

$$H_2O_2 + 2\,Fe^{2+} + 2\,H^+ \rightarrow 2\,H_2O + 2\,Fe^{3+}$$

Kaliumpermanganat ($KMnO_4$) wird von H_2O_2 reduziert:

$$5\,H_2O_2 + 2\,MnO_4^+ + 6\,H^+ \rightarrow 5\,O_2 + 2\,Mn^{2+} + 8\,H_2O$$

Solche Verbindungen wie das H_2O_2 sind auch in der Lage, sich selbst zu oxidieren, indem ein anderer Teil der Verbindung reduziert wird (Selbstzersetzung):

$$2\,H_2O_2 \rightarrow 2\,H_2O + O_2$$

Die Teilreaktionen lauten:

a) $\qquad H_2O_2 \rightarrow O_2 + 2\,H^+ + 2\,e^-$

b) $\qquad H_2O_2 + 2\,H^+ + 2\,e^- \rightarrow 2\,H_2O$

Einen solchen Vorgang nennt man Redoxdisproportionierung.

Redoxpotential

Die „Stärke" eines Oxydationsmittels, d. h. die Tendenz dieses Stoffes, Elektronen aufzunehmen, läßt sich quantitativ durch die Messung eines Redoxpotentials erfassen. Taucht man z. B. ein Zinkblech in eine Kupfersulfatlösung, so überzieht es sich mit Kupfer. Das Zink reduziert die Kupferionen zu Kupfer bzw. die Kupferionen oxidieren das Zink:

$$\begin{aligned} Zn &\rightarrow Zn^{2+} + 2\,e^- \\ 2\,e^- + Cu^{2+} &\rightarrow Cu \\ \hline Zn + Cu^{2+} &\rightarrow Zn^{2+} + Cu \end{aligned}$$

Es findet also ein Elektronenübergang vom Zink zu den Kupferionen statt, der praktisch einen elektrischen Strom darstellt. Er läßt sich allerdings nur nachweisen, wenn die beiden Redoxpaare räumlich getrennt werden. Man taucht dazu das Zinkblech in eine Zinksulfatlösung und ein Kupferblech in eine Kupfersulfatlösung. Die beiden Lösungen sind durch eine poröse Scheidewand (Diaphragma) getrennt, damit ein Ladungstransport in der Flüssigkeit erfolgen kann. Verbindet man das Zink- und das Kupferblech mit einem Draht, so fließt ein Elektronenstrom vom Zink zum Kupfer. Es findet also der zu Anfang beschriebene Vorgang statt. Die Ursache für das Fließen des elektrischen Stromes ist die Spannung (Potentialdifferenz) zwischen den Metallplatten, das sogenannte Redoxpotential. Die genaue Messung dieses Potentials (auch elektromotorische Kraft, EMK, genannt) muß im stromlosen Zustand erfolgen. Man verwendet ein Elektrometer oder ein Voltmeter, das einen sehr hohen Innenwiderstand besitzt (Röhrenvoltmeter). Bei einer Konzentration von einem Grammion Zink-bzw. Kupferionen pro Liter beträgt dieses Potential 1,11 Volt.

Das Entstehen einer solchen Spannung läßt sich folgendermaßen verdeutlichen: Taucht man ein Metallblech in die Lösung seines Salzes, werden Metallionen in die Lösung übergehen und Elektronen an der Metalloberfläche zurückbleiben. Diese laden das Metall negativ auf und verhindern dadurch ein weiteres Austreten von Metallionen. Es bildet sich an der Metalloberfläche eine elektrische „Doppelschicht". Die Metalle unterscheiden sich dadurch voneinander, daß ihre Tendenz, in den Ionenzustand überzugehen, verschieden groß ist. Vom Zink gehen z. B. mehr Ionen in Lösung als vom Kupfer, so daß im Zinkblech ein Elektronenüberschuß entsteht, der sich durch den Draht ausgleichen kann. Diese Elektronen bewirken dann eine Entladung von Kupferionen aus der Lösung.

Kombiniert man das Cu/Cu^{2+} Redoxpaar (Halbzelle) mit einer Silber-Halbzelle (Silberblech in einer Lösung mit Silberionen) entsteht ein Potential von 0,46 Volt bei einer Konzentration der Lösung von 1 mol/l. Der Strom fließt allerdings in umgekehrter Richtung, die Elektronen bewegen sich jetzt vom Kupfer- zum Silberblech. Da man Einzelpotentiale der Redoxpaare nicht messen kann, sondern immer nur Potentialdifferenzen zu einem anderen Redoxpaar, hat man willkürlich das Redoxpaar $H_2 \rightleftarrows 2H^+ + 2e^-$ als Bezugssystem gewählt. Zur Herstellung dieser „*Normalwasserstoffelektrode*" taucht man bei 25°C ein Platinblech, das mit elektrolytisch abgeschiedenem Platin überzogen ist und von Wasserstoffgas (1 at) umspült wird, in eine Säure, deren Wasserstoffionenkonzentration (genauer: Aktivität s. unten) 1 mol/l beträgt. Das Potential, das bei der Kombination eines Redoxpaares mit der Normalwasserstoffelektrode entsteht, bezeichnet man als *Normalpotential* ($E°$). Beim Zn/Zn^{2+} Redoxpaar ergibt sich ein Betrag von 0,76 Volt. Die gemessenen Zahlenwerte erhalten ein negatives Vorzeichen, wenn von der Halbzelle Elektronen freigemacht werden (also zur Wasserstoffelektrode fließen), was beim Zink-Redoxpaar der Fall ist. Das Normalpotential beträgt somit $E° = -0,76$ Volt. Das bedeutet, daß das Zink reduzierend auf das H/H^+-System wirkt. Positive Potentiale besitzen diejenigen Redoxpaare, welche Elektronen von der Wasserstoffelektrode aufnehmen, also oxydierend wirken (z. B. Cu/Cu^{2+}, $E° = +0,35$ Volt).

Die Normalpotentiale für Nichtmetalle werden im Prinzip genauso gemessen wie diejenigen der Metalle. Allerdings muß man eine Meßelektrode aus Platin verwenden, welche den Transport von Elektronen übernimmt, weil die Nichtmetalle zum großen Teil gasförmig sind oder den elektrischen Strom nicht leiten. Zur Bestimmung des Normalpotentials für das Redoxpaar $2Cl^- \rightleftarrows Cl_2 + 2e^-$ taucht man eine Platinelektrode, die mit Chlorgas vom Druck 1 at umspült wird, in eine Lösung von Chloridionen der Konzentration (genauer: Aktivität) 1

Redox-Vorgänge

Grammion/l und mißt gegen die Normalwasserstoffelektrode. Es ergibt sich ein Wert von +1,36 Volt. Ordnet man die Normalpotentiale nach ihrer Größe, so erhält man eine „*Spannungsreihe*". (s. Tabelle: Normalpotentiale).

Konzentrationsabhängigkeit. Die Größe des Redoxpotentials ist bei ein und demselbem Redoxpaar von der Konzentration der an der Reaktion beteiligten Partner abhängig. Das Redoxpaar kann sich auch aus mehreren Bestandteilen zusammensetzen (z. B. beim MnO_4^-/Mn^{2+}-System). Schreibt man allgemein:

$$m_1\ Red_1 + m_2\ Red_2 \rightleftarrows n_1\ Ox_1 + n_2\ Ox_2 + n\ e^-$$

dann läßt sich das Redoxpotential nach der NERNSTschen Formel berechnen:

$$E = E° + \frac{R \cdot T}{n \cdot F} \ln \frac{a_{ox_1}^{n_1} \cdot a_{ox_2}^{n_2}}{a_{Red_1}^{m_1} \cdot a_{Red_2}^{m_2}}$$

Normalpotentiale

Reduzierter Zustand	Oxydierter Zustand	E° (Volt)
Li	$Li^+ + e^-$	−3,03
K	$K^+ + e^-$	−2,92
Ca	$Ca^{2+} + 2e^-$	−2,76
Na	$Na^+ + e^-$	−2,71
Mg	$Mg^{2+} + 2e^-$	−2,40
Al	$Al^{3+} + 3e^-$	−1,69
Zn	$Zn^{2+} + 2e^-$	−0,76
Fe	$Fe^{2+} + 2e^-$	−0,44
Pb	$Pb^{2+} + 2e^-$	−0,13
H_2	$2H^+ + 2e^-$	0,00
Cu	$Cu^{2+} + 2e^-$	+0,35
Ag	$Ag^+ + e^-$	+0,81
Hg	$Hg^{2+} + 2e^-$	+0,86
Au	$Au^{3+} + 3e^-$	+1,38
$2J^-$	$J_2 + 2e^-$	+0,58
$2Br^-$	$Br_2 + 2e^-$	+1,07
$2Cl^-$	$Cl_2 + 2e^-$	+1,36
$2F^-$	$F_2 + 2e^-$	+2,85
Cu^+	$Cu^{2+} + e^-$	+0,17
Fe^{2+}	$Fe^{3+} + e^-$	+0,77
$Mn^{2+} + 4H_2O$	$MnO_4^- + 8H^+ + 5e^-$	+1,52
$2SO_4^{2-}$	$S_2O_8^{2-} + 2e^-$	+2,05

Dabei bedeuten:

$E°$ = Normalpotential, R = Gaskonstante (8,315 Ws/mol grad),
T = absolute Temperatur in K, F = Faradaykonstante (96486 As),
n = Anzahl der abgegebenen Elektronen, a = Aktivität der an der Reaktion beteiligten Stoffe.

Die *Aktivität* entspricht in sehr verdünnten Lösungen der Konzentration. Ist die Konzentration größer als 0,01 Mol Substanz pro Liter, dann machen sich die Anziehungskräfte zwischen den Ionen bemerkbar. Sie sind nicht mehr so frei beweglich wie in einer idealen Lösung angenommen wird. Die wirksame Konzentration (die Aktivität a) der Lösung ist dann kleiner als die wirkliche Konzentration (c). Mit Hilfe eines Aktivitätskoeffizienten (f), der meist empirisch bestimmt wird, läßt sich aus der Konzentration die Aktivität berechnen: $a = f \cdot c$. Bei einer Konzentration von 1 mol/l beträgt die Größenordnung von f 0,6 bis 0,8.

Setzt man zur Abkürzung für das Produkt der Aktivitäten der oxydierten Form des Redoxpaares $a_{ox_1}^{n_1} \cdot a_{ox_2}^{n_2} = a_{ox}$ und für die reduzierte Form $a_{Red_1}^{m_1} \cdot a_{Red_2}^{m_2} = a_{Red}$ so ergibt sich eine übersichtlichere Form der NERNSTschen Gleichung:

$$E = E° + \frac{RT}{nF} \ln \frac{a_{ox}}{a_{Red}}$$

Werden schließlich noch die Zahlenwerte für R und F eingesetzt, erhält man bei einer Temperatur von 25°C und unter Berücksichtigung des Umwandlungsfaktors von ln in log folgende Gleichung:

$$E = E° + \frac{0,059}{n} \log \frac{a_{ox}}{a_{Red}}$$

Wenn die Aktivitäten der Reaktionspartner die Größe 1 haben, erhält der Summand den Wert 0 und das Potential ist gleich dem Normalpotential ($E = E°$), was der Definition entspricht.

Für die Redoxpaare von Metallen (z. B. $Me \rightleftarrows Me^{n+} + ne^-$) vereinfacht sich die Gleichung ebenfalls. Durch das Eintauchen des Metallstabes in die Lösung ist die Konzentration des Metalls konstant und in der Größe des Normalpotentials $E°$ enthalten. Man setzt also $a_{ox} = a_{Me^{n+}}$ und erhält:

$$E = E° + \frac{0,059}{n} \log a_{Me^{n+}}$$

Bei Redoxpaaren von Nichtmetallen, welche negative Ionen bilden, ist die Konzentration des Nichtmetalls (a_{ox}) konstant. Das Nichtmetall ist die oxydierte Form des Redoxpaares $Nime^{n-} \rightleftarrows Nime + ne^-$. Die Gleichung lautet dann:

$$E = E° - \frac{0,059}{n} \log a_{Nime^{n-}}$$

Redox-Vorgänge

Beim Redoxpaar des Wasserstoffs $1/2\, H_2 \rightleftarrows H^+ + e^-$ ist $E° = 0$. Somit gilt:

$$E = 0{,}059 \log a_{H^+} = -0{,}059\, pH$$

Die Größe des Potentials ist vom →pH Wert abhängig. In reinem Wasser (pH = 7) beträgt das Wasserstoffpotential $E = -0{,}41$ Volt.

Bei Reaktionen in verdünnten wäßrigen Lösungen kann die Aktivität des Wassers als konstant angesehen werden. Für das Redoxpaar

$$Mn^{2+} + 4\,H_2O \rightleftarrows MnO_4^- + 8\,H^+ + 5\,e^-$$

berechnet man das Potential folgendermaßen:

$$E = E° + \frac{0{,}059}{5} \log \frac{a_{MnO_4^-} \cdot a^8_{H^+}}{a_{Mn^{2+}}}$$

Diese Gleichung zeigt, daß die Aktivität der Wasserstoffionen einen starken Einfluß auf die Größe des Potentials ausübt. Bei gegebener Aktivität der MnO_4^- und Mn^{2+} kann man die oxydierende Wirkung der MnO_4^- durch Änderung der Wasserstoffionenkonzentration vergrößern oder verkleinern. Dieser Einfluß läßt sich durch Einführen des pH-Wertes folgendermaßen darstellen:

$$E = E° + \frac{0{,}059}{5} \left(\log \frac{a_{MnO_4^-}}{a_{Mn^{2+}}} - 8\,pH \right) \text{ oder}$$

$$E = E° - 0{,}059 \cdot 1{,}6\, pH + \frac{0{,}059}{5} \log \frac{a_{MnO_4^-}}{a_{Mn^{2+}}}$$

Kann man in allgemeiner Form schreiben:

$$Red \rightleftarrows Ox + m\,H^+ + n\,e^-$$

so ergibt sich

$$E = E° + \frac{0{,}059}{n} \log \frac{a_{Ox} \cdot a^m_{H^+}}{a_{Red}}$$

$$E = E° + 0{,}059\, \frac{m}{n} \log a_{H^+} + \frac{0{,}059}{n} \log \frac{a_{Ox}}{a_{Red}}$$

$$E = E° - 0{,}059\, \frac{m}{n}\, pH + \frac{0{,}059}{n} \log \frac{a_{Ox}}{a_{Red}}$$

Wählt man z. B. bei dem Redoxpaar MnO_4^-/Mn^{2+} die Aktivitäten $a_{Ox} = 1$ und $a_{Red} = 1$, dann beträgt das Potential E bei verschiedenen pH-Werten:

pH = 0   E = 1,52 Volt
pH = 3   E = 1,24 Volt
pH = 6   E = 0,96 Volt

Vergleicht man diese Potentiale mit den Potentialen folgender Redoxpaare (a = 1)

$2Cl^- \rightleftarrows Cl_2 + 2e^-$ E = 1,36 Volt
$2Br^- \rightleftarrows Br_2 + 2e^-$ E = 1,07 Volt
$2J^- \rightleftarrows J_2 + 2e^-$ E = 0,53 Volt

zeigt sich, daß MnO_4^- bei pH = 0 Chloride, Bromide und Jodide oxydieren können, bei pH = 3 nur Bromide und Jodide und bei pH = 6 schließlich nur noch Jodide.

Anwendung der Spannungsreihe. Die Normalpotentiale sind ein Maß für die oxydierende bzw. reduzierende Wirkung der Redoxpaare im Vergleich zueinander. Von zwei korrespondierenden Redoxpaaren wird dasjenige mit dem höheren (positiveren) Potential stärker zur Aufnahme von Elektronen neigen. Es wird als Oxydationsmittel wirken. Die Redoxpaare mit dem höchsten Potential werden die stärksten Oxydationsmittel sein. Je negativer das Potential ist, desto stärker wird ein Redoxpaar als Reduktionsmittel wirken. Beschränkt man sich bei Betrachtungen auf die Größe der Normalpotentiale, so wird vorausgesetzt, daß die Aktivitäten a = 1 sind. Mit Hilfe der Normalpotentiale lassen sich in gewissen Grenzen Voraussagen machen, ob eine bestimmte Reaktion möglich sein wird oder nicht. Das Lösen eines Metalls in einer Säure unter Entwicklung von Wasserstoff stellt einen Redoxvorgang dar:

$$Me \rightarrow Me^{2+} + 2e^-$$
$$2H^+ + 2e^- \rightarrow H_2$$

d. h. die Wasserstoffionen oxydieren das Metall. Metalle mit positivem Normalpotential können also in nicht oxydierenden Säuren keinen Wasserstoff entwickeln. Andererseits müßten sich alle Metalle mit negativem Normalpotential in Säuren mit pH = 0 unter Wasserstoffentwicklung lösen. Abweichendes Verhalten zeigt z. B. das Blei, das in Schwefelsäure eine Schutzschicht aus Bleisulfat bildet, welches eine weitere Einwirkung der Säure verhindert.

In reinem Wasser, das Wasserstoffionen enthält, müßten Metalle mit negativem Normalpotential Wasserstoff entwickeln. Allerdings ist zu berücksichtigen, daß das Redoxpotential des Wasserstoffs in diesem Falle nicht dem Normalpotential entspricht, weil die Wasserstoffionenkonzentration wesentlich kleiner ist. Bei pH = 7 beträgt das Redoxpotential E = −0,41 Volt. Also können nur solche Metalle mit dem Wasser reagieren, deren Potential negativer als −0,41 Volt ist, z. B. Alkali- und Erdalkalimetalle. Ausnahmen bilden Aluminium und Zink, die

Redox-Vorgänge

keine Wasserstoffentwicklung zeigen, weil sich zu Beginn der Reaktion wasserunlösliches Metallhydroxid bildet, welches als dünne Schutzschicht das Metall umhüllt.

Gleichgewichtskonstante. Mit Hilfe der Gleichgewichtskonstanten ist eine Aussage möglich, in welchem Umfang eine Redoxreaktion abläuft. Bei einer Reaktion:

$$Red_1 + Ox_2 \rightleftarrows Ox_1 + Red_2,$$

die sich in folgende Redoxpaare zerlegen läßt:

$$Red_1 \rightleftarrows Ox_1 + n\,e^-$$
$$n\,e^- + Ox_2 \rightleftarrows Red_2$$

vergrößert sich im Laufe der Reaktion das Potential des Redoxpaares $Red_1 \rightarrow Ox_1 + n\,e^-$, welches das Reduktionsmittel darstellt

$$E_1 = E_1^\circ + \frac{0{,}059}{n} \log \frac{a_{Ox_1}}{a_{Red_1}}$$

weil die Aktivität des Anteils im reduzierten Zustand abnimmt (a_{Red_1}) und die Aktivität des korrespondierenden Anteils a_{Ox_1} zunimmt. Andererseits wird das Potential des Redoxpaares $Ox_2 + n\,e^- \rightarrow Red_2$ (Oxydationsmittel)

$$E_2 = E_2^\circ + \frac{0{,}059}{n} \log \frac{a_{Ox_2}}{a_{Red_2}}$$

kleiner, weil sich die Aktivität des Oxydationsmittels a_{Ox_2} verringert und diejenige des korrespondierenden Anteils a_{Red_2} zunimmt. Ein Gleichgewichtszustand ist dann erreicht, wenn die Potentiale E_1 und E_2 gleich groß geworden sind. Dann ist

$$E_1^\circ + \frac{0{,}059}{n} \log \frac{a_{Ox_1}}{a_{Red_1}} = E_2^\circ + \frac{0{,}059}{n} \log \frac{a_{Ox_2}}{a_{Red_2}}$$

daraus ergibt sich:

$$\log K = (E_2^\circ - E_1^\circ) \frac{n}{0{,}059}$$

wobei K die Gleichgewichtskonstante für das Redoxgleichgewicht darstellt:

$$K = \frac{a_{Red_2} \cdot a_{Ox_1}}{a_{Red_1} \cdot a_{Ox_2}}$$

Zu beachten ist, daß E_2^0 das Normalpotential des Oxydationsmittels ist. Bei einer Reaktion $Zn + Cu^{2+} \rightleftarrows Zn^{2+} + Cu$ beträgt $E_1^0 = -0{,}762$ Volt und $E_2^0 = 0{,}345$ Volt. Für die Gleichgewichtskonstante erhält man den Wert $K = 3 \cdot 10^{37}$. Daraus ist zu ersehen, daß die Reaktion praktisch vollständig abläuft, also das Zink die

Kupferionen weitgehend als Kupfer ausfällt. Bei der Redoxreaktion $Ag + Fe^{3+} \rightleftarrows Ag^+ + Fe^{2+}$ berechnet man für K den Wert 0,32. Die Reaktion läuft nicht vollständig ab. Die Differenz der Normalpotentiale (Ag/Ag^+, $E° = 0,8$ Volt und Fe^{2+}/Fe^{3+}, $E° = 0,77$ Volt), welche die Größe der Gleichgewichstkonstanten bestimmt, ist sehr klein.

Literatur

ULICH-JOST: Kurzes Lehrbuch der physikalischen Chemie. — Dr. Dietrich Steinkopff Verlag, Darmstadt 1966

BRDICKA: R. Grundlagen der physikalischen Chemie. — VEB Deutscher Verlag der Wissenschaften, Berlin 1969

GUSTAV KORTÜM: Lehrbuch der Elektrochemie. — Verlag Chemie, Weinheim 1966

Reformatzky-Reaktion s. Oxoverbindungen 1.1.3., Carbonsäuren 2.2.
Reforming s. Erdöl (Benzin).
Regulationen s. Enzyme, ATP, Porphinderivate 1.
Reimer-Tiemann-Reaktion s. Carbene, Hydroxylderivate 3.1.
Reserpin s. Alkaloide.
Resochin s. Arzeneimittel.
Resorcin s. Hydroxylderivate 3.1. und 3.3.
Retinol s. Vitamine (A).
R-Form (rectus) s. Isomerie 2.2.
R_F-Wert s. Chromatographie (Papierchromatographie).
Rhenaniaphosphat s. Düngemittel.

Rhenium gehört zu den Elementen der →Siebenten Nebengruppe. Man kennt die beiden beständigen Isotope mit den Massenzahlen 185 (37,07%) und 187 (62,93%). Jedoch hat dieses eine Halbwertszeit von $6 \cdot 10^{10}$ Jahren, muß also als quasistabil angesehen werden.

Rhenium wird an Seltenheit nur noch von den stark radioaktiven Elementen übertroffen. In einzelnen Mineralien ist es relativ stark angereichert, am stärksten im Molybdänglanz (MoS_2) und im Kupferglanz und in Platinerzen. Hierbei handelt es sich um Anteile in der Größenordnung von 10^{-2}—10^{-5}%. Stark angereichert findet es sich in den „Sauen", d. h. den Schlackenresten des Mansfelder Kupferbergbaues, nämlich mit 0,005%.

Rhenium ist das letzte Element, das im Periodensystem fehlte und nicht radioaktiv ist. NODDACK und Mitarbeiter suchten es seiner Stellung im Periodensystem nach als Beimengung der Erze benachbarter Elemente. Erstmalig gewannen sie 1928 aus 660 kg Molybdänglanz 1 g reines Rhenium.

Rhenium ist ein platinähnlich aussehendes Metall. Im völlig reinen und kompakten Zustand ist es ziemlich weich und recht geschmeidig. In Pulverform ist es pyrophor und auch sonst chemisch recht aktiv. Es löst sich leicht in oxydierenden Säuren und in Wasserstoffperoxid, dagegen nicht in Salzsäure. Das Ergebnis ist die Perrheniumsäure. Kolloidales Rhenium läßt sich durch Reduktion des Hexachlororhenats ($K_2\cdot(ReCl_6)$) mittels Hydrazin und Formaldehyd in Gegenwart von Gummiarabikum herstellen. Das Kolloid soll sich mehrere Monate hindurch halten. Es absorbiert Wasserstoff und beschleunigt die Bildung von Ammoniak aus den Elementen. Das durch Wasserstoffreduktion gewonnene Rheniumpulver muß ähnlich anderen Pulvern (Molybdän, Wolfram) weiter verarbeitet werden.

Technische Anwendungen sind wegen seines hohen Preises von ca. 5 DM/g und wegen seiner Seltenheit nur sehr beschränkt möglich. Sehr geeignet ist es in einer Legierung mit Wolfram und Molybdän zusammen als Kontaktmaterial für elektrische Trennschalter. Ein Oxidhäutchen (ReO_3) von ganz geringem Widerstand verhindert die übliche Verzunderung der Kontakte. — Serienmäßig werden Spinnbrausen aus Platin-Rhenium für die Kunstfaserindustrie hergestellt. Da Rhenium keine Karbide bildet und einen hohen Schmelzpunkt hat, empfiehlt sich seine Anwendung bei sehr hohen Temperaturen in Verbindung mit Graphit oder in nicht oxydierenden Atmosphären. Gußrhenium dürfte infolge seiner Korrosionsfestigkeit, seiner Härte und seines Glanzes als Werkstoff für Schmuckstücke geeignet sein.

Preis 5 DM/g.

Rhodamin 6 G s. Indikatoren.

Rhodansäure s. Kohlensäurederivate 5.

Rhodium gehört zu den Elementen der →Achten Nebengruppe. Das einzige stabile Isotop hat die Massenzahl 103.

Im Allgemeinen wird es zusammen mit anderen Platinmetallen gefunden und häufig zusammen mit Nickel und Kupfer. Eine wichtige Rohstoffquelle sind die Kupfer-Nickel-Lager in Sudburry, Ontario, mit einem Rhodiumgehalt von 0,1%. Andere Quellen sind die goldhaltigen Erze von Brasilien und Kolumbien (1—3%), einige Osmiridiumvorkommen von Ceylon (bis zu 11%) und minimale Beträge in den Platinlagern des Ural, Borneos, Australiens und Transvaals.

Rhodium ist in massiver Form ein mit Silber leicht zu verwechselndes weißes Metall. In reiner Form ist es geschmeidig und duktil. Das Reflexionsvermögen von Rhodiumflächen ist zwar denen von frisch poliertem Silber unterlegen. Da es jedoch in normaler Atmosphäre leicht anläuft, sinkt das Refelexionsvermögen schnell unter das des Rhodiums. Die größte Härte hat das galvanisch niedergeschlagene Metall. Da es auch chemisch äußerst widerstandsfähig ist, hat es Verwendung als Überzug bei Rasierapparaten gefunden. Rhodiumdraht und -folien verwendet man als Heizdraht in elektrischen Widerstandsöfen. Rhodiumtiegel können ohne Schweißnaht geliefert werden.

Rotaxane

Rhodium ist bei Rotgluht noch etwas widerstandsfähiger gegenüber Luftsauerstoff als Iridium. Ähnlich wie bei diesem zersetzt sich das entstandene Oxid (Ru_2O_3) bei einer Temperatur über 1100°C. Unter gleichen Bedingungen laufen beim Rhodium die Reaktionen mit den Halogenen, besonders mit Fluor, langsamer als beim Iridium ab. Rhodium ist in allen Säuren, einschließlich Königswasser, unlöslich. Ein wesentlich verschiedenes Verhalten zeigt es jedoch gegenüber einer Schmelze in Natriumhydrogensulfat, in der es sich zu $Rh_2(SO_4)_3$ auflöst. Dieses Verhalten wird kommerziell ausgenutzt zur Trennung der beiden chemisch ähnlichen Metalle. Eine Besonderheit der Rohdium-Zink-Legierungen, die sie allerdings mit denen des Iridiums und des Platins, nicht jedoch des Osmiums und des Palladiums gemeinsam haben, ist das Explosivvermögen, das sich nach der Säureextraktion des Zinks ergibt. Bereits BUNSEN hat diese Eigenschaft beschrieben. Der Grund liegt möglicherweise darin, daß sich in dem Restpulver Wasserstoff gelöst befindet.
Als Chlorid dient Rhodium seit Jahren der keramischen Industrie, weil ein geringer Rhodiumgehalt das Haften des aufgetragenen Goldes am Porzellan und anderen keramischen Massen fördert. Rhodium zeigt gewisse katalytische Eigenschaften.

Rhodopsin s. Vitamine (A).

Rhovyl s. Polymerisation.

Riboflavin s. Vitamin B_2, Heterocyclen 2.4.

Ribonuclease A s. Aminosäuren 3. (Sequenz).

Ribose s. Kohlenhydrate 1.2., Nucleinsäuren, ATP.

Ricinin s. Alkaloide, Heterocyclen 2.1.

Ricinolsäure s. Carbonsäuren 2.4.1.

Rifamycin und **Rifampycin** s. Antibiotica.

Ringspannungen s. Cycloalkane 1.1.

RNS s. Nucleinsäuren 2.

Roheisen s. Stahl

Rohrzucker s. Kohlenhydrate 2.

Rotaxane sind Verbindungen, die nach dem Prinzip von Rad und Achse aufgebaut sind (ähnlich →Catenane). Ausgangssubstanz sind doppelhenkelige →Ansa-

Roses Metall

Verbindungen. Der Benzolring erhält zwei langkettige Substituenten, die vorn und hinten aus dem Ansa-Ring herausragen. Wird die Bindung zwischen Benzolring und Henkel gelöst, kann der makrocyclische Ring nicht von der Achse herunter, wenn die Substituenten des Benzolrings sperrige Gruppen tragen.

Literatur
Chemie in unserer Zeit 1, 1967, 98

Roses Metall s. Wismut.
Rotguß s. Kupfer.
Rubidium gehört als Alkalimetall zu den Elementen der →Ersten Hauptgruppe. Von ihm existiert das stabile Isotop mit der Massenzahl 85 (72,15%). Daneben gibt es noch das Isotop mit der Massenzahl 87 (27,85%), das bei einer Halbwertszeit von 4.10^{10} Jahren quasistabil ist.
Obwohl das Element fast so häufig wie Chlor in der Erdkruste vorkommt, bildet es keine eigenen Mineralien. Es findet sich in annähernd sämtlichen Cäsium und Lithium enthaltenden Gesteinen. Der Carnallit [(Rb, K)Cl · $MgCl_2$] der Abraumsalze ist die weitaus ergiebigste Quelle für die Gewinnung der Rubidiumsalze, obwohl der Gehalt nur in der Größenordnung von 0,03% liegt. Rubidiumchlorid findet sich in Fumarolen und Solquellen. So beträgt der Gehalt der Dürkheimer Quelle 0,21 mg/l. Bei einer Jahresförderung von 2 Millionen Tonnen Carnallit für Düngezwecke gelangen etwa 450 t Rubidiumchlorid in den Boden. Sie werden von Zuckerrüben und Tabak u. a. in nachweisbaren Mengen aufgenommen. Pilze enthalten bis zu 75 mg/kg Rubidium. Ebenfalls reich daran sind Kreuzblütler und Seewasserpflanzen. Bei der Verwitterung des Urgesteins werden Rubidiumsalz von tonigen Böden stark gebunden, sodaß nur geringe Mengen ins Meer gelangen und der Anteil unter den gelösten Salzen nur $2 \cdot 10^{-5}$% beträgt.
Rubidium ist ein weiches, an frischen Schnittflächen silberglänzendes Metall. Seine Härte ist nur halb so groß wie die des Lithiums, seine Leitfähigkeit beträgt nur den sechsten Teil von der des Kupfers. In chemischer Hinsicht ähnelt Rubidium stark dem Kalium, reagiert jedoch viel heftiger. An Luft überzieht es sich schlagartig mit einer Oxidhaut und nach kurzer Zeit tritt selbst bei massiven Stücken Selbstentzündung ein. Mit Wasser reagiert Rubidium sogar in Eisform bis herab zu Temperaturen von −108°C unter Bildung des Hydroxids. Der freiwerdende Wasserstoff entzündet sich unter heftiger Reaktion. Seines Reaktionsvermögens wegen bewahrt man es im Vakuum oder in Benzol auf.
Eine Massenverwendung ist bisher nicht bekannt geworden. Die hierfür erforderlichen Mengen ließen sich durchaus zu günstigen Preisen beschaffen. Ähnlich wie Cäsium wird es als lichtempfindliches Material in Photozellen verwendet. Seine

höchste Empfindlichkeit liegt im grünen Lichtbereich. Rubidiumsalze sind gelegentlich an Stelle von Kaliumsalzen in der Medizin in Gebrauch. Seine geringe Anwendung ist wohl darauf zurückzuführen, daß für spezielle Anwendungen seine Eigenschaften von denen des Kaliums bzw. denen des Cäsiums übertroffen werden.
Preis ca. 10 DM/g.
Rubin s. Aluminium.
Ruß s. Kohlenstoff.

Ruthenium gehört zu den Elementen der →Achten Nebengruppe. Von ihm existieren die stabilen Isotope mit den Massenzahlen 96 (5,51%), 98 (1,87%), 99 (12,72%), 100 (12,62%), 101 (17,07%), 102 (31,61%) und 104 (18,58%).
Ruthenium wurde als letztes der Platinmetalle entdeckt. Die hauptsächlichen Rohstoffquellen sind die gleichen wie für Osmium: Laurit (Os, Ru) S_2, Osmiridium und Platinkonzentrate. Die Extraktion aus den Konzentraten ist die gleiche wie Osmium. Die Trennung von diesem beruht darauf, daß die beim allgemeinen Trennungsgang entstehenden Osmiate und Rutheniate in Alkohol löslich bzw. unlöslich sind.
Ruthenium besitzt einen silbergrauen Glanz. Seine Härte ist höher als die des Glases. Seine Scherfestigkeit ist so hoch, daß es sich nur mit dem Schleifstein polieren läßt. Wegen seiner Sprödigkeit ist es leicht pulverisierbar. Bei gewöhnlicher Temperatur oxydiert sich Ruthenium weder an der Luft noch im Sauerstoff. Im pulverisierten Zustand dagegen oxydiert es bereits bei 100°C. Eine heftige Oxydation zu RuO_4 erfolgt beim Erhitzen mit konzentrierter Salzsäure und Salpetersäure bei Gegenwart von überschüssigem Kaliumchlorat. Bei mehrstündigem Erhitzen in Königswasser löst sich das Metall geringfügig. Angegriffen wird Ruthenium von Fluor und von Chlor bei Temperaturen über 300°C. Mit Schwefel vereinigt es sich nicht direkt, dagegen mit Arsen, Silicium, Phosphor und Bor bei hohen Temperaturen. Genau wie Osmium löst es sich in geschmolzenem Alkali.
Praktisch besteht für Ruthenium keine Nachfrage, was sich in dem relativ niedrigen Preis ausdrückt. Ein Rutheniumzusatz zu Platin oder zu Palladium erhöht deren Festigkeit.
Rutil s. Titan.

S

Sabinen s. Terpene 1.
Saccharin s. Carbonsäuren 2.3.
Saccharose s. Kohlenhydrate 2.
Sachsse-Verfahren s. Äthin.
Säurechloride s. Carbonsäuren 3.2.

Säuren und Basen. Die ersten Studien über Säuren und Basen beschränkten sich auf wäßrige Lösungen und wurden ohne genaue Kenntnisse über die Struktur des Wassers angestellt. Die Verbindungen wurden definiert als Substanzen, die im Wasser dissoziieren, wobei die Säuren freie Wasserstoffionen, die Basen freie Hydroxidionen abspalten. (ARRHENIUS, OSTWALD 1887).
Thermodynamische Betrachtungen zeigen zunächst einmal, daß freie H^+ nicht in nennenswerten Mengen auftreten können, weil die Reaktion

$$H^+ + H_2O \rightarrow H_3O^+ \mid -290 \text{ kcal}$$

stark exotherm ist. In der Regel ist das Hydroxoniumion noch hydratisiert, weswegen es häufig auch H_{aq}^+ geschrieben wird. In Ionengittern kann es auftreten, wie z. B. im $[H_3O]^+ \cdot [ClO_4]^-$, das isomorph mit $[NH_4]^+ \cdot [ClO_4]^-$ ist. Analog bilden sich in anderen Lösungsmitteln Kationen wie $C_2H_5OH_2^+$ beim Äthylalkohol und NH_4^+ im flüssigen Ammoniak.

1. *Lowry-Brönsteds Theorie der Säuren und Basen.* (1923)

Unabhängig voneinander definierten LOWRY und BRÖNSTED eine Säure als eine Verbindung, die das Bestreben hat, ein Proton abzugeben, und eine Base als Verbindung, die befähigt ist, ein Proton aufzunehmen. Wenn auch das Proton mit einem Molekül des Lösungsmittels behaftet ist, so wird es doch häufig rein formal als H^+ geschrieben. Ist allgemein AH eine Säure und B eine Base, so kann man wahlweise schreiben:

$$AH \rightarrow A^- + H^+ \quad \text{oder} \quad AH + H_2O \rightarrow A^- + H_3O^+$$
$$\text{Säure} \qquad \qquad \text{Base} \quad \text{Base} \quad \text{Säure}$$

Die Definition ermöglicht drei Typen von Säuren:

1. Molekulare Säuren
   $HCl + H_2O \leftrightharpoons Cl^- + H_3O^+ \qquad H_2SO_4 + H_2O \leftrightharpoons HSO_4^- + H_3O^+$
2. Anionische Säuren
   $HSO_4^- + H_2O \leftrightharpoons SO_4^{2-} + H_3O^+$
3. Kationische Säuren
   $NH_4^+ + H_2O \leftrightharpoons NH_3 + H_3O^+$

Säuren und Basen

Dagegen sind nur zwei Typen von Basen möglich:

1. Molekulare Basen, wie $CH_3NH_2 + H_3O^+ \leftrightharpoons CH_3NH_3^+ + H_2O$ und
2. anionische Basen. z. B. $CH_3COO^- + H_3O^+ \leftrightharpoons CH_3COOH + H_2O$

Auf beiden Seiten der chemischen Gleichung stehen je eine Säure und eine Base. Man bezeichnet sie gegenseitig als konjugiert.

Reaktionen, die mit einer Übertragung von Protonen verbunden sind, heißen *protolytische* Reaktionen. Die Gleichgewichtskonstante einer *Protolyse* ermöglicht ein Maß für die Stärke einer Säure bzw. einer Base.

Für eine Säure — Beispiel Essigsäure — ergibt sich die Konstante aus den Konzentrationen der Ionen und der nicht dissoziierten Säure:

$$CH_3COOH + H_2O \leftrightharpoons CH_3COO^- + H_3O^+ \qquad K_a' = \frac{\{CH_3COO^-\} \cdot \{H_3O^+\}}{\{CH_3COOH\} \cdot \{H_2O\}}$$

Der Ausdruck vereinfacht sich für verdünnte Säuren, weil die Konzentration des Wassers als konstant angesehen werden kann, also

$$K_a = \frac{\{CH_3COO^-\} \cdot \{H_3O^+\}}{\{CH_3COOH\}} = 1,8 \cdot 10^{-5}$$

Man gibt meist die Säurekonstante als negativen Logarithmus an, statt K_a also $pK_a = -\log K_a$

Beispiele:

		K_a	pK_a
Salzsäure	$HCl + H_2O \leftrightharpoons Cl^- + H_3O^+$	$\sim 10^7$	-7
Jodsäure	$HJO_3 + H_2O \leftrightharpoons JO_3^- + H_3O^+$	$2 \cdot 10^{-1}$	0,7
Kohlensäure	$H_2CO_3 + H_2O \leftrightharpoons HCO_3^- + H_3O^+$	$4,5 \cdot 10^{-7}$	6,4
Blausäure	$HCN + H_2O \leftrightharpoons CN^- + H_3O^+$	$7,2 \cdot 10^{-10}$	9,1
Ammoniumion	$NH_4^+ + H_2O \leftrightharpoons NH_3 + H_3O^+$	$5,6 \cdot 10^{-10}$	9,3
Bikarbonation	$HCO_3^- + H_2O \leftrightharpoons CO_2^- + H_3O^+$	$5,6 \cdot 10^{-11}$	10,3
Äthan	$C_2H_6 + H_2O \leftrightharpoons C_2H_5^- + H_3O^+$	$\sim 10^{-34}$	34

Im Falle der Jodsäure heißt das beispielsweise, daß die Zahl der im Wasser gelösten HJO_3-Moleküle fünfmal größer als die Zahl der vorhandenen Jodationen ist, im Falle des Äthans, daß 10^{11} Mole, d. h. ca. eine Milliarde m³, in Wasser gelöst sein müßten, damit ein dissoziiertes Molekül zu finden wäre.

Die LOWRY-BRÖNSTED-Theorie ist auch anwendbar auf Vorgänge von Lösungen in anderen Flüssigkeiten. Ammoniak, das ähnlich dem Wasser wegen seiner Mole-

Säuren und Basen

kularstruktur ein Dipolmoment besitzt und unterhalb $-33°C$ flüssig ist, zeigt eine dem Wasser ähnliche Protolyse, die allerdings viel schwächer ist:

$$K_w = \{H_3O^+\} \cdot \{OH^-\} \sim 10^{-14} \qquad K_w = \{NH_4^+\} \cdot \{NH_2^-\} \sim 10^{-22}$$

Der Reaktionsgleichung $\qquad 2H_2O \leftrightharpoons H_3O^+ + OH^-$
entspricht in flüssigem Ammoniak $\quad 2NH_3 \rightarrow NH_4^+ + NH_2^-$
Neutralisation in Wasser $[H_3O]^+Cl^- + KOH \rightarrow KCl + 2H_2O$
entspricht $\qquad [NH_4]^+ \cdot Cl^- + KNH_2 \rightarrow KCl + 2NH_3$

1. Erweiterung der L.-B.-Theorie

Die bisherige Definition war an protonenaktive Lösungsmittel gebunden. Eine erweiterte Definition besagt:
Eine Säure ist ein Stoff, der die Konzentration der lösungsmitteleigenen Kationen, eine Base ein solcher, der die Konzentration der Lösungsmitteleigenen Anionen erhöht.

Lösungsmitteleigendissoziation	Säure	Base
$2H_2O \rightarrow H_3O^+ + OH^-$	$[H_3O]^+ \cdot Cl^-$	$K^+ \cdot OH^-$
$2NH_3 \rightarrow NH_4^+ + NH_2^-$	$[NH_4]^+ \cdot Cl^-$	$K^+ \cdot NH_2^-$
$N_2O_4 \rightarrow NO^+ + NO_3^-$	$[NO]^+ \cdot Cl^-$	$[HN(CH_3)_3]^+ \cdot NO_3^-$
$2BrF_3 \rightarrow BrF_2^+ + BrF_4^-$	$[BrF_2]^+ \cdot [SbF_6]^-$	$Ag^+[BrF_4]^-$

2. Erweiterung der L.-B.-Theorie — Lewis-Theorie (1938)

Das von G. N. Lewis entwickelte Konzept geht davon aus, daß ladungsmäßig betrachtet die Abgabe eines Protons mit seiner positiven Ladung gleichwertig ist der Aufnahme eines Elektrons mit seiner negativen Ladung. Umgekehrt ist die Aufnahme eines Protons äquivalent der Abgabe eines Elektrons. So wird nach Lewis eine Säure als ein Stoff definiert, der Elektronen aufnehmen kann, und als Base ein solcher, der Elektronen zu einer Elektronenpaarbindung beizutragen fähig ist. Nur ein gradueller Unterschied besteht zwischen Lewis-Säuren und -Basen einerseits und Oxydation und Reduktion andererseits.

Lewis-Säure
$$Cu^{2+} + 4NH_3 \rightarrow \begin{bmatrix} NH_3 & NH_3 \\ & Cu & \\ NH_3 & NH_3 \end{bmatrix}^{2+}$$

Reduktionsvorgang
$$Cu^{2+} + 2e^- \rightarrow Cu$$

Lewis-Base
$$NH_3 + H_3O^+ \rightarrow NH_4^+ + H_2O$$

Oxydationsvorgang
$$Zn - 2e^- \rightarrow Zn^{2+}$$

Die LEWIS'sche Definition ist die weitgehendste und umfaßt alle oben aufgeführten Definitionen. Allerdings ist das Lewis'sche Konzept ziemlich formal. Seine Schwäche besteht darin, daß es keinen einfachen Stärkevergleich der Säuren untereinander im Gegensatz zur Theorie von LOWRY und BRÖNSTED zuläßt. Genau wie Reduktion und Oxydation stets gekoppelt als Redoxvorgang auftreten, so reagiert stets eine Lewis-Säure zusammen mit einer Lewis-Base. Protonenhaltige Lewis-Säuren nehmen jedoch insofern eine Sonderstellung ein, als die Reaktion mit einer Base über eine Wasserstoffbrückenbindung erleichtert wird.
Katalytisch wirkt eine Lewis-Säure bei der Halogenierung aromatischer Verbindungen z. B.

$$Br_2 + FeBr_3 \rightleftharpoons Br^+ + FeBr_4^-$$
Base Säure   Säure   Base

$$Br^+ + C_6H_6 \rightleftharpoons C_6H_5Br + H^+$$
Säure Base

$$H^+ + FeBr_4^- \rightleftharpoons HBr + FeBr_3$$
Säure Base

In ähnlicher Weise wirken Basen als Katalysatoren in der organischen Chemie.

Literatur
Lehrbücher der Chemie. Z. B.
HESLOP und ROBINSON: Inorganic Chemistry. — Elsevier Publishing Company, Amsterdam, London, New York 1963

Safran s. Farbstoffe 2., Polyene 2.
Salicin s. Kohlenhydrate 1.2.
Salicylsäure s. Carbonsäuren 2.4.2.
Salmiakgeist s. Ammoniak.

Salpetersäure, HNO_3. Reine, wasserfreie Salpetersäure ist eine farblose Flüssigkeit (Dichte 1,50—1,52 g/cm³), die bei 84°C siedet und bei —41,1°C zu weißen Kristallen erstarrt. Beim Sieden zerfällt ein Teil der Säure unter Bildung von Stickstoffdioxid (NO_2):

$$2HNO_3 \rightarrow H_2O + 2NO_2 + \tfrac{1}{2}O_2$$

Das Stickstoffdioxid färbt die Flüssigkeit gelb. Dieser Zerfall erfolgt unter Lichteinwirkung auch schon bei Zimmertemperatur. Konzentrierte Salpetersäure ist eine wäßrige Lösung mit 69,2% HNO_3 (Dichte 1,41 g/cm³, Siedepunkt 121,8°C). Sie entsteht bei der Destillation von verdünnter Salpetersäure. Aus verdünnter

Salpetersäure

Säure kann man wasserfreie Salpetersäure nur durch Vacuumdestillation mit konzentrierter Schwefelsäure als wasserentziehendem Mittel gewinnen.
Konzentrierte Salpetersäure wirkt als Oxydationsmittel gemäß folgender Gleichung:

$$NO_3^- + 4H^+ + 3e^- \leftrightharpoons NO + 2H_2O$$

So können alle Metalle aufgelöst werden, deren Normalpotential (s. Redoxvorgänge) negativer als +0,95 Volt ist. Dazu gehören auch Kupfer, Silber und Quecksilber. Es bildet sich dabei farbloses Stickoxid (NO), das sich mit dem Luftsauerstoff zu braunem Stickstoffdioxid verbindet; z. B.:

$$3Cu + 8HNO_3 \rightarrow 3Cu(NO_3)_2 + 2NO + 4H_2O$$

Gold wird nicht aufgelöst. Man kann daher mit Salpetersäure Gold und Silber trennen. Gold läßt sich durch Königswasser lösen, das aus einem Gemisch von einem Raumteil Salpetersäure und drei Raumteilen Salzsäure besteht. Der eigentliche lösende Stoff ist das Chlor, das in atomarem Zustand gebildet wird:

$$HNO_3 + 3HCl \rightarrow NOCl + 2Cl + 2H_2O$$

Aluminium, Chrom und Eisen werden von konzentrierter Salpetersäure nicht angegriffen, obwohl sie ein negatives Normalpotential besitzen. Es bildet sich eine äußerst dünne Oxidschicht, die das darunter liegende Metall vor einer weiteren Reaktion mit der Säure schützt.
Salpetersäure wird in großen Mengen zur Herstellung von stickstoffhaltigen →Düngemitteln, →Farb- und Sprengstoffen (s. Explosivstoffe) benötigt. Technisch gewinnt man Salpetersäure durch katalytische Oxydation von →Ammoniak bei etwa 600°C:

$$4NH_3 + 5O_2 \xrightarrow{Pt} 4NO + 6H_2O$$

$$4NO + 2O_2 \rightarrow 4NO_2$$

$$4NO_2 + 2H_2O + O_2 \rightarrow 4HNO_3$$

Das Ammoniak-Luftgemisch darf nur etwa 1/1000 sec mit dem Katalysator in Berührung kommen, weil sonst das Stickoxid bei dieser Temperatur in Stickstoff und Sauerstoff zerfällt. Man leitet daher das auf 200°C erwärmte Ammoniak-Luftgemisch mit großer Geschwindigkeit über Platin-Rhodium-Drahtnetze. Die Reaktion verläuft exotherm und erfordert daher keine Wärmezufuhr. Das Stickoxid wird abgekühlt und verbindet sich dann mit dem noch vorhandenen Sauerstoff zu Stickstoffdioxid, das in mehreren Absorptionsgefäßen mit Wasser zu etwa 50%iger Salpetersäure umgesetzt wird. Durch Destillation mit konzentrierter Schwefelsäure erhält man reine Salpetersäure.

Salvarsan s. Arzneimittel.

Salzsäure oder Chlorwasserstoffsäure nennt man die Lösung von Chlorwasserstoff (HCl) in Wasser. Chlorwasserstoff ist ein farbloses, stechend riechendes Gas, das in reinem, völlig trockenem Zustand viele unedle Metalle nicht angreift. Chlorwasserstoff löst sich leicht unter Wärmeentwicklung in Wasser. Ein Liter Wasser kann bei 20°C und 1 at 442 Liter Gas aufnehmen. Diese wäßrige Lösung stellt im Gegensatz zum Chlorwasserstoff eine starke Säure dar, die fast alle unedlen Metalle auflösen kann, d. h. solche, die gegenüber Wasserstoff ein negatives Normalpotential (s. Redoxvorgänge) besitzen. Chlorwasserstoff besteht aus HCl-Molekülen, in denen ein Wasserstoffatom durch ein Elektronenpaar an ein Chloratom gebunden ist (polare Atombindung). Beim Auflösen in Wasser trennen die Wassermoleküle die Wasserstoffatome als Protonen aus den HCl Molekülen. So entstehen Hydronium-Ionen (H_3O^+) und Chlorid-Ionen. Ein Überschuß von Hydronium-Ionen gegenüber Hydroxid-Ionen gibt der wäßrigen Lösung die Eigenschaft einer Säure.

Die konz. Salzsäure des Handels ist eine farblose Flüssigkeit mit einem Gehalt von etwa 38% HCl. Ist der Gehalt kleiner als 12,2%, so spricht man von verdünnter Salzsäure. Die technische Salzsäure weist oft eine gelbe Farbe auf, die durch Verunreinigungen verursacht wird. Meist handelt es sich um $FeCl_3$, das als Komplexsäure $H_3[FeCl_6]$ vorliegt. Beim Verdünnen mit Wasser zerfällt der Komplex, und die Gelbfärbung verschwindet. Konz. Salzsäure wird auch als rauchende Salzsäure bezeichnet, weil schon bei Zimmertemperatur Chlorwasserstoff entweicht, der mit dem Wasserdampf der Luft Nebel von Salzsäuretröpfchen bildet.

Beim Erhitzen von konz. Salzsäure entweichen neben Wasserdampf größere Mengen Chlorwasserstoff. Doch gelingt es auf diese Weise nicht, den Gehalt der Säure an Chlorwasserstoff beliebig herabzusetzen. Die Grenze liegt bei 20,24%, weil sich ein konstant bei 110°C siedendes Gemisch einstellt. Das entweichende Gasgemisch und die Lösung haben jetzt gleiche Zusammensetzung. Erhitzt man eine Lösung, deren Gehalt geringer als 20% ist, so entweicht ein Gemisch, das zunächst weniger Chlorwasserstoff enthält als die Lösung. Die Lösung wird also konzentrierter bis zu einem Gehalt von etwa 20% Chlorwasserstoff.

Salzsäure wurde bereits im 15. Jahrhundert von B. VALENTINUS bei der Destillation von Kochsalz mit Eisenvitriol erhalten. Das wichtigste Verfahren zur technischen Herstellung von Chlorwasserstoff beruht heute auf der Synthese aus Chlor und Wasserstoff:

Salzsäure

$$Cl_2 + H_2 \rightarrow 2\,HCl \mid -43{,}8 \text{ kcal.}$$

Diese beiden Elemente entstehen als Nebenprodukte bei der →Chloralkali-Elektrolyse. Da in einem Gemisch aus Wasserstoff und Chlor schon durch Belichtung eine explosionsartige Vereinigung der beiden Elemente erfolgt, muß die Synthese unter besonderen Bedingungen ausgeführt werden. Chlor und Wasserstoff verbrennen mit ruhiger Flamme in einem geeigneten Brenner, wenn diesem gleichmäßige Gasströme zugeführt werden. Der Brenner besteht aus zwei ineinander gesteckten Quarzröhren, von denen die innere verschlossen und seitlich mit Löchern versehen ist. Durch diese Öffnungen tritt das Chlorgas in den Wasserstoff, vermischt sich mit diesem und verbrennt wenige cm oberhalb der Öffnung zu Chlorwasserstoff. Der Brenner ist häufig vertikal am Boden einer zylindrischen Brennkammer eingebaut, die heute vielfach aus Stahl gefertigt ist. In diesen Öfen tritt keine →Korrosion ein, wenn trockene Gase verbrannt werden. Sind die Gase feucht, verwendet man gasdicht imprägnierten Graphit. Der gebildete Chlorwasserstoff wird in Wärmeaustauschern gekühlt und in Absorptionsapparaten in Wasser zu Salzsäure gelöst. Hier macht sich die große Lösungswärme des Chlorwasserstoffs in Wasser nachteilig bemerkbar. Bei der Lösung von 136,5 g Chlorwasserstoff in Wasser entstehen 17 kcal. Zur Abführung dieser Wärmemengen sind große Kühlwassermengen erforderlich. Daher wird heute vielfach bei der Absorption die Tatsache ausgenutzt, daß zum Verdampfen von wäßrigen Flüssigkeiten eine große Wärmemenge notwendig ist. Die HCl-Gase und das zur Aufnahme dienende Wasser werden in einem mit Füllkörpern beschickten Turm im Gegenstrom zueinander geführt, wobei Wasser verdampft. Der gebildete Wasserdampf dient zum Abtransport der Absorptionswärme nach außen. Am unteren Ende des Turmes kann eine Salzsäure handelsüblicher Konzentration abgezogen werden. Der am oberen Ende des Turmes austretende Wasserdampf enthält praktisch keinen Chlorwasserstoff.

In der organisch-chemischen Industrie fällt Chlorwasserstoff in großen Mengen als Nebenprodukt bei der Chlorierung organischer Verbindungen (z. B. Benzol) an:

$$C_6H_6 + Cl_2 \rightarrow C_6H_5Cl + HCl$$

Dieser Chlorwasserstoff ist allerdings mehr oder weniger stark durch organische Reaktionsprodukte verunreinigt.

Die Lagerung und der Transport der Salzsäure erfolgen in gummierten Eisenbehältern bzw. Kesselwagen. Für den Kleinversand werden heute unzerbrechliche Flaschen aus Polyäthylen verwendet.

Verwendung der Salzsäure: Zur Herstellung zahlreicher Chloride aus Metalloxiden, Hydroxiden oder den Salzen schwacher Säuren, zum Aufschluß von Erzen, zur Holzverzuckerung und zum Beizen von Metallen.

Im Magen des Menschen befindet sich sehr verdünnte Salzsäure (0,1—0,5%), die von den Magendrüsen erzeugt wird und zur Eiweißverdauung notwendig ist.

Literatur
OST-RASSOW: Lehrbuch der chemischen Technologie. — Johann Ambrosius Barth-Verlag, Leipzig 1965

Samarium gehört zu den →Lanthaniden. Von ihm existieren stabile Isotope mit den Massenzahlen 144 (3,09%), 148 (11,24%), 149 (13,83%), 150 (7,44%), 152 (26,72%), 154 (22,71%), und das metastabile Isotop der Massenzahl 147 (14,97%) mit der Halbwertszeit $1,2 \cdot 10^{11}$ Jahren.
Sandmeyer Reaktion s. org. Stickstoffverbindungen 3.1.
Sandwich-Struktur s. nichtbenzoide aromat. Verbindungen 3.
Sanger-Methode s. Aminosäuren 2.1.
Santalen s. Terpene 2.
Santonin s. Terpene 2.
Saphir s. Aluminium
Saponine s. Steroide 5., Terpene 4.

Sauerstoff gehört zu den Elementen der →Sechsten Hauptgruppe. Von ihm existieren beständige Isotope mit den Massenzahlen 16 (99,759%), 17 (0,0374%) und 18 (0,2039%).
Er tritt verbreitet als Oxid oder in den Salzen der Sauerstoffsäuren auf (SiO_2, Silikate, Karbonate, Fe_2O_3, Al_2O_3 usw.), im Wasser und als Bestandteil der Luft (20,91 Vol.%, 23,0 Gew.%).
Als Moleküle hat man zu unterscheiden O_2 und O_3 (Ozon). Chemisch rein erhält man Sauerstoff durch Erhitzen von $KMnO_4$ oder von H_2O_2. Beim Zersetzen anderer Sauerstoffverbindungen entstehen noch Verunreinigungen, wie Cl_2 bei $KClO_4$ oder NO bei KNO_3. Großtechnisch gewinnt man Sauerstoff in der Regel nur aus Luft. Die zur Abtrennung vom Stickstoff aufzuwendende Energie ist bei weitem geringer als beispielsweise die zur Trennung vom Wasserstoff des Wassers, weil es sich nur um einen Entmischungsvorgang handelt. Eine vollständige Entmischung ist deswegen möglich, weil die verflüssigte Luft kein azeotropes Gemisch bildet, d. h. ein Gemisch, dessen Siedepunkt niedriger als der des Stickstoffs und der des Sauerstoffs liegt. Die Verflüssigung benutzt den JOULE-THOMSON-Effekt: Luft wird unter Ableiten der entstehenden Wärme komprimiert, dann durch Ausströmen in einen Raum normalen Druckes expandiert. Da hierbei die Moleküle Abtrennungsarbeit aufwenden müssen, kühlt sich das

Sauerstoff

Gas ab und wird teilweise flüssig (LINDE-Verfahren). Beim CLAUDE-Prozeß verstärkt man diese Wirkung noch dadurch, daß man das ausströmende Gas eine Turbine betreiben läßt. Die flüssige Luft führt man der Mitte einer Destilliersäure zu, aus der nach oben Stickstoff entweicht, während sich unten Sauerstoff ansammelt. Er besitzt einen Reinheitsgrad von mindestens 95% und ist vorwiegend von Argon verunreinigt, dessen Siedepunkt nur gering von dem des Sauerstoffs abweicht.

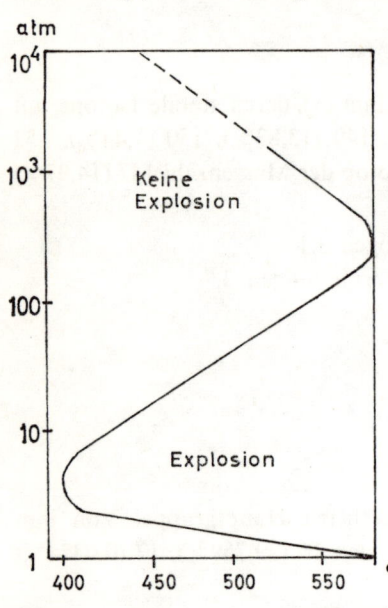

Als Gas ist Sauerstoff farb- und geruchlos, im flüssigen und im festen Zustand bläulich. O_2 ist leicht in Wasser löslich: Bei 1 atm. lösen sich bei Raumtemperatur in 1 Liter 34,3 cm³, bedeutend stärker jedoch mit 226 cm³ pro Liter in Äthylalkohol. Spektroskopische Untersuchungen haben gezeigt, daß das große Lösungsvermögen auf Wasserstoffbrückenbindungen beruht. Die thermische Dissoziation $O_2 \rightleftharpoons 2 O$ ist bei Zimmertemperatur so gering, daß nicht einmal ein einziges Molekül auf den Liter kommt. Ein Wasserstoff-Sauerstoff-Gemisch ist sehr beständig, weil beträchtliche Energien zur Dissoziation des Wasserstoffs wie die des Sauerstoffs erforderlich sind. Die Explosionsmöglichkeit eines stöchiometrischen Gemisches zeigt die nebenstehende Übersicht.

Die früheste Anwendung reinen Sauerstoffs war das Schneiden und Schweißen von Stahl mittels Acetylenbrenners und die in Atemgeräten und Sauerstoffzelten der Krankenanstalten. Große Mengen benötigt heute die Stahlindustrie in Hochöfen zur Vermeidung des lästigen Stickstoffs und in den Konvertern des LD-Verfahrens (s. Stahl). In der chemischen Industrie dient er dazu, aus Erdgas Wasserstoff für die Ammoniakgewinnung freizumachen. Andere Verwendungen sind die Gewinnung von Acetylen aus Erdgas, von Äthylenoxid, von Peroxiden und Wasserstoffperoxid.

Ozon (O_3) kann als Oxid des Sauerstoffs aufgefaßt werden. Der nach Gewittern manchmal auftretende charakteristische Geruch wird bereits bei Homer erwähnt. Entdeckt wurde Ozon erst durch SCHÖNBEIN 1840 bei der Elektrolyse von verdünnter Schwefelsäure. Der Name leitet sich vom gr. Wort für „riechen" ab.

Der Ozongehalt der Atmosphäre hängt stark von der Jahreszeit, dem Tagesgang, der Höhe und lokalen Bedingungen ab. Im Durchschnitt finden sich nur $2 \cdot 10^{-8}$ Vol%. Relativ und absolut steigt der Ozongehalt mit der Höhe und erreicht den

Höchstwert bei ca. 25 km. Die ozonhaltige Stratosphäre absorbiert das kurzwellig ultraviolette Licht (Wellenlänge kleiner als 300 nm). Durch Aufnahme eines Photons geht O_2 in angeregtes O_2^* über. Die Ozonbildung erfolgt dann nach folgenden Gleichungen:

$$O_2 + h\nu \rightarrow O_2^*$$
$$O_2^* + O_2 \rightarrow O_3 + O$$
$$O + O_2 \rightarrow O_3$$

Ähnliche Vorgänge spielen sich bei der „stillen" Entladung ab, die SIEMENS 1857 in seinem Ozonisator entwickelte. Ein Metallzylinder und ein Glaszylinder stehen konzentrisch ineinander. Zwischen beiden liegt eine Spannung von 5—30 kV. Da die eine Elektrode Glas mit einem sehr hohen Widerstand ist, kommt es nicht zu einer massierten elektrischen Entladung. Durch den Zwischenraum

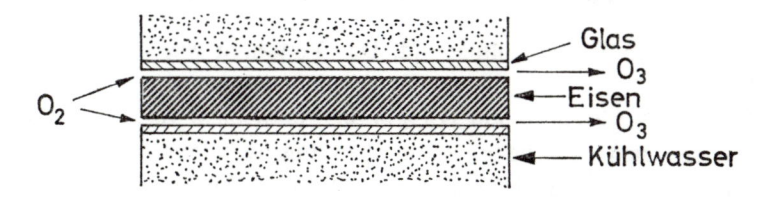

zwischen den beiden Zylindern strömen Luft oder besser reiner Sauerstoff hindurch. Zur Vermeidung einer thermischen Dissoziation des Ozons wird die Apparatur gekühlt. In der Industrie ist diese das einzige angewandte Verfahren.
Ozon ist gasförmig bläulich, flüssig dunkelblau und fest dunkelpurpur. Es besitzt einen charakteristischen Geruch und ist hoch explosiv. Damit hängt zusammen, daß erst in neuerer Zeit die Eigenschaften des Ozons untersucht werden konnten. Siedepunkt liegt bei —111,9°C, sein Schmelzpunkt bei —192,5°C. Oberhalb —180°C mischen sich flüssiger Sauerstoff und Ozon beliebig, unterhalb liegen mehrere Phasen vor. Die Löslichkeit des Ozons in Wasser ist höher als die des Sauerstoffs: 0,52 l Ozon in 1 l Wasser bei Normalbedingungen.
Ozon ist für manche Zwecke ein ideales Oxydationsmittel. So kann es Chlor bei Bleichprozessen und bei der Desinfektion von Trinkwasser ersetzen. Es wird ferner bei verschiedenen Prozessen in der organischen Chemie verwendet.
Bei der Verbrennung von Alkalimetallen in einem Überschuß von reinem Sauerstoff entstehen folgende Oxide:

$$Li_2O \quad Na_2O_2 \quad KO_2 \quad RbO_2 \quad CsO_2$$

Lithium bildet also nur das normale Oxid, Natrium das Peroxid und die übrigen Alkalimetalle Superoxide. Sie lassen sich im Vakuum bei ca. 400°C zersetzen, sind also sehr beständig:

Sauerstoff

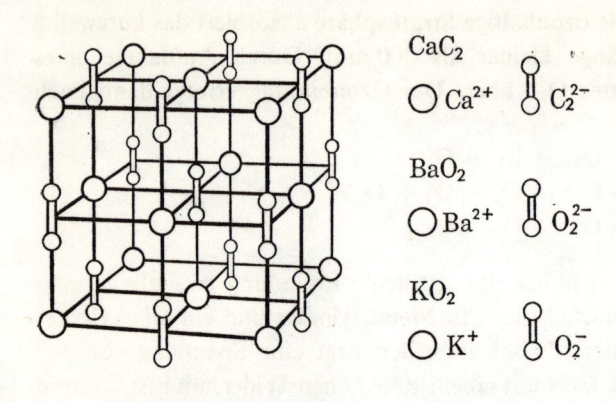

CaC₂: ○ Ca²⁺, C₂²⁻

BaO₂: ○ Ba²⁺, O₂²⁻

KO₂: ○ K⁺, O₂⁻

Sie kristallisieren in dem gleichen Kristallgitter wie CaC₂. Ersetzt man in diesem Gitter das Alkaliion durch Barium, so gelangt man zum Bariumperoxid. In der Praxis bildet sich BaO₂, wenn man das normale Oxid bei 400°C mit Sauerstoff reagieren läßt. BaO₂ wird durch Schwefelsäure zersetzt:

$$BaO_2 + H^+ + HSO_4^- \rightarrow BaSO_4 + H_2O_2$$

Hierbei bildet sich Wasserstoffperoxid. Das Verfahren war das erste industriell genutzte.

Seiner Instabilität wegen kommt H_2O_2 in der Natur nicht vor. Aus dem gleichen Grunde lassen sich manche physikalischen Eigenschaften nur auf indirektem Wege ermitteln. Folgende Übersicht enthält einige Angaben und im Vergleich dazu die des Wassers:

	H_2O_2	H_2O
Dichte im festen Zustand in g/cm³	1,71	0,917
Dichte der Flüssigkeit bei 20°C	1,45	0,998
Schmelzpunkt (°C)	—0,43	0
Siedepunkt (°C)	150,2	100
Verdampfungswärme (kcal/mol)	12,33	10,51
Kritische Temperatur (°C)	457	374,2
Kritischer Druck (atm)	214	218,2
Dielektrizitätskonstante (20°C)	73,1	80,4

Noch während des Zweiten Weltkriegs erfolgte die industrielle Darstellung einer 30% H_2O_2-Lösung elektrolytisch nach einem Verfahren von I. D. Riedel-de Haen. In saurer Lösung wird Ammoniumpersulfat gebildet und H_2O_2 direkt abdestilliert:

$$(NH_4)_2SO_4 + H_2SO_4 + H_2O + O \rightarrow (NH_4)_2S_2O_8 + 2H_2O \rightarrow (NH_4)_2 \cdot SO_4 + H_2SO_4 + H_2O_2$$

Inzwischen ist man zu einem Verfahren übergegangen, bei dem eine Lösung von 2-Äthylanthrahydrochinol in Benzol und einem höheren Alkohol die Rolle eines Katalysators übernimmt:

$$\text{(2-ethylanthrahydroquinone)} \xrightleftharpoons[+H_2+(Ni)]{+O_2} \text{(2-ethylanthraquinone)} + H_2O_2$$

Das entstehende H_2O_2 kann durch Zusatz von Wasser leicht abgetrennt werden, da sie sich nicht mit Benzol mischen.
In paraffinierten Flaschen — frei von irgend welchen katalytisch zersetzend wirkenden Stoffen — hält sich die Lösung beliebig lange. Eine weitere Destillation unter Verwendung von Stabilisatoren (z. B. $Na_2P_4O_7$) bei Unterdruck ermöglicht ein Wasserstoffperoxid vom Reinheitsgrad 90%. Noch höhere Konzentrationen sind durch fraktionierte Kristallisation möglich.
H_2O_2 ist in saurer wie in basischer Lösung ein starkes Oxydationsmittel. Dabei spielen sich folgende Reaktionen ab:

$$H_2O_2 + 2H^+ + 2e^- \rightleftharpoons 2H_2O; \quad H_2O_2 \rightleftharpoons H^+ + HO_2^- \quad HO_2^- + H_2O + 2e^- \rightleftharpoons 3OH^-$$

Andererseits wird H_2O_2 durch starke Oxydationsmittel selbst oxydiert, d. h. Sauerstoff wird freigesetzt:

$$Cl_2 + H_2O_2 \rightarrow 2HCl + O_2$$

H_2O_2 findet vorwiegend als Bleichmittel Verwendung. Der mildere Oxydationsvorgang gibt ihm einen Vorzug gegenüber chlorhaltigen Oxydationsmitteln bei Textilien. Weitere Anwendungsmöglichkeiten sind: als Energiequelle, entweder allein oder mit Mineralölen zusammen (V2-Rakete des 2. Weltkrieges), als Quelle freier Radikale, die eine Polymerisation in Gang setzen, und als gasbildendes Material bei der Herstellung von Schaumstoffen aller Art.
Saytzeff-Regel s. Elimination.
Scandium gehört zu den Elementen der →Dritten Nebengruppe (Seltene Erden). Von ihm existiert nur das stabile Nuklid mit der Massenzahl 45.
Das einzige Mineral, in dem Scandium als Hauptbestandteil vorkommt, ist der graugrüne, diamantglänzende Thortveitit $((Sc, Y)_2O_3 \cdot 2SiO_2)$ mit 37% Scandium und 17,5% Lanthaniden. Er findet sich in Südnorwegen und in Madagaskar. Scandium ist weit verstreut und spektroskopisch in fast allen Gesteinen der Erdkruste nachweisbar. Im Granit von West-Utha sollen ungewöhnlich große Mengen von Scandium neben Chrom und Indium vorhanden sein. Der Grund für die weite Verbreitung ist wohl darin zu sehen, daß der Ionenradius des Scandiums sich nur wenig von denen der Elemente Eisen, Titan, Zirkon, Zinn, Niobium, Tantal und Hafnium unterscheidet, diese Elemente sich also wechselseitig in Mineralien vertreten können. Eine Anreicherung des Scandiumgehaltes ließ sich

in der Asche deutscher Steinkohlen feststellen. Ähnlich wie bei anderen angereicherten Elementen in der Kohle ist das darauf zurückzuführen, daß während der Vermoderung und Verwesung der pflanzlichen Stoffe die leicht löslichen Mineralstoffe ausgelaugt wurden.

Scandium ist außer aus seinen Mineralien auch aus den Nebenprodukten der Gewinnungsverfahren von Wolfram, Beryllium, Tantal, Niobium und Thorium gewinnbar. Die Hauptrohstoffquelle ist Zinn-Wolframerz, das 1—2% Scandiumoxid enthalten kann. Aus Abfällen bei der Extraktion von Thorium wurden 1960 in Kanada erstmals 900 g Scandium gewonnen. Es gelangt in Blöckchen von 10—100 g in den Handel, wobei 1 g ca. DM 30 kostet. Bisher hat Scandium nur zu Laboratoriumszwecken gedient.

Das Metall ist silberweiß und überzieht sich nur langsam mit einer dünnen Oxidhaut. Durch Erhitzen einer Mischung von Scandiumoxid und Kohlenstoff in Stickstoffatmosphäre entsteht Scandiumnitrid:

$$Sc_2O_3 + 3C + N_2 \rightarrow 2ScN + 3CO$$

Dieses dunkelblaue Material ist unter seinem Schmelzpunkt von 2650°C nicht flüchtig. Bei 1230°C hat es erst einen Dampfdruck von $7{,}6 \cdot 10^{-5}$ Torr.

Zu den ebenfalls hochschmelzenden Verbindungen gehört das Scandiumsulfid (Sc_2S_3).

Schädlingsbekämpfungsmittel sind Stoffe, die eine Einwirkung von Schadinsekten, -milben, -pilzen, Unkräutern, Bakterien und Viren auf Gesundheit, Nahrungsmittel und Wirtschaftsgüter des Menschen vorbeugen, verhindern oder bekämpfen. Die chemischen Stoffe werden eingeteilt nach der von ihnen angegriffenen Schädlingsgruppe in *Insekticide* (wirksam gegen Insekten), Acaricide (Milben), Nematicide (Rundwürmer-Nematoden), *Fungicide* (Pilze), *Herbicide* (Unkrautvernichtungsmittel) und Rodenticide (Nagetiere-Ratten und Mäuse).

Die chemischen Schädlingsbekämpfungsmittel sind toxische Substanzen, die ihre Wirkung nicht nur auf die zu bekämpfende Gruppe beschränken, sondern auch bei sachgemäßer Anwendung einen Einfluß auf die Tiere und Pflanzen der betroffenen Lebensgemeinschaft haben. Da einige weit verbreitete Mittel in der Natur schlecht oder gar nicht abgebaut werden, kommt es zu verhängnisvollen Kumulationen in Populationen, die gar nicht mit dem Mittel getroffen werden sollten. Auch der Mensch ist darin inbegriffen. Deshalb geht der Ruf nach biologischen Schädlingsbekämpfungsmethoden, die aber nicht den Einsatz der chemischen Mittel verhindern können. Da der Mensch ohne Eingriffe in die natürlichen Lebensgemeinschaften nicht mehr existieren kann, ist er gezwungen, die von ihm errichteten biologischen Ungleichgewichte (Felder, Wiesen, Forste, Weinberge) mit chemischen Mitteln zu verteidigen. Die Forschung muß bestrebt sein, die toxischen Stoffe durch weniger toxische, aber ebenso wirksame zu ersetzen. Die

Schädlingsbekämpfungsmittel

Anwendung von besonders bedrohlich erscheinenden Mitteln ist bereits in einigen Ländern verboten (*DDT* auf Teilbereiche der Anwendung in BRD).
Von der Vielzahl der Präparate sollen einige bekannte aufgeführt werden.
Aus Pflanzen werden als Insekticide gewonnen: *Nicotin* (→Alkaloide) aus der Tabakpflanze (wirksam als Fraß-, Atem- und Kontaktgift) und *Pyrethrum* aus den Blütenköpfen verschiedener Chrysanthemum-Arten (wirksamer Bestandteil: Ester wie Pyrethrin als Fraß- und Kontaktgift).

Nicotin

Chrysanthemum-monocarbonsäure - pyrethrolonester = Pyrethrin I

Bei den synthetischen Insekticiden spielen anorganische Arsenverbindungen trotz ihrer Giftigkeit immer noch eine Rolle. Bekannte organische Insekticide sind die chlorierten Kohlenwasserstoffe →Halogenderivate *DDT* (1,1,1-Trichlor-2.2-di-p-chlorphenyl)äthan = Dichlor*d*iphenyl*t*richloräthan) und *Lindan* = *Gammexan* (γ-Hexachlorcyclohexan), die Phosphorsäureester *E 605* = *Parathion* (p-Nitrophenyl-diäthyl-thiophosphorsäureester) und *Metasythox* (O, O-Dimethyl-O-äthylmercaptoäthylthiophosphat, ein Mittel, das von der Pflanze aufgenommen wird und den Schädling über den Zellsaft erreicht), die Cyclodienverbindungen *Chlordan*, *Aldrin*, *Dieldrin* und *Thiodan* = *Endosulfon* (Mittel mit breitem Wirkungsspektrum zur Entseuchung der Böden) und das Thiocyanat *Thanite*.

DDT   Hexachlorcyclohexan   E 605   Metasystox
(Raumstruktur s. → Halogenderivate 4.)
Chlordan   Aldrin   Dieldrin   Thiodan   Thanite

Mittel gegen Milben sind z. T. die bereits angeführten Insekticide wie E 605, Chlordan u. a. Spezialmittel stellen *Aramit* und *Kelthane* dar. Chlorfenson = *Ovotran* ist hochwirksam gegen Eier.

Schädlingsbekämpfungsmittel

Aramit   *Kelthane*   *Chlorfenson*

Als fungicide Mittel werden immer noch anorganische Kupferverbindungen wie Kupferoxychlorid ($3Cu(OH)_2 \cdot CuCl_2$) und Schwefel eingesetzt. Als Beizmittel werden organische Quecksilberverbindungen benutzt wie *Ceresan* (Äthylquecksilber-toluolsulfonamid). Wegen der Verseuchung der Gewässer und der Lebewesen ist die Anwendung von Hg-haltigen Mitteln angegriffen worden (Schweden). Andere organische Fungicide sind *Captan* (Dien-Gruppe) und *Thiram* = Pomarsol (Thiocarbamat).

Captan   Thiram   2,4 D   Trichloressigsäure   IPC

Bei den großen Monokulturen spielen selektive *Herbicide* (*Unkrautvernichtungsmittel*) eine große Rolle. Gegen Zweikeimblättler wirken *2,4D* (*2,4-Dichlorphenoxyessigsäure*) und verwandte Substanzen wie 2,4,5-T. Sie schützen Getreidefelder gegen Verunkrautung. Gegen einkeimblättrige Pflanzen wie Gräser werden *Trichloressigsäure* und *IPC* (Isopropyl-N-phenyl-carbamat) eingesetzt. Ein Radikalmittel gegen alle Pflanzen, aber mit beschränkter Dauerwirkung ist Natriumchlorat ($NaClO_3$), während substituierte Harnstoffe wie *Monuron* (3(p-chlorphenyl)-1,1-dimethylharnstoff) Dauer-Bodensterilisationsmittel sind.
Die bisher aufgeführten Mittel sind im wesentlichen Pflanzenschutzmittel. Gegen Vorratsschädlinge werden häufig Begasungsstoffe eingesetzt wie →Blausäure (HCN), Schwefeldioxid, Methylbromid (CH_3Br), Chlorpikrin (Cl_3CNO_2), Äthylenoxid (CH_2-CH_2 →Äther 2.1.) u. a. m.
Zur Mottenbekämpfung dienen neben den Atemgiften Kampfer (→Terpene) und Naphthalin (→Benzolkohlenwasserstoffe 2.3.) waschbeständige, auf den Textilien aufziehende Produkte wie „*Eulan neu*", die als Fraßgifte wirken.
Als Rattengift werden benutzt das geschmacklose Thalliumsulfat und Cumarinderivate (→Heterocyclen 2.2.) wie Warfarin.

Monuron   Eulan neu   Warfarin

Bei den in diesem Artikel benutzten Namen handelt es sich in der Regel um eingetragene Warenzeichen.

Literatur
WINNACKER, K. u. KÜCHLER, L.: Chemische Technologie, Bd. 4. — Hanser, München 1960
MARTIN, H.: Die wissenschaftlichen Grundlagen des Pflanzenschutzes. — Verlag Chemie, Weinheim 1967

Schardinger-Dextrine s. Clathrate, Kohlenhydrate 2.
Scheelit gleich Tungstein s. Wolfram.
Scheidgut und **Gekrätz**.

Man versteht unter Scheidgut edelmetallhaltige Abfälle, wie alten Schmuck und abgenutztes oder unmodernes Edelmetallgerät, Ausschuß aus der Fertigung von Edelmetallgeräten und Schmuck, verbrauchte technische Teile (z. B. alte Kontakte), ausgedienten Zahnersatz, Ausschuß aus den verschiedenen Produktionsstufen der Transistorfertigung. Von Gekrätz spricht man, wenn die den Scheideanstalten gelieferten Güter mit nichtmetallischen Stoffen vergesellschaftet sind. Der Ausdruck stammt von dem Zusammengekratzten, also dem Kehricht, der Goldschmiedewerkstätten. Zu den Gekrätzen rechnet man heute auch Abfälle wie Tiegelscherben und Ofenausbrüche aus Edelmetall verarbeitenden Betrieben, abgespielte Filme und Abfallpapier mit fotografischen Emulsionen, Ionenaustauscherharze. Fixierbadschlämme und Edelmetallkatalysatoren auf nichtmetallischer Trägersubstanz.

Die Scheidung erfolgt in drei Abschnitten:
1. Abtrennung der Nichtmetalle;
2. Abtrennung der Unedelmetalle;
3. Trennung der Edelmetalle voneinander.

Im Schachtofen werden die Gekrätze zusammen mit Koks, Bleioxid und die zur Schlackenbildung erforderlichen Stoffe zusammengeschmolzen. Bei der Reduktion entsteht metallisches Blei, das auf dem Weg zur Ofensohle das gesamte Edelmetall mit sich nimmt. Dieses Reichblei und Scheidgut werden im geschmolzenen Zustand mit Luft durchblasen. Dabei oxydieren alle unedlen Metalle und lösen sich im entstandenen Bleioxid auf. Als Bleiglätte wird das Oxydgemisch abgezogen und „Blicksilber" bleibt zurück. Es ist eine silberreiche Legierung mit Gold und Platinmetallen. In der Silberelektrolyse erfolgt das Abscheiden des Silbers (s. Silber und Gold). Die Trennung der übrigen Edelmetalle aus dem Elektrolytschlamm erfolgt auf chemischem Wege.

Die wirtschaftliche Bedeutung des Scheidens ergibt sich daraus, daß das wiedergewonnene Gold ca. ein Drittel der Jahresweltproduktion ausmacht.

Scherbenkobalt

Literatur
BEHNING: Aufgabe und Leistung der Scheideanstalt. — Zeitschrift „Metall", Heft 7/1970, Metall-Verlag Berlin

Scherbenkobalt s. Arsen.
Schießbaumwolle s. Explosivstoffe (Nitrocellulose).
Schiffsche Base (Azomethine) s. Aminosäuren 1.3., org. Stickstoffverbindungen 2., Oxoverbindungen 1.1.3.
Schiffs Reagens s. Oxoverbindungen 1.1.3.
Schleimsäure s. Kohlenhydrate 1.2.
Schmelzflußelektrolyse s. Erste Hauptgruppe.
Schmidt-Abbau s. Carbonsäurenn 1.1.3., org. Stickstoffverbindungen 2.
Schmieröl s. Erdöl.
Schnellot s. Wismut.
Schönit s. Kalium.
Schotten-Baumann-Verfahren s. Hydroxylderivate 3. 1.
Schreibkreide s. Calcium.
Schutzgruppen s. Aminosäuren 2.2.
Schwarzpulver s. Explosivstoffe.

Schwefel gehört zu Elementen der →Sechsten Hauptgruppe. Von ihm existieren stabile Isotope mit den Massen 32(95%), 33(0,76%), 34(4,22%) und 36 (0,014%). Elementarer Schwefel findet sich — meist vulkanischen Ursprungs — in Sizilien, in Polen, den westlichen USA und Südamerika. Unterseeische Vorkommen liegen rund um den Golf von Mexiko. Große Verbreitung besitzen die Metallverbindungen des Schwefels: Eisenkies (Pyrit, Schwefelkies), FeS_2, Kupferkies, $CuFeS_2$, Bleiglanz, PbS, und Zinkblende, ZnS. Große Lagerstätten liegen in Spanien, Portugal, Italien, Griechenland und Skandinavien. In Meggen (Westfalen) wird ein Lager von FeS_2 und ZnS abgebaut. Noch häufiger als die Sulfide sind eine Reihe Sulfate: Gips und Anhydrit ($CaSO_4 \cdot 2H_2O$ bzw. $CaSO_4$), Bittersalz und Kieserit ($MgSO_4 \cdot 7H_2O$ bzw. $MgSO_4 \cdot H_2O$), Schwerspat ($BaSO_4$), Cölestin ($SrSO_4$). Als Abbauprodukte organischer Substanz enthalten Kohlen und Erdöl Schwefel in gebundener Form.
Umfangreiche Gaslager von H_2S finden sich im Gebiet von Lacq in Südwestfrankreich, durch die Frankreich zum zweitgrößten Schwefelproduzenten aufgestiegen ist.
Der weitaus größte Teil der Weltproduktion an elementarem Schwefel stammt aus den Vorkommen von Texas und Louisiana. Er findet sich dort in einem Kalkgestein, das auf den Kuppen von Salzdomen liegt. Der Abbau erfolgt nach dem FRASH-Verfahren durch Ausschmelzen mittels überhitzten Wasserdampfes

und Hochdrücken an die Oberfläche durch Preßluft. Da die Nachfrage nach Schwefel sehr hoch ist und gelegentlich die Produktion übersteigt, umgeht man vielfach den elementaren Schwefel. So erhält man u. a. das für die Produktion von Schwefelsäure oder des für die Zellulosegewinnung erforderlichen „Bisulfits", indem man Pyrite röstet: $2FeS_2 + 5\frac{1}{2}O_2 \rightarrow Fe_2O_3 + 4SO_2$. Hierbei erhält man gleichzeitig das für die Reduktion des Minerals erforderliche Metalloxid. Zur Herstellung von $(NH_4)_2SO_4$ als Kunstdünger leitet man Ammoniak und CO_2 in die wegen Schwerlöslichkeit stark verdünnte Lösung von Gips:

$$2NH_3 + CaSO_4 + CO_2 + H_2O \rightarrow (NH_4)_2SO_4 + CaCO_3.$$

Elementarer Schwefel kann viele Eigenschaften besitzen: Er kann gelb, blau, grün oder sogar schwarz oder rot sein; er kann elastisch, plastisch oder brüchig sein. Man findet amorphes Material und große durchsichtige Kristalle. Dieses mannigfaltige Verhalten hat alle großen Forscher des vorigen Jahrhunderts veranlaßt, sich mit Untersuchungen über Schwefel zu befassen. Erst die modernen physikalischen und chemischen Methoden haben in der Bildung von Ringen und Ketten, in Molekülen S_n, wobei n von 2 bis 10^6 variieren kann, den Grund für das auffällige Verhalten des Schwefels erkannt. 12 Modifikationen sind mit Sicherheit nachgewiesen worden.

Elementarer Schwefel kann bis zu einem Reinheitsgrad von 99,99999% hergestellt werden, doch gibt es praktisch kein Anwendungsgebiet, das diesen Reinheitsgrad erfordert. Er dient zur Fabrikation von Schwefelkohlenstoff, zur Herstellung von Schädlingsbekämpfungsmitteln, Vulkanisierung von Gummi und zur Herstellung von Farbstoffen.

Schwefelsäure gilt zwar nur als mittelstarke Säure, doch zeichnet sie sich durch geringe Flüchtigkeit aus. Dadurch hat sie ausgedehnte Verwendung im Labor und in der Industrie gewonnen. Sie dient zur Herstellung von Kunstdüngern (Ammonsulfat und Superphosphat), zur Reinigung pflanzlicher Öle und Fette und als Akkumulatorensäure.

Schwefelwasserstoff ist stark giftig, führt zu Kopfschmerzen und Übelkeit, bei stärkerer Konzentration zu plötzlichem Tod. Wegen seines unangenehmen und auffälligen Geruches nach faulen Eiern kann man es rechtzeitig wahrnehmen.

Schwefeldioxid s. Schwefelsäure.

Schwefelkohlenstoff s. Kohlensäurederivate 5.

Schwefelsäure, H_2SO_4. Die reine 100%ige Schwefelsäure ist eine schwerbewegliche, farblose Flüssigkeit (Dichte 1,832 g/cm³), die bei 10,36°C erstarrt. Beim Erhitzen (Siedepunkt 279,6°C) gibt sie so lange Schwefeltrioxid ab, bis bei einem Siedepunkt von 338°C eine 98,3%ige Schwefelsäure übergeht, die als konzentrierte

Schwefelsäure

Schwefelsäure (Dichte 1,84 g/cm³) bezeichnet wird. Destilliert man verdünnte Schwefelsäure, so erhält man als höchste Konzentration eine 98,3%ige Säure. 100%ige Schwefelsäure läßt sich nur durch Auflösen von Schwefeltrioxid (SO_3) in konzentrierter Schwefelsäure herstellen. Oleum oder rauchende Schwefelsäure erhält man durch Einleiten von SO_3 in 100%ige Schwefelsäure.

Beim Vermischen von konzentrierter Schwefelsäure mit Wasser entsteht eine beträchtliche Wärmemenge (20,4 kcal pro Mol Schwefelsäure), die durch die Bildung von Hydronium-Ionen verursacht wird. Man gießt deshalb stets die Säure in dünnem Strahl unter Umrühren in das Wasser, um das Herausspritzen heißer Säuretröpfchen zu vermeiden. Die konzentrierte Schwefelsäure wirkt wasserentziehend. Sie kann daher zum Trocknen chemischer Substanzen (z. B. in Exsikkatoren) verwendet werden. Auf viele organische Stoffe (Holz, Papier, Kleiderstoffe) wirkt konzentrierte Schwefelsäure verkohlend ein, indem sie die Elemente des Wassers aus diesen Stoffen abspaltet:

$$C_mH_{2n}O_n \rightarrow mC + nH_2O$$

Die Schwefelsäure ist eine starke Säure, die in zwei Stufen dissoziiert. Das erste Wasserstoff-Ion ist in einer 1 molaren Lösung praktisch vollständig abgespalten. Die Dissoziation der zweiten Stufe beträgt in diesem Falle nur 1,3%. Alle Metalle, die ein negatives Normalpotential (s. Redoxvorgänge) besitzen, werden von Schwefelsäure unter Wasserstoffentwicklung zu Sulfaten gelöst. Voraussetzung ist allerdings, daß kein unlösliches Sulfat gebildet wird, das als schützende Deckschicht die weitere Einwirkung der Säure verhindert.

Einige Metalle mit positivem Normalpotential können von heißer konzentrierter Schwefelsäure gelöst werden. Unter diesen Bedingungen wirkt die Schwefelsäure oxydierend. Es bilden sich Sulfate, wobei die Schwefelsäure teilweise zu Schwefeldioxid reduziert wird:

$$Me + 2H_2SO_4 \rightarrow MeSO_4 + SO_2 + 2H_2O$$

In der chemischen Industrie findet die Schwefelsäure vielfältige Verwendung. Der größte Teil wird zur Herstellung von Kunstdünger (Superphosphat, s. Düngemittel) verbraucht. Die Kunstseide- und Zellwollindustrie benötigt Schwefelsäure. Außerdem wird sie verwendet zur Herstellung von organischen Zwischenprodukten, →Explosivstoffen, →Farbstoffen, Natriumsulfat (Glasfabrikation) und Akku-Säure.

Die Herstellung von Schwefelsäure erfolgt durch Oxydation von Schwefeldioxid (SO_2) zu Schwefeltrioxid (SO_3), das sich mit Wasser zu Schwefelsäure vereinigt:

$$SO_3 + H_2O \rightarrow H_2SO_4$$

Schwefelsäure

Schwefeldioxid gewinnt man durch Verbrennen von Schwefel (USA) oder durch Abrösten (Erhitzen unter Luftzutritt) sulfidischer Erze (z. B. Bleiglanz PbS, Zinkblende ZnS oder Pyrit FeS_2).

$$2FeS_2 + 5\tfrac{1}{2}O_2 \rightarrow Fe_2O_3 + 4SO_2$$

Da die Reaktion exotherm verläuft, ist keine Wärmezufuhr notwendig, um den Vorgang aufrecht zu erhalten. Das Abrösten erfolgt vielfach nach dem Wirbelschichtverfahren. Hierbei führt man das Erz in groben Körnern einem Schachtofen zu. Von unten wird Luft mit einer solchen Geschwindigkeit eingeblasen, daß die Körner in einer Schicht von etwa 70 cm Höhe schwebend gehalten werden können (Wirbelschicht). Auf diese Weise entsteht ein inniger Kontakt der Luft mit den Erzteilchen, der eine ausgiebige und rasche Abröstung ermöglicht. Mit Hilfe eines Kühlsystems, das sich in der Wirbelschicht befindet, kann die

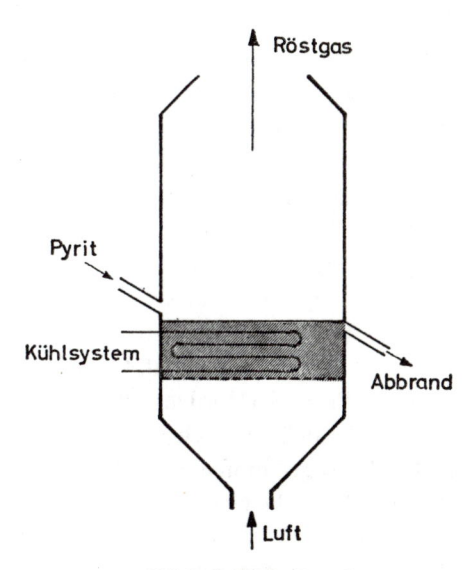

Wirbelschichtröstofen

Temperatur in einem Bereich von 700° bis 900°C reguliert werden. Dies ist notwendig, um ein Zusammenbacken des Materials zu verhindern. Der Abbrand (das Eisenoxid) fließt ununterbrochen am oberen Rand der Wirbelschicht aus dem Ofen.

Die Oxydation des Schwefeldioxid stellt einen umkehrbaren Vorgang dar, der zu einem chemischen Gleichgewicht führt:

$$SO_2 + 1/2 O_2 \rightleftharpoons SO_3 \quad | \quad \Delta H = -21{,}9 \text{ kcal}$$

Schwefelsäure

Da bei der Bildung von Schwefeltrioxid Wärme frei wird, zerfallen bei höherer Temperatur größere Mengen Schwefeltrioxid in Schwefeldioxid und Sauerstoff. Wenn man von einem Reaktionsgemisch ausgeht, das stöchiometrische Zusammensetzung besitzt, beträgt die Ausbeute an Schwefeltrioxid bei 400°C 98,1%, bei 600°C nur 76,3%. Zweckmäßig wäre also eine Temperatur unter 400°C. Unter diesen Bedingungen verläuft aber die Reaktion viel zu langsam. Man leitet daher das Gemisch aus Schwefeltrioxid und Sauerstoff (oder Luft) über Katalysatoren (Kontakte), welche die Reaktion ausreichend beschleunigen können. Allerdings tritt diese Wirkung bei Platin erst bei etwa 400°C ein. Bei Eisenoxid als Katalysator sind 600°C notwendig. Heute verwendet man meist Vanadiumverbindungen, die mit geeigneten Zusätzen auf entsprechende Trägersubstanzen (z. B. Silicagel) aufgebracht sind. So erreicht man eine Wirkung, die derjenigen des Platin fast gleichkommt. Die Röstgase müssen sorgfältig von festen Teilchen (Flugstaub) und Fremdstoffen (Kontaktgifte) gereinigt werden, weil sie die Katalysatoren in ihrer Wirkung beeinträchtigen.

Um eine möglichst große Ausbeute an Schwefeltrioxid zu erhalten, läßt man einen Teil der Reaktion bei höherer Temperatur ablaufen. Dadurch erreicht man eine größere Reaktionsgeschwindigkeit bei ungünstiger Gleichgewichtslage (es zerfällt mehr SO_3).

Der zweite Teil der Reaktion verläuft dann bei niedrigerer Temperatur mit kleinerer Geschwindigkeit aber günstigerer Gleichgewichtslage. Die Oxydation des Schwefeldioxid erfolgt in einem sogenannten Kontaktofen. Seit der Einführung des Kontaktverfahrens zur Herstellung der Schwefelsäure im Jahr 1891 wurden mehrere Ofentypen entwickelt, von denen der Hordenkontaktofen die größte Bedeutung erlangt hat. In diesem Ofen ist die Kontaktmasse in breiten Schichten (5—50 cm Höhe) auf gelochten Blechen (Horden) ausgebreitet. Fünf oder mehr solcher Schichten sind übereinander in 2 räumlich getrennten Gruppen angeordnet. Zwei bis drei Schichten bilden den sogenannten Vorkontakt, die übrigen Schichten stellen den Hauptkontakt dar. Das Schwefeldioxid-Luft-Gemisch muß zunächst auf eine Temperatur von etwa 425°C erwärmt werden, die für den Kontaktvorgang notwendig ist. Das Gasgemisch durchläuft deshalb zwei Wärmeaustauscher (A+B) in denen die aus dem Kontaktofen austretenden heißen Gase als Wärmequelle benutzt werden. Mit etwa 425°C tritt das Gasgemisch bei C in den Vorkontakt ein. Durch die Reaktionswärme erhöht sich die Temperatur. Das Gasgemisch verläßt mit etwa 525°C den Vorkontakt, durchströmt den Wärmeaustauscher B und wird dadurch auf die optimale Temperatur für den Hauptkontakt abgekühlt, den es mit etwa 400°C verläßt. Ein Teil seines Wärmeinhaltes wird dann zum Aufheizen der Röstgase im Wärmeaustauscher A verwendet. Zur Einstellung optimaler Kontakttemperaturen kann an dem Kontaktofen an verschiedenen Stellen zwischen den einzelnen Kontaktschichten (D, E, F) kalte oder vorgewärmte Luft (auch gemischt mit Schwefeldioxid) eingeführt werden. Das Schwefeltrioxid muß anschließend mit Wasser zu Schwefelsäure umgesetzt werden. Diese Reaktion kann nicht einfach dadurch erfolgen, daß man das Schwefeltrioxid mit Wasser in Berührung bringt, weil hierbei feine Nebeltröpfchen

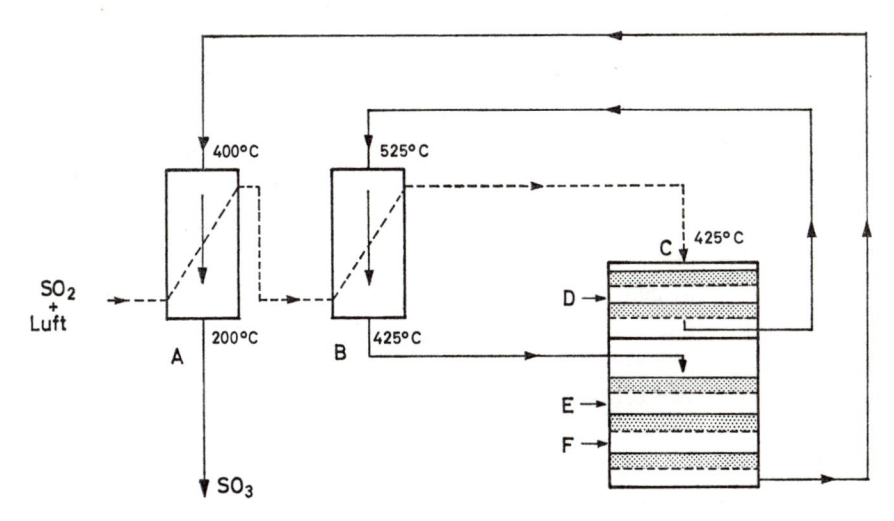

Katalytische Oxydation von SO_2

entstehen, die im Gasstrom schweben und kaum mit Absorptionsmitteln in Berührung kommen. Man leitet deshalb das Schwefeltrioxid in 98%ige Schwefelsäure, die unter Bildung von Dischwefelsäure ($H_2S_2O_7$) das Schwefeltrioxid vollständig absorbiert. Durch Zufluß von Wasser hält man die Schwefelsäurekonzentration konstant, weil Dischwefelsäure durch Wasser in Schwefelsäure zerlegt wird:

$$SO_3 + H_2SO_4 \rightarrow H_2S_2O_7$$
$$\underline{H_2S_2O_7 + H_2O \rightarrow 2\,H_2SO_4}$$
$$SO_3 + H_2O \;\;\;\; \rightarrow H_2SO_4$$

Literatur
ULLMANN: Encyklopädie der technischen Chemie (1964)
WINNACKER-KÜCHLER: Chemische Technologie (1959)

Schweinfurter Grün s. Farbstoffe 3., Kupfer.
Schwerspat s. Barium.
Sclareol s. Terpene 3.
Scopolamin s. Alkaloide, Rauschgifte.

Sechste Hauptgruppe der chemischen Elemente (Chalkogene). Zu ihnen gehören:

8 O Sauerstoff. Er wurde 1777 von SCHEELE als Bestandteil der Luft entdeckt und rein aus Salpetersäure hergestellt. 1774 hatte PRIESTLEY ihn bereits aus Quecksilberoxid und aus Mennige gewinnen können. LAVOISIER begründete auf der Entdeckung des Sauerstoffs seine Theorie von der Verbrennung. Da er ihn für den entscheidenden Anteil an den Säuren hielt, nannte er ihn *Oxygène* (nach den gr. Wörtern für „sauer" und „erzeugen").

16 S Schwefel. Das Element ist bereits in allen alten Kulturen bekannt gewesen. So leitet sich der Name aus dem indogermanischen Wort „suelplos" ab. Das Wort soll aus suel = schwelen und pleu = rinnen entstanden sein. Aus ihm sind gotisch swibls, deutsch Schwefel und lateinisch sulpur (gräzisierend sulphur) entstanden.

34 Se Selen. Das Element wurde 1817 von BERZELIUS und GAHN im Bleikammerschlamm entdeckt, als man Kupferpyrit ($CuFeS_2$) von Fahlun als Rohstoff zur Gewinnung von Schwefelsäure verwendet hatte. Wegen seiner dem Tellur ähnlichen Eigenschaften gab man ihm nach dem gr. Wort für Mond den Namen *Selen*.

52 Te Tellur. 1782 endeckte MÜLLER von REICHENSTEIN in Golderzen Siebenbürgens das neue Element. Den gegenwärtigen Namen erhielt es um 1798 von KLAPROTH. Tellus ist das lat. Wort für Erde.

84 Po Polonium. Bei Untersuchungen des neuen Phänomens der radioaktiven Strahlung entdeckte MARIE CURIE 1898 das Element in der Uranpechblende. Zu Ehren ihres Heimatlandes nannte sie es *Polonium*.

Anteil an der Erdrinde:

O 49,4% S 0,05% Se $9 \cdot 10^{-6}$% Te $2 \cdot 10^{-7}$% Po 10^{-15}%

Elektronenanordnung:

Sauerstoff [He] $2s^2 2p^4$
Schwefel [Ne] $3s^2 3p^4$
Selen [Ar] $3d^{10} 4s^2 4p^4$
Tellur [Kr] $4d^{10} 5s^2 5p^4$
Polonium [Xe] $4f^{14} 5d^{10} 6s^2 6p^4$

Der Übersicht ist zu entnehmen, daß die Elemente in der äußeren Schale 6 Elektronen besitzen, also nur noch zwei zur Auffüllung und somit zur Vervollständigung der Edelgasschale erfordern. Bei Sauerstoff tritt das in allen Verbindungen ein, weswegen er stets die Wertigkeit 2 besitzt. Mit zunehmenden Atomradien der Chalkogene kommt es dann zu kovalenten Bindungen bis zur Oxydationszahl +6, beim Polonium sogar zu positiven Ionen.

Sechste Hauptgruppe

Die Sonderstellung des Sauerstoffs hängt mit der geringen Ausdehnung des Atoms zusammen. Sie ist noch geringer als die des Stickstoffatoms. Bei einer Doppelbindung entsprechend den zwei einsamen Elektronen kämen die beiden Atomrümpfe so nahe aneinander, daß sie sich stärker abstoßen, als die π-Bindung sie zusammenhalten kann. Beim Molekül O_2 liegt deswegen nur eine einfache σ-Bindung vor. Daneben besitzt jedes Atom noch ein freies Elektron mit gleich gerichtetem Spin. Das Molekül ist somit paramagnetisch, d. h. in einem Magnetfeld zieht es die Feldlinien in sich hinein. O_2 und das ähnlich gebaute NO sind die einzigen paramagnetischen Gase. Unter extremen Bedingungen hat sich bei dampfförmigen S_2-Molekülen ebenfalls ein schwacher Paramagnetismus nachweisen lassen.

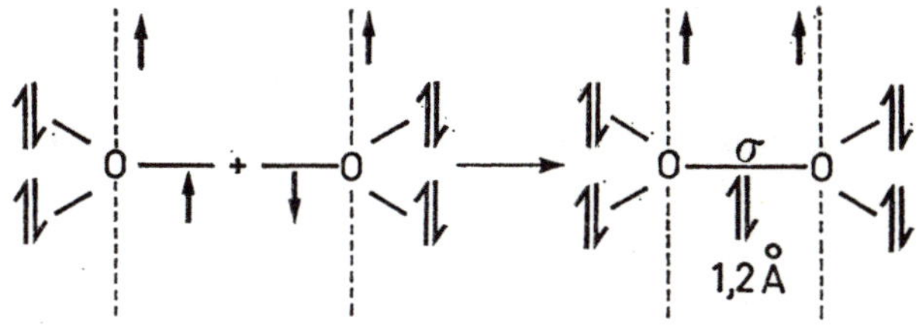

(Die Darstellung des Sauerstoff-Paramagnetismus ist lediglich als anschaulich, plausibel anzusehen. Eine exakte Beschreibung ergibt sich aus dem Schema der MO-Theorie von MULLICAN).

Auf der Fähigkeit der Chalkogene, Ringe und Ketten bilden zu können, beruht die große Zahl von Modifikationen. Beim Sauerstoff ist diese Fähigkeit nur schwach ausgebildet. So existieren im festen und im flüssigen Zustand Doppelmoleküle O_4, die im Falle des γ-Sauerstoffs frei drehbare Achsen, des β-Sauerstoffs fest liegende Achsen besitzen. Im Übrigen liegen bei allen drei festen Modifikationen

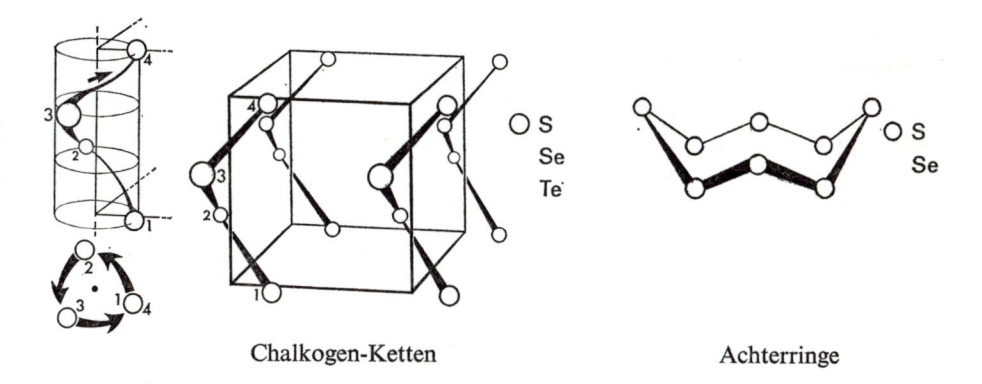

Chalkogen-Ketten   Achterringe

Sechste Hauptgruppe

Molekülgitter vor. Geschmolzener Sauerstoff führt bei schnellem Abkühlen zu einer amorphen, glasartigen Masse, die dem plastischen Schwefel entsprechen könnte. Sauerstoffketten sind abgesehen vom Ozon in Form der Fluoride (O_xF_2) bekannt. Im flüssigen Schwefel (S_μ) und in den amorphen Modifikationen des Selens liegen sehr lange, z. T. geschlossene Ketten vor, die sich beim Übergang in die graue metallische Modifikation des Selens parallel orientieren. Die rote, kristalline Form des Selens besteht dagegen analog dem Schwefel aus Achterringen. Die unterschiedlichen Kristallformen des festen Schwefels beruhen auf der verschiedenartigen Anordnung der Achterringe.

		Dichte g/cm³	F in °C	Kp in °C	Radius in Å Atom-	Kovalent-	Ionen-
Sauerstoff	α	1,46			0,48—		
	β	1,395	−218,9	−183	0,74* }	~0,7	1,40(−2)
	γ	1,30					
Schwefel	α	2,06	110— }	444,6	0,88— }	1,84(−2)	0,34(+6)
	β	1,96	119		1,04*		
	γ	2,04			0,88—1,13*		
Selen {rot		4,26					
amorph{schwarz		4,28		685	1,40	1,40	1,98(−2) 0,40(+6)
kristallin{rot		4,46	~180				
{grau		4,79	270				
Tellur amorph(?)		6,0	450	1390	1,60	1,37	2,21(−2) 0,90(+4)
kristallin		6,25					
Polonium	α	9,196	254	962	1,76	—	1,02(+2)
	β	9,398					

* die Angaben in der Literatur schwanken sehr stark.

Umwandlungstemperaturen:

$$\text{Sauerstoff} \quad \alpha \xrightarrow{240\,K} \beta \xrightarrow{43\,K} \gamma$$

$$\text{Schwefel} \quad \alpha \xrightarrow{98°C} \beta$$

$$\text{Selen} \quad \text{amorph rot} \xrightarrow{40-50°C} \text{amorph schwarz} \xrightarrow{>100°C} \text{kristallin grau}$$

$$\text{Polonium} \quad \alpha \xrightarrow{18-54°C} \beta \quad \text{(beide Formen metallisch)}$$

α-Schwefel entsteht als unbeständige Form unter besonderen Ausscheidungsbedingungen, kristallisiert wie β-Schwefel monoklin und geht allmählich in diesen über. Das amorphe Tellur ist beständig. Vermutlich handelt es sich nur um ein feinkörniges Auftreten des kristallinen Tellurs. Rotes kristallines Selen entsteht zusammen mit dem amorphen beim Verdampfen einer Lösung des schwarzen in Schwefelkohlenstoff. Es ist beständig und läßt sich nur über die Schmelze in graues umwandeln.

Wasserstoffverbindungen der Chalkogene lassen sich im Falle Sauerstoff und Schwefel unmittelbar aus den Elementen gewinnen, während bei den übrigen nur indirekte Verfahren möglich sind (exotherme bzw. endotherme Prozesse). Beim Polonium konnte die Existenz der Wasserstoffverbindung nur in der Größenordnung von Spuren erwiesen werden. Chalkogenide, d. h. Verbindungen der Chalkogene mit Metallen, sind von allen Vertretern bekannt.

In der Tabelle der Wasserstoffverbindungen fallen Schmelz- und Siedepunkt des Wassers aus der Gesetzmäßigkeit heraus. Beim leichtesten Vertreter der Chalkogene müßten sie die tiefsten Werte besitzen. Da Sauerstoff die Elektronenanordnung eines Tetraeders mit zwei einsamen Elektronenpaaren hat, kommt es im festen und im flüssigen Zustand zu starker Wasserstoffbindung: Das Molekül trägt nur im Dampfzustand mit Recht die Formel H_2O, im flüssigen Zustand dagegen hat es weitgehend noch Eisstruktur mit der Formel $(H_2O)_n$, wobei n in der Größenordnung von 100—1000 liegt. Beim Wasser beträgt der Winkel H—O—H im Dampfzustand wegen der Asymmetrie 104°, sonst genau 109,5°. Die übrigen Chalkogene sind dagegen dem Wasserstoff gegenüber nicht hybridisiert. Bei ihnen ist mit geringen Abweichungen der Winkel 90°. Entsprechend dem zunehmenden metallischen Charakter der Chalkogene mit wachsendem Atomradius nimmt die Dissoziation in wäßriger Lösung stark zu.

	$(H_2O)_n$	H_2S	H_2Se	H_2Te	H_2Po	
F in °C	0	—85,6	—65,7	—51	—36 (?)	
Kp in °C	100	—60,8	—41,3	—4	+37 (?)	
Diss. Konst. 28°C	$1,8 \cdot 10^{-14}$	$0,85 \cdot 10^{-7}$	$1,3 \cdot 10^{-4}$	$2,27 \cdot 10^{-3}$	?	(ChH^-)
(elektrolyt.)		$0,3 \cdot 10^{-12}$	10^{-11}	$1,6 \cdot 10^{-11}$	?	(Ch^{2-})

Bei den Verbindungen der Halogene mit den Chalkogenen ist es sinnvoll zu unterscheiden, ob es sich um das Oxid eines Halogens oder um das Halogenid des Sauerstoffs handelt. Im ersten Fall wäre die Elektronegativität des Halogens niedriger als die des Sauerstoffs, im anderen Falle höher. Bei Beachtung dieser Überlegung ergibt sich, daß bei den höheren Chalkogenen auch noch die Jodverbindungen existieren, weil die äußeren Elektronen lockerer gebunden sind als bei den niedrigen.

Sechste Hauptgruppe

Halogenide von	O	S	Se	Te	Po
F	F_2O_2 F_2O	F_2S_2 SF_4	SeF_4	TeF_4	$(PoF_6)^{2-}$ (?)
	F_2O_5 F_2O_6	SF_6 S_2F_{10}	SeF_6 Se_2F_{10}	Te_2F_{10} TeF_6	
Cl		S_xCl_2 SCl_2	Se_2Cl_2	$TeCl_2$	$PoCl_2$
		SCl_4	$SeCl_4$	$TeCl_4$	$PoCl_4$
Br		S_2Br_2	Se_2Br_2	$TeBr_2$	$PoBr_2$
			$SeBr_4$	$TeBr_4$	$PoBr_4$
J				TeJ_4	PoJ_4

Der Struktur nach handelt es sich bei den Chalkogenhalogeniden um Ketten (O_xF_2 und S_xCl_2), um dreiseitige Doppelpyramiden (z. B. $TeCl_4$) und um Oktaeder (z. B. SF_6).

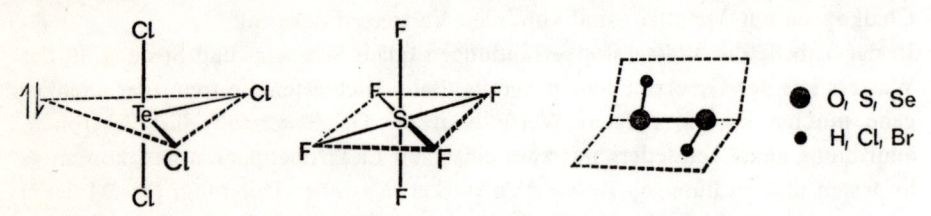

Am beständigsten sind die Hexafluoride, die nur von Schwefelwasserstoff bzw. Alkalien zersetzt werden. Kettenförmige Sauerstofffluoride konnten erst 1966 nachgewiesen werden. Sie existieren bei Temperaturen unterhalb —190°C. Die Verbindungen S_2Cl_2 und Se_2Cl_2 haben eine dem Wasserstoffperoxid analoge Atomanordnung.

Die folgende Übersicht zeigt die Mannigfaltigkeit der Oxydation.

O	S	Se	Te	Po
O_3	S_2O			
			TeO	PoO
	S_2O_3			
	SO_2	SeO_2	TeO_2	PoO_2
	SO_3	SeO_3	TeO_3	
	SO_4			

In der Struktur zeigen sich wesentliche Unterschiede zwischen den Oxiden des Schwefels und denen des Selens bzw. Tellurs. SO_2, S_2O (Schwefel steht in der Mitte) haben genau wie Ozon V-Form. Die drei Atome sind jeweils durch eine σ-Bindung miteinander verbunden. Außerdem befindet sich zwischen den drei Atomen eine delokalisierte π-Bindung. Das mittlere Atom besitzt noch ein einsames Elektronenpaar, die beiden endständigen Atome je zwei. Demgegenüber bildet das SeO_2 lange Ketten der folgenden Struktur

Aufsicht $\diagdown_{Se}\diagup^{O}\diagdown_{Se}\diagup^{O}\diagdown_{Se}\diagup$ bzw. $-\underset{\underset{O}{\|}}{\overset{\overset{O}{\|}}{Se}}-O-\underset{\underset{O}{\|}}{\overset{\overset{O}{\|}}{Se}}-O-\underset{\underset{O}{\|}}{\overset{\overset{O}{\|}}{Se}}-$ Seitensicht

TeO_2 und PoO_2 bilden Ionenkristalle.

Noch umfangreicher als die Zahl der Oxide ist die der sich daraus bildenden Säuren, bzw. deren Salze. Der Umstand ist darauf zurückzuführen, daß einmal Schwefel Ketten bis zu 5 Gliedern bildet, an deren Enden erst Sauerstoffatome sitzen ($H_2S_xO_6$), andermal Sauerstoffatome durch Schwefel (Thiosäuren) oder aber wiederum Schwefelatome durch Selen ersetzt werden können:

SO_4^{2-} $S_2O_3^{2-}$ $SSeO_3^{2-}$ $SeSO_3^{2-}$

Als wichtigste Säuren mit ihren Salzen sind wohl anzusehen: Schweflige Säure (H_2SO_3; nur in wäßriger Lösung beständig) mit den Sulfiten, →Schwefelsäure (H_2SO_4) mit Sulfaten, Selenige Säure (H_2SeO_3) mit Seleniten, Selensäure (H_2SeO_4) mit Selenaten, Tellurige Säure (H_6TeO_6) mit Telluraten. Die Existenz entsprechender Poloniumsäuren wird vermutet.

Die Verbindungen der Chalkogene mit Elementen der Zweiten Hauptgruppe haben aus wissenschaftlichen Gründen und wegen ihrer praktischen Bedeutung Interesse erlangt (Lumineszenz).

Am besten untersucht wurden ZnS und CdS. Durch Zugabe geeigneter „Aktivatoren" und „Koaktivatoren" erreicht man, daß sie nach Anstrahlen auch mit Korpuskularstrahlung in einem charakteristischen Licht fluoreszieren. Aktivatoren sind Kupfer, Silber, Gold — Koaktivatoren Aluminium, Scandium, Gallium, Indium. Ferner kommen hierfür auch Halogene in Betracht. Die Zusätze liegen in der Größenordnung von 10^{-6}—10^{-4} Grammatomen pro Mol der Kristallsubstanz. Die hoch schmelzenden Chalkogenide erhalten die Zusätze zusammen mit Halogenflußmitteln (z. B. NaCl) und werden bei ca. 1000° C gebrannt. Folgende Übersicht zeigt die Fluoreszenz bei „aktiviertem" ZnS:

	Aktivator	Koaktivator	Strahlungsmaximum in nm
G-Cu (green copper)	Cu	Al	520
B-Cu (blue copper)	Cu	J	450
SA (self activation)	—	Cl	480
R-Cu (red copper)	Cu	—	690
R-Cu, In (red copper-indium)	Cu	Jn	630

Sechste Hauptgruppe

Ersatz des Kupfers durch Silber gibt eine Verlagerung der Maxima nach Blau, durch Gold lediglich eine Verbreiterung des Spektrums. Den aktivierten Chalkogeniden ist gemeinsam, daß infolge Verringerung des Abstandes der einzelnen Ionen durch hohen äußeren Druck eine Blauverschiebung eintritt.
Bei der Gewinnung der Elemente dieser Gruppe gibt es kaum Gemeinsamkeiten. Aus dem Grunde wird die Frage der Darstellung in den Sonderartikeln behandelt.

Literatur
REMY: Lehrbuch der Anorganischen Chemie. — Akademische Verlagsanstalt, Leipzig 1961
HESLOP & ROBINSON: Inorganic Chemistry. — Elsevier Publishing Company, Amsterdam/London/New York 1963
SCHREITER: Seltene Metalle, Bd. II und III. — VEB Deutscher Verlag für Grundstoffindustrie, Leipzig 1961 bzw. 1962
ARDON: Oxygen. — E. A. Benjamin, New York/Amsterdam 1965
MEYER-KHAVASCH: Elemental Sulfur. — Interscience Publishers, New York/London/Sydney 1965
BAGNALL: The Chemistry of Selenium, Tellurium and Polonium. — Elsevier Publishing Company Amsterdam/London/New York 1966
BAGNALL: Chemistry of the Rare Radioelements. — Butterworths Scientific Publications 1957
Zu Sauerstoffketten: Chemistry, Heft 39/5 vom Mai 1966
Zur Lumineszenz: GOLDBERG: Luminescence of Inorganic Solids. — Academic Press, New York, London 1966

Sechste Nebengruppe der chemischen Elemente (Chromgruppe).

Zu ihnen gehören:

24 Cr Chrom, entdeckt 1797 durch VAUQUELIN und unabhängig davon etwas später durch KLAPPROTH im Rotbleierz; benannt nach dem gr. Wort chromos = farbig.

42 Mo Molybdän, entdeckt 1778 durch SCHEELE. Der Name ist das gr. Wort für Blei, weil Molybdänglanz, Bleiglanz und Graphit im 18. Jahrhundert als Wasserblei oder Schwarzblei bekannt waren.

74 W Wolfram, entdeckt 1781 durch SCHEELE im schwedischen Erz Tungstein. Name vermutlich von dem Mineral Wolframit, das sächsische Bergleute wegen seiner Fähigkeit, die Zinnausbeute zu verringern, als den „Wolf" bezeichneten, der seinen „Rahm" abschöpft.

Das Vorkommen in der Erdrinde beträgt:
Chrom $3{,}8 \cdot 10^{-2}\%$ Molybdän $7{,}5 \cdot 10^{-4}\%$ Wolfram $5{,}5 \cdot 10^{-3}\%$

	Dichte g/cm³	F in °C	Kp in °C	Atomrad.	Ionenradius in Å
Chrom	7,19	1875	2665	1,27	0,69 (+3) 0,52 (+6)
Molybdän	10,21	2610	4864	1,39	0,68 (+4) 0,62 (+6)
Wolfram	19,3	3380	5900	1,39	0,68 (+4) 0,64 (+6)

Elektronenanordnung:

Chrom	[Ar]	$3d^5$	$4s^1$	$\leftrightarrow$ $3d^4$ $4s^2$
Molybdän	[Kr]	$4d^5$	$5s^1$	$\leftrightarrow$ $4d^4$ $5s^2$
Wolfram	[Xe]	$4f^{14}$	$5d^4$ $6s^2$	$\leftrightarrow$ $5d^5$ $6s^1$

Die Übersicht gibt an, welche Edelgaskonfiguration bei den inneren Schalen vollendet ist und wieviele Elektronen in den nach außen folgenden Schalen bzw. Unterschalen vorhanden sind. Damit fünf Elektronen auf der d-Unterschale die Hälfte der möglichen Elektronen und somit eine gewisse Stabilität erreicht ist, erfolgt der Übergang von der Fünften Nebengruppe durch Auffüllen der d-Unterschale mit einem weiteren Elektron und dem Übergang eines der s-Elektronen in die d-Unterschale. Aus magnetischen Eigenschaften der Elemente muß man jedoch schließen, daß ein ständiger Austausch dieses letzteren Elektrons vor sich geht, der bei den drei Elementen verschieden häufig bzw. wahrscheinlich ist.

Während Molybdän und Wolfram alle Wertigkeitsstufen von zwei bis sechs aufweisen, sind bei Chrom nur die Stufen 2,3 und 6 bekannt, unter Bevorzugung der Stufe 3. Die Wertigkeit 6 tritt bei Verbindungen mit einem Element hoher Elektronegativität auf. Die Oxide der drei Elemente ergeben mit Hydroxiden zusammen die Chromate, Molybdate und Wolframate, z. B. K_2CrO_4 und $K_2Cr_2O_7$. Die Hauptmenge der drei Elemente wird als Zusatz zu Eisenlegierungen verwendet. Daher genügen vielfach die entsprechenden Ferroverbindungen, die man durch Reduktion der Ausgangsmineralien im Elektroofen gewinnen kann. Zu Reinelementen gelangt man in allen drei Fällen, wenn man z. B. von Chromaten, Molybdaten oder Wolramaten ausgeht oder sie erst einmal aus anderen Erzen gewinnt. Soweit es sich um Rotbleierz ($PbCrO_4$), Gelbbleierz ($PbMoO_4$), Scheelbleierz ($PbWO_4$) handelt, werden durch Zusatz von Soda und Kohle Blei gewonnen und die betreffenden Erze in die Natriumverbindungen überführt. Durch anschließende Behandlung mit Salzsäure gelangt man zu den entsprechenden Säuren und durch anschließendes Glühen zu den Oxiden. U. a. mit Hilfe von Wasserstoff kann das Oxid reduziert werden.

Beispiel:

$$PbMoO_4 + Na_2CO_3 + C \rightarrow Na_2MoO_4 + Pb + CO_2 + CO$$
$$Na_2MoO_4 + 2\,HCl \rightarrow H_2MoO_4 + 2\,NaCl$$
$$H_2MoO_4 \rightarrow MoO_3 + H_2O$$
$$MoO_3 + 3\,H_2 \rightarrow Mo + 3\,H_2O$$

Wegen der hohen Schmelzpunkte ist das Ergebnis dieses Verfahrens ein Metallpulver, das erst durch geeignete weitere Behandlung in massives Material umgewandelt werden muß. Die Methode der Pulvermetallurgie vermeidet das Schmelzen des Metalles mit den damit verbundenen Schwierigkeiten und die Gefahr neuer Verunreinigungen. Bei allen drei Metallen wird das Pulver mittels hydraulischer Pressen unter Drucken von einigen tausend Kilopond/cm² zu Stangen gepreßt. Unter Umständen muß zum besseren Zusammenhalten bei großen Stangen noch ein Bindemittel in Form von Kampfer oder Paraffin hinzugetan werden. Während beim Chrom mit seinem niedrigeren Schmelzpunkt das sofortige Sintern in Molybdängefäßen bei Temperaturen um 1400°C genügt, müssen Molybdän und Wolfram erst einmal vorgesintert werden. Sie erhalten dadurch die Festigkeit, die erforderlich ist, um sie anschließend durch Leitungsstrom auf die eigentliche Sintertemparatur zu bringen. Das Vorsintern erfolgt bei beiden Metallen bei einer Temperatur von 1100—1300°C, während die eigentliche Sintertemperatur 1700 bzw. 3000°C beträgt. Während des Sintervorganges befinden sich die Metalle in einer Schutzatmosphäre von reinem Wasserstoff. Die so gewonnenen Gußstücke besitzen immer noch eine Porösität von ca. 10%. Durch nochmaliges Pressen oder Schmieden kann sie weitgehend reduziert werden.

Nach dem Sintern ist besonders der Sinterstab des Wolframs bei gewöhnlicher Temperatur noch sehr spröde. Bei Temperaturen um 1600°C läßt man ihn durch Hämmermaschinen verdichten. Nach mehrmaligem Behandeln ähnlicher Art erhält man die für die Glühbirnenherstellung erforderlichen Drähte von 0,015 mm Durchmesser. Nach dem geschilderten Verfahren ergibt ein kleiner Wolframbarren von 30 cm Länge, einem Querschnitt von 6,7 mm², einer Masse von 39,5 g, also einem Volumen von 2 cm³, 18 km Draht der gewünschten Feinheit.

Literatur
SCHREITER: Seltene Metalle, Bd. II und III. — VEB Deutscher Verlag für Grundstoffindustrie, Leipzig 1963
SULLY: Chromium. — Butterworths Scientific Publications, London 1954

Seeds s. Radon.
Sehpurpur s. Vitamine (A).
Seife s. Waschmittel.
Sekundärelement s. Galvanische Elemente.
Sekundärstruktur s. Aminosäuren 3., Nucleinsäuren.

Selen gehört zu den Elementen der →Sechsten Hauptgruppe. Von ihm existieren stabile Isotope mit den Massenzahlen 74(0,87%), 76(9,02%), 77(7,58%), 78 (23,52%), 80(49,82%) und 82(9,19%).
Das weitverbreitete Element tritt nie in abbauwürdigen Mengen auf. Es kommt gediegen oder in Verbindung von Kupfer, Blei, Quecksilber, Wismut und Thallium als Selenid vor. Es wird als Nebenprodukt aus den Kupfererzen von Utah, Arizona, Neu-Mexiko und Mexiko und aus den Kupfer-Nickel-Erzen von

Sudbury (Kanada) gewonnen. Bei der elektrolytischen Raffination des Kupfers setzt es sich mit den Edelmetallen, Wismut und Tellur im Anodenschlamm ab. Sein Anteil in ihm liegt bei 3—28% gegenüber bis zu 8% Tellur. Eines der angewendeten Verfahren, Selen zu gewinnen, besteht darin, den Anodenschlamm mit Soda bei ca. 500°C zu rösten, die vorwiegend entstandenen Selenate durch Salzsäure in Selensäure zu überführen und sie gleichzeitig zu seleniger Säure zu reduzieren. Nach der Abtrennung der tellurigen Säure (s. Tellur) kann Selen durch Einleiten von SO_2 freigesetzt werden: $H_2SeO_3 + 2SO_2 + H_2O \rightarrow Se + 2H_2SO_4$.

Selen verbrennt mit kornblumenblauer Flamme zu SeO_2. In Wasser und in Salzsäure ist Selen unlöslich, in Salpetersäure dagegen löslich unter Bildung von seleniger Säure. Sämtliche Modifikationen des Selens lösen sich in warmer konzentrierter und rauchender Schwefelsäure unter Bildung einer grünen Lösung von Selensulfit oder Selensulfoxid ($SeSO_3$). Beim Verdünnen mit Wasser fällt rotes elementares Selen aus. Seine amorphe und kristalline Form löst sich in Schwefelkohlenstoff, nicht jedoch die graue, metallische.

Alle Modifikationen sind praktisch Nichtleiter. Jedoch erhöht sich bei der metallischen schon bei kurzzeitiger Belichtung die Leitfähigkeit. Die Temperatur hat dabei keinerlei Einfluß. Die Verwendung des Selens für Fotozellen und für Gleichrichter ist als überholt anzusehen, weil die Geräte schlechtere Eigenschaften als die des p-n Siliciumgleichrichters besitzen, wie die folgende Übersicht zeigt:

	Silicium	Se-CdSe (p-n)
Durchlaßstrom bei 0,5 V Gleichspannung	$1 A/cm^2$	$0,175 A/cm^2$
Sperrstrom bei 6 V Gleichspannung	$10^{-4} mA/cm^2$	$0,3 mA/cm^2$
Normale zulässige Betriebstemperatur	150—200°C	75°C
Maximale Sperrspannung	$600 V_{eff}$	$25 V_{eff}$

Die lichtelektrische Eigenschaft, d. h. die Fähigkeit, durch Lichteinwirkung elektrisch leitend zu werden, findet in der Xerography Anwendung. Selen wird auf eine Aluminiumplatte aufgedampft und mit einer feinen Schutzschicht versehen. Nachdem die Selenschicht durch stille Entladung positiv aufgeladen ist, die darunter befindliche Al-Platte entsprechend negativ, legt man das zu fotokopierende Blatt auf und belichtet es: An den belichteten Stellen gleichen sich die Ladungen aus, die anderen zeigen ein elektrisches Bild, von dem sich durch geeignete Verfahren ein sichtbarer Abdruck nehmen läßt.

Die Glasindustrie ist neben der keramischen der größte Verbraucher für Selen. Es wirkt entfärbend, wenn das Glas Fe^{3+}-Ionen enthält, weil diese zu den schwach gelblichen Fe^{2+}-Ionen reduziert werden. Im eisenfreien Glas erzeugt ein Selenzusatz (0,05—0,2%) eine rosarote Farbe. Bleikristallglas wird bei Selenzusatz

Selenide

gelblich. Das durch Zusatz von metallischem Selen und Cadmiumsulfid hergestellte Selenrubin zeichnet sich durch guten Durchlaß des roten Teils des Spektrums aus, während es die nach Blau hin liegenden Farben absorbiert. Selenrubin hat deswegen für Eisenbahn-, Schiffs- und Luftfahrtwarnsignale Verwendung gefunden. Besonders kräftige Farben erhält Selenrubin noch durch den Zusatz Seltener Erden (Cer, Didym, Neodym). Schwarzes Glas für Dekorationszwecke erhält man durch den Zusatz von 0,6% Selen und 0,1% Kobaltkarbonat.

Ein großer Verbraucher von Selen ist die Gummiindustrie. Ein Selenzusatz beim Vulkanisieren in der Größenordnung von 1% begünstigt das Widerstandsvermögen gegen Wärme, Oxydation und Abrieb.

Geringfügige Zusätze (bis zu 0,3%) verbessern die maschinelle Bearbeitbarkeit von **Stahl** und von Kupferlegierungen. Schutzüberzüge, die durch Eintauchen von **Magnesium** in 10% Selensäure entstehen, haben sich als Korrosionsschutz bei Flugzeugteilen gegen Seewasser bewährt.

Selen und seine Verbindungen sind sehr giftig. Die Toleranzgrenze liegt bei 0,1 mg/m^3, wogegen die der Blausäure bei 10 mg/m^3 liegt. Charakteristisch für die Vergiftungserscheinung ist der Geruch nach verfaulendem Rettich. Selenwasserstoff greift die Schleimhäute der Augen und der Nase an („Selenschnupfen"). Gelangt Selen irgendwie in den Körper, so bewirkt es Magen- und Darmschäden und gefährdet ernstlich die Leber und andere Organe.

Literatur
Zur Xerography: NEBLETTE: Photography, its Materials and Processes. — Van Nostrand Company, New York 1961

Selenide s. Sechste Hauptgruppe.
Selinen s. Terpene 2.
Seltene Erden sind die Elemente der Dritten Nebengruppe.
Semicarbazid s. Kohlensäurederivate 3., Additionen 4., Oxoverbindungen 1.1.3.
Semidin s. Umlagerungen 3.1.
Senfgas s. org. Schwefelverbindung 2.
Senföle s. Kohlensäurederivate 5., org. Stickstoffverbindungen 2.
Sensibilisieren (chemisch und optisch) s. Fotografie 1.
Serin s. Aminosäuren 1.2.
Serotonin s. Hormone, Heterocyclen 1.2.
Sesselform s. Cycloalkane 1.1.
S-Form (sinister) s. Isomerie 2.2.
Shikimisäure s. Cycloalkene.
Sideromycine s. Antibiotica.

Siebente Hauptgruppe der chemischen Elemente (Halogene). Zu Ihnen gehören:

9 F Fluor. Bereits AMPÈRE vermutete die Existenz eines dem Chlor ähnlichen Elementes in der Flußsäure auf Grund einer 1810 von DAVY entwickelten Theorie. Wegen der starken Reaktionsfähigkeit des Elementes gelang die Darstellung erst 1866 MOISSAN. Nach dem bei metallurgischen Prozessen verwendeten Flußspat erhielt das Element seinen Namen (lat. fluo = ich fließe).

17 Cl Chlor. SCHEELE stellte erstmalig 1774 das Element dar. DAVY gab ihm den Namen Chlor wegen seiner grünlichen Farbe.

35 Br Brom. BALARD entdeckte das Element 1826 bei der Aufarbeitung von Mutterlaugen des Montpellier Bitterwassers, das einen hohen Anteil an Magnesiumbromid enthält. Der Name leitet sich vom gr. Wort für Gestank ab. Zweifellos hatten bereits vor Balard Joss und LIEBIG Brom hergestellt, ohne den gewonnenen Stoff jedoch als neues Element erkannt zu haben.

53 J Jod. Bei der Bereitung von Soda entdeckte der Pariser Salpetersieder COURTOIS 1812 das Element. GAY-LUSSAC erkannte den neuen Stoff als chemisches Element und benannte es seiner violetten Dämpfe wegen nach dem gr. Wort für violett.

85 At Astatin. ALLISON beanspruchte auf Grund unsicherer magneto-optischer Untersuchungsmethoden die Entdeckung des Elementes in der Natur. Als Entdecker gelten heute jedoch CARSON, MACKENZIE und SEGRÉ, die es als Ergebis einer mit α-Strahlen durchgeführten Umwandlung des Wismuts 1940 erkannten. Wegen seiner kurzen Lebensdauer erhielt es nach dem entsprechenden gr. Wort für unstabil den Namen Astatin.

Anteile an der Erdrinde:

$\quad$ F 0,027% $\quad$ Cl 0,19% $\quad$ Br $6\cdot10^{-4}$% $\quad$ J $6\cdot10^{-6}$% $\quad$ At ~70 mg

Elektronenanordnung:

$\quad$ Fluor $\quad$ [He] $\quad$ $2s^2\,2p^5$
$\quad$ Chlor $\quad$ [Ne] $\quad$ $3s^2\,3p^5$
$\quad$ Brom $\quad$ [Ar] $\quad$ $3d^{10}\,4s^2\,4p^5$
$\quad$ Jod $\quad\quad$ [Kr] $\quad$ $4d^{10}\,5s^2\,5p^5$
$\quad$ Astatin [Xe] $\quad$ $4f^{14}\,5d^{10}\,6s^2\,6p^5$

Die fünf Elemente sind dadurch gekennzeichnet, daß ihnen auf der äußersten Schale nur ein Elektron fehlt, um die Konfiguration des im Periodensystem nachfolgenden Edelgases anzunehmen. Umgekehrt vermögen sie bis zu sieben Elektronen in eine kovalente Bindung einzubringen, sodaß sie mit Oxydationszahlen bis zu sieben auftreten. Eine Ausnahme hiervor macht nur Fluor. Wegen seines

Siebente Hauptgruppe

geringen Atomdurchmessers erfordert die Abtrennung der äußeren Elektronen eine bedeutend höhere Energie als bei den entsprechenden der übrigen Halogene. Fluor ist ferner dadurch gekennzeichnet, daß es das Element mit der höchsten Elektronegativität ist.

	Dichte (Sdp.) g/cm³	F in °C	Kp in °C	Atom-	Radien in Å Kovalent-	Ionen-
F	1,108	−220	−188	?	0,71	1,33
Cl	1,507	−101	−34,7	?	0,99	1,81
Br	3,12	−7,2	58,8	?	1,14	1,96
J	3,71	114	184	?	1,33	2,19
At	?	?	?	?	?	?

Vom Astatin sind keine Angaben bekannt. Das hängt mit der Kurzlebigkeit des nur künstlich zu gewinnenden Elements zusammen, mit der eine äußerst intensive Strahlungsintensität verbunden ist. Die Kovalentradien sind die halben Abstände der im Molekül X_2 vorhandenen Atomkerne. Messungen von einzelnen Atomen scheinen nicht vorzuliegen. Nach Angaben im Gmelin kristallisieren alle Halogene im J_2-Gitter. Es handelt sich dabei um ein ausgesprochenes Schichtgitter, worauf die beim Jod auffällige Blättchenstruktur zurückzuführen ist. Andere stabile Modifikationen sind daneben nicht vorhanden. Unterhalb −252°C wird das gelbliche Fluor farblos. Charakteristisch für die Halogene sind ihre farbigen Dämpfe: Fluor gelblich, Chlor grüngelb, Brom braun, Jod violett.

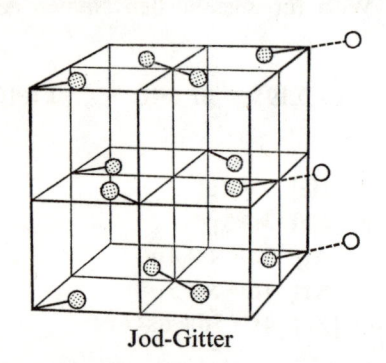

Jod-Gitter

Will man die Reaktionsfähigkeit der verschiedenen Halogene miteinander vergleichen, muß man die einzelnen Energiestufen betrachten beim Übergang vom zweiatomigen Molekül zum freien Atom, der Aufnahme eines Elektrons und des mit Hydrationswärme verbundenen gelösten Ions:

Siebente Hauptgruppe

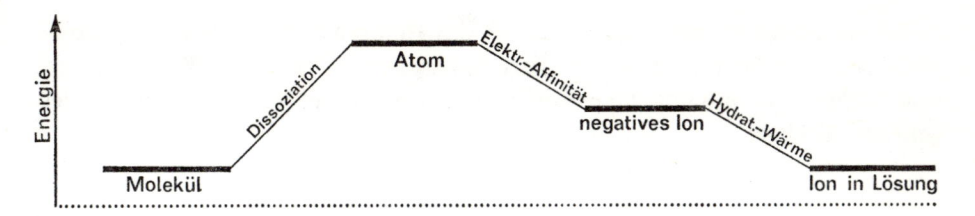

[Energiediagramm: Molekül → Dissoziation → Atom → Elektr.-Affinität → negatives Ion → Hydrat.-Wärme → Ion in Lösung]

Aus der folgenden Übersicht ist zu ersehen, daß Fluor eine Sonderstellung einnimmt, wenn es auch im Endergebnis das höchste elektromotorische Potential (beispielsweise bei der Zusammenstellung eines galvanischen Elementes) besitzt.

	Fluor	Chlor	Brom	Jod
Dissoziation $X_2 \rightarrow 2X$ (kcal)	38	58,2	46,1	36,1
Elektroaffinität $X + e^- \rightarrow X^-$ (kcal)	81	85	79	72,1
Hydratationsenergie (kcal)	121	88	80	70
$\frac{1}{2} X_2$ gas $\rightarrow X^-$ gel. (kcal)	183	143,9	136	124

Eine Halogenelektrode zusammengestellt mit einer Wasserstoffelektrode zu einem galvanischen Element ergibt folgende Spannungen:

2,9 Volt (F), 1,4 Volt (Cl), 1,1 Volt (Br), 0,53 Volt (J)

Die verschiedenen Halogene reagieren miteinander unter Bildung von Interhalogenverbindungen. Die Übersicht zeigt elf solche Verbindungen, die sich nach vier Typen klassifizieren lassen.

Typ AX	AX_3	AX_5	AX_7
ClF (−100°C)	ClF_3 (12°C)		
BrF (20°C)	BrF_3 (127°C)	BrF_5 (40°C)	
BrCl (5°C)			
JCl	JCl_3 (zers. b. 101°C)	JF_5 (97°C)	JF_7 (4°C)
JBr			

Fest sind nur JCl und JBr mit den Schmelzpunkten 27°C und 36°C. Die Zahlen hinter den anderen Verbindungen geben die Siedepunkte an. Die bei Zimmertemperatur unbeständigen Verbindungen sind unterstrichen. JF ist selbst bei −78°C metastabil, was mit der hohen Elektronegativität des Fluors zusammenhängt.

Die Interhalogenverbindungen bilden sich aus den Elementen bei höheren Temperaturen (meist 200—300°C). Ob dabei die Verbindungen nach dem Typ AX,

Siebente Hauptgruppe

AX₃ usw. entstehen, hängt davon ab, ob das Halogen mit der höheren Elektronegativität verdünnt oder konzentriert hinzugegeben wird. Die Verbindungen sind höchst reaktionsfähig. So explodiert ein Gemisch mit Wasserstoff bereits bei gelindem Erhitzen.

AX_3 $\qquad$ AX_5 $\qquad$ AX_7

Die Verbindungen vom Typ AX_2^- besitzen eine geradlinige Atomanordnung. Bei AX_3 bilden die Atome ein T, bei AX_5 eine vierseitige Doppelpyramide, wobei eine Pyramidenspitze durch ein einsames Elektronenpaar besetzt ist, und AX_7 eine fünfseitige Doppelpyramide. Stets ist das größere Atom von den kleineren umgeben. Das gilt auch für Interhalogenverbindungen mit drei verschiedenen Atomen, wie $ClJF_2$. Wegen der verschieden großen Elektronegativitäten bilden sie mehr oder weniger starke Dipole, haben wie im Falle ClF sogar Ionencharakter. Trotz gleicher Molmassen besitzt JCl einen um ca. 40°C höheren Siedepunkt als Br_2, weil wegen der Dipoleigenschaft die VAN-DER-WAALS-Kräfte größer sind. Elektropositiven Charakter haben die Halogene in Verbindung mit dem Nitration ($F^{(+)} \cdot NO_3^{(-)}$, $Cl^{(+)} \cdot NO_3^{(-)}$). Das geht u. a. aus dem Verhalten gegenüber ihren Wasserstoffverbindungen hervor:

$$Cl^{(+)} \cdot NO_3^{(-)} + H^+ Cl^- \rightarrow Cl_2 + HNO_3$$

Fluor und Chlor verbinden sich explosionsartig mit Wasserstoff, sobald die Reaktion einmal ausgelöst ist. Brom verbindet sich erst bei höheren Temperaturen und Jod auch dann nur ganz langsam. Das hängt mit den Bindungsenergien zusammen, die für HF 136, HCl 103, HBr 87 und HJ 71 kcal/mol betragen. In wäßriger Lösung sind HCl, HBr und HJ sehr stark dissoziiert, während das Reaktionsgleichgewicht für $H^+ + F^- \rightarrow HF$ $k = 6{,}7 \cdot 10^{-4}$ beträgt. Das ist einmal auf die hohe Bindungsenergie der beiden Atome, andererseits auf die hohe Hydratationsenergie des undissoziierten Moleküls zurückzuführen.

Die folgende Übersicht zeigt, daß ähnlich wie bei den Chalkogenen (s. Sechste Hauptgruppe der chemischen Elemente) der leichteste Vertreter die höchsten Schmelz- und Siedepunkte besitzt:

Siebente Hauptgruppe

	HF	HCl	HBr	HJ
F in °C	−83	−114	−87	−53,6
Kp in °C	19,5	−85,8	−67	−36
Dielektrizitätskonstante	83	4,6	3,82	2,9

durch Druck verflüssigt; $t \approx 25°C$

Genau wie beim Wasser liegt somit eine starke Wasserstoffbrückenbindung vor, was die Schreibweise $(HF)_n$ rechtfertigt.

Die Verfahren zur Herstellung von Flußsäure (HF gelöst), Salzsäure (HCl gelöst) und der Bromwasserstoff- und Jodwasserstoffsäuren sind sehr verschieden. Die beiden ersten entstehen bei der Einwirkung von konz. Schwefelsäure auf Flußspat (CaF_2) bzw. Kochsalz (NaCl) nach den Gleichungen:

$$CaF_2 + H_2SO_4 \rightarrow 2HF + CaSO_4; \quad 2NaCl + H_2SO_4 \rightarrow 2HCl + Na_2SO_4$$

Das gleiche Verfahren ist auf Bromide nur bedingt, auf Jodide gar nicht anwendbar, weil die vorübergehend entstehenden Wasserstoffverbindungen sofort zu den Elementen Brom und Jod oxydiert werden. Man verwendet jedoch vorteilhaft die Fähigkeit der beiden Halogene, sich mit rotem Phophor zu vereinigen. In Wasser setzen sich PBr_5 und PJ_5 zu Phosphorsäure und HBr bzw. HJ um. Zahlreich sind die Oxide der Halogene. Eine Sonderstellung nehmen die des Fluors ein (s. Sauerstoff). Die Übersicht führt die mit Sicherheit nachgewiesenen auf (mit Schmelz- und Siedepunkten).

Chlor	Brom	Jod
$Cl_2O(-116°C; 2°C)$	Br_2O stabil für $t < -40°C$	— stabil für
$ClO_2(-54°C; 11°C)$	$BrO_2\ t < -40°C$	$J_2O_4\ t < 135°C$
$Cl_2O_6(3,5°C; 203°C?)$	$BrO_3\ t < -80°C$	—
—	—	$J_2O_5\ t < 300°C$
$Cl_2O_7(-91,5°C; 80°C)$	—	—

Vom Fluor existieren keine Sauerstoffsäuren. Auffallend ist, daß von den angegebenen Oxiden nur Cl_2O_7 und J_2O_5 als Anhydride bekannter Sauerstoffsäuren aufgefaßt werden können. In der folgenden Übersicht finden sich die Sauerstoffsäuren mit den Namen ihrer Salze.

Siebente Hauptgruppe

Chlor	Brom	Jod
HClO unterchlorige Säure	HBrO unterbromige Säure	—
Hypochlorite	Hypobromite	—
$HClO_2$ chlorige Säure	—	—
Chlorite	—	—
$HClO_3$ Chlorsäure	$HBrO_3$ Bromsäure	HJO_3 Jodsäure
Chlorate	Bromate	Jodate
$HClO_4$ Überchlorsäure	—	H_4JO_6 Überjodsäure
Perchlorate	—	Perjodate

Während die Salze mehr oder minder beständig sind, gilt das bei den Säuren nur für die Überchlorsäure, die Jodsäure und die Überjodsäure.

Für die Elektronegativitäten gilt Cl > Br > J. Darauf beruht, daß bei den Haliden das Halogen mit der größeren Elektronegativität das mit der geringeren freisetzen kann, während bei den Salzen der Sauerstoffsäuren, bei denen die Halogene eine positive Oxydationszahl haben, der umgekehrte Effekt zu beobachten ist; z. B.:

$$2Br^- + Cl_2 \rightarrow 2Cl^- + Br_2 \qquad 2J^- + Cl_2 \rightarrow 2Cl^- + J_2$$
$$2ClO_3^- + J_2 \rightarrow 2JO_3^- + Cl_2$$

Elementar lassen sich die Halogene elektrolytisch gewinnen. Bei Chlor, Brom und Jod erfolgt die Abscheidung aus wäßriger Lösung der Halogenide. Da das Hauptvorkommen des Jods jedoch Jodate sind, erfolgt die industrielle Gewinnung durch Umsetzung mit Sulfiten:

$$2JO_3^- + 2HSO_3^- + 3SO_3^{2-} \rightarrow 5SO_4^{2-} + J_2 + H_2O$$

Fluor läßt sich aus einer Schmelze von KF—HF elektrolytisch an der Anode abscheiden. Bei dem deutschen Hochtemperaturverfahren (ca. 250°C) verwendet man Kohleanoden, als Kathode die aus Magnesium oder einer 2% Mangan-Magnesium-Legierung hergestellte Zelle selbst.

Literatur

SNEED-MAYNARD-BRASTED: Comprehensive Inorganic Chemistry. — D. Van Nostrand Company, Princeton, New Jersey 1957

HESLOP-ROBINSON: Inorganic Chemistry. — Elsevier Publishing Company, Amsterdam, London New York 1963

GUTMANN: Halogen Chemistry. — Academic Press, London and New York 1967

DAY: The Chemical Elements in Nature. — George G. Harrap & Co, London, Toronto, Wellington, Sydney 1963

REMY: Lahrbuch der Anorganischen Chemie. — Akademische Verlagsanstalt, Leipzig 1961

BAGNALL: Chemistry of the Rare Radioelements. — Butterworths Scientific Publications, London 1957
MARTIN SCHMEISSER: Neue Ergebnisse der Halogen-Chemie. — Westdeutscher Verlag, Köln und Opladen 1964

Siebente Nebengruppe der chemischen Elemente (Mangangruppe). Zu ihnen gehören:

25 Mn Mangan, entdeckt 1774 durch den Schweden GAHN und als das „Braunsteinmetall" Manganesium (lat. magnes nach dem gr. Wort für reinigen) genannt. Wegen der Verwechslungsmöglichkeit mit dem später entdeckten Magnesium in Mangan umbenannt.

43 Tc Technetium, entdeckt 1937 durch die Italiener PERIER und SEGRÉ als künstlich (daher der Name!) hergestelltes Element bei der Bestrahlung von Molybdän mit Deuterium.

75 Re Rhenium, entdeckt 1925 durch die Deutschen NODDACK, TACKE und BERG. Benannt nach dem Rhein.

Das Vorkommen in der Erdrinde beträgt:

Mn 0,09 % Tc — Re 10^{-7} %

	Dichte in g/cm³	F in °C	Kp in °C	Atomrad. in Å	Ionenrad. in Å	
Mangan	7,43	1245	2150	1,26	0,80(+2)	0,46(+7)
Technetium	11,5	2250	—	1,36	—	—
Rhenium	21	3180	5630	1,37	—	0,56(+7)

Elektronenanordnung:

Mangan [Ar] $3d^5\,4s^2$
Technetium [Kr] $4d^5\,5s^2$
Rhenium [Xe] $4f^{14}\,5d^5\,6s^2$

Die Übersicht zeigt an, welche Edelgaskonfiguration bei den inneren Elektronenschalen erreicht ist und wieviele Elektronen in den nach außen folgenden Schalen bzw. Unterschalen vorhanden sind. Da in diesem Falle die jeweilige d-Unterschale mit der Hälfte der möglichen Elektronen bereits aufgefüllt ist, tritt nicht wie bei den Elementen der Sechsten Nebengruppe ein Fluktuieren der Elektronen auf. Eine gewisse Ausnahme jedoch ergibt sich für die Ionen Tc^- und Re^-. Nach PAULING haben sie eine Konfiguration, die der des Pt^{2+} bez. Pb^{2+} gleich kommt: [Xe] $4f^{14}\,5d^8$ bzw. [Kr] $4d^8$.

Bei der Reindarstellung unterscheiden sich die drei Vertreter der Gruppe schon dadurch, daß Mangan zu den häufigsten Metallen der Erde gehört, während Re

Siebente Nebengruppe

und Tc nur in Spuren oder gar nicht vorkommen, somit auch das technische Interesse an ihnen gering ist. Als Stahlzusatz genügt die Reduktion des Mangans durch Kohle zu einer Eisen-Mangan-Legierung im Hochofen, während die Reindarstellung aluminothermisch erfolgt. Rhenium findet sich nur als geringe Beimengung von Molybdänsulfid- und Kupfersulfid-Erzen. Durch Rösten und Behandeln mit Kaliumhydroxid bzw. Ammoniumhydroxid erhält man die entsprechenden Perrhenate ($KReO_4$ bzw. NH_4ReO_4). Das Gleiche gilt für Technetium, was zu den Pertechnetiaten führt: NH_4TeO_4. Die Perrenate und Pertechnetiate lassen sich durch Wasserstoff zu den Metallen reduzieren.

Da die d-Elektronen des Mangans wegen ihrer größeren Kernnähe fester gebunden sind als die der beiden anderen Elemente, ist bei ihm die Oxydationsstufe II gegenüber VII bei Technetium und Rhenium bevorzugt. Selbst bei diesen erreicht man sie nur in Verbindungen mit Elementen hoher Elektronegativität. Mit ihnen reagieren sie bei entsprechend hoher Temperatur. Die folgende Übersicht zeigt dieses Verhalten:

	Mangan	Technetium	Rhenium
Oxide:	—	—	Re_2O (schwarz)
	MnO (grün)	—	ReO (schwarz)
	Mn_2O_3 (schwarz)	—	Re_2O_3 (schwarz)
	MnO_2 (grau)	TeO_2 (schwarz)	ReO_2 (schwarz)
	—	TeO_3 (purpur)	ReO_3 (rot)
	Mn_2O_7 (grünlich-braunes Öl)	Te_2O_7 (gelblich)	Re_2O_7 (gelblich)
Fluoride:	MnF_2 (rosa)		
	MnF_3 (rot)		
		TcF_5 (gelb)	ReF_5 (grün)
		TcF_6 (goldgelb)	ReF_6 (gelb)
			ReF_7 (gelb)
			$ReOF_5$ (cremefarben)
			ReO_2F_3 (gelblich)
		TcO_3F (gelb)	ReO_3F (gelb)
			$ReOF_3$ (schwarz)
		$TcOF_4$ (blau)	$ReOF_4$ (farblos)

Ähnlich liegen die Verhältnisse bei den Chloriden, wo selbst das Rhenium als höchste Oxydationszahl nur VI hat. Sie sinkt bei der Bromverbindung auf V und beim Jod auf IV. Beim Mangan existiert nur das MnJ_2. Vom Technetium wurde bisher nur das Oxybromid $TcOBr_3$ bekannt.

Die Oxide lassen sich in die entsprechenden Säuren bzw. deren Salze überführen. Die farbigen Manganate und Permanganate sind über ihre unbeständigen Säuren starke Oxydationsmittel. Die Rhenate und Technetiate und noch mehr die farblosen Perrhenate und Pertechnetiate sind sehr beständig. Das Gleiche gilt für ihre Säuren. Sie sind deswegen als Oxydationsmittel ungeeignet. Als starke Säuren reagieren sie u. a. mit Magnesium und mit Zink unter Freisetzung von Wasserstoff.

Vom Rhenium und vom Technetium sind keine freien Kationen bekannt. Ihre Halogenide sind zwar teilweise wasserlöslich, dissoziieren jedoch nicht. Schneller oder langsamer setzt hierbei eine Hydrolyse ein, bei der bevorzugt die Persäuren gebildet werden. Beispiel:

$$3\,ReF_5 + 6\,H_2O \rightarrow ReF_6^{2-} + ReO_4^- + ReO_2 + 9\,F^- + 12\,H^+$$

Das Verhalten steht somit im Gegensatz zu dem des Mangans, das zwei- und dreiwertige Kationen bildet. Der Grund liegt in der Unbeständigkeit der Mangan- und der Permangansäure.

Eine Besonderheit des Rheniums und des Technetiums sind das Auftreten der einwertigen Anionen. Man konnte ihre Existenz durch polarographische Reduktion — Aufnahme einer Spannungs/Strom-Kurve — in stark verdünnten schwefelsauren Lösungen daran erkennen, daß man eine Reduktion um acht Stufen beobachtete. Hiernach mußte das siebenwertige Rhenium bzw. Technetium bis zum Zustand -1 reduziert worden sein. 1953 gelang erstmalig die Herstellung eines festen Rhenids durch Reduktion des Kaliumperrhenats mit metallischem Kalium unter bestimmten Versuchsbedingungen. Der dabei entstandene Stoff ist zwar unrein, enthält jedoch eindeutig das Kaliumrhenid: $K \cdot Rh(H_2O)_4$. Nach den Vorstellungen PAULINGS sind bei dem hydratisierten Rhenidion die vier Wassermoleküle quadratisch um das Rhenium angeordnet. Die 8 d-Elektronen sind so aufgeteilt, daß den vier Wassermolekülen je ein Elektronenpaar gegenüber steht.

Literatur
REMY: Lehrbuch der anorganischen Chemie. — Akademische Verlagsgesellschaft, Leipzig 1961
COLTON: The Chemistry of Rhenium and Technetium. — Interscience Publishers, London, New York, Sydney 1965
OST-RASSOW: Lehrbuch der Chemischen Technologie. — Johann Ambrosius Barth, Leipzig 1965
SCHREITER: Seltene Metalle. — VEB Deutscher Verlag für Grundstoffindustrie, Leipzig 1961

Siemens-Martin-Verfahren s. Stahl.
σ (Sigma)-Bindung s. Atombau.
Signalpatrone s. Pyrotechnik.

Silber

Silber gehört zu den Elementen der →Ersten Nebengruppe. Von ihm existieren die stabilen Isotope mit den Massenzahlen 107(51,35%) und 109(48,65%).
Silber ist in der Natur sehr verbreitet, tritt aber nur selten in größeren Mengen lagerstättenmäßig auf. Daher stammt die Silberweltproduktion nur zu 20% aus reinen Silbererzen, während 45% aus Blei und Zinkerzen, 18% aus Kupfer- und Nickelerzen, 15% aus Golderzen und 2% aus Zinnerzen gewonnen werden. Der größte Silberproduzent ist auch heute noch Mexiko. Die vorkommenden Erze sind meist Sulfide des Silbers zusammen mit den Sulfiden anderer Metalle.
Silber ist rein weiß, besitzt hohen Glanz und nächst dem Golde die größte Dehnbarkeit. Als Edelmetall ist es an der Luft beständig, schwärzt sich aber durch Schwefelwasserstoff. Geschmolzenes Silber löst 20 Vol. Sauerstoff als Ag_2O und gibt ihn beim Erstarren unter heftigem „Spratzen" wieder ab; nur Feinsilber zeigt dieses Verhalten. Salpetersäure löst Silber leicht, Salzsäure dagegen nicht. In konzentrierter Schwefelsäure löst sich Silber im Gegensatz zu Gold. Hierauf beruht ein gelegentlich noch angewandtes Verfahren zur Scheidung der beiden Metalle (Affination).
Legiert mit Kupfer oder Gold wird Silber für Schmucksachen, Geräte und Münzen verwendet. Der Gehalt an Silber wird in „Tausendteilen Feingehalt" angegeben. In Deutschland sind für Geräte und Schmuck 800 Tausendteile gesetzlich vorgeschrieben.
Silber legiert sich leicht mit Blei, Quecksilber und Zink, wovon in der Technik vielfach Gebrauch gemacht wird. Das leicht wasserlösliche Silbernitrat ($AgNO_3$), Höllenstein, ist Ausgangsprodukt für das in der Photographie verwendete Silberchlorid und -bromid. Aus ihnen stellt man mittels Gelatine lichtempfindliche Emulsionen her. Auffallendes Licht erzeugt ein latentes Bild, indem sich je nach der Intensität Kristallisationskeime bilden. Reduzierende Entwickler bewirken ein Anwachsen dieser Keime. Nach der Entwicklung erfolgt durch Auflösen des nicht zerlegten Halogenids mittels Natriumthiosulfat ($Na_2S_2O_3$) das Fixieren:

$$2\,Na_2S_2O_3 + AgCl \rightleftarrows NaCl + Na_3[Ag(S_2O_3)_2]$$

Die Hälfte aller Zahnfüllungen sind ein hochsilberhaltiges Amalgam. Das von der Industrie vorgelieferte Material ist ein körniges Gemenge von mindestens 65% Silber, höchstens 29% Zinn, 6% Kupfer, 2% Zink, voralgamiert mit 3% Quecksilber. Das Silber bestimmt die Härte, das Zinn die Plastizität und das Kupfer die bakterizide Wirkung. Diese Mischung wird im Verhältnis 2:1 mit Quecksilber verrieben. Innerhalb 1 Stunde bewirkt das Quecksilber wegen seiner hohen Oberflächenspannung die erste Härte. Im Verlauf von 24 Stunden diffundiert es in die Metallmischung hinein und bildet feste Verbindungen von Ag_3Hg_4 und Sn_7Hg.
Silberchlorid-Elektrode s. pH-Wert (Potentiometrische pH-Messung).

Silicium

Silicium gehört zu den Elementen der →Vierten Hauptgruppe. Von ihm existieren die Isotope mit den Massenzahlen 28(92,28%), 29(4,67%) und 30(3,05%).
Silicium findet sich als Kieselsäure in vielen Formen und Reinheitsgraden als nahezu reiner Quarz, als Quarzsand, Sandstein, Feuerstein, Opal, Achat u. a. m. Die häufigsten →Silikate sind die des Aluminiums, Magnesiums, Eisens, der Alkalien und Erdalkalien in Form von Tonen, Böden und Gesteinen. Der durchschnittliche Gehalt an Siliciumdioxid in der Erdkruste beträgt nahezu 60%.
Das Oxid läßt sich durch Aluminium, Eisen oder Magnesium reduzieren, dsgl. durch Kohlenstoff. Doch ist für viele Anwendungen der Reinheitsgehalt nicht ausreichend. Für höchste Reinheitsgrade erhitzt man SiO_2 mit Kohle in einem Chlorstrom, wobei sich $SiCl_4$ bildet. Dieses läßt sich mit Wasserstoff zu reinem Silicium reduzieren. Eine weitere Reinigung vollzieht sich nach dem Zonenschmelzverfahren (s. Dritte Hauptgruppe).
Silicium bildet dunkelgraue, undurchsichtige, stark glänzende Kristalle von der Härte des Glases. Großtechnisch findet es Verwendung als Ferrosilicium mit einem Gehalt von 8—95% Si. In dieser Form dient es zur Desoxydation des Stahls und zur Graphitabscheidung. Solch ein siliciumhaltiges Eisen besitzt eine schmale Hysteresisschleife, ist also für Transformatoreneisen geeignet. Weiterhin erhöht sich die Korrosionsfestigkeit gegenüber Schwefelsäure, Salpetersäure und Mischsäuren aller Konzentrationen.
Durch Zusatz von Elementen der 3. bzw. der 5. Hauptgruppe in einer Konzentration von 10^{-6} bis 10^{-8} entsteht das p- bzw. das n-Silicium. Zu den auch im reinsten Silicium bei normalen Temperaturen auftretenden positiven und negativen Ladungsträgern (ca. je $10^{10}/cm^3$) erhöht das Dopen die Zahl der Ladungsträger um das 1000-fache, d. h. beim n-Silicium an Elektronen, beim p-Silicium um Defektelektronen. Bei den aus diesen Materialien zusammengestellten Dioden und Transistoren liegt die obere zulässige Temperaturgrenze bei 200°C, wogegen sie bei Germanium-Dioden und -Transistoren schon bei 95°C liegt. Aus reinstem Siliciumkarbid hergestellte Transistoren sind bei Temperaturen von 320—350°C betriebsfähig.
Siliciumgleichrichter beanspruchen ein Drittel des Platzbedarfs eines Germaniumgleichrichters und ein Zehntel des eines Selengleichrichters. Die hohe thermische Belastbarkeit, verbunden mit hoher Spannungsfestigkeit ermöglicht den Bau von Gleichrichtern mit hoher Schaltfolge bis zu 100 V. Als Gleichstromquellen für Elektrolyseanlagen sind beispielsweise Siliciumgleichrichter mit 40000 A und 24 V in Gebrauch. Vorwiegend geht man bei Siliciumgleichrichterelementen von p-dotiertem Material aus. Scheibchen von 1 mm Dicke werden poliert und bis zum Blauanlaufen (Bildung von SiO_2) auf 100°C erhitzt. Auf der einen Seite erhält das Blöckchen einen galvanischen Niederschlag, der die Anode des Gleichrichters bilden soll. Auf der anderen Seite wird die Oxidschicht durch Flußsäure

Silikate

wieder aufgelöst und an dieser Seite auf eine Messingunterlage aufgelötet (Kathode). Durch das Eindringen von Sauerstoffatomen in das p-Silicium wird es auf der einen Seite n-leitend.

Silicium hat eine um 10% höhere Lichtempfindlichkeit als Selen. In einer mit As bzw. B dotierten Siliciumzelle kann durch Sonneneinstrahlung ein Kurzschlußstrom von 25 mA/cm² bei 0,6 V Spannung erzeugt werden. Der Wirkungsgrad beträgt 14%.

Hochreines Silicium wird in Infrarotgeräten als Fenster verwendet, da es für Wellenlängen von mehr als 10^{-6} m durchsichtig ist.

Großtechnische Anwendungen von Siliciumverbindungen sind Glas, Keramik und Beton.

Bei mehrere Jahre dauernder Einwirkung von Staub, der Kieselsäureteilchen von der Korngröße $0{,}5\text{—}10 \cdot 10^{-6}$ m enthält, tritt die Silikose suf. Dabei kommt es zu Knötchen und Schwielen in der Lunge, die zu wachsender Atemnot, Husten, Brustbeschwerden und Kreislaufstörungen führen.

Silikate wegen des Überflusses an Sauerstoff, Silicium und Aluminium bestehen 95% der Erdkruste aus Silikaten. Rein formal lassen sie sich beschreiben nach einer Formel

$$x_1 Me_I O \cdot x_2 Me_{II} O \cdot x_3 Me_{III} O \ldots \ldots x_n Me_n O \cdot y\, Si O_2$$

worin x irgend welche Zahlen, Me irgendwelche Metalle oder auch Wasserstoff und y die Zahl der SiO₂ bedeuten. Die verbindenden Punkte ergeben nicht den Sinn eines Produktes, sondern deuten nur das Verbundensein miteinander an, sodaß die x-Werte auch null sein können.

Nach diesem Muster ergibt sich für:

Sand oder Quarz	SiO_2
Wasserglas	$Na_2O \cdot SiO_2$
Kalifeldspat (Orthoklas)	$K_2O \cdot Al_2O_3 \cdot 6\,SiO_2$
Natronfeldspat (Plagioklas)	$Na_2O \cdot H_2O \cdot 2\,Al_2O_3 \cdot 8\,SiO_2$
Kaolin	$2\,H_2O \cdot Al_3O_3 \cdot 2\,SiO_2$
Kaliglimmer (Muskovit)	$K_2O \cdot 2\,H_2O \cdot Al_2O_3 \cdot 6\,SiO_2$
Hornblende (mit Aluminium- und Eisensilikat gemischt: Asbest)	$CaO \cdot MgO \cdot 2\,SiO_2$

Das (SiO_4)-Tetraeder

Aus den oben angegebenen Formeln läßt sich nur das Atomverhältnis in den betreffenden Verbindungen entnehmen. Entscheidend für die Materialeigenschaften ist dagegen die räumliche Anordnung der Atome zueinander. In allen Fällen liegen zunächst einmal (SiO₄)-Tetraeder vor, die verschiedentlich auch durch (AlO₄)-Tetraeder ersetzt sein können. Da Aluminium jedoch eine geringere Oxydationszahl als Silicium hat, enthalten die Verbindungen zum Ausgleich noch zusätzliche Metallionen. Erschwert wird eine allgemein gültige Beschreibung der Silikate dadurch, daß neben den Si- und Al-Sauerstofftetraedern auch Oktaeder auftreten können und daß auch Tetraeder anderer Elemente bekannt sind.

Die Schreibweise SiO_2 für Quarz und $Na_2 \cdot SiO_3$ für Wasserglas wird den wirklichen Verhältnissen nicht gerecht. Häufig wird in der Literatur beim Wasserglas eine Dissoziation $Na_2SiO_3 \leftrightarrows 2Na^+ + SiO_3^{2-}$ mit $(SiO_3)^{2-}$-Ionen beschrieben. Das ist schon deswegen nicht möglich, weil Silicium keine π-Bindungen eingehen kann (s. Atombau). Es liegt somit nicht ein dem $(NO_3)^-$ oder dem $(CO_3)^{2-}$ analoges Ion vor. Die einfachste durch (SiO₄)-Tetraeder beschreibbare Form wäre $Na_4 \cdot Si_2O_6$. In Wirklichkeit sind bereits beim wasserlöslichen Silikat höhere Polymerisationen vorhanden, was man rein äußerlich der hohen **Viskosität** entnehmen kann: Inosilikate.

Nesosilikate

Bei dieser Gruppe von Silikaten liegen isolierte (SiO₄)-Tetraeder vor, die durch Metallionen wie Mg^{2+} oder Ca^{2+} miteinander verbunden sind. Beim Olivin [(Mg, Fe)₂ · (SiO₄)] bzw. beim Forsterit [Mg₂(SiO₄)] ist jedes Magnesiumion von sechs Sauerstoffionen umgeben, umgekehrt jedes Sauerstoffion von drei Magnesiumionen, sodaß sich die sechs negativen Ladungen der sechs Tetraedersauerstoffe mit drei zweiwertigen Magnesiumionen elektrisch genau kompensieren. Beim Zirkon Zr(SiO₄) verbinden Zr^{4+}-Ionen die $(SiO_4)^{4-}$-Tetraeder miteinander.

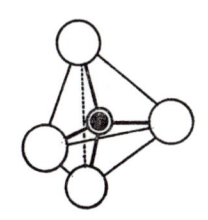

Sorosilikate

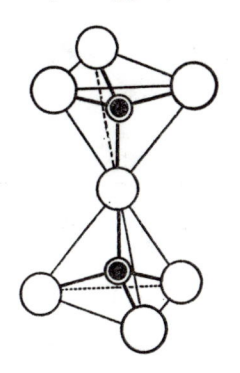

Grundlage bilden isolierte (Si₂O₇)-Gruppen, die durch ein gemeinsames Sauerstoffatom miteinander verbunden sind. Ein Beispiel hierfür ist der Thorveitit $Sc_2(Si_2O_7)$.

Cyclosilikate

Im Titansilikat Benitoit [BaTi(Si_3O_9)] liegt die Gruppe $(Si_3O_9)^{6-}$ vor. Ringförmige Zuzammenschlüsse von je sechs $(SiO_3)^{2-}$-Gruppen bilden die

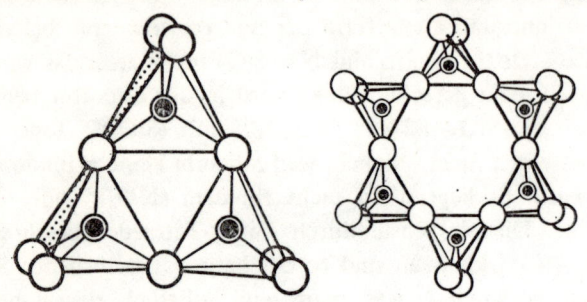

Grundlage für die Beryllstruktur: $Be_3Al_2(Si_6O_{18})$ (= $3BeO \cdot Al_2O_3 \cdot 6SiO_2$)

Inosilikate

Endlose Ketten von (SiO_4)-Tetraedern entstehen, wenn über je ein

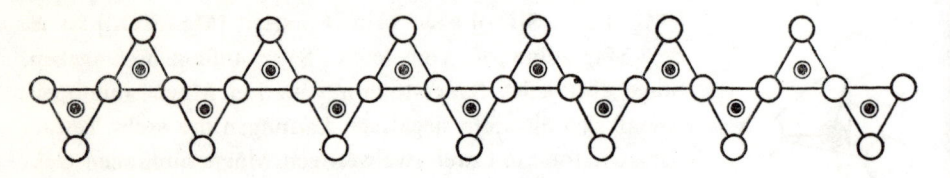

Sauerstoffatom eine Verknüpfung hergestellt wird. Im Enstatit koppeln Mg^{2+}-Ionen solche Ketten miteinander. Gruppe der Pyroxene. Es können aber auch je zwei solcher Ketten über Sauerstoffatome miteinander verknüpft sein. Hierzu

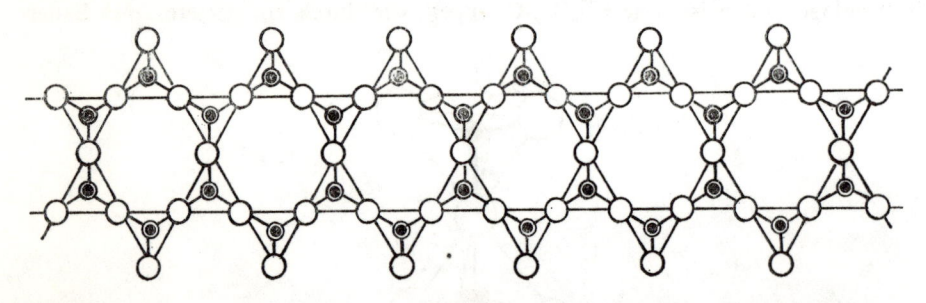

gehören die Amphibiole und Hornblenden. Ein Beispiel ist der Tremolit
$Ca_2(Mg, Fe)_5 \cdot Si_8O_{22} \cdot (OH)_2$ [= $2CaO \cdot 5(Mg, Fe)O \cdot H_2O \cdot 8SiO_2$]

Eine andere Bänderstruktur liegt beim Xonotlit $Ca_6[Si_6O_{17} \cdot (OH)_2]$ (= $6CaO \cdot 6SiO_2 \cdot H_2O$) vor. Die Struktureinheit ist in diesem Falle $(Si_6O_{17})^{10-}$. Eine

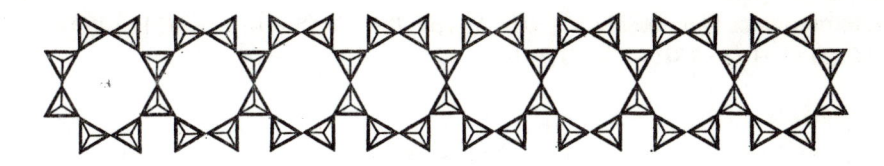

weitere Möglichkeit der Bänderbildung findet sich im Sillimanit

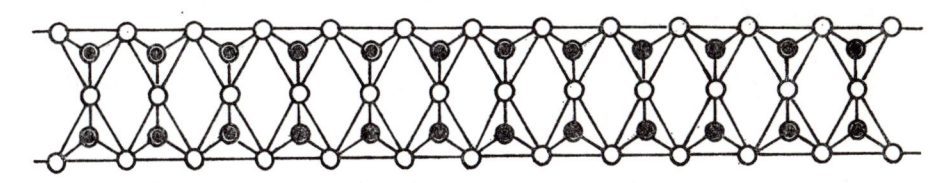

$Al_2[Al_2Si_2O_{10}]$(= $2Al_2O_3 \cdot 2SiO_2$) mit der Einschränkung, daß hier abwechselnd $(SiO_4)^-$ und $(AlO_4)^-$ — Tetraeder vorliegen. Struktureinheit $(Si_2O_5)^{2-}$.

Phyllosilikate

Bei diesen Silikaten handelt es sich um Netzebenen, die durch Zusammenschluß von Bändern entstanden sind. Die Struktureinheit ist $(Si_4O_{10})^{4-}$. Zu unterscheiden sind das hexagonale (a) und das tetragonale (b) Netz. Aus solchen Netzebenen bauen sich die spaltbaren Silikate auf.

Ein hexagonales Netz hat u.a. der Talk $[Mg_3(Si_4O_{10}) \cdot (OH)_2 = 3MgO \cdot H_2O \cdot 4SiO_2]$. Sind die $(Si_4O_{10})^{4-}$-Ionen ersetzt durch $(AlSi_3O_{10})^{5-}$ — bzw.

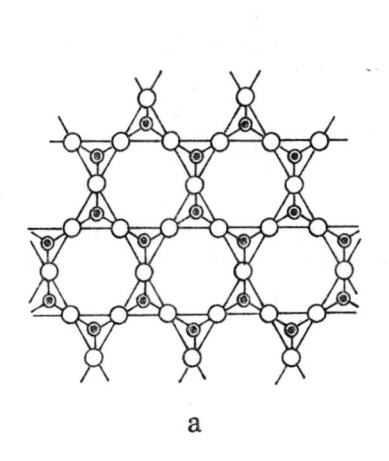

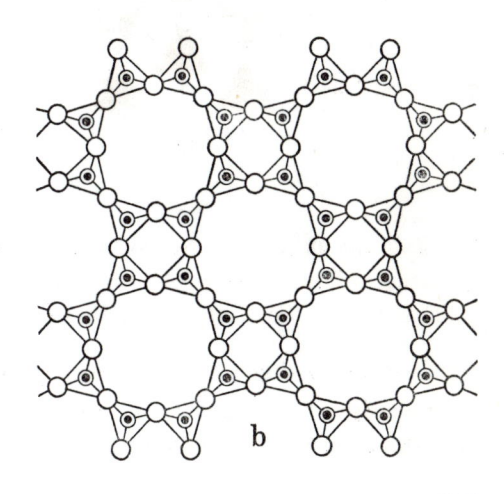

Silikate

$(Al_2Si_2O_{10})^{5-}$-Ionen, so liegen Glimmer bzw. Sprödglimmer vor. Sie enthalten K^+ bzw. Ca^{2+}-Ionen, die die gegenüber dem $(Si_4O_{10})^{4-}$-Ion erhöhte negative Ladung ausgleichen.

Ein tetragonales Netz besitzt u.a. der Apophyllit $[Ca_4(Si_8O_{20}) \cdot K(OH_2)_8](OH, F)$ $= 4CaO \cdot 8H_2O \cdot 8SiO_2 \cdot K(OH, F)$.

Tektosilikate

Bei ihnen liegen dreidimensionale Netzwerke vor, die dadurch entstehen, daß jedes Sauerstoffatom eines Tetraeders zwei Siliciumatomen zugeordnet ist. Eine allein aus (SiO_4)-Tetraedern gebildete Raumstruktur bildet der Quarz in seinen verschiedenen Modifikationen:

$$\beta\text{-Quarz} \xrightarrow{575°} \alpha\text{-Quarz} \xrightarrow{870°} \beta\text{-Tridymit} \xrightarrow{1350°} \alpha\text{-Tridymit} \xrightarrow{1450°} \beta\text{-Cristobalit} \xrightarrow{1705°} \alpha\text{-Cristobalit}.$$

In der Literatur ist die Bezeichnung der Tief- bzw. Hochtemperaturformen mit α bzw. β verschieden. Auch wird neuerdings die Existenz der Tridymitmodifikation angezweifelt. Die höchste Dichte hat der β-Quarz. Bei beiden Quarzformen bilden die Verbindungslinien eines Sauerstoffatoms mit den beiden zugehörigen Siliciumatomen einen Winkel von 150°, während er in den anderen Modifikationen 180° ist. Der beim Quarz vorhandene Knick ermöglicht eine schraubenförmige Anordnung der Tetraeder, wodurch eine links- und eine rechtsdrehende Form bedingt wird, die sich auch optisch in dem gleichen Sinne auswirkt.

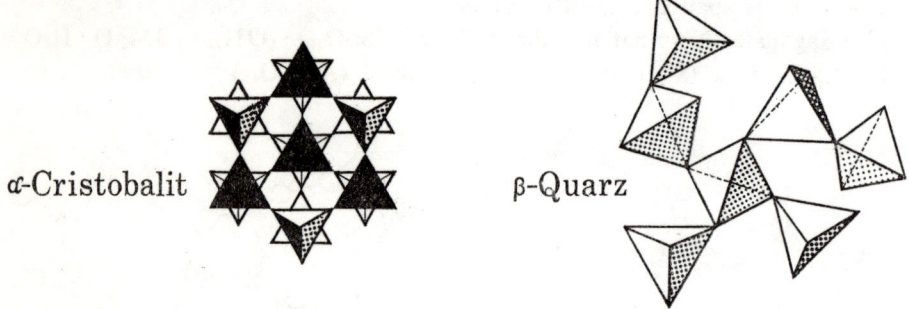

α-Cristobalit β-Quarz

Die Zahl der möglichen Netzstrukturen wird noch vergrößert, wenn die (SiO_4)-Tetraeder teilweise durch (AlO_4)-Tetraeder ersetzt sind. Zu dieser Silikatgruppe gehören u.a. die Feldspäte. Sie enthalten naturgemäß zusätzliche Metallionen.

Physikalische und chemische Eigenschaften

Charakteristisch für die Klassifikation der Silikate ist die zunehmende Öffnung der Atomanordnung, die sich in der abnehmenden Dichte äußert (Olivin 3,3,

β-Quarz 2,6). Silikate mit Blattstruktur zeigen leichte Spaltbarkeit, besonders wenn die ebenen Netze Tetraeder aufweisen, die nach einer Seite valenzmäßig abgesättigt sind. Dann kommt es zu Komplexen, die nur durch Van-der Waals-Kräfte zusammen gehalten werden. Im Gegensatz hierzu zeigen Inosilikate, zu denen u.a. Asbest gehört, Faserstruktur.

Die magmatischen Silikate hatten innerhalb des geschlossenen Gesteins genügend Zeit zum Abscheiden und zur Kristallisation. Sobald sie jedoch an die Oberfläche gelangten, begann die Verwitterung, d. h. das Herauswaschen von Ionen und der Einbau von Wasser. Besonders stark abgebaut werden die basischen Basalte, die viel Eisen- und Manganionen enthalten. Hiermit hängt die Schlüpfrigkeit von Basaltpflaster zusammen. Bei den natürlich vorkommenden Zeoliten (z. B. Analcim $2\,NaAl(Si_2O_6) \cdot H_2O = Na_2O \cdot Al_2O_3 \cdot 2H_2O \cdot 4SiO_2$) und die künstlich aus einer Schmelze von Quarz, Kaolin und Soda zu gewinnenden Permutite nutzt man die Fähigkeit zum Ionenaustausch gezielt aus. In „hartem" Wasser werden die vorhandenen Ca^{2+}- und Mg^{2+}-Ionen gegen Na^+-Ionen ausgetauscht. Bringt man danach die Permutite in eine konzentrierte Salzlösung, so kehrt sich der Vorgang um: Ionenaustauscher. Das gleiche Verfahren liegt bei den aus Kunstharzen hergestellten Ionenaustauschern vor.

Die besonderen Eigenschaften der Tone, wie Montmorillonit ($Al_2 \cdot (Si_4O_{10}) \cdot (OH)_2 = Al_2O_3 \cdot H_2O \cdot 4SiO_2 + nH_2O$), liegt darin, daß sich zwischen kompakten Netzebenen Wasser bis zu einem gewissen Höchstbetrag einbauen kann und er dadurch aufquillt. Beim Trocknen und Brennen geben sie das Wasser ab und nehmen einen anderen Gitterbau an. U. a. entsteht der Mullit $Al_2O_3 \cdot 2SiO_2$. Vom besonderen Interesse ist Kieselglas, d. h. umgeschmolzener Quarz. Es besitzt ein außergewöhnlich geringes Temperaturausdehnungsvermögen und ist somit widerstandsfähig gegen plötzliche Temperaturschwankungen. Im Ultravioletten läßt Quarz Licht mit Wellenlängen bis zu 2500 Å hinunter und im Infrarotbereich bis zu $5\,\mu$ herauf durch.

Abbau von Silikaten

Man kennt weit über tausend Silikate, doch haben nur ganz wenige einen bedeutenden Anteil an der Erdrinde: Feldspat 60%, Quarz 12%, Amphibole und Pyroxene 17% und Glimmer 4%.

Jährlich baut man ab Quarz und Sand für Glas und Baumaterialien, dazu Asbest in der Größenordnung von 2—3 Mio. t, Bentonit (Montmollerit) für Bohrschlamm, Ölraffinerie u. ä. 1,3 Mio. t, Diatomiterde 800.000 t, Feldspat für Glas und keramische Werkstoffe 1,2 Mio. t, Glimmer zur Wärmeisolation und für elektrische Geräte 135 000 t, Talk 1,8 Mio. t, Nepheline — wie Feldspat verwendet — 200.000 t, ferner noch Sillimanit (Schamottsteine) und Bimsstein.

Silikone

Literatur
REMY: Lehrbuch der Anorganischen Chemie. — Akademische Verlagsanstalt, Leipzig 1961
DAY: The Chemical Elements in Nature. — Harrap & Co. Ltd, London, Toronto, Wellington, Sydney 1965
JEWSTROPJEW-TOROPOW: Einführung in die Silikatchemie. — Bauverlag GmbH, Wiesbaden, und VEB Verlag Technik, Berlin 1958
BELOV: Crystal Chemistry of Large-Cation Silicates. — Übersetzung aus dem Russischen. — Consultants Bureau, New York, Original 1961

Silikone s. Kautschuk, Polykondensation.
Sillimanit s. Silikate.
Sintern s. Sechste Nebengruppe.
Skatol s. Heterocyclen 1.2.
Smaragd s. Zweite Hauptgruppe.
Soda. Natriumcarbonat, Na_2CO_3. In wasserfreiem Zustand ist Soda ein weißes Pulver, das bei 850°C schmilzt. In Wasser löst es sich unter Erwärmen auf und bildet eine alkalisch reagierende Flüssigkeit:

$$CO_3^{2-} + H_2O \rightleftharpoons HCO_3^- + OH^-$$

Bei Temperaturen unter 32°C kristallisiert Natriumcarbonat aus wäßrigen Lösungen als Dekahydrat ($Na_2CO_3 \cdot 10H_2O$), das beim Erhitzen stufenweise Wasser verliert und bei 109°C in wasserfreie Soda (kalzinierte Soda) übergeht.
In der Natur findet man Natriumcarbonat in den „Natronseen" von Ägypten, Nord- u. Südamerika und Ostafrika. Im 18. Jahrhundert wurde Soda aus der Asche von See- und Strandpflanzen gewonnen. Heute ist sie ein chemisches Großprodukt, das vor allem bei der Glasherstellung benötigt wird. Es findet auch Verwendung in Papierfabriken, Gerbereien und bei der Herstellung von Seife, Natronlauge, Waschmitteln und zahlreichen Chemikalien.
Die Gewinnung der Soda erfolgt nach einem Verfahren, das der Belgier E.SOLVAY im Jahre 1863 eingeführt hat (Solvay-Verfahren oder Ammoniak-Soda-Verfahren). Man leitet in eine gesättigte Kochsalzlösung Ammoniak (NH_3) und Kohlendioxid (CO_2). Dabei bildet sich Ammoniumhydrogencarbonat (NH_4HCO_3), das sich mit dem Natriumchlorid (NaCl) zu Natriumhydrogencarbonat ($NaHCO_3$) und Ammoniumchlorid (NH_4Cl) umsetzt:

(1) $NH_3 + CO_2 + H_2O \rightarrow NH_4HCO_3$
(2) $NH_4HCO_3 + NaCl \rightarrow NaHCO_3 \downarrow + NH_4Cl$

Das $NaHCO_3$ ist am schwersten löslich und fällt als Niederschlag aus. Durch Filtration wird es von der Ammoniumchlorid- Lösung abgetrennt und durch Erhitzen in Soda überführt:

(3) $2NaHCO_3 \rightarrow Na_2CO_3 + H_2O + CO_2$

Das dabei entstehende Kohlendioxid kann bei der Reaktion (1) wieder eingesetzt werden. Den noch fehlenden Anteil Kohlendioxid gewinnt man durch Brennen von Kalkstein:

$$CaCO_3 \rightarrow CaO + CO_2$$

Das Calciumoxid (CaO) läßt sich mit Wasser zu Calciumhydroxid (Ca(OH)$_2$) umsetzen:

$$CaO + H_2O \rightarrow Ca(OH)_2$$

Beim Erhitzen dieser „Kalkmilch" (Ca(OH)$_2$) mit dem Ammoniumchlorid (aus Reaktion (2)) bildet sich gasförmiges Ammoniak, das dem Vorgang (1) zugeführt wird:

$$2NH_4Cl + Ca(OH)_2 \rightarrow 2NH_3 \uparrow + 2H_2O + CaCl_2$$

So müssen nur die Betriebsverluste an Ammoniak ergänzt werden. Als Nebenprodukt bleibt eine Flüssigkeit (Endlauge) zurück, die außer gelöstem Calciumchlorid noch feste Bestandteile, z. B. Schlacketeilchen, Sand, Tonerde und überschüssiges Calciumhydroxid enthält. Bis heute hat man noch keine wirtschaftliche Verwendungsmöglichkeit für diese Abfälle gefunden.

Literatur
OST-RASSOW: Lehrbuch der chemischen Technologie. — Johann Ambrosius Barth-Verlag, Leipzig 1965

Sodium engl. Wort für Natrium.
Solaniden s. Steroide 6.
Sonnenzellen s. Silicium.
Sorbinsäure s. Carbonsäuren 2.1. u. Konservierungsmittel.
Sorbit s. Hydroxylderivate 1.4.
Spannungsreihe s. Redoxvorgänge (Redoxpotential).
Spektrochemische Reihe s. Koordinationschemie,
Sphingosin s. Lipoide, org. Stickstoffverbindungen 2.
Spiegeleisen s. Mangan.
Spinnfaser s. Chemiefaserstoffe (Chemiespinnfaser).
Spirane s. Cycloalkane.
Sprenggelatine s. Explosivstoffe (Dynamite).
Sprengkapsel s. Explosivstoffe (Zündmittel).
Sprengöl s. Explosivstoffe (Ester der Salpetersäure).
Sprengschnur s. Explosivstoffe (Zündmittel).
Sprengstoffe s. Explosivstoffe.

Squalen s. Polyene 3., Steroide.
Stärke s. Kohlenhydrate 3.
Stahl. Als Stahl bezeichnet man Eisenwerkstoffe, die sich in der Wärme verformen lassen (Walzen, Schmieden, Pressen) und im allgemeinen einen Kohlenstoffgehalt <1,9% besitzen. Man unterscheidet zwischen Kohlenstoffstählen, deren Eigenschaften im wesentlichen durch den Gehalt an Kohlenstoff bestimmt werden, und legierten Stählen (Edelstählen). Legierte Stähle enthalten außer Kohlenstoff eine Reihe anderer Metalle (z. B. Cr, Ni, Mo, V, W, Ti, Nb, Ta) in zum Teil hohen Gehalten. Als Legierungen (s. Metalle) bezeichnet man feste, durch Schmelzen entstandene „Gemische", an deren Aufbau sowohl Metalle wie Nichtmetalle beteiligt sein können. Während die Kohlenstoffstähle (unlegierte Stähle) hauptsächlich aus Roheisen erzeugt werden, geht man bei den legierten Stählen nur zum Teil vom Roheisen aus. Daneben sind besondere Vorlegierungen, reine Metalle und Schrott, der die gewünschten Legierungskomponenten enthält, die wesentlichen Ausgangsstoffe.

Eisen kommt in der Natur nur selten gediegen vor (Meteorite). In Form von Verbindungen ist es in Gesteinen, in denen es sich meist durch gelbe bis rote oder graue Färbungen zu erkennen gibt, enthalten. Unter einem *Eisenerz* versteht man nach heutiger Auffassung ein eisenenthaltendes Material, das gegenwärtig und in absehbarer Zukunft unter Berücksichtigung der örtlichen Gegebenheiten, Kosten und Marktpreise für die Erzeugung von Eisen und Stahl benutzt wird (zeitabhängiger Begriff!).

Der chemische Vorgang bei der technischen Herstellung von Roheisen besteht in der Reduktion der Oxide zu Eisen ($FeCO_3$ wird vorher durch Erhitzen in Oxid umgewandelt). Diesen Vorgang führt man in einem Gebläse-Schachtofen (*Hochofen*) aus. Er besteht im wesentlichen aus zwei mit ihren größeren Grundflächen aufeinanderstehenden Kegelstümpfen. Der obere Kegelstumpf („*Schacht*"), der etwa 3/5 der gesamten Höhe darstellt, wird von einer Stahlkonstruktion getragen. Der untere Kegelstumpf (die „*Rast*") steht mit seiner kleineren Grundfläche auf einem zylindrischen Teil („Gestell"), der sich auf einer etwa 2 m dicken, feuerfesten Unterlage („Bodenstein") befindet. Der Oberofen (Schacht) ist mit Schamottesteinen (Wandstärke etwa 50—60 cm), das Gestell und die Rast mit Kohlenstoffsteinen ausgekleidet. Der bisher größte gebaute Gestelldurchmesser beträgt 14 m, die gesamte Ofenhöhe bis zu 40 m. Man hat die sich nach unten erweiternde Form des Schachtes gewählt, um eine durch die Erwärmung der Einsatzstoffe eintretende Volumenvergrößerung zu berücksichtigen und das Niedergehen der Beschickung während des Prozesses wesentlich zu erleichtern. Der gesamte Ofen wird mit Wasser gekühlt.

In diesem Hochofen werden die Eisenoxide mit Hilfe von Koks reduziert. Allerdings bestehen die Erze nicht aus reinen Eisenoxiden. Sie enthalten von Natur aus Beimengungen („*Gangart*", z. B. Silikate, Ton), von denen das Eisen getrennt werden muß. Man mischt deshalb das Erz mit „Zuschlägen", die mit der Gangart leichtschmelzende Calcium—Aluminium—Silicate („*Schlacke*") bilden. Die Schmelztemperatur der auf diese Weise entstandenen Schlacke liegt in der gleichen Größenordnung wie die des sich bildenden Roheisens. Beide Stoffe sammeln sich im unteren Teil des Hochofens, dem Gestell, an. Dabei befindet sich schließlich die flüssige Schlacke über dem flüssigen Eisen, weil sie eine geringere Dichte als das geschmolzene Roheisen besitzt. Auf diese Weise ist eine leichte Trennung der beiden „Phasen" möglich. Die Art der Zuschläge richtet sich nach der chemischen Beschaffenheit der Gangart. Ist die Gangart kieselsäure- und tonhaltig, wird Kalkstein oder Dolomit zugegeben. Bei kalkhaltiger Gangart fügt man Feldspat oder Tonschiefer hinzu. Am oberen Ende des Schachtes („*Gicht*") wird schichtenweise Koks und „*Möller*" (Gemisch aus Erz und Zuschlägen) eingefüllt. Die zum Schmelzen des Eisens erforderliche Wärme entsteht durch Verbrennen des Kokses. Der hierfür notwendige Sauerstoff wird durch Einblasen von heißer Luft („Wind"; 1100—1300°C) durch Düsen („Windformen") zugeführt, die am oberen Teil des Gestells gleichmäßig auf den Umfang verteilt sind. Durch die Verbrennung entsteht eine Temperatur von etwa 2000°C. Dabei bildet sich zunächst Kohlendioxid (CO_2), das sofort mit dem glühenden Koks zu Kohlenmonoxid (CO) weiterreagiert:

$$C + O_2 \rightarrow CO_2 \quad | \quad -94 \text{ kcal}$$
$$CO_2 + C \rightleftarrows 2CO \quad | \quad +41{,}2 \text{ kcal}$$

Im mittleren und unteren Teil des Schachtes (400—1000°C) wird das Eisenoxid über mehrere Stufen (s. Abb.) durch Kohlenmonoxid zu Eisen reduziert (Reduktionszone):

$$Fe_2O_3 + 3CO \rightarrow 2Fe + 3CO_2 \, | -8 \text{ kcal}$$

Das bei Temperaturen über 1000°C (Rast) entstehende Kohlendioxid wird in der nach oben folgenden Koksschicht wieder zu Kohlenmonoxid reduziert, das erneut mit Eisenoxid reagieren kann. Im oberen Teil der Reduktionszone (unterhalb von 1000°C) zerfällt das Kohlenmonoxid teilweise in Kohlendioxid und Kohlenstoff, der sich in fein verteilter Form abscheidet.

$$2CO \rightleftarrows C + CO_2 \, | -41{,}2 \text{ kcal} \quad (\text{BOUDOUARD-Gleichgewicht})$$

Der wesentliche Teil dieses Kohlenstoffs wird vom Eisen aufgenommen. Dadurch sinkt der Schmelzpunkt, der bei reinem Eisen 1528°C beträgt, auf etwa 1200°C. Das flüssige Eisen gelangt mit der Schlacke aus der Rast in das Gestell (s. oben).

Stahl

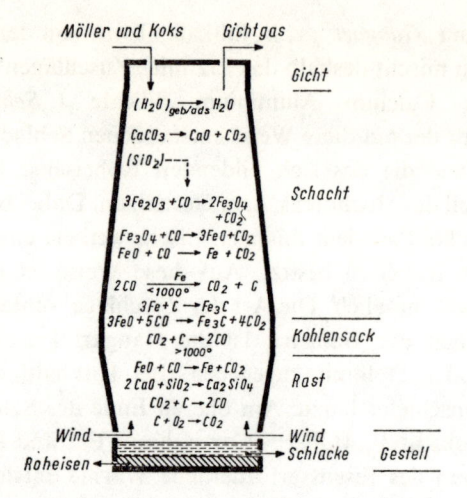

```
         Möller und Koks    Gichtgas
              ↓               →      Gicht
         [H₂O]_geb/ads  H₂O
         CaCO₃ → CaO + CO₂
         (SiO₂)---↓                  Schacht
         3Fe₂O₃ + CO → 2Fe₃O₄
                      + CO₂
         Fe₃O₄ + CO → 3FeO + CO₂
         FeO + CO → Fe + CO₂
                   Fe
         2CO ⟶ CO₂ + C
              <1000°
         3Fe + C → Fe₃C
         3FeO + 5CO → Fe₃C + 4CO₂
         CO₂ + C → 2CO
                >1000°                Kohlensack
         FeO + CO → Fe + CO₂
         2CaO + SiO₂ → Ca₂SiO₄        Rast
         CO₂ + C → 2CO
         C + O₂ → CO₂
  Wind →                    ← Wind
  Roheisen ←                → Schlacke  Gestell
```

Roheisen und Schlacke werden alle 2—4 Stunden am unteren Teil des Gestells abgelassen („abgestochen"). Ein kleiner Teil der Gangart und der Zuschläge (SiO_2, MnO_2, P_2O_5) wird durch den Kohlenstoff ebenfalls reduziert:

$$SiO_2 + 2C \rightarrow Si + 2CO$$
$$P_2O_5 + 5C \rightarrow 2P + 5CO$$
$$MnO_2 + 2C \rightarrow Mn + 2CO$$

Auch diese Elemente werden von dem geschmolzenen Eisen aufgenommen.
Durch die oben beschriebenen Vorgänge sinkt die Füllung des Ofens ständig nach unten und neues Material kann nachgefüllt werden. Der Hochofen läßt sich deshalb ununterbrochen, Tag und Nacht, über viele Jahre in Betrieb halten. Am oberen Teil des Hochofens („Gicht") entweicht ein Gasgemisch („*Gichtgas*") mit etwa folgender Zusammensetzung:
55% Stickstoff, 30% Kohlenmonoxid und 15% Kohlendioxid. Es ist brennbar (Heizwert ca. 900 kcal/m³) und wird nach der Reinigung von festen Teilchen (Gichtstaub) folgendermaßen verwendet:
Etwa 40% des Gichtgases dienen zum Erwärmen des Windes für den Hochofen. Man leitet das mit Luft vermischte Gichtgas in einen hohen, zylindrischen Turm („*Winderhitzer*", Höhe ca. 40 m, Durchmesser ca. 8 m), in dem es mit mächtiger Flamme abbrennt und einen aus feuerfesten Steinen gemauerten Wärmespeicher auf helle Rotglut erhitzt (Abb.). Dann leitet man das Gichtgas in einen zweiten Winderhitzer zum „Heißblasen" und drückt in den ersten kalte Luft in entgegengesetzter Richtung („Kaltblasen") durch das heiße Steingitter, welches seine Wärme an die Luft abgibt, die mit etwa 800°C den Winderhitzer verläßt.

Etwa 25% des Gichtgases finden als Treibstoff für Gasmotoren Verwendung, die zum Antreiben von Kompressoren, Gebläsen, Generatoren, Pump- und Förderanlagen erforderlich sind. Der Rest wird benachbarten Industriebetrieben zugeführt.

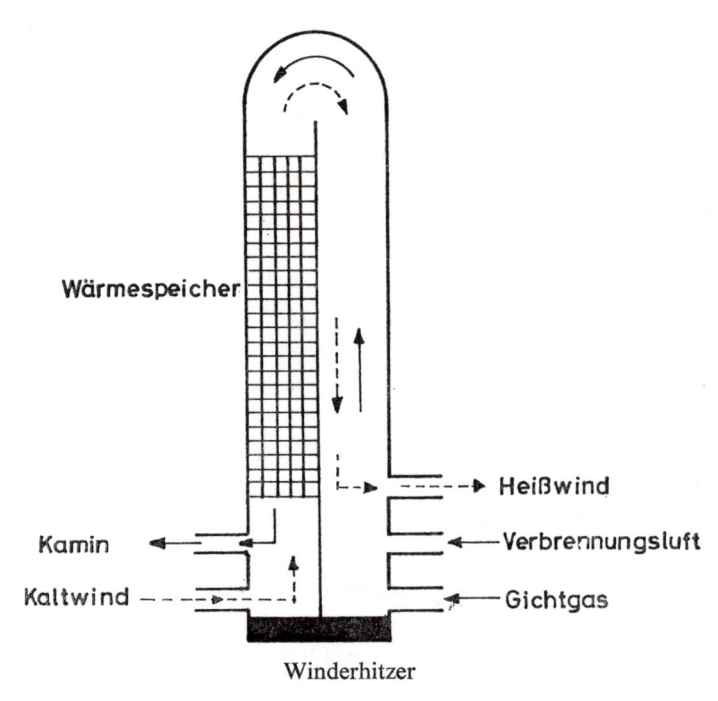

Winderhitzer

Je nach der Beschaffenheit des Erzes wird es vor dem Einfüllen in den Hochofen *aufbereitet*. Die Stückgröße soll zwischen 20 und 100 mm betragen. Zu große Stücke werden zerkleinert, zu kleine Stücke (von 20 bis 0,1 mm) erhitzt man auf 900 bis 1350°C, wobei sie zusammenbacken (sintern). Körner unter 0,1 mm verarbeitet man zu Kugeln (Pelletisierung). In schräggestellten, langsam rotierenden Trommeln werden unter Zusatz von Wasser und geringen Anteilen von Bindemitteln Kugeln (pellets) mit einem Durchmesser von 10—30 mm geformt. Die nassen Kugeln härtet man anschließend durch Erhitzen auf 1000°C.
Erze mit geringem Eisengehalt werden angereichert. Entweder entfernt man die tonige Gangart durch Auswaschen oder man treibt Kohlendioxid und Kristallwasser durch Rösten aus. Auf diese Weise wird der relative Eisengehalt erhöht. Zur Aufbereitung eignet sich auch das *Krupp*-Renn-Verfahren. Am oberen Ende eines schräggelagerten Drehrohrofens wird ein feinkörniges Gemisch aus Erz und Kohle oder Koksgruß eingefüllt, das durch eine Kohlenstaubflamme erhitzt wird. Bei einer Temperatur von etwa 1100°C erfolgt die Reduktion des Eisen-

Stahl

oxids zu Eisen, welches sich, in der Schlacke eingebettet, bei 1300°C zu teigigem Eisen (Luppe) verdichtet. Schlacke und Luppe werden gemahlen und durch Magnetscheider getrennt. Die Luppe gelangt dann in den Hochofen.

Das im Hochofen gebildete Roheisen enthält bis zu 10% Fremdelemente, darunter regelmäßig 3—5% Kohlenstoff, der Rest besteht aus Silicium, Mangan und geringeren Mengen Phosphor und Schwefel. Je nach der Art der Abkühlung des flüssigen Roheisens erhält man weißes Roheisen oder graues Roheisen.

Wird das flüssige Roheisen in Eisenformen („Kokillen") rasch abgekühlt, bildet sich *weißes Roheisen* (durchschnittliche Zusammensetzung der Beimengungen: 3 bis 3,6% Kohlenstoff, 0,3 bis 0,4% Silicium, 1,2 bis 1,5% Mangan, 1,8 bis 2,5% Phosphor und 0,05 bis 0,1% Schwefel). Es zeigt eine silberhelle Bruchfläche, schmilzt unvermittelt bei 1100°C, ohne vorher zu erweichen, und läßt sich daher weder schmieden noch schweißen. Seiner Struktur nach besteht es aus groben Körnern von Eisencarbid (Fe_3C, „*Zementit*") ,die in einer Eisengrundmasse eingebettet sind. Diese groben Einlagerungen machen das Eisengefüge spröde. Weißes Roheisen füllt beim Gießen die Formen nicht scharf aus, weil es sich beim Erstarren zusammenzieht. Man gießt deshalb nur solche Werkstücke, die nachträglich bearbeitet werden (Temperguß). Weißes Roheisen dient hauptsächlich zur Herstellung von Stahl.

Kühlt sich das Roheisen langsam in Sandformen ab (Masseln), erhält man *graues Roheisen* (durchschnittliche Zusammensetzung der Beimengungen: 3,5 bis 4% Kohlenstoff, 2,3 bis 3% Silicium, bis 0,8% Mangan, bis 0,7% Phosphor und bis 0,04% Schwefel). Bei der langsamen Abkühlung des Roheisens bleibt das Eisencarbid nicht erhalten, sondern zerfällt in Eisen und Graphit, der sich in feinblättriger Form abscheidet. Er verursacht die graue Farbe und die spröden Eigenschaften, weil die Graphitblättchen die Festigkeit herabsetzen. Graues Roheisen ist ebenfalls nicht schmiedbar. Dafür eignet es sich zur Herstellung von Gießereiwaren (Öfen, Herde, Rohre, Maschinenteile), weil es sich beim Erkalten nicht zusammenzieht, sondern infolge der Ausscheidung des Kohlenstoffs ein wenig ausdehnt (Grauguß).

Wenn das Eisen weniger als 1,7% Kohlenstoff enthält, bezeichnet man es als Stahl. Stahl ist schmiedbar, sehr fest aber nicht spröde, zäh und gleichzeitig weich. Die fertigen Schmiedestücke können sehr einfach durch rasches Abkühlen glashart gemacht werden, ohne ihre Festigkeit zu verlieren. Durch anschließendes Wiedererwärmen auf 200 bis 350°C („Anlassen") lassen sich Härte und Sprödigkeit in zunehmendem Maße wieder mildern, so daß es möglich ist, die Festigkeitseigenschaften eines Werkstückes seinem jeweiligen Verwendungszweck anzupassen.

Das reine Eisen existiert je nach der Temperatur in verschiedenen Modifikationen. Bis zu einer Temperatur von 912°C kristallisiert das *α-Eisen*, auch Ferrit genannt, in kubisch raumzentriertem Gitter (jedes Atom liegt im Mittelpunkt eines Würfels, dessen acht Ecken von benachbarten Eisenatomen besetzt sind). Bei 912°C wandelt sich das α-Eisen in γ-*Eisen* um, das bis 1400°C beständig ist und ein kubisch flächenzentriertes Gitter besitzt (die Ecken eines Würfels und die Mitte jeder Würfelfläche sind mit Eisenatomen besetzt). Infolge dieser Atomanordnung ist das γ-Eisen imstande bis zu 1,7% Kohlenstoff in sein Kristallgitter aufzunehmen (Einlagerungsmischkristall, *„Austenit"*). Wird flüssiger Stahl mit einem Gehalt von 0,9% Kohlenstoff langsam abgekühlt, so wandelt sich ab 912°C das γ-Eisen in die α-Form um, die normalerweise nur 0,03% Kohlenstoff aufnehmen kann. Der Kohlenstoff findet Zeit, aus den Austenit-Kristallen herauszudiffundieren und Eisencarbid zu bilden. So entsteht ein feines, regelmäßig geschichtetes Gemenge von α-Eisen und Zementit (*„Perlit"*), das dem Stahl seine große Geschmeidigkeit verleiht, so daß man ihn schmieden und pressend verformen kann. Lag der Kohlenstoffgehalt unter 0,9%, dann besteht das erstarrte Gefüge aus Perlit und Ferrit. Ist der Kohlenstoffgehalt des Stahls größer als 0,9%, entsteht nach dem langsamen Abkühlen ein Gemenge aus Perlit und Zementit.

Wenn man Stahl auf helle Rotglut erhitzt und dann langsam abkühlt, ist er verhältnismäßig weich. Wird er dagegen plötzlich durch Eintauchen in Wasser oder Öl „abgeschreckt", so wird er spröde und härter als Glas (*„Härtung"*). Es bildet sich eine feste Lösung von Kohlenstoff in α-Eisen (*„Martensit"*), weil die Kohlenstoffatome nicht mehr Zeit genug finden, um aus dem Gitter des γ-Eisens herauszudiffundieren. Die Kohlenstoffatome befinden sich in den Mittelpunkten der Flächen der Elementarzellen des α-Eisens. Der α-Mischkristall wird durch diese erzwungene Aufnahme von Kohlenstoff so stark verspannt, daß eine Verfestigung bzw. Härtung des Stahls eintritt. Um dem gehärteten Stahl die gewünschte Dehnbarkeit zu verleihen, wird er nach dem Abschrecken wieder auf eine geeignete Temperatur (nicht über 400°C) erwärmt („angelassen"). Dabei wandelt sich je nach Anlaßzeit und Temperatur ein größerer oder kleinerer Anteil des harten Martensit in formbaren Perlit um.

Die mittlere Zusammensetzung der Beimengungen im Stahl ist etwa folgende: 0,6% bis 1,5% Kohlenstoff, 0,1 bis 0,5% Silicium, 0,1 bis 0,8% Mangan, 0,01% Phosphor und 0,01% Schwefel. Um **Stahl** aus Roheisen herzustellen, muß man also vor allem den Gehalt an Kohlenstoff, aber auch die Menge der übrigen Bestandteile verkleinern. Dies wird prinzipiell dadurch erreicht, daß man Luft oder Sauerstoff mit dem flüssigen Roheisen in Berührung bringt und somit die Beimengungen oxydiert. Die Oxide entweichen entweder gasförmig (Kohlendioxid) oder werden in Form von Schlacke gebunden. Zur technischen Durchführung hat man mehrere Verfahren entwickelt:

Das *Windfrischverfahren* (Thomasverfahren). In einem um eine horizontale Achse kippbaren, mit feuerfesten Steinen (Calciumoxid und Magnesiumoxid, "basisches Futter") ausgekleideten Gefäß (*"Konverter"*) von etwa 7 m Höhe und 4 m Durchmesser befindet sich am Boden eine große Zahl von Öffnungen (*"Winddüsen"*, etwa 3 cm Durchmesser), durch welche Luft in das Innere des Konverters gepreßt werden kann. Der Konverter wird zunächst in waagerechter Stellung mit flüssigem Roheisen (etwa 40 t) und einem Kalkzuschlag so gefüllt, daß die Bohrungen im Boden noch frei bleiben. Man preßt dann mit Sauerstoff angereicherte Luft durch die Düsen und richtet den Konverter auf. Die Höhe der über den Düsen stehenden Flüssigkeit beträgt etwa 50 cm. Durch die Oxydation der Elemente Silicium, Phosphor, Kohlenstoff und Mangan wird soviel Wärme frei, daß der Stahl flüssig bleibt. Bei diesem Vorgang wird der Kohlenstoff fast vollständig entfernt, weil ein großer Teil des Phosphors erst nach dem Kohlenstoff oxydiert wird. Die Schlacke (*"Thomasschlacke"*), welche die Oxide des Siliziums, Phosphors und Mangans enthält, wird abgegossen und kommt wegen ihres Phosphorgehalts als Düngemittel in fein gemahlenem Zustand (*"Thomasmehl"*) in den Handel. Um dem Eisen den gewünschten Kohlenstoffgehalt zu erteilen (*"Rückkohlung"*), versetzt man es mit "Spiegeleisen" (Eisen mit 3,5 bis 6% Kohlenstoff und 5 bis 20% Mangan) oder "Ferromangan" (Eisen mit 5 bis 7,5% Kohlenstoff und mehr als 30% Mangan). Das Mangan (*"Desoxydationsmittel"*) bewirkt dabei eine Reduktion des Eisenoxids

$$FeO + Mn \rightarrow MnO + Fe$$

welches den Stahl brüchig machen würde.

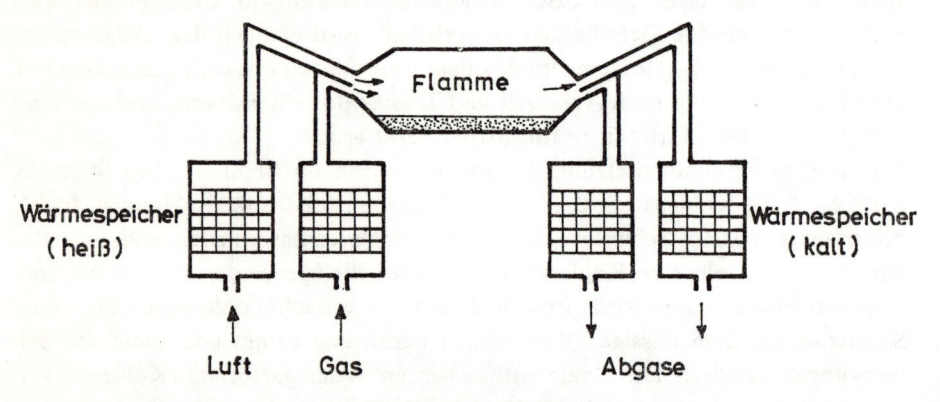

Das *Siemens-Martin-Verfahren* (Herdfrischverfahren). Etwa 75% des Stahls werden nach diesem Verfahren gewonnen. Es wird bevorzugt, weil es auch die Verarbeitung von Schrott ermöglicht. Als Ausgangsmaterial verwendet man entweder ein Gemisch aus 80 bis 65% Schrott und 20 bis 35% Roheisen (*"Schrottver-*

fahren") oder ein Gemisch aus 80% Roheisen und 20% Schrott mit Rot- oder Magneteisenstein („*Roheisen-Erz-Prozeß*"). In beiden Fällen wird noch Kalk zur Beseitigung des Phosphorgehaltes hinzugegeben. Das Ausgangsmaterial füllt man in einen bis zu 300 t fassenden kippbaren Trog („Herd"), über den die Flammen eines luft- oder sauerstoffhaltigen Heizgases (z. B. Gichtgas) hinwegstreichen. Um die hohe Temperatur von 1700°C zum Schmelzen des Stahls zu erreichen, werden das Heizgas und die Verbrennungsluft vor der Verbrennung getrennt auf 700°C erhitzt, indem sie durch Wärmespeicher (Kammern mit Gittermauerwerk) geführt werden (Abb.). Die heißen Verbrennungsgase strömen auf der anderen Seite des Herdes durch zwei ähnliche Kammern und heizen das Mauerwerk auf. Von Zeit zu Zeit wird die Strömungsrichtung der Gase umgekehrt („*Regenerativfeuerung*"). Die Oxydation des Kohlenstoffs und der anderen Beimengungen des Eisens erfolgt durch den Sauerstoffüberschuß in den Flammengasen und den Sauerstoffgehalt des Schrottes (Rost), bzw. des oxidhaltigen Eisenerzes. Die Oxydation verläuft langsamer als beim Windfrischverfahren und man kann besser auf einen gewünschten Kohlenstoffgehalt hinarbeiten.

Sauerstoffblasverfahren

Die Qualität des Siemens-Martin-Stahls ist besser als die des Thomas-Stahls. Da im allgemeinen heute Schrottmangel besteht, muß der Roheisenanteil im Siemens-Martin-Ofen erhöht werden, wobei die Ofenleistung allerdings kleiner wird. Man suchte deshalb nach neuen Verfahren zur Stahlerzeugung. So entstanden seit 1950 Sauerstoffblasverfahren, die einen Stahl liefern, der dem Siemens-Martin-Stahl gleichwertig ist. Beim LD-AC-Verfahren verwendet man einen Konverter mit geschlossenem Boden (Abb.). Durch ein mit Wasser gekühltes Rohr wird ein Sauerstoffstrom (10 bis 12 atü) aus etwa 1 m Höhe auf das flüssige Roheisen geblasen. Dem Sauerstoff ist eine regelbare Menge Kalkpulver beigemischt, um den Phosphor des Eisens in Schlacke zu überführen.

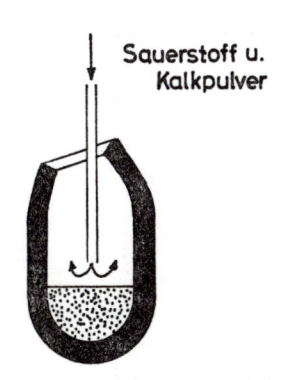

Aus weißem Roheisen gegossene Gegenstände lassen sich durch „*Tempern*" oberflächlich in Stahl umwandeln. Die gegossenen Werkstücke werden mit Roteisenstein umgeben und in Kästen vier bis sechs Tage auf Rotglut erhitzt. Durch das Glühen spaltet sich der Zementit in Eisen und Kohlenstoff. Dieser wird durch den Sauerstoff des Roteisensteins zu Kohlendioxid oxydiert, das entweicht. Das Gußstück besteht dann in seiner Oberfläche aus weichem, zähem, schmiedbarem Stahl („*Temperguß*").

Stearinsäure

Der nach den oben beschriebenen Verfahren hergestellte Rohstahl enthält noch geringe Mengen an Verunreinigungen, die ihm in vielen Fällen unerwünschte Eigenschaften geben. Er wird deshalb in elektrisch beheizten Öfen (Lichtbogenheizung oder Induktionsheizung) im *„Elektrostahlverfahren"* nachraffiniert. Die elektrische Heizung schließt jede Verunreinigung der Schmelze aus, ermöglicht eine gleichmäßige Durcharbeitung des Stahls und eine glatte Trennung von der Schlacke. Elektrostahl ist beste Qualität.

Noch bessere Eigenschaften des Stahls lassen sich durch Zusatz größerer oder kleinerer Mengen anderer Metalle, z. B. Chrom, Nickel, Wolfram, Kobalt und Molybdän erzielen (*Edelstahl*). Er wird in Elektro- oder Siemens-Martin-Öfen erschmolzen. Aus der großen Zahl dieser Stahllegierungen seien einige wichtige genannt:

Nickel erhöht im besonderen Maße die Zähigkeit des Stahls. Nickelstahl mit 36% Nickel dehnt sich beim Erwärmen nur wenig aus und wird daher beim Bau von Präzisionsinstrumenten verwendet (Invarstahl: 36% Nickel, 63,5% Eisen und 0,5% Mangan).

Chrom verleiht dem Stahl große Härte. Eine Kombination mit Nickel ergibt einen harten Stahl mit großer Zähigkeit (*Chrom-Nickel-Stahl*). Er eignet sich für hochbeanspruchte Maschinenteile, Kugellager und Panzerplatten. Bekannt ist der *V2 A-Stahl*, (71% Eisen, 20% Chrom, 8% Nickel und je etwa 0,6% Silizium, Kohlenstoff und Mangan), der gegen Rost und Säuren beständig ist.

Stahl mit einem Gehalt an *Wolfram* wird auch bei beginnender Rotglut nicht enthärtet und dient als Material für schnellaufende Werkzeuge („Schnelldrehstahl": 15 bis 18% Wolfram, 2 bis 5% Chrom, 1 bis 3% Vanadin, 0,6 bis 0,9% Kohlenstoff, Rest: Eisen). Molybdän und Vanadin wirken ähnlich wie Wolfram. Die Edelstähle werden mit *„Widia-Stahl"* bearbeitet; seine Legierungsbestandteile sind: Wolframcarbid, Kobalt und Titanoxid.

Literatur
Koch, K. H.: Chemie u. Technologie des Eisens, Praxis-Schriftenreihe, Bd. 26. — Aulis Verlag Deubner & Co. KG, Köln 1973
Winnacker-Küchler: Chemische Technologie. — Carl Hanser Verlag, 1961

Stearinsäure s. Carbonsäuren 1.1.2., Ester.
Steingut s. Keramik (Geschirr).
Steinkohle s. Mineralkohlen.
Steinkohlenteer s. Mineralkohlen.
Steinkohlenteerdestillation s. Benzolkohlenwasserstoffe 1.1.3.

Steroide sind eine Gruppe weitverbreiteter, farbloser Naturprodukte mit einem tetracyclischen Kohlenstoffskelett. Dieses Grundgerüst ist Cyclopentanoperhydrophenanthren, es wird Steran oder Gonan genannt. Es ist ein alicyclisches —

Steroide

kein ebenes aromatisches — Ringsystem mit einem Fünferring und 3 Sechserringen, die in der gleichen Form wie der →Benzolkohlenwasserstoff Phenanthren anelliert sind. Die vier Ringe werden — wie in der Formel angegeben — mit A, B, C, D bezeichnet. Vom dem Grundgerüst lassen sich nach Substitution und Stereochemie mehrere Grundkörper ableiten, auf die die verschiedenen Gruppen der Steroide zurückzuführen sind. Die Numerierung des Kohlenstoffgerüsts ist an einem dieser Kohlenwasserstoffe, dem Cholestan, aufgeführt.

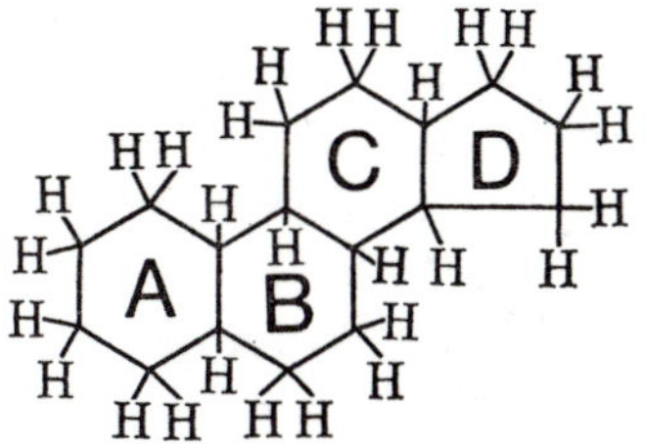

Steran
(Anordnung der H-Atome nicht stereochemisch)

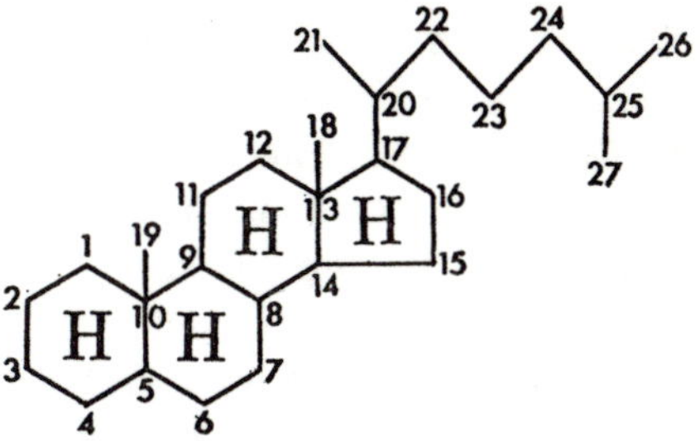

Cholestan

Die große Anzahl der theoretisch möglichen räumlichen Ringverknüpfungen ist in der Natur nicht verwirklicht. Die Ringe B und C sind immer trans-ständig, C und D meistens trans-ständig verknüpft (Ausnahme: Cardenolide und Krötengifte). A und B können sowohl cis- als auch trans-ständig verbunden sein (→Cycloalkane). Unterschiede in der sterischen Anordnung treten auch bei den Substituenten auf. Sie werden bezogen auf die 10-ständige (angulare Stelle, an der zwei Ringe zusammenstoßen) Methylgruppe. Die zu dieser Gruppe cis-ständigen Substituenten werden ß-ständig bezeichnet und durch ausgezogene Linien gekennzeichnet. Trans-ständige Gruppen — also solche, die von dem C_{10}-Methyl weg gerichtet sind — werden als α-ständig klassifiziert und durch unterbrochene Linien angedeutet. Das C_5-H-Atom ist α-ständig bei trans-Anellierung von A und B, bei cis-Verknüpfung dagegen ß-ständ mg. Die unterschiedliche Konfigura

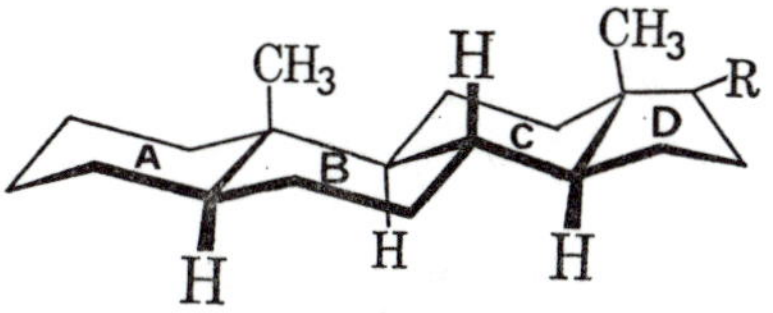

5α-Cholestan
Konformation

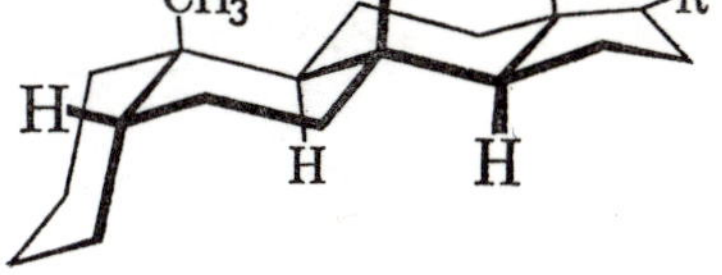

Coprostan
5β-Cholestan

Steroide

tion kann man deshalb durch die Namen 5 α-Cholestan bzw. 5 β-Cholestan (auch Coprostan genannt) wiedergeben.

Der Biosyntheseweg zeigt eine Verwandtschaft mit den →Terpenen (→Polyene 2.). Ausgangspunkt ist die Essigsäure (in Form der aktivierten Verbindung mit Coenzym A →Enzyme). Versuche mit radioaktiv markierter Essigsäure bewiesen, daß 12 C-Atome des Cholesterins von der Carboxylgruppe der Essigsäure stammen, die restlichen 15 von der Methylgruppe.

Aus zwei Molekülen Acetyl-Coenzym A entsteht Acetacetyl-Coenzym A, das einem weiteren Molekül Acetyl-Coenzym A zu β-Hydroxy-β-methyl-glutaryl-Coenzym A verbindet. Durch reduktive Abspaltung von Coenzym A entsteht *Mevalonsäure*. Mit Hilfe von →ATP (Adenosintriphosphat) wird Mevalonsäure phosphoryliert, CO_2 und H_2O abgespalten. Das Zwischenprodukt ist *Isopentenylpyrophosphat*, das sog. aktivierte Isopren (Terpene können formal auf *Isopren* zurückgeführt werden). Nach Umlagerung durch eine Isomerase (→Enzyme) bildet sich Dimethylallylpyrophosphat, das der Ausgangspunkt für den Kettenaufbau der Terpene darstellt. Über Geranylpyrophosphat (C_{10}) entsteht Farnesylpyrophosphat (C_{15}). Kopf-an-Kopf-Dimerisierung von zwei C_{15}-Einheiten führt zum *Squalen* (→Polyene 3.). Durch Cyclisierung kommt es zur Bildung von Lanosterin, aus dem in mehreren Schritten Cholesterin entsteht.

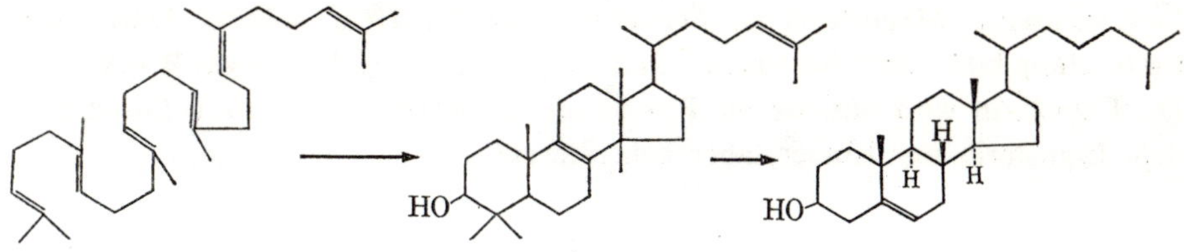

Steroide 1.

Squalen
in einer Schreibweise
die cyclische Struktur
der Steroide andeutet

Lanosterin

Cholesterin
mit angedeuteter Konfiguration

Die chemische Totalsynthese in mehr als 20 Stufen gelang WOODWARD. Sie ging von einem Chinonderivat (→Oxoverbindungen 2.4.) aus, dem mit Hilfe der →DIELS-ALDER-Synthese ein sechsgliedriger Ring angebaut wurde. Dieses Ringsystem lieferte Ring C und D des Steroids. Der Ring D mußte im Laufe des Synthese zu einem Fünfring umgewandelt werden. Ring B und A wurden in den nächsten Reaktionsschritten angefügt.

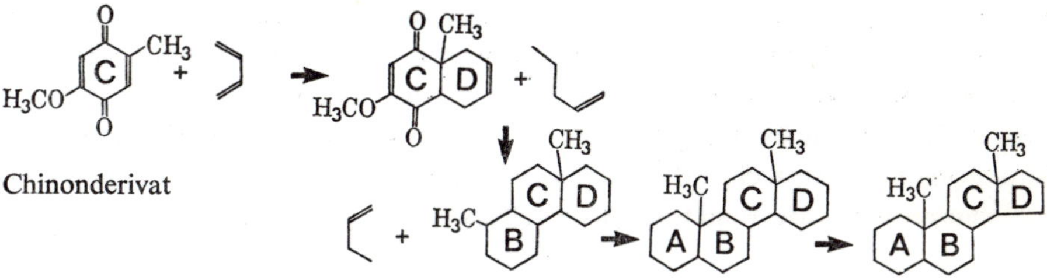

Chinonderivat

Schematische Darstellung des chemischen Synthesewegs

1. Sterine

Sterine stellen chemisch gesehen Alkohole (→Hydroxylderivate) dar. Sie werden im Englischen deshalb auch Sterols genannt. Die Hydroxylgruppe sitzt am C-3. Sterine besitzen außerdem eine Seitenkette in Position 17 und eine Doppelbindung an C-5. Nach ihrem Vorkommen teilt man sie ein in Zoo-, Phyto- und Myco-(Pilz)-Sterine.

Das wichtigste Zoosterin ist *Cholesterin* (Formel s. o.), das bereits im 18. Jahrhundert aus Gallensteinen isoliert wurde. Es ist als Baustein von Membranen in allen tierischen Zellen verbreitet, besonders stark im Gehirn und Rückenmark (Myelinscheidenbildung). Pathologisch tritt es in Arterienwänden und Gallensteinen auf.

Ein in Pflanzen weit verbreitetes Steroid ist Stigmasterin. Die Hauptquelle stellen Sojabohnen dar. Stigmasterin dient als Ausgangssubstanz für die Herstellung von Steroidhormonen. Stigmasterin unterscheidet sich vom Cholesterin nur in der Seitenkette an C-17.

Steroide 2.

Das wichtigste Mycosterin ist *Ergosterin* (aus der Hefe isoliert). Durch UV-Bestrahlung bildet sich aus Ergosterin durch Aufspaltung des Ringes B →Vitamin D_2. Ergosterin wird deshalb als Provitamin D bezeichnet. Vitamin D_2 ist zwar dem Ergosterin nur isomer, aber kein Steroid.

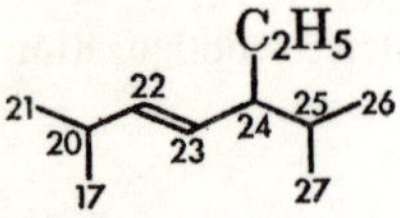

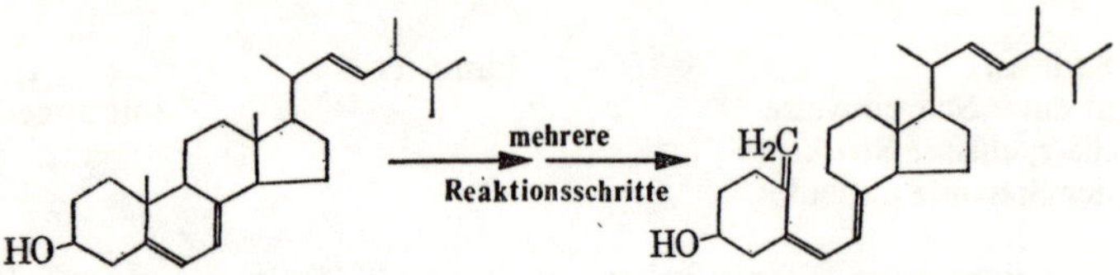

Seitekette des Stigmasterins

Ergosterin
(Unterschied zu Cholesterin 2 Doppelbindungen in B, 1 Doppelbindung in Seitenkette, Methylgruppe an C-20)

Vitamin D_2
(falsche-steroidähnliche Schreibweise)

Insekten und andere Gliederfüßler sind nicht fähig, das tetracyclische Grundgerüst der Steroide aufzubauen. Sie benötigen aber Steroide für lebenswichtige Funktionen (Aufnahme durch Pflanzennahrung). So ist das Häutungshormon aus der Prothoraxdrüse ein Steroid mit 5 Hydroxylgruppen. Inzwischen kennt man außer diesem Häutungshormon *Ecdyson* noch eine Reihe ähnlicher Verbindungen mit entsprechender Wirkung aus Insekten. Diese Stoffe kommen auch in Pflanzen vor. Ihre Funktion in den Pflanzen ist nicht bekannt.

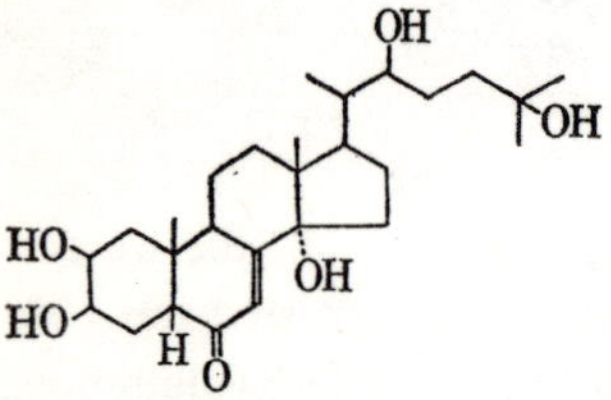

Ecdyson

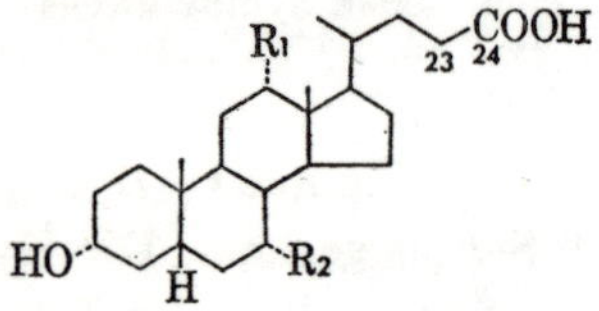

Grundgerüst der Gallensäuren
$R_1, R_2 = H$: Lithocholsäuren
R_1: OH, $R_2 = H$: Desoxycholsäure
$R_1, R_2 = OH$: Cholsäure

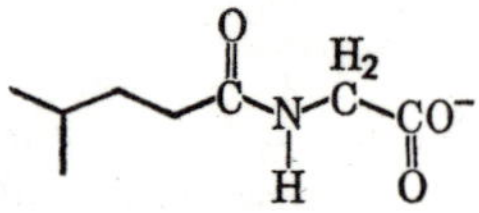

Seitenkette einer Glyco-gallensäure

2. *Gallensäuren*

Die Inhaltsstoffe der Galle, die in der Leber gebildet werden, sind oberflächenaktiv. Sie emulgieren Fette, helfen durch Aktivierung der Lipase bei der Verdauung und der Resorption der Fettsäuren. Es sind Natriumsalze von →Aminosäuren (Glycin und *Taurin* — $H_2NCH_2CH_2SO_3H$), die mit Gallensäuren peptidartig verbunden sind. Gallensäuren enthalten am C-23 eine Carboxylgruppe — also in der Seitenkete —, die Ringe A und B sind cis-anelliert, die immer vorhandene OH-Gruppe am C-3 ist α-ständig. Die einzelnen Gallensäuren unterscheiden sich durch die Zahl und Stellung der OH-Gruppen.

Die Wirkung beruht auf dem seifenartigen Charakter: hydrophile Carboxylgruppe und lipophiles Sterangerüst. Mit Fettsäuren bilden Gallensäuren Einschlußverbindungen (→Clathrate).

3. Steroidhormone

Steroidhormone spielen nicht nur bei Insekten (s. o.) eine große Rolle. Bei Wirbeltieren haben die →Hormone der Keimdrüsen und der Nebennierenrinde Steroidcharakter.

Die Sexualhormone sind verantwortlich für die Entwicklung und Funktion der Geschlechtsorgane und die Ausbildung der sekundären Geschlechtsmerkmale. Nach den Wirkungsweisen unterscheidet man männliche und weibliche Keimdrüsenhormone.

Das männliche Sexualhormon ist *Testosteron*, ein C_{19}-Steroid. Durch Abbauvorgänge entsteht das im Harn ausgeschiedene Androsteron, das nur noch die sekundären Geschlechtsmerkmale beeinflussen kann.

In den weiblichen Keimdrüsen werden zwei Gruppen von Hormonen gebildet. Aus den Follikeln stammen die Follikelhormone (*Östrogene*), C_{18}-Steroide. Sie zeichnen sich durch den aromatischen Ring A aus. Als das eigentliche weibliche Sexualhormon, das die Einnistung des befruchteten Eies vorbereitet und für die Ausprägung der Geschlechtsmerkmale sorgt, gilt Östradiol. Aus dem Harn wurden noch Östron und Östriol isoliert.

Gestagene werden die Gelbkörperhormone genannt. Sie sorgen für die Einbettung des befruchteten Eies und die Aufrechterhaltung der Schwangerschaft. Östrogene und Gestagene stehen in Wechselwirkung mit bestimmten Hormonen der Hypophyse. Auf Grund dieses Wechselspiels entsteht der weibliche Sexualcyclus und

Testosteron Androsteron Östrogene Progesteron Nebennierenrinden-
R_1:OH, R_2: H = Östradiol   hormone (Corticoide)
R_1:OH, R_2: H = Östron R_1: H, R_2: CH_3 =
R_1, R_2: OH = Östriol   Corticosteron
R_1: OH, R_2: CH_3 =
Cortisol
R_1: H, R_2: C—H =
      ‖
      O
Aldosteron

Steroide 4.

die Brunst. Gestagene sind C_{21}-Steroide. Das wichtigste Hormon ist *Progesteron*. Ähnlich wie bei Testosteron findet die Inaktivierung durch Reduktion am Ring A statt.

C_{21}-Steroide sind auch die Hormone der Nebennierenrinde. Sie greifen in den Mineral- und Kohlenhydrathaushalt des Körpers ein. *Aldosteron* beeinflußt hauptsächlich den Mineralstoffwechsel, *Corticosteron* und *Cortison* fördern Glykogenbildung. Hormone der Nebennierenrinde und ihre Derivate sind wertvolle Arzneimittel bei Krankheiten mit Entzündungsprozessen (Arthritis, Rheuma u. a.).

4. *Cardenolide und Bufadienolide*

Beide Stoffklassen enthalten herzwirksame Substanzen. Die Ringe C und D sind cis-anelliert. Dadurch unterscheiden sie sich im Gerüst von allen anderen Steroiden. Die beiden Gruppen unterscheiden sich in der Seitenkette an C-17. Bei den Cardenoliden sitzt dort ein fünfgliedriger ungesättigter Lactonring (→Carbonsäuren 2.4.), bei den Bufadienliden ein sechsgliedriger doppelt ungesättigter Lactonring.

Cardenolide kommen u. a. im Fingerhut (*Digitalis*), in Strophanthus kombé und Maiglöckchen vor. Die herzwirksamen Präparate stellen Glykoside (→Kohlenhydrate 1.1.2.) dar, das eigentliche Steroid (Aglykon) wirkt stärker giftig und weniger herzanregend. In den Digitalis-Arten kommen die Substanzen als Lanatoside vor, die folgende Struktur haben: Aglykon-(digitoxosid)$_3$-glucosid-acetat. Durch Hydrolyse erhält man die sog. Glykoside, die außer dem Steroid noch *Digitoxose* enthalten. Die in den Glykosiden vorkommenden Zuckerarten sind z. T. sonst in der Natur nicht auftretende Bisdesoxyzucker (zwei reduzierte OH-Gruppen) wie Digitoxose, Cymarose u. a. Die wirksamsten Aglykone aus Digitalis-Arten sind Digitoxigenin, Digoxigenin und Gitoxigenin, aus *Strophanthin* und Convallatoxin ist es Strophantidin. Die Glykosidbindung setzt an der C-3-Hydroxylgruppe an.

Digitalisgenine:
R_1, R_2 = H: Digitoxigenin
R_1: OH, R_2: H = Digoxigenin
R_1: H, R_2: OH = Gitoxigenin

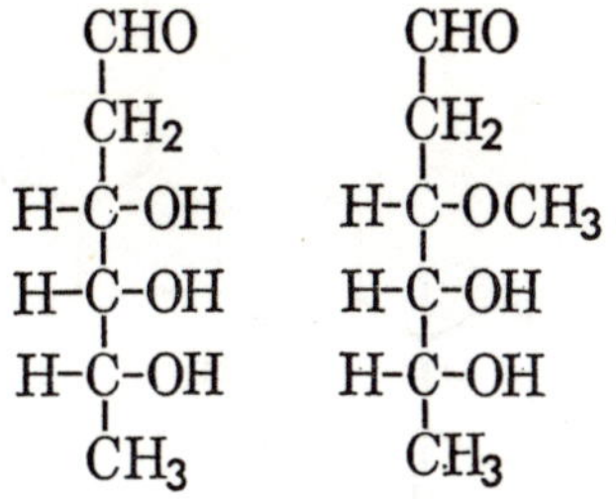

Steroide 5.

D-Digitoxose D-Cymarose
Bisdesoxyzucker

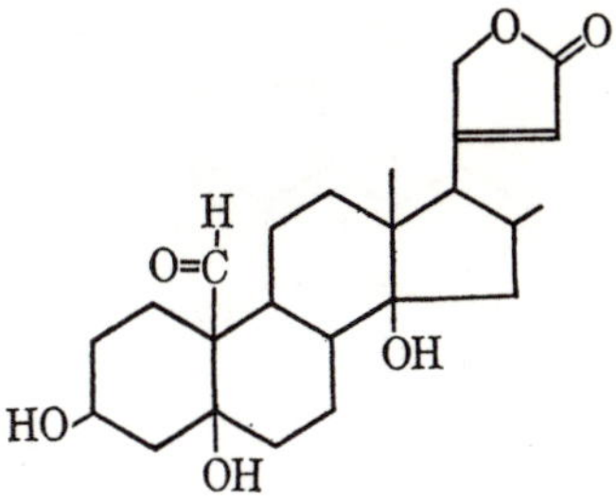

Strophantidin

Bufadienolide kommen als pflanzliche Glykoside in Hahnenfuß-(Helleborus) und Liliengewächsen (Scilla) und in freier Form oder als Suberylargininester (Bufotoxin) in Krötensekreten vor. Krötensekrete wurden bereits sehr früh in der chinesischen Heilkunde benutzt. Bei den Bufadienoliden wirken die Aglykone besser als die Glykoside.

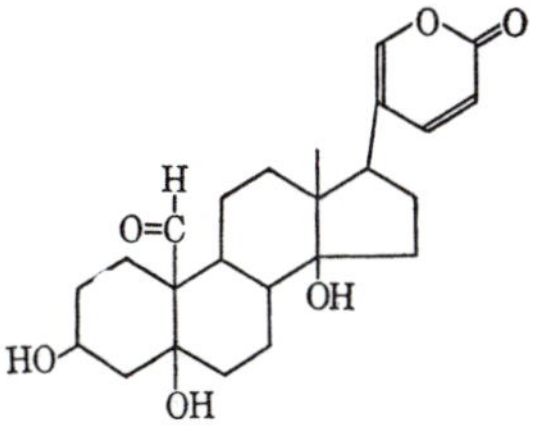

Hellebrigenin
= Bufotalidin
aus Christrose und
Erdkröte

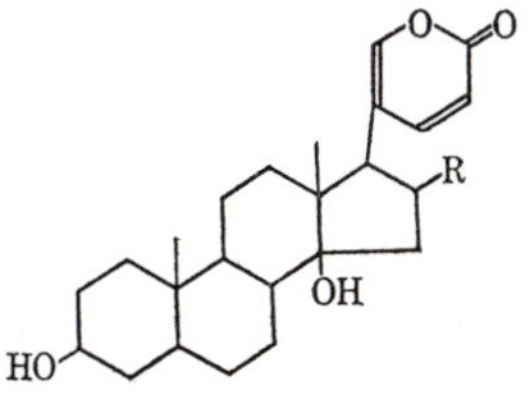

R_1 = H: Bufalin
aus der chinesischen Kröte
R_1 = O—$COCH_3$: Bufotalin
aus der Erdkröte

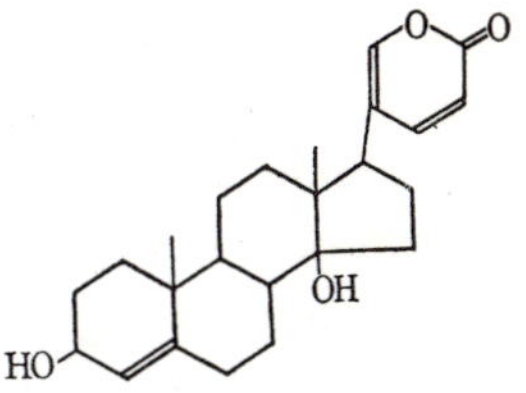

Scillarenin
aus der Meerzwiebel
(früher als Rattengift
benutzt)

5. *Sapogenine*

Saponine sind Glykoside (Aglykon: Sapogenin), die in wäßriger Lösung stark schäumen. Die Lösungen sind wegen ihrer hämolytischen Wirkung giftig (nur intravenös). Außer in Digitalis-Arten sind diese Steroid-Saponine in Einkeimblättlern weit verbreitet, besonders in der Ordnung der Liliengewächse (Yucca, Smilax, Agave, Dioscorea).

Chemisch sind die Sapogenine (s. auch →Terpene 4.) durch den Besitz einer Spiroketal-Seitengruppe an C-16 und C-17 gekennzeichnet (Spiran: zwei Ringe haben ein gemeinsames Atom s. →Cycloalkane 2., Ketal: Reaktionsprodukt zwischen Keton und Alkohol s. →Oxoverbindungen 1.3.).

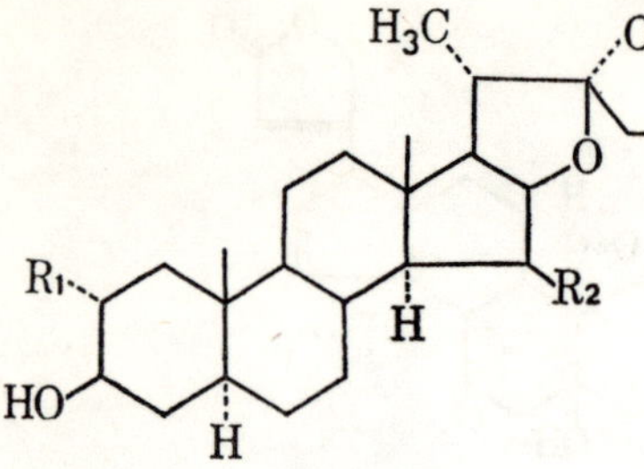

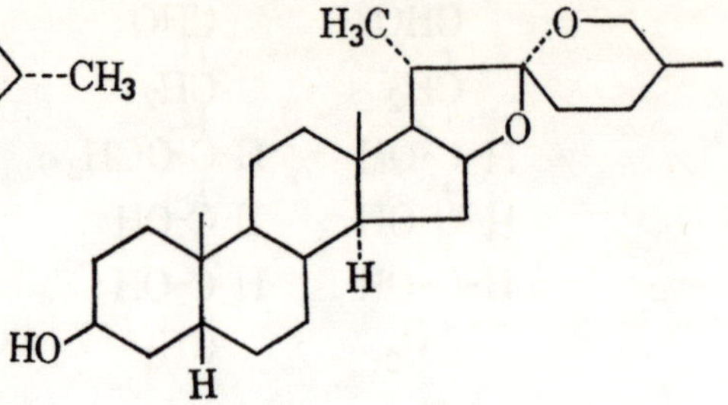

Steroide 6.

Sapogenine aus Digitalis
R_1, R_2: H = Tigogenin
R_1: OH, R_2: H = Gitogenin
R_1, R_2 = OH = Digitogenin

Sarsasapogenin
aus Smilax u. Asparagus

6. Steroid-Alkaloide

Liegt in der Seitenkette ein heterocyclischer Ring mit Stickstoff vor, ordnet man die Verbindungen den →Alkaloiden zu. Steroid-Alkaloide kommen in den Nachtschattengewächsen (Solanaceen) als Glykoside vor. Die Glykoside enthalten die gleichen Zucker wie die Saponine. Es sind außer der Rhamnose keine Desoxyzucker. Die Steroid-Alkaloide sind wie die Saponine oberflächenaktiv und hämolytisch wirksam. Dazu sind sie aber auch toxisch bei nicht-intravenöser Einnahme und wegen des N-Atoms basisch.

Bei der einen Gruppe der Alkaloide entspricht die Seitengruppe der der Sapogenine, lediglich ein O-Atom ist gegen die NH-Gruppe ausgetauscht (deshalb wird diese Sorte von Verbindungen auch Azasteroide genannt). Ein Beispiel dafür ist Tomatidin, das Alkaloid aus den Blättern der Tomate. Bei der anderen Gruppe liegt ein kondensiertes heterocyclisches Ringsystem vor (*Solanidin* aus Blättern der Kartoffel, Rubijervin aus der Liliacee Veratrum — Germer).

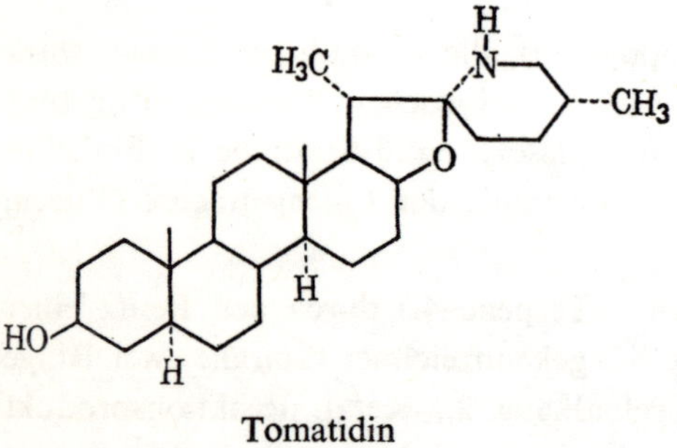

Tomatidin

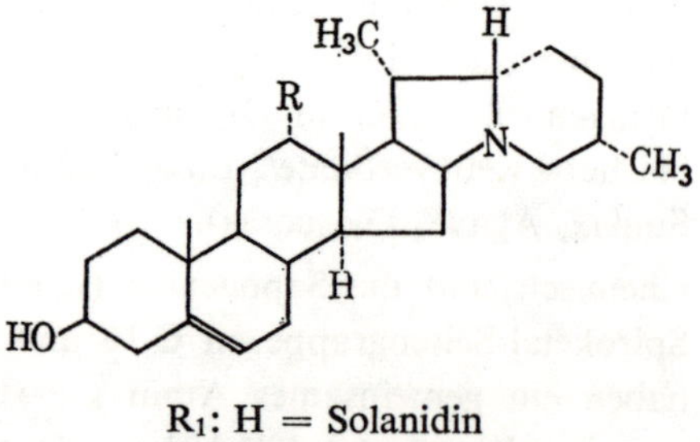

R_1: H = Solanidin
R_1: OH = Rubijervin

Ein Steroid-Alkaloid ist auch das aus der Haut des Frosches Phyllobates aurotaenia (Heimat Kolumbien) gewonnene Batrachotoxin, das Indianer als Pfeilgift benutzen. Es ist das stärkste bekannte nicht-eiweißartige Gift. Es öffnet die Natrium-Poren an den Nervenfasern.

Batrachotoxin

Literatur
FIESER, L. F. u. FIESER, M.: Steroide. — Chemie, Weinheim 1961
SHOPPEE, Ch.: Chemistry of the Steroids. — Butterworths, London 1964
HEFTMANN, E.: Steroid Biochemistry. — Academic Press, New York 1970
KARLSON, P.: Biochemie. — Thieme, Stuttgart 1970

Stickstoff gehört zu den Elementen der →Fünften Hauptgruppe. Vom ihm existieren die stabilen Isotope mit den Massenzahlen 14 (99.634%) und 15 (0,366%). Die atmosphärische Luft besteht zu 75,15 Gewichtsprozenten (79 Volumenprozenten) aus Stickstoff. Der Gehalt ist relativ konstant, weil ein Gleichgewicht besteht zwischen einem Verbrauch durch Bakterien, chemische Einwirkung oder elektrische Entladungen und einem Zufluß durch bakterielle oder industrielle Zersetzung organischer Substanzen. Mineralische Vorkommen finden sich nur in ariden Gebieten der Erde, weil die Salze der Salpetersäure insgesamt leicht löslich sind. Größere Mengen von Natriumnitrat werden in Nordchile abgebaut. In der Atmosphäre anderer Sterne ließ sich Stickstoff nachweisen: In den „Riesen" NO, CN, NH_2, N_2, in Kometen NH, CN, N_2^+, NH_2, auf den Planeten Mars $N_2(?)$, Jupiter, Saturn NH_3.
Ausgangsprodukt für Stickstoffverbindungen ist heute letztlich →Ammoniak:

$$N_2 + 3H_2 \rightleftharpoons 2NH_3 \quad | -22 \text{ kcal}$$

Eine lohnende Ausbeute ergibt sich nur bei hohem Druck, möglichst niedriger Temperatur und in Gegenwart geeigneter Katalysatoren. (Haber-Bosch-Verfahren).
Das Hauptverwendungsgebiet ist die Düngemittelindustrie. In den stickstoffhaltigen Düngemitteln liegt Stickstoff meist als Ammoniumsalz oder als Nitrat vor. Ein besonders wertvoller Stickstoffdünger ist künstlich aus CO_2 und NH_3 hergestellter Harnstoff ($NH_2 \cdot CO \cdot NH_2$) (s. Düngemittel).
Durch geeignete Oxydation des Ammoniaks gewinnt man →Salpetersäure. Sie gehört zu den stärksten Säuren, weil sie selbst bei 1-molarer Konzentration fast

Stilben

vollständig dissoziiert ist. Beim Einwirken auf Metalle wird jedoch diese Eigenschaft stark durch die Fähigkeit zu oxydieren überdeckt. Besondere Bedeutung als Sprengstoffe besitzen die Salpetersäureester, weil bei ihnen der zur Verbrennung des organischen Anteils erforderliche Sauerstoff bereits in das Molekül eingebaut ist: Nitroglyzerin, Schießbaumwolle, TNT (Trinitrotoluol). Diese Substanz wurde zur Einheit für die Explosivkraft: 1 t TNT bedeutet die Explosivkraft von 1 Tonne dieses Sprengstoffes.

Beim Erhitzen gibt Kaliumnitrat (KNO_3) 1 Atom Sauerstoff ab. Auf diese Weise gelangt man zu den giftigen Nitriten. Besonderes Interesse beanspruchen Ammoniumnitrat und Ammoniumnitrit wegen der Herstellung von Lachgas (N_2O) und von chemisch reinem Stickstoff.

$$NH_4NO_3 \xrightarrow{erh.} N_2O + 2H_2O \qquad NH_4NO_2 \xrightarrow{erh.} N_2 + 2H_2O$$

Stilben = 1,2-Diphenyläthen s. Benzolkohlenwasserstoffe 2.1.
Stille Entladung s. Sauerstoff.
Stinkfluss s. Fluor.
Stobbe-Kondensation s. Additionen 4., Carbonsäuren 1.2. (Bernsteinsäure), Oxoverbindungen 1.1.3.
Stolzit s. Wolfram.
STP s. Rauschgifte.
Strecker-Synthese s. Aminosäuren 1.1.
Streptomycin s. Antibiotica, Kohlenhydrate 1.3.

Strontium gehört zu den Elementen der →Zweiten Nebengruppe (Erdalkalien). Von ihm sind vier Isotope bekannt mit den Massenzahlen 84 (0,56%), 87 (7,02%), 86 (9,86%) und 88 (82,5%).

Da ^{17}Rb in ^{17}Sr zerfällt, andererseits jedoch nicht alles Strontium dieser Massenzahl radiogenetischen Ursprungs ist, ist der Anteil dieses Isotops in den Mineralien verschieden.

Obwohl die Häufigkeit ca. 12% höher als die des Bariums liegt, finden sich auf der Erde nur selten reine Strontiumvorkommen: der Strontianit ($SrCO_3$) und der Cölestin ($SrSO_4$). Das Karbonat ist hydrothermalen Ursprungs, das Sulfat kommt häufig mit Gips zusammen vor. Da das Strontiumion seiner Größe nach zwischen dem des Calciums und dem des Bariums liegt, hat es gleichermaßen das Bestreben in Calcium- und in Bariummineralien aufzutreten. Doch findet man es häufiger als geringe Beigabe in Calciummineralien.

Zweidrittel der Weltproduktion an Strontiumkarbonat stammen aus dem Gebiet um Yate in der Grafschaft Gloucester in England. Andere nennenswerte Vorkommen finden sich in Sizilien, Frankreich und in der östlichen UdSSR im

Gebiet um Perm. Beträchtliche Mengen von Strontianit kommen in Westfalen vor und in Schottland.

Das silberglänzende Metall überzieht sich an der Luft sehr schnell mit einer Oxid- bzw. Nitridschicht. Doch reagiert es weniger heftig als Barium und braucht deswegen nicht unbedingt in einer Schutzflüssigkeit aufbewahrt zu werden.

In Bezug auf biologisches Material wird Strontium häufig als der Reisebegleiter des Calciums bezeichnet. Spezifische Funktionen des Strontiums sind nicht bekannt, doch kann es in geringem Maße das Calcium ersetzen. Umgekehrt läßt sich aufgenommenes radioaktives Strontium durch Einnahme größerer Mengen von Calcium wieder entfernen. Während die Radiolaren in der Regel Skelette aus Kieselsäure besitzen, bestehen sie bei der Untergruppe *Acanthometra* zu 65% aus Strontiumsulfat.

Die Jahresproduktion von Strontiummineralien beträgt nur um 10000 Tonnen. Allein daraus ist bereits zu ersehen, daß der Bedarf an Strontiumverbindungen nur gering ist. Das bedeutendste Anwendungsgebiet ergibt sich für das Hydroxid. Es hat sich zum Entzuckern der Melasse bewährt. Mit dem Rohrzucker bildet es ein Komplexsalz, das noch schwerer wasserlöslich als das Calciumsaccharat ist. Geringe Mengen von Strontiumsalzen finden in der Pyrotechnik als roter „Farbstoff" Verwendung.

Strophantin s. Steroide 4.
Strychnin s. Alkaloide, Heterocyclen 1.2.
Styrol s. Äthen, Benzolkohlenwasserstoffe 1.2. (Vinylbenzol).
Suberinsäure s. Carbonsäuren 1.2.

Substitution ist eine Reaktion, bei der ein Atom oder eine Atomgruppe in einer Verbindung durch andere Atome bzw. Atomgruppen ersetzt (verdrängt) wird. Sehr viele organische Reaktionen sind Substitutionsreaktionen. Nach der Art des angreifenden Teilchens unterscheidet man nucleophile oder elektrophile Substitution. Verdrängungsreaktionen, bei denen →Radikale eine Rolle spielen, sind bei →Radikalreaktionen aufgeführt. Wegen der Sonderstellung des benzoiden →aromatischen Systems werden zuerst Reaktionsmechanismen an →aliphatischen Verbindungen angeführt.

1. *Substitution an Aliphaten*

1.1. *Nucleophile Substitution*

Das angreifende Teilchen muß ein freies Elektronenpaar besitzen. Häufig trägt es eine negative Ladung. Es entspricht damit dem Begriff einer Lewis-Base. Im wesentlichen sind bisher zwei Reaktionsmechanismen studiert worden, die bimolekulare S_N2- und die monomolekulare S_N1-Reaktion.

Substitution 1.1.

Beim S_N2-Mechanismus erfolgt gleichzeitig der Angriff und der Austritt der reagierenden Gruppen. Es ist eine bimolekulare Reaktion, deren Kinetik zweiter Ordnung ist. Die Reaktionsgeschwindigkeit hängt ab von der molaren Konzentration des nucleophilen Teilchens und der der angegriffenen Verbindung.

$$X + R-Y \rightarrow R-X + Y \qquad RG \sim [X][R-Y]$$

Der Angriff erfolgt in der Richtung der C-Y-Bindung von der entgegengesetzten Seite. Im Übergangszustand liegen die an der Reaktion nicht beteiligten Gruppen mit dem C-Atom in einer Ebene. Im Endzustand sind die drei nicht beteiligten Gruppen in bezug auf das reagierende C-Atom umgestülpt worden. Diese stereochemische Veränderung bei der S_N2-Reaktion bezeichnet man als WALDENsche *Umkehrung*. Diese Inversion der Konfiguration wirkt sich an →asymmetrischen C-Atomen (→Isomerie 2.) aus. Sie bedeutet für sie die Änderung der Drehungsrichtung der Ebene des polarisierten Lichts. Die Änderung der Drehungsrichtung beim Endprodukt ist aber kein Beweis für die WALDENsche Umkehrung, da eintretende und austretende Gruppe verschieden sind. Verbindungen mit gleicher Konfiguration, aber verschiedenen Gruppen müssen nicht die gleiche Drehrichtung haben.

Ein Beweis für die Inversion ist die Umwandlung eines optisch aktiven Alkohols in seinen Antipoden in drei Reaktionsschritten, wobei zwei der Reaktionsschritte nicht am asymmetrischen C-Atom stattfinden, also nicht die Konfiguration verändern. Die einzige Möglichkeit zur Veränderung der Konfiguration liegt bei dem Schritt, der als Substitution am asymmetrischen C-Atom auftritt. Ein weiterer Beweis für die Umkehrung ist die Feststellung, daß D-2-Jodoctan in Anwesenheit von Jodid-Ionen racemisiert d. h. ein Gemisch von D-2-Jodoctan und L-2-Jodoctan entsteht.

Da beim S_N2-Mechanismus das nucleophile Teilchen von der Rückseite angreift, kommt es bei sperrigen Substituenten am C-Atom zu einer sterischen Hinderung, da zudem beim Übergangskomplex die Gruppen stärker zusammengedrängt werden. α-Alkyl-Substituenten verlangsamen die S_N2-Reaktion. Der S_N2-Mechanismus läuft deshalb bevorzugt an primären C-Atomen ab, sekundäre C-Atome zeigen keine eindeutige Bevorzugung eines Mechanismus. Kann eine Gruppe am α-C-Atom eine Ladung delokalisieren, so erleichtert dies eine bimolekulare Substitution. Das ist der Fall bei Vinyl- und Phenylgruppen.

Substitution 1.1.

Bei Allylverbindungen (Vinylgruppe am α-C-Atom $-C=C-C$) kommt es zu einer anomalen bimolekularen Substitution (S_N2') durch einen Angriff des nucleophilen Reagens am γ-C-Atom, wenn der Angriff des α-C-Atoms durch sterische Hinderung erschwert ist. Es kommt zu einer Allylumlagerung, bei der sich die Doppelbindung verschiebt und der neue Substituent an einem C-Atom sitzt, das nicht die ausgetretene Gruppe gebunden hatte.

$$X^- + \begin{array}{c} R_3 \\ _{\gamma}C=C_{\beta}-C_{\alpha}-Y \\ R_4 \end{array} \begin{array}{c} R_5 \\ R_2 \end{array} \longrightarrow X-C-C=C \begin{array}{c} R_3 \\ R_4 \end{array} \begin{array}{c} R_5 \\ R_2 \end{array} \begin{array}{c} R_1 \\ \end{array} + Y^-$$

Die Geschwindigkeit einer S_N2-Reaktion wird durch die Art der eintretenden Gruppe beeinflußt. Da das nucleophile Atom sein freies Elektronenpaar zu Verfügung stellt, sollte das Teilchen am stärksten nucleophil sein, das am leichtesten seine Elektronen binden läßt. Diese Fähigkeit ist gleichbedeutend mit der Basenstärke, die allerdings auf Protonen (Wasserstoffionen) bezogen wird. Es zeigt sich auch im Versuch, daß starke Basen wie OH^- und $CH_3CH_2O^-$ stärker nucleophil sind als die schwache Base CH_3COO^-. Die Parallelität von Nucleophilie und Basenstärke gilt nur beim Vergleich von Atomen der gleichen Periode. Innerhalb einer Gruppe des Periodensystems zeigt sich, daß die schwächeren Basen stärker nucleophil sind. So sind Jodid-Ionen bessere nucleophile Reagentien als Fluorid-Ionen. Vermutlich beruht es auf der leichteren Polarisierbarkeit und der niedrigen Energie zur Entfernung der Solvathülle bei den Ionen mit großem Radius.

Aber auch das austretende Teilchen beeinflußt die Reaktionsgeschwindigkeit. Je weniger basisch ein Substituent ist, desto leichter wird er abgestoßen. Starke basische Gruppen wie $-OH$, $-NR_2$ und $-OR$ lassen sich nur in stark sauren Lösungen verdrängen, da sie dann ein Proton addieren und als H_2O bzw. ROH austreten, als Teilchen mit geringer Basenstärke.

Jodid-Ionen sind ebenso leicht austretende Teilchen wie gute nucleophile Reagentien. Sie sind deshalb ausgezeichnete Katalysatoren für andere nucleophile Substitutionen. Das leichte Austreten beruht auf der geringen Bindungsenergie der C-J-Bindung, für das leichte Eintreten ist Aktivierungsenergie ohne Bedeutung, da die Bindungsbildung erst beginnt. Dafür spielen die bereits erwähnten Faktoren (Polarisierbarkeit und Desolvatisierbarkeit) die entscheidene Rolle.

Auch das Lösungsmittel kann die Reaktionsgeschwindigkeit beeinflussen. Lösungsmittel mit größerer Dielektrizitätskonstanten verlangsamen den nucleophilen Angriff eines negativ geladenen Teilchens, beschleunigen aber den Angriff eines ungeladenen Teilchens auf eine neutrale Verbindung. Das hängt vermutlich

Substitution 1.1.

davon ab, ob im Übergangszustand eine vorhandene Ladung verkleinert oder eine neue Ladung gebildet wird.

Eine Änderung des Lösungsmitels kann sogar den Mechanismus ändern. Je stärker polar das Lösungsmittel ist, umso wahrscheinlicher tritt an die Stelle des S_N2-Mechanismus die monomolekulare S_N1-Reaktion. So verlaufen Reaktionen von Methylhalogeniden in wäßrigem Alkohol nach S_N2, in der stärker polaren Ameisensäure nach S_N1.

Die Moleküle des Lösungsmittels können auch selbst als nucleophile Teilchen angreifen, so z. B. Wasser. Da die Konzentration an Wasser nicht abnimmt, wird die Geschwindigkeit nur von der Konzentration der angegriffenen Verbindung bestimmt, obwohl die Reaktion nach dem S_N2-Mechanismus abläuft. Man spricht deshalb von einer pseudo-monomolekularen Reaktion. Die Reaktion mit dem Lösungsmittel bezeichnet man als Solvolyse.

Bei dem echten monomolekularen S_N1-Mechanismus verläuft die Reaktion in zwei Schritten über ein als Zwischenprodukt gebildetes Carbonium-Ion. Da die Bildung des Ions der geschwindigkeitsbestimmende Schritt ist, hängt die Reaktionsgeschwindigkeit nur von der Konzentration des Stoffes ab, der in Carbonium-Ion und Anion dissoziiert.

Die Dissoziation wird beeinflußt von der Struktur des Moleküls. Ein positiver induktiver Effekt (elektronenliefernd s. →Elektronenverschiebung) fördert die Dissoziation. Der S_N1-Mechanismus tritt deshalb bevorzugt bei tertiären C-Atomen auf, zumal die Stabilität des gebildeten *Carbonium-Ions* mit der Anzahl der H-Atome am α-C-Atom wegen der →Hyperkonjugation wächst. α-Alkyl, α-Aryl- und α-Vinylsubstituenten beschleunigen die S_N1-Reaktion.

Auch die austretende Gruppe wirkt auf die Geschwindigkeit ein. Je schwächer die Bindung, desto größer die Neigung zur Anionenbildung. Je weniger basisch die Gruppe reagiert, umso leichter wird sie abgespalten.

Das Lösungsmittel kann — wie erwähnt — Mechanismus und Geschwindigkeit verändern. Da die Dissoziationsenergie durch die Solvationsenergie der gebildeten Ionen gedeckt wird, findet die S_N1-Reaktion bevorzug in polaren Lösungsmitteln statt. Die hohe Dielektrizitätskonstante unterstützt die Dissoziation. Der S_N1-Mechanismus tritt deshalb bei Gasen nicht auf. Wegen des Massenwirkungseffektes hindert ein Zusatz gleichioniger Teilchen im Lösungsmittel die Dissoziation.

Das gebildete Carbonium-Ion weist nur drei Bindungen auf, es ist ein sp^2-Hybrid und hat eine ebene, trigonale Konfiguration. Der Angriff des nucleophilen Teilchens ist von beiden Seiten gleich gut möglich. Bei einem Angriff kurz nach dem Austritt wird die Rückseite bevorzugt. Meist liegt beim Endprodukt ein Racemat (→Isomerie 2. Stereoisomerie) vor, wenn der Ausgangsstoff optisch aktiv war.

Substitution 1.1.

$$CH_3\text{-}\underset{CH_3}{\overset{CH_3}{C}}\text{-}Cl \rightarrow Cl^- + \underset{CH_3}{\overset{H_3C\ \ CH_3}{C^+}} \xrightarrow[-Cl^-]{+OH^-} CH_3\text{-}\underset{CH_3}{\overset{CH_3}{C}}\text{-}OH \text{ oder } HO\text{-}\underset{CH_3}{\overset{CH_3}{C}}\text{-}CH_3$$

tertiäres Butylchlorid   Carbonium-Ion
(2-Chlor-2 methylpropan)

Bei Allylverbindungen kann es entsprechend dem S_N2'-Mechanismus zu einer Umlagerung der Doppelbindung kommen (S_N1'-Reaktion).

Eine Substitution mit Konfigurationserhaltung trotz einer Kinetik zweiter Ordnung liegt beim S_Ni-Mechanismus vor. Die innere Substitution tritt ein bei dem Ersatz einer Alkoholgruppe durch Cl mit Thionylchlorid $SOCl_2$. Das Thionylchlorid tritt nach Abspaltung von HCl mit dem noch gebundenen Sauerstoff in Kontakt. Der Angriff des Chlors kann deshalb nur von der gleichen Seite erfolgen.

$$R_2\text{-}\underset{R_3}{\overset{R_1}{C}}\text{-}OH + SOCl_2 \rightarrow HCl + R_2\text{-}\underset{R_3}{\overset{R_1}{C}}\underset{Cl}{\overset{O}{\diagdown}}S\text{=}O \rightarrow R_2\text{-}\underset{R_3}{\overset{R_1}{C}}\text{-}Cl + SO_2$$

Eine Erhaltung der Konfiguration am asymmetrischen C-Atom kommt auch zustande, wenn in der Nähe des reagierenden C-Atoms ein nucleophiler Substituent sitzt (Nachbargruppeneffekt). Die Substitution verläuft dann in zwei Schritten, der erste ruft Konfigurationsumkehr hervor, der zweite macht sie rückgängig. Der nucleophile Substituent greift in einer inneren S_N2-Reaktion das C-Atom an. Es bildet sich ein Epoxid, das einer normalen S_N2-Reaktion unterzogen wird.

$$Br\text{-}\underset{H}{\overset{CH_3}{C}}\text{-}\underset{O^-}{\overset{O}{C}} \xrightarrow{-Br^-} H_3C\text{-}\underset{H}{\overset{}{C}}\underset{O}{\overset{C=O}{\diagdown}} \xrightarrow{+OH^-} HO\text{-}\underset{H}{\overset{CH_3}{C}}\text{-}\underset{O^-}{\overset{O}{C}}$$

innere S_{N2}-   Epoxid Reaktion   normale S_{N2}-

Beispiele für die in der organischen Chemie weit verbreiteten nucleophilen Substitutionsreaktionen sind: 1. Synthese von Alkylhalogeniden →Halogenderivate, 2. Hydrolyse von Alkylhalogeniden, 3. →Ätherbildung nach WILLIAMSON, 4. Alkylierung von Aminen →org. Stickstoffverb. 2., 5. →Esterbildung durch Alkylierung eines Säureanions u. a. m.

Substitution 1.2.

1. $Br^- + R-OH_2^+ \rightarrow Br-R + H_2O$
   Alkohol in   Alkylhalogenid
   saurer Lösung

2. $HO^- + R-Br \rightarrow HO-R + Br^-$
   Alkylhalogenid   Alkohol

3. $R-O^- + R'-Br \rightarrow R-O-R' + Br^-$
   Alkoholation Alkylhalogenid   Äther

4. $R_3N + R'-Br \rightarrow [R_3N-R']^+ + Br^-$
   Amin   Tetraalkylammoniumsalz

5. $R-COO^- + R'-Br \rightarrow R-COOR' + Br^-$
   Säureanion   Ester

1.2. Elektrophile Substitutionen

Diese sind nicht häufig. Sie kommen vor bei der Decarboxylierung von Carbonsäuren. Die Abspaltung von CO_2 wird begünstigt durch Substituenten mit negativem induktiven Effekt (elektronenanziehend), wie an Trihalogenacetaten und Nitroacetaten zu beobachten ist. Das entstandene Carbanion nimmt ein Proton auf. Diese Form der Reaktion liegt beim S_E1-Mechanismus vor. Der viel seltener auftretende S_E2-Mechanismus zeigt sich beim Ersatz der Carboxylgruppe durch ein Proton in stark saurer Lösung bei ungesättigten Verbindungen.

$$S_E1 \quad R-\underset{\underset{O}{\parallel}}{C}-O^- \rightarrow CO_2 + R^- \xrightarrow{+H^+} R-H$$

$$S_E2 \quad \underset{COOH}{\overset{}{\diagdown C=C \diagup}} + H^+ \rightarrow \underset{COOH}{\overset{H}{{}^+C-C-}} \rightarrow \overset{H}{\diagdown C=C \diagup} + CO_2 + H^+$$

2. Aromatische Verbindungen (→Benzol und Derivate)

Es ist ein typisches Kennzeichen für ungeladene →aromatische Verbindungen, daß sie mit Substanzen, die →Alkene addieren, Substitutionen durchführen. Im Gegensatz zu aliphatischen Verbindungen ist die elektrophile Substitution die meist verbreitete. Das liegt daran, daß bei aliphatischen Verbindungen die praktisch unpolare C-H-Bindung keinen Angriffspunkt für das elektrophile Reagens bietet und eine feste C-H-Bindung gespalten werden muß, wobei die Energie vom angreifenden Teilchen aufgebracht werden muß. Bei den Aromaten wird die neue Bindung gebildet, bevor die alte gelöst wird. Die Bindungsenergie steht zur Verfügung.

Bei der nucleophilen Substitution ist es umgekehrt. Bei aliphatischen Verbindungen begünstigen die polaren Bindungen zwischen dem C-Atom und der austretenden Gruppe den Angriff. Das aromatische System ist durch die hohe Ladungsdichte der π-Elektronenwolken geschützt. Die Gruppen sind weniger polar, und die Bindung ist fester, da sie sich am π-Elektronensystem beteiligen.

2.1. *Elektrophile Substitution*

Das angreifende Reagens muß eine positive Ladung oder eine Elektronenlücke (LEWIS- →Säure) haben. Es bildet zuerst eine lose Assoziation mit den delokalisierten π-Elektronen, den π-Komplex. Dabei ist das elektrophile Teilchen nicht an ein besonderes C-Atom des Aromaten gebunden, sondern in gleichem Abstand von zwei Ring-C-Atomen an die π-Elektronenwolke.

Der nächste Schritt ist die Entstehung eines σ-Komplexes, bei dem eine echte Bindung des angreifenden Teilchens an einem Ring-C-Atom vorliegt. Die Stabilisierung des aromatischen Ringes ist nun verloren gegangen, da nur noch fünf π-Elektronen an der Mesomerie beteiligt sind. Es erfolgt deshalb auch keine →Addition eines negativen Teilchens als zweiter Schritt wie bei den →Alkenen, sondern die Abspaltung des Protons am angegriffenen C-Atom. Damit wird die ursprüngliche Symmetrie der delokalisierten π-Elektronen wieder hergestellt.

$$\text{C}_6\text{H}_6 + X^+ \longrightarrow [\text{C}_6\text{H}_6\cdots X^+] \longrightarrow [\text{C}_6\text{H}_6\overset{H}{\underset{X}{+}}] \longrightarrow H^+ + \text{C}_6\text{H}_5X$$

π-Komplex   σ-Komplex
                 (H + X senkrecht zur Ringebene)

Der elektrophile Angriff wird von bereits vorhandenen Substituenten beeinflußt in bezug auf die Reaktivität und die Orientierung. Bei der Nitrierung nimmt die Reaktionsgeschwindigkeit in der Reihenfolge der Substituenten zu: —NO$_2$, —COOC$_2$H$_5$, —Br, —Cl, —H, —CH$_3$, —OH. Das beruht auf der Auswirkung *des induktiven und mesomeren* (*Resonanz*) *Effekts* (→*Elektronenverschieb.*).

Das positive elektrophile Teilchen wird eine elektronenreiche Stelle angreifen. Gruppen mit positivem induktiven Effekt (elektronenabstoßend) fördern den Angriff auf den aromatischen Ring z. B. Methylgruppen. Bei einem —I-Effekt (elektronenanziehend) wie bei der Nitrogruppe ist die Reaktivität herabgesetzt.

Der induktive Effekt, der sich auf die σ-Bindung auswirkt und deshalb besonders bei aliphatischen Systemen, auftritt, wird bei Aromaten vom mesomeren Effekt überlagert, der durch die π-Bindungen übertragen wird. Ein negativer Resonanzeffekt (—M) liegt vor bei Gruppen, die eine Mehrfachbindung enthalten. Durch Überlagerung mit den π-Elektronen des Rings werden Elektronen dem Ring entzogen, die Ladungsdichte wird verringert. Das gilt für Gruppen wie —NO$_2$, —CHO, —CN, —COOH, —SO$_3$H u. a. Wegen des alternierenden Charakters

Substitution 2.1.

der Atome in einem konjugierten System treten in ortho- oder para-Stellung positive Ladungen auf.

Gruppen mit einem freien Elektronenpaar zeigen dagegen den +M-Effekt. Dem Ring können die Elektronen zugefügt werden. In o- oder p-Stellung treten negative Ladungen auf. Solche Gruppen sind O^-, —OH, —NH$_2$, —CH$_3$. Bei der Methylgruppe liegt →Hyperkonjugation vor.

Induktiver und mesomerer Effekt wirken bei einigen Gruppen in gleicher Richtung. Das bedeutet eine verstärkte Elektronenanziehung bei —NO$_2$, —COOH, —CN u. a. Bei —CH$_3$ und O^- werden die Elektronen stärker abgestoßen. Beide Effekte können aber auch in entgegengesetzter Richtung wirken. Eine Voraussage ist dann nicht möglich. An der Auswirkung ist erkennbar, daß bei der —OH- und der —NH$_2$-Gruppe der +M- den —I-Effekt überdeckt. Halogene zeigen einen so schwachen Resonanzeffekt, daß der aromatische Ring desaktiviert wird.

Vorhandene Substituenten steuern auch die Stelle des elektrophilen Angriffs, wobei zu beachten ist, daß es nur eine relative Bevorzugung bestimmter Stellen gibt. Gruppen mit +M-Effekt lassen den Zweitsubstituenten bevorzugt in ortho- oder para-Stellung eintreten. Die meta-Stellung wird von dem elektrophilen Teilchen besetzt, wenn die Gruppe am Ring einen negativen mesomeren Effekt ausübt.

Die Erklärung für die unterschiedliche Orientierung des Angriffs liegt darin, daß die Gruppen — wie gezeigt — verschiedene Resonanzformeln bewirken. Die positiven Teilchen greifen die Stellen mit der höchsten Elektronendichte an. Da bei Substituenten mit +M-Effekt o- und p-Stellung verarmt sind, wird die meta-Stellung für den Angriff bevorzugt. Eine ähnliche, aber zuverlässigere Aussage erhält man bei der Untersuchung der Resonanzstrukturen der π-Komplexe (s. →Benzolkohlenwasserstoffe). Stabilisierung eines Übergangszustandes bewirkt eine Erniedrigung der Aktivierungsenergie und damit eine Bevorzugung der betreffenden Position.

Das Verhältnis von ortho- zu para-Substitution sollte im Idealfall 2:1 sein. Die o-Stellung ist aber sterisch abgeschirmt, wie Verzweigungen am α-C-Atom beweisen. Sperrige Kationen greifen bevorzugt die p-Stellung an. Aber auch induktive und mesomere Effekte spielen eine Rolle.

Substitution 2.1.

Die Nitrierung ist die am besten erforschte Substitutionsreaktion. Das elektrophile Teilchen ist das Nitronium-Ion NO_2^+. Die bei präparativen Darstellungen zugesetzte Schwefelsäure dient nicht dazu, entstehendes Wasser zu binden, sondern das Nitronium-Ion zu bilden. Den Beweis für die Existenz dieses Ions liefern spektroskopische Untersuchungen, Röntgenstrukturbestimmungen der isolierten Verbindung NO_2ClO_4 und kryoskopische Messungen (Gefrierpunktserniedrigung) von HNO_3 in reiner Schwefelsäure. Die Auswertung dieser Messungen ergibt, daß 4 Teilchen auftreten. Die Dissoziation muß also nach folgender Gleichung verlaufen:

$$HNO_3 + 2H_2SO_4 \rightarrow 2HSO_4^- + H_3O^+ + NO_2^+$$

Nitrate und salpetrige Säure, die leicht Nitrate bildet, hemmen die Reaktion Lediglich sehr aktive aromatische Verbindungen werden von salpetriger Säure nitrosiert, und diese Verbindungen von der Salpetersäure oxydiert, so daß dieser Prozeß beschleunigt wird.

Die Halogenierung von Aromaten erfolgt mit katalytischer Hilfe von LEWIS-Säuren wie $ZnCl_2$, $AlCl_3$, $FeCl_3$. Die vermuteten positiven Halogenid-Ionen sind ebenso wenig nachgewiesen wie die Heterolyse der Halogenmoleküle durch den Katalysator nach dem Schema: $X_2 + MeX_n \rightleftarrows X^+ + (MeX_{n+1})^-$. Lediglich in sauren Lösungen der unterchlorigen Säure $HOCl$ soll Cl^+ oder H_2OCl^+ vorkommen. Der Angriff erfolgt vermutlich durch das Halogenmolekül, dessen Bindung durch den Katalysator polarisiert wird, so daß eines der beiden Halogenatome positiviert ist.

Fluor substituiert Aromaten nicht, sondern es addiert radikalisch, es entstehen also fluorierte Cyclohexanderivate (→Cycloalkane).

Bei der Sulfonierung in konzentrierter Schwefelsäure ist das SO_3-Molekül das elektrophile Teilchen (das S-Atom hat einen Elektronenmangel). Die Substitutionsreaktion ist in polaren Lösungsmitteln reversibel. Im Gegensatz zu den anderen Reaktionen ist die Abspaltung des Wasserstoffs aus dem π-Komplex der geschwindigkeitsbestimmende Schritt.

Die Alkylierung oder Acylierung aromatischer Systeme mit Hilfe von LEWIS-Säuren wird als FRIEDEL-CRAFTS-Reaktion bezeichnet. Als Alkylierungsmittel dienen Alkylhalogenide und →Alkene. Ähnlich wie bei der Halogenierung werden durch den sauren Katalysator Bindungen polarisiert. Es kommt sogar zur Bildung von Ionenpaaren (keine vollständige Dissoziation).

$$\bigcirc + \underline{C_2H_5Br + AlBr_3} \longrightarrow \bigcirc\text{-}C_2H_5^+\text{—}BrAlBr_3^- \longrightarrow \overset{H\;C_2H_5}{(\overset{+}{\bigcirc})} + AlBr_4^- \rightarrow \overset{C_2H_5}{\bigcirc} + HBr + AlBr_3$$
$$\quad\quad\; C_2H_5^+\text{—}BrAlBr_3^-$$

Substitution 2.2.

Das Reaktionsprodukt wird wegen seiner Alkylsubstituenten leichter angegriffen als das Ausgangsprodukt. Es kommt deshalb zur Mehrfachalkylierung. Präparativ wird eine Monoalkylierung meist durch Acylierung mit nachfolgender Reduktion erreicht.

Die Acylierung erfolgt durch ein Acylium-Ion R—C^+=O. Es entsteht bei Einwirkung von Lewis-Säuren auf Acylhalogenide (Säurechloride z. B.) oder von konzentrierter Schwefelsäure auf Säureanhydride. Das Acylierungsprodukt ist ein →Keton.

Ein →Aldehyd entsteht bei der Gattermann-Koch-Reaktion, bei der Kohlenmonoxid, Salzsäure und eine Lewis-Säure auf Aromaten einwirken. Das elektrophile Teilchen ist das H—C^+=O-Ion, das nach der Gleichung
$HCl + CO + AlCl_3 \rightarrow HCO^+ + AlCl_4^-$ gebildet wird.

Die *Azokupplung* ist ebenfalls eine elektrophile Substitution. Allerdings ist das Diazoniumkation nur ein schwaches elektrophiles Teilchen, das lediglich aktivierte aromatische Systeme, wie Phenole und Amine, angreift.

Bei den meisten primären Aminen erfolgt die Kupplung am N-Atom zu Diazoaminoverbindungen, die sich bei Erwärmen mit Säuren in Aminoazoverbindungen umlagern (→ org. Stickstoffv. 3.).

Diazoaminobenzol   Aminoazobenzol

2.2. Nucleophile Substitution

Dieser Reaktionstyp ist zwar seltener, aber die industrielle Herstellung von Phenol (Hydrolyse von Chlorbenzol durch NaOH) und Anilin erfolgt auf diese Weise. Wie bei den aliphatischen Verbindungen gibt es eine mono- und eine bimolekulare Reaktion.

Der S_N1-Mechanismus ist bei aromatischen Systemen weniger wahrscheinlich, da eine Stabilisierung eines Arylkations nach der Abspaltung der negativ geladenen Gruppe nicht möglich ist. Eine der wenigen Reaktionen nach diesem Schema ist die Verdrängung der Diazoniumgruppe. Die nucleophile Gruppe tritt an das Ring-C-Atom, die Diazoniumgruppe entweicht als Stickstoff. Die Lösung der C—N-Bindung ist der geschwindigkeitsbestimmende Schritt. Elektronenanziehende Gruppen wirken hemmend, elektronenabgebende beschleunigend.

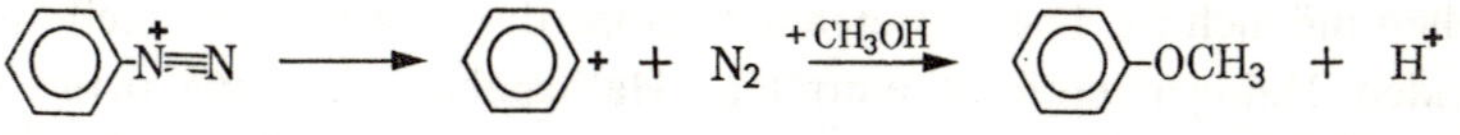

Substitution 2.2.

$$\text{C}_6\text{H}_5\text{-N}\equiv\text{N}^+ \longrightarrow \text{C}_6\text{H}_5^+ + \text{N}_2 \xrightarrow{+\text{CH}_3\text{OH}} \text{C}_6\text{H}_5\text{-OCH}_3 + \text{H}^+$$

Nitrohalogenbenzole reagieren nach dem S_N2-Mechanismus. Die Halogengruppe ist durch die elektronenanziehende NO_2-Gruppe aktiviert. Wie bei der elektrophilen Substitution wird die nucleophile Gruppe zuerst gebunden, dann das Halogenid-Ion abgespalten. Ähnlich wie die Nitrogruppe wirken die CN-, $COCH_3$- und SO_2CH_3-Gruppe in ortho- und para-Stellung, da sie für eine Delokalisierung der Ladung der nucleophilen Gruppe sorgen und somit den Angriff erleichtern.

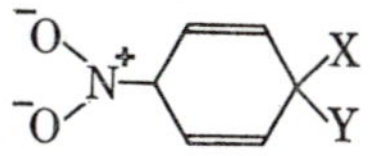

Bei meta- und para-Nitrohalogenbenzolen wirkt das Cyanid-Ion substituierend. Das Endprodukt dieser Reaktion (genannt nach VON RICHTER) ist aber eine Säure. Die Carboxylgruppe tritt in ortho-Stellung zur austretenden Nitrogruppe ein. Der Mechanismus setzt sich aus intramolekularen Additionen und Eliminationen zusammen.

Ähnlich der Abspaltung von HX aus Alkenhalogeniden zur Bildung von →Alkinen gibt es bei nicht aktivierten Halogenbenzolen einen Mechanismus, bei dem starke Basen Halogenwasserstoff abspalten. Das Zwischenprodukt müßte ein *Arin* (engl. benzyne) sein, ein sechsgliedriger Ring mit einer Dreifachbindung. Es ist noch nicht gelungen, solche Verbindungen zu isolieren. Wegen der Bindungswinkel (Atome mit Dreifachbindung und deren Nachbaratome liegen auf einer Geraden) sollten sie extrem instabil sein. Die Beweise für den Mechanismus sprechen aber eindeutig für eine Existenz von Arin-Zwischenstufen. So muß es bei substituierten Halogenbenzolen zu Umlagerungen kommen, aber nicht bei allen Molekülen, da eine Addition eines Teilchens an eine Dreifachbindung an

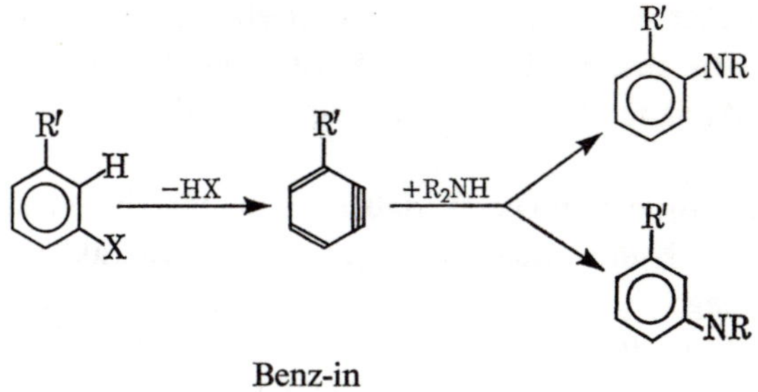

Benz-in
($R' = H$)
Dehydrobenzol

Subtilisin

zwei Stellen möglich ist. Die eintretende Gruppe darf nur um eine Stelle von dem austretenden Halogen entfernt eintreten. Halogenbenzole ohne ortho-Wasserstoffatome werden nicht nach diesem Mechanismus reagieren. Ein weiterer Beweis liegt darin, daß Arine gute Dienophile für die →DIELS-ALDER-Reaktion sind. Das zeigen die entsprechenden isolierten Endprodukte.

Literatur
GOULD, E.: Mechanismus und Struktur in der organischen Chemie. — Verlag Chemie, Weinheim 1965
MILLER, J.: Aromatic nucleophilic substitution. — Elsevier Pub. Company, Amsterdam 1968
BUNTON, C. A.: Nucleophilic substitution at a saturated carbon atom. — Elsevier Pub. Company, Amsterdam 1963
NORMAN, R. und TAYLOR, R.: Electrophilic substitution in benzenoid compounds. — Elsevier Pub. Company, Amsterdam 1965
GILCHRIST, T. u. REES, C.: Carbene, Nitrene und Dehydroaromaten. — Hüthig, Heidelberg 1972

Subtilisin s. Aminosäuren 2.1.
Sulfanilsäure s. org. Stickstoffverbindungen 2.
Sulfatverfahren s. Papier.
Sulfhydrylgruppe (HS-) s. org. Schwefelverbindungen 1.
Sulfide s. Sechste Hauptgruppe, org. Schwefelverbindungen 2. (Thioäther).
Sulfitverfahren s. Papier.
Sulfone s. org. Schwefelverbindungen.
Sulfonamide s. org. Schwefelverbindungen 3. org. Stickstoffverbindungen 2. Arzneimittel, Vitamine.
Sulfonsäuren s. org. Schwefelverbindungen 3.
Superflüssigkeit s. Helium.
Superphosphat s. Calcium, Phosphor, Düngemittel.

Supraleitung. Nach Vorstellungen DRUDES (†1906) verhalten sich die Leitungselektronen eines Metalles wie ein Gas in einem abgeschlossenen Gefäß. Beim Anlegen einer Spannung an die Drahtenden wird die Beweglichkeit bestimmt durch die thermischen Schwingungen der Gitterbausteine und durch Fehlstellen im Kristallgitter. In einem fehlerfreien Kristall muß demnach der elektrische Widerstand mit Annäherung an den absoluten Nullpunkt einen Minimalwert annehmen.

1911 entdeckte KAMMERLINGH-ONNES, daß manche Metalle wenige Gerade oberhalb des absoluten Nullpunktes bei einer für sie charakteristischen Sprungtemperatur T_c schlagartig den elektrischen Widerstand verlieren, daß ihre Leitfähigkeit um das 10^{16}—10^{20} fache ansteigt. Der Effekt ist in der gleichen Größenordnung, als ob das beste Isoliermaterial plötzlich die Leitfähigkeit des Silbers oder des Kupfers annähme.

Supraleitung

Das Problem Supraleitung wurde im Laufe des letzten Jahrzehnts in groben Zügen geklärt. Im thermischen Elektronengas korrelieren bei $T < T_c$ je zwei mit entgegengesetzten Impulsen ausgezeichnete Elektronen zu einem COOPER-Paar. Diese Paare sind untereinander wiederum korreliert, sodaß sie bei angelegter Spannung in geordneter Formation an den Gitterbausteinen vorbeigeführt werden. Kommt der Supraleiter in ein Magnetfeld, so drängt er es bis zu einer charakteristischen Feldstärke aus seinem Innern hinaus. Ist die Feldstärke überschritten, so verliert er trotz Unterschreitens der Sprungtemperatur seine Supraleitung. (MEISSNER-OCHSENFELD-Effekt (1933)).

Dem eben beschriebenen Typ I, zu dem die supraleitenden Elemente gehören, stehen die zu leitenden Metallide (s. Metalle) gegenüber. Sie sind durch eine z. T. beträchtlich höhere Sprungtemperatur gekennzeichnet und durch die Fähigkeit, bis zu einem gewissen Höchstwert in sich magnetische Felder zuzulassen: Typ II.

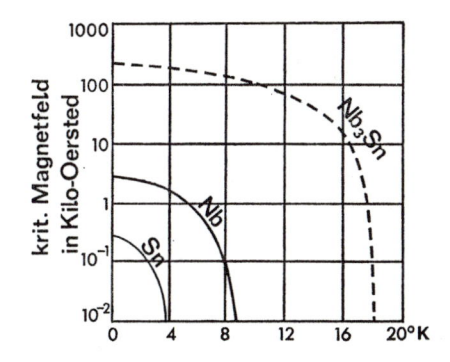

Die nebenstehende Figur gibt die Abhängigkeit der kritischen Magnetfeldstärke von der jeweiligen Temperatur zweier Supraleiter Typ I und einer aus ihnen gebildeten Legierung wieder. 1 Oersted ist die Magnetfeldstärke in einer langen Spule, durch die ein Strom von 1 Ampere fließt und bei der 79,6 Windungen auf einen Meter kommen.

Die Supraleitung ist eine Eigenschaft des jeweiligen Kristallgitters. Deswegen ist es auch möglich, aus nicht supraleitenden Metallen supraleitende Legierungen herzustellen. Ihre Sprungtemperatur liegt in der gleichen Größenordnung wie die der Reinelemente. Ein Beispiel für eine deratrige Legierung ist $SrRh_2$ mit T_c = 6,2 K. Die Spitzenwerte für T_c haben Technetium mit 8,22 und Niobium mit 9,13 K. Beim Typ II erreichen Niobium-Zinn-Legierungen die bisher beobachteten Höchstwerte von 18—18,5 K.

Die Sprungtemperaturen wurden als für die Elemente charakteristische Eigenschaften in das Periodensystem dieses Buches aufgenommen.

Eine praktische Anwendungsmöglichkeit für die Supraleiter ergibt sich aus erd

Supremax-Glas

bei ihnen möglichen hohen Stromdichte von 10^5—10^6 Ampere/cm². Bei gebräuchlichem Leitungsmaterial müßten die Querschnitte bedeutend größer sein. Außerdem entfällt beim Supraleiter das Abführen der nicht unbeträchtlichen Leitungswärme.

Literatur

KORNILOV: The Chemistry of Metallides. — Aus dem Russischen übersetzt von J.W. Loweberg. Consultants Bureau, New York 1966

FALK: Supraleitung. Physikalische Blätter, Heft 11/1969. — Physik Verlag, Mosbach/Baden. (Allgemeinverständlich)

RICKAYZEN: Theorie of Superconductivity. — Monographes and Texts in Physics and Astronomy Vol. XIV, Interscience Publishers New York, London, Sydney 1965

Supremax-Glas s. Glas.
Sydnone s. Heterocyclen 1.3.
Sylvin s. Kalium.
Sym. = Symmetrisch s. Benzolkohlenwasserstoffe 1.1.2.
Sympatol s. Arzneimittel.
Sympocain s. Arzneimittel.
Synartetisches Ion s. Umlagerungen 1.1.1.
Syndiotaktisch s. Polymerisation.

T

Tageslichtlampe s. Tellur.
Talk s. Silikate.
Tannine s Carbonsäuren 2.4.2., Heterocyclen 2.2.

Tantal gehört zu den Elementen der →Fünften Nebengruppe. Von ihm existieren die natürlichen Isotope mit den Massenzahlen 180 (0,0123%) und 181 (99,9877%). Das wichtigste von den bekannten 40 Mineralien, die Tantal enthalten, ist ein Tantalat-Niobat-Gemisch von Eisen und Mangan: $(Te,Mn)O \cdot (Nb,Ta)_2O_5$. Ist es reich an Tantal, trägt es den Namen Tantalit. Das größte Vorkommen dieser Art liegt in Brasilien. Weitere Fundstellen liegen in Schweden, Norwegen, Finnland, Grönland und Kamerun.

Tantal besitzt platingraue Farbe. Es ist ein hartes, sehr zähes, elastisches, dehnbares und polierbares Metall. In der Kälte ist Tantal praktisch gegen alle Säuren beständig. Weder Salzsäure und Salpetersäure, noch Königswasser von beliebiger Konzentration und Temperatur greifen Tantal bei Atmosphärendruck an. Nur bei Flußsäure, heißer Schwefelsäure und rauchender Salpetersäure zusammen mit Flußsäure ist Vorsicht geboten. Tantalerhitzer können bei fluorfreier Schwefelsäure zur Konzentration bis zu einem Druck von 10,5 at verwendet werden. Gegen Phosphorsäure ist es bis zu 175°C und einer Konzentration bis 85% korrosionsbeständig. Gegen Brom und Jod ist es unterhalb von 150°C beständig. Empfindlich ist es gegen Alkalien. Seewasser, Mineralwasser und salzhaltige Grubenwasser korrodieren Tantal nicht.

Wasserstoff kann von Tantal unter bestimmten Versuchsbedingungen bis zum 750-fachen Volumen aufgenommen werden. Durch die damit verbundene Hydridbildung wird es sehr hart und brüchig. Bei Temperaturen oberhalb 750°C gibt Tantal den Wasserstoff wieder ab.

Tantal ist gegen Sauerstoff bei Temperaturen bis über 100°C beständig. Bei 400°C bildet sich beim Erhitzen eine blaue Anlauffarbe, bei 600°C ein grauer Überzug (Ta_2O_4) und bei höheren Temperaturen eine weiße Schicht (Ta_2O_5). Oberhalb 200°C absobiert Tantal Stickstoff und versprödet; oberhalb 800°C nimmt es Stickstoff unter Nitridbildung auf.

Tantal ist eines der „Seltenen Metalle" des Raumfahrt-Zeitalters, zu denen auch Niobium, Molybdän, Wismut, Titan, Tellur, Palladium und Hafnium gehören, deren „Bevorratung" durch einen amerikanischen Kongreßbeschluß 1960 empfohlen wurde. In Deutschland wird Tantal zum größten Teil im chemischen Apparatebau verwandt. Hier findet es wegen seiner ausgezeichneten Korrosionsfestigkeit, seiner mechanischen Festigkeit, seiner guten Wärmeübertragung,

seiner niedrigen Wärmeausdehnung und seiner guten Verarbeitbarkeit in zunehmendem Maße Verwendung.
Preis ca. 500 DM/kg
Tartrate s. Carbonsäuren 2.4.1.
Taurin s. Steroide 2.
Tautomerie s. Isomerie 3., Umlagerungen 2.

Technetium gehört zu den Elementen der →Siebenten Nebengruppe. Stabile Isotope existieren nicht. Die langlebigsten sind die mit den Massenzahlen 97 ($2,6 \cdot 10^6$ Jahre), $98 (1,5 \cdot 10^6$ Jahre) und $99 (2,1 \cdot 10^5$ Jahre).
Noddack und Mitarbeiter, die das Rhenium entdeckt haben, suchten vergeblich nach dem Element 43. Sie glaubten, es spektroskopisch nachgewiesen zu haben und nannten es Masurium. Später stellte sich jedoch das als Irrtum heraus. Erst 1934 formulierte Mattauch die Regel, daß bei gleich schweren Nukliden, die zu Elementen benachbarter Ordnungszahl gehören, nur eines stabil ist. Da die Nachbarelemente Molybdän und Ruthenium alle Massenzahlen von 94 bis 102 mit stabilen Nukliden besetzen, konnte kein stabiles Technetium gefunden werden. Diese Regel kannten jedoch Noddack und Mitarbeiter damals noch nicht.
Als Entdecker gelten heute Perrier und Segré, die erstmals das Element künstlich durch Bestrahlen von Molybdän mit Deuterium erzeugten:

$$_{42}Mo(d;2n)\,_{43}Tc$$

Sie identifizierten bei ihren Versuchen die Isotope mit den Massenzahlen 95 und 97.
Seit 1937 hat man vielerlei Technetiumisotope hergestellt. Als man herausfand, daß das Technetium-98 langlebig sein mußte, ohne zunächst seine Halbwertszeit zu kennen, suchte man erneut nach einem natürlichen Vorkommen. Nach mehreren angeblichen Entdeckungen mit ihren Widerrufen konnte man schließlich nachrechnen, daß bei der natürlich auftretenden Uranspaltung $2,5 \cdot 10^{-10}$ g Tc pro Kilogramm Pechblende mit einem Gehalt von 50% Uran auftreten können. 1961 teilten Kenna und Kuroda mit, daß sie aus 5,3 kg Pechblende annähernd 10^{-9} g Technetium isoliert haben.
Größere Mengen Technetium lassen sich bei der Aufarbeitung der Uranstäbe der Reaktoren gewinnen. Die ersten Milligramme erhielt man 1948, die ersten Gramme 1952. Von den Zerfallsprodukten des Urans sind 6% Technetium. Selbst wenn man berücksichtigt, daß ein großer Teil von ihnen zu den kurzlebigen Isotopen gehört, so kann man bei der wachsenden Zahl von Reaktoren mit jährlichen Produktionsmengen von mehreren Kilogrammen rechnen.
Eine Anwendungsmöglichkeit ergibt sich als Inhibitor für die Korrosion gewisser Stahlsorten.

Da die langlebigen Technetiumisotope schwache ß-Strahler sind, ist nur die übliche Vorsicht, wie bei radioaktiven natürlichen Präparaten, zu beachten.
Preis ca. 450 DM/g (1961)

Technicolor s. Fotografie 2.
Teer s. Mineralkohlen (Steinkohlenteer).
Teflon s. Halogenderivate 3., Polymerisation, Fluor.

Tellur gehört zu den Elementen der →Sechsten Hauptgruppe. Stabile Isotope existieren mit den Massenzahlen 120(0,089%), 122(2,46%), 123(0,87%), 124 (4,61%), 125(6,99%), 126(18,71%), 128(31,79%) und 130(34,48%).
Gediegen kommt Tellur in Rumänien und Japan, als Selentellur in Honduras vor. Oft ist es an Quecksilber, Kupfer, Nickel und Blei, meist jedoch an Gold, Silber und Wismut gebunden (Telluride). Den entscheidenden Anteil an der Tellurproduktion haben Kanada und die USA. Tellur wird zusammen mit Selen aus dem Anodenschlamm gewonnen, der bei der Kupferraffination anfällt. Aus diesem muß es mit Selen zusammen entfernt werden. Die Trennung der im weiteren Verlauf entstehenden Selenite und Tellurite beruht auf dem verschiedenen Verhalten gegenüber Schwefelsäure: Während bei pH=5 Selensäure in Lösung bleibt, fällt Tellur als TeO_2 aus. Anschließend läßt sich das in verdünnter Säure wieder gelöste Tellur durch Zinkzusatz ausfällen. Angewendet wird auch eine elektrolytische Abscheidung des in Natriumhydroxid aufgelösten TeO_2.
Die metallische Form des Tellurs ist silberweiß, glänzend, spröde, leicht pulverisierbar und weich wie reines Gold. Es leitet Wärme und Elektrizität schlecht (Halbleiter). Ein Siebenneuner (99,99999%) Tellur dient zur Herstellung von Verbindungshalbleitern (z. B. Bi_2Te_3), die durch entsprechende Dotierungen p- oder n-leitend gemacht werden können.
Tellur ist unlöslich in Wasser, Salzsäure, Schwefelkohlenstoff, wäßriger Natriumsulfitlösung (im Gegensatz zu Selen), löslich dagegen in konz. Schwefelsäure, Kaliumcyanid und Kaliumhydroxid. Salpetersäure löst es zu telluriger Säure.
In Zusätzen von weniger als 1% vermag es die mechanischen Eigenschaften von Eisen, Kupfer und Blei zu verbessern. Ein mit Tellurzusätzen vulkanisierter Gummi findet Anwendung bei beweglichen Gummikabeln. Te-Cu- und Te-Pt-Thermoelemente eignen sich zur Messung von Temperaturen zwischen —75 und +90°C. In Quecksilberdampflampen gibt Tellur eine Farbenverteilung, die dem Tageslicht sehr nahe kommt.
Metallisches Tellur und alle seine Verbindungen sind giftig, besonders Tellurwasserstoff. Die zulässige Dosis beträgt 0,1 mg/m³ gegenüber 10 mg/m³ Blausäure. Bereits bei 0,01 mg/m³ tritt der charakteristische Knoblauchgeruch auf. Die Giftwirkung im menschlichen Körper beruht auf der Bildung des Methyltellurids. Es verursacht Magen- und Darmschäden und gefährdet die Organe.

Telluride

Telluride s. Sechste Hauptgruppe.
Telomerisation s. Polymerisation.
Temperguß s. Stahl.
Tenside s. Waschmittel.
Terbium gehört zu den →Lanthaniden. Das einzige stabile Isotop besitzt die Massenzahl 159.
Terephthalsäure s. Carbonsäuren 1.1.2. und 1.2.

Terpene sind Substanzen, die in *ätherischen Ölen* vorkommen und die man sich aus *Isopren* (2-Methylbuta→dien) aufgebaut denken kann. Die ätherischen Öle kommen hauptsächlich in Blüten, Blättern und Früchten vor und zeichnen sich durch Flüchtigkeit und Geruch aus. Eines dieser Öle, das Terpentinöl, lieferte den Namen für diese Gruppe von Verbindungen. Man erhält sie durch Extraktion mit Äther oder Petroläther (Leichtbenzin) oder durch Wasserdampfdestillation. Terpene und ihre Derivate werden in der Parfumindustrie verwendet.

Bei der Analyse der Terpene wurde festgestellt, daß die Moleküle ein Kohlenstoffgerüst haben, das ein Vielfaches der Zahl 5 enthält. Von RUZICKA wurde dann die *Isoprenregel* aufgestellt. Sie besagt, daß die Terpene (fast ausnahmslos) durch die Kopf-Schwanz-Vereinigung von Isoprenmolekülen theoretisch aufgebaut werden können. Die Untersuchung der Biosynthese (→Steroide, →Polyene 2.) zeigte, daß der Aufbau zwar nicht über das Isopren, aber über das sehr ähnliche *Isopentenylpyrophosphat* geht, das über das Zwischenstadium Mevalonsäure aus aktivierter Essigsäure (Acetyl-Co→enzym A) entsteht.

Kopf   Schwanz
$H_2C=C-CH=CH_2$ $H_3C-C=CH-CH_2\dotplus CH_2-C-CH=CH_2$
   | | ||
   CH_3 CH_3 CH_2
Isopren   Myrcen
           Aufbau aus Isopreneinheiten

$H_2C=C-CH_2-CH_2-O-\text{\textcircled{P}}\text{\textcircled{P}}$
   |
   CH_3
Isopentenylpyrophosphat
„aktiviertes Isopren"

Nach der Anzahl der vereinigten Isopreneinheiten unterscheidet man bei den Terpenen: 1. Monoterpene (C_{10}), 2. Sesquiterpene (C_{15}), 3. Diterpene (C_{20}), 4. Triterpene (C_{30}), 5. Tetraterpene (C_{40}) — diese Verbindungen (Carotinoide) sind unter dem Stichwort →Polyene 2. behandelt — und 6. Polyprene — diese hoch-

Terpene 1.

molekularen Substanzen sind unter dem Stichwort →Kautschuk zu finden. Innerhalb der einzelnen Terpengruppen kann man noch nach acyclischen (aliphatischen, offenkettigen), monocyclischen und bicyclischen Verbindungen trennen. →Aromatische Ringsysteme fehlen bei den Terpenen. Terpene treten nicht nur als →Kohlenwasserstoffe auf, sondern auch als Alkohole (→Hydroxylderivate), Aldehyde und Ketone (→Oxoverbindungen).

1. *Monoterpene*

Acyclische Monoterpene sind die isomeren Kohlenwasserstoff *Myrcen* (Lorbeer, Hopfen, Verbena) und *Ocimen* (Ocimum basilicum aus Java), die isomeren Alkohole *Geraniol* (Geranie, Rose), *Nerol* (cis-Isomer des Geraniols — →Isomerie 2. — Bergamotte), Linalool (Linaloe, Lavendel), *Lavandulol* (Lavendel, keine Kopf-Schwanzstruktur), der 2 H-Atome mehr enthaltende Alkohol *Citronellol* (Rose, Geranie, Citrone) und die Aldehyde Geranial, Neral (die beiden cis-trans-Isomere werden auch als Citral bezeichnet, Lemon-Gras, Citrone), Citronellal (Citronellöl).

Myrcen	Ocimen	Geraniol	Nerol	Linalool Lavandulol	Citronellol	Geranial
$C_{10}H_{16}$		(trans)	(cis)	×asymmetrisches	$C_{10}H_{20}O$	(Citral a)
		$C_{10}H_{18}O$		C-Atom		$C_{10}H_{16}O$

Zu den monocyclischen Terpenen gehören die von dem gesättigten Kohlenwasserstoff p-Menthan (1-Methyl-4-isopropyl-cyclohexan) abzuleitenden Menthadiene α-Terpinen (Majoran), Terpinolen (Zypressen), α-*Phellandren* (Fenchel, Eucalyptus) und *Limonen* (Citrone, Orange, Kümmel, Fichtennadeln). *Menthol* ist der wichtigste gesättigte Alkohol. Von den 8 möglichen optisch aktiven Isomeren (→Isomerie 2.) kommt in der Pfefferminze(—)-Menthol vor. Ungesättigte Alkohole sind α-Terpineol (Kampfer) und *Piperitol* (Eucalyptus). Monocyclische Aldehyde von Bedeutung sind Menthon (Pfefferminze), *Pulegon* (Polei), Piperiton (Eucalyptus) und *Carvon* (Kümmel, Dill). Verbindungen mit Strukturen außerhalb des Schemas sind die eigentlich bicyclischen Substanzen: *Cineol* (ein Äther aus Wurmsamen und Eucalyptus) und *Ascaridol* (ein Peroxid aus Gänsefußpflanzen). Ascaridol wird als Wurmmittel benutzt.

Terpene 1.

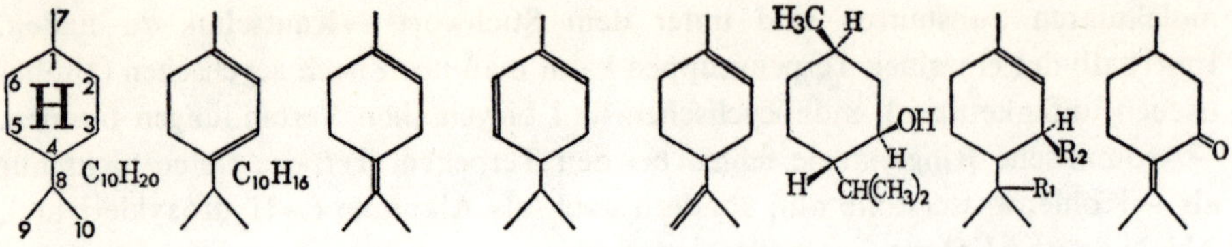

p-Menthan
α-Terpinen
Terpinolen
α-Phellandren
Limonen
L(-)-Menthol
$C_{10}H_{20}O$
α-Terpineol (R_1:OH, R_2:H)
Piperitol (R_1:H, R_2:OH)
$C_{10}H_{13}O$
Pulegon
$C_{10}H_{16}O$

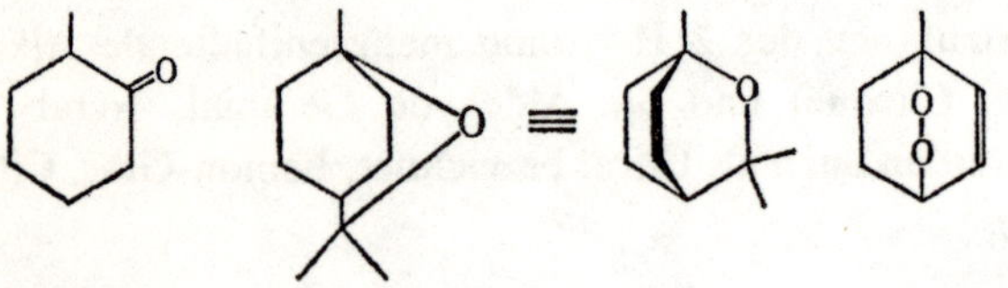

Carvon
Cineol
$C_{10}H_{18}O$
Ascaridol
$C_{10}H_{16}O_2$

Auch die bicyclischen Monoterpene lassen sich vom p-Menthan ableiten unter der Annahme, daß das C-Atom 8 der Isopropylgruppe sich ein zweites Mal mit einem C-Atom des Cyclohexanrings verbindet. Nach der Verknüpfungsstelle unterscheidet man die gesättigten Kohlenwasserstoffe *Caran*, Pinan und Camphan (*Bornan*). Beim *Thujan* liegt eine 4—6-Verknüpfung vor, beim Fenchan eine andere Ringstruktur.

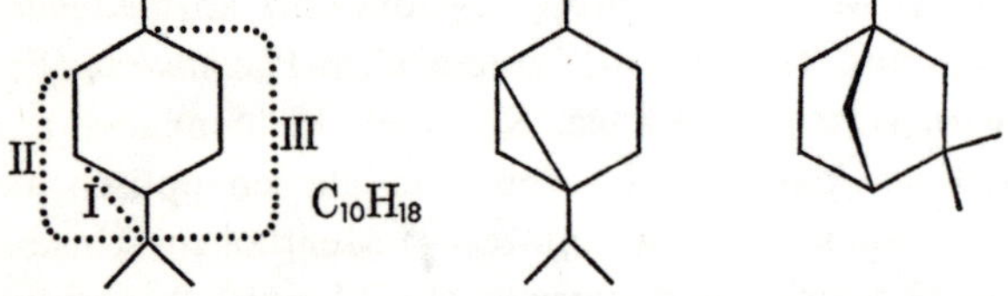

I Caran, II Pinan III Camphan $C_{10}H_{18}$ *Thujan*   Fenchan

Die C—C-Bindungen werden relativ leicht gelöst und neue hergestellt. Die bicyclischen Ringsysteme zeigen in besonderem Maß solche →Umlagerungen, besonders die WAGNER-MEERWEIN-Umlagerungen. So entsteht aus α-Pinen mit

HCl Bornylchlorid, das mit einer Base unter HCl-Abspaltung Camphen ergibt (Camphen ist vom Isocamphan abzuleiten).

α-Pinen   Bornylchlorid   Camphen

Von der Caran-Gruppe kommt nur Car-3-en im Terpentin natürlich vor. Die Hauptbestandteile des *Terpentins* (aus dem Harz von Nadelhölzern, besonders Kiefern, durch Wasserdampfdestillation gewonnen, Rückstand: Colophonium) sind die beiden ungesättigten Kohlenwasserstoffe der Pinan-Gruppe, α- und β-*Pinen*. Terpentinöl ist ein wichtiges Lösungsmittel für Harze, α-Pinen die Ausgangssubstanz für die industrielle Campherherstellung (mit 3 WAGNER-MEER-WEIN-→Umlagerungen). Andere Pinanderivate sind die Alkohole *Myrtenol* (Myrte) und *Verbenol* (Verbena) und die entsprechenden Aldehyde.

Car-3-en   α-Pinen   β-Pinen   Myrtenol   Verbenol
               $C_{10}H_{16}$ $C_{10}H_{16}O$

Campher ist die wichtigste Verbindung der Camphan-Gruppe, ein optisch aktives Keton. Die rechtsdrehende Form wird aus dem Campherbaum aus Formosa gewonnen. Campher wird zur Herstellung von Celluloid benötigt (Weichmacher für Cellulosenitrat), in der Pharmazie (Herztätigkeit wird angeregt, antiseptisches Mittel) und Labor für Messungen der Gefrierpunktserniedrigung (400°/Mol/100 g Campher). Wegen des großen Bedarfs wird Campher synthetisch hergestellt. Aus α-Pinen erzeugt man Camphen, das auf verschiedene Weise — meist über Veresterung — zu Isoborneol umgewandelt wird. Oxydation von Isoborneol liefert Campher. Campher hat einen charakteristischen Geruch (F: 179°C, Kp: 207°C). Es sublimiert bereits bei Zimmertemperatur.

Der zu Campher gehörende Alkohol (Borneol) kommt nur als rechtsdrehende Form in einigen ätherischen Ölen vor.

Aus der *Thujan*-Gruppe treten in der Natur α-Thujen und *Sabinen* in Ölen aus Nadelhölzern (Thuja, Juniperus) auf, Thujon auch im Salbei und Wurmsamen.

Terpene 2.

Wie der Name bereits andeutet, kommt der wichtigste Vertreter der Fenchan-Gruppe, das Keton *Fenchon*, im Fenchel, aber auch in Thuja-Arten vor.

Campher	(+)-Borneol	α-Thujen	Sabinen	Thujon	Fenchon
$C_{10}H_{16}O$	$C_{10}H_{18}O$	$C_{10}H_{16}$		$C_{10}H_{16}O$	$C_{10}H_{16}O$

2. Sesquiterpene

Man kennt bis heute 150 Sesquiterpene.

Zu den acyclischen Terpenen zählt *Farnesol* (Rose, Akazie, Cylamen). Monocyclisch sind *Bisabolen* (Bergamotte, Myrrhe), *Zingiberen* (Ingwer), *Curcumen* (Curcuma) und *Lanceol* (Sandelholz).

Bicyclische Strukturen (2 Sechsringe) haben *Cadinen* (Kubebenpfeffer), *Selinen* (Sellerie), *Eudesmol* (Eucalyptus), *Santonin* und *Artemisin* (beide aus Beifuß-Arten, zu Wurmkuren benutzt).

Eine bicyclische Struktur, die nicht aus zwei Sechsringen besteht, liegt sowohl im V*etivon* (Vetiver) als auch im *Guajol* (Guajakholz) vor. Es ist das Azulen-System (→Nichtbenzoide aromatische Verbindung 7.) aus einem Siebener- und einem Fünferring. Bei den beiden Terpenen ist das System teilweise hydriert, also nicht aromatisch.

Farnesol	Bisabolen	Zingiberen	γ-Curcumen	Lanceol	Cadinen	β-Selinen
$C_{15}H_{26}O$	$C_{15}H_{24}$	$C_{15}H_{24}$	$C_{15}H_{24}$	$C_{15}H_{24}O$	$C_{15}H_{24}$	$C_{15}H_{24}$

α-Eudesmol	R=H: Santonin	β-Vetivon	Guajol	Caryophyllen	natürliche trans-Konfiguration
$C_{15}H_{26}O$	$C_{15}H_{18}O_3$	$C_{15}H_{22}O$	$C_{15}H_{26}O$	$C_{15}H_{24}$	
	R=OH: Artemisin				

Humulen	d-Santalen
$C_{15}H_{24}$	$C_{15}H_{24}$

Aus einem Vierer- und einem Neunerring ist *Caryophyllen* (Nelkenöl) aufgebaut, das ähnliche *Humulen* (Hopfen) aus einem Elferring.

Ein Beispiel für ein tricyclisches Sesquiterpen ist α-*Santalen* (Sandelholz).

3. Diterpene

Diterpene treten häufig in den hoch siedenden Fraktionen der ätherischen Öle und in den Harzen auf.

Das einzige bis heute bekannte acyclische Diterpen ist Phytol. Es ist ein Baustein des Chlorophylls (→Porphine 4.) und der →Vitamine E und K_1. Die chemische Struktur des *Phytols* ist: 3,D-7,D-11-15-Tetramethylhexadeca-trans-2-en-1-ol. Ein monocyclisches Diterpen ist *Camphoren* (Campheröl). Die Struktur entspricht einem Dimyrcen (s. Monoterpene). Zu den monocyclischen Verbindungen ist auch →Vitamin A zu rechnen, das aber in tierischen Fetten und Ölen vorkommt. Es entsteht aus den zu den Tetraterpenen zu zählenden Carotinoiden (→Polyene 2.)

Phytol   Camphoren   Vitamin A_1
              $C_{20}H_{32}$

Bicyclische Diterpene sind die Alkohole *Sclareol* (Salbei-Arten) und *Manool* (Gelbkiefer). Eine tricyclische Struktur (dem aromatischen Phenanthren entsprechend) haben die *Harzsäuren*, die Hauptbestandteile des *Colophoniums*, das als Rückstand bei der Destillation der Harze der Nadelbäume übrig bleibt (Destillat: Terpentinöl). *Harzsäuren* sind Abietinsäure, Rechtspimarsäure (Dextropimarsäure), Linkspimarsäure (Levopimarsäure — die beiden Pimarsäuren sind keine optischen Antipoden, sondern einfache →Isomere). Aus den fossilen Harzen hat man den Kohlenwasserstoff Fichtelit isoliert. Podocarpsäure kommt zwar auch in vielen Harzen vor, ist aber wegen des aromatischen Rings kein Terpen.

Sclareol   Manool   Abietinsäure   r-Primarsäure   l-Primarsäure   Fichtelit   Podocarpsäure
$C_{20}H_{36}O$ $C_{20}H_{34}O$ $C_{20}H_{30}O_2$ $C_{20}H_{30}O_3$ $C_{20}H_{30}O_2$ $C_{19}H_{34}$ $C_{17}H_{22}O_3$

Terpene 4.

Bei den Diterpenen treten auch tetracyclische Ringsysteme auf wie im Phyllocladen.

4. *Triterpene*

Triterpene kommen in Harzen und Pflanzenseifen (Saponine) vor, aber auch in Tieren. Einige Verbindungen zeigen eine sehr nahe Verwandtschaft zu →Steroiden. Acyclisch ist der aus Haifischleberöl isolierte Kohlenwasserstoff *Squalen*. Es ist ein Zwischenprodukt bei der Biosynthese von Cholesterin. Durch Cyclisierung und Hydroxylierung geht Squalen in *Lanosterin* über, das neben Cholesterin im nicht-verseifbaren Teil des Wollfetts vorkommt.

Lanosterin ist tetracyclisch. Ein anderes tetracyclisches Ringsystem enthält *Onocerin* (Hauhechel). Die Bestandteile der Saponine sind dagegen pentacyclisch. Saponine sind — wie auch bei den →Steroiden 5. erwähnt — Glykoside (→Kohlenhydrate 1.2.). Als Aglykone — Sapogenine genannt — (zuckerfreie Bestandteile) treten Steroide und Triterpene auf. *β-Amrin* ist ein solches Sapogenin (Manila Elemi Harz). Ihr Derivat *Oleanolsäure* kommt frei in Gewürznelkenknospen, Olivenblättern und als Saponin in der Zuckerrübe vor. Ein anderes pentacyclisches Kohlenstoffskelett hat Lupeol (Lupinus albus), dessen Derivat *Betulin* das weiße Pigment der Birkenrinde ist.

Phyllocladen	Squalen	Onocerin	Lanosterol	R:CH_3:β-Amyrin	R:CH_3 = Luteol
$C_{20}H_{30}$	$C_{30}H_{50}$	$C_{30}H_{50}O_2$	$C_{30}H_{50}O$	R:COOH:Oleansäure	R:CH_2OH = Betulin

Literatur

PINDER, A.R.: The Chemistry of the Terpenes. — Chapman and Hall, London 1960
FLORKIN, M. u. STOTZ, E.: Comprehensive Biochemistry, Bd. 9. — Elsevier, Amsterdam 1963
SIMONSEN J.L. et al.: The Terpenes. Bd. 1—5. — University Press, Cambridge 1957
NEWMAN, A.: Chemistry of Terpens and Terpenoids. — Academic Press, London 1972

Terpentin s. Terpene 1.
Terramycin s. Antibiotica, Benzolkohlenwasserstoffe 2.3.3.
Tertiärstruktur s. Aminosäuren 3.
Terylen s. Polykondensation, Chemiefasern.
Testosteron s. Hormone, Steroide 3.
Tetracain = **Pantocain** s. Arzneimittel.

Tetracycline s. Antibiotica, Benzolkohlenwasserstoffe 2.3.3.
Tetrachlorkohlenstoff s. Halogenderivate 4.
Tetrachlormethan s. Halogenderivate 1.2. und 4.
Tetraeder-Feld s. Koordinationschemie.
Tetrafluoräthen s. Halogenderivate 3, Polymerisation.
Tetrahydrocannabinol s. Rauschgifte.
Tetrahydrofuran s. Äther 2.2., Heterocyclen 1.1.
Tetralin s. Benzolkohlenwasserstoffe 2.3.1.
Tex Maß für die Feinheit eines Fadens s. Chemiefaserstoffe (Viskoseverfahren).

Thallium gehört zu den Elementen der →Dritten Hauptgruppe. Von ihm existieren die beiden stabilen Isotope mit den Massenzahlen 203 (29,5%) und 205 (70,5%).
Im Gegensatz zu Gallium und Indium neigt es mehr zu örtlichen höheren Anreicherungen in einigen Sulfiden und zur Bildung eigener Mineralien. In den meisten Fällen jedoch wird die Größenordnung eines Spurenelementes nicht überschritten. Die technische Gewinnung stützt sich heute nur auf sulfidische Schwermetall-Vorkommen.
An Thallium hoch angereicherte Markasite (wasserhaltige Pyrite) finden sich in Georgien und in Kasachstan, in einigen Teilen Japans, in Kärnten und Jugoslawien mit Gehalten bis zu 500 g/t. In der Grube Pallières (Dep. Gard, Frankreich) konnten Gehalte bis zu 1500 g/t nachgewiesen werden. Thalliumhaltige Zinkerze werden in Italien, am Bleiberg in Kärnten und in Meggen (Westfalen) abgebaut. Ihr Gehalt liegt zwischen 50 und 680 g/t. Oxidische Erze sind in der Regel thalliumarm. Eine Ausnahme findet sich mit bis zu 1000 g/t in Transbaikalien.
Thallium läßt sich nur als Nebenmetall in Anlehnung an Verhüttungsverfahren für Schwermetallerze wirtschaftlich gewinnen. Da der Bedarf an Thallium und seinen Verbindungen nur gering ist im Vergleich zu den Erzeugungsmöglichkeiten, werden nur solche Erze herangezogen, in denen der Ausgangsgehalt eine weitere Anreicherung lohnend sein läßt.
Thallium ist ein auf frischer Schnittfläche weißglänzendes, an der Luft sofort grau anlaufendes Metall, das noch bedeutend weicher als Blei ist. Oberhalb 230°C geht das hexagonale α-Thallium in das raumzentrierte β-Thallium über. Beim Erstarren tritt eine 3,23% Volumenänderung ein.
Das Metall ist in Abhängigkeit von der Temperatur recht reaktionsfreudig und leicht oxydierbar. Bei Gegenwart von Feuchtigkeit entsteht bei der Oxydation das Thallium(I)-hydroxid. Es ist in Salpetersäure und in Schwefelsäure mit zunehmender Konzentration gut löslich, in Salzsäure wegen der Schwerlöslichkeit des TlCl jedoch schwer angreifbar. Das wichtigste Thalliumsalz ist das Tl_2SO_4,

das in kaltem Wasser wenig, in Wärme aber stark löslich ist. Bei Lichteinwirkung schwärzt es sich ähnlich Silbernitrat.

Alle Thalliumverbindungen stellen schwere Gifte dar. Die letale Dosis wird unterschiedlich mit 8—25 mg/kg Körpergewicht angegeben. Die Giftwirkungen, die zunächst schleichend auftreten können, führen zu Haarausfall, Störungen des Zentralnerven- und Verdauungssystems, grauem Star und anderen Krankheitsbildern. Wegen dieser Giftwirkung wird das geruch- und geschmacklose Thalliumsulfat als Bekämpfungsmittel gegen Nagetiere, vor allem Ratten, aber auch Ameisen herangezogen.

Geringe Mengen des Elements finden Anwendung in der Elektrotechnik für Spezialphotozellen (infrarotempfindlich) und zur Färbung optischer Gläser.

Thanite s. Schädlingsbekämpfungsmittel.
Thenardit s. Natrium.
Theobromin s. Alkaloide, Heterocyclen 2.4.
Theophyllin s. Alkaloide, Heterocyclen 2.4.
Thermoelemente s. Platin, Molybdän.
Thia: Hinweis auf S-Atom, meist in →Heterocyclen.
Thiamin s. Vitamin B_1, Heterocyclen 1.3.
Thiazol s. Heterocyclen 1.3.
Thioäther s. org. Schwefelverbindungen 2.
Thiokol s. Kautschuk, Polykondensation.
Thiole s. org. Schwefelverbindungen 1.
Thiophen s. Heterocyclen 1.1.
Thiosäuren s. Sechste Hauptgruppe.
Thiram s. Schädlingsbekämpfungsmittel.
Thomas-Verfahren s. Stahl.

Thorium. Das zu den →Actiniden gehörende Element hat nur das langlebige Isotop mit der Masse 232. Die Häufigkeit in der Erdkruste beträgt 0,0012%. Somit ist es dreimal so häufig wie Uran und nur geringfügig weniger häufig als Blei. Die Vorkommen des Thoriums sind gleich denen des Urans in der Natur weit verstreut. So ist es zusammen mit Lanthaniden, Tantal, Niob, Titan, Scandium, Zirkon, Hafnium und Uran in ca. 100 Mineralien enthalten. Den höchsten Gehalt zeigt das Mineral Thorit ($ThSiO_4$). Die Hauptquelle ist der Monazitsand, ein gelblich braunes Phosphat, das auch die Lanthaniden enthält. Primärlager des Monazitsandes in Graniten und Gneisen betragen nur 0,1% und sind somit nicht abbauwürdig. Erst nach langen Jahren der Erosion durch Flüsse wurde Monazitsand an den Flußläufen und Küsten konzentriert. Diese Konzentrate sind z. Z. die einzigen zur Verfügung stehenden Quellen des Monazits. Besonders bedeutend sind die Küsten von Travancore und Madras in Südindien. Als weitere Gebiete

folgen Brasilien, Südafrika, Ceylon, Australien, Skandinavien, Ural und Kanada. Der Gehalt an Thorium in Erzlagern, die zur Zeit mit wirtschaftlichem Nutzen ausgebeutet werden können, wird auf 1 Million Tonnen geschätzt.
Wegen der hohen Schmelztemperatur und des großen Reaktionsvermögens ist die Darstellung des Thoriums im Vergleich zum Uran schwieriger. Erforderlich ist die Anwendung vollständig geschlossener Apparaturen und von Schutzgasatmosphäre. Thoriumoxid läßt sich nicht durch Wasserstoff reduzieren. Die Reduktion mit Kohlenstoff ergibt ein Metall mit hohem Gehalt an Kohlenstoff, die Reduktion mit Aluminium Aluminium-Thorium-Legierungen. Den Verfahren zur Gewinnung metallischen Thoriums liegt zugrunde

1. Reduktion von Thoriumoxid und von Thoriumhalogenid,
2. Schmelzflußelektrolyse,
3. thermische Zersetzung von Thoriumjodid.

Angewendet werden die Reduktion des Oxids mit Calcium, die Schmelzflußelektrolyse von Thoriumhalogeniden und die Reduktion von Thoriumfluorid unter Zusatz von Zinkchlorid.

Pulverförmiges, kristallines Thorium, wie es bei den meisten Verfahren anfällt, besitzt grauglitzerndes Aussehen; geschmolzene Kügelchen sind von silberweißer Farbe. In frischem Anschnitt zeigt metallisches Thorium ein platinartig glänzendes Aussehen.

Thorium tritt in zwei Modifikationen auf, der flächenzentrierten α-Phase und ab 1400°C der raumzentrierten β-Phase. Seine Dichte beträgt 11,7 g/cm^3. Der Schmelzpunkt liegt bei 1690°C, der Siedepunkt bei 3500°C. Es ist leicht kalt und warm verformbar, allerdings unter Beachtung von Schutzmaßnahmen gegen chemische Angriffe der Atmosphäre. In seinen mechanischen Eigenschaften ähnelt es weichem Stahl. Thoriumpulver ist sehr pyrophor und entzündet sich daher im trocknen Zustand leicht durch Reibung.

In seinen chemischen Verbindungen ist Thorium durchweg vierwertig. Seine Fluoride, Karbonate, Hydroxide, Oxalate und Phosphate sind unlöslich. In wäßrigen Lösungen besteht Thorium aus Komplexionen von oft unbestimmbarer Zusammensetzung.

Metallisches Thorium löst sich in Königswasser. Die Geschwindigkeit des Lösungsvorganges in Schwefel-, Salz- und Salpetersäure ist vom Reinheitsgrad des Thoriums abhängig. So rufen Spuren von Fluoriden im Metall oder in der Säure ein rasches Auflösen hervor durch Zerstören des passiven Oxidfilms. Thoriummetall besitzt eine erheblich bessere Korrosionsbeständigkeit gegen Wasser als Uran. Chlor, Brom und Jod reagieren oberhalb 450°C unter Bildung der Halogenide. Wasserstoff und Stickstoff bilden die Hydride ThH_2 und ThH_4 und die instabilen Nitride Th$_3$N$_4$ und ThN. Beide Hydride zersetzen sich oberhalb 900°C. Schwefel und Schwefelwasserstoff reagieren bei höheren Temperaturen unter Bildung von ThS und Th$_2$S$_3$. Magnesiumlegierungen mit Thorium zeigen ähnliche Verbesserung wie die Legierungen mit Cer. Von den Verbindungen des Thoriums wurde am bekanntesten die Verwendung des Thoriumoxid für Gasglühstrümpfe. Dieses Oxid ist ein dichtes, weißes Pulver, das beim Erhitzen seine weiße Farbe behält. Es ist außer in heißer konzentrierter Schwefelsäure nicht löslich. Es besitzt den höchsten Schmelzpunkt aller Metalloxide (3200°C). Sein Siedepunkt liegt bei 4400°C. AUER VON WEISBACH beobachtete 1880 das große Lichtstrahlungsvermögen der Thoriterden und brachte 1885 die ersten Gasglühkörper in den Handel. Das starke Leuchtvermögen tritt nur dann auf, wenn das Thoriumoxid 1% Ceroxid enthält. Jedes Oxid für sich leuchtet nur schwach. Die Leuchtfähigkeit beruht darauf, daß es sich um einen Selektivstrahler handelt, also einen Körper, der nur in einigen Bereichen des Spektrums leuchtet, in anderen Bereichen jedoch fast gar nicht.

Ein wichtiges Anwendungsgebiet ist die elektrische Beleuchtungsindustrie. Reines Wolfram ist für Drahtglühfäden ungeeignet, weil die Kristalle bei höheren Temperaturen wachsen und in großen gleichachsigen Kristallen entlang der Korngrenzen gleiten. Die Gegenwart von Thoroxid stabilisiert das Kristallwachstum im Draht. So erhöht ein Zusatz von 1,5% Thoroxid die Rekristallisationstemperatur von 1200 auf 2000°C.

Der Einsatz von Thorium im Reaktor dient heute nur dazu, das Verhalten von Thoriummetall bzw. von Thoriumverbindungen zu untersuchen bzw. Uran-233 für Versuchszwecke herzustellen. Es ist vorläufig noch fraglich, ob Thorium eine ebensolche Bedeutung wie Uran gewinnen wird. Zunächst bilden die großem Thoriumerzlager eine Reserve für eine zukünftige Energieerzeugung auf der Grundlage einer Kernspaltung.

Der Thoriumkern ist bei Neutronenbeschuß nicht unmittelbar spaltbar, kann aber durch einen Brüterprozeß in das spaltbare Uran-233 umgewandelt werden. Es verhält sich somit ähnlich wie das Uran-238, das durch Neutroneneinfang und anschließender zweimaliger β-Strahlung in das spaltfähige Plutonium übergeht.

Literatur
SCHREITER: Seltene Metalle, Bd. III. — VEB Deutscher Verlag für Grundstoffindustrie, Leipzig 1962

Thortveitit s. Silikate, Scandium.
Threo-Form s. Isomerie 2.2.
Threonin s. Aminosäuren 1.2.
Thujan s. Terpene 1.

Thulium gehört zu den →Lanthaniden. Von ihm existiert nur das stabile Isotop mit der Massenzahl 169.
Thymin s. Heterocyclen 2.3., Nucleinsäuren.
Thymol s. Hydroxylderiv. 3.1. und 3.2.
Thyroxin s. Hormone.
Tiefsttemperaturen s. Helium, Gadolinium.
Tillmans Reagens s. Indikatoren.
Tischtschenko-Kondensation s. Ester 2, Oxoverbindungen 1.1.3.

Titan gehört zur →Vierten Nebengruppe der chemischen Elemente. Von ihm existieren die beständigen Isotope mit den Massenzahlen 46 (7,93%), 47 (7,28%), 48 (73,94%), 49 (5,51%) und 50 (5,34%). Mit 0,63% Anteil an der Erdkruste steht es an 9. Stelle der Elemente. Neben einer allgemeinen Verbreitung in verwitterten und sedimentären Gesteinen bildet es auch Lagerstätten mit reichem Titangehalt. Zu den wichtigsten Mineralien gehören der Ilmenit (FeO · TiO_2) und der Rutil (TiO_2). Große Lager von Ilmenit finden sich in den Ilmenbergen im Ural, im Staate New-York und in Florida. Rutil ist auf der ganzen Erde verbreitet.

Vom Titan gibt es zwei allotrope Modifikationen. Bei 882,5°C wandelt sich die hexagonal dicht gepackte α-Form in die kubisch raumzentrierte β-Form um. Mit einer Dichte von 4,5 g/cm³ liegt es zwischen Aluminium und Stahl. Man kann es somit noch zu den Leichtmetallen rechnen. Titan ist durch ein sehr günstiges Verhältnis zwischen Festigkeitseigenschaften und Dichte ausgezeichnet. Diesen Vorteil besitzt es bis zu 425°C, gegenüber Aluminium (150°C) und gewöhnlichem nichtrostenden Stahl (310°C). Kurzzeitig darf Titan bis 1100°C, bei Dauerbelastung bis 600°C ausgesetzt werden. Es hat den Vorteil, daß seine Festigkeit bei sinkenden Temperaturen zunimmt; bei −180°C ist sie doppelt so hoch wie bei Raumtemperatur. Mehr als 90% der Titanerzeugung werden für militärische Zwecke, im Flugzeugbau zur Verkleidung der Triebwerke und von Flügel- und Rumpfteilen, die erhöhter Temperatur ausgesetzt sind, sowie in den Antriebsaggregaten und im Rahmenbau verbraucht. Die inneren Konstruktionsteile der Mercury-Kapsel sind aus Titan angefertigt. Raketen und Flugkörper mit flüssigen Trieb- und Oxydationsmitteln (Temperaturen zwischen −195 und −250°C) besitzen Tanks aus Titanlegierungen.

Titan zeigt eine ausgezeichnete Korrosionsbeständigkeit, die ähnlich wie beim Aluminium auf eine schützende Oxidschicht zurückzuführen ist.

Während es gegen feuchtes Chlorgas beständig ist, entzündet es sich in trockenem Chlor unter Wärmeentwicklung. Wegen seiner Schutzschicht wird Titan von konzentrierter Salpetersäure, Chromsäure und kaltem Königswasser nicht angegriffen. Dagegen ist es nur gegen verdünnte Salzsäure und verdünnte Schwefelsäure widerstandsfähig. Titan ist ausgesprochen seeluft- und seewasserbeständig.

Titration

Titandioxid findet wegen seiner hohen Deckkraft Verwendung als Titanweiß. Dieses Weißpigment ist von einer Weltproduktion von 1000 t im Jahre 1920 auf 800.000 t im Jahre 1957 gestiegen.

Titration s. Maßanalyse.
Titriplex s. Maßanalyse, Indikatoren.
TNT s. org. Stickstoffverbindungen 1., Explosivstoffe.
Tocopherol s. Heterocyclen 2.2., Vitamin E.
Tollens-Reagens s. Oxoverbindungen 1.1.3.
Toluidin s. Org. Stickstoffverbindungen 2.
Toluol = Methylbenzol s. Benzolkohlenwasserstoffe 1.2.
Ton s. Keramik.
Tonwaren s. Keramik.
Tracer-Wasserstoff gleich Tritium.
Tranquilizer s. Rauschgifte.
Trans: gegenüberliegende Stellung bei einer Doppelbindung, s. Isomerie 2.1.
Transannulare Effekte s. Cycloalkane.
Transmitter s. Org. Stickstoffverbindungen 2., Hormone.
Traubenzucker s. Kohlenhydrate 1.2.
Tremolit s. Silikate.
Trevira s. Polykondensation, Chemiefasern.
Triazol s. Heterocyclen.
Trichloressigsäure s. Carbonsäuren (Einleitung u. 2.2.), Schädlingsbekämpfungsmittel.
Tridymit s. Silikate.
Trinitrotoluol s. Explosivstoffe (Nitrokörper).
Triphenylmethyl s. Benzolkohlenwaserstoffe 2.1., Radikale.
Triphenyltetrazoliumchlorid s. Indikatoren, Heterocylen 1.3.
Tritan = Triphenylmethan s. Benzolkohlenwasserstoffe 2.1.
Tritium Name für den überschweren Wasserstoff.
Trockenelemente s. Mangan, Galvanische Elemente.
Troegersche Base s. org. Stickstofverbindungen 2.
Tropolon s. nichtbenzoide aromat. Verbindungen 4.
Tropyliumderivate s. nichtbenzoide aromat. Verbindungen 4.
Trotyl s. Explosivstoffe (Nitrokörper).
Trypaflavin s. Heterocyclen 2.2.
Trypsin s. Aminosäuren 2.1.
Tryptophan s. Aminosäuren u. Heterocyclen 1.2.
Tschitschibabin-Reaktion s. Heterocyclen 2.1.

Tschugajew-Methode s. Alkene, Radikalreaktionen, Elimination.
TTC s. Indikatoren.
Tungsten Name für das Element Wolfram.
Tungstein s. Wolfram
Tunneleffekt s. Kinetik (chemische).
Twistan s. Cycloalkane 2.4.
Twist-Form s. Cycloalkane 1.1.
Tyrosin s. Aminosäuren 1.2.

U

Ubichinon s. Oxoverbindungen 2.4.
Übertragungsreaktionen s. Polymerisation, Radikalreaktionen.
Überspannung s. Elektrolyse.
Ullmann-Reaktion s. Benzolkohlenwasserstoffe 2.2.
Ultramarin s. Farbstoffe 3.
Umkehrfilme s. Fotografie 1. und 2.

Umlagerungen sind Reaktionen, bei denen ein Atom oder eine Atomgruppe innerhalb eines Moleküls den Platz wechselt. Meistens sind es 1,2-Verschiebungen, d. h. die Gruppe ist von einem Atom zum Nachbaratom gewandert. Nach dem Bindungstyp des Moleküls kann man die Umlagerungen einteilen in solche 1. an gesättigten Systemen, 2. an ungesättigten und 3. an aromatischen Systemen. Bei den Umlagerungen an gesättigten Systemen können durchaus Mehrfachbindungen vorhanden sein, sie sind aber für die Reaktion nicht notwendig.

1. *Umlagerungen an gesättigten Systemen*

Nach der Ladung der wandernden Gruppe ist eine weitere Unterscheidung möglich. Findet die Verschiebung zu einem Atom mit Elektronenmangel statt — die wandernde Gruppe nimmt das Bindungselektronenpaar mit —, so spricht man von nucleophiler, anionotroper oder Sextett-Umlagerung. Wird eine Gruppe ohne das Bindungselektronenpaar umgelagert zu einem Atom mit Elektronenüberschuß, nennt man es elektrophile oder kationotrope Umlagerung — Spezialfall: prototrope Umlagerung bei Protonenverschiebung. Der seltenste Fall ist die Radikalumlagerung, wenn von der wandernden Gruppe nur ein Bindungselektron mitgenommen wird.

1.1. *Nucleophile Umlagerungen*

1.1.1. *Verschiebungen zu C-Atomen*

Bei den nucleophilen Umlagerungen muß das aufnehmende Atom einen Elektronenmangel haben. Die Reaktion findet also grundsätzlich in drei Schritten statt: 1. Ausbildung eines Elektronensextetts am aufnehmenden Atom, 2. Wanderung der nucleophilen Gruppe, 3. Aufnahme einer weiteren nucleophilen Gruppe am abgebenden Atom.

Schaffung eines Elektronensextetts bedeutet beim C-Atom fast ausschließlich Bildung eines *Carbonium-Ions*. Carbonium-Ionen entstehen aus Alkoholen (→Hydroxylderivate) durch Wasserabspaltung mit katalytischer Hilfe von Säuren, aus Halogeniden (→Halogenderivate) durch Halogenabspaltung in polaren

Umlagerungen 1.1.1.

Lösungsmitteln, aus →Alkenen durch Protonenaddition und aus primären Aminen (→org. Stickstoffverb. 2.) durch Stickstoffabspaltung mit salpetriger Säure.

Die Umlagerung kann nach Schaffung der Voraussetzung aber nur stattfinden, wenn die freie Energie des Systems dabei abnimmt (exergonischer Prozeß). Die Umlagerungsreaktionen können nach zwei Mechanismen verlaufen, die man — da es sich um intramolekulare →Substitutionen handelt — nach den Einteilungsprinzipien bei Substitutionen als S_N1 bzw. S_N2 klassifiziert.

Bei der S_N1-Reaktion verlaufen die Teilschritte nacheinander. Es kommt zu einer Ausbildung eines Carbonium-Ions. Da die wandernde Gruppe das Molekül nie verläßt, gibt es auch ein Stadium, in dem sie gleich weit vom abgebenden und vom aufnehmenden Atom entfernt ist. Für dieses Zwischenstadium werden nichtklassische, sog. *synartetische Ionen* vorgeschlagen, bei wanderndem C-Atom protonierte Cyclopropanringe.

Der Unterschied bei der S_N2-Reaktion ist der gleichzeitige Verlauf der ersten beiden Schritte. Es kommt also nicht zu einem Carbonium-Ion. Eine Entscheidung über den Mechanismus läßt sich an Verbindungen treffen, bei denen das aufnehmende Atom ein Asymmetriezentrum darstellt. Bei dem S_N1-Mechanismus kann es bei Ausbildung des Carbonium-Ions zu einer Racemisierung kommen (→Isomerie 2.). Der S_N2-Mechanismus verläuft dagegen stereospezifisch. Der Angriff der wandernden Gruppe muß von der der austretenden Gruppe entgegengesetzten Seite erfolgen. Es kommt zu einer Konfigurationsumkehr. Das Endprodukt ist also im Gegensatz zum S_N1-Produkt einheitlich, es entspricht dem optischen Antipoden. Beim S_N1-Mechanismus liegt ein Racemat, ein Gemisch der beiden optischen Antipoden, vor. S_N2-Prozesse stellen die Mehrzahl der nucleophilen Umlagerungsreaktionen dar, S_N1-Mechanismen treten nur bei tertiären C-Atomen auf oder bei aromatischen Substituenten, weil dann ein stabiles Carbonium-Ion gebildet werden kann.

$$\underset{S_N1\text{-Mechanismus}}{-\overset{Y}{\underset{|}{C}}-\overset{X}{\underset{|}{C}}-} \xrightarrow{-X^-} -\overset{Y}{\underset{|}{C}}-\overset{}{\underset{|}{C^+}}- \rightarrow \underset{\text{Synartetisches Ion}}{-\overset{Y}{C}\overset{+}{\triangle}\overset{}{C}-} \rightarrow -\overset{Y}{\underset{|}{C^+}}-\overset{Y}{\underset{|}{C}}- \xrightarrow{+Z^-} -\overset{Z}{\underset{|}{C}}-\overset{Y}{\underset{|}{C}}-$$

$$\underset{S_N2\text{-Mechanismus}}{-\overset{Y}{\underset{X}{C}}-\overset{}{\underset{|}{C}}-} \rightarrow -\overset{Y}{C}\overset{+}{\triangle}\overset{}{\underset{X}{C}}- \xrightarrow{-X^-} -\overset{Y}{\underset{|}{C^+}}-\overset{}{\underset{|}{C}}- \xrightarrow{+Z^-} -\overset{Z}{\underset{|}{C}}-\overset{Y}{\underset{|}{C}}-$$

Umlagerungen 1.1.1.

Sind verschiedene Gruppen in der Lage zu wandern, so wird eine Verschiebung der Gruppe erfolgen, die als stärkerer Elektronendonator auftritt, d. h. die stärker nucleophile Gruppe. Sterische Faktoren können dies verhindern.
Beispiele für die beschriebene Art der nucleophilen Umlagerung sind die WAGNER-MEERWEIN-Umlagerungen und die Pinakol-Umlagerungen.
Bei den WAGNER-MEERWEIN-Umlagerungen dienen Alkohole oder Halogenide als Ausgangssubstanzen. Die Schaffung der Carbonium-Ionen wird bei den Alkoholen durch BRÖNSTED-Säuren, bei Halogeniden durch LEWIS-Säuren erreicht (→Säure-Base). Nach der Umlagerung wird ein nucleophiles Teilchen aus der Lösung (u. U. das Lösungsmittel) aufgenommen. Als Beispiel wird die Neopentylumlagerung dargestellt (Neopentyl = 2,2-Dimethylpropyl).

$$H_3C-\underset{\underset{CH_3}{|}}{\overset{\overset{CH_3}{|}}{C}}-CH_2-R \xrightarrow{-R^-} H_3C-\underset{\underset{CH_3}{|}}{\overset{\overset{CH_3}{|}}{C}}-\overset{+}{C}H_2 \rightarrow H_3C-\underset{\underset{CH_3}{|}}{\overset{\overset{CH_3}{|}}{\overset{+}{C}}}-CH_2$$

R: Halogen, —OH; R$_1$: Halogen, —OH, —OAlkyl (Alkoholrest)
Neopentylderivat

$$\xrightarrow{+R_1^-} H_3C-\underset{\underset{R_1}{|}}{\overset{\overset{CH_3}{|}}{C}}-CH_2-CH_3$$

2-Methyl-butanderivat

Weitverbreitet sind die WAGNER-MEERWEIN-Umlagerungen bei den bicyclischen →Terpenen (s. d. 1.). Bei der technischen Herstellung von Campher aus α-Pinen werden 3 Umlagerungsreaktionen benutzt.
Verschiebungen dieser Art treten auch bei ungesättigten Kohlenwasserstoffen auf, die ein Carbonium-Ion durch Protonenaufnahme von einer Säure bilden. Dies ist die Grundlage des Crackprozesses →Erdöl mit LEWIS-Säuren (Cracken kann auch über radikalische Zwischenstufen stattfinden →Radikalreaktionen).

$$H_3C-\underset{\underset{CH_3}{|}}{\overset{\overset{CH_3}{|}}{C}}-CH=CH_2 \xrightarrow{+H^+} H_3C-\underset{\underset{CH_3}{|}}{\overset{\overset{CH_3}{|}}{C}}-\overset{+}{C}H-CH_3$$

2,2-Dimethylbut-1-en

$$\rightarrow H_3C-\underset{\underset{CH_3}{|}}{\overset{\overset{CH_3}{|}}{\overset{+}{C}}}-CH-CH_3 \xrightarrow{-H^+} \underset{H_3C}{\overset{H_3C}{\diagdown}}C=C\underset{CH_3}{\overset{CH_3}{\diagup}}$$

2,3-Dimethylbut-2-en

Umlagerungen 1.1.1.

Ein Spezialfall ist die DEMJANOW-Umlagerung. Primäre Amine werden dabei mit salpetriger Säure desaminiert (→org. Stickstoffv.2.), wobei ein Carbonium-Ion entsteht. Es kommt bei der Umlagerung von alicyclischen Aminen — ähnlich wie bei den →Terpenen — zur Ringerweiterung bzw. Ringverengung (→Cycloalkene 1.2.).

$$\begin{array}{c} H_2CNH_2 \\ H_2C-CH \\ | \quad | \\ H_2C-CH_2 \end{array} \xrightarrow[-H_2O]{+HNO_2} \begin{array}{c} H_2C-N^+\equiv N|OH^- \\ H_2C-CH \\ | \quad | \\ H_2C-CH_2 \end{array} \xrightarrow[-OH^-]{-N_2} \begin{array}{c} ^+CH_2 \\ H_2C-CH \\ | \quad | \\ H_2C-CH_2 \end{array}$$

Cyclobutanderivat

$$\rightarrow \begin{array}{c} H_2 \\ C \\ H_2C \quad \overset{+}{C}H \\ | \quad\quad | \\ H_2C\text{------}CH_2 \end{array} \xrightarrow{+OH^-} \begin{array}{c} H_2 \\ C \\ H_2C \quad CHOH \\ | \quad\quad | \\ H_2C\text{------}CH_2 \end{array}$$

Cyclopentanol

Die wandernde Gruppe kann auch Wasserstoff sein. In diesem Fall spricht man von einer Hydrid-Verschiebung.

Eine der WAGNER-MEERWEIN-Umlagerung ähnliche Verschiebung liegt bei der *Pinakol*-Umlagerung vor. Pinakole sind substituierte 1,2-Diole (→Hydroxylderivate 1.2.), also Verbindungen mit zwei benachbarten tertiären Alkoholgruppen. Unter katalytischem Einfluß von Säuren kommt es zur Abspaltung von OH⁻, Wanderung einer Gruppe und Stabilisierung durch Abspalten eines Protons, was zur Ausbildung einer C=O-Doppelbindung führt. Arylgruppen wandern leichter als Alkylgruppen, weil sich bei ihnen ein →mesomeriestabilisiertes Ion als Zwischenprodukt ausbilden kann. Ähnliche Umlagerung — aber durch Hydridverschiebung — führt bei normalen Glykolen (1,2-Diole) zu Oxoverbindungen. Andere Umlagerungen dieses Typs sind die →Acyloin- und die Benzilsäure-Umlagerung (→Oxoverbindungen 2.1.). Die *Acyloin-Umlagerung* läuft protonen-katalysiert ab, die *Benzilsäure-Umlagerung* hydroxylionen-katalysiert.

Eine nucleophile Umlagerung, bei der am C-Atom zwar ein Sextett, aber kein Carbonium-Ion ausgebildet wird, ist die WOLFF-Umlagerung. α-Diazoketone verlieren leicht den Stickstoff. Es entsteht ein →Carben (Verbindung mit zwei ungepaarten Elektronen). Durch Umlagerung bildet sich ein Keten (→Oxoverb. 1.2.). Das Keten reagiert meist mit dem Lösungsmittel. Deshalb ist die WOLFF-Umlagerung ein Teilschritt bei der ARNDT-EISTERT-Synthese von →Carbonsäuren (s. d. 1.1.).

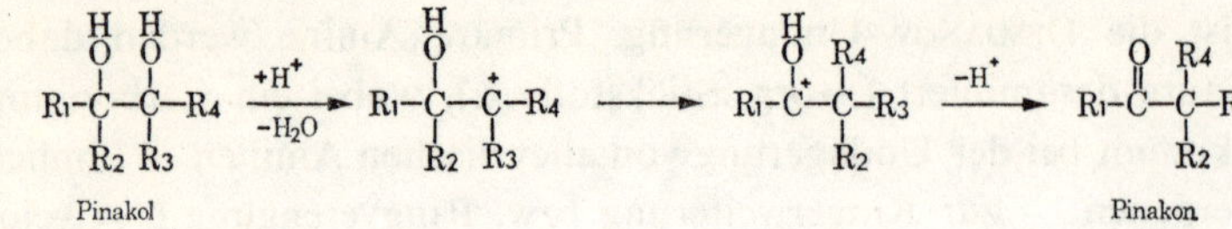

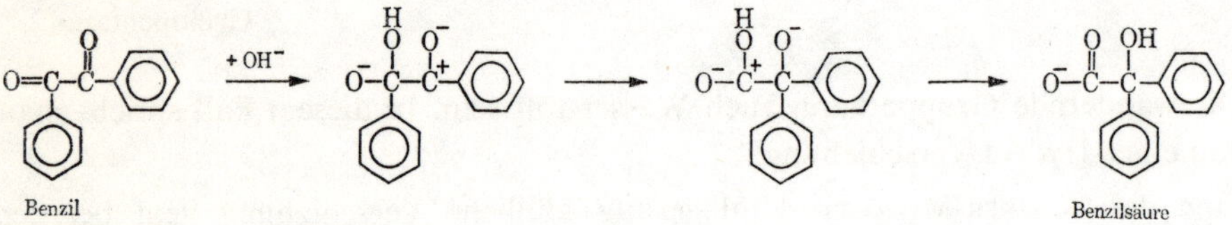

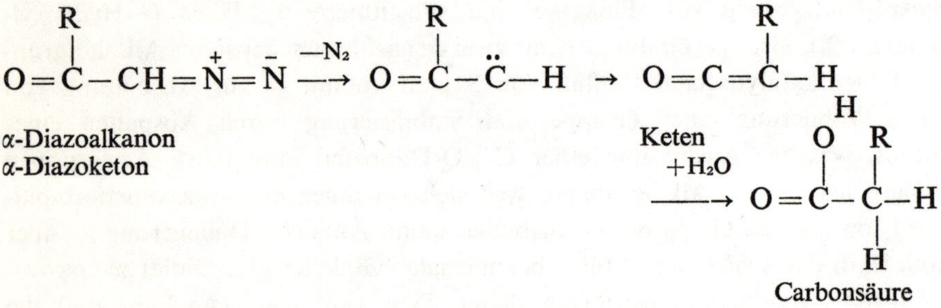

Umlagerungen 1.1.2.

[Reaction scheme: Pinakol → Pinakon via +H⁺/−H₂O and −H⁺]

[Reaction scheme: Glykol → Äthanal; Acetaldehyd]

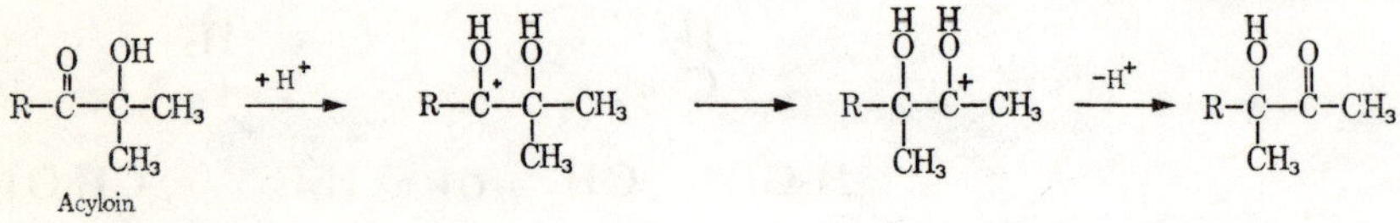

[Reaction scheme: Acyloin rearrangement with CH₃ groups]

[Reaction scheme: Benzil + OH⁻ → Benzilsäure]

$$O=C-CH=\overset{+}{N}=\overset{-}{N} \xrightarrow{-N_2} O=\underset{R}{C}-\overset{..}{C}-H \rightarrow O=C=\underset{H}{\overset{R}{C}}-H$$

α-Diazoalkanon
α-Diazoketon

Keten
+H₂O

$$\longrightarrow O=C-\underset{H}{\overset{R}{C}}-H$$
$$\overset{O}{|}\overset{|}{}$$

Carbonsäure

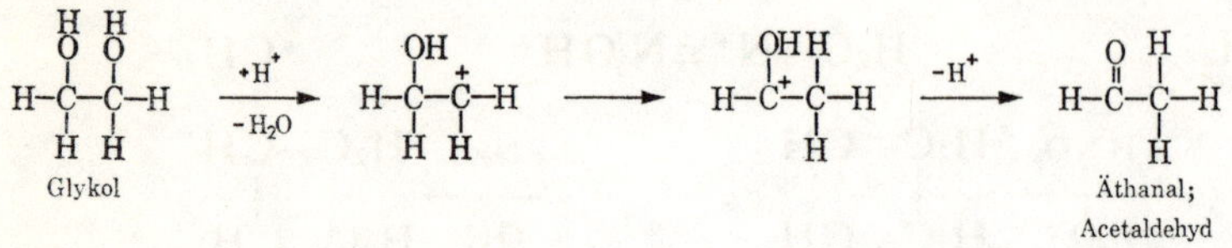

1.1.2. *Verschiebung zu N- oder O-Atomen*

Ein Elektronenmangel kann auch an N- und O-Atomen auftreten, eine Voraussetzung für nucleophile Umlagerungen.

Für die Wanderung zu einem N-Atom ist die BECKMANN-Umlagerung ein bekanntes Beispiel. Ket→oxime spalten unter dem Einfluß von Säuren oder Säurechloriden die OH-Gruppe ab. Bei der Umlagerung wandert der Substituent in anti-(trans-)-Stellung. Es kommt also nicht auf die Nucleophilie des Substituenten, sondern auf seine Stellung an. Den Abschluß der Reaktion bildet die Wiederaufnahme von OH⁻. Technische Anwendung findet diese Umlagerung bei der Herstellung der Ausgangsstoffe für Perlon (→Chemiefasern).

Umlagerungen 1.1.2.

$$\underset{\text{Ketoxim}}{\overset{R}{\underset{R'}{>}}C=N\diagdown_{OH}} \xrightarrow[-H_2O]{+H^+} \overset{R}{\underset{R'}{>}}C=\overset{+}{N} \longrightarrow \overset{R}{\underset{R'}{>}}\overset{+}{C}=N\diagdown_{R}$$

$$\xrightarrow{+OH^-} \overset{OH}{\underset{R'}{>}}C=N\diagdown_{R} \rightarrow \underset{\substack{\text{substituiertes}\\\text{Säureamid}}}{\overset{O}{\underset{R'}{>}}C-N\diagdown_{R}^{H}}$$

Verschiebungen zu N-Atomen analog der WOLFF-Umlagerung findet man bei dem HOFMANN-, CURTIUS- und LOSSEN-Abbauprozessen. Es handelt sich in allen drei Fällen um den Abbau von →Carbonsäuren (s. d. 1.1.3. u. 3.3.) in Form von Stickstoffderivaten über das Zwischenstadium Isocyanat zu Aminen (→Org. Stickstoffv. 2.). Der Stickstoff tritt nicht positiv geladen auf, sondern in einem, dem →Carben entsprechenden Zustand als Nitren¹. Der Unterschied bei den drei Umlagerungen liegt in den Ausgangsprodukten, bei HOFMANN Amide, bei CURTIUS Aziden, bei LOSSEN Hydroxamsäuren.

$$\underset{\substack{\text{Säureamid}\\\text{HOFMANN-Abbau mit Umlagerung}}}{O=\underset{R}{\overset{|}{C}}-NH_2} \xrightarrow{-H_2} \underset{\text{Nitren}}{O=\underset{R}{\overset{|}{C}}-N:} \rightarrow O=\underset{R}{\overset{|}{\overset{+}{C}}}-N^- \rightarrow \underset{\text{Isocyanat}}{O=C=N-R}$$

$$\xrightarrow{H_2O} \underset{\text{Carbaminsäure}}{\overset{HO}{\underset{O}{>}}C-N\diagdown_R^H} \rightarrow CO_2 + R-NH_2 \quad \text{Amin}$$

$$\underset{\substack{\text{Hydroxamsäure}\\\text{LOSSEN-Abbau}}}{O=\underset{R}{\overset{|}{C}}-NHOH} \xrightarrow[-H_2O]{+OH^-} O=\underset{R}{\overset{|}{C}}-\overset{-}{N}-OH \xrightarrow{-OH^-} \underset{\text{Nitren}}{O=\underset{R}{\overset{|}{C}}-N:} \xleftarrow{-N_2}$$

$$O=\underset{R}{\overset{|}{C}}-\overset{-}{N}-N\equiv \overset{+}{N}$$
Säureazid
CURTIUS-Abbau

Umlagerungen 1.2.

Eine Umlagerung zu einem O-Atom findet bei der BAEYER-VILLINGER-Oxydation von Ketonen (→Oxoverb.) statt. Als Oxydationsmittel dienen H_2O_2 oder Peroxysäuren wie Carosche Säure (H_2SO_5), Trifluorperoxyessigsäure ($F_3CCOOOH$). Als Reaktionsprodukt entstehen aus Ketonen Ester, aus cyclischen Ketonen Lactone (Ringe durch intramolekulare Wasserabspaltung aus Hydroxy→carbonsäuren s. d. 2.4.). Nach Protonierung des Ketons lagert sich das Säureanion an das Carbonium-Ion, spaltet aber den „normalen" Säurerest — nicht den der Peroxysäure — wieder ab. Die Spaltung der Peroxybindung erfolgt heterolytisch, d. h. das zurückbleibende O-Atom hat nur ein Elektronensextett. Das ist die Voraussetzung für die Umlagerung, die durch Abspaltung eines Protons beendet wird.

$$R_1-\underset{\text{Keton}}{\overset{O}{\overset{\|}{C}}}-R_2 \xrightarrow{+H^+} R_1-\overset{OH}{\underset{|}{C^+}}-R_2 \xrightarrow{+R_3-C(=O)-O-O^-} R_1-\overset{OH}{\underset{|}{\underset{O-O-C(=O)-R_3}{C}}}-R_2$$

$$\xrightarrow{-R_3-C(=O)-O^-} R_1-\overset{OH}{\underset{|}{\underset{O^+}{C}}}-R_2 \rightarrow R_1-\overset{OH}{\underset{|}{\underset{O-R_2}{C^+}}} \xrightarrow{-H^+} R_1-\overset{O}{\overset{\|}{C}}-OR_2 \quad \text{Ester}$$

1.2. Elektrophile Umlagerungen

Der Verlauf dieser Umlagerungen entspricht dem der nucleophilen Reaktionen. Der entscheidende Unterschied liegt darin, daß durch Abspaltung eines Protons oder eines anderen Kations ein nucleophiles Atom geschaffen wird, also ein Atom mit einem freien Elektronenpaar (*Carbanion*). Die wandernde Gruppe bringt kein Elektron zur Bindung mit. Die Stabilisierung erfolgt u. U. durch Aufnahme eines Protons.

Daß die elektrophilen Umlagerungen seltener vorkommen als nucleophile, ist durch die Schwierigkeit zu begründen, mit der man mit Hilfe einer Base die C—H-Bindung heterolytisch spalten kann. Eine Voraussetzung ist deshalb das Vorhandensein elektronenanziehender Substituenten.

Bei der STEVENS-Umlagerung wandert eine Gruppe von einem Onium-Atom (Ammonium- Sulfonium-) zu einem C-Atom, das unter Baseneinfluß ein Proton verloren hat. Die Verschiebung der Gruppe wird — in Umkehr der Befunde bei der nucleophilen Umlagerung — erleichtert durch elektronenanziehende Substituenten an der Gruppe z. B. Nitrogruppen am Benzolring.

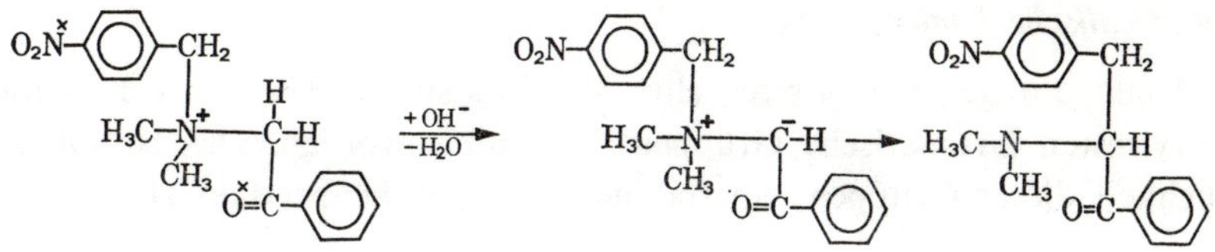

Umlagerungen 1.2.

quartäres Ammoniumsalz   Ylid   tertiäres Amin
x: elektronenanziehende Gruppe

Bei der WITTIG-Umlagerung wandert eine Alkyl-Gruppe von einem ungeladenen O-Atom zu einem Allyl- oder Benzylrest. Die Ausgangssubstanz stellt einen →Äther dar. Wegen der geringen Säurestärke dieser Verbindungen müssen sehr starke Basen (NaNH$_2$, C$_6$H$_5$Li) eingesetzt werden.

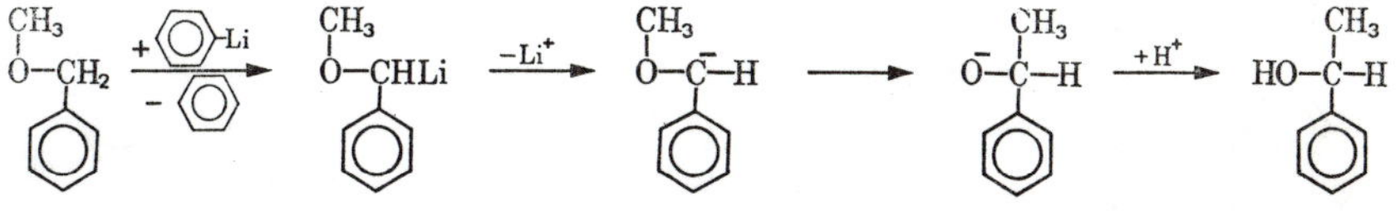

Benzylmethyläther   Alkohol
                                                                       1-Phenyl-äthan-1-ol

Ausgangssubstanzen bei der FAVORSKI-Umlagerung sind α-Halogenketone. Sie ergeben mit Hydroxyl-Ionen →Carbonsäure-Anionen, mit Alkoholaten →Ester, mit Aminen Carbonsäureamide. Bei cyclischen Ausgangsverbindungen kommt es zur Ringverengung (→Cycloalkane). Als Übergangsstadium tritt wahrscheinlich entsprechend den nucleophilen Umlagerungen ein Cyclopropanonderivat auf.

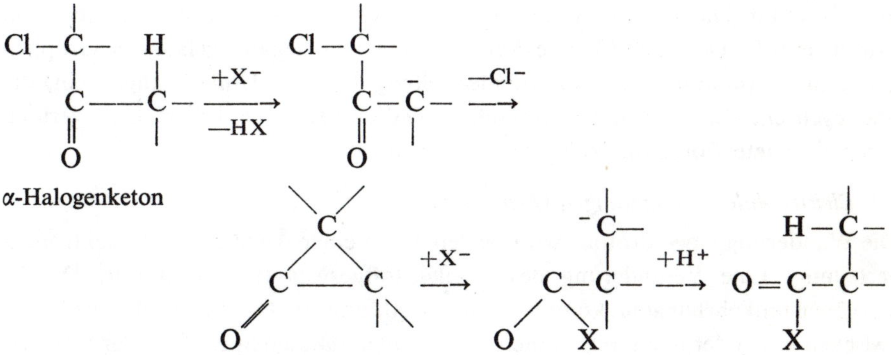

α-Halogenketon

Cyclopropanonderivat

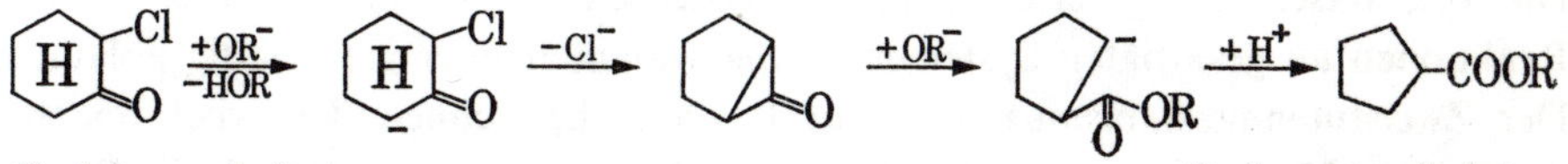

Cyclohexanderivat   Cyclopentanderivat

Umlagerungen 1.3.

1.3. Radikalische Umlagerungen

Diese Umlagerungen finden sehr selten statt. Es sind bisher nur Verschiebungen von Arylresten (aromatische Gruppen) bekannt geworden. Das beruht auf der Möglichkeit dieser Gruppen, ein stabilisiertes Zwischenprodukt zu bilden.

Radikalische Umlagerungen spielen sich mit Hilfe radikalbildender Katalysatoren auch beim Crack-Prozeß ab (→Erdöl).

2. Umlagerungen an ungesättigten Systemen

Man kann die Umlagerungsreaktionen an ungesättigten Systemen genau so unterteilen wie die Reaktionen an gesättigten Systemen. Im Gegensatz zu diesen Reaktionen sind elektrophile Umlagerungsreaktionen an ungesättigten Systemen mehr bekannt. Da normalerweise ein H^+-Ion wandert, spricht man meistens von Prototropie (→Isomerie 3.). Die Verschiebung von negativ geladenen Gruppen nennt man Anionotropie. Eine Sonderstellung nehmen Umlagerungen ein, die über cyclische Zwischenstadien verlaufen wie die CLAISEN- und COPE-Umlagerung, deren entartete Form die Valenztautomerie darstellt.

2.1 Elektrophile Umlagerungen (*Prototropie*)

Die Wanderung eines Protons wird begleitet von einer Änderung der Elektronenverteilung. Eine Veränderung des Kohlenstoffgerüsts tritt nicht auf. Da die Vorgänge umkehrbar sind, kommt es zur Ausbildung von Gleichgewichtszuständen zwischen zwei oder mehreren isomeren Molekülen. Diesen Spezialfall der Isomerie nennt man *Tautomerie* (→Isomerie 3.).

Die von Basen katalysierten Umlagerungsteilschritte können — wie bei den Reaktionen an gesättigten Systemen — nacheinander oder gleichzeitig ablaufen. Der Zweistufenmechanismus wird mit $B-S_E1'$ bezeichnet, der synchrone bimolekulare Mechanismus mit $B-S_E2'$. Die Ausdrücke deuten mit B die Basen-

Umlagerungen 2.1.

katalyse, mit S die Substitution, mit E das elektrophile Agens und mit der Zahl die Molekularität der Reaktion an. Säurekatalyse dient dazu, durch Protonenaufnahme eine konjugierte Säure zu bilden, die leichter durch Basen deprotoniert werden kann.

$$B + H-X-Y=Z \underset{+BH^+}{\overset{-BH^+}{\rightleftarrows}} [^-X-Y=Z \leftrightarrow X=Y-Z^-] \underset{-B_1H^+}{\overset{+B_1H^+}{\rightleftarrows}}$$

B—S_E1'-Mechanismus $\quad\quad$ mesomeres Carbanion $\quad X=Y-Z-H + B_1$

$$B + H-X-Y=Z + HB_1 \rightleftarrows BH + X=Y-Z-H + B_1$$
B—S_E2'-Mechanismus

Die Beweglichkeit des Protons steigt mit der Polarität des Lösungsmittels und mit der →Elektronegativität des abgebenden Atoms. Elektronenanziehende Gruppen verstärken die Beweglichkeit.

Tautomere Systeme enthalten meist das Strukturelement $H-X-Y=Z$. Man nennt das eine Triaden-Form. Prototropie tritt aber auch an ausgedehnteren Systemen auf wie bei der Ringkettentautomerie.

Bekannte Beispiele für die Prototropie sind die Keto-Enol-Tautomerie (→Hydroxylderiv. 2., →Oxoverb. 2.2., →Carbonsäuren 2.5), die Nitro-aci-Tautomerie (→Org. Stickstoffv. 1.), die Tautomerie bei Azomethinen und Diazoaminobenzolen

957

Umlagerungen 2.2.

u. ä. und die Oxo-cyclo-Tautomerie bei Zuckern (Kohlenhydrate 1.1.). Der letzte Fall auch Keto-Lactol-Tautomerie genannt — ist ein Beispiel für Ring-Kettentautomerie.

2.2. *Nucleophile Umlagerungen* (*Anionotropie*)

Waren es bei den nucleophilen Reaktionen Untersuchungen über den Wechsel zwischen einer Säureform (Enol, aci-Nitroverb.) und einer sog. Pseudosäure (Keton, Nitroalkan), die zum Konzept der Prototropie führten, so kam es zur Vorstellung der Anionotropie durch die Entdeckung der Umwandlung von Salzen (Basen) in Pseudo-Salze bzw. Pseudobasen.

HANTZSCH, der auch die Prototropie der Nitroalkane entdeckte, fand bei quartären Ammoniumverbindungen, die durch Einwirken starker Säuren entstanden waren, beim Einwirken von starken nucleophilen Teilchen wie OH^--, $-CN^-$-Ionen eine Umwandlung von einem leitfähigen Hydroxid oder Salz in eine Substanz mit einer nichtleitenden kovalenten Atombindung. Dies wurde zuerst an Acridinderivaten (→Heterocyclen 2.2.) gefunden, dann an anderen Systemen mit quartärem Stickstoff, wie z. B. am Farbwechsel einiger Triphenylmethanfarbstoffe (s. →Farbstoffe 1.4.) zwischem dem farblosen Carbinolstadium und dem farbigen mesomeren Salz. Diese umkehrbare Anionotropie ist nicht auf Ammoniumverbindungen beschränkt, sondern zeigt sich auch an entsprechenden Oxonium- und Sulfoniumverbindungen (Sauerstoff bzw. Schwefel haben wegen Dreibindigkeit positive Ladung).

X^- : Cl^-; ClO_4^- und andere (schwache) konjugierte Anionbasen starker Protonsäuren

Y^- : OH^-; CN^- u.a. Nucleophile

Kristallviolett   farbloses Carbinol

Findet die elektrophile Umlagerung und Änderung der Elektronenverteilung an einem Kohlenstoffgerüst statt, spricht man von Allylumlagerung. Allyl ist der Trivialname für die Prop-2-enylgruppe ($C=C-C-X$). Dieses Strukturelement ist charakteristisch für diese Art der Umlagerungen.

Umlagerungen 2.3.

Als Zwischenstadium für einen S_N1'-Mechanismus ist ein mesomeres Carbonium-Ion anzunehmen, das von nucleophilen Teilchen wieder substituiert wird. Die Reaktionen werden im Gegensatz zu den elektrophilen Umlagerungen von Säuren katalysiert. In einigen Fällen ist auch der synchrone S_N2'-Mechanismus nachgewiesen worden.

$$R-\overset{X}{\underset{|}{C}}-\overset{|}{C}=C\!\!< \quad \xrightarrow{-X^-} \quad \left[R-\overset{+}{\underset{|}{C}}-\overset{|}{C}=C\!\!< \quad \longleftrightarrow \quad \overset{R}{}\!\!>\!C=\overset{|}{C}-\overset{+}{\underset{|}{C}}-\right] \xrightarrow[\text{oder}:X^-+Y^-]{-Y^- \quad X^-=Y^-_;} R-\overset{Y}{\underset{|}{C}}-\overset{|}{C}=C\!\!< \quad + \quad \overset{R}{}\!\!>\!C=\overset{|}{C}-\overset{Y}{\underset{|}{C}}-$$

mesomeres Carbonium-Ion

S_N1'-Mechanismus

Beispiele für solche Allylumlagerungen sind die Umwandlung der →Terpen-Alkohole Geraniol und Linalool und ihrer Ester, Phenylallylalkohol und Zimtalkohol und anderer ähnlicher Verbindungen.

| Geraniol | Linalool | 1-Phenylallylalkohol | 3-Phenylallylalkohol Zimtalkohol |

2.3. Umwandlungen über cyclische Zwischenstadien

Bei der CLAISEN-Umlagerung findet eine Umwandlung von Phenylallyläthern in o-Allylphenole oder von Vinylallyläthern in Allyläthanale statt. Die Umlagerungen finden ohne Katalysator beim Erhitzen statt. Es sind intramolekulare Reaktionen (kein zweites Molekül beteiligt), die nach einem Zeitgesetz erster Ordnung ablaufen. Bei der Umlagerung tritt eine Verschiebung der Doppelbindung (Allylumlagerung s.o.) auf. Die Reaktion erfolgt über ein cyclisches Zwischenstadium, an dem ein O-Atom und 5 C-Atome beteiligt sind.

Phenylallyläther   cyclisches Zwischenstadium   o-Allylphenol

Vinylallyläther   Allyläthanal

Umlagerungen 2.3.

Sind bei der CLAISEN-Umlagerung der Phenylallyläther beide o-Positionen durch andere Substituenten als Wasserstoff besetzt, erfolgt eine zweite Umlagerung zu einem p-Derivat. Dabei wird die Allylumlagerung des ersten Schritts rückgängig gemacht. In diesem Fall tritt ein cyclisches Zwischenstadium aus 6 C-Atomen auf. Dies wird als COPE-Umlagerung bezeichnet. COPE-Umlagerung treten — wie auch die CLAISEN-Umlagerungen — nicht nur bei →aromatischen Systemen auf, sondern allgemein beim Erhitzen von 1,5-→Dienen. Auch diese Umlagerung erfolgt nach einem Zeitgesetz erster Ordnung. Die Verschiebungen sind meistens umkehrbar. Sie werden erleichtert durch Substituenten in 3- oder 4-Stellung, die die Fähigkeit zur Konjugation besitzen wie z. B. die Phenylgruppe. Dadurch wird die Energie des Zwischenstadiums herabgesetzt.

Phenylallyläther   p-Allylphenol-
                                                              derivat

3-Phenyl-hexa-   1-Phenyl-hexa-   Hexa-   Cyclohexa-   cis-1,2-   Cyclo-
1,5-dien   1,5-dien   1,3,5-trien -1,3-dien   Divinyl-   hepta-
                                                            cyclopropan   1,4-dien

Bei COPE-Umlagerungen mit Verbindungen, die zwischen Position 3 und 4 eine Bindung behalten, kommt es zur Ringbildung. Das cyclische System ist meistens stabiler. Dies sind Beispiele für Ring-Ketten-Tautomerie.

Solche Umlagerungen können auch innerhalb von Ringsystemen erfolgen. Cyclo-octatrien lagert sich beim Erwärmen auf 100°C zu 15% in ein bicyclisches Isomer (Bicyclo [4.2.0.] octadien s. →Cycloalkane) um.

In den beschriebenen Fällen sind die Strukturen der tautomeren Stoffe verschieden. COPE-Umlagerungen, bei denen das Endprodukt eine dem Ausgangsstoff identische Struktur aufweist, werden als entartet bezeichnet. Bei aliphatischen Verbindungen trifft das für das unsubstituierte Hexa-1,5-dien zu. Der Nachweis ist durch Isotopenmarkierung oder mit der Kernresonanzspektroskopie durchzuführen. Beim Hexa-1,5-dien erfolgt die Umwandlung sehr langsam, eine merkbare Reaktion ist sicherlich erst bei höheren Temperaturen festzustellen.

Es sind aber Ringstrukturen bekannt, bei denen die Umlagerungen zu tautomeren Verbindungen eine so geringe Energie erfordert, daß sie sich bei Zimmertemperatur und sehr rasch abspielen. Solche Substanzen haben eine fluktuierende Struktur. Man bezeichnet das als *Valenztautomerie* oder Valenzisomerie (s. →Isomerie 3.). Beispiele dafür sind Bicyclo [5.1.0.] octa-2,5-dien (*Homotropiliden*), Benzvalen (ein Valenzisomeres von Benzol) und *Bullvalen*. Beim Homotropiliden ist die Lebensdauer eines Tautomers bei 0°C in der Größenordnung von hundertstel Sekunden, beim Bullvalen von Millisekunden. Beim Bullvalen gibt es 1 209 600 Tautomere.

Homotropiliden   Benzvalen   Bullvalen

3. Aromatische Umlagerungen

3.1. Intramolekulare Umlagerungen

Mit katalytischer Hilfe starker Säuren erfolgen Umlagerungen von Nitroaminen, Hydrazobenzol, Alkylbenzolen und einigen anderen Verbindungen.

Phenylnitroamin lagert sich zu o-Nitroanilin (o-Nitroaminobenzol) um. Der Mechanismus ist nicht völlig geklärt. Es ist ein ähnlicher Mechanismus wie bei den CLAISEN-Umlagerungen vorgeschlagen worden.

Nitroamin   o-Nitroanilin

Auch bei der Umwandlung von Hydrazobenzol (→org. Stickstoffverbindungen 3.) und seinen Derivaten in *Benzidin* (4,4,-Diaminodiphenyl) und entsprechende Produkte ist der Mechanismus nicht im einzelnen gesichert. Bei 4,4′-substituierten Hydrazobenzolen erfolgt die Umlagerung zu o-Semidin. Bei unsymmetrischer Substitution tritt der Substituent, der der bessere Elektronenspender ist, in 4-Stellung zur unsubstituierten Aminogruppe auf. Bei einseitigen Substitution der 4-Stellung entsteht o-Semidin, wenn der Substituent Elektronenspender ist. Es bildet sich ein Diphenylin bei einer elektronenanziehenden Gruppe. Ist der Substituent eine Carboxyl- oder Sulfonsäuregruppe, wird er eliminiert.

Umlagerungen 3.2.

3.2. Intermolekulare Umlagerungen

Sehr viele aromatische Umlagerungen sind gar keine im echten Sinn des Wortes, da sie intermolekular verlaufen. Bei diesen Reaktionen findet zuerst eine Abspaltung (→Elimination) statt, gefolgt von einer normalen →Substitutionsreaktion.

Eine große Anzahl dieser Reaktionen läuft nach dem gleichen Schema ab. Substituenten an Stickstoff- oder Sauerstoffatomen werden durch eine Säurekatalyse so umgelagert, daß sie direkt an den aromatischen Kern gebunden werden.

Entsprechend der Substitution von Benzolkohlenwasserstoffen, die am leichtesten elektrophil erfolgt, sind die meisten Umlagerungen elektrophil. Dazu gehören die ORTON-Umlagerungen von N-Halogenacylaminen, die FISCHER-HEPP-Umlagerung von N-Alkyl-N-nitrosoaminen, die HOFMANN-MARTIUS-Umlagerung von N-Alkylaminen bzw. Dialkylaminen, die Umlagerungen von Diazoaminoverbindungen (1,3-Diaryl-triazene), die FRIES-Umlagerung von Arylestern und die Umlagerung von Alkylaryläthern.

Intermolekulare Umlagerungen, die nucleophil erfolgen, sind die BAMBERGER-Umlagerung von Hydroxylaminen und die WALLACH-Umlagerung der Azoxybenzole. Beide Umlagerungen werden von Säuren katalysiert.

N-Chloracetanilid   o-Chloracetanilid
Orton-Umlagerung

N-Alkyl-N-nitrosamin   p-Nitroso-N-alkylanilid   N,N-Dimethylanilin   p-Methyl-N-methylanilin

Diazoaminobenzol   p-Aminoazobenzol   Ester   Hydroxyketon   Äther   o-Alkylphenol
1,3-Diphenyltriazen   Fries-Umlagerung

Literatur

INGOLD, C. K.: Structure and Mechanism in Organic Chemistry. — Cornell University Press, Ithaca, 1969
SHINE, H.: Aromatic Rearrangements. — Elsevier Pub. Com., Amsterdam 1967
CHRISTEN, H. R.: Grundlagen der organischen Chemie. — Sauerländer, Diesterweg, Aarau, Frankfurt 1970

Unkrautvernichtungsmittel s. Schädlingsbekämpfungsmittel.

Uracil s. Heterocyclen 2.3., Nucleinsäuren.

Uran. Das Element gehört zur Gruppe der →Actiniden. Von den drei langlebigen Uranisotopen ist das U-238 140 mal häufiger als U-235, während U-234 nur 0,0056% ausmacht. Die Erdkruste enthält ca. 0,0004 Prozent Uran, während ihr Silbergehalt vergleichsweise bei 0,00003 Prozent liegt. Reichhaltige Lagerstätten sind recht selten. Von besonderer Bedeutung sind die Lager bei Shinkolobwe (Republik Zaire) und am Großen Bärensee (Kanada). Dagegen ist das Lager bei Joachimstal im Erzgebirge restlos ausgebeutet. In den meisten Fällen beträgt der Urangehalt der verwerteten Erze weniger als 0,1%.

Das wichtigste Mineral ist Uranit. Eine bestimmte mikrokristalline Form heißt Pechblende. Sie ist schwarz oder dunkel braun und besteht hauptsächlich aus U_3O_8.

Uran

In der westlichen Welt existieren ca. 50 Werke, die sich mit der Anreicherung von Uran aus den Erzen befassen. Man kommt zu Konzentraten von 40—70% Urangehalt. Die Erzgewinnung stieg von 1956 bis 1961 von 21 auf 42 Millionen Tonnen Erz, aus denen in der entsprechenden Zeit 10 bis 31,4 Tausend Tonnen Konzentrate erhalten wurden. Unter den europäischen Werken sind die bedeutendsten das 1948 in Springfield (England) errichtete Werk, das die aus Süd-Afrika, Kanada und Australien stammenden Konzentrate zu reinem Metall für die englischen Reaktoren verarbeitet. In Frankreich wurde 1952 eine Anlage mit einer Kapazität von 2000 t errichtet. Verarbeitet werden Konzentrate französischen Ursprungs.

Bis 1930 war die Verwendung von Uran und seiner Verbindungen ganz untergeordneter Natur. Letztere benutzte man zum Grün- und Gelb-Färben von Glas, Glasuren und Porzellan. Uraniumsalze fanden Verwendung zum Beizen von Leder und von Wolle und zum Tönen in der Photographie. Uranylazetat ($UO_2 \cdot (C_2H_3O_2)_2 \cdot 2H_2O$) benutzte man in der analytischen Chemie zum Nachweis von Natrium. Als Ersatz von Wolfram konnte es Werkzeugstählen zugesetzt werden. Die verarbeiteten Mengen waren somit völlig unbedeutend, bis man 1939 die Spaltung des Actinourans (Uran-235) entdeckte. Uran wird heute in den Reaktoren in fester Form verwendet, in Form konzentrierter Lösungen oder mit anderen Metallen legiert im geschmolzenen Zustand. Das Metall erhält man durch Reduktion von Uranoxid mit Kohlenstoff oder mit anderen Metallen, durch Schmelzflußelektrolyse des Chlorids oder des Fluorids oder durch Wärmespaltung des Jodids.

Uran ist ein schweres, silber-weißes Metall, das in drei kristallinen Formen existiert. Man unterscheidet die mäßig dehnbare α-Phase bei niedriger Temperatur, die spröde β-Phase und die weiche γ-Phase bei hoher Temperatur. Die jeweiligen Übergänge liegen bei 668°C und bei 744°C.

Die Dichte des reinen Metalls der α-Form beträgt 19,05 g/cm³ während sie bei gewalztem Material 18,88 g/cm³ und bei Metall, das aus Pulver gepreßt wurde, nur 17 g/cm³ beträgt. Der Schmelzpunkt des Urans liegt bei 1132°C, während es bei 3818°C in den dampfförmigen Zustand übergeht.

Metallisches Uran ist chemisch sehr aktiv. Es reagiert mit allen Nichtmetallen, jedoch fällt auf, daß unter den Erzen keine Sulfide auftreten. Uran ist ein kräftiges Reduktionsmittel. Massives Uran oxydiert bei gewöhnlicher Temperatur in Luft nur langsam. Zuerst bildet sich ein gelber Film, der nachdunkelt. Nach 3—4 Tagen sieht das Metallstück schwarz aus. Die Oxidschicht haftet nicht fest (wie bei Aluminium) und schützt somit das Metall nicht gegen weitere Oxydation. Bei höherer Temperatur nimmt die Oxydation zu, besonders im Bereich von 220—250°C. Unterhalb 100°C ist das einzige Oxydationsprodukt UO_2. Zwischen

100°C und 200°C existieren UO_2 und U_3O_8 ($2UO_3 \cdot UO_2$) nebeneinander; bei höheren Temperaturen überwiegt U_3O_8.

Unterhalb 400°C reagiert Uran mit Stickstoff nur sehr langsam. Die Heftigkeit nimmt bei 800°C plötzlich zu, was mit dem Übergang in die γ-Phase zusammen hängt. Es bildet sich ein nicht festhaftender Film von U_2N_3.

Mit Wasserstoff reagiert Uran bei 200—300°C und bildet ein gelbliches Pulver von UH_3, das stark reaktionsfähig ist. Bei Temperaturen über 440°C bildet sich aus dem Metall — auch nicht im gepulverten Zustand — kein Hydrid.

Die Reaktion mit Fluor ist stark exotherm ($2,2 \cdot 10^3$ kcal/kg). Hierbei entsteht das Hexafluorid.

Mit kochendem Wasser reagiert Uran nur langsam unter Bildung von UO_2. Der entstehende Wasserstoff beschleunigt die Korrosion des Urans durch Bildung von Hydrid.

Konzentrierte Flußsäure reagiert mit massivem Uran selbst bei Temperaturen von 80—90°C nur langsam, weil sich ein festsitzender Film von Tetrafluorid bildet.

Salzsäure ist eines der besten Lösungsmittel. Man erhält dabei drei- und vierwertige Ionen.

In verdünnter Schwefelsäure ist Uran selbst unter Kochen unlöslich, während das Metall mit konzentrierter Schwefelsäure das Sulfat bzw. Hydrogensulfat bildet. Daneben entstehen Reduktionsprodukte, wie Schwefeldioxid, Schwefelwasserstoff und elementarer Schwefel. In Gegenwart von Oxydationsmitteln (Wasserstoffperoxid, Salpetersäure) löst auch verdünnte Schwefelsäure Uran auf.

In Salpetersäure ist Uran als Nitrat löslich. Am schnellsten geht der Vorgang in kochender Säure vor sich.

Unlöslich ist Uran in Laugen.

Bei 800—1200°C reagiert Uran mit Kohlenstoff unter Bildung der Karbide UC und UC_2. Wenn Uran in Graphittiegeln geschmolzen wird, bildet sich Urankarbid, das den Tiegel gegen weitere Angriffe schützt. Solche Karbidschichten widerstehen Temperaturen bis zu 1650°C.

Bei der von Hahn und Strassmann 1938 entdeckten Spaltung des Urans durch langsame Neutronen stellte sich heraus, daß sie nur bei den Atomen mit der Massenzahl 235 vor sich ging. Für die Entwicklung technischer Anwendungen war somit eine weitgehende Trennung der beiden Isotopen erforderlich. Die Schwierigkeit liegt beim Uran in dem Massenverhältnis der beiden Isotopen von 238 : 235, das also nahe bei 1 liegt, während es beispielsweise bei anderen chemischen Elementen wie Chlor 37 : 35 und beim Wasserstoff sogar 2 : 1 beträgt. In den USA wurde Anfang der vierziger Jahre das *Calotron* entwickelt, daß eine Art Mittelding zwischen Massenspektrographen und Cyclotron darstellt. Das

Urethane

erste Gerät lieferte im Dezember 1941 stündlich 1 Mikrogramm fast reines Actinouran. Herbst 1943 nahm ein Werk in *Oak Ridge* (Tennessee, USA) die Großproduktion auf. Heute arbeitet auf dem gleichen Gelände ein Werk nach dem Diffusionsverfahren. Es beruht darauf, daß gasförmiges UF_6 durch eine Batterie von porösen Zellen mit Poren in der Größenordnung von 100 Å hindurch diffundiert. Wegen seiner geringeren Masse diffundiert das Fluorid des Actinourans etwas schneller. Geeignete Diffusionsfilter stellt man heute dadurch her, daß man eine Teflonemulsion auf einer Metallunterlage verteilt.

In Deutschland wurde 1942 durch HARTECK und GROTH die Trennunng durch Zentrifugieren von UF_6 durchgeführt. Wegen der durch die Kriegslage bedingten Schwierigkeiten konnte die Trennung nicht in großem Maßstabe ausgeführt werden. Eine solche Zentrifuge arbeitet im Prinzip nicht anders als eine Molkereizentrifuge, die schwerere Magermilch vom leichteren Rahm trennt. In Oak Ridge hat man inzwischen Diffusionverfahren und Zentrifugierverfahren kombiniert. Im gewissen Sinne ist technisch das Anreicherungsverfahren durch die Brüterreaktion überholt, bei der aus dem schweren Uranisotop Plutonium entsteht, das die gleichen technischen Anwendungen gefunden hat wie das Actinouran.

Literatur
GITTUS: Uranium. — Butterworths, London 1963
GALKIN u.a.: Technology of Uranium. Aus dem Russischen übersetzt. — Israel Program for Scientific Translations, Jerusalem 1966. Vertrieben durch Oldnourne Press, London

Urethane s. Kohlensäurederivate 3., Polyaddition.
Urotropin s. Oxoverbindungen 1.1.4.
UV-Lampen s. Xenon.

V

Valenzband s. Kristallgitter.
Valenztautomerie s. Isomerie 3., Umlagerungen 2.3.
Valin s. Aminosäuren 1.2.
Valium s. Rauschgifte.

Vanadium gehört zu den Elementen der →Fünften Nebengruppe. Es hat die natürlichen Isotope mit den Massenzahlen 50 (0,24%) (Halbwertszeit $4,8 \cdot 10^{14}$ Jahre) und 51 (99,76%). Es ist ebenso häufig wie Kupfer und Zink zusammen in der Erdkruste vorhanden.

Örtliche Konzentrationen von Vanadiummineralien, die bei der Verwitterung des Muttergesteins und nachfolgender Ablagerung entstanden sind, bilden die hauptsächlichen Rohstoffquellen. Gesteinsbildende Mineralien vermag Vanadium nicht aufzubauen. Vielfach vertritt es in anderen Mineralien Eisen, Titan, Aluminium und Phosphor. Von den 65 bekannten Vanadiummineralien sind nur wenige abbauwürdig. Den höchsten Gehalt an Vanadium hat das Polysulfid VS_4 (Patronit) von Mina Ragra in der westlichen Andenkette von Peru. Dort liegt das Erz in großer Mächtigkeit in einem Asphalt-Kohlen-Lager und ist im wesentlichen durch Molybdänglanz, Kupfer-, Nickel- und Eisenkies verunreinigt.

Das Element tritt in Verbindungen fünf-, vier-, drei- und zweiwertig auf. Nur den Elementen mit hoher Elektronegativität gegenüber ist es bis zu fünfwertig. So sind VF_5, und V_2O_5 bekannt, jedoch nicht V_2S_5 und VCl_5.

Zur Zeit gehen 95% der Jahresproduktion des Vanadiums in die Stahlindustrie. Es wirkt desoxydierend, jedoch schwächer als Mangan. Nächst Kohlenstoff übt es einen stärkeren Einfluß auf die Eigenschaften des Stahles aus als irgend ein anderes Element. Durch die Bildung von Vanadiumkarbid erhöht es die Anlaßbeständigkeit und die Warmfestigkeit. Durch die Zulegierung wird die Druckwasserbeständigkeit wesentlich erhöht. In der Regel wird nur ein geringer Vanadiumzusatz zur Verbesserung anderer Eisen- und Titanlegierungen benötigt.

Seit 1930 haben vanadiumhaltige Mischkatalysatoren das Platinasbest bei der Schwefelsäuregewinnung nach dem Kontaktverfahren verdrängt. Sie besitzen eine größere Unempfindlichkeit gegenüber Kontaktgiften als Platin, erfordern jedoch eine höhere Reaktionstemperatur wegen der Zersetzung der Zwischenverbindungen:

$$V_2O_5 + SO_2 \rightarrow V_2O_4 \cdot SO_3 \rightarrow VO_2 + VOSO_4$$
$$VOSO_4 + VO_2 \rightarrow V_2O_4 + SO_3$$
$$V_2O_4 + \tfrac{1}{2}O_2 \rightarrow V_2O_5$$

Weitere Anwendungen wurden bekannt als Zusätze zu Goldlegierungen, die zu Normalwiderständen und Potentiometern verwendet werden.

Vierte Hauptgruppe

Vanadium und seine Verbindungen sind giftig und führen zu Schädigungen der Haut und der Schleimhäute.

Van Arkel-deBoer-Verfahren s. Wolfram, Vierte Nebengruppe, Fünfte Nebengruppe.
Van der Waals-Kräfte s. Bindungskräfte.
Vaselin s. Erdöl.
Vasopressin s. Hormone.
Verbenol s. Terpene 1.
Verbotene Zone s. Vierte Hauptgruppe.
Veronal s. Arzneimittel u. Heterocyclen 2.1.
Verseifung s. Waschmittel, Ester 2.
Verstärker s. Fotografie 1.
Verzundern s. Rhenium.

Vic.: Abkürzung für vicinal, gibt an, daß zwei Atome an benachbarten Atomen des Grundgerüsts sitzen, bei →Benzolkohlenwasserstoffen 3 Atomgruppen benachbart.

Vierte Hauptgruppe der chemischen Elemente. Zu ihnen gehören:

- 6 C Kohlenstoff. Bereits im Althochdeutschen tritt das Wort Kohle als *chol* und *chole* auf. Vielleicht urverwandt mit dem altirischen Wort *gual* „Kohle". Das chemische Symbol stammt vom lateinischen *carbo*.
- 14 Si Silicium. Kiesel (lat. *silex*) war bereits im Altertum bekannt. 1822 konnte BERZELIUS das Element erstmalig herstellen, sodaß er als sein Entdecker gilt.
- 32 Ge Germanium. Das von MENDELEJEFF 1871 auf Grund seines Periodensystems vorausgesagte Element entdeckte WINKLER 1885 in einem Freiberger Silbererz.
- 50 Sn Zinn. Althochdeutsch *zin*, mündlich auch *tin*. Ursprung ist unbekannt. Das lateinische *stannum* liegt dem Symbol zugrunde und findet sich noch im Wort Stanniol. Möglicherweise keltischen Ursprungs.
- 82 Pb Blei. Althochdeutsch *blio*, altnordisch *bly*. Ursprung unbekannt. Das Symbol leitet sich vom lateinischen *plumbum* ab.

Anteil an der Erdrinde:

$$C\ 0{,}087\%\quad Si\ 25{,}75\%\quad Ge\ 10^{-4}\%\quad Sn\ 6\cdot 10^{-4}\%\quad Pb\ 0{,}002\%$$

Preise pro kg (1968)

Si 2000 DM Ge 688 DM Sn 12,70 DM Pb 1,07 DM
   ———
   höchster Reinheitsgrad

Vierte Hauptgruppe

Elektronenanordnung:

Kohlenstoff	[He]	$2s^2$ $2p^2$
Silicium	[Ne]	$3s^2$ $3p^2$
Germanium	[Ar]	$3d^{10}$ $4s^2$ $4p^2$
Zinn	[Kr]	$4d^{10}$ $5s^2$ $5p^2$
Blei	[Xe]	$4f^{14}$ $5d^{10}$ $6s^2$ $6p^2$

Außerhalb abgeschlossener Edelgasschalen und abgeschlossener d- bzw. f-Schalen befinden sich jeweils bei den freien Atomen je zwei s- und p-Elektronen. Ein unterschiedliches physikalisches und chemisches Verhalten kann also nur durch die verschieden starke Bindung an den Atomrumpf bedingt sein. Die Unterschiede sind so stark, daß man nicht ohne weiteres die Zusammengehörigkeit der Elemente erkennt. In der Theorie der Halbleiter werden die Begriffe „Valenzband" und „Leitungsband" gebraucht. Ein vom Atomrumpf festgehaltenes Elektron befindet sich in einem bestimmten Energiezustand, der jedoch so niedrig ist, daß es sich nicht von allein entfernen kann. Wenn nun durch Erhöhen der Temperatur oder durch Photonenabsorption einem Elektron Energie in genügender Quantität zugeführt wird, gelangt es in das Leitungsband: aus einem Nichtleiter wird ein Leiter. Bei Isolatoren liegt das Leitungsband weit höher als das Valenzband. Es besitzt eine große „verbotene" Zone, auch *gap* genannt. Halbleiter sind im Prinzip Isolatoren. Doch liegen bei ihnen die Bänder so dicht beieinander, daß nur eine geringe Energiezufuhr zum Überspringen des gap erforderlich ist. Bei Metallen überlappen sich beide Gebiete. Bei den Elementen der Vierten Hauptgruppe sind die Gaps sehr unterschiedlich, wie die Übersicht zeigt.

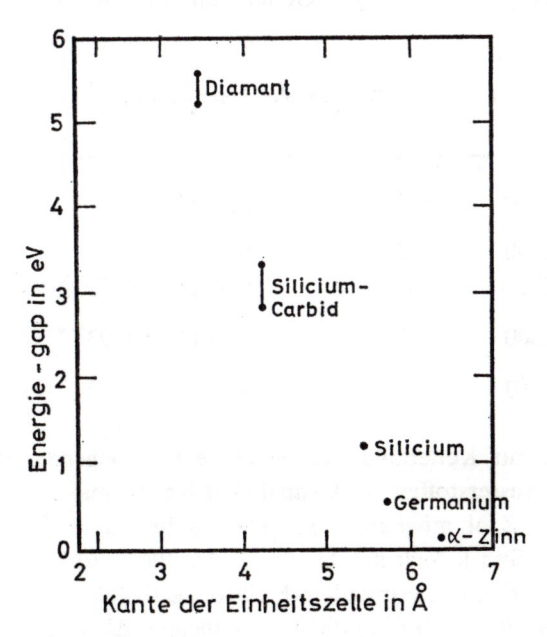

Die Messungen müssen an völlig reinen Einkristallen ausgeführt werden. Die Anordnung der Atome entspricht zwei ineinander geschachtelten flächenzentrierten Raumgittern:

Vierte Hauptgruppe

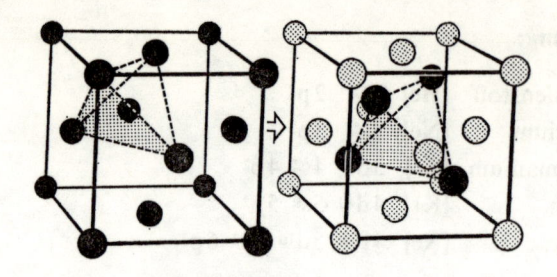

Nur beim Blei fehlt die Ineinanderschachtelung. Jedes Atom des einen Gitters ist symmetrisch von vier Atomen des anderen Gitters umgeben: Diamantgitter. Die angegebenen Zahlenwerte gehören ungestörten Gitteranordnungen an. Mit zunehmender Temperatur erhöht sich die Zahl der Störstellen. Wenn auch Blei bereits ein metallischer Leiter ist, so gilt das auch für dieses Element. Die hohe Zahl der Störzentren ist der Grund für die Weichheit des Metalles. Beim Abkühlen auf die Temperatur der flüssigen Luft wird es wie andere Metalle elastisch. Beim α-Zinn ist der Sprung zwischen den beiden Bändern so gering, daß immer eine Reihe Atome des Gitters sich auf genügend hoher Energie befinden, um Elektronen ins Leitungsband abzugeben. Flüssiges Germanium und flüssiges Silicium sind Metalle.

	Dichte (g/cm³)	F in °C	Kp in °C	Atomradius (Å)	Ionenradius (Å)
Diamant	3,51	3500	4200	0,77	0,15 (4+)
Graphit	2,26				
Silicium	2,34	1440	2630	1,17	0,39 (4+)
Germanium	5,36	958,5	2700	1,30	0,44 (4+) 0,73 (2+)
Zinn grau	5,77	231,9	2300	1,58	0,74 (4+) 0,93 (2+)
weiß	7,29				
Blei	11,34	327,3	1740	1,74	0,84 (4+) 1,32 (2+)

Die Elemente haben die Tendenz zur Kettenbildung, wobei sie mit steigender Atommasse abnimmt. Bei Kohlenwasserstoffen (s. Alkane) sind Ketten mit den Gliedern $-CH_2-$ in ubegrenzter Zahl möglich, beim Silicium bis zu $n=6$, beim Germanium bis $n=9$, beim Zinn jedoch nur bis $n=2$. Als Bleihydrid ist nur PbH_4 bekannt. Das stimmt mit den neu ermittelten Elektronegativitäten der Elemente (C→2,5; Si→1,74, Ge→2,02; Sn→1,72; Pb→1,55) überein. Als Regel zeigt sich nämlich, daß Kettenbildung immer dann erfolgt, wenn die Elektronegativität des Elementes oder gewisser Gruppen bei 2—3 liegt. Letzteres ist der Fall bei Si_nCl_{2n+2}, wo n den Wert 26 haben kann. Unbegrenzte Ketten oder auch

Flächensyteme bildet das $SiO_4{}^{2-}$-Tetraeder, worauf die Mannigfaltigkeit der in der Natur auftretenden →Silikate beruht.

Die Elemente der Vierten Hauptgruppe reagieren mit Halogenen. Dabei verhalten sie sich vierwertig, oder wie die drei letzten mit zunehmender Stabilität zweiwertig. Nur die Halogenide dieser bilden in Lösung Ionen. Bei den vierwertigen tritt Hydrolyse ein unter Abscheiden von Oxiden.

In Form ihrer Salze existieren Karbonate, Silikate, Germanate, Stannate und Plumbate mit Anionen der Form $(MO_3)^{2-}$, $(MO_4)^{4-}$, $(M(OH_6)^{2-}$.

Auch dem Schwefel gegenüber sind Kohlenstoff, Silicium und Germanium vierwertig, Zinn und Blei zweiwertig. Nur die Verbindung zu Schwefelkohlenstoff aus den Elementen ist ein endothermer Prozeß (14,5 kcal/mol). SiS_2 bildet unbeschränkt lange Ketten der Form ... Si⟨S⟩Si ... Hier liegen also SiS_4^{2-}-Tetraeder vor.

Die in der „klassichen Chemie" gebräuchliche Unterscheidung in Metalle, Metalloide und Nichtmetalle ist auf die Elemente dieser Gruppe anwendbar. Erkenntlich sind sie am besten an der Höhe der Energiegaps.

Literatur
REMY: Lehrbuch der Anorganischen Chemie. — Akademische Verlagsanstalt Leipzig 1961
SCHREITER: Seltene Metalle, Bd. 1 und 3. — VEB Deutscher Verlag für Grundstoffindustrie. Leipzig 1961 und 1963
RODEWALD: Zur Genesis des Diamanten. — Verlag Meier & Cie, Schaffhausen (Schweiz) 1960
DAY: The Chemical Elements in Nature. — George G. Harrap & Co Ltd, London 1965
HANNAY: Semiconductors. — Reinhold Publishing Corporation, New York 1960
HEDGES: Tin and its Alloys. — Edward Arnold (Publishers) Ltd, London 1960
HOFMANN: Blei und Bleilegierungen. — Springer Verlag, Berlin, Göttingen, Heidelberg 1962

Vierte Nebengruppe der chemischen Elemente (Titangruppe). Zu diesen Elementen gehören:

22 Ti Titan, entdeckt 1795 durch KLAPROTH im Rutil. Benannt nach dem gr. Gott Titan.

40 Zr Zirkonium, entdeckt 1787 durch KLAPROTH in dem von WERNER beschriebenen Mineral Zirkon (arabisch zargum, goldfarben).

72 Hf Hafnium, entdeckt 1922 von v. HEVESY und COSTER als ständiger Begleiter des Zirkoniums und zu Ehren der Stadt Kopenhagen (lt. Hafniae) benannt.

104 Ku Kurtschatovium. Ein von einer russischen Forschergruppe 1967 hergestelltes radioaktives Element: benannt nach dem sowjetischen Chemiker Kurtschatov.

Vierte Nebengruppe

Die Vorkommen der ersten drei Elemente verhalten sich wie 1000 : 50 : 1, wobei Titan 0,63 % der Erdkruste ausmacht.

	Dichte in g/cm³	F in °C	Kp in °C	Atomradius in Å	Ionenradius in Å
Titan	4,50	1668	3260	0,90	0,68
Zirkonium	6,49	1852	3580	1,60	0,80
Hafnium	13,1	2222	5400	1,58	0,81

Elektronenanordnung im Dampfzustand:

Titan	[Ar]	$3d^2$ $4s^2$
Zirkonium	[Kr]	$4d^2$ $5s^2$
Hafnium	[Xe]	$4f^{14}$ $5d^2$ $6s^2$
Kurtschatovium	[Ru]	$5f^{14}$ $6d^2$ $7s^2$

Die Übersicht gibt an, welche Edelgaskonfiguration bei den inneren Schalen vollendet ist und wieviele Elektronen in den nach außen folgenden Schalen bzw. Unterschalen vorhanden sind. Übereinstimmend besitzen die Elemente der Titangruppe jeweils auf ihren beiden äußeren Schalen je 2 Elektronen. Das ist der Grund dafür, daß sie alle vierwertig sind. Daneben können — bevorzugt beim Titan — auch die Wertigkeiten zwei und drei auftreten. Bei diesem Element sitzen demnach die beiden d-Elektronen fester als bei den anderen, was mit dem geringeren Abstand vom Atomkern zusammenhängt.

Auffällig ist die fast völlige Übereinstimmung der Atom- und Ionenradien von Zirkonium und Hafnium. Darin liegt der Grund, daß beide Elemente in allen Mineralien zusammen auftreten, wenn auch mit verschiedener Häufigkeitsverteilung. Der Ionenradius des Titans dagegen stimmt nahezu mit dem des Aluminiums überein. Titan ist deswegen auch häufig mit Aluminium vergesellschaftet. Da der Bedarf an Zirkonium und an Hafnium viel geringer als der an Titan ist, fallen die beiden Elemente als Nebenprodukte in genügenden Mengen bei der Titangewinnung ab.

Das heute gebräuchlichste Verfahren ist das von KROLL 1937 erstmals beschriebene der Reduktion des Titanchlorids. Titantetrachlorid kann nach den beiden Reaktionsgleichungen

$$TiO_2 + C + 2Cl_2 \rightarrow TiCl_4 + CO_2 \quad | -56 \text{ kcal}$$
$$TiO_2 + 2C + 2Cl_2 \rightarrow TiCl_4 + 2CO \quad | -11 \text{ kcal}$$

aus den verschiedenen Mineralien gewonnen werden. Die anschließende Reduktion des Tetrachlorids wird mit Magnesium durchgeführt, dessen Siedepunkt bei 1102 °C liegt und dessen Chlorid bei 712 °C schmilzt. Es wird mit einem Überschuß von 10% Magnesium gegenüber der theoretischen Menge gearbeitet, um die Bildung niederer Titanchloride zu vermeiden. Die Reaktion verläuft nach folgender Gleichung

$$TiCl_{4_{gs}} + 2Mg_{fl} \rightarrow Ti_{fs} + 2MgCl_{2_{fl}} | - 122 \text{ kcal}$$

In ähnlicher Weise erfolgt die Gewinnung der beiden Elemente Zirkonium und Hafnium. Die Trennung der Tetrachloride erfolgt über ihre verschiedenen Siede- bzw. Sublimationspunkte. Der Siedepunkt des Titantetrachlorids liegt bei 136,4°C, der Sublimationspunkt des Zirkoniumtetrachlorids bei 331°C (der Schmelzpunkt unter Druck bei 437°C). Hafniumtetrachlorid verdampft allmählich oberhalb 250°C. Während somit die Trennung des Zirkoniums und des Hafniums vom Titan keinerlei Schwierigkeiten bereitet, liegen die Verhältnisse bei der Trennung Zirkonium/Hafnium anders, weil für Reaktorenzwecke nicht mehr als 0,01% Hf im Zirkon enthalten sein dürfen. Eine der Trennungsmethoden beruht auf der Flüchtigkeit der Additionsverbindungen von Zirkoniumtetrachlorid und von Hafniumtetrachlorid mit Phosphorylchlorid. Der Siedepunkt von $3HfCl_4 \cdot 2POCl_3$ liegt mit 355°C um 5°C niedriger als der der Zirkoniumverbindung.

Die Reinstdarstellung der Elemente der Titangruppe erfolgt nach einem Verfahren, das erstmalig 1925 in Eindhoven (Holland) von VAN ARKEL DE BOER und FAST auf verschiedene Metalle angewendet wurde und nicht spezifisch für die Elemente der Titangruppe ist. Bei Temperaturen um 200°C verbindet sich Jod mit den Metallen der Titangruppe. Bei höheren Temperaturen zersetzen sich die Jodide wieder. So verwendet man elektrisch erhitzte Drähte aus Titan von 1400°C, aus Zirkonium von ca. 1200°C und aus Hafnium von 1600°C, auf denen das an kälteren Stellen der Apparatur gebildete Tetrajodid sich wieder spaltet. Während die Metalle dort zurück bleiben, kann das dampfförmige Jod sich wiederum mit kaltem Metall verbinden.

Große Schwierigkeiten bereitet die pyrophore Eigenschaft der drei Metalle. Daher erfolgt die Herstellung und Verarbeitung weitgehend in einer Edelgasatmosphäre oder im Vakuum.

Literatur
SCHREITER: Seltene Metalle, Bd. I und III. — VEB Deutscher Verlag für Grundstoffindustrie, Leipzig 1963
MC QUILLAN and MC QUILLAN: Titanium-Metallurgy of the rarer Metalls, Vol. 4. — Butterworths, London 1956
MILLER: Zirconium-Metallurgy of the rarer Metalls, Vol. 2. — Butterworths, London 1957

Vinyl- ist der alte Name für das →Radikal des →Alkens →Äthen: C_2H_3, es ist heute noch gebräuchlich, besonders in Zusammensetzungen, z. B. Polyvinylchlorid (→Polymerisation).

Vinylierung s. Äthin.
Vinylchlorid s. Halogenderivate 1.
Viskosefasern s. Chemiefaserstoffe (Viskoseverfahren).

Vitamine sind essentielle (lebensnotwendige) Wirkstoffe, die in geringer Menge als Vorstufe (Provitamin) oder als Substanz mit der Nahrung aufgenommen werden müssen (akzessorische oder Ergänzungsnährstoffe). Sie werden im Organismus katalytisch eingesetzt, da sie selbst oder ein Stoffwechselprodukt als Coenzym Bestandteil von Biokatalysatoren (→Enzyme) sind. Der Bedarf ist, was Vitaminart und Menge anbelangt, spezifisch für die einzelnen Lebewesen; Ascorbinsäure, das Vitamin C, hat Vitamincharakter nur für Mensch, Affen, Meerschweinchen und einige andere Tiere.

Bei Vitaminmangel treten Wachstumsstillstand und Krankheiten auf. Nach der Stärke des Mangels bezeichnet man sie als Hypovitaminosen oder Avitaminosen. Die Symptome der Avitaminosen lassen sich noch nicht auf die Coenzymfunktionen zurückführen. Es sind auch bei einigen Vitaminen (z. B. Vitamin D) Hyperrvitaminosen bekannt geworden, d.h. Krankheitserscheinungen bei zu große. Vitaminzufuhr.

Antivitamine können auch Vitaminmangelkrankheiten erzeugen. Man versteht darunter Substanzen, die Vitamine zerstören (vitaminspaltende Enzyme wie Thiaminase — Vitamin B_1), die Vitamine durch Bindung inaktivieren (Avidin im Hühnereiklar bindet *Biotin*) oder durch ihre ähnliche Struktur die Vitamine aus ihrer Bindung an das Enzym verdrängen (Antimetabolite). Ein bekanntes Beispiel dieser Hemmwirkung durch einen konkurrierenden Stoff ist das Stoffpaar *p-Aminobenzoesäure* (Wuchsstoff für Bakterien) — p-Aminobenzolsulfonamid (Grundsubstanz der *Sulfonamide*). Sulfonamide verhindern die Bildung von *Folsäure* aus p-Aminobenzoesäure. Folsäure ist ein Coenzym für Nucleinsäurenbildung.

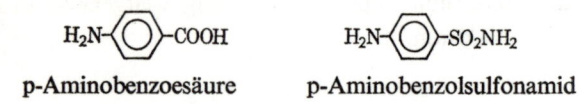

H_2N-◯-$COOH$ H_2N-◯-SO_2NH_2

p-Aminobenzoesäure   p-Aminobenzolsulfonamid

Die Entdeckung der Vitamine geht auf die Untersuchung einiger Avitaminosen zurück. Skorbut war seit dem Altertum bekannt, seit dem 17. Jahrhundert aber auch die Möglichkeit, mit Hilfe von Citrusfrüchten Skorbut zu verhindern. Beriberi wurde durch Untersuchungen EIJKMANS (1890—1898) als Mangelkrankheit erkannt und durch Zuführung von Reiskleie geheilt. FUNK nannte die noch nicht isolierten Substanzen Vitamine, weil er sie für lebensnotwendige Stickstoffbasen ansah. Obwohl man nach der Isolierung und Strukturaufklärung der verschiedenen Vitamine feststellen mußte, daß Vitamine chemisch keine ein-

heitliche Gruppe darstellen und nicht alle N-haltig sind, blieb der Name erhalten. Wie in der Definition ausgeführt, sind Vitamine physiologisch abgegrenzt.
Da zwischen der Entdeckung eines Mangelfaktors und seiner Isolierung immer eine gewisse Zeitspanne liegen muß, bezeichnete man die Vitamine nach den Buchstaben des Alphabets in der Reihenfolge ihrer Entdeckung. Das Prinzip wurde nicht konsequent durchgehalten. Eine ganze Reihe vermuteter Vitamine ist nie isoliert worden (B_{3-5}, B_{7-11}).
In der Tabelle sind einige Angaben über die Vitamine gemacht, die für den Menschen wichtig sind.

Buchstabe chemischer Name	Coenzym Funktion	Avitaminosen	Bedarf täglich	Hauptvorkommen
1. Fettlösliche Vitamine:				
A_1 *Retinol*	Rhodopsin Lichtwahrnehm.	Nachtblindheit Xerophthalmie	1,5 mg 5000 I. E.	Provitamin: Spinat, Karotten, Petersilie. Vitamin: Leber, Fisch, Eigelb
D_2 *Ergocalciferol*	unbekannt Ca^{2+} Transport	Rachitis	0,01 mg 400 I. E.	Vitamin: Fischtran, Hühnerei, Pilze
E *Tocopherol*	unbekannt Antioxydans?	Muskeldystrophie? Hämolyseneigung	15 mg	Öle von Getreide, Sojabohnen
K_1 *Phyllochinon*	unbekannt Blutgerinnung	hämorrhagisches Syndrom	0,001 mg	Spinat, Kohl, Darmbakteriensynthese
2. Wasserlösliche Vitamine:				
B_1 *Thiamin*	Thiaminpyrophosphat Decarboxylier. C_2-Übertragung	Beriberi (Polyneuritis)	1,5 mg	Hefe, Getreidekorn, Hülsenfrüchte, Schweinefleisch
B_2 *Riboflavin*	Flavinnucleotide FMN, FAD H-Übertragung	Stomatitis angularis	1,8 mg	Hefe, Leber, Nieren Ei, Milch, Käse
B_5?, P—P *Nicotinsäureamid*	Nicotinamidnucleotide NAD NADP H-Übertragung	Pellagra	20 mg	Fleisch, Butter, Getreide, Hülsenfrüchte, Darmbakteriensynthese
B_6 *Pyridoxin*	Pyridoxalphosphat NH_2-Übertrag. Decarboxylier.	Anämie und Krämpfe	1,5 mg	Hefe, Getreide, Leber, Fleisch, Ei, Sojabohnen
B_{12} *Cyanocobalamin* (Corrinoide)	CH_3-Übertrag. Carboxylverschiebung	perniciöse Anämie	0,001 mg	Leber, Eidotter
B_c (*Folsäure*) Pteroylglutaminsäure	Tetrahydrofolsäure Formylübertrag.	megaloblastische Anämie	1 mg	Leber, Spargel, Gurken, Spinat, Kohl, Darmbakteriensynthese
(Bios IIA), B_3? *Pantothensäure*	Coenzym A Acylübertrag.	burning-foot-Syndrom	10 mg	Leber, Niere, Eidotter, Spinat, Pilze, Käse
(Bios IIB), H *Biotin*	Carboxylierung	exfoliate Dermatitis	0,3 mg	Hefe, Leber, Niere, Eidotter
C *Ascorbinsäure*	Redoxsystem	Skorbut	75 mg	Früchte, Gemüse, Kartoffel

Vitamine

Von den oft auch zu den Vitaminen gerechneten Stoffen faßt man heute das sog. Vitamin F (ungesättigte Fettsäuren) als essentielle Fettsäuren auf, bei anderen ist der Vitamincharakter für den Menschen nicht nachgewiesen (Inosit, Ubichinon). Das wichtigste Provitamin A ist der orange Farbstoff β-Carotin (→Polyene 2.), das durch oxydative Spaltung der zentralen Doppelbindung zu Retinal (Vitamin-A-Aldehyd) wird. Das eigentliche Vitamin A_1 (sterisch: all-trans-Retinol) entsteht daraus durch Reduktion.

Die Wirkung des Vitamin A als Wachstums- und Hautschutzvitamin sind noch ungeklärt. Besser bekannt ist seine Rolle als Baustein des *Rhodopsins*, des *Sehpurpurs* der Stäbchen in der Netzhaut. Rhodopsins, ein Chromoproteid (→Aminosäuren 3.), enthält 11-cis-Retinal an das Protein Opsin (an Lysin) gebunden. Das →Isomere 11-cis-Retinal ist begünstigt, weil die Doppelbindung an diesem C-Atom die geringste Elektronendichte hat. Bei Belichtung kommt es zu einer Photoisomerisierung (Bildung eines isomeren Stoffes durch Licht). Rhodopsin lagert sich in Prae-Lumi-Rhodopsin um, das all-trans-Retinal enthält. All-trans-Retinal absorbiert kürzerwellige Strahlen, man spricht deshalb von Bleichung des Sehpurpurs. Die Rückbildung des Rhodopsins erfolgt erst nach Hydrolyse des Proteins in Ospin und all-trans-Retinal und Isomerisierung zu 11-cis-Retinal.

Das wichtigste Provitamin D ist das nach seiner Isolierung aus dem Mutterkorn genannte *Ergosterin* (→Steroide 1.), das durch ultraviolettes Licht in der Haut über Praecalciferol zu *Ergocalciferol* (Vitamin D_2) umgewandelt wird. Die Vitamine der D-Gruppe sind chemisch keine Steroide, da ihnen das Vierringsystem fehlt.

Vitamine

Daß Vitamin D den Calciumstoffwechsel und damit auch den Knochenaufbau beeinflußt, ist bekannt, aber die eigentliche Wirkungsweise ist ebenso wie bei den anderen fettlöslichen Vitaminen E und K noch nicht aufgeklärt.

Vitamin E, dessen alter Name Antisterilitätsfaktor nur auf Ergebnissen bei Ratten beruht, ist eine Sammelbezeichnung für 8 Verbindungen, die sich durch Anzahl und Stellung der Methylgruppen am Benzolring und durch die Seitenketˑ unterschieden. α-*Tocopherol* ist das wirksamste.

α-Tocopherol ; 5,7,8-Trimethyltocol

β = 5,8-Dimethyltocol ;
γ = 7,8-Dimethyltocol ;
δ = 8-Methyltocol
η = 7-Methyltocol
$ζ_2$ = 5,7-Dimethyltocol

$ζ_1$ wie α
ε wie β } jedoch beide mit der Seitenkette:

Auch beim Vitamin K besitzen mehrere Verbindungen Vitaminwirkung (Hebung des Prothrombinspiegels, Bildung des Stuart-Faktors X, beides Teilsysteme der Enzymkaskade bei der Blutgerinnung s. →Enzyme). Vitamin K_1 ist ein Naphthochinon-*Phyllochinon*-(→Oxoverbindungen 2.4.) mit Isoprenoidseitenkette (→Terpene 1.). Die Wirkung bleibt erhalten bei Wegfall der Seitenkette, auch bei Reduktion zum entsprechenden Hydrochinon. *Dicumarol*, ein Cumarinderivat mit entfernter Strukturähnlichkeit, wirkt als Antimetabolit, verringert die Blutgerinnungszeit und wird in Form von Derivaten medizinisch gegen Thrombosen eingesetzt.

Vitamin K

Dicumarol

Im Gegensatz zu den fettlöslichen Vitaminen, bei denen die Numerierung chemisch sehr ähnliche Verbindungen mit fast gleicher Wirkung unterscheidet, grenzen die Nummern der Vitamin B-Gruppe die chemisch sehr verschiedenen Substanzen gegeneinander ab. Als Vitamin B hatte man ursprünglich ein wasserlösliches Vitamin bezeichnet, das sich aber als ein Komplex heterogener Faktoren erwies. Von den Vitaminen der B-Gruppe sind die Wirkungsweisen im allgemeinen bekannt. Sie sind z. T. in Form von Derivaten Bestandteile von Coenzymen, besonders bei Fermenten, die Gruppen übertragen (Oxydoreduktasen und Transferasen).

Vitamin B_1 (*Thiamin*, früher *Aneurin*) wirkt als Pyrophosphatester bei der CO_2-Abspaltung (Decarboxylierung) von α-Ketosäuren (Brenztraubensäure →Carbon-

Vitamine

säuren 2.5. bei der alkoholischen Gärung, α-Ketoglutarsäure beim Citronensäurecyclus →Carbonsäuren 2.4.) und als Überträger von C_2-Gruppen (Glykolaldehyd bei der Transketolasereaktion).

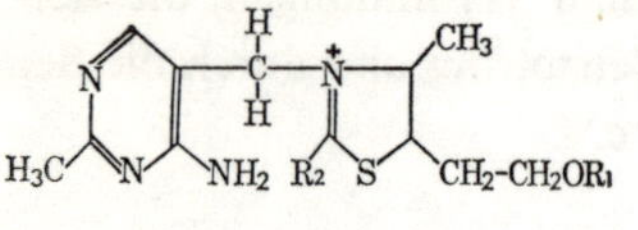

Thiamin, $R_1, R_2 = H$
Thiaminpyrophosphat (*TPP*): $R_1 = P_2O_7H_3$;
R_2 = Bindung des Substrats

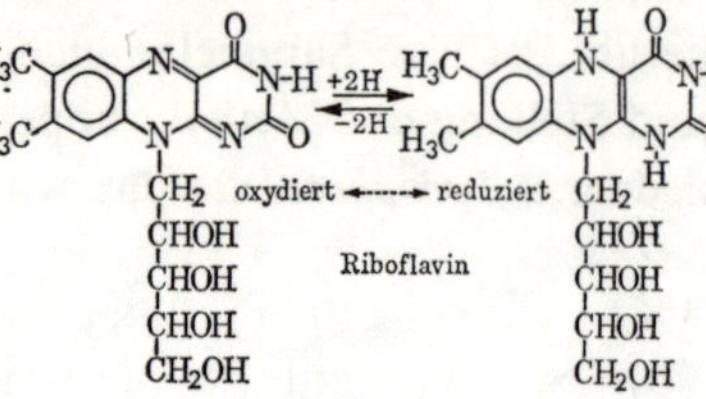

Riboflavin

Vitamin B_2 (*Riboflavin*, früher Lactoflavin) überträgt sowohl also Flavinmononucleotid (FMN) als auch in Form des *Flavin-adenin-dinucleotids* (*FAD*) Wasserstoff, z. B. in der Atmungskette. Auch *Nicotinsäureamid* (Niacinamid) ist Bestandteil zweier sehr wichtiger wasserstoffübertragender Coenzyme: *Nicotinamid-adenin-dinucleotid* (*NAD*, früher DPN, Codehydrase) und Nicotinamid-adenin-dinucleotid-phosphat (NADP, früher TPN). Die reduzierten Coenzyme sind als Sammelbecken für Wasserstoff im Zellstoffwechsel anzusehen, der an NAD gebundene wird in die Atmungskette gebracht, der an NADP gebundene für Synthesen verbraucht.

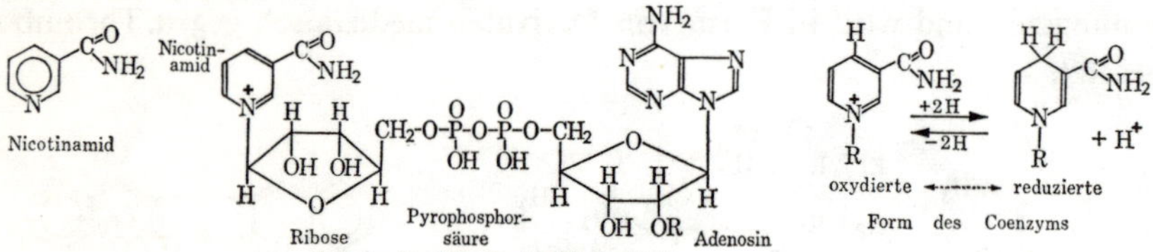

Nicotinamid
Ribose   Pyrophosphorsäure   Adenosin
NAD (oxydiert): $R = H$; NADP: $R = H_2PO_3$
oxydierte ⇌ reduzierte Form des Coenzyms

Vitamin B_6 (früher Adermin, heute *Pyridoxin*) kann als Coenzym (Phosphorsäureester) eine gebundene Aminosäure entweder decarboxylieren und als Amin abspalten oder die Aminogruppe behalten, die ursprüngliche Aminosäure als Ketosäure abspalten und die Aminogruppe auf ein anders Substrat übertragen.

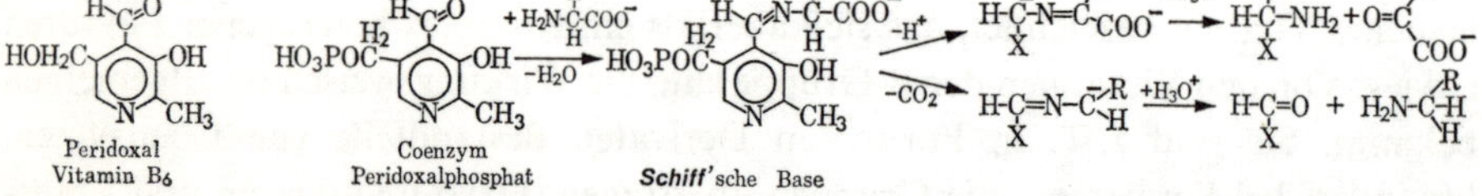

Peridoxal Vitamin B_6
Coenzym Peridoxalphosphat
Schiff'sche Base

Vitamin B_{12} kann nur im Körper aufgenommen werden, wenn eine Substanz (Mucoproteid aus der Magenschleimhaut, sog. intrinsic factor) vorhanden ist. Vitamin B_{12} ist der sog. extrinsic factor. Eine der Wirkungen des Coenzyms ist

Vitamine

die Isomerisierung durch intramolekulare Verschiebung von Carboxylgruppen. Auch die anderen Vitamine der B-Gruppe gehören zu Transferasen: Während die Corrinoide (Vitamin B_{12}-Gruppe) als C_1-Gruppe die Methylgruppe übertragen, ist es bei der Folsäure die Formylgruppe (—CHO). Die *Folsäure* ist zusammengesetzt aus Glutaminsäure, substituiertem Pteridin und p-Aminobenzoesäure. Die Sulfonamide sind — wie erwähnt — Antimetaboliten bei der Folsäurebildung und können so Mikroorganismen hemmen.

Das der Folsäure zugehörige Coenzym nennt man auch Coenzym F. *Coenzym A* (A abgeleitet von Acylierung), das das Vitamin *Pantothensäure* enthält, ist der wichtige Überträger der aktivierten Essigsäure und anderen Fettsäuren (→Carbonsäurenauf- und abbau). Die Säuren werden als sehr reaktionsfähige Thioester an die -SH-Gruppe des Cysteaminteils gebunden.

Biotin (der Name Vitamin H ist außerhalb der Reihe des Alphabetes nach den Mangelerscheinungen in der Haut gebildet worden) dient als Überträger einer C_1-Gruppe, der Carboxylgruppe (—COO^-).

Cyanocobalamin ($C_{63}H_{88}O_{14}N_{14}PCo$)
(Vitamin B_{12})
beim Coenzym tritt anstelle der CN-Gruppe ein Nucleotid

Pteroylglutaminsäure = **Folsäure**

Coenzym: Tetrahydrofolsäure; H-Atome in 5,6,7,8-Stellung

Pantoinsäure   β-Alanin
Pantothensäure

Adenosin   Pantothensäure   Cysteamin

Coenzym A   (R = H_2PO_3)

Biotin (R = H)
COO^- an R-Stelle gebunden

L-Ascorbinsäure, Vitamin C   Dehydroascorbinsäure
reduziert ⇌ oxydiert

Vonendrin

Vitamin C unterscheidet sich von allen anderen Vitaminen durch die relativ großen Mengen, in denen es benötigt wird. Manche stellen es deshalb nicht mehr zu den Vitaminen, sondern zu essentiellen Kohlenhydraten, zu denen es wegen seiner Struktur eine große Verwandtschaft hat. Die beiden Hydroxylgruppen an den C-Atomen mit der Doppelbindung entsprechen in ihrem Verhalten Hydrochinonen (En-diol-Gruppe), sie sind leicht oxydierbar, können aber auch den Wasserstoff als Proton abgeben (Ascorbinsäure). Ascorbinsäure ist chemisch 2-Keto-L-Gulonsäure-lacton (→Kohlenhydrate 1.3. dort Synthese).

Literatur
KARLSON, P.: Biochemie. — Thieme, Stuttgart 1970
BERSIN, Th.: Biochemie der Vitamine. — Akadem. Verlagsges., Frankfurt 1966
FRAGNER, J.: Vitamine, 2 Bd. — Fischer, Jena 1964
AMMON, R. u. DIRSCHERL, W.: Fermente, Hormone, Vitamine, Bd. 3. — Thieme, Stuttgart 1974

Vonendrin s. Arzneimittel.
Vulkanisation s. Kautschuk.

W

Wachse s. Ester 2.
Wacker-Prozeß s. Oxoverbindungen 1.1.4., Äthen.
Waldensche Umkehrung s. Substitution 1.1.
Walrat s. Ester 2.
Wannenform s. Cycloalkane 1.1.
Warfarin s. Schädlingsbekämpfungsmittel.

Waschmittel. Die Seife ist das älteste Wasch- und Reinigungsmittel, das auch heute noch verwendet wird. Sie besteht aus einem Gemisch von Natriumsalzen höherer Fettsäuren (z. B. Natriumstearat $C_{17}H_{35}COONa$, Natriumpalmitat $C_{15}H_{31}COONa$ und Natriumoleat $C_{17}H_{33}COONa$).
Zur Herstellung von Seife nach dem älteren Verfahren kocht man Fette oder Öle mit Natronlauge, wobei sich Glycerin und Seife bilden:

$$\begin{array}{c} H_2C-O-\overset{\overset{O}{\|}}{C}-R \\ HC-O-\overset{\overset{O}{\|}}{C}-R \\ H_2C-O-\overset{\overset{O}{\|}}{C}-R \end{array} + 3\,NaOH \rightarrow \begin{array}{c} H_2C-OH \\ HC-OH \\ H_2C-OH \end{array} + 3\,R-\overset{\overset{O}{\|}}{C}-ONa$$

Bei dieser Reaktion, der „Verseifung", entsteht zunächst der „Seifenleim", welcher die Seife als kolloidale Lösung enthält. Durch Zugabe von Natriumchlorid scheidet sich die Seife in Form einer schwimmenden, halbflüssigen Schicht („Seifenkern") ab. Darunter befindet sich die „Unterlauge", welche aus Wasser, Glycerin, Natriumchlorid und überschüssiger Natronlauge besteht. Die Unterlauge läßt man abfließen und gewinnt daraus durch Destillation das Glycerin.

In neuerer Zeit spaltet man die Fette mit Wasserdampf bei 250°C und 40 at unter Mitwirkung von Zinkoxid als Katalysator. Es bilden sich hierbei Glycerin und Fettsäure, zunächst also noch keine Seife. Die Reaktion erfolgt in einem druckfesten Spaltturm (15 bis 18 m Höhe und 0,75 m Durchmesser). Von oben wird Wasserdampf und von unten das erhitzte Fett zugeführt. Die wäßrige Glycerinlösung fließt am Boden des Turmes ab. Die Fettsäure kann am oberen Ende durch ein Entspannungsventil entnommen werden. Man rührt sie in eine siedende Lösung von Natriumcarbonat ein, wobei die Natriumsalze der Fettsäuren (Seife) entstehen und Kohlendioxid entweicht.

Waschmittel

Die nach beiden Verfahren hergestellte Seife wird getrocknet, zerkleinert, mit Riechstoffen, Farbstoffen, Überfettungsmitteln (z. B. Lanolin) und Füllstoffen vermischt. Sie durchläuft anschließend eine Reihe von Stahlwalzen (Piliermaschine), wodurch die Seife geknetet, homogenisiert und verdichtet wird. Anschließend preßt man die Seifenmasse zu einem Strang und schneidet ihn in Stücke. Bei der Herstellung von Schmierseife verseift man billige Fette, Pflanzenöle oder Fischtran mit Kalilauge und Kaliumcarbonat. Der Seifenleim wird dabei nicht ausgesalzen. Seife löst sich in Wasser mit alkalischer Reaktion (pH 10—11), weil die Anionen der Seife als Base wirken:

$$C_{17}H_{35}COO^- + Na^+ + H_2O \rightleftarrows C_{17}H_{35}COOH + OH^- + Na^+$$

In hartem Wasser (großer Gehalt an Calciumsulfat $CaSO_4$ und Calciumhydrogencarbonat $Ca(HCO_3)_2$) verbinden sich die Calcium-Ionen mit den Anionen der Seife zu unlöslicher *„Kalkseife"*, die sich in den Geweben der Textilien niederschlagen kann und dann „Kalkflecken" bildet. Durch diesen Vorgang wird in hartem Wasser ein Teil der Seife verbraucht, der nicht zur Reinigung beitragen kann. In sauren Lösungen werden die Anionen der Seife in freie Fettsäuren überführt, die sich aus der Lösung abscheiden. Die Seife kommt daher in Lösungen, deren pH-Wert kleiner als 6 ist, kaum zur Wirkung. Diese oben genannten Eigenschaften wirken sich nachteilig beim Gebrauch der Seife aus. Inzwischen hat man andere chemische Verbindungen gefunden, die eine gleichwertige Reinigungswirkung aufweisen, aber die Nachteile der Seife nicht besitzen.

Beim Waschvorgang ist es zunächst einmal notwendig, daß die Textilfaser benetzt wird, damit die Flüssigkeit in die kapillaren Räume der Faser eindringen und die Schmutzteilchen abheben kann. Der Grad der Benetzungsfähigkeit ist von der Größe der Oberflächenspannung der Flüssigkeit abhängig. Man versteht darunter das Bestreben einer Flüssigkeit, eine möglichst kleine Oberfläche zu bilden. Dies erklärt man sich dadurch, daß die Moleküle im Inneren einer Flüssigkeit allseitig den Anziehungskräften (Kohäsionskräfte) ihrer Nachbarmoleküle ausgesetzt sind. Die Moleküle in der Oberfläche der Flüssigkeit erfahren dagegen nur eine Anziehungskraft nach innen, senkrecht zur Oberfläche, die sich daher zu verkleinern strebt. Je größer die Oberflächenspannung einer Flüssigkeit ist, desto geringer wird ihre Benetzungsfähigkeit sein. Aufgrund der großen zwischenmolekularen Kräfte besitzt das Wasser eine große Oberflächenspannung. Diese kann durch Auflösen von Seife in Wasser beträchtlich verkleinert werden. Die in der Seifenlösung vorhandenen Anionen (z. B. $C_{17}H_{35}COO^-$) bestehen nämlich aus einer langen Kohlenwasserstoffkette, die als „hydrophob" (wasserfeindlich) bezeichnet wird; hydrophobe Stoffe sind mit Wasser nicht oder nur beschränkt mischbar. Diese Kette trägt an einem Ende eine negativ geladene COO^--

Waschmittel

Gruppe, die stark „hydrophil" (wasserfreundlich) ist. Im Wasser wird diese Gruppe von den Wasserdipolen umhüllt und in das Wasser hineingezogen, während die hydrophobe Kohlenwasserstoffkette aus dem Wasser herausgedrängt wird. Dadurch reichern sich die Anionen der Seife in der Oberfläche stark an und die Oberflächenspannung der Lösung ist geringer, weil die Anziehungskräfte zwischen den Kohlenwasserstoffketten kleiner als die der Wassermoleküle sind.

Befinden dich in der Seifenlösung fetthaltige Schmutzteilchen auf einem Gewebe, so dringen die Kohlenwasserstoffketten in die Fettschicht ein, während die COO^--Gruppen im Wasser verbleiben. Das Schmutzteilchen wird so mit dem Wasser „verbunden" und kann vom Untergrund abgelöst werden. Es ist an seiner Oberfläche mit einer dünnen Schicht von Seifenanionen bedeckt, wobei die hydrophilen Enden ins Wasser zeigen. Das Teilchen ist dadurch elektrisch geladen und kann sich nicht mehr mit anderen Teilchen zusammenballen, weil diese ebenfalls negativ geladen sind und sich infolgedessen abstoßen. Die Schmutzteilchen können nun mit der Waschlösung abtransportiert werden. In ähnlicher Weise verhält sich eine Seifenlösung gegenüber Fettröpfchen. Sie können nicht mehr zusammenfließen und bilden eine in Wasser haltbare Emulsion (Emulgiervermögen der Seife). Der Schaum einer Seifenlösung besteht aus Luftbläschen, die von einer dünnen Schicht Seifenanionen umhüllt sind. Für die Waschwirkung ist die Schaumentwicklung allerdings von untergeordneter Bedeutung.

Aus diesen Vorgängen beim Waschen ergibt sich, daß nicht nur die Anionen der Fettsäuren eine Waschwirkung erzielen können. Auch andere Stoffe eignen sich

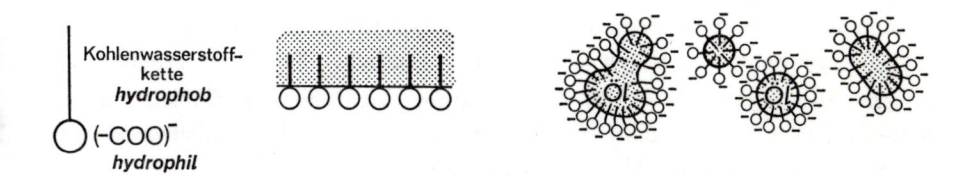

als waschaktive Substanzen (*Detergentien*), wenn ihre Moleküle aus einem hydrophilen und einem hydrophobem Bestandteil zusammengesetzt sind. Um gegen die Härte des Wassers unempfindlich zu sein, dürfen sie mit den Calcium- und Magnesiumionen des Wassers nicht reagieren. Solche Stoffe bezeichnet man auch als grenzflächenaktive Stoffe oder *Tenside*. Der hydrophobe Bestandteil ist meist eine gerade oder verzweigte aliphatische Kohlenwasserstoffkette von zehn bis achtzehn Kohlenstoffatomen. Der aliphatische Rest kann auch mit einem aromatischen Rest verbunden sein (Alkylarylrest), der dann die hydrophile Gruppe trägt. Als hydrophile Gruppen eignen sich z. B. folgende Anionen, die an den hydrophoben Rest $R-CH_2-$ gebunden sind:

Waschmittel

$$R-\overset{H}{\underset{H}{C}}-O-SO_3^-\qquad\qquad R-\overset{H}{\underset{H}{C}}-SO_3^-$$

Schwefelsäurehalbester oder Alkylsulfat　　　　　　　Sulfonat

Die hydrophile Gruppe kann aber auch nichtionogen sein. Die „wasserfreundlichen" Eigenschaften werden dann z. B. durch hydratisierbare Äthersauerstoffbrücken in Form der Polyäthergruppen erzeugt:

$$R-CH_2-O-CH_2-CH_2-O-(CH_2-CH_2-O-)_x-CH_2-CH_2-OH$$
(x = 10 bis 20)

Die Anzahl der Äthersauerstoffbrücken und die Art und Größe des hydrophoben Restes (R) lassen sich beliebig variieren. So können die Produkte solche Eigenschaften erhalten, die den jeweiligen Erfordernissen entsprechen.

Alkylsulfate werden aus Fettalkoholen (z. B. Laurylakohol $C_{12}H_{25}OH$) durch Reaktion mit Schwefelsäure oder Chlorsulfonsäure (Cl—SO_3H) hergestellt:

$$CH_3-(CH_2)_{10}-CH_2OH + H_2SO_4 \rightarrow CH_3-(CH_2)_{10}-CH_2-O-SO_3H + H_2O$$
$$CH_3-(CH_2)_{10}-CH_2OH + Cl-SO_3H \rightarrow CH_3-(CH_2)_{10}-CH_2-O-SO_3H + HCl$$

Durch Neutralisation dieser Schwefelsäureester mit Natronlauge entstehen die Natriumsalze ($CH_3-(CH_2)_{10}-CH_2-O-SO_3^- Na^+$). Man nennt sie auch *Fettalkoholsulfate*. Sie bilden den Hauptbestandteil der Feinwaschmittel. Die Fettalkohole kann man durch Reduktion synthetischer Fettsäuren erhalten.

In den *Alkylsulfonaten* ist das Schwefelatom direkt an das Kohlenstoffatom gebunden. Dies wird dadurch erreicht, daß man aliphatische Kohlenwasserstoffe mit Schwefeldioxid und Chlor zur Reaktion bringt:

$$C_{18}H_{38} + SO_2 + Cl_2 \rightarrow C_{18}H_{37}SO_2Cl + HCl$$

Das entstandene Alkylsulfochlorid wird mit Natronlauge zu wasserlöslichen Sulfonaten umgesetzt:

$$C_{18}H_{37}SO_2Cl + 2NaOH \rightarrow C_{18}H_{37}SO_3Na + NaCl + H_2O$$

Diese Verbindungen sind als „Mersolat" im Handel.

Wegen ihrer günstigen Eigenschaften haben die Alkylarylsulfonate, wie z. B. das Dodecylbenzolsulfonat, besondere Bedeutung erlangt. Es ist das Natriumsalz einer Benzolsulfonsäure, die eine aliphatische Kette trägt:

$$CH_3-(CH_2)_{11}-\!\!\!\bigcirc\!\!\!-SO_3Na$$

Aus gesättigten Kohlenwasserstoffverbindungen und Benzol stellt man das Alkylbenzol her, das dann mit Schwefelsäure oder Schwefeltrioxid „sulfoniert" wird. Diese Stoffe bilden heute den wesentlichen Teil der waschaktiven Substanz in den Haushaltswaschmitteln.

Produkte mit gutem Waschvermögen erhält man auch aus Fettsäurechloriden (hergestellt aus Fettsäure und Phosphortrichlorid) durch Kondensation mit Hydroxyäthansulfonat oder Aminoalkylsulfonsäure (als Natriumsalz):

$$C_{15}H_{31}-C\underset{Cl}{\overset{O}{\lessgtr}} + HO-CH_2-CH_2-SO_3Na \rightarrow$$
$$\rightarrow C_{15}H_{31}COO-(CH_2)_2-SO_3Na + HCl$$

$$C_{15}H_{31}-C\underset{Cl}{\overset{O}{\lessgtr}} + H_2N-(CH_2)_2-SO_3Na \rightarrow$$
$$C_{15}H_{31}-CONH-(CH_2)_2-SO_3Na + HCl$$

Sie sind als „Igepon" bzw. „Hostapon" bekannt.

Die nichtionogenen waschaktiven Substanzen erhält man durch die Einwirkung von Äthylenoxid unter Druck und in Gegenwart von Katalysatoren auf Verbindungen mit reaktionsfähigen Wasserstoffatomen, z. B. Fettalkohole:

$$R-CH_2OH + H_2C\underset{O}{\overset{}{\diagdown\!\!\diagup}}CH_2 \rightarrow R-CH_2-O-CH_2-CH_2-OH$$

$$R-CH_2-O-CH_2-CH_2-OH + H_2C\underset{O}{\overset{}{\diagdown\!\!\diagup}}CH_2 \rightarrow$$
$$R-CH_2-O-CH_2-CH_2-O-CH_2-CH_2-OH$$

So entstehen *Alkylpolyglykoläther*:

$$R-CH_2-O-(CH_2-CH_2-O-)_x-CH_2-CH_2-OH$$
($x = 10$ bis 20)

An die Stelle des Fettalkohols können auch andere Stoffe wie z. B. Fettsäuren, Fettsäureamide, alkylierte Phenole und Naphthole treten, so daß sich eine große Zahl von Variationsmöglichkeiten ergibt.

Waschmittel

Der große Verbrauch verschiedener Detergentien bewirkte eine Anhäufung dieser Verbindungen in den Abwässern und Flüssen (Schaumberge), weil die Waschmittel durch Bakterien nicht abgebaut werden konnten. Nach dem Detergentiengesetz müssen 80% der anionenaktiven Detergentien abbaufähig sein. Dies ist dann möglich, wenn die Moleküle der waschaktiven Substanzen in den Alkylketten keine quartären Kohlenstoffatome enthalten (ein Kohlenstoffatom darf nicht mit vier anderen Kohlenstoffatomen verbunden sein).

Handelsübliche Waschmittel sind Mischprodukte aus waschaktiver Substanz und Verbindungen, welche die Waschkraft verbessern und bleichende Eigenschaften besitzen. Vollwaschmittel sind für kochbeständige Grob-, Weiß- und Buntwäsche geeignet. Sie enthalten sämtliche Komponenten, die für eine optimale Waschwirkung in Betracht kommen, z. B.:

Waschaktive Substanz (Seife oder synthetische Tenside)	10—25%
Polyphosphate	20—25%
Alkalisilikate (Wasserglas)	5—10%
Natriumperborat	10—25%
Optische Aufheller	0,1—0,5%
Carboxymethylcellulose	1—2%
Magnesiumsilikat	0—3%
Natriumsulfat	5—20%

Als *Tensid* wird vorwiegend Dodecylbenzolsulfonat verwendet.

Die *Polyphosphate* (Natriumpyrophosphat $Na_4P_2O_7$ und Natriumtripolyphosphat $Na_5P_3O_{10}$) erhöhen die Waschkraft. Sie können Magnesium-, Calcium-, Eisen- und andere Schwermetallionen in wasserlöslichen Komplexen binden. Dadurch werden härteempfindliche Substanzen nicht beeinträchtigt; es kann sich z. B. keine Kalkseife abscheiden. Außerdem werden Eisen- und andere Schwermetallionen in Lösung gehalten, die zu einer Verfärbung der Wäsche führen können. Schließlich fördern sie den Waschvorgang, in dem sie auf den Schmutz selbst einwirken. Jede natürliche Anschmutzung enthält Calcium-, Magnesium- und Eisenverbindungen. Diese können mit Fettsäuren, Seife, Eiweiß und Eiweißabbauprodukten, die ebenfalls im Schmutz enthalten sind, schwerlösliche Verbindungen bilden, die zu einer Verfestigung des Schmutzes führen. Die Anionen der Polyphosphate vermögen die Metallionen aus diesem Konglomerat der Schmutzbestandteile herauszulösen. Dadurch wird der Schmutz für die waschaktive Substanz besser zugänglich.

Die Alkalisilikate bewirken die notwendige alkalische Reaktion der Lösung (pH 9—10). Die negativ geladenen Hydroxidionen werden sowohl von den

Schmutzteilchen wie von den Textilien gebunden, wodurch eine gleichsinnige negative Aufladung von Faser und Schmutzteilchen entsteht. Die elektrische Abstoßung der gleichartig geladenen Teilchen begünstigt eine Ablösung des Schmutzes. Unterstützend wirken auch hier die Polyphosphatanionen, die bevorzugt absorbiert werden.

Natriumperborat ($NaBO_2 \cdot H_2O_2 \cdot 3H_2O$) dient als Bleichmittel. Es entwickelt bei Temperaturen über 70°C Aktivsauerstoff, der hartnäckig haftende organische Verschmutzungen (z. B. von Kakao, Fruchtsäften, Obst und Rotwein) durch Oxydation abbaut und dadurch ein Auswaschen ermöglicht. Allerdings wird die Sauerstoffentwicklung durch Spuren von Kupfer-, Mangan- und Eisenionen in unerwünschter Weise katalysiert. Das Magnesiumsilikat hebt diese Wirkung auf.

Zur Erhöhung des Weißgrades der Textilien werden „*optische Aufheller*" verwendet. Diese chemischen Verbindungen nehmen den nicht sichtbaren ultravioletten Teil des Lichtes auf und wandeln ihn in sichtbare blaue Strahlung um. Eine gelbliche Farbtönung, die bei vergilbten Textilien entsteht, ist dann nicht mehr sichtbar, weil die Vereinigung der blauen und gelben Strahlung dem Auge als weiß erscheint (Komplementärfarben). Außerdem ist die zurückgestrahlte Lichtmenge dadurch etwas größer. Die Textilien erscheinen „aufgehellt" und strahlender weiß. Als Substanzen eignen sich Derivate des Stilbens

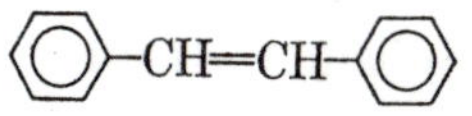

⟨O⟩—CH=CH—⟨O⟩

wie z. B. 4,4′-Di-(2-methoxy-4-methylbenzoylamino)-stilben-2,2′-disulfonsäure:

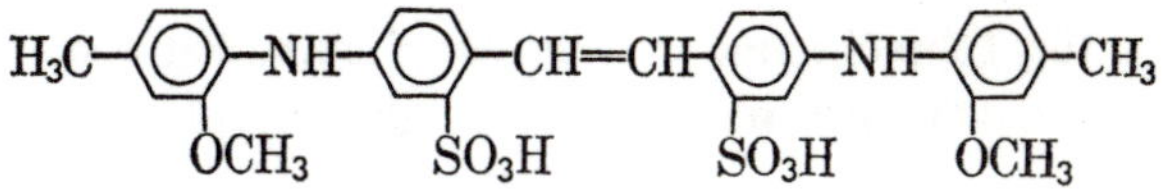

H_3C—⟨O⟩—NH—⟨O⟩—CH=CH—⟨O⟩—NH—⟨O⟩—CH_3
        | | | |
      OCH_3 SO_3H SO_3H OCH_3

Carboxymethylcellulose in Form des Natriumsalzes (Cellulose-Methyläther, bei dem ein Wasserstoffatom der Methylgruppe durch die COONa-Gruppe ersetzt ist:

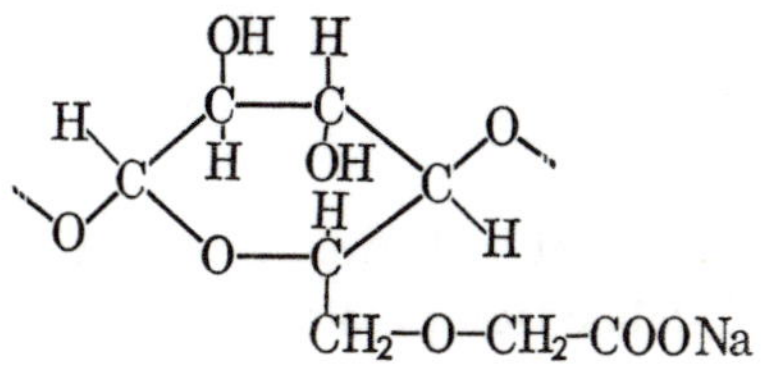

[Strukturformel eines Cellulose-Rings mit CH_2–O–CH_2–COONa-Seitenkette]

erhöht das Schmutztragevermögen. Der abgelöste Schmutz muß nämlich in der Schwebe gehalten werden. Wenn er auf die Wäsche aufzieht, nimmt sie einen grauen Farbton an.

Für Trommelwaschmaschinen verwendet man als waschaktive Substanz schwachschäumende nichtionogene Tenside (z. B. Alkylpolyglykoläther) oder Mischungen aus Alkylbenzolsulfonat und Seife.

Feinwaschmittel sind für empfindliche Textilien bestimmt, welche den Schmutz nicht sehr fest halten oder deren Färbungen in alkalischen Lösungen, bei Temperaturen über 40°C oder gegen aktiven Sauerstoff empfindlich sind. Sie enthalten weder Bleichmittel noch optische Aufheller oder alkalische Salze. Sie sind etwa folgendermaßen zusammengesetzt: 20—30% Tenside (z. B. Alkylsulfate), 20—30% Polyphosphate, bis 1% Carboxymethylcellulose und 30—60% Natriumsulfat, das notwendig ist, um trockene, schüttfähige Produkte zu erhalten.

Die oben genannten Waschmittel sind in Pulverform im Handel. Sie werden nach dem *Heißsprühverfahren* (Zerstäubungstrocknung) hergestellt. Man rührt die Ausgangsmaterialien mit Wasser zu einem Brei an, der sich noch mit Pumpen fördern läßt. Er wird mit 20—60 atü durch Düsen in den oberen Teil eines etwa 30 m hohen Trockenturms gepreßt und dort zu Tröpfchen versprüht, die nach unten fallen. In der heißen Luft, die mit 200—300°C in den Turm einströmt, verdampft das Wasser. Am Boden des Trockenturms sammelt sich ein sehr feines, staubendes Pulver an.

Flüssige *Geschirrspülmittel* enthalten 20—30% Tenside (vorwiegend Alkylbenzolsulfonat in Mischung mit nichtionogenen Verbindungen). Durch die Verkleinerung der Oberflächenspannung wird ein glattes und rückstandfreies Ablaufen des Wassers gefördert und das Entfernen von Fetten usw. erleichtert. Die flüssigen Produkte sind leichter wasserlöslich als die pulverförmigen. Fensterreiniger, Schaumreiniger für Teppiche und Polstermöbel enthalten ebenfalls Tenside. Im Scheuerpulver befinden sich neben feinem Quarzmehl ebenfalls waschaktive Substanzen.

Literatur
KURT LINDNER: Tenside-Textilhilfsmittel-Waschrohstoffe. — Wissenschaftliche Verlagsgesellschaft, Stuttgart 1964

Wassergas s. Mineralkohlen.

Wasserglas s. Silikate.

Wasserstoff ist das erste Element im Periodensystem und gehört keiner Familie an. Von ihm existieren zwei stabile Isotope: Protium mit der Massenzahl 1 (99,9844%)

und Deuterium mit der Massenzahl 2 (0,0156%). In der Natur tritt daneben noch das radioaktive Tritium mit der Halbwertszeit von 12,26 Jahren und der Massenzahl 3 auf. Das Verhältnis 1 Tritium: 10^{18} Protium gilt als Vergleichsstandart und heißt eine Tritiumeinheit (1 TU).

1766 entdeckte CAVENDISCH den Wasserstoff bei der Einwirkung von Säuren auf Metalle. 1781 konnte er nachweisen, daß beim Verbrennen des Gases Wasser entsteht. LAVOISIER gab dem Gas den Namen Hydrogène (gr. Wasserbildner). Von dem Wort leitet sich das chemische Symbol H ab. 1931 entdeckte UREY den schweren Wasserstoff (Deuterium), der das Symbol ^2H oder D erhalten hat. 1934 fanden OLIPHANT, HARTECK und RUTHERFORD beim Deuteronenbeschuß von Deuteriumverbindungen als Folge der Kernreaktion d(d; p)t das Tritium. Symbol ^3H oder T.

Wasserstoff besitzt nur ein Elektron im 1s Grundzustand. Der Kern hat einen Durchmesser von ca. 1 fm. Als Atomdurchmesser gilt der Durchmesser der ersten Bohrschen Bahn, d. h. 1 Å (1 Å = 10^{-8} cm, 1 fm = 10^{-13} cm).

Die Hypothese des englischen Arztes PROUT (1815) hat sich inzwischen als richtig erwiesen: Alle chemischen Elemente haben sich aus (dem leichten) Wasserstoff gebildet.

Die notwendigen physikalischen Bedingungen für diese Synthese können im Innern der Sterne gefunden werden. Die chemische Zusammensetzung des Universums ist völlig uneinheitlich. Supernova-Explosionen sind ein entscheidender Faktor bei der Synthese der schweren Elemente. Der erste Elementarprozeß ist das „Verbrennen" des Wasserstoffs zu Helium. Der Vorgang beginnt bei einer Temperatur von ca. 10^7 K. Sie entsteht bei der Kontraktion von Materie als Äquivalent verlorengegangener Gravitationsenergie. Der gegenwärtige Anteil von Wasserstoff und Helium im Universum wird auf ca 98% geschätzt. In der Erdrinde, einschließlich Hydrosphäre und Atmosphäre, beträgt der Anteil des Wasserstoffs lediglich 0,88%, womit er zwischen dem Anteil von Magnesium und Titan liegt.

Der in der Atmosphäre vorhandene Wasserstoff stammt aus dem Ausstoß von Vulkanen. In der hohen Atmosphäre erfolgt durch UV-Licht der Wellenlänge 1800 Å die Dissoziation von Wasser in Wasserstoff und Sauerstoff. Wegen seiner geringen Masse und der hohen thermischen Energie geht dieser Wasserstoff weitgehend verloren. Anscheinend besteht ein Gleichgewicht zwischen diesen Verlusten und den Ergänzungen durch aufsteigenden Wasserdampf.

Die Formen, in denen der Wasserstoff chemisch gebunden in der Natur auftritt, lassen sich folgendermaßen zusammenfassen:

a) als Wasser in allen drei Aggregatzuständen;
b) als Kristallwasser in Mineralien (z. B. Gips ($CaSO_4 \cdot 2H_2O$);

c) als Metallhydroxide und basiche Salze [z. B. Brucit Mg (OH)$_2$; Malachit Cu$_2$(CO$_3$)$_2$(OH)$_2$];

d) als Kohlenwasserstoffe (Erdöl);

e) Organische Verbindungen außer d) (z. B. Fetten, Eiweiß);

f) als Hydronium-Ion in natürlich vorkommenden Säuren;

g) als Hydrid außer a) und d) (z. B. gasförmiger HF, HCl und H$_2$S).

Ausführliche Untersuchungen wurden angestellt, um das Verhältnis des leichten zum schweren Wasserstoffisotop in den aufgezählten Vorkommen zu ermitteln. Bei der Verdampfung des Wassers findet eine Fraktionierung der Isotope statt. Dadurch ist offenbar die Dichte des Wassers von Seen ohne Abfluß im Vergleich zur Dichte des Wassers von Seen mit Abfluß und von Flachlandflüssen wegen Anreicherung des schweren Wassers höher. Aus dem gleichen Grund ist auch die Dichte des Meerwassers höher als die des Süßwassers. Den höchsten Wert erreicht der Deuteriumgehalt — gleichzeitig gekoppelt mit einer Anreicherung des schweren Sauerstoffisotops ^{18}O — an der Oberfläche der Ozeane in äquatorialen Breiten. Eine Isotopentrennung erfolgt auch bei der Kristallisation des Wassers. Das ergibt sich aus der Isotopen-Zusammensetzung von Eis und Schnee, sowie von Wasser, das von Eis oder Schnee stammt. Wasser, das beim Tauen von Eis erhalten wird, ist am Anfang stark an Deuterium verarmt und in den letzten Stadien damit angereichert. Die Schwankungen an Deuterium betragen dabei bis zu 10% um den Durchschnittswert.

Die Menge des natürlich vorkommenden Tritiums wird auf insgesamt 6 g geschätzt. Dabei handelt es sich um ein Gleichgewicht zwischen ständigem Zerfall und ständiger Neubildung. Durch die Explosionen von Wasserstoffbomben hat sich der Tritiumgehalt in der Atmosphäre und der Hydrosphäre stark erhöht. Man schätzt ihn auf Mengen in der Größenordnung von 30 kg. Ausführlich wurde der Gehalt des Regenwassers an Tritium untersucht. Während anfänglich die Konzentration 1 TU betrug, stieg beispielsweise die Konzentration in den Jahren 1954—1958 im kalifornischen Regenwasser bis auf 15—18 TU an.

Protium. — Für Präzisionsmessungen physikalischer Eigenschaften des leichten Wasserstoffs und des leichten Wassers hat man sich bemüht, den Anteil des Deuteriums im normalen Wasserstoffgas zu verringern. Dabei haben sowjetische Forscher folgenden Weg beschritten: Bei der elektrolytischen Zerlegung von Wasser bildet sich zu Anfang ein deuteriumarmes Gas. Danach erfolgt ein Isotopenaustausch zwischen diesem Wasserstoffgas und Wasserdampf in Kontaktöfen. Er vollzieht sich bei 130—140°C an Nickel-Chrom-Katalysatoren. Nach mehrfacher Anwendung dieses Verfahrens gelangt man zu einem Wasserstoffgemisch, das nur noch den tausendsten Teil des ursprünglichen Deuteriumgehaltes enthält.

Wasserstoff

Der Kern des Wasserstoffatoms hat eine durch seinen Spin charakterisierte magnetische Eigenschaft. Da es sich hierbei um eine vektorielle Größe handelt, kommt es bei der Bildung von Wasserstoffmolekülen zur unsymmetrischen Form des Orthowasserstoffs mit gleichgerichteten Kern-Spins oder der symmetrischen Form des Parawasserstoffs mit entgegengesetzten Kern-Spins. Die Deutung stammt von HEISENBERG und HUND (1927). Auch andere Atome zeigen bei der Molekülbildung ähnliche Eigenschaften, doch wirken sie sich dort wegen der großen Anzahl umgebender Elektronen nicht aus. 1924 hatte MECKE im Bandenspektrum das unterschiedliche Verhalten der beiden Formen von Wasserstoffmolekülen beobachtet. Der Parawasserstoff stellt die energetisch niedrigere Form dar. Aus dem Grunde liegt beim absoluten Nullpunkt die Paraform vor. Andererseits ließ sich nachweisen, daß sich bei hohen Temperaturen ein Gleichgewicht Ortho- zu Parawasserstoff von 3:1 einstellt. Die Tabelle zeigt das Verhältnis

Temp. K	Para H_2 %	Ortho H_2 %
20	99,82	0,18
40	88,61	11,39
80	48,39	51,61
120	32,87	67,13
273	25,13	74,87
∞	25,00	75,00

beider in Abhängigkeit von der Temperatur. Zu beachten ist, daß sich das Gleichgewicht nicht automatisch einstellt, sondern eines Katalysators bedarf. Bei tiefen Temperaturen wirkt aktive Kohle, bei hohen Platin. Da ein reiner Orthowasserstoff nicht existiert, lassen sich nur die Eigenschaften des Parawasserstoffs mit denen des normalen vergleichen. Die folgende Übersicht zeigt den Dampfdruck am Tripelpunkt und am Siedepunkt des normalen Wasserstoffs. Der Schmelzpunkt des reinen Parawasserstoffs liegt bei 13,83 K. Die magnetischen Eigenschaften sind bei beiden Formen verschieden, weil sich die der beiden Atome im einen Fall aufheben, im anderen addieren. Die Paraform hat eine höhere Wärmeleitfähigkeit als die normale Form.

K	Dampfdruck Torr	
	n-H_2	p-H_2
13,96	53,9	57,0
20,39	760	787

Deuterium. — Man vermutet, daß sich das irdische Deuterium im Ozeanwasser durch Einfang kosmischer Neutronen gebildet hat: $^1H + n \rightarrow {}^2H$. Industriell erfolgt die Darstellung zunächst von D_2O durch elektrolytische Zersetzung des Wassers. Dabei scheidet sich der leichte Wasserstoff ab, während sich der Elektrolyt an schwerem Wasser anreichert. Zurückzuführen ist diese Erscheinung darauf, daß die Überspannung für Deuterium höher liegt als die für Protium. Um 10 cm³ schweres Wasser von 99% Reinheit zu erhalten, muß man von 340 Litern Wasser ausgehen. Aus D_2O läßt sich durch metallisches Natrium D_2 frei machen. Eine weitere Reinigung des Deuteriums ist möglich durch Zersetzung von UD_3, das durch geeignete Auswahl von Druck und Temperatur wechselnd gebildet und zersetzt werden kann. Dem analogen Vorgang für NH_3 liegen andere Bedingungen zugrunde.

D_2 existiert wie H_2 in der Ortho- oder der Paraform. Das je aus einem Proton und einem Neutron entstandene Deuton hat einen doppelt so großen Kernspin wie das Proton. Deswegen verhält sich das D_2-Molekül anders als das H_2-Molekül: Bei Zimmertemperatur beträgt das Verhältnis o-D_2: p-D_2 wie 2:1. Beim absoluten Nullpunkt ist o-D_2 im Gegensatz zu o-H_2 stabil. Mischwasserstoff HD zeigt keine Modifikationen.

Deuteriumverbindungen lassen sich synthetisch herstellen. In vielen Fällen jedoch genügt es, einen Austausch mit D_2O herbeizuführen. Für isotopisch reine Verbindungen benötigt man allerdings große Mengen schweren Wassers. Deuteriumverbindungen unterscheiden sich deutlich von denen des Protiums, wie die folgende Tabelle zeigt:

	F in °C	Kp in °C		F in °C	Kp in °C		F in °C
NH_3	−77,8	−33,3	DCl	−114,9	−81,5	H_2S	−85,5
ND_3	−73,5	−31,0	C_6H_6	5,5	80,1	D_2S	−86,0
HCl	−110,9	−85,0	C_6D_6	6,6	79,2		

Die Reaktionsgeschwindigkeit mit Protium ist im allgemeinen größer als die mit Deuterium (Isotopeneffekt), gelegentlich jedoch — z. B. bei katalytisch durch D^+-Ionen beschleunigten Reaktionen — auch geringer (invers-isotoper Effekt).

Tritium. — Das in der Natur auftretende Tritium bildet sich anscheinend durch die Einwirkung hochenergetischer Neutronen der kosmischen Strahlung auf Stickstoff: $^{14}N + n \rightarrow {}^3H + {}^{12}C$. Durch β-Zerfall wandelt es sich mit der Halbwertszeit von 12,26 Jahren in das leichte Helium um. Das künstlich gewonnene Tritium entstammt der Kernreaktion $^6Li(n;\alpha)T$. Die Lithiumreaktion in Wasserstoffbomben ist die Hauptquelle des künstlich erzeugten Tritiums in der Atmosphäre. Das aus Reaktoren stammende Tritium wird z. Z. mit 417.000 DM pro

Wasserstoff

Liter im Handel angeboten. Die Strahlungsintensität eines Liters Tritium entspricht der von 3,2 kg Radium (3,2 kCurie) Tritium dient in geringsten Mengen zur Markierung von Verbindungen (tracer). Gegenüber dem Deuterium hat es den Vorteil, daß es sich als β-Strahler leichter nachweisen läßt und somit bereits Spuren genügen. Tritieren kann man im wesentlichen nach drei Verfahren: a) direkte chemische Synthese, um ein radioaktives Ausgangsmaterial zu erhalten; b) Isotopenaustausch zwischen einem geeigneten tritiumhaltigen Ausgangsmaterial und der zu etikettierenden Substanz; c) „energetische" Synthese, bei der durch Strahlung während einer chemischen Reaktion die Substitution ausgelöst wird. Letztere ist die am meisten verwendete Methode. Sie erfolgt in einer Mischung von T_2 und der zu tritierenden Verbindung. Der Nachteil des einfach zu handhabenden Verfahrens ist, daß man nicht bestimmen kann, an welcher Stelle der Wasserstoffaustausch erfolgt. Solche markierten Verbindungen finden häufig bei biologischen und bei biochemischen Untersuchungen Verwendung. LIBBY zeigte, daß der Tritiumgehalt in Wasser Altersbestimmungen bis zu 50 Jahren möglich macht. Ozeanographen können bei beispielsweise zu geringem Tritiumgehalt an einer Stelle auf aufsteigende Strömungen schließen. Eine Bestimmung des Tritiumgehalts im Wein ermöglicht eine Kontrolle des Jahrgangs. Beim Tritium ist der Isotopeneffekt noch größer als der des Deuteriums. Das hängt damit zusammen, daß das Massenverhältnis $T:H = 3:1$ — und somit höher als bei irgend einem chemischen Element — ist. Es ließen sich Reaktionen nachweisen, die mit Protium 60 mal so schnell ablaufen wie mit Tritium. Nichtsdestoweniger ist auch ein invers-isotoper Effekt bekannt, bei dem eine Tritiumreaktion viermal so schnell abläuft wie die mit Protium.

Die β-Strahlung des Tritiums ist energetisch sehr schwach. Sie vermag im Höchstfall eine Aluminiumschicht von 6 mg/cm² zu durchdringen. Das bedingt besondere Nachweismethoden für die Strahlung. So kann man das tritiumhaltige Material mit einem Geiger-Zähler nur nachweisen, wenn man es in ihn unmittelbar hineinbringt.

Tritium besitzt einen halbzahligen Kernspin, genau wie Protium. So liegen auch Modifikationen des T_2 vor. Doch sind anscheinend noch keine Untersuchungen über das Verhältnis der beiden Formen, ihre Schmelz- und Siedepunkte usw. durchgeführt worden.

Wasserstoff ist ein farb-, geschmack- und geruchloses Gas, das an der Luft entzündet, mit schwach bläulicher, sehr heißer Flamme verbrennt. Es ist 14,38 mal leichter als Luft und leitet die Wärme 7 mal besser als diese. Er verhält sich gegenüber Temperatur- und Druckänderungen bei genügend hoher Ausgangstemperatur wie ein ideales Gas. Seiner geringen Molmasse und seines geringen Molvolumens wegen besitzt es von allen Gasen das größte Effusions- und Diffusionsvermögen. Man versteht darunter einmal das Ausströmen aus feinen Düsen und Poren,

Wasserstoff

Physikalische Daten der Wasserstoffisotope:

	H$_2$	HD	D$_2$	T$_2$
Tripelpunkt K	13,96		18,73	20,62
Torr	53,9		128,6	162,0
F in K	13,9	16,6	18,7	20,27
Kp in K	20,39	22,13	23,67	25,04
Schmelzwärme	28,0	37	47,0	
Verdampfungswärme bei Kp	216	260	293	333

	H$_2$O	D$_2$O	T$_2$O
F in °C	0	3,8	4,49
Kp in °C	100	101,4	102,0
max. Dichte bei °C	4,08	11,22	13,4
Dichte bei 20°C	0,9982	1,1059	1,2150

andermal die Fähigkeit zur Vermischung. Dichte im festen Zustand 0,0808 g/cm³. In Wasser und in anderen Lösungsmitteln ist Wasserstoff sehr wenig löslich, desgleichen in Kautschuk, was für die Präparation von Ballonhüllen von Bedeutung ist. In beträchtlichem Maße nehmen manche Metalle Wasserstoff auf, am meisten Palladium. Bei Rotglut diffundiert er durch Metalle und durch Quarz.
Bei gewöhnlichen Temperaturen ist molekularer Wasserstoff chemisch wenig aktiv. In der Wärme verbindet er sich mit zahlreichen Elementen zu →Hydriden. Wegen seiner großen Affinität zu Sauerstoff ist Wasserstoff sehr geeignet, anderen Stoffen Sauerstoff zu entziehen: starkes Reduktionsmittel. Platinmohr oder Palladium aktivieren den Wasserstoff, so daß es bereits bei relativ niedrigen Temperaturen zur Reduktion oder zur Hydridbildung kommt. Bei höheren Temperaturen wirkt auch Nickel katalytisch. Besonders reaktionsfähig ist Wasserstoff in dem Augenblick, in dem er aus Verbindungen frei gesetzt wird („in statu nascendi") Zurückzuführen ist das darauf, daß er vorübergehend atomar auftritt.
Die industrielle Erzeugung von Wasserstoff erfolgt entweder aus Wasser durch Elektrolyse (häufig als Beiprodukt) oder durch Reduktion mittels Kohle (Wassergas), oder aber durch thermisches Cracken von Methan. Ungefähr 2/3 des produzierten Wasserstoffs dient zur Herstellung synthetischen Ammoniaks.

Literatur
REMY: Lehrbuch der Anorganischen Chemie. — Akademische Verlagsanstalt, Leipzig 1961
EMELÉUS und ANDERSON: Ergebnisse und Probleme der modernen anorganischen Chemie. — Springer, Berlin 1954

SCHATENSTEIN: Isotopenanalyse des Wassers. — VEB Deutscher Verlag der Wissenschaften. Berlin 1960
HERBER: Inorganic Isotopic Syntheses. — Benjamin Inc., New York 1962
DAY: The Chemical Elements in Nature. — Harrap & Co Ltd, London, Toronto, Wellington, Sydney 1965
Enzyclopedia Britannica 1961: Hydrogen
DUCROCQ: Atomwissenschaft und Urgeschichte. — Rowohlts deutsche Enzyklopädie 1957
SNEED-BRASTED: Comprehensive Inorganic Chemistry, Vol. Six. — D. Van Nostrand Company, Inc. Princeton, New Jersey 1957
EVANS: Tritium and its Compounds. — Butterworths, London 1966

Wasserstoffbindung s. Bindungskräfte.
Wasserstoffbombe s. Lithium.
Wasserstoffperoxid s. Sauerstoff.
Wasserstoff-Sauerstoff-Zellen s. Brennstoffzellen.
Weckamine s. Rauschgifte.
Weichmacher s. Makromoleküle.
Weinsäure s. Carbonsäuren 1.1.2. und 2.4.1.
Weißblech s. Zinn.
Weißpigment s. Titan.
Weißspießglanzerz s. Antimon.
Wertigkeit (Valenz), Oxydationszahl, Bindigkeit.

Die stöchiometrische Wertigkeit besagt, wieviele Atome Wasserstoff das einzelne Atom eines Elementes zu ersetzen vermag oder mit wievielen es sich vereinigen kann. Die elektrochemische Wertigkeit oder Elektrovalenz gibt dagegen die Zahl der Ladungen eines (hydratisierten) Ions an. So hat das Calciumion die Wertigkeit 2+, das Chloridion die Wertigkeit 1—. In der Literatur wird die durch ein Vorzeichen charakterisierte Wertigkeit auch auf die Atome einer Verbindung unter Betrachtung als potentielle Ionen angewendet, wobei dann häufig Vorzeichen und Ziffer vertauscht werden. In ähnlicher Weise bezeichnet die Oxydationszahl die Ladung eines potentiellen Ions. Um beispielsweise die Oxydationszahl des Mangans in der Gruppe MnO_4^- anzugeben, nimmt man an, daß die Elektronen sich völlig bei dem elektronegativeren Partner befinden. Dann erhält das „Manganion" die Oxydationszahl +VII, jedes Sauerstoffatom dagegen —II, sodaß die Summe —I die Gesamtladung des Komplexes ergibt: 1—. Über wirkliche Elektronenverteilung zwischen den Partnern des Gesamtkomplexes sagt die Oxydationszahl überhaupt nichts aus. So hat Kohlenstoff in der Verbindung CO_2 die Oxydationszahl +IV, in CH_4 —IV, in $CHCl_3$ dagegen +II. Im abgeschlossenen Molekül, wie N_2, hat jeder Partner die Oxydationszahl 0, obwohl doch zweifellos ein Unterschied bestehen muß zwischen beispielsweise H_2 und N_2: in beiden Molekülen liegt die Oxydationszahl 0 vor, wogegen die Wertigkeiten

Wettersprengstoffe

1 bzw. 3 die Anzahl der zur Bindung beitragenden Elektronen jedes Partners angeben. Charakterisiert man für ein Atom gar die Zahl der bindenden Elektonenpaare, so kommt man zur Bindigkeit oder Bindungszahl. In dem Sinne lassen sich die Bindungsverhältnisse für den Komplex [Cu(NH$_3$)$_4$]$^{2+}$ darstellen als vierbindig und zweiwertig.

Literatur
REMY: Lehrbuch der Anorganischen Chemie. — Akademische Verlagsanstalt, Leipzig 1961
HARTMANN: Die chemische Bindung. — Springer-Verlag, Berlin, Heidelberg, Göttingen 1955

Wettersprengstoffe s. Explosivstoffe (Zusammengesetzte Explosivstoffe).
Widia s. Wolfram.
Williamson-Synthese s. Äther.
Winderhitzer s. Stahl.
Wirkungsquerschnitt s. Atomkerne.

Wismut gehört zu den Elementen der →Fünften Hauptgruppe. Von ihm existiert in der Natur nur das quasistabile Isotop 209 mit der Halbwertszeit von 2.10^{17} Jahren, das durch α-Strahlung in ^{205}Tl übergeht. In der Karlsruher Nuklidkarte wird es als stabil angegeben.
Häufig tritt Wismut als gediegenes Metall auf. In dem Fall braucht es aus dem umgebenden Gestein nur ausgeschmolzen zu werden. Wichtige Erze sind der Wismutglanz (Bi$_2$S$_3$) und der Wismutocker (Br$_2$O$_3$). Die wichtigsten Wismutlager dürften in Bolivien liegen, wo das sulfidische Mineral mit Zinnerzen zusammen auftritt. Die größte jährliche Produktion hat Peru. Hier ist Wismut ein Beiprodukt der Bleiverarbeitung.
Wismut ist ein rötlichweiß glänzendes, sprödes, grobkristallines Metall, das sich leicht zerschlagen und pulverisieren läßt. Es besitzt die gleiche Härte wie Zink. Wegen seines niedrigen Schmelzpunktes, den es mit Zinn teilt, wird es mit diesem zu Schnellot und anderen, schon unter heißem Wasser schmelzenden Legierungen verwendet, z. B. Roses-Metall: 2 Teile Wismut, 1 Blei und 1 Zinn (F 94°C); Woods-Metall: 7—8 Wismut, 4 Blei, 2 Zinn, 1—2 Cadmium (F 70°C).
Bei gewöhnlicher Temperatur ist Wismut luftbeständig; bei Rotglut verbrennt es mit bläulicher Flamme zu gelbem Oxid, Bi$_2$O$_3$. Mit Chlor verbindet es sich unter Feuererscheinung, in der Hitze auch mit Brom und Jod, ebenso mit Schwefel, Selen und Tellur. Dagegen verbindet es sich nicht unmittelbar mit Stickstoff und Phosphor. Falls Wasser frei von Luftsauerstoff ist, wird Wismut von ihm nicht angegriffen, in der Glühhitze jedoch vom Wasserdampf langsam oxydiert. In nicht oxydierenden Säuren löst es sich nicht. In heißer konzentrierter Schwefelsäure verhält es sich wie ein halbedles Metall unter Bildung von SO$_2$.

Metallisches Wismut findet hauptsächlich als Legierungszusatz Verwendung. Von seinen Verbindungen werden am meisten das Oxid und das basische Nitrat gebraucht. Das Oxid dient u.a. in der Glasfabrikation neben Bleioxid zur Herstellung optischer Gläser von hohem Lichtbrechungsvermögen, sowie für farbige Glasuren. Das basische Nitrat gebraucht man in der Porzellanmalerei zum Aufbrennen der Vergoldung. Vielfach hat es Anwendung für kosmetische und medizinische Präparate gefunden. Das Wundstreupulver „Dermatol" ist das basische Wismutsalz der Gallsäure.

Witherit s. Barium.
Wittig-Reaktion s. Oxoverbindungen 1.1.3., Ylide.
Wittig-Synthese s. Oxoverbindungen 1.1.1.
Wolff-Kischner-Reduktion s. Oxoverbindungen 1.1.3.

Wolfram gehört zu den Elementen der →Sechsten Nebengruppe. Man kennt die beständigen Isotope mit den Massenzahlen 180 (0,135%), 182 (26,41%), 183 (14,4%), 184 (30,64%) und 186 (28,41%).
Das Element ist in der Erdkruste annähernd so häufig wie Kupfer. Es tritt stets in Form eines Wolframats auf. Die wichtigsten sind der Wolframit, eine isomorphe Mischung aus $FeWO_3$ und $MnWO_3$ und der Scheelit (Scheelspat oder Tungstein) $CuWO_3$. Dazu kommt in geringeren Mengen der Stolzit (Scheelbleierz) $PbWO_3$ vor. In der angelsächsischen Literatur wird noch regelmäßig für Wolfram das Wort Tungsten verwendet. Die Wolframlagerstätten bilden einen mit Unterbrechungen fortlaufenden Ring um die Ufer des Stillen Ozeans. Die größten Lagerstätten finden sich in Thailand, Malaya, Indochina, Burma, China, Korea, Kalifornien, Mexiko, Bolivien, Argentinien und Australien. Bedeutende Fundstätten haben die UdSSR, Spanien und Portugal.
Reines Wolfram ist ein stahlgraues Metall. Seine Dichte wird nur durch die von Rhenium, Iridium, Osmium und Platin übertroffen. Es besitzt den höchsten Schmelzpunkt aller Metalle. Er dient als thermometrischer Fixpunkt. Der Ausdehungskoeffizient beträgt nur ca. 1/4 von dem des Kupfers. Da er dem des Pyrexglases gleicht, kann man Wolfram in Glas einschmelzen.
Bei Raumtemperatur ist Wolfram an der Luft beständig, feines Wolframpulver jedoch pyrophor. Oberhalb von 400°C reagiert es mit Sauerstoff. Königswasser und Flußsäure lösen Wolfram nicht auf, jedoch eine Mischung aus Salpetersäure und Flußsäure. Heiße konzentrierte Salpetersäure löst das Metall auf, dagegen reagieren entsprechende Salzsäure und Schwefelsäure nur schwach mit Wolfram. Lösungen von Kupfer(II)-chlorid und Eisen(III)-chlorid korrodieren Wolfram.
Wolfram verbindet sich mit allen Halogenen. Bei Raumtemperatur bildet sich bereits WF_6, bei 250°C WCl_6 und bei Rotglut WBr_6 und WJ_2. Zusammen mit Wasser zersetzen sich die Halogenide unter Bildung von Wolframsäure.

1923 beschrieb VAN ARKEL eine Methode zur Darstellung von einkristallinen Wolframstäben durch die thermische Zersetzung von WCl_6 an einem elektrisch geheizten Wolframdraht. Daraus entwickelte sich zusammen mit Untersuchungen von DE BOER und FAST das nach ihnen entwickelte Jodidverfahren zur Reinherstellung von Metallen (vrgl. Elemente der Vierten und der Fünften Nebengruppe). Im Kreislauf der Halogenglühlampen findet sich das Verfahren auch beim Wolfram wieder: Von der Glühwendel verdampftes Wolfram verbindet sich unterhalb von 1450°C mit Jod zu dem bis 250°C dampfförmigen WJ_2. Sobald es mit der weiß glühenden Wendel zusammentrifft, spaltet sich das Molekül auf in Wolfram, das auf dem Draht zurück bleibt, und freies Jod. Dieser Jodzusatz — zusammen mit Argon- und Xenon-Zusätzen — ermöglicht ein viel stärkeres Erhitzen des Glühdrahtes und damit eine viel höhere Lichtausbeute, wie sie u.a. für Flutlichtstrahler erforderlich ist.

Beim Schmelzen von Wolfram in Graphittiegeln unter Wasserstoffschutzatmosphäre bei Temperaturen um 1450°C erhält man Wolframkarbid, WC. 1927 ließ Krupp in Essen eine Mischung von Wolframkarbid mit einem Kobaltgehalt bis zu 10% unter dem Namen „Widia" patentieren. Dieses Patent wurde die Grundlage der modernen Werkzeuge aus gesintertem Hartmetall. Sie werden hauptsächlich für spanabhebende Werkzeuge und Werkzeuge der spanlosen Formgebung angewandt. Dann folgt die Verwendung zur Bestückung auf Verschleiß beanspruchter Teile für Bohr- und Schrämarbeiten im Bergbau und schließlich das Gebiet der Ziehsteine und Ziehmatritzen. Der Zusatz von Wolfram zu Stahl und die Verwendung solcher Legierungen als harte und verschleißfeste Schmiedestähle führten seinerzeit zu einer grundlegenden Umwälzung im Maschinenbau, weil es zu einer rund 200-fachen Erhöhung der Schneidgeschwindigkeit führte.

Wegen seiner Fähigkeit, thermische Neutronen verhältnismäßig gut einzufangen, ist die Verwendung des Wolframs im Reaktorbau sehr beschränkt.

Woods-Metall s. Wismut.

Woodward-Hoffmann-Regeln beruhen auf der Anwendung der MO (molecular orbital) -Theorie (→Atombau). Danach verläuft eine Reaktion leicht und ergibt gute Ausbeute, wenn während des ganzen Reaktionsverlaufs die Orbitalsymmetrie erhalten bleibt (Prinzip von der Erhaltung der Orbital-Symmetrie.) Sie erlauben Voraussagen, ob chemische Reaktionen vom Grundzustand oder vom angeregten Zustand aus als Synchron-Prozesse sich abspielen und wie sie stereochemisch ablaufen.

Die guten Ergebnisse der →DIELS-ALDER-Reaktion (einer bestimmten Art von Cycloaddition) beruhen darauf, daß bei dem Vorgang die Orbitalsymmetrie erhalten bleibt.

Literatur
WOODWARD, R. u. HOFFMANN, R.: Die Erhaltung der Orbitalsymmetrie. — Verlag Chemie, Weinheim 1970
HOFFMANN, R. u. WOODWARD, R.: Das Konzept von der Erhaltung der Orbital-Symmetrie. Chemie in unserer Zeit 6, 1972, 167
WIELAND, P. u. KAUFMANN, H.: Die Woodward-Hoffmann-Regeln. — Birkhäuser, Basel 1972

Wulfenit s. Molybdän.

Wuchsstoffe sind in Pflanzen gebildete Stoffe, die als Pflanzenhormone Wachstumsvorgänge (Zellteilung, Zellstreckung, Zelldifferenzierung) beeinflussen. Dazu rechnet man Auxine, Gibberelline und Kinine.

Auxin ist *β-Indolylessigsäure* (*IES* s. →Heterocyclen 1.2.). Außer dieser Substanz sind auch andere ähnlich gebaute Stoffe mit gleicher Wirkung in Pflanzen gefunden (Indolylbrenztraubensäure, Indolylacetonitril) und andere künstlich hergestellt worden (Indolylbuttersäure, Naphthalenessigsäure).

Auxine rufen Zellstreckungen im Stengel hervor durch Erweichen der Zellwand (Vergrößerung der Plastizität). Diese Wuchsstoffe wandern in der Pflanze polar von den Vegetationspunkten, besonders von der Sproßspitze, abwärts, verhindern dabei ein Austreiben ruhender Knospen (apikale Dominanz) und bewirken basalwärts Zellstreckungen. Durch ungleiche Verteilung des abwärts wandernden Auxins sind Tropismen erklärbar (Beantwortungen von Licht- oder Schwerkraftreize unter Berücksichtigung der Reizrichtung), wenn z. B. auf der unbelichteten Seite die größere Menge Auxin mehr Zellstreckung hervorruft und damit eine Krümmung zur Lichtquelle erfolgt. Auxine bewirken aber auch die Ausbildung von Wurzeln an Spößlingen und sind beteiligt an der Entstehung des Trenngewebes zwischen Stamm und Blattstiel, was den Blattfall einleitet.

Die Wirkungen sind teilweise konzentrationsabhängig. Bei höheren Konzentrationen wird durch Auxin im Stengel keine Zellstreckung mehr verursacht. Die sehr geringen wirksamen Mengen erforderten biologische Tests. Mit dem von WENT eingeführten Test an Haferkeimblattscheiden lassen sich $2 \cdot 10^{-8}$ mg Auxin erfassen.

Der Befall von Reispflanzen mit dem Pilz Gibberella fujikuroi führte zur Entdeckung des Stoffes *Gibberellin*. Bis jetzt kennt man 9 verschiedene Gibberelline, davon 3 aus höheren Pflanzen. Gibberelline bewirken Zellstreckung in der Hauptachse, was zum Riesenwuchs führt, aber auch eine Stimulation von Zellteilungen. Gibberellinmangel ruft in einigen Fällen Zwergwuchs hervor. Gibberelline lösen auch Entwicklungen aus, die normalerweise durch Umwelteinflüsse gesteuert werden wie der Blühbeginn nach einer Kälteperiode (zweijährige Pflanzen) oder bei photoperiodischen Pflanzen. Eine Polarität beim Gibberellintransport in der Pflanze läßt sich im Gegensatz zum Auxin nicht feststellen.

Wurtzsche Synthese

Gibberelline sind chemisch den →Terpenen verwandt. Man kann sie als pentacyclische Diterpene auffassen.

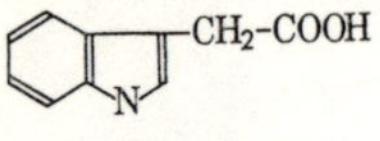

	R_1	R_2		
	OH	OH		GA_3 Gibberellinsäure
	OH	H		GA_7
	H	OH		GA_5

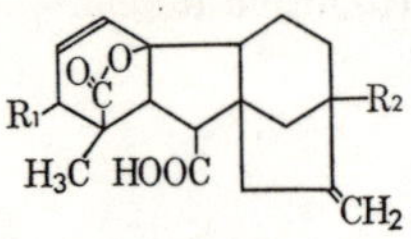

R_1	R_2	R_3	R_4	
OH	OH	OH	CH_2	GA_8
H	OH	OH	CH_2	GA_1
H	OH	H	CH_2	GA_4
H	H	H	CH_2	GA_9
H	H	OH	CH_2	GA_6
H	OH	H	$<^{CH_3}_{OH}$	GA_2

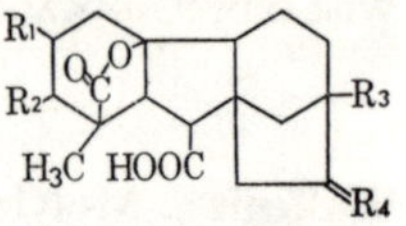

β-Indolylessigsäure

Gibberellingerüst

Gibberellingerüst

Als *Kinine* oder Cytokinine bezeichnen Botaniker Phytohormone, die Zellteilungen stimulieren. Es handelt sich um substituierte Derivate des Adenins (s. →Heterocyclen 2.4.). Kinine bewirken eine Differenzierung der Knospen und wirken somit dem Auxin entgegen. Sie rufen auch Vergrößerung der Blätter hervor, während Auxin auf Blätter nicht wirkt.

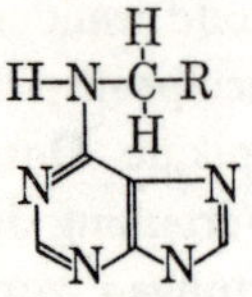

Kinin-Gerüst

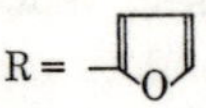

$R = $ Kinetin

$R = -C=C<^{CH_3}_{CH_2OH}$ Zeatin

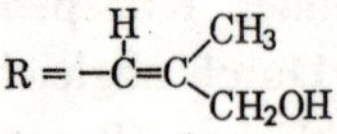

Literatur
LEOPOLD, A. G.: Plant Growth and Development. — McGraw-Hill Book Com., New York 1964
KALDEWEY, H. u. VARDAR, Y.: Hormonal Regulation in Plant Growth and Development. — Verlag Chemie, Weinheim 1972
CARR, D.: Plant Growth Substances. — Springer, Berlin 1972

Wurtzsche Synthese — benannt nach ADOLPHE WURTZ (1817 Straßburg — 1884 Paris) — dient zum Aufbau von →Alkanen mit hoher Molekularmasse (Hectan). Dabei werden Monohalogenalkane (am besten Jod) mit Alkalimetallen (am besten Na, K) umgesetzt. Als erstes Stadium bildet sich ein Metallalkyl. Allgemeine Reaktionsgleichung: $2R-J + 2Na \rightarrow R-R + 2NaJ$. FITTIG wandelte die Synthese ab unter Verwendung eines Arylhalogenids (z. B. C_6H_5J).

X

Xanthene s. Farbstoffe 1.4., Heterocyclen 2.2.
Xanthogenate (Xanthate) s. Kohlensäurederivate 5.
Xanthophyll s. Polyene 2.

Xenon gehört zu den →Edelgasen. Von ihm existieren stabile Isotope mit den Massenzahlen 124 (0,096%), 126 (0,090%), 128 (1,919%) 129 (26,44%), 130 (4,08%), 131 (21,19%), 132 (26,89%), 134 (10,44%) und 136 (8,87%).
Die Atmosphäre ist die einzige Rohstoffquelle. Wegen der Gewinnung s. Krypton. Xenon findet in zunehmendem Maße Verwendung in der Beleuchtungsindustrie. Man unterscheidet:

1. die Quecksilber-Xenon-Kurzbogen-Lampe. Sie hat nur ein Volumen von ca. 10 cm^3. Der Abstand zwischen den Elektroden beträgt annähernd 0,7 cm. Sie enthält Quecksilber und Xenon von mehreren atm Druck. Beim Anlegen der Spannung leuchtet das Xenon sofort auf. Wenn das Quecksilber verdampft und zu leuchten beginnt, modifiziert es das blau-grüne Licht des Quecksilbers.

2. Hochdruck-Xenon-Lampen. a) Sichtbares Licht. Die interessanteste Xenon gefüllte Lampe ist die „Xenon-Kurzbogen-Lampe". Sie enthält in einem Quarzgefäß Xenon von 3—15 atm. Beim Brennen der Lampe erhöht sich der Druck bis auf das Dreifache. Die Lampen sind extrem hell und weisen eine Farbtemperatur von 6000°C, d. h. Sonnentemperatur, auf. Sie sind so hell wie Kohlebogenlampen, benötigen jedoch keine Wartung während ihrer langen Lebensdauer. Sie werden gebaut für Stärken von 150—2000 Watt. Mit einer solchen Lampe kann ein Scheinwerfer bis zu 80 km weit leuchten. Der Vorteil gegenüber der Lampe unter 1. ist, daß sie sofort 80% ihrer vollen Stärke beim Einschalten her gibt. Ihr Nachteil ist, daß sie eine geringere Energieausbeute hat. Eine vielversprechende Verwendung ergibt sich für Filmvorführungen, weil sie bei pulsierendem Betrieb den Verschluß erübrigt. Versuchsweise wurden drei 20.000 W-Xenonlampen zusammen mit sechs 400-Watt Quecksilberbogenlampen zur Beleuchtung eines Münchener Platzes eingesetzt.

b) Ultraviolettes Licht. 0,5 kW Hochdruck-Xenon-Bogen-Lampen mit einem Druck von ca. 20 atm liefern ein weiches ultraviolettes Licht, das sich von 2000 Å bis zu 5000 Å kontinuierlich verteilt und nur wenige Linien enthält. Eine Vakuum-UV-Strahlung erhält man dagegen bei Füllungen von 50—350 Torr (1200 bis 2250 Å).

c) Xenon-Blitzlichtlampen. Bei Entladung eines Kondensators durch eine Xenon gefüllte Blitzlichtlampe entsteht ein sehr helles, fast dem Tageslicht entsprechendes Licht von 0,002—0,0005 sec Dauer.

Xylose

Erfolgreich wurden Gemische von 80% Xe und 20% O_2 als Betäubungsmittel bei Operationen benutzt. Das Bewußtsein tritt 2 Minuten nach Beendigung der Xenoninhalation wieder ein. Die Stärke des Betäubungsmittels ist fast gleich der des Äthers und höher als die des Lachgases. Das Gasgemisch ist nicht explosiv, aber teurer als die üblichen Betäubungsmittel.

Xenyl = Diphenylradikal s. Benzolkohlenwasserstoffe 2.2.
Xerographie s. Selen.
Xonolit s. Silikate.
Xylol = Dimethylbenzol s. Benzolkohlenwasserstoffe 1.2.
Xylose s. Kohlenhydrate 1.2.

Y

-yl bedeutet, daß von einer Verbindung ein H-Atom wirklich (→Radikal) oder nur gedacht entfernt wurde (Gruppe) s. Alkane: CH_3: Methyl.

Ylide sind Substanzen, in denen ein Carbanion direkt mit einem Heteroatom verbunden ist, das eine positive Ladung trägt. Ylide stellen einen Spezialfall von Zwitterionen dar. Aber bei den Zwitterionen wie bei den Aminosäuren sind die Ladungen nicht auf benachbarte Atomen verteilt.

Die erste Substanz dieser Art ist zwar bereits 1894 von MICHAELIS und GIMBORN hergestellt worden, aber den Anstoß zur intensiven Erforschung dieser Stoffgruppe gab WITTIG 1953 durch die Entdeckung der nach ihm benannten Reaktion zwischen Yliden und Oxoverbindungen. WITTIG war es auch der den Namen Ylid prägte, um die Doppelnatur der Bindung auszudrücken. Yl weist auf die Atombindung hin (Endung der kovalent gebundenen Gruppen wie Alkyl, Aryl usw.), -id dagegen kennzeichnet eine Ionenbindung, es soll hier das *Carbanion* hervorheben (wie in Acetylid oder aus der anorganischen Chemie Chlorid).

$$\diagdown C^- - X^+ \qquad \text{Schema eines Ylids}$$

Ylide werden als Phosphoniumalkylide oder Phosphorane benannt, wobei die letztere Nomenklatur empfohlen wird. $H_2C^- - P^+(C_6H_5)_3$ heißt also Methylentriphenylphosphoran oder Triphenylphosponiummethylid.

Die Herstellung der Ylide erfolgt am besten nach der sog. Salzmethode. Dabei wird von quartären Phosphoniumsalzen ausgegangen und mit einer Base (NH_3, $NaNH_2$, C_6H_5Li, C_2H_5ONa, $NaOH$, Na_2CO_3) ein H-Atom vom α-C-Atom entfernt. Die benötigte Base hängt ab von der Stabilität des Ylids. Je mehr das Carbanion durch seine Substituenten oder die Heteroatomgruppe stabilisiert ist (Möglichkeit zur Ladungsdelokalisation), desto schwächer braucht die Base zu sein.

$$\underset{\text{Phosphoniumsalz}}{\overset{R}{\underset{R'}{\diagdown}} CH - \overset{+}{P}R_3} \xrightarrow{+B} BH^+ + \underset{\text{Ylid→Mesomerie}}{\left[\overset{R}{\underset{R'}{\diagdown}} C = PR_3 \leftrightarrow \overset{R}{\underset{R'}{\diagdown}} \overset{-}{C} - \overset{+}{P}R_3 \right]}$$

Andere Herstellungsmöglichkeiten sind die Carben-Methode (Phosphin und →Carben), die Additionsmethoden (Phosphin an →Alkene, →Alkine — auch an Benz-in s. →Cycloalkine —), die Umwandlung einfacher Ylide durch Alkylieren u. a.

Ylide

$$(C_6H_5)_3P + CHCl_3 \xrightarrow[-HCl]{K^+OC_4H_9^-} (C_6H_5)_3P=CCl_2$$

Triphenylphosphin Chloroform Ylid
Carbenmethode

$$(C_6H_5)_3P + -CH=\underset{|}{C}-\overset{O}{\underset{}{\overset{\|}{C}}}- \rightarrow (C_6H_5)_3P^+-\underset{|}{C^-}-\underset{H}{\overset{|}{C}}-\overset{O}{\overset{\|}{C}}-$$

Phosphin α-β-ungesättigte Ylid (nach
Oxoverbindung Protonen→Umlagerung)

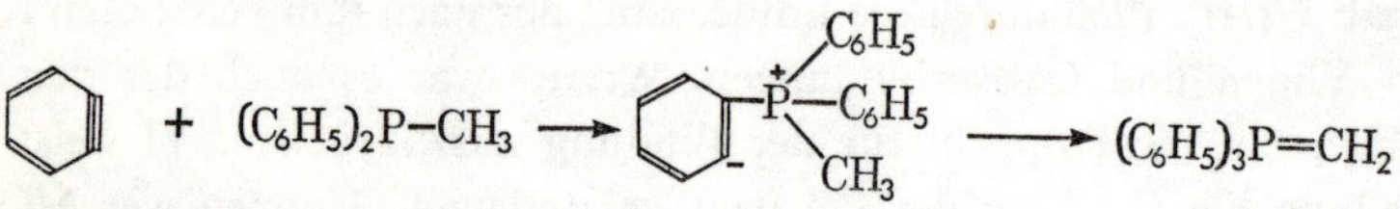

Benz-in Phosphin Ylid
Dehydrobenzol

Wie in den Beispielen gezeigt, können die Substituenten am Carbanion sehr unterschiedlich sein. Es darf keine Gruppe im Molekül enthalten sein, mit der das Ylid reagieren kann. Es ist auch möglich, bis-Ylide herzustellen, wenn die beiden Phosphoniumgruppen durch drei oder mehr Methylengruppen getrennt sind.

$$2Br^-[(C_6H_5)_3\overset{+}{P}-CH_2-CH=CH-CH_2-\overset{+}{P}(C_6H_5)_3] \xrightarrow[-2HBr]{Na^+OCH_3^-}$$

$$(C_6H_5)_3P=CH-CH=CH-CH=P(C_6H_5)_3$$

Bis-Ylid

Die Anfangsuntersuchungen sind mit Triphenylphosphoniumyliden durchgeführt worden. Es zeigte sich aber, daß auch Trialkylphosphoniumylide zu den gleichen Reaktionen fähig sind.

Phosphonium-Ylide sind beständig. Viele lassen sich kristallin gewinnen. Die Stabilisierung erfolgt nicht nur durch Delokalisierung der Ladung über die Carbanionsubstituenten. Auch die Phosphoniumgruppe ist beteiligt, da das P-Atom sehr wahrscheinlich seine freien 3d-Orbitale (→Atombau) zur Bindung zur Verfügung stellt. Durch Überlappung mit den vollen 2p-Orbitalen des Carbanions kommt es zu einer Ausdehnung der Valenzsphäre des P-Atoms, es wird fünfbindung.

Da die Ylide Carbanionen sind, zeigen sie die für Carbanionen charakteristischen Reaktionen. Einige Reaktionen treten aber nur mit Yliden auf, die wichtigste davon ist die WITTIG-*Reaktion*. Sie ist ein bedeutendes Syntheseverfahren für

→Alkene. Es ist eine →Addition-→Eliminations-Reaktion zwischen einem Phosphonium-Ylid und einer →Oxoverbindung (Aldehyd oder Keton). Es entsteht ein Alken und ein Phosphinoxid. Die Bildung der Endprodukte erfolgt über ein *Betain*zwischenstadium und einen viergliedrigen Ring als Übergangsstadium. Die Reaktion wird eingeleitet durch den Angriff des nucleophilen Carbanions auf das elektrophile Carbonyl-C-Atom. Entscheidend ist der zweite Schritt, der zur Abspaltung des Phosphinoxids führt.

$$\underset{\text{Benzophenon}}{(C_6H_5)_3\overset{+}{P}-\overset{-}{C}H_2 \;+\; O=C(C_6H_5)_2} \rightarrow \underset{\text{Betain}}{\left[\begin{array}{l}(C_6H_5)_3\overset{+}{P}-CH_2\\ \quad\quad\;\; \overset{-}{O}-C(C_6H_5)_2\end{array}\right]}$$

$$\rightarrow \left[\begin{array}{l}(C_6H_5)_3P-CH_2\\ \quad\quad\;\; |\quad\;\; |\\ \quad\quad\;\; O-C(C_6H_5)_2\end{array}\right] \rightarrow \underset{\text{Phosphinoxid}}{\begin{array}{c}(C_6H_5)_3P\\ |\\ O\end{array}} + \underset{\text{Alken}}{\begin{array}{c}CH_2\\ \|\\ C(C_6H_5)_2\end{array}}$$

Andere Reaktionen der Ylide sind Zerlegung durch Wasser (Hydrolyse, deshalb müssen Herstellung und Reaktion von Yliden in nichtwäßrigen Lösungsmitteln erfolgen), Reduktion mit $LiAlH_4$ u. a.

$$(C_6H_5)_3P=CH-CH_3 \xrightarrow{+H_2O} [(C_6H_5)_3\overset{+}{P}-CH_2CH_3OH^-] \rightarrow C_6H_6 + \underset{\text{Phosphinoxid}}{(C_6H_5)_2\overset{\overset{O}{|}}{P}-C_2H_5}$$

$$(C_6H_5)_3P=CH_2 \xrightarrow{LiAlH_4} C_6H_6 + \underset{\text{Phosphin}}{(C_6H_5)_2P-CH_3}$$

Eigenschaften und Reaktionsmöglichkeiten der Ylide sind nicht nur bei den erwähnten Phosphorverbindungen zu finden, sondern auch bei Phosphinoxicarbanionen, bei Phosphonatcarbanionen und bei den isoelektronischen Iminophosphoranen, in denen das P-Atom an ein N-Atom mit Elektronenüberschuß gebunden ist.

$$(C_6H_5)_2\underset{\underset{O}{|}}{P}-CH_3 \xrightarrow{NaNH_2} \underset{\text{Phosphinoxicarbonion}}{(C_6H_5)_2\overset{\overset{O}{|}}{P}-\overset{-}{C}H_2} \xrightarrow{>C=O} \;>C=CH_2 + (C_6H_5)_2PO_2^-$$

Ylide

$$(C_2H_5O)_2\underset{\underset{O}{|}}{P}-CH_2COCH_3 \rightarrow (C_2H_5O)_2\underset{\underset{O}{|}}{P}-C^--HCOCH_3$$
Phosphonatcarbanion

$$\xrightarrow{>C=O} \underset{/}{\overset{\backslash}{C}}=CH-\underset{\underset{O}{\|}}{C}-CH_3 + (C_2H_5O)_2PO_2^-$$

$$(C_6H_5)_3P=NC_6H_5 + (C_6H_5)_2CO \rightarrow (C_6H_5)_2C=NC_6H_5 + (C_6H_5)_3PO$$
Iminophosphoran Benzophenon

Es sind auch Ylide mit anderen Heteroatomen als Phosphor bekannt geworden. Besonders untersucht wurden die anderen Elemente der →fünften Hauptgruppe, zu denen Phosphor gehört.

Beim N-Atom sind 2s und 2p-Orbitale besetzt. Das nächste erreichbare Niveau stellen die 3s-Orbitale dar, die aber ein viel höheres Energieniveau besitzen und deshalb für eine Stabilisierung des Carbanions nicht in Frage kommen. Dementsprechend sind Stickstoff-Ylide schwieriger herzustellen und weniger beständig. Es sind Ammonium- und Pyridinium-Ylide (→Heterocyclen 2.1.) gefunden worden. Beide zeigen Carbanionen-Reaktionen, aber keine typischen Ylid-Reaktionen. Die Ammonium-Ylide treten nur als Komplexe mit LiBr auf.

$$[(CH_3)_3N^+-CH_3]\,Br^- \xrightarrow[-C_6H_6]{+LiC_6H_5}$$
quartäres Ammoniumsalz

$$(CH_3)_2\overset{+}{N}-\overset{-}{C}H_2 \cdot LiBr \xrightarrow[-LiBr]{+HBr \atop +CO_2} [(CH_3)_3\overset{+}{N}-CH_2-COOH]\,Br^-$$
Ammonium-Ylid

Stickstoff ist ein Element der zweiten Periode, Phosphor steht in der dritten Periode. Dem Phosphoratom ähneln die folgenden Elemente Arsen und Antimon. Beim Arsenatom sind 4d- und 5s-Orbitale zur Bindung frei, beim Antimon 4f-, 5d- und 6s-Orbitale. Die Energieunterschiede sind nicht groß, so daß ein Stabilisierung des Carbanions erfolgen kann. Die Herstellung der Ylide beider Elemente erfolgt mit Hilfte der Salzmethode. Die Ylide zeigen nicht nur Carbanioneneigenschaften, sondern auch die Fähigkeit zur Reaktion mit Oxoverbindungen. Dabei nehmen die Arsonium-Ylide eine Mittelstellung ein zwischen der Reaktionsart der Phosphonium-Ylide (WITTIG-Reaktion) und der der Sulfonium-Ylide. Der Unterschied liegt nur im zweiten Reaktionsschritt. Bei den Sulfonium-Betainen greift das Sauerstoff-Anion nicht den Schwefel, sondern das C-Atom an, das den Schwefel bindet (P—O-Bindung ist energiereicher als S—O-Bindung). Als Endprodukte entstehen demnach Alkylsulfid und Oxiran (Epoxid s. →Äther 2.1.). Arsonium-Ylide können entweder Alkene ergeben oder Epoxide oder beides. Die Substituenten des Carbanions scheinen den Verlauf der Reaktion zu bestimmen. Genaueres ist noch nicht erforscht. Bei den Stibonium-Yliden liegt ein Nachweis für das Verhalten entsprechend den Sulfonium-Yliden vor.

$$\begin{array}{c} \overset{+}{Z}-\overset{-}{C}\diagdown \\ + \\ O=C\diagdown \end{array} \longrightarrow \left[\begin{array}{c} \overset{+}{Z}-\overset{-}{C}\diagdown \\ \overset{-}{O}-C\diagdown \end{array}\right] \begin{array}{c} \overset{I}{\nearrow} \overset{+}{Z}-\overset{-}{O} + \diagup C=C\diagdown \\ \overset{II}{\searrow} Z + \diagup\underset{O}{C-C}\diagdown \end{array}$$

Wittig-Reaktion; Schema: I für Z=P,As; II für Z=S,Sb,As

Sulfonium-Ylide besitzen die gleichen Möglichkeiten zur Stabilisierung wie Phosphonium-Ylide, denn S steht in der gleichen Periode wie P. Dem Schwefel stehen ebenfalls leere 3d-Orbitale zur Überlappung zur Verfügung. Die Orbitale sind dann am besten zur Überlappung geeignet, wenn S eine positive Ladung trägt bzw. an elektronegative Atome gebunden ist. Man hat nicht nur Sulfonium-Ylide, sondern auch Oxisulfonium-, Sulfonyl- und Sufinyl-Ylide gefunden.

$$(CH_3)_3S + Br^- \xrightarrow[-LiBr]{CH_3Li} (CH_3)_2\overset{+}{S} - \overset{-}{C}H_2 + CH_4$$

Sulfonium-Ylid

Oxisulfonium-Ylid   Sulfonyl-Ylid   Sulfinyl-Ylid

Zur Herstellung von Sulfonium-Ylide dient die auch bei anderen Yliden bewährte Salz-Methode, bei der ein α-H-Atom durch eine Base aus einem Sulfonium-Salz entfernt wird. Die zweite brauchbare Methode ist auch bei den Phosphonium-Yliden herangezogen worden, es ist die Anlagerung von Sulfiden an Dehydrobenzol (Benz-in s. →Cycloalkin).

Sulfonium-Ylide sind thermisch instabil. Manche sind nur bei Temperaturen unter 0°C beständig, andere zersetzen sich beim Erhitzen in ein Sulfid und ein →Alken. Die wichtigste Reaktion dieser Ylide ist bereits erwähnt: die Bildung von Epoxiden aus Oxoverbindungen.

Literatur
JOHNSON, A. W.: Ylid Chemistry. — Academic Press, New York 1966

Yohimbin s. Alkaloide.

Ytterbium gehört zu den →Lanthaniden. Es existieren stabile Isotope mit den Massenzahlen 168 (0,135%), 170 (3,03%), 171 (14,31%), 172 (21,82%), 173 (16,13%), 174 (31,84%) und 176 (12,73%).

Yttrium gehört zu den Elementen der →Dritten Nebengruppe der chemischen Elemente (Seltene Erden). Von ihm existiert nur das stabile Isotop mit der Massenzahl 39.

Yttrium ist häufiger als Blei. Das bei weitem wichtigste Yttriummineral ist der Gadolinit ($FeO \cdot 2BeO \cdot Y_2O_3 \cdot 2SiO_2$). Vorkommen finden sich in Nord- und Südamerika, in der UdSSR, Skandinavien und auf Grönland. Das Element ist stets mit anderen Vertretern der Untergruppe der Yttererden der Lanthaniden vergesellschaftet.

Yttrium ist ein silberweißes Metall, das in trockener Luft nicht angegriffen wird. Beim Einschmelzen des nach dem Wöhlerverfahren oder durch Schmelzflußelektrolyse gewonnenen Materials entsteht zunächst ein grobkörniges, von vielen Hohlräumen durchsetztes Gebilde. Technisch brauchbar wird das Metall erst durch Strangpressen, was man dem Warmwalzen oder Preßschmieden vorzieht. Beim Strangpressen tritt eine beträchtliche Volumenverminderung ein. Damit ist eine Kornverfeinerung verbunden. Hochreines Yttrium konnte bei 260°C ohne Schwierigkeit zu rissefreiem Material stranggepreßt werden. Zum Schutz gegen Oxydation bei der Verarbeitung wird das Metall mit einer schützenden Aluminiumoxidschicht versehen oder in eine Hülle von bis zu 6 mm dickem Kupferblech eingeschlossen und mit dieser verpreßt.

Yttrium als Legierungszusatz zu Stählen verbessert wesentlich die Korrosionsfestigkeit bei hohen Temperaturen. Dabei handelt es sich stets um Zusätze in der Größenordnung von 1%. Wegen seines geringen Neutroneneinfangquerschnitts von 1,3 barn, seinem hohen Schmelzpunkt und seiner geringen Neigung, mit Uran Legierungen einzugehen, ist es für hoch temperierte Reaktoren geeignet als Hülsenmaterial des Urans.

Yttriumoxid findet Verwendung in optischen Gläsern, Spezialkeramik, in elektronischen Geräten, auf dem Gebiet der Hochtemperaturtechnologie und in der organischen Synthese. Als Legierungsbestandteile von Hochtemperaturlegierungen vermag Yttrium fest haftende oxydische Überzüge zu bilden. Yttrium-Eisen-Legierungen ersetzen vielfach Ferrite in zahlreichen Funktionen der im Mikrowellenbereich arbeitenden elektronischen Steuergeräte, z. B. für unbemannte Flugzeuge und Fernlenkgeschosse. Diese Yttrium-Eisen-Kristalle erhält man aus Schmelzen von 53 Mol% Bleioxid, 44 Mol% Eisenoxid und 3,5 Mol% Yttriumoxid. Nach dem Einschmelzen in Platintiegeln bei 1325°C bilden sich beim lamgsamen Abkühlen bis auf 980°C reine Kristalle der Zusammensetzung $Y_3Fe_5O_{12}$. Das Bleioxid wird durch Säuren herausgelöst.

Z

Zahnfüllungen s. Silber.
Zeisel-Methode s. Äther.
Zellwolle s. Chemiefaserstoffe (Chemie-Spinnfasern).

Zement. Pulverförmiger Baustoff, der mit Wasser angerührt wird. Er erstarrt ohne die Einwirkung der Luft, auch unter Wasser. Von den verschiedenen Zementarten ist der Portlandzement der bedeutendste. Als Rohstoffe verwendet man Kalkstein und Ton. Sie werden in einem solchen Verhältnis gemischt, daß der „hydraulische Modul" einen Wert von 1,8 bis 2,2 erhält. Man versteht darunter den Quotienten aus dem Prozentgehalt an Calciumoxid und der Summe der Prozentgehalte an Siliziumdioxid (SiO_2), Aluminiumoxid (Al_2O_3) und Eisenoxid (Fe_2O_3). Diese Mischung wird in fein gemahlenem Zustand in einer Drehrohrofenanlage bei einer Temperatur von 1400° bis 1450°C gebrannt. Der Ofen besteht aus einem Eisenblechrohr, das mit feuerfesten Steinen ausgekleidet ist (Länge 50—70 m, Durchmesser 2—3 m). Das schwach geneigte Rohr läßt sich auf Rollen um seine Längsachse drehen. Das am oberen Ende eingefüllte Gemisch bewegt sich durch die Drehung langsam abwärts. Von unten wird Kohlenstaub mit Druckluft eingeblasen, der in einer mehrere Meter langen Flamme verbrennt. Bei der höchsten Temperatur sintert das Material zu 2—3 cm großen Stücken (Klinker) zusammen, die dann in ein zweites schräg liegendes, rotierendes Rohr fallen und auf ihrem Wege durch einströmende Luft abkühlen. Anschließend wird der Klinker zu einem staubfeinen Pulver vermahlen. Im Zement liegen die Rohstoffe in Form von Tricalciumsilikat ($3\,CaO \cdot SiO_2$), Dicalciumsilikat ($2\,CaO \cdot SiO_2$), Tricalciumaluminat ($3\,CaO \cdot Al_2O_3$) und Tetracalciumaluminatferrit ($4\,CaO \cdot Al_2O_3 \cdot Fe_2O_3$) vor.

Portlandzement wird in großen Mengen als Zementmörtel und Beton verarbeitet. Eine Mischung aus Portlandzement, Sand und Wasser bezeichnet man als Zementmörtel. Bei Luftbauten verwendet man auf einen Teil Zement drei Teile Sand, bei Wasserbauten ein bis zwei Teile Sand. Die Vorgänge bei der Erhärtung des Zementmörtels beruhen im wesentlichen auf der Zersetzung des Tricalciumsilikats durch Wasser in Monocalciumsilikat ($CaO \cdot SiO_2$).

In ähnlicher Weise wandeln sich auch die Aluminate und Ferrite um. Diese neuen Stoffe bilden äußerst kleine Kristalle, die sich beim Wachsen ineinander verfilzen und so das gesamte Gefüge verfestigen.

Beton nennt man ein Gemisch aus Zementmörtel mit grobem Kies. Besondere Stabilität erreicht man durch Einbetten von Eisengittern und Eisendrahtgeflecht in Beton (Eisenbeton).

Zeolit

Literatur

Ost-Rassow: Lehrbuch der chemischen Technologie. — Johann Ambrosius Barth-Verlag, Leipzig 1965

Zeolit s. Silikate.
Zerewitinoff-Methode s. Grignard-Reaktion.
Zerfallsreihen. 1896 entdeckte A. H. Becquerell an Uranmineralien die radioaktive Strahlung. Systematische Untersuchungen an Uran- und Thoriumpräparaten zeigten, daß die α, β und γ-Strahlungen (s. Atomkerne) verschiedene Reichweiten bzw. Intensitäten aufwiesen und somit von verschiedenenartigen Atomen stammen mußten. Man bezeichnete sie in der Reihenfolge ihrer Entdeckungen als RaA, RaB usw. bzw. Mesothorium 1 und 2, ThA usw. Da der Isotopiebegriff noch unbekannt war, glaubte man, neue Elemente gefunden zu haben. 1903 stellten Rutherford und Soddy die radioaktiven Zerfallsreihen auf und zeigten damit, daß Uran und Thorium im Laufe der Zeit über eine Reihe Zwischenelemente in Blei zerfallen. Die Halbwertszeiten, d. h. die Zeiten innerhalb derer eine bestimmte Menge eines Stoffes zur Hälfte zerfallen ist, liegen dabei in der Größenordnung von Bruchteilen von Sekunden bis zu Milliarden von Jahren. Es stellt sich jeweils ein Gleichgewicht ein zwischen dem Zerfall eines Elementes und der Neuerzeugung aus dem vorhergehenden. Neuartig war die Entdeckung, daß bei verschiedenen Mineralien das zum Schluß entstehende Blei die Atommassen 206, 207 oder 208 besitzt. Damit war gezeigt worden, daß die Daltonsche Annahme, die Atome eines Elements hätten stets die gleiche Masse, unrichtig ist, daß vielmehr Isotope des gleichen chemischen Elementes auftreten.

Von den vier heute bekannten Zerfallsreihen wurde die Neptuniumreihe erst nach der Entdeckung der Transurane aufgestellt. Praktisch ist sie wegen der kurzen Lebenszeit des Ausgangsstoffes Naptunium in der Natur nicht mehr vorhanden. Da man inzwischen jedoch in Spuren die Transurane in Uranmineralien hat nachweisen können, müssen sie sich in Uranmineralien durch bestimmte Einfangprozesse stets neu bilden. In den graphischen Darstellungen ist das jeweils angedeutet worden.

Die vier natürlichen Zerfallsreihen enthalten die heutigen Bezeichnungen für die Elemente und ihre Isotopen. Auf der Abzsisse wurde die Zahl der im Atomkern enthaltenen Neutronen, auf der Ordinate die der Protonen aufgetragen. Die Atommasse als Summe beider findet sich als linke Hochzahl am Elementensymbol. Eingezeichnet wurde nur der Hauptweg des Zerfalls. Daneben gibt es eine große Zahl von Nebenwegen, weil häufig ein Element mit verschiedenen Wahrscheinlichkeiten über α- oder über β-Strahlung zerfallen kann. Wegen des Auf-

Zerfallsreihen

tretens der Elemente Fr und At in der Natur wurden einige Nebenwege eingezeichnet.

Auffällig ist in der Uran-Radium-Familie der duale Zerfall des ^{234}Pa. Entdeckt wurde er von OTTO HAHN. Ursprünglich glaubte man, zwei Atomsorten, UX$_2$ und UZ, entdeckt zu haben. Die moderne Kernforschung hat jedoch ergeben, daß Kerne Isomerien mit verschieden hohen Energieniveaus aufweisen können. Trotz dieser Differenz ist ein Übergang nicht möglich, wenn gegen bestimmte Erhaltungsgrößen (z. B. Kernspin) verstoßen werden müßte. In der gleichen Zerfallsreihe tritt ^{211}Bi auf. Von ihm existieren die Isomeren mit den Halbwertszeiten 5 d und 2,6 · 10^4 a. Da bereits die Energie der Muttersubstanz ^{211}Pb niedriger liegt als die des langlebigen ^{211}Bi, so kann innerhalb der Zerfallsreihe nur das kurzlebige Isomer auftreten.

Die Abkürzungen bedeuten: a Jahre, d Tage, h Stunden, m Minuten und s Sekunden.

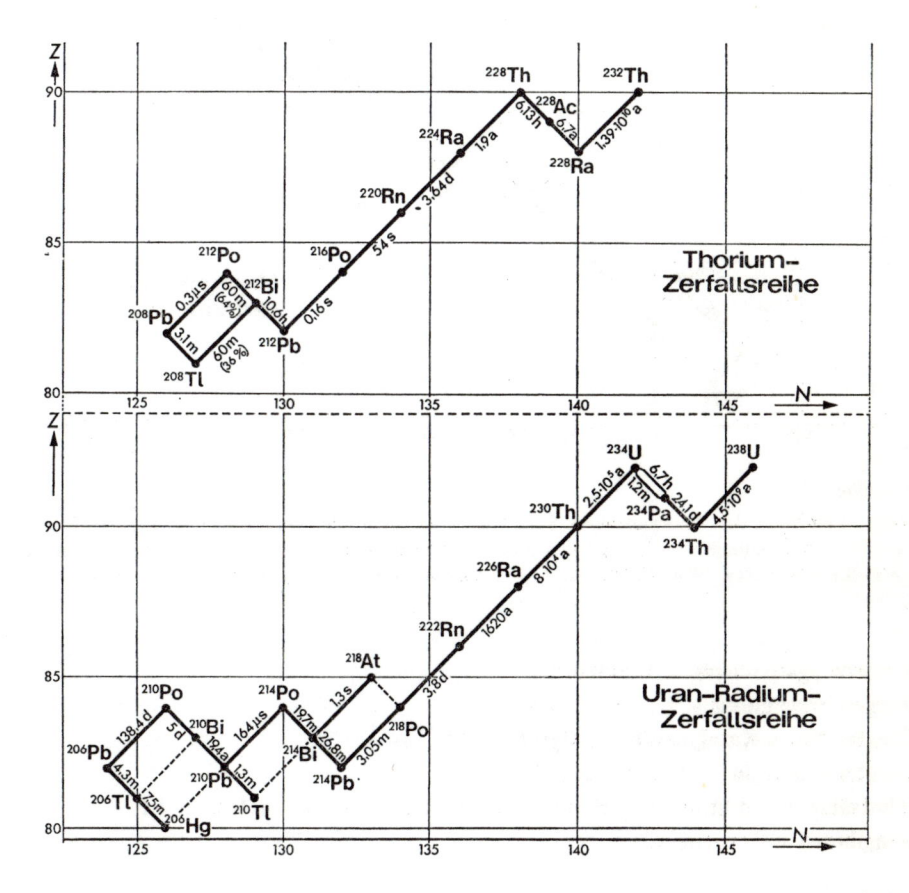

Zersetzungsspannung

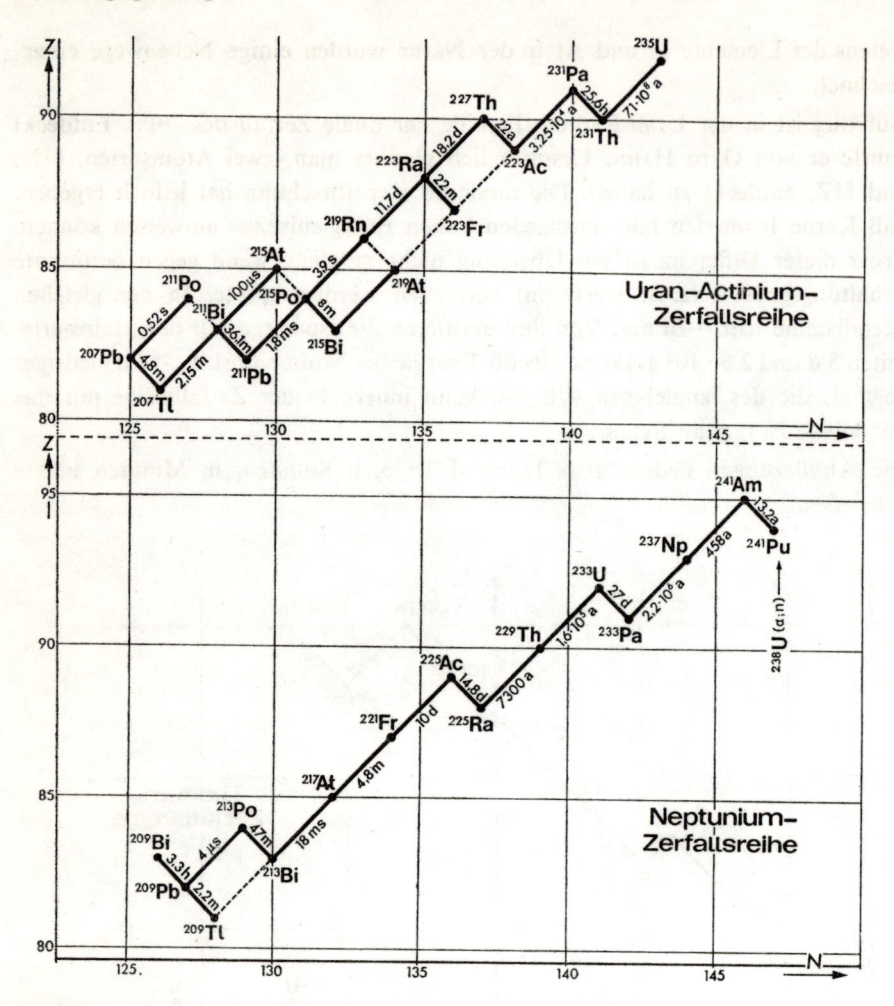

Literatur

REMY: Lehrbuch der Anorganischen Chemie. — Akademische Verlagsanstalt, Leipzig 1961
Nuklidkarte 2. Auflage (1965) des Kernforschungszentrums Karlsruhe, Institut für Radiochemie
LANDOLT-BÖRNSTEIN: Neue Serie, Bd. 1. — Springer-Verlag Berlin, Göttingen, Heidelberg 1961

Zersetzungsspannung s. Elektrolyse.
Ziegeleierzeugnisse s. Keramik (Tongut).
Ziegler-Natta-Katalysator s. Polymerisation.
Ziegler-Reaktion s. Heterocyclen 2.1.
Zimtsäure s. Additionen 4. Perkinsynthese, Carbonsäuren 1.1.2. u. 2.1.
Zingiberen s. Terpene 2.

Zink

Zink gehört zu den Elementen der →Zweiten Hauptgruppe. Die stabilen Isotope haben die Massenzahlen 64(48,89%), 66(27,81%), 67(4,11%), 68(18,57%) und 70(0,62%).

Man kennt insgesamt nur 7 Zinkerze, davon zwei Sulfide. Die anderen enthalten Sauerstoff und sind erst durch Verwitterung aus den Sulfiden entstanden. Zinkerze sind im Allgemeinen von Bleierzen begleitet, manchmal auch von Kupfer und anderen Metallen. Zinkvorkommen sind über die Welt weit zerstreut, obwohl ca. 60% sich in nur vier Ländern vorfinden: USA, Mexiko, Kanada und Australien. Von Bedeutung sind noch die Vorkommen in Italien, dem Kongo, Spanien, Peru, Deutschland, Japan und der UdSSR.

Zink ist ein Metall von bläulichweißer Farbe und starkem Glanz, der jedoch an feuchter Luft infolge oberflächlicher Oxydation allmählich verschwindet. Bei gewöhnlicher Temperatur ist Zink ziemlich spröde. Zwischen 100 und 150°C wird Zink dehnbar, sodaß es sich zu Blechen auswalzen und zu Drähten ausziehen läßt. Oberhalb 200°C wird dagegen Zink so spröde, daß es zu Pulver zerfällt. Die elektrische Leitfähigkeit beträgt ca. 28% von der des Kupfers.

Entsprechend der starken Tendenz des Zinks, sich elektropositiv aufzuladen, löst es sich in verdünnten Säuren lebhaft unter Wasserstoffentwicklung. Wenn es jedoch sehr rein ist, unterbleibt die Auflösung oder sie vollzieht sich sehr langsam. Bei Zusatz geringfügiger Mengen eines edleren Metalles bilden sich lokale galvanische Elemente aus, die die Auflösung in Gang bringen. Verunreinigungen von bereits 10 ppm üben in chemischer Hinsicht einen extrem starken Einfluß aus. So löst sich Zink bei diesem Verunreinigungsgrad zehnmal so schnell, als wenn er nur 2 ppm beträgt. In reinem Wasser wird es nicht merklich angegriffen. Dagegen löst es sich in starker Alkalilauge.

Sehr reines Zink findet nur in geringem Maße Verwendung und dient im wesentlichen dazu, andere Stoffe sehr hohen Reinheitsgrades herzustellen, wie beispielsweise den Halbleiter Silicium. Handelszink ist eines der am meisten verwendeten Nichteisenmetalle. Bedeutende Mengen werden unmittelbar zur Herstellung von Farben und Salzen verbraucht. Das meiste Zink jedoch dient zur galvanischen Verzinkung von Eisen- und Stahl-Produkten, zur Fabrikation von Messing und anderer Zinklegierungen. In der Form gerollter Zinkbleche findet das Metall Verwendung bei der Herstellung von Trockenbatterien. Es dient ferner zu lithographischen Platten, Kochplatten, Blechen für Eimer, Wannen und Dachrinnen. Auch zum Dachdecken und als Wandbekleidung sowie zum Auskleiden von Trögen, Kästen, Eisschränken usw. wird es benutzt. Obwohl Zink nur wenig giftig ist, sind Zinkgefäße zur Aufbewahrung von Lebensmitteln deswegen nicht geeignet, weil es leicht in Lösung geht und allmählich doch in größerer Konzentration vom Menschen aufgenommen wird.

Zinn

Zinn gehört zu den Elementen der →Vierten Hauptgruppe. Es ist das Element mit der größten Anzahl isotoper Nuklide: 112(0,96%), 114(0,66%), 115(0,35%), 116(14,30%), 117(7,61%), 118(24,03%), 119(8,58%), 120(32,85%), 122(4,72%), 124(5,94%). Dazu kommt das quasistabile Isotop mit der Massenzahl 126 und der Halbwertszeit von 10^4 Jahren.

Als Zinnerz kommt nur der Zinnstein (Kassiterit) SnO_2 in Betracht mit bis zu 78% Zinngehalt. Die Hauptproduzenten an Bergzinn, meist mit sulfidischen Zinnerzen vermischt, sind Bolivien, Kongo, SW. China, Thailand, Cornwall, Sachsen und Böhmen. Der wichtigste Produzent jedoch ist Indonesien und Malaya, wo der Zinnstein als „Seifen" auftritt.

Die Gewinnung des Zinns erfolgt durch Reduktion des Zinnsteins mit Kohle in Flammöfen. Aus Weißblechabfällen läßt sich Zinn elektrolytisch zurückgewinnen oder durch Behandeln mit trocknem Chlor. Dieses löst Zinn, jedoch nicht Eisen auf.

Zinn ist allgemein in der Form des β-Zinns bekannt: ein silberweißes, glänzendes Metall von geringer Härte, aber bedeutender Dehnbarkeit. Aus dem Schmelzfluß erstarrt Zinn in tetragonalen Kristallen, deren Struktur zusammengestauchten Diamantgittern ähnelt. Unterhalb von 13,3°C ist das weiße β-Zinn mestabil. Die günstigste Temperatur zur Umwandlung (Zinnpest) in das graue α-Zinn beträgt −40°C. Versuche ergaben, daß ein fünf Neuner-Zinn die β-Form beibehielt, obwohl es drei Jahre hindurch auf −40°C abgekühlt gehalten wurde. Verunreinigungen von Blei, Wismut, Antimon oder Kupfer in der Größenordnung von 1/100—1/1000 Prozent bringen die Umwandlung in Gang, wogegen größere Beimengungen hemmend wirken. Weißes Zinn wird bei 3,73 K supraleitend, graues Zinn dagegen überhaupt nicht. Der spez. elektrische Widerstand des weißen Zinns beträgt 0,11 Ω mm²/m, der des grauen 3 Ω mm²/m, d. h. im ersten Fall besitzt ein 9 m langer Draht von 1 mm Querschnitt einen Widerstand von 1 Ω, im andern Falle bereits bei 33 cm Länge. Es gelingt, Kristalle größter Reinheit des grauen Zinns aus einer Lösung des Zinns in Quecksilber bei 25°C zu ziehen. Sie besitzen einen außerordentlich hohen Reinheitsgrad. Auch der p- bzw. n-Typ des α-Zinns ließ sich erreichen, indem man vorher dem Quecksilber entsprechende Beimengungen gab.

Zinn wird in großen Mengen zur Herstellung von Weißblech verwendet. Zu 75% erfolgt das Überziehen des Bleches mit einer Zinnschicht von ca. 10^{-4} mm Dicke elektrolytisch. In Abwesenheit von Luft ist Zinn chemisch widerstandsfähig gegen organische Säuren, wie sie in Nahrungsmitteln auftreten. Da Zinn edler ist als Eisen, kann bei einer Verletzung des Zinnüberzugs nur Eisen in Lösung gehen. Im Gegensatz hierzu würde bei Zinküberzug das giftige Zink gelöst werden.

Wegen seiner Weichheit wurde früher Gebrauchsgeschirr aus Zinn hergestellt. Es ist ein beliebtes und geeignetes Material zur künstlerischen Ausgestaltung.

Zirkonium

Zinnober s. Farbstoffe 3., Quecksilber.
Zinnwaldit s. Lithium.
Zirkon s. Silikate, Zirkonium.

Zirkonium gehört zu den Elementen der →Vierten Nebengruppe. Es besitzt die natürlichen Isotope mit den Massenzahlen 90(51,46%), 91(11,23%), 92(17,11%), 94(17,40%) und 96(2,80%).

Das Element ist in der Erdkruste häufiger als Kupfer, Blei und Zink zusammengenommen. Es steht an 20. Stelle und ist ebenso häufig wie Chrom. Das wichtigste Mineral ist der Zirkon ($ZrSiO_4$). Angereichert findet es sich zusammen mit Ilmenit, Monazit und Rutil in den Küstensanden von Australien, Ceylon, Indien, Florida und Madagaskar. In Brasilien wird Baddeleyit, eine unreine Form des ZrO_2, abgebaut.

Vom Zirkonium gibt es zwei allotrope Modifikationen. Bei ca. 860°C wandelt sich die hexagonal dicht gepackte α-Form in die kubisch raumzentrierte β-Form um.

Zirkonium überzieht sich an der Luft mit einer dünnen, aber dichten Oxidschicht, die es gegen weiteren Zutritt von Sauerstoff schützt. Beim Glühen im Vakuum verschwindet diese Schicht, da der Sauerstoff ins Innere des Zirkoniums diffundiert. Auf diese Weise können bis zu 40 Atomprozent Sauerstoff aufgenommen werden. Bei Glühtemperaturen bildet sich ein lockeres, weißes Oxid ohne jede Schutzwirkung. Die Korrosionsfestigkeit ähnelt mehr der des Tantals als der des Titans: Es ist beständig gegen alle verdünnten Säuren, heiße konzentrierte Salzsäure und bis zu 65%-Salpetersäure; im Gegensatz zu Tantal auch gegen heiße Natronlauge und sogar gegen schmelzendes Natriumhydroxid. In Bezug auf Schwefelsäure ist es sogar dem Titan überlegen.

Die Korrosionsbeständigkeit gegenüber schwerem Wasser und Metallschmelzen (Natrium, Kalium und Wismut-Blei) ist hervorragend. Ein Optimum an Korrosionsbeständigkeit erhält man durch Zusätze von 0,2—1% Niobium. Gegenüber Quecksilber und Quecksilberdämpfen verhält sich Zirkonium passiv, was für die Vakuumtechnik von Bedeutung ist.

Metallisches Zirkonium ist wegen seiner guten nuklearen Eigenschaften, seiner außergewöhnlich hohen Korrosionsbeständigkeit in bestimmter Umgebung (CO_2), seiner Warmfestigkeit ein besonders geeigneter Werkstoff für Kernreaktoren. Die wertvollste Eigenschaft ist sein niedriger Absorptionsquerschnitt für thermische Neutronen (0,18 barn). Eine Verunreinigung des Zirkoniums mit Hafnium, dessen Absorptionsquerschnitt 115 barn beträgt, verringert die günstigen Eigenschaften des Zirkoniums beträchtlich. Der Hafniumgehalt muß auf mindestens 0,01% herabgesetzt sein. Da die Korrosionsbeständigkeit des Urans gering ist, muß es im Reaktor, in den es als Uranstäbe gelangt, mit einer Schutzhülle von

Zonenschmelze

Zirkonium umgeben werden. Wegen seiner Spaltprodukte darf das Uran nicht unmittelbar mit Kühlmitteln zusammenkommen, weil dann radioaktive Substanzen in dieses gelangen. In der α-Form existieren keine intermetallischen Verbindungen zwischen Zirkonium und Uran, was eine geringe Diffusionsgeschwindigkeit bis 800° C bedeutet.

Da Zirkonium beträchtliche Mengen Tritium absorbiert und auch bei Beschießen mit Deuteronen festhält, wird es als Tritiumauffänger benutzt.

Zonenschmelze s. Dritte Hauptgruppe.
Zucker s. Kohlenhydrate 1. und 2.
Zuckerkrankheit s. Carbonsäuren 2. S., Hormone.
Zuckersäure s. Kohlenhydrate 1.2.
Zündhölzer s. Phosphor.
Zündhütchen s. Explosivstoffe (Zündmittel).
Zündschnur s. Explosivstoffe (Zündmittel).

Zweite Hauptgruppe der chemischen Elemente. (Berylliumgruppe)
Vorbemerkung: Gewöhnlich rechnet man die Elemente Beryllium und Magnesium zusammen mit den Erdalkalien Calcium, Strontium und Barium zu den Elementen der Zweiten Hauptgruppe. Begründet wird das damit, daß sie außerhalb einer Edelgasschale eine s^2-Schale besitzen. Die Elemente Zink, Cadmium und Quecksilber haben außerhalb einer mit 10 Elektronen besetzten und stabilen d-Schale ebenfalls eine s^2-Schale. Wie aus der folgenden Übersicht hervorgeht, stimmen Beryllium und Magnesium mehr mit den letztgenannten Elementen als mit den Erdalkalien in Bezug auf ihre Eigenschaften überein. Erklären läßt sich das dadurch, daß bei den Elementen der 2. und der 3. Periode keine inneren d-Elektronenschalen möglich sind, die Elemente Beryllium und Magnesium gleichsam am Ende dieser nicht reellen Schale stehen.

Diese Betrachtung darf nicht auf die Alkalien Lithium und Natrium übertragen werden. Bei den ebenfalls mit einem s-Elektron ausgestatteten Elementen der Kupfergruppe ist zwar nach den spektroskopischen Untersuchungen die d-Schale mit 10 Elektronen voll besetzt, doch ist sie noch nicht stabil. Das geht daraus hervor, daß die Elemente dieser Nebengruppe in Verbindungen mehr als das s-Elektron abgeben und somit zwei- und dreiwertige Ionen bilden, und daß die d-Elektronen zweifellos zur Festigkeit der Metallgitter beitragen.

Zu den Elementen der Zweiten Hauptgruppe der chemischen Elemente gehören:

5 Be Beryllium, entdeckt von Vauquelin 1797 als das dem Mineral Beryll zugrunde liegende Metall. 1828 gelang Wöhler die Reindarstellung des Metalls. Der Name ist griechisch. Man bezeichnete damit bereits im Altertum das entsprechende Mineral mit den Varianten Smaragd und Aquamarin.

Zweite Hauptgruppe

12 Mg Magnesium, 1808 von Davy entdeckt und nach Magnesia, einem Distrikt in Thessalien, benannt.
30 Zn Zink, entdeckt von Henckel und Markgraf 1721 bzw. 1746, in der Legierung Messing jedoch bereits im Altertum bekannt. Der Name leitet sich vom persischen „sing" ab, was soviel wie Stein bedeutet. Marco Polo berichtete bereits von Zinköfen in Persien.
48 Cd Cadmium, 1817 von Stromeyer entdeckt. Den Namen erhielt das Element nach seinem Vorkommen in dem schon im Altertum bekannten Zinkmineral „Kadmeia".
80 Hg Quecksilber, bereits im Altertum bekannt. Die Abkürzung stammt vom lateinischen Hydrargyrum. Der deutsche Name scheint im Mittelalter entstanden zu sein und bedeutet „lebendiges Silber".

Das Vorkommen in der Erdrinde beträgt:

$\quad$ Be $5 \cdot 10^{-4}\%$ Mg $1{,}93\%$ Zn $1{,}7 \cdot 10^{-2}\%$ Cd $4 \cdot 10^{-4}\%$ Hg $3 \cdot 10^{-6}\%$

Elektronenanordnung:

$\quad$ Beryllium [He] (keine d-Schale möglich) $2s^2$
$\quad$ Magnesium [Ne] (keine d-Schale möglich) $3s^2$
$\quad$ Zink $\quad$ [Ar] $\quad\quad\quad\quad\quad\quad\quad\quad$ $3d^{10}$ $\quad$ $4s^2$
$\quad$ Cadmium [Kr] $\quad\quad\quad\quad\quad\quad\quad\;$ $4d^{10}$ $\quad$ $5s^2$
$\quad$ Quecksilber [Xe] $\quad$ $4f^{14}$ $\quad\quad\quad$ $5d^{10}$ $\quad$ $6s^2$

Die Elektronenanordnung zeigt, welche Edelgaskonfiguration bereits fertig ausgebildet ist, und daß die möglichen d- bzw. f-Schalen ebenfalls abgeschlossen sind. Alle Elemente sind zweiwertig. Das gilt auch für Quecksilber, bei dem stöchiometrisch Verbindungen bekannt sind wie HgCl. In diesen Fällen sind jedoch zwei Quecksilberatome untereinander verbunden und nehmen noch je ein Chloratom auf. Die Formel ist deswegen richtig zu schreiben: Hg_2Cl_2. In der Literatur werden diese Verbindungen als einwertige Quecksilberverbindungen bezeichnet.

Alle Elemente dieser Gruppe kristallisieren im hexagonalen System. Jedes Atom ist von sechs anderen in der gleichen Ebene umgeben. Die nächste Ebene stellt ihre Atome gleichsam auf Lücke, während erst die übernächste Ebene genau über der ersten zu liegen kommt. Bei der hexagonal dichtesten Kugelpackung ist diese 1,63 mal soweit entfernt, wie die Atome es in einer Netzebene sind. Das Verhältnis nimmt bei den Elementen in der Reihe Be—Mg—Zn—Cd—Hg zu. Der Zusammenhalt der Ebenen wird damit immer lockerer und die Schmelzpunkte der Elemente immer niedriger. Beim Quecksilber ist der Zusammenhang der beiden Netzebenen so gering, daß Quecksilber bei gewöhnlicher Temperatur

Zweite Hauptgruppe

bereits flüssig ist. Man kann die Abweichung von der hexagonal dichtesten Kugelpackung damit erklären, daß die Atome in dem Verband Ellipsoide bilden und keine Kugeln.

	Dichte in g/cm³	F in °C	Kp in °C	Atomradien in Å	Ionenradien in Å
Beryllium	1,85	1283	2770	1,05	0,31
Magnesium	1,74	649,5	1120	1,60	0,65
Zink	7,14	419,4	906	1,37	0,74
Cadmium	8,65	320,9	765	1,52	0,97
Quecksilber	13,60	−38,7	357	1,55	1,10

Mit Ausnahme des Magnesiums sind die Metalle Supraleiter. Beryllium steht bei der hier vorgenommenen Anordnung unmittelbar bei der Hauptgruppe der anderen Supraleiter (Al, Ga, Sn, Tl, Ge, Sn, Pb, Bi). Die elektrische Leitfähigkeit nimmt mit steigender Temperatur ab. Doch steigt sie bei Magnesium, Zink und Cadmium unmittelbar nach Überschreiten des Schmelzpunktes vorübergehend wieder an, was auf eine Zunahme von Leitungselektronen zurückzuführen ist.
Metallisches Beryllium und Magnesium können aus ihren Chloriden durch Schmelzflußelektrolyse gewonnen werden. Während das Magnesiumchlorid unmittelbar in genügender Menge zur Verfügung steht, müssen Beryllerze erst angereichert und dann durch Behandeln mit Natriumhydroxid aufgeschlossen werden. Um die Schmelztemperatur herunterzusetzen und wegen des schlechten Leitungsvermögens der geschmolzenen Chloride setzt man bis zu 50% Natriumchlorid hinzu. Auf diese Weise kann man bei Beryllium mit ca. 350°C und beim Magnesium mit 700°C arbeiten. Der Vorteil dieses Verfahrens gegenüber anderen Herstellungsmethoden ist der hohe Reinheitsgehalt der Metalle.
Zinkerze, die häufig Cadmium enthalten, reichert man durch Flotation an, schließt sie auf und unterwirft die Sulfatlösung der Elektrolyse. Als das edlere Metall fällt Cadmium aus, oder es wird anfänglich mit Zink zusammen abgeschieden. Auch in diesem Falle erhält man gegenüber älteren Verfahren sehr reines Material. Beim Quecksilber röstet man das Quecksilbersulfid. Dabei geht es in das Oxid über, das seinerseits bei erhöhter Temperatur in Sauerstoff und Quecksilber spaltet. Gleichzeitig ist dieser Vorgang mit einer Destillation des Quecksilbers verbunden.
Die Fluoride des Berylliums und des Quecksilbers sind wasserlöslich, wobei letzteres allerdings sich wie die meisten Quecksilbersalze mit Wasser umsetzt. Die übrigen Fluoride dagegen sind nur schwer im Wasser löslich. Im Gegensatz hierzu lösen sich die Chloride leicht auf. Dabei ist Quecksilber(II)-chlorid kaum dissoziiert. Mit Ausnahme des Quecksilbers bilden die Metalle dieser

Gruppe leicht lösliche Bromide und Jodide. Beim Quecksilber(II)-Jodid dürfte der Grund dafür sein, daß sich die großen Elektronenhüllen der beiden Elemente weitgehend durchdringen. Die einwertigen Quecksilberhalogenide sind schwer löslich. Sie neigen dazu, in die zweiwertigen Verbindungen unter Abscheiden metallischen Quecksilbers überzugehen: $2Hg^+ \rightarrow Ha^{2+} + Hg$.

Mit Ausnahme des Quecksilber(II)-sulfats lösen sich die Sulfate der übrigen vier Elemente leicht in Wasser.

Hydride sind von allen fünf Elementen bekannt, wobei das des Quecksilbers unbeständig ist. Charakteristisch für die Elemente dieser Gruppe im Gegensatz zu denen der Zweiten Nebengruppe ist, daß sie sich nur auf indirektem Wege gewinnen lassen.

Nitride können bei Magnesium und Beryllium durch unmittelbare Vereinigung der Elemente gewonnen werden, während sie in den anderen Fällen auf indirektem Wege erfolgen muß.

Abgesehen vom Quecksilber sind die Elemente chemisch viel aktiver, als es zunächst zu sein scheint. Der Grund hierfür ist ein festsitzendes Oxidhäutchen auf der Oberfläche. Hierin unterscheiden sich die Elemente von denen der Zweiten Nebengruppe.

Die Hydroxide sind schwer löslich. Während Quecksilber(II)-hydroxid sofort in das Oxid und Wasser zerfällt, vermögen Beryllium, Zink und (schwerer) Cadmium Tetrahydroxoberyllate, -zinkate und -cadmiate zu bilden: $K_2[Be(OH_4)]$, $K_2[Zu(OK)_4]$, $K_2[Cd(OH)_4]$.

Alle Elemente dieser Gruppe haben in der Technik zahlreiche Anwendungen gefunden.

Literatur

TRZEBIATOWSKI: Lehrbuch der Anorganischen Chemie. — VEB Deutscher Verlag der Wissenschaften, Berlin 1966

REMY: Lehrbuch der Anorganischen Chemie. — Akademische Verlagsgesellschaft, Leipzig 1961

OST-RASSOW: Lehrbuch der Chemischen Technologie. — Johann Ambrosius Barth, Leipzig 1965

SCHREITER: Seltene Metalle, Bd. 1. — VEB Deutscher Verlag für Grundstoffindustrie, Leipzig 1963

ROBERTS: Magnesium and Its Alloys. — John Wiley & Sons, Inc, New York, London 1960

CHIZHIKOV: Cadmium. Aus dem Russischen übersetzt. — Pergamon Press u.a., Braunschweig 1966

MATHEWSON: Zinc. — Reinhold Publishing Corporation, New York 1960

Zur Frage der Eingruppierung der Metalle Beryllium und Magnesium:

KERNILOV: The Chemistry of Metallids (aus dem Russischen übersetzt). — Consultants Bureau, New York 1966

Zweite Nebengruppe der chemischen Elemente (Erdalkalien). (Siehe hierzu Vorbemerkung zu „Zweite Hauptgruppe der chemischen Ellemente".)

Zweite Nebengruppe

Zu den Elementen der Erdalkalien gehören:

20 Ca Calcium, benannt nach dem griechischen Wort für Kalk (chalis), das jedoch in den Sprachen des Vorderen Orients noch Vorgänger hat. In der Regel gilt Davy als der Entdecker, obwohl es bereits 1808 von Berzelius und Pontin nach dem von Davy für die Herstellung für die Alkalien angegebenen Verfahren hergestellt wurde.

38 Sr Strontium, benannt nach dem Ort Strontian in der Grafschaft Argyll in Schottland. Zuerst von Davy rein dargestellt.

56 Ba Barium, benannt nach dem gr. Wort für schwer (Schwerspat $BaSO_4$). Wie Calcium haben es zuerst Berzelius und Pontin hergestellt.
Die Namen hat Davy den drei Elementen gegeben.

88 Ra Radium, von den Curies wegen seiner Fähigkeit zu strahlen so benannt. Entdeckt 1898 in der Pechblende von Joachimstal.

Das Vorkommen in der Erdrinde beträgt:

$$Ca\ 3{,}39\%\quad Sr\ 0{,}017\%\quad Ba\ 0{,}047\%\quad Ra\ 7\cdot 10^{-11}\%$$

Elektronenanordnung:

Calcium	[Ar]	$4s^2$
Strontium	[Kr]	$5s^2$
Barium	[Xe]	$6s^2$
Radium	[Rn]	$7s^2$

Die Anordnung zeigt, daß in den vier Fällen neben der abgeschlossenen Edelgaskonfiguration noch zwei Elektronen vorhanden sind, die im Dampfzustand die nächstfolgende s-Schale besetzen. Im Gegensatz zu den Elementen der Zweiten Hauptgruppe bleiben die d- und f-Schalen der vorhergehenden Hauptquantenzahl unbesetzt. Die Elemente kristallisieren im kubischen Kristallsystem:

	Dichte in g/cm³	F in °C	Kp in °C	Atomradius in Å	Ionenradius in Å
Calcium	1,55	838	1439	1,97	0,99
Strontium	2,60	768	1380	2,13	1,13
Barium	3,5	714	1640	2,22	1,35
Radium	5	700*)	?	?	1,52

* Nach anderen Messungen 960°C. Die Schwierigkeit der Messung ist auf die Flüchtigkeit des Radiums zurückzuführen.

Die Härte der Erdalkalimetalle nimmt vom Calcium zum Barium zu. Dieses ist vergleichsweise so hart wie Blei. Vom Radium sind keine Angaben bekannt. Die Metalle lassen sich alle nach dem bereits von Davy entwickelten Verfahren herstellen. Eine konzentrierte Lösung der Chloride wird der Elektrolyse unterworfen unter Verwendung einer Quecksilber-Kathode. Dabei bildet sich das Erdalkaliamalgam. Anschließend destilliert man bei ca. 1000°C unter Verwendung einer Schutzgasatmosphäre von Wasserstoff oder Argon das Quecksilber ab. Daneben hat man industriell die Schmelzflußelektrolyse des Chlorids bei Calcium und Strontium entwickelt. Die Schmelflußelektrolyse als Gewinnungsprozeß für Barium stieß bis in neuere Zeit auf Schwierigkeiten, die von der *Metallgesellschaft* in Frankfurt und von den *Down Chemical* in den USA gelöst wurden. Diese gehen von einer Schmelze des Bariumsulfids in Bariumfluorid in einer Schutzgasatmosphäre aus. Man verwendet in jedem Fall Graphitelektroden. Die Metalle überziehen sich sehr schnell mit einer Oxid- oder Nitrid-Schicht. Deswegen ist vor allem für Barium eine Aufbewahrung in Petroleum erforderlich und für das immer nur in minimalen Mengen auftretende Radium in einem abgeschlossenen Glasgefäß.

Die Löslichkeiten der Erdalkalien zeigen gewisse Gesetzmäßigkeiten:

	Fluoride	Chloride	Sulfate	Hydroxide	(g/l)
Calcium	0,016	745	0,2	1,3	Oxid
Strontium	0,117	539	0,114	6,8	
Barium	1,63	360	0,0022	38,4	
Radium	?	255	0,0021	leicht löslich	

Zu den leicht löslichen Salzen der Erdalkalien gehören u. a. die Azetate, Halogenide, Nitrate und Nitrite, die Permanganate, Sulfide, Chlorate, Bromate und Perchlorate. Wasserunlöslich sind die Sulfite, Phosphate und Jodate. Dagegen sind sie in anderen Chemikalien verschieden gut löslich. Gerade in neuerer Zeit hat man sich wieder der Trennverfahren der Erdalkalien zuwenden müssen, um die bei der Kernspaltung anfallenden radioaktiven Isotope voneinander zu trennen. Bei geringen Mengen verwendet man erfolgreich Kationenaustauscher. Dabei zeigt sich, daß die zweiwertigen Ionen der Erdalkalien umso schneller adsorbiert werden, je geringer sie hydratisiert sind: Zuerst Radium, dann Barium, Strontium und Calcium. Die langlebigsten radioaktiven Erdalkalien sind ^{41}Ca (10^5 Jahre), ^{90}Sr (28 Jahre), ^{133}Ba (7,2 Jahre).

Zur qualitativen Unterscheidung dienen ähnlich den Alkalien die Flammenfärbungen leicht verdampfender Erdalkalisalze: Calcium — ziegelrot, Strontium — karminrot, Barium — gelbgrün, Radium — karminrot.

Literatur
REMY: Lehrbuch der anorganischen Chemie. — Akademische Verlagsgesellschaft, Leipzig 1961
BAGNALL: Chemistry of the rare Radioelements. — Butterworths Scientific Publications, London 1957
SUNDERMAN and TOWNLEY: The radiochemistry of Barium, Calcium and Strontium. — Subcommittee on Radiochemistry — National Academy of Sience — National Research Council. 1960

Zwitterionen s. Aminosäuren 1.2.
Zymase s. Äthanol.

System der chemischen Elemente
(Periodensystem)

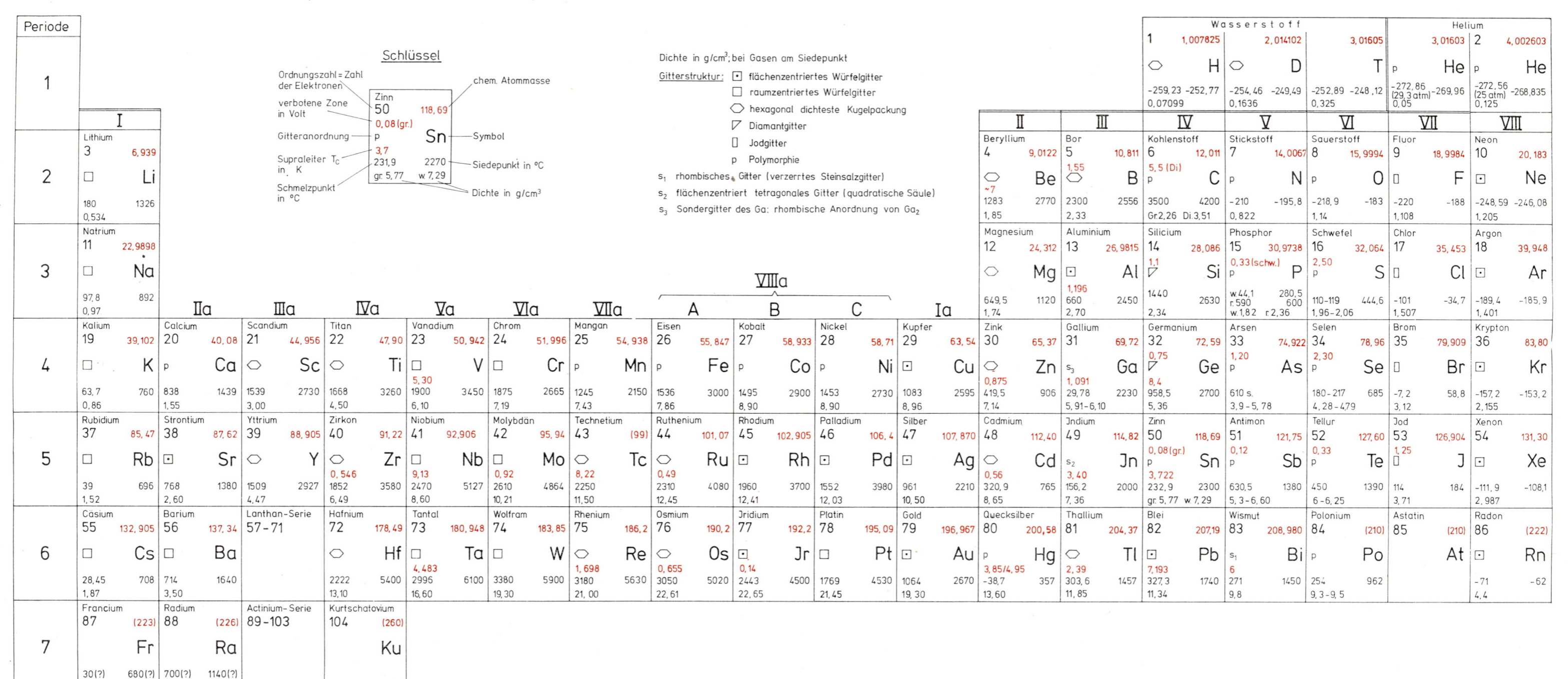

Schlüssel

- Ordnungszahl = Zahl der Elektronen
- verbotene Zone in Volt
- Gitteranordnung
- Supraleiter T_c in K
- Schmelzpunkt in °C
- chem. Atommasse
- Symbol
- Siedepunkt in °C
- Dichte in g/cm³

Beispiel: Zinn, 50, 118,69, 0,08 (gr.), Sn, p, 3,7, 231,9, 2270, gr 5,77 w 7,29

Dichte in g/cm³; bei Gasen am Siedepunkt

Gitterstruktur:
- ⊡ flächenzentriertes Würfelgitter
- ☐ raumzentriertes Würfelgitter
- ◇ hexagonal dichteste Kugelpackung
- ▽ Diamantgitter
- ▢ Jodgitter
- p Polymorphie
- s_1 rhombisches Gitter (verzerrtes Steinsalzgitter)
- s_2 flächenzentriert tetragonales Gitter (quadratische Säule)
- s_3 Sondergitter des Ga: rhombische Anordnung von Ga_2

Periode	I	IIa	IIIa	IVa	Va	VIa	VIIa	VIIIa A	VIIIa B	VIIIa C	Ia	II	III	IV	V	VI	VII	VIII
1																	Wasserstoff 1 1,007825 / 2,014102 / 3,01605 H/D/T -259,23/-254,46/-252,89 -252,77/-249,49/-248,12 0,07099/0,1636/0,325	Helium 2 3,01603 / 4,002603 He -272,86 (29,3 atm) / -272,56 (25 atm) -269,96/-268,835 0,05/0,125
2	Lithium 3 6,939 ☐ Li 180 1326 0,534											Beryllium 4 9,0122 ◇ Be ~7 1283 2770 1,85	Bor 5 10,811 1,55 B 2300 2556 2,33	Kohlenstoff 6 12,011 5,5 (Di) C 3500 4200 Gr 2,26 Di 3,51	Stickstoff 7 14,0067 p N -210 -195,8 0,822	Sauerstoff 8 15,9994 p O -218,9 -183 1,14	Fluor 9 18,9984 F -220 -188 1,108	Neon 10 20,183 ⊡ Ne -248,59 -246,08 1,205
3	Natrium 11 22,9898 ☐ Na 97,8 892 0,97											Magnesium 12 24,312 ◇ Mg 649,5 1120 1,74	Aluminium 13 26,9815 ⊡ Al 1,196 660 2450 2,70	Silicium 14 28,086 1,1 ▽ Si 1440 2630 2,34	Phosphor 15 30,9738 0,33 (schw.) p P w 44,1/590 280,5/600 w 1,82 r 2,36	Schwefel 16 32,064 2,50 p S 110-119 444,6 1,96-2,06	Chlor 17 35,453 ☐ Cl -101 -34,7 1,507	Argon 18 39,948 ⊡ Ar -189,4 -185,9 1,401
4	Kalium 19 39,102 ☐ K 63,7 760 0,86	Calcium 20 40,08 p Ca 838 1439 1,55	Scandium 21 44,956 ◇ Sc 1539 2730 3,00	Titan 22 47,90 ◇ Ti 5,30 1668 3260 4,50	Vanadium 23 50,942 ☐ V 1900 3450 6,10	Chrom 24 51,996 ☐ Cr 1875 2665 7,19	Mangan 25 54,938 p Mn 1245 2150 7,43	Eisen 26 55,847 p Fe 1536 3000 7,86	Kobalt 27 58,933 p Co 1495 2900 8,90	Nickel 28 58,71 ⊡ Ni 1453 2730 8,90	Kupfer 29 63,54 ⊡ Cu 0,875 1083 2595 8,96	Zink 30 65,37 s_3 Zn 1,091 419,5 906 7,14	Gallium 31 69,72 Ga 29,78 2230 5,91-6,10	Germanium 32 72,59 8,4 ▽ Ge 958,5 2700 5,36	Arsen 33 74,922 0,75 As 610 s. 3,9-5,78	Selen 34 78,96 1,20 Se 180-217 685 4,28-4,79	Brom 35 79,909 2,30 ☐ Br -7,2 58,8 3,12	Krypton 36 83,80 ⊡ Kr -157,2 -153,2 2,155
5	Rubidium 37 85,47 ☐ Rb 39 696 1,52	Strontium 38 87,62 ⊡ Sr 768 1380 2,60	Yttrium 39 88,905 ◇ Y 0,546 1509 2927 4,47	Zirkon 40 91,22 ◇ Zr 1852 3580 6,49	Niobium 41 92,906 ☐ Nb 9,13 2470 5127 8,60	Molybdän 42 95,94 ☐ Mo 0,92 2610 4864 10,21	Technetium 43 (99) ◇ Tc 8,22 2250 11,50	Ruthenium 44 101,07 ◇ Ru 0,49 2310 4080 12,45	Rhodium 45 102,905 ⊡ Rh 1960 3700 12,41	Palladium 46 106,4 ⊡ Pd 1552 3980 12,03	Silber 47 107,870 ⊡ Ag 961 2210 10,50	Cadmium 48 112,40 s_2 Cd 0,56 320,9 765 8,65	Indium 49 114,82 3,40 Jn 156,2 2000 7,36	Zinn 50 118,69 0,08 (gr.) p Sn 3,722 232,9 2300 gr 5,77 w 7,29	Antimon 51 121,75 0,12 p Sb 630,5 1380 5,3-6,60	Tellur 52 127,60 0,33 Te 1,25 450 1390 6-6,25	Jod 53 126,904 J 114 184 3,71	Xenon 54 131,30 ⊡ Xe -111,9 -108,1 2,987
6	Cäsium 55 132,905 ☐ Cs 28,45 708 1,87	Barium 56 137,34 ⊡ Ba 714 1640 3,50	Lanthan-Serie 57-71	Hafnium 72 178,49 ◇ Hf 2222 5400 13,10	Tantal 73 180,948 ☐ Ta 4,483 2996 6100 16,60	Wolfram 74 183,85 ☐ W 3380 5900 19,30	Rhenium 75 186,2 ◇ Re 1,698 3180 5630 21,00	Osmium 76 190,2 ◇ Os 0,655 3050 5020 22,61	Iridium 77 192,2 ⊡ Jr 0,14 2443 4500 22,65	Platin 78 195,09 ⊡ Pt 1769 4530 21,45	Gold 79 196,967 ⊡ Au 1064 2670 19,30	Quecksilber 80 200,58 Hg 3,85/4,95 -38,7 357 13,60	Thallium 81 204,37 ◇ Tl 2,39 303,6 1457 11,85	Blei 82 207,19 ⊡ Pb 7,193 327,3 1740 11,34	Wismut 83 208,980 s_1 Bi 6 271 1450 9,8	Polonium 84 (210) p Po 254 962 9,3-9,5	Astatin 85 (210) At -71	Radon 86 (222) ⊡ Rn -62 4,4
7	Francium 87 (223) Fr 30(?) 680(?)	Radium 88 (226) Ra 700(?) 1140(?) 5	Actinium-Serie 89-103	Kurtschatovium 104 (260) Ku														

Lanthan-Serie

Gadolinium 64 157,25 ◇ Gd 1312 3000 7,895	Europium 63 151,96 ☐ Eu 826 1439 5,259	Samarium 62 150,35 s_1 Sm 1027 1900 7,536	Promethium 61 (147) Pm 1035 7,260	Neodym 60 144,24 ◇ Nd 1024 3027 7,004	Praseodyn 59 140,907 p Pr 935 3127 6,782-6,810	Cer 58 140,12 p Ce 795 3468 6,771-6,810	Lanthan 57 138,91 p La 5/6,3 910 3470 6,17
	Terbium 65 158,924 Tb 1356 2800 8,272	Dysprosium 66 162,50 ◇ Dy 1407 2600 8,536	Holmium 67 164,930 Ho 1461 2600 8,303	Erbium 68 167,26 Er 1497 2900 9,051	Thulium 69 168,934 ⊡ Tm 1545 1727 9,332	Ytterbium 70 173,04 ⊡ Yb 824 1427 6,997	Lutetium 71 174,97 ◇ Lu 1652 3327 9,842

Actinium-Serie

Curium 96 247 ◇ Cm 1340 13,5	Americium 95 (243) ◇ Am 995 2607 13,7	Plutonium 94 (242) p Pu 640 3235 16,5-19,7	Neptunium 93 (237) p Np 637 3903 19,5-20,2	Uran 92 238,04 U 0,68/1,80 1132 3818 18-19,05	Protactinium 91 (231) s_2 Pa 1575 4000(?) 15,4	Thorium 90 232,038 p Th 1,368 1690 3500 11,7	Actinium 89 (227) ⊡ Ac 1100 2474 10,07
	Berkelium 97 (247) Bk	Californium 98 (251) Cf	Einsteinium 99 (254) Es	Fermium 100 (253) Fm	Mendelevium 101 (256) Md	Nobelium 102 (254) No	Lawrencium 103 (257) Lw